Frank Göse
Rittergut – Garnison – Residenz

VERÖFFENTLICHUNGEN DES
BRANDENBURGISCHEN LANDESHAUPTARCHIVS

Herausgegeben von Klaus Neitmann

Band 51

Berlin 2005

Frank Göse

Rittergut – Garnison – Residenz

Studien zur Sozialstruktur und politischen Wirksamkeit
des brandenburgischen Adels 1648–1763

BWV • BERLINER WISSENSCHAFTS-VERLAG

Gedruckt mit Unterstützung
der Deutschen Forschungsgemeinschaft

Bibliografische Informationen Der Deutschen Bibliothek

Die Deutsche Bibliothek verzeichnet diese Publikation in der Deutschen
Nationalbibliografie; detaillierte bibliografische Daten sind im Internet
über <http://dnb.ddb.de> abrufbar.

ISBN 3-8305-0874-3

© 2005

BWV • BERLINER WISSENSCHAFTS-VERLAG GmbH
Axel-Springer-Str. 54b, 10117 Berlin

Printed in Germany. Alle Rechte, auch die des
Nachdrucks von Auszügen, der photomechanischen
Wiedergabe und der Übersetzung, vorbehalten.

Zum Geleit

Ein Rückblick auf die Geschichte der deutschen Geschichtswissenschaft im 19. und 20. Jahrhundert belehrt bei eindringender Betrachtung ihrer organisatorischen, materiellen und ideellen Rahmenbedingungen rasch darüber, daß ihre Arbeit in erheblichem Maße von wissenschafts- und kulturpolitischen Entscheidungen ihrer öffentlichen und ggf. privaten Träger abhing (und abhängt). Wenn die zum Aufbau von Forschungskapazitäten erforderlichen Ressourcen bereitgestellt wurden, konnten bestimmte Themenfelder von dem dafür eingesetzten und in größeren Organisationen zusammengefaßten wissenschaftlichen Personal sehr viel intensiver „beackert" werden, als wenn nur ein vereinzelter Historiker mit seinen begrenzten Kräften sich des Gegenstandes angenommen hätte. Die allgemeine Beobachtung gilt auch für die deutsche Landesgeschichte. Seitdem durch die Anstrengungen von Adolf Friedrich Riedel und anderer ab den 1830er Jahren eine moderne quellenkritische brandenburgische Landesgeschichtsforschung geschaffen wurde, hat sie in zwei Phasen nachhaltiger öffentlicher Aufmerksamkeit und Förderung quantitativ und qualitativ herausragende Ergebnisse mit langem Geltungsanspruch vorlegen können. Der Verein für Geschichte der Mark Brandenburg trieb in den letzten drei Jahrzehnten des Deutschen Kaiserreiches während der Ägide von Gustav Schmoller, Otto Hintze und ihres um die „Acta Borussica" zentrierten Wissenschaftlerkreises durch die Verbindung der brandenburgischen Landesgeschichte mit der Geschichte des Gesamtstaates Preußen in zahlreichen Darstellungen und Editionen die märkischen Forschungen in zuvor unbekannter Dichte voran. Und die 1925 gegründete Historische Kommission für die Provinz Brandenburg und die Reichshauptstadt Berlin veröffentlichte in den knapp 15 Jahren ihrer Existenz vornehmlich grundlegende Quellenwerke für das späte Mittelalter und die frühe Neuzeit, von deren Vorliegen die Forschung bis auf den heutigen Tag zehrt. Beide Blütezeiten gingen zu Ende, als die sie tragenden politischen Voraussetzungen entfielen, als der wirtschaftliche und finanzielle Zusammenbruch Deutschlands nach dem Ersten Weltkrieg das Preußische Kultusministerium zur drastischen Reduzierung der bereitgestellten Mittel zwang und als die verwaltungsmäßige Trennung der Hauptstadt Berlin von der Provinz Brandenburg nach 1933 den Brandenburgischen Provinzialverband zur Auflösung der gemeinsamen Trägerschaft über die Historische Kommission bewog.

Die Erforschung des brandenburgischen Adels hat in ihrer Intensität und Qualität in den Zeiten der modernen Geschichtswissenschaft gleichfalls unterschiedlichen und gegensätzlichen Konjunkturen unterlegen. Erinnert sei daran, daß bis zum Ende der preußischen Monarchie, in den Zeiten, in denen der Adel noch maßgebliches politisches und ökonomisches Gewicht besaß, zahlreiche seiner Familien ausgewiesene Wissenschaftler mit der Erarbeitung ihrer Familiengeschichte beauftragten. Für etliche Geschlechter entstanden so Darstellungen, für die in den besten Fällen angesehene Historiker unter Beseitigung mancher älterer Legenden umfangreiche Quellenkomplexe durcharbeiteten und zu eindrucksvollen Schilderungen ausgestalteten, die nicht nur die Genealogie, sondern das gesamte politische, wirtschaftliche, soziale und kulturelle Tätigkeitsfeld der jeweiligen Familie umfaßte. Es versteht sich von selbst, daß auch die akademische Historie in den Forschungen der Schmoller-Hintze-Schule der Aristokratie in ihrer Rolle für den Aufstieg Brandenburg-Preußens große Aufmerksamkeit zuwandte. Die wirtschaftliche Krise des brandenburgischen Adels nach 1918 ließ dann die Gattung der wissenschaftlichen adligen Familiengeschichte nahezu vollständig verschwinden.

Der wohl tiefste Einschnitt in der brandenburgischen und darüber hinaus ostelbischen Adelsforschung stellte das Jahr 1945 mit seinen langfristigen wissenschaftspolitischen Folgen dar. Das in der SBZ/DDR allmählich in den wissenschaftlichen Einrichtungen durchgesetzte und für verbindlich erklärte marxistische Geschichtsbild unterwarf sie dogmatischen Vorgaben, die das Urteil über die in der Abfolge der Klassengesellschaften „überholte" feudale Klasse von vornherein bestimmten, die auch den Spezialuntersuchungen die Bahn wiesen und die vor allem das größere Augenmerk der Geschichtswissenschaft vom Adel auf die „progressiven" neuzeitlichen Kräfte, das Bürgertum und insbesondere die Arbeiterbewegung, umlenkten. Quellenfundierte und abwägende Einzelstudien wie die 1968 in den „Veröffentlichungen des Staatsarchivs Potsdam" erschienene Monographie von Hartmut Harnisch über die Arnimsche Herrschaft Boitzenburg in der Uckermark oder die den Adel breit berücksichtigende, vor 1989 abgeschlossene Gesamtdarstellung der Uckermark von Lieselott Enders (in derselben Schriftenreihe) blieben die Ausnahme. Zwar war die archivalische Überlieferung der Adelsfamilien durch deren Enteignung 1945 in die Staatsarchive überführt – sofern sie die Wirren der Kriegs- und Nachkriegszeit überstanden hatte und in ihnen nicht, wie leider allzu oft gerade in Brandenburg, vernichtet worden war - und dort durch die nachfolgende fachmännische Verzeichnung zumeist zum ersten Mal überhaupt für die historische Auswertung bereitgestellt worden. Aber die Benutzungspraxis der Staatlichen Archivverwaltung der DDR machte die Bestände für Interessenten außerhalb des „Arbeiter- und Bauernstaates" weitgehend unzugänglich, so daß sie nicht entsprechend ihrem sachlichen Gewicht von den Historikern herangezogen werden konnten. Die westdeutsche Geschichtswissenschaft stand nicht unter dem Druck eines staatlichen verordneten Geschichtsbildes und einer staatlichen sanktionierten Geschichtspolitik, und sie wandte sich daher sowohl für die mittelalterlichen und neuzeitlichen Jahrhunderte dem Adel ausgiebig zu. Seine sozial- und politikgeschichtliche Untersuchung neben und innerhalb der Ständeforschung beherrschte erhebliche Teile der Mediävistik und der Frühneuzeitforschung. Aber das Interesse an der Geschichte der deutschen Landschaften jenseits von Elbe, Werra und Fulda nahm, je länger die deutsche Teilung andauerte, umso mehr ab, und die erwähnte weitgehende Verschließung der Archive nahm den Anreiz der unerwarteten archivalischen Quellenfunde. So erschienen zwar in der Alt-Bundesrepublik zwischen 1945 und 1990 einige gewichtige Studien zum brandenburgischen und ostelbischen Adel mit neuen interpretatorischen Ansätzen, aber nur in Ausnahmefällen konnten sie sich auf unausgewertete Quellenbestände stützen und waren daher in ihrer Materialgrundlage – stärker als sie nach außen hin ausdrücklich zu erkennen gaben - von den Darstellungen und gedruckten Editionen ihrer älteren Vorgänger abhängig.

Die „Wende" von 1989 und die Wiedervereinigung der beiden deutschen Staaten 1990 beseitigten die beiderseitigen Sperren, die aus unterschiedlichen Gründen in den voraufgegangenen Jahrzehnten für die geschichtswissenschaftliche Adelsforschung errichtet worden waren

Vorwort III

und die sie erheblich gelähmt hatten. Der Wegfall der geschichtsdogmatischen Prämissen und die Öffnung der Archive bewirkten zusammen gewissermaßen eine „Entlähmung", und zahlreiche Historiker und Historikerinnen in universitären und außeruniversitären Forschungsstätten nahmen sich des Adelsthemas für die mittel- und ostdeutschen Landschaften unter Auswertung der vorhandenen Archivalien an. Die Intensität dieser Richtung mag zunächst überraschen, ist aber darin begründet, daß die Beschäftigung mit einem für die Geschichte Brandenburgs und seiner Nachbarländer maßgeblichen Stand auf Grund der jahrzehntelangen Vernachlässigung und des jetzt möglichen Perspektivenwechsels reichen Ertrag versprach. Beispielhaft erwähnt sei an dieser Stelle, daß eine in den Jahren 2001-2003 vielerorts gezeigte Ausstellung des Brandenburgischen Landeshauptarchivs zu adligen Lebenswelten in Brandenburg 1701-1918 durch ihren ganz anderen Blickwinkel manchen Betrachter, wie sich aus Gesprächen ergab, altvertraute Vorstellungen grundsätzlich in Frage stellte. Man könnte geradezu im Rückblick auf die vergangenen 15 Jahre von einer neuen Konjunktur der Adelsgeschichtsforschung sprechen.

Im Rahmen der damit angedeuteten allgemeinen Forschungslage stellt die hier nachfolgende Arbeit von Frank Göse, eine von der Universität Potsdam angenommene Habilitationsschrift, keinen Einzelgänger dar. Aber auf dem weiten Feld des Adelsthemas ist Göse nach Auffassung des Unterzeichneten eine herausragende Leistung, ein großer Wurf gelungen - wofür verschiedene Umstände geltend gemacht werden können. Göse hat die frühneuzeitliche Geschichte des brandenburgischen Adels, insbesondere im Zeitalter des „Absolutismus", über viele Jahre hinweg mit gleichbleibendem Nachdruck verfolgt, wie seine zahlreichen, diesem Generalthema gewidmeten Aufsätze, die diesem Buch vorausgingen, belegen. Er hat sich nicht mit der Heranziehung der vorliegenden Literatur begnügt, sondern hat in bewundernswerter Weise umfangreiche Archivbestände gesichtet und ausgewertet, und zwar, wie es dem Gegenstand angemessen ist, sowohl Quellen landesherrlicher Herkunft, aus der Überlieferung staatlicher Behörden, als auch Quellen ständischer Herkunft, also aus der Überlieferung ständischer Korporationen wie einzelner Adelsfamilien, so daß die in den Provenienzen vorherrschenden Perspektiven des jeweiligen staatlichen bzw. adligen Bestandsbildners durch die Berücksichtigung der „Gegenüberlieferung" ergänzt bzw. kontrolliert worden sind. Und vor allem hat Göse mit neuen geschichtswissenschaftlichen Fragestellungen das umfangreiche zusammengetragene Material geistig durchdrungen und daraus überzeugende Schlußfolgerungen abgeleitet. Es ist nicht Aufgabe dieses Vorwortes, die eigenständige Gestaltung der Aufgabe und die aus ihrer Lösung erwachsenen Erkenntnisse näher zu charakterisieren, dazu sei nur auf die Einleitung und die zusammenfassenden Abschnitte des Verfassers verwiesen. Es verdient aber, schon an dieser Stelle hervorgehoben zu werden, daß Göse mit aller Konsequenz dem Gedanken nachgegangen ist, den brandenburgischen Adel nicht als feste einheitliche Größe, als Stand oder Klasse von dauerhafter innerer und äußerer Konsistenz zu begreifen, sondern ihn in zeitlicher und räumlicher Hinsicht zu differenzieren, ihn aus seiner regionalen Stellung in seiner jeweiligen brandenburgischen Teillandschaft zu verstehen und seine Antworten auf die politischen und ökonomischen Herausforderungen seiner sich wandelnden brandenburg-preußischen Umwelt herauszustellen. Und es sei noch hinzugefügt, daß Göse das oft erhobene Postulat einer vergleichenden

Geschichtsbetrachtung ernst genommen und durch die eingehendere Beschäftigung mit den Adelsgesellschaften in benachbarten Territorien – Mecklenburg, Hannover und Sachsen – verwirklicht hat. Eigenarten und Gemeinsamkeiten der Länder im Zeitalter des „Absolutismus" treten dadurch sehr viel deutlicher hervor.

Daß der Reihenherausgeber sich glücklich schätzt, die Arbeit Göses in den „Veröffentlichungen des Brandenburgischen Landeshauptarchivs" publizieren zu können, ist zunächst darin begründet, daß ihr Verfasser in großem Ausmaße Bestände des Brandenburgischen Landeshauptarchivs für seine Untersuchungen herangezogen hat, die gerade für seine zentralen Gesichtspunkte wichtigste Quellengrundlagen abgegeben haben, wie die Überlieferungen des Kammergerichts, der Kurmärkischen Lehnskanzlei, der Ritterschaftlichen Hypothekendirektionen der Kur- und Neumark, der Kur- und Neumärkischen Stände und der adligen Guts-, Herrschafts- und Familienarchive. Jedes Archiv ist erfreut, wenn das Forschungskapital, das es mit der archivischen Erschließung der ihm anvertrauten Quellen angesammelt hat, von auswertenden Historikern mit reichen Zinsen Früchte trägt. Göses Werk zeigt die Qualitäten einer von reicher archivalischer Ausbeute getragenen Forschung. Zudem fügt sich seine Darstellung ein in abgeschlossene und laufende Publikationsvorhaben des Landeshauptarchivs, mit denen einige der hier benutzten Bestände der Öffentlichkeit unter archivwissenschaftlichen Gesichtspunkten vorgestellt werden. Hingewiesen sei hier die Veröffentlichung des völlig neubearbeiteten Findbuches zum Bestand der Neumärkischen Stände, in dessen umfangreicher Einleitung Wolfgang Neugebauer „die neumärkischen Stände im Lichte ihrer Tätigkeit" eindringlich gekennzeichnet und in größere ständegeschichtliche und ostmitteleuropäische Zusammenhänge hineingestellt hat (Quellen, Findbücher und Inventare des Brandenburgischen Landeshauptarchivs, Bd. 9, Frankfurt am Main etc. 2000). Das Familienarchiv der Grafen von Lynar zu Lübbenau (Niederlausitz), eines der reichhaltigsten adligen Familienarchive aus der Provinz Brandenburg mit ausgiebigen Korrespondenzen, ist ebenfalls in den vergangenen Jahren neu und sehr intensiv verzeichnet worden, die Findbuchveröffentlichung befindet sich im Druck. Und das Manuskript der Beständeübersicht über die adligen Familien-, Guts- und Herrschaftsarchive nähert sich rasch dem Abschluß, sie wird die einzelnen Bestände der Repositur 37 eingehend unter den Kategorien Besitzgeschichte, Bestandsgeschichte, Bestandsumfang und -gliederung vorstellen und mit ihren Angaben künftig ein unentbehrliches Hilfsmttel für die die brandenburgischen Adelsarchive auswertende Forschung sein. Es ist zu wünschen, daß die landes- und allgemeingeschichtliche Forschung durch all diese archivischen Arbeiten zu weiteren Untersuchungen zum brandenburgischen Adel angeregt wird, hoffentlich auf ähnlichem hohem Niveau der Forschungsreflektion, wie es Göse hier erreicht hat.

Der Deutschen Forschungsgemeinschaft ist dafür zu danken, daß sie durch einen großzügigen Druckkostenzuschuß die Veröffentlichung dieser Arbeit ermöglicht hat.

Potsdam, im Januar 2005
Dr. Klaus Neitmann
Direktor des Brandenburgischen Landeshauptarchivs

Inhalt

Vorwort 11

Einleitung

Zur Adels- und Preußenforschung bis 1945 13

Zur Adels- und Preußenforschung in der Bundesrepublik bis 1990 14

Zur Adels- und Preußenforschung in der DDR 19

Forschungen nach 1990 21

Untersuchungsanliegen und Quellengrundlage 23

Kapitel 1: Die Sozialstruktur der brandenburgischen Ritterschaft

1.1 Krisenbewältigung und Wiederaufbau vor dem Hintergrund des wachsenden monarchischen Zentralismus – der brandenburgische Adel in der zweiten Hälfte des 17. Jahrhunderts 35

Die unmittelbaren Folgen des Dreißigjährigen Krieges 36

Die Veränderung der Besitzstruktur 43

Strategien des Wiederaufbaus 66

Verschuldung und Kreditverhalten 79

Der brandenburgische Adel im Dienst des entstehenden miles perpetuus (1650-1700) 95

Das Lehenssystem als landesherrliches Disziplinierungsinstrument 110

Die Auseinandersetzung um die Jagdgerechtigkeit 129

Zusammenfassung 133

1.2 Die Sozialstruktur des brandenburgischen Adels im 18. Jahrhunderts

Die Entwicklung der Besitzstruktur 135

Kreditbeziehungen 148

Die Lehnsallodifikation und ihre Folgen 181

Die Sozialstruktur des brandenburgischen Adels im Spiegel der Vasallentabellen

    Brandenburgische Adlige als Amtsträger 211

    Brandenburgische Adlige als Offiziere 222

    Die Sozialisation der Vasallensöhne 232

    Der auswärtige Dienst der Vasallen 236

    Zusammenfassung 242

Kapitel 2

Die brandenburgische Adelsfamilie – Strukturen und Handlungsrahmen

    Heiratsverhalten 245

    Witwenversorgung 260

    Vormundschaften 265

    Zusammenfassung 269

Kapitel 3

Aspekte der ständischen Partizipation des brandenburgischen Adels

3.1 Brandenburgische Adlige in ständischen Gremien der zweiten Hälfte des 17. Jahrhunderts 271

3.2 Brandenburgische Adlige in ständischen Gremien des 18. Jahrhunderts 302

Kapitel 4

Zur Verflechtung der Adels- und Hofgesellschaft

    Die Hofgesellschaft 331

    Vom Rang der Ränge 342

    Die lokale Amtsträgerschaft 359

    Patronage und Klientel 363

    Zusammenfassung 382

Inhaltsverzeichnis

Kapitel 5
Die konfessionelle Herausforderung: Lutherischer Adel und reformierte „Staatselite"

Kapitel 6
Die brandenburgische Adelsgeschichte im 17./18. Jahrhundert – ein Sonderweg im Alten Reich?

Zum Forschungsstand 403

Die Adelsgesellschaften vor dem Dreißigjährigen Krieg............................. 408

Krisenbewältigung - neue Herausforderungen nach 1648 414

Die Gestaltung des Verhältnisses zwischen Adel und Landesherrschaft im Spannungsfeld von monarchischer Zentralisierung und ständischer Behauptung........... 421

Zur Bedeutung des Lehenssystems... 435

Der Hof als Bezugspunkt der Adelsgesellschaft 437

Territorienübergreifende Mobilitäten der nordostdeutschen Adelsgesellschaften 440

Resümee.. 443

Anhang

Abkürzungsverzeichnis 447

Quellenverzeichnis 448

Literaturverzeichnis 451

Verzeichnis der Tabellen im Text 486

Karten.. 488

Verzeichnis der Tabellen:

Tabelle 1: Anzahl der Adelsfamilien in Ruppin, Teltow und Beeskow-Storkow 44

Tabelle 2: Anzahl der Veräußerungen in Ruppin (1610 - 1690) 45

Tabelle 3: Anzahl der Veräußerungen im Teltow (1610 - 1690)...................... 45

Tabelle 4: Anzahl der Veräußerungen in Beeskow-Storkow (1610-1690).................. 45

Tabelle 5: Besitzumfang des Adels im Teltow (1620 - 1680)164................................. 48

Tabelle 6:	Besitzumfang des ruppinischen Adels (1620 - 1680)	53
Tabelle 7:	Besitzumfang des Adels in Beeskow-Storkow (1620-1680)	57
Tabelle 8:	Gläubiger im Ständischen Kreditwerk 1653	89
Tabelle 9:	Erweiterung kurfürstlicher Ämter durch Adelsbesitz im Teltow (1650-1700)	94
Tabelle 10:	Liste der im Militärdienst stehenden Adligen ausgewählter märkischer Kreise (1663)	99
Tabelle 11:	Vergleich der inneren Struktur des teltowischen Adels nach Besitzumfang und Lehnpferden	124
Tabelle 12:	Höhe der jährlichen Lehnpferdegeldzahlungen (1657-1679)	126
Tabelle 13:	Besitzwechselhäufigkeit in Ruppin (1690-1770)	137
Tabelle 14:	Besitzwechselhäufigkeit im Teltow (1690-1770)	137
Tabelle 15:	Besitzwechselhäufigkeit in Beeskow-Storkow (1690-1770)	137
Tabelle 16:	Entwicklung des ritterschaftlichen Besitzes in Ruppin, Teltow und Beeskow-Storkow (1680-1770)	139
Tabelle 17:	Anzahl der Adelsfamilien in Ruppin, Teltow u. Beeskow-Storkow (1710-1770)	141
Tabelle 18:	Besitzumfang des Adels in Ruppin (1710-1770)	142
Tabelle 19:	Besitzumfang des Adels im Teltow (1710-1770)	144
Tabelle 20:	Besitzumfang des Adels in Beeskow-Storkow (1710-1770)	146
Tabelle 21:	Zweck der Kreditaufnahme: Ruppin (1713-1770)	150
Tabelle 22:	Verschuldung der Rittergutsbesitzer in ausgewählten kurmärkischen Kreisen (1751)	151
Tabelle 23:	Zweck der Kreditaufnahme: Ruppin (1713-1739)	162
Tabelle 24:	Zweck der Kreditaufnahme: Ruppin (1740-1770)	162
Tabelle 25:	Einnahmen und Ausgaben des Gutes Neu-Klücken (Neumark) 1717	163
Tabelle 26:	Durchschnittliche Kreditsumme pro Gläubigergruppe (in Rtl.) 1718-1763	164
Tabelle 27:	Verhältnis von Güterwert und Kreditbelastung im 18. Jahrhundert Kreis Friedeberg (Neumark)	165
Tabelle 28:	Verhältnis von Güterwert und Kreditbelastung Kreis Seehausen (Altmark)	166

Inhaltsverzeichnis 9

Tabelle 29: Einlagen in die Neue Biergeld- und Hufenschoßkasse der Kurmärkischen Landschaft 1711-14 und 1743/44 (nach Gläubigergruppen) 172

Tabelle 30: Frequentierung der kleinräumlichen Adelsgesellschaften durch Gläubiger aus der hohen Amtsträgerschaft bzw. der Hofgesellschaft (1713-1770) 180

Tabelle 31: Erfüllung der Lehngeldzahlungen der altmärkischen Ritterschaft (1. Quartal 1724) 196

Tabelle 32: Kreditaufnahme Prignitzer Rittergutsbesitzer zur Bezahlung von Lehnpferdegeldschulden (1757/58) 205

Tabelle 33: Anteil höherer Amtsträger der im „langen 16. Jahrhundert" führenden Familien im Zeitraum 1640-1770 217

Tabelle 33 a: Anteil höherer Amtsträger der im „langen 16. Jahrhundert" führenden Familien im Zeitraum 1640-1770 217

Tabelle 34: Anteil der alten Machtelite an den Landräten der Kurmark (1701-1770).... 219

Tabelle 35: Verhältnis von Besitz und Amt (Landräte 1713/17) 220

Tabelle 36: Verhältnis von Besitz und Amt (Landräte 1769/72) 221

Tabelle 37: Anteil der Offiziere unter den adligen Rittergutsbesitzern (1713-1769) 223

Tabelle 38: Auswärtiger Dienst brandenburgischer Vasallen (um 1720) 237

Tabelle 39: Ehestiftungen des brandenburgischen Adels (1650-1700) 247

Tabelle 40: Heiratskreise ausgewählter brandenburgischer Adelsgeschlechter 248

Tabelle 41: Heiratskreise von Offizieren ausgewählter brandenburgischer Adelsgeschlechter (1650-1775) 250

Tabelle 42: Heiratskreise brandenburgischer Amtsträger (1650-1780) 251

Tabelle 43: Durchschnittliches Heiratsalter brandenburgischer Adliger (1650-1780) ... 252

Tabelle 44: Besetzung ständischer Gremien durch kur- und neumärkische Adelsfamilien (1650-1770) 285

Tabelle 45: Anteil der Brandenburger an den Mitgliedern des Geheimen Rates (1641-1763) 333

Tabelle 46: Besetzung hoher Ämter durch brandenburgische Adelsfamilien (1640-1770) 335

Tabelle 47: Trauungen in der Garnisonkirchengemeinde Potsdam (1679-1689) 400

Tabellen im Anhang

Tabelle 48: Berufliche Gliederung des märkischen Adels (1713) - Kurmark 489

Tabelle 49: Berufliche Gliederung des märkischen Adels (1718) - Neumark 490

Tabelle 50: Berufliche Gliederung des märkischen Adels (1751) – Neumark............... 491

Tabelle 51: Berufliche Gliederung des märkischen Adels (1759) – Kurmark 492

Tabelle 52: Berufliche Gliederung des märkischen Adels (1769) – Kurmark 493

Tabelle 53: Berufswahl der Vasallensöhne (1713) Kurmark 494

Tabelle 54: Berufsgliederung der Vasallensöhne – Neumark (1718) 495

Tabelle 55: Berufsgliederung der Vasallensöhne – Neumark (1751) 496

Tabelle 56: Berufsgliederung der Vasallensöhne – Kurmark (1759) 497

Tabelle 57: Gläubigergruppen von märkischen Rittergutsbesitzern (1718-1763).......... 498

Karten

Kreditbeziehungen Kreis Prignitz (1718-1763) 174

Kreditbeziehungen Kreis Havelland (1718-1763) 176

Kreditbeziehungen Kreis Teltow (1718-1763) 178

Landratswahl Kreis Dramburg (1735) 317

Landratswahl Kreis Havelland (1751) 318

Landratswahl Kreis Ruppin (1771) 320

Landratswahl Kreis Sternberg (1771) 321

Schema: Beziehungen der uckermärkischen Adelsgesellschaft zur Residenz 376

Vorwort

Der Titel der vorliegenden Arbeit dürfte verschiedene Assoziationen wecken. Die Beschäftigung mit der Geschichte des Adels – und der des brandenburgischen zumal – pendelte lange zwischen der Verklärung einer uns heute fern gewordenen Lebenswelt und einer häufig durch Verständnislosigkeit geprägten ablehnenden Haltung der Nachlebenden. Doch ein Historiker hat, um hier einen Gedanken des für unser Thema bekanntlich nicht unvorbelasteten Theodor Fontane aufzugreifen, „sich in erster Reihe zweier Dinge zu befleißigen: er muß Personen und Taten aus ihrer Zeit heraus begreifen und sich vor Sentimentalitäten zu hüten wissen." Auch wenn die folgenden Seiten verschiedene Aspekte der frühneuzeitlichen Geschichte des brandenburgischen Adels sine ira et studio behandeln möchten, seinen Reiz hat das Thema für den Verfasser auch nach mehreren Jahren nicht verloren.

Die vorliegende Studie lag im Wintersemester 2001/02 der Philosophischen Fakultät der Universität Potsdam als Habilitationsschrift vor. Für den Druck wurde sie leicht überarbeitet, vor allem fand – soweit möglich – die neueste Literatur Berücksichtigung.

Eine solche Darstellung, die auf einer sich über mehrere Jahre erstreckenden Arbeitsphase beruht, bedurfte neben dem „langen Atem" des Autors natürlich auch der vielfältigen Unterstützung anderer. Diesen soll an dieser Stelle gedankt werden. Dazu gehören die vielen Kolleginnen und Kollegen der Archive und Bibliotheken, die sich bemüht hatten, meine Quellen- und Literaturwünsche zu stillen. Hilfreich erwies sich die konstruktive Atmosphäre der Frühneuzeit-Forschungskolloquia an den Universitäten Bielefeld, Dresden und Potsdam, auf denen ich Teilergebnisse der entstehenden Arbeit einem kompetenten Publikum vorstellen konnte.

Die erste Arbeitsphase begleitete kritisch-fördernd Frau Prof. Luise Schorn-Schütte, an deren Lehrstuhl ich fünf Jahre als wissenschaftlicher Mitarbeiter tätig war. Vor allem sei jedoch Herrn Prof. Peter-Michael Hahn gedankt, der mit seiner hilfreichen Kritik und seinem Rat das Reifen des Gesamtmanuskriptes befördert hatte und auch das Erstgutachten übernahm. Mein Dank schließt ferner die Herren Professoren Günther Lottes (Potsdam) und Anton Schindling (Tübingen) ein, die sich bereit fanden, die weiteren Gutachten zu übernehmen. Bei der computergestützten Herstellung der Dateien für die Auswertung serieller Quellen, sowie der Karten und Grafiken war mir mein Freund Ralf Zimmer eine unschätzbare Hilfe. Der Direktor des Brandenburgischen Landeshauptarchives Potsdam, Herr Dr. Klaus Neitmann, erklärte sich dankenswerterweise bereit, diese Arbeit in die von ihm herausgegebene Schriftenreihe zu übernehmen. Der Deutschen Forschungsgemeinschaft sei für eine Sachbeihilfe, die für die Archivreisen zur Erarbeitung der komparativ angelegten Passagen meiner Studie erforderlich waren, gedankt, ebenso wie für einen namhaften Druckkostenzuschuß.

Wie man weiß, ist Forschung nicht nur von der, manchmal mitunter etwas abgehobenen Atmosphäre im akademischen Elfenbeinturm geprägt. Ebenso trägt auch das persönliche Umfeld eines Wissenschaftlers zum Entstehen eines solchen Projektes bei. Meine Frau Angelika und meine beiden Töchter Katrin und Julia hatten in nicht wenigen Arbeitsphasen ihren Ehemann und Vater öfter entbehren müssen. Zugleich bewahrten sie mich in ihrer sowohl direkten als auch charmanten Art davor, bei aller Faszination für die alten adligen Lebenswelten nicht den heutigen Realitäten zu entfliehen. Ihnen sei daher dieses Buch gewidmet.

Potsdam, im Oktober 2003

Einleitung

1. Zur Adels- und Preußenforschung bis 1945

Die Geschichte des Adels gehörte viele Jahre nicht zu den bevorzugten Themen der meinungsbildenden historischen Forschung in Deutschland[1], gleichwohl sich natürlich Unterschiede für die einzelnen Epochen erkennen lassen.[2] Die Etikettierung dieses Standes als „traditionelle, konservative Elite"[3], als eine soziale Schicht, die „nicht die zukunftsträchtigen Kräfte der Geschichte zu verkörpern"[4] schien, fand ihren Niederschlag lange Zeit auch in der Behandlung der brandenburg-preußischen Adelsgeschichte. Diese kritische Beurteilung mag auf den ersten Blick verwundern angesichts einer sehr langen und ergiebigen Beschäftigung mit der altpreußischen Historie. Solche Namen wie *Johann Gustav Droysen, Gustav Schmoller* und vor allem *Otto Hintze* standen repräsentativ für die ältere Epoche dieser Forschungsrichtung, und die von den genannten Historikern vorgelegten Ergebnisse zur preußischen Verfassungs-, Verwaltungs-, Diplomatie-, Wirtschafts- und – so darf man wohl zumindest ansatzweise konzedieren – zur Sozialgeschichte bilden auch heute noch eine unverzichtbare Grundlage für weiterführende Forschungen.[5] Die bewußt gewählte Rangfolge bei der Aufzählung der Hauptthemen ihrer wissenschaftlichen Arbeit zielt aber auch darauf, daß das erkenntnisleitende Interesse der „borussischen" Schule in starkem Maße auf den Staat fokussiert war. Das Hauptziel ihrer Forschungen galt der Darstellung des Aufstiegs der als mustergültig angesehenen preußischen Monarchie. Besonders prägnant erschien dieser etatistische

---

1   Vgl. anstelle vieler Forschungsüberblicke hier nur R. Endres: Adel in der Frühen Neuzeit (= Enzyklopädie deutscher Geschichte, Bd. 18), München 1993, S. IX und S. 117-141 (bibliographischer Anhang). Damit sollen natürlich nicht die in langer Tradition stehenden und gerade für die Adelsgeschichte unverzichtbaren familiengeschichtlich-genealogischen Forschungen abgewertet werden, die aber zumeist abseits der an den Universitäten angesiedelten „großen" Themen betrieben wurden.

2   Zwar ist dem 1990 von Hans-Ulrich Wehler getroffenen Urteil bedingt zuzustimmen, wonach das Mittelalter und die Frühneuzeit im Vergleich zur Modernen Geschichte eine stärkere Berücksichtigung innerhalb der Adelsforschung erfahren hatten, dennoch überwogen bei genauerem Hinsehen auch hier die Desiderata, wie im weiteren Gang unserer Betrachtungen zu zeigen sein wird. Vgl.: H.-U. Wehler: Einleitung, in: Europäischer Adel 1750-1950, hrsg. v. dems., Göttingen 1990, S. 9-18, hier S. 9.

3   V. Press: Südwestdeutscher Adel zwischen Reich und Territorium (Einleitung), in: Zeitschrift für Geschichte des Oberrheins, N.F. 98 (1989), S. 198-203, hier S. 198.

4   R.G. Asch: Ständische Stellung und Selbstverständnis des Adels im 17. und 18. Jahrhundert, in: Der europäische Adel im Ancien Régime. Von der Krise der ständischen Monarchie bis zur Revolution (1600-1789), hrsg. v. dems., Köln/Weimar/Wien 2001, S. 3-45, hier S. 4.

5   J.G. Droysen: Geschichte der Preußischen Politik, Teil 3 u. 4, Leipzig 1870/72; O. Hintze: Die Hohenzollern und der Adel [zuerst 1914], wieder in ders.: Regierung und Verwaltung. Gesammelte Abhandlungen zur Staats-, Rechts- und Sozialgeschichte Preussens, Göttingen 1967, S. 30-55; ders.: Die Hohenzollern und ihr Werk, Berlin 1915; G. Schmoller: Preußische Verfassungs-, Verwaltungs- und Sozialgeschichte, Berlin 1921; ferner die von G. Schmoller und O. Hintze bearbeiteten Bände der Acta Borussica (v.a.: Serie A: Behördenorganisation); L. Tümpel: Die Entstehung des brandenburgisch - preußischen Einheitsstaates im Zeitalter des Absolutismus (1609-1806), Breslau 1915.

Ansatz in der Quellenauswahl der meisten Bände der „Acta Borussica".[6] Der Adel mußte bei einem solchen Ansatz faktisch auf eine Statistenrolle hinabsinken, sofern nicht aus seinen Reihen führende Amtsträger und Offiziere hervortraten, die sich bedingungslos in den Dienst der Hohenzollerndynastie gestellt hatten. Doch auch den borussischen Historikern war nicht verborgen geblieben, daß die Mehrheit der Adelsgeschlechter in den Teilen der preußischen Gesamtmonarchie den weitgespannten politischen Ambitionen ihrer Landesherren zunächst nur wenig Sympathien abgewinnen konnte. So nahm es nicht wunder, daß die Geschichte des Adels, der durch einen „kurzsichtigen Klassengeist" geprägt worden sei, in diesen Darstellungen nicht zu den bevorzugten Themen gehörte.[7] Erst in der friderizianischen Zeit habe sich der Adel zum „Träger jener preußischen Staatsgesinnung" entwickelt, mit „der der König seinem Lande voranging".[8] Angesichts dieser eher abschätzig erscheinenden Beurteilungen des preußischen Adels erübrigten sich tieferlotende Untersuchungen, die insbesondere das damit unterstellte recht homogene Bild der Ritterschaft hätten hinterfragen können. Durch den allenthalben praktizierten Blick von der Zentrale auf das „Land" mußten zugleich regionale Differenzierungen der Adelslandschaften unscharf bleiben. Dabei hätten z.B. die an prominenter Stelle abgedruckten differenzierenden Bewertungen des Adels der verschiedenen preußischen Provinzen durch König Friedrich Wilhelm I. Veranlassung geboten, den Ursachen der von diesem Monarchen unterstellten unterschiedlich ausgeprägten Loyalitäten der Adelsgesellschaften genauer nachzugehen.[9] Eine Ausnahme stellte die Dissertation von *F. Martiny* dar, die – auf einer seriellen Quellengruppe basierend – Fragestellungen aufgegriffen hatte, die für die weitere Adelsforschung hätten weiterführend sein können.[10]

2. Zur Adels- und Preußenforschung in der Bundesrepublik bis 1990

Die Katastrophe in der Mitte des letzten Jahrhunderts mit ihren gleichsam traumatischen Folgen für das Selbstverständnis und den Selbstfindungsprozeß der deutschen Geschichtswissenschaft führte allmählich zu einer Erweiterung des methodischen Zugriffs bei der Beschäftigung mit der altpreußischen Geschichte. Allerdings standen einem solchen Neuanfang zunächst erhebliche politische und mentale Barrieren entgegen. Zu stark schien gerade

---

6   Vgl. vor allem die Vorrede Schmollers in der Einleitung zum Band 1 der Acta Borussica. Denkmäler der preußischen Staatsverwaltung im 18. Jahrhundert. Die Behördenorganisation und allgemeine Staatsverwaltung [i.f. A.B.B.], Berlin 1894.
    Zur historiographischen Einordnung dieses verdienstvollen Editionsunternehmens vgl.: G. Heinrich: Acta Borussica. Ein Rückblick nach hundert Jahren, in: A.B.B., Bd. 16.2, Hamburg/Berlin 1982, S. VII-IX; ferner auch W. Neugebauer: Zur preußischen Geschichtswissenschaft zwischen den Weltkriegen am Beispiel der Acta Borussica, in: JBLG 50 (1999), S. 169-196.
7   Schmoller, Preußische Verfassungs-, Verwaltungs- und Finanzgeschichte, S. 54.
8   Hintze, Die Hohenzollern und der Adel, S. 50. Vgl. in diesem Sinne auch die Dissertation der Hintze-Schülerin E. Schwenke: Friedrich der Große und der Adel, Phil. Diss. Berlin 1911.
9   Vgl.: A.B.B., Bd. 3, S. 448-454.
10 Vgl.: F. Martiny: Die Adelsfrage in Preußen vor 1806, Stuttgart/Berlin 1938.

Einleitung 15

die preußische Geschichte mit jenen Entwicklungen verwoben zu sein, die zu der – häufig unter dem „deutschen Sonderweg" mit all seinen Implikationen (Demokratiedefizit, Obrigkeitsstaat) firmierenden – Entwicklung bis 1945 geführt hatten.[11] Gerade der brandenburgisch-preußische Adel, der zum Teil diese unterstellte ungebrochene Kontinuitätslinie von den ländlichen Herrenschichten des alten Preußen über die Führungsgruppen des deutschen Kaiserreiches bis zu den Eliten des Dritten Reiches verkörpert haben sollte, schien in paradigmatischer Weise eine solche These zu bestätigen.[12]

Nicht von ungefähr kamen dann Neuanstöße von Historikern, die auf Grund ihrer Sozialisation in Westeuropa bzw. Nordamerika unverdächtig schienen, einer unkritischen „Aufwertung" Preußens in den 1950er Jahren das Wort reden zu wollen. Als repräsentativ für diesen – zunächst auf den Teil der alten Bundesrepublik begrenzten – Neuansatz dürfen wohl vor allem die Arbeiten von *Francis L. Carsten* über die „Entstehung Preußens", *Hans Rosenbergs* zur Geschichte der preußischen Bürokratie und *Otto Büschs* zur „sozialen Militarisierung" der altpreußischen Gesellschaft gelten. Die Bedeutung dieser Darstellungen resultierte nicht primär aus der Darreichung neuen Quellenmaterials – die beiden zuletzt genannten Werke beschränkten sich weitgehend auf die Nutzung der bis dahin erschienenen 14 Bände der „Acta Borussica" –, sondern vielmehr aus einem scharf pointierenden und in bewußter Antithese zur bisherigen Forschungstradition stehenden Ansatz, der die Phase der Sprachlosigkeit der (west)deutschen Nachkriegshistoriographie zur Preußenproblematik in den 1950er Jahren beendet hatte.[13] Gleichwohl – und dies zeigt sowohl die zunächst zurückhaltende Aufnahme des Buches von *Rosenberg* als auch die erst nach vielen Jahren zustande gekommene deutsche Übersetzung der Monographie von *Carsten*[14] – hielt sich das Interesse an der Preußenthematik noch lange Zeit in Grenzen. Unter spezifischem Gesichtspunkt erfuhr bei diesen Autoren der Adel eine stärkere Konturierung als in den Darstellungen der borussischen Historiker. *Rosenbergs*, auch als „Kollektivbiographie" der preußischen Amtsträgerschaft zu lesende Studie beleuchtete vor dem Hintergrund der Erkenntnis, daß eine Geschichte der Bürokratie auch eine Geschichte der dort Handelnden und Leitenden sein müsse, vor allem jene Gruppe des brandenburg-preußischen Adels stärker, die es vor allem während der Regierungszeit Friedrichs des Großen vermocht hatte, in einflußreiche Chargen der Zentralverwaltung zu gelangen.[15] In *Otto Büschs* Studie hingegen geriet jener Teil der

---

11 Vgl. anstelle vieler hier nur: Der deutsche Sonderweg in Europa 1800-1945, hrsg. v. H. Grebing u.a., Stuttgart 1986.
12 Vgl. hierzu, allerdings mit teilweise zu undifferenziertem Blick: H. Schissler: Die Junker. Zur Sozialgeschichte und historischen Bedeutung der agrarischen Elite in Preußen, in: Preußen im Rückblick, hrsg. v. H.-J. Puhle/H.-U. Wehler, Göttingen 1980, S. 89-122; R.M. Berdahl: The Politics of the Prussian Nobility. The development of a conservative ideology 1770-1848, Princeton (New Jersey) 1988.
13 F.L. Carsten: Die Enstehung Preußens, Köln/Berlin 1968 [Orig.. The Origins of Prussia, Oxford 1954]; H. Rosenberg: Bureaucracy, Aristocracy and Autocraty. The Prussian Experience 1660-1815, Cambridge/Mass. 1958; O. Büsch: Militärsystem und Sozialleben im alten Preußen 1713-1807. Die Anfänge der sozialen Militarisierung der preußisch-deutschen Gesellschaft, Berlin 1962.
14 Vgl. dazu das Vorwort Carstens zur deutschen Ausgabe, in: ders., Entstehung, S. 11.
15 Vgl. zu dieser Thematik später auch: H.C. Johnson: Frederick the Great and his Officials, New Haven/London 1975.

brandenburgischen Ritterschaft in das Blickfeld des Autors, der besonders in der Zeit nach Einführung des Kantonsystems 1733 sowohl als Gutsherr als auch als Offizier in den Prozeß der „sozialen Militarisierung" involviert gewesen wäre.[16]

Gerd Heinrich kam das Verdienst zu, innerhalb der – vor allem im Umkreis des „Büdinger Arbeitskreises" – seit den 1960er Jahren in Angriff genommenen übergreifenden Projekten, die sich mit der Erforschung der deutschen Führungsschichten beschäftigten, den brandenburg-preußischen Part kompetent vertreten und immer wieder auf Forschungsdesiderata verwiesen zu haben.[17] Dies gilt es besonders für eine Zeit hervorzuheben, in der die Beschäftigung mit Preußen nicht gerade zu den bevorzugten und karrierefördernden Themen der Forschung gehörte, obwohl andererseits vor allem die wegweisenden Arbeiten *Otto Brunners*[18] ein sensibleres Gespür für das Spannungsfeld von Landesherrschaft und Adel gefördert hatten.

In Verbindung mit diesen Interpretationslinien stand ein anderer wichtiger Forschungszweig, der zugleich belebend auf die Bearbeitung der Adelsgeschichte wirken konnte: die Ständegeschichte.[19] Die lange Zeit ausgesprochen negativ bleibende Bewertung des frühneuzeitlichen Ständetums in der älteren Forschung korrespondierte mit der Favorisierung des „Machtstaates" durch die borussischen Historiker. Die Wirksamkeit der ständischen Gremien wurden mit Etikettierungen wie „rückwärtsgewandt", nur „reagierend" und „staatsfeindlich" bedacht.[20] Demzufolge mußten bei einer solchen Sichtweise die zunehmend in eine souveräne Stellung hineinwachsenden Fürsten als diejenigen erscheinen, die den Staatsbildungsprozeß maßgeblich befördert hatten.

---

16   Allerdings ist die von Büsch unterstellte weitgehende Identität von Land- und Offiziersadel als eine seiner zentralen Thesen in Zweifel zu ziehen, worauf an anderer Stelle unserer Studie noch ausführlich zurückzukommen sein wird.

17   Vgl. hierzu seine umfassenden, allerdings auf Grund der Unzugänglichkeit des in DDR-Archiven lagernden Quellenmaterials vorrangig auf der älteren Literatur basierenden Überlicke in den vom Büdinger Arbeitskreis zur Erforschung der Deutschen Führungsschichten herausgegebenen Sammelbänden: G. Heinrich: Der Adel in Brandenburg-Preußen, in: Deutscher Adel 1555-1740, hrsg. v. H. Rössler, Darmstadt 1965, S. 259-314; ders.: Amtsträgerschaft und Geistlichkeit. Zur Problematik der sekundären Führungsschichten in Brandenburg-Preußen 1450-1786, in: Beamtentum und Pfarrerstand, hrsg. v. G. Franz, Limburg 1972, S. 179-237. Des weiteren vgl. auch die vom selben Verf. vorgelegte Monographie: Geschichte Preußens. Staat und Dynastie, Berlin 1980.

18   Vgl.: O. Brunner: Adeliges Landleben und europäischer Geist. Leben und Werk Wolf Helmhards von Hohenberg 1612-1688, Salzburg 1949; davon inspiriert und mit weiteren Ausblicken: H.H. Hofmann: Adelige Herrschaft und souveräner Staat. Studien über Staat und Gesellschaft in Franken und Bayern im 18. und 19. Jahrhundert, München 1962.

19   Vgl. dazu die instruktive Einführungen von D. Gerhard: Probleme ständischer Vertretungen im früheren 18. Jahrhundert und ihre Behandlung in der gegenwärtigen internationalen Forschung, in: Ständische Vertretungen in Europa im 17./18. Jahrhundert, hrsg. v. dems., Göttingen 1969, S. 9-31 und für die jüngere Zeit bei W. Neugebauer: Politischer Wandel im Osten. Ost- und Westpreußen von den alten Ständen zum Konstitutionalismus, Stuttgart 1992, S. 1-27.

20   Vgl. hier für diese Interpretationslinie v.a.: F. Hartung: Deutsche Verfassungsgeschichte vom 15. Jahrhundert bis zur Gegenwart, Stuttgart 1950[8]; ders.: Herrschaftsverträge und ständischer Dualismus in den deutschen Territorien, in: Staatsbildende Kräfte der Neuzeit, Berlin 1961 [zuerst 1952].

Einleitung 17

In Verbindung mit den bereits aufgezeigten recht undifferenzierten Vorstellungen über die abweisende Haltung des Adels zur landesherrlichen Politik des 17. Jahrhunderts erschien auch die Ständepolitik im brandenburg-preußischen Staat vor allem im Lichte eines unversöhnlichen Gegensatzes zwischen Landesherren und Ständeversammlungen. Nicht zufällig standen mit Kleve-Mark und (Ost-) Preußen vor allem jene Konfliktregionen in der ersten Hälfte der Regierungszeit des Großen Kurfürsten im Mittelpunkt der Aufmerksamkeit, die besonders signifikant die uneinsichtige, konservative Haltung der Stände belegen sollten.[21] Auf diesem Forschungsfeld sind in den letzten Jahrzehnten unter übergreifendem Aspekt erhebliche Korrekturen vorgebracht worden. Ohne auf die Fülle der Literatur, die vor allem mit den Namen *Francis L. Carsten*[22], *Gerhard Oestreich*[23], *Rudolf Vierhaus*[24] und *Volker Press*[25] verbunden sind, hier eingehen zu wollen, seien an dieser Stelle nur die wesentlichen Aspekte der Neubewertungen zusammengefaßt: Zum einen konnte detailliert nachgewiesen werden, daß die Stände auch in der sogenannten „absolutistischen" Epoche über nicht unbeträchtliche Partizipationsmöglichkeiten verfügt hatten. Dahinter standen natürlich die – vor allem durch die Rezeption der westeuropäischen Forschung – gewonnenen Einsichten, daß der unterstellte Grad an „Staatlichkeit" in den deutschen Territorien des Ancien Règime nicht der historischen Realität entsprach.

Zum anderen wurde die Diskussion um die Frage nach der Kontinuität bzw. Diskontinuität zwischer ständischer und „moderner" Repräsentation vertieft, ohne daß man bislang zu einem abschließenden Urteil gelangt wäre. Zu recht wurde darauf verwiesen, daß der äußerst differenzierte Befund in den bislang gut erforschten europäischen Ständelandschaften monokausale Erklärungen verbietet. Starke frühneuzeitliche Ständestrukturen mußten nicht zwangsläufig zur Entwicklung konstitutioneller Verfassungsverhältnisse führen.[26]

Diese Neuansätze übten zwangsläufig gerade auf die Interpretation jenes Staatswesens Wirkungen aus, dessen Erforschung lange Zeit paradigmatisch für einen ausgeprägt etatistischen Ansatz gestanden hatte. Doch auch im Preußen des Ancien Régime haben die Stände durch-

---

21 Vgl. hierzu z.B. die Einleitung von S. Isaacsohn in dem dem brandenburgischen Ständetum gewidmeten Band der Urkunden und Actenstücke zur Geschichte des Kurfürsten Friedrich Wilhelm [i.f. UA], Bd. 10, Berlin 1880
22 Vgl.: F.L. Carsten: Princes and Parliaments in Germany from the Fifteenth to the Eighteen Century, Oxford 1959.
23 Vgl.: G. Oestreich: Ständetum und Staatsbildung in Deutschland, in: ders., Geist und Gestalt des frühmodernen Staates. Ausgewählte Aufsätze, Berlin 1969, S. 179-197; ders.: Zur Vorgeschichte des Parlamentarismus: Ständische Verfassung, Landständische Verfassung und Landschaftliche Verfassung, in: ders., Strukturprobleme der Frühen Neuzeit. Ausgewählte Aufsätze, Berlin 1980, S. 253-271.
24 Vgl.: R. Vierhaus: Ständewesen und Staatsverwaltung in Deutschland im späteren 18. Jahrhundert, in: Dauer und Wandel der Geschichte. Aspekte europäischer Vergangenheit. Festgabe für Kurt von Raumer zum 15. Dezember 1965, hrsg. v. dems./ M. Botzenhart, Münster 1966, S. 337-360.
25 Vgl.: V. Press: Landtage im Alten Reich und im Deutschen Bund. Voraussetzungen ständischer und konstitutioneller Entwicklungen 1750-1830, in: Zeitschrift für württembergische Landesgeschichte, 39 (1980), S. 100-140; ders.: Formen des Ständewesens in den deutschen Territorialstaaten des 16. und 17. Jahrhunderts, in: Ständetum und Staatsbildung in Brandenburg-Preußen. Ergebnisse einer internationalen Fachtagung, hrsg. v. P. Baumgart, Berlin/New York 1983, S. 280-318; ders.: Vom „Ständestaat" zum Absolutismus. 50 Thesen zur Entwicklung des Ständewesens in Deutschland, in: ebenda, S. 319-326.
26 Vgl.: Neugebauer, Politischer Wandel, S. 8.

aus einen politischen Spielraum und Möglichkeiten der Partizipation bewahren können.[27] „Die endgültige Verdrängung aus dem inneren Bereich der politischen Willensbildung im absoluten Staat seit der Regierung des Großen Kurfürsten" habe in Brandenburg-Preußen „keineswegs etwa zu einem Verfall des Ständetums geführt", konstatierte *Peter Baumgart*.[28] Damit war der Weg geebnet, auch für die altpreußischen Verhältnisse jenen zwar verborgenen, dennoch aber durchaus wirksamen ständischen Partizipationsmöglichkeiten nachzugehen. So hatte *Peter-Michael Hahn* den Schwerpunkt seiner, sich den Verhältnissen des 16. und 17. Jahrhunderts widmenden Studie neben der Analyse des „ständischen Regionalismus" auf die Entflechtung und später unter veränderten Bedingungen erneut erfolgende Vernetzung von organisiertem Ständetum und landesherrlicher Amtsträgerschaft gelegt.[29] Damit gerieten über die traditionelle Erforschung der institutionellen Aspekte des Ständetums hinaus Fragestellungen in den Blick, die durch einen komplexen Zugang politik- und sozialgeschichtliche Ansätze miteinander verbinden wollten. Es konnte verdeutlicht werden, daß es vor allem die infolge der Agrardepression zurückgehende Funktion brandenburgischer Adelsfamilien als Kreditgeber war, die zum Einflußverlust bei der Landesherrschaft geführt hatte. Bereits in seiner Monographie zur Geschichte des brandenburgischen Adels im „langen 16. Jahrhundert" hatte *Hahn* diesen methodischen Ansatz erprobt.[30] Als wohl wichtigstes Ergebnis dieser Studie darf die Beobachtung angesehen werden, wonach eine relativ kleine, mit reichem Grundbesitz und Barvermögen ausgestattete Gruppe von Familien – eine sogenannte „Machtelite" – sowohl einen überragenden Einfluß in den Ständegremien ausgeübt als auch eine Vielzahl von landesherrlichen Ämtern besetzt hatte. Durch die optimale Verbindung von „Besitz" und „Amt" konnte sich diese Führungsgruppe etablieren.

Damit wurde zugleich, parallel zu ähnlich gelagerten Untersuchungen zu anderen deutschen Territorien, die Einsicht vertieft, daß nicht der Gegensatz zweier gleichsam homogener Antipoden, sondern eher das Bestreben nach konsensualem Miteinander beider Seiten das Verhältnis zwischen Fürsten und Ständen bestimmt hatte.[31] Vor allem die vermittelnde Rolle der teils in landesherrlichen, teils in ständischen Diensten stehenden Angehörigen der Machtelite förderte diese Konstellation. Die Vorstellung eines „ständischen Dualismus" wurde in das Reich der Legende verwiesen.[32]

---

27 Vgl. hierzu v.a. den von P. Baumgart hrsg. Sammelband: Ständetum und Staatsbildung in Brandenburg-Preußen. Ergebnisse einer internationalen Fachtagung, Berlin/New York 1983; ferner der essayistische Beitrag von dems.: Wie absolut war der preußische Absolutismus?, in: Preußen. Beiträge zu einer politischen Kultur, hrsg. v. M. Schlenke, Reinbek (b. Hamburg), 1981, S. 89-105
28 P. Baumgart: Zur Geschichte der kurmärkischen Stände im 17. und 18. Jahrhundert, in: Ständische Vertretungen, S. 131-161, hier S. 134.
29 P.-M. Hahn: Landesstaat und Ständetum im Kurfürstentum Brandenburg während des 16. und 17. Jahrhunderts, in: Ständetum und Staatsbildung, S. 41-79.
30 Vgl.: P.-M. Hahn: Struktur und Funktion des brandenburgischen Adels im 16. Jahrhundert, Berlin 1979.
31 Vgl.: M. Lanzinner: Fürst, Räte und Landstände. Die Entstehung der Zentralbehörden in Bayern 1511-1598, Göttingen 1980; J.A. Vann: Württemberg auf dem Weg zum modernen Staat (1593-1793), Stuttgart 1986; E. Schubert: Steuer, Streit und Stände. Die Ausbildung ständischer Repräsentation in niedersächsischen Territorien des 16. Jahrhunderts, in: Niedersächsisches Jahrbuch für Landesgeschichte 63 (1991), S. 1-58; übergreifend dazu: V. Press: Vom „Ständestaat".
32 Vgl. dazu. U. Lange: Der ständestaatliche Dualismus - Bemerkungen zu einem Problem der deutschen Verfassungsgeschichte, in: Blätter für deutsche Landesgeschichte 117 (1981), S. 311-332.

Einleitung   19

Ebenso kam es auf einem weiteren Feld zu einer Modifizierung der bislang herrschenden Sichtweise über landadlige Existenzformen. *P.-M. Hahn* legte 1989 eine umfangreiche Studie über die herrschaftliche Durchdringung des ländlichen Raumes zwischen Elbe und Aller vor und konnte darin „das Fortleben hoch- und spätmittelalterlicher Herrschaftsformen ... auch unter dem `Absolutismus`" nachweisen.[33] Damit wurde mittels eines modifizierten methodischen Ansatzes die begrenzte Reichweite des „absolutistischen" Staates vor Augen geführt und nochmals die Fragwürdigkeit des vor allem auf normativen Quellen beruhenden Interpretaments der älteren Forschung über den „Aufstiegs"-Prozeß des alten Preußen aufgezeigt.[34]

3. Zur Adels- und Preußenforschung in der DDR

Doch kehren wir noch einmal zur historiographischen Ausgangslage von 1945 zurück. In der DDR-Geschichtsschreibung, die ohnehin die Jahrhunderte zwischen Reformation und Französischer Revolution als „Niedergangsepoche" innerhalb der deutschen Geschichte charakterisiert hatte, galt der Adel als Inkarnation des „Klassenfeindes", dessen Mitschuld am Aufkommen des Nationalsozialismus zunächst undifferenziert konstatiert und – hierin einem teleologischen Geschichtsbild folgend – zeitlich weit in die Frühe Neuzeit zurückprojiziert wurde.[35] Das Festhalten an dem vor allem in den Niederungen der tagespolitischen Auseinandersetzungen anzutreffenden „Junker"-Begriff als geschichtswissenschaftlicher Kategorie verstellte eher tiefergehende Analysen.[36] Vor allem hatten die damaligen wissenschaftlichen und populärwissenschaftlich-propagandistischen Verlautbarungen zur Rolle des Adels in der deutschen Geschichte jene „revolutionären" Veränderungen ideologisch zu flankieren, die in der Bodenreform ihren wichtigsten Bezugspunkt hatten.[37]

---

33   P.-M. Hahn: Fürstliche Territorialhoheit und lokale Adelsgewalt. Die Durchdringung des ländlichen Raumes zwischen Elbe und Aller, Berlin/New York 1989, hier S. 1.

34   Dieser Argumentation sind auch die einschlägigen Arbeiten W. Neugebauers verpflichet. Vgl. zuletzt v. a.: Zur Staatsbildung Brandenburg-Preußens. Thesen zu einem historischen Typus, in: JBLG 49 (1998), S. 183-194.

35   Vgl. hier repräsentativ den im Range eines Hochschullehrbuches stehenden Band G. Schilfert: Deutschland 1648-1789 (Lehrbuch der deutschen Geschichte, Bd. 4), Berlin 1962², 1975³.
     Erst allmählich und nicht ohne Widerstände seitens der ideologischen „Hardliner" ist diese negative Wertung einer etwas differenzierteren Sicht, vor allem im Zusammenhang einer Neuinterpretation des konservativen Widerstands gegen Hitler im Umkreis des 20. Juli 1944 und der Erbe - Traditions - Diskussion zu Beginn der 1980er Jahre, gewichen. Dies blieb allerdings eine eher wissenschaftsinterne Erscheinung; an der Gesamtinterpretation der historischen Rolle des Adels änderte sich bis zum Ende der DDR nichts, was vor allem ein Blick in die Geschichts- und Hochschullehrbücher der 1980er Jahre belegt.

36   Vgl.: I. Buchsteiner: Zum Begriff des Junkers in der DDR-Literatur der 80er Jahre, in: Jahrbuch für Wirtschaftsgeschichte 1991/92, S. 105-113.

37   Dies räumten auch G. Heitz und H. Harnisch in ihrem Überlick zur Agrargeschichtsforschung der DDR ein: „Es war daher ganz natürlich, daß die die Bodenreform begleitende Publizistik und Agitation sehr intensiv mit historischen Argumenten arbeitete, damit diese revolutionäre Umgestaltung des Dorfes stärker im Bewußtsein der Volksmassen Fuß fassen konnte. Das Interesse an agrargeschichtlichen Zusammenhängen besaß dadurch einen starken aktuellen politischen Bezug." G. Heitz/ H. Harnisch : Einleitung, in: Deutsche Agrargeschichte des Spätfeudalismus (= Studienbibliothek DDR - Geschichtswissenschaft, Bd. 6), hrsg. v. dens., Berlin 1986, S. 9-36, hier S. 10.

Andererseits geriet seitens der DDR-Geschichtswissenschaft bereits frühzeitig ein Teilaspekt der Adelsgeschichte in den Blick, der an die älteren, vor allem durch *Georg Friedrich Knapp* und *Georg v. Below* geprägten Diskussionen um Begriff und Inhalt der „Gutsherrschaft" anknüpfte.[38] Auf diesem Gebiet wurde seit den 1960er Jahren ein erheblicher Erkenntnisfortschritt durch quellennahe Studien erzielt, unter denen insbesondere die Arbeiten von *Hartmut Harnisch, Hans-Heinrich Müller* und *Lieselott Enders* besondere Beachtung verdienen.[39] Durch diese Forschungen sind vor allem die Rahmenbedingungen der Wirtschaftsführung des Adels, insbesondere seine Möglichkeiten des überregionalen Handels und des Getreideexports in den Blick geraten. Allerdings blieben auch hier offene Fragen. Bedenkt man z.B. die recht erheblichen Unterschiede innerhalb der brandenburgischen Adelsgesellschaft, müssen wohl die vor allem durch *H. Harnisch* aus den von ihm ausgewerteten Quellen gezogenen Schlußfolgerungen über das Ausmaß der überregionalen Handelsaktivitäten der Ritterschaft relativiert werden.[40]

Gleichwohl hielt man bis in die 1980er Jahre an der im offenkundigen Widerspruch zum Quellenbefund stehenden These fest, wonach die absolute Monarchie „als unverhüllte Diktatur der gesamten Adelsklasse" errichtet wurde.[41] Der Fürst amtierte somit gleichsam als „Agent" der gesamten „herrschenden" Klasse, obwohl sich die Ritterschaft „im Widerspruch zu zentralen Inhalten der königlichen Politik" befunden hatte.[42] Lediglich *Klaus Vetter* modifizierte diese Sichtweise in seinen Studien, die sich partiell auf die Auswertung des kurmärkischen Ständearchivs stützten.[43]

---

38 Vgl. dazu: H. Kaak: Die Gutsherrschaft. Theoriegeschichtliche Untersuchungen zum ostelbischen Agrarwesen, Berlin 1991.

39 Vgl.: H. Harnisch: Die Herrschaft Boitzenburg. Untersuchungen zur Entwicklung der sozialökonomischen Struktur ländlicher Gesellschaften der Mark Brandenburg vom 14. bis 19. Jahrhundert, Weimar 1968; H.-H. Müller: Märkische Landwirtschaft vor den Agrarreformen von 1807, Potsdam 1967; L. Enders: Entwicklungsetappen der Gutsherrschaft vom Ende des 15. bis zum Beginn des 17. Jahrhunderts, untersucht am Beispiel der Uckermark, in: Jahrbuch für die Geschichte des Feudalismus 12 (1988), S. 119-166.

40 Vgl.: Harnisch, Die Herrschaft Boitzenburg; ders.: Bauern – Feudaladel – Städtebürgertum. Untersuchungen über die Zusammenhänge zwischen Feudalrente, bäuerlicher und gutsherrlicher Warenproduktion und den Ware-Geld-Beziehungen in der Magdeburger Börde und dem nordöstlichen Harzvorland von der frühbürgerlichen Revolution bis zum Dreißigjährigen Krieg, Weimar 1980; kritisch dazu: Hahn, Fürstliche Territorialhoheit, S. 17 f.

41 So G. Heitz in der vom Zentralinstitut für Geschichte der Akademie der Wissenschaften der DDR herausgegebenen Deutschen Geschichte, Bd. 3: Die Epoche des Übergangs vom Feudalismus zum Kapitalismus von den siebziger Jahren des 15. Jahrhunderts bis 1789, Berlin 1983, S. 339.

42 Vgl. kritisch dazu: K. Deppermann: Der preußische Absolutismus und der Adel. Eine Auseinandersetzung mit der marxistischen Absolutismustheorie, in: Geschichte und Gesellschaft, Bd. 8 (1982), S. 538-553, hier S. 547.

43 Vgl.: K. Vetter: Die Stände im absolutistischen Preußen. Ein Beitrag zur Absolutismus-Diskussion, in: ZfG 24 (1976), S. 1290-1306; ders.: Zusammensetzung, Funktion und politische Bedeutung der kurmärkischen Kreistage im 18. Jahrhundert, in: Jahrbuch für Geschichte des Feudalismus 3 (1979), S. 393-415; ders.: Kurmärkischer Adel und preußische Reformen, Weimar 1980.

4. Forschungen nach 1990

Durch die Wiedervereinigung, die personelle und institutionelle Verbindung der bislang getrennten Forschungskapazitäten zur brandenburg-preußischen Geschichte, vor allem jedoch durch die nun freie Zugänglichmachung der in den ehemaligen DDR-Archiven lagernden Quellenbestände erfuhr die Landesgeschichtsforschung eine nachhaltige Belebung. Damit bestand die Chance, unterschiedliche Forschungstraditionen zusammenzuführen.[44] Doch bezogen auf unser Untersuchungsthema lagen die Forschungsinteressen kurz vor der „Wende" von 1989/90 nicht mehr so weit auseinander, wie es zunächst scheinen mochte. Wenn die damals in der Preußenforschung führende DDR-Historikerin *Ingrid Mittenzwei* in einer 1983 vorgelegten Forschungsbilanz monierte, daß es für „die Zeit bis 1789 keine Untersuchungen über die soziale Struktur und die tatsächliche politische Rolle des Adels im preußischen Territorialstaat gebe" und *Wolfgang Neugebauer* als Mitherausgeber des „Jahrbuches für brandenburgische Landesgeschichte" – gewissermaßen die Bilanz der bundesrepublikanischen Geschichtsforschung ziehend – eine „Relativierung des oft sehr klischeehaften Bildes von 'dem preußischen Junker'" anmahnte, dann wurde ungeachtet der unterschiedlichen historiographischen Verortung beider Historiker auf eine spürbare Lücke aufmerksam gemacht, der sich die Landesgeschichtsforschung im nunmehr vereinten Deutschland zu stellen hatte.[45]

Zum Teil aufbauend auf früheren institutionellen Strukturen gelang es relativ schnell, Forschungen zur brandenburgischen Geschichte voranzutreiben, so daß damit nun auch die Adelsgeschichte im umfassenderen Maße in den Blick geriet. *L. Enders* konnte ihre überwiegend auf Quellenbeständen des Brandenburgischen Landeshauptarchivs Potsdam basierenden Forschungen zur Geschichte der Uckermark abschließen und eine opulente Mongraphie vorlegen, die zu Recht als eine „histoire totale" einer brandenburgischen Teillandschaft gewürdigt wurde.[46] In den Folgejahren konzentrierte sie sich auf eine weitere klassische Adelslandschaft, die Prignitz. In einer Reihe von Aufsätzen konnte sie unser Bild vor allem über die sozialen Verhältnisse der märkischen Ritterschaft in der Frühen

---

44 Vgl. hierzu die sowohl bilanzierenden als auch neue Perspektiven aufzeigenden Forschungsberichte von G. Heinrich: Landesgeschichtliche Arbeiten und Aufgaben in Berlin-Brandenburg. Rückblicke und Ausblicke, in: JGMOD 39 (1990), S. 1-42; L. Enders, Brandenburgische Landesgeschichte in der DDR, in: Blätter für deutsche Landesgeschichte 127 (1991), S. 305-327 und W. Neugebauer: Brandenburg-Preußische Geschichte nach der deutschen Einheit. Voraussetzungen und Aufgaben, in: JBLG 43 (1992), S. 154-191; leicht verändert wieder abgedruckt in: Landesgeschichte in Deutschland. Bestandsaufnahme – Analyse – Perspektiven, hrsg. v. W. Buchholtz, Paderborn u.a. 1998, S. 179-212.

45 I. Mittenzwei: Das absolutistische Preußen in der DDR-Geschichtswissenschaft, in: Preußen in der deutschen Geschichte vor 1789 (=Studienbibliothek DDR-Geschichtswissenschaft, Bd. 2), hrsg. v. ders./K.-H. Noack, Berlin 1983, S.53; Neugebauer, Brandenburg-Preußische Geschichte (1998), S. 199.

46 Vgl.: L. Enders: Die Uckermark. Geschichte einer kurmärkischen Landschaft vom 12. bis 18. Jahrhundert, Weimar 1992. Rezension dazu von G. Heitz: Eine „Histoire totale" der Uckermark, in: Jahrbuch für Regionalgeschichte 19 (1993/94), S. 76-78.

Neuzeit erheblich bereichern, bevor jüngst auch diese Gesamtdarstellung fertiggestellt wurde.[47]

G. Heinrich hatte in seiner in der Mitte der 1960er Jahre gezogenen Zwischenbilanz auf Defizite in der Adelsforschung verwiesen, die er zum einen in der „genealogisch-biographischen Grundlagenarbeit" aber auch in der Erforschung der Adelskultur sah.[48] Auf diesen Gebieten sind Fortschritte erzielt worden, wobei zum letzteren Problemkreis wohl die von P.-M. Hahn und H. Lorenz herausgegebene Neuedition des Ansichtenwerkes von Alexander Duncker neben anderen Neuerscheinungen auf diesem Gebiet herausragen dürfte.[49] Dieses Unternehmen gewann vor allem durch die gelungene interdisziplinäre Zusammenarbeit zwischen Historikern und Kunsthistorikern. Dagegen sind bei der Aufarbeitung des anderen von *Heinrich* genannten Desiderates der brandenburgischen Adelsgeschichte die Erkenntnisfortschritte etwas verhaltener zu beurteilen. *P.-M. Hahn* legte eine vor allem auf der Auswertung einer älteren biographischen Zusammenstellung basierende Studie zum höheren brandenburg-preußischen Offizierkorps vor und konnte damit tiefergehende Einsichten in die Verflechtungen der sich seit der Mitte des 17. Jahrhunderts etablierenden Staatselite vermitteln.[50] Grundlegendes zur Aufarbeitung über regionale und soziale Herkunft, Konnubium und konfessionelle Konstellationen der Hofgesellschaft unter dem Großen Kurfürsten leistete die unlängst verteidigte Dissertation von *Peter Bahl*, die auch für die weitere Bearbeitung dieser Thematik Maßstäbe setzen dürfte.[51] Ebenso zeigten weitere kleinere Studien, welche innovativen Möglichkeiten bei Anwendung eines verfeinerten methodischen Instrumentariums und unter Zugrundelegung neuer Quellenbestände für die Adelsforschung bestehen.[52]

---

47 Vgl.: L. Enders: „Aus drängender Not". Die Verschuldung des Prignitzer Adels im 17. Jahrhundert, in: JG-MOD 1995, S. 1-19; dies.: Die Vermögensverhältnisse des Prignitzer Adels im 18. Jahrhundert, in: JBLG 46 (1995), S. 76-93; dies.: Burgen, Schlösser, Gutsgebäude. Zur Baugeschichte der Prignitz in der Frühneuzeit, in: JBLG 50 (1999), S. 69-99; dies.: Die Prignitz. Geschichte einer kurmärkischen Landschaft vom 12. bis 18. Jahrhundert, Potsdam 2000.

48 Vgl.: Heinrich, Adel in Brandenburg-Preußen, S. 260.

49 Vgl.: Herrenhäuser in Brandenburg und der Niederlausitz. Kommentierte Neuausgabe der Edition von Alexander Duncker, hrsg. v. P.-M. Hahn und H. Lorenz, Berlin 2000. Begleitend zu diesem über mehrere Jahre laufenden Forschungsprojekt sind mehrere Sammelbände erschienen, in denen bislang vernachlässigten Fragestellungen zur Adelsgeschichte nachgegangen wurde: Studien zur barocken Baukultur in Berlin-Brandenburg, Potsdam 1996; Pracht und Herrlichkeit. Adlig-fürstliche Lebensstile im 17. und 18. Jahrhundert, Potsdam 1998; Formen der Visualisierung von Herrschaft. Studien zu Adel, Fürst und Schloßbau vom 16. bis zum 18. Jahrhundert, Potsdam 1998; vorzüglich auch der eine märkische Teillandschaft bearbeitende Sammelband: Die Herrenhäuser des Havellandes. Eine Dokumentation ihrer Geschichte bis in die Gegenwart, hrsg. v. A. Andreae/U. Geiseler, Berlin 2001; sowie T. Foelsch: Adel, Schlösser und Herrenhäuser in der Prignitz. Ein Beitrag zur Kunst- und Kulturgeschichte einer märkischen Landschaft, Leipzig 1997. Des weiteren erschienen eine Vielzahl von zumeist populärwissenschaftlichen Einzelveröffentlichungen, die aber nur zu einem geringen Teil auf neuen Quellenstudien beruhten.

50 Vgl.: P.-M. Hahn: Aristokratisierung und Professionalisierung. Der Aufstieg der Obristen zu einer militärischen und höfischen Elite in Brandenburg-Preußen von 1650-1725, in: FBPG, N.F. 1 (1991), S. 161-208.

51 P. Bahl: Der Hof des Großen Kurfürsten. Studien zur höheren Amtsträgerschaft Brandenburg-Preußens, Köln/Weimar/Wien 2001.

52 Vgl. hier nur repräsentativ: J. Peters: Gespräche und Geschäfte auf der Burg. Eine Fallstudie zur kommunikativen Praxis auf einem Adelssitz in der Prignitz (Plattenburg 1618/19), in: Samhällsvetenskap, ekonomi och historia. Festskrift till Lars Herlitz, Göteborg 1989, S. 237-248; P.-M. Hahn: Kriegswirren und Amtsge-

Einleitung   23

5. Untersuchungsanliegen und Quellengrundlage

Unser Überblick über die historiographische Entwicklung der brandenburg-preußischen Adelsgeschichtsforschung hat deutlich gemacht, daß gerade im letzten Jahrzehnt eine Konjunktur der Beschäftigung mit der brandenburgischen Adelsgeschichte eingesetzt hatte. Dies bildete die Veranlassung, vom ursprünglich geplanten Vorhaben einer geschlossenen Darstellung der Geschichte des brandenburgischen Adels zwischen der Mitte des 17. und der Mitte des 18. Jahrhunderts abzugehen und stattdessen diejenigen Aspekte des Gesamtthemas zu behandeln, die noch offene Fragen aufweisen und demnach einen Erkenntniszuwachs bringen können. Gleichwohl ordnen sich die nur scheinbar isoliert zueinander stehenden inhaltlichen Schwerpunkte unserer Untersuchung einer zentralen Fragestellung unter: Im Mittelpunkt der Darstellung steht die Behandlung des Problems, wie sich die brandenburgische Ritterschaft den – mit dem Begriff „absolutistisch" nur unzureichend beschriebenen – veränderten politischen und wirtschaftlichen Rahmenbedingungen anzupassen verstand. Die im Titel genannten Stichworte Rittergut – Garnison – Residenz geben die hier gewählten Zugänge vor. Schließlich bildeten das Leben und Wirtschaften auf einem Rittersitz, der Dienst in der seit der Mitte des 17. Jahrhunderts stetig wachsenden Armee und – zumindest für einen Teil der Adelsfamilien – die Orientierung auf den Hof bzw. die in der Residenz angesiedelte Zentralverwaltung wichtige Sozialisationsformen der brandenburgischen Ritterschaft.

Bevor wir die inhaltlichen Schwerpunkte der Arbeit vorstellen, sollen zunächst einige Bemerkungen zur räumlich-geographischen Abgrenzung unseres Untersuchungsgegenstandes vorgebracht werden. Wenn wir beim Überblick über die bisherige Adelsforschung mehrfach auf ein mangelndes Gespür für die interne Differenzierung des Adels hingewiesen haben, dann erscheint es naheliegend, unsere Aufmerksamkeit auf eine stärkere Berücksichtigung der märkischen Teillandschaften zu richten. Zudem würde sich ein solches Herangehen in eine gerade in jüngerer Zeit auflebende Diskussion um „Regionalismus" und „regionale Identitäten" einordnen, die damit einem in den Quellen häufig anzutreffenden Befund Rechnung trägt: Letzterer Begriff zielt darauf, daß sowohl die Mitglieder einer kleinräumlichen

---

schäfte. Ferne adlige Lebenswelten um die Mitte des 17. Jahrhunderts im Spiegelbild persönlicher Aufzeichnungen, Potsdam 1996; F. Göse: Zur Geschichte des neumärkischen Adels im 17./18.Jahrhundert. Ein Beitrag zum Problem des ständischen Regionalismus, in: FBPG, N.F. 7 (1997), S. 1-47; ders.: Adlige Führungsgruppen in nordostdeutschen Territorialstaaten des 16. Jahrhunderts, in: Formen der Visualisierung von Herrschaft. Studien zu Adel, Fürst und Schloßbau vom 16. bis zum 18. Jahrhundert, hrsg. v. P.-M. Hahn/H. Lorenz, Potsdam 1998, S. 139-210.

Zu erwähnen sind hier auch jene im Umfeld des von H. Reif geleiteten Forschungsprojekts „Elitenwandel in der gesellschaftlichen Modernisierung: Adel und und bürgerliche Führungsschichten in Deutschland 1750-1933" entstandenen Studien zu erwähnen. Vgl.: R. Schiller: „Edelleute müssen Güther haben, Bürger müssen die Elle gebrauchen". Friderizianische Adelsschutzpolitik und die Folgen, in: Agrarische Verfassung und politische Struktur. Studien zur Gesellschaftsgeschichte Preußens 1700-1918, hrsg. v. W. Neugebauer/R. Pröve, Berlin 1998, S. 257-286; K.-U. Holländer: Vom märkischen Sand zum höfischen Parkett. Der Hof Friedrich Wilhelms III. – ein Reservat für die alte Elite des kurbrandenburgischen Adels?, in: Leben und Arbeiten auf märkischem Sand. Wege in die Gesellschaftsgeschichte Brandenburgs 1700-1914, hrsg. v. R. Pröve/B. Kölling, Bielefeld 1999, S. 15-48.

Adelsgesellschaft ein Gemeinschaftsbewußtsein entwickelt haben, als auch durch Außenstehende, also durch die Landesherrschaft und andere Adelsgesellschaften als solche wahrgenommen wurden.[53] Wenn am Beispiel der brandenburgischen Verhältnisse ständischer Regionalismus als „Ausdruck von Sonderbestrebungen geschichtlich gewachsener Landesteile innerhalb einer größeren politischen Ordnung"[54] charakterisiert wurde, wird damit zugleich angedeutet, daß dem Anspruch der auf Zentralisierung und Nivellierung der ständischen Gerechtsame orientierten landesherrlichen Politik Grenzen gesetzt waren.[55]

Nicht zu unterschätzende Schwierigkeiten bestehen aber bei der konsequenten Umsetzung dieses methodischen Ansatzes, vor allem in bezug auf das Verhältnis zwischen Untersuchungsraum und Arbeitsaufwand. Solche dichten Analysen, wie sie *L. Enders* oder die Mitarbeiter der von *Jan Peters* geleiteten Max-Planck-Arbeitsgruppe „Ostelbische Gutsherrschaft als soziales Phänomen" für ihre kleinräumlichen Untersuchungsgebiete vorgelegt haben, sind für diese Studie nur begrenzt möglich. Dahinter verbirgt sich das bekannte methodische Problem der Verknüpfung von makro- und mikrohistorischen Ansätzen in der historischen Forschung. Der Vorzug unseres geplanten Herangehens könnte aber darin liegen, daß die sich gegen die beiden angedeuteten Zugänge erhobenen kritischen Einwände durch ihre Kombination kompensieren lassen.

Der Blick von der Ebene des Gesamtterritoriums, oftmals also des Staates, ist zwar geeignet, die „Hauptlinien des historischen Wandels herauszuarbeiten", versagt aber häufig, wenn es darum geht, „seine Funktionsweise, seine Dynamik, Reichweite und Prozeßhaftigkeit" zu erklären.[56] Dies ist weitgehend nur in mikrohistorisch angelegten Detailstudien möglich. Dagegen müssen sich die einen solchen Ansatz verfolgenden Historiker aber die permanent gestellte Frage nach der Relevanz und Generalisierbarkeit ihrer Forschungsergebnisse gefallen lassen. Das aus dieser Richtung getroffene, eher pessimistisch stimmende Urteil, daß „sich die großen Strukturen mit den kleinen Lebenswelten so leicht nicht verzahnen" lassen, deutet die bestehenden Barrieren an.[57]

Dennoch soll der Versuch einer Verbindung beider Zugänge gewagt werden. Wenn der sich im hier interessierenden Zeitraum beträchtlich ausweitende preußische Gesamtstaat innerhalb der eben ins Spiel gebrachten Terminologie gewissermaßen die „Makroebene", eine märkische Gutsherrschaft dagegen die „Mikroebene" symbolisiert, siedelt sich unser Unter-

---

53 Vgl. dazu jüngst: Identitè Règionale et Conscience nationale en France en Allemagne du Moyen Âge à `Èpoque Moderne, hrsg. v. R. Babel/ J.-M. Moeglin, Sigmaringen 1997; E. Opgenoorth: Regionale Identitäten im absolutistischen Preußen, in: Nationale, ethnische Minderheiten und regionale Identitäten in Mittelalter und Neuzeit, hrsg. v. A. Czacharowski, Torun 1994, S. 177-189.
54 Hahn, Landesstaat und Ständetum, S. 54.
55 Dies am Beispiel einer Adelslandschaft auf der Grundlage eines verfeinerten methodischen Instrumentariums und einer dichten Quellenüberlieferung vorgeführt zu haben, ist das Verdienst der Studie von P.-M. Hahn, Fürstliche Territorialhoheit.
56 A. Flügel: Der Ort der Regionalgeschichte in der neuzeitlichen Geschichte, in: Kultur und Staat in der Provinz. Perspektiven und Erträge der Regionalgeschichte, hrsg. v. St. Brakensiek u.a., Bielefeld 1992, S. 1-28, hier S. 15.
57 J. Peters: Einleitung, in: Konflikt und Kontrolle in Gutsherrschaftsgesellschaften. Über Resistenz- und Herrschaftsverhalten in ländlichen Sozialgebilden der Frühen Neuzeit, hrsg. v. dems., Göttingen 1995, S. 9-12, hier S. 12.

suchungsraum dazwischen, d.h. auf der Ebene einer historischen Landschaft der preußischen Gesamtmonarchie, der Kur- und Neumark Brandenburg bzw. ihrer Teillandschaften (Prignitz, Havelland, Altmark usw.) an.
Es besteht, vor allem seit der einschlägigen Studie von *O. Hintze*, in der Forschung weitgehend darüber ein Konsens, daß seit dem 16. Jahrhundert die märkischen Teillandschaften eine erhebliche Bedeutung nicht nur als administrative Gliederungen innerhalb des Staatsbildungsprozesses, sondern auch für das Selbstverständnis des Adels besessen hatten.[58] Vor diesem Hintergrund gilt es die Annahme zu prüfen und quellenmäßig zu untersetzen, ob die „Fortbildung der Teillandschaften" auch in der sogenannten „absolutistischen" Zeit eine „raumbezogene Interessenpolitik des Adels" gefördert hätte.[59] In den Quellen ist eine solche Disposition naturgemäß schwer zu verifizieren. Vor allem spiegelte sich dieser regionalistische Grundzug in den Konflikten zwischen den Ständevertretern der märkischen Teillandschaften wider, die im Zusammenhang der Festlegung der Quotierungen für Steuererhebungen oder Einquartierungen ausgetragen wurden. Relativ leicht ist auch der auf quantifizierender Grundlage basierende Nachweis zu führen, daß das soziale Gewicht des Adels, beruhend auf dem Besitz an Rittergütern, in den Kreisen recht unterschiedlich ausgeprägt war. Solchen ausgesprochenen Adelslandschaften wie der Uckermark oder der Prignitz standen die vor allem im residenznahen Raum liegenden Landschaften (Barnim, Teltow) gegenüber, in denen Adelsbesitz von kirchlichen und (nach der Reformation) landesherrlichen Ländereien dominiert wurde.[60]
Schwieriger erscheint es allerdings zu ermitteln, ob und wie sich regionale Identitäten auch auf anderen Feldern adliger Lebensformen herausbilden konnten. Artikulationen eines ständischen Regionalismus können zwangsläufig nur an Zeugnissen festgemacht werden, die ein solches zeitgenössisches Verständnis auch außerhalb von Konfliktsituationen dokumentieren und nicht nur als ein Postulat heutiger Betrachtungsweise auf die damalige ländliche Gesellschaft erscheinen lassen. Besondere Relevanz erhält diese Fragestellung vor dem Hintergrund der sich ja im 17. Jahrhundert territorial erheblich erweiternden Hohenzollernmonarchie, in der sich die märkische Ritterschaft innerhalb einer auch stark vergrößerten Adelsgesellschaft behaupten mußte.

---

58 O. Hintze, Der Ursprung des preußischen Landratsamtes in der Mark Brandenburg, in: FBPG 28 (1915), S. 357-415; vgl. ferner den vor allem aus verwaltungsgeschichtlicher Perspektive erarbeiteten Überblick über die preußischen Provinzen in: ders., Einleitende Darstellung (= A.B.B., Bd. 6. 1).
59 Hahn, Landesstaat und Ständetum, S. 60.
60 Vgl.: Historischer Handatlas von Brandenburg und Berlin, Lfg. 33: Besitzstand und Säkularisation in Brandenburg um die Mitte des 16. Jahrhunderts (Bearb.: G. Heinrich), Berlin/New York 1971. Vgl. jetzt auch die Ausführungen in dem von P.-M. Hahn verfaßten einleitenden Aufsatz in: Herrenhäuser, Bd. 1, v.a. S. 30 ff. Eine differenzierte Sicht auf die brandenburgischen Teillandschaften erscheint auch aus einem anderen Grund zwingend, den P.-M. Hahn wie folgt umschrieb: „ Von den großen Adelshöfen der Hildesheimer Börde über ... die Altmark bis zu den kleinen Rittersitzen auf den sandigen Böden östlich der Elbe zog sich in der frühen Neuzeit ein dichtes Netz adliger Eigenwirtschaften, deren soziales und herrschaftliches Bedingungsfeld bedeutende Unterschiede aufwies. Zum besseren Verständnis der ländlichen Gesellschaft hat es schwerlich beigetragen, daß in der Vergangenheit allzu oft den bäuerlichen Schichten ein Adelsbild gegenübergestellt wurde, das mit den Merkmalen einer Besitzklasse mit gleicher oder zumindest ähnlicher Interessenlage ausgestattet war." Hahn, Fürstliche Territorialhoheit, S. 20.

Den regionalen Strukturen der Adelsgesellschaften und ihren regionalen Identitäten gilt unsere Aufmerksamkeit unter verschiedenen Aspekten, deshalb wird diese Problematik nicht in einem gesonderten Kapitel unserer Untersuchung behandelt. Solche Teilfragen der brandenburgischen Adelsgeschichte wie die Heiratspolitik, das Verhältnis zur Landesherrschaft, die nach Landschaften gegliederte Frequentierung der Amtsträgerschaft oder die unterschiedliche Disponiertheit der kleinräumlichen Adelsgesellschaften zum Militärdienst lassen sich hinreichend nur unter Berücksichtigung der regionalen Grundstruktur des brandenburgischen Landesstaates behandeln. Im besonderen eignet sich ein solcher Ansatz nicht zuletzt dazu, das Verhältnis zwischen der zentralstaatlich initiierten Politik und den kleinen, meist an der Gutsherrschaft orientierten Lebenswelten des märkischen Adels erhellen zu können.[61]

Im Zentrum unserer Untersuchung steht zunächst die Darstellung der wirtschaftlichen Situation des Adels und die sich daraus ableitende innere Differenzierung der Ritterschaft in der zweiten Hälfte des 17. Jahrhunderts. Seit den Forschungen von *Günther Franz* ist man über die Folgen des Krieges, über den Grad an Destruktion relativ gut unterrichtet und auf kleine Räume orientierende Studien haben unser Bild in den letzten Jahren noch erheblich konkretisiert.[62] Bisherige Untersuchungen ließen die Vermutung aufscheinen, daß es durch Ab- und Zuwanderungen, Besitzverlust und Aussterben ganzer Geschlechtslinien zu gravierenden sozialen Umschichtungen in den kleinräumlichen Adelsgesellschaften gekommen war.[63] Es erscheint vor allem deshalb von Bedeutung, Klarheit über diese Veränderungen zu gewinnen, weil sich gerade in jenen Jahrzehnten die Bemühungen der Landesherrschaft, eine „absolutistische" Regierungsform durchzusetzen, herauskristallisierten. Ein wirtschaftlich angeschlagener Adel konnte zwangsläufig nur eine geringe Resistenz gegen solche Übermächtigungsbestrebungen entgegensetzen.

Doch diese eingängig erscheinende und relativ leicht nachweisbare These muß weiter hinterfragt werden: Vor allem interessieren die internen Gewichtsverlagerungen zwischen den in einer kleinräumlichen Adelslandschaft ansässigen Geschlechtern. Gerieten z.B. die mit überdurchschnittlichem Besitz ausgestatteten Familien in gleicher Weise wie die Mehrheit der Adelsgeschlechter in den Sog der krisenhaften Entwicklungen des 17. Jahrhunderts? Welche Auswirkungen hatten solche Nivellierungsprozesse auf die innere Struktur der Adelslandschaften? Es liegt auf der Hand, daß bei einer solchen Fragestellung vor allem auch jene Familien in das Blickfeld gerieten, die für das „lange 16. Jahrhundert" als „Machtelite" analysiert worden sind.[64] Der Einflußverlust gerade dieser, immer wieder hohe landesherrliche und ständische Amtsträger stellenden Geschlechter müßte – so die Vermutung – zwangsläufig die Rahmenbedingungen der landesherrlichen Adelspolitik auf eine veränderte Grundlage gestellt haben. Eventuelle Rücksichtnahmen auf die Befindlichkeiten der durch solche

---

61 Vgl. dazu auch: Neugebauer, Brandenburg-preußische Geschichte nach der deutschen Einheit (1992), S. 171.
62 Vgl.: G. Franz: Der Dreißigjährige Krieg und das deutsche Volk, Jena 1940. Zur Spezialliteratur zu den brandenburgischen Teillandschaften vgl. unsere Ausführungen in Kapitel 1.1.
63 Vgl. jüngst: Herrenhäuser, Bd. 1, S. 31 f.
64 Vgl.: Hahn, Struktur und Funktion, S. 207 ff.

Einleitung

Familien bestimmten Adelslandschaften wären dann seitens der Landesherrschaft nicht mehr in dem bisherigen Grade erforderlich gewesen. Für drei kurmärkische Teillandschaften wird eine solche Analyse auf der Basis der entsprechenden Bände des „Historischen Ortslexikons" vorgenommen.[65] Die Bearbeiter dieses verdienstvollen Unternehmens haben Angaben zu Herrschafts- und Besitzverhältnisse aller Orte der jeweiligen Kreise zusammengetragen.[66]

Doch die seit den 1650er Jahren zur Krisenbewältigung zunehmend unternommenen Bemühungen der Landesherrschaft für eine Stärkung ihrer Autorität orientierten nicht nur auf eine Reduzierung des ständischen Einflusses, sondern instrumentalisierten auch andere Bereiche im fürstlich-adligen Verhältnis. So gilt unsere Aufmerksamkeit in diesem Sinne dem Lehnswesen, das – zwar in der älteren Forschung als eine kaum noch Bedeutung einnehmende Einrichtung abqualifiziert wurde – in ganz entscheidendem Maße dem Kurfürsten Friedrich Wilhelm und seinem Nachfolger dazu dienen sollte, die während der langen Kriegsjahre verblaßten Vasallitätsbeziehungen wieder zu beleben. Die Annahme, es handele sich dabei um ein kaum noch wirksames Rudiment des mittelalterlichen Personenverbandsstaates, das vor allem durch die nachhaltigen Veränderungen im Militärwesen marginalisiert worden sei, steht im Widerspruch zu dem aus den Quellen zu rekonstruierenden realen Sachverhalt. Die im Brandenburgischen Landeshauptarchiv aufbewahrten Quellenbestände der Kurmärkischen Lehnskanzlei bieten hierzu eine reiche Materialgrundlage.[67]

Ferner soll unsere Aufmerksamkeit auch einer Thematik entgegengebracht werden, die auf den ersten Blick zu den gut erforschten Aspekten der altpreußischen Geschichte gehörte – die Herausbildung des stehenden Heeres seit der Mitte des 17. Jahrhunderts. Uns interessieren dabei natürlich nicht die institutionellen Details der Entstehung des miles perpetuus.[68] Vielmehr werden Fragen zur Neudefinition des Adels im Zusammenhang seiner Stellung zur militärischen Gesellschaft aufgegriffen, die auch in übergreifender Perspektive diskutiert wurden.[69] Daraus ableitend stehen im Mittelpunkt unseres Interesses der Grad der Einbindung des brandenburgischen Adels in die Armee und die Beziehungen zwischen den adligen brandenburgischen Offizieren und ihren „heimatlichen" Adelslandschaften. Denn es ist anzunehmen, daß die Verbindungen zwischen „Rittergut" und „Garnison" aus verschiedenen Erwägungen heraus nicht gekappt wurden. Zum anderen sind Zweifel an einem Konstrukt

---

65 Vgl.: Historisches Ortslexikon für Brandenburg, Teile 1-12 (Bearb.: L. Enders, P.P. Rohrlach u.a.), Weimar 1962-1999.

66 Auf spezifische Probleme wird im Zusammenhang der Auswertung der des dort enthaltenen Materials aufmerksam gemacht.

67 Vgl.: Brand. LHA Rep. 78 I (Generalia) und 78 II (Familien).

68 Vgl. dazu die materialreiche Studie von Curt Jany, die noch auf die Bestände des während des 2. Weltkrieges zerstörten Heeresarchives zurückgreifen konnte. C. Jany: Geschichte der Königlich preußischen Armee bis zum Jahre 1807, Bde. 1-3, Berlin 1928/29.

69 Vgl.: B.R. Kroener: Lègislateur de ses armèes. Verstaatlichungs- und Feudalisierungstendenzen in der militärischen Gesellschaft der Frühen Neuzeit am Beispiel der französischen Armee im Zeitalter Ludwig XIV., in: Der Absolutismus – ein Mythos? Strukturwandel monarchischer Herrschaft in West- und Mitteleuropa (ca. 1550-1700), hrsg. v. R.G. Asch/H. Duchhardt, Köln 1996, S. 311-328; R.G. Asch: Kriegsfinanzierung, Staatsbildung und ständische Ordnung in Westeuropa im 17. und 18. Jahrhundert, in: HZ 268 (1999), S. 636-671.

angebracht, das von einer allzu umfassend erscheinendenen Einbeziehung des Adels in das Militär ausging. Bis heute gehört es zu den verbreiteten Vorstellungen im popularisierten Geschichtsbild, daß Adel und Militär im alten Preußen gewissermaßen eine Symbiose gebildet hatten.[70] Doch die historischen Realitäten boten, wie so oft, ein wesentlich differenzierteres Bild, das es vorzuführen und zu erklären gilt.

Die im ersten Teil unserer Studie behandelten Fragen werden für die ersten beiden Drittel des 18. Jahrhunderts weiter verfolgt. Insbesondere geht es darum, unsere Kenntnisse über die wirtschaftliche Lage des brandenburgischen Adels auch für jenen Zeitraum auf eine breitere Grundlage zu stellen. Lange hielten sich in der Literatur Wertungen, die eine langfristige Verbesserung seiner finanziellen Verhältnisse unterstellt hatten.[71] Nicht zuletzt wurde diese Entwicklung auf die wachsende Einbindung der Ritterschaft in das Heer und die Staatsverwaltung zurückgeführt.[72] Diese zunächst plausibel klingende These hält allerdings einer genaueren Überprüfung nicht stand. Bereits die auf einer dichten Quellenauswertung basierenden Studien zum Adel in ausgewählten brandenburgischen Teillandschaften ließen Zweifel an dieser allzu eingängigen Vorstellung aufkommen.[73] Es gilt nun, gestützt auf eine breitere Quellengrundlage, zu zeigen, daß die Annahme einer relativen ökonomischen Gesundung des Adels an der Realität vorbeiging. Die Einbeziehung solcher seriellen Quellengruppen, die alle Teillandschaften der Kur- und Neumark Brandenburg gleichermaßen in den Blick nehmen, erlaubt es, generalisierende Aussagen zu treffen.[74]

Aufschlüsse darüber vermitteln die für alle märkischen Teillandschaften vorhandenen Grundbücher der ritterschaftlichen Hypothekendirektion.[75] Diese seit der Regierungszeit Friedrich Wilhelms I. vorliegenden Listen informieren zum einen über den Grad und die chronologische Entwicklung der Verschuldung der brandenburgischen Ritterschaft; eine Thematik, die auch in verschiedenen anderen älteren Publikationen zwar schon aufgegriffen wurde, ohne dort aber diese Quellen systematisch ausgewertet zu haben.[76] Darüber hinaus kann eine Analyse der Hypothekenbücher auch Aufschluß für die in unserer Studie ja zentralen Problemstellungen der Verflechtung und Regionalisierung vermitteln. Diese Annahme basiert auf der Überlegung, daß den über einen längeren Zeitraum zu verfolgenden Kre-

---

70 Vgl. dazu v.a. die Wirkungen der genannten Studie von Büsch, Militärsystem.
71 Vgl. hierzu nur: Heinrich, Adel in Brandenburg-Preußen, S. 309.
72 „Das rasch wachsende Offizierkorps und in zweiter Linie das Beamtentum des sich ausdehnenden Staates lösten die wirtschaftlichen Probleme des Adels." F.L. Carsten: Geschichte der preußischen Junker, Frankfurt am Main 1988, S. 40.
73 Vgl.: Enders, Die Vermögensverhältnisse, passim.
74 Vgl. dazu Vorüberlegungen in den Studien des Verf.: F. Göse: Die Struktur des kur- und neumärkischen Adels im Spiegel der Vasallentabellen des 18. Jahrhunderts, in: FBPG, N.F. 2 (1992), S. 25-46 [allerdings mit Druckfehlern beim quantitativen Material!]; ders.: Zwischen Garnison und Rittergut. Aspekte der Verknüpfung von Militärgeschichte und Adelsforschung am Beispiel Brandenburg-Preußens, in: Klio in Uniform? Probleme und Perspektiven einer modernen Militärgeschichte der Frühen Neuzeit, hrsg. v. R. Pröve, Köln/Weimar/Wien 1997, S. 109-142.
75 Vgl.: Brand. LHA Rep. 23 A. B Ritterschaftliche Hypothekendirektion (Kurmark); Brand. LHA Rep. 23 B. B Ritterschaftliche Hypothekendirektion (Neumark).
76 Vgl. insbesondere: H. Moeglin: Das Retablissement des adligen Grundbesitzes in der Neumark durch Friedrich den Großen, in: FBPG 46 (1934), S. 28-69 u. 233-274.

ditaufnahmen adliger Rittergutsbesitzer bei einer bestimmten Gläubigergruppe auch informelle Bindungen zugrundelagen. Mehrmalige Kreditbeziehungen zwischen Adelsfamilien könnten auch auf dauerhaftere Bindungen hindeuten als vergleichsweise die bei der Analyse von Verflechtungssystemen häufig favorisierten Heiratskontakte. Die zum Zeitpunkt der Eheschließung unterstellte enge Beziehung zwischen der Braut- und Bräutigamfamilie mußte nicht zwangsläufig die Gewähr dafür geboten haben, daß dies auch für künftige Zeiten so aufrecht erhalten wurde. Auch die in den Akten der Lehnskanzlei und des Kammergerichts in Fülle vorhandenen Auseinandersetzungen um die Verfügbarkeit des Ehegeldes nach dem Tod des Gatten deuten nicht gerade auf harmonische Beziehungen zwischen den diese Prozesse austragenden Familien.[77] Das auf dieser Basis gewonnene Material trägt dazu bei, die in Archivalien oder Familiengeschichten mitgeteilten Einzelfälle in einen größeren Zusammenhang einzuordnen.

Wie bereits erkennbar wurde, erlaubt es die wesentlich günstigere Quellenlage für das 18. Jahrhundert, differenziertere Einblicke in die Sozialstruktur der brandenburgischen Ritterschaft zu erhalten. Während für den zeitlichen Ausgangspunkt der Studie zur Analyse der Sozialstruktur im Gesamtterritorium lediglich die – teilweise auch bereits edierten – Lehnpferderollen und Landreiterberichte zur Verfügung gestanden hatten, die vor allem Informationen über Besitzgrößen und die Streuung des Familienbesitzes enthalten[78], treten mit dem Beginn der Regierungszeit des „Soldatenkönigs" Friedrich Wilhelm I. aussagekräftigere Quellengruppen in den Vordergrund. Im Zusammenhang mit dem nunmehr spürbaren Bestreben nach dichterer und regelmäßiger Erfassung der personellen und materiellen Ressourcen des Staates stand die Anlage von Vasallentabellen. Diese Tabellen erfaßten alle grundbesitzenden Adligen der kur- und neumärkischen Kreise nach einheitlichen Kriterien. Durch ihre Auswertung können solche für die Sozialstruktur relevanten Angaben gewonnen werden wie zum Umfang des adligen Grundbesitzes in den Händen der verschiedenen Zweige eines Geschlechts, die Ausübung ständischer Ämter, die Übernahme einer Charge in der Verwaltung oder die Indienstnahme des Adels im Militär. Ferner sind Informationen über den Lebensweg der Söhne märkischer Rittergutsbesitzer zu erschließen (Studium, Ausbildung als Pagen oder auf Ritterakademien). Die in den Tabellen vorgenommene Aufgliederung nach den brandenburgischen Kreisen, denen ja seit dem Mittelalter gewachsene administrative Einheiten (im Gegensatz etwa zu den kursächsischen Ämtern) zugrundelagen und die zumeist auch den kleinräumlichen Adelslandschaften entsprachen, eignet sich deshalb besonders dazu, regionale Identitäten transparent werden zu lassen. Mit solchen, auf die Erhellung der internen Differenzierung der Ritterschaft zielenden Untersuchungen wird zugleich das vor allem mit dem „Junker"-Begriff implizierte, allzu homogen erscheinende Bild des brandenburgischen Adels auf den Prüfstand gestellt.[79]

---

77 Bestände der Kurmärkischen Lehnskanzlei: Brand. LHA Rep. 78; des Kammergerichts: Rep. 4 A Sentenzenbücher.
78 Lehnpferderollen in: C. v. Eickstedt: Beiträge zu einem neueren Landbuch der Marken Brandenburg, Magdeburg 1840; Landreiterberichte ediert bei: J. Schultze: Die Herrschaft Ruppin und ihre Bevölkerung nach dem Dreißigjährigen Krieg, Neuruppin 1925; E. Kittel: Die Zauche und ihre Bevölkerung nach dem Dreißigjährigen Krieg, Beelitz 1935.
79 Vgl.: Schissler, Die Junker.

Die im ersten Kapitel für die brandenburgische Adelsgesellschaft in ihrer Breite dargestellten gravierenden wirtschaftlichen und sozialen Veränderungen bedeuteten natürlich auch aus der Perspektive der einzelnen Geschlechter neue Herausforderungen und stellten sie unter Anpassungsdruck. Deshalb soll in den sich anschließenden Ausführungen des 2. Kapitels versucht werden, den „Strukturen und Handlungsrahmen der brandenburgischen Adelsfamilien" nachzugehen. Insbesondere gilt es dabei, das Heiratsverhalten und die Versorgungsstrategien für die Geschlechtsmitglieder angesichts knapperer Ressourcen in den Blick zu nehmen. Zugleich stellte diese Problematik ein Feld dar, auf dem sich die Ritterschaft aus existenziellen Erwägungen heraus bemühte, Einfluß auf die landesherrliche Gesetzgebung zu nehmen.

Damit kommt ein weiterer wichtiger Aspekt unserer Untersuchung in den Blick: die politische Wirksamkeit der brandenburgischen Ritterschaft. Eine solche Thematik erschließt sich naheliegend und in fast schon traditionell zu nennender Weise über die ständische Partizipation. Bei der Erörterung der historiographischen Entwicklung wurde schon darauf aufmerksam gemacht, daß in der älteren Forschung vornehmlich der Blick von der Zentrale auf den Ständen ruhte, dem zugleich auch eine recht selektive Quellenauswahl zugrunde gelegen hatte. Um einen Perspektivenwechsel herbeizuführen, wurde schon vor langer Zeit angemahnt, die ständische Überlieferung selbst in viel stärkerem Maße hinzuziehen.[80] Die Forderung, „die Geschichte der Stände verstärkt aus den Akten der Stände selbst zu schreiben", begann man in den letzten Jahren mit zunehmendem Erfolg einzulösen.[81] Nicht nur zur Klärung der in langer Tradition diskutierten Fragen nach dem jeweiligen Anteil von Landesherrschaft und Ständen am Staatsbildungsprozeß oder nach den Kontinuitätslinien zum konstitutionellen Zeitalter kann die originär ständische Überlieferung beitragen, sondern auch zur Erhellung des in unserer Darstellung wichtigen Problems der inneren Struktur des Adels in den jeweiligen brandenburgischen Teillandschaften. Denn natürlich traten „die" Oberstände der landesherrlichen Verwaltung nie als homogener Block gegenüber, sondern sowohl zwischen den Ständecorpora der brandenburgischen Teillandschaften als auch innerhalb des Adels einer Teillandschaft sind Artikulationen unterschiedlicher Interessenlagen zu vermuten. Dahinter verbirgt sich die Frage, welche Teile der märkischen Adelsgesellschaft durch die betreffenden adligen Ständevertreter repräsentiert wurden bzw. welche Adelsgruppen überhaupt Interesse an einer partizipativen Mitwirkung bekundet und wahrgenommen hatten. Damit wird auch stärker der „Position der Stände unterhalb der Ebene ihrer Teilhabe an der Zentralgewalt" Beachtung geschenkt – einem Problem, das in der Forschung in all seiner regionalen Vielfalt noch nicht hinreichend diskutiert worden ist.[82] Vornehmlich auf der Grundlage der Bestände des kur- und neumärkischen Ständearchivs[83] soll diese Thematik in einem gesonderten Kapitel behandelt werden. Durch die hier ausgewerteten Akten können auch Aufschlüsse darüber gewonnen werden, welches Selbstverständnis das Handeln der Repräsentanten der märkischen Ritterschaft in den ständischen Gremien bestimmt hatte.

---

80   Vgl.: Martiny, Die Adelsfrage, S. 47.
81   Neugebauer, Politischer Wandel, S. 25.
82   B. Stollberg-Rilinger: Vormünder des Volkes. Konzepte landständischer Repräsentation in der Spätphase des Alten Reiches, Berlin 1999, S. 26.
83   Vgl.: Brand. LHA Rep. 23 A Kurmärkisches Ständearchiv; 23 B Neumärkisches Ständearchiv

Einleitung

Eine Berücksichtigung dieses Problems kann zugleich dazu beitragen, kommunikative Strukturen innerhalb einer kleinräumlichen Adelslandschaft aufzudecken.
Die Analyse der internen Strukturen einer Adelsgesellschaft wie der brandenburgischen darf des weiteren natürlich nicht die Funktion eines Hofes außer acht lassen, der sich während unseres Untersuchungszeitraumes zu einer der bedeutendsten deutschen Fürstenresidenzen entwickelt hatte.[84] Schließlich konnte der seit der Mitte des 17. Jahrhunderts in qualitativer wie quantitativer Hinsicht anwachsende Berlin-Potsdamer Hof in mehrfacher Hinsicht einen möglichen Bezugspunkt für die Familien der märkischen Ritterschaft bilden. Die Kenntnis der Patronage- und Klientelbeziehungen zwischen „Hof" und „Land" hilft uns bei der Beantwortung der noch nicht hinlänglich geklärten Frage, unter welchen Rahmenbedingungen sich die Beziehungen zwischen Landesherrschaft und Oberständen seit der Regierungszeit des Großen Kurfürsten entwickelten, nachdem es ja bereits seit dem frühen 17. Jahrhundert zu zunehmenden Entflechtungserscheinungen zwischen der landesherrlichen Amtsträgerschaft und dem organisierten Ständetum gekommen war, was zugleich zu einem erheblichen Einflußverlust der bedeutenderen brandenburgischen Adelsfamilien geführt hatte.[85]
In enger Verbindung mit dieser Problematik stand die sich aus dem Religionswechsel des Herrscherhauses ergebende konfessionelle Divergenz. Schließlich bezog die Entfremdungsthese wesentliche Argumente aus der Beobachtung eines unüberbrückbaren Gegensatzes zwischen den überwiegend lutherisch bleibenden Oberständen und der auf wenige politische Zentren beschränkten reformierten Staatselite.[86] Obwohl mittlerweile eine Vielzahl von Arbeiten vorliegt, die insbesondere den theologischen und kirchenpolitischen Auseinandersetzungen nachgegangen waren, bleiben nach wie vor offene Fragen hinsichtlich der Wirkungen der konfessionellen Veränderungen auf das Verhältnis der Ritterschaft zur Landesherrschaft, aber auch auf die internen Konstellationen im Adel selbst. Die ungünstige Quellenlage erschwert allerdings die Klärung solcher Probleme wie etwa Fragen nach dem Zeitpunkt und Umfang des Konfessionswechsels von Angehörigen eines Adelsgeschlechts.
Unsere abschließenden Überlegungen versuchen den brandenburgischen Befund in die Entwicklungslinien der deutschen Adelsgeschichte des Ancien Régime einzuordnen. Damit soll nicht nur der in jüngster Zeit verschiedentlich erhobenen Forderung nach einer stärkeren Berücksichtigung der „vergleichenden Elitenforschung" Genüge getan werden.[87] Insbesondere soll gezeigt werden, inwiefern bzw. ob überhaupt von einem singulären Weg der bran-

---

84 Vgl. dazu jetzt die gründliche Studie von Bahl, Hof. Die weitere Literatur wird im Kapitel 5 diskutiert.
85 Vgl.: Hahn, Landesstaat und Ständetum, S. 63 f.
   Zu hinterfragen wäre in diesem Zusammenhang auch, ob es wirklich solche gravierenden Unterschiede im landesherrlich-adligen Verhältnis zwischen den vier „absolutistischen" brandenburg-preußischen Herrschern gegeben hatte, wie oftmals angenommen wurde. Vgl. dazu: P. Baumgart: Der Adel Brandenburg-Preußens im Urteil der Hohenzollern des 18. Jahrhunderts, in: Adel in der Frühneuzeit. Ein regionaler Vergleich, hrsg. v. R. Endres, Köln/Wien 1991, S. 141-161.
86 Vgl. dazu in jüngerer Zeit: E. Opgenoorth: Die Reformierten in Brandenburg-Preußen. Minderheit und Elite?, in: ZHF 8 (1981), S. 439-459, P.-M. Hahn: Calvinismus und Staatsbildung: Brandenburg-Preußen im 17. Jahrhundert, in: Territorialstaat und Calvinismus, hrsg. v. M. Schaab, Stuttgart 1993, S. 239-269; B. Nischan: Prince, People, and Confession. The Second Reformation in Brandenburg, Philadelphia 1994.
87 Neugebauer, Brandenburg-Preußische Geschichte (1992), S. 199.

denburgischen Ritterschaft im sogenannten „absolutistischen" Zeitalter ausgegangen werden kann, so wie es eine Übernahme der für die preußische Geschichte große Wirkungen erzielenden „Sonderwegthese" suggerieren würde. Der bewußt gewählte Vergleich zu solchen Nachbarterritorien Brandenburgs (Kursachsen, Mecklenburg, welfische Territorien), in denen sich tws. ganz andere Strukturen adliger Sozialisation und ständischer Partizipation vermuten lassen, soll zu dieser Frage Aufschlüsse vermitteln.[88]

Es ist beinahe müßig darauf hinzuweisen, daß für adelsgeschichtliche Fragestellungen die Herrschafts- und Familienarchive Quellen ersten Ranges darstellen. Allerdings ist die Zahl solcher vorhandenen Bestände, im Vergleich etwa zu Kursachsen, für den brandenburgischen Fall auf Grund der Kriegs- und Nachkriegswirkungen beschränkt. Auch hinsichtlich des Umfanges fallen große Unterschiede ins Auge. Oftmals handelt es sich bei den überlieferten Gutsarchiven nur um wenige Akten mit – für unsere Themenstellung – geringerer Aussagekraft.[89] Größere Beachtung dürfen daher jene Gutsarchive beanspruchen, die geschlossene Sammlungen nicht nur von Wirtschaftsakten, sondern auch von Korrespondenzen, Testamenten oder Bibliotheksinventaren beinhalten. Hervozuheben sind hier vor allem die Gutsarchive der v. Saldern zu Wilsnack und Plattenburg und der v. Arnim zu Boitzenburg[90] sowie die in Wernigerode lagernden Bestände der v. d. Schulenburg zu Beetzendorf und v. Bismarck zu Briest.[91] Besonders schmerzlich erwies sich der Umstand, daß adlige Selbstzeugnisse, die für andere deutsche Adelslandschaften gewinnbringend ausgewertet werden konnten[92], nur in sehr geringem Umfang vorhanden sind. Doch gerade jene Quellen verschaffen uns Einblicke in die Überlegungen, Wahrnehmungen und Entscheidungsfindungsprozesse der Adligen, die uns sonst zumeist ja nur in den Verwaltungsakten der landesherrlichen Behörden begegnen. Eine relativ reiche Ausbeute brachte auch die Auswertung der relevanten Bestände des Geheimen Staatsarchivs Preußischer Kulturbesitz Berlin-Dahlem.[93]

Neben den archivalischen Quellen gewannen für unsere Untersuchung vor allem die Familiengeschichten einen hohen Wert. Dies vor allem deshalb, weil die zumeist im Auftrag der Adelsgeschlechter forschenden Bearbeiter dieser Werke Quellenbestände auswerten konn-

---

88 Neben der landesgeschichtlichen Literatur konnte, dank einer Sachbeihilfe der DFG, auf die exemplarische Auswertung der relevanten Archive in Dresden, Hannover, Wolfenbüttel und Schwerin zurückgegriffen werden.
89 Jedoch ließen sich zum Teil auch aus diesen Beständen bestimmte Facetten zu Herrschaftspraxis oder zu den Beziehungen innerhalb einer kleinräumlichen Adelsgesellschaft rekonstruieren. So z.B. aus Brand. LHA Rep. 37 Bredow, Gusow, Hohennauen, Liebenberg, Meseberg, Putlitz, Reckahne und Trampe.
90 Vgl.: Brand. LHA Rep. 37 Plattenburg-Wilsnack; Rep. 37 Boitzenburg.
91 Vgl.: Landeshauptarchiv Sachsen-Anhalt (i.f. LHSA), Außenstelle Wernigerode, Rep. H Beetzendorf I und II; Rep. H Briest.
92 Als Beispiel für die Möglichkeiten der Auswertung solcher autobiographischen Quellen vgl.: P.-M. Hahn: Kriegswirren und Amtsgeschäfte. Ferne adlige Lebenswelten um die Mitte des 17. Jahrhunderts im Spiegelbild persönlicher Aufzeichnungen, Potsdam 1996.
93 Vgl. vor allem Geheimes Staatsarchiv Preußischer Kulturbesitz Berlin-Dahlem [i.f. GStAPK] Rep. 22 Adlige Familien und Schulzengerichte; zu den anderen hinzugezogenen Beständen vgl. das Quellenverzeichnis bzw. die Ausführungen im weiteren Gang der Darstellung.

Einleitung 33

ten, die für die heutige Forschung als unwiederbringlich verloren gelten müssen.[94] Natürlich waren diese, vor allem in der zweiten Hälfte des 19. und im ersten Drittel des 20. Jahrhunderts verfaßten Werke anderen historiographischen Traditionen verpflichtet, doch bieten sie gleichwohl eine Fülle an Material für alle in unserer Studie angerissenen Fragestellungen. Unterschiede in Anlage und Dichte der Quellenaufarbeitung sind gleichwohl im Auge zu behalten. Solchen umfangreichen, auf die Auswertung nahezu aller erreichbaren Quellen und Literatur gerichteten Familiengeschichten wie der v. Arnim, v. Bredow, v. Buch oder v. d. Schulenburg stehen recht knappe Kompilationen gegenüber, die sich zumeist auf die Zusammenstellung genealogischer Daten beschränkt hatten.

---

94 Vgl. die genauen bibliographischen Angaben der in unserer Untersuchung hinzugezogenen familiengeschichtlichen Arbeiten im gesonderten Teil des Literaturverzeichnisses. Im weiteren Gang unserer Darstellung wird die familiengeschichtlichen Literatur mit FG abgekürzt.

Kapitel 1

Die Sozialstruktur der brandenburgischen Ritterschaft

1.1 Krisenbewältigung und Wiederaufbau vor dem Hintergrund des wachsenden monarchischen Zentralismus – der brandenburgische Adel in der zweiten Hälfte des 17. Jahrhunderts

In unseren einführenden, der historiographischen Entwicklung gewidmeten Bemerkungen wurde bereits darauf verwiesen, daß die borussische Geschichtsschreibung der mit dem Ende des Dreißigjährigen Krieges beginnenden Epoche ihr besonderes Interesse zugewandt hatte. Nach dem Westfälischen Frieden vollzog sich nach dem dominierenden Interpretament der „Aufstieg" des sich allmählich von einer Personal- in eine Realunion entwickelnden brandenburgisch-preußischen Gesamtstaates.[95] Die durch die herrschende Dynastie aus der kläglichen Rolle Brandenburgs während der drei Kriegsjahrzehnte abgeleiteten Lehren für die künftige Politik, alles daran zu setzen, daß das eigene Territorium nicht noch einmal das „theatrum sein werde[n], Darauff man die tragedi Spillen" wird, wurde durch die übergroße Mehrheit des brandenburgischen Adels so nicht nachvollzogen.[96] Im Gegenteil: Die vom Großen Kurfürsten mit diesem ehrgeizigen Ziel intendierte Politik, die vor allem auf eine Stärkung seiner Souveränität – insbesondere durch den Aufbau eines stehenden Heeres – hinauslief, stieß auf den Widerspruch einer Adelsgesellschaft, die auf Grund der katastrophalen wirtschaftlich-sozialen Einbrüche und mentalen Traumatisierungen von ganz anderen existenziellen Sorgen umgetrieben wurde.

Dennoch hat lange Zeit eine Forschungsrichtung, die sich detailliert der minutiösen Nachzeichnung des Weges Brandenburg-Preußens zur europäischen Großmacht gewidmet hatte, der Rolle des Adels einen vergleichsweise geringen Stellenwert eingeräumt.[97] Im Lichte der von der älteren Forschung edierten Quellen, in denen insbesondere die divergierende Interessenlage des Adels zur landesherrlichen Zentralisierungspolitik hervorgehoben wurde, mußte die Ritterschaft gleichsam als „Sand im Getriebe" des immer effizienter werdenden Räderwerkes der kurfürstlichen Verwaltung erscheinen.[98]

Eingedenk der Tatsache, daß es bei der Bewertung der brandenburgisch-preußischen Geschichte eben „nicht nur die gerade Linie des Aufstieges und Erfolges, sondern sehr realistisch auch die Summe der an den Erfolg gebundenen Belastungen"[99] gab, möchten die fol-

---

95 Vgl. hierzu die in der Einleitung repräsentativ vorgestellte Literatur. Aus neuerer Sicht für die „klassische" Zeit preußischer Geschichte zusammenfassend: Heinrich, Geschichte Preußens; W. Neugebauer: Die Hohenzollern, Bd. 1, Stuttgart/Berlin/Köln 1996.
96 Zit. nach dem Politischen Testament des Kurfürsten Friedrich Wilhelm von 1667, in: Die politischen Testamente der Hohenzollern, hrsg. v. R. Dietrich, Köln/Wien 1986, S. 188.
97 Vgl. hier die in der Einleitung genannten Studien von Droysen, Schmoller, Hintze und Tümpel.
98 Vgl. hierzu anstelle vieler Belege die Studie von Hintze, Die Hohenzollern und der Adel.
99 H. Herzfeld/W. Berges: Bürokratie, Aristokratie und Autokratie in Preußen. Das Werk von Hans Rosenberg, in: JGMOD 11 (1962), S. 282-296, hier S. 284.

genden Darlegungen der damit angesprochenen Problematik der sozialen Kosten nachgehen, die die brandenburgische Adelsgesellschaft innerhalb dieser Entwicklung zu tragen hatte. Es wird darüber hinaus insbesondere zu prüfen sein, ob der Adel nur passiver Adressat der landesherrlichen Politik war oder selbst eigene Strategien der Anpassung und des „Überlebens" entwickelt hatte. Damit können weitere Erkenntnisse zur Klärung der Frage, wie der Adel auf jene Veränderungen reagierte, die u.a. auch „seinen Einfluß am Hof und die Stellung der Landschaft beträchtlich minderten", gewonnen werden.[100]

Gerade der Blick auf die brandenburgischen Gegebenheiten, gewissermaßen vom Podest der preußischen „Haupt- und Staatsaktionen" herab auf die nüchterne Realität der unmittelbaren Nachkriegszeit in der Mark läßt den Kontrast zwischen dem ambitiösen außenpolitischen Programm und den vorhandenen, äußerst beschränkten ökonomischen und demographischen Ressourcen besonders deutlich werden. In einem ersten Schritt wird versucht, die wirtschaftliche und finanzielle Lage zu beschreiben, in der sich der brandenburgische Adel am Ende des Krieges befand, um daran die Fragen anzuknüpfen, auf welche Weise die Kriegsfolgen kompensiert werden konnten, wie lange dieser Prozeß dauerte und welche langfristigen Veränderungen der wirtschaftlich-sozialen Situation zu beobachten waren.

Die unmittelbaren Folgen des Dreißigjährigen Krieges

Eine Analyse der Auswirkungen des Dreißigjährigen Krieges auf die wirtschaftliche Situation und politische Stellung des brandenburgischen Adels gewinnt ihre Bedeutung vor allem aus der Überlegung, daß nur auf Grund einer die Realität annähernd widerspiegelnden Zustandsbeschreibung am Ende der Kriegszeit die Tragweite der Veränderungen in der zweiten Hälfte des 17. Jahrhunderts erkannt werden kann. Doch ein solches Vorhaben stößt auf mehrere Schwierigkeiten. Zeitgenössische Beschreibungen suggerierten zwar häufig einen Zustand völligen Verfalls und nachfolgender Lethargie, daneben fanden sich allerdings auch Quellenbelege, die Zweifel an solchen Wertungen aufkommen ließen. Einige wenige Beispiele mögen diesen ambivalenten Eindruck illustrieren: Der altmärkische Adlige Jobst Christian von Eickstedt fand laut eigenem Bekunden nach fast zwanzigjährigem Militärdienst sein Gut „abgebrannt" vor und wußte nicht, „wo er liegen sollte".[101] Auch eine der bislang einflußreichsten und wohlhabensten Adelsfamilie der Prignitz, die v. Saldern auf Plattenburg-Wilsnack, sahen sich infolge hoher Verschuldung vor große Herausforderungen gestellt.[102] Mit Verwunderung registrierte aber andererseits R. Schmidt für den Barnim die trotz großer Kriegseinbußen der Adelsfamilien relative üppige Brautausstattung der Emerentia Tugendreich von Wedel im Jahre 1647.[103] Einzelne adlige Rittergutsbesitzer waren durch-

---

100 Hahn, Landesstaat und Ständetum, S. 66. Am Beispiel der altmärkischen und magdeburgischen Adelsgesellschaft geht dieser Problemstellung dezidiert nach: ders., Fürstliche Territorialhoheit.
101 Eickstedt-FG, S. 577. Auf dem Rittersitz Diedersdorf (Lebus) hatte das „Kriegsvolck Fenster, kachelofen und Thüren alles zerschlagen und zunichte gemacht". Brand. LHA Rep. 37 Buckow, Nr. 25, Bl. 4.
102 Vgl.: Brand. LHA Rep. 37 Plattenburg-Wilsnack, Nr. 103/1, unpag.
103 Vgl.: R. Schmidt: Aus der Pfuelen Land, Bad Freienwalde 1928, S. 123 f.

aus in den Kriegs- und Nachkriegsjahren in der Lage, nicht nur Landbesitz zu erwerben, sondern auch ihre Wirtschaft in Flor zu halten und Bargeld zu verleihen.[104] Dazu zählten natürlich vor allem jene aus der märkischen Ritterschaft stammenden Adligen wie Joachim Ernst v. Görtzke oder Georg Sigismund v. Platen, die im Kriegsdienst zu ansehnlichem Reichtum gelangt waren.[105]

Es liegt auf der Hand, daß die zahlreichen, die Quellen unreflektiert und nicht in repräsentativer Breite nutzenden, vor allem populärwissenschaftlich angelegten regional- und ortsgeschichtlichen Arbeiten, die ein in den grellsten Farben ausgeschmücktes Bild totaler Destruktion malen, nicht verallgemeinert werden dürfen. An solchen Interpretationen wurden aus verschiedenen Gründen schon in der älteren Forschung Zweifel angemeldet.[106] Es mußte zu denken geben, daß diese Berichte vor allem im Zusammenhang mit den künftigen Steuerzahlungen erstellt wurden und deshalb zu besonders exzessiven Schilderungen geneigt hatten.[107]

Auch weitere Gründe ließen sich für diese übertreibende Diktion in vielen Zustandsbeschreibungen zur Erklärung heranziehen. Wenn z.B. in einer aus dem Jahre 1642 überlieferten Eingabe der Ritterschaft der Zauche geklagt wird, „dieser Kreis [sei] also zugerichtet, daß er's bei Menschenleben schwerlich verwinden wird"[108], oder in der Prignitz darauf aufmerksam gemacht wurde, daß „weder gesäet noch gebauet"[109] werde, dann befand man es aus der Sicht der Adligen für wichtig, vor allem das seit Menschengedenken Unfaßbare festzuhalten. Mit der Einordnung zeitgenössischer Darstellungen des Kriegserlebens verbindet sich ein Problem, das wohl weniger in der disparaten Quellenüberlieferung, sondern eher in einer anthropologischen Grundkonstante bei der Bewältigung von existenziellen Krisen zu suchen ist: Denn das „frisch erfahrene Leid wird offensichtlich intensiver reflektiert und artikuliert, während die nachfolgende Gewöhnung an Leid jene Dinge in der archivalischen Überlieferung nicht mehr aufscheinen läßt".[110] Allerdings ist aber davor zu warnen, die Kritik an den sicher überzogenen Wertungen der Kriegseinwirkungen zu ver-

---

104 So z.B. der havelländische Adlige Balzer Joachim v. Stechow, der sich „in guten Vermögensverhältnissen" befunden haben soll und deshalb innerhalb seiner kleinräumlichen Adelsgesellschaft als Kreditgeber, Bürge und Taufpate sehr gefragt war. Stechow-FG, S. 232.
105 Vgl. exemplarische Informationen zu dieser Personengruppe in unseren Ausführungen zu den Veränderungen in ausgewählten Adelslandschaften.
106 Schon B. Erdmannsdörffer warnte vor der „Überschwenglichkeit der Schilderungen und Abschätzungen jener Zustände". B. Erdmannsdörffer: Deutsche Geschichte vom Westfälischen Frieden bis zum Regierungsantritt Friedrichs des Großen, Meersburg/Naunhof/Leipzig 1932, S. 101.
107 Vgl.: K. Hintze: Die Arbeiterfrage zu Beginn des modernen Kapitalismus in Brandenburg-Preußen 1685-1806, Berlin 1963, S. 19.
108 Kittel, Die Zauche, S. 5.
109 Protokolle und Relationen des brandenburgischen Geheimen Rates aus der Zeit des Kurfürsten Friedrich Wilhelm, hg. v. O. Meinardus [i.f. PR], Bd. 2, S. 151.
110 J. Peters: Die Herrschaft Plattenburg-Wilsnack im Dreißigjährigen Krieg - eine märkische Gemeinschaft des Durchkommens, in: Brandenburgische Landesgeschichte und Archivwissenschaft. Festschrift für Lieselott Enders, Weimar 1997, S. 157-170, hier S. 158.

absolutieren und den Eindruck zu vermitteln, als hätten sich zumindest die adligen Herrenschichten und die größeren Städte relativ schnell von den Kriegsfolgen erholt.[111]
Um sich einer halbwegs befriedigenden Lösung des Problems anzunähern, müssen Quellengruppen hinzugezogen werden, die ein reales Bild über die soziale und wirtschaftliche Lage des brandenburgischen Adels vermitteln können. Dazu zählen vor allem jene Dokumente, die uns über den Umfang, aber vor allem über die Veränderungen des adligen Landbesitzes unterrichten. Der Besitz eines Rittergutes hatte, abgesehen von seinem tatsächlichen Wert, nach wie vor einen nicht zu unterschätzenden Rang bei der Bestimmung des Platzes einer Adelsfamilie innerhalb der ländlichen Gesellschaft.[112]
Hinzu kommt, daß ein in allzu düsteren Farben gemaltes Bild über die schwer angeschlagene Situation des brandenburgischen Adels verschiedene Entwicklungen der Nachkriegszeit nicht plausibel machen kann. Es läßt zwar die Lichtgestalt des Großen Kurfürsten in noch hellerem Licht erstrahlen, der auch seinem Adel als „Retter in der Not" erschien, doch insgesamt liegen einer solchen Bewertung eher Vorstellungen zugrunde, die an der staatlich initiierten Bewältigung von Kriegsfolgen späterer Zeiten orientiert sind. Es handelt sich bei den zeitgenössischen Berichten von ständischen Amtsträgern oder Repräsentanten des märkischen Städtebürgertums oftmals um jene „Korrekturen nach der Seite des Schlimmen hin", die aus der Intention, die Unfähigkeit weiterer Leistungen für den Staat zu beweisen, erwachsen konnten.[113]
Unser bisheriges Bild über den Grad der Krise, die die brandenburgische Ritterschaft während des Dreißigjährigen Krieges – vor allem natürlich in seiner letzten Phase – traf, orientiert sich aber häufig an solchen wenigen punktuellen Beschreibungen; zumeist wurden extreme Auswüchse der Kriegsfolgen für wert befunden, für die Nachwelt festgehalten zu werden. Repräsentativ sei dazu aus zwei unser Thema streifenden Quellen zitiert: In einem Fragment der Familiengeschichte der Edlen Gänse zu Putlitz fand sich eine den Zustand um 1651 charakterisierende Beschreibung: „Anno 1636 ist der Totalruin der Herrschaft Putlitz entstanden, so daß auf allen Gütern nicht ein einziges lebendes Tier geblieben... Auch sind die Scheunen und Vorwerke, in Sonderheit, die zu der Residenz Putlitz gehörenden, in die Asche geleget, die Mühlen dermassen verdorben, daß selbige nicht können wieder aufgerichtet oder gebrauchet werden, und sonsten Dörfer und Acker in solche Verwüstung geset-

---

111 Besonders pointiert bei S. H. Steinberg: Der Dreißigjährige Krieg und der Kampf um die Vorherrschaft in Europa 1600 - 1660, Göttingen 1966, der die These von der „allgemeinen Verwüstung und dem Massenelend" in das Reich der „Fabel" verweisen wollte. Ebenda, S. 9.
Innerhalb der jüngeren brandenburgischen Landesgeschichtsforschung fanden diese divergierenden Bewertungen in etwas abgeschwächter Form ihren Niederschlag in der Kontroverse zwischen L. Enders und H. Harnisch. Vgl.: L. Enders: Bauern und Feudalherrschaft der Uckermark im absolutistischen Staate, in: Jahrbuch für Geschichte des Feudalismus 13 (1989), S. 247-283, hier S. 247, die auf einen längeren Zeitraum für die Kompensation der Kriegsschäden abhob; dagegen: H. Harnisch: Probleme einer Periodisierung und regionalen Typisierung der Gutsherrschaft im mitteleuropäischen Raum, in: Jahrbuch für Geschichte des Feudalismus 10 (1986), S. 251-274, hier S. 268, der die Meinung vertrat, der Adel hätte sich relativ schnell von den Kriegsfolgen erholt.
112 Vgl. übergreifend dazu: G. Dilcher: Der alteuropäische Adel - ein verfassungsgeschichtlicher Typus?, in: Europäischer Adel 1750-1950, hrsg. v. H.-U. Wehler, Göttingen 1990, S. 57-86, hier S. 68 f.
113 F. Kaphahn: Die wirtschaftlichen Folgen des 30jährigen Krieges für die Altmark. Ein Beitrag zur Geschichte des Zusammenbruchs der deutschen Volkswirtschaft in der ersten Hälfte des 17. Jahrhunderts, Gotha 1911, S. 3.

zet, daß es nicht sattsam zu beschreiben, der betrübte Augenschein mag alles sattsam ausweisen".[114] Die Situation auf dem zum Kreis Teltow gehörenden Hammergut Gottow (bei Luckenwalde) wurde in einem Taxationsbericht zweier kurfürstlicher Kommissare ähnlich drastisch geschildert: Auf dem Rittersitz seien „weder Scheune noch Stallung noch das geringste nicht vorhanden, sondern alles abgebrennet unndt der Erden gleich, außer daß von Wohnhäuser noch etliche alte Holtz undt Dielen in der gewesenen Stube liegen. Die Keller seindt verfallen. Ein gebäuwde stehet for den Rittersitze, alles aber öde und wüste, ohne fenstern, thüren, boden und andern".[115]

Die Schätzung von *G. Franz*, daß man in der Mark Brandenburg von einem Bevölkerungsverlust von etwa 50% auszugehen habe, ist als Durchschnittswert zu interpretieren.[116] Dahinter verbarg sich aber auch die schon bei älteren Chronisten gemachte Beobachtung, daß die brandenburgischen Lande eben nicht „eine große Wüste"[117] bildeten, sondern neben zweifelsohne vorhandenen Landstrichen mit einem großen Zerstörungshorizont auch Gebiete aufwiesen, in denen sich der Bevölkerungsverlust durch Abwanderung, Epidemien oder direkte Kriegseinwirkungen in Grenzen hielt.[118] Die an sich hinlänglich bekannte Tatsache, daß die die brandenburgischen Lande mehrfach durchziehenden Heere die einzelnen Teillandschaften in höchst unterschiedlichem Maße frequentierten, zwingt dazu, auch bei der Bewertung der Kriegswirkungen für die märkische Ritterschaft regional zu differenzieren. Ein Blick auf die Lage der Heer- und Handelsstraßen gibt eine der möglichen Erklärungen für diesen Befund.[119] Es konnte z.B. ermittelt werden, daß die Schäden in der Uckermark, in der Prignitz und im Barnim besonders groß waren, während das Berliner Umland, vor allem das Havelland und der Süden der Neumark vergleichsweise geringe ökonomische und demographische Einbußen hinnehmen mußten.[120] Ein differenziertes Bild bot auch die Situation in der Altmark am Ende des Krieges. Der Legat Johann Oxenstierna berichtete z.B. dem Kurfürsten im Sommer 1643, daß zwar ein Teil der Altmark „sehr ruiniret [sei], der andere aber in so gutem und blühendem Stande, daß er sich wundere, wie das beim Kriege möglich sei".[121] Demnach erschien es dann nicht überraschend, wenn neben den das herkömmliche

---

114 zit. nach: Putlitz-FG, S. 245.
115 Zit. nach: Hake-FG, Bd. 1, S. 179.
116 Vgl.: Franz, Der Dreißigjährige Krieg, S. 20 ff.
117 S. Buchholtz: Versuch einer Geschichte der Churmarck Brandenburg, 3. Teil, Berlin 1767, S. 652, [zit. nach: W. Neugebauer: Brandenburg im absolutistischen Staat. Das 17. und 18. Jahrhundert, in: Brandenburgische Geschichte, hrsg. v. I. Materna/ W. Ribbe Berlin 1995, S. 306.]
118 Vgl. umfassend dazu: Neugebauer, Brandenburg im absolutistischen Staat, S. 304 ff.
119 Vgl.: G. Heinrich (Bearb.): Heer- und Handelsstraßen (= Historischer Handatlas für Berlin-Brandenburg, Lfg. 46), Berlin 1973.
    So wird man natürlich auch einen Zusammenhang zwischen den gravierenden Besitzeinbußen einzelner Geschlechter und dem Verlauf der Truppendurchzüge sehen müssen. Vgl. am Beispiel einer Teillandschaft: F. Schroer [u. Gerd Heinrich]: Das Havelland im Dreißigjährigen Krieg, Köln/Graz 1966, 1. Teil.
120 Vgl. hierzu die eine ähnliche regionale Differenzierung andeutende Karte: „Bevölkerungsverluste der brandenburgischen Städte zwischen 1625 und 1652/53", in: I. Mittenzwei/E. Herzfeld: Brandenburg-Preußen 1648-1789. Das Zeitalter des Absolutismus in Text und Bild, Berlin 1987, S. 28 f.
121 PR, Bd. 2, S. CXXVII. Natürlich muß bei dieser günstigen Beurteilung wiederum bedacht werden, daß der Legat eine mögliche höhere Besteuerung dieser Teillandschaft im Auge hatte, doch findet diese Einschätzung auch in anderen Quellen ihre Entsprechung.

Bild bestimmenden Berichten über das große Leid der Bevölkerung und das außerordentliche Ausmaß der Zerstörungen auch verschiedentlich „Angaben über gute Ernten und reichliche Vorräte" anzutreffen waren.[122] In den letzten Jahren konnten auf eingehenden Quellenstudien basierende Untersuchungen solche außergewöhnlichen Fälle relativieren, indem sie die Verhältnisse einer Teillandschaft in den Blick nahmen.[123]

Des weiteren gewann in der Forschung schon seit langem eine Fragestellung zentrale Bedeutung, die *F. Kaphahn* aus übergreifender Sicht und in jüngerer Zeit *W. von Hippel* am württembergischen Beispiel durch eine komplexe Analyse versucht hatten zu beantworten. Demnach beschleunigte der Krieg einen sich bereits längere Zeit abzeichnenden Niedergangsprozeß.[124] Dieses Problem impliziert Überlegungen, die seinerzeit im Lichte der These von der „Krise des 17. Jahrhunderts" intensiv diskutiert wurden.[125] Für unseren Untersuchungsgegenstand bedeutet dies, auch die Situation des brandenburgischen Adels am Vorabend des Dreißigjährigen Krieges zu berücksichtigen, denn nur ein Vergleich der ökonomischen Lage und des politischen Gewichts vor Kriegsbeginn mit der Situation in der Mitte des 17. Jahrhunderts läßt uns erst das Ausmaß der Veränderungen in den ersten Regierungsjahren des Großen Kurfürsten erkennen und kann zugleich klären, ob die Zäsur der 1650er Jahre wirklich so tiefgreifend war, wie dies z. B. *F. L. Carsten* herausgestellt hatte.[126]

P.-M. Hahn konnte belegen, daß sich die brandenburgische Ritterschaft am Ende seines Untersuchungszeitraumes, des „langen 16. Jahrhunderts", und damit bereits am Vorabend des Dreißigjährigen Krieges in einer angeschlagenen wirtschaftlichen Situation befunden hatte.[127] Schon in den ersten beiden Jahrzehnten des 17. Jahrhunderts kam es demnach zu einer bis dahin unbekannten Häufung von Güterkonkursen. Diese Charakterisierung darf auch für einen Teil jener Familien Gültigkeit beanspruchen, die im 16. Jahrhundert als „Machtelite" zu den wirtschaftlich stärksten und politisch einflußreichsten in Brandenburg gehörten.[128] Dies

---

122 J. Schultze: Die Mark Brandenburg, Bd. 4, Berlin 1964, S. 296. Ebenso erschien dem Verf. die „Aufbringung von Steuern" aus verödeten Landschaften „als ein Rätsel". Ebenda, Bd. 5, Berlin 1968, S. 35.
123 Enders, Die Uckermark; dies., Die Prignitz. Hervorzuheben wären in diesem Zusammenhang auch einige ältere Studien: Kaphahn, Die wirtschaftlichen Folgen; C. Petersen: Die Geschichte des Kreises Beeskow-Storkow, Beeskow 1922; F. Schroer [u. Gerd Heinrich]: Das Havelland im Dreißigjährigen Krieg, Köln/Graz 1966.
124 Vgl.: F. Kaphahn: Der Zusammenbruch der deutschen Kreditwirtschaft im 17. Jahrhundert und der Dreißigjährige Krieg, in: Deutsche Geschichtsblätter 13 (1912), S. 139-162; Wolfgang von Hippel: Bevölkerung und Wirtschaft im Zeitalter des Dreissigjährigen Krieges. Das Beispiel Württemberg, in: ZHF 5 (1978), S. 413-448.
125 Vgl. diese Diskussion vorläufig zusammenfassend: H.G. Koenigsberger: Die Krise des 17. Jahrhunderts, in: ZHF 9 (1982), S. 143-165; jüngst noch einmal aufgegriffen in: Krisen des 17. Jahrhunderts. Interdisziplinäre Perspektiven, hrsg. v. M. Jakubowski-Tiessen, Göttingen 1999, insbesondere darin der Beitrag von H. Lehmann, der eher zurückhaltend für eine künftige Anwendung dieses Begriffes plädiert.
126 Vgl.: Carsten, Die Entstehung, S. 157.
127 Vgl.: Hahn, Struktur und Funktion, S. 48 f.
128 Wie rücksichtslos man dabei – auch mit landesherrlicher Duldung – vorging, belegt ein Konflikt zwischen denen v. Bredow und der Familie v. d. Gröben. Im November 1620 beschwerten sich die v. Bredow beim Kurfürsten, daß Jobst Heinrich v. d. Gröben mit dem Anteilgut Löwenberg belehnt wurde, das bis dahin Hasso v. Bredow gehört hatte. Der v. d. Gröben konnte allerdings einen Kaufvertrag mit den Kreditoren des H. v. Bredow vorlegen. Die Agnaten, die den Konsens für den Verkauf verweigert hatten, versuchten die Veräußerung des Gutes aus dem Gesamtbesitz des Geschlechts zu verhindern. Vgl.: Brand. LHA Rep. 78 II G 76.

Die Sozialstruktur der brandenburgischen Ritterschaft 41

erscheint insofern nicht verwunderlich, als es doch gerade diese Adelsfamilien waren, die sich ab der Mitte des 16. Jahrhunderts auf Grund der konjunkturellen Entwicklungen zunehmend im Getreidehandel engagiert hatten.[129] Demzufolge blieben diese von der am Jahrhundertende zurückgehenden Nachfrage nach Getreide und dem damit einhergehenden Preisverfall nicht verschont.[130]

Auch jene Untersuchungen, die sich mittels einer dichten Quellenüberlieferung ausgewählten Teillandschaften oder einzelnen Rittergütern der Mark Brandenburg zugewandt hatten, bestätigten die angespannte ökonomische Situation des brandenburgischen Adels am Vorabend des Dreißigjährigen Krieges.[131] Diese Wertung ist natürlich mit besonderer Eindringlichkeit auf die Mehrheit der brandenburgischen Adligen zu übertragen, die nur über wenige Hintersassen und – mit etwa zwei bis vier Hufen – geringen Landbesitz verfügten. Nicht zu Unrecht wurde daher die materielle Ausstattung und der Wohnkomfort[132] dieser zahlenmäßig großen Adelsgruppe mit dem einer „großbäuerlichen Schicht" gleichgesetzt, wenngleich natürlich Quellenbelege über eine „bäuerliche" Tätigkeit bislang nicht beigebracht werden konnten.[133]

Zu beobachten ist ferner, daß der Adel bereits im Verlauf des 16. Jahrhunderts großes Interesse an Barvermögen entwickelt hatte, um insbesondere an Kreditgeschäften teilhaben zu

---

129 Belege über brandenburgische Adlige als Getreideverkäufer im 16. Jahrhundert in der Edition Kurmärkische Ständeakten aus der Regierungszeit Kurfürst Joachims II., hrsg. v. W. Friedensburg, Bd. 1, München 1913, S. 83; vgl. auch Harnisch, Die Herrschaft Boitzenburg, S. 75 ff. (betont Bedeutung der Einnahmen aus Getreideverkauf für die adlige Gutswirtschaft gegenüber anderslautenden Thesen von W.A. Boelcke); ferner auf der Basis der Lenzener Elbzollrolle bei H. Harnisch: Die Gutsherrschaft in Brandenburg. Ergebnisse und Probleme, in: Preußen in der deutschen Geschichte, S. 67-101, hier S. 75 f.

130 Allgemein dazu: W. Abel, Agrarkrisen und Agarkonjunktur, Berlin/Hamburg 1978³.

131 Vgl.: C. Brinkmann: Wustrau. Wirtschafts- und Verfassungsgeschichte eines brandenburgischen Rittergutes, Leipzig 1911, v.a. S. 26 ff.; Kaphahn, Die wirtschaftlichen Folgen; Schultze, Die Herrschaft Ruppin; Kittel, Zauche; ders.: Die Erbhöfe und Güter des Barnim 1608/1652, Bernburg 1937; Schroer, Havelland; in jüngster Zeit: W.H. Hagen: Seventeenth-Century Crisis in Brandenburg: The Thirty Years' War, The Destabilization of Serfdom, and the Rise of Absolutism, in: AHR 94 (1989), S. 302-335; Enders, Die Uckermark, v.a. S. 304 ff.; dies., Prignitz, S. 700 f. Dagegen blendete H. Harnisch in seiner detaillierten Studie zur Herrschaft Boitzenburg diese Frage aus.

132 Vgl. dazu: U. Geiseler: „... uf schlechte erden von holtze und leyme" – Zur Lebenswelt des brandenburgischen Adels an der Schwelle zur Frühen Neuzeit, in: Adelige Welt und familiäre Beziehung. Aspekte der „privaten" Welt des Adels in böhmischen, polnischen und deutschen Beispielen vom 14. Bis zum 16. Jahrhundert, hrsg. v. Heinz-Dieter Heimann, Potsdam 2000, S. 141-153; sowie am Beispiel einer märkischen Teillandschaft: Foelsch, Adel, Schlösser, S. 25 ff.; L. Enders: Burgen, Schlösser, Gutsgebäude. Zur Baugeschichte der Prignitz in der Frühneuzeit, in: JBLG 50 (1999), S. 31-61, hier v.a. S. 47 ff.

133 G. Heinrich: Nordostdeutscher Adel im Übergang vom Spätmittelalter zur Neuzeit. Bemerkungen zur Sozialverfassung regionaler Führungsschichten, in: Jahrbuch für brandenburgische Landesgeschichte 35 (=Festschrift der Landesgeschichtlichen Vereinigung für die Mark Brandenburg zu ihrem hundertjährigen Bestehen), Berlin 1984, S. 104-125, hier S. 116.
Diese Wertung findet ihre Entsprechung auch in den Adelsbauten. So betonte H. Helmigk zu Recht: „Die kleinen unbefestigten Herrenhäuser werden wir uns kaum einfach genug vorstellen können." H.J. Helmigk: Märkische Herrenhäuser, Berlin 1929, S. 113. Dieses Bild bestätigt für eine Teillandschaft prägnant: Petersen, Beeskow-Storkow, S. 386 f. Detailliertere Erkenntnisse zu dieser Fragestellung bietet die jüngst erschienene Neuausgabe des Ansichtenwerkes von Alexander Duncker, vgl.: Herrenhäuser, Bd. 2.

können.[134] Die Quellen der Vermögensbildung bei dieser über größere Geldmengen verfügenden Adelsgruppe sind in der Amtsträgerbesoldung, in auswärtigen Kriegsdiensten, aber vor allem in der Beteiligung am Getreidehandel zu suchen. Diejenigen Adligen, die großen Wert „auf Erhöhung ihrer Einkünfte an frei verfügbarem Geld" legten, wurden natürlich in besonderem Maße in die währungspolitischen Turbulenzen am Beginn des Dreißigjährigen Krieges gerissen.[135]

Die bereits zu einer Zeit sichtbar werdenden Symptome einer wirtschaftlichen Krisensituation für den brandenburgischen Adel, als die Mark von den Söldnerheeren noch verschont geblieben war, verstärkten sich nun natürlich durch die unmittelbaren Kriegswirkungen. So gerieten die – stets Konturen eines riskanten Vabanque-Spiels annehmenden – finanziellen Transaktionen vieler Adelsfamilien, die sich häufig als Gratwanderung zwischen Schuldenmachen, Bürgschaftsverpflichtungen und erwarteten Zahlungen als Gläubiger darstellten, nunmehr durch „außerökonomische" Faktoren außer Fugen.

Es ist bereits eingangs auf die zur Bestimmung der realen Einkommensverhältnisse des Adels ungünstige Quellenlage, zumindest für die zweite Hälfte des 17. Jahrhunderts, hingewiesen worden. Am Beispiel von ausgewählten Inventaren brandenburgischer Rittergüter kann unser Bild über die wirtschaftliche Situation des rittergutsbesitzenden Adels verdichtet und zugleich aufgezeigt werden, unter welchen Voraussetzungen eine Wiederaufnahme bzw. Weiterführung des Wirtschaftsbetriebes der Eigenwirtschaften überhaupt möglich war. Es ist aber auf Grund der lückenhaften Überlieferung – zumindest vor der Mitte des 18. Jahrhunderts – schwer, „restlose Klarheit über die Wirtschaftsverfassung" zu erhalten.[136]

Mit dem Inventar des in der Uckermark gelegenen Gutes Criewen der ausgehenden 1630er Jahre liegt uns eine Aufstellung über ein der Familie v. Buch gehörendes Rittergut vor, das von seiner Größe und seinem materiellen Ausstattungsgrad im Gesamtmaßstab im mittleren Bereich einzuordnen wäre.[137] Der nicht unbeträchtliche Viehbestand deutet in Anbetracht des schon einige Jahre wütenden Krieges auf eine halbwegs noch funktionierende Wirtschaft[138]:

- 12 Zugochsen je 10 Tlr.
- 105 kleine und große Schafe je 10 Groschen
- 15 alte Schweine je 2 Tlr./ 6 Groschen
- 16 kleine Schweine je 8 Groschen
- 6 Kühe je 5 Tlr.
- 4 Kälber je 2 Tlr./ 12 Groschen
- 5 Spaenkälber je 18 Groschen
- 1 Zuchtrind (7 Tlr.)
- 2 Stiere je 8 Tlr.

---

134 Vgl.: Hahn, Struktur und Funktion, S. 73 ff.
135 Harnisch, Die Gutsherrschaft, S. 90.
136 Harnisch, Die Herrschaft Boitzenburg, S. 141.
137 Brand. LHA Rep. 78 II B 197, unpag.
138 Diese Tendenz spiegelt sich auch in dem Inventar des Gutes Wilmersdorf aus dem Jahre 1636 wider: Der Viehbestand belief sich auf 71 Stück Rindvieh, 80 Schweine und 215 Schafe. Das Vermögen des Friedrich v. Buch zu Wilmersdorf wurde mit 60 684 Rtl. angegeben, dagegen standen Schulden in Höhe von 42 804 Rtl zu Buche. Vgl.: Buch-FG, Bd. 2, S. 49 f.

Dagegen fand der bauliche Zustand des Rittersitzes eine eher ernüchternde Beurteilung: Es handelte sich demnach um ein „sehr baufälliges Wohnhaus, einem mitten auf dem Hofe stehenden dachlosen Kornhaus, einem Torhaus mit daran gebauter Scheune. Die große Scheune nach dem Schulzen Hof [zu] ist sehr baufällig, stehet meist auf Stützen und mangelt das Dach darauf".[139] Diese zunehmenden baulichen Verfallserscheinungen ihrer Rittergüter stellten noch mehrere Jahrzehnte eine erhebliche Belastung der brandenburgischen Adelsfamilien dar, wie z.B. auch die Inventare zu Freyenstein (Prignitz) für 1682[140] und Badingen (Barnim) für 1679[141] dokumentierten.[142] Es erschien nachvollziehbar, daß sich die Anstrengungen zunächst auf die Instandsetzung der Wirtschaftsgebäude zu richten hatten, während die Herstellung eines angemessenen Wohnkomforts zurückzustehen hatte. Das bislang für einzelne brandenburgische Teillandschaften rekonstruierte Bild über die wirtschaftliche Situation auf den Rittersitzen deutete bei aller Differenzierung die enormen Schwierigkeiten an, die – wollte man den Vorkriegszustand wieder erreichen – zu überwinden waren.[143] Gravierend machte sich vor allem das Fehlen von arbeitsfähigen Untertanen bemerkbar, aber auch das häufig Plünderungen zum Opfer gefallene eiserne Geräteinventar erschwerte den Neubeginn.[144]

Die Veränderung der Besitzstruktur

Belegte das bisher präsentierte Material eher exemplarisch die ökonomischen Folgen des Krieges für die märkischen Rittergüter, soll jetzt auf der Grundlage einer höheren Abstraktionsebene versucht werden zu klären, in welchem Maße die Kriegswirkungen zu einer Veränderung der Besitzstruktur geführt hatten. Es sei nochmals daran erinnert, daß die innere Differenzierung der Ritterschaft sich in erheblichem Maße aus den ökonomischen Grundlagen ableitete, d.h. ihrer Ausstattung mit Landbesitz inklusive der dazu gehörigen Untertanen. Dies wurde innerhalb der kleinräumlichen Adelsgesellschaften auch selbst so reflektiert.[145] Es ist davon auszugehen, daß die durch Krieg und Agrardepression ausgelösten Einbrüche auch zu gravierenden Gewichtsverlagerungen innerhalb der Adelsgesellschaften geführt hatten. Hervorhebenswert erscheint dabei aber vor allem die Beobachtung, daß unter den Adelsfamilien, die auf Grund der katastrophalen wirtschaftlichen Lage zum Verkauf ihrer Besitzungen oder Anteilgüter gezwungen waren, auch jene Geschlechter erschienen, die noch einige Jahrzehnte zuvor als saturiert galten und als liquide Gläubiger bei den Finanzgeschäften fungierten. Stellvertretend seien für diese Verlusterfahrungen aus der uckermärkischen Adelsgesellschaft die v. d. Schulenburg (Herrschaft Löcknitz an Kurfürst veräußert), v. Holt-

---

139 Brand. LHA Rep. 78 II B 197, unpag.
140 Vgl.: Brand. LHA Rep. 37 Freyenstein, Nr. 23.
141 Vgl.: Brand. LHA Rep. 37 Badingen, Nr. 6.
142 Vgl. hierzu auch die auf der Auswertung von Erbregistern, Inventaren und Taxationen beruhenden detaillierten Passagen zu den Rittergütern des Beeskow-Storkow'schen Kreises: Petersen, Beeskow-Storkow, v.a. S. 401-419.
143 Vgl. exemplarisch auch: L. Enders: Burgen, Schlösser, Gutsgebäude. Zur Baugeschichte der Prignitz in der Frühneuzeit, in: JBLG 50 (1999), S. 31-61, hier S. 47 ff.
144 Vgl. für die Uckermark: Enders, Uckermark, S. 337 ff.; zur Prignitz: Enders, Die Prignitz, S. 700 ff.
145 Vgl. dazu auch für den vorangehenden Zeitraum: Hahn, Struktur und Funktion, S. 22 f.

zendorff (Gut Malchow), die v. Blankenburg (Wolfshagen u.a. Besitzteile) und die ungekrönten „Könige" der Uckermark, die v. Arnim (Gut Schönermark) angeführt.[146] In der Prignitz gehörten die v. Rohr und v. Quitzow zu jenen führenden Geschlechtern, die durch Kriegszerstörungen und Verschuldung gezwungen wurden, einen Teil ihrer Güter aufzugeben.[147]

Demzufolge kann vermutet werden, daß die Kriegsfolgen einen nivellierenden Effekt auf die innere Struktur des märkischen Adels in dem Sinne bewirkten, daß sich der Abstand der im „langen 16. Jahrhundert" wirtschaftlich führenden Adelsfamilien zum Gesamtcorpus der märkischen Ritterschaft verringert hatte. Diesen Gedanken gilt es bei der Behandlung der Veränderungen der Besitzzstruktur im folgenden im Auge zu behalten.

Am Beispiel dreier Teillandschaften soll eine solche Analyse auf der Grundlage der Erhebungen des „Historischen Ortslexikons für Brandenburg" vorgenommen werden. Die Bearbeiter dieses wichtigen sozialstatistischen Werkes stützten sich vornehmlich auf Akten der Kurmärkischen Lehnskanzlei, die Landreiterberichte, Hufenschoßmatrikel und – für das 18. Jahrhundert – auf die Dokumente der Ritterschaftlichen Hypothekendirektion. Durch die Hinzuziehung verschiedener Quellengruppen, zum Teil mit Parallelüberlieferung, wurde eine höhere Zuverlässigkeit zur Bestimmung der besitzrechtlichen, wirtschafts- und sozialgeschichtlichen Daten erreicht als in früheren Untersuchungen. Die Auswahl der drei brandenburgischen Teillandschaften Ruppin, Teltow und Beeskow-Storkow gründet sich auf folgende Überlegung: Da davon auszugehen ist, daß die Entwicklung des Berlin-Potsdamer Residenzraumes entsprechende Wirkungen auf die Adelslandschaften hatte, muß das Verhältnis der zu untersuchenden Teillandschaften zur Residenz bei der Auswahl berücksichtigt werden. Ruppin steht als Beispiel eines residenzfernen, der Teltow für ein residenznahes Gebiet. Beeskow-Storkow hingegen, ein Kreis, der bis ins 17. Jahrhundert hinein ständepolitisch häufig zur Neumark zugerechnet wurde, gilt als ein Sonderfall. Aus geographischer Sicht wegen seiner Ausdehnung nicht eindeutig als residenzfern bzw. -nah zuzuordnen, gewinnt diese Teillandschaft vor allem durch die ausgreifende Arrondierungspolitik der Landesherrschaft im 18. Jahrhundert für unsere Untersuchung an Bedeutung. Die gewonnenen Ergebnisse werden durch die von L. Enders analysierten Verhältnisse in der Uckermark und Prignitz ergänzt. Legt man sich zunächst die Frage vor, wieviele Adelsfamilien im Untersuchungszeitraum in den genannten Landschaften ansässig waren, dann deutet der Befund auf eine scheinbare Kontinuität.

Tabelle 1: Anzahl der Adelsfamilien in Ruppin, Teltow und Beeskow-Storkow[148]

	1620	1650	1680
Ruppin	38	38	37
Teltow	26	27	28
Beeskow-Storkow	19	19	22

---

146 Vgl.: Enders, Uckermark, S. 341.
147 Vgl.: Enders, Prignitz, S. 665 f., 689 f.
148 Erhebung nach: Historisches Ortslexikon Brandenburg [i.f. HOL], Bd. 2 Ruppin (bearb. v. L. Enders), Weimar 1970 und Bd. 4 Teltow (bearb. v. L. Enders unter Mitarbeit v. M. Beck), Weimar 1976; Bd. 9 Beeskow-Storkow (bearb. v. J. Schölzel).

Doch die Erfassung der Gesamtzahl der in einer Teillandschaft Besitzungen innehabenden Adelsfamilien läßt zunächst noch wenige Rückschlüsse über die tatsächlichen Veränderungen zu. Zu- und Abwanderungsbewegungen von Adelsfamilien würden dadurch ebensowenig erfaßt werden können wie die zeitweilige Entfremdung von Besitzungen eines Geschlechts. Eine sinnvolle Möglichkeit, das Ausmaß der wirtschaftlichen Einbrüche für die märkische Ritterschaft über eine Analyse der Besitzstruktur aufzuzeigen, bieten dagegen die Zahlen der Veräußerungen von adligem Grundbesitz.

Tabelle 2: Anzahl der Veräußerungen in Ruppin (1610 - 1690)

1610 – 1630	1630 – 1650	1650 – 1670	1670 – 1690
20	21	42	32

Tabelle 3: Anzahl der Veräußerungen im Teltow (1610 - 1690)

1610 – 1630	1630 – 1650	1650 – 1670	1670 – 1690
20	32	41	33

Tabelle 4: Anzahl der Veräußerungen in Beeskow-Storkow (1610-1690)

1610 – 1630	1630 – 1650	1650 – 1670	1670 – 1690
9	14	13	14

Im Teltow und in Ruppin zeigten sich ähnliche Trends: Nachdem die Zahl der Veräußerungen während der Kriegsjahre nur langsam anstieg[149], erreichte die Quote der Besitzwechselhäufigkeit in den beiden Jahrzehnten nach Beendigung des Dreißigjährigen Krieges ihren Spitzenwert[150]. In Beeskow-Storkow verschoben sich die Relationen etwas, wobei die Mehrheit der zwischen 1630 und 1650 erfolgten Besitzwechsel nach 1644 erfolgten, also zu einer Zeit, in der die direkten militärischen Kampfhandlungen und ihre unvermeidlichen Begleiterscheinungen in der Mark abgeebbt waren.

Das für Ruppin und Teltow gewonnene Ergebnis bestätigt auch die Auswertung von gleichen Quellengruppen, die *L. Enders* für die Prignitz vorgenommen hatte. Dort erhöhte sich die Zahl der Veräußerungen von Adelsgütern von lediglich 4 in den 1630er Jahren auf 18 in den 1640er und 1650er und sogar 21 in den 1660er Jahren.[151] Der dahinter stehende Zwang, selbst alte Stammgüter der jeweiligen Geschlechter zu verkaufen, wurde durch den rapiden Fall der

---

149 Daß es während des Krieges zu relativ wenigen Güterveräußerungen gekommen war, belegte am Beispiel einer Teillandschaft auch: Schroer, Havelland, S. 288.
150 Das für Ruppin aus dem Zahlenmaterial abzulesende spätere Anwachsen der Besitzwechselzahlen korrespondiert auch mit dem 1652 erstellten Landreiterbericht, woraus zu entnehmen ist, daß die ländliche Bevölkerung offenbar keinem solchen tiefgreifenden Mobilitätsprozeß wie in anderen märkischen Landschaften unterlag. Vgl.: Schultze, Die Herrschaft Ruppin, S. 9.
151 Vgl.: Enders, Die Prignitz, S. 692.

Güterpreise begünstigt.[152] Diese Entwicklung ist für verschiedene Teillandschaften nachzuweisen: Der Wert des in der Neumark gelegenen Gutes Königswalde derer v. Waldow sank während der Kriegsjahre von 27 000 auf 16 000 Tlr.[153], während der Wertverlust der Herrschaft Putlitz in den 1660er Jahren mehr als die Hälfte betragen hatte. Der Taxwert der Gebäude des ebenfalls den Gans Edlen v. Putlitz gehörenden Gutes Pankow lag noch 70 Jahre nach dem Dreißigjährigen Krieg weit hinter dem Vorkriegsstand.[154] Und wie noch zu zeigen sein wird, sollte es einen langen Zeitraum beanspruchen, ehe eine Trendwende in der Preisentwicklung erzielt wurde.

Es gilt ferner zu berücksichtigen, daß eine große Zahl von Gütern wiederkäuflich, d.h. zu einer zwischen 20 und 80 Jahren laufenden Frist veräußert war. Damit gelangten die finanziell angeschlagenen Rittergutsbesitzer wenigstens zeitweise in den Besitz einer größeren Geldsumme, ohne ihre lehnsherrlichen Rechte völlig zu verlieren. Im Teltow betraf dies in der zweiten Hälfte des 17. Jahrhunderts insgesamt 29 Besitzungen![155] Nur in wenigen Fällen gelang es den Adelsfamilien, die das Gut in erblichem Besitz hatten, nach dem Ablauf der Frist die Möglichkeit zur Wiedereinlösung (Reluition) zu nutzen.[156] Meist gingen die jeweiligen Güter in das erbliche Eigentum ihrer wiederkäuflichen Besitzer über.[157]

Ein nicht unerheblicher Teil der Güter muß im 17. Jahrhundert verpachtet gewesen sein. Allerdings liegen uns nur wenige Quellen vor, die ein umfassendes Bild über eine Teillandschaft vermitteln[158], so daß genauere quantifizierende Aussagen über das Ausmaß der Verpachtungen im Unterschied zum 18. Jahrhundert schwer fallen.[159] Im Havelland wurden in einer „Specification" von 1684 insgesamt 18 als „Pensionäre" bezeichnete Personen auf den Rittergütern erwähnt.[160] Dagegen werden Wirksamkeit und Präsenz der Pächter in den Quellen der Gutsarchive, aber auch in den Gerichtsakten deutlicher greifbar. Demnach konnte es sich sowohl um Adlige handeln, die in jener Teillandschaft angesessen waren, in der das Gut lag, als auch um solche fremden Adligen, die häufig als verabschiedete Offiziere zugewandert waren. In wachsendem Maße rekrutierten sich die Pächter auch aus Angehörigen der

---

152 Vgl. zum Gesamttrend: Abel, Agrarkrisen; für die Uckermark vgl.: Enders, Die Uckermark, S. 341f.
153 Vgl.: Waldow-FG, S. 53.
154 Vgl.: Putlitz-FG, S. 253 u. 307.
155 Auszählung nach HOL Teltow.
156 So z.B. den Schenken v. Landsberg die Dörfer Gussow, Sputenberge und Schwerin, sowie denen v. Enderlein Miersdorf. Vgl.: HOL Teltow.
157 Auch hier einige Belege aus dem Teltow: Das Gut Dahlem von denen v. Spiel an die v. Wilmersdorf (seit 1661 wiederkäuflicher Besitz), Körbiskrug von den Schenken v. Landsberg an die Freiherren v. Löben (seit 1657 wiederkäuflicher Besitz), Jühnsdorf von denen v. Hake an die v. Otterstedt (seit 1644 wiederkäuflicher Besitz) und das Anteilgut Märkisch-Wilmersdorf von denen v. Bremen an die v. Schwerin (seit 1683 wiederkäuflicher Besitz).
158 So erfährt man z.B. im Zusammenhang der Eintreibung von Lehngeld-Schulden des Valentin Friedrich v. Buch, daß die Güter Crussow und Dobberzin an die „Pensionarii" Mäuseler und Lüdeke verpachtet waren. Vgl.: Brand. LHA Rep. 78 II B 195.
159 Vgl. zur ungünstigen Quellenlage zu dieser Problematik auch: Hahn, Fürstliche Territorialhoheit, S. 19.
160 Auszählung nach Eickstedt, Landbuch, S. 421-432.

Bürgerfamilien benachbarter Kleinstädte.[161] Aus diesen Quellen lassen sich ferner Rückschlüsse dahingehend ableiten, daß es in den meisten Fällen wohl die Kapitalarmut gewesen sein mußte, die die Rittergutsbesitzer zu diesen Verpachtungen veranlaßt hatte.
In eine ähnliche Richtung weist eine weitere, sich aus der Auswertung der präsentierten Tabellen ergebende Beobachtung: Die während der Kriegsjahre vergleichsweise niedrige Besitzwechselhäufigkeit kann natürlich nicht als Symptom einer vermeintlichen Stabilität interpretiert werden, sondern müßte darauf zurückgeführt werden, daß nunmehr das Kriegsgeschehen vor allem in den dreißiger Jahren des 17. Jahrhunderts den Gütertransfer fast zum Erliegen gebracht hatte. Angesichts der Unwägbarkeiten konnte sich kaum ein potentieller Käufer auf eventuelle Geschäfte einlassen. Freilich muß auch folgendes bedacht werden: Sowohl die innerfamiliären Formen der Registrierung solcher Besitzveränderungen als auch die amtliche Wirksamkeit der dafür zuständigen landesherrlichen Behörden wurden in den Strudel der Kriegsereignisse gerissen, so daß das weitgehende Fehlen von Nachrichten über Besitzveränderungen ein zu vermutendes Desinteresse der betroffenen Familien ebenso vermuten läßt wie den kriegsbedingten Verlust entsprechender Quellen.[162]
Andererseits darf die hohe Besitzwechselfrequenz nicht nur mit der wirtschaftlichen Schwäche des gutsbesitzenden Adels erklärt werden. Denn die besonders auch in den letzten Jahrzehnten des 17. Jahrhunderts hoch bleibende Zahl von Besitzwechseln ist wohl eher auf die Bemühungen gerade der alten brandenburgischen Adelsfamilien zurückzuführen, verlorengegangenes Terrain zurückzugewinnen. Zunehmend wurden Rittergüter zu Objekten finanzieller Transaktionen.[163] Es war schließlich für viele Adelsfamilien eine Zeit der Unsicherheit, des sich Ausprobierens, die sowohl wirtschaftlichen Aufstieg als auch erneuten Ruin bringen konnte.
Demzufolge können in diesem Falle Besitzwechsel auch als Beleg für eine gewachsene Flexibilität der Gesamtfamilie vor dem Hintergrund eines wiedergewonnenen bescheidenen Wohlstandes zu werten sein. Daß diese Veränderungen in der Grundtendenz auf eine Konzentration der Besitzungen hindeuteten, zeigt ein Blick auf die Entwicklung des Zahlenverhältnisses zwischen Dörfern in Splitter-, Teil- und Vollbesitz in den drei relevanten Teillandschaften. Den jeweiligen Adelsfamilien wird ihr Anteil an Orten in Voll- (V), Teil- (T) oder Splitterbesitz (S) zugeordnet. Um Splitterbesitz handelt es sich dann, wenn nur das Recht auf bestimmten Hebungen in einem Dorf bestand.

---

161 Vgl. mit weiteren entsprechenden Belegen: Enders, Die Prignitz, S. 705 ff.
 Daß diese Verpachtungen zugleich eine Quelle von Konflikten boten, zeigen eine Reihe von gerichtlich ausgetragenen Auseinandersetzungen. Ausführlich ist z.B. der Streit zwischen Adam VII. v. Hake und dem sein Anteilgut pachtenden Mathias Kartzow Ende der 1640er Jahre dokumentiert. Vgl.: Hake-FG, Bd. 2, S. 387 f.
162 Die chaotischen Registraturverhältnisse in der Lehnskanzlei bestätigen diesen Eindruck. In einem Aktenband dieser Behörde fand sich z.B. eine lose Blattsammlung unter dem Titel „einzelne Lehnzettel aus der Zeit [Kurfürst] George Wilhelms", die ungeordnet fragmentarische Notizen über die Anzahl der Kinder von Lehnsinabern oder Auflistungen der Besitzungen enthielten. Vgl.: Brand. LHA Rep. 78 I Nr. 61, Bl. 102-155.
163 Vgl. dazu unsere Ausführungen zu „Strategien des Wiederaufbaus" mit entsprechenden Quellenbelegen.

Tabelle 5: Besitzumfang des Adels im Teltow (1620 - 1680) [164]

Familie	1620 V	T	S	1650 V	T	S	1680 V	T	S
Schenken v. Landsberg	21	-	-	18	-	-	11	-	-
v. Hake	5	2	-	3	1	-	4	1	-
v. Schlabrendorff	4	6	-	4	5	-	3	5	-
v. Spiel	2	3	-	2	3	-	1	3	-
v. Otterstedt	2	2	3	4	1	3	4	-	-
v. Beeren	2	2	2	2	4	2	2	5	1
v.d. Gröben	2	1	-	-	1	-	-	4	-
v. Flans	1	8	3	-	3	-	-	2	-
v. Wilmersdorff	1	1	-	1	4	1	2	3	-
v. Bettin	1	3	-	--- erloschen ---			--------------------		
v. Enderlein	1	-	1	1	-	1	-	1	1
v. Stutterheim	1	-	-	2	-	-	2	-	-
v. Kahlenberg	1	-	-	1	1	1	1	1	1
v. Hohendorf	1	-	-	--------------------			--------------------		
v. Bardeleben	-	4	1	-	1	-	-	1	-
v. Thümen	-	4	-	2	4	-	-	5	-
v. Glaubitz	-	3	1	-	1	-	-	1	-
v.d. Liepe	-	2	7	-	2	7	-	2	5
v. Britzke	-	2	1	-	4	1	-	1	1
v. Görtzke	-	2	-	-	1	-	-	1	-
v. Rochow	-	1	-	1	2	-	--------------------		
v. Lindholz(?)	-	1	-	-	1	-	-	1	-
v. Lietzen	-	1	-	-	1	-	--------------------		
v. Rathenow	-	1	-	-	1	-	--------------------		
v. Troye	-	1	-	--- erloschen -----			--------------------		
v. Meynow	-	1	-	--------------------			--------------------		
v. Schwerin	--------------------			1	1	-	--------------------		
v. Klitzing	--------------------			1	-	-	--------------------		
v. Oppen	--------------------			1	-	-	1	-	-
v. Burgsdorff	--------------------			-	3	1	-	3	1
v. Schlieben	--------------------			-	3	1	--------------------		

164 Auswertung nach: HOL Teltow.

Die Sozialstruktur der brandenburgischen Ritterschaft

Familie	1620			1650			1680		
	V	T	S	V	T	S	V	T	S
v. Schapelow				-	1	-			
v. Löben							5	-	-
v. Jena							3	-	-
v. Pfuel							2	1	-
v. d. Goltz							1	-	-
v. Putlitz							1	-	-
v. Heydekampf[165]							-	1	-
v. Stockheim							-	1	-
v. Bremen							-	1	-

Natürlich muß bei der Auswertung dieser Daten berücksichtigt werden, daß damit nur eine grobe Vergleichsbasis geboten werden kann. Die Anzahl der Dörfer in Voll-, Teil- oder Splitterbesitz gibt nur einen ungefähren Aufschluß über die besitzmäßige Differenzierung der Geschlechter, da natürlich auch solche Faktoren wie die Zahl der Ritterhufen und kontributionspflichtigen Hintersassen sowie der Bodenwert berücksichtigt werden müßten.

Das präsentierte Zahlenmaterial läßt dennoch mehrere Schlußfolgerungen zu. Zum einen fallen jene Beobachtungen ins Auge, die die Verschiebungen oder aber Kontinuitäten des Besitzumfanges einzelner Familien im Teltow betreffen: Von besonderem Interesse erweist sich im Zusammenhang der eingangs umrissenen Fragestellung nach der inneren Differenzierung der kleinräumlichen Adelsgesellschaften die Stellung der ehemals führenden Familien der brandenburgischen Ritterschaft.

Das im Teltow vom Grundbesitz her dominierende Geschlecht der Schenken von Landsberg hielt zwar auch in der zweiten Hälfte des 17. Jahrhunderts seine Spitzenstellung, doch verringerte sich der Abstand zu den folgenden Familien.[166] Die wachsenden Schwierigkeiten der Schenken, die dann zu Beginn des 18. Jahrhunderts zum völligen Ausscheiden dieses Geschlechts aus der Teltower Adelsgesellschaft führten, deuteten sich hier bereits an. Den Hakes und Schlabrendorffs gelang es hingegen, ihre Stellung unter den in dieser Teillandschaft führenden Familien zu halten. „Gewinne" konnten von den alten, lange im Teltow angesessenen Geschlechtern die v. Otterstedt, v. Wilmersdorff und v. Thümen verzeichnen. Dies mag eine nicht unwesentliche Voraussetzung dafür gebildet haben, daß es gerade den beiden zu-

---

165 Es handelte sich hierbei um die nobilitierten Söhne des aus Hamburg stammenden und als kurfürstlicher Geheimer Kammerdiener amtierenden Veit Heydekampf. Vgl.: Bahl, Hof, S. 502 ff.

166 Bei der Musterung im Jahre 1627 stellte sie mit insgesamt 7 Lehnpferden etwa ein Viertel der Gesamtsumme des Kreises Teltow. Vgl.: R. Biedermann: Geschichte der Herrschaft Teupitz und ihres Herrengeschlechts, der Schenken von Landsberg, in: Der Deutsche Herold. Zeitschrift für Wappen-, Siegel- und Familienkunde 65 (1934), S. 55.

erst genannten Familien im ausgehenden 17. und im 18. Jahrhundert gelang, kontinuierlich regionale Amtsträger (vor allem Kreiskommissare und Landräte) zu stellen.[167]

Zum anderen sind jene in der Statistik erkennbare Tendenzen aufschlußreich, die oberhalb der Ebene der Adelsfamilien einer Teillandschaft Erkenntnisse über die Veränderungen in der Besitzstruktur zulassen. Auffällig ist z.B. eine Abnahme des Anteils derjenigen Familien mit Splitterbesitz im Untersuchungszeitraum. Diese Zahl ist von 18 im Jahre 1650 auf 11 im Jahre 1680 zurückgegangen und sank – darauf sei hier schon hingewiesen – auch in den folgenden Jahrzehnten. Diese Entwicklung ist auf das Bemühen der Adelsfamilien zurückzuführen, ihren Grundbesitz zu ordnen und vor allem zu konzentrieren! Mehrere Anteilgüter bzw. einzelne Hebungen und Rechte wurden durch diejenige Adelsfamilie aufgekauft, die bereits über Besitz in dem jeweiligen Dorf verfügte. So konnten z.B. die v. Beeren 1668 ihren Groß Beerener Anteil in Vollbesitz verwandeln durch den Erwerb von Hebungen der v. Liepe in diesem Dorf. Den Nachfahren des Oberpräsidenten Otto v. Schwerin gelang es 1683 durch den Ankauf der zuvor denen v. Beeren und v. Bremen gehörenden Anteile in Märkisch Wilmersdorf, diesen Ort als Vollbesitz zu erhalten. Einen ähnlichen Erfolg erzielten die v. Flans in Groß Ziethen.[168]

Damit wurde zugleich ein von den betreffenden Geschlechtern als insgesamt ungünstig empfundener und seit Ende des 16. Jahrhunderts zunehmender Trend aufgehalten, der zu einer immer größer werdenden Aufsplitterung des Besitzes von Adelsfamilien geführt hatte. Der Druck, eine wachsende Zahl von Nachkommen auch mit Rittersitzen versorgen zu müssen, war in zunehmendem Maße nicht mehr mit der wirtschaftlichen Leistungskraft der immer kleiner werdenden Rittergüter als ökonomischer Basis der Kleinfamilien in Einklang zu bringen und führte mitunter zu Streit innerhalb des Geschlechts.[169] Der durch den Krieg bedingte, auch viele Adelsfamilien treffende demographische Aderlaß hatte zu der in der Statistik in nüchternen Zahlen erscheinenden Trendwende geführt. Noch für das beginnende 17. Jahrhundert konnte für etwa ein Drittel der Adelsdörfer mehr als ein Rittersitz ermittelt werden.[170] Allerdings gehörte es auch künftig zur Norm, daß in den verbleibenden Orten des Kernbesitzes eines Adelsgeschlechts mehrere Angehörige miteinander zurechtkommen mußten.[171] Auch dies barg natürlich stets Konfliktpotential unter den Geschlechtsangehörigen in sich.

---

167 Die v. Wilmersdorf stellten zwischen 1682 und 1714 zwei solche Amtsträger, darauf folgten die v. Otterstedt. Vgl.: W. Spatz: Bilder aus der Vergangenheit des Kreises Teltow, Teil 2, Berlin 1905, S. 5, 52 f.
Eine ähnliche Beobachtung über „Aufsteiger" ist für die Prignitzer Adelsgesellschaft gemacht worden. Hier gehörten die v. Winterfeld, v. Blumenthal und v. Platen zu den „Gewinnern" – also Familien, die in der Folgezeit auf verschiedenen politischen Ebenen zu entsprechendem Einfluß gelangten. Vgl.: Enders, Die Prignitz, S. 693.
168 Angaben nach HOL Teltow.
169 In einem Fragment zu einem Abriß der Geschichte der Mediatstadt Kremmen wurde daran erinnert, daß „bey Vermehrung der Bredowschen Familie der Hader unter ihnen angegangen [sei], maßen, da sie nicht alle auf dem Schloße wohnen können". GStAPK II. HA Generaldirektorium, Kurmärkisches Departement Tit. CVIII a Nr. 11, Bl. 213.
170 Vgl.: Herrenhäuser, Bd. 1, S. 36.
171 Vgl.: Winning-FG, S. 117, 128; Enders, Die Prignitz, S. 944 f. Auch bei den führenden Familien wurden solche Erfahrungen gemacht. Vgl.: Arnim-FG, Bd. 2.2, S. 278 f.

Die Sozialstruktur der brandenburgischen Ritterschaft 51

Doch die markantesten Veränderungen in der Besitzstruktur lagen auf einem anderen Feld: Der Teltow wurde ähnlich wie der Barnim[172], das Osthavelland[173] und Teile des Landes Lebus als residenznahe Landschaft in besonderer Weise vom Zuzug landfremder adliger und nobilitierter bürgerlicher Offiziere und Amtsträger tangiert[174]; ebenso sind einige Rittergüter durch im Krieg reich gewordene Berliner Handelsherren aufgekauft worden.[175] Hervorzuheben wären hier u.a. auch solche städtischen Amtsträger wie der Ratsverwandte zu Cölln, Ideler[176] (Erwerb von Gräbendorf, Gussow, Löpten) oder der Mittenwalder Bürgermeister Kretzmar (Rotberg), sowie solche landesherrlichen Beamten, wie der aus Berlin stammende Licentiat Friedrich Müller (Großbesten, Britz, Körbiskrug, Krummensee, Osdorf und Teurow) oder der Amtsschreiber Schröder (Schünow).[177]

Die politische Dimension dieses Vorgangs wird an anderer Stelle behandelt, hier soll nur der Fakt als solcher, vor allem das quantifizierbare Ausmaß dieses Eindringens neuer Familien unter die Rittergutsbesitzer des Teltow konstatiert werden. Leider schweigen sich die Quellen zumeist über die Frage aus, ob und wie sich die bürgerlichen Rittergutsbesitzer mit der alteingesessenen Ritterschaft arrangiert hatten. Die – allerdings schon längere Zeit im Teltow angesessene – Familie Lindholz wurde z.B. „zu keiner Deliberation des Adels im geringsten admittiert." Vielmehr bedeutete man dem Lindholz, dem u.a. das Anteilgut Buckow (bei Berlin) gehörte, „die vom Adel litten keinen Advokaten, er sollte sich hiermit der Stuben äußern, damit ihm nicht eine größere Schimpf widerfahren möchte".[178]

Vor allem aber muß unsere Aufmerksamkeit auf diejenige Gruppe unter den neuen adligen Rittergutsbesitzern gerichtet sein, die als hohe Amtsträger am Hofe und in den zentralen Verwaltungsbehörden sich der besonderen Nähe des Kurfürsten erfreuten. Im Teltower Kreis finden wir z.B. unter den neu hinzukommenden Familien die von Burgsdorff.[179] Sowohl Konrad[180] als auch Georg Ehrentreich als die prominentesten Vertreter dieses Ge-

---

172 Im Barnim führte dieser besonders starke Zuzug zu dem Resultat, daß es nach dem Dreißigjährigen Krieg „kein Adelsgeschlecht" mehr gegeben hätte, „das seit den Zeiten des Mittelalters auf seinem Gut säße". Kittel, Erbhöfe, S. VII.
173 Vgl. zur Zuwanderung neuer Adelsfamilien, vor allem von Offizieren ins Osthavelland: U. Wille: Die ländliche Bevölkerung des Osthavellandes vom Dreißigjährigen Krieg bis zur Bauernbefreiung, Berlin 1937, S. 61 f.
174 Vgl. jetzt dazu auch die tabellarische Zusammenstellung bei Bahl, Hof, S. 292, wonach der Barnim mit 40 Rittergütern im Besitz von höheren Amtsträgern die Spitzenstellung einnahm, gefolgt vom Teltow (19), dem Havelland (14) und Lebus (12).
175 Vgl.: E. Faden: Berlin im Dreißigjährigen Kriege, Berlin 1927, S. 107.
176 Andreas Ideler, Ratsverwandter in Cölln, war der Schwiegersohn des in mehreren Finanztransaktionen mit brandenburgischen Adligen hervorgetretenen Johann Fritze und Schwager des ehemaligen havelländischen Kreiseinnehmers Christoph Fritze, der gleichfalls mehrere Rittergüter im residenznahen Raum erworben hatte. Ideler pachtete 1646 den Holzhandel in den ausgedehnten Waldungen der Schenken von Landsberg im Teupitzer Ländchen und „verband damit auch Geldgeschäfte". H. Rachel/P. Wallich: Berliner Großkaufleute und Kapitalisten, Bd. 2 (1648-1806), Berlin 1967, S. 11 ff.
177 Angaben nach. HOL (Teltow).
178 Zit. nach: Spatz, Teltow, Teil 1, S. 209.
179 Vgl. zu diesen beiden Amtsträgern die bei Bahl, Hof, S. 443 f. zusammengestellten biographischen Informationen.
180 Vgl. zu seiner Biographie v.a.: K. Spannagel: Konrad von Burgsdorf, Berlin 1903.

schlechts engagierten sich beim Erwerb neuer Güter im residenznahen Raum. Im Teltow kaufte sich in den 1620er Jahren Konrad v. Burgsdorff – er war zu diesem Zeitpunkt bereits Oberkammerherr – in Groß Machnow an. Seine Vertrauensstellung auch beim neuen Kurfürsten erlaubte es ihm, in den 1640er Jahren Vorkehrungen treffen zu können, damit die Besitzungen auch nach seinem Tode im Bestand des Geschlechts blieben.[181]
In ähnlicher Weise agierte auch der kurfürstliche Oberpräsident Otto v. Schwerin, der zwar als Kern seiner Besitzungen das östlich Berlin gelegene Alt-Landsberg ausgebaut hatte, dennoch aber auch in den anderen residenznahen Räumen kleinere Besitzungen erwarb. Dazu gehörten z.B. im Teltow das unweit der Potsdamer Nebenresidenz gelegene Dorf Drewitz und – im Barnim – Anteile des Rittersitzes Prädickow. Dieses Bestreben, in möglichst vielen residenznahen Landschaften präsent zu sein, steht natürlich in untrennbarem Zusammenhang mit den politischen Ambitionen dieses hohen Amtsträgers. Ihm kam bekanntlich wie keinem zweiten die Aufgabe zu, den Ausbau der Berlin-Potsdamer Residenzlandschaft im Auftrag seines Landesherrn zu forcieren. Vor allem diente seine Präsenz in mehreren Teillandschaften dazu, sich in die jeweilige kleinräumliche Adelsgesellschaft zu integrieren, um somit Kenntnis über ihre differenzierten Problemlagen und inneren Rivalitäten zu erhalten und optimal auf etwaige Widerstände gegen die kurfürstliche Arrondierungspolitik reagieren zu können.[182] Des weiteren muß hier auch ein so herausragender landesherrlicher Amtsträger wie Friedrich v. Jena erwähnt werden, der gerade innerhalb der kurfürstlichen Adelspolitik – er war Direktor der Kurmärkischen Lehnskanzlei – eine bedeutsame Position einnahm.[183] Diesem, beim Kurfürsten in hoher Gunst stehenden Amtsträger gelang es, mit Senzig, Zernsdorf und (Königs-)Wusterhausen einige Güter im östlichen Teltow zu erwerben.[184] Da Friedrich v. Jena keine Söhne hatte, erklärte der Kurfürst auf seinen besonderen Wunsch hin 1669 dessen Töchter für „lehnfähig", damit diese seine Güter „succediren" können.[185] Sowohl bei v. Jena als auch beim Generalkriegskommissar und Präsidenten des Konsistoriums, Daniel Ludolf v. Danckelmann, zeigte sich, daß es diese über entsprechendes Kapital verfügenden hohen Amtsträger vermochten, mehrere Güter in ihre Hand zu bringen und damit eine „Arrondierungspolitik im Kleinen" zu betreiben. Dem zuletzt Genannten gelang es z.B. 1692, die bislang den Familien v. Britzke und v. Kahlenberg gehörenden Anteilgüter in Lichterfelde zu erwerben und zu einem Besitz zusammenzuführen.[186]

---

181 Vgl.: Brand. LHA Rep. 78 II B 209, Bl. 120. Aus der Korrespondenz geht hervor, daß Konrad v. Burgsdorff offenbar geplant hatte, auch den anderen Anteil Groß Machnows in seinen Besitz zu bringen.
182 In der Biographie zu diesem hohen Amtsträger aus der Feder Max Heins bleibt diese Problematik weitgehend ausgeblendet. Vgl.: ders.: Otto von Schwerin, Königsberg 1929.
183 Vgl. zu ihm die bei Bahl, Hof, S. 508 f. zusammengetragenen biographischen und bibliographischen Angaben.
184 Des weiteren schenkte ihm der Kurfürst in seiner Eigenschaft als Oberlehnsherr das Gut Spahrenwalde, das im Frühjahr 1684 von Otto v. Klitzow eingezogen wurde. Vgl.: Eickstedt, Landbuch, S. 443.
185 Brand. LHA Rep. 37 Herrschaft Wusterhausen U 556, unpag.
186 Vgl.: Brand. LHA Rep. 23 A. B Ritterschaftliche Hypothekendirektion Nr. 735.

Die Sozialstruktur der brandenburgischen Ritterschaft

Im folgenden werden den für den Teltow gewonnenen Ergebnissen jene einer anderen märkischen Teillandschaft gegenübergestellt, die des Landes Ruppin.[187] Auch hier gelten die einschränkenden Bemerkungen zur Aussagekraft des quantitativen Materials.[188]

Tabelle 6: Besitzumfang des ruppinischen Adels (1620 - 1680) [189]

Familie	1620			1650			1680		
	V	T	S	V	T	S	V	T	S
v. Bredow	4	-	-	4	-	-	2	1	-
v. d. Gröben	3	5	3	3	6	1	2	3	-
v. Lohe	3	1	2	1	-	2	1	-	2
v. Redern	2	2	1	1	2	1	-	2	-
v. Rohr	2	2	1	2	3	1	2	2	1
v. Klitzing	2	2	-	1	1	-	--------		
v. Gadow	2	4	-	2	1	-	--------		
v. Quast	1	1	1	1	2	1	2	6	1
v. Putlitz	1	1	-	1	1	-	1	1	-
v. Kule	1	-	-	1	-	-	1	-	-
v. Lochow	1	-	-	1	-	-	1	-	-
v. Winterfeld	1	-	-	--------			--------		
v. Pfuel	1	-	-	--------			--------		
v. Gühlen	-	7	-	-	7	1	-	2	-
v. Ziethen	-	6	3	-	6	2	-	5	2
v. Lüderitz	-	6	2	-	4	2	-	4	1
v. Wuthenow	-	5	2	-	6	1	-	5	1
v. Brunn	-	4	2	-	3	2	-	3	2
v. Zernickow	-	4	6	1	3	5	-	3	4
v. Meseberg	-	3	-	-	3	-	-	1	-
v. Fratz	-	3	-	-	3	-	-	2	-
v. Kröcher	-	2	-	-	2	-	-	3	1
v. Wittstruck	-	2	-	-	1	-	-	1	-
v. Kerzlin	-	2	2	-	2	2	-	2	2
v. Schönermark	-	2	-	-	2	-	-	2	-
v. Kahlbutz	-	1	2	-	1	2	-	1	2
v. Fabian	-	1	2	-	1	2	-	2	2
v. Barsdorff	-	1	3	-	2	2	-	-	1

---

187 Vgl. übergreifend: Schultze, Die Herrschaft Ruppin.
188 Um hier nur ein Beispiel zu präsentieren: Die v. d. Gröben verfügten mit Meseberg über einen Rittersitz mit 11 Ritterhufen (1687), die v. Quast konnten in Küdow nur vier Ritterhufen nutzen, wovon zwei in ihrer Rechtsqualität umstritten waren. Keine Seltenheit bildete im übrigen der Befund, daß Rittergutsbesitzer in einigen Dörfern ihres Besitzkomplexes überhaupt keine Ritterhufen besaßen.
189 Auswertung nach: HOL (Ruppin).

Familie	1620 V	T	S	1650 V	T	S	1680 V	T	S
v. (Wahlen-) Jürgas	-	1	-	-	2	-	-	2	-
v. Rathenow	-	1	-	-	1	-	-	1	-
v. Hake	-	1	-	-	1	-	-	1	-
v. Flans	-	1	-	-	1	-	-	1	-
v. Woldeck	-	1	-	-	1	-	-	1	-
v. Quitzow	-	1	-	-	1	-	-	1	-
v. Leest	-	1	-	-	1	-	-	1	-
v. Bellin	-	1	-	-	1	-	-	1	-
v. Kötteritz	-	1	-	---------------			---------------		
v. Barnewitz	-	1	-	--- erloschen ---			---------------		
Gf. v. Königsmarck	---------------			1	-	-	---------------		
v. Burgsdorff	---------------			-	1	1	---------------		
v. Marenholz	---------------			-	1	-	-	1	-
v. Klöden	---------------			-	1	-	---------------		
Prinz v. Hessen -Homburg	---------------			---------------			1	-	-
Wamboldt von Umbstadt	---------------			---------------			1	-	-
v. Karstedt	---------------			---------------			-	1	-
v. Seelstrang	---------------			---------------			-	1	-

Bei einem Vergleich mit den Werten für den Teltow fällt zunächst die größere Anzahl von Orten in Anteil- und Splitterbesitz auf – eine Beobachtung, die aber nicht unmittelbar mit der Residenzferne in Zusammenhang stehen muß, sondern auf längerfristige Entwicklungen zurückgeführt werden kann.[190] In Ruppin fehlte – etwa im Unterschied zum Teltow, aber auch zur benachbarten Uckermark – die von ihrem Grundbesitz her überragende Familie. Die Bredows bildeten zwar mit vier bzw. zwei Rittergütern in Vollbesitz die Spitze[191], doch relativiert sich diese vermeintliche Führungsposition, wenn z.B. die für das Stichjahr 1680 erfaßten Werte der dicht folgenden v. d. Gröben und v. Quast berücksichtigt werden.

Insgesamt gab es scheinbar im 17. Jahrhundert im Ruppin keine eigentlichen „Gewinner" oder „Verlierer", legt man nur den Umfang des Besitzes zugrunde. Die meisten Adelsfamilien hielten in etwa ihren Besitzstand (, was aber noch nicht viel über die Qualität der Rittergüter aussagt); lediglich bei dem Geschlecht von Quast kann ein nicht unbeträchtlicher Zuwachs konstatiert werden. Dabei handelte es sich im übrigen um eine Familie, die im ausgehenden

---

190 Vgl. dazu: Hahn, Struktur und Funktion, S. 36 ff. So war diese Teillandschaft bis in das 16. Jahrhundert durch „eine große Anzahl kleiner Landbesitzer" geprägt gewesen; auch die durch das Einwandern wohlhabenderer Adelsfamilien (z.B. v. Lochow oder v. Winterfeld) herbeigeführten Veränderungen in der Besitzstruktur hatten nur geringfügige Differenzierungen zur Folge: „Dem geringen Vermögenszuwachs der reichen Familien stand ein Zusammenrücken der Masse des Ruppiner Adels gegenüber".

191 Diese Familie hatte ihre frühere eindeutige Spitzenposition in Ruppin durch den Verkauf Rheinsbergs im Jahre 1618 verloren.

17. und im 18. Jahrhundert mehrere lokale Amtsträger stellte. Die für diese Teillandschaft im Vergleich zum Teltow ins Auge fallende Häufung mehrerer Anteilgüter im Besitz einiger Geschlechter sollte nicht zu voreiligen Schlüssen über ihre geringere Bedeutung innerhalb der kleinräumlichen Adelsgesellschaft verleiten, denn auch diese Konstellation konnte durchaus eine Voraussetzung für eine regionale Führungsposition bilden. Für die Ruppiner Teillandschaft galt dies etwa für die Familien v. Lüderitz, v. Wuthenow und v. Ziethen.

Dennoch ist auch für die Ruppiner Besitzstruktur wie im Teltow tendenziell ein Rückgang des Anteils an Teil- und Splitterbesitz auszumachen. Den im Jahre 1650 nachgewiesenen 75 Dörfern in Teil- und 28 Orten in Splitterbesitz stehen 30 Jahre später nur noch 63 Dörfer in Teil- und 22 in Splitterbesitz gegenüber. Damit zeigt sich, wie bereits im Teltow, auch hier eine vorwaltende Tendenz nach Besitzkonzentration. Die v. Kröcher rundeten z.B. ihren Besitz in Barsickow durch den Erwerb des dortigen Anteilgutes der v. Gühlen (1651) und von Splitterbesitz der Familie Schönermark (1686) ab. Die v. Ziethen[192] stießen 1687 ihren Besitz in Langen an die den dortigen zweiten Rittersitz innehabenden v. Redern ab, während die v. Quast ihr Gut in Protzen (b. Fehrbellin) durch den Erwerb der Anteile der v. Ziethen (1654), v. Wuthenow (1710) und des Amtes Ruppin erweitern konnten. Auch für Rohrlack ist ein nachhaltiger Konzentrationseffekt nicht zu übersehen. Dort sind zwischen 1651 und 1693 drei ehemalige Anteilgüter und Splitterbesitz unter eine Familie, denen v. Quast zu Garz, zusammengefaßt worden.[193]

Eine genaue Analyse der Besitzverhältnisse muß natürlich auch die wiederkäuflichen Veräußerungen berücksichtigen, wenngleich dies auf Schwierigkeiten stößt. In den Historischen Ortslexika sind solche, unterhalb der Ebene des erblichen Verkaufs praktizierten Veräußerungsformen wie Wiederkauf und Verpfändung nicht durchgehend deutlich gemacht worden. Solche, seit dem frühen 18. Jahrhundert vorliegenden aussagekräftigen Quellen wie die Grundbücher bzw. -akten der Ritterschaftlichen Hypothekendirektion fehlen in dieser Dichte für das 17. Jahrhundert. Dennoch kann – nicht nur in Kenntnis der familiengeschichtlichen Überlieferung – davon ausgegangen werden, daß wiederkäufliche und pfandweise Veräußerungen in weit größerem Maße vorkamen als bislang bekannt ist. Für die letzten beiden Jahrzehnte des 17. Jahrhunderts liegt z.B. ein von den Ständegremien geführtes „Hypothekenbuch" vor.[194] Eine Durchsicht dieses, allerdings noch erhebliche professionelle Mängel bei der Registrierung aufweisenden Dokumentes zeigt die große Zahl von Wiederkäufen, Verpfändungen und Verhypothekierungen im Kreis Ruppin. Das denen v. Maltitz gehörende Anteilgut Barsickow erlebte z.B. zwischen 1687 und 1700 vier wiederkäufliche Veräußerungen![195] In zwei Fällen handelte es sich dabei allerdings nur um einzelne Höfe, die ihren Eigentümer wechselten. In den den Familien v. Brunn und v. Rohr gehörenden Anteilgütern in Brunn kam es zwischen 1683 und der Jahrhundertwende zu sieben Wiederkäufen[196]; in Nakkel (v. Lüderitz, v. Wuthenow, v. Rohr) belief sich die Zahl der wiederkäuflichen Veräuße-

---

192 Es handelt sich um die in Wildberg angesessene Linie. Diese dort befindlichen zwei Rittersitze konnte die Familie auch den ganzen Untersuchungszeitraum hindurch halten.
193 Angaben nach HOL (Ruppin).
194 Vgl.: Brand. LHA Rep. 78 I Nr. 134.
195 Vgl.: ebenda, Bl. 3.
196 Vgl.: ebenda, Bl. 11.

rungen – auch hier wieder vor allem einzelner „Stücke" bzw. Höfe – zwischen 1689 und 1700 auf sechs.[197] Des weiteren wurden noch einige Verhypothekierungen registriert.
Diese Beobachtungen ließen sich für eine ganze Reihe weiterer, nicht nur ruppinischer Rittergüter fortsetzen. Sie bestätigen die eingangs geäußerte Vermutung, daß man bei der Bewertung der wirtschaftlichen Lage der adligen Rittergutsbesitzer offenbar noch von wesentlich ungünstigeren Konditionen ausgehen muß. Vor allem die häufige Nennung von einzelnen zur wiederkäuflichen Veräußerung stehenden kleinen Teilen der ja ohnehin nicht üppig ausgestatteten Anteilgüter verwies auf die permanent angespannte Situation. Die vergleichsweise schnelle Aufeinanderfolge solcher Transaktionen kann wiederum dahingehend interpretiert werden, daß die Rittergutsbesitzer – sowohl die Verkäufer wie die Käufer – gezwungen waren, kurzfristig zu reagieren. Zwar fanden sich in dem genannten Hypothekenbuch auch Eintragungen, die auf eine längere Zeitspanne bis zur Relution des Gutes orientierten, doch häufig können diese Fristen gar nicht eingehalten worden sein.[198] Nicht selten gingen die veräußerten Stücke des Gutes schon nach wenigen Jahren wieder in die Hände des Lehnsinhabers zurück.
Bei der Einordnung der wiederkäuflichen Veräußerungen der Güter in die Gesamtproblematik der adligen Besitzverhältnisse bleibt also festzuhalten: Es handelte sich hierbei um Versuche der Adelsfamilien, einen – aus ihrer Sicht – zeitweiligen finanziellen Engpaß durch einen befristeten Verkauf von Besitzungen zu kompensieren. Dabei mußten mitunter komplizierte Vorkehrungen getroffen werden, damit aus der zeitweiligen Veräußerung des Besitzes für den später die Relution anstrebenden Adligen nicht allzu viele Nachteile erwuchsen. Anläßlich des 1693 geschlossenen Wiederkaufsvertrages zwischen Friedrich Wilhelm v. Bülow und Werner v. Lentzke über das ruppinische Gut Lüchfeld[199] wurden z.B. solche, den Käufer v. Lentzke bindenden Konditionen ausgehandelt.[200]
Abgesehen von dem soeben vorgestellten Befund ist der hier untersuchte Zeitraum dennoch insgesamt durch eine größere Kontinuität des Besitzes der ruppinischen Adelsfamilien charakterisiert. Die größere Entfernung zur Residenz spielte hierfür sicher keine unwesentliche Rolle, denn so hatten sich die ökonomisch ja auch schwer angeschlagenen Rittergutsbesitzer nicht eines solchen Druckes von potentiellen Käufern zu erwehren, wie dies vergleichsweise im Teltow der Fall war. Doch die in diesem Zusammenhang erfolgte Nennung des Landgrafen von Hessen-Homburg belegt exemplarisch, daß auch in residenzfernen Landschaften fremde hohe Militärs und Amtsträger sich bemühten, Güter zu erwerben.[201] Jenen, in die kleinräumlichen Adelsgesellschaften eindringenden höheren Amtsträgern und Offizieren

---

197 Vgl.: ebenda, Bl. 69.
198 Die genauen Hintergründe der Kauf- und Hypothekengeschäfte sind allerdings auf Grund der sehr knappen Registrierung nicht mehr zu rekonstruieren.
199 Dieser Wiederkauf ist im HOL (Ruppin), S. 160 f. nicht genannt.
200 So wurde zwar dem Käufer die Gerichtsbarkeit übertragen, „jedoch dergestalt, daß der von Lentzke weder wider den Herrn Verkäuffer noch die Seinigen, noch auch seine daselbst habende Pensionarien, sich derselben gebrauchen möge". Des weiteren wurden Abmachungen über den Zustand der Felder zum Zeitpunkt der Relution und die Rückerstattung von Meliorationskosten getroffen. Zur größeren Absicherung verlangte v. Lentzke noch die Unterschriften von weiteren Verwandten des Verkäufers. Brand. LHA Rep. 23 A. B Ritterschaftliche Hypothekendirektion Nr. 249, Bl. 8 ff.
201 Für die Prignitz dafür Belege bei Enders, Die Prignitz, S. 695.

lag aber bekanntlich vieles an der – auch räumlichen – „Nähe" zum politischen Zentrum der Hohenzollernmonarchie.

Um das Bild abzurunden, seien nunmehr zum Vergleich noch die Besitzverhältnisse des Kreises Beeskow-Storkow präsentiert:

Tabelle 7: Besitzumfang des Adels in Beeskow-Storkow (1620-1680) [202]

Familie	1620			1650			1680		
	V	T	S	V	T	S	V	T	S
v. Langen	9	2	-	4	3	-	4	3	-
v. Kracht	7	-	-	3	-	-	1	-	-
v. Oppen	4	-	-	4	3	-	6	4	-
v. Löschebrand	3	-	-	4	-	-	4	1	-
v. Hobeck	3	-	1	2	-	-	2	-	-
v. Bardeleben	3	-	-	---	---	---	---	---	---
v. Maltitz	2	2	-	5	2	-	3	2	-
v. Wins	1	2	-	1	2	-	1	2	-
v. Steinkeller	1	-	-	1	1	-	1	-	-
v. Göllnitz	1	-	-	1	-	-	2	1	-
v. Rohr	1	-	-	1	-	-	1	-	-
Schenk v. Landsberg	1	-	-	1	-	-	1	-	-
v. Schapelow	1	-	-	1	-	-	1	-	-
v. Bennewitz	1	-	-	--- erloschen ---			---	---	---
v. d. Schulenburg	1	-	-	---	---	---	---	---	---
v. Lawald	1	-	-	---	---	---	---	---	---
v. Knobloch	-	4	-	-	4	-	-	4	-
v. Bernheim	-	2	-	-	2	-	-	2	-
v. Burgsdorff	-	1	-	-	1	-	1	1	-
v.d. Marwitz	---	---	---	4	-	-	3	-	-
v. Hake	---	---	---	3	-	-	---	---	---
v. Köckritz	---	---	---	1	-	-	1	-	-
v. Röbel	---	---	---	1	-	-	---	---	---
v. Rossow	---	---	---	---	---	---	2	-	-
v. Stutterheim	---	---	---	---	---	---	2	-	-
v. Pannwitz	---	---	---	---	---	---	1	-	-
v. Krummensee	---	---	---	---	---	---	1	-	-
v. Canstein	---	---	---	---	---	---	1	-	-

---

202 Auswertung nach: HOL (Beeskow-Storkow).

Schon *C. Petersen* hob in seinen Erörterungen zur Geschichte des Kreises Beeskow-Storkow auf den „starken Wandel" ab, dem die Ritterschaft dieser Teillandschaft im 17. Jahrhundert insbesondere nach dem Krieg unterlegen war.[203] Dies bestätigt auch eine Auswertung der in der Tabelle vorliegenden Daten, wenngleich der Umfang der Veränderungen in diesem Zeitraum noch nicht die Brisanz des frühen 18. Jahrhunderts aufwies. Von den an der Spitze liegenden Familien v. Langen, v. Kracht, v. Oppen und v. Löschebrand gelang es nur den zuletzt genannten beiden, ihre Stellung als die am meisten begüterten Geschlechter zu halten. Beide stellten im übrigen oftmals auch die Kreiskommissare und Landräte dieser Teillandschaft bzw. konnten Familienangehörige auf höhere Amtsträgerchargen lancieren.[204]

Für die Beeskow-Storkower Adelsgesellschaft war allerdings in der zweiten Hälfte des 17. Jahrhunderts der Druck landfremder Mitglieder der neuen „Staatselite" noch nicht in dem Maße zu spüren wie etwa im residenznahen Teltow. Die zunächst neu hinzukommenden Rittergutsbesitzer stammten zumeist aus anderen bzw. benachbarten märkischen Kreisen (v. Hake, v. Köckritz, v. Röbel), darunter waren allerdings auch solche, die – wie der Obrist Georg v. d. Marwitz – durch den Kriegsdienst mit entsprechendem Vermögen ausgestattet waren und nunmehr die wirtschaftlich angeschlagenen Geschlechter partiell auskaufen konnten. Daneben bekundeten nur vereinzelt Angehörige der neuen, landfremden Staatselite Interesse an der Übernahme von Gütern in diesem Kreis, deren Bodenwerte ohnehin im Vergleich anderer kurmärkischer Teillandschaften als gering angesehen wurde.[205]

Dennoch zeigte die Analyse der Besitzstruktur in den vorgestellten Teillandschaften, daß die Zahl der über Rittergüter verfügenden Familien relativ konstant geblieben war. (Vgl.: Tabelle 1) Dies lenkt den Blick nochmals auf das Verhältnis zwischen der Zu- und Abwanderung von Adelsfamilien. Das Hinzukommen „neuer" Adelsgeschlechter ist, wie bereits angedeutet, zu einem erheblichen Teil auf das Eindringen neuer Amtsträger- und Offiziersfamilien zurückführen. Dagegen ist der Wegfall von Familien aus einer kleinräumlichen Adelsgesellschaft schwieriger zu erklären. In einigen Fällen wird wohl auch für die hier analysierten Kreise der Schlußfolgerung von *L. Enders* beizupflichten sein, daß diese Geschlechter „aus biologischen Gründen, das heißt infolge Aussterbens" verschwanden, weniger durch bewußte Abwanderung/Flucht im Zusammenhang mit den Kriegsereignissen.[206] Die Abwanderungsquote im ausgewerteten Zeitraum lag in den beiden zuerst analysierten Teillandschaften mit 9 Familien annähernd gleich (Teltow: 22,5%; Ruppin: 19,6%). Dagegen ist im residenznahen Teltow die Zahl der zugewanderten Adelsfamilien aus den dargelegten Gründen

---

203 Petersen, Beeskow-Storkow, S. 376.
204 Friedrich v. Oppen war Oberforstmeister des Cottbus-Peitzer Kreises, dessen Sohn ging nach den Karrierestationen als kurbrandenburgischer Jagdjunker und neumärkischer Oberforstmeister als Hofjägermeister 1688 ins mecklenburgische Güstrow. Vgl.: Oppen-FG, Bd. 1, S. 379.
205 Vgl.: Petersen, Beeskow-Storkow, S. 384. Der Kammerpräsident Raban v. Canstein kann als ein repräsentatives Beispiel eines fremden hohen Amtsträgers gelten, der sich in die Beeskow-Storkower Adelsgesellschaft, vor allem natürlich über die Heirat mit der Tochter des letzten Besitzers von Lindenberg und Gouverneurs von Küstrin, Hedwig Sophie v. Kracht, integriert hatte.
Vgl. zu ihm auch die Kurzbiographie bei Bahl, Hof, S. 449 f.
206 Enders, „Aus drängender Not", S. 11.

mit 35% an der Gesamtzahl bedeutend höher im Vergleich zum Kreis Ruppin mit 17,4%. In der Beeskow-Storkower Adelslandschaft bewegte sich die Relation zwischen Ab- und Zuwanderung zwischen 21,4% (6 Familien) und 32,1% (9 Familien).
Die eben vorgebrachten Bemerkungen verdeutlichen allerdings des weiteren, daß der verstärkte Druck von fremden Amtsträger- und Offiziersfamilien auf Adelsbesitz zumeist nicht zu einem vollständigen Verdrängungsprozeß derjenigen „alten" Geschlechter aus der Teillandschaft führte, auf deren Güter die „neuen" Familien ein Auge geworfen hatten. Das in den Bänden des „Historischen Ortslexikons" gesammelte Material belegt vielmehr, daß die wirtschaftlich geschwächten, alteingesessenen Geschlechter oftmals das Terrain nur auf einigen Gütern den „Neureichen" überließen, dennoch aber in ihrer Landschaft blieben und sich mit einem verminderten Besitz bescheiden mußten. Dies korrespondiert im übrigen mit dem bereits angedeuteten Bestreben vieler Adelsfamilien, ihren Besitz entsprechend den realen wirtschaftlichen Möglichkeiten neu zu strukturieren, d.h. zu konzentrieren und sich von einem Teil ihrer Güter zu trennen. Die Anstrengungen des Geschlechts von Arnim, vor allem den Stammbesitz Boitzenburg zu halten, spiegeln dieses Bestreben an einem prominenten Beispiel wider.[207] Das Bemühen vieler Adelsgeschlechter kreiste neben der Bewahrung der Stammgüter auch darum, beim Neuerwerb von Besitzungen diese als Mittelpunkt eines neuen Güterkomplexes aufzubauen.[208] Die isolierte Lage eines kleinen, weitab vom eigentlichen traditionellen Besitzzentrum des Geschlechts gelegenen Gutes wurde kaum als erstebenswertes Ziel angesehen, sondern bot oftmals nur eine erzwungene Alternative für mit Geld abgefundene nachgeborene Söhne. 1669 sahen sich z.B. die Vormünder der beiden letzten männlichen Nachkommen des im Havelland angesessenen v. Hake'schen Hauses Buchow-Karpzow gezwungen, ihren Besitz schuldenhalber zu verkaufen. Einer der beiden letzten Hakes soll versucht haben, sich kurzzeitig in der Uckermark niederzulassen, doch verloren sich alsbald die Nachrichten über ihn.[209]
Der auf den ersten Blick aufscheinende Eindruck der Rigidität der strukturellen Veränderungen im adligen Besitzstand wird auch dadurch relativiert, daß Heiratsbeziehungen zwischen den „alten" und „neuen" Familien den Besitzwechsel flankierten und somit diesen nicht als Verlust erscheinen ließen. Solche Verbindungen sind z.B. bei den Besitzübertragungen des nicht unbedeutenden Gutes Lindenberg nachzuweisen: 1639 erbte der Schwiegersohn des letzten Rittergutsbesitzers aus dem Geschlecht v. Kracht, der Obristleutnant Bernd Friedrich v. Arnim, das Gut. Dessen Witwe, Hedwig Sophie v. Kracht, verheiratete sich 1662 erneut mit dem bereits erwähnten Raban v. Canstein. Auch der 1699 in den Besitz von Kossenblatt gekommene Generalfeldmarschall Johann Albrecht v. Barfuß befand sich in einer verwandtschaftlichen Beziehung zu den Vorbesitzern v. Oppen.[210]
Zum anderen darf nicht übersehen werden, daß sich einige der während des Krieges zu Reichtum gelangten Amtsträger und Offiziere aus den in der jeweiligen Teillandschaft angesessenen Geschlechtern rekrutierten. So beteiligten sich in der Prignitz Offiziere aus solchen

---

207 Vgl.: Arnim-FG, Bd. 2.2.
208 Hans Caspar v. Klitzing bat – allerdings ohne Erfolg – um das „apert" gewordene Anteilgut Berlitt, weil es in der Nähe seines Rehfelder Besitzes lag. Vgl.: Klitzing-FG, Bd. 1, S. 261.
209 Vgl.: Hake-FG, Bd. 2, S. 329.
210 Vgl.: Petersen, Beeskow-Storkow, S. 403 ff.

alteingesessenen Familien wie denen v. Platen, v. Graevenitz und v. Blumenthal an Güter- und Finanztransaktionen zu Lasten anderer Rittergutsbesitzer dieses Kreises.[211]
In allen Teillandschaften waren die Methoden, derer sich die „Newcomer" innerhalb der kleinräumlichen Adelsgesellschaften bedienten, um Adlige von ihren Gütern zu verdrängen, vielgestaltig. Die größte Angriffsfläche bot zwangsläufig die angeschlagene wirtschaftliche Position der Rittergutsbesitzer.[212] Der ausgedehnte Handel mit Gütern wurde auch durch die niedrigen Güterpreise begünstigt, worauf bereits oben verwiesen wurde. Zudem konnten die in das Blickfeld der Landesherrschaft geratenen Güter in der Regel unter ihrem Taxwert verkauft werden. Dieser Zustand blieb über mehrere Jahrzehnte erhalten.
Dem Obristen und späteren Generalfeldmarschall Georg v. Derfflinger, der in die lebusische Familie v. Schapelow eingeheiratet hatte, gelang es zu Beginn der 1650er Jahre, hoch verschuldete Rittergüter wiederkäuflich zu einem weit unter dem Taxwert liegenden Preis zu erwerben. Durch Investitionen (Bau eines Herrenhauses, Anlage von Gärten) konnte er den Wert der Güter erheblich steigern, so daß sich die ursprünglichen Besitzer nach Ablauf der Wiederkaufsfrist nicht in der Lage sahen, die Güter zurückzukaufen, sondern G. v. Derfflinger die Lehnrechte endgültig abtreten mußten.[213]
In den 1660er und 1670er Jahren bemühte sich der in militärischen Diensten des brandenburgischen Kurfürsten stehende Prinz Friedrich von Hessen-Homburg in besonderem Maße, ausgehend von der – vom schwedischen Feldmarschall Hans Christoph v. Königsmarck angekauften – Herrschaft Neustadt (Dosse) seinen Besitzkomplex in der Prignitz und im Ruppinischen Kreis zu arrondieren.[214] Um 1663 richtete sich sein Interesse darauf, die Herrschaft Putlitz aufzukaufen; ja sogar der Erwerb solcher bedeutenden Gutskomplexe wie Meyenburg und Freyenstein sei durch den Landgrafen ins Auge gefaßt worden, „wodurch", so die Befürchtung eines Repräsentanten der bisher in der Prignitz bedeutenden Familie der Gans Edlen zu Putlitz, „sie beynahe die halbe Prignitz bekommen würden".[215] Diese Sorge er-

---

211 Vgl.: Enders, „Aus drängender Not", S. 11.
Weitere Belege für die Uckermark: Arnim-FG, Bd.2.2, S. 278 f.; für den der Neumark zugehörigen Kreis Cottbus: Klitzing-FG, Bd. 1, S. 241.
212 So wurde ein Teil der Konkursmasse des ehemaligen Besitzes Bernd v. Arnims an General Adolf v. Götze und den Berliner Bürgermeister Tieffenbach veräußert. Vgl.: Brand. LHA Rep. 78 II G 41. Der Generalkriegskommissar Joachim Ernst v. Grumbkow konnte die Güter Pankow und Blankenfelde wiederkäuflich erwerben und erreichte 1684 vom Kurfürsten die förmliche Belehnung. Vgl.: Brand. LHA Rep. 78 II G 103.
Am Beispiel der Adelsfamilien in der Potsdamer Residenzlandschaft: F. Göse: Die „Postammische Sache ... ist zur Endschaft zu befordern". Der Auskauf des Adels im Potsdamer Umland durch Kurfürst Friedrich Wilhelm, in: Potsdam – Märkische Kleinstadt – europäische Residenz. Reminiszenzen einer eintausendjährigen Geschichte, hrsg. v. P.-M. Hahn u.a., Berlin 1995, S. 85-98.
213 Vgl.: U. Geiseler: Region – Familie – Rittersitz. Der brandenburgische Adel um 1700, in: Im Schatten der Krone. Die Mark Brandenburg um 1700, hrsg. v. F. Göse, Potsdam 2002, S. 143-178, hier S. 152.
214 Dazu zählten auch kleinere Besitzungen wie Anteile am Gut Dreetz oder einzelne Höfe in Kampehl.
Vgl. zur Präsenz des Prinzen in dieser märkischen Teillandschaft: C. Opalinsky: Aus der Heimat alten Tagen, 3. Teil, Neuruppin 1906, S. 30-40. Die vor einigen Jahren erschienene Biographie des Prinzen bietet zu dieser Problematik keine neuen Erkenntnisse und behandelt dessen Stellung innerhalb der brandenburgischen Adelsgesellschaft nur am Rande. Vgl.: H. Rosendorfer: Der Prinz von Homburg. Die Biographie, Gütersloh 1989.
215 GStAPK I. HA, Rep. 8 Nr. 143 d, unpag.

schien nicht unbegründet, denn der Landgraf nutzte die Schwächeposition auch anderer alteingesessener Prignitzer Adelsgeschlechter rigoros aus, so daß mitunter sogar der Kurfürst Bedenken trug, „einen so großen Vasallen unter sich zu haben".[216] Der Tauschkontrakt über die ehemals v. Quitzow'schen Güter Gerdshagen und Klessen ist offenbar unter fragwürdigen rechtlichen Voraussetzungen geschlossen worden, dessen Anfechtung blieb aber 1672 ergebnislos.[217] Daß der Kurfürst sich stets gefällig erwies, die Angelegenheiten des bei ihm in hohem Ansehen stehenden Landgrafen mit Wohlwollen zu begleiten, zeigte sich auch bei anderen Gelegenheiten: Mit Nachdruck wurde z.B. 1678 im landesherrlichen Namen die Bezahlung der Schuldsumme von 2 400 Tlr. des Carl Friedrich v. Lüderitz auf Segeletz an den Landgrafen angemahnt.[218]

Auch der Oberjägermeister Johann (Jobst) Gerhart v. Hertefeld[219] gehörte zu jenen höheren Amtsträgern, die dem Kurfürsten besonders nahe standen und deshalb auch auf dessen besondere Gunst rechnen konnten, welche er nicht nur beim Erwerb des vormals den Bredows gehörenden Gutes Liebenberg unter Beweis gestellt hatte.[220] Verstärkt wurde die Bereitschaft des Landesherrn, diesem Amtsträger Gnadenerweise zukommen zu lassen, auch durch finanzielle Abhängigkeiten. Der Oberjägermeister rechnete seinem Kurfürsten in einem Memorial vom 11. August 1655 vor, daß sein ihm gewährter „Vorschuß" die Höhe von mittlerweile 13 400 Tlr. erreicht hätte. Zugleich erinnerte er ihn an sein Versprechen, ihm die Dörfer Craatz und Germendorf abzutreten; ein Wunsch, der ihm auf Grund der Gegebenheiten nun schwerlich abgeschlagen werden konnte.[221]

Doch oftmals bedurfte es gar nicht landesherrlichen Drucks oder verlockender Angebote, um Adlige von den Vorteilen einer Abtretung ihrer Besitzungen an höhere Amtsträger oder Militärs zu überzeugen. Viele Rittergutsbesitzer ergriffen von sich aus die Initiative. Die Überschuldung des zur Herrschaft Groß-Rietz gehörenden Besitzes (6 Dörfer) zwang Hans v. Kracht zur Subhastation. Einen Teil übernahm 1649 der Obristleutnant Georg v.d. Marwitz, dem es in den folgenden Jahren gelang, den Besitz wieder in einer Hand zu vereinen und schuldenfrei zu machen.[222] Obwohl das gleichnamige, in der Altmark gelegene Anteilgut des Caspar Heinrich v. Klöden laut einer 1653 vorgenommenen Taxierung 2 600 Tlr. wert war, verkaufte er es wenige Jahre später für nur 1 300 Tlr. an den Gouverneur zu Min-

---

216 Ebenda.
217 Vgl.: GStAPK, BPH Rep. 35 E 9, unpag. Nach einer anderen Quelle hatte der Fürst mit Victor v. Quitzow Abmachungen über die Permutation der Güter getroffen und später das Gut Klessen an Hans Christoph v. Bredow weiterveräußert. Brand. LHA Rep. 78 II Q 13, Bl. 156 f.
218 Vgl.: GStAPK I. HA, Rep. 22 Nr. 183, unpag.
219 Vgl.: F. Genthe: Die preußischen Oberjägermeister. Ein Beitrag zur Geschichte des Oberjägermeisteramtes von 1579-1825, in: Hohenzollern-Jahrbuch 10 (1906), S. 261-274, hier S. 268.
220 Unter den von J.G. v. Hertefeld in die Ehe mit Margarethe v. Effern eingebrachten Immobilien und des erfaßten Barvermögens, befanden sich laut einem überlieferten Verzeichnis Geschenke im Wert von 3 500 Rtl. aus der Hand des Kurfürsten. Vgl.: Brand. LHA Rep. 37 Liebenberg Nr. 933, unpag.
Selbst ein einige Jahrzehnte später überliefertes Inventar mit den dort aufgeführten Juwelen, Waffen, Porträts und Büchern kündete noch von der Wohlhabenheit Jobst Gerhart v. Hertefelds: Ein Teil dieser Hinterlassenschaft stammte aus der Zeit J.G. v. Hertefelds. Vgl.: Brand. LHA Rep. 37 Liebenberg Nr. 927, unpag.
221 Vgl.: GStAPK I. HA, Rep. 22 Nr. 136 d, unpag.
222 Vgl.: Petersen, Beeskow-Storkow, S. 402.

den, dem ebenfalls aus einem altmärkischen Kleinadelsgeschlecht stammenden Generalleutnant Christoph v. Kannenberg.[223] Auch Joachim und Hans Jürgen v. Kröcher sahen sich 1659 „aus erheblichen Ursachen" gezwungen, einen Anteil ihrer Besitzungen um Räbel(?) an diesen hohen Militär zu veräußern.[224] Bereits 1649 boten die v. Bredow ihren Besitzanteil im havelländischen Kremmen dem Obristen Marcus v. d. Lütke an. Die veranschlagte Wiederkaufsfrist von 80 Jahren deutet an, daß die damals lebende Generation der v. Bredows eine baldige Wiedereinlösung im Rahmen ihrer finanziellen Möglichkeiten nicht mehr ins Auge gefaßt hatte.[225] Oberst Hans v. Rochow, der bereits viele Jahre in kursächsischen und brandenburgischen Kriegsdiensten gestanden hatte, konnte in den 1650er Jahren seinen Besitz durch den Auskauf verschuldeter Adelsfamilien, z.B. der v. Hake, erweitern. Solche Gütertransaktionen wie die zwischen den Hakes und Rochows konnte auch zu längerfristigen Verbindungen der Familien führen. Ein v. Hake, der ebenfalls bis zum Obristen avancierte, wurde der Schwiegersohn Hans v. Rochows.[226]

Die hohe Verschuldung infolge der Kontributionszahlungen während des Krieges veranlaßte den im Niederbarnim beheimateten Zweig der Familie v. Barfuß, ihr Gut Batzlow im Jahre 1653 für 50 Jahre an die Familie v. Strantz wiederkäuflich zu veräußern. Ein lokaler Amtsträger, der Kreiskommissar v. Wedel, wohnte bereits auf dem Rittersitz.[227] Der sogenannten Oberprädikower Linie dieses Geschlechtes erging es nicht besser. Der uns im Zusammenhang mit der Güterankaufpolitik im Teltow bereits bekannte Oberpräsident Otto v. Schwerin kaufte 1672 alle vier Rittergüter der v. Barfuß auf. Begünstigt wurde dies durch Unterlassungen der Familie bei der Handhabung des Lehnrechtes, auf die an anderer Stelle noch näher eingegangen werden soll.[228] In ähnlicher Weise wie Otto v. Schwerin schuf sich auch die aus Pommern stammende Familie v. Flemming unter ihrem glänzendsten Vertreter, dem Marschall Heino Heinrich v. Flemming, mit Buckow einen repräsentativen Herrschaftssitz, in dessen engerer Umgebung weitere Güter erworben werden konnten.[229]

Mit etwas Verwunderung wird man allerdings – wenn man die Besitzgeschichte dieser Güterkomplexe weiter verfolgt – registrieren, daß einige Mitglieder der politisch-höfischen Führungsgruppe, die nach dem Krieg Rittergüter erworben hatten, nur relativ kurze Zeit ihren Besitz hielten. Im residenznahen Teltow fällt dies am Beispiel der Güter der hohen Amtsträger v. Schwerin, v. Jena und v. Danckelmann besonders ins Auge.[230] So wurde im Zusammenhang einer von der Landesherrschaft angeregten Untersuchung anläßlich der

---

223 Klöden-FG, S. 443 f.
224 Urkundenbuch zur Geschichte des Geschlechts von Kröcher, 2. Teil, Berlin 1864, S. 232.
   Dieses Gut geriet im weiteren Verlauf dann ganz in den Besitz der Familie v. Kannenberg. Vgl.: Kröcher-FG, Bd. 2, S. 190.
225 Vgl.: Brand. LHA Rep. 78 II L 99, unpag.
226 Vgl.: Hake-FG, Bd. 1, S. 123; Rochow - FG, Beil. 145.
227 Barfuß-FG, S. 10.
228 Vgl.: ebenda, S. 27.
229 Vgl.: Flemming-FG, Bd. 1, S. 191 f.
   Im einzelnen betraf dies die Güter Sternebeck, (von denen v. Stutterheim), Köthen, Falkenberg, Dannenberg, sowie Kruge, Bollersdorf, Lüdersdorf, Biesdorf (von denen v. Röbel).
230 Vgl.: HOL (Teltow). Ebenso sind solche Beobachtungen auch für die Besitzungen der Berliner Bürgermeister, Ratsverwandten bzw. Großkaufleute zu machen.

Entmachtung v. Danckelmanns darauf verwiesen, daß er zwar in der Kurmark viele Lehngüter empfangen, „etliche aber bereits wieder abgetreten hatte".[231]

Vor allem fällt auf, daß es den Erben der doch zu Lebzeiten so erfolgreichen Amtsträger und Offiziere in der Regel nicht gelang, die erworbenen Güter zu halten. Sowohl die Nachfahren des Oberpräsidenten Otto v. Schwerin als auch die Heino Heinrich v. Flemming nachfolgende Generation bewiesen wenig Fortune, den Besitzstand zu wahren, geschweige denn auszubauen.[232] Gründe dafür lassen sich nur vermuten und müssen nach mehreren Richtungen hin gesucht werden. Zum einen erlagen die Mitglieder der politisch-höfischen Führungsgruppe schon auf Grund ihrer engen Bindung an die Landesherrschaft der Versuchung, sich durch die Überlassung ihrer Besitzungen gefällig zu erweisen, wenn der Kurfürst diese selbst ins Auge gefaßt hatte. Eine enge, über Jahrhunderte gewachsene Bindung an die nach dem Krieg erworbenen Rittergüter bestand im Unterschied zu den alteingesessenen märkischen Geschlechtern ohnehin nicht. Zum anderen wird damit deutlich, daß der kurzzeitige Erfolg der „Aufsteiger"-Familie nur an die Fähigkeiten und das Verdienst des jeweiligen Amtsträgers bzw. Offiziers geknüpft sein konnte. Die Landesherrschaft und die Führungsgruppe in Hof und Zentralverwaltung sahen wenig Veranlassung, ihre besondere Gunst auch auf die Erben des zuvor mit Gnaden überhäuften Amtsträgers/Offiziers zu übertragen. Oftmals konnten deren Nachkommen auch aus ökonomischen Notwendigkeiten heraus kaum Widerstand gegen die Veräußerung der Güter – zumeist an die Landesherrschaft – leisten.[233] Ein Vergleich mit den ausgekauften alteingesessenen märkischen Familien deutet zugleich auf ein weiteres Defizit: Diese waren in der Regel auf mehrere Linien verteilt, so daß sich stets Möglichkeiten ergaben, innerhalb der Besitzungen des Gesamtgeschlechts eine neue Existenz aufzubauen. Sollte ein Rittergutsbesitzer ohne männliche Nachkommen sterben, gingen seine Besitzungen auf die nächsten Anverwandten über. Eine solche Möglichkeit bestand in der Regel für die landfremden Familien in der ersten Generation noch nicht.

Des weiteren drängt das Schicksal solcher Familien auch Fragen nach ihrer Stellung innerhalb der kleinräumlichen Adelsgesellschaft auf. Vielleicht gewinnt auch für die brandenburgischen Gegebenheiten jener Gedanke *R. Evans'* eine gewisse Plausibilität, den dieser im Zusammenhang mit dem – durch die frühere Forschung – bekanntlich sehr hoch veranschlagten Elitenaustausch im Böhmen des frühen 17. Jahrhunderts geäußert hatte. *Evans* warnte vor einer Überschätzung des Einflusses der nach 1620 in die böhmische Adelsgesellschaft eingedrungenen fremden Militärs und verwies sowohl auf deren geringe Seßhaftigkeit

---

231 Brand. LHA Rep. 78 II D 7, unpag.
Paul v. Fuchs trat 1685 in Verhandlungen über den Erwerb Blankenburgs ein, das sich zuvor nur kurze Zeit im Besitz des Berliner Bürgermeisters Tieffenbach befunden hatte. Vgl.: Brand. LHA Rep. 78 II F 38.

232 Zu den v. Flemmingschen Gütern vgl.: Flemming-FG, Bd. 1, S. 192. Auch die v. Jena behielten nur in einer Generation ihre Besitzungen im Teltow.

233 Die Witwe und die Kinder des 1690 verstorbenen Generalkriegskommissars Joachim Ernst v. Grumbkow sahen sich nicht nur zum Verkauf einiger Besitzungen gezwungen, sondern hatten darüber hinaus auch ausstehende finanzielle Verbindlichkeiten des Verstorbenen ebenso zu übernehmen wie die Eintreibung von Darlehen – im übrigen ein weiterer Beleg für die intensive Einbindung gerade der höchsten Amtsträger und Militärs in das Netz von Kreditgewährungen und Bürgschaften. Vgl.: Brand. LHA Rep. 78 II G 103.

als auch darauf, daß die alteingesessenen böhmischen Familien trotz der politisch-militärischen Niederlage nach wie vor den eigentlichen Machtfaktor in diesem wichtigen Teil der österreichischen Habsburgermonarchie darstellten.[234]

In einer günstigeren Ausgangsposition befanden sich dagegen jene alten brandenburgischen Geschlechter, denen es gelungen war, im Krieg reich gewordene Offiziere oder Amtsträger aus eigenen Reihen hervorzubringen. Erinnert sei an die bereits genannten Obristen Georg v. d. Marwitz oder Hans v. Rochow, die mit ihrem erworbenen Vermögen saturierend auf den Besitz des Gesamtgeschlechts einwirken konnten. In diesem Sinne vermochte auch ein Jakob Dietloff v. Arnim aus der Alt-Boitzenburger/ Sachsendorfer Linie des Gesamtgeschlechts, den hinterlassenen großen Schuldenberg seines Vaters, des vormaligen uckermärkischen Landesdirektors, Georg Wilhelm v. Arnim, abzutragen und darüber hinaus sogar neue Erwerbungen zu machen.[235] Das während seines Dienstes in der schwedischen Armee gewonnene Vermögen und die Mitgift seiner Frau, Eufemia v. Blankenburg, ermöglichten ihm die Verbesserung seiner wirtschaftlichen Lage. Der erste kurbrandenburgische Generalfeldmarschall Otto Christoph v. Sparr, der es in kaiserlichen Diensten zu Reichtum gebracht hatte, erwarb in seiner Heimatregion (Oberbarnim) mit Trampe als Zentrum einen ansehnlichen Besitzkomplex.[236] Dabei handelte es sich vornehmlich um die seinem Geschlecht einige Jahre zuvor verloren gegangenen Besitzungen. Innerhalb der lebusischen Adelsgesellschaft ragte unter den einheimischen Rittergutsbesitzern der aus Bollersdorf stammende Joachim Ernst v. Görtzke heraus, dem es z.B. gelang, das verschuldete Gut Friedersdorf denen v. Pfuel 1652 abzukaufen und zu seinem repräsentativen Herrschaftssitz auszubauen.[237] In Ruppin wären in diesem Zusammenhang die Offiziere Wichmann Heino v. Barstorff und ein v. Jürgas zu nennen.[238] Ersterer – zuletzt als schwedischer Rittmeister dienend – vermochte seine Besitzungen beträchtlich zu erweitern. Nicht ohne Einfluß auf seine Vermögensverhältnisse dürfte auch seine Heirat mit der Schwester des schwedischen Generalleutnants v. Königsmarck geblieben sein. Der Obrist v. Jürgas konnte das während des Krieges heruntergekommene Gut Dessow von der Familie v. Gadow kaufen und soll nach Information des Landreiterberichtes von 1652 bereits eine neue Meierei aufgebaut haben. Der fünfzehnjährige Kriegsdienst setzte Georg Wilhelm v. Rochow in die Lage, mit Erfolg an die Entschuldung und den Wiederaufbau seines Golzower Besitzes zu gehen.[239] Und dem in schwedischen Diensten stehenden Obristwachtmeister Georg Sigismund v. Platen gelang es, das an die v. Pfuel verlorene Anteilgut Prötzel für die Familie zurückzuholen und beide Rittersitze wieder unter einer Hand zu vereinigen.[240]

Neben Offizieren und adligen Amtsträgern muß auch die Gruppe „Bürgerlicher", die als Handelsherren oder städtische bzw. landesherrliche Amtsträger fungierten, als Käufer verschuldeten adligen Besitzes in den Blick genommen werden. Auch hier reichte die Spann-

---

234 Vgl.: R. Evans: Das Werden der Habsburgermonarchie 1550-1700, Leipzig 1986, S. 157.
235 Vgl.: Arnim-FG, Bd. 2.2, S. 99.
236 Vgl.: Th. v. Moerner: Märkische Kriegs-Obristen des Siebzehnten Jahrhunderts, Berlin 1861, S. 53 ff.
237 Vgl., statt der älteren Literatur jetzt: Herrenhäuser, Bd. 2, S. 146 f.
238 Vgl.: Schultze, Die Herrschaft Ruppin, S. 35 f.
239 Vgl.: Herrenhäuser, Bd. 2, S. 197.
240 Ebenda, S. 471.

Die Sozialstruktur der brandenburgischen Ritterschaft 65

weite über erb- und eigentümliche Veräußerungen, Wiederkaufsverträge bis hin zu Verpachtungen. Besonders umtriebig erwiesen sich hier jene in der Residenz ansässigen Familien wie die (v.)Weiler und Essenbrücher. Selbst Stammgüter ehemals bedeutender märkischer Adelsgeschlechter blieben von ihrem Zugriff nicht verschont, wie z.B. das Schicksal der Bredow-Besitzungen im Nordwesten Berlins zeigt.[241] Dieses Eindringen bürgerlicher Besitzer ist jedoch nicht nur für die residenznahen Teillandschaften, wie bereits für den Teltow gezeigt wurde, zu konstatieren, wenn dieser Trend auch hier besonders auffällig war.

Georg v. Eickstedt ging 1638 mit dem „Bürger und Handelsmann zu Arnswalde" Hans Wernick einen Mietvertrag wegen seines neumärkischen Anteilgutes Crantzien ein.[242] Häufig waren es wohlhabende Bürger in nahe gelegenen Städten, die zuvor schon als Gläubiger fungiert hatten, die nunmehr Adelsgüter aufkauften. Die Bredows mußten z.B. ihren nicht unbedeutenden Besitz in Roskow wiederkäuflich an den in Brandenburg wohnhaften Bürger und kurfürstlichen Rat Jakob Moritz veräußern.[243] Auch im Ruppinischen konnten in der Nachkriegszeit einige Angehörige der wohlhabenderen Schichten innerhalb der Bevölkerung der Kleinstädte und aus dem Kreis der bürgerlichen Amtsträger Adelsländereien wiederkäuflich oder als Eigentum erwerben (Arendt: Bellin, Blankenberg; Postmeister Schneider aus Fehrbellin: Kerzlin, Lüchfeld; Amtskastner Krüger: Metzelthin; Kommissarius Wittstock: Großzerlang; Kriele aus Neuruppin: Nietwerder).[244] Caspar v. Klitzing veräußerte 1685 wiederkäuflich 18 Scheffel Pachtkorn von $1^{1/2}$ Hufen seines bei Kyritz liegenden Besitzes an Samuel Rhauen, einen Handelsherrn dieser brandenburgischen Immediatstadt.[245]

Der während des Krieges zu beträchtlichem Vermögen gelangte Daniel Inckevorth, Sohn des hugenottischen Kaufmanns Jean Inckevorth[246], kaufte einen großen Teil der Schuldforderungen, die auf den v. Arnimschen Gütern Schönermark und Gerswalde bestanden, auf und „brauchte auch nicht früher aus den Gütern zu weichen, bis er für alle seine Forderungen und seine Verbesserungen in den Gütern Genugtuung erlangt habe".[247] Die seitdem lange währenden Abhängigkeiten zwischen denen v. Arnim und den Inckevorths manifestierten sich in der Heirat der Tochter des nunmehr nobilitierten kurfürstlichen General-Proviantmeisters Daniel v. Inckevorth, Anna Sophia, mit Alexander Magnus von Arnim.[248]

---

241 Vgl.: Faden, Berlin im Dreißigjährigen Kriege, S. 107.
242 Vgl.: Eickstedt-FG, S. 643.
243 Allerdings mußte dieser das Gut bereits schon nach wenigen Jahren wieder verkaufen. Vgl.: Bredow-FG, Bd. 3, S. 77; Herrenhäuser, Bd. 2, S. 517.
244 Angaben nach HOL (Ruppin).
245 Vgl.: Klitzing-FG, Bd. 1, S. 240.
246 Zu Inckeforth vgl.: Rachel/Wallich, Berliner Großkaufleute, Bd. 2, S. 13 f.
(Schreibweise mitunter auch Enckevorth)
247 Arnim-FG, Bd. 2.2, S. 254 f.
248 Vgl.: ebenda, Bd. 2.1, S. 572.

Strategien des Wiederaufbaus

Die bisherigen agrar- und sozialgeschichtlichen Forschungen, die sich der Frage zugewandt hatten, in welchen zeitlichen Dimensionen und mit welchen Mitteln die wirtschaftlichen Folgen des Dreißigjährigen Krieges kompensiert worden waren, gehen davon aus, daß ein vergleichsweise langer Zeitraum – etwa ein halbes Jahrhundert – dafür benötigt wurde.[249] Erst um 1700 seien Anzeichen einer Erholung und Stabilisierung der wirtschaftlichen Situation zu erkennen. Die Gründe für den etwa im Vergleich zu Kursachsen[250] nur sehr zögerlichen Wiederaufbau sind, neben den einige märkische Teillandschaften kurze Zeit nach 1648 erneut frequentierenden Kriegswirkungen, vor allem in dem spürbaren Kapitalmangel[251] und der noch lange anhaltenden Agrardepression zu suchen.[252]

Unverkennbar erscheint bei einer Reihe von Adelsgeschlechtern das Bestreben, angesichts der krisenhaften Einbrüche des 17. Jahrhunderts Ordnung in die teilweise selbst für die Gesamtfamilie schwer überschaubaren Besitzverhältnisse zu bekommen. Familienverträge, die auf den nun häufiger anberaumten Geschlechtstagen bzw. Familienversammlungen abgeschlossen wurden, stellten sich dieser komplizierten Herausforderung.[253] Es galt, Familientradition und nüchtern zu kalkulierende Strategien zur Sicherung eines ja vor allem aus den Gütern fließenden Einkommens einigermaßen in Einklang zu bringen. Insbesondere sollten sie das organisatorische Prozedere der Wirtschaftsabläufe, der Gerichtsverwaltung in solchen Herrschaften optimieren, die durch verzweigte Besitzverhältnisse innerhalb des Geschlechts charakterisiert waren. Die hohe Bedeutung von Landbesitz im Selbstverständnis der Adelsfamilien erwuchs jedoch nicht nur aus rein wirtschaftlichen Erwägungen der materiellen Existenzsicherung, sondern resultierte auch aus einer langen, über Generationen hinweg vermittelten Tradition.[254] Es handelt sich dabei um ein generelles Problem der europäischen Adelsgesellschaft des Ancien Régime, ob die Bedeutung von adligem Landbesitz vornehmlich aus seiner Funktion als Ware und Kapitalobjekt erwuchs, als Statusmerkmal innerhalb einer kleinräumigen Adelsgesellschaft fungierte oder aber als „Basis politischer

---

249 Übergreifend zu diesem Problem: Abel, Agrarkrisen, S. 182 ff.; Neugebauer, Brandenburg im absolutistischen Staat, S. 306; am Beispiel von kleineren landschaftlichen Räumen gehen dieser Frage nach: Harnisch, Die Herrschaft Boitzenburg, S. 129 f.; Enders, Die Uckermark, S. 341 ff.; Enders, Die Prignitz, S. 681 f.; 689 ff.

250 vgl. dazu neben der älteren Studie von Franz, Der dreißigjährige Krieg, S. 14; jüngst: V. Weiss: Bevölkerungsentwicklung und Mobilität in Sachsen von 1550 bis 1800, in: NASG 64 (1993), S. 53-60 und U. Schirmer: Wirtschaftspolitik und Bevölkerungspolitik in Kursachsen (1648-1756), in: NASG 68 (1997), S. 125-155.

251 Vgl. hierzu Hahn, Fürstliche Territorialhoheit, S. 239-250.

252 Vgl. allgemein: Abel, Agrarkrisen, S. 78 ff.; anhand uckermärkischen Quellenmaterials: Harnisch, Die Herrschaft Boitzenburg, S. 146; Enders, Uckermark, S. 339.
Noch 1686 führte z.B. die Prignitzer Ritterschaft Klage über ihre mißliche wirtschaftliche Lage: Die früher so einträgliche Getreideausfuhr nach Hamburg sei wegen der niedrigen Agrarpreise, hoher Zölle und der Konkurrenz des aus Danzig eingeschifften Getreides auf ein Minimum zusammengeschmolzen. Vgl.: Schultze, Prignitz, S. 215.

253 Vgl. dazu: Hahn, Kriegswirren, S. 10.

254 Vgl.: Harnisch, Gutsherrschaft, S. 73.

Macht, als Möglichkeit zu lokaler herrschaftlicher Kraftentfaltung" instrumentalisiert werden sollte.[255]

Im 17. Jahrhundert dürften für die brandenburgische Ritterschaft nach wie vor der zweite und dritte genannte Faktor das entscheidende Gewicht beansprucht haben. Adel und Landbesitz gehörten für die damalige Gesellschaft fraglos zusammen! Zwar wird dieser Topos in den in repräsentativer Zahl vorliegenden adligen Selbstzeugnissen (vor allem Testamente, Leichenpredigten) nur indirekt angesprochen, aber wohl nur, weil es sich im zeitgenössischen Verständnis eben um eine Selbstverständlichkeit gehandelt hatte. Doch um so schärfer wurde diese Frage in ihrer Negation konturiert, wenn also die Verbindung zwischen adligem Stand und Besitz sich zu lösen drohte. Die Gefahr eines solchen ökonomischen wie sozialen „Abstiegs" wuchs natürlich in jener Zeit beträchtlich![256] Andererseits ließ der große Einbruch infolge der Kriegswirkungen nunmehr auch die Bedeutung rein ökonomischer Aspekte von Landbesitz in grellerem Licht erscheinen.

Das für einzelne Geschlechter nachvollziehbare Bestreben, einen größeren inneren Zusammenhalt zu erzielen[257], stand angesichts der materiellen Kriegsfolgen zunächst unter denkbar ungünstigem Vorzeichen. Den Adelsfamilien war die Bedeutung der Konzentration von Land und Herrschaft durchaus bewußt, doch eine Reihe von Faktoren wirkte vorerst den daraus zu gewinnenden Einsichten entgegen.[258] Die Fähigkeit, sich einen exakten Überblick über seinen Besitzstand und finanzielle Reserven zu verschaffen und damit bei künftigen wirtschaftlichen Investitionen genau kalkulieren zu können, bildete wahrlich noch kein Allgemeingut des brandenburgischen Adels. Daß Hans Jürge v. Klöden für seinen in der Altmark gelegenen Besitz ein „General- und Specialregister" anfertigen ließ, war nicht alltäglich und wurde der ausgeprägten „Ordnungsliebe" dieses Rittergutsbesitzers zugeschrieben.[259]

Eine wahre Prozeßflut zwischen Mitgliedern eines Adelsgeschlechts beschäftigte in zunehmendem Maße die Gerichte. Von den 1683 am Berliner Kammergericht verhandelten 82 Rechtsfällen, in die Adlige verwickelt waren, befaßten sich 35% mit umstrittenen Gütertransaktionen und Erbschaftsangelegenheiten. Hinzu kamen noch einige „Injurien"-Verfahren zwischen Adligen, bei denen allerdings der genaue Anlaß des Konflikts nicht mehr nachvollzogen werden kann. In einigen Prozessen dieses Stichjahres wurden die sich aus der Verschuldung ergebenden Probleme verhandelt, die zu einem nicht geringen Teil wiederum auf Auseinandersetzungen um Kreditgeschäfte und Besitzveränderungen beruhten.[260] Die

---

255 H. Rüß, Herren und Diener. Die soziale und politische Mentalität des russischen Adels vom 9. bis zum 17. Jahrhundert, Köln/Wien 1994, S. 134.
  Es ist bekannt, daß vor allem im frühneuzeitlichen England Grundbesitz als entscheidende Voraussetzung für die Zugehörigkeit zum Niederadel, der Gentry, galt und demzufolge dem Status, damit also der adligen Geburt nur untergeordnete Bedeutung zugemessen wurde. Vgl. hierzu repräsentativ: P. Lasslett: Verlorene Lebenswelten, Frankfurt am Main 1991, S. 49 ff.
256 Solche Befürchtungen wurden in den Testamenten einiger Familien angedeutet. Vgl. z.B.: Brand. LHA Rep. 37 Buckow, Nr. 35 (1706 Testament des Heino Heinrich v. Flemming); Gollmert, Urkundenbuch zur Geschichte des Geschlechts von Schwerin, S. 477 f. (1679 Testament des Otto v. Schwerin).
257 Z.B. bei denen v. Holtzendorff, für die nach 1648 „ein festes Zusammenhalten innerhalb der Familie" beobachtet wurde. Holtzendorff-FG, S. 55.
258 Vgl.: Herrenhäuser, Bd. 1, S. 39.
259 Klöden-FG, S. 460.
260 Vgl. dazu die Sentenzenbücher in: Brand. LHA Rep. 4 A Nr. 193.

– gemessen an dem tatsächlichen Anteil der Ritterschaft an der Gesamtbevölkerung – hohe Zahl von Adligen unter den „Prozeßhanseln" fand auch durch die Auswertung der Gutachtertätigkeit der Helmstedter Juristenfakultät ihre Bestätigung.[261] Der Kampf um das eigene wirtschaftliche Überleben ließ mehrfach die Hand auf den Besitz anderer Geschlechtsangehörigen anlegen und vermittelt einen Eindruck davon, in welchem Maße Familienbande durch die harten ökonomischen Realitäten belastet werden konnten.[262]
Vergleichsweise harmlos verlief ein solcher innerfamiliärer Streit in den 1640er Jahren bei denen v. Pfuel. Zwischen Hans Dietloff v. Pfuel und seinem Vetter seien „Mißverstandt und Streit fürgefallen, insonderheit wegen der wüsten Feldmark Daberkow". Die Auseinandersetzung konnte dann aber durch einen gerichtlichen Entscheid friedlich beendet werden.[263] Doch die bekanntlich gerade nach Ende des Krieges sehr niedrig liegende Hemmschwelle zur Anwendung von Gewalt bei Rechtshändeln führte in mehreren Geschlechtern zu sehr unerquicklichen Konflikten.[264] Matthias v. Jagow, Besitzer des in der Altmark gelegenen Rittergutes Aulosen, hatte im Frühsommer 1694 im Verlaufe einer Auseinandersetzung seinen Neffen, Gebhard Friedrich v. Jagow – nach eigenen Verlautbarungen – „in Notwehr erschossen".[265] Die Atmosphäre innerhalb der Gesamtfamilie war daraufhin dermaßen aufgeladen, daß die mit diesem Fall betrauten kurfürstlichen Behörden zu außerordentlichen Maßnahmen greifen mußten: Matthias v. Jagow dürfe sich zwar, so die erteilte Auflage, weiter auf seinem Rittersitz in Aulosen aufhalten, müsse aber „im Hause bleiben ... außer des Sontags, wan er zur Kirche gehet". Den Gottesdienst habe er aber in einem anderen, zum Familienbesitz gehörenden Dorf zu besuchen, wie er sich überhaupt ständig „in acht nehmen solle, daß er des Entleibeten Geschwistern nicht viel in Gesicht komme, noch dadurch zu ein und ander Verbitterung und alteration anlas gebe."
Bereits im vorigen Abschnitt ist im Zusammenhang der Veränderung der Besitzstruktur darauf aufmerksam gemacht worden, in welcher Weise die Überlegungen über die künftige Gestaltung des Besitzes die Diskussion innerhalb des Geschlechtsverbandes bestimmt hatte. Diese Frage gewann nunmehr in der Rekuperationsphase eine besondere Relevanz. Das Hauptproblem stellte sich vor allem dergestalt, ob und welcher Teil des mitunter weit verzweigten Landbesitzes der Familie behalten oder abgestoßen werden sollte. Denn diese Erfahrung machten nicht wenige Adelsgeschlechter: Ein durch mehr oder weniger biologisch bedingte Zufälligkeiten beträchtlich angewachsener Besitz in der Hand einer Kernfamilie

---

261 Vgl.: P.-M. Hahn: Die Gerichtspraxis der altständischen Gesellschaft im Zeitalter des „Absolutismus". Die Gutachtertätigkeit der Helmstedter Juristenfakultät für die brandenburgisch-preußischen Territorien 1675-1710, Berlin 1989, S. 92. Laut der quantitativen Auswertung der Verfahrensgegenstände bei Prozessen zwischen Adligen beschäftigten sich 20,8% der zur Begutachtung vorliegenden Fälle mit dem Erb- und 27,5% mit dem Schuldrecht. Ebenda, S. 185.
262 Einen extremen Fall schildert C. Petersen für die Beeskow-Storkow'sche Adelsgesellschaft: Innerhalb der dort ansässigen Familie v. Hobeck hätten die internen Auseinandersetzungen eine solche Zuspitzung erfahren, „daß der Kurfürst deren letzte Mitglieder des Landes verweisen mußte, weil sie im Kampfe um die Familiengüter nicht von Gewalttätigkeiten lassen wollten". Petersen, Beeskow-Storkow, S. 377.
263 Brand. LHA Rep. 78 II P 23, unpag.
264 Vgl. z.B. das Verzeichnis von Prozessen, in die die neumärkische Familie v. Borcke verwickelt war: Borcke-FG, Bd. 3.1, S. 589-597.
265 Vgl. zum folgenden: GStAPK I. HA, Rep. 22 Nr. 139, unpag.

konnte sich zu einer großen Belastung auswachsen.[266] Die neumärkische Familie v. Güntersberg entschied auf einer Geschlechtsversammlung 1664 eher im traditionalen Sinne: Die Güter mit Callies als Mittelpunkt sollten trotz der desaströsen ökonomischen Gesamtlage im Besitz der Familie bleiben.[267]

Schon einigen Familien der brandenburgischen Ritterschaft früherer Jahrhunderte war der Vorteil der Konzentration weniger, aber einträglicher Güter bewußt.[268] Doch nun gewann diese Erkenntnis auf Grund der kritischen Situation eine ganz andere Dimension. Es erscheint nicht verwunderlich, daß ein so weitblickender und die Problemlage der märkischen Adelsgeschlechter bestens kennender Amtsträger wie Otto v. Schwerin in seinem Testament von 1679 seinen Erben dringend ans Herz gelegt hatte, seine umfangreichen Güter zusammenzuhalten, „weill ich gesehen, wie durch gleiche theilungen der lehne unter den brüdern die geschlechter abkommen und gäntzlich verarmen".[269] Doch auch für die über einen begrenzteren Gesichtskreis verfügenden Adelsfamilien wirkten die existenziellen Nöte des Krieges nun als besonders überzeugender Lehrmeister. In diesem Sinne riet z. B. Albrecht Schenk von Landsberg seiner Mutter, die sich während der Kriegsjahre in Wusterhausen aufhielt: „Muß es selbst mit der Fraw Mutter bekennen, daß es besser, wenigk guter ohne schult und mit Ruhe, als viele guter mit solchem Ungemach haben ... ."[270]

Diese hier angedeutete Möglichkeit, hoch verschuldete Güter – selbst wenn es sich um Stammbesitzungen handelte, die seit mehreren Jahrhunderten den Geschlechtern gehört hatten – abzustoßen, ist auch bei anderen Adelsgeschlechtern in den Nachkriegsjahrzehnten anzutreffen und darf demzufolge als eine wichtige Alternative der Krisenbewältigung durch den Adel angesehen werden. So tauschte z.B. die in der Prignitz angesessene Familie v. Rohr einen Anteil am Dorf Ganzer gegen fünf sogenannte relativ wertlose „Sanddörfer".[271] Der vormals im neumärkischen Kreis Landsberg angesessene Zweig der Familie v. d. Marwitz siedelte auf Betreiben des Oberstleutnants und Kammerherrn Ernst Ludwig v. d. Marwitz um die Jahrhundertwende in den benachbarten Kreis Soldin über, „wohl weil er seinen Grundbesitz um das von der Mutter ererbte Zernikow und Liebenfelde zu konzentrieren bestrebt sein mußte".[272]

---

266 Christoph Heinrich II. v. Lochow, der im Havelland einige Güter besaß, erhielt durch den Tod mehrerer Geschlechtsangehöriger im Verlauf der 1650er Jahre verstreute Besitzungen in Ruppin, im Herzogtum Magdeburg und in den anhaltinischen Territorien. Da er damit auch die Schuldverbindlichkeiten der vormaligen Besitzer zu übernehmen hatte, mußte er mehrere größere Anleihen aufnehmen und seine Güter hypothekarisch belasten. Vgl.: Lochow-FG, S. 62 f.

267 Vgl.: GStAPK I. HA, Rep. 42 Nr. 18g, unpag.

268 Ausführlicher dazu: C. Petersen: Beiträge zur Kenntnis des kurmärkischen Adels im 17. Jahrhundert, in: 39. Jahresbericht des Altmärkischen Geschichtsvereins zu Salzwedel (1912), S. 5-52, hier S. 7 ff. Vor allem wurden hier die altmärkischen Geschlechter Bartensleben, Bismarck und Alvensleben genannt, die sich von solchen Maximen leiten ließen. Vgl. für die Beeskow-Storkower Adelsgesellschaft mit Belegen für diesen Wandel: ders., Beeskow-Storkow, S. 378.

269 Gollmert, Urkundenbuch, S. 478.

270 zit. nach Biedermann, Geschichte der Herrschaft Teupitz, S. 56.

271 Vgl.: Rohr-FG, S. 177.

272 W. Diest, Marwitz-FG, S. 64.

Aus ähnlichen Erwägungen heraus sind auch solche Entscheidungen des Gesamtgeschlechts zu interpretieren wie im Falle derer v. Arnim betreffend ihrer heimgefallenen Sternhagenschen Güter in den 1680er Jahren: Die Erben hielten es entgegen früherer Gewohnheiten nicht für ratsam, die Güter gemeinsam zu verwalten, „da gemeinsamer Besitz immer eine Mutter von allerhand Mißhelligkeiten und Zwiespalt sei".[273] In einem Erbvergleich wurde schließlich versucht, eine halbwegs gerechte Verteilung der Güter bzw. finanzieller Abfindungen zu erreichen. In diesen Zusammenhang sind auch jene, in den 1660er Jahren aufkommenden Überlegungen im Geschlecht v. Arnim einzuordnen, die auf die Einführung einer Primogeniturordnung zielten. Doch die Abwägung der daraus eventuell entstehenden Folgen ließ den Geschlechtsverband schließlich davon Abstand nehmen. Man befürchtete, daß die nachgeborenen Söhne „aus Mangel der benötigten Mittel zugrunde gehen und mehr dem Geschlechte Schimpf – als rühmlich fallen werden".[274] Auch die Gebrüder Achaz und Levin v. d. Schulenburg entschlossen sich nach dem Ende des Dreißigjährigen Krieges, eine definitive Teilung ihrer Güter vorzunehmen, nachdem sie bis zu diesem Zeitpunkt eher Bedenken getragen hatten, die gemeinsame Bewirtschaftung der Güter vor dem Hintergrund der sie ja gleichermaßen treffenden Unwägbarkeiten des Krieges aufzugeben.[275]

Die Reduzierung des Familienbesitzes auf wenige, aber einträgliche Güter ist auch im Zusammenhang mit der nicht unbeträchtlichen personellen Ausdünnung einiger Adelsgeschlechter in Verbindung zu setzen. Was einerseits als Aderlaß und Bedeutungsschwund ehemals mächtiger märkischer Adelssippen beklagt wurde, konnte andererseits durchaus als Chance wahrgenommen werden. Unverkennbar zeigte sich nämlich, daß die Stabilisierung des Besitzes nach dem Ende des Krieges nur einzelnen Angehörigen des jeweiligen Adelsgeschlechts gelang.[276] Die relevanten familiengeschichtlichen Darstellungen bieten dafür mehrere Belege: Innerhalb des Geschlechts v. Kröcher erschien Samuel Ludwig als derjenige, der es verstanden hatte, die in Verfall geratenen Güter des Geschlechts wieder in Flor zu bringen.[277] Vor allem mußte es ihm darum gehen, die hoch verschuldeten und zum Teil vor der Subhastation stehenden Besitzungen vor dem drohenden Zugriff der Kreditoren zu bewahren. Des weiteren lag ihm an einer Zusammenführung des mittlerweile recht verstreuten Besitzes; ein Vorhaben, dessen Verwirklichung angesichts der erheblichen Verminderung der Angehörigen dieses Adelsgeschlechts unter einem guten Vorzeichen stand. Am Ende seines Lebens soll sich Samuel Ludwig „in einer wohlhabenden Lage" befunden haben.[278]

Innerhalb des Geschlechts von Bredow (Friesacker Linie) galt wiederum Hans Christoph als derjenige, der „durch Fleiß, Sparsamkeit und Unternehmungsgeist" die Güter aus der miserablen Lage, in die sie während des Krieges gekommen waren, herausgeführt hatte.[279] Auch den Gebrüdern Curd Adam, Ewald Joachim und Otto Friedrich aus der Vergitzer Linie derer

---

273 Arnim-FG, Bd. 2.2, S. 278.
274 Ebenda, S. 74 ff.
275 Vgl.: G. Schmidt, Schulenburg-FG, 2. Teil, S. 380.
276 Für die Altmark betont dies: Petersen, Beiträge, S. 23.
277 Vgl. zum folgenden. Kröcher-FG, Bd. 2, S. 126 ff.
278 Ebenda, S. 170.
279 Bredow-FG, Bd. 1, S. 286.

Die Sozialstruktur der brandenburgischen Ritterschaft 71

von Holtzendorff gelang es, 1684 ihr Stammgut zurückzuerwerben. Damit hatten sie eine stabile Grundlage geschaffen, um auch weitere, früher zur Familie gehörende Besitzungen, aber auch gänzlich neue Güter zu erwerben.[280] Erdmann Otto v. Ribbeck konnte in den Nachkriegsjahrzehnten drei der fünf Rittersitze im havelländischen Stammgut Ribbeck in den Familienbesitz zurückbringen. Um aber einer erneuten Teilung vorzubeugen, stattete er seine Söhne mit finanziellen Mitteln aus, die es ihnen ermöglichten, sich in Mecklenburg bzw. Ostpreußen auf neuem Besitz niederzulassen.[281]

Auf eine weitere Facette verweisen die Umstände der Rückführung des verlorengegangenen Familienbesitzes derer v. Löschebrand in der Beeskow-Storkower Teillandschaft. Dieser war zu Lebzeiten seines Vaters verschuldet und ging daraufhin zeitweilig in die Hände von dessen Kreditoren über. 1680 gelang es Joachim Heinrich v. Löschebrandt, die wegen Verschuldung einige Jahrzehnte zuvor veräußerten Güter Pieskow und Radlow zurückzugewinnen. Nicht ohne Genugtuung wird er den ständischen Repräsentanten der Beeskow-Storkowischen Ritterschaft auf ihre Forderung nach Kontributionsresten entgegnet haben, daß „er seines Vaters Erbe nicht geworden, sondern die obbesagten Güter von seines Vatern Creditoren in concurse ... erstanden" und sich demnach nicht zur Zahlung verpflichtet sehe.[282] Für ihn bedeuteten die wiedererlangten Besitzrechte einen Neubeginn.

Es erscheint in diesem Zusammenhang plausibel, daß einzelne Geschlechtsangehörige die Phase des Wiederaufbaus als Chance auch dahingehend genutzt haben, um nunmehr in relativer Unabhängigkeit – mitunter auch in räumlicher Distanz zu ihrer Heimat – einen Neuanfang zu wagen. Oben wurde auf das Beispiel der Nachkommen des Erdmann Otto v. Ribbeck verwiesen, die sich außerhalb der Mark Brandenburg eine neue Existenz aufgebaut hatten. Ein solches Vorgehen ließ sich auch bei anderen Geschlechtern beobachten: Georg Werner v. d. Schulenburg konnte 1650 das im Havelland liegende Anteilgut Ribbeck von B. von Diericke für 8 000 Tlr. wiederkäuflich erwerben. Dieser Besitz sollte den Ausgangspunkt für weitere Erwerbungen in dieser Teillandschaft bilden. Aus diesem Grund veräußerte er das ihm in seiner altmärkischen Heimat zufallende Erbe an seinen Vetter, um von dem Erlös 1667 ein weiteres Gut (Linum) im Havelland zu kaufen.[283] In eine ähnliche Richtung zielten auch solche in den Testamenten verankerte Regelungen, die im Interesse einer Erhaltung der Familiengüter in ungeteiltem Besitz die nachgeborenen Söhne mit Abfindungen bedenken wollten. Diese sollten, sofern sie für solchen Zweck ausreichten, zum Erwerb neuer Rittergüter verwendet werden.[284]

In besonderem Maße konnten natürlich jene Familienangehörige ihren besonderen Part in der Wiederaufbauphase spielen, die als im Krieg zu Vermögen gelangte Offiziere bzw. Amtsträger den Gegenstand der vorangegangenen Erörterungen bildeten. Joachim Georg v. Winterfeld, Offizier während des Schwedisch-polnischen Krieges und uckermärkischer Kreiskommissar, gelang während der 1670er und 80er Jahre, ausgehend von den Stammgütern Damerow und Schmarsow, eine Reihe von Erwerbungen – vor allem aus den Händen

---

280 Vgl.: Holtzendorff-FG, S. 53.
281 Vgl.: Ribbeck-FG, S. 94.
282 Brand. LHA Rep. 4 A Sentenzenbücher Nr. 193.
283 Vgl.: Schmidt, Schulenburg-FG, 2. Teil, S. 385 f.
284 Vgl. mit Beispielen für die Familien v. d. Hagen und v. Liepe bei Geiseler, Region, S. 164.

der verschuldeten v. Lindstedt und v. Berg.[285] Auch der in der Prignitz ansässige Zweig der Familie v. Winterfeld verfügte in Joachim Detlof über einen Geschlechtsangehörigen, der am Ende des Jahrhunderts verloren gegangenen Besitz zurückerworben hatte.[286] Das bedeutendste Gut dürfte dabei das 1659 durch seinen Vater wiederkäuflich veräußerte Freyenstein gewesen sein. Gerade an diesem Beispiel zeigte sich, welche Auswirkungen die häufigen Besitzwechsel haben konnten; keiner der bisherigen Wiederkaufs- oder Pfandbesitzer sah es als seine vordringliche Aufgabe an, diese bis zum Beginn des Dreißigjährigen Krieges ja u.a. durch das Renaissanceschloß eine gewisse Ausstrahlung auf das Umland besitzende Herrschaft wieder in Flor zu bringen. Erst Joachim Detlof habe laut zeitgenössischen Verlautbarungen hernach Freyenstein „mit unbeschreiblicher Mühe und Kosten in gegenwärtigen guten Stand gesetzet".[287] Ebenso zeigte Hans Adam v. Saldern 1676 zunächst große Scheu, den zwar bedeutenden, aber hoch verschuldeten Besitz seines Vaters zu übernehmen.[288] Gottfried II. v. Hake aus dem Hause Stülpe war in schwedischen Kriegsdiensten zu Vermögen gelangt. Als nachgeborener Sohn bemühte er sich darum, in den Erwerb neuer Besitzungen zu investieren. Durch die Heirat mit Elisabeth v. Otterstedt, deren Vater das Anteilgut Genshagen (Kr. Teltow) schuldenhalber verpfänden mußte, eröffnete sich ihm eine Möglichkeit, sein Geld anzulegen. Er zahlte die Gläubiger seines Schwiegervaters aus und schloß mit diesem am 28. April 1654 einen Kaufvertrag, wodurch er nun selbst in den Besitz Genshagens geriet und einen neuen Zweig seines Geschlechts begründen konnte.[289]

Umsichtig kalkulierte auch das in Ruppin mehrere Güter besitzende Geschlecht v. Quast. Um den im Krieg zu beträchtlichem Vermögen gelangten Generalfeldwachtmeister Albrecht Christoph v. Quast im eigenen Territorium zu halten, kam man seinen Wünschen nach Erwerb des Rittergutes Garz entgegen. Otto v. Quast verkaufte daraufhin Garz an seinen umworbenen Vetter und erhielt dafür ein anderes Rittergut einer mittlerweile ausgestorbenen ruppinischen Adelsfamilie.[290] Der uckermärkische Kreiskommissar Joachim Vivigenz v. Eickstedt unterstützte seine in Bedrängnis geratenen Verwandten und verhinderte mehrfach in den 1670er und 1680er Jahren den Verlust alten Geschlechtsbesitzes.[291]

Auch einflußreiche und vermögende Geschlechtsangehörige, die nicht selbst in der Mark Brandenburg ansässig waren, wurden bemüht. Die Gebrüder Caspar, Köne Joachim und

---

285 Vgl.: Winterfeld-FG, Bd. 2, S. 795 ff.
   Vgl. weitere Beispiele für das Wirken von Offizieren bei der Stabilisierung des Familienbesitzes in: Arnim-FG, Bd. 2.2, S. 278 f.
286 Vgl. zum folgenden: Winterfeld-FG, Bd. 2, S. 533 ff.
287 Zit. nach: ebenda, S. 534. Dies spiegelte sich auch in der Verehrung wider, die Joachim Detlof im tradierten Bewußtsein des Gesamtgeschlechts künftig genoß. So sei auf allen v. Winterfeld`schen Stammsitzen der Prignitz sein Bildnis aufgestellt worden. Vgl.: Winterfeld-FG, Bd. 2, S. 527.
288 Die Schulden hatten etwa die Höhe von 40 bis 50 000 Tlr. erreicht, deshalb wollte sich „Herr Hanß Adam von Saldern durch dieße administration der gütter sich zu keiner Succession verstricket wissen". Zit. nach: Kommentierte Ausgabe, Bd. 2, S. 446 (mit Anm. 38).
289 Vgl.: Hake-FG, Bd. 2, S. 114 f.
290 Vgl.: Opalinsky, Aus der Heimat alten Tagen, 3. Teil, S. 227 f.
   Eile schien bei dieser innerfamiliären Gütertransaktion vor allem auch deshalb geboten, da A. Chr. v. Quast plante, in Österreich Güter anzukaufen und sich dort niederzulassen.
291 Vgl.: Eickstedt-FG, S. 219 f.

Die Sozialstruktur der brandenburgischen Ritterschaft

Adam Christoph v. Klitzing baten 1687 ihren Verwandten, den Landrichter der (zu Kursachsen gehördenden) Niederlausitz, Hans Caspar v. Klitzing, ihr in Ruppin gelegenes und hoch verschuldetes Gut Grabow zu „reluieren", d.h. aus der wiederkäuflichen Veräußerung herauszulösen. Damit wurde gewährleistet, daß es im Besitz des Geschlechts verblieb, zumal bereits die Gläubiger – mehrere v. Oppen – ihre Ansprüche angemeldet hatten.[292]

Auch Wolf Christoph von Arnim, den seine Militärkarriere in kursächsischen Diensten bis zu den einflußreichen Chargen als Generalwachtmeister und Oberkommandant von Leipzig geführt und ihm zudem mit dem Erwerb von Pretzsch (Kurkreis) zusätzliche Einnahmen gebracht hatte, konnte – selbst ohne Schulden – mit Krediten seinen sich in viel ungünstigerer Verfassung befindenden brandenburgischen Verwandten hilfreich unter die Arme greifen.[293] Der in mecklenburgischen Hofdiensten stehende Friedrich Wilhelm v. Oppen supplizierte am 1. November 1700 an den brandenburgischen Kurfürsten, daß er die vor allem im Halberstädtischen liegenden verpfändeten Familiengüter „einlösen und somit das Ganze wieder zusammenbringen" wolle. Aus einer diesem Schreiben beigefügten Anlage wird ersichtlich, daß der v. Oppen insgesamt 19 000 Rtl. für die Wiedereinlösung des Besitzes aufgebracht hatte.[294]

Im folgenden sollen die bislang vorgeführten Herausforderungen und Anpassungen, die von den adligen Rittergutsbesitzern im zweiten Drittel des 17. Jahrhunderts zu bewältigen waren, aus der Perspektive eines Geschlechts, der vor allem in der Mittelmark begüterten von Hake vorgeführt werden.[295] Die zu den bedeutenderen brandenburgischen Adelsfamilien gehörenden von Hake gliederten sich am Vorabend des Dreißigjährigen Krieges in zwei Linien, die sich wiederum in mehrere „Häuser" aufgespalten hatten. Obwohl es sich insgesamt um ausgedehnte und größtenteils einträgliche Güter handelte, blieben auch die Angehörigen dieses Geschlechts nicht von jenen Belastungen verschont, vor denen sich die Mehrheit der Rittergutsbesitzer gestellt sah. Die im Havelland und Teltow über mehrere Besitzungen verfügenden Häuser Berge und Machnow wurden am Ende des 16. Jahrhunderts mit der Situation konfrontiert, eine große Zahl männlicher Nachkommen versorgen zu müssen. Der lange Zeit in einer Hand vereinigte und gewinnbringend wirtschaftende Besitz mußte nunmehr in Anteilgüter verwandelt werden. Im Familienvertrag von 1593 hatten sich acht(!) Brüder des Hauses Berge das väterliche Erbe des Wichmann v. Hake zu teilen. Fünf der hinterbliebenen Söhne erhielten die in sich nochmals in Anteilgüter aufgesplitterten Besitzungen Berge, Paaren und Uetz, während die anderen drei mit Geld abgefunden wurden. Doch der Zustand, daß sich vier Brüder in Berge, wo zudem nur zwei Rittersitze bestanden, arrangieren mußten, „erwies sich auf die Dauer als unhaltbar".[296] Somit nutzte einer der mit Berge Belehnten, Otto v. Hake, die sich im Zusammenhang seiner Wirksamkeit als Cottbusser Amtshauptmann eröffnenden Möglichkeiten, indem er seinen Anteil seinem Bruder überließ und sich unweit von Cottbus das

---

292 Vgl.: Klitzing-FG, Bd. 1, S. 241.
293 Vgl.: Arnim-FG, Bd. 2.1, S. 142 ff. Die gute Vermögenslage W.C. v. Arnims wurde darüber hinaus nicht nur durch Geldanleihen an andere märkische Adlige demonstriert, sondern ebenso durch Kreditbeziehungen zum sächsischen Kurfürsten.
294 Vgl.: Urkundenbuch zur Geschichte des altadeligen Geschlechts von Oppen (bearb. u. hrsg. v. G.A. v. Mülverstedt), 2. Teil, Magdeburg 1896, S. 169 f.
295 Im folgenden nach: Hake-FG, Bd. 1 und 2.
296 Hake-FG, Bd. 2, S. 347.

Gut Brahmo kaufte. Auch die mit Geldkaveln abgefundenen Brüder Adam und Wolf Dietrich erwarben für sich mit Groß Kreutz und den kursächsischen Enklaven Kanin und Busendorf neue Besitzungen, zumal in den Verträgen – wie auch bei anderen Adelsgeschlechtern – ohnehin die Auszahlung von Geldanteilen an den Kauf neuer Lehngüter gebunden war.

In ähnliche Kalamitäten geriet zu gleicher Zeit das im Teltow angesessene Haus Machnow des Geschlechts v. Hake. Hier hatte ein Familienvertrag 1599 die Abfindung von fünf Söhnen zu regeln. Auch in diesem Fall kauften sich die mit Geld abgefundenen Brüder in anderen Teillandschaften neue Besitzungen. Der wirtschaftliche Abstieg der Machnower Anteilgüter eskalierte mit den Kriegswirkungen, so daß die Besitzungen mehrfach vor der Zwangsversteigerung standen. Doch die Vorkehrungen der Hakes belegten, in welcher Weise der Geschlechtsverband den bedrängten Verwandten unter die Arme greifen konnte. Daniel v. Hake versuchte in den 1640er Jahren den seinem Bruder Alexander zugefallenen Teil der Machnower Güter (Blankenfelde und Jühnsdorf) vor der Subhastation zu bewahren. Obwohl er selbst infolge der Verschuldung und Kriegswirkungen nur über eingeschränkte Möglichkeiten verfügte, nutzte er die Mittel, die ihm als Vormund eines unmündigen Neffen zur Verfügung standen. Des weiteren gewann er die Unterstützung eines Verwandten aus dem Hause Uetz, so daß sie nunmehr die bedrohten Güter 1644 für 14 000 Tlr. kaufen und damit den Verlust für das Geschlecht vermeiden konnten.

Auch bei den Hakes zeigte sich im 17. Jahrhundert die unter übergreifender Perspektive bereits angedeutete Tendenz nach Besitzkonzentration. Otto VII. v. Hake (Haus Machnow) stieß z.B. 1645 Kiekebusch ab, um damit den von Zwangsversteigerung bedrohten Anteil des Machnower Stammgutes zu retten. Botho Gottfried (Haus Groß Kreutz) überließ 1650 seinem Schwiegervater, dem Obristen Hans v. Rochow, einige Bauernhöfe, um mit der erhaltenen Summe von 2 500 Tlr. die vom Krieg verwüsteten Güter wieder in Stand zu setzen. Nachdem er hier erfolgreich war, löste er diese Besitzstücke von den Rochows später wieder ein. Diese Praxis, sich – mitunter auch nur kurzzeitig – von Teilen des Besitzes zu trennen, um dadurch die als wichtig erachteten Güter zu retten, begegnet auch in späterer Zeit. Um 1700 schloß Friedrich Dietrich v. Hake (Haus Flatow) mit denen v. Redern zu Schwante einen Vertrag ab, wodurch die verstreut liegenden Kornpächte auf die jeweiligen Stammgüter konzentriert wurden. Und Levin Friedrich v. Hake (Haus Stülpe-Genshagen) entschloß sich im beginnenden 18. Jahrhundert zur Veräußerung von zwei kleineren Gütern, um mit dem Erlös das in seinen Augen als wichtiger erachtete Genshagen zu halten.

Und noch etwas fällt bei einer Durchsicht der zahlreichen Gütertransaktionen auf: Wenn ein Geschlechtsangehöriger gezwungenermaßen oder aus wohlkalkuliertem eigenem Ermessen sich in einer anderen brandenburgischen Teillandschaft eine neue Existenz aufbauen wollte, dann spielte auch hierbei im Hintergrund das Verhältnis zum Familienverband eine Rolle. Sofern es möglich schien, orientierte man sich bei der Suche nach neuen Gütern auf solche Teillandschaften, in denen bereits Verwandte ansässig geworden waren oder wo man auf die Unterstützung befreundeter Rittergutsbesitzer[297] zählen konnte. Joachim Otto v. Hake kaufte

---

297 Thomas II. v. Hake erwarb 1658 von seiner aus dem väterlichen Teilungsvertrag herrührenden Abfindung zunächst das havelländische Anteilgut Selbelang. Die Wahl fiel vor allem deshalb auf diesen Besitz, weil in der unmittelbaren Nachbarschaft sein Freund Hans Georg v. Ribbeck zu Ribbeck wohnte.

Die Sozialstruktur der brandenburgischen Ritterschaft

z.B., nachdem er 1663 seinen unweit Potsdams gelegenen Stammbesitz Geltow auf Druck des Kurfürsten an diesen abtreten mußte, im Kreis Ruppin die Güter Kränzlin und Werder. In der Nähe hatte kurz zuvor sein Bruder Thomas II., der bei der Teilung des väterlichen Erbes mit Geld abgefunden worden war, das von der Familie v. d. Gröben versteigerte Gut Dabergotz erworben. Und Jost Otto v. Hake (Haus Geltow) ergriff in den 1680er Jahren die Möglichkeit, an einige in der Uckermark gelegene Güter derer von Redern zu gelangen, mit denen er mütterlicherseits verwandt war.

Die räumliche Trennung vom angestammten Besitz und die Gründung neuer Seitenlinien des Geschlechts barg natürlich auch Chancen, da damit unbelastet von früheren Verpflichtungen ein Neuanfang gewagt werden konnte. Die recht erfolgreiche Entwicklung der im 17. Jahrhundert erworbenen Besitzungen (Groß Kreutz, Genshagen, Rangsdorf) belegt dies.

Natürlich konnte die allmähliche wirtschaftliche Belebung auf den Rittergütern sowohl durch biologische Zufälligkeiten als auch günstige Heiratsoptionen gefördert werden. Daß Ludwig Tobias v. Hake (Haus Berge) als „ein guter Haushalter und tüchtiger Landwirt" gewürdigt wurde, der den Wert seines Grundbesitzes innerhalb weniger Jahre verdoppeln und zudem mit Klein Ziethen noch erweitern konnte, war natürlich nicht zuletzt darauf zurückzuführen, daß er der einzige männliche Nachkomme war. Ebenso gehörte Botho Friedrich v. Hake zu den im ausgehenden 17. Jahrhundert erfolgreich wirtschaftenden Rittergutsbesitzern seines Geschlechts. Ihm, der ursprünglich nur mit einem Siebentel des Gutes Berge ausgestattet war, gelang es durch eine vorteilhafte Heirat die nötigen Mittel in die Hand zu bekommen, um nach und nach seine Brüder mit Geld abzufinden und ihre Anteile in seinen Besitz zu bekommen. Dabei nutzte er geschickt kurzzeitige Neuerwerbungen – wie z.B. das in der Nähe von Eberswalde liegende Gut Sommerfeld – um hiermit eine Verhandlungsmasse zu erhalten, die ihm die erforderlichen Mittel zur Umsetzung seines Hauptanliegens in die Hand gab. 1693 befand er sich schließlich am Ziel, als es ihm gelungen war, von der Witwe seines Bruders die noch fehlende Hälfte des Gutes Berge zu erhandeln. Die ihm nunmehr reichlicher zufließenden Einkünfte seines saturierten Besitzes konnte Botho Friedrich v. Hake sowohl zu baulichen Veränderungen auf dem Gut nutzen als auch zur Finanzierung prestigeträchtiger Vorhaben, wie der Stiftung eines mit reichen Schnitzarbeiten ausgestatteten Altars in der Berger Kirche einsetzen.[298] Die herausgehobene Stellung innerhalb seines Geschlechts kam nicht zuletzt in der Wahrnehmung des kurmärkischen Erbschenkenamtes zum Ausdruck, das seit dem ausgehenden 16. Jahrhundert bei denen v. Hake lag.

Die vorgeführten Belege einer durch das Wirken herausragender Geschlechtsmitglieder erreichten relativen Stabilisierung der wirtschaftlichen Gesamtsituation, werfen die Frage auf, warum es gerade um 1700 vielen vom Krieg schwer angeschlagenen Geschlechtern gelang, ihre wirtschaftliche Lage zu verbessern.[299] Zum einen müssen hierfür die Gründe in den gesamtwirtschaftlichen Konjunkturverläufen gesehen werden. Aufschlußreich erweist sich dabei der Blick auf den agrarischen Sektor, schließlich galt das Getreide in der Mark Bran-

---

298 Abbildung in: Hake-FG, Bd. 2, nach S. 400.
299 Auch für die Uckermark und die Prignitz wurde ermittelt, daß um die Wende vom 17. zum 18. Jahrhundert „allmählich ... Fälle der Relution, der Wiedereinlösung der Lehnsbesitzungen" auftraten. Enders, Die Uckermark, S. 441; dies., Die Prignitz, S. 944.

denburg als Leitprodukt im inländischen Handel und Export.[300] Während die Jahrzehnte nach dem Ende des Dreißigjährigen Krieges bekanntlich durch eine langanhaltende Agrardepression charakterisiert waren, kam es in den 1690er Jahren und im frühen 18. Jahrhundert zu einer erkennbaren Belebung.[301] Im Zusammenhang des Nordischen und des Spanischen Erbfolgekrieges verbesserten sich die Absatzchancen für den märkischen Getreidehandel infolge der wachsenden Getreidepreise und der Tatsache, daß die brandenburgischen Teillandschaften von Kampfhandlungen kaum in Mitleidenschaft gezogen wurden.[302]

Zum anderen sind hierfür solche Veränderungen im Denken und Handeln von märkischen Adligen in Erwägung zu ziehen, die zu Umorientierungen und damit zu einem neuen „Typ" von adligem Rittergutsbesitzer führten, der uns z.B. in Gestalt des Ludwig Tobias oder des Botho Friedrich v. Hake bereits begegnet war.[303] Denn es galt, trotz ungünstiger Rahmenbedingungen und einem gehörigen Maß an Risikobereitschaft, eingefahrene Bahnen zu verlassen, um wenigstens auf einem Teil der alten Besitzungen die Wirtschaft wieder in Gang zu bringen. Zwar bildete das Geschlecht immer noch einen unverzichtbaren Orientierungsrahmen, erst recht die „Kernfamilie", dennoch gestand man dem wirtschaftlich Erfolgreichen mehr Handlungsspielraum bei der Verfügung über den Geschlechtsbesitz zu.

Natürlich zauderten andererseits einige Adlige vor der anstehenden Übernahme des Familienbesitzes angesichts befürchteter hoher Verschuldung der Güter.[304] Doch solche, sich den neuen Herausforderungen an die Wirtschaftsführung eines Rittergutes verschließenden Geschlechtsangehörigen, konnten auch die sich eröffnenden Chancen eines auswärtigen Dienstes nutzen. Allerdings bieten hier die Quellen nur eher sporadische Nachrichten; die Informationsdichte einer solchen seriellen Quelle wie der Vasallentabellen fehlt leider für das 17. Jahrhundert.

Die Möglichkeit, verloren gegangenen Familienbesitz wieder zurückzuerhalten, eröffnete sich einigen Geschlechtern durch eine geschickte Heiratsstrategie. In den Blick wurden dabei natürlich zwangsläufig jene Kandidaten genommen, die auf Grund ihrer wirtschaftlichen Satuiertheit oder ihres Prestiges als Amtsträger oder höherer Offizier geeignet erschienen, die

---

300 W. Neugebauer: Marktbeziehung und Desintegration. Vergleichende Studien zum Regionalismus in Brandenburg und Preußen vom 16. bis zum frühen 19. Jahrhundert, in: JGMOD 45 (1999), S. 157-207, hier S. 169.

301 Vgl. hierzu die Getreidepreistabellen bei Behre, Statistik, S. 277; für den altmärkisch-magdeburgischen Raum bestätigt dies: Hahn, Fürstliche Territorialhoheit, S. 233.

302 Vgl.: Herrenhäuser, Bd. 1, S. 43.

303 Auf eine ähnliche Entwicklung verwies die Familiengeschichte eines anderen märkischen Adelsgeschlechts, derer v. Bredow: „Aus der Feuerprobe eines langjährigen Krieges und den leider nur zu oft durch Verschwendung und den Mangel wirtschaftlicher Tugenden veranlaßten finanzieller Krisen und Kämpfen um den äußeren Bestand des Familienlebens ... hatte sich um die Mitte des letztgedachten [17. - F.G.] Jahrhunderts endlich in fast allen Häusern unserer Familie ein Geschlecht herausgebildet, welches, ohne die Wohltaten des Friedens jemals gekannt zu haben, unter den Entbehrungen und Gefahren einer schwer bedrängten Jugend wieder zur Einfachheit früherer Zeiten zurückgekehrt war und den Weg zu Religiosität, Fleiß und Sparsamkeit und damit zu einer längst vermißten Segensquelle wieder gefunden hatte." Bredow-FG, Bd. 1, S. 286.

304 Belegt z.B. im Falle des Balthasar v. Kahlebutz auf Kampehl. Zurückhaltung schien für ihn im Zusammenhang mit der 1657 erforderlich werdenden Lehnsnachfolge angebracht, da er zu diesem Zeitpunkt in braunschweigisch-lüneburgischen Diensten stand und für die erforderliche Sanierung des Gutes nicht abkömmlich war. Zudem wollte er erst noch Erkundigungen über die Höhe der Verschuldung des Gutes einziehen. Vgl.: Brand. LHA Rep. 78 II K 1, unpag.

Die Sozialstruktur der brandenburgischen Ritterschaft

Reluitionen voranzutreiben. Diese wiederum hatten insofern ein Interesse an Heiratsbeziehungen mit den zwar verarmten, dennoch aber de jure noch im Besitz der Stammgüter befindlichen Geschlechtern, weil nunmehr die Besitzverschiebungen rechtskräftig und damit „endgültig" wurden. Aus Verpfändungen bzw. wiederkäuflichen Veräußerungen wurde „erb- und eigentümlicher" Besitz. Katharina Elisabeth v. Buch, geb. v. Klöden, konnte z.B. am Ende des 17. Jahrhunderts nach ihrer zweiten Heirat mit dem kurfürstlichen Oberforstmeister Hans Albrecht von Jürgas die ihrem Geschlecht einst verloren gegangenen Güter zurückkaufen.[305] Hans Otto v.d. Marwitz hatte laut Ehevertrag 1691 von seiner Frau Emilia Freiin v. Derfflinger, einer Tochter des bekannten Feldmarschalls, 6000 Rtl. „empfangen und zu Bezahlung seiner auf Grünrade und Beerfelde [Barnim – F.G.] gehafteten Lehnschulden angewendet".[306] Auch für die durch die Kriegsfolgen geschädigte Familie der Schenken von Landsberg im Teupitzer Ländchen war es von Vorteil, daß in den 1680er Jahren Heiratsverbindungen mit Töchtern aus vermögenden Familien, vor allem aus dem benachbarten Kursachsen, zustande kamen.[307] Otto Wilhelm Schenk ehelichte Anna v. Hoym und dessen Bruder Joachim Friedrich eine Gräfin v. Promnitz. Letztere brachte ihrem Gemahl ein stattliches Ehegeld in Höhe von 7 500 Rtl. ein. In zweiter Ehe heiratete Joachim Friedrich Schenk v. Landsberg die Tochter des Niederlausitzer Landrichters, des Grafen Lynar. Die Anbahnung einer Heiratsbeziehung zu einer aus dem insgesamt wohlhabenderen kursächsischen Adel stammenden Familie war auch für Georg Wilhelm v. Redern von Vorteil. Mit Hilfe des nicht unbeträchtlichen Vermögens seiner Ehefrau, Dorothea Brandt v. Lindau aus dem Hause Wiesenburg, konnte er seine vor allem im Havelland liegenden Güter wieder in Stand setzen.[308]
Eine weitere wichtige Reaktion des rittergutsbesitzenden Adels auf die Kriegsfolgen – vor allem angesichts der großen Menschenverluste infolge direkter Kriegswirkungen, Epidemien und Abwanderungen – bildete die stärkere Reglementierung der Untertanen mit dem vornehmlichen Ziel, uneingeschränkter über das Arbeitskräftepotential zu verfügen. Dem voraus ging die in allen märkischen Teillandschaften gleichermaßen betriebene Aneignung wüst gewordenen ehemaligen Bauernlandes und dessen angestrebte Verwandlung in Ritterhufen.[309] Jedoch: „Eigenbetrieb erforderte eigenes Gesinde, und ebenso rigoros, wie nach Untertanen gefahndet wurde, holten Gutsherren und Pächter vermeintlich oder tatsächlich

---

305 Vgl.: Klöden-FG, S. 462.
306 Brand. LHA Rep. 37 Gusow Nr. 256, unpag.
307 Vgl. für das folgende: Biedermann, Geschichte der Herrschaft Teupitz, S. 68.
308 Vgl.: Redern-FG, Bd. 2, S. 49 f.
So machte sie ihm u.a. 1647 einhundert Schafe zum Geschenk. Auch die überlieferten Nachrichten zu anderen Rittergütern, wie z.B. das eingangs vorgestellte Inventar zu Criewen belegen die große Bedeutung, die die Schafzucht als Wirtschaftsfaktor in dieser Zeit für den brandenburgischen Adel besaß. Diese bot eine günstige Alternative, den zur Verfügung stehenden Boden trotz des eklatanten Mangels an Arbeitskräften extensiv zu nutzen. Vgl. dazu auch am Beispiel des Rittergutes Lindenberg: Petersen, Beeskow-Storkow, S. 386 und für Frankenfelde (Oberbarnim): Barfuß-FG, S. 42.
309 Besonders dicht belegt z.B. im Prignitz-Kataster von 1686/87: Allein für die Dörfer um Perleberg sind anhand dieser Quelle 15 solcher Aneignungen wüsten Bauernlandes durch Adlige in der zweiten Hälfte des 17. Jahrhunderts nachzuweisen. Allerdings wird auch deutlich, daß die Rittergutsbesitzer ihr angestrebtes Ziel, die vollständige Verwandlung in steuerfreie Ritterhufen, nicht in jedem Falle erreichten. So durfte der v. Kaphengst auf Gülitz zwar „vermöge churfürstl. Verordnunge" den wüsten Hof als Rittersitz nutzen, mußte aber dennoch Kontribution zahlen. Prignitz-Kataster 1686/87, hrsg. v. W. Vogel, Köln/Wien 1985, S. 24.

entwichenes Gesinde zurück. "[310] In ähnlicher Weise versuchten die Rittergutsbesitzer während der Wiederaufbauperiode nach dem Krieg die wirtschaftlichen Einbrüche durch Erhöhung der Lasten ihrer bäuerlichen Hintersassen zu kompensieren.[311] Daraus ergaben sich – und nur diese Komponente der Problematik interessiert hier – Spannungen innerhalb der kleinräumlichen Adelsgesellschaften, die im Kampf um die knapper gewordenen Ressourcen und damit um die für das Funktionieren der Gutswirtschaft unverzichtbaren Arbeitskräfte ausgetragen wurden. Die für mehrere Stichjahre ausgewerteten Sentenzenbücher des Kurmärkischen Kammergerichts belegen solche Auseinandersetzungen um die Verfügungsgewalt über die Untertanen. Der Anteil dieser Gerichtsverfahren an der Gesamtzahl der Rechtshändel innerhalb eines Jahres stieg von 10,5% (1654) auf 13,2% (1700).[312] Ärger bereitete dabei vor allem die gegenseitige Abwerbung von Knechten und Mägden durch bessere Lohnangebote. Der Kreiskommissar des Oberbarnim, L. E. v. Strantz, forderte 1698 angesichts solcher gehäuft auftretenden Fälle, daß die Ritterschaft des Kreises anzeigen solle, „bey wehm mehr Lohn und Deputat gegeben" werde.[313] Auch die ständischen Versammlungen auf Kreisebene beschäftigten sich mehrfach mit diesen Fragen.[314]

Konflikte zwischen Adelsfamilien, in die auch die jeweiligen Hintersassen einbezogen wurden, waren auch in Kriegszeiten an der Tagesordnung und hatten stets den Unmut der landesherrlichen Behörden hervorgerufen. Wohl um das schlechte Exempel solcher Auseinandersetzungen vorzuführen, mag der Landesherr sich 1629 entschlossen haben, den Verlauf und das für den Beschuldigten v. Bredow mißliche Ende des Konflikts zwischen Adam v. Bredow und Jobst Heinrich v.d. Gröben um das Rittergut Löwenberg (dabei ging es u.a. auch um die „Rechte" an den dort lebenden Untertanen) einem größeren Publikum nahezubringen.[315] Als besonders kritikwürdig wurde in der diesen Streit beschreibenden Druckschrift der Umstand vermerkt, daß die Untertanen der sich befehdenden Adligen in diesen Auseinandersetzungen involviert waren. Letztlich gelang es nur einer Einheit kurfürstlicher Musketiere, den Streit zu schlichten.

Die Auseinandersetzungen blieben natürlich nicht nur auf Konflikte um die Untertanen beschränkt; ebenso waren auch Übergriffe auf Hütungsgerechtigkeiten oder die Nutzung von Weideland an der Tagesordnung. Generalwachtmeister A. Chr. v. Quast ließ 1662 über Otto v. Schwerin eine Klage an den Kurfürsten weiterleiten, „was maßen die v. Lüderitz zu Nakkel in sein des v. Quasten Vorwerk ... eingefallen und die occasione der Hütung auf der Feld-

---

310 Enders, Uckermark, S. 344.
  Es handelte sich also um jene Entwicklungen, die die marxistische Geschichtswissenschaft unter der These der „Verschärfung der feudalen Ausbeutung" eingehend beschrieben hatte. Hier wurde relativ viel Forschungspotential, insbesondere durch die DDR-Agrargeschichtsschreibung aufgewandt, was sich in zahlreichen quellennahen Darstellungen zur Entwicklung der gutsherrlich-bäuerlichen Verhältnisse im sogenannten „Spätfeudalismus" widerspiegelte. Eine Bilanz dieser Forschungsrichtung bei: Deutsche Agrargeschichte des Spätfeudalismus (= DDR-Studienbibliothek Geschichtswissenschaft, Bd. 6), hrsg. v. H. Harnisch/ G. Heitz, Berlin 1983; Kaak, Die Gutsherrschaft.
311 Vgl.: Enders, Die Prignitz, S. 737.
312 Zahlen nach: Brand. LHA Rep. 4 A Nr. 137 und 227.
313 Brand. LHA Rep. 37 Trampe Nr. 1602/1, unpag.
314 Für den Kreis Cottbus vgl.: GStAPK I. HA, Rep. 16 Nr. 185, unpag.; für die Prignitzer Kreisversammlungen thematisiert dies für die 1650er Jahre Enders, Die Prignitz, S. 672.
315 Vgl. zum folgenden: GStAPK I. HA, Rep. 22 Nr. 107.

mark Wutzen abgepfändete Schafe mit Gewalt hinweggenommen".[316] Ebenso beschwerten sich die Gebrüder v. Lüderitz zu Schwarzlosen 1668 über die v. Börstel „wegen Anmaßung der Hütung".[317]

Eine besondere Brisanz mußten solche Konflikte zwangsläufig dann erhalten, wenn sie zwischen Adligen, die über Anteilbesitz im gleichen Dorf verfügten, ausgetragen wurden. 1676 wurde Dorothea v. Schütte zu Berlitt durch ihre Gutsnachbarn Christoph v. Königsmarck und Margarete v. Wietstruck verklagt, „weil sie Haussuchung in ihrem eigenen Haus ... gestohlener Schafe halber veranlaßt hatten, obwohl ihr doch selbst Anteil am Gericht im Dorf zustand".[318] Man kann erahnen, welchen moralischen Belastungen die als „Diebin" Beschuldigte sich in den folgenden Wochen – auch seitens der Dorfbevölkerung – gegenübergestellt sah, so daß der gewählte Ausweg, ihren Besitz zu verkaufen und sich eine neue Bleibe zu suchen, nur nachvollzogen werden kann.

Es bleibt in Anbetracht der geschilderten Vorgänge resümierend festzuhalten, daß die wirtschaftlich angespannte Situation der Rittergüter zu einer Zunahme der internen Spannungen in den kleinräumlichen Adelsgesellschaften geführt hatte. Das Zusammengehörigkeitsgefühl der adligen Gutsherren, das sich in entscheidendem Maße über die kreisständische Organisation konstituierte, wurde durch solche Konflikte zwar nicht aufgegeben, wohl aber zeitweilig harten Belastungen ausgesetzt. Im Zusammenhang der Behandlung der ständepolitischen Wirksamkeit des Adels werden wir diesen Gedanken wieder aufzugreifen haben.

Verschuldung und Kreditverhalten

Einen weiteren Zugang zur Analyse der ökonomischen Situation des Adels kann die Untersuchung seiner Kreditbeziehungen darstellen. Auf die Bedeutung des Schulden- und Bürgschaftswesens für die wirtschaftliche Situation und das interne Beziehungsgeflecht des Adels wurde – auch für die unserem Untersuchungszeitraum vorangehende Epoche – bereits in unseren einleitenden Bemerkungen aufmerksam gemacht. Die Hauptgründe für die zunehmende Verschuldung des brandenburgischen Adels vor dem Krieg müssen in der nicht mehr beherrschbaren Schuldenlast – man hatte schlichtweg „über seine Verhältnisse" gelebt –, in den wachsenden Ausgaben zur Versorgung bzw. Abfindung anderer Familienangehörigen und in den zahllosen Bürgschaften gesehen werden.[319]

---

316 GStAPK I. HA, Rep. 22 Nr. 244, unpag.
317 GStAPK I. HA, Rep. 53 Nr. 10 Fasz. 24, unpag. Weitere derartige Konflikte sind in den Akten des Kammergerichts überliefert.
318 L. Enders: Bürde und Würde. Sozialstatus und Selbstverständnis frühneuzeitlicher Frauen in der Mark Brandenburg, in: H. Wunder/Chr. Vanja (Hg.), Weiber, Menscher, Frauenzimmer. Frauen in der ländlichen Gesellschaft 1500-1800, Göttingen 1996, S. 123-153, hier S. 142.
319 Vgl. Hahn, Struktur und Funktion, v.a. S. 73 ff. u. 189 ff.; am Beispiel der Prignitz: Enders, „Aus drängender Not", v.a. S. 3 ff.
Daß hier natürlich auch solche „Zufälligkeiten" wie das persönliche Unvermögen einzelner Rittergutsbesitzer in Finanzangelegenheiten verschärfend wirkte, bestätigt nur den Trend nach insgesamt ungünstiger werdenden Rahmenbedingungen für den Adel. Exemplarisch am Beispiel des Jacob II. v. Ziethen bei: Brinkmann, Wustrau, S. 27.

Erschwerend traten nun jene Münzverschlechterungen hinzu, die in nahezu allen Reichsterritorien als „Kipper- und Wipper-Zeit" apostrophiert wurden und die ab 1618 auch in brandenburgischen Landen ihre Wirkung gezeigt hatten.[320] Innerhalb des Adels waren Nutznießer und „Verlierer" dieser inflationären Erscheinungen gleichermaßen zu finden.

Die Kriegsereignisse verschärften die angespannte finanzielle Situation der Ritterschaft insofern, als nunmehr die ohnehin stets knappen finanziellen Mittel, die zur Begleichung wenigstens der Zinsverpflichtungen herangezogen wurden, zur Beseitigung der unmittelbaren Kriegseinwirkungen (Wiederaufbau) und zur Aufbringung der Kriegskontributionen aufgebracht werden mußten. Einige konkrete Fälle mögen dies illustrieren:

Christoph v. Pannwitz benötigte für den Wiederaufbau seines Gutes Baudach und „zur Abführung" der auf dem Gut stehenden Schulden dringend Bargeld und hoffte 1651, wenigstens einen Teil der 1 500 Rtl. zurückzuerhalten, die er vor dem Krieg in das Ständische Kreditwerk eingezahlt hatte.[321] Im Falle des Geschlechts von Sydow wirkte sich z.B. die Güterkonfiszierung eines wichtigen Gläubigers, des Hauptmanns von Pfuel, wegen seines Verbleibens in schwedischen Kriegsdiensten äußerst nachträglich auf die Schuldverbindlichkeiten der Familie aus.[322] Ein solcher radikaler Schnitt mußte zwangsläufig das Geflecht der Gläubiger-Schuldner-Beziehungen in erhebliche Konfusion bringen.

Die angeführten Beispiele dokumentieren, daß in Folge der Kriegsereignisse das eingespielte Prozedere der Kreditgewährung mit der Sicherheit eines wie auch immer strukturierten Grundbesitzes im Hintergrund zunehmend nicht mehr funktionierte. Dies mußte, angesichts des schon im „langen 16. Jahrhundert" eng geknüpften Netzes der Gläubiger-Schuldner- und Bürgschaftsbeziehungen schwerwiegende Folgen auf die brandenburgische Adelsgesellschaft haben. Achim von Bredow aus der Kremmener Linie seines Geschlechts sah sich bereits in den 1630er Jahren genötigt, „seine sämtlichen Güter seinen Gläubigern zu cedieren, welche ihm zwar seinen Rittersitz zu Vehlefanz für's Erste noch ließen, aber die Pertinenzstücke ... und die Pächte zu Velten, Marwitz, Parwin, Gr. Ziethen, Börnicke und Gruinefeld erblich an Melchior von Kahlenberg auf Perwenitz für 5000 Tlr. verkauften".[323]

Aus der Auswertung der überlieferten Quellen zur Geschichte der in der Prignitz und im Ruppinischen angesessenen Familie von Kröcher erhellt, daß neben der angewachsenen Schuldenmenge nunmehr vor allem die Verwüstungen und der dadurch bedingte Einkommensverlust die Begleichung der Zahlungsverpflichtungen der Familie gänzlich unmöglich machte.[324] Diese Tatsache ließ auch die Gläubiger stärkeren Druck ausüben, die nun die reale Gefahr schreckte, nicht einmal mehr die fälligen Zinsen aus der Schuldsumme zu erhalten. Diesen Zusammenhang zwischen Produktivitätsverlust und hoher Verschuldung der Güter

---

320 Vgl. dazu übergreifend: Kaphahn, Der Zusammenbruch der deutschen Kreditwirtschaft; für die brandenburgischen Verhältnisse: Rachel/ Papritz/Wallich, Berliner Großkaufleute, Bd. 1, S. 381 f.
321 Brand. LHA Rep. 23 A. C 1990, unpag.
322 Vgl.: Sydow-FG, Bd. 3, S. 17.
323 Bredow-FG, Bd. 2, S. 74.
   Den Rest des Besitzes verlor er, da die „Creditoren seinen Anteil Vehlefanz nebst dem Patronatsrecht über die Kirche St. Nikolai zu Cremmen und der sogenannten Ritterstätte daselbst zu Berlin am 20. Oktober 1634 an den Amts-Kammer-Rat Christian von Weiler für 900 Tlr. auf 30 Jahre wiederkäuflich zuschlagen ließen".
324 Vgl.: Kröcher-FG, Bd. 2, S. 129 u. ö.

thematisiert auch eine Quelle, die eine märkische Teillandschaft in ihrer Gesamtheit in den Blick nimmt: Während der 1652 in der Prignitz durchgeführten Landesvisitation wurde beklagt, daß gerade „noch 10 Adlige" in der Prignitz seßhaft seien, „welche sich noch, wie dem allwissenden Gott bekannt, elendiglich behelfen müssen, zumalen sie weder Brot noch Saatkorn, noch einige andere Mittel, allmählig einigen Feldbau wieder anzufangen, auch ... kein Bette noch Kleid unter und und um den Leib überbehalten. Und solche ihre notorische Armut und Dürftigkeit wird nach und nach größer und schwerer, da der größte Teil in schweren Schulden steckt, alles Borgen ... aufhöret, und dahero auch zu keiner Aussaat, Vorspannung, Klein- und Großvieh, ja nicht einmal zu den überall hinweg geraubeten und nach Hamburg verkauften Ackergeräten Rat schaffen können."[325] Zwar wird man Übertreibungen in diesem Bericht nicht ausschließen dürfen, doch enthalten die Schilderungen über die gravierenden, bislang nicht erlebten Einbußen, die die Prignitzer Adelsfamilien hinnehmen mußten, durchaus einen wahren Kern. Dies wird für die Prignitzer Adelsgesellschaft in ihrer Breite auch durch die von *L. Enders* ermittelten Quellenbefunde gestützt.[326]

Damit konnten zum Teil auch nicht mehr die als selbstverständlich geltenden standesgemäßen Verpflichtungen erfüllt werden: Der in der Uckermark beheimatete Rüdiger von Dollen war bereits Ende der 1630er Jahre nicht mehr in der Lage, die Aussteuer seiner Tochter in Höhe von 1 500 Tlr. zu bezahlen und sah sich deshalb gezwungen, Criewen dem Kreiskommissar Johann Friedrich von Buch pfandweise zu überlassen.[327] Hypotheken hatte er schon zuvor auf dieses Gut aufgenommen, doch die seit 1627 auch den uckermärkisch-stolpirischen Kreis unmittelbar treffenden Kriegsereignisse schränkten die Zahlungsfähigkeit immens ein. Somit stand die Wiederaufbauphase auch bei diesen Familien unter denkbar ungünstigem Vorzeichen, denn zusätzlich zu den alten Schulden inklusive unbezahlter Zinsen mußten neue Kredite für die Beseitigung der schlimmsten Kriegsschäden aufgenommen werden. Daß diese finanziellen Kalamitäten auch zu einer Belastung des Verhältnisses der Familien innerhalb der kleinräumlichen Adelsgesellschaften führen konnte, erscheint nur plausibel. Ein Verzeichnis der schriftlichen Hinterlassenschaft des Georg Wilhelm v. Redern auf Schwante belegt, welchen großen Umfang Geldstreitigkeiten einnahmen, „die mit unglaublicher Hartnäckigkeit der Parteien geführt zu sein scheinen".[328]

Ein weiteres Beispiel für die ökonomischen Bedrängnisse, in die ein durchschnittlich begütertes Geschlecht geraten konnte, stellt der Fall der im Havelland ansässigen Familie v. Fahrenholtz dar. Der wiederkäuflichen Veräußerung von Retzow, des Hauptbesitzes der Familie, ging eine lange Kette von Kreditaufnahmen voran.[329] Die Lokalisierung der Gläubiger zeigt zudem, daß nur ein räumlich eingeengter Kreis von Geldgebern in Frage kam. Es handelte sich – bis auf eine Ausnahme – um Gläubiger aus benachbarten Rittergütern (v. Bredow auf Wagenitz und Senzke; v. Lochow, v. Bardeleben auf Ribbeck; v. Morloth auf Pessin). Aufschlußreich für die Motive der trotz sich verschlechternder Rahmenbedingungen

---

325 Zit. nach: Schultze, Die Prignitz, S. VII.
326 Vgl. jüngst: Enders, Die Prignitz, S. 690 ff.
327 Vgl.: Buch-FG, Bd. 1, S. 205.
328 Redern-FG, Bd. 2, S. 55 f. Insbesondere wurde dabei auf die Auseinandersetzungen mit denen v. Bredow auf Kremmen und Staffelde und mit der Großmutter der Gemahlin von G.W. v. Redern abgehoben.
329 Die folgenden Angaben nach: Brand. LHA Rep. 78 II F 4, unpag.

weiter vorgenommenen Geldanleihen erscheinen die beigefügten Begründungen für die aufgenommenen Kredite: Die 1697 von Hans Christoph v. Lochow geliehenen 1000 Rtl. dienten der Rückzahlung der Schulden an Hans Christian v. Morloth, während die von Christoph Georg v. Bardeleben gewährten 500 Rtl. für den Wiederaufbau des abgebrannten Dorfes Retzow gedacht waren.

Auch andere Adelsfamilien, die vor dem Dreißigjährigen Krieg gewiß nicht zu den ärmsten der märkischen Ritterschaft gehört hatten, mußten erleben, daß die Höhe der Schuldsumme nicht nur das real verfügbare Barvermögen, sondern oftmals auch den geschätzten Wert des Gutes überstieg.[330] Damit wird zugleich die schon mehrfach geäußerte These eines Nivellierungseffekts unter den Adelsfamilien ins Spiel gebracht. So wurden auch die vormals zu den wirtschaftlich wohlhabenderen brandenburgischen Geschlechter gehörenden Edlen Gänse zu Putlitz in den unvermeidlichen circulos vituosis von Kreditbeziehungen, Verschuldung und Subhastationen gerissen.[331] Bis in die 1620er Jahre überstieg der Wert ihrer Güter noch bei weitem die Höhe ihrer hypothekarischen Belastung. Danach änderte sich dies allerdings schlagartig. Schon zu Beginn der 1630er Jahre konnten nicht mehr die Zinsen der Schulden bezahlt werden. Denn im Vergleich zur Höhe der Schulden der eben geschilderten Familie v. Fahrenholtz handelte es sich bei den finanziellen Transaktionen dieses Geschlechts um wesentlich höhere Beträge. Im Gegensatz zu dem relativ engen Kreis von Gläubigern im Falle der v. Fahrenholtz brachten hier mit Angehörigen der bedeutenden altmärkischen bzw. prignitzischen Familien v. Quitzow, v.d. Schulenburg oder v. Rohr Kreditgeber ganz anderer Coleur ihre finanziellen Forderungen zu Gehör.

Dem Einfluß vor allem dieser Familien wird es wohl auch zuzuschreiben gewesen sein, daß letztlich das Kammergericht bemüht wurde, die verwickelten Finanzverhältnisse zu klären. Die bei unbedeutenderen Adelsfamilien ansonsten auf landschaftlicher Ebene wirkenden Konfliktlösungsmechanismen griffen hier anscheinend nicht mehr. Auch Daniel v. Hake, ein nicht unbedeutender regionaler Amtsträger – er war Kreiskommissar des Teltow – wurde durch seine vielen Bürgschaftsverpflichtungen in große Schulden gestürzt.[332] Diejenigen adligen Rittergutsbesitzer, für die er sich als Bürge gewinnen ließ, waren nicht mehr zahlungsfähig. Daß er dennoch auch angesichts der auf ihn zukommenden Katastrophen weiterhin solche Verbindlichkeiten einging, erwarteten die Oberstände „seines" Kreises von ihm. Gerade die Reputation als Amtsträger stand und fiel mit seiner Stellung innerhalb des Beziehungsgeflechtes finanzieller Transaktionen.

Verallgemeinernd kann davon ausgegangen werden, daß die Angehörigen der in ihren Teillandschaften führenden Geschlechter ebenso unter finanziellen Druck geraten waren wie ihre über geringere wirtschaftliche Grundlagen verfügenden Standesgenossen. Lippold (II.) von der Schulenburg sah sich angesichts des zunehmenden Druckes der Gläubiger zu einem außergewöhnlichen Schritt veranlaßt. Er verschrieb seiner Gemahlin „alles Korn auf dem Boden und den Ertrag der kommenden Ernte". Damit hoffte er, diese Werte dem Zu-

---

330 So bezeugte noch 1628 der neumärkische Kanzler Hans v. Beneckendorff, daß ungefähr 8 bis 10 Rittergutsbesitzer in jedem Kreise der Neumark unverschuldet seien. Vgl.: K. Berg: Arnswalde - Stadt und Kreis im Dreißigjährigen Krieg, in: Schriften des Vereins für neumärkische Geschichte 20 (1907), S. 224.
331 Vgl. zum folgenden: Putlitz-FG, S. 248 f.
332 Vgl.: Hake-FG, Bd. 1, S. 110 f.

griff der Kreditoren zu entziehen und seiner Gemahlin eine gewisse Sicherheit geben zu können.[333] Die Schenken von Landsberg veräußerten in den 1650er Jahren, jenen Teil ihrer Besitzungen, die im adligen Selbstverständnis ja nicht nur als wirtschaftliches Wertobjekt fungierten, sondern zugleich auch prestigeträchtige Möglichkeiten boten, adliges Selbstverständnis auszuleben: die Wälder. Die Käufer, vornehmlich Berliner Bürger, nutzten die erworbenen Waldstücke für einträglichen Holzhandel, was zu einem rigiden Raubbau in der Waldwirtschaft geführt hatte.[334] Ebenso geriet mit dem Landesdirektor Georg Wilhelm v. Arnim ein Angehöriger der in der Uckermark führenden Familien in der unmittelbaren Nachkriegszeit in Geldverlegenheiten, die ihn zu mehreren Kreditaufnahmen bei Angehörigen führender Adelsgeschlechter der benachbarten Teillandschaften greifen ließ.[335]

Bei diesen bedeutenden Adelsfamilien wirkte die Krise vor allem deshalb so nachhaltig, weil sie sich in den zurückliegenden Jahrzehnten in ein weitmaschiges Netz von Kreditbeziehungen begeben hatten, dessen Entwirrung unter den nunmehr eingetretenen ungünstigen Rahmenbedingungen umso schwerer fiel. Bei den Verhandlungen über die Übertragung der hoch verschuldeten Prignitzer Güter der v. Rohr an die Familie v. Winterfeld waren im Jahre 1659 insgesamt 27 Kreditorenfamilien vor dem Kammergericht erschienen![336]

Diese wenigen, durchaus noch zu vermehrenden Beispiele belegen, daß ein großer Teil der im „langen 16. Jahrhundert" führenden brandenburgischen Adelsfamilien, die in kostenaufwendige Kreditgeschäfte verwickelt waren, im Verlauf der Kriegs- und unmittelbaren Nachkriegsjahre in erhebliche finanzielle Schwierigkeiten geraten waren.

In diesem Zusammenhang sei noch einmal an die Motive des brandenburgischen Adels erinnert, während der zweiten Hälfte des 16. Jahrhunderts Geldanleihen aufzunehmen. Resultierten die finanziellen Transaktionen zum damaligen Zeitpunkt vor allem aus einer durch den florierenden Getreidehandel gewonnenen zunehmend saturierten Position, die zu Wohlstand und gesteigertem Anspruchsdenken führten, dienten die Geldgeschäfte in den Kriegsjahren und der Nachkriegszeit nunmehr vornehmlich der Befriedigung existenzieller Bedürfnisse der Adelsfamilien und ihrer Hintersassen. Das Umdenken und die Anpassung an einen bescheidener werdenden Lebensstil fielen natürlich nicht leicht. Ein aus dem Jahre 1656 datierendes Kammergerichtsurteil an die v. Buch zu Trampe führte detailliert die zum Teil aus weit zurückliegenden Jahren stammenden Verbindlichkeiten an, die aus dem Einkommen des Gutes an die Gläubiger zu begleichen waren. Darunter befanden sich Schulden, die im Zusammenhang von Geschenken oder der Anschaffung hochwertiger Konsumgüter gemacht wurden.[337]

---

333 Schmidt, Schulenburg-FG, 2. Teil, S. 398 f.
334 Vgl.: Biedermann, Geschichte der Herrschaft Teupitz, S. 64 f.
335 Vgl.: Arnim-FG, Bd. 2.2, S. 83.
336 Vgl.: Brand. LHA Rep. 4 A Nr. 320, Bl. 289.
337 Das größte Volumen nahmen jedoch die Außenstände ein, die aus den vormals recht umfangreichen Kreditgeschäften mit den Rittergutsbesitzern des Umlandes, zum Teil auch darüber hinaus resultierten. Hier seien nur die wichtigsten Gläubiger des Valentin v. Buch aufgeführt: Ilse Margarethe v. Golitz (4 000 Rtl.), „seit Laetare 1596 schuldig geblieben"; Adam v. Winterfeld (619 Rtl 13 Gr.) „nebst Zinsen, so dieser für das Begräbnis Valentins [v. Buch - F.G.] vorgeschossen", an den gleichen Gläubiger noch 3 628 Tlr.; an die Erben des Philipp v. Quitzow 4 000 Tlr.; ferner eine größere Summe für den wegen der Kriegswirkungen erforderlich gewordenen Aufenthalt seiner Gattin (Ursula v. Blankenburg) beim Prenzlauer Bürgermeister. Vgl.: Buch-FG, Bd. 1, S. 251 f.

Die Witwe des 1653 verstorbenen Adam Christoph v. Ribbeck aktivierte plötzlich im Zusammenhang eines eröffneten Konkursverfahrens zum Leidwesen ihrer Kontrahenten ihr Erinnerungsvermögen und forderte eine Summe Geldes wegen einer ihr von ihrem Mann „verkaufften güldenen Kette" zurück.[338] Auch ein Teil der hohen Schulden der bereits erwähnten Gans Edlen zu Putlitz war auf die Nichtbezahlung von „Kramwaren" an einen Perleberger Kaufmann zurückzuführen.[339] P.-M. Hahn beschrieb am Beispiel des von ihm untersuchten Adelsgeschlechts, der in der Altmark und im Herzogtum Magdeburg ansässigen v. Alvensleben, welche Bedeutung, aber auch welche Belastung der Drang nach Erwerb „langlebiger oder kostspieliger" Luxuswaren im adligen Haushalt dargestellt hatte.[340]

Im allgemeinen ließ man eine längere „Gnadenfrist" verstreichen, ehe wirklich durchgreifende Maßnahmen seitens der landesherrlichen Behörden zur Befriedigung der Ansprüche der Gläubiger gegenüber den säumigen Schuldnern eingeleitet wurden.[341] Bald gewannen Überlegungen die Oberhand, die ländlichen Grundbesitzer vor zu drastischen finanziellen Forderungen zu schützen, da diese in Folge der Kriegsschäden meist nicht mehr in der Lage waren, die Zinsen ihrer Verschuldung aufzubringen.[342] Nach dem Tode des letzten männlichen Nachkommens der Familie v. Lohe wurde zwar über das verbliebene Anteilgut Wustrau ein Zwangsvergleich abgeschlossen, doch konnten letztlich aus der langen Reihe der Gläubiger nur etwa ein Viertel abgefunden werden. Darunter waren die hinterbliebenen Töchter und die engere Verwandtschaft der v. Lohe.[343] Diese vergleichsweise liberale Praxis deckte sich mit jenen Erwägungen, aus denen heraus das kurfürstliche Edikt über ein Schuldenmoratorium vom 18.7.1643 erlassen wurde.[344]

Mehr Rigidität erschien hingegen angebracht, wenn es sich um solche, auf Grund ihrer Position innerhalb der Adelsgesellschaft herausgehobenen Personen als Kreditgeber handelte wie z.B. den in der Prignitz und im Ruppinischen Kreis zeitweise über beträchtliche Besitzungen verfügenden Landgrafen Friedrich von Hessen-Homburg. Hier ließ der Kurfürst sogar direkt beim Kammergericht, das ja für diese Fragen zuständig war, intervenieren. Der Geheime Rat v. Blumenthal mahnte in landesherrlichem Auftrag „mit Nachdruck", die dem Landgrafen schuldigen 2 400 Rtl. bei Carl Friedrich v. Lüderitz einzutreiben.[345] Dieses Beispiel eines prominenten Gläubigers erinnert uns aber zugleich an die zunehmende Bedeutung von höheren Offizieren innerhalb der Kreditbeziehungen einer kleinräumlichen Adelsgesellschaft. Bereits bei der Behandlung der Veränderungen der Besitzstruktur wurde auf das Gewicht dieser im Krieg reich gewordenen Militärs hingewiesen, eine Erscheinung, die auch in ande-

---

338 Brand. LHA Rep. 4 A Nr. 321, Bl. 41.
339 Vgl.: Putlitz-FG, S. 249.
340 Hahn, Fürstliche Territorialhoheit, S. 488.
341 Dies war auch bei den Geschäften der damaligen bedeutenden Berliner Handelshäusern Usus. Vgl. dazu: Faden, Berlin im Dreißigjährigen Kriege, S. 106.
342 Vgl.: Rachel/Papritz/Wallich, Berliner Großkaufleute, Bd. 1, S. 387.
343 Vgl.: Brinkmann, Wustrau, S. 41.
344 „Indultum Moratorium, welches S. Churf. Durchlaucht zu Brandenburg Dero Land-Ständen auf drey Jahr ertheilet". Abdruck in Corpus Constitutionum Marchicarum (i.f. C.C.M.), Bd. II.2., Nr. 2.
     Während eines bis Ostern 1646 angesetzten Indults wurde der Zinssatz auf 4 bzw. 3% heruntergesetzt.
345 GStAPK I. HA, Rep. 22 Nr. 183, unpag.

ren deutschen Territorien allgegenwärtig war.[346] Gefragt waren diese höheren Offiziere als Geldgeber nicht nur bei der Landesherrschaft[347], sondern – natürlich mit kleineren Beträgen – auch innerhalb ihrer kleinräumlichen Adelsgesellschaft.[348]

Eine vergleichsweise dichte Überlieferung der vielfältigen finanziellen Transaktionen, in die eine Adelsfamilie involviert sein konnte, stellt die aus den 1660er Jahren erhaltene Korrespondenz des uckermärkischen Landesdirektors Georg Wilhelm v. Arnim dar. Eine mitunter erstaunliche Unbeholfenheit und Unbekümmertheit bei der Abwicklung finanzieller Transaktionen standen neben wohlüberlegten Strategien zur Entlastung der anwachsenden Verschuldung. Auf eine 1662 vom Landesdirektor an ihn gestellte Forderung nach Schuldbegleichung reagierte Caspar v. Holtzendorf mit Unkenntnis. Des „Balzer von Pfuels seine obligation ist mir unbekannt", antwortete er treuherzig auf eine Anfrage v. Arnims.[349] Georg Balthasar v. Flans, der sich in Berlin aufhielt, bedauerte im August 1666 das Ausbleiben der fälligen Rückzahlung von 250 Rtl. Er habe „etliche Waren aus Holland" kommen lassen, die ihm beträchtliche Aufwendungen verursacht hätten.[350] Hier begegnet uns also offensichtlich wieder jener Hang zur Überkonsumtion von Luxusgütern, der schon für frühere Zeiträume als ein Grund wachsender Verschuldung des Adels benannt worden ist.[351] Der weitere Inhalt des Schreibens erhellt aber zugleich, warum der v. Flans in derartige finanzielle Kalamitäten geraten war. Offenbar bekleidete er eine untergeordnete Position innerhalb der kurfürstlichen Hofgesellschaft, denn er beklagte sich darüber, „daß die sämbtliche Hofstatt nicht in loco ... als dan hier wenig zu thun ist" und bat G.W. v. Arnim inständig, ihn „dieses mahl nicht in Noht sterben [zu] lassen". Jener ließ sich allerdings nicht erweichen, sondern forderte, daß die fällige Summe „unfehlbar zu Michaelis hier sein" müsse.[352]

Zu nachteiligen Folgen für die Reputation eines Adligen konnte es führen, wenn er auf Grund seiner prekären finanziellen Gesamtsituation aus dem System Gläubiger-Bürge-Schuldner herauszufallen drohte. Der Schwiegersohn Georg Wilhelm v. Arnims, ein v.

---

346 Generell dazu bereits schon: Erdmannsdörffer, Deutsche Geschichte, Bd. 1, S. 7 f., der die stattliche Vermögensbildung unter den Obristen und Generälen durch Erwerb von Grundbesitz und die Beteiligung an Handelsgeschäften betont hatte. Unter spezifischem Gesichtspunkt vgl.: F. Redlich: The German Military Enterpriser and His Work Force. A Study in European Economic and Social History, 2 Bde, Wiesbaden 1964/65.

347 Hier nur zwei Belege: Der Feldmarschall Georg v. Derfflinger, der etwa 40 000 Rtl. „im Hamburgischen Banco" stehen haben solle, schoß dem Kurfürsten mehrfach Summen in Höhe von mehreren tausend Rtl. vor. Jeweils 5 000 Rtl. Kredite an den Landesherrn sind durch die Generäle v. Quast und v. Kannenberg bezeugt. Rachel/ Papritz/Wallich, Berliner Großkaufleute, Bd. 2, S. 103.

348 Oberstleutnant Alexander Joachim v. Platen auf Quitzow belieh 1665 die Quitzows; 1653 erwarb Oberstleutnant v. Grävenitz auf Schilde das Gut Krampfer von dem bei ihm verschuldeten v. Möllendorf für 3 500 Rtl. Vgl. mit weiteren Beispielen: Enders, Die Prignitz, S. 695.

349 Brand. LHA Rep. 37 Boitzenburg Nr. 3659, Bl. 49.

350 Brand. LHA Rep. 37 Boitzenburg Nr. 3661, unpag.

351 Vgl.: H. Harnisch: Grundherrschaft oder Gutsherrschaft. Zu den wirtschaftlichen Grundlagen des niederen Adels in Norddeutschland zwischen spätmittelalterlicher Agrarkrise und Dreißigjährigem Krieg, in: Adel in der Frühneuzeit, hrsg. v. R. Endres, Köln/Wien 1991, S. 65-98, hier S. 95.

352 Brand. LHA Rep. 37 Boitzenburg Nr. 3661, unpag. Zugleich wird auch hier wieder die untrennbare Verkettung der Rolle als Schuldner und Gläubiger sichtbar: Der v. Flans verwies auf die noch ausstehenden Gelder, die ihm ein Hauptmann v. Bredow schulde.

Strauß, beklagte sich in diesem Sinne, daß er kaum noch Hoffnung habe, Bürgen für geplante Kreditaufnahmen zu bekommen.[353] Doch auch der Landesdirektor Georg Wilhelm v. Arnim selbst hinterließ nach seinem Tode einen beträchtlichen Schuldenberg, dessen Zustandekommen wohl kaum in ökonomischem Unverstand, sondern vor allem in seiner Stellung innerhalb der uckermärkischen Adelsgesellschaft begründet lag.[354] Zum einen hatte er selbst auf seinen Gütern mit den Problemen der Wiederaufbauphase zu ringen wie seine Standesgenossen auch, zum anderen konnte er sich den an ihn herangetragenen Bitten, als Bürge zu fungieren, aus naheliegenden Gründen schwerlich entziehen.

Es zeigt sich bei diesen und ähnlichen Vorgängen die schon für das „lange 16. Jahrhundert" beschriebene Crux: Einem überlegten, rational kalkulierten Finanzgebaren standen tradierte Zwänge der Adelsgesellschaft gegenüber. Trotz des Wissens um das Unvermögen, sich in weitere Kreditgeschäfte einzulassen, gingen Adlige weiterhin solche Verpflichtungen ein. Zum einen waren dies schwer zu umgehende Pflichten, die sich aus einer langfristig geplanten Heiratspolitik ergaben. Die von langer Hand vorbereiteten Verbindungen konnten meist keine Rücksicht auf zeitweilige wirtschaftliche Engpässe, in denen sich die Familien befanden, nehmen. Dies konnte mitunter zu schwerwiegenden Folgen führen, wenn man sich den Fall des Otto v. Redern vor Augen hält: Trotz der enorm hohen Verschuldung, in die dieser in Ruppin ansässige Rittergutsbesitzer in den 1640er Jahren geraten war, gewährte er seiner Tochter anläßlich ihrer Vermählung 2 000 Rtl. Ehegeld inkl. 300 Rtl. zur Ausrichtung der Hochzeit und „verpfändete dafür alle seine Güter".[355]

Zum anderen erheischte auch das Prestige der in den Teillandschaften wirksamen Amtsträger – wir haben gerade das Beispiel Georg Wilhelm von Arnims vorgeführt – geradezu solche „Gefälligkeiten". Den bereits erwähnten havelländischen Kreiskommissar Daniel II. v. Hake stürzten die vielen Kreditgewährungen, vor allem aber die mannigfachen Bürgschaftsverpflichtungen, in die er für nunmehr nicht mehr zahlungsfähige Adlige eingegangen war, in den wirtschaftlichen Ruin, so daß nach seinem Tode 1648 seine Güter zwangsversteigert werden mußten.[356]

Ein anderer Bereich adligen Kreditverhaltens erschließt sich, wenn man das Ständische Kreditwerk selbst in den Blick nimmt. Die Wirksamkeit dieser Institution, deren Anfänge in die Mitte des 16. Jahrhunderts reichen, war bekanntlich der einer Bank nicht unähnlich.[357] Das Ständische Kreditwerk bestand aus der Verwaltung dreier selbständiger Kassen, dem „Neuen Biergeld", der in Verantwortung der ritterschaftlichen Verordneten stehenden „Hufenschoßkasse" und dem sogenannten „Städtekasten". An der Spitze dieser Kassen standen Verordnete der brandenburgischen Immediatstädte und der Ritterschaft der märkischen Teillandschaften.[358] Diese vornehmlich zur Übernahme der landesherrlichen Schulden ins

---

353 Brand. LHA Rep. 37 Boitzenburg Nr. 3647, unpag.
354 Vgl.: Arnim-FG, Bd. 2.2, S. 99.
355 Redern-FG, Bd. 1, S. 212.
356 Vgl.: Hake-FG, Bd. 1, S. 110 ff.
357 Vgl. hierzu: M. Haß: Die kurmärkischen Stände im letzten Drittel des 16. Jahrhunderts, München/Leipzig 1913; sowie die relevanten Quellen in: Kurmärkische Ständeakten.
358 Vgl. hierzu M. Klinkenborg: Das Archiv der brandenburgischen Provinzialverwaltung, Bd. 1: Kurmark, Strausberg 1920.

Leben gerufenen Instanzen wurden zunehmend auch dazu genutzt, privates Kapital zur Verzinsung anzulegen.[359]

Natürlich blieben auch für diese Institution die Kriegsereignisse und die damit verbundene Verschlechterung der wirtschaftlichen Gesamtlage des brandenburgischen Adels nicht ohne Folgen. Bereits seit Mitte der 1620er Jahre war es den ständischen Kassen vor allem wegen der ausbleibenden Steuereingänge nicht mehr möglich, die anfallenden Zinsen oder gar die gesamten Darlehen auszuzahlen.[360] Weitere Gründe hierfür lagen zum einen in der bereits erwähnten Münzverschlechterung, zum anderen aber waren sie in dem Bestreben vieler Adligen zu suchen, in einer Zeit ohnehin stark zurückgegangener Zahlungsfähigkeit an ihre in den ständischen Kassen lagernden Kapitalien heranzukommen.[361]

Die institutionelle Struktur des Ständischen Kreditwerkes, seine allmähliche Reaktivierung und schließlich die zur wachsenden landesherrlichen Kontrolle führende kurfürstliche Politik sind in der Forschung mehr oder weniger detailliert dargestellt worden.[362] Im folgenden sollen vielmehr einige für das Kreditgebaren der adligen Rittergutsbesitzer und die interne Struktur der kleinräumlichen Adelsgesellschaften aufschlußreiche Aspekte der Wirksamkeit dieser Institution vorgestellt werden.

Die im Ständearchiv überlieferten Berichte der Mitglieder des Großen Ausschusses zur Neuen Biergeldkasse an den Landschaftssyndicus Johann Berchelmann belegen, wie die Arbeit des Kreditwerkes zunehmend lahmgelegt wurde. Dies betraf zum einen die immer komplizierter werdende technische Abwicklung der alljährlich vorzunehmenden Rechnungslegung. Asmus v. Bredow schrieb bereits im August 1629, daß er „wegen des durchziehenden Kriegsvolckes" nicht zum verabredeten Termin kommen könne. Und im Oktober 1631 ließ sich ein v. Priort aus Brandenburg (Havel) vernehmen, daß es wegen der Kriegsläufe und der Pest „keinen Ort" gebe, „der sicher oder sonsten bequemigkeit hätte ..., an welchem die Herren Verordneten ihre Zusammenkunft halten könnten".[363]

Das Hauptproblem der Arbeitsfähigkeit dieser Institution erwuchs jedoch daraus, daß zum einen ein großer Teil der Adligen, die beträchtliche Einlagen im Kreditwerk deponiert hatten, nun Forderungen nach deren Auszahlung stellten. Zum anderen betonten die Schuldner immer wieder ihre Zahlungsunfähigkeit. Die Arbeit der im Ständischen Kreditwerk tätigen Amtsträger machte dies nicht leichter. Entsprechende Befürchtungen artikulierte z.B. 1651 der im Ständischen Kreditwerk als Secretarius wirkende v. Linde: „Ich will auch ja nicht hoffen, daß die Creditores auf die volkomlige Zinsen dringen, sondern was ihnen nach der Distribution zukomt, zufrieden sein werden ... Überdehm will ich ja nicht hoffen, daß die Creditoren die Zinsen nach den alten obligationi oder wie derselben in der registratur erhalten... ."[364]

---

359 Vgl.: Kaphahn, Die wirtschaftlichen Folgen, S. 24 f.
360 Vgl.: UA, Bd. 10, S. 27 f. Im Jahre 1623 erfolgte die Insolvenzerklärung.
361 Vgl. dazu: Hahn, Fürstliche Territorialhoheit, S. 239 ff.
362 Vgl.: UA, Bd. 10; Baumgart, Zur Geschichte der kurmärkischen Stände; zur Neumark jetzt der einleitende Aufsatz von W. Neugebauer: Die neumärkischen Stände im Lichte ihrer Tätigkeit, in: Neumärkische Stände (Rep. 23 B) (= Quellen, Findbücher und Inventare des Brandenburgischen Landeshauptarchivs, Bd. 9), Frankfurt am Main u.a. 2000, S. XVII-LXXVI.
363 Brand. LHA Rep. 23 A. C 1991, unpag.
364 Brand. LHA Rep. 23 A. C 1990, unpag.

Daß diese Bedenken nicht aus der Luft gegriffen waren, belegen die in der Korrespondenz des Syndicus Berchelmann enthaltenen Schreiben: Bereits seit 1637 übermittelte der altmärkische Landeshauptmann Thomas v. d. Knesebeck mehrfach Wünsche altmärkischer Adliger und Städte nach Auszahlung der einliegenden Kapitalien. Angesichts der Unmöglichkeit, diesen Begehrlichkeiten zu entsprechen, versuchten die verantwortlichen Ständepolitiker durch hinhaltende Maßnahmen die immer stärker drängenden Kreditoren zu beschwichtigen und die ständischen Kassen vor dem völligen Zusammenbruch zu bewahren. Der altmärkische Verordnete in der Neubiergeldkasse, Christoph v. Bismarck, warnte den Syndicus im April 1653 vor den Rückforderungen eines v. Itzenplitz: „Es ist dieser Creditor sehr gefehrlich und dürffte ziemlich durchdringen und große Ungelegenheit" bedeuten. Dem könne nur noch durch den Verweis auf Formfehler begegnet werden. Im Falle des ebenfalls massiv die Verordneten unter Druck setzenden v. Mörner schlug v. Bismarck vor, diesen „auff die Neumärkische redute zu verweisen, alda er seinen Bruder im Ausschuß hat, der ihm hierzu könnte genugsamb beforderlich sein, sofern sie nur zu zahlen gedenken".[365]
Angesichts des zunehmenden Versagens des normalen, institutionellen Zahlungsverkehrs war es nicht ungewöhnlich, daß – wie es das Beispiel des v. Moerner bereits andeutete – informelle Kontakte bemüht wurden, um wenigstens an einen Teil des deponierten Geldes heranzukommen. Kein geringerer als der Oberpräsident Otto v. Schwerin machte sich im September 1653 zum Fürsprecher des Hofpredigers der Kurfürstin, Conrad Wilhelm Thulemeier. Er bat den Landschaftssyndicus Berchelmann, das Anliegen des Thulemeier bei den Verordneten der Neubiergeldkasse zu befördern, „also wird auch Herr Tulemeyer es jeder Zeit gegen meinen hochgeehrten Herrn mit Dank erkennen. Ich werde mich auch dadurch demselben obligiret achten und die Gelegenheit nicht vorbey gelassen, es mit angenehmer Dienstgefälligkeit wiederumb zu verschulden".[366]
Auch einflußreiche Amtsträger benachbarter Territorien ließen sich, beunruhigt über das Schicksal ihrer Einlagen, vernehmen und versuchten, alte Beziehungen zu aktivieren. Der kursächsische Rat Nicol Schaffhausen erkundigte sich im November 1653 nach dem in der Neubiergeldkasse befindlichen Kapital der Witwe des kürzlich verstorbenen sächsischen Erbmarschalls Johann v. Löser auf Pretzsch (Kurkreis). Dieser zu den politisch und wirtschaftlich bedeutendsten kursächsischen Adelsgeschlechtern gehörende Amtsträger war dem Schaffhausen Geld schuldig geblieben. Deshalb zog er Erkundigungen ein, „ob die Löserische Erben oder sönsten jemandt sönderlich aus Wittenbergk zu Einbringung deren ausstehenden capitalien und zinsen sich angeben und etwas erhalten" müßten. Nicol Schaffhausen war sich natürlich bewußt, daß eine solche Auskunft, die bei Anlegung strengerer Maßstäbe durchaus als Verletzung des „Bankgeheimnisses" aufzufassen wäre, den Syndicus Berchelmann in Kalamitäten bringen könnte. Deshalb wurden die offenbar schon länger währenden personellen Beziehungen bemüht und bei einem Eingehen auf die eigenen Wünsche künftige Gefälligkeiten in Aussicht gestellt: „Also habe ich das Vertrauen, mein hochgeehrter Herr werde mir, zumahlen ihm meine Person, massen Ich verstehe, nicht ohnbekannt hierin angenehme willfährigkeit zu erweisen kein bedenken tragen".[367]

---

365 Brand. LHA Rep. 23 A. C 1991.
366 Ebenda.
367 Ebenda.

Die Sozialstruktur der brandenburgischen Ritterschaft

Die folgende tabellarische Aufstellung möchte zum einen eine Vorstellung über die Größenordnung der in das Kreditwerk eingezahlten Geldsummen vermitteln und zum anderen die Herkunft der wichtigsten Gläubiger benennen.[368] In dieser aus dem „Verzeichnis der auf die Neuen Biergelder Fonds negotierten Capitalien" erarbeiteten Tabelle sind allerdings nur jene Kreditoren aufgeführt, die eine Geldsumme über 10 000 Rtl. zu stehen hatten. Zu bedenken ist dabei, daß diese Gelder zum Teil schon einige Jahrzehnte zuvor dort deponiert worden waren.

Tabelle 8: Gläubiger im Ständischen Kreditwerk 1653[369]

Name der Kreditoren	Geldsumme in Rtl.
Caspar v. Arnim	9.958
Herzog Julius v. Braunschweig – Wolfenbüttel	11.125
Dietrich v. Brösicke	70.680
Joachim v. Barleben u. Erben	12.000
Levin v. Burgsdorff u. Erben	11.250
Christoph v. Blumenthal	9.562
Jobst Heinrich v.d. Gröben	28.785
Kuno Christoph v. Götze	12.900
Thomas v.d. Hagen Arend Friedrich v.d. Hagen Christian v.d. Hagen	14.300 22.500 9.300
Johann v. Kötteritz u. Erben	10.000
Adam u. Franz v. Königsmarck	20.800
Thomas v.d. Knesebeck	12.450
Erben des Kanzlers Johann v. Löben	15.250
David v. Lüderitz u. Erben	11.875
Hans v. Rochow (Ahptm. Zinna)	9.000
Georg v.d. Schulenburg Albrecht v.d. Schulenburg Lippold v.d. Schulenburg	11.000 9.560 17.000
Georg v. Trott	14.000
Ludolf v. Wulffen u. Erben	10.600
Georg v. Winterfeld	18.300

Mit Angehörigen der Familien v. Arnim, v. Burgsdorff, v. Lüderitz und v. Rochow sind Repräsentanten jener für das 16. Jahrhundert ermittelten Geschlechter hier aufgeführt, „denen innerhalb der Amtsträgerschaft die größte Bedeutung zukam".[370] Ferner wäre auch hier die Familie v. Winterfeld hinzuzurechnen, die erst am Ende des 16. Jahrhunderts in den Kreis

---

368 Die bei Klinkenborg, Archiv, Bd. 1, S. 17 ff. und 251 ff. aufgeführten Kreditorenlisten geben nicht die Höhe der eingezahlten Kapitalien an.
369 Die folgende Tabelle ist zusammengestellt nach: Brand. LHA Rep. 23 A. C 1996.
370 Hahn, Struktur und Funktion, S. 208 f.

dieser Führungsgruppe kam und in zunehmendem Maße Amtsträger stellte.[371] Angesichts der prekären wirtschaftlichen Situation versuchten gerade die über solche großen Einlagen verfügenden Familien an das in den ständischen Kassen lagernde Kapital heranzukommen, denn die dort deponierten Summen fehlten jetzt für die notwendigen Investionen auf den Gütern. Eine solche Entwicklung lag allerdings nicht im Sinne des Kurfürsten, der angesichts der prekären Situation des landesherrlichen Haushalts in den Nachkriegsjahren an einer allmählich wieder arbeitsfähigen ständischen Steuerverwaltung interessiert war. Der Landesherrschaft war vor allem daran gelegen, die ohnehin knappen, im Lande noch vorhandenen Geldmittel für ihre ambitionierten politischen Vorhaben zu nutzen. Auf Grund dieser Prioritätensetzung erscheint es nachvollziehbar, daß der Landesherr kaum Interesse an einer angemessenen Abfindung der Gläubiger bekundete. Auch unter diesem Gesichtspunkt muß die zunehmende Entfremdung zwischen den ehemals bedeutenden, nun aber in finanzielle Schwierigkeiten geratenen märkischen Adelsfamilien betrachtet werden. In den Augen des Kurfürsten erschienen diese als unbequeme Supplikanten, die ihn ständig um die Begleichung ihrer Verbindlichkeiten angingen und kein Verständnis für seine aus der necessitären Situation erwachsenden Finanzpolitik aufbringen wollten.[372]

Deshalb sind auch Verhaltensweisen, wonach sich der Kurfürst vor diejenigen Adligen stellte, die vor dem drohenden Zugriff ihrer Gläubiger standen, kaum als programmatische „Adelsschutzpolitik" zu interpretieren.[373] Eine vollständige Auszahlung der Gläubiger lag, wie bereits erwähnt, weder im Interesse des Landesherrn noch war dies im Sinne der großen Zahl der verschuldeten Adelsfamilien. In den meisten Fällen wurde daher den drängenden Gläubigern nur ein Teil der Summen, die durch die im Laufe der Kriegsjahre zugenommenen Zinsen beträchtlich angewachsen waren, ausgezahlt.[374] Oft gelang dies aber nur nach aufreibenden und langwierigen Prozessen. Auch hier konnte die Verbindung zu führenden Amtsträgern hilfreich sein. Katharina Elisabeth v. Buch, geb. v. Klöden, gewann durch den Einfluß ihres zweiten Gatten, des Oberforstmeisters Hans Albrecht v. Jürgas, in den 1690er Jahren einen Prozeß um die seit 1610 in der Städtekasse einliegenden 5 000 Rtl. Im Auftrag des Kurfürsten Friedrich III. wurde daraufhin angeordnet, daß der Betrag von 1 250 Rtl. sofort auszuzahlen sei.[375] Der Komtur zu Lietzen, Maximilian v. Schlieben, der zugleich auch als Deputierter des Großen Ausschusses der Neuen Biergeldkasse amtierte, setzte sich 1653 dafür ein, den Söhnen des Joachim v. Röbel wenigstens die 200 Rtl. Zinsen seines deponierten Geldes auszuzahlen.[376]

---

371 Vgl.: ebenda, S. 211.
372 Levin Joachim v. d. Schulenburg, hoher Amtsträger im Herzogtum Magdeburg und Domherr in Magdeburg und Havelberg, lag in den 1680er Jahren in einem längeren Streit mit der altmärkisch-prignitzischen Städtekasse betreffend der Herausgabe seiner dort lagernden Kapitalien. Vgl.: Schulenburg-FG, 2. Teil, S. 429.
373 Die solcherart in Bedrängnis geratene Magdalena v. Quitzow, die Gelder in der Neuen Biergeld-Kasse deponiert hatte, bat 1667 den Kurfürsten, sie vor ihren Kreditoren zu schützen. Dieser befahl daraufhin den zuständigen Landschafts-Verordneten, „niemandem bei Strafe doppelter Erstattung etwas folgen zu lassen". Brand. LHA Rep. 23 A. C 2505, unpag.
374 Vgl. die tabellarische Übersicht zum Schuldendienst bei Hahn, Fürstliche Territorialhoheit, S. 246.
375 Vgl.: Klöden-FG, S. 462.
376 Vgl.: Brand. LHA Rep. 23 A. C 1991, unpag.

Die Sozialstruktur der brandenburgischen Ritterschaft

Neben der ins Auge springenden Verschuldung vieler brandenburgischer Rittergutsbesitzer an wohlhabendere Amtsträger und Offiziere müssen auch die zahlreichen Gläubiger aus städtisch-bürgerlichem Milieu beachtet werden. Zwar hat die ökonomische Abhängigkeit des märkischen Adels von den Städten nie wieder die Dimension der spätmittelalterlichen Agrarkrise erreicht, denn im 16. Jahrhundert hatte sich diese Konstellation bekanntlich in ihr Gegenteil verkehrt. Jedoch traten bereits am Vorabend und dann natürlich während des Dreißigjährigen Krieges vor allem jene Handelshäuser als Kreditgeber in Erscheinung, die durch ihre weit ausgreifenden Geschäftsbeziehungen Gewinne erzielen und eventuelle Einbrüche kompensieren konnten. Daneben sind auch genügend Belege über Geldanleihen bei den wohlhabendsten und angesehensten Angehörigen des Städtebürgertums überliefert.[377] Eine Kapitalanlage bei wohlhabenden Stadtbürgern erschien vor dem Hintergrund der lange anhaltenden Agrardepression und der fallenden Güterpreise oftmals lukrativer.[378] Am Ende des 17. Jahrhunderts kam es z.B. zu ernsten Mißverständnissen zwischen Stefan Friedrich v. Arnim und seiner Ehefrau Lucie Marie, der Tochter des Geheimen Rates Adam Georg v. Schlieben auf Tucheband, als diese ihr Ehegeld in Höhe von 4 000 Rtl. nicht – wie der Ehemann erwartete – „auf seine Lehnstücke verwendet", sondern zinsbar bei einem Kaufmann in Prenzlau angelegt hatte.[379]

Erleichtert wurden solche geschäftlichen Verbindungen zwischen Angehörigen der Ritterschaft und des Städtebürgertums auch durch die sich in den Quellen zuweilen widerspiegelnde Neigung von Adligen, ihren Wohnsitz in die unweit ihrer Rittergüter gelegenen Städte zu verlegen.[380] Dies erschien aus mehreren Gründen erwägenswert. Zum einen lockte die natürlich oftmals nur scheinbare Geborgenheit innerhalb der städtischen Mauern im Vergleich zu den Fährnissen des ländlichen Lebensraumes gerade in unsicheren Kriegszeiten, vor allem natürlich für adlige Witwen.[381] Zum anderen ließ sich damit auch eine bequemere Verwaltung eines ausgedehnteren Güterkomplexes ermöglichen, mitunter verfügte man sogar über städtischen Grundbesitz.[382] Die Präsenz von Adligen in den märkischen Kleinstädten ist im

---

377 Vgl. dazu z.B.: Brinkmann, Wustrau, S. 27 f.; Enders, „Aus drängender Not", S. 19 f.
378 Vgl. hierzu auch die von Schmoller zitierten zeitgenössischen Stimmen aus dem ausgehenden 17. Jahrhundert, die darüber klagten, daß „man früher den Städten das Geld zu sehr angeboten habe". G. Schmoller: Das Städtewesen unter Friedrich Wilhelm I., hier zit. nach der Ausgabe: Ders., Deutsches Städtewesen in älterer Zeit, Bonn/Leipzig 1922, S. 231-428, hier S. 364.
379 Arnim-FG, Bd. 2.2, S. 149.
380 In dem Prignitz-Städtchen Wittstock lebten nach einer Auswertung der Kirchenbucheintragungen im zweiten Drittel des 17. Jahrhunderts sogar 14 Adlige. Vgl.: G. Grüneberg: Die Prignitz und ihre städtische Bevölkerung im 17. Jahrhundert, Lenzen 1999, S. 321
Meist sind es aber nur zufällige Nachrichten, die uns über diese nicht unwichtige Frage Auskünfte vermitteln. So soll sich Hans v. Sydow auf Schönfeld in den 1640er Jahren in seinem Haus in Küstrin aufgehalten haben. Vgl.: Brand. LHA Rep. 23 B Nr. 1018, unpag.
Alexander v. Hake aus der Machnower Linie war nach dem Verlust seiner im Teltow gelegenen Güter in die nahe gelegene Residenz gezogen, wo er ein Freihaus in der Heiliggeiststraße besaß. Vgl.: Hake-FG, Bd. 1, S. 99.
381 Die verwitwete Maria Elisabeth v. Bredow hielt sich z.B. während der Kriegsjahre in Brandenburg (Havel) auf. Vgl.: Bredow-FG, Bd. 3, S. 93 f.
382 Vgl.: Schwerin-FG, Teil 1, S. 97

gesamten Untersuchungszeitraum nachweisbar und stellte – gerade vor dem Hintergrund immer wiederkehrender Perioden wirtschaftlicher Bedrängnis – eine mögliche Alternative dar, ohne Ausstattung mit einem Rittergut zurechtzukommen. In Rheinsberg stand mit Adolph Wilhelm von Kröcher (1714-1737) sogar ein Adliger einige Jahre als Bürgermeister an der Spitze dieser Kommune.[383]

Doch der in der Mitte des 17. Jahrhunderts enger werdende finanzielle Spielraum auf beiden Seiten führte dazu, daß die sowohl im Interesse der Städtebürger als auch des Adels liegenden Kreditbeziehungen zunehmend belastet wurden. Ein in der Altmark ansässiger v. Blumenthal bat bereits 1634 den altmärkischen Landeshauptmann in einem Schreiben, sich für ihn in einem Streit mit der Stadt Gardelegen einzusetzen, in dem es um die Rückzahlung eines Kredites und die Annulierung der Verpachtung von Einkünften aus dem Holzhandel ging.[384]

In der Regel waren es aber die säumigen Angehörigen der Ritterschaft, die zur Zahlung der ausstehenden Summen an die Städte gemahnt werden mußten, zumal ein Teil der brandenburgischen Städte sich insgesamt schneller von den Kriegsfolgen erholte als das „platte Land".[385] Die von Thümen wurden z.B. 1671 durch die kurfürstlichen Behörden aufgefordert, die längst überfälligen Schulden an einen Kaufmann zurückzuzahlen.[386] Das denen v. d. Marwitz gehörende, im Kreis Landsberg a. d. W. gelegene Gut Wormsfelde war in den 1680er Jahren durch Anleihen an den Landsberger „Ratsverwandten" Chr. Vierhufen und die Berliner Engel & Co. Compagnie hypothekarisch belastet. Nur das Eingreifen des Kurfürsten und der anderen Linien des v. d. Marwitzschen Gesamtgeschlechts verhinderte eine unwiderrufliche Veräußerung des Gutes.[387] Heinrich Kunow, dem Bürgermeister von Pritzwalk, gelang sogar der wiederkäufliche Erwerb eines Lehnschulzengerichts aus dem Besitz einer so bedeutenden Prignitzer Adelsfamilie wie denen bei ihm verschuldeten v. Saldern.[388] Das vormals der Familie v. Wuthenow gehörende Anteilgut Wassersuppe (Havelland) geriet 1662 in Konkurs und wurde für 4 400 Tlr. an den Rathenower Bürgermeister Bergmann abgetreten. Es zeigt die mißlichen Lebensumstände dieser Adelsfamilie, wenn gleichzeitig eingeräumt wurde, daß dem Albrecht v. Wuthenow „zeit seines Lebens freie Wohnung, das nöthige Essen und Trinken und jährlich 20 Thlr. zur Kleidung entrichtet" werden sollen.[389] *L. Enders* konnte für die Uckermark mehrere Belege über Verpfändungen und Verkäufe von Adelsgütern an Stettiner Handelsleute beibringen; aber auch Bürger der größeren uckermärkischen Städte wie Prenzlau und Templin waren unter den drängenden Gläubigern zu finden.[390] Es sei an dieser Stelle nochmals an die im Zusammenhang der Behandlung der Be-

---

383 Vgl.: Kröcher-FG, Bd. 2, Berlin 1864, S. 203. Als Motiv für die Übernahme des Bürgermeisteramtes wurde die ärmliche Vermögenslage des A. W. von Kröcher angeführt.
384 Manuscripta Borussica fol. 1205, Bl. 107 (= Staatsbibliothek Berlin).
385 In diesem Sinne für das Havelland vgl.: Wille, Die ländliche Bevölkerung, S. 30. In Kyritz sollen schon in den 1670er Jahren wieder „stattliche Bauten" errichtet worden sein. Schultze, Die Prignitz, S. 216.
386 Vgl.: GStAPK I. HA, Rep. 22 Nr. 336, unpag.
387 Vgl. dazu die im Gusower Gutsarchiv erhaltenen Akten. Das Wormsfelder Guts- und Familienarchiv muß als Kriegsverlust gelten. Brand. LHA, Rep. 37 Gusow, Nr. 251 u. 252.
388 Vgl.: Enders, „Aus drängender Not", S. 19.
389 Wuthenow-FG, S. 42.
390 Vgl.: Enders, Die Uckermark, S. 342 f.

sitzverhältnisse wiedergegebene Beobachtung erinnert, wonach sich eine erhebliche Zahl von Rittergütern in der Hand von Pächtern befunden hatte.

Die verzweifelte Suche selbst nach Kreditgebern kleinerer Summen führte einige Adlige verschiedentlich auch zur Aufnahme von Leihkapital aus kirchlichem Besitz. Nicht immer ist allerdings genau zu ermitteln, ob hier der Pfarrer das Geld aus seinem Privatvermögen oder aus dem von ihm verwalteten Kircheneigentum zur Verfügung gestellt hatte.[391] Bereits während des Dreißigjährigen Krieges sah sich Christoph v. Gadow gezwungen, 400 Rtl vom Pfarrer zu Protzen zu entleihen und ihm dafür zwei Bauernhöfe inklusive der damit verbundenden Dienste zu überlassen.[392] Die in Ruppin über Besitzungen verfügende Familie v. Redern war bereits in der ersten Hälfte des 17. Jahrhunderts bei den Kirchen „ihrer" Dörfer mit mehreren hundert Rtl. verschuldet.[393] Die v. Köckeritz zu Gablentz (Kr. Cottbus) verschuldeten sich 1689 mit 500 Rtl. bei der Kirche im benachbarten Komptendorf und mußten dafür ihr Gut als Hypothek verschreiben.[394] Der im Teltow über Besitzungen verfügende Hans Otto v. Thümen wurde 1675 ermahnt, den Stahnsdorfer Prediger innerhalb von vier Wochen in seiner Forderung nach 12 Rtl. zu befriedigen.[395] Auch die in der Neumark ansässigen v. d. Borne hatten am Ende des 17. und zu Beginn des 18. Jahrhunderts Schulden bei „ihrer" Kirche.[396] Daß die Kirche nicht nur zu einzelnen Rittergutsbesitzern Kreditverhältnisse einging, sondern vielmehr Teil eines regionalen Netzes von Gläubiger-Schuldner-Beziehungen war, zeigt die Bemerkung in einem kurfürstlichen Rescript vom 28. April 1669 in der Angelegenheit des bei der Kirche in Beeskow verschuldeten Oberforstmeisters Friedrich v. Oppen: Demnach müsse die Kirche ihre Forderungen gegenüber v. Oppen jetzt geltend machen, da sie „vor anderen Gläubigern der Zinsen wegen nicht zurücktreten wolle".[397] Resümierend läßt sich also auf der Grundlage der vorgestellten Belege festhalten, daß sich die Möglichkeiten der brandenburgischen Rittergutsbesitzer, an Kredite zu gelangen, in zum Teil dramatischer Weise eingeengt hatten. Dies schloß mit Ausnahme der überschaubaren Zahl der durch den Krieg reich gewordenen Rittergutsbesitzer den brandenburgischen Adel in seiner Gesamtheit ein. Selbst die partiell soziale Ausweitung der in Frage kommenden Gläubigergruppen konnte hier kaum Abhilfe schaffen; die Bemühungen zum Wiederaufbau nach dem Dreißigjährigen Krieg wurden in allen Bereichen „durch Kapitalmangel gehemmt."[398]

---

391 Vgl. dazu unsere Bemerkungen zu den Kreditbeziehungen des 18. Jahrhunderts, wo dieser Frage auf Grund der besseren Quellenlage detaillierter nachgegangen werden kann.
392 Vgl.: Brand. LHA Rep. 78 II P 24, unpag.
393 Vgl.: Redern-FG, Bd. 1, S. 213 f.
394 Vgl.: Brand. LHA Rep. 4 B Nr. 444, Bl. 12.
395 Vgl.: GStAPK I. HA, Rep. 22 Nr. 336.
396 Vgl.: Borne-FG, S. 132, 137 u.ö.
Von diesen Entwicklungen waren im übrigen auch die außerhalb Brandenburgs liegenden Besitzungen märkischer Adelsgeschlechter betroffen: Levin Friedrich v. Hake fand in dem Pfarrer von Werbig und Gräfendorf (sachsen-weißenfelsisches Amt Jüterbog), Christian Krakow, einen Käufer für seine Güter. Die Kaufsumme von 8 500 Tlr. Meißnischer Währung „ging fast ganz für die Schuldentilgung drauf". Hake-FG, Bd. 2, S. 131.
397 Urkundenbuch-Oppen, 2. Teil, S. 56.
398 Hahn, Fürstliche Territorialhoheit, S. 250.

Schließlich gilt es noch eine weitere Folge der hohen Verschuldung der brandenburgischen Adelsfamilien im Auge zu behalten, die hier nur knapp behandelt werden soll[399]: Die fehlende Liquidität vieler Rittergutsbesitzer erleichterte den Zugriff des Kurfürsten auf Adelsland im Zusammenhang mit seinen Bemühungen zur Arrondierung des Domänenbesitzes. Hier sei der Blick noch einmal auf die für unsere Analyse der Besitzverhältnisse ausgewählten brandenburgischen Teillandschaften gerichtet: Im Teltow, wo die Arrondierungsbemühungen besonders nachhaltig betrieben wurden, konnte die Landesherrschaft in der zweiten Hälfte des 17. Jahrhunderts für ihren Domanial- bzw. Privatbesitz folgende, ehemals in Adelshand befindliche Orte erwerben:

Tabelle 9: Erweiterung kurfürstlicher Ämter durch Adelsbesitz im Teltow (1650-1700)[400]

Jahr der Erwerbung	Dorf
1651	Bohnsdorf
1652	Wilmersdorf
1662	Drewitz
1662	Nudow
1663	Schünow (Anteil)
1667	Schenkendorf [Schenkenhorst]
1673	Rudow (Anteil)
1675	Schönefeld
1677	Altglienicke
1680	Kleinglienicke
1680	Beuthen
1681	Groß- und Kleinziethen
1683	[Königs]Wusterhausen
1683	Zernsdorf
1687	Deutsch Wusterhausen
1690	Zeesen
1695	Ruhleben

Doch auch in Ruppin, wo ein geringer Arrondierungsdruck der Landesherrschaft zu erwarten wäre, erreichten die dort vorhandenen kurfürstlichen Ämter Ruppin, Lindow, Oranienburg und Neustadt (Dosse) Erweiterungen ihres Besitzstandes.[401]

---

399 Vgl. hierzu die zu erwartenden Ergebnisse der in Arbeit befindlichen Dissertation von Udo Geiseler über die Entwicklung der Besitzverhältnisse der Mark Brandenburg vom ausgehenden 15. bis zur Mitte des 18. Jahrhunderts.
400 Ermittelt nach den Angaben im HOL (Teltow).
401 In den 1660er Jahren gingen die zuvor adligen Anteilgüter Dabergotz, Nietwerder, Walchow und Wüsten Rägelin in Amtsbesitz über; in den 1680er und 90er Jahren folgten Dreetz, Braunsberg, Buchholz, Gühlitz und Anteilbesitzungen in Bückwitz und Köpernitz. Vgl.: HOL Ruppin.

Vor allem gingen die Bemühungen ähnlich wie bei den adligen Rittergutsbesitzern dahin, die Orte, in denen das jeweilige Domänenamt bereits anteilige Rechte besaß, in Vollbesitz zu übernehmen.

Um diesen Effekt aber nicht überzubewerten, sollte folgendes bedacht werden: Dem Kurfürsten mußte es vornehmlich erst einmal darum gehen, den „Normalzustand" wieder herzustellen, d.h. jenen status quo ante zu erreichen, der es der Landesherrschaft ermöglichte, die im Zusammenhang des voranschreitenden Staatsbildungsprozesses notwendigen finanziellen Bedürfnisse zu befriedigen. Ein großer Teil des kurfürstlichen Domänenbesitzes war vor allem seit der Mitte des 16. Jahrhunderts verpfändet worden. Der Landesherr und die Zentralverwaltung nutzten nunmehr die Gunst der Stunde, um über einen Teil des veräußerten Domänenbesitzes die Verfügungsgewalt zurückzuerlangen, als die Ständegremien ganz andere Sorgen umtrieben als sich zum Fürsprecher der vom Auskauf bedrohten adligen Standesgenossen zu erheben. Dies betraf zunächst vor allem jene Ländereien, die die immer mehr an Bedeutung gewinnende Berlin-Potsdamer Residenzlandschaft umsäumten.[402] Neben weitblickenden politischen und strategischen Überlegungen wird man auch solche Motive berücksichtigen müssen wie die Befriedigung der mitunter sehr exzessiv ausgelebten Jagdleidenschaft des Großen Kurfürsten, worauf unten noch näher eingegangen werden soll. Insofern trug diese Arrondierungspolitik der 1650er und 1660er Jahre erst einmal wenig „absolutistische" Züge[403], eher erinnerten diese Maßnahmen an die für die Territorialgeschichte des 16. Jahrhunderts ja nicht ungewöhnliche Praxis von Landesherren, die Folgen einer verschwenderischen Domänenpolitik ihres Vorgängers zu kompensieren.[404]

Der brandenburgische Adel im Dienst des entstehenden miles perpetuus (1650-1700)

Angesichts der angespannten wirtschaftlich-finanziellen Situation des übergroßen Teils der brandenburgischen Adelsfamilien hätte sich nach Meinung der älteren Forschung eine praktikable Alternative im Militärdienst eröffnen müssen. Der Entstehung des miles perpetuus und – für unsere Fragestellung relevant – der Herausbildung des Offizierskorps in der zweiten Hälfte des 17. Jahrhunderts wurde bekanntlich eine wesentliche, wenn nicht sogar die entscheidende Rolle innerhalb des Staatsbildungsprozesses zugemessen.[405] Allerdings wurde die

---

402 Vgl. dazu die von G. Heinrich bearbeitete Karte: Besitzstand in Brandenburg um 1800 (= Historischer Handatlas von Brandenburg und Berlin, Lieferg. 31), Berlin 1971.
403 Vgl. hierzu auch die übergreifenden Bemerkungen J. Arndts, die zu dem Resümee gelangten: „Legibus solutus ist der Große Kurfürst zu keinem Zeitpunkt gewesen – und er hat es nicht sein wollen." Ders.: Der Große Kurfürst, ein Herrscher des Absolutismus? Über die Möglichkeiten und Grenzen monokratischer Herrschaft im 17. Jahrhundert, in: Der Absolutismus – ein Mythos? Strukturwandel monarchischer Herrschaft in West- und Mitteleuropa (ca. 1550-1700), hrsg. v. R.G. Asch/H. Duchhardt, Köln 1996, S. 249-273.
404 So etwa beim 1571 erfolgten Wechsel von Kurfürst Joachim II. zu Johann Georg.
405 Unter übergreifendem Aspekt dazu: O. Hintze: Staatsverfassung und Heeresverfassung, in: Ders., Staat und Verfassung (= Gesammelte Abhandlungen zur allgemeinen Verfassungsgeschichte), Leipzig 1941, S. 42-73.

Frage der damit verbundenen sozialen Kosten nur beiläufig gestellt.[406] Dieses Desiderat resultierte vor allem aus der historiographischen Tradition: Zwar bestand wahrlich kein Mangel an Arbeiten zur Geschichte der brandenburgisch-preußischen Armee, doch fiel gleichwohl ins Auge, daß die deutsche Militärgeschichtsschreibung lange Zeit einen kriegs- bzw. (in den 1930er Jahren) „wehrgeschichtlichen" Forschungsansatz favorisiert hatte.[407] Im Mittelpunkt des Interesses standen der Krieg im engeren Sinne, also vor allem Fragen der operativen Strategie und Taktik. Daneben wurde zwar auch die organisatorisch-strukturelle, innere Entwicklung des Heeres thematisiert, doch blieb dies meist auf den ja auch in der Verfassungsgeschichtsschreibung vorherrschenden institutionengeschichtlichen Interpretationsansatz beschränkt. Diese Beobachtungen weisen zugleich auf einen wissenschaftsinternen Befund hin: Die bedeutenden militärgeschichtlichen Arbeiten wurden in der Regel von Offizieren, meist in den kriegsgeschichtlichen Abteilungen des „Großen Generalstabes" verfaßt.[408] Unser Herangehen orientiert sich dagegen an der Frage, in welcher Weise der brandenburgische Adel in die zunehmende militärische Durchdringung der ländlichen Gesellschaft involviert war. Damit werden Anregungen aufgegriffen, die zunehmend in der modernen Militärgeschichte gewinnbringend diskutiert und an empirischen Beispielen erprobt wurden.[409]

Auch aus einer anderen Perspektive behält das hier zu erörternde Thema seine erkenntnisfördernde Bedeutung: Um die Interpretation eines „preußischen Sonderweges" argumentativ zu stützen, wurde bekanntlich auf die exorbitante Stellung des Militärs in Staat und Gesellschaft der Hohenzollernmonarchie abgehoben.[410] Die Zuordnung des brandenburgisch-preußischen Staatswesens des 17./18. Jahrhunderts zum europäischen Typ der frühneuzeitlichen „Militärmonarchie" intendierte, daß sich hier eine besonders signifikante Verschmelzung von zivilen Verwaltungs- und militärischen Organisationsstrukturen herausgebildet hatte, wobei als entscheidende Voraussetzung die Monarchisierung des Heeres hervorgehoben

---

406 Vgl.: Hahn, Fürstliche Territorialhoheit, S. 236 ff.
407 Vgl.: R. Wohlfeil: Wehr-, Kriegs- und Militärgeschichte?, in: Geschichte und Militärgeschichte, hrsg. v. U. v. Gersdorff, Frankfurt am Main 1974, S. 165-175; B.R. Kroener: Vom „extraordinari Kriegsvolck" zum „miles perpetuus". Zur Rolle der bewaffneten Macht in der europäischen Gesellschaft der Frühen Neuzeit, in: Militärgeschichtliche Mitteilungen 43 (1988), S. 141-188.
408 Vgl. hier v.a. die noch aus dem unzerstörten Heeresarchiv schöpfenden Darstellungen von C. Jany: Geschichte der Königlich Preußischen Armee bis zum Jahre 1807, 3 Bde., Berlin 1928/29; des weiteren M. Jähns: Geschichte der Kriegswissenschaften, vornehmlich in Deutschland, v.a. Bd. 2, München/Leipzig 1890; R. Freiherr v. Schrötter: Das preußische Offizierkorps unter dem ersten Könige von Preußen, in: FBPG 26 (1913), S. 77-143 (1. Teil) und 27 (1914), S. 97-167 (2. Teil).
409 Programmatisch seinerzeit: E. W. Hansen: Zur Problematik einer Sozialgeschichte des deutschen Militärs im 17. und 18. Jahrhundert. Ein Forschungsbericht, in: Zeitschrift für Historische Forschung 6 (1979), S. 425-460; repräsentativer Querschnitt für die neue Richtung innerhalb der deutschen Militärhistoriographie: Krieg und Frieden. Militär und Gesellschaft in der Frühen Neuzeit, hrsg. v. B. R. Kroener/ R. Pröve, Paderborn 1996; Klio in Uniform? Probleme und Perspektiven einer modernen Militärgeschichte der Frühen Neuzeit, hrsg. v. R. Pröve, Köln/Weimar/Wien 1997; Militär und ländliche Gesellschaft in der frühen Neuzeit, hrsg. v. St. Kroll/K. Krüger, Hamburg/Münster/London 2000.
410 Vgl. hier v.a. die Werke von Hans Rosenberg und Otto Büsch.

Die Sozialstruktur der brandenburgischen Ritterschaft

wurde.⁴¹¹ Die Grundlagen dieser, dann allerdings erst im 18. Jahrhundert voll zum Tragen kommenden Entwicklung wurden in der zweiten Hälfte des 17. Jahrhunderts gelegt. Daß das Heer als eine Sozialisationsform nicht nur des brandenburgischen Adels gerade im 17. Jahrhundert eine zweifellos wachsende Bedeutung erhalten hatte, erscheint mittlerweile fast als Banalität, enthebt uns aber nicht einiger weiterführender Fragen.⁴¹² So wird – ausgehend von entsprechenden Gedanken *Joseph A. Schumpeters* – diskutiert, ob die Aggressivität der frühneuzeitlichen Staaten aus der kriegerischen Gesinnung, einer atavistischen Mentalität als einer anthropologischen Grundkonstanten des Adels abgeleitet werden kann.⁴¹³ Unschwer ist dabei eine gewisse Nähe zu den Thesen von *N. Elias* zu erkennen, wenn konzediert wird, daß der Adel mittels Beteiligung an Kriegen „beschäftigt" und damit enger an den Monarchen gebunden werden sollte.⁴¹⁴

Doch einer raschen Beantwortung dieser sicher spannenden Frage steht eine Forschungslage entgegen, die noch nicht einmal abgesicherte Grundannahmen bereit stellt. So fällt es z.B. schwer, eindeutige quantifizierbare Wertungen darüber abzugeben, in welcher Weise der brandenburgische Adel in der zweiten Hälfte des 17. Jahrhunderts in das Militär eingebunden war. Man unterstellte lange Zeit fraglos, daß der „zum Ritter- und Kriegsdienst geborene Adel in den einzelnen Landesteilen des kurbrandenburgisch-preußischen Staates ... von den Zeiten des Mittelalters an jede Gelegenheit wahr[nahm], sich in den Dienst seiner Landesherren [und] auswärtigen Fürsten zu stellen".⁴¹⁵ Die für das 18. Jahrhundert zu Klärung dieses Problems gewinnbringend zu nutzenden Quellen fehlen für den vorangehenden Zeitraum.⁴¹⁶ „Es gibt keine Rangliste des ganzen brandenburgischen Offizierskorps aus der Zeit des Großen Kurfürsten", stellte schon *C. Jany* ernüchtert fest, abgesehen von Bestallungsurkunden für das höhere Offizierskorps.⁴¹⁷ Die älteren biographischen Zusammenstellungen von *König* oder *Priesdorff* berücksichtigen nur diejenigen Adligen, denen es gelang, in das höhere Offizierskorps (in der Regel ab Obrist) aufzurücken.⁴¹⁸ Es handelte sich dabei aber

---

411 Vgl.: M. Messerschmidt: Werden und Prägung des preußischen Offizierkorps - ein Überblick, in: Offiziere im Bild von Dokumenten aus drei Jahrhunderten, hrsg. v. Militärgeschichtlichen Forschungsamt, Stuttgart 1964, S. 11-104, hier S. 33 f.
412 Vgl. übergreifend: R. G. Asch: Kriegsfinanzierung, Staatsbildung und ständische ordnung in Westeuropa im 17. Und 18. Jahrhundert, in: HZ 268 (1999), S. 636-671.
413 Vgl. hierzu v.a.: J. Kunisch: La Guerre - C'est moi! Zum Problem der Staatenkonflikte im Zeitalter des Absolutismus, in: Ders., Fürst - Gesellschaft - Krieg. Studien zur bellizistischen Disposition des absoluten Fürstenstaates, Köln/Weimar/Wien, S. 1-41.
414 Vgl. jüngst unter übergreifendem Aspekt: D. Kaiser: Kriege in Europa. Machtpolitik von Philipp II. bis Hitler, (dt.) Hamburg 1992, der insbesondere auf das „unkontrollierbare Gewaltethos des Adels" (S. 21) abhob.
415 G. A. v. Mülverstedt: Der altmärkische Adel in kurbrandenburgischen und preußischen Kriegsdiensten von 1640-1713, in: 33. Jahresbericht des Altmärkischen Vereins für vaterländische Geschichte (1906), S. 45-66, hier S. 46.
416 Selbst der noch die Akten des im 2. Weltkrieg weitgehend vernichteten Heeresarchivs hinzuziehende R. Freiherr v. Schrötter beklagte die ungünstige Quellenlage zur Herkunft des Offizierkorps. Vgl.: Schrötter, Das preußische Offizierkorps, (2. Teil), S. 99 f.
417 gl.: Jany, Geschichte, Bd. 1, S. 309.
418 Vgl.: A.B. König: Biographisches Lexikon aller Helden und Militairpersonen, welche sich in preußischen Diensten berühmt gemacht haben, 4 Teile, Berlin 1788/1791; K. v. Priesdorff: Soldatisches Führertum, 5 Bde., Hamburg o.J. [1937], hier v.a. Bd. 1.

um eine Minderheit der „Erfolgreichen" unter den Offizieren, die eben gerade deshalb keine repräsentativen Aussagen zum Verhältnis des Adels zum Militärdienst schlechthin zulassen. An diesem Forschungsstand hat sich auch bis in die jüngste Zeit wenig geändert.[419] Nachteilig wirkte sich des weiteren die favorisierte Orientierung der älteren Militärhistoriographie auf die reine Heeresgeschichte aus. Es zeigt die verstellten Perspektiven, wenn z.B. dem Magdeburger Archivar *G. A. v. Mülverstedt*, der zumindest ansatzweise versucht hatte, Adelsgeschichte und „reine" Militärgeschichte zu verbinden[420], von einem seiner Kritiker vorgeworfen wurde, daß er „die Grenzlinie zwischen einer Geschichte der Kriegsmacht des Großen Kurfürsten und einer Adelsgeschichte, bzw. einer Geschichte einzelner adliger Familien nicht gezogen oder nicht inne gehalten hat".[421] Auf einzelne Teillandschaften begrenzte Aufstellungen von Musterungs- und Offizierslisten zur brandenburgischen Heeresgeschichte des 17. Jahrhunderts oder das genealogische Material einiger adligen Familiengeschichten können hier nur bedingt Ersatz bieten. Für die Altmark liegt eine aus den Lehns- und Militärakten erarbeitete ältere Arbeit vor, die uns zunächst den Eindruck eines recht hohen Anteils von Adligen am Militärdienst vermittelt.[422] Demnach hatten während der 48jährigen Regierungszeit des Großen Kurfürsten 90 und in den 25 Jahren der Herrschaft Friedrichs III./I. 94 altmärkische Adlige in militärischen Diensten gestanden. Allerdings müssen hierbei Einschränkungen vorgenommen werden, die zur Vorsicht gegenüber dem zunächst eindeutig erscheinenden Gesamtergebnis mahnen: Abgesehen von Zuordnungsproblemen[423] müssen uns ferner die vielen, mitunter auch recht vagen Erwähnungen über den Verlauf der Militärkarrieren bedenklich stimmen. Nur selten erfährt man etwas über die zeitliche Dauer des Militärdienstes, zumeist konnte nur die Teilnahme an Kriegen nachgewiesen werden.
Ein etwas anderes Bild vermittelt uns eine aus dem Jahr 1663 stammende Quelle, die im Gegensatz zu der eben angeführten Erhebung uns eine „Augenblicksaufnahme" über die im Heer stehenden brandenburgischen Adligen vorführen kann. Es handelte sich dabei um eine „Specification" der vor allem in den mittelmärkischen Kreisen sich in Militärdiensten befindenden Adligen.[424] Dabei wurden auch die unteren Ränge berücksichtigt. Demnach dienten zu diesem Zeitpunkt insgesamt 41 Adlige aus den sieben hier berücksichtigten märkischen Teillandschaften im brandenburg-preußischen Heer.

---

419 Selbst ein so profunder Kenner der preußischen Militärgeschichte wie K. Demeter kam nicht umhin, in der vierten Auflage seiner sozialgeschichtlich konzipierten Darstellung zum Offizierkorps festzustellen, daß es schwierig sei, „genaue Angaben über die Offiziere unter Kapitänsrang zu erhalten". K. Demeter: Das deutsche Offizierskorps in seine historischen und soziologischen Grundlagen, Berlin 1965, S. 6.
420 Vgl.: G.A. v. Mülverstedt: Die brandenburgische Kriegsmacht unter dem Großen Kurfürsten ..., Magdeburg 1888.
421 G. Lehmann: Die brandenburgische Kriegsmacht unter dem Großen Kurfürsten, in: FBPG 1 (1888), S. 451-525, hier S. 465. Damit soll nicht die Berechtigung der Kritik Lehmanns an den handwerklichen Mängeln der Darstellung von v. Mülverstedt in Abrede gestellt werden.
422 Vgl.: Mülverstedt, Der altmärkische Adel.
423 Zu den aufgeführten fünf Militärs aus dem Geschlecht v. Hitzacker fügte v. Mülverstedt die Frage an, „ob von diesen nicht einige aus dem Lüneburgischen stammen?". Mülverstedt, Der altmärkische Adel, S. 56.
424 Vgl.: Eickstedt, Landbuch, S. 335-337.

Tabelle 10: Liste der im Militärdienst stehenden Adligen ausgewählter märkischer Kreise (1663)

Kreis	Anzahl der Adligen in Kriegsdiensten
Oberbarnim	6
Havelland	19
Zauche	5
Ruppin	3
Schievelbein (Neumark)	2
Beeskow	2
Züllichau	4

Selbst wenn gegenüber der Vollständigkeit der in dieser Quelle enthaltenen Angaben Bedenken erhoben werden müssen, so bleibt doch der – gemessen an der Gesamtzahl der im jeweiligen Kreis beheimateten Adligen[425] – relativ geringe Anteil an Militärs signifikant. Die Auswertung der von *G.A. v. Mülverstedt* besorgten Aufstellung über die während der Regierungszeit des Großen Kurfürsten errichteten Regimenter macht dies aus einer anderen Perspektive noch deutlicher: Demnach entstammten nur 60 der insgesamt 724 Offiziere aus brandenburgischen Adelsgeschlechtern, also ganze 8,3%![426] Dieser Wert soll nunmehr einem Ergebnis gegenübergestellt werden, das mit Hilfe der stichprobenartig hinzugezogenen genealogischen Daten ermittelt wurde.[427]

Nachweislich dieses Materials standen von den insgesamt 203 männlichen Angehörigen der sieben ausgewählten Adelsgeschlechter zwischen 1640 und 1700 106 in militärischen Diensten. Auch dieser Befund scheint zunächst jene Argumentation zu stützen, der die Auffassung einer raschen und reibungslosen Einvernahme des brandenburgischen Adels durch den miles perpetuus zugrunde lag. Die auf den ersten Blick hohe Zahl ist allerdings mit Einschränkungen verbunden: So zeigen die Einzelbiographien, daß die betreffenden Adligen nach dem Ende des Dreißigjährigen Krieges in der Regel nur jeweils wenige Jahre in militärischen Diensten gestanden hatten. Dies korrespondiert mit einem aus übergreifender Perspektive gewonnenen Ergebnis, das aus der Auseinandersetzung mit der These von *J. Burk-*

---

425 Laut der „Specification der Lehnpferde" von 1665 und der „Specification" von 1684 muß man im Havelland von etwa 85 adligen Rittergutsbesitzern ausgehen. Eickstedt, Landbuch, S. 337 ff. u. 421 ff. Die Angaben schwanken zwischen der Nennung von Einzelpersonen und Familien als Besitzer.
Für zwei andere in dieser Aufstellung enthaltenen Teillandschaften ist eine ähnlich große Differenz zwischen der Gesamtzahl der Adelsfamilien und den im Militär stehenden Adligen zu erkennen: In Ruppin wurden für die 1650er Jahre 38 grundbesitzende Adelsfamilien erfaßt, im Kreis Beeskow-Storkow waren es 19 Geschlechter. Werte nach den auf der Grundlage der Historischen Ortslexika erarbeiteten Tabellen 6 und 7.

426 Ermittelt nach: Mülverstedt, Kriegsmacht, S. 635-690. Berücksichtigt wurden nur die zwischen 1648 und 1670 errichteten Regimenter. Auch die Fähnrichdienstgrade wurden in die Zählung einbezogen.

427 Es handelt sich dabei um die Auswertung des genealogischen Materials in den Familiengeschichten der Geschlechter v. Arnim (Uckermark), v. Bredow (Havelland), v.d. Marwitz (Lebus/Neumark), v. Rochow (Zauche), v. d. Schulenburg (Altmark), v. Kröcher (Prignitz/ Ruppin) und v. Waldow (Neumark).

hardt über die „stehen gebliebenen Heere" des Dreißigjährigen Krieges als Grundlage für den „miles perpetuus" der „absoluten" Monarchien gewonnen wurde.[428] So konnte nachgewiesen werden, daß die drei Jahrzehnte nach dem Ende des Dreißigjährigen Krieges im Zeichen mehrfacher erheblicher Truppenreduzierungen gestanden hatten, so daß es zu „enormen Schwankungsbreiten zwischen Kriegs- und Friedenspräsenzstärken" gekommen war.[429] Legt man sich des weiteren die Frage nach der Gewichtung des Militärdienstes in den einzelnen Familien vor, zeigt sich, daß offenbar die bedeutenderen und wohlhabenderen Geschlechter einer Einbindung ihrer Angehörigen in die Armee zurückhaltender gegenübergestanden hatten[430] – eine mentale Disposition, die bis ins 18. Jahrhundert weiterwirken sollte.[431]

Der Kurfürst und dessen militärische Führung verfügten in den ersten Jahrzehnten der sich nicht kontinuierlich verstärkenden brandenburgisch-preußischen Armee noch über ein genügendes Potential an Offizieren, vor allem aus den sich auflösenden Söldnerheeren des Dreißigjährigen Krieges.[432] Dies enthob Friedrich Wilhelm der Notwendigkeit, in ähnlich drastischer Manier wie einige seiner Nachfolger den brandenburgischen Adel zu zwingen, für den Offiziersnachwuchs aufzukommen. Eine Folge dieser Konstellation bestand u.a. darin, daß ein nicht geringer Teil des im Militärdienst stehenden Adels mehrere Jahre in subalternen Chargen dienen mußte, bevor ein standesgemäßes Offizierspatent erworben werden konnte. So bekleideten 44 der zwischen 1640 und 1688 im kurfürstlichen Heer erfaßten 94 altmärkischen Adligen nur Dienstgrade als einfache Musketiers, Reiter, Corporale oder Cornets.[433]

Trotz der nur beschränkten Möglichkeiten, die Einbindung des Adels in den Militärdienst genau zu bestimmen, dürften die bisher präsentierten Belege doch die These bedenklich erscheinen lassen, wonach der brandenburgische Adel schon in der zweiten Hälfte des 17. Jahrhunderts massenhaft in die Armee strömte, weil er darin „ein erstrangiges Instrument zur Niederschlagung der erbuntertänigen Bauern" erblickt hätte.[434] Abgesehen von der dieser Feststellung innewohnenden Tendenz, den Topos von der besonderen Disponiertheit des ostelbischen Adels zum „Befehlen und Gehorchen" zeitlich zurückzuverlagern, werden hier zwei Ebenen unzulässig miteinander in Verbindung gebracht. Zwar sind – z.B. für die Prig-

---

428   Vgl.: J. Burkhardt: Der Dreißigjährige Krieg, Frankfurt am Main 1992, S. 213 ff.
429   B. R. Kroener: „Der Krieg hat ein Loch ...". Überlegungen zum Schicksal demobilisierter Söldner nach dem Dreißigjährigen Krieg, in: Der Westfälische Friede. Diplomatie - politische Zäsur - kulturelles Umfeld - Rezeptionsgeschichte, hrsg. v. H. Duchhardt, München 1998, S. 599-630, hier S. 618. Vgl. dort die auf der Auswertung von Mülverstedt, Kriegsmacht, beruhende Tabelle über „Neuaufstellung und Abdankung kurfürstlich-brandenburgischer Truppen 1640-1668" auf S. 617.
430   Ein ähnlicher Befund am Beispiel der Geschlechter Alvensleben und Schulenburg bei Hahn, Fürstliche Territorialhoheit, S. 380 ff.
431   In diesem Sinne ist auf die von O. Büsch angestellte Beobachtung zu verweisen, wonach die wohlhabenden ostpreußischen Grafen- und Freiherrengeschlechter nur eine geringe Neigung zum Militärdienst entwickelt hatten. Büsch, Militärsystem, S. 96.
432   Vgl. Kroener, „Der Krieg hat ein Loch ...", S. 619 f.
433   Ausgezählt nach: Mülverstedt, Der altmärkische Adel.
434   So z.B. H.-H. Müller: Bauern, Pächter und Adel im alten Preußen, in: Jahrbuch für Wirtschaftsgeschichte 7 (1966), Teil 1, S. 259-277, hier S. 264.

nitz oder den Drömling – Vorgänge überliefert, die ein starkes, über das herkömmliche Maß hinausgehendes Widerstandspotential der Bauern erkennen lassen[435] und die zu entsprechenden Befürchtungen der betroffenen ländlichen Herrenschichten geführt hatten. Jedoch verkennt eine Interpretation, die bereits zu diesem frühen Zeitpunkt auf eine besondere Affinität des brandenburgischen Adels zum Militär einschließlich dessen Instrumentalisierung zur Sicherung unmittelbarer Herrschaftsrechte zielte, die reale wirtschaftliche und mentale Situation der übergroßen Mehrheit der Ritterschaft nach dem „Großen Krieg". Schon vor dem Dreißigjährigen Krieg dürfte die Begeisterung des märkischen Adels für das Kriegshandwerk nicht allzu ausgeprägt gewesen sein. Um 1600 klagte man über den „Rückgang der Kriegstüchtigkeit" des Adels.[436] So „galt es damals als Zeichen größter Armut, wenn ein Junker selbst auf dem Lehnspferde bei der Musterung `durchritt`, anstatt dem Kurfürsten auf Kosten des Geschlechts reisige Knechte als Ersatz zu stellen".[437] Angesichts der in den 1630er und 1640er Jahren gemachten traumatischen Erfahrungen hielt sich die Attraktivität einer Militärkarriere aus mehreren Gründen zunächst in Grenzen. Schon während der Kriegsjahre wurde die Friedenssehnsucht des Adels wie der anderen Bevölkerungsschichten allenthalben sichtbar.[438] „Gott wolle sich einest Unser erbarmen und den langgewünschten friden wieder bescheren", ließ sich 1631 Sophia v. Saldern, zwischen Hoffnung und Resignation stehend, in einem Brief vernehmen.[439] Auch die Selbstzeugnisse altmärkisch-magdeburgischer Adliger, wie z.B. der Lebenslauf Alexander v. d. Schulenburgs oder das Tagebuch des Christoph v. Bismarck bilden aussagekräftige Belege über die Drangsal des brutal Standesunterschiede nivellierenden Krieges und die noch lange unerfüllt bleibenden Hoffnungen des Adels nach friedvolleren Zeiten.[440]

---

435 Vgl.: Enders, Die Prignitz, S. 663 ff.; C.C.M. V Abtlg. 6, Kap. I, Sp. 493 ff. (1656: Verbot der bäuerlichen Selbstschutzorganisationen und Pflicht, die Gewehre abzuliefern); PR, Bd. 1, S. 446 u. 459 ff. (bäuerlicher Widerstand auf dem Drömling 1642).
Für einen späteren Zeitraum: E. Herzfeld: Klassenkämpfe in der Kur- und Mark Brandenburg während der schwedisch-brandenburgischen Auseinandersetzungen im Jahre 1675, Phil. Diss. Berlin 1961.

436 H. Hellfritz: Geschichte der Preußischen Heeresverwaltung, Berlin 1938, S. 58 f. Vgl. hierzu auch das am 24. März 1607 erlassene Edikt Über das „Aufgeboth zur KriegsRüstung wegen benachbarter Unruhe ...". CCM, 3. Teil, 2. Abtlg., Nr. 12.

437 F. Granier: Märkische Offiziere, in: E. Kittel (Bearb.), Märkisches Soldatentum (= Brandenburgische Jahrbücher, 2), 1936, S. 94.

438 Dies fand seinen Niederschlag auch in der zeitgenössischen Literatur; vgl. übergreifend am Beispiel des 1650 in Lüneburg erschienenen Buches von Johann Rist „Der Adeliche Hausvatter": G. Frühsorge: Die Krise des Herkommens. Zum Wertekanon des Adels im Spiegel alteuropäischer Ökonomieliteratur, in: Ständische Gesellschaft, S. 95-112. Darin wurde gewissermaßen eine Handlungsanweisung für den aus dem Kriege heimkommenden Adligen gegeben, der sein Augenmerk nunmehr auf die Familie und friedliches Wirken auf seinem Gut legen sollte.

439 Zit. nach: Peters, Herrschaft Plattenburg-Wilsnack, S. 170.

440 Vgl.: Curriculum vitae Alexander v.d. Schulenburgs, in: P.-M. Hahn: Kriegswirren, S. 71-99; G. Schmidt: Das Tagebuch des Christoph von Bismarck aus den Jahren 1625-1640, in: Thüringisch-sächsische Zeitschrift für Geschichte und Kunst 5 (1915), S. 67-98.
Schwer nachvollziehbar mutet aus der zeitlichen Distanz der fast stoische Gleichmut an, mit dem der Schreiber die binnen weniger Tage erhaltenen Schicksalsschläge (Tod dreier Kinder und des Bruders, Zerstörung der Besitzungen, Flucht, Mißernten) reflektiert hatte. Überdeutlich scheint aber selbst in dieser nüchternen Diktion der Groll und die tiefe Abneigung gegen das Militär auf.

Wohl fast jede brandenburgische Adelsfamilie machte während der Kriegsjahre ihre eigenen Erfahrungen mit einer sich an keine Normen gebunden fühlenden Soldateska. Nicht ohne Wirkungen auf die Konstellation einer kleinräumlichen Adelsgesellschaft mußte es ferner geblieben sein, wenn Angehörige der in der jeweiligen Teillandschaft ansässigen Geschlechter der dortigen Ritterschaft als „Militärs" gegenübertraten und versuchten, ihre gegenwärtige Machtstellung zur Durchsetzung eigennütziger Ziele auszunutzen. Der selbst aus der Neumark stammende Obristleutnant Heinrich v. d. Borne drohte z. B. einem v. Wedel zu Fürstenau, er werde mit seinen Söldnern sein Land verwüsten, sollte er sich in einer Güterangelegenheit nicht erbötig zeigen.[441] Christoph v. Bismarck berichtete 1636, daß sein Bruder Ludolf „von dem tollen Herrn Adam Christoph v. Putlitz [also einem in Solddiensten stehenden Adligen aus einer benachbarten Teillandschaft, der Prignitz – F.G.] mördlich geschädigt, ohne Ursach verwundet und umgebracht worden" sei.[442] In bewegten Worten schilderten 1641 die ständischen Deputierten die Mißhandlungen, die der Obrist Moritz August v. Rochow in den zauchischen Städten Beelitz und Treuenbrietzen zu verantworten hatte; besonders schwer wog, daß der v. Rochow selbst aus der Zauche (Golzow) stammte. Er „hat am allerhärtesten in die Stände gedrungen und insonderheit begehret, ihm offen zu lassen, sich selbst bezahlt zu machen".[443]

Die bereits für die Regierungszeit des Großen Kurfürsten postulierte weitgehende Einbindung des märkischen Adels in den Militärdienst, sowohl in quantitativer Hinsicht als auch unter dem Gesichtspunkt einer daraus folgenden größeren Loyalität, muß auch unter anderen Aspekten relativiert werden. Oftmals wurde die im Umkreis des Großen Kurfürsten entwickelte Vorstellung, die nunmehr „verarmte Ritterschaft ... auf[zu]muntern und in adlige Aktionen", d.h. in militärische Dienste zu bringen, als binnen kurzem eingetretene Realität angenommen.[444] Zum einen wäre aber einer solchen Annahme die Tatsache eines unmittelbar nach dem Westfälischen Frieden – im Zusammenhang mit den Abmusterungen – zu beobachtenden latenten Überangebotes an Offizieren entgegenzuhalten.[445] Zum anderen wurde bereits in früheren Spezialstudien auf das noch sehr rudimentär entwickelte Korpsdenken als Voraussetzung eines sich dezidiert von der herkömmlichen adligen Sozialisation absetzenden Offiziersstandes verwiesen.[446] Die Klagen über den zählebigen Prozeß des Umdenkens, des „Sich-Langsam-Fügens des Landadels in die militärische Ordnung des

---

441 Vgl.: Borne-FG, S. 108.
442 Schmidt, Tagebuch, S. 73.
443 GStAPK I. HA, Rep. 8 Nr. 164, unpag. Gegen den gleichen Obristen wurden einige Wochen später Vorwürfe wegen Unterschleife durch den Spandauer Pfarrer Joachim Mauritius vorgebracht.
444 G. Oesterreich: Kurt Bertram von Pfuel. Leben und Ideenwelt eines brandenburgischen Staatsmannes und Wehrpolitikers, in: FBPG 50 (1937), S. 201-249, hier S. 226.
445 Vgl.: G. Papke: Von der Miliz zum stehenden Heer. Wehrwesen im Absolutismus, in: Handbuch zur deutschen Militärgeschichte 1648 -1939, Bd.1.1, München 1979.
Zu bedenken wäre in diesem Zusammenhang auch, daß sich schon in den letzten Kriegsjahren die führenden brandenburgischen Staatsmänner, wie z.B. Graf A. v. Schwartzenberg, des großen Mißverhältnisses zwischen Offiziers- und Mannschaftsbestand bewußt waren. Vgl.: Klitzing-FG, Bd. 1, S. 181 f.
446 Vgl. z.B.: A. v. Crousaz: Geschichte des Königlich Preußischen Kadetten-Corps nach seiner Entstehung, seinem Entwicklungsgange und seinen Resultaten, Berlin 1857, S. 21.

stehenden Heeres"⁴⁴⁷ vermitteln ein von dem mitunter suggerierten Eindruck einer rasch erfolgten, kontinuierlichen Disziplinierung und „Monarchisierung"⁴⁴⁸ abweichendes Bild: Die älteren Offiziere, die ihre militärischen Meriten noch in der Zeit der Söldnerheere erworben hatten, waren noch weit entfernt von der Einsicht in die Notwendigkeit eines scharf reglementierten Dienstes und einer kontinuierlichen Ausbildung.⁴⁴⁹ Wohl gelang die Einbindung ehemaliger Söldnerführer wie etwa des späteren kurbrandenburgischen Generalfeldmarschalls, Georg Freiherr v. Derfflinger oder des ehemaligen schwedischen Feldmarschalls Hans Christoph v. Königsmarck in die heimische Adelsgesellschaft und in die Loyalitäten des sich herausbildenden stehenden Heeres, doch von einer „Domestizierung" jener militärischen Elite sollte man zunächst nur mit Vorsicht sprechen.⁴⁵⁰ Auch bei der nachwachsenden Generation zeigte sich zunächst ein ähnliches Bild: „Die jungen Edelleute ... welche in den Krieg ziehen, ermüden gar zu leicht über der Not und den Beschwerden und kehren zeitig heim", monierte der Kurfürst im Jahre 1665.⁴⁵¹ Wie wenig man während des schwedisch-polnischen Krieges – in der borussischen Literatur bekanntlich zur ersten Bewährungsprobe des neuen brandenburg-preußischen Heeres hochstilisiert – von der militärischen Qualifikation des brandenburgischen Adels hielt, zeigt eine im November 1656 im Geheimen Rat vorgebrachte Relation, in der resignierend vermerkt wurde, daß „der meiste Theil unter dem Adel kaum selbst ein Pferd, darauf er reiten, geschweige einen mundirten Lehenreiter aufzubringen vermöchte".⁴⁵²

Selbst der in der Bewertung des landesherrlichen Disziplinierungseffekts sehr weitgehende *C. Jany* kam angesichts des Quellenbefundes nicht umhin festzustellen, daß noch um 1700 „Familienbeziehungen und Güterbesitz sie [die adligen Offiziere – F.G.] mit starken Klammern an der heimatlichen Scholle festhielten".⁴⁵³ Dies verwundert insofern nicht, als noch für den dem Dreißigjährigen Krieg unmittelbar vorangehenden Zeitraum nachgewiesen werden konnte, welchen starken Einfluß familiäre Bande bei der Aufstellung des Landesaufgebots, der sogenannten „Lehnsmiliz" ausgeübt hatten.⁴⁵⁴ Die relativ fest gefügte familiäre Organisationsstruktur innerhalb der Adelsgeschlechter bot gewissermaßen erst die Voraussetzung für das Funktionieren dieser ohnehin nicht gerade durch Effizienz hervortretenden

---

447 Hahn, Aristokratisierung und Professionalisierung, S. 171. Vgl. dazu bereits schon allgemein: M.C. Mandelmayr/K.G. Vocelka: Vom Adelsaufgebot zum stehenden Heer, in: G. Klingenstein/H. Lutz (Hg.), Spezialforschung und Gesamtgeschichte, München 1982, S. 112-125, hier S. 119.
448 Messerschmidt, Werden und Prägung, S. 33 f.
449 Der den neuen Offizierstyp besonders signifikant verkörpernde Leopold von Anhalt-Dessau machte sich deshalb des öfteren bei den anderen Offizieren unbeliebt. Das führte soweit, daß er sogar den aus dem Barnim stammenden und seine strengen Maßstäbe mißbilligenden Feldmarschall v. Barfuß „zu Hause ließ", als das Regiment ... „1700 in das Lager bei Lenzen ... abrückte". Schrötter, Das preußische Offizierkorps (2. Teil), S. 128.
450 G. Schmidt: Voraussetzung oder Legitimation? Kriegsdienst und Adel im Dreißigjährigen Krieg, in: O.G. Oexle/W. Paravicini (Hg.), Nobilitas, Funktion und Repräsentation des Adels in Alteuropa, Göttingen 1997, S. 431-451, hier S. 440.
451 zit. nach Jähns, Geschichte der Kriegswissenschaften, 2. Abteilung, Bd. 2, S. 1249.
452 PR, Bd. 5, S. 215.
453 Jany, Geschichte, Bd. 1, S. 315.
454 Vgl.: A.F. Riedel: Die brandenburgische Lehnsmiliz, in: Märkische Forschungen 1 (1841), S. 365-396, mit entsprechenden Belegen für die Geschlechter v. d. Schulenburg und v. Flans, S. 376 f.

militärischen Einrichtung.⁴⁵⁵ „Das Ansehen des Familienhauptes vertrat hier die Stelle des Unterbefehlshabers".⁴⁵⁶

Auch im Zeitalter des miles perpetuus blieb die Familie bzw. das Geschlecht ein wichtiger Orientierungspunkt. In diesem Sinne wird die sich nicht selten in den archivalischen Quellen und familiengeschichtlichen Darstellungen findende Beobachtung zu interpretieren sein, daß junge Adlige am Beginn ihrer Militärkarriere gern in solchen Regimentern ihren Dienst antraten, in denen Geschlechtsangehörige schon höhere Offizierschargen bekleideten. Hans Dietrich v. Oppen diente 1658 als Gefreiter in einer Kompanie, die unter dem Befehl seines Verwandten, Obristleutnant Heinrich v. Oppen stand.⁴⁵⁷ Der aus Friesack stammende Friedrich Wilhelm II. v. Bredow trat am Ende des 17. Jahrhunderts mit Bedacht in ein Dragonerregiment ein, das ein Verwandter mütterlicherseits kommandierte.⁴⁵⁸ Einige Jahre später wurde er selbst Oberst und Kommandeur dieses Regiments. Diese Verhaltensweise ist auch für jene brandenburgische Adligen zu beobachten, die es in auswärtige Kriegsdienste verschlagen hatte: In den 1680er Jahren dienten drei Brüder der Familie v. Löben in dem gleichen kursächsischen Regiment.⁴⁵⁹ Der aus Apenburg (Altmark) stammende Graf Werner v. d. Schulenburg berichtete in seinen Lebenserinnerungen über die Begegnung mit dem in venezianischen Diensten stehenden Feldmarschall Matthias Johann v. d. Schulenburg. Im hier interessierenden Zusammenhang verdient folgende Bemerkung unsere Aufmerksamkeit, die die Bedeutung geschlechtsinterner Protegierungen für die Beförderung der Militärkarrieren belegt: „In seinem [des Feldmarschalls – F.G.] Regiment war damals auch Levin Friedrich [v.d. Schulenburg – F.G.] Major, der nachher dasselbe Regiment bekam und als General-Feldzeugmeister 1729 starb, an dessen Stelle sein Neffe Christoph Daniel das Regiment wieder erhielt und 1742 General-Lieutnant war."⁴⁶⁰

Nicht nur die innerhalb des Militärs für die Karriere genutzten verwandtschaftlichen Beziehungen geben Veranlassung zu der Annahme, daß die Wirkungen des Dreißigjährigen Krieges nicht – wie man zunächst vermuten könnte – zu einem Zurücktreten der Bindungen zur Familie und den kleinräumlichen Adelslandschaft geführt hatten. Solchen zweifellos vorhandenen Einzelbelegen über die während der Kriegszeiten ihre Verbindungen zur Familie völlig kappenden, außer Landes gehenden und oftmals bald als verschollen geltenden Adligen stehen zugleich Beobachtungen gegenüber, wonach die Angehörigen eines Geschlechts angesichts der komplexen Herausforderungen auch einen größeren Zusammenhalt anstreben konnten und mußten. Im vorangegangenen Abschnitt wurde dies im Zusammenhang mit den Wiederaufbaumaßnahmen unter ökonomischen Gesichtspunkten aufgezeigt.

Doch auch die Mehrheit derjenigen Adligen, die eine Militärkarriere einschlugen, blieben durch vielfältige Beziehungen mit ihren Familien und Adelslandschaften verbunden. Diese

---

455 Zu den Mängeln beim Lehnsaufgebot vgl.: Schultze, Die Mark Brandenburg, Bd. 4, S. 210; vgl. zu dieser Thematik ferner: F. Meinecke: Reformpläne für die brandenburgische Wehrverfassung zu Anfang des 17. Jahrhunderts, in: FBPG 1 (1888), S. 426-450.
456 Vgl.: Riedel, Lehnsmiliz, S. 376.
457 Vgl.: Urkundenbuch v. Oppen, 2. Teil, S. 21.
458 Vgl.: Bredow-FG, Bd. 1, S. 135.
459 Vgl.: Löben-FG, S. 323.
460 Zit. nach: Schmidt, Schulenburg-FG, Bd. 2, S. 500.

Die Sozialstruktur der brandenburgischen Ritterschaft

resultierten vor allem aus den nicht unbeträchtlichen finanziellen Aufwendungen, die gerade am Beginn einer Offizierskarriere aufgebracht werden mußten. Ausgaben für eine „Erstausrüstung" oder die Wiederbeschaffung der im Felde verlorengegangenen Equipage veranlaßten die jungen Offiziere häufig zu Anleihen bei ihren Familien.[461] Gustav Wilhelm v. Buch nutzte z.B. in den 1680er Jahren trotz des ruinösen Zustandes seiner Güter das Vermögen seiner Gattin in Höhe von 1 000 Rtl., um „die von ihm geführte Kompanie nicht leiden zu lassen und Ersatz für sein gefallenes Pferd zu beschaffen".[462] Die in Ruppin ansässige Familie v. Quast mußte mehrfach die in Militärdiensten stehenden Söhne mit Anleihen unterstützen.[463] Dauerhafte Aufwendungen für die Unterstützung eines Offiziers in der Familie konnte zu zusätzlicher Verschuldung führen und die ohnehin angeschlagene wirtschaftliche Situation verschärfen. Im Zusammenhang einer durch Carl Philipp v. Klitzing 1711 vorgebrachten Bitte um Aufschub der Schuldenrückzahlung verwies dieser, im Kreis Cottbus über Besitzungen verfügende Supplikant darauf, daß sein zehnjähriger Kriegsdienst seinen Vater in diese großen Schulden gestürzt habe.[464]

Diese zumeist ungünstige wirtschaftliche Verfassung der brandenburgischen Adelsgeschlechter engte natürlich den Spielraum zur Unterstützung der im Heer stehenden Familienangehörigen ein, so daß andere Finanzierungsquellen gefunden werden mußten. Der zunächst in schwedischen, dann in brandenburgischen Kriegsdiensten stehende Johann Friedrich v. Buch sah sich auf Grund ausbleibender Hilfen des eigenen Geschlechts veranlaßt, andere Möglichkeiten zu finden, um aus der finanziellen Bedrängnis zu kommen: 1674 lieh er vom kurfürstlichen Münzarrendator W. Eberhardt zu Berlin 175 Rtl., um seine Kompanie auszurüsten; wenig später mußte er sich von der Berliner Ratskämmererwitwe Marie Bügel, geb. Schadebrod, „in seinen höchsten Nöten, weil er allhier nicht fort und zur Armee kommen können" 100 Rtl. Bargeld leihen.[465] Aus einer beim Kammergericht anhängigen Untersuchung ging hervor, daß der Offizier Adam Ludwig v. Thümen beim Regiments-Secretarius Schröder verschuldet war.[466]

Die Folgen einer Militärkarriere waren demzufolge ambivalent und denjenigen Familien, die mehrere Angehörige in die Armee schickten, durchaus bewußt. Für die angeschlagene wirtschaftliche Situation, in der sich der im Barnim gelegene Besitz derer v. Pfuel befand, wurde die starke Neigung dieser Familie zum Militärberuf verantwortlich gemacht. Die dadurch erforderlich werdende Verwaltung der Güter durch Administratoren oder ihre häufige Subhastation ließ z.B. die Pfuelschen Besitzungen nicht an der – im Gegensatz zu anderen märkischen Geschlechtern – positiv wirkenden wirtschaftlichen Konjunktur um 1700 partizipieren.[467]

---

461 Beleg über den Umfang einer Equipage eines niederen Offiziers bei: Schrötter, Offizierkorps (2. Teil), S. 140. Mit Pferden machte diesen einen Wert von 185 Tlr. aus.
462 Buch-FG, Bd. 2, S. 94.
463 Vgl.: GStAPK I. HA, Rep. 22 Nr. 244.
464 Vgl.: Klitzing-FG, Bd. 1, S. 275.
465 Buch-FG, Bd. 1, S. 311.
466 Vgl.: GStAPK I. HA, Rep. 22 Nr. 336. Allerdings ist nicht ersichtlich, ob es sich bei Schröder um den Secretarius des Regiments handelte, in dem auch v. Thümen diente.
467 Vgl.: Schmidt, Aus der Pfuelen Land, S. 181.

Dagegen konnte eine erfolgreiche Karriere, die den Adligen bis in die Chargen eines höheren Offiziers führte, durchaus günstige Rückwirkungen auf die Besitzkonstellation und Wirtschaftsführung haben. Ähnlich wie bei den Amtsträgern ermöglichten gestiegenes Einkommen und gewachsenes Prestige ein höheres Maß an wirtschaftlicher Saturiertheit. Am Beispiel der in die Mark zugewanderten Offiziersfamilien – nicht nur solcher berühmt gewordenen Repräsentanten wie etwa des späteren Generalfeldmarschalls v. Derfflinger[468] – wurde bereits in anderem Zusammenhang gezeigt, in welch exorbitanter Weise das im Militärdienst erworbene Vermögen in Güterbesitz angelegt werden konnte.[469] Auch Ernst Gottlieb v. Börstel gelang es vor allem durch seinen Aufstieg in der Armee, der ihn bis zum Rang eines Generalwachtmeisters führen sollte, seine Schulden abzutragen, die auf seinem Gut Hohenfinow bis auf fast 3 000 Rtl. angewachsen waren.[470]

Doch solche Alternativen blieben auf eine Minderheit der Erfolgreichen beschränkt. In der Regel übertrafen die Risiken eines Militärdienstes, vor allem in einer Zeit permanenter Kriege, dessen eventuelle wirtschaftliche Vorteile. An einigen Einzelfällen soll das Spannungsfeld zwischen den militärischen Neigungen einiger Adliger, einer damit auch verbundenen durch Abenteurertum und „Fernweh" geprägten Mentalität einerseits und den wirtschaftlichen und familiären Zwängen andererseits, ausgeleuchtet werden. Joachim Georg v. Winterfeld, der durch eine Erbschaft seiner Frau seinen uckermärkischen Besitz bedeutend vermehren konnte, hatte nach dem Tode seiner Gemahlin 1659 „von neuem Lust bekommen Militair-Dienste wieder anzunehmen".[471] Der Schwedisch-polnische Krieg, deren Verlauf den brandenburgischen Kurfürsten zwang, das Offizierskorps zu erweitern, bot ihm eine günstige Gelegenheit dazu. Doch sehr schnell gewannen andere Erwägungen bei Joachim Georg v. Winterfeld die Oberhand: Vor dem Hintergrund des ja gerade die Uckermark in Mitleidenschaft ziehenden Krieges habe er „angemerket", daß seine „Güter auf die Weise nicht allzuwol würden angebessert und eingerichtet werden können". Demnach habe „er in Absicht dem Seinigen wol vorzustehen ... die Kriegs-Dienste quitiret".[472] Aus ähnlichen Motiven heraus hatte einige Jahrzehnte später ein anderer v. Winterfeld dem Militärdienst den Rücken gekehrt, wie aus seiner Leichenpredigt verlautet: „Weil aber seine in der damaligen Zeit sehr zerrüttete[n] Güter seine Gegenwart nothwendig erforderten, dieselbige in nöthigen Stand zu setzen; so hat [Joachim Detlof v. Winterfeld - F.G.] Anno 1680 die Kriegsdienste wieder verlassen, und sich mit allen Fleiß auf die Wirthschafft geleget."[473] Über den sich im Spannungsfeld zwischen Rittergut und Kriegsdienst bewegenden Lebensweg des Albrecht Heinrich v. d. Hagen (1630-1711) erfahren wir sogar Interessantes aus seiner eigenen Feder. In seiner Autobiographie berichtete er über seine kurzzeitige Teilnahme am zuende gehenden Dreißigjährigen Krieg und seine durch die Truppenreduzierung 1649 erzwungene Ab-

---

468 Vgl. knapp zu diesem Problemkreis: G.-U. Herrmann: Georg Freiherr von Derfflinger, Berlin 1997, S. 71 ff.
469 Vgl. weitere Belege bei Enders, Die Prignitz, S. 695.
470 Dies gelang ihm schon, als er den Grad eines Obristleutnants erreicht hatte.
    Vgl.: S. Passow: Ein märkischer Rittersitz, Eberswalde 1907, S. 98.
471 zit. nach: Winterfeld-FG, Bd. 2, S. 791.
472 Ebenda, S. 792.
473 zit. nach ebenda, S. 532.

dankung. „Weil mir aber dahier keine andere Gelegenheit zu handen gekommen, die mir acceptierlich gewesen, als habe ich mihr wieder nach hause begeben...".[474] Erst im Zusammenhang mit dem erneuten Waffengang des Großen Kurfürsten im Schwedisch-polnischen Krieg eröffnete sich 1655 für wenige Jahre wieder eine Möglichkeit zum Militärdienst. 1660 mußte er allerdings endgültig auf das heimatliche Gut im havelländischen Stölln zurückkehren, zumal sein Vater kränkelte und nunmehr dessen Söhne die Last der Gutsverwaltung zu übernehmen hatten.

Diese Beispiele ließen sich fortsetzen. In ihrer Grundaussage bestätigen sie den Befund, daß eine planmäßige Militärkarriere in der zweiten Hälfte des 17. Jahrhunderts noch nicht die Regel darstellte. Die Jahre aktiven Kriegsdienstes konnten des öfteren durch längere Zeiträume unterbrochen werden, in denen sich der betreffende Offizier auf seinen Gütern aufgehalten hatte.[475] Die Landesherrschaft ließ natürlich nichts unversucht, dem einheimischen Adel eine Militärkarriere attraktiv erscheinen zu lassen. Im Februar 1689 wurde z.B. eine kurfürstliche Resolution an die neumärkische Ritterschaft verbreitet, wonach sich Interessenten für die zu errichtende „Trabanten Leib Guarde" melden sollten. Dem adligen Standesdenken kam entgegen, daß ausdrücklich betont wurde, daß „keine andere als von Adell" in diese Formation aufgenommen werden sollten.[476]

Die vorgebrachten Belege verdeutlichen des weiteren, daß es aus verschiedenen Erwägungen heraus für viele brandenburgische Rittergutsbesitzer noch nicht ratsam erschien, eine Militärkarriere einzuschlagen und daß demzufolge noch nicht von einem massenhaften Zulauf des märkischen Adels in die Armee ausgegangen werden kann. Schließlich gilt es ständig im Blick zu behalten, daß die oben eingehend geschilderten wirtschaftlichen Herausforderungen, die während der Wiederaufbauphase vor den märkischen Adelsfamilien standen, die Präsenz des Adels auf seinen Gütern angeraten erscheinen ließ. Die akuten Zwänge, in denen sich viele brandenburgische Adelsfamilien befanden, erforderten vor allem, die Aufmerksamkeit auf die Saturierung des Gutsbesitzes zu legen.

Nicht unbegründete Befürchtungen hegten die Rittergutsbesitzer zudem gegenüber einer Schmälerung ihrer Herrschaftsrechte über ihre Untertanen im Zusammenhang des an Bedeutung gewinnenden militärischen Faktors auch für die ländliche Gesellschaft. Diese Sorgen zielten zum einen auf die durch den Kriegsdienst bedingte längere Abwesenheit des Gutsherrn von seinen Besitzungen. Zum anderen mußten die Rittergutsbesitzer die vor allem seit den 1680er Jahren an Bedeutung gewinnenden Werbungen für das Heer zunehmend als Eingriff ihrer gutsherrlichen Rechte gegenüber ihren bäuerlichen Hintersassen wahrnehmen.[477] 1690 versuchte Kurfürst Friedrich III. entsprechende Bedenken der neumärkischen

---

474 Brand. LHA Rep. 37 Hohennauen Nr. 457, Bl. 109.
475 Joachim Friedrich v. Kröcher hatte bis zu Beginn der 1660er Jahre in der brandenburg-preußischen Armee bis zum Dienstgrad eines Leutnants gedient. Anschließend lebte er mehrere Jahre auf seinen ruppinischen Gütern, um dann wieder in das brandenburgische Heer einzutreten, was ihm 1683 die Charge eines Rittmeisters einbrachte. Im ganzen soll er „in die 20 Jahr" in kurfürstlichen Kriegsdiensten gestanden haben, wie er selbst in einer Eingabe an den Kurfürsten 1693 bekundet hatte. Kröcher-FG, Bd. 2, S. 180.
476 Brand. LHA Rep. 23 B Nr. 428, unpag.
477 Zu den Konsequenzen der Werbungspraktiken für das gutsherrlich-bäuerliche Verhältnis am Beispiel einer Teillandschaft vgl.: Enders, Die Prignitz, S. 685 f.

Ritterschaft zu zerstreuen, indem er zusicherte, „daß die würklichen Unterthanen und leibeigenen Leute, ihre Söhne, wie auch diejenigen so schon im Werke begriffen sind, Unterthanen zu werden und gewisse Stellen zu beziehen, zu keiner Zeit und an keinem Orte weder mit noch gegen ihren Willen geworben werden" sollen.[478]

Ebenso müssen die sehr unsicheren Perspektiven derjenigen adligen Militärs im Auge behalten werden, die nach ihrer Verabschiedung aus dem aktiven Militärdienst überhaupt nicht oder nur ungenügend mit Grundbesitz ausgestattet waren. Da sich in solchen Fällen auch die Bindungen zum eigenen Geschlecht mitunter sehr locker gestalten konnten, spiegelt sich das Schicksal solcher Adligen auch nur höchst unzureichend in den entsprechenden Quellen wider. Meist wurde ein solches Familienmitglied nur mit einer Marginalie und dem Hinweis bedacht, daß sein Aufenthaltsort unbekannt sei.[479] Die Aussichten für solche Militärs, durch die Landesherrschaft Unterstützung zu erhalten, waren in der zweiten Hälfte des 17. Jahrhunderts noch sehr gering.[480] In den Genuß sogenannter „Wartegelder", die für eine standesgemäße Existenz ausreichend waren, kamen allenfalls die höheren Offiziere.[481] Erst die stetige Heeresvermehrung und die Beteiligung Brandenburg-Preußens an den nicht abreißenden kriegerischen Auseinandersetzungen des ausgehenden 17. und beginnenden 18. Jahrhunderts führten zu einer stärkeren Beachtung der Versorgung der alten, vor allem jedoch derjenigen „blessierten und invaliden officirer ..., welche nicht den Willen sondern den Vermögen nach außer Stande gesetzet werden, uns undt dem Vaterlande weitere Dienste zu leisten, darneben aber auch nicht[s] haben, wovon sie ihre übrige Lebenszeit sich durchbringen und erhalten können."[482] So wurde erst im Jahre 1705 das erste Invaliden-Versorgungshaus gebaut.[483]

Andererseits dürfen aber auch nicht die Vorteile übersehen werden, die der Militärdienst für den Adel zumindest als Chance darstellen konnte. Dabei wäre zum einen an die bereits geschilderte Möglichkeit zu erinnern, in diesem Metier zu mehr Einkommen zu gelangen.[484] Im Zusammenhang unserer Ausführungen zur wirtschaftlichen Lage des brandenburgischen Adels nach 1648 wurde bereits auf die nicht unbedeutende Rolle der Offiziere bei den Kreditgeschäften und Gütertransaktionen verwiesen.[485] Doch blieb dies bekanntlich nur einer relativ kleinen Gruppe derjenigen Offiziere vorbehalten, die eine höhere Charge erreicht hatte. Vielmehr ist die Aufmerksamkeit auf die Tatsache zu lenken, daß durch den Militärdienst eine größere Mobilität und damit auch eine Erweitung des personellen Beziehungsnetzes erreicht wurde, über das der betreffende Adlige – bliebe er auf seinen begrenzten

---

478 zit. nach: Jany, Geschichte, Bd. 1, S. 548.
479 Belege dazu im Abschnitt zu den „Strategien des Wiederaufbaus".
480 Zu den bis in das 18. Jahrhundert hinein nur in begrenztem Maße für die Masse der verabschiedeten Offiziere zur Verfügung stehenden Pensionen vgl.: Jany, Geschichte, Bd. 2, S. 235 f.
481 Der Oberst Hans v. Rochow erhielt 1652 ein solches Wartegeld in Höhe von 400 Tlr.
482 Zit. nach: E. Schnackenburg: Das Invaliden- und Versorgungswesen des brandenburg-preußischen Heeres bis zum Jahre 1806, Berlin 1889 (ND Wiesbaden 1981), S. 29.
483 Im übrigen sollte die Finanzierung aus den eingenommenen Strafgeldern bei Lehnsfehlern abgesichert werden. Dies erhellt aus einem Brief an den neumärkischen Kanzler v. Brandt. Vgl.: Manuscripta Borussica, fol. 321, Bl. 46 ff. (= Staatsbibliothek Berlin).
484 Zur Einkommenssituation der Offiziere vgl.: Jany, Geschichte, Bd. 1, S. 309 ff.
485 Zusammenfassend dazu, wenngleich stärker das 18. Jahrhundert im Blick habend: Rachel/Papritz/Wallich, Berliner Großkaufleute, Bd. 2, S. 108.

Wirkungskreis in seiner kleinräumlichen Adelsgesellschaft beschränkt – sonst nicht verfügte.[486] Diese Beobachtung, der sogleich an einigen exemplarischen Fällen nachgegangen werden soll, weist damit auf die Bedeutung personaler Kontakte auch in einer Institution hin, die stets gleichsam paradigmatisch für den „modernen" Staatsgedanken gestanden hatte. Gebhard v. Alvensleben hielt es in seinem Lebenslauf für sein Fortkommen zuträglich, daß er Ende der 1630er Jahre „eine ziemliche Menge vornehmer Leute" kennengelernt hatte, worunter sich auch eine Reihe von Offizieren befanden, die ihm günstige Angebote für eine Militärkarriere unterbreitet hatten.[487] Der Fürsprache des Oberpräsidenten Otto v. Schwerin war es mit zu verdanken, daß im Juli 1660 dem Wunsch des Obristen Adam v. Hake entsprochen wurde, ihm die Vormundschaft über die Kinder seines verstorbenen Verwandten, Hans Georg v. Hake, abzunehmen. Daß ihn dies materiell überfordere, ist angesichts der beschriebenen, relativ hohen Besoldung eines Obristen in Zweifel zu ziehen; offenbar verfehlte aber die vom Oberpräsidenten während der Sitzung des Geheimen Rates lancierte Bemerkung, der supplicierende v. Hake hätte „selbst 8 lebendige Kinder" nicht die erwünschte Wirkung.[488]

Weitere Beispiele belegen, daß es vor allem die aus dem Güterbesitz erwachsenden Probleme waren, zu deren befriedigender Lösung die Militärs personale Beziehungen instrumentalisieren konnten: Ein an den brandenburgischen Kurfürsten gerichtetes Schreiben des Kaisers, in dessen Diensten sich Hans Dietrich von Flans während des Dreißigjährigen Krieges befunden hatte, erleichterte diesem, an seine Güter zu gelangen, die wegen Verschuldung durch das Berliner Handelshaus Weiler „blockiert" waren.[489] Die sich während des Kriegsdienstes eröffnenden Möglichkeiten, mit zahlungskräftigeren potentiellen Käufern in Gütergeschäfte einzutreten, wurden genutzt: Jobst Otto v. Hake schloß während der Belagerung von Stettin 1677 mit seinem Regimentskameraden, dem Kapitänleutnant Gottfried Lehmann einen Vertrag ab, durch welchen dieser für die Kaufsumme von 5 900 Tlr. in den Besitz der Hakenschen Güter Kränzlin und Werder (Ruppin) kam.[490] Der Rittmeister Johann Heinrich v. Treffenfeld wandte sich an den Kurfürsten im Zusammenhang einer, seines Erachtens unberechtigten „Execution" des Landreiters wegen nicht bezahlter Schulden. Der Kurfürst wies daraufhin den Fiscus an, die gebotene Frist einzuhalten, die dem Schuldner zustehe.[491]

Offiziere durften ohnehin mehr Rücksichten bei der Regelung auch höchst „ziviler" Angelegenheiten erwarten. Vor allem im Zusammenhang der nachsichtigen Behandlung von Lehnsfehlern, worauf im folgenden Abschnitt noch näher eingegangen werden soll, findet dies seine Bestätigung. Hier sollen nur solche Vorgänge dargestellt werden, bei denen durch die Supplikanten direkt auf den Militärdienst als Motiv für eine zuvorkommende Be-

---

486 Die Erweiterung des Weltbildes durch den Militärdienst beschreibt am Beispiel des Joachim Balthasar v. Dewitz, der „in brandenburgischen Diensten ´die Welt` kennengelernt" hatte: G. Heinrich: Staatsdienst und Rittergut. Die Geschichte der Familie von Dewitz in Brandenburg, Mecklenburg und Pommern, Bonn 1990, S. 107.
487 Curriculum vitae seel. H. Gebhard v. Alvensleben, in: Hahn, Kriegswirren, S. 26 f.
488 PR, Bd. 6, S. 146.
489 GStAPK I. HA, Rep. 22 Nr. 94, unpag.
490 Vgl.: Hake-FG, Bd. 1, S. 190 f.
491 Vgl.: GStAPK I. HA, Rep. 22 Nr. 337, unpag.

handlung ihrer Lehnsangelegenheiten abgehoben wurde. Leutnant Hans Dietrich v. Pfuel wandte sich im Juli 1701 an den König mit der Bitte, ihm zu verzeihen, daß er 1688 nicht um eine Belehnung der von seinem Vetter an ihn übergegangenen Lehnstücke nachgesucht hatte. Er entschuldigte dies mit seiner damaligen Minderjährigkeit und seinem Militärdienst.[492] Auch bei der Verhandlung eines Streites zwischen dem Obristleutnant Gregor Ehrentreich v. Löschebrandt und dem in sächsisch-weißenfelsischen Diensten stehenden Ernst Heinrich v. Löschebrandt vergaß der mit dem Fall befaßte Oberhofmarschall und Minister Marquard Ludwig v. Printzen nicht, „des supplicanten langjährige Kriegsdienste ... mit königlichen Hulden und Gnaden" zu erwähnen, was nicht ohne Wirkungen auf den Ausgang des Verfahrens blieb.[493]

Ebenso verstand es die altmärkische Familie v. Jeetze, den Umstand, daß sie mehrere Söhne in der preußischen Armee zu stehen hatte, zu ihren Gunsten auszuspielen. Im Januar 1705 wies der König die Lehnskanzlei an, dem Christian Otto v. Jeetze „in consideration seiner vielen Söhne, wovon 5 in unseren Militair-Diensten stehen und zwei in der Bataille von Hochstedt hart blessiret worden", seine Bitte zu erfüllen und ihn mit dem „auf den Fall" stehenden Rittergut Beust zu belehnen. Die anfangs noch angefügte Forderung, daß der v. Jeetze bei Erwerbung des Gutes 500 Tlr. zum Berliner Waisenhaus zahlen müsse, mußte wenige Jahre später aus dem gleichen Grunde fallengelassen werden.[494] Ebenso wurde 1660 dem Wunsch der Witwe v. d. Marwitz entsprochen, die längst fällig gewordene Lehnsmutung um ein halbes Jahr zu verschieben, da ihre Söhne im Heer stünden.[495]

Das Lehenssystem als landesherrliches Disziplinierungsinstrument

Damit gerät nun eine Thematik in das Blickfeld, die für die brandenburgische Adelsgesellschaft im letzten Drittel des 17. Jahrhunderts eine nicht zu unterschätzende Bedeutung gewinnen sollte. In den in jüngerer Zeit erschienenen Studien zur deutschen Adelsgeschichte wurde verschiedentlich auf die große Bedeutung des Lehenssystems auch für die frühneuzeitlichen Jahrhunderte hingewiesen. Der Eindruck, es bei dem Lehnswesen mit einer vorrangig dem Mittelalter zuzuschreibenden, überlebten Einrichtung zu tun zu haben, die nicht so recht in ein Umfeld paßte, das von effizienterer Verwaltung und mehr Rationalität geprägt war, mag auch mit dazu beigetragen haben, daß in der Forschung der Beschäftigung mit den Lehnsverhältnissen lange Zeit nur eine eher marginale Bedeutung zukam. Nicht von ungefähr war es dann ein Rechtshistoriker, der in Auswertung des gelehrten juristischen Schrifttums des 17. und 18. Jahrhunderts die vergleichsweise große Bedeutung, die das Lehnswesen darin einnahm, thematisiert hatte.[496] Daran anknüpfend hat *V. Press* für die reichische Adelsgesellschaft insgesamt auf die Bedeutung dieser Problematik verwiesen,

---

492 Vgl.: Brand. LHA Rep. 78 II P 24, unpag.
493 GStAPK I. HA, Rep. 22 Nr. 187, unpag.
494 GStAPK I. HA. Rep. 22 Nr.141a, unpag.
495 Vgl.: PR, Bd. 6, S. 158.
496 Vgl.: D. Willoweit: Rechtsgrundlagen der Territorialgewalt, Köln/Wien 1975, v. a. S. 98-108 u. 248-273.

allerdings ohne dies anhand des Quellenmaterials erschöpfend vorzuführen.[497] *P.-M. Hahn* konnte dagegen anhand der archivalischen Hinterlassenschaft eines von ihm detailliert untersuchten altmärkisch-magdeburgischen Familienverbandes den hohen Stellenwert belegen, den Lehnsfragen innerhalb eines Adelsgeschlechts bis weit in das 17. Jahrhundert eingenommen hatten. Durch die Auswertung des überlieferten Registraturwesens derer v. Alvensleben konnte verdeutlicht werden, „wie ernst man auch im ausgehenden 17. Jahrhundert das Lehnwesen nahm".[498] Dies findet seine Entsprechung auch in dem in den Gutsarchiven anderer brandenburgischer Adelsfamilien überlieferten Quellenmaterial. In dem mustergültig geführten, aus dem Jahre 1731 überlieferten Repertorium des auf Meseberg residierenden Reichsgrafen v. Wartensleben fand sich z.B. eine große Zahl von Lehnbriefen und Lehnpferdegeldrechnungen seit der Mitte des 16. Jahrhunderts.[499] Auch die Bibliothek der v. Hertefeld auf Liebenberg enthielt Bücher zum Lehnrecht in beträchtlichem Umfang.[500]

Nachweislich dieses Befundes gilt es in den folgenden Ausführungen der Bedeutung, die dem Lehenssystem in jenen Jahrzehnten sowohl aus der Perspektive der Landesherrschaft als auch aus der Sicht der Adelsgeschlechter zugemessen wurde, nachzugehen. Bereits in den letzten Kriegsjahren, die mit dem Beginn der Regierung des Großen Kurfürsten zusammenfielen, wurde allenthalben die Tendenz erkennbar, die adligen Rittergutsbesitzer stärker an ihre Pflichten als Vasallen zu erinnern. Doch auch für Brandenburg hatte sich mittlerweile eine Praxis durchgesetzt, die *E. Schubert* am Beispiel der welfischen Territorien einmal bündig auf den Punkt gebracht hatte: „Nicht mehr im Felde, sondern in der Kanzlei wurde die Geschichte des Lehnswesens geschrieben".[501]

Die energischere Gangart des neuen Landesherrn bekam die brandenburgische Adelsgesellschaft schon während der letzten Kriegsjahre zu spüren: Wenn auch Kurfürst Friedrich Wilhelm noch im Juni 1644 bereit war, die Entschuldigung der Prignitzer Ritterschaft, nicht zur Huldigung erscheinen zu können, auf Grund der unmittelbaren Kriegseinwirkungen zu tolerieren[502], mahnte er hingegen im Juli 1645 die für Lehnsangelegenheiten zuständige neumärkische Regierung in Küstrin wegen des Ausbleibens einiger Vasallen bei der Huldigung. Von diesen seien unverzüglich die fehlenden Angaben beizubringen und das ausstehende Lehngeld einzuschicken. Abschließend forderte der Kurfürst die neumärkischen Amtsträger auf, stärker als bisher auf die Lehnsdisziplin zu achten. Er habe nämlich den Eindruck gewonnen, „als achteten die leute der lehnbrieffe ... gar wenig".[503]

---

497 Vgl.: V. Press: Adel, Reich und Reformation, in: Stadtbürgertum und Adel in der Reformation. Studien zur Sozialgeschichte der Reformation in England und Deutschland, hrsg. v. W. J. Mommsen, Stuttgart 1979, S. 330-383, hier S. 331; ders.: Die kaiserliche Stellung im Reich zwischen 1648 und 1740 – Versuch einer Neubewertung, in: Stände und Gesellschaft im Alten Reich, hrsg. v. G. Schmidt, Stuttgart 1989, S. 51-80, hier S. 59.
498 Hahn, Fürstliche Territorialhoheit, S. 327 mit Anm. 1069.
499 Vgl.: Brand. LHA Rep. 37 Meseberg Nr. 1882.
500 Vgl.: Brand. LHA Rep. 37 Liebenberg Nr. 927.
501 Schubert, Steuer, Streit und Stände, S. 28
502 Sie wollten zwar ihrer Lehnspflicht nachkommen, schrieben die Repräsentanten des Prignitzer Adels am 18. Juni 1644 aus Wittstock, sitzen „aber dero Röm.-Kayserl. Maj. Armada halber in solcher großen Gefahr", daß sie nicht wagen, sich fortzubewegen. Brand. LHA Rep. 78 I Nr. 87, unpag.
503 GStAPK I. HA, Rep. 22 Nr. 372, unpag.

Die stärkere Aufmerksamkeit, die man den Lehnsangelegenheiten in den folgenden Jahren zuwandte, stand natürlich zum einen im Zusammenhang mit dem Aufbau des stehenden Heeres. Nach Beendigung des Schwedisch-polnischen Krieges 1660, in dem die brandenburgische Streitmacht einen ersten Achtungserfolg erzielt hatte, ordnete Friedrich Wilhelm eine Überprüfung der „Lehndienste" an.[504] Ihm ging es dabei beileibe nicht um eine Wiederbelebung des sich gerade während des Dreißigjährigen Krieges als höchst ineffizient erwiesenen sogenannten „Lehnsaufgebotes".[505] Vielmehr diente diese Erfassung als Grundlage für eine Regelung, die in dem Edikt vom 22. September 1663 ihre juristische Verwirklichung fand. Statt des Aufgebotes war es den Rittergutsbesitzern nunmehr erlaubt, pro Lehnpferd das Handgeld von 40 Rtl. für einen geworbenen Reiter zu zahlen.[506] Friedrich Wilhelm kam damit nach eigenem Bekunden den Wünschen des Adels entgegen.[507] Dabei bediente sich der Kurfürst – wie bereits erfolgreich bei der Einführung anderer neuer Lasten für die Stände erprobt – des außenpolitischen Arguments. 1666 appellierte er z.B. angesichts der für die Hohenzollernterritorien natürlich nicht allzu real bestehenden „Türkengefahr" an die Ritterschaft, sich mit ihren Lehnpferden bereitzuhalten bzw. 40 Rtl. zu geben.[508]

Durch die kurfürstlichen Behörden wurden die Lehnsangelegenheiten zum anderen als ein geeignetes Mittel angesehen, die Autorität der Landesherrschaft gegenüber den Oberständen in Erinnerung zu rufen. Zugriffsmöglichkeiten ergaben sich für die Landesherrschaft vor allem auf Grund der Tatsache, daß viele Adelsfamilien versäumt hatten, um einen Consens ihrer Lehen nachzusuchen bzw. diese zu „muten". Es erscheint nur aus der zeitlichen Distanz verwunderlich, warum ein so scheinbar archaisch anmutendes Instrumentarium für die Disziplinierung des Adels favorisiert wurde. Das Lehenssystem eignete sich vor allem deshalb für diesen Zweck, weil die landesherrliche Politik hier eine Organisationsstruktur innerhalb der Adelsgesellschaft, die in besonderem Maße auf Traditionalität und Konsens beruhte, allmählich instrumentalisieren konnte.

Zunächst mußte es darum gehen, die Arbeitsfähigkeit der Lehnskanzlei[509] nach dem Kriege wiederherzustellen und ihre Kompetenzen vor allem gegenüber den neu entstehenden Verwaltungsbehörden zu stärken. 1667 wurde deshalb in einem kurfürstlichen Reskript betont, daß die Gewährung von Lehnskonsensen als entscheidende Möglichkeit der Landesherrschaft, erst einmal einen genauen Überblick über ihre Vasallen als Grundlage einer weiteren fiskalischen Abschöpfung zu erhalten, „niemanden als Unser hiesige Lehns-Cantzley zu-

---

504 Vgl.: C. Jany: Lehndienst und Landfolge unter dem Großen Kurfürsten, in: FBPG 8 (1895), S. 419-467, hier S. 465.
505 Zu der bereits vor Ausbruch der Kriegshandlungen aufkommenden Kritik am brandenburgischen Militärwesen vgl.: Meinecke, Reformpläne.
506 Vgl.: C.C.M., III, 2. Abt., Nr. 36.
507 „Wozu sich die Lehnsleute Unserem Vermuten nach am liebsten verstehen, würde Uns auch das Geld lieber als die Dienste sein". Zit. nach: F. Wolters: Geschichte der brandenburgischen Finanzen, Bd. 2: Die Zentralverwaltung des Heeres und der Steuern, München/Leipzig 1915, S. 300.
508 Vgl.: Brand. LHA Rep. 23 A. B 612.
509 Zur Geschichte der Lehnskanzlei, zu der das Schrifttum - im Vergleich zu anderen Verwaltungsinstitutionen, die als Vorläufer der Behörden im „absolutistischen" Preußen eine besondere Zuwendung erfuhren - eher gering ist, vgl. knapp: Schultze, Die Mark Brandenburg, Bd. 4, S. 142.

kommet".⁵¹⁰ Bereits ein Jahr später wurden in einer Instruktion die Aufgaben, die die Lehnskanzlei zu bewältigen hatte, genauer definiert.⁵¹¹ Es handelte sich dabei keineswegs um ein erschöpfendes Regularium, das auf alle Eventualitäten eine Antwort zu geben hoffte. Eher erscheint der Eindruck berechtigt, daß hier jene Fragen aufgegriffen werden sollten, die nach den bisherigen Erfahrungen als besonders strittig galten. Als ein neuralgischer Punkt erwies sich z.B. der Umgang mit denjenigen Adligen, die zwar de jure noch als Vasallen des brandenburgischen Landesherrn galten, aber durch ihre lange Abwesenheit in Folge der Kriegs- und Nachkriegsereignisse ihren Verpflichtungen gegenüber ihrem Lehnsherrn nicht mehr nachgekommen waren.

Es waren dies eben gänzlich neue Erfahrungen für die Landesherrschaft, denn das „lange 16. Jahrhundert" hatte Brandenburg bekanntlich eine von Kriegen und politisch-dynastischen Turbulenzen weitgehend freie Zeitepoche beschert, so daß die Vasallitätsbeziehungen zwischen Kurfürst und Adel nie ernsthaften Belastungen ausgesetzt waren. Eine Lösung des angedeuteten Problems war jedoch auch aus der Sicht der Adelsfamilien erwünscht, denn ein Teil der aus dem Krieg heimkehrenden Familienangehörigen hatte sich nicht, wie z.B. im Falle des Wichmann Friedrich v. Wuthenow moniert wurde, sogleich zur Ablegung der Lehnspflicht bei der Lehnskanzlei gemeldet.⁵¹²

Oftmals war der Aufenthaltsort von bestimmten Angehörigen eines Geschlechts nicht mehr zu verifizieren bzw. zu klären, ob sie überhaupt noch am Leben waren.⁵¹³ Dies mußte zwangsläufig Auswirkungen für die Regelung der Lehnssukzession haben, denn der Lehnsfolger konnte erst nach beglaubigter Nachricht über den Tod des bisherigen Besitzers bei der Lehnskanzlei den Konsens erhalten.⁵¹⁴ Diese Vorgehensweise brachte wiederum eine mehrjährige Unsicherheit über die tatsächliche Verfügungsgewalt über das jeweilige Gut für die betreffenden Familien mit sich. Daß sich in diesem Fall auch die Bereitschaft in Grenzen hielt, wirtschaftliche Innovationen auf den anvertrauten Besitzungen vorzunehmen, erschien durchaus nachvollziehbar.

Ein gut belegtes Beispiel für die zum Teil verworrenen Verhältnisse bietet das vormals denen von Lohe gehörende Gut Braunsberg in Ruppin, wo die unklare besitz- und damit auch

---

510 C.C.M., II, 5. Abt., Nr. 16.
511 "Instruction vor die Lehns-Cantzley über unterschiedene Puncte, vom 28. Juli 1668". Vgl.: C.C.M., II, 5. Abt., Nr. 17.
512 Vgl.: Wuthenow-FG, S. 53.
513 Der im Ruppinischen ansässige Matthias von Gadow bat 1644 den Kurfürsten um „Lehnspardon" und einen neuen Termin für eine Mutung, da seine nach Mecklenburg abgewanderten Verwandten die entsprechende Citation nicht erhalten hätten. Brand. LHA Rep. 78 II G 1, unpag.
Am 23. April 1690 schrieb Oberstleutnant Friedrich von Pfuel an den Kurfürsten, daß er keine Nachricht von seinem Bruder, dem Geheimen Rat und hessen-nassauischen Hofmeister erhalten könne; er vermute, er sei nach England gegangen. Damit in Lehnsangelegenheiten „nichts verabsäumt" werde, bitte er um Ableistung der Lehnspflicht in Abwesenheit des Bruders. Doch erst 1692, als die Kunde vom Tode des an Diphterie verstorbenen Bruders eintraf, konnte F. v. Pfuel auch die gesamte Hand erhalten. Brand. LHA Rep. 78 II P 24, unpag.
514 Da über den in fremden Kriegsdiensten stehenden Asmus Ludwig v. Kröcher auf Lohm zwischen 1671 und 1691 keine Nachrichten vorlagen, wurde die Klage des Hans Matthias v. Kröcher auf Reluition des Anteilgutes Lohm abgewiesen, „weil Asmus Ludwigs Absterben zuvörderst erwiesen werden müsse". Vgl.: Kröcher-FG, Bd. 2, S. 196.

lehnsrechtliche Situation über 50 Jahre währte: Der ruppinische Kreiskommissar wurde 1695 beauftragt, Erkundigungen über das Gut Braunsberg einzuziehen. Er wies in seinem Bericht darauf hin, daß die letzte offizielle Belehnung bereits 1644 an die Familie von Lohe erfolgt sei. Nach dem Tode des letzten Lehnsinhabers im Jahre 1650 habe dessen Schwager, ein von Seelstrang, die Vormundschaft über die unmündigen Söhne von Lohe übernommen, die sich aber nie selbst zur „Mutung" ihres Gutes gestellt hätten. „Es soll auch der Ruppinischen Vasallen Aussage nach niemand von denen von Lohen mehr im Leben sein und seind die Güther in Creditoren hände geraten." Beim Kammergericht wurde daraufhin um die Subhastation des Gutes angehalten, aus dessen Erlös auch die Gläubiger bezahlt werden sollten.[515]

Einen Ausweg aus diesen Kalamitäten sah man in der Erteilung einer Eventualbelehnung. Diese präjudizierte zumindest den Anspruch des nächsten Lehnserben auf das Gut und konnte dann bei völliger Sicherheit über den Tod des eigentlichen Lehnsinhabers in eine vollgültige Belehnung umgewandelt werden. Eine solche erhielt z.B. 1683 Heinrich Dietloff von Pfuel, da er „nicht wüste, ob mein Vetter Baltzer Ehrentreich von Pfuel lebe oder tod sei".[516] Fünf Jahre später unternahm er einen erneuten Vorstoß, allerdings mit gleichem Ergebnis. Ein dem Briefwechsel beigelegtes Fragment einer Stammtafel des Geschlechts von Pfuel zeigt zudem, wie kompliziert sich mitunter die Rekonstruktion der aktuellen verwandtschaftlichen Konstellation für die Familie darstellen konnte.[517]

Die wohl bedeutendste gesetzliche Regelung der Lehnsangelegenheiten während der Regierungszeit des Großen Kurfürsten wurde mit dem „Edict wegen Muthung, Belehnung, Gesambter Hand und zuertheilenden Lehnsherrlichen Consense, auch Tituli possessionis" vom 10. Mai 1683 geschaffen.[518] Offenbar ging die Erarbeitung dieses Gesetzes auf die Kritik der in der Lehnskanzlei wirkenden Amtsträger zurück, die in der zurückliegenden Zeit mehrfach auf die bestehenden Mißstände aufmerksam gemacht hatten. Besonders beanstandet wurden die Säumigkeit beim Muten nach Ableben des Lehnsinhabers und die mangelnde Vollständigkeit bei der Angabe der zum Lehen gehörenden Besitzungen (insbesondere kleine Anteil-Güter, Mühlen, Waldstücke). Die verbesserte Registratur hatte eine wirksamere Kontrolle der durch die Adelsfamilien einzubringenden Nachrichten über Veränderungen zur Folge gehabt. Es war nun für die Rittergutsbesitzer nicht mehr so leicht möglich, die Zustimmung zu geschlechtsinternen, das Lehnswesen betreffenden Regelungen einzuholen. Ohne die Vorlage beglaubigter und abgesicherter Dokumente und deren Abgleichung mit den in der Lehnskanzlei lagernden Unterlagen war ein Konsens nicht zu erhalten. Im Zusammenhang eines erbetenen Lehnskonsenses für das Gut Rantzow wurde die Familie v. Klitzing am 30. Juni 1684 von der Lehnskanzlei beschieden, daß ein angeblicher Konsens aus dem Jahre 1655, auf den sich die Familie berief, unbekannt sei; ebenso sei nicht nachvollziehbar, daß der verstorbene Georg Christoph v. Klitzing das Anrecht auf Rantzow von der vormaligen Besitzerin, Elisabeth v. Pannewitz, für 625 Rtl. gekauft haben solle.[519]

---

515 Brand. LHA Rep. 78 II L 78, unpag.
516 Brand. LHA Rep. 78 II P 23, unpag.
517 Vgl.: ebenda.
518 Vgl.: C.C.M., II, 5. Abt., Nr. 18.
519 Vgl.: Klitzing-FG, Bd. 1, S. 238.

Ein weiterer Mißstand, der uns auch in der familiengeschichtlichen Überlieferung verschiedentlich begegnet, wurde in der Schwerfälligkeit bei der Gewährung der sogenannten „gesamten Hand" gesehen. Diese Institution der „gesamten Hand" verlangte, daß Erbregelungen, aber auch Güterverkäufe durch das Gesamtgeschlecht genehmigt werden mußten. Dieses Prozedere gewann seine Bedeutung vor allem für die weit verzweigten Geschlechter, die zudem in mehreren Territorien Besitzungen haben konnten.

Die Säumigkeit der Geschlechtsangehörigen, um die gesamte Hand beim Thronwechsel nachzusuchen, aber auch interne familiäre Konflikte konnten allerdings dieses auf Zusammenhalt des Gesamtgeschlechts angelegte System in Konfusion bringen. Innerfamiliäre Zerwürfnisse konnten z.B. dazu führen, daß diejenigen Geschlechtsangehörigen, die die gesamte Hand innehatten, nur höchst unzureichend über bevorstehende Veränderungen im Besitzstand des Gesamtgeschlechts informiert wurden.[520] Die Wahrnehmung der Rechte und Pflichten der „gesamten Hand" galt den Geschlechtern als mögliche Sicherung gegen unüberlegte Gütertransaktionen einzelner Angehöriger.[521]

Daß der Kurfürst nun im Vergleich zu vorherigen Ankündigungen wirklich Ernst machen wollte, war z.B. aus der gesetzten Frist ablesbar, innerhalb von sechs Monaten die nicht eindeutig geklärten Fälle zu regeln. Widrigenfalls sollten die dieser Pflicht nicht nachkommenden Familien ihrer Lehen verlustig gehen. Die in Hessen ansässigen Mitglieder des Geschlechts v. Trott zu Solz hatten nach dem Tode ihres in der Kurmark lebenden Verwandten, Georg Friedrich v. Trott, versäumt, um die gesamte Hand am Lehngut Badingen nachzusuchen. In ihrem Entschuldigungsschreiben vom Februar 1684 wiesen sie darauf hin, daß sie das besagte Edikt vom Mai 1683 erst jetzt erhalten hätten. In einem längeren Verfahren konnten sie zwar die Mitbelehnung an diesen Gütern erhalten, nicht aber ohne eine empfindliche Geldstrafe in Höhe von 2 500 Tlr. an den Fiskus zu entrichten.[522] Valentin Friedrich v. Buch wurde im April 1684 mitgeteilt, daß er die gewünschten Dokumente aus der Lehnskanzlei erst bekommen könne, wenn er die noch rückständigen Lehngelder einzahle.[523]

Das zunehmende Durchsetzungsvermögen der Landesherrschaft in Lehnsangelegenheiten beschäftigte auch die ständischen Gremien. Die Kurmärkische Landschaft bat in einem Memorial vom 2. Januar 1693 den Landesherrn, dafür Sorge zu tragen, „daß die Consense

---

520 Die Frage der „gesamten Hand" erwies sich auch in späteren Jahren als Hauptproblem. Die Gefahr, durch die vom Kurfürsten konsequenter wahrgenommene Pflicht als Oberlehnsherr diese Rechte zu verlieren, vergrößerte sich, so daß die Ständerepräsentanten den neuen Landesherrn, Friedrich III., am 18. Juni 1688 baten, bei Verzögerungen ihnen „nicht übereilt" die „gesamte Hand" zu nehmen. Brand. LHA Rep. 23 A. B 56, unpag.

521 Hans Caspar v. Klitzing auf Briesen (Kr. Cottbus) protestierte 1689 beim Berliner Kammergericht als „nächster Agnat" dagegen, daß Christian v. Klitzing sein Gut Klein-Mehso an den aus Mecklenburg stammenden Licentiaten Musigk verkaufen wolle. „Er bittet, ihm das Gut zu Lehen zu reichen". Das Kammergericht entschied dann aber zugunsten des bürgerlichen Käufers, da die Lehnsunterlagen der Familie v. Klitzing nicht ordnungsgemäß geführt wurden. Hans Caspar v. Klitzing wurde abschließend beschieden, er „habe es seiner Nachlässigkeit zuzuschreiben, wenn er der gesamten Hand verlustig geworden". Klitzing-FG, Bd. 1, S. 246 f.

522 Vgl.: GStAPK I. HA, Rep. 22 Nr. 337, unpag.

523 Vgl.: Buch-FG, Bd. 1, S. 217.

bei Wiederkäufen fernerhin auf 25 Jahr ... erteilet werden". Als besonders störend wurden „die in der Lehnskanzlei merklich gestiegenen Schreibgebühren" empfunden.[524]
Betrachtet man aus der Perspektive der Lehnsproblematik das Verhältnis zwischen Landesherrschaft und Adel am Ende der Regierungszeit des Kurfürsten Friedrich Wilhelm, dann ist nicht zu übersehen, daß die mit einer konsequenteren Handhabung des Lehnrechtes beabsichtigten Effekte durchaus erzielt worden waren. Sein Recht, vor dem Heimfall stehende Lehngüter an begünstigte Adlige, aber auch bürgerliche Amtsträger zu vergeben, wurde nun wieder rege in Anspruch genommen. Mehrfach hatten die dafür zuständigen Beamten seit den 1660er Jahren Erkundigungen über „auff den fall stehende lehngüter" eingezogen.[525] Daß mit solchen Maßnahmen zugleich bestimmte Motive auf dem Feld der kurfürstlichen Ämter- und Personalpolitik verbunden waren, liegt auf der Hand: 1676 wurde z.B. dem am kurfürstlichen Hofe weilenden Kammerjunker Martin Friedrich v. Rochow das Gut Gütergotz [heutiges Güterfelde] nach dem Tode des vormaligen Besitzers Valentin Döring „zugewendet"; der kurfürstliche Leib-Medicus Dr. Martin Weise wiederum erhielt 1677 die Anwartschaft auf das „erste Lehngut, so in der Kur- und Mark Brandenburg oder im Herzogtum Pommern caduc werden" sollte, nachdem er dem Kurfürsten die Summe von 1 500 Rtl. vermacht hatte.[526]
Zum anderen gelang es dem Kurfürsten, die auf Grund verschiedener Faktoren in der Kriegs- und Nachkriegszeit sehr aufgelockerten Bindungen zu „seinem" Adel zu festigen. Die Pflicht, beim Thron- bzw. Heimfall um den Lehnskonsens nachzusuchen, wurde schärfer kontrolliert und vermittelte zugleich eine engere Bindung an die Landesherrschaft. Diese Entwicklung ist vor allem auch vor dem Hintergrund der größer werdenden Gesamtmonarchie zu sehen. Dabei schien zuweilen das Interesse der Landesherrschaft auf, gerade die alten, eingesessenen Geschlechter in ihrem Bestreben zu unterstützen, ihren Grundbesitz in den angestammten Landschaften zu erhalten. Hier sei an unsere Bemerkungen über die Veränderung der Besitzverhältnisse erinnert. Trotz der mit dem Verlust der Güter für viele Geschlechter verbundenen Unsicherheit, entsprach es auch landesherrlichen Vorgaben, daß – z.B. im Falle eines Auskaufes – der betreffende Adlige ein neues Lehen in Brandenburg erhielt.
Der aus einer im Ruppinischen ansässigen Familie stammende und in braunschweigisch-lüneburgischen Hofdiensten stehende Balthasar von Kahlebutz kalkulierte 1657 die ihm nicht verborgen bleibende Haltung des Kurfürsten, gegenüber den urbrandenburgischen Adelssippen in Lehnsangelegenheiten Nachsicht walten zu lassen, bei seinem Bittgesuch ein: Auf einen ihn betreffenden Lehnsprozeß anspielend „lebe [er] dabey der tröstlichen Zuversicht, es werden E. Ch. D. wegen conservierung der Lehne und alten Stammgeschlechter gnädigst verwilligen".[527] Auch die Angehörigen des Geschlechts v. Bredow, die sich eines guten Verhältnisses zur Landesherrschaft erfreuten, profitierten von dieser toleranten Haltung bei der Klärung umstrittener Lehnsfragen.[528]

---

524 Brand. LHA Rep. 23 A. B 59, unpag.
525 Eine solche Designation für die mittelmärkischen Teillandschaften ist enthalten in: Brand. LHA Rep. 78 I Nr. 76, unpag.
526 Ebenda.
527 Brand. LHA Rep. 78 II K 1, unpag.
528 Vgl.: Bredow-FG, Bd. 3, S. 80.

Die Sozialstruktur der brandenburgischen Ritterschaft

Der Kurfürst konnte die angedrohte Lehnsstrafe bei sogenannten „Lehenfehlern" nicht nur als zusätzliche Einnahmequelle nutzen, sondern es war ihm auch unbenommen, eine Abschwächung oder gar völlige Annullierung solcher Strafen als Gnadenerweise für jene von ihm begünstigten Geschlechter zu gewähren. Denn nur in ganz wenigen Fällen ging die Landesherrschaft den letzten Schritt einer völligen Einziehung der Lehen ihrer wegen Unregelmäßigkeiten ins Visier geratenen Vasallen.[529] In der für das Jahr 1684 erarbeiteten „Specification" über Lehnstrafen wurden z.B. lediglich sechs Fälle von Lehnseinziehungen aufgelistet[530]; bei der übergroßen Mehrheit der Sanktionen handelte es sich um Geldstrafen. Diese bewegten sich in der Regel zwischen 10 und 100 Rtl.[531] Gleichwohl entspricht die Auffassung, es handele sich dabei nur um „unbedeutende und unsichere Einnahmen" nicht der Realität.[532] Nur für dieses eine Jahr, für das eine Gesamtaufstellung vorliegt, belief sich die Gesamtsumme auf 15 147 Rtl. ![533]

Zwar fehlen ähnliche Auflistungen von Lehnstrafeneinziehungen im Quellenbestand der Kurmärkischen Lehnskanzlei, doch steht zu vermuten, daß die Lehnskanzlei selbst gar nicht mit der Einziehung und Erfassung dieser Gelder betraut worden war.[534] Die offensichtliche Bagatellisierung der zuständigen Behörde im internen Konkurrenzkampf der Zentralverwaltung darf uns jedoch nicht a priori zu der Schlußfolgerung verleiten, das Lehnswesen hätte damit an Bedeutung verloren. Für die Aufgabe der Lehngeldereinziehung zeichneten zunehmend die im Zusammenhang der Herausbildung der Heeresverwaltung entstandenen „neuen" Verwaltungsbehörden verantwortlich. Die Lehnpferdegelder wurden „meist mit der Kontribution zusammen erhoben und verrechnet".[535] Die überlieferten Quellen belegen des weiteren,

---

529 Wie konsequent indes die Landesherrschaft ihr Recht wahrnehmen konnte, belegt die Einziehung des denen von Hake bis 1705 gehörenden ruppinischen Gutes Dabergotz. Die Hakes hatten dieses Gut 1665 von der Familie v. d. Gröben wiederkäuflich erworben. Anläßlich der bei der Lehnskanzlei 1685 beantragten Verlängerung des Wiederkaufsvertrages entdeckte diese einen Lehnfehler, den die v. d. Gröben sich bereits 1620(!) hatten zuschulden kommen lassen. Damit hatte der Kurfürst als Oberlehnsherr das Recht, das Gut einzuziehen. Entsprechende Bitten fruchteten nichts, da der Landesherr seit 1668 schon einen Teil von Dabergotz besaß und durch die Amtskammer auf die günstige Gelegenheit aufmerksam gemacht worden war, den Besitz weit unter seinem Wert für sich einzulösen. Den Hakes wurde nur der an die v. d. Gröben gezahlte Kaufpreis von 7 204 Tlr. gezahlt, der tatsächliche Taxwert belief sich auf 12 000 Tlr. Vgl.: Hake-FG, Bd. 1, S. 186 f.

530 Es handelte sich dabei zudem um die Einziehung von Anteilen der „caduc" gewordenen Güter Neuendorf und Ziethen, des Gutes Spahrenwalde, von 14 Hufen, die denen v. Steinwehr in Birkholz gehörten, einige Lehnstücke der v. Wedel, des Anteilgutes Bärwalde (v. Leipziger) und des Gutes Kampehl (v. Kahlebutz). Vgl.: Eickstedt, Landbuch, S. 441 ff.

531 Nur in fünf Fällen sind größere Summen gefordert worden. Dabei ragen insbesondere die v. d. Schulenburg mit einer Gesamtstrafe von 6 000 Rtl. heraus. Zum Konflikt der v. d. Schulenburg mit der Landesherrschaft wegen ihrer Lehensangelegenheiten vgl. auch: Schmidt, Schulenburg-FG, 2. Teil, S. 417 ff.

532 Vgl.: V. Loewe: Die Allodifikation der Lehen unter Friedrich Wilhelm I., in: FBPG 11 (1898), S. 341-374, hier S. 343.

533 Eickstedt, Landbuch, S. 444.

534 Nur gelegentlich stößt man in dem relevanten Aktenbestand auf solche Nachrichten. So wurde im Mai 1703 auf eine Anfrage über die Ausfertigung eines Lehnbriefes für den Major von Bergen der Bescheid erteilt, daß der Kurfürst „die Lehne an andere verschenket, weil die von Berge Lehnfehler begangen". Brand. LHA Rep. 78 I Nr. 9, Bl. 9.

535 Wolters, Geschichte der brandenburgischen Finanzen, Bd. 2, S. 577.

daß die kurfürstlichen regionalen Amtsträger – natürlich im Rahmen ihrer oftmals nur bescheidenen Möglichkeiten – für eine durchgreifendere Kontrolle bei der Umsetzung der Lehnspolitik herangezogen wurden. Der ruppinische Landreiter, der Lehnschulden der Familie von Gadow eintreiben sollte, hielt z.B. in seinem Bericht von 1683 fest, daß er sich „überall in diesem Ruppinischen Kreise nach denen von Gadowen und deren güthern fleißig erkundiget" habe, ohne dann freilich seinen Auftrag erfolgreich zuende führen zu können.[536]

Bereits zu Beginn der 1690er Jahre wurde auf die geringen Befugnisse der Lehnskanzlei aufmerksam gemacht, ohne daß daraufhin nennenswerte Veränderungen vorgenommen worden sind.[537] Zudem scheint bei der Haltung der führenden Amtsträger gegenüber dieser Behörde auch ein gewisses Mißtrauen über ihre Anfälligkeit gegenüber Bestechungsversuchen eine Rolle gespielt zu haben. Im Zusammenhang mit den einzusendenden Informationen schien es üblich geworden zu sein, daß „große Geschenke genommen und dadurch den Lehnsherrlichen interesse sehr prajudiciret werden kann".[538]

Mehrfach belegte Vorgänge zeigen, daß der Landesherr durch den Modus der Verhängung von Lehnstrafen[539], aber auch durch den zu variierenden zeitlichen Aufwand bei der Gewährung des Lehnskonsens seine Gunst gegenüber favorisierten Adligen wohl dosiert bekunden konnte: Der sich bereits auf dem Wege zum führenden landesherrlichen Amtsträger befindende Otto von Schwerin hatte 1656 „als eine begünstigte Persönlichkeit die Mitbelehnung und Anwartschaft" auf die uckermärkischen Güter Schmarsow, Damerow und Rollwitz erhalten, obgleich Joachim Georg von Winterfeld als Ehemann und Erbe der kurz zuvor verstorbenen vormaligen Besitzerin v. Blücher schon die Nutzung dieser Güter in Angriff genommen hatte.[540] Allerdings hatte sich Otto v. Schwerin hier offenbar übernommen, denn der Grad der Verwüstungen dieser Güter ließ es ihm geraten erscheinen, seine Rechte kurze Zeit später durch J.G. von Winterfeld abkaufen zu lassen. Man erkennt an diesem Vorgang zugleich, welche Bedeutung Lehnrechten beigemessen wurde, denn nur diese garantierten letztlich den Besitz.

Bereits 1643 hatte Kurfürst Friedrich Wilhelm mit dem Kammerherrn, Amtshauptmann und Oberstallmeister Georg Ehrentreich v. Burgsdorff einen Tausch ausgehandelt. Der v. Burgsdorff veräußerte Groß Lübbichow, das nun in das landesherrliche Amt Lebus integriert wurde. Dafür gewährte der Kurfürst seinem Oberstallmeister besondere Freiheiten in dem ihm nun übereigneten Dorf Golzow (Lebus). Er wies die Lehnskanzlei an, dort „keine Lehne noch Lehnpferde" anzusetzen „oder sonsten einige Beschwerde und Ungelegenheidt, so man künftig der Lehn halber vornehmen möchte" zu bereiten.[541]

---

536 Brand. LHA Rep. 78 II G 1, unpag.
537 Vgl. dazu eine entsprechende Denkschrift von Franz v. Meinders in: Brand. LHA Rep. 78 I Nr. 124, unpag.
538 So rückblickend 1704 in den „Notata bey der revidierten Lehntaxe". Brand. LHA Rep. 78 I Nr. 124, unpag. Vielleicht ist darauf auch die Tatsache zurückzuführen, daß man es vermied, brandenburgische Adlige mit Ämtern in der Lehnskanzlei zu betrauen. Zum Personal in der Lehnskanzlei vgl.: Bahl, Hof, S. 419.
539 Vgl. hierzu auch die erwähnte „Specification" bei Eickstedt, Landbuch, S. 443, wo sich mehrfach solche Eintragungen wie bei Christian Sigmund von Lüderitz: „Lehnstraff der 50 Thlr. erlassen 10 Thlr." oder im Falle Heinrich Caspar von Bredows: „wegen des Bollinischen Antheils Guts in Marckau von 1 000 Thlrn. 50 Thlr. erlassen", fanden.
540 Winterfeld-FG, Bd. 2, S. 786.
541 Brand. LHA Rep. 78 II B 209, Bl. 260.

Die Sozialstruktur der brandenburgischen Ritterschaft 119

Der havelländische Adlige Ehrentreich v. Bredow erhielt als „angesehener Amtsträger" – er war havelländischer Kreiskommissar und Domherr zu Brandenburg – trotz begangener Lehnfehler ohne Probleme den Konsens in Zusammenhang mit seinen ausgedehnten Gütertransaktionen.[542] Auch gegenüber Kaspar Friedrich v. Rohr ließ der Kurfürst 1665 Milde walten. Trotz versäumter Mutung gewährte er den erbetenen Lehnskonsens mit dem Bemerken, „daß es schlechte Güter sein", zum anderen seien auch „der Mitbelehnten sehr viel".[543] Dem in Mecklenburg als höherer Amtsträger in Diensten stehenden Otto Wedige von Buch wiederum wurde 1681 ein Lehnsfehler verziehen, wobei man in diesem Fall bewußt vor allem auf die Verdienste seines Sohnes, des bekannten Reisemarschalls des Großen Kurfürsten, Dietrich Sigismund anspielte.[544] Eine weniger günstige Behandlung erfuhr, wie bereits erwähnt, das Geschlecht v. d. Schulenburg. Im Jahre 1680 ließ die Lehnskanzlei das schulenburgische Lehnswesen untersuchen, „wobei eine Menge Lehnsfehler zutage kamen".[545] Die Gefahr der Einziehung des größten Teiles der Lehen drohte. Erst der dann in dieser Angelegenheit bemühte Kurfürst fällte eine Entscheidung, die zwar harte Auflagen für die Schulenburgs brachte, dennoch aber im Vergleich zum Totalverlust der Lehen das „kleinere Übel" darstellte.[546]

Auch für die ersten Regierungsjahre des neuen Kurfürsten Friedrich III. sind Vorgänge überliefert, die belegen, wie das Lehnswesen zur Begünstigung der beim Landesherrn angesehenen hohen Militärs oder Amtsträger instrumentalisiert werden konnte. Dabei erscheint die in einer Familiengeschichte formulierte Wertung überzeichnet, der neue Landesherr hätte „in seltsamem Contraste" zur Verfahrensweise seines Vorgängers zur Deckung der Kosten seines „glänzenden Hofhaltes" und der Finanzierung der Königskrönung eine rigidere Handhabung der Lehnpraxis angeordnet.[547] Zwar gab es durchaus vereinzelt Fälle von Lehneinziehungen[548], doch konnte es sich der junge Kurfürst in den ersten Jahren seiner Regierung leisten, den allzu restriktiven Bestimmungen in der Wahrnehmung des Lehnsrechts etwas die Schärfe zu nehmen. So wies er kurz nach seiner Thronbesteigung am 31. Mai 1688 die Lehnskanzlei an, daß den betreffenden Adligen „zur Abstattung der Lehnwaren einige billige Frist indulgiret und gegeben werden solle".[549] Und wie gezeigt stand bereits bei Kurfürst

---

542 Vgl.: Bredow-FG, Bd. 3, S. 76.
543 Brand. LHA Rep. 78 II Nr. 1, unpag.
544 Vgl.: Buch-FG, Bd. 2, S. 93.
545 Wätjen, Schulenburg-FG, S. 86.
546 Löcknitz und Falkenberg mußten an den Fiskus abgetreten und 6 000 Rtl. Buße erlegt werden. Vgl.: ebenda.
547 Holtzendorff-FG, S. 51. Dieses Urteil entsprach natürlich dem in der borussischen Geschichtsschreibung seit Johann Gustav Droysen kolportierten Verdikt über den ersten preußischen König. Vgl. hierzu nur repräsentativ die entsprechenden Passagen bei Hintze, Die Hohenzollern, S. 257.
548 So wurden die der Familie v. Lochow gehörenden Güter Nennhausen und Ferchjesar infolge mehrerer Lehnfehler eingezogen. Allerdings muß zugunsten der landesherrlichen Seite ergänzend darauf hingewiesen werden, daß diese Familie in früheren Jahren bereits in den Genuß von Lehnspardon gekommen war. Vgl.: Lochow-FG, S. 68 f.
549 Brand. LHA Rep. 23 A. B 56, unpag. Nach 1700 ist allerdings – vor allem wohl im Zusammenhang mit den außenpolitischen Spannungen – zu einer rigideren Praxis übergegangen worden, worauf an anderer Stelle näher eingegangen wird.

Friedrich Wilhelm eine moderate Verfahrensweise neben der Anwendung recht drakonischer Strafen bei Lehnvergehen, so daß die unter seinem Sohn gefällten Entscheidungen doch eher diese Linie fortsetzten. Zwei Vorgänge sollen dies illustrieren:
Dem Bullendorfer Zweig der vor allem in der Prignitz angesessenen Familie v. Quitzow wurde 1690 durch einen Beschluß des Kammergerichts die gesamte Hand über den Familienbesitz übertragen. Da der zu dieser Zeit am kurfürstlichen Hofe zunehmend favorisierte Kammerherr Paul v. Kameke[550] aber großes Interesse am Besitz des zweiten Anteils des alten Quitzow-Gutes Kletzke bekundete (den ersten Teil besaß er bereits), befahl der Kurfürst eine Wiederaufnahme des Prozesses. Die folgende Verhandlung lag allerdings nicht in den Händen des Kammergerichts, sondern wurde einer „besonderen Kommission" übertragen, die man nicht ganz unbegründet verdächtigte, „unter gewissen Einflüssen" zu stehen.[551] Dieses Gremium entzog dann auch denen v. Quitzow die gesamte Hand, so daß der v. Kameke im Falle des Aussterbens der auf Kletzke sitzenden v. Quitzow ungehindert deren Anteilgut hätte übernehmen können. Der genannte hohe Amtsträger kam in den folgenden Jahren noch mehrmals in den Genuß solcher landesherrlichen Gunsterweise, die zuweilen auf Kosten alteingesessener Geschlechter gehen konnten. Die Söhne des verstorbenen Generalleutnants Wilhelm v. Brandt vernahmen im November 1704 irritiert, daß der König den v. Kameke mit der „gesamten Hand" auf das Gut Diedersdorf (Neumark) begnadigt hatte, obwohl diese doch sechs Jahre zuvor ihrem Vater zuerkannt worden war. Ihnen blieb allerdings nur der Ausweg, vom Landesherrn mit einem anderen Besitz abgefunden zu werden.[552]
Als Ausdruck tiefen Unrechts faßte der in der Uckermark angesessene Zweig der Familie v. Holtzendorff die ungnädige Behandlung einer Lehnsangelegenheit durch den neuen Landesherrn auf.[553] Da die mittelmärkische Linie nur noch „auf zwei Augen stand" und die als nächste Agnaten an die Reihe kommenden sächsischen Verwandten die Verfolgung ihrer Lehnsansprüche im Brandenburgischen aufgegeben hatten, beanspruchten nunmehr die uckermärkischen Holtzendorffs die Sukzession. Doch der Kurfürst hatte längst eigene Pläne. Dem soeben aus kursächsischen in brandenburgische Dienste gewechselten General Heino Heinrich von Flemming wurde der Erwerb der Güter Köthen, Dannenberg und Falkenberg in Aussicht gestellt; also genau jene Besitzungen, die die von Holtzendorff nach altem Lehnrecht beanspruchten. Eine im Juni 1689 dem Kurfürsten vorgelegte Beschwerde wurde knapp und rigoros abgewiesen: „Die von Holtzendorff in der Uckermark haben die gesambte Hand auf absterben der von Holtzendorff in der Mittelmark nicht bestellet, worumb sie mit ihrem Suchen abzuweisen."[554]
Dieser unfreundliche Akt, der neben der Bedeutung der Regelung der „gesamten Hand" zugleich verdeutlicht, wie gering die Standessolidarität innerhalb einer kleinräumlichen Adelsgesellschaft entwickelt sein konnte, hatte für die Familie tiefgreifende Konsequenzen.

---

550 Zum Aufstieg Kamekes am Berliner Hof vgl.: W. Koch: Hof und Regierungsverfassung König Friedrich I. von Preußen (1697-1710), Breslau 1926, S. 59 f.
551 Opalinsky, Aus der Heimat alten Tagen, 3. Teil, S. 312.
552 Vgl.: Brand. LHA Rep. 78 II B 131, Bl. 1 ff.
553 Vgl. zum folgenden: Holtzendorff-FG, S. 51ff.
554 Ebenda, S. 52.

Einige der betroffenen Geschlechtsangehörigen verließen die brandenburgischen Dienste und begaben sich – zum Teil sogar nach Veräußerung ihrer Güter – nach Mecklenburg bzw. Kursachsen.

Vor diesem Hintergrund erscheint es ferner nicht verwunderlich, daß die Handhabung der Lehnsherrschaft durch den Kurfürsten genutzt wurde, um auf solche Adelsfamilien stärkeren Druck auszuüben, die sich auf anderen Feldern der landesherrlichen Politik unbotmäßig gezeigt hatten. Im Zusammenhang einer Erbauseinandersetzung hatte sich die neumärkische Familie von Wedel in den 1660er Jahren gegenüber der Regierung in Küstrin als die in dieser Angelegenheit entscheidende juristische Instanz als „sehr widerspenstig erwiesen". Von daher überraschte die kurfürstliche Entscheidung nicht, daß Curt Dietrich v. Wedel die Lehnstrafe von 37 Rtl. nicht erlassen wurde; ausdrücklich wurde darin sein „Ungehorsam" moniert.[555]

Des weiteren bot das Ausspielen seiner Funktion als Lehnsherr dem Kurfürsten neben der ökonomisch angeschlagenen Position der Adelsgeschlechter geeignete Ansatzpunkte, die Arrondierungspolitik auf Kosten des Adelslandes zu voranzutreiben. An dem im Teupitzer Land angesessenen Geschlecht der Schenken von Landsberg wurde ein besonders hartes Exempel statuiert, als im Zusammenhang eines Lehnsfehlers und auf Grund des verschärften Ediktes von 1683 die Herrschaft Teupitz und das Gut Schwerin „caduc" erklärt wurden. Beide Gutskomplexe kamen kurze Zeit darauf als Schenkung in die Hand des Kurprinzen.[556]

Bereits vor der 1660 erreichten Wiedergewinnung des Amtes Potsdam, das dann als Ausgangspunkt einer sehr nachhaltig betriebenen Aufkaufpolitik von Adelsgütern in diesem südwestlich Berlins gelegenen Raum fungierte, streckten die kurfürstlichen Amtsträger ihre „Fühler" auf die Besitzungen solcher, sich in schlechter wirtschaftlicher Verfassung befindenden Adelsgeschlechter aus, deren Land an den landesherrlichen Domänenbesitz grenzte. So zog der Kammerpräsident Bernd v. Arnim Erkundigungen über die Güter der in der Zauche ansässigen Familie von Thümen ein. Zugriffsmöglichkeiten boten sich, da zum einen Mutung und Lehnskonsens in den 1640er Jahren versäumt worden waren und zum anderen ein Teil der Besitzungen in Nachbarschaft zum Amt Saarmund lagen.[557] Nachdem die von Thümen zu zwei anberaumten Terminen nicht erschienen waren – sie befürchteten, die Sache würde für sie „etwas klakerisch ablauffen" – wurden sie von der für diese Angelegenheit zuständigen kurfürstlichen Kommission vor vollendete Tatsachen gestellt.[558] Sie verteidigten ihr Fernbleiben damit, "daß keine Gegencommissarien" der benachbarten Landesherrschaften, des Magdeburger Administrators bzw. des sächsischen Kurfürsten hinzugezogen worden wären. Es handelte sich dabei um eine bis dahin öfter wahrgenommene Möglichkeit der in Grenzgebieten ansässigen Adelsfamilien, den für sie abträglichen Entscheidungen etwas die Schärfe zu nehmen. Doch die kurfürstliche Kommission begegnete diesem Einwand mit dem Bemerken, es handele sich hierbei nicht um eine „Landesgrenzenziehung".

---

555 GStAPK I. HA, Rep. 22 Nr. 372, unpag.
556 Vgl.: Biedermann, Geschichte der Herrschaft Teupitz, S. 68.
557 Vgl. zum folgenden: GStAPK I. HA, Rep. 22 Nr. 336.
558 Pikanterweise stand an der Spitze dieser Kommission der Kammerherr und Potsdamer Amtshauptmann Wolf Dietrich von Hake, dessen Erben wenige Jahre später selbst Opfer der kurfürstlichen Arrondierungspolitik werden sollte. Vgl. dazu: Göse, Die „Postammische Sache ...", S. 89 ff.

Die hier deutlich werdende Tendenz, fürstlichen Souveränitätsanspruch auch in minderwichtigen tagespolitischen Entscheidungen und vor allem in jenen peripheren Gebieten des Territorialstaates umzusetzen, die dem landesherrlichen Zugriff bisher nicht so stark ausgesetzt waren, läßt sich auch aus anderen Vorgängen ableiten. So galt es, landfremde Rittergutsbesitzer von Besitzungen fernzuhalten, auf die der Kurfürst selbst ein Auge geworfen hatte. Der kursächsische Adlige Wichmann Heinrich v. Schlabrendorff wurde z.B. 1679 abschlägig beschieden, als er um Belehnung mit jenen Ländereien nachsuchte, die an die Blankenseer Enklave (Zauche) grenzten und die ihm 15 Jahre zuvor auf Grund eines konstruierten Lehensfehlers abgenommen und dem kurfürstlichen Amt Saarmund zugeschlagen worden waren.[559]

Die in den bisher zur Lehensproblematik geschilderten Fällen zutage tretende auffällig hohe Involviertheit von Amtsträgern lenkt die Aufmerksamkeit allerdings noch auf eine andere Beobachtung: Die zunehmende Verrechtlichung und damit einhergehende Bürokratisierung bei der Behandlung von Lehnsangelegenheiten[560] hatte zur Folge, daß viele brandenburgische Adelsfamilien die in ihren Augen einem großen Verwirrspiel nahekommenden juristischen Probleme selbst nicht klären konnten und deshalb auf die Unterstützung der kundigen Amtsträger aus ihren Reihen angewiesen waren. Die Lehnsfehler der Gebrüder Georg Zacharias und Caspar Christof v. Klitzing wurden z.B. damit entschuldigt, daß „diese guthen Leute alß beyde Soldaten besser arma als leges et jura verständen".[561] Nur einige wenige Fälle seien angeführt:

Da der die eigentliche Verantwortung im Geschlecht derer v. d. Schulenburg tragende Senior, der Geheime Rat Gustav Adolph, „wegen seiner Unkunde der Lehensverhältnisse ... nichts Erhebliches" für eine zufriedenstellende Klärung der dem Geschlecht vorgeworfenen Lehnsfehler „tun könne", übernahm der als „Oberster Direktor" im Herzogtum Magdeburg sowie als Domherr von Magdeburg und Havelberg wirkende Levin Joachim v.d. Schulenburg diesen Part.[562] Der schon mehrfach erwähnte und in Lehnsangelegenheiten häufig durch brandenburgische Adelsfamilien zu Rate gezogene Oberpräsident Otto v. Schwerin wurde von Ludwig v. d. Gröben gebeten, sich beim Kurfürsten für ihn einzusetzen, da er sich in einer Wiederkaufsangelegenheit nicht mehr zu raten wüßte. Der Oberpräsident erreichte, daß der Landesherr „für diesesmal, aus sonderbahren bewegenden Uhrsachen iedoch ohne consequenz geschehen [zu] lassen" dem nachträglichen Konsens über das wiederkäuflich erworbene Gut Biesdorf zustimmte.[563] Es gehört nicht allzu viel Phantasie dazu, sich angesichts der schon der älteren Forschung bekannten Fakten über die Bestechlichkeit

---

559 Vgl.: GStAPK I. HA, Rep. 22 Nr. 310, unpag.
560 Vgl. dazu schon: G. v. Raumer: Ursprung der preußischen Hypothekenverfassung, in: Allgemeines Archiv für die Geschichtskunde des Preußischen Staates 7 (1832), S. 148-164, hier S. 156 f.
561 Klitzing-FG, Bd. 1, S. 243.
562 Schmidt, Schulenburg-FG, 2. Teil, S. 429.
  Sein Erfolg in dieser Angelegenheit führte dann letztlich zu einer höheren Plazierung innerhalb der Hierachie des Geschlechts und reflektiert auch aus dieser Perspektive die Bedeutung, die man geordneten Lehnsverhältnissen beizumessen gedachte. 1685 beantragte Gustav Adolf, da er sich den Lehensfragen nicht gewachsen zeigte, seine Dispensation als Erbküchenmeister und Senior des Gesamtgeschlechts. Levin Joachim trat folgerichtig seine Nachfolge an. Vgl.: ebenda, S. 417.
563 Brand. LHA Rep. 78 II P 23, unpag.

der höheren Amtsträgerschaft auszumalen, daß Otto v. Schwerin sich solche Gefälligkeiten etwas kosten ließ.[564]

Die bisher präsentierten Quellen dürften belegt haben, daß die Auseinandersetzungen um das Lehnswesen einen sehr hohen Stellenwert im ständepolitischen Selbstverständnis des Adels eingenommen hatten. Von daher erscheinen die eingangs zitierten Stimmen nur zu berechtigt, die fordern, dieser Frage eine größere Aufmerksamkeit zuzubilligen, als dies bisher in der Forschung geschehen ist. Die trotz der vielfältigen Konflikte nicht zu übersehende Akzeptanz, die der Neuordnung des Lehnswesens durch die brandenburgischen Oberstände entgegengebracht wurde, beruhte nicht zuletzt auch auf dem Umstand, daß die Adelsfamilien selbst Interesse an einem funktionierenden Lehnswesen bekundeten. Der Landesherrschaft wiederum bot sich damit zugleich eine Möglichkeit, über die Lehnskanzlei in Streitfragen der regionalen Adelsgesellschaften einzugreifen und zu vermitteln. 1671 wurde z.B. die Lehnskanzlei in einem kurfürstlichen Dekret angewiesen, im Falle des Ausbleibens männlicher Nachkommen nach dem Tode eines v. Otterstedt (Kr. Teltow) „keinen mit dessen Gütern zu belehnen, ehe und bevor dessen Ehefrauen und Töchtern 16 000 Rtl. samt allen Meliorationskosten erlegt und gutgethan worden, gestalt sie dann auch die güther eher, als bis sie desfals befriediget seind, zu räumen nicht schuldig seyn sollen".[565] 1693 bat die kurmärkische Landschaft den Kurfürsten, dafür zu sorgen, „daß die Consense bei Wiederkäufen fernerhin auf 25 Jahr und bei Verpfändungen in infinitum bis zum Abtrag der Post gleich wie bishero geschehen, erteilet werden".[566]

Eine weitere wichtige landesherrliche Interventionsmöglichkeit, die das lehnsrechtliche Instrumentarium bot und die damit zugleich auch eine willkommene zusätzliche fiskalische Einnahmequelle bereitstellen konnte, bildete die nun systematisch erfolgende Erfassung der Roßdienste bzw. Lehnpferdegelder. *P.-M. Hahn* hat in seiner Studie zur brandenburgischen Adelsgeschichte des 16. Jahrhunderts auf den Wert der Roßdienstverzeichnisse für die Analyse der Besitzstruktur hingewiesen.[567] Wenn die Nutzung dieser Quelle auch nur mit mehreren Einschränkungen möglich ist, so bleibt ihre Bedeutung gerade auch angesichts des Fehlens vergleichbaren Archivmaterials unbestritten. Sicher ist die von *Hahn* gegenüber der Auffassung von *Riedel* getroffene Einschätzung zutreffend, daß die Lehnpferderollen aktualisiert wurden und deshalb durchaus als ungefährer Gradmesser für die Besitzdifferenzierung des Adels genutzt werden können. Doch sind in dem hier behandelten Untersuchungszeitraum auch gegenteilige Beobachtungen zu machen.

Ein Vergleich des auf der Grundlage des Historischen Ortslexikons ausgewerteten Materials zur Besitzdifferenzierung in den Kreisen Teltow und Ruppin (Tab. 5 und 6) mit den für den gleichen Zeitraum vorliegenden Lehnpferderollen ergibt zwar tendenziell ein ähnliches Bild, zeigt aber auch zum Teil beträchtliche Abweichungen.

---

564 Zur Bestechlichkeit der einflußreichen Chargeninhaber in den 1680er Jahren vgl.: H. Prutz: Aus des Großen Kurfürsten letzten Jahren. Zur Geschichte seines Hauses und Hofes, seiner Regierung und Politik, Berlin 1897, S. 376 ff.
565 GStAPK I. HA, Rep. 22 Nr. 225, unpag.
566 Brand. LHA Rep. 23 A. B 59, Bl. 7.
567 Vgl.: Hahn, Struktur und Funktion, S. 24 ff.

Im Ruppinischen Kreis stand z.B. nach der Lehnpferderolle von 1666[568] der Landgraf v. Hessen-Homburg mit vier Lehnpferden unangefochten an der Spitze, obwohl er in der Tabelle 6 nur mit einem Gut in „Vollbesitz" aufgeführt wurde. Eine Erklärung dafür bietet sich aber an, wenn bedacht wird, daß es sich mit Neustadt/Dosse um eine sehr ausgedehnte und vergleichsweise reiche Herrschaft handelte. Mit insgesamt drei Lehnpferden folgten die v. Lüderitz, deren Besitz allerdings auf mehrere Anteilgüter verteilt war. Mit zwei Lehnpferden sind die Geschlechter v. Bredow, v. Klitzing und v. Quast aufgeführt. Diese fand man zwar auch in der oberen Gruppe in der Tabelle des Besitzumfanges des ruppinischen Adels, allerdings fehlten dort die vom Besitzumfang gleich oder sogar besser ausgestatteten Familien v. d. Gröben und v. Rohr. Diese werden nur mit je einem Lehnpferd genannt.

Ein ähnlich divergierendes Bild zeigt sich auch für den Kreis Teltow, hier auf der Basis der Lehnpferderolle von 1684.[569]

Tabelle 11: Vergleich der inneren Struktur des teltowischen Adels nach Besitzumfang und Lehnpferden

Rangfolge nach Lehnpferderolle 1684 (in Lehnpferden)		Rangfolge nach Besitzumfang 1680[570] (Vollbesitz/Anteilgüter)	
Schenken von Landsberg	6	Schenken v. Landsberg	11/0
Grafen zu Solms/ v. Burgsdorff	3	v. Löben	5/0
v. Otterstedt/ v. Beeren	2	v. Hake	4/1
v. Hake/ v. Rochow	1 ½	v. Otterstedt	4/0
v. Schlabrendorff	1 1/3	v. Schlabrendorff	3/5
v. Liepe	1 1/4	v. Jena	3/0
v. Pfuel	1	v. Beeren	2/5
v. Löben/ v.Jena/ v.Stutterh.	½	v. Wilmersdorf	2/3
v. Wilmersdorff	1/4	v. Pfuel	2/1
		v. Stutterheim	2/0

Es ist anzunehmen, daß die Einteilung nach Lehnpferdeleistungen ältere Konstellationen konserviert hatte. Gerade die „Aufsteiger" innerhalb der teltowischen Adelsgesellschaft, die v. Löben und v. Jena, blieben, was ihre Leistung an Lehnpferden anbelangte, unter dem Level ihres tatsächlich erworbenen Besitzes.

Ferner geht aus mehreren im ausgehenden 17. und frühen 18. Jahrhundert vorgebrachten Monita von Adligen hervor, daß sich Besitzveränderungen, vor allem Wertsteigerungen bzw. -minderungen, häufig nicht adäquat bei der Festsetzung der Lehnpferderollen widergespiegelt hatten. Daraus konnten Konflikte innerhalb einer kleinräumigen Adelsgesellschaft erwachsen. So sind z.B. die für das Jahr 1680 belegten Unstimmigkeiten innerhalb der altmärkischen Ritterschaft darauf zurückzuführen, daß sich die Rittergutsbesitzer nicht über die Höhe des Roßdienstes einig werden konnten. Der Kurfürst wies deshalb den altmärkischen Landeshauptmann v. d. Knesebeck an, die betreffenden Adligen vorzuladen und sich Kauf-

---

568 Vgl.: Eickstedt, Landbuch, S. 342.
569 Die folgenden Angaben nach: Brand. LHA Rep. 78 I Nr. 102, unpag.
570 Werte nach Tabelle 5.

kontrakte und Erbverträge als Grundlage für eine endgültige Festsetzung der Roßdienste vorlegen zu lassen.[571]
Einer von der Landesherrschaft angestrebten exakteren und einheitlicheren Bestimmung der Lehnpferdegeldhöhe standen aber zugleich gegenläufige Interessen des Adels gegenüber. So liegen Beispiele dafür vor, daß adlige Rittergutsbesitzer selbst lebhaftes Interesse daran bekundeten, die Taxierung der Besitzstruktur nach Lehnpferden in einer Teillandschaft unverändert zu lassen. Die Ritterschaft des Beeskow-Storkowischen Kreises trug angesichts einer 1684 geplanten landesherrlichen Untersuchung zur Einteilung der Roßdienste dem Kurfürsten ihre Bedenken vor. Sie wies darauf hin, daß es schwer fallen würde, authentische Dokumente beizubringen, die juristisch einwandfrei die Lehnpferdeeinteilung belegen können. Sie baten darum, das seit etwa 60 Jahren eingespielte Prozedere bei der Gestellung der Lehnpferde bzw. der Erhebung der Lehnpferdegelder beizubehalten, da ansonsten „unter Dero Vasallen es viel streit und geldsplitterung abgeben würde".[572] Die hier zu Tage tretende Sicht erschien nachvollziehbar, wenn die sich in einigen Quellen widerspiegelnde Konstellationen, in denen sich einige Adelsfamilien befanden, betrachtet wird: Das vor allem im Kreis Lebus ansässige Geschlecht derer v. Pfuel hatte nach dem Roßdienstverzeichnis von 1627 insgesamt 9 Lehnpferde zu stellen. Diese verteilten sich auf insgesamt 16 Angehörige, von denen die Mehrheit allerdings nur über Anteilgüter verfügte.[573] Bei dieser Sachlage erschien es verständlich, daß bei den ständigen internen familiären besitzrechtlichen Veränderungen Konflikte – gerade auch um die Höhe der aufzubringenden Lehnpferde – vorprogrammiert waren.[574]
Im Nachlaß des neumärkischen Landesdirektors und Arnswalder Kreiskommissars Hans Caspar v. Beneckendorff findet sich eine Ausarbeitung, die ebenfalls die Sorge der Oberstände um eine stabile, kalkulierbare Höhe der Lehnpferdegelder zum Ausdruck brachte. Die dort angeführten Zahlen schwanken zwischen 10 und 40 Rtl. pro „Pferd".[575] Man hegte nicht unbegründete Befürchtungen, daß die während der Kriegsjahre geläufige Praxis, die Höhe der Lehnpferdegelder von den jeweiligen Forderungen des in der Teillandschaft wirkenden militärischen Befehlshabers abhängig zu machen, sich zu einer dauernden Einrichtung entwickeln würde. Darüber hinaus machte v. Beneckendorff auch auf die Probleme aufmerksam, vor denen die Ritterschaft im Zusammenhang der Verwandlung der Lehnpferdeleistung von einer naturalen in eine finanzielle Leistung stand. Ihr erwachse „ein nicht geringes präjudicium..., indem sie ... die Pferde und Mannschaft verlieren, welche sie sonst nach der Abdanckung wiederbekommen".[576] Die während des Kriegsverlaufes, vor allem in den 1630er Jahren, immer fühlbarer werdende Entvölkerung der brandenburgischen Territorien führte dazu, daß die Ritterschaft nicht mehr die Lehnpferde in naturale zu stellen hatte, sondern die Kosten für die Werbung aufbringen mußte.[577]

---

571 Vgl.: GStAPK I. HA, Rep. 53 Nr. 10 Fasz. 10.
572 Brand. LHA Rep. 78 I Nr. 102, unpag.
573 Vgl.: Brand. LHA Rep. 78 II P 23, unpag.; ergänzend: Schmidt, Aus der Pfuelen Land, S. 122 f.
574 Mehrere Belege dazu in den Akten des Kammergerichts: 1654 stritten z.B. Christian v. Barsdorff mit Albrecht v. Döberitz und ein v. Stechow mit einem v. Schierstedt um die Höhe und Einteilung der Lehnpferdegelder. Vgl.: Brand. LHA Rep. 4 A Sentenzenbücher Nr. 137.
575 Vgl.: Brand. LHA Rep. 23 B Nr. 15, unpag.
576 Ebenda.
577 Vgl. dazu: Jany, Lehndienst, S. 431.

Die Zahlungsfähigkeit der Ritterschaft war durch unmittelbare Kriegswirkungen ohnehin eingeschränkt, so daß solche Klagen wie die des Joachim Christoph v. Güntersberg auf Callies keine Seltenheit darstellten: Während des Durchzuges der Königsmarck'schen Truppen durch die Neumark habe er soviel Unbill erlitten, daß er nicht nur außerstande sei, die säumigen Kontributionsgelder aufzubringen, sondern auch zur anstehenden „Erbhuldigung in so geschwinder Eil zu Abführung der Lehngelder nicht habe gelangen können".[578]

Erschwert wurde eine genauere Verifizierung der Besitzverhältnisse auch dadurch, daß man häufig nur die „Lehnpferdeleistung" des jeweiligen Geschlechts insgesamt angab, so daß nichts Genaues über die Binnendifferenzierung der Adelsfamilien in besitzrechtlicher Hinsicht ausgesagt werden kann.[579] Ferner ist aus dem vorliegenden, vor allem bei *Eickstedt* edierten Material nicht klar ersichtlich, nach welchen Kriterien die Zuordnung der Lehnpferdezahlen zu den einzelnen Adelsfamilien erfolgte. Wie bereits für das 16. Jahrhundert deutlich wird, zeigen auch die für unseren Untersuchungszeitraum vorliegenden Lehnpferderollen, daß mehrere nur gering begüterte Adelsfamilien ein Lehnpferd gemeinsam aufbringen mußten.

Es erscheint deshalb nicht überraschend, daß die ständige Aktualisierung der Höhe der Lehnpferdegelder offenbar häufig Anlaß für Auseinandersetzungen unter den betroffenen Adligen gegeben hatte. Durch Veräußerung von Besitz oder die Aufsplitterung in mehrere Anteilgüter machte sich zwangsläufig auch eine Neubestimmung der Lehnpferdegeldhöhe erforderlich. Da eine interne Einigung oft nicht möglich wurde, bildete eine kurfürstliche Intervention mitunter den letzten Ausweg. Die aus dem Jahre 1685 überlieferte allgemeine Aufforderung, daß „die Lehn-Träger dieselbe [die Lehnpferde – F. G.] unter sich richtig einteilen sollen", mußte allerdings eher eine Wunschvorstellung bleiben, wie zahlreiche Auseinandersetzungen innerhalb der Adelsgeschlechter in den folgenden Jahren zeigten.[580]

In diesem Zusammenhang muß auch darauf aufmerksam gemacht werden, daß die Berechnungsgrundlage der „Lehnpferde" bis zu den Reformen Friedrich Wilhelms I. nie einheitlich war. Selbst bei den verantwortlichen Amtsträgern im frühen 18. Jahrhundert bestand zu dieser Frage keine völlige Klarheit. Demnach seien während der Regierungszeit des Großen Kurfürsten zu fünf Anlässen Lehnpferdegelder in unterschiedlicher Höhe zu bezahlen gewesen:

Tabelle 12: Höhe der jährlichen Lehnpferdegeldzahlungen (1657-1679)[581]

Jahr	Summe in Rtlr. pro Lehnpferd
1657	20
1665	40
1672	40
1678	erst 10, dann 7
1679	15

---

578 Brand. LHA Rep. 78 I Nr. 245, Bl. 96.
579 Solche Ungenauigkeiten sind allerdings schon für das 15./16. Jahrhundert belegbar. Vgl. dazu: Jany, Lehndienst, S. 422 mit Anm. 1.
580 Manuscripta Borussica fol. 644, Bl. 96 (= Staatsbibliothek Berlin).
581 Aufstellung nach: Brand. LHA Rep. 78 I Nr. 9, Bl. 14 f.

Es handelte sich um keine feste Abgabe, zudem bestand, wie die Veränderung 1678 belegt, mitunter Verhandlungsspielraum mit den Vertretern der kleinräumlichen Adelslandschaften bei der Festlegung der endgültigen Höhe des Betrages. Aus der Perspektive der Rittergutsbesitzer zeigte sich zudem, daß diese festgelegte Summe offenbar nicht adäquat auf die Güter umgelegt worden war. So führt uns der von einem v. Rathenow auf Plönitz 1707 beim ruppinischen Landrat v. Jürgas eingereichte Bericht exemplarisch die Unregelmäßigkeit der Zahlungen und die differierende Höhe der Lehnpferdeleistungen vor Augen.[582]

Durch die Regelung der mit den Lehnpferdegeldzahlungen verbundenen Fragen wurde der Landesherrschaft eine weitere Möglichkeit in die Hand gegeben, auf die internen Problemlagen der kleinräumlichen Adelslandschaften einzuwirken. Zugleich konnten damit aber die vom Kurfürsten favorisierten lokalen Amtsträger Prestigegewinn erzielen, denn ihnen kam ja zumeist die Aufgabe zu, die Konflikte zu einer befriedigenden Lösung zu führen. Des weiteren dürfte deutlich geworden sein, daß die oben beschriebenen wirtschaftlichen Einbrüche für die brandenburgische Ritterschaft auch für die innere Struktur, die Hierarchie des Lehnssystems nicht folgenlos geblieben waren. In spezifischer Weise ist dies an der Durchlöcherung der Afterlehnsverhältnisse, die zwischen einigen märkischen Adelsgeschlechtern bestanden, abzulesen, so am Beispiel der vor allem in der Prignitz und in Ruppin angesessenen Familie von Kröcher. Wie auch andere Familien hatten die v. Kröcher den Verlust von Grundbesitz zu beklagen.[583] Die ökonomischen Verlusterfahrungen blieben auch auf das Verhältnis der adligen Rittergutsbesitzer zu ihren Aftervasallen nicht folgenlos. Die noch im ausgehenden 16. Jahrhundert zahlreichen Afterlehnsverhältnisse, die z.B. einige Adelsfamilien – darunter auch Angehörige von bedeutenderen Familien wie die v. Klitzing[584] – zu denen v. Kröcher unterhielten, wurden durch die sich verschlechternden Rahmenbedingungen in Frage gestellt.[585] Eine erhebliche Verminderung ihrer Zahl war die Folge.

Dieser an einem Adelsgeschlecht gewonnene Befund läßt sich auch durch Beobachtungen in einer anderen märkischen Teillandschaft ergänzen. In der Neumark beschwerten sich am Ende des Dreißigjährigen Krieges Angehörige des zu den führenden Familien gehörenden

---

582 Zahlungen an Lehnpferdegeld der Familie v. Rathenow auf Plönitz:

Jahr	Summe in Rtlr. pro Lehnpferd
1656	25
1665	40
1668	8
1670	12
1672	40
1678	7
1679	16

Quelle: Brinkmann, Wustrau, S. 37.

583 Vom Stammgut Dreetz befand sich im letzten Drittel des 17. Jahrhunderts nur noch 1/8 im Besitz der Familie, während Lohm, Kampehl, Schwarzholz und Röbel vor dem Konkurs standen oder wiederkäuflich veräußert waren. Vgl.: Kröcher-FG, Bd. 2, S. 125.

584 Vgl.: Klitzing-FG, Bd. 1, S. 240.

585 Vgl. dazu ein Verzeichnis der Kröcherschen Afterlehensleute aus dem Jahre 1588 in: Urkundenbuch-Kröcher, 2. Teil, S. 149 f.

Geschlechts von Borcke, daß mehrere ihrer adligen Aftervasallen ihre Besitzungen statt von ihnen nunmehr direkt vom Kurfürsten zu Lehen genommen hätten. Der Landesherr entschied jedoch zuungunsten der Borckes.[586] Ob hier noch alte Ressentiments aus jener konfliktgeladenen Zeit der zweiten Hälfte des 16. Jahrhunderts zwischen Markgraf Johann („Hans von Küstrin") und dem Geschlecht von Borcke mitwirkten, kann nur vermutet werden[587]; jedenfalls hat der Kurfürst ein weiteres Mal bewiesen, daß er den in seinen Augen zu selbständig in ihren Herrschaftsräumen agierenden, in den Teillandschaften bedeutenden Adelsfamilien spürbar ihre Grenzen fühlen lassen wollte. Diese Erfahrung sollte auch ein Vertreter einer anderen führenden ostbrandenburgischen Familie machen: Joachim Christoph von Güntersberg focht 1651 einen durch seinen älteren Bruder abgeschlossenen Vertrag an, der zur Lösung des Afterlehnsverhältnisses zur Familie von Langen geführt hatte.[588] Die neumärkische Regierung gab ihm zwar recht (, da er selbst zum Zeitpunkt des Vertragsabschlusses noch minderjährig und sein Bruder deshalb nicht befugt gewesen wäre, auch in seinem Namen zu handeln), verlangte aber die Rückzahlung von 1 000 fl. an den v. Langen, die dieser an die v. Güntersberg gezahlt hatte. Dazu war Joachim Christoph v. Güntersberg aber nicht bereit, so daß eine „Execution" und nachfolgende Haft in Küstrin angeordnet wurde. Berücksichtigt man die große Bedeutung des Lehnssystems im Selbstverständnis des brandenburgischen Adels, dürfte die Aufweichung der Afterlehensbeziehungen auch einen Nivellierungseffekt für die innere Struktur der kleinräumlichen Adelsgesellschaften bewirkt haben.[589]

Andererseits sollte man aber diese, wenn auch mitunter noch so rigide erscheinenden Maßnahmen des Kurfürsten auf dem Gebiet des Lehnswesens nicht im Sinne einer „absolutistischen" Disziplinierungspolitik überinterpretieren. Eine solche Deutung übersieht, daß es sich auch hier um die Wiederherstellung eines Zustandes handelte, der seit Jahrhunderten das Verhältnis zwischen Landesherrschaft und Ritterschaft bestimmte. Auch im 16. Jahrhundert wurden verschiedentlich die mit der Lehnsherrschaft des Kurfürsten in Zusammenhang stehenden Möglichkeiten genutzt, um diejenigen Adelsfamilien sichtbar zu begünstigen, an deren „Nähe" dem Landesherrn einiges lag.[590]

---

586 Vgl.: Eickstedt, Landbuch, S. 268.
587 Vgl. hierzu: P. v. Nießen: Markgraf Johann und die Familie Borcke. Ein Beitrag zur Charakteristik des Fürsten und seiner Politik, in: Schriften des Vereins für die Geschichte der Neumark 25 (1910), S. 23-46.
588 Vgl. zum folgenden: GStAPK I. HA, Rep. 42 Nr. 50, unpag.
589 Auch während eines internen Streites innerhalb des Geschlechtes der Gans Edlen zu Putlitz hatte der Kurfürst 1673 für die Aftervasallen Partei ergriffen. Er stellte den Putlitz'schen Aftervasallen einen Schutzbrief aus, um sie vor Übergriffen der streitenden Parteien zu bewahren. Vgl.: Geiseler, Region, S. 174, Anm. 125.
590 Vgl. exemplarisch: W. Siebarth: Hans v. Arnim, der uckermärkische Landvogt zur Zeit der Einführung der Reformation, in: Mitteilungen des Uckermärkischen Museums- und Geschichtsvereins VIII (1932), Heft 4, S. 111.

Die Auseinandersetzung um die Jagdgerechtigkeit

Neben dem Lehnssystem wurde das Verhältnis zwischen der brandenburgischen Ritterschaft und der Landesherrschaft seit den 1660er Jahren in einem weiteren Bereich mitunter gravierenden Belastungen ausgesetzt: dem Jagdwesen. Anders als bei den Auseinandersetzungen um die Reorganisation des Lehnssystems, die ja die gesamte Adelsgesellschaft tangierten, konzentrierten sich die Bemühungen des Großen Kurfürsten zur Ausweitung seiner Jagdmöglichkeiten nur auf einen vergleichsweise kleinen Teil der märkischen Adelsfamilien. Doch richteten sich diese Anstrengungen – und dies verbindet die landesherrlichen Intentionen wiederum mit den Absichten bei der Reform des Lehnswesens – auf die Wiedereinlösung eines lange Zeit nicht wahrgenommenen alten Rechts, auf dessen Inanspruchnahme die Landesherrschaft angesichts der gewachsenen Bedeutung der Jagd für die Hofgesellschaft jetzt umso mehr Wert legte.[591] Die sogenannte „hohe Jagd" hatte der kurfürstliche Hof in den zurückliegenden Jahrzehnten aus verschiedenen Gründen nicht in vollem Maße wahrnehmen können, so daß die Adligen ungehindert nicht nur das Niederwild schießen konnten, sondern auch stillschweigend die hohe Jagd in Anspruch genommen hatten.[592]
Kurfürst Friedrich Wilhelm beauftragte seinen Oberjägermeister Johann (Jobst) Gerhard v. Hertefeld, nach einer Überprüfung der Lehnbriefe und Jagdakten die frühere jagdrechtliche Situation zu rekonstruieren und dann mit aller Konsequenz wiederherzustellen.[593] Zwar ging der Kurfürst erst zu Beginn der 1660er Jahre in die Offensive[594], dennoch lassen sich schon frühere Belege finden, verlorengegangene oder auch nur beanspruchte Jagdgerechtigkeiten wieder in die Hand zu bekommen. Gegenüber dem Obristwachtmeister Thomas v. Hake wurde der Kurfürst schon 1652 aktiv, nachdem ihm berichtet worden war, daß dieser sich „wegen des an sich gebrachten Hammergutes"[595] unterstanden [hätte], die hohe Jagd zu prätendieren". An die zuständigen Geheimen Räte erging daraufhin der kurfürstliche Befehl, „gedachten obristen Wachtmeister Haken anzudeuten, daß er Uns seine privilegien soll producieren undt vorweisen, undt ihn danebst zu inhibieren, keiner groben jagtt sich anzumaßen, undt grob wildt zu schießen".[596]
Im Jahre 1663 holte der Landesherr, vor allem mit Hilfe des Oberpräsidenten Otto v. Schwerin und des genannten Jobst Gerhard v. Hertefeld, zum entscheidenden Schlag aus. Unter maßgeblicher Leitung des Oberjägermeisters wurden Listen mit den Namen derjenigen Rit-

---

591 Vgl. zur Geschichte des Jagdwesens allgemein den Überblick von W. Eckehart-Spengler: Jagdgeschichte und Jagdausübung in landesherrlicher Zeit, in: Die Jägerey im 18. Jahrhundert. Colloquium der Arbeitsstelle 18. Jahrhundert, Bergische Universität Gesamthochschule Wuppertal, Heidelberg 1991, S. 13-34; A. Schwappach: Handbuch der Forst- und Jagdgeschichte Deutschlands, Berlin 1886.
592 Bedacht werden müßte dabei auch, daß im Zusammenhang von Agrarkrise und Kriegswirkungen ein nicht geringer Teil der ehemals landwirtschaftlichen Nutzflächen verwaldet war, so daß die Adligen hier ungefragt der Jagd nachgehen konnten.
593 Vgl.: GStAPK I. HA, Rep. 9 Q 2. Zur Kommission gehörten ferner die Geheimen Räte v. Wedel und v. Lüderitz
594 Dies belegt die Häufung mehrerer Edikte und Verordnungen seit den 1660er Jahren. Vgl.: C.C.M., IV.2.
595 Gemeint ist Gottow (bei Luckenwalde).
596 GStAPK I. HA, Rep. 9 Q 1 H Fasz. 1, unpag.

tergutsbesitzer zusammengestellt, deren Jagdgerechtigkeit nur angemaßt sei und die sich deshalb vor landesherrlichen Behörden zu verantworten hätten. In der Mittelmark betraf dies allein 17 Familien.[597] Die ins Licht des Unrechts gesetzten Rittergutsbesitzer reagierten zumeist verunsichert. Schnell verbreiteten sich die Namen derer, die von den kurfürstlichen Forderungen betroffen waren.[598] Der im Städtchen Kremmen einen Rittersitz bewohnende Marcus v. d. Lütke zeigte sich sichtlich bestürzt, als ihm befohlen wurde, sich „nebst abschaffung meiner schützen des wildpretschießens zu enthalten und meiner Jagten anderer gestalt nicht als mit netzen und garnen zu gebrauchen"[599] – eine Vorstellung, die gerade ihm als altem Offizier nicht leicht gefallen sein dürfte. Er berief sich darauf, daß schließlich auch die Vorbesitzer seines Gutes (die v. Bredow) das Recht der hohen Jagd innegehabt hätten. Eine etwas andere Strategie befolgten jene uckermärkischen Adligen, die die hohe Jagd an die Landesherrschaft abtreten sollten.[600] Sie trafen sich in Prenzlau zu einer gemeinsamen Konferenz und beschlossen, die Vorladung vor der Lehnskanzlei nicht zu befolgen. Es „sei wol nicht zu rhaten", so begründeten sie ihr Vorgehen in einem Brief vom 20. Januar 1663 an den uckermärkischen Landesdirektor Georg Wilhelm v. Arnim, „daß einer oder der andere privatim hinreise und sich irgend auff eins oder anders einlasse, dann in dergleichen einer leicht etwas versehen kann, welches dem gantzen Kreise wol nachteilig" werden könne.[601] Dahinter stand die Befürchtung, daß sich einzelne, durch die kurfürstlichen Forderungen bedrängte Rittergutsbesitzer zu Lasten der anderen mit den landesherrlichen Verhandlungsführern arrangieren könnten. Exempel dafür gab es bereits, und diese dürften auch den opponierenden uckermärkischen Adligen nicht verborgen geblieben sein. Insbesondere aus dem Kreis des bedeutendsten Geschlechts dieser Teillandschaft, denen v. Arnim, wurden der Landesherrschaft in der Jagdrechtsfrage frühzeitig Offerten gemacht, die dann im Mai 1663 zur freiwilligen Abtretung der hohen Jagd durch die v. Arnim zu Götschendorf, Tremmen und Fredewalde führen sollten.[602] Natürlich konnten die Arnims auf Gegenleistungen rechnen, und genau diese Sorge schien die anderen Adelsfamilien umzutreiben.[603] Die Angehörigen des bedeutendsten uckermärkischen Geschlechts waren in der Lage, in den Verhandlungen mit dem Kurfürsten Bedingungen zu formulieren. Die anderen, nicht so ohne weiteres auf ihre Jagdgerechtigkeiten verzichten wollenden Rittergutsbesitzer stünden dagegen als

---

597 Vgl.: Brand. LHA Rep. 78 I Nr. 79.
598 Der in der Uckermark ansässige v. Berg hatte aus Berlin im März 1663 die Information erhalten, welche Familien von den geplanten Aufhebungen der hohen Jagd betroffen waren. Vgl.: Brand. LHA Rep. 37 Boitzenburg, Nr.1457, Bl. 16.
599 Brand. LHA Rep. 78 I Nr. 79, unpag. Diese Praxis schien aber nicht ungewöhnlich gewesen zu sein. Auch ein Blick auf die Hinterlassenschaft Georg Wilhelms v. Redern bezeugt, daß er zwar mehrere große Jagdnetze besaß, dagegen kaum Feuerwaffen, „eine gezogene Büchse und eine Hagelbüchse war alles". Redern-FG, Bd. 2, S. 55.
600 Es handelte sich dabei um Angehörige der Geschlechter v. Blankenburg, v. Borck, v. Winterfeld, v. Arnim und v. Raven. Vgl.: Arnim-FG, Bd. 2.2, S. 87.
601 Brand. LHA Rep. 37 Boitzenburg, Nr.1457, Bl. 1.
602 Vgl.: ebenda, Nr. 1456, Bl. 1 ff. Bereits einige Wochen zuvor war es zum Erlaß des „Edikts, daß sich niemand in der Uckermark und Stolpirischen Creyse zu Ungebühr des Jagens und Schießens, bey harter fiscalischer Straffe, anmaßen soll", gekommen. Vgl.: C.C.M. IV. 2, Nr. 11.
603 So erhielten z.B. die Arnims die Zusicherung, daß ihren Söhnen „ein gut adeliches stipendium auf drei jahr" gewährt werden würde. Arnim-FG, Bd. 2.2, S. 89.

störrische Querulanten da, die sich in zunehmende Isolierung innerhalb ihrer Adelsgesellschaft brachten.
Diese schmerzlich empfundene Einsicht teilten letztlich auch die sich in ähnlicher Lage befindenden Adligen: Eine Unterstützung durch die Mitstände oder die ständischen Gremien der anderen märkischen Adelslandschaften war nicht zu erwarten.[604] Die „nicht unbillige furcht" der Adligen, daß „in andern und dergleichen fällen" sie die kurfürstliche Ungnade auf sich ziehen könnten, überwog.[605] Dies korrespondiert im übrigen mit der Situation jener Adelsfamilien, die im Zusammenhang der Arrondierung des Domänenbesitzes unter besonderem landesherrlichen Druck gestanden hatten. Auch auf diesem Terrain vermochten die regionalen Oberstände keine gemeinsame Reaktion zustande bringen, wenn man sich z.B. den aus der Sicht des Kurfürsten reibungslosen Auskauf des Adels im Potsdamer Umland in den 1660er Jahren in Erinnerung ruft.
Doch allzu lange hielt die Standfestigkeit der renitenten uckermärkischen Rittergutsbesitzer nicht. Es war kein geringerer als der Oberpräsident Otto v. Schwerin, der durch eine geschickte Mischung aus unverhohlener Drohung und „gut gemeintem Rat" eine allmähliche Aufweichung der Positionen erreichte. Schließlich hatte dieser hohe kurfürstliche Amtsträger bereits in „eigener Sache" Erfahrungen beim Erwerb von Jagdrechten gesammelt.[606] Ein gerade aus der Residenz zurückkehrender v. Winterfeld berichtete am 21. März 1663 dem uckermärkischen Landesdirektor über ein Gespräch mit Otto v. Schwerin. Dieser ließ zum einen durchblicken, daß alsbald mit den „inhibitiones wegen der jagten in der Uckermark" begonnen würde, gab allerdings zum anderen auch den „freundschaftlichen Rat", daß, wenn „ich [also der v. Winterfeld – F.G.] gleichwoll noch die kleine jagt consertiren möchte, ich sollte mit eine supplication einkommen", was im Klartext die Zustimmung zum kurfürstlichen Begehren bedeuten würde.[607]
Diese Praxis setzte sich auch zumeist in den anderen märkischen Teillandschaften durch. Besonders die Angehörigen der bedeutenderen Adelsgeschlechter verstanden es ähnlich wie die v. Arnim, an die Abtretung der hohen Jagdgerechtigkeit Bedingungen zu knüpfen, die zugleich die Interessenlagen der Adelsfamilien in jenen Jahrzehnten dokumentierten. Ludwig v. d. Gröben auf Löwenberg wurde im Vergleich vom 1. Mai 1663 eine Amtshauptmannschaftcharge zugesagt, daneben sollte er in den nächsten vier Jahren je 200 Tlr. aus dem Havelberger Zoll erhalten. Die nunmehr an die Landesherrschaft abgetretene hohe Jagd dürfe auf seinen Besitzungen zudem nur dann abgehalten werden, wenn der Kurfürst persönlich teilnimmt.[608]

---

604 Eine noch im März 1663 angedachte Zusammenkunft der uckermärkischen Ritterschaft zur Beratung dieser Angelegenheiten kam nicht mehr zustande. Vgl.: Brand. LHA Rep. 37 Boitzenburg, Nr.1457, Bl. 15.
605 So die Befürchtungen der Ständerepräsentanten in einem ähnlichen Fall in den 1670er Jahren im Kreis Sternberg. Vgl.: Brand. LHA Rep. 23 B Nr. 174.
606 Im Juni 1659 hatte Otto v. Schwerin die „Ober- und Niederjagd" auf der Strausberger Heide von Georg Christoph v. Röbel erkauft. Vor allem die Nähe zu seinem Herrschaftssitz in Altlandsberg machte dieses Gebiet für ihn so attraktiv. Brand. LHA Rep. 2 D Nr. 3814, Bl. 44.
607 Brand. LHA Rep. 37 Boitzenburg, Nr.1457, Bl. 15.
608 Vgl.: GStAPK I. HA, Rep. 9 Q 1 G Fasz. 4. Allerdings ließ sich der Kurfürst mit der Erfüllung dieser Zusicherungen Zeit, so daß der Sohn Ludwigs v. d. Gröben im Jahre 1688 um die Zahlung der 4 x 200 Rtl. anhalten mußte.

Künftig wurde demnach auch die Gewährung der Jagdgerechtigkeit – in ähnlicher Weise, wie dies am Beispiel des Lehnswesens vorgeführt wurde – durch die Landesherrschaft als Möglichkeit genutzt, um besondere Gunsterweise zu gewähren.[609] Zum Teil milderte man dabei einige der besonders repressiven jagdrechtlichen Bestimmungen aus der Zeit des Großen Kurfürsten, der ja bekanntlich eine besonders ausgeprägte Jagdleidenschaft entwickelt hatte, oder hob sie ganz auf. Am 5. Mai 1693 kam z.B. ein Vertrag zwischen dem Minister Eberhard v. Danckelmann (als Vertreter des neuen Landesherrn) und den Brüdern Ernst Ludwig und Johann Dietloff v. Hake zustande, in dem das 1668 verhängte Jagdverbot aufgehoben und den Hakes die niedere Jagd auf ihren Teltow'schen Gütern zugestanden wurde.[610] Nicht unerheblich dürfte sich für die Beilegung dieser langjährigen Streitfrage die vertraute Stellung des Ernst Ludwig v. Hake beim Landesherrn als Kommandeur des 1. Regiments Leibgarde ausgewirkt haben.[611] In der Regel gewährte der Kurfürst auf den umstrittenen Besitzungen die niedere Jagdgerechtigkeit, zumal wenn es sich – wie in den 1680er Jahren im Falle der v. Wedel in der Uckermark – um Wälder handelte, wo „selten Wildbrat dahinkommen soll".[612] Andere Adelsfamilien konnten dagegen auf weniger Rücksichtnahmen rechnen.[613]

---

[609] So wurden auch geschlechtsinterne Auseinandersetzungen um die Jagdnutzung durch die Landesherrschaft für Interventionsmöglichkeiten genutzt. Hans Friedrich v. Rochow auf Golzow wurde z.B. am 21. November 1700 bis zur endgültigen gerichtlichen Klärung seines Streites mit Heinrich v. Rochow befohlen, „sich alles Holtzfällens und Wildbratschießens gäntzlich zu enthalten". Brand. LHA Rep. 37 Golzow, U 10, unpag.

[610] Auch in dem oben geschilderten Fall der Übertragung seiner Jagdrechte an den Oberpräsidenten Otto v. Schwerin bemühte sich Georg Christoph v. Röbel nachträglich um die Erlaubnis zur Niederjagd, was ihm jedoch durch v. Schwerin verwehrt wurde. Vgl.: Brand. LHA Rep. 2 D Nr. 3814, Bl. 45.

[611] Vgl.: Hake-FG, Bd. 1, S. 151.

[612] Brand. LHA Rep. 78 II W 32, Bl. 81 f. Demzufolge riet der Oberjägermeister v. Lüderitz dem Kurfürsten, dem Wunsch des v. Wedel zu entsprechen und die Niederjagdgerechtigkeit in seinen Lehnbrief aufzunehmen.
Unter den Nachfolgern des Großen Kurfürsten fand dieses Vorgehen seine Fortsetzung. Im Juni 1713 wies z.B. der Soldatenkönig seinen Oberjägermeister an, dem Generalleutnant v. Hake die „hohe Jagd bei seinen [im Teltow gelegenen – F.G.] Gütern Machnow, Stahnsdorf und Heinersdorf zu überlassen". GStAPK I. HA Rep. 9 Q 1 H Fasz. 1, unpag.

[613] So z.B. die in dem der Neumark inkorporierten Kreis Sternberg angesessenen v. Waldow. Durch die exaktere Wahrnehmung seiner lehnsrechtlichen Befugnisse hatte der Kurfürst zu Beginn der 1670er Jahre in Erfahrung gebracht, daß die beanspruchte hohe Jagd denen v. Waldow nur auf Königswalde und Gleißen, nicht aber auf den anderen Gütern zustehe. Eine schärfere schriftliche Auseinandersetzung entwickelte sich daraufhin, in der die Beschuldigten auf den Landtagsrezeß von 1653 verwiesen, worin zugesichert sei, „daß ein jeglicher bey seinen Jagten, wie er dieselben in ruhiglichen gebrauch bestendig hergebracht und im besitz hatt ungehindert bleiben" könne. Über den Ausgang des Konflikts verlautet allerdings nichts. Vgl.: Brand. LHA Rep. 23 B Nr. 174, unpag.

Zusammenfassung

Am Beginn unserer Ausführungen wurde die Frage der „sozialen Kosten" aufgeworfen, die der Krieg, aber auch der folgende, im Zeichen des Wiederaufbaus und der lang wirkenden Agrardepression stehende Zeitraum dem brandenburgischen Adel abverlangt hatten. Zum einen fallen hier jene unmittelbaren Wirkungen dieser nicht zu Unrecht als Krisenzeit bezeichneten Jahrzehnte ins Gewicht, die vor allem die Zerstörung bzw. Reduzierung der ökonomischen Basis des sich primär über den Besitz von Gutsherrschaften definierenden Adels betrafen. Dieser Verlust an Bausubstanz auf den Rittersitzen, Vieh, bestellbaren Ackerflächen und arbeitsfähigen Hintersassen wurde als gravierender, bis dahin nicht gekannter Einschnitt erfahren und in den zeitgenössischen Artikulationen auch entsprechend reflektiert.

Für die historische Analyse erweisen sich jene, mittelbaren Veränderungen als ebenso bedeutsam, die allerdings erst ein längsschnittartiger, auf quantifizierbarem Quellenmaterial basierender Vergleich transparent machen konnte:

1. Unverkennbar ist in dem halben Jahrhundert nach dem Dreißigjährigen Krieg ein Trend zur Konzentration des adligen Besitzes zu erkennen. Der residenzferne Raum wurde von dieser Entwicklung ebenso tangiert wie die residenznahen Landschaften, wenngleich sich in letzteren durch das Eindringen finanziell potenter Amtsträger- und Offiziersfamilien diese Tendenz zur Konzentration intensiver und schneller umsetzen konnte.

2. Schwerer greifbar, aber dennoch nachhaltig führten die wirtschaftlichen Einbrüche zu einem Nivellierungseffekt innerhalb der alteingesessenen Adelsgesellschaften. Dies schloß zum einen die aus dem Mittelalter tradierten Afterlehnsbeziehungen ein. Zum anderen wurden aber auch die ökonomischen Grundlagen der im „langen 16. Jahrhundert" führenden märkischen Adelsfamilien reduziert, so daß sich ihr „Vorsprung" gegenüber den anderen, durchschnittlich mit Landbesitz und Barvermögen ausgestatteten Geschlechtern verringerte.

3. Auf Grund der konzedierten engen Verbindung zwischen Geschlecht/Familie und Besitz erscheint das Ergebnis nicht überraschend, daß die Kostenfrage in jener Zeit eine besondere Relevanz auf der Ebene der familiären Strukturen für den Adel erhalten hat. Die Verwerfungen und Traumatisierungen der Kriegs- und unmittelbaren Nachkriegszeit konnten aber als Bedrohung und Chance gleichermaßen empfunden und verarbeitet werden: Als Bedrohung vor allem im Sinne des sich Auflösens familiärer Beziehungen durch Verlust der für die Identität des Geschlechts ja so wichtigen Stammgüter oder der personellen Ausdünnung infolge Tod, Vermißtsein oder Auswanderung; als Chance, da nunmehr einzelnen Familienmitgliedern die Möglichkeit gegeben wurde, auch mit „unkonventionellen" Methoden – nicht gebremst durch etwaige Bedenken des oft schwerfällig agierenden Gesamtgeschlechts – die notwendigen Entscheidungen zur Sanierung des verbliebenen Familienbesitzes zu treffen.

4. Als Chance instrumentalisierte auch die Landesherrschaft die angeschlagene ökonomische Situation der Ritterschaft im Zusammenhang mit dem zunehmend konsequenter gehandhabten Lehn- und Jagdrecht. Dies ist allerdings nicht vordergründig im Sinne einer Disziplinierung des Adels zu interpretieren. Die kurfürstlichen Maßnahmen trafen auf eine Adelsgesellschaft, die angesichts ungeklärter Besitzrechte und aufgelockerter familiärer

Strukturen durchaus eine solche ordnungsstiftende Instanz wie das Lehnrecht annahm, zumal es sich dabei um eine tradierte, für das Verhältnis zwischen Fürst und adligen Vasallen konstitutive Bedeutung beanspruchende Institution handelte. Die Wiederherstellung der alten kurfürstlichen Jagdgerechtigkeiten zeigte den kleinräumlichen Adelsgesellschaften wiederum sinnfällig die gewachsene Autorität der Landesherrschaft, zumal in diesen Prozeß nicht wenige der vormals führenden Adelsfamilien involviert waren.

1.2 Die Sozialstruktur des brandenburgischen Adels im 18. Jahrhunderts

Die Entwicklung der Besitzstruktur

Für die zweite Hälfte des 17. Jahrhunderts konnten als wesentliche Trends die Konzentration von Besitz, ein Fallen der Güterpreise und eine vor allem in den ersten beiden Jahrzehnten nach Kriegsende anschwellende Besitzwechselhäufigkeit herausgearbeitet werden. Der wirtschaftliche Druck auf den brandenburgischen Adel führte im Zusammenhang der bis in die 1690er Jahre wirkenden Agrardepression zu Nivellierungseffekten innerhalb der Ritterschaft. Es gilt nunmehr, diese Entwicklung nach der Jahrhundertwende weiter zu verfolgen. Die Agrardepression wich – vor allem als Ergebnis der rückläufigen Getreidekonjunktur im Ostseeraum – nur langsam einer leichten Verbesserung.[614]

Einige Beispiele mögen diese Bewertung auf der Ebene ausgewählter Adelslandschaften und -familien belegen: Eine 1704 eingesandte Aufstellung über die Besetzung der Höfe im neumärkischen Kreis Schivelbein offenbarte, daß die – vor allem demographischen – Kriegsfolgen noch lange nicht kompensiert waren. In den Ritterschaftsdörfern standen den insgesamt 355 unbesetzten nur 335½ besetzte Hufen gegenüber![615] Auch eine Erhebung im Kreis Arnswalde dokumentiert, daß zu Beginn des 18. Jahrhunderts in keinem einem adligen Rittergutsbesitzer gehörenden Dorf die Anzahl der besetzten Höfe aus dem Vergleichsjahr 1598 erreicht wurde. Verschärft wurde die Situation vielmehr dadurch, daß einige der noch verbliebenen Untertanen ins benachbarte Polen entliefen.[616]

Auch aus der Perspektive einzelner Adelsfamilien wird dieses Bild bestätigt: Christian Gottfried v. Klöden befand sich seit den 1720'er Jahren in einer wirtschaftlichen Situation, die sich in seinen Augen als aussichtslos erwies. So blieben ihm, der sechs Kinder versorgen mußte, nur noch Verpfändungen und Verkäufe seines ohnehin nicht ausgedehnten Besitzes. 1743 konnte er nicht einmal die Leichengebühren anläßlich der Beerdigung seiner zweiten Frau aufbringen.[617] Besonders drastisch stellte sich die Situation des in der Neumark mehrere Güter besitzenden Ernst Ludwig v. Wedel dar. Dieser, aus einer der ehemals führenden ostbrandenburgischen Familien stammende Adlige war so hoch verschuldet, daß nur die Aussicht auf eine „gute Heirat" noch eine Veränderung zum Besseren hin bewirkt hätte.[618] Doch diese Möglichkeit zerschlug sich, so daß die v. Wedel'schen Güter im Jahre 1719 zum Konkurs standen. Die mit insgesamt 27 735 Rtl. veranschlagten Güter und Vorwerke sollten

---

614 Die beginnende, allerdings von „Rückschlägen und Hemmungen" nicht freie wirtschaftliche Erholung seit den 1690er Jahren schildert übergreifend Abel, Agrarkrisen, S. 185 f.
615 Brand. LHA Rep. 23 B Nr. 96. Im übrigen belegen die Vergleichszahlen für die Dörfer der Johanniter-Comturei einen größeren Erfolg bei der Wiederbesetzung. Dort betrug das Verhältnis unbesetzter – besetzter Hufen 90 ½ zu 265½ Hufen.
616 Vgl.: GStAPK II. HA,. Generaldirektorium, Neumärkisches Departement, Kreissachen Arnswalde, Nr. 1.
617 Vgl.: Klöden-FG, S. 515 f.
618 Woran er nicht ganz unschuldig war. Er hatte seine Dienstmagd geschwängert und damit viel Ungemach auf sich und die Familie gezogen. Vgl.: GStAPK I. HA, Rep. 22 Nr. 372, unpag.

verkauft werden. Fast die gesamte Summe mußte laut einer Aufstellung an die große Schar der Gläubiger ausgezahlt werden.[619] Der im Kreis Krossen ansässige Aemilius Otto v. Brandt bat im August 1728 den König um einen Indult, da er die 4 000 Rtl. Schulden an den Gouverneur v. Schlabrendorff nicht zurückzahlen könne.[620] Er sei sich nicht einmal sicher, ob er durch die „Losschlagung" eines seiner Güter die Schuldsumme aufbringen könnte.

Wie im vorangegangenen Abschnitt gezeigt wurde, erwies sich in nicht wenigen Fällen der Geschlechtsverband als Ausweg für die in finanzielle Kalamitäten geratenen Rittergutsbesitzer. Doch auf solche Solidaritätsbekundungen konnte ein verschuldeter Rittergutsbesitzer gegenüber seinen Mitständen in der Regel nicht bauen. Der Fall des bei der Zahlung des Hufen- und Giebelschosses mit 1 263 Rtl. im Rückstand liegenden Herrn v. Bornstedt auf Dolgen (Neumark) beschäftigte den neumärkischen Landtag auf seiner Sitzung am 20. Februar 1753. Nach eingehender Beratung wurde schließlich der Beschluß gefaßt, daß der Landesdirektor nach sechs Monaten die „Execution" durchführen solle.[621]

Die Ausstattung der Rittergüter – selbst der in den Teillandschaften bedeutenderen Familien – blieb bescheiden. So galt „die Wohnlichkeit" auf dem denen v. Winterfeld gehörenden Rittersitz Dallmin nur als „beschränkt".[622] Ein Streit zwischen Thomas Philipp und dem Leutnant Wiprecht Gottfried v.d. Hagen dokumentierte die engen Verhältnisse auf dem gemeinsam bewohnten Rittersitz Hohennauen, die zu Mißhelligkeiten unter den Geschlechtsmitgliedern führten.[623]

Solche Einzelfälle, die noch beliebig zu vermehren wären[624], verdeutlichen zwar besonders plastisch die nach wie vor problematische wirtschaftliche Situation, in der sich brandenburgische Adelsfamilien befanden, können allerdings kein befriedigendes Gesamtbild bieten. Schließlich könnten ebenso Belege beigebracht werden, die eine Verbesserung der wirtschaftlichen Situation vieler brandenburgischer Adelsfamilien nach der Jahrhundertwende dokumentieren.[625] Deshalb soll im folgenden versucht werden, auf der Grundlage von quantitativ analysierbaren Quellen die Veränderungen der Besitzstruktur im 18. Jahrhundert als

---

619 Ebenda. Die übrig bleibenden 450 Rtl. waren für die Abzahlung der Prozeßkosten vorgesehen.
620 Zur Aufnahme des Kredits wurde er seinerzeit durch die fälligen Abfindungen an seine Schwestern gezwungen. GStAPK I. HA, Rep. 22 Nr. 31 b.
621 Vgl.: Brand. LHA Rep. 23 B Nr. 1026, unpag. Zuvor war das Gut bereits verhypothekiert worden.
622 Auf „diesem Rittersitze stand nur ein Haus in Holzfachwerk mit Steinen ausgemauert und Ziegeldach, ... später verfiel es" und die veranschlagten Reperaturkosten wuchsen „bedeutend" an. Winterfeld-FG, Bd. 2, S. 691.
623 Vgl.: Brand. LHA Rep. 37 Hohennauen, Nr. 68.
624 Vgl. vor allem zur baulichen Situation der adligen Schlösser und Herrenhäuser das in der Kommentierten Ausgabe, Bd. 2 aufbereitete Material.
625 August Gebhardt v. d. Marwitz, dem bescheinigt wurde, ein umsichtiger und Neuerungen gegenüber stets aufgeschlossener Gutsherr (1733 soll er bereits Seperationen eingeführt haben) zu sein, konnte zu Beginn des 18. Jahrhunderts die Erträge seiner in Lebus liegenden Besitzungen auf das Doppelte steigern. Ebenso erfolgreich wirtschaftete der als „zweiter Begründer des Herrensitzes Friedersdorf" geltende Johann Georg v. d. Marwitz, dem natürlich seine zusätzlichen Einkünfte als Amtsträger zugute kamen. Vgl.: Diest, Marwitz-FG, S. 72 f., 85.
Einige Vertreter des vor allem in Ruppin über Besitzungen verfügenden Geschlechts derer v. Kröcher vermochten um 1700 den Niedergangsprozeß aufzuhalten, so daß der Familienbesitz erstmals wieder erweitert werden konnte. Vgl.: Urkundenbuch Kröcher, Bd. 2, S. 225.

Die Sozialstruktur der brandenburgischen Ritterschaft

einen wichtigen Indikator der sozialökonomischen Befindlichkeit der Ritterschaft an einem repräsentativen Sample vorzuführen. Auch hierbei konzentrieren wir uns wieder auf die Kreise Ruppin, Teltow und Beeskow-Storkow.

Tabelle 13: Besitzwechselhäufigkeit in Ruppin (1690-1770) [626]

1690-1710	1710-1730	1730-1750	1750-1770
44	24	30	32

Tabelle 14: Besitzwechselhäufigkeit im Teltow (1690-1770) [627]

1690-1710	1710-1730	1730-1750	1750-1770
46	24	30	32

Tabelle 15: Besitzwechselhäufigkeit in Beeskow-Storkow (1690-1770) [628]

1690-1710	1710-1730	1730-1750	1750-1770
22	38	18	11

Generell ist zunächst – und dieser Befund deckt sich mit dem für andere Teillandschaften gewonnenen Ergebnis – eine hohe Zahl an Gütertransaktionen festzuhalten.[629] Ähnlich wie in der Analyse für die zweite Hälfte des 17. Jahrhunderts weisen die Kreise Ruppin und Teltow Übereinstimmungen auf. Nach einer zeitweiligen „Beruhigung" des Güterhandels zwischen 1670 und 1690 stiegen die Zahlen um 1700 wieder an und erreichten in etwa die Quote der beiden Nachkriegsjahrzehnte (Ruppin: 42; Teltow: 41). Die Motive und Anlässe der Besitzwechsel um die Jahrhundertwende hatten sich allerdings im Vergleich zu denen der unmittelbaren Nachkriegszeit etwas verschoben, worauf bei der Betrachtung der einzelnen Teillandschaften näher eingegangen werden soll.

Seit den 1730er Jahren ist ein weiterer Anstieg der Gütertransaktionen zu verzeichnen. Zum einen ist hier das allmähliche Eindringen bürgerlicher Gutsbesitzer anzuführen, wenngleich dieses Thema erst während der Regierungszeit Friedrichs des Großen deutlicher problematisiert wurde.[630] Der Anteil dieser Besitzform stieg in der Kurmark von 5,6% zu Beginn der Regierungszeit König Friedrich Wilhelms I. bis auf 10,1% im Stichjahr 1769.[631] Diese Übertragung von Adelsland in bürgerliche Hände wurde seitens der Ritterschaft aus finanziellen Erwägungen selbst gefördert, der König hingegen sah sich veranlaßt, einer weiteren Entfremdung von Adelsbesitz mit entsprechenden Regelungen zu begenen.[632]

---

626 Ermittelt nach HOL Ruppin.
627 Ermittelt nach HOL Teltow.
628 Ermittelt nach HOL Beeskow-Storkow.
629 Für die Prignitz wurde für das 18. Jahrhundert eine rege Besitzwechselhäufigkeit und ständige Fluktuation von Adelsfamilien nachgewiesen in: Enders, Die Prignitz, S. 949.
630 Vgl. dazu: R. Schiller: „Edelleute müssen Güther haben, Bürger müssen die Elle gebrauchen". Friderizianische Adelsschutzpolitik und die Folgen, in: Agrarische Verfassung und politische Struktur. Studien zur Gesellschaftsgeschichte Preußens 1700-1918, hrsg. v. W. Neugebauer/R. Pröve, Berlin 1998, S. 257-286.
631 Ermittelt nach den Vasallentabellen in Brand. LHA Rep. 78 I Nr. 147 und 181.
632 Nähere Ausführungen dazu bei der Behandlung der Kreditverhältnisse der Ritterschaft.

Zum anderen – und dieser Trend wog in der ersten Hälfte des 18. Jahrhunderts schwerer – ist diese Entwicklung auf die vor allem unter Friedrich Wilhelm I. zunehmenden Bemühungen im Rahmen der Arrondierungspolitik zurückzuführen. Neben der Vergrößerung der Armee galt die „Wiederherstellung des Domänenwesens" bekanntlich als vornehmstes politisches Ziel des zweiten preußischen Königs.[633] Die oben geschilderte angeschlagene wirtschaftliche Situation vieler Rittergüter bot auch hier wieder einen geeigneten Ansatzpunkt. Zwar lag der Schwerpunkt dieser Besitzveränderungen im Umland Berlin und Potsdams[634], jedoch blieben auch die residenzfernen Teillandschaften, wie z.B. der Kreis Ruppin, davon nicht ausgenommen.[635] Im April 1735 erging z.B. eine Ordre an das Generaldirektorium, in der die Modalitäten des Ankaufes des Gutes Blankenberg behandelt wurden. Die die Verkaufsverhandlungen mit dem bisherigen Besitzer v. Arendt führenden Beamten hatten zudem zu bedenken, daß mittlerweile auch andere Interessenten aus dem Kreis der im Ruppin ansässigen Adligen auf den Plan getreten waren, darunter befand sich auch der Ruppiner Landrat v. Rohr. Somit bestand für die königlichen Verhandlungsführer ein nicht allzu großer Spielraum, um den Preis herunterzuhandeln. Der Landrat v. Rohr hatte dem v. Arendt die Kaufsumme von 15 000 Rtl. angeboten, und „von dem von Barnewitz", einem weiteren Interessenten, hätte der v. Arendt nach eigener Aussage „gewiß noch mehr bekommen können".[636]

Aus dem Rahmen fällt unter dem Aspekt der Umwandlung von adligem in landesherrlichen Besitz der Beeskow-Storkower Kreis. Hier sticht die große Zahl der Besitzwechsel zwischen 1710 und 1730 ins Auge. Es handelt sich allerdings hierbei um eine Landschaft, die in besonders starkem Maße in die königliche Arrondierungspolitik eingebunden war. Die Mehrzahl der vom Besitzwechsel betroffenen Rittergüter wurde in den landesherrlichen Domänenbesitz integriert. Dies führte zwangsläufig auch dazu, daß sich die Anzahl der in diesem Kreis über Rittergüter verfügenden Adelsfamilien zwischen 1710 und 1740 auf die Hälfte verringerte (von 25 auf 12)! Damit fiel in dieser Adelslandschaft der wie auch im Teltow erkennbare Trend nach Besitzkonzentration besonders markant aus, denn die Landesherrschaft bemühte sich natürlich aus naheliegenden Gründen, Dörfer in Vollbesitz für ihre Domänen zu erwerben.

---

633 Von 1713 bis 1732 gelang es dem König, für etwa 5 Mill. Rtl. neue Domänen zu erwerben und zugleich die Einnahmen aus den Ämtern erheblich zu steigern. Vgl. Acta Borussica. Denkmäler der Preußischen Staatsverwaltung im 18. Jahrhundert: Die Getreidehandelspolitik und Kriegsmagazinverwaltung Brandenburg-Preußens bis 1740, bearb. v. W. Naudé und G. Schmoller, Berlin 1901, S. 195 ff.
634 Vgl.: F. Escher: Berlin und sein Umland, Berlin 1985, S. 75 ff.
635 Erweiterung des Domänenbesitzes in Ruppin durch Adelsgüter:

Jahr der Erwerbung	Ort
1705	Bückwitz (Anteilgut)
1712	Wolfsruh
1735	Blankenberg
1753	Kleinwoltersdorf

Ermittelt nach: HOL, Ruppin.
636 Vgl.: GStAPK II. HA, Gen.-Dir. Kurmark Tit. LXXX Sect. C Nr. 1.

Die Sozialstruktur der brandenburgischen Ritterschaft

Tabelle 16: Entwicklung des ritterschaftlichen Besitzes in Ruppin, Teltow und Beeskow-Storkow (1680-1770) [637]

	1680 V	1680 T u. S	1710 V	1710 T u. S	1740 V	1740 T u. S	1770 V	1770 T u. S
Ruppin	14	85	12	66	11	61	11	53
Teltow	42	54	42	49	21	38	21	27
Beesk.-Storkow	40	21	35	18	21	6	18	4

Die hier zusammengetragenen Daten weisen aus, daß die Zahl der ritterschaftlichen Anteil- bzw. Splitterbesitzungen weiter zurückgegangen war. Damit ist die Besitzkonzentration als der nach wie vor beherrschende Trend auch für diesen Zeitraum auszumachen und korrespondiert mit ähnlichen Beobachtungen für andere Teillandschaften.[638] Im Verlauf des 18. Jahrhunderts nahm der Anteil der Orte mit mehr als einem Adelssitz beträchtlich ab.[639] Zum einen wurden viele Adelsfamilien zu diesen schmerzhaften Entscheidungen durch die nach wie vor angespannte wirtschaftliche Lage gezwungen, zum anderen war allerdings auch die seit der Nachkriegszeit sich durchsetzende Einsicht bei einer größeren Gruppe von Adelsfamilien zum Allgemeingut geworden, daß es günstiger wäre, Anteilgüter zu veräußern und sich auf Orte in Vollbesitz zu konzentrieren.[640]

Auch zu Beginn des 18. Jahrhunderts nahm unter den Gütertransaktionen immer noch die Veräußerung auf Zeit, d.h. „Wiederkauf" einen hohen Stellenwert ein.[641] Zu Beginn des 18. Jahrhunderts genossen 12 Güter diesen Status im Kreis Teltow, in Beeskow-Storkow waren es sechs Besitzungen. Oftmals waren die Adelsfamilien, die ihren Besitz in der zweiten Hälfte des 17. Jahrhunderts auf diese Weise abtreten mußten, nicht in der Lage, die völlige „erb- und eigenthümliche" Übertragung an die neuen Besitzer zu verhindern. So gingen im Kreis Teltow die Güter Blankenfelde, Buckow (bei Berlin), Dahlem, Gersdorf, Groß Machnow, Löwenbruch (3. Anteil), Nunsdorf, Ruhlsdorf (1. Anteil), Schenkendorf und Märkisch Wilmersdorf in den Jahren um 1700 in das Eigentum derjenigen Besitzer, die sie zuvor schon wiederkaufsweise erworben hatten.[642] Marcus Ehrentreich v. d. Lütke, dessen Vater – der Obrist Marcus v.d. Lütke – 1649 die Güter Groß- und Kleinziethen wiederkäuflich auf 80 Jahre von den Bredows erworben hatte, bedrängte im März 1713 den neuen König, ihm die-

---

637 Orte in Voll-, Teil- oder Splitterbesitz.
638 Vgl.: Enders, Die Uckermark, S. 609 f.
639 Lagen um 1700 noch 18% aller Adelssitze in Orten mit mehr als einem Rittersitz, verringerte sich diese Zahl bis zum Jahrhundertende auf 7%. Vgl.: Herrenhäuser, Bd. 1, S. 36 f. (mit kartographischer Darstellung).
640 So verkauften bzw. vertauschten die in Ruppin über mehrere Besitzungen verfügenden v. Kröcher 1775 die beiden Anteile von Dreetz. Das Kaufgeld konnte zur Abzahlung der Lehnschulden verwendet werden, die auf dem Gut Lohm standen. Vgl.: Urkundenbuch Kröcher, Bd. 2, S. 226 ff.
641 In einem „Verzeichnis aller bey der Lehnskanzlei einkommenden Sachen" aus dem Jahre 1704 fanden sich zahlreiche Anträge von adligen Rittergutsbesitzern, ihr Gut wiederkäuflich veräußern zu dürfen. Vgl.: Brand. LHA Rep. 78 I Nr. 137.
Vgl. mit Beispielen für wiederkäufliche Veräußerungen innerhalb der uckermärkischen Adelsgesellschaft bei Enders, Die Uckermark, S. 441.
642 Vgl.: HOL Teltow.

se Besitzungen zur vollen Belehnung zu übertragen. Vor allem verwies der Bittsteller auf die seither investierten Mittel in seine Güter, die zum Zeitpunkt des Erwerbs „öde und wüst" waren.[643]

Die aus der familiengeschichtlichen Perspektive erhaltenen Quellen deuten die konkreten Probleme an, die mit dem Versuch der Wiedereinlösung auf die Adelsgeschlechter zukamen. Joachim v. d. Hagen bat den Kurfürsten am 28. Februar 1687, die Wiederkaufsfrist für die havelländischen Güter Ketzür und Gartz, die seine Schwiegermutter erworben hatte, um weitere 20 Jahre zu verlängern.[644] Nachdem 1697 die Wiederkaufsfrist für das vormals der Familie v. Buch gehörende Gut Wilmersdorf abgelaufen war, sahen sich die Vormünder des unmündigen Adolf Friedrich v. Buch noch nicht in der Lage, das nötige Ablösungskapital zu beschaffen. Ein neuer Wiederkaufsvertrag mußte deshalb mit Hans Dietrich v. Pfuel abgeschlossen werden und 1709 wurde dieser abermals verlängert.[645] Insbesondere trugen die die Rittergüter wiederkäuflich besitzenden Adligen Sorge, daß ihnen die auf den Gütern investierten Gelder bei der Relution nicht in voller Höhe zurückerstattet werden würden.

Doch auch innerhalb der Adelsgeschlechter bestand Klärungsbedarf. Der Hauptmann Christian Sigismund v. Horcker beklagte sich 1729 darüber, daß er als Agnat nicht um Genehmigung einer wiederkäuflichen Veräußerung des Anteilgutes Glasow durch seinen Bruder gefragt worden war.[646] Andererseits gelang es einer Reihe von Familien, die wieder über günstigere finanzielle Verhältnisse verfügten, die zeitweilig veräußerten Besitzungen zurückzuerwerben. Bereits vor Ablauf der Frist konnte im Jahre 1707 Heino Dietrich v. Pfuel das im wiederkäuflichen Besitz der Witwe des ehemaligen Gouverneurs von Spandau, Adolf v. Götze, befindliche Schulzendorf für 11 000 Rtl. reluieren.[647] Im Kreis Beeskow-Storkow waren um 1700 in diesem Sinne die Familien v. Langen (Birkholz), die Schenken v. Landsberg (Märkisch Buchholz) und die v. Burgsdorff (Kunersdorf) erfolgreich.[648] Dabei erschien es naheliegend, daß diese Familien, die entweder über ausgedehnte Besitzungen in derselben (v. Langen) bzw. in einer benachbarten Teillandschaft (so die Schenken v. Landsberg im Teltow) verfügten oder auf Einkommen aus Amtsträger- bzw. Offizierschargen zurückgreifen konnten, eher in der Lage waren, ihre Güter zu reluieren.

Auch die Verpachtung der Rittergüter blieb in dem jetzt zu untersuchenden Zeitraum ein nicht zu unterschätzender Faktor. Allerdings fehlen – ähnlich wie im 17. Jahrhundert – summarische Aufstellungen, so daß nur punktuelle Aussagen möglich sind.[649] Verpachtungen innerhalb des Familienverbandes waren demnach nicht selten. Der Züllichauer Landrat Christian v. Unruh, der selbst auf seinem Rittersitz in Schmölln wohnte, hatte sein Anteilgut

---

643 Brand. LHA Rep. 78 II L 99, unpag.
644 Vgl.: Brand. LHA Rep. 78 II B 180, unpag.
645 Vgl.: Buch-FG, Bd. 2, S. 50 f.
646 Vgl.: GStAPK I. HA, Rep. 42 Nr. 35 b, unpag.
647 Vgl.: Brand. LHA Rep. 78 II P 24, unpag.
648 Vgl.: HOL Beeskow-Storkow.
649 In den Bänden des HOL finden sich keine Angaben dazu. Ebenso wurden Verpachtungen in der Regel auch nicht in den Grundbüchern der Ritterschaftlichen Hypothekendirektion aufgeführt. Auf der Grundlage der Sentenzenbücher des Berliner Kammergerichts belegt einzelne Erwähnungen von Pächtern adliger Rittergüter in der Prignitz: Enders, Die Prignitz, S. 948, 970 u.ö.

Die Sozialstruktur der brandenburgischen Ritterschaft 141

Kay an seinen Sohn verpachtet, während der in Ostpreußen dienende Capitain Friedrich Wilhelm v. Mühlheim sein Anteilgut Mosau (Kr. Züllichau) seiner Mutter pachtweise überlassen hatte.[650]
Erst für die zweite Hälfte des 18. Jahrhundert hat die Forschung zuverlässigere Aussagen zu dieser nicht unwichtigen Frage treffen können.[651] So sei z.B. „die Mehrzahl der Rittergüter im Barnimschen ... nur von Pächtern bewirtschaftet" worden.[652] Dies erscheint insofern plausibel, da in dieser brandenburgischen Teillandschaft ein größerer Anteil höherer Amtsträger und Offiziere wohnte, die ohnehin oftmals nicht in der Lage waren, ihre Güter selbst zu bewirtschaften.
Im folgenden soll auf der Grundlage des bislang präsentierten Materials der Frage nachgegangen werden, zu welchen Gewichtsverlagerungen die bisher angedeuteten Besitzveränderungen innerhalb der kleinräumigen Adelsgesellschaften geführt hatten. Schließlich ist der Schluß naheliegend, daß die auf Besitzkonzentration hinauslaufenden Entwicklungen die einzelnen Adelsgeschlechter in unterschiedlichem Maße tangierten und somit eine Differenzierung innerhalb der Ritterschaft bewirkt haben dürften. Die Gesamtzahl der in Ruppin und Teltow ansässigen Adelsgeschlechter veränderte sich nur geringfügig. Lediglich in Beeskow-Storkow hatte die königliche Arrondierungspolitik zu einer spürbaren Verdrängung des Adels geführt.

Tabelle 17: Anzahl der Adelsfamilien in Ruppin, Teltow u. Beeskow-Storkow (1710-1770)

Stichjahr	1710	1740	1770
Ruppin	33	27	26
Teltow	26	22	20
Beeskow-Storkow	25	11	8

Als ein wichtiger Parameter für das Ansehen eines Adelsgeschlechts galt bekanntlich die Ausstattung mit Besitz. Deshalb wird in der folgenden Aufstellung versucht, mit Hilfe der aus dem Historischen Ortslexikon gewonnenen Daten eine Rangfolge innerhalb der jeweiligen kleinräumlichen Adelslandschaften zu konstruieren. Es ist dabei allerdings zu berücksichtigen, daß die hier dokumentierte Ausstattung mit Orten in Voll-, Anteil- oder Splitterbesitz nur vorsichtige Schlüsse über die reale ökonomische Basis eines Adelsgeschlechts zuläßt, da die Einnahmen aus den Besitzungen natürlich auch von anderen Faktoren abhängig waren.

---
650 Vgl.: Brand. LHA Rep. 78 I Nr. 133, Bl. 42 u. 47.
651 Vgl. dazu die Aufstellung über die Verpachtung von Rittergütern einiger kurmärkischer Teillandschaften in den 1770 und 80er Jahren bei Müller, Märkische Landwirtschaft, S. 113.
652 Ebenda, S. 114.

Tabelle 18: Besitzumfang des Adels in Ruppin (1710-1770)

Familie	1710			1740			1770		
	V	T	S	V	T	S	V	T	S
v. Quast	2	6	-	2	6	-	2	5	-
v. Rohr	2	4	1	2	4	1	2	4	1
v.d. Gröben	2	2	-	---	---	---	---	---	---
v. Bredow	2	1	-	2	3	-	2	2	2
v. Schwerin	---	---	---	1	1	-	1	1	-
Gänse v. Putlitz	1	1	-	---	---	---	---	---	---
De Beville	1	-	-	---	---	---	---	---	---
Wambold v. Umbstadt	1	-	-	---	---	---	---	---	---
v. Schöning	1	-	-	---	---	---	---	---	---
v. Brunn	-	4	2	---	---	---	---	---	---
v. Ziethen	-	4	1	-	4	1	-	4	-
v. Zernickow	-	3	3	-	3	2	-	3	2
v. Fabian	-	3	2	-	3	1	-	3	1
v. Wuthenow	-	3	1	-	3	-	---	---	---
v. Wahlen-Jürgas	-	3	-	-	3	-	-	2	-
v. Lüderitz	-	2	-	-	2	-	-	2	-
v. Langermann	-	2	-	-	1	-	-	1	-
v. Redern	-	2	-	-	1	-	-	2	-
v. Gühlen	-	1	-	1	2	-	-	1	-
v. Kröcher	-	1	-	-	3	2	-	2	-
v. Maltitz	-	1	-	-	1	-	---	---	---
v. Möllendorff	-	1	-	-	1	-	---	---	---
v. Kahlbutz	-	1	-	-	1	-	-	1	-
v. Rathenow	-	1	-	-	1	-	-	2	1
v. Woldeck	-	1	-	-	1	-	-	2	-
v. Falkenberg	-	1	-	-	1	-	---	---	---
v. Quitzow	-	1	-	-	1	-	-	1	-
v. Wittstruck	-	1	-	-	1	-	---	---	---
Schenk v. Winterstedt	-	1	-	---	---	---	---	---	---
v. Schönermark	-	1	-	---	---	---	---	---	---
v. Fratz	-	1	-	---	---	---	---	---	---
v. Flans	-	1	-	---	---	---	---	---	---
v. Ziecker	-	1	-	---	---	---	---	---	---
v.d. Hagen	---	---	---	-	2	-	-	1	-
v. Kleist	---	---	---	-	1	-	-	3	-
v.d. Knesebeck	---	---	---	-	1	-	-	1	-
v. Grapp	---	---	---	-	1	-	-	1	-
v. Medem	---	---	---	---	---	---	1	1	-

Die Sozialstruktur der brandenburgischen Ritterschaft 143

Familie	1710			1740			1770		
	V	T	S	V	T	S	V	T	S
Freih. v. Labes	---------------------			---------------------			1	-	-
v. Taubenheim	---------------------			---------------------			-	1	-
v. Knoblauch	---------------------			---------------------			-	1	-
v. Köppen	---------------------			---------------------			-	1	-
v. Lohe	-	-	1	-	-	1	---------------------		

Die auch schon in der zweiten Hälfte des 17. Jahrhunderts über den meisten Besitz verfügenden Geschlechter v. Quast, v. Rohr und v. Bredow führten auch für diesen Zeitabschnitt die Rangfolge an. Diesen Familien gelang es zudem, einige lokale Amtsträgerchargen im Verlauf des 18. Jahrhunderts zu besetzen. Entgegen dem in der Tabelle vermittelten Eindruck konnte auch die Familie v.d. Gröben in weiblicher Nachfolge ihre lange bewahrte Vorrangstellung halten. Das nicht unbedeutende Rittergut Meseberg mit den dazugehörigen Dörfern Baumgarten, Rauschendorf und Schönermark gingen an die Reichsgräfin v. Wartensleben, eine geborene v.d. Gröben. Einige Geschlechter schieden im Verlaufe der ersten beiden Drittel des 18. Jahrhunderts aus. Die aus Frankreich stammende Familie de Beville veräußerte die Mediatstadt Rheinsberg 1733 an die Krone, während die v. Brunn ihren Besitz an andere ruppinische Adlige verkauften. Das den Edlen Gänsen v. Putlitz gehörende Anteilgut Lüchfeld inklusive Gühlen Glienicke befand sich seit langem im Pfandbesitz derer v. Quitzow und wurde nicht wieder eingelöst, sondern den Allodialerben der Pfandbesitzer, denen v. Bülow übertragen. Der Zustrom „neuer" Familien hielt sich – etwa im Vergleich zum Teltow – in Grenzen. Es handelte sich dabei vor allem um Angehörige von Adelsgeschlechtern, die in anderen, zumeist benachbarten brandenburgischen Teillandschaften alteingesessen waren (v. d. Hagen, v. Kleist, v. d. Knesebeck, v. Knoblauch). Doch unter den anstelle der alteingesessenen Familien nun die Güter übernehmenden Adligen fanden sich zuweilen auch Angehörige der einflußreichen Amtsträger- und Offiziersfamilien. Die Wambold v. Umbstadt mußten z.B. den Nachkommen des Oberpräsidenten Otto v. Schwerin weichen, die 1711 das Gut Walsleben erwarben.[653] Der Obristleutnant und Magdeburger Domherr Hermann Graf von Wartensleben erhandelte 1731 für 11 500 Rtl. von E. v. Flans das Anteilgut Baumgarten.[654] Zum Vergleich sei nunmehr den für Ruppin vorgeführten Ergebnissen die Auswertung des Teltower Materials gegenübergestellt. Hier interessiert besonders, ob die bereits für die zweite Hälfte des 17. Jahrhunderts analysierten Entwicklung (vor allem das Eindringen landfremder Amtsträger- und Offiziersfamilien) auch in diesem Zeitraum ihre Fortsetzung fanden.[655]

---

[653] Weitere Erwerbungen folgten. Im September 1723 informierte der Reichsgraf v. Schwerin die Landschafts-Registratur, daß er Katerbow von denen v. Falkenberg gekauft hatte. Vgl.: Brand. LHA Rep. 23 A. B Ritterschaftliche Hypothekendirektion Nr. 230, Bl. 12 f.
[654] Brand. LHA Rep. 23 A. B Ritterschaftliche Hypothekendirektion Nr. 182, Bl. 7.
[655] Vgl. dazu Tabelle 5.

Tabelle 19: Besitzumfang des Adels im Teltow (1710-1770)

Familie	1710			1740			1770		
	V	T	S	V	T	S	V	T	S
Schenken v. Landsberg	10	-	-	-	-	-	-	-	-
v. Löben	5	-	-	-	-	-	-	-	-
v. Hake	4	1	-	4	1	-	4	2	-
v. Otterstedt	4	-	-	3	-	-	3	-	-
v. Schlabrendorff	3	8	-	2	5	-	2	2	-
v. Beeren	3	2	1	2	2	1	2	2	1
v. Wilmersdorff	2	9	-	2	9	-	2	5	-
v. Stutterheim	2	-	-	2	-	-	-	-	-
v. d. Liepe	1	2	3	-	1	2	-	1	2
v. Oppen	1	1	-	-	-	-	-	-	-
v. Gersdorff	1	1	-	-	-	-	-	-	-
v. Flans	1	1	-	1	-	-	1	-	-
v. Schwerin	1	-	1	1	-	1	1	-	-
v. Bardeleben	1	-	-	1	-	-	-	-	-
v. Wartenberg	1	-	-	-	-	-	-	-	-
v. Spiel	1	-	-	-	-	-	-	-	-
v. Appel	1	-	-	-	-	-	-	-	-
v. d. Gröben	-	4	-	-	4	-	-	5	-
v. Thümen	-	3	-	-	2	-	-	1	-
v. Erlach	-	2	-	-	-	-	-	-	-
v. Enderlein	-	2	-	-	-	-	-	-	-
v. Görzke	-	1	-	-	1	-	-	2	-
v. Lindholz	-	1	-	-	1	-	-	1	-
v. Glaubitz	-	1	-	-	1	-	-	-	-
v. Stockheim	-	1	-	-	-	-	-	-	-
v. Kraut	-	-	-	2	1	-	-	-	-
v. Kameke	-	-	-	1	-	-	-	-	-
v. Scharden	-	-	-	1	-	-	-	-	-
v. Knyphausen	-	-	-	-	1	-	-	-	-
de Varenne	-	-	-	-	1	-	-	-	-
(v.) Thiele	-	-	-	-	1	-	-	1	-
Heinrich IX. Reuß	-	-	-	-	-	-	1	-	-
v. Jariges	-	-	-	-	-	-	1	-	-
v. Dorville	-	-	-	-	-	-	1	-	-
v. Reinhardt	-	-	-	-	-	-	1	-	-
v. Tauentzien	-	-	-	-	-	-	-	1	-
Gf. v. Herzberg	-	-	-	-	-	-	-	1	-
v. Alvensleben	-	-	-	-	-	3	-	-	3
v. Münchow	-	-	1	-	-	-	-	-	-

Am deutlichsten fällt der Absturz der bis dahin am reichsten begüterten Familie im Teltow, der Schenken v. Landsberg ins Auge. Dieses bis in das frühe 18. Jahrhundert mit deutlichem Abstand vor allen anderen Geschlechtern rangierende Geschlecht wurde eines der wohl prominentesten Opfer der königlichen Arrondierungspolitik. Die schon im ausgehenden 17. Jahrhundert angeschlagene wirtschaftliche Situation der Schenken bot der Landesherrschaft eine geeignete Plattform für die nach ihren Bedingungen geführten Verkaufsverhandlungen. Innerhalb von drei Jahren (1716-1719) wurden alle Besitzungen veräußert. Der geplante Erwerb neuer Güter in der Neumark und in Kursachsen kam durch den Tod der beiden verbliebenen männlichen Geschlechtsangehörigen, Carl Albrecht und Ludwig Alexander nicht mehr zustande.[656] In ähnlicher Weise wurden auch die v. Löben aus dieser Teillandschaft verdrängt. Diese erst nach dem Dreißigjährigen Krieg in den Teltow gekommene Familie vermochte es nicht, den neu erworbenen Besitz über mehrere Generationen zu halten. An der Spitze dieser kleinräumlichen Adelsgesellschaft standen nunmehr – vom Besitzumfang her betrachtet – die v. Hake, v. Otterstedt, v. Beeren, v. Schlabrendorff und v. Wilmersdorff; letztere beide Familien allerdings mit leichten Einbußen. Es sei an dieser Stelle in Erinnerung gerufen, daß es sich bei den genannten Geschlechtern um solche handelte, die auch im gesamten 17. Jahrhundert unbeschadet der Einbrüche der Kriegs- und Nachkriegszeit zu den begütersten gehörten und im 18. Jahrhundert mehrfach regionale Amtsträger stellten. Damit bestätigt sich auch für diese residenznahe Landschaft, daß es eine kleine Gruppe von Adelsgeschlechtern vermochte, auch in einer Zeit, die die Ritterschaft vor existenzielle Herausforderungen gestellt hatte, ihren Besitzumfang weitgehend zu halten.

Auch auf einige Adelsfamilien, die nur über geringere Besitzungen verfügten, läßt sich diese Aussage erweitern (v. Flans, v. d. Gröben, v. Görtzke). Dies ist vor allem deshalb hervorzuheben, da auch im 18. Jahrhundert der für den vorausgegangenen Zeitraum beschriebene Prozeß des Auskaufes durch die Landesherrschaft und der Zuwanderung „neuer" Familien in den Teltow anhielt. Der Druck, der durch diese sich vor allem aus der höheren Amtsträgerschaft bzw. dem Offizierskorps rekrutierenden Adligen (v. Kameke, v. Dorville, v. Jariges, v. Herzberg) bzw. nobilitierten Bürgerlichen (v. Thiele, v. Reinhardt) auf die alteingesessenen Geschlechter ausgeübt wurde, hielt unvermindert an. Auch aus zeitgenössischer Sicht wurden die nachhaltigen Veränderungen in der Teltower Adelsgesellschaft reflektiert: In seiner „Teltowgraphia" resümierte Johann Christian Jeckel 1706, daß der Kreis zwar „eine zahlreiche Ritterschaft" hatte, „doch, nachdem die Landes Herren unterschiedliche dörffer und Rittersitze hin und her, in verschiedenen zeiten an sich gekauffet, ist dieselbe lang nicht mehr so starck, weder vorhin".[657]

Die Frage, von welchen Motiven sich die kaufwilligen Angehörigen der Residenzgesellschaft bei der Auswahl eines Rittergutes leiten ließen, ist auf Grund der Quellenlage nicht mit Sicherheit zu beantworten. Aus dem Aktenmaterial kann nur gefolgert werden, daß offenbar die in Berlin tätige Kurmärkische Landschaft, die die Grundbücher der Rittergüter verwaltete, mitunter als „Güterbörse" fungierte. Interessierte Käufer fragten – nachdem sie über

---

656 Vgl. dazu: Biedermann, Geschichte der Herrschaft Teupitz, v.a. S. 71 f.
657 G. Huch: Die Teltowgraphia des Johann Christian Jeckel, Köln/Weimar/Wien 1993, S. 199.

uns heute verborgen bleibende Informationsquellen von einem zum Verkauf oder vor der Versteigerung stehenden Gut erfahren hatten – bei den ständischen Beamten an und wurden dann mit den jeweiligen Rittergutsbesitzern zusammengebracht.[658] Dabei bemühten sich die Kaufinteressenten zugleich, bei der Landschaft Erkundigungen über bestehende Ansprüche auf dem avisierten Gut einzuziehen.[659]

Zum Vergleich stellen wir nunmehr die Entwicklung der Besitzstruktur im Kreis Beeskow-Storkow vor:

Tabelle 20: Besitzumfang des Adels in Beeskow-Storkow (1710-1770)

Familie	1710			1740			1770		
	V	T	S	V	T	S	V	T	S
v. Löschebrand	4	1	-	4	1	-	4	1	-
v.d. Marwitz	4	-	-	4	-	-	4	-	-
v. Maltitz	3	1	-	2	1	-	2	1	-
v. Steinkeller	3	-	-	2	-	-	1	-	-
v. Barfuß	3	-	-	3	-	-	---------		
v. Skerbensky	3	-	-	---------			---------		
v. Hobeck	2	-	-	1	-	-	1	-	-
v. Stutterheim	2	-	-	---------			---------		
v. Oppen	1	4	-	-	1	-	---------		
v. Langen	1	3	-	1	1	-	---------		
v. Wins	1	2	-	-	1	-	---------		
Schenk v. Landsberg	1	-	-	---------			---------		
v. Bredow	1	-	-	---------			---------		
v. Oldenburg	1	-	-	---------			---------		
v. Görtz	1	-	-	---------			---------		
v. Spiegel	1	-	-	---------			---------		
v. Schapelow	1	-	-	---------			---------		
v. Rohr	1	-	-	---------			---------		
v. Wagenschütz	1	-	-	---------			-	1	-

---

658 So hatte z.B. der Major Marquis de Varenne - ein Sohn des Generals J.L. Marquis de Varenne - 1725 in Erfahrung gebracht, daß die das Anteilgut Genshagen besitzende Familie v. Thümen zum Verkauf bereit sei. Brand. LHA Rep. 23 A. B Ritterschaftliche Hypothekendirektion Nr. 720, Bl. 1 f.
Auch die Eintragungen in das im Landschaftshaus lagernde „Kurmärkische Hauptbuch" deuten in diese Richtung. Vgl.: Brand. LHA Rep. 23 A. C 1691.

659 Der in der Uckermark ansässige Graf v. Schlippenbach informierte den Landschaftssyndikus v. Rohwedel im März 1765 über die Absicht seines Sohnes, dem Rittmeister v. Schmeling das in der Neumark gelegene Gut Dierckow abzukaufen. Zuvor bitte er jedoch um Informationen über die Agnaten, die eventuell „darauf Anspruch machen könten". Brand. LHA Rep. 23 B Nr. 4132, Bl. 40.
Im gleichen Jahr erinnerte ein v. Arnim den Landschaftssyndikus an ein gegebenes Versprechen, ihn über etwaige Verkaufsabsichten der v. d. Goltz zu informieren. „Das wiederholte Ansuchen eines meiner hiesigen Freunde treibt mich ... an dieses gütige Versprechen zu erinnern". Ebenda, Bl. 42.

Die Sozialstruktur der brandenburgischen Ritterschaft

Familie	1710			1740			1770		
	V	T	S	V	T	S	V	T	S
v. Reichenkrohn	-	2	-						
v. Weißenfels	-	2	-						
v. Burgsdorff	-	1	-						
v. Ilow	-	1	-						
v. Löben	-	1	-						
v. Göllnitz	-	1	-						
v. Resen				1	-	-			
v. Pöllnitz				-	1	-			
v. Schwerin							2	-	-
v. Garten							-	1	-

Bereits im Zusammenhang mit der rapide sinkenden Zahl der Adelsfamilien wurde darauf aufmerksam gemacht, daß die Adelsgesellschaft des Kreises Beeskow-Storkow in besonders starkem Maße durch die landesherrliche Arrondierungspolitik geprägt worden war. In keiner anderen märkischen Teillandschaft war die Zusammensetzung der Ritterschaft im Verlauf des 18. Jahrhunderts solchen Veränderungen unterworfen. Veränderung bedeutete hier allerdings vor allem eine Ausdünnung der Adelsgesellschaft infolge beträchtlicher Erweiterung des Domänenbesitzes! Im Gegensatz etwa zum Teltow, der ebenfalls durch eine ziemlich hohe Besitzwechselquote charakterisiert war, traten an die Stelle der ausgekauften bzw. ausgestorbenen Geschlechter kaum neue Familien hinzu – die in Tabelle 17 erkennbare, deutlich abnehmende Zahl der in dieser Landschaft ansässigen Adelsgeschlechter belegt dies. Es fällt allerdings zugleich auf, daß es sich dabei fast ausnahmslos um Familien handelte, die nur über geringen Besitz verfügt hatten.[660] Kontinuität dominierte auch bei den im Kreis verbleibenden Familien. Dies betraf vor allem die an der Spitze der Rangfolge stehenden v. Löschebrand, die es vermochten, ihre um den Scharmützelsee liegenden Besitzungen zu halten, sowie die v. Maltitz und die erst am Ende des Dreißigjährigen Krieges hier ansässig gewordenen v. d. Marwitz. Der im Vergleich zum Stichjahr 1680 gesunkene Besitzumfang der v. Oppen war vor allem auf den durch Friedrich Wilhelm v. Oppen betriebenen Verkauf von Kossenblatt und dazugehöriger Pertinenzien zurückzuführen.[661] Auch diese Besitzungen gingen an die Landesherrschaft.

---

660 Ausnahmen bildeten lediglich die v. Skrbensky und die v. Barfuß. Beide Geschlechter sahen aber den Schwerpunkt ihrer Besitzungen in anderen Teillandschaften der Mark Brandenburg (v. Skrbensky: Uckermark; v. Barfuß: Barnim), so daß den Beeskow-Storkower Gütern ohnehin kein allzu großes Gewicht zugemessen wurde. Die Nachkommen des Feldmarschalls J.A. v. Barfuß verkauften Kossenblatt 1736 an den König; ebenso veräußerte man 1741 die noch verbliebenen Dörfer Merz und Ragow an andere Adelsfamilien, währenddessen das Verschwinden der v. Skrbensky aus der Landschaft mit dem frühen Tod seiner beiden Söhne zusammenhing. Vgl.: Barfuß-FG, S. 7 f. und 42 f.; Petersen, Beeskow-Storkow, S. 404.

661 Vgl.: Oppen-FG, Bd. 1, S. 379.

Kreditbeziehungen

Im Zusammenhang unserer Ausführungen zur sozialökonomischen Situation des brandenburgischen Adels in der zweiten Hälfte des 17. Jahrhunderts ist deutlich gemacht worden, daß das Prozedere der Kreditgewährungen infolge der lang anhaltenden Agrardepression außer Fugen geraten war. Die traditionell als Gläubiger fungierenden alteingesessenen Adelsfamilien fielen zunehmend aus. Der Personenkreis, der über die erforderlichen Geldmengen verfügte, veränderte sich nachhaltig. „Neureiche Kriegsgewinnler, höhere Offiziere und Staatsbeamte adliger, vornehmlich aber bürgerlicher Herkunft traten ... mehr und mehr an die Stelle altadliger Kreditoren".[662]

Im folgenden soll nun versucht werden, die für den brandenburgischen Adel relevanten Kreditverhältnisse seit Beginn des zweiten Jahrzehnts des 18. Jahrhunderts zu beschreiben; also für jene Zeit, in der sich die wirtschaftliche Situation zumindest für einen Teil der brandenburgischen Ritterschaft etwas stabilisieren konnte. Erleichtert wird eine solche Analyse durch die günstigere Quellenlage. Die für alle kur- und neumärkischen Teillandschaften nahezu lückenlos vorliegenden Akten der Ritterschaftlichen Hypothekendirektion erlauben, einen auf breitem quantitativem Material basierenden repräsentativen Querschnitt über die Kreditbeziehungen des Adels zu geben.[663] Allerdings muß von vornherein einschränkend darauf verwiesen werden, daß bei den Schuldnern nur die Rittergutsbesitzer berücksichtigt wurden, mithin also keine Rückschlüsse über das Kreditverhalten des nicht grundbesitzenden Adels gezogen werden können. Diese Adelsgruppe begegnet uns allenfalls unter der Rubrik „Gläubiger", wie die detaillierte Analyse zeigen wird.

Trotz gewisser Stabilisierungserscheinungen gehörte auch im 18. Jahrhundert adlige Verschuldung zur Normalität. Die bisher zu einer kurmärkischen Teillandschaft (Prignitz) vorgelegten Forschungsergebnisse von *L. Enders* zeigen, daß sich dieser Trend fortsetzte, sich allerdings durchaus die soziale Zusammensetzung der Gläubiger verändert hatte.[664] Demnach waren es in zunehmendem Maße bürgerliche Gläubiger, die den Rittergutsbesitzern mit Darlehen unter die Arme griffen. Allein diese Beobachtung in einer kleinräumlichen Adels-

---

662 L. Enders: Emanzipation der Agrargesellschaft im 18. Jahrhundert - Trends und Gegentrends in der Mark Brandenburg, in: Konflikt und Kontrolle in Gutsherrschaftsgesellschaften. Über Resistenz- und Herrschaftsverhalten in der Frühen Neuzeit, hrsg. v. J. Peters, Göttingen 1995, S. 404-431, hier S. 409.

663 Der Auswertung zugrunde liegen die im Kur- und Neumärkischen Ständearchiv aufbewahrten Grundbücher der Ritterschaftlichen Hypothekendirektion. In diesen wurden der/die Besitzer, der Wert des Gutes zum Zeitpunkt des Kaufes, die Ehegelder, der Name des Gläubigers und die verhypothekierte Geldsumme eingetragen. Folgende kur- und neumärkische Teillandschaften wurden in die Analyse einbezogen:
Prignitz (Brand. LHA Rep. 23 A. B Ritterschaftliche Hypothekendirektion Nr. 1 und 1a); Ruppin (Brand. LHA Rep. 23 A. B Ritterschaftliche Hypothekendirektion Nr. 168 und 169); Havelland (Brand. LHA Rep. 23 A. B Ritterschaftliche Hypothekendirektion Nr. 317-319); Teltow (Brand. LHA Rep. 23 A. B Ritterschaftliche Hypothekendirektion Nr. 700); Königsberg (Nm.) (Brand. LHA Rep. 23 B. B Ritterschaftliche Hypothekendirektion Nr. 1310-1612); Friedeberg (Brand. LHA Rep. 23 B. B Ritterschaftliche Hypothekendirektion Nr. 2249-2419); Sternberg (Brand. LHA Rep. 23 B. B Ritterschaftliche Hypothekendirektion Nr. 2672-2994); des weiteren aus dem Magdeburger Archiv für zwei altmärkische Kreise: Seehausen (LHSA Rep. A 23g Nr. 9c vol. IIIa) und Tangermünde (LHSA Rep. A 23g Nr. 9c vol. V).

664 Vgl.: Enders, „Aus drängender Not"; dies., Die Vermögensverhältnisse, hier S. 78 f.

landschaft deutet an, welche Möglichkeiten eine Analyse der Kreditbeziehungen über wirtschafts- und finanzgeschichtliche Fragestellungen hinaus bieten kann. Schon *N. Elias* verwies in seiner subtilen Analyse auf die Bedeutung von „Geldanleihen als das naheliegendste Mittel ..., um bei vermindertem Einkommen kurzfristig den gewohnten Statusverbrauch aufrechtzuerhalten".[665] Das damit angedeutete Bestreben, standesgemäßes Leben auch unter verschlechterten wirtschaftlichen Rahmenbedingungen weiterzuführen, war natürlich zunächst einmal an die Mitglieder des Geschlechtsverbandes, vor allem aber an die adligen Mitstände innerhalb der eigenen Adelslandschaft adressiert. Eine solche Annahme unterstellt zugleich, daß die Adelsfamilien stets großes Interesse am Vorhandensein einer größeren Menge an Barvermögen bekundeten. Dem späteren Kriegs- und Domänenrat Adam Ludwig II. v. Blumenthal wurde z.B. für das beginnende 18. Jahrhundert nachgesagt, daß er „lieber Geld als die Güter genommen" hätte.[666] Oft fanden sich in Kaufrezessen und Teilungsverträgen deshalb Passagen, die ausdrücklich die Zahlung von Bargeld vorsahen[667], und Promptheit wurde in diesen Angelegenheiten erwartet, wenn die Zahlungen ins Stocken geraten sollten.[668]

Die Anerkennung der Prämisse, daß „sich über Kredite soziale Berührungspunkte herstellten", eröffnet zudem die Möglichkeit, die innere Struktur einer kleinräumigen Adelsgesellschaft transparenter machen zu können.[669] Ein solcher Zugang bietet gegenüber der wohl häufiger gewählten Methode, über Heiratsbeziehungen die Verflechtungen innerhalb einer Adelslandschaft erhellen zu können, Vorteile: Eheliche Verbindungen zwischen Adelsgeschlechtern konnten mitunter aus aktuellen familienpolitischen Erwägungen hervorgegangen sein und mußten deshalb nicht immer kontinuierliche Verbindungen zur Folge gehabt haben. Dagegen erscheint das Netz der Kreditbeziehungen engmaschiger, kann engere Kontakte zwischen Angehörigen verschiedener Adelsgruppen (auf der Ebene Gläubiger – Schuldner) andeuten und ist – zumindest seit dem beginnenden 18. Jahrhundert – auf Grund der Quellenlage in repräsentativer Breite rekonstruierbar.

Bevor das empirische Material ausgebreitet wird, erläutern wir knapp die Herangehensweise, mit deren Hilfe die Gläubiger-Schuldner-Beziehungen analysiert werden können: Aus einem Teil der in den Grundbüchern der Ritterschaftlichen Hypothekendirektion vorgenommenen Eintragungen wird ermittelt, welche Motive die Rittergutsbesitzer bewogen hatten, Kredite aufzunehmen. Damit gewinnt zugleich das Bild über die wirtschaftliche Gesamtsituation des brandenburgischen Adels eine weitere Facette hinzu. Vom Kreditgebaren her können Rückschlüsse dahingehend gezogen werden, auf welchen Wirkungsfeldern ein besonders ausgeprägter Finanzbedarf bestanden hatte.

---

665 N. Elias: Die höfische Gesellschaft, Darmstadt/Neuwied 1969, S. 112.
666 Blumenthal-FG, S. 102.
667 In dem 1703 abgeschlossenen Permutationskontrakt zwischen den Gebrüdern v. Grumbkow (Tausch der Rittergüter Carow und Lünow) wurde festgesetzt, daß Friederich Ludwig seinem Bruder Friedrich Wilhelm v. Grumbkow 22 000 Rtl. „an barem Gelde" übergibt. Brand. LHA Rep. 78 II G 31, unpag.
668 Ungeduldig monierte am 5. April 1745 der v. Knoblauch, daß der „Herr v. Möllendorff, welcher es [das Anteilgut Wassersuppe] schon vor mehr als vier Wochen erstanden, noch gar keine Anstalt zur Zahlung machet". Brand. LHA Rep. 23 A. C 2725, unpag.
669 Enders, Emanzipation der Agrargesellschaft, S. 410.

Ein weiteres Analysekriterium bildet die Frage nach der Statusgruppe der Gläubiger. Die Wahl des Kreditgebers, zumal bei häufigen finanziellen Transaktionen, läßt Rückschlüsse über Beziehungen zu, die auch über den unmittelbaren Anlaß der Kreditgewährung hinaus gehen konnten. Damit können tiefergehende Einsichten in das Problemfeld der Verflechtungen innerhalb einer kleinräumlichen Adelsgesellschaft und darüber hinaus (insbesondere zur höheren Amtträgerschaft oder zur Berliner Hofgesellschaft) gewonnen werden. Die beigelegten kartographischen Skizzen sollen die herausgearbeiteten Typen von Kreditbeziehungen märkischer Rittergutsbesitzer veranschaulichen und u.a. auch deutlich machen, welche Teillandschaften im besonderen Maße durch Kreditgeber aus dem Kreis der höheren Amtsträgerschaft oder des höheren Offizierkorps frequentiert wurden. Zum anderen läßt die unter chronologischem und quantitativem Aspekt gestellte Frage nach den Gläubigern tiefergehende Einblicke in Veränderungen innerhalb der Sozialstruktur des brandenburgischen Adels zu, vor allem in Hinsicht auf eventuelle Verschiebungen zwischen den Gruppen innerhalb des Adels (Amtsträger - Militärs - „Landadel").

Die in den vorangegangenen Ausführungen beschriebene relative wirtschaftliche Konsolidierung zu Beginn des 18. Jahrhunderts machte zwangsläufig weiterhin beträchtliche Investionen erforderlich. Die Wiederherstellung der materiellen Grundlagen für eine ertragreiche Gutswirtschaft führte ebenso zu einem ungebrochenen Kreditbedarf wie die Reluition verloren gegangenen Besitzes bzw. die Erweiterung der Güter durch den Ankauf neuer Ländereien. Hinzu kamen allerdings auch Aufwendungen, die in untrennbarem Zusammenhang mit neuen Wirkungsfeldern der Ritterschaft standen: dem Dienst innerhalb der wachsenden Armee. Die folgende Aufstellung zeigt am Beispiel des Kreises Ruppin die Gewichtung der unterschiedlichen Motive, weshalb sich Rittergutsbesitzer zu einer Kreditaufnahme entschlossen hatten.

Tabelle 21: Zweck der Kreditaufnahme: Ruppin (1713-1770) [670]

Guts-ankäufe	Reluitionen	Schuldentilgung	Baul. Verbesserg.	Abfindungen	Equipage	Versorg. Studenten
39	6	63	25	61	23	2

Die unverkennbare Spitzenstellung nahmen, legt man den gesamten Zeitraum zugrunde, die Positionen „Schuldentilgung" und „Abfindungen" ein. Gerade der hohe Anteil von Kreditaufnahmen zum Zwecke der Schuldenreduktion verweist noch einmal in aller Deutlichkeit auf die nach wie vor unsichere wirtschaftliche Gesamtsituation der Mehrheit der Rittergutsbesitzer. Auch in gerichtlichen Auseinandersetzungen fand dies seine Entsprechung. Unter den am Berliner Kammergericht verhandelten Rechtsfällen, in die Adlige verwickelt waren, belief sich der Anteil der Prozesse wegen Schuldenangelegenheiten auf 39% im Jahre 1730 und 45% im Jahre 1748![671]

---

[670] Zusammengestellt nach: Brand. LHA Rep. 23 A. B Ritterschaftliche Hypothekendirektion Nr. 168 und 169.
[671] Errechnet nach. Brand. LHA Rep. 4 A Sentenzenbücher Nr. 301 und 351.

Die Sozialstruktur der brandenburgischen Ritterschaft

Die angespannte finanzielle Lage des brandenburgischen Adels blieb auch in den folgenden Jahrzehnten, natürlich mit gewissen Nuancierungen, erhalten. Mit Überraschung nahm z.B. der König im Jahre 1751 einen Bericht des Berliner Kammergerichts auf, der eine Aufstellung über die am meisten verschuldeten mittelmärkischen Rittergutsbesitzer enthielt.[672] Er wollte ursprünglich nur in Erfahrung bringen, welche Güter so verschuldet waren, daß sie verkauft werden mußten. Nunmehr wurde ihm schlagartig die ganze Misere der finanziellen Situation der märkischen Rittergutsbesitzer bewußt. In der folgenden Tabelle wird versucht, sowohl die Relationen zwischen unbelasteten und verschuldeten Gütern darzustellen, als auch diejenigen Besitzungen zu benennen, die über ihren Taxwert hinaus verschuldet waren.

Tabelle 22: Verschuldung der Rittergutsbesitzer in ausgewählten kurmärkischen Kreisen (1751) [673]

Kreis	Anzahl der erfaßten Güter[674]	Unverschuldete Güter		Güter mit Verschuldg. weniger als ½ des Wertes		Güter mit Verschuldg. mehr als ½ des Wertes		Güter mit Schulden höher als der Wert	
Havelland	91	24	26%	32	35%	32	35%	3	3,3%
Ruppin	67	6	9%	24	35,8%	34	51%	3	4,5%
Barnim	47	16	34%	17	36,2%	10	21%	4	8,5%
Teltow	26	5	19%	9	34,5%	11	42%	1	3,8%
Lebus	26	3	12%	8	30,8%	15	58%	-	
Beeskow-Storkow	25	5	20%	11	44%	7	28%	2	8%
Gesamt	282	59	21%	101	35,8%	109	38,7%	13	4,6%

Versucht man auf Grund des hier gebotenen Materials für sechs kurmärkische Kreise ein Gesamtbild abzuleiten, dann stellt sich auch für die Mitte des 18. Jahrhunderts – noch vor den Einbrüchen des Siebenjährigen Krieges – die finanzielle Situation des brandenburgischen Adels als instabil dar.[675] Eine besondere Häufung der mit ihren Schulden die magische Grenze von 50% des Taxwertes übersteigenden Güter lag in den Kreisen Ruppin und Lebus vor. Nur 21% der erfaßten Güter wurden als schuldenfrei geführt, wobei auch diese Aussage mit Vorsicht zu interpretieren ist. Dieser ohnehin dramatisch erscheinende Befund wurde noch durch die Bemerkungen der mit der Registrierung befaßten Beamten verschärft, die darauf verwiesen, daß „außer denen registrierten Schulden annoch auf manche Güter und

---

672 Der Erhebung ging eine königliche Kabinettsorder vom 22. April 1751 voraus. Vgl.: A.B.B., Bd. 9, S. 144 f. Die Bearbeiter dieser Quelle gingen allerdings davon aus, daß die vom König erbetene Specification nicht mehr vorhanden wäre.
673 Erarbeitet nach: Brand. LHA Rep. 23 A. B 142.
674 Mit Anteilgütern
675 Dies auch entgegen der in einer älteren finanzgeschichtlichen Arbeit vertretenen Auffassung, wonach im ländlichen Bereich „die Hypothekenbelastung zumeist nur gering" gewesen sei. H. Maurer: Die private Kapitalanlage in Preußen, Mannheim/Berlin/Leipzig 1921, S. 69.

Besitzer beträchtliche Schulden hafften".[676] Die schuldenfreien bzw. nur gering hypothekarisch belasteten Güter befanden sich vor allem in den Händen führender Amtsträger und Offiziere. Aus diesem Grund erklärt sich auch der relativ hohe Prozentsatz unbelasteter Güter im Barnim, einer Adelslandschaft, deren Struktur bekanntlich durch einen vergleichsweise hohen Anteil von Mitgliedern der politisch-höfischen Führungsgruppe charakterisiert war.[677] Zu diesen Inhabern unverschuldeter Rittergüter gehörten der Baron de Vernezobre (Hohenfinow u.a.), der Graf v. Kameke (Prädikow u. Prötzel), die Erben des Etat-Ministers v. Marschall (Alt-Ranft), der Geh. Etat-Minister Freiherr v. Viereck (Buch u.a.), der Etat-Minister Graf v. Podewils (Fredersdorf u. Vogelsdorf), der Geheime Rat v. Nüßler (Weißensee) und der Generalleutnant C.L. v. Bredow (Ilow). Auch in den anderen, hier analysierten Kreise konnten vor allem die auf zentraler oder lokaler Ebene tätigen (auch bürgerlichen) Amtsträger und höheren Offiziere ihre Güter schuldenfrei halten.

Doch die übergroße Mehrheit der brandenburgischen Rittergutsbesitzer – der hier vorgestellte Ausschnitt darf wohl als repräsentativ gelten – befand sich in einer festgefahrenen Situation.[678] Es gestaltete sich auch denkbar schwierig, aus dem Kreislauf Schuldenabzahlung – Kreditaufnahme – Neuverschuldung herauszukommen. Dabei handelte es sich mitunter um Verbindlichkeiten, die schon geraume Zeit zurückliegen konnten.[679]

Oftmals blieb nur die Veräußerung des Gutes, um der ausweglosen Situation zu entrinnen. Doch kapitalkräftige und interessierte Käufer wurden innerhalb der Ritterschaft rarer. Das Arrondierungsinteresse der Landesherrschaft konzentrierte sich nur auf bestimmte Gebiete und erlahmte nach dem Regierungswechsel von 1740. Eine praktikable Alternative schienen nur Kaufinteressenten aus dem bürgerlichen Milieu zu bieten. Doch die Krone setzte einem ungehinderten Gütertransfer Widerstände entgegen. Nicht erst Friedrich der Große hatte im Rahmen seiner adelskonservativen Politik die bekannten gesetzlichen Regelungen erlassen[680], auch sein Vorgänger behielt sich laut einer Verordnung aus dem Jahre 1733 vor, seine Genehmigung zu erteilen, im Falle ein Gut verkauft werden sollte. Die Repräsentanten der mittel- und uckermärkischen Ritterschaft baten den König daraufhin am 1. Dezember 1733 inständig, diese Verfügung zurückzunehmen und malten die Situation ihrer Standesgenossen in den düstersten Farben. Sie wüßten sich „weder zu rathen, noch zu helffen", da potentielle Kreditgeber „sich bey keinem Darlehen bey Uns mehr sicher" fühlten.[681] Selbst wiederkäufliche Veräußerungen wären zur Zeit unmöglich.

---

676 Brand. LHA Rep. 23 A. B 142, unpag.
677 Vgl.: ebenda.
678 Mitunter war ein Rittergut schon von Versteigerung bedroht, wenn die darauf liegende hypothekarische Belastung unter einem Drittel des Güterwertes lag, wie es für das neumärkische Gut Cranzien überliefert ist. Der Besitzer, ein v. Rohwedel, wandte sich 1741 in dieser Angelegenheit unter großem Wehklagen an den neumärkischen Kanzler Levin Friedrich II. v. Bismarck. Vgl.: LHSA Rep. H Briest Nr. 299, Bl. 95 f.
679 Kaspar Joachim von Klitzing versuchte im Jahre 1753 eine Summe Geldes einzuklagen, die sein Vorfahre Dietrich v. Klitzing im Jahre 1561(!) „dem Magistrat von Perleberg geliehen und hernach der Kirche zu Demerthin vermacht hat". Klitzing-FG, Bd. 2, S. 169.
680 Vgl. dazu: Schwenke, Adel, S. 42 ff.
681 In dem Schreiben spiegelten sich wiederum anschaulich die Bereiche des Geldbedarfs der Rittergutsbesitzer wider: So sei unter den adligen Rittergutsbesitzern kaum einer, „der nicht bald zu Equipierung seiner Söhne, bald zur Aussteuer einer Tochter, bald zu andern extraordinairen auch Unglücksfällen, ein Capital aufnehmen müßte". Brand. LHA Rep. 23 A. B 139, Bl. 1.

Angesichts der sich nicht verbessernden finanziellen Gesamtsituation des brandenburgischen Adels blieben solche Vorstellungen während der Regierungszeit Friedrichs des Großen auf der Tagesordnung, obgleich gewisse Erleichterungen gewährt worden waren.[682] Die Wortführer der Ritterschaft befürchteten insbesondere, daß ein Fernhalten bürgerlicher Käufer dahin führen werde, daß die Güter unter ihrem Taxwert verkauft werden müßten.[683] Dem König, dessen grundsätzliche Haltung zum Problem bekannt war, wollte man auf halbem Wege entgegenkommen.[684] Deshalb schlugen die Repräsentanten der Oberstände im Juni 1753 einen Kompromiß vor. Die Kaufordnung sollte dahingehend verändert werden, daß adlige Käufer von Rittergütern nur dann vorgezogen werden sollten, wenn sie zu gleichen Bedingungen wie die bürgerlichen Interessenten die Besitzungen erwerben wollten.[685] Doch an der offiziellen Linie änderten solche leichten Modifizierungen nichts. Lediglich unmittelbar nach dem Ende des Siebenjährigen Krieges wurden die restriktiven Bestimmungen etwas gelockert.[686]

Verschuldung und drohender Verlust der Güter waren Begleiterscheinungen, die vermögende Besitzer ausgedehnter Ländereien ebenso trafen wie diejenigen Adligen, die als sogenannte „Zaunjunker" über eine eher schmale wirtschaftliche und finanzielle Basis verfügten.[687] Für letzteren Typ stand z.B. Christian Gottfried v. Klöden, der in eine solch bedrängte Lage geriet[688], daß er zu Verpfändungen und Verkäufen seiner ohnehin nicht großen Besitzungen greifen wollte. Dies wurde ihm allerdings durch das Einspruchsrecht der Agnaten seines Geschlechts verwehrt, so daß er seine Zuflucht in immer neuen Kreditaufnahmen suchte. Die größte Summe unter diesen Anleihen, ein Betrag von 500 Tlr., gewährte ihm der in der näheren Umgebung beheimatete Obrist Curd Gottfried v. Görne. Mit der Rückzahlung geriet v. Klöden indessen immer mehr in Rückstand, so daß letzlich das Konkursverfahren über seine Güter eingeleitet werden mußte, worüber er 1748 verstarb.[689] In den Konkurs wurde in den 1730er Jahren auch der in der Neumark angesessene, mehrere Jahre in Militärdiensten gestandene Joachim Rüdiger v. d. Borne getrieben. In diesem Falle soll das „luxuriöse Leben, welches er mit seiner zweiten Gemahlin" geführt hatte, ihn in diese Kalamität ge-

---

682 So wurde nach 1752 der Verkauf von Land bis zu 20 Hufen an bürgerliche Interessenten toleriert. Vgl.: A.B.B., Bd. 9, S. 484.
683 Mit konkreten Beispielen konnte man aufwarten: So sei im Jahre 1751 das bis dahin denen v. Ilow gehörende Gut Kirschbaum im Kreis Sternberg für 14 000 Tlr. verkauft worden, obwohl der Besitz mit 20 000 Tlr. taxiert worden war. Brand. LHA Rep. 23 A. B 139, Bl. 6 f.
Allerdings zeigt eine Überprüfung in den Unterlagen der Ritterschaftlichen Hypothekendirektion, daß die adligen Ständevertreter offenbar übertrieben hatten. Während der Taxwert für Kirschbaum 1744 noch bei 12 000 Tlr. lag, stieg er bis 1768 lediglich auf 15 500 Tlr. an. Zudem wurde das Gut innerhalb der Familie veräußert. Vgl.: Brand. LHA Rep. 23 B Ritterschaftliche Hypothekendirektion Nr. 2788.
684 Ihm ging es darum, die ohnehin abnehmende Zahl von Adelsgeschlechtern konstant zu halten. „Die Summa von adelichen Familien muß bleiben". Zit. nach: Schwenke, Adel, S. 51.
685 Desgleichen sollte die Frist verlängert werden, falls sich noch ein adliger Käufer finden sollte, der „mit gleichem Geboth" aufwarten könne. Brand. LHA Rep. 23 A. B 139, Bl. 15.
686 Schwenke, Adel, S. 43; jüngst dazu Schiller, „Edelleute müssen Güther haben ...", passim.
687 Die in der Prignitz ansässige Familie v. Krüsicke galt als Beispiel für diesen „Typ der Zaunjunker, deren Lebensweise sich kaum von der ihrer Bauern abhebt". Stechow-FG, S. 425.
688 Vgl.: Klöden-FG, S. 515.
689 Vgl.: ebenda, S. 516.

bracht haben.⁶⁹⁰ Die Klagen der immer drängender auftretenden Kreditoren führten sogar zu seiner kurzzeitigen Arrestierung in Küstrin.

Mit Joachim Detlof v. Winterfeld begegnet uns hingegen ein Adliger in den Quellen, der nach erstem Anschein für wirtschaftlichen Erfolg stand und diejenige Gruppe von märkischen Rittergutsbesitzern repräsentierte, die den Prozeß der ökonomischen Stabilisierung nach 1700 personifizierte. Durch Erbfälle in seinem Geschlecht war J. D. v. Winterfeld in den Besitz der Mediatstadt Freyenstein wie der Neuhausener Rittergüter geraten, konnte damit also die bisher auf mehrere Seitenlinien verteilten Güter des Geschlechts wieder in einer Hand vereinigen. Doch hatte dies seinen Preis: Zwischen 1705 und 1715 mußte v. Winterfeld mehrere Anleihen in zum Teil großer Höhe aufnehmen; zum einen, um die Neuerwerbungen zu bezahlen, zum anderen, um die durch die Kriegswirkungen verfallenen Güter – insbesondere Freyenstein – wieder in Stand zu setzen.⁶⁹¹ Auch Hans Albrecht Ernst v. Bredow, der das neumärkische Gut Rostin besaß, verkörperte den neuen Typ des märkischen Rittergutsbesitzers, der sich den veränderten Herausforderungen an die Wirtschaftsführung zu stellen wußte. Zur Abtragung seiner Schulden wagte er sogar den Schritt auf ein Terrain, das nach damaligem Verständnis nicht dem Adel vorbehalten war: Er legte eine kleine Fabrik zur Produktion holländischer Tabakspfeifen an. Gezielt setzte er den Erwerb des unmittelbar benachbarten Gutes Döltzig durch in dem Glauben, daß dies für „seine Oeconomie" von Vorteil wäre. Doch die beträchtlichen Zinszahlungen (der Kaufpreis von Döltzig lag bei 33 000 Tlr.), der zu geringe Absatz der Tabakspfeifen und die Folgen der kurzzeitigen russischen Invasion in der Neumark während des Siebenjährigen Krieges zwangen Hans Albrecht Ernst v. Bredow 1764, seine Güter an den Hauptgläubiger, den Kriegsrat Lüder zu verkaufen.⁶⁹²

Allenthalben wird bei den vorgeführten Fällen deutlich, daß der finanzielle Spielraum denkbar gering blieb und die Handlungsfähigkeit der sich in immer größere Verschuldung begebenden Rittergutsbesitzer eingeschränkt wurde. Das Ausbleiben eines Zahlungspostens konnte somit das ohnehin eng bemessene System der Abzahlung der Verbindlichkeiten in Konfusion bringen. Vor allem betraf dies die Verpflichtungen innerhalb der Familie bzw. des Gesamtgeschlechts. Der in der Altmark beheimatete Capitain Friedrich Wilhelm v. Lüderitz klagte im Juni 1703 über die durch seinen Bruder Ludolph Georg veranlaßte „Execution" zur Eintreibung von 270 Tlr. Schuldforderung; dieser befand sich selbst allerdings in einer bedrängten finanziellen Situation, so daß er sich zu diesem Schritt veranlaßt sah. Damit gerate aber nunmehr, so Friedrich Wilhelm v. Lüderitz in seiner Supplik, die fällige Ratenzahlung der Abfindung an seine Mutter in Gefahr. Er bat den König, die angedrohte nächste „Execution" des altmärkischen Landeshauptmanns solange auszusetzen, bis durch den Gutsverkauf neue Mittel zur Begleichung der Schuldforderungen bereitgestellt werden können.⁶⁹³ Diesem Verlangen wurde durch den König entsprochen. Jedoch bereits sieben

---

690 Borne-FG, S. 142.
691 Vgl.: Winterfeld-FG, Bd. 2, S. 534 f.
  Bei den größeren Anleihen handelte es sich um folgende Posten: 1 800 Tlr. vom Stift Heiligengrabe, 1 000 Tlr. von Caspar Otto v. Knoblauch, 10 000 Tlr. von Ludwig v. Bredow auf Wagenitz.
692 Vgl.: Bredow-FG, Bd. 2, S. 135 f.
693 GStAPK I. HA, Rep. 22 Nr. 183, unpag.

Jahre später, im November 1710, sah sich der Bruder Ludolph Georg gezwungen, abermals eine Intervention des Königs zu erbitten, da seine „Creditores ... weiter in ihn dringen" würden, obwohl diese ein halbes Jahr zuvor in einer königlichen Verordnung zu mehr Geduld aufgerufen wurden und es ihnen untersagt blieb, eigenmächtig in dieser Angelegenheit zu verfahren.[694]

Sehr problematisch gestaltete sich auch die Situation im Falle der neumärkischen Familie v. Wedel. Noch im Jahre 1716 versuchte der in hoffnungslose Verschuldung geratene Ernst Ludwig v. Wedel seine drängenden Kreditoren durch den Verkauf des Anteilgutes Nantickow von der Einlösung ihrer Forderungen abzuhalten; in gleiche Richtung zielte der Hinweis, daß er beabsichtige, eine „gute Heirat" einzugehen.[695] Doch drei Jahre später war der Konkurs unabwendbar. Die Güter Rostenberg, Berckenbrügge und Neuwedel wurden verkauft und aus dem Erlös (27 735 Rtl.) die Kreditoren ausgezahlt bzw. die Prozeßkosten beglichen.

Zu solchen einschneidenden Maßnahmen wurde nicht selten gegriffen. Sogar diejenigen Mitglieder einer kleinräumlichen Adelsgesellschaft, die als Amtsträger auf Provinz- oder Kreisebene fungierten, blieben davon nicht ausgenommen. Dem neumärkischen Landrat v. Zanthier auf Wormsfelde wurde 1738 die Einsetzung einer Kommission zur Begleichung seiner Schuldverbindlichkeiten angedroht. (Die Außenstände hatten mittlerweile ein Maß erreicht, das die Gläubiger zu – für einen adligen Amtsträger – recht ungewöhnlichen Maßnahmen greifen ließ: Der v. Zanthier wurde im hinterpommerschen Stargard in Arrest gehalten, weil er bei den dortigen Kaufleuten mit 600 Rtl. verschuldet war.) Die bald darauf ihre Arbeit aufnehmende Kommission sollte nun den genauen Schuldenstand eruieren und Vorschläge unterbreiten, wie die Außenstände abgetragen werden könnten. Auch die Subhastation des Gutes wurde dabei in Erwägung gezogen. Es wirft ein bezeichnendes Licht auf die Praxis solcher Konkursverfahren, wenn die Kommission instruiert wurde, im Falle verbaler Angriffe der betroffenen Rittergutsbesitzer bzw. deren Anhangs sofort die Rückreise anzutreten.[696]

Das durchaus vorhandene Zusammengehörigkeitsgefühl der Rittergutsbesitzer einer Adelslandschaft mußte dann auf eine mitunter harte Probe gestellt werden, wenn die Gefahr bestand, daß die finanzielle Kalamität einzelner Adliger dazu führte, den Zahlungsverpflichtungen des Kreises nicht mehr nachkommen zu können. Die Oberstände des neumärkischen Kreises Landsberg fühlten sich z.B. 1753 bemüßigt, den Rittergutsbesitzer v. Bornstedt mit einer zwangsweisen Eintreibung seiner Schulden zu drohen, falls er nicht innerhalb eines halben Jahres seine fälligen Rückstände an Hufen- und Giebelschoßgeldern bezahle.[697]

Richten wir unseren Blick noch einmal auf die Motive der Geldanleihen (Tabelle 21): Der hohe Anteil von Kreditaufnahmen in der Rubrik „Abfindungen" verweist auf den unvermindert hohen Stellenwert, den familiäre Verpflichtungen innerhalb der Finanzgeschäfte des Adels behalten hatten. Vor allem handelte es sich dabei um Abfindungssummen, die in den Testamenten bzw. Eheverträgen genau festgesetzt worden waren. In der Regel wurden die

---

694 Ebenda.
695 GStAPK I. HA, Rep. 22 Nr. 372, unpag.
696 Man hegte offenbar nicht ganz unbegründete Befürchtungen, daß der Landrat „gefährliche Bedrohungen ausstoßen" könnte. GStAPK I. HA, Rep. 22 Nr. 388 d, unpag.
697 Vgl.: Brand. LHA, Rep. 23 B Nr. 1026, unpag.

im Ehevertrag fixierten Summen, also Ehegeld, Gegenvermächtnis und „Morgengabe" im Gut verhypothekiert.[698] Damit beeinflußten oftmals diese Kapitalien die finanziellen Möglichkeiten adliger Rittergutsbesitzer, denn der Grad der Verschuldung der Rittergüter hing u.a. von den Sicherheiten ab, den diese im Zusammenhang der Heiratsverbindungen eingebrachten Gelder geboten hatten. Die auf den Gütern gleichsam eingefrorenen Ehegelder gaben aber in dem Moment den adligen Frauen einen gewissen Rückhalt, wenn sie als Witwen für den Gutsbetrieb allein Sorge zu tragen hatten. Sowohl die Hypothekenbücher als auch die Vasallentabellen belegen, daß der Anteil adliger Witwen unter den Rittergutsbesitzern recht hoch war.[699] Einige Fallbeispiele mögen die gewichtige Bedeutung dieses Faktors adligen Wirtschaftens vor Augen führen:

Der Cottbusser Landrat Carl Philipp v. Klitzing konnte die Schuldenbelastung seiner Güter Briesen und Brahmo durch das Ehegeld in Höhe von 12 000 Tlr., das er 1711 durch die Heirat mit der aus Kursachsen stammenden Freiin von Reisewitz erhielt, bedeutend vermindern.[700] Die enge Verbindung zwischen Eheverpflichtungen und Schuldengeschäft dokumentiert der zwischen Otto Friedrich Altwig v. Holtzendorff und Henriette Sophie Elisabeth v. Arnim 1760 abgeschlossene Ehevertrag. Darin war festgesetzt worden, daß die vom Vormund des v. Holtzendorff – einem v. Arnim (!) – „zur Bezahlung alter Schulden hergegebenen 4 000 Rtl. als das Eingebrachte der Frau" anzurechnen sei.[701] Doch auch kleinere Summen, die durch Heiraten eingebracht wurden, halfen mehreren Gutsbesitzern, sich aus zeitweiligen finanziellen Kalamitäten zu befreien. Mette Sophie v. d. Knesebeck a. d. H. Langenapel konnte ihrem Gatten, Joachim Christian v. Klöden, mit 1 400 Rtl. unter die Arme greifen, eine Summe, die auch sofort „in Lehnstücke verwandelt" wurde.[702] Man erwartete also, daß das Ehegeld für die Herausforderungen, die die Wirtschaftsführung eines Rittergutes bereithielt, zur Verfügung gestellt wurde, zumal in finanziell schwierigen Situationen.[703]

---

698 Hierfür ein Beispiel aus dem Kreis Ruppin: Der das Gut Garz besitzende Wolf Christoph v. Quast zeigte 1720 an, „daß nicht allein die ... Ehestiftung, welche Er mit seiner Ehegenossin, Frau Anne Dorothea v. Quast, geb. v. Knoblauch den 14.7. 1712 errichtet und kraft welcher Er derselben wegen Ihm zugebrachter 3000 Tlr. Ehegeldes, 1000 Tlr. Paraphernal - Gelder und was sie sonst an Gold, Silber, Geschmeide, Kleidung u.a. Sachen inferiret hat, wie auch 3000 Tlr. Gegenvermächtnis und währenden Witwenstandes davon verschriebenen Zinsen ingleichen versprocherner 1000 Tlr. Morgengabe und deren Verzinsung, determinierten Frauenkleidern und Kutschen mit 4 Pferden samt 300 Tlr. alimentation und 30 Tlr. Wohnungsgeldern, alle seine Erb- und Rittergüter cum constituto Possesorio zu einem wahren Unterpfande gesetzt ... und zustehenden Hypothek ins Landbuch möchte eingetragen werden". Brand. LHA Rep. 23 A. B Ritterschaftliche Hypothekendirektion Nr. 168.

699 Am Beispiel der mecklenburgischen Verhältnisse konnte A. Lubinski belegen, welche große Bedeutung den „weiblichen Angehörigen des Adels beim Transfer, aber auch bei der Administration der Güter" im ausgehenden 17. und 18. Jahrhundert zukam. A. Lubinski: Ländliches Kreditwesen und Gutsherrschaft – zur Verschuldung des Adels in Mecklenburg-Strelitz im 18. Jahrhundert, in: Gutsherrschaften im europäischen Vergleich, hrsg. v. J. Peters, Berlin 1997, S. 133-175, hier S. 139.

700 Vgl.: Klitzing-FG, Bd. 1, S. 275.

701 Arnim-FG, Bd. 2.1, S. 587.

702 Klöden-FG, S. 466.

703 Erinnert sei an den bereits im vorigen Kapitel erwähnten Fall, als die vermögende Lucie Marie v. Schlieben ihr Ehegeld nicht „auf die Lehnstücke" ihres Gatten, Stefan Friedrich v. Arnim verwandt, sondern zinsbar bei einem Kaufmann in Prenzlau angelegt hatte. Arnim-FG, Bd. 2.2, S. 149.

Die Sozialstruktur der brandenburgischen Ritterschaft

Andererseits wird aus der Perspektive der Brauteltern ebenso deutlich, daß diese zum Teil große Belastungen auf sich nehmen mußten, um ihre Töchter mit entsprechendem Ehegeld auszustatten, selbst um den Preis großer Verschuldung. Auf den im Oberbarnim und in Lebus gelegenen Gütern derer v. Flemming standen im Jahre 1752 Hypotheken in Höhe von insgesamt 10 500 Rtl., die sich aus den Verpflichtungen zu Ehegeldern ergaben.[704] 1714 stellte Christoph Valtin v. Eickstedt zu Liebenberg eine Obligation auf 1 000 Tlr. für den Generalmajor Erdmann v. Lüderitz aus, „welche der Letztere ihm zur Aussteuer seiner Tochter Sophie Salome bei deren Vermählung an Otto v. Arnim auf Gerswalde geliehen hatte." Chr. V. v. Eickstedt verpfändete dabei seine beiden Güter Ziemckendorf und Wollin.[705] Die Einheiratung seiner Tochter in das bedeutendste Adelsgeschlecht seiner Heimatregion, der Uckermark, war ihm dies wert.

Die Bedeutung, die den Ehegeldern als einzukalkulierendem Finanzposten zukam, erhellt aus den in großer Zahl überlieferten rechtlichen Konflikten, die sich aus Streitigkeiten über unklare Formulierungen in Eheverträgen bzw. verweigerten Auszahlungen der fixierten Summen an die hinterbliebenen Ehefrauen ergaben. Der Anteil der Prozesse, die vor dem Berliner Kammergericht um diese Probleme ausgetragen wurden, stieg von 16,4 % im Jahre 1654 über 18,3 % für 1683 bis auf 20% im Jahre 1700.[706] Die Anlässe der hier verhandelten Streitigkeiten umfaßten eine recht breite Palette, belegen aber zugleich, in welch vielfältigem Maße Ehegelder in die wirtschaftlichen Aktivitäten der Rittergutsbesitzer involviert waren. Zwischen G. E. v. Printzen und H. A. v. Saldern kam es am 10. Januar 1683 zum Prozeß um die Schulden, die sich aus der Ehestiftung ergeben hatten.[707] Am 11. Mai 1683 wurde ein Streit zwischen den Gebrüdern Müller und J. E. v. Schlabrendorff verhandelt, bei dem es um die Frage der „Cedierung" der Ehegelder des v. Schlabrendorff ging.[708] Offenbar versuchten die bürgerlichen Käufer des v. Schlabrendorffschen Besitzes die Summe des Ehegeldes bei der Abgleichung der auf dem Gut haftenden Belastung hinzuziehen. Eine Frau v. Gühlen wollte es wiederum nicht hinnehmen, daß ihr Gatte, S. F. v. Gühlen, seine Schulden aus dem ihr zustehenden Ehegeld begleichen wollte. Auch sie wurde deshalb am 1. März 1700 vor dem Kammergericht vorstellig.[709] Im Streitfall des Obristleutnants v. Rohr mit J. F. v. Warnstedt stand am 20. Oktober 1700 die strittige Auslegung des Ehevertrages, vor allem die Verwendung des Gegenvermächtnisses zur Verhandlung.[710] Längere Zeit beschäftigte im Jahre 1731 die Küstriner Regierung als die zuständige juristische Instanz der Vorgang um die Witwe des neumärkischen Regierungsrates H. A. v. Einsiedel. Da die Gläubiger des verstorbenen Regierungsrates Schuldforderungen in Höhe von insgesamt 8 000 Tlr. vorbrachten und verlangten, diese aus dessen Hinterlassenschaft zu begleichen, weigerte sich die Witwe,

---

704 Brand. LHA Rep. 37 Buckow, Nr. 35, unpag.
705 Eickstedt-FG, S. 219.
706 Ausgezählt nach Brand. LHA Rep. 4 A Sentenzenbücher Nr. 137, 193 und 227. Ausgewertet wurden dabei insgesamt 240 Rechtsfälle (67 für 1654; 82 im Jahre 1683 und 91 für das Jahr 1700).
707 Vgl.: Brand. LHA Rep. 4 A Sentenzenbücher Nr. 193, Bl. 5.
708 Vgl.: ebenda, Bl. 133.
709 Vgl.: ebenda, Nr. 227, Bl. 19.
710 Vgl.: ebenda, Bl. 100 f.

„von ihrem Mitgebrachten in die Ehe" für diesen Zweck etwas herzugeben.[711] Sie hatte zuvor beschwören müssen, daß nur das im Inventar verzeichnete Vermögen die Hinterlassenschaft ihres Mannes sei, und dieses fiel wohl nach Meinung der klagenden Kreditoren denkbar gering aus. Die Kläger bezweifelten insbesondere, ob die Möbel von ihr in die Ehe gebracht wurden und somit ihrem Zugriff entzogen seien. Sie müsse den Nachweis erbringen, daß ihr Ehegeld laut Ehevertrag auf Immobilien verwandt werden dürfe.

Konflikte innerhalb des Adelsgeschlechts waren vorprogrammiert, wenn die Gefahr bestand, daß Teile des Geschlechtsbesitzes zur Befriedigung eventueller Ansprüche der hinterbliebenen Ehefrau veräußert werden sollten. Der in den Garde du Corps dienende und aus der Altmark stammende Hauptmann Hans Christoph v. Börstel wandte sich am 26. September 1731 direkt an den König, da seine Vettern ihm im Zusammenhang seiner anstehenden Hochzeit mit Johanna Agnesia Antonie v. Bredow große Schwierigkeiten bereiteten.[712] Anstoß erregten vor allem diejenigen Passagen im Ehevertrag, die das Verfahren regelten, im Falle H. Chr. v. Börstel vor seiner Gattin sterben sollte. Angesichts des relativ hohen Ehegeldes (8 000 Tlr.) sollte die Witwe mit 5 000 Tlr. ausgezahlt werden, incl. müsse ihr „alles Materielle, was sie in die Ehe gebracht oder ihr geschenkt wurde ... herausgegeben werden [Kleider, Juwelen, Bettenzeug, Kupfer und Zinn] ... daneben auch eine Kutsche mit vier Pferden". Damit nun das Fräulein v. Bredow sicher gehen konnte, diese nicht unbeträchtlichen Leistungen auch tatsächlich zu erhalten, „wird derselben des Herrn Bräutigams Lehn- und Rittergut Schwarzlosen ... dergestalt constituiret, daß sie solange, bis allen dem, was hierin verschrieben, ein völliges Genüge geschehe".[713] Die klagenden Verwandten des Hans Christoph v. Börstel befürchteten nun eine Schmälerung ihrer Rechte als Agnaten in dem Sinne, daß dessen Gemahlin in dem konstruierten Fall sich „in ein soviel näheres Recht auf die Güter setzen [würde], so daß dem nichts weniger als eine wahre Schwierigkeit uns beigemessen werden kann".[714] Die vorgeführten Fälle bekräftigten darüber hinaus noch einmal die an anderer Stelle schon betonte große Bedeutung der Heiratsverbindungen als Möglichkeit zur Sanierung eines wirtschaftlich angeschlagenen Rittergutes. In diesem Sinne ist wohl auch die sarkastische Bemerkung des Verfassers der Familiengeschichte des altmärkischen Geschlechtes v. Klöden zu verstehen, der seinen Vorfahren vorhielt, sie hätten „nie das Talent besessen, sich zu bereichern..., sie hätten sonst bessere Heiraten abgeschlossen".[715]

Ein weiteres wichtiges Motiv für die Kreditaufnahmen der brandenburgischen Rittergutsbesitzer war die Bezahlung der Ausrüstung für den Militärdienst, sowohl des eigenen als auch der der Söhne. Die Versorgung mit „Equipage" blieb im gesamten 18. Jahrhundert ein ständiger Ausgabeposten.[716] Die Frage nach den sozialen Kosten, die dem Adel durch die

---

711 GStAPK I. HA, Rep. 22 Nr. 93 f., unpag.
712 LHSA Rep. A 23 g Nr. 165 b, Bl. 1.
713 Ebenda, Bl. 4.
714 Ebenda, Bl. 16.
715 Klöden-FG, S. 516.
716 Vgl. dazu: Jany, Geschichte, Bd. 2.

Errichtung und den Ausbau der preußischen Armee erwachsen waren, wurde bisher meist unter anderer Perspektive gestellt. Betonte man zwar einerseits die große mentale Umstellung des Adels, die seine Einbindung in eine vergleichsweise stark auf Unterordnung und Disziplinierung fixierte Institution wie die Armee bedeutete, konzedierte man andererseits, daß „das rasch wachsende Offizierkorps ... die wirtschaftlichen Probleme des Adels" im 18. Jahrhundert gelöst hätte.[717] Doch die sich in den Quellen widerspiegelnde wirtschaftlich-finanzielle Situation der im Militärdienst stehenden brandenburgischen Adligen sprach dagegen:

Zum einen muß bedacht werden, daß die niederen Offiziersränge nur mit einem bescheidenen Sold versorgt wurden.[718] Zum anderen ist bekannt, daß ein Offizier oft erst ab dem Zeitpunkt der Übernahme einer Kompanie – also in der Regel als Capitain – in den Stand gesetzt wurde, durch effektive Ausnutzung der „Kompaniewirtschaft" das Zuschußgeschäft in einen Einkommensgewinn zu verwandeln.[719] Der Kompaniechef erhielt eine pauschale Summe von der Kriegskasse, mit der er die Werbung, Ausrüstung und Verpflegung zu bestreiten hatte. Bei einem halbwegs entwickelten wirtschaftlichen Sachverstand – diesen konnte man bei der Mehrheit der sich aus Rittergutsbesitzerfamilien rekrutierenden adligen Offiziere schon voraussetzen – ließen sich durchaus Gewinne erzielen. Vor allem durch die Beurlaubung der Soldaten, die bis zu neun Monate umfassen konnte, bestand die Chance, beträchtliche Summen einzusparen.[720] Vor diesem Hintergrund erschien es ferner plausibel, daß Offiziere häufig auch dann Kompaniechef blieben, wenn sie bereits eine viel höhere Charge erreicht hatten.[721] Die aus der Kompanie fließenden Einkünfte wollten sie sich nicht entgehen lassen.

Doch der Zeitraum bis zum Erwerb einer Kompanie gestaltete sich bekanntlich als ein oftmals entbehrungsreicher und von finanziellen Zuwendungen der Familie abhängiger Lebens-

---

717 Carsten, Geschichte der preußischen Junker, S. 40.
718 Angaben zur Besoldungssituation übersichtlich zusammengestellt bei: U. Marwitz, Das innere Gefüge der preußischen Armee, in: Panorama der friderizianischen Zeit, hrsg. v. J. Ziechmann, Bremen 1985, S. 404-417, hier S. 415. Aus zeitgenössischer Sicht wurde die soziale Situation der Subalternoffiziere in düsteren Farben gemalt durch: K. Chr. Graf v. Schwerin: Des Königlich-preußischen Feldmarschalls Kurt Christoph Graf von Schwerin Gedanken über das Militair, o.O. 1779, S. 83 f.
719 Vgl. dazu, unter Auswertung der älteren Literatur Büsch, Militärsystem, S. 113-134. Aus der Sicht der in Potsdam garnisonierten Offiziere: D. Kotsch: Potsdam. Die preußische Garnisonstadt, Braunschweig 1992, S. 64 f.
Zu den Wurzeln der Kompaniewirtschaft und der Rolle der Obristen als „Kriegsunternehmer" vgl. besonders Redlich, The German Military Enterpriser, Bd. 1, S. 77-88.
720 „Indem es dem Kompaniechef überlassen blieb, den finanziellen Ausgleich zwischen den Ausgaben zur Aufstellung der vollen Mannschaftsstärke durch Werbung und den Einnahmen aus den Soldeinsparungen der Urlauber herzustellen, verlor er den Charakter eines lediglich rechnungsführenden Verwalters der ihm anvertrauten Kriegsgelder und wurde gleichzeitig zu einem Unternehmer auf Gewinn und Verlust." Büsch, Militärsystem, S. 115.
721 Dies hatte dann allerdings zur Konsequenz, daß selbst Adlige nach langjährigem Offiziersdienst und dem Erreichen der Capitainscharge in wirtschaftliche Bedrängnis geraten konnten. Der als Major 1763 verabschiedete Conrad Christoph v. Winning hinterließ nach 59(!) Dienstjahren seine Gattin in Armut und bat die die Kurmärkische Landschaft um ihre finanzielle Unterstützung im Falle seines Ablebens. Vgl.: Winning-FG, S. 210.

abschnitt, der durchaus 10 bis 15 Jahre währen konnte[722]; bis dahin blieb der Offizier niederer Ränge auf vielfältige Unterstützungen angewiesen, wie viele Suppliken an die Monarchen[723], aber auch die Akten der Ritterschaftlichen Hypothekendirektion überdeutlich belegen: Ein Hauptmann Graf v. Blumenthal konnte seine auf über 5 000 Rtl. angewachsenen Schulden bei den bedeutenden Berliner Fabrikanten Splitgerber & Daum nicht zurückzahlen, so daß 1731 sein Haus in Spandau gepfändet werden mußte.[724] Der das neumärkische Gut Bärfelde besitzende Leutnant A. B. v. d. Marwitz sah Veranlassung, sich 1749 gar mit 2 500 Rtl. zur „Complettierung" seiner Ausrüstung zu verschulden.[725] Der aus dem Havelland stammende Rittergutsbesitzer und Offizier, Friedrich Wilhelm von Stechow, nahm im Jahre 1740 bei dem Brandenburger Syndicus J. Stein für die Equipage eine Anleihe von 600 Tlr. auf. Auch Friedrich Ludwig von Ribbeck stand seit dem Jahre 1758 aus gleichem Anlaß bei einem städtischen Gläubiger, dem Spandauer Stadtphysicus Oswald in der Kreide[726], und ein Oberstleutnant v. Grävenitz forderte von seinen Schuldnern das Geld zurück, das er eigenem Bekunden nach für „seine dringenden Werbungskosten" benötigen würde.[727] Auch in die testamentarischen Regelungen der Adelsfamilien flossen zuweilen Überlegungen ein, die die Anforderungen des Militärdienstes für Angehörige des Geschlechts berücksichtigen mußten. 1718 hatte z.B. der Capitainleutnant Georg Friedrich von der Liepe bestimmt, daß sein ältester Sohn die im Teltow gelegenen Güter erben, die beiden im Militärdienst stehenden jüngeren Brüder hingegen mit Abfindungen bedacht werden sollten. Es wurde aber ausdrücklich festgehalten, daß diese Gelder auf den Gütern stehenbleiben müßten – vielleicht, um eine vorzeitige Verschwendung zu verhindern –, nur wenn „sie künfftig Geld zu richtung einer Compagnie nöthig hätten", wäre ihnen davon jeweils 1 000 Tlr. auszuzahlen.[728]
Die angespannte finanzielle Situation vieler Rittergüter machte es aber meist nicht möglich, in ausreichendem Maße die Mittel bereitzustellen, die zum Bestreiten des Lebensunterhalts in der Garnisonsstadt vonnöten waren, wollte sich der betreffende Offizier nicht vor seinen Regimentskameraden desavouieren und ins soziale Abseits begeben. Daß viele junge Offiziere der Verlockung nicht widerstehen konnten, einen Lebensstil zu pflegen, der ihre pekuniären Möglichkeiten überstieg, ist bekannt. Der spätere Generalleutnant Christoph Friedrich von Saldern betonte in diesem Zusammenhang, als junger Offizier sparsam gelebt

---

722 Viele Adlige mußten zudem einige Jahre in Unteroffizierschargen in Kauf nehmen, bevor sie den ersten Offiziersrang erreichten. Vgl. v. Schrötter, Das preußische Offizierkorps (2. Teil), 126 f. In diesem Sinne ist wohl auch die Bemerkung des Königs an einen Obristen in einem Schreiben vom 4. Januar 1730 zu verstehen: „zu Unterofficieren habt Ihr hiernechst Edelleute genug". GStAPK I. HA Rep. 96 B Nr. 3, Bl. 48.
723 Der Capitain Georg Wedige v. Kleist und der Leutnant Claus Rüdiger v. Briesen, die beide ein Gut im neumärkischen Kreis Schivelbein besaßen, baten den König im Oktober 1755 angesichts der Teuerung um eine Getreidelieferung aus dem Kolberger Magazin. Ein gerade zum Leutnant beförderter v. Ingersleben sah sich nicht in der Lage, die für den Dienstantritt erforderliche Equipage zu bezahlen. Er müßte sich das Geld von seinem monatlichen Sold abziehen lassen. Er hoffe auf eine „Begnadigung" mit der Equipage. Vgl.: GStAPK I. HA, Rep. 96 Nr. 610 B, Bl. 66 ff.
724 Vgl.: ebenda, Rep. 8 Nr. 12 b.
725 Brand. LHA Rep. 23 B. B Ritterschaftliche Hypothekendirektion, Nr. 1310.
726 Vgl.: ebenda, Rep. 23 A. B Ritterschaftliche Hypothekendirektion, Nr. 317 und 319.
727 GStAPK Rep. 22 Nr. 123, Bl. 360.
728 Zit. nach: Geiseler, Region, S. 176.

Die Sozialstruktur der brandenburgischen Ritterschaft

zu haben, „abgeschreckt durch das Beispiel anderer Offiziere"[729]. Ein Major v. Grote, der das unweit der preußischen Residenz gelegene Gut Priort als sein eigen betrachtete, erachtete es 1722 als notwendig, angesichts seiner zunehmenden Schulden dem König gegenüber zu beteuern, daß er „weder ein Verpraßer noch Verspieler" sei.[730] Neben den Zuwendungen seitens des eigenen Geschlechts sahen sich diejenigen Offiziere in niederen Rängen, die zugleich Rittergutsbesitzer waren, veranlaßt, von dem im Umkreis ihres Gutes beschäftigten Personenkreis Anleihen aufzunehmen. Der das Anteilgut Pessin (Havelland) besitzende Leutnant Christian Ehrentreich v. Knobelsdorff empfing z.B. zwischen 1746 und 1750 vom Küster, seinem Gärtner und seinem Pächter kleinere Geldbeträge.[731]

Doch die jungen Offiziere sahen sich bei Ausbleiben der erforderlichen finanziellen Unterstützung durch die Familie mitunter auch gezwungen, innerhalb der Garnison, also des Offiziers- bzw. Unteroffizierskorps oder der städtischen Gesellschaft, Kredite aufzunehmen, darunter oftmals bei Gläubigern, die sozial unter ihnen rangierten. Der Potsdamer Kellermeister Hessert hatte z.B. 1722 vom Leutnant v. Barfuß 145 Rtl. zu fordern.[732] Ein Hauptmann v. Krahn dagegen war 1733 bei einem Unteroffizier seines Regiments mit angeblich 4 000 Tlr. verschuldet, beim Obristleutnant v. Grävenitz stand er mit 800 Tlr. Prozeßkosten in der Kreide.[733] Letzterer versuchte seiner Forderung mit dem Argument mehr Nachdruck zu verleihen, daß er die Gelder für „dringende Werbungs-Ausgaben" benötige; ein Hinweis, der bei den königlichen Instanzen seine Wirkung nicht verfehlt haben dürfte.[734] Denn von den höheren Offizieren wurde – vor allem vor Einführung des Kantonsystems 1733 – erwartet, die anfallenden Kosten für die Werbung selbst aufzubringen. Der spätere Husarengeneral Hans-Joachim v. Ziethen kam als junger Capitain im Lottumschen Regiment 1726 auf diese Art in finanzielle Bedrängnis: Da er zur Zeit nicht über die erforderlichen Barmittel verfüge, er „das Geld zur Werbung aber höchstnöthig gebrauche", hatte ihm der König gestattet, einen Kredit aufzunehmen.[735] Als Sicherheit bot er sein Anteilgut Dechtow, wozu aber der Konsens seiner Brüder erforderlich war. Nur das königliche Machtwort konnte diese von ihrer ursprünglich ablehnenden Haltung abbringen. Der sich 1746 auf Werbung in süddeutschen Territorien befindende Offizier v. Wietstruck mahnte die Unterstützung des Königs an, ihn vor seinen immer fordernder auftretenden Gläubigern zu schützen, die seine Abwesenheit ausnutzen wollten, um sein verschuldetes Gut Cantow einzuziehen.[736] Auch über den

---

729 C. D. Küster: Charakterzüge des preußischen Generallieutnants von Saldern ..., Berlin 1793, S. 87. Ferner bieten für dieses hier kritisierte Finanzgebaren auch die in den ritterschaftlichen Hypothekenbüchern aufgeführten Kreditgewährungen vereinzelte Anhaltspunkte: Der Capitain Henning Caspar v. Bredow sah sich 1722 gezwungen, sein Gut mit 5 000 Tlr. hypothekarisch zu belasten, da er sich offenbar mit den ihm anvertrauten Geldern zur Führung seiner Kompanie verspekuliert hatte. Ein anderer Angehöriger des Bredow'schen Geschlechts mußte 1758 sogar seinen Regiments-Feldscher um die Gewährung eines Kredites bitten.
730 GStAPK I. HA, Rep. 22 Nr. 115 b.
731 Vgl.: Brand. LHA Rep. 23 A. B Ritterschaftliche Hypothekendirektion, Nr. 317.
732 GStAPK I. HA, Rep. 8 Nr. 12 c, unpag.
733 Ebenda, Rep. 22 Nr. 123, Bl. 356 ff.
734 Ebenda.
735 Ebenda, Nr. 388 c, Bl. 386.
736 Ebenda, Nr. 358, Bl. 237.

Tod hinaus konnte der Militärdienst eines Angehörigen für die Adelsfamilie eine finanzielle Belastung darstellen. Die in der Altmark angesessenen Eltern des verstorbenen Capitains v. Krüsicke wurden z.B. im Januar 1730 aufgefordert, für die Schulden ihres Sohnes bei dessen Regiment aufzukommen.[737]

Die Konturen des Kreditgebarens der Rittergutsbesitzer gewinnen noch an Schärfe, wenn den längschnittartigen Daten diejenigen Zahlen gegenübergestellt werden, die aus kürzer bemessenen Zeiträumen gewonnen wurden.

Tabelle 23: Zweck der Kreditaufnahme: Ruppin (1713-1739)

Gutskäufe		Reluitionen		Schulden-tilgung		Baul. Ver-Besserg.		Abfin-dungen		Equipage		Versorg. Stud.
16	18,8%	3	3,5%	23	27%	7	8,2%	24	28,2%	12	14,1%	-

Tabelle 24: Zweck der Kreditaufnahme: Ruppin (1740-1770)

Gutskäufe		Reluitionen		Schulden-tilgung		Baul. Ver-Besserg.		Abfindun-Gen		Equipage		Versorg. Studenten	
23	17,2%	3	2,2%	40	29,6%	18	13,4%	37	27,6%	11	8,2%	2	1,5%

Die Aufstellungen zeigen, daß die Gewichtungen der Gründe, warum Kredite aufgenommen wurden, in beiden Zeiträumen nahezu gleich blieben. (In die Rubrik „Schuldentilgung" flossen natürlich die anderen Motivgruppen mit ein, die allerdings anhand der Eintragungen in die Hypothekenbücher weitgehend nicht mehr zu verifizieren sind.) Eine leichte Zunahme in der Rubrik „bauliche Verbesserungen" auf den Rittergütern, die insbesondere auch meliorationstechnische Maßnahmen umfaßten, korrespondiert mit den für die friderizianische Zeit bekannten zunehmenden Innovationen eines Teils der adligen Rittergutsbesitzer. Diese dienten vor allem dem Ziel, die Wirtschaftsführung der Güter zu effektivieren, die Erträge zu steigern und damit den Anschluß an die besonders von den landesherrlichen Domänen ausgehenden Veränderungen in der Landwirtschaft zu finden.[738]

Wie eng der finanzielle Handlungsspielraum eines durchschnittlichen adligen Rittergutsbesitzers im 18. Jahrhundert war, soll exemplarisch auch anhand einer überlieferten Aufstellung über die Einnahmen und Ausgaben einer Adelsfamilie vorgeführt werden. Die eben isoliert behandelten Motivbereiche der Kreditaufnahme treten hier unter der Rubrik „Schulden und Ausgaben" gebündelt auf und zeigen somit die Gesamtheit der jährlichen Belastung:

---

737 Vgl.: ebenda, Rep. 96 B Nr. 3, Bl. 48.
738 Dies scheint den Beobachtungen von Müller, Märkische Landwirtschaft, S. 108 ff. zu widersprechen, der den Anteil der adligen Rittergutsbesitzer am „produktionstechnischen Fortschritt" vehement bestritten hatte, vor allem deshalb, weil nach seinen Erhebungen „beinahe die Hälfte der adligen Gutsbesitzer" (S. 111) gar nicht auf ihren Gütern gewohnt hatte. Dennoch waren es im hier vorliegenden Ruppiner Fall die adligen Rittergutsbesitzer selbst, die – auch wenn sie nicht alle selbst auf ihren Gütern saßen – Kredite für bauliche Verbesserungen aufgenommen hatten und somit als Schuldner in den Grundbüchern der Ritterschaftlichen Hypothekendirektion geführt wurden. Auf das Problem der Präsenz des Adels auf den Rittergütern wird im Zusammenhang der Auswertung der Vasallentabellen zurückzukommen sein.

Die Sozialstruktur der brandenburgischen Ritterschaft   163

Tabelle 25: Einnahmen und Ausgaben des Gutes Neu-Klücken (Neumark) 1717[739]

„Revenuen des Gutes und Einnahmen"	Schulden und Ausgaben
Aussaat: 160 Rtl. 28 Stck. Rindvieh = 20 Rtl., 8 gr. Schäferei: 400 Stück = 64 Rtl. 4 Bauer- und 4 Kossätendienste = 46 Rtl.	Schuldenabzahlung: 5% Zinsen von 1 530 Rtl.[740] = 77 Rtl. Kontributions- und Hufen/Giebelschoß- zahlungen: 21 Rtl. bauliche Veränderungen am Haus und Versorgung mit Bau- und Brennholz: 32 Rtl. Unterstützung der im Heer stehenden 2 Söhne: 100 Rtl. Ausstattung von 2 Söhnen als Pagen: 10 Rtl.
Gesamt: 331 Rtl., 22 gr.	**Gesamt: 240 Rtl** **Bleiben: 91 Rtl, 22 gr. für den Unterhalt der Familie (Gemahlin, 6 Söhne, 3 Töchter)**

Ein ähnlich geringer Spielraum läßt sich bei dem im Kreis Landsberg gelegenen und der Familie v. d. Osten gehörenden Gut Rohrbeck beobachten. In diesem Fall war das Gut noch geteilt, so daß jährlich nur ein real zur Verfügung stehender Betrag von 87 Rtl. blieb.[741] Auch hier hatte der Rittergutsbesitzer vier im Militär stehende Söhne zu versorgen; zwei weitere Söhne und eine Tochter wohnten auf dem Gut. Es erschien angesichts dieser finanziellen Situation nachvollziehbar, daß im Rahmen der 1718 vorgenommenen Klassifikation die wirtschaftlichen Aussichten dieses Gutes nicht als sehr günstig bezeichnet wurden.[742]
Nachdem bisher vor allem die Frage nach den Motiven der Kreditaufnahme im Vordergrund gestanden hatte, geht es nunmehr darum, die soziale Struktur der Gläubiger-Schuldner-Beziehungen vorzuführen und zu analysieren. Die in Frage kommenden Gläubiger werden in Statusgruppen eingeteilt, die in etwa den Analysekategorien entsprechen, die auch für unsere anderen Untersuchungsfelder relevant sind. Dazu gehören vor allem die adligen Amtsträger und Offiziere und die zahlenmäßig nicht geringe Adelsgruppe, die als „nur" auf dem Gut wirtschaftend geführt wurde. Es ist dabei allerdings nicht gänzlich auszuschließen, daß sich darunter auch einige Offiziere – vor allem ehemalige – befanden, bei denen nur der entsprechende militärische Grad nicht angegeben worden war. Durch einen Vergleich mit den in dieser Hinsicht genaueren Vasallentabellen konnten allerdings einige dieser Zuordnungsprobleme geklärt werden.

---

739 Brand. LHA Rep. 23 B Nr. 231, unpag. Taxiert wurde das Gut 1689 auf 4 413 Rtl.
740 Insgesamt handelte es sich um fünf Gläubiger; der höchste Kredit wurde mit 580 Rtl. durch den kursächsischen Obristen v. Benckendorff gewährt.
741 Brand. LHA Rep. 23 B Nr. 231, unpag. Der Taxwert betrug 1695 12 000 Rtl.
742 Insbesondere wurde dies auf die schlechte Ertragslage, die Wirkungen des „Hirschfraßes", die „Ermangelung tüchtiger Untertanen wegen schwerer Lasten" und des für die Viehhaltung zu geringen Weidelandes zurückgeführt. P. Schwartz: Die Klassifikation von 1718/19, in: Die Neumark. Jahrbuch des Vereins für die Geschichte der Neumark 3 (1926) – 5 (1928), hier 4 (1927), S. 30 f.

In einem ersten Analyseschritt soll ermittelt werden, welche Statusgruppen – von der Höhe der Kreditsumme her gesehen – von den Rittergutsbesitzern am stärksten bei der Suche nach einer Anleihe in Anspruch genommen wurden. Die Basis für diese Erhebung bildeten sämtliche Eintragungen in den jeweiligen Grundbüchern der Ritterschaftlichen Hypothekendirektion innerhalb der jeweiligen Statusgruppe der Gläubiger. Die Gesamtsumme der gewährten Kredite innerhalb einer Gläubigergruppe wurde durch die Anzahl der erfolgten Anleihen dividiert, so daß die durchschnittliche Kreditsumme pro Gläubigergruppe in einer Adelslandschaft ermittelt werden konnte.

Tabelle 26: Durchschnittliche Kreditsumme pro Gläubigergruppe (in Rtl.) 1718-1763

	Friedeberg	Teltow	Havelland
höh. Adl. Amtsträger	3 000	3 350	3 400
regionale adl. Amtstr.	2 600	1 000	2 750
adlige Offiziere OSL – Generale Capit. u. Majore Leutnante	1 600 800 620	4 490 2 640 1 500	2 800 1 610 -
Eigen. Geschlecht	10 420	3 655	2 800
adl. Frauen (Witwen)	1 400	3 000	5 670
Adlige (o.A.)	3 000	1 590	1 740
bgl. Amtsträger	1 200	1 850	2 585
Gewerbetreib.	540	3 210	2 840
Pfarrer/Kirche	1 200	1 000	1 805

Die hier für drei ausgewählte Kreise der Kur- und Neumark vorgestellten Ergebnisse lassen folgende vorläufigen Schlußfolgerungen zu: Die höchsten Werte entfielen in den Kreisen Havelland und Teltow auf die Gruppen der höheren Amtsträger und des höheren Offizierkorps. Bei diesen finanzkräftigen Statusgruppen schien eine Anleihe am erfolgversprechendsten zu sein.[743] Der in der havelländischen Adelsgesellschaft große Anteil von Kreditgewährungen durch adlige Witwen deckt sich zum Teil mit dieser Beobachtung, denn in dieser Gruppe befanden sich Ehefrauen ehemaliger hoher Amtsträger und Offiziere. Im neumärkischen Kreis Friedeberg hingegen übernahmen Angehörige des eigenen Geschlechts die führende Position unter den Gläubigern. Die traditionell gewachsenen Verbindungen zur Gesamtfamilie mußten zwangsläufig in einer kleinräumlichen Adelsgesellschaft bemüht werden, in der wohlhabendere höhere Amtsträger bzw. Offiziere oder auch zahlungsfähige

---

743 Bei den Krediten, die in den ersten beiden Jahrzehnten des Erfassungszeitraumes der havelländischen Familie v. Brösicke gewährt wurden, ragte die Summe von 1 000 Rtl. heraus, die der Oberst v. Dorville im Jahre 1716 zur Verfügung gestellt hatte. Vgl.: Brand. LHA Rep. 78 II B 184.

Die Sozialstruktur der brandenburgischen Ritterschaft

Angehörige der Oberschichten in den Kleinstädten nur in sehr begrenztem Umfang zur Verfügung standen.

Des weiteren ist einem eventuellen Zusammenhang zwischen dem Wert der Rittergüter und den aufgebrachten Kreditsummen nachzugehen. Bis auf die Gläubigerposition „eigenes Geschlecht" fallen die Werte der aufgenommenen Kredite im Kreis Friedeberg geringer als in den beiden anderen Kreisen aus.[744] Dennoch ist nicht davon auszugehen, daß in den Teillandschaften mit geringeren Bodenwerten und schlechterer Ausstattung der Rittergüter, wie z.B. der Neumark, die Kreditsummen entsprechend niedriger ausgefallen wären. Dieser Zusammenhang soll mit Hilfe von zwei weiteren Übersichten verdeutlicht werden, in denen der neumärkische Kreis Friedeberg dem altmärkischen Kreis Seehausen gegenübergestellt wird, der zu den reicheren brandenburgischen Adelsgesellschaften gehörte:

Tabelle 27: Verhältnis von Güterwert und Kreditbelastung im 18. Jahrhundert-Kreis Friedeberg (Neumark)[745]

Gut	Güterwert in Rtl. (Jahr)	Aufgenommene Kreditsumme (1718-1763) in Rtl.
Blumenfelde	17 000 (1765)	32 400
Braunsfelde	15 800 (1743)	28 800
Breitenwerder	12 500 (1763)	6 600
Dolgen	16 000	4 000
Driesen	2 000	3 200
Hermsdorf/Wutzig	30 000 (1763)	25 000
Lichtenow	33 000 (1764)	68 000
Pehlitz	13 800 (1766)	29 600
Seegenfelde	16 000	11 000
Wugarten	7 000 (1740)	9 400

Bei fünf Rittergütern überstieg die Gesamtkreditsumme – zum Teil beträchtlich – den Wert des Rittergutes (Blumenfelde, Braunsfelde, Lichtenow, Pehlitz, Wugarten). Das Niveau der hypothekarischen Belastung der Rittergüter entsprach dem allgemeinen Trend.

---

744 Der durchschnittliche Wert der Rittergüter im Kreis Friedeberg betrug in den 1760er Jahren - trotz der inflationär bedingten Preissteigerung - nur 14 220 Rtl. Ermittelt nach: Brand. LHA Rep. 23 A. B Ritterschaftliche Hypothekendirektion Nr. 2249-2419.
745 Berechnet nach: ebenda.

Tabelle 28: Verhältnis von Güterwert und Kreditbelastung Kreis Seehausen (Altmark) [746]

Gut	Güterwert (Jahr)	Aufgenommene Kreditsumme (1718-1763) in Rtl.
Calberwische	40 000 (1736)	27 800
Eickhof	24 500 (1745)	18 400
Königsmarck	15 100 (1757)	2 600
Losenrade	8 400 (1734)	10 100
Neukirchen	52 890 (1773)	17 900
Schöneberg (Ant.)	51 200 (1755)	45 200
Uchtenhagen	55 200 (1771)	25 300
Aulosen (Ant.)	24 000 (1762)	8 550
Aulosen (Ant.)	36 000 (1755)	17 600
Krevese	56 400 (1772)	6 200
Groß Gartze	54 600 (1771)	14 800
Natewische	21 600 (1737)	11 800

Der durchschnittlich aufgebrachte Kredit umfaßte im Kreis Friedeberg 21 800 Rtl.; im Kreis Seehausen betrug dieser Wert trotz insgesamt reicherer Rittergüter nur 17 180 Rtl. Der Kreditbedarf im „ärmeren" Kreis Friedeberg war also im ganzen höher. Es ist anzunehmen, daß die Verschuldung in Anbetracht der schlechteren Ausstattung der Rittergüter und der auf ihnen zu erwirtschaftenden geringeren Erträge anwuchs. Die Spanne zwischen den aufgenommenen Anleihen und dem Wert der jeweiligen Besitzungen war im neumärkischen Kreis Friedeberg mit Blick auf die damit verbundene Verschuldung der Rittergüter besonders auffällig. Während in der hier ausgewählten altmärkischen Teillandschaft lediglich bei einem Rittergut (Losenrade) die Summe der aufgenommenen Kredite den Güterwert überstieg, war dies im neumärkischen Kreis Friedeberg bei der Hälfte der ausgewählten Güter der Fall. Damit bestand die Gefahr, daß sich der Abstand zwischen den insgesamt reicheren Adelslandschaften im westlichen Teil der Kurmark zu den wirtschaftlich schwächeren Regionen infolge der dem Verschuldungsprozeß innewohnenden Eigendynamik vergrößern konnte.

Doch richten wir unseren Blick nunmehr wieder auf die Struktur der Gläubigergruppen. Ein nicht unbeträchtlicher Teil der Gläubiger rekrutierte sich aus den Bevölkerungsgruppen der märkischen Kleinstädte. Diese Beobachtung weist zudem auf ein über die Kreditbeziehungen hinausweisendes Problem: die Beziehungen zwischen Adel und Stadt in einem gutsherrschaftlich strukturierten Territorium.[747] In allen hier analysierten Kreisen waren es vor allem

---

746 Berechnet nach: LHSA Magdeburg A 23 g Nr. 9c vol. III a.
747 Vgl. hierzu neben den einschlägigen Studien von L. Enders den jüngst erschienenen Sammelband: Gemeindeleben, Dörfer und kleine Städte im östlichen Deutschland (16.-18. Jahrhundert), hrsg. v. H. Zückert/Th. Rudert, Köln/Weimar/Wien 2001.

über halbwegs regelmäßige Einkünfte verfügende bürgerliche Amtsträger, wie Bürgermeister, Ratsleute, Amtleute, Angehörige der Steuerverwaltung (Steuerräte, Ziese- oder Akziseeinnehmer), die als potentielle Gläubiger zur Verfügung stehen konnten. Die kreditsuchenden Adligen kamen durch vielfältige Verwaltungsaufgaben zu diesen Amtsträgern in Kontakt und konnten sie somit für Geldanleihen gewinnen.[748] Einige Vertreter dieser Gläubigergruppe wurden für solche finanziellen Transaktionen in recht hohem Maße in Anspruch genommen. In der Prignitz ragte in dieser Hinsicht vor allem der Zollinspektor zu Wittenberge, Sigismund Seebaldt heraus. 11 mal wurde er innerhalb von zwanzig Jahren durch Prignitzer Adlige und zweimal durch Rittergutsbesitzer der benachbarten Ruppiner Teillandschaft als Gläubiger gewonnen.[749] Dieser bürgerliche Amtsträger stellte zudem ein anschauliches Beispiel für die Bemühungen eines Angehörigen des kleinstädtischen Bürgertums dar, sich in eine dauerhafte Bindung zum Adel zu begeben. Die häufigen Kreditbeziehungen boten dafür offenbar einen guten Ansatz. 1734 gelang ihm der Ankauf des vormals dem Hauptmann E. v. Winterfeld gehörenden Gutes Klein Linde für 26 000 Rtl., und 1759 ist eine Sophie Henriette v. Karstedt als geborene Seebaldt bezeugt.[750]

Mit etwas Abstand gehörte aber auch die Gruppe der Kaufleute, Gewerbetreibenden und Handwerker zu den Gläubigern. Erinnert sei in diesem Zusammenhang an die Kontakte, die zwischen getreideverkaufenden Rittergutsbesitzern und diesen städtischen Schichten stets unterhalten wurden.[751] Diese Gläubigergruppe umfaßte etwa einen Anteil zwischen 5% (Friedeberg) und 16% (Prignitz).[752] Die Kreditsummen bilden in etwa auch einen Indikator für die finanzielle Situation der städtischen Bevölkerung in den einzelnen brandenburgischen Teillandschaften. Während die im Kreis Friedeberg gewährten durchschnittlichen Anleihen mit 540 Rtl. relativ gering blieben, konnten sich die Werte im Teltow und im Havelland durchaus mit der Höhe der Kredite der anderen Statusgruppen messen. In den zuletzt genannten Kreisen waren es natürlich vor allem Handwerker und Gewerbetreibende aus der Berliner Residenz, die mit entsprechendem Kapital aufwarten konnten. Dazu zählten z.B. auch solche respektablen Firmen wie die im Rüstungsgeschäft involvierten Splitgerber & Daum, die dem auf Kerzendorf (Teltow) ansässigen Obristen F. Chr. v. Thümen im Jahre 1738 die Summe von 4 000 Rtl. liehen.[753] Im Verlauf des 18. Jahrhunderts nahm die wirt-

---

748 Hervorzuheben ist in diesem Zusammenhang auch das relativ starke Engagement von Magistratsangehörigen der brandenburgischen Städte als Justitiare der adligen Rittergutsbesitzer im Umland. Dies schien ein solches Ausmaß angenommen zu haben, daß sich die obersten Verwaltungsbehörden zu Gegenmaßnahmen veranlaßt sahen. 1719 und 1743 wurden Verordnungen erlassen, in denen verfügt wurde, daß „keine Magistrats-Person eine Gerichts-Verwaltung bey einem von Adel ... haben" dürfe. GStAPK II. HA, Generaldirektorium Kurmark Tit. CII, Cämmerei-Sachen, Generalia Nr. 10.
749 Vgl.: Brand. LHA Rep. 23 A. B Ritterschaftliche Hypothekendirektion Nr. 1, 1a und 168. Die größten Anleihen gingen dabei an den Kriegs- und Domänenrat Adam Ludwig v. Blumenthal auf Horst (3 000 Rtl.); den Leutnant Ludwig Werner v. Wenckstern auf Kietz (8 000 Rtl. für Abfindung seines Schwagers); an Hartwig Heinrich v. Platen auf Kuhwinkel (4 000 Rtl.); den Landrat Ernst Wilhelm v. Grävenitz auf Schilde (4 000 Rtl.) und im ruppinischen Kreis: B.H. v. Möllendorff auf dem Anteilgut Barsickow (4 000 Rtl. für Ankauf eines weiteren Gutes).
750 Vgl.: Brand. LHA Rep. 37 Fretzdorf Nr. 508.
751 Vgl. dazu mit Belegen für eine märkische Teillandschaft: Enders, Die Prignitz, S. 964.
752 Vgl. hierzu die Tabelle 57 im Anhang.
753 Brand. LHA Rep. 23 A. B Ritterschaftliche Hypothekendirektion Nr. 700.

schaftliche Attraktivität des Berliner Handels und Gewerbes für die umliegenden Landschaften immer mehr zu.[754] Dies verweist im übrigen auch auf die wachsende Bedeutung der in Berlin liegenden Institutionen wie z.B. der Akademie der Wissenschaften (Kreditgeber für Alexander Georg v. Liepe auf Blankenfelde/Teltow), des „Arbeitshauses" Spandau (Gläubiger Cuno v. Hünicke auf Paaren a. d. Wublitz bzw. Oberstleutnant v. Grote) oder der Prinzlichen Gesamtkammer, die natürlich vor allem den Verbindungen zur Hofgesellschaft unterhaltenden Rittergutsbesitzern als Gläubiger zur Verfügung standen.[755]

Jüdische Bankiers traten vor allem im residenzstädtischen Umland, bzw. bei den in Berlin präsenten höheren Amtsträgern und Offizieren als Kreditgeber in Erscheinung. Der Schutzjude Hertz Aaron gewährte z.B. dem Präsidenten Hans Christoph v. Görne auf Plaue im Jahre 1747 eine Anleihe von 2 000 Rtl., und der Leutnant Friedrich Christoph v. Retzow auf Retzow konnte 1741 auf einen Kredit des Schutzjuden Lazarus Nebenius zurückgreifen.[756] Der Hofjuwelier Ephraim stand in den 1750er Jahren mehrfach dem Geheimen Rat Leopold v. Görne und dem Grafen v. Hordt als Gläubiger zur Verfügung.[757] 1717 verlangte Aaron Elias beim König, den Capitain Otto v. Grote in Arrest zu nehmen, um ihn zur Bezahlung seiner Schulden zu zwingen; aus gleichem Anlaß wurde fünf Jahre später der Schutzjude Hirsch Benjamin Frenckel beim König vorstellig, um auf den Major Carl August v. Grote Druck auszuüben, endlich seinen Wechsel in Höhe von 2 600 Rtl. einzulösen.[758]

In nahezu allen hier ausgewerteten Kreisen wurde auch die Kirche als Kreditgeber herangezogen[759], eine Praxis, die uns allerdings auch schon in weiter zurückliegender Zeit begegnet.[760] In den meisten Fällen kamen hierfür die Kirchenkassen bzw. Pfarrer der eigenen Patronatskirche oder benachbarter Dorfgemeinden in Frage.[761] Besonders hoch lag dieser Anteil in der Prignitz (9,7%). Nach allgemeiner Einschätzung galten die Kirchenkassen, die sich aus Einkünften der Kirchenländereien und solchen, von den Gemeinden zu leistenden

---

754 Vgl.: Neugebauer, Marktbeziehung, S. 169.
    Dies galt in zunehmendem Maße selbst für die residenzfernen Räume. Vgl.: Enders, Die Prignitz, S. 965.
755 So z.B. für den Teltower Landrat v. Otterstedt, der 1745 eine Anleihe von 1 100 Rtl. erhielt oder den Geheimen Rat Leopold v. Görne auf Plaue, der 1752 15 000 Rtl. für die „Melioration und den Ausbau der Güter" vorgeschossen bekam. Vgl.: Brand. LHA Rep. 23 A. B Ritterschaftliche Hypothekendirektion Nr. 700 und 319.
756 Vgl.: ebenda, Nr. 317.
757 Letzterer benötigte den Kredit, um den Rest der Kaufsumme für sein neu erworbenes Gut Sacrow aufbringen zu können.
758 Vgl.: GStAPK I. HA, Rep. 22 Nr. 115 b.
759 Vgl. auch hier für einen Gesamtüberblick die Angaben in Tabelle 57 (Anhang). Allerdings ist nicht eindeutig zu ermitteln, ob die als Gläubiger genannten Pfarrer mit persönlichen Finanzeinlagen aufwarten konnten oder aber das Kapital der Kirchenkasse zur Verfügung gestellt hatten.
760 Vgl. mit Belegen für Kreditgeschäfte des Adels mit der Geistlichkeit im frühen 17. Jahrhundert: Enders, Die Prignitz, S. 585 (mit Anm. 1978).
761 So z.B. nachgewiesen für 1727 der v. d. Marwitz auf Liebenfelde (Kr. Königsberg/ Neumark) von der Kirche Liebenfelde (233 Rtl.); 1734 Friedrich Wilhelm v. Ihlow auf Bottschow (Kr. Sternberg) vom dortigen Prediger (600 Rtl).; 1735 Chr. L. v. Kahlebutz auf Kampehl (Ruppin) von „seinem" Prediger Gartner (1 300 Rtl.), 1769 die Geschwister v. d. Marwitz auf Diedersdorf (Teltow) von der Kirche Diedersdorf (1 075 Rt.), 1769 N. F. v. Redern auf Königsmarck (Kr. Seehausen/ Altmark) von der Kirche zu Wolterschlage und Königsmarck (250 Rtl.).

Abgaben zusammensetzten, als „wohlhabend".[762] Auf kirchliche Anleihen wurde unabhängig vom Status des kreditsuchenden Rittergutsbesitzers oder der Ausstattung des Rittergutes zurückgegriffen.[763] Die Säumigkeit oder Zahlungsunfähigkeit der adligen Schuldner wurde allerdings zunehmend nicht mehr toleriert, denn mitunter hatten sich die adligen Patrone recht freizügig zur Deckung ihres Kreditbedarfs aus ihrer Kirchenkasse bedient.[764] Dem kam entgegen, daß sich die Verwaltung des Kirchenvermögens im Verlauf der ersten Hälfte des 18. Jahrhunderts zunehmend vom adligen Patronat auf die landesherrliche Verwaltung verlagert hatte.[765] Einige im Bestand des Kurmärkischen Konsistoriums enthaltene Quellen deuten solche finanziellen Transaktionen zwischen Adligen und der Kirche an, meist natürlich dann, wenn es zu Versäumnissen bei Zinszahlungen kam.[766] Mahnend wurde 1756 durch das Oberkonsistorium auf die großen Kapitaleinbußen der Kirchenkasse im havelländischen Segeletz hingewiesen, die durch den Konkurs des Patrons v. Wuthenow eingetreten waren.[767] Aus ähnlichem Anlaß richtete die Kirche zu Behnitz in den 1760er Jahren mehrfach Forderungen zur Rückzahlung der gewährten Kapitalien an die Herren v. Görne.[768]

Eine weitere wichtige Statusgruppe, auf die die brandenburgischen Rittergutsbesitzer als Kreditgeber zurückgreifen konnten, bildeten die Offiziere.[769] Die in Tabelle 26 präsentierten Werte für drei ausgewählte Kreise unterstrichen bereits die nicht zu unterschätzende Bedeutung der Militärs als Gläubiger. In allen untersuchten kur- und neumärkischen Kreisen gehörten die Offiziere zu den besonders stark gefragten Gruppen. Natürlich muß auch hierbei

---

762 B. Haußmann: Zwischen Verbauerung und Volksaufklärung. Kurmärkische Landprediger in der zweiten Hälfte des 18. Jahrhunderts, phil. Diss., Potsdam 1999, S. 161 f.
763 Der Leutnant Albrecht Leopold v. Möllendorff konnte 1758 zwecks einer Abfindungszahlung an Verwandte auf einen Kredit des Pfarrers Bierstedt zu Garlin zurückgreifen; während H. Chr. v. Tresckow 1764 eine Anleihe des Predigers König in Höhe von 1 300 Rtl. zur Abzahlung seiner Schulden nutzen konnte. Auch für Angehörige bedeutenderer Prignitzer Adelsgeschlechter erfüllten kirchliche Kreditgeber ihren Zweck: Major Johann Friedrich v. Saldern auf Plattenburg gewann im Jahre 1744 den Pfarrer König zu Lindenberg, 1745 den Prediger Becker zu Quitzow und im Jahre 1752 den Prediger Schmock zu Kolrep als Gläubiger; für die auf Putlitz ansässigen Rittergutsbesitzer erfüllten der Prediger Schleyer aus Zeddin (1746) und der Pastor Schultz (Berlitt) die gleiche Funktion.
Vgl.: Brand. LHA Rep. 23 A. B Ritterschaftliche Hypothekendirektion Nr. 1 und 1a.
764 Bei einer Visitation 1719 wurde festgestellt, daß sich Hans Georg IV. v. Ribbeck 130 Rtl. aus dem Glienicker Kirchenvermögen ausgeliehen hatte, ohne dafür Zinsen zu zahlen. Vgl.: Ribbeck-FG, S. 69.
Allerdings nahm dies nicht mehr jene Dimensionen der zweiten Hälfte des 17. Jahrhunderts an, als sich der Kurfürst veranlaßt sah, einzuschreiten. Damals hatten die Patronatsherren oftmals Kirchengelder aufgenommen und die Rückzahlung hinausgezögert bzw. hintertrieben. Vgl.: H. Landwehr: Die Kirchenpolitik Friedrich Wilhelms, des Großen Kurfürsten. Auf Grund archivalischer Quellen, Berlin 1894, S. 256.
765 Vor allem aber in der Altmark konnte sich das Oberkonsistorium nicht gegen die patronale Kirchenkassenverwaltung durchsetzen. Vgl.: Haußmann, Zwischen Verbauerung, S. 163 ff.
766 Belege in Brand. LHA Rep. 40 A Nr. 37: Konflikt zwischen dem Prediger J. D. Melchior als Vertreter der Kirche Gottberg mit Chr. J. v. Bülow (1723/24); ebenda, Nr. 436: Auseinandersetzungen von Pfarrern im altmärkischen Kreis Seehausen über die zu zahlenden Zinsen aus dem v. d. Knesebeck'schen Kapital (1730-1741); ebenda, Nr. 835: Anleihe der Kirche von Tangermünde an die v. Kalnein in Höhe von 1 000 Rtl. (1732/33).
767 GStAPK I. HA, Rep. 99 Oberkonsistorium Nr. 604, unpag.
768 Ebenda, Nr. 606, unpag.
769 Vgl. zum Gesamtbild die Werte in Tabelle 57 (Anhang).

differenziert werden: In der Regel verfügten vor allem die höheren Offiziere, also die Dienstgrade ab Obristleutnant aufwärts über ein – im Vergleich zur finanziellen Situation eines mit kleinem Grundbesitz ausgestatteten Adligen – relativ gesichertes Einkommen, das sie in den Stand setzte, in finanzielle Transaktionen zu investieren.

Vergleichsweise gering blieb der Anteil von Bauern an Gläubigern. Auch die Pächter, deren Bedeutung nach den Forschungen von *H.-H. Müller* ja bekanntlich in der zweiten Hälfte des 18. Jahrhunderts zugenommen hatte, sind nicht in großer Zahl unter den in den Grundbüchern erfaßten Gläubigern zu finden.[770] Eine Ausnahme stellte z.B. der Pächter des Anteilgutes Pessin (Havelland) dar, der dem Besitzer, einem Leutnant Christian Ehrentreich v. Knobelsdorff, im Jahre 1750 die Summe von 400 Rtl. geliehen hatte.[771] Und der Reichsgraf O. L. S. v. Schwerin nahm 1755 von seinem neuen Pächter J. S. Siebmann einen Kredit auf, um die Ansprüche des scheidenden Pächters Hoepcke zu befriedigen.[772] Die auffällige Absenz dieser potentiellen Gläubigergruppe erscheint insofern verwunderlich, da häufig auf die insgesamt solide finanzielle Lage der Pächter abgehoben wurde. Diese Zurückhaltung mag allerdings auch darauf zurückzuführen sein, daß die Pächter ihr Kapital vor allem in die Zahlung der Pachtsummen und in die Verbesserung der Ausstattung der Güter investieren mußten. Es ist anzunehmen, daß der Anteil dieser Gläubigergruppe in den Jahrzehnten nach unserem Untersuchungszeitraum angestiegen war.

Die in den drei vorgestellten Kreisen erkennbaren – zum Teil beträchtlichen – Abweichungen lassen es als geboten erscheinen, auch bei der Behandlung des adligen Kreditverhaltens das Prinzip der Regionalität im Auge zu behalten. Nicht nur die Höhe der Kreditsumme differierte im Vergleich zwischen den Teillandschaften, sondern auch die Zusammensetzung der Gläubiger. Aus diesem Grunde werden im folgenden ausgewählte brandenburgische Kreise unter spezifischem Gesichtspunkten untersucht. Die im Anhang plazierte Tabelle 57 vermittelt ein detailliertes Bild über die Zusammensetzung der Gläubiger von märkischen Rittergutsbesitzern für acht kur- und neumärkische Kreise. Plausibel erscheint es, daß die Gruppe der höheren Amtsträgerschaft als Gläubiger vor allem den Rittergutsbesitzern in den residenznahen Kreisen zur Verfügung stand. Dies gilt auch für die zumeist in der Residenz befindlichen Institutionen, auf die havelländische (6,4%) und Teltower (11,5%) Adlige in stärkerem Maße als anderswo als Kreditgeber zurückgreifen konnten. Bei der Interpretation des Engagements von Offizieren unter den Gläubigern wird man den Anteil der Militärs unter den Rittergutsbesitzern des jeweiligen Kreises zu berücksichtigen haben. Ohne der unten detailliert vorzuführenden Auswertung der Vasallentabellen vorgreifen zu wollen, sei aber bereits hier auf diesen Zusammenhang hingewiesen. Der relativ niedrige Wert von 14,9% von Geldgebern aus dem Kreis der Offiziere in der Prignitz korrespondiert mit dem vergleichsweise geringen Anteil von Militärs unter den Vasallen dieser Teillandschaft.[773]

---

770   Vgl.: H.-H. Müller: Domänen und Domänenpächter in Brandenburg-Preußen im 18. Jahrhundert, in: Jahrbuch für Wirtschaftsgeschichte 1965, Teil 4, hier zit. nach: O. Büsch/ W. Neugebauer (Hgg.), Moderne Preußische Geschichte 1648-1947. Eine Anthologie, Bd. 1, Berlin/New York 1981, S. 316-359.
771   Brand. LHA Rep. 23 A. B Ritterschaftliche Hypothekendirektion Nr. 317.
772   Ebenda, Nr. 169.
773   Dieser stagnierte in den drei Erhebungsjahren 1713, 1759 und 1769 zwischen 15 und 17%. Vgl. dazu: Tabellen 49, 51 und 52 im Anhang.

Umgekehrt gilt diese Korrelation für den neumärkischen Kreis Friedeberg: Der exorbitant hohe Anteil von 40,2% der Offiziere unter den Kreditgebern findet seine Erklärung nicht zuletzt in der hohen Zahl von Offizieren unter den Rittergutsbesitzern dieses Kreises.[774] Auffällig erscheint hingegen der hohe Anteil nichtadliger Gläubigergruppen in den beiden altmärkischen Kreisen. Daß hier in stärkerem Maße als in den anderen Teillandschaften auch auf bäuerliche Kreditgeber zurückgegriffen wurde, wird man auf die insgesamt günstigere wirtschaftliche Lage der Bauernschaft und der städtischen Bevölkerung in der Altmark zurückzuführen haben.

Der Anteil der Kreditgeber für adlige Rittergutsbesitzer aus dem bürgerlichen Milieu wäre – berücksichtigt man ihre finanziellen Möglichkeiten – sicher noch höher ausgefallen. Doch die Bereitschaft, ihre Gelder auf Rittergütern hypothekarisch anzulegen, barg natürlich auch Risiken. Die Aussicht, bei Nichtbezahlung des Schuldners das betreffende Rittergut selbst in Besitz zu nehmen, wurde durch die bekannten, unter Friedrich II. zunehmenden Einschränkungen der Krone erschwert, adlige Rittergüter durch Bürgerliche zu erwerben.[775] Die Zahl der mit Rittergütern ausgestatteten Adligen sollte erhalten bleiben. Doch diese, auf die Verhinderung eines freien Gütermarktes zielende Politik hatte zur Folge, daß die auf die Kredite bürgerlicher Gläubiger angewiesenen adligen Rittergutsbesitzer befürchten mußten, daß „die bürgerlichen Creditores ... fast gar nichts mehr geben wollen, weil sie sich an dem effect ihres Pfandschafts Rechtes sehr geniret glauben, wenn sie nicht" in bestimmten Situationen „selbst zutreten und ihre hypothec annehmen können".[776] Noch pointierter formulierte es im Mai 1754 der Landrat des Kreises Friedeberg, Christian v. d. Marwitz: Durch das Verkaufsverbot an Bürgerliche falle „des Adels Credit weg, denn der bürgerliche Stand leihet kein Geld, weil Er bey vorkommenden Concurs nicht mitbieten darf und gehet mit seinem Capital aus".[777] Bekanntlich entsprach es aber auch den Vorstellungen des Königs, daß die Bürgerlichen keine adligen Güter erwerben, sondern „daß sie ihre Kapitalien im Handel anlegen".[778] Und diesen Bemühungen war durchaus ein gewisser Erfolg beschieden, wenngleich diese langfristig eher zum Nachteil des Adels gereichten. Denn das durchaus vorhandene und von den zunehmend in Verschuldung geratenen Rittergutsbesitzern dringend benötigte bürgerliche Kapital wurde ihnen somit größtenteils vorenthalten. Auch der Anreiz für bürgerliche Kreditgeber, Gelder im Zusammenhang der hypothekarischen Belastung der Güter anzulegen, sollte durch solche Maßnahmen, wie die Begrenzung der hypothekarischen Belastbarkeit der Güter auf die Hälfte ihres Wertes, gedämpft werden.[779]

Dagegen wurde die Neue Biergeld- und Hufenschoßkasse in weitaus stärkerem Maße durch Gläubiger bürgerlicher Herkunft genutzt. Hier konnten Gelder zu einem 5 bzw. 6%igen

---

774 Dieser Wert belief sich auf 36% im Jahre 1718 und 33% für 1751. Vgl. dazu: Tabellen 49 und 50 im Anhang.
775 Vgl.: Schwenke, Adel, S. 42 ff.; Schiller, „Edelleute müssen Güther haben ...", S. 261 f.
776 Brand. LHA Rep. 23 A. B 139, Bl. 16.
777 Brand. LHA Rep. 23 B Nr. 1105, unpag.
778 Zit. nach dem Politischen Testament von 1752 in: Friedrich der Große, hrsg. v. O. Bardong, Darmstadt 1982, S. 198.
779 Vgl.: A.B.B. Bd. 14, S. 290 ff.

Zinssatz angelegt werden.[780] Die Auswertung der Eintragungen im „Kurmärkischen Hauptbuch" für die Stichjahre 1711-1714 und 1743/44 bestätigt die größeren Möglichkeiten dieser Kapitalanlage. Im Vergleich zu der in der Tabelle 57 deutlich werdenden Verteilung zwischen den Gläubigergruppen zeigen sich hier gänzlich andere Gewichtungen. Im Verlauf des 18. Jahrhunderts nahm der Anteil der Geldanleger aus der Gruppe der Gewerbetreibenden und Kaufleute beträchtlich zu. Unter den Offizieren und Gewerbetreibenden ragten zudem vor allem Personen französischer Herkunft heraus. Im zweiten Erhebungszeitraum (1743/44) waren 11 der 21 Offiziere und 27 der 78 Kaufleute/Gewerbetreibende Refugiès. Adlige begegnen uns dagegen in nennenswerter Zahl nur noch unter der Gruppe der Amtsträger, allerdings zeichnete sich auch hier ein abnehmender Trend ab. Damit wird auch aus dieser Perspektive die insgesamt ungünstige finanzielle Situation des Adels dokumentiert. Offenbar verfügte die übergroße Mehrheit der mit Landbesitz verbundenen brandenburgischen Adligen nicht über einen entsprechenden Vorrat an größerem Barvermögen, um diesen zinsbar in der Landschaft anlegen zu können.

Tabelle 29: Einlagen in die Neue Biergeld- und Hufenschoßkasse der Kurmärkischen Landschaft 1711-14 und 1743/44 (nach Gläubigergruppen) [781]

Zeitraum	Adl. Militärs	Bürgerl. (o.A.)	Bürgerl. Amtstr.	Adlige Amtstr.	Adel (o. A.)	Kirche	Institut.	Dynastie/ Hochadel
1711 bis 1714	23 9,7%	61 25,6%	29 12,2%	65 27,3%	17 7,1%	30 12,6%	6 2,5%	7 2,9%
1743/ 1744	21 11,3%	78 42,2%	39 21%	17 9,2%	9 4,9%	14 4,9%	4 2,2%	3 1,6%

Neben der Klärung der Frage, welcher Statusgruppe die Gläubiger angehörten, können auch die räumlich-geographischen Beziehungen bei der Kreditaufnahme Rückschlüsse über die kommunikativen Verflechtungen zulassen. Dabei interessiert – natürlich in Abhängigkeit der Kreditsumme – die Entfernung, über die hinweg Gläubiger-Schuldner-Beziehungen gesucht und aufgebaut wurden. Ähnlich wie bei der Knüpfung von Heiratsbeziehungen muß davon ausgegangen werden, daß die Beschränkung auf einen relativ engen Raum den Möglichkeiten wirtschaftlich nicht so gut situierter Gutsbesitzer eher entsprach als die Ausweitung der Beziehungen auf benachbarte Teillandschaften oder sogar bis hin zu den führenden Amtsträgern und Militärs in der Residenz. Im folgenden werden drei kurmärkische Teillandschaften analysiert und die Ergebnisse kartographisch veranschaulicht. Es handelt sich dabei um die Prignitz (residenzferner Raum), den Teltow (residenznaher Raum) und das Havelland, das sowohl residenznahe (östlicher Teil) als auch residenzferne Zonen (westlicher Teil) aufwies.

---

780 König Friedrich Wilhelm I. favorisierte einen Zinsfuß von 5%, während die Landschaft auf 6% orientiert hatte. Vgl.: Maurer, Die private Kapitalanlage, S. 77.
781 Ermittelt nach: Brand. LHA Rep. 23 A. C 1691 und 1696.
    o.A.= ohne nähere Angaben

1. Prignitz

Unser erstes Beispiel eines Schuldners, der Leutnant Samuel Franz Christian v. d. Knesebeck, repräsentiert jenen, nur über geringen Besitz verfügenden Teil des Adels. Zu seinem Rittergut Bochin im äußersten Westen der Prignitz gehörte nur eine beschränkte Zahl bäuerlicher Hintersassen.[782] Somit erscheint es nicht verwunderlich, daß er nur mit einem räumlich engen Netz von Kreditbeziehungen rechnen konnte.[783] Die Entfernung zu den Gläubigerorten lag zwischen 3 und 15 km. Die Gläubiger rekrutierten sich fast ausschließlich aus der Adelsgesellschaft des engeren Umlandes; lediglich der Lenzener Bürgermeister Hase entstammte dem kleinstädtischen Milieu. Auch die Höhe der Kreditsummen hielt sich mit Beträgen zwischen 400 und 1 000 Rtl. in Grenzen. Eine ähnliche Konstellation wiesen die Kreditbeziehungen des Heinrich Dietrich und des Wolfgang G. v. Wartenberg auf Guhlsdorf auf. Auch hier kamen primär Gläubiger aus dem engeren Umland in Frage; Kontakte wurden sowohl zu Verwandten (vor allem im Militär dienende Offiziere der Familie), benachbarten Rittergutsbesitzern, aber auch zu Bürgern der Kleinstädte bemüht. Vor allem Kaufleute und Gewerbetreibende aus Perleberg (darunter auch der Bürgermeister Hichtel) gaben Anleihen. In zwei Fällen standen auch Prediger als Gläubiger zur Verfügung.[784]

Eine größere Streuung der Kreditbeziehungen wiesen dagegen solche bedeutenden Prignitzer Adelsfamilien wie die v. Saldern zu Wilsnack und Plattenburg oder die v. Winterfeld auf Dallmin auf.[785] Die durchschnittliche Kreditsumme lag hier beträchtlich höher als in den zuvor geschilderten beiden Fällen. (bei denen v. Saldern bis max. 20 000 Rtl.!) Solche Geschlechter konnten natürlich auf Grund ihrer beträchtlichen Besitzungen auch mit entsprechenden Sicherheiten aufwarten. Ins Auge springen im Falle derer v. Saldern des weiteren die recht häufigen Kreditbeziehungen zur fernen Residenz, schließlich lagen die Plattenburg und das Städtchen Wilsnack an der Peripherie des Landes. Der Etatminister Freiherr v. Schlippenbach gewährte dem Major Johann Friedrich v. Saldern zur Wiedereinlösung des einst wiederkäuflich veräußerten Gutes Lütke Leppin im Jahre 1721 20.000 Rtl. Ein Jahr später konnte der Berliner Kommandant, Generalmajor de Forcade, als Kreditgeber gewonnen werden. In den 1740er Jahren lieh die Witwe des Oberhofmarschalls Ernst Boguslav v. Kameke einen kleinen Kredit.

Doch auch für die Familie v. Saldern war es ebenso wie für die v. Winterfeld unverzichtbar, Kontakte zur eigenen kleinräumlichen Adelsgesellschaft bzw. zu den wohlhabenden Bürgern der umliegenden Städte zu unterhalten. Während für die v. Saldern betuchte Angehörige des Pritzwalker und Perleberger Bürgertums als Geldgeber zur Verfügung standen, weisen die Listen der Hypothekendirektion für die Winterfelds vor allem Bürger der Städte Wittenberge und Lenzen als Gläubiger aus. Dies entsprach im übrigen dem Trend, der für die Prignitz insgesamt festgestellt werden konnte.[786] Demnach stammten 49% aller Kreditgeber innerhalb

---

782 1719 waren dies drei Hüfner und zwei Kossäten. Vgl.: HOL (Prignitz), Bd. 1, S. 34.
783 Vgl. für das folgende: Brand. LHA Rep. 23 A. B Ritterschaftliche Hypothekendirektion Nr. 1 und 1a.
784 Es handelte sich dabei um die Prediger Drope aus Mertensdorf und Becker aus Quitzow.
785 Der Radius der Kreditbeziehungen innerhalb der Prignitz weitete sich bei denen v. Saldern auf über 30 km aus.
786 Berechnet nach: Brand. LHA Rep. 23 A. B Ritterschaftliche Hypothekendirektion Nr. 1 und 1a.

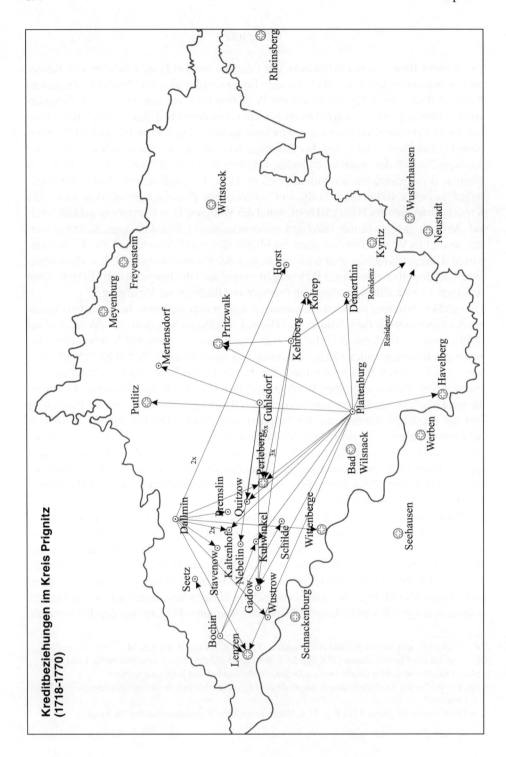

Kreditbeziehungen im Kreis Prignitz (1718-1770)

des Untersuchungszeitraumes 1718-1763 aus dem Kreis des kleinstädtischen Bürgertums und der Kirche.[787] Damit wird ein weiteres Mal die Bedeutung der Kleinstädte im Sozialgefüge eines ansonsten durch einen eher geringen Urbanisierungsgrad charakterisierten Territoriums wie die Mark Brandenburg unterstrichen.[788] Im übrigen stand die Prignitz als eine klassische „Adelslandschaft" mit diesem hohen Anteil von Gläubigern aus dem bürgerlichen Milieu an der Spitze der ausgewerteten kur- und neumärkischen Teillandschaften![789]

2. Havelland

Für diese Teillandschaft wurden fünf Rittergüter ausgewählt, die in etwa das Spektrum der Gläubiger-Schuldner-Beziehungen repräsentativ widerspiegeln.[790] Mit Cuno v. Hünicke auf Paaren a. d. Wublitz und denen v. Retzow auf Retzow haben wir wiederum Rittergutsbesitzer vor Augen, die über eine relativ geringe wirtschaftliche Basis verfügten.[791] Die große Mehrheit der Gläubiger fand man in nicht allzu großer Entfernung des Rittersitzes. Die soziale Struktur der Kreditgeber reichte im Falle der v. Retzow von adligen Militärs über bürgerliche Amtsträger (einer von diesen war der in Berlin tätige Hofrat Buchholtz) bis hin zu Schutzjuden und Bauern. C. v. Hünicke auf Paaren a. d. W. konnte sich die Nähe zu Spandau zunutze machen und vom dortigen Direktorium des Arbeitshauses 2 000 Rtl. Anleihe aufnehmen. In Gestalt des Rittersitzes Niebede begegnet uns dagegen ein Typ von Kreditbeziehungen, der vor allem durch einen hohen Anteil von Verwandten unter den Gläubigern charakterisiert wurde. Der Besitzer dieses Rittergutes, Cuno Ludwig v. Bredow, gehörte einem Geschlecht an, das zum einen weit verzweigt war und zum anderen gerade im Havelland über mehrere, zum Teil bedeutende Ländereien verfügte.[792] Von daher war es naheliegend, daß bei der Suche nach Gläubigern vor allem die besser ausgestatteten Geschlechtsverwandten auf den Gütern Wagenitz (14 km entfernt) und Markau (5 km entfernt) in Frage kamen. Die im Zeitraum von 1722 bis 1746 aufgenommenen Anleihen dienten zum einen der Fortsetzung seines Studiums, zum anderen der Auszahlung von Abfindungen.

---

787 Vgl.: Tabelle 57 im Anhang.
788 Vgl. dazu: L. Enders: Werden und Vergehen kleinerer Städte während des Spätmittelalters und der frühen Neuzeit. Funktions- und Existenzbedingungen in der Mark Brandenburg, in: Siedlungsforschung. Archäologie - Geschichte - Geographie 11 (1993), S. 111-120; F. Göse: Zwischen adliger Herrschaft und städtischer Freiheit. Zur Geschichte kurmärkischer adliger Mediatstädte in der Frühen Neuzeit, in: JBLG 47 (1996), S. 55-85.
789 Zum Vergleich siehe die Angaben in Tabelle 57 im Anhang.
790 Vgl. für das folgende: Brand. LHA Rep. 23 A. B Ritterschaftliche Hypothekendirektion Nr. 317-319.
791 Bei Paaren a. d. Wublitz handelte es sich um einen Rittersitz mit 15 Hufen (1745); das der gleichnamigen Familie gehörende Retzow war ein Anteilgut, zu dem 1745 6 Bauern und 4 Kossäten gehörten. Vgl.: HOL, Bd. 3 (Havelland), S. 263 u. 314 f. Laut der Vasallentabelle von 1713 war der Besitzer von Paaren a. d. W. zur Zahlung eines halben Lehnpferdes verpflichtet. Vgl.: Brand. LHA Rep. 78 I Nr. 147.
792 Einen guten Einblick über die Konzentration des Bredow'schen Besitzes vermittelt die im Historischen Handatlas von Brandenburg und Berlin erfaßte Karte: „Besitzstand und Säkularisation in Brandenburg um die Mitte des 16. Jahrhunderts" (Bearb.: G. Heinrich), Lfg. 33, Berlin/New York 1971.

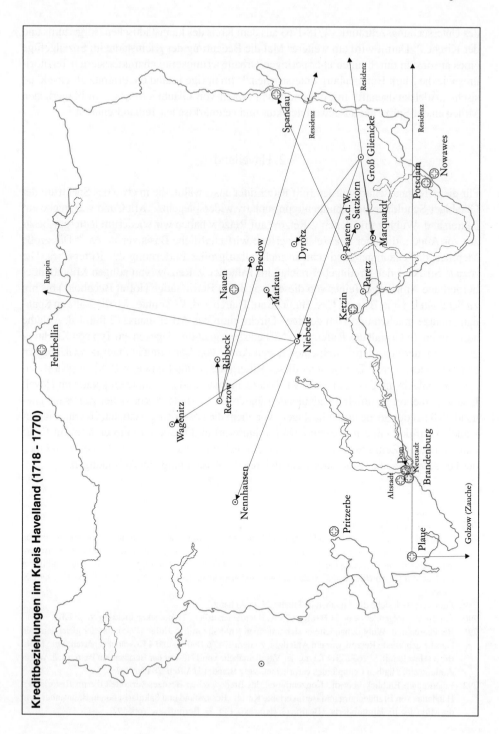

Die Kreditbeziehungen der Besitzer von Groß Glienicke und Plaue repräsentieren dagegen die bereits am Beispiel der prignitzischen Plattenburg vorgestellte Adelsgruppe. Auch hier ist zum einen eine breite geographische Streuung der Gläubiger und zum anderen eine recht hohe durchschnittliche Kreditsumme erkennbar. Verstärkt wird dieser Eindruck durch die Tatsache, daß mit dem Minister Friedrich v. Görne (bis zu seinem Tode im Jahre 1746) und dem Brandenburger Domherrn Hans Georg v. Ribbeck höhere Amtsträger zeitweilig Besitzer von Plaue bzw. Groß Glienicke waren. Diese konnten natürlich schon auf Grund ihres hohen Ranges und ihrer politischen Wirksamkeit auf Kontakte zurückgreifen, die anderen adligen Rittergutsbesitzern im allgemeinen verstellt blieben. Somit erscheint es nicht verwunderlich, daß im Falle des Ministers v. Görne und seines Sohnes – des späteren Kriegs- und Domänenrates Leopold v. Görne – für den Zeitraum von 1727 bis 1759 insgesamt acht Kreditaufnahmen von Angehörigen der führenden Amtsträgerschaft in der Residenz bzw. des Hofstaates nachgewiesen werden konnten. Darunter fanden sich solche bedeutenden Persönlichkeiten wie der Oberhofmarschall Marquard Ludwig v. Printzen, der Direktor am Kammergericht, Johann Philipp v. Jariges und der Präsident Christoph Friedrich v. Ribbeck; ebenso konnten die „Prinzliche Gesamtkammer" oder das Hofjuwelier-Unternehmen Ephraim & Söhne als Geldgeber für Meliorationsvorhaben der Güter gewonnen werden. Der im Vergleich zur Prignitz beträchtlich höhere Anteil an Gläubigern unter der höheren Amtsträgerschaft (11,8% gegenüber 2,1%) belegt, daß es sich beim vorgeführten Beispiel um keinen Einzelfall handelte. Auch andere, unbedeutendere havelländische Rittergutsbesitzer konnten vereinzelt höhere Amtsträger als Kreditgeber gewinnen, natürlich nicht in der hohen Konzentration wie die selbst zu dieser Statusgruppe gehörenden v. Görne auf Plaue.[793]

3. Teltow

Das dritte Beispiel führt uns eine Teillandschaft vor Augen, die als residenznaher Raum vermuten läßt, daß die für das Havelland umrissene Konstellation der Kreditbeziehungen hier eine noch intensivere Ausprägung erfahren hatte.[794] Auffällig erscheint bei allen vier für diese Teillandschaft vorzuführenden Rittergütern, daß Kontakte zur Residenz bemüht wurden. Dabei war es zunächst unerheblich, ob es sich um Rittergutsbesitzer handelte, die als Amtsträger oder Offiziere wirksam waren oder sich als Gutsherren um die Bewirtschaftung ihrer Besitzungen kümmerten. Während die v. Schlabrendorff auf Siethen und die v. Hake auf Kleinmachnow letzteren Typ repräsentierten, standen dem Rittergut Dahlewitz der Landrat Hans-Georg v. Otterstedt und den Gütern Groß- und Kleinbeeren mehrere Offiziere aus der Familie v. Beeren als ihre Besitzer vor. Die Familie v. Hake konnte z.B. Anleihen von der Witwe des Oberhofmarschalls v. Kameke und der Witwe des Generals v. Möllendorff

---

[793] G.L. v. Hake, der seit 1750 das Anteilgut Selbelang besaß, erhielt im gleichen Jahr vom Minister Friedrich Wilhelm v. Rochow 1 500 Rtl. und vom Generalleutnant Caspar Ludwig v. Bredow 9 500 Rtl. zur „Abzahlung seiner Schulden".

[794] Vgl. für das folgende: Brand. LHA Rep. 23 A. B Ritterschaftliche Hypothekendirektion Nr. 700 und 701.

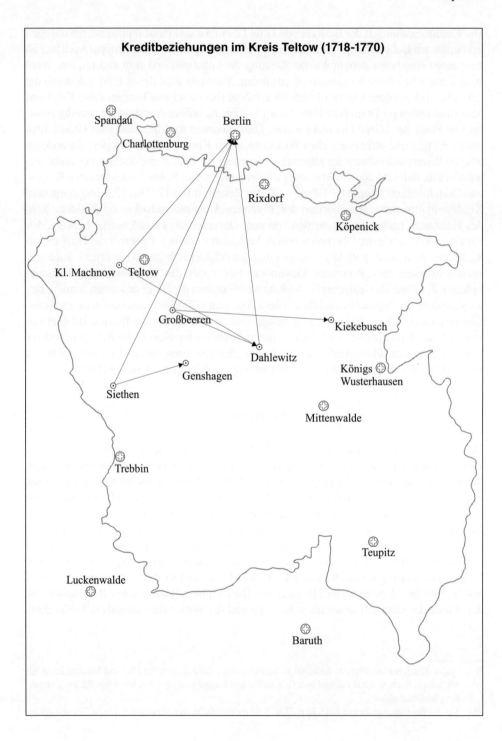

aufnehmen, während die v. Schlabrendorff den Geheimen Tribunal-Gerichtsrat v. Dorville, den Kammergerichtsrat Goldbeck oder die Prinzliche Gesamtkammer sowie mehrere Generäle für Kredite gewannen.
Die kartographische Darstellung zeigt eindeutig eine Konzentration der Kreditbeziehungen auf die Residenz hin und weicht damit erheblich von dem Bild etwa der Prignitz ab. Dort verliefen die Stränge der Gläubiger-Schuldner-Beziehungen quer durch die Teillandschaft und bündelten sich zuweilen bei den bedeutenderen Adelsfamilien dieser Landschaft. Die für das Feld des Finanzverhaltens nachzuweisende ausgeprägte Orientierung des Adels des residenznahen Raumes auf das politische Zentrum der Monarchie gilt es für die an anderer Stelle unserer Studie zu diskutierende Thematik des Verhältnisses zwischen Adels- und Hofgesellschaft im Blick zu behalten.
Ebenso belegen die Kreditbeziehungen des Landrates Hans-Georg v. Otterstedt auf Dahlewitz die noch detaillierter zu behandelnden Kontakte zwischen Adligen, die in ständischen Funktionen die Interessen ihrer Adelslandschaft vertraten, zu Angehörigen der landesherrlichen Bürokratie. Im Teltow des 18. Jahrhunderts erwiesen sich z.B. mehrere Räte des Kammergerichtes bzw. des Konsistoriums als Gläubiger gefällig.
Alle bisher vorgeführten Beispiele haben gezeigt, daß Kreditbeziehungen zu Angehörigen der höheren Amtsträgerschaft, des Hofstaates und der Generalität – natürlich mit regional differierender Intensität – zur Normalität adligen Finanzverhaltens gehörten. Der Vergleich zwischen der Prignitz, dem Havelland und dem Teltow ließ zudem erkennen, daß Beziehungen zu Gläubigern, die in der Residenz wirkten, mit zunehmender räumlicher Nähe für die kleinräumlichen Adelsgesellschaften an Bedeutung gewannen. Der Stellenwert Berlins für die Kreditbeziehungen der brandenburgischen Ritterschaft kam auch in einer Bemerkung des Generals Karl Friedrich v. Schlippenbach zum Ausdruck, der über nicht unbeträchtliche Besitzungen in der Uckermark (also ebenfalls einer residenzfernen Teillandschaft) verfügte: Demnach würden aus seiner Sicht „die meisten Capitalia zu und über Berlin als gleichsam dem Centro negotiiret werden".[795]
Da informelle Kontakte zwischen den Adelsgesellschaften und der höfischen Elite im Umfeld der Residenz auf Grund der schwierigen Quellenlage nur schwer nachgewiesen werden können, konnten die aus den Akten der Ritterschaftlichen Hypothekendirektion gewonnenen Informationen dieses Defizit wenigstens teilweise kompensieren. Um den Befund, der an den drei Teillandschaften kartographisch vorgestellt wurde, prosopographisch zu konkretisieren, werden in der folgenden Tabelle die Gläubiger aus den genannten politisch-höfischen Führungsgruppen für die Rittergutsbesitzer mehrerer brandenburgischer Teillandschaften vorgeführt.

---

795 GStAPK I. HA, Rep. 66 Nr. 29, unpag.

Tabelle 30: Frequentierung der kleinräumlichen Adelsgesellschaften durch Gläubiger aus der hohen Amtträgerschaft bzw. der Hofgesellschaft (1713-1770)

Teillandschaft	Namen der Gläubiger	Gesamtzahl[796]
Kurmark *Residenznaher Raum* Teltow	Min. v. Ilgen; Min./Ob.-Marschall v. Printzen; Obhfmarsch. v. Kameke; v. Knyphausen; Min. v. Arnim; Geh. Trib.-rat de Dorville; (GFM v. Kalckstein)	8 (12)
Havelland	Min. v. Katsch; Obstallm. v. Fuchs; Apell.ger.rat v. Heugel; Obhofmarsch. v. Kameke; Geh.R. Bergius; Geh.R. v. Schöning; Geh. R. v. Rheetz; Min./Ob.-Marschall v. Printzen; Min. v. Rochow; Ob.forstm. v. Hertefeld; Präs. v. Ribbeck	16
Residenzferner Raum Ruppin	Min. v. Ilgen	1
Prignitz	Geh.R. Bergius; Geh.R. v. Blumenthal; Min. v. Schlippenbach; Min. v. Arnim; (GFM v. Tresckow)	5 (6)
Seehausen	Geh.Etatrat v. Creutz; Min. v. Ilgen; (GFM v.d. Schulenburg; GFM v. Jeetze)	2 (9)
Tangermünde	Hofmarschall v. Rauchhaupt; (GFM v.d. Schulenburg; GFM v. Jeetze)	1 (5)
Neumark Friedeberg	Min./Ob.-Marschall v. Printzen; (Gen. v. Rheetz; Gen. v. Wreech; Gen. v. Lepel)	1 (6)
Sternberg	Geh. R. v. Hundt; Min. v. Viereck; Min. v. Bismarck; (GFM v. Borcke)	5 (6)

Neben quantitativen Unterschieden (residenznah: hoher Wert – residenzfern: geringer Wert) erscheint auch die konkrete personelle Zuordnung der hohen Amtsträger und Militärs zu den einzelnen Teillandschaften von Interesse. Dahinter steht die Frage, ob vor allem solche höheren Amtsträger/Offiziere für die kreditsuchenden Adligen von Interesse waren, die selbst Güter in dem jeweiligen Kreis besaßen bzw. familiäre Bande zur jeweiligen Adelslandschaft unterhielten. Diese Annahme findet ihre Bestätigung z.B. im Teltow. Von den dort unter den Gläubigern benannten höheren Amtsträgern verfügten drei auch selbst über Besitzungen in dieser Teillandschaft: Minister Freiherr v. Ilgen (Britz); der Geheime Tribunalrat de Dorville (Kerzendorf) und der Oberhofmarschall Paul Anton v. Kameke (Steglitz). Dies gilt auch für den Geheimen Rat v. Blumenthal als Gläubiger von Prignitzer Adligen, dessen Geschlecht hier über mehrere Rittergüter (Blumenthal, Krampfer, Pröttlin, Vehlow) verfügte. Er selbst besaß Horst. Der Generalfeldmarschall und Geheime Rat Werner v. d. Schulenburg, dem Apenburg und die Propstei Salzwedel gehörten, fungierte als Kreditgeber für einige Rittergutsbesitzer des Tangermündischen und Seehausener Kreises. Natürlich wäre zunächst an-

---

[796] in Klammern mit hohen Militärs

zunehmen, daß dieser hohe Amtsträger und Offizier auf Grund seiner vielfältigen militärischen und diplomatischen Verpflichtungen kaum im Lande war und deshalb engere personelle Kontakte zu seinen Schuldnern in der Regel nicht vermutet werden können.[797] Doch er selbst teilte in seinen Lebenserinnerungen mit, daß er, „während die Armee in den Winterquartieren stand, ... alljährlich nach Apenburg zur Mutter" gereist war.[798]
Der größere Teil der in der Übersicht aufgeführten Gläubiger war allerdings nicht selbst in den Landschaften, in denen Geldanleihen vermittelt wurden, angesessen bzw. über verwandtschaftliche Beziehungen mit den dortigen Rittergutsbesitzern verbunden. Es stellt sich mithin die nicht einfach zu beantwortende Frage, auf welche Weise die kreditsuchenden Angehörigen einer kleinräumlichen Adelsgesellschaft mit den nicht im Kreis ansässigen höheren Amtsträgern und Offizieren in Kontakt traten. Dieser Problematik wird im Zusammenhang der im Kapitel „Zur Verflechtung von Adels- und Hofgesellschaft" zu behandelnden Fragestellungen weiter nachzugehen sein.

Die Lehnsallodifikation und ihre Folgen

Zunächst soll uns jedoch eine Thematik näher beschäftigen, die auf eine nicht unwesentliche Veränderung im Verhältnis zwischen Landesherrschaft und Adel hinzudeuten scheint. Die sich nach 1717 innerhalb der Hohenzollernmonarchie durchsetzende Ablösung des Lehnswesens galt innerhalb der Adelsgeschichte der deutschen Territorien als eine Besonderheit, die eher Verwunderung hervorrief und mit dem Hang des Soldatenkönigs zu radikalen und Traditionszusammenhänge ignorierenden Reformen erklärt wurde. Auch den Zeitgenossen mußten diese Vorgänge befremdlich erscheinen, deutete doch – oberflächlich betrachtet – unmittelbar nach dem Regierungswechsel von 1713 kaum etwas auf diese einschneidende Veränderung hin. Wie auch seine beiden Vorgänger setzte der neue König wenige Wochen nach seiner Thronbesteigung einen Huldigungstag (24. April 1713) in der Residenz an, an dem die Lehnbriefe vorgelegt und die Lehn-Taxe eingezahlt werden sollten. Über die während der Regierungszeit seines Vaters begangenen Lehnfehler wurde ein Pardon erteilt.[799]
Die borussische Historiographie versuchte, die die gewohnten Bahnen verlassenden Entscheidungen von 1717/18 mit dem Bestreben des Monarchen zu erklären, der Armee weitere Finanzierungsmöglichkeiten zu verschaffen und die alte überlebte Praxis der Gestellung von „Lehnpferden" auch de jure zu beenden. Solche Historiker wie *V. Loewe*[800] fügten durch eine solche Interpretation dieser Veränderungen der auf Zentralisierung, Verdichtung und Effektivierung – letztlich also auf „Modernität" – zielenden Politik von „Preußens größtem inne-

---

797 Er befand sich nach der Teilnahme am Spanischen Erbfolgekrieg vor allem in dänischen Diensten. Vgl.: Schmidt, Schulenburg-FG, 2. Teil, S. 500 ff.
798 Ebenda, S. 501.
799 Vgl.: C.C.M. II. 5, Nr. 55.
800 Loewe, Allodifikation. Jüngst wurde das Thema wieder aufgegriffen durch D. H. Müller: Die Umwandlung der märkischen Rittergüter in lehnsrechtlich verfaßtes Familieneigentum unter Friedrich Wilhelm I., in: JGMOD 46 (2001), S. 171-203.

ren König" eine weitere Facette hinzu. Eine längst überfälliger Schritt war nach dieser Argumentation vollzogen worden, dem sich nur ein Teil uneinsichtiger brandenburgischer Adliger widersetzt hätte.

In unseren Ausführungen zur Situation des brandenburgischen Adels in der zweiten Hälfte des 17. Jahrhunderts[801] wurde verdeutlicht, in welch hohem Maße zum einen die Lehnsangelegenheiten die adligen Familienverbände in einer Zeit wirtschaftlicher Instabilität beschäftigten und wie zum anderen das lehnsrechtliche Instrumentarium durch die Kurfürsten genutzt werden konnte, um Druck auf jene Adelsfamilien auszuüben, die ihrer auf mehr Zentralisierung angelegten Politik Widerstand entgegengebracht hatten.

Angesichts dieser nicht unbeträchtlichen Bedeutung des Lehnswesens erscheint die Frage im Zusammenhang der 1717/18 erfolgten Allodifikation berechtigt, ob sich die Landesherrschaft damit nicht eines wichtigen Mittels ihrer Adelspolitik beraubt hätte. Obwohl es bereits kurz nach der Königskrönung von 1701 zu ersten Überlegungen kam, das lehnsherrliche Verhältnis aufzuheben[802], deutete jedoch die alltägliche Praxis in Lehnsangelegenheiten um 1700 eher auf eine rigidere Handhabung der gesetzlichen Vorgaben hin.[803] Und auch anläßlich der Bestallung des neuen Lehnsdirektors, Marquard Ludwig v. Printzen, im September 1704 war darauf gedrungen worden, den Lehnsangelegenheiten mehr Aufmerksamkeit zuzuwenden und vor allem den „eingeschlichenen Unordnungen, Mißbräuchen, Mängeln und Gebrechen" Einhalt zu gebieten.[804] Bei der Abwägung der Vor- und Nachteile der nun im unmittelbaren Umfeld des Landesherrn diskutierten Lehnsreform hatte sich zunächst keine einheitliche Meinung herausgebildet. Es war dann vor allem der Minister und Direktor der Lehnskanzlei Marquard Ludwig v. Printzen, der König Friedrich Wilhelm I. versuchte umzustimmen. M. L. v. Printzen insistierte vor allem auf die dem König entgehenden Möglichkeiten, beim „Heimfall" Lehngüter einziehen zu können. Des weiteren machte sich der Minister auch zum Fürsprecher eines nicht unbeträchtlichen Teils der adligen Rittergutsbesitzer, wenn er deren Befürchtungen artikulierte, daß „den Gesamthändern das Recht der Succession genommen werden würde. Die Folge würde eine völlige Zersplitterung der Güter sein".[805]

---

801 Kapitel: „Wiederaufbau und monarchischer Zentralismus: Der brandenburgische Adel in der zweiten Hälfte des 17. Jahrhunderts"

802 Diese „Proposition", die „Convertierung der in Königl. Landen befindlichen Lehn in Erbgüter betreffend" antizipierte bereits entscheidende Überlegungen, die in der nach 1717 in Gang gekommenen Diskussion relevant wurden. Vgl.: Müller, Umwandlung, S. 172.

803 So wurde mehrfach auf eine exaktere Ordnung bei der Erfassung und Erhebung der Lehnsconsense, Ehestiftungen und Obligationen gedrungen. Ebenso deuteten Klagen darauf hin, daß man bei der Erteilung von Belehnungsscheinen größeren bürokratischen Aufwand walten ließ, was zu mehr Unkosten für die Lehnsinhaber geführt hatte. Vgl.: Brand. LHA Rep. 78 I Nr. 124, unpag.

804 A.B.B., Bd. 1, S. 28. Ferner wurde v. Printzen dazu angehalten, „wann einige Lehne an Uns heimfallen, ehe und bevor dieselbe an andere wieder vergeben werden, mit Unserer Hofkammer über die Frage, ob durch deren Combinierung mit Unsern Domainen Uns etwa einiger Vortheil geschaffet werden könne" zu verhandeln.

805 A.B.B., Bd. 2, S. 472. Im unmittelbaren Umfeld der Einführung der Lehnsallodifikation zog sich v. Printzen den Unmut des Königs zu, „weil er unter der Hand als Präsident der Lehns-Cantzley einigen Ständen in dem Werck der Lehnsveränderung ein und anders suppeditiret, wodurch dieselbe in der opposition gestärcket worden". Berliner geschriebene Zeitungen aus den Jahren 1713 bis 1717 und 1735. Ein Beitrag zur Preußischen Geschichte unter König Friedrich Wilhelm I. (= Schriften des Vereins für die Geschichte Berlins, Heft 38), hrsg. v. E. Friedlaender, Berlin 1902, S. 649.

Die Betonung der materiell-finanziellen Einbußen, die dem königlichen Fiskus aus der Abschaffung des Lehnwesens erwachsen könnten, verweist zugleich nochmals auf die Frage, ob es wirklich „nur unbedeutende und unsichere Einnahmen (Gebühren für Mutungen und Konsense, Lehnsportein)" waren, die der König im Falle der Auflösung der Lehnsverfassung preisgeben würde.[806] Die für die zweite Hälfte des 17. Jahrhunderts vorgeführten Fälle von Lehnstrafen gegen brandenburgische Adelsfamilien bewiesen, daß es doch mitunter beträchtliche Summen waren, die eingezogen werden konnten. Auch für das frühe 18. Jahrhundert finden sich dafür Belege.[807] Die dabei eingezogenen Summen hätten darüber hinaus durchaus noch höher ausfallen können, doch der Landesherrschaft lag bekanntlich in hohem Maße auch daran, die Handhabung der Lehnstrafen dosiert in Gestalt von Gunst oder Ungnade gegenüber der Ritterschaft einzusetzen. Ebenso galt die Einziehung von Gütern bei Lehnsfehlern als willkommenes Instrument der Landesherrschaft, um selbst – vor allem mit Blick auf die Arrondierungspolitik – Landbesitz als Verhandlungsmasse zu erhalten. Dem Major v. Bergen wurde z.B. am 11. Mai 1703 durch die Lehnskanzlei eröffnet, daß die Ausfertigung der Lehnbriefe für die Familie nicht in der gewünschten Weise erfolgen könne, da der König einen Teil der „Lehne an andere verschenket [habe], weil die von Berge Lehnfehler begangen".[808]

Die von *Loewe* – im übrigen repräsentativ für die borussische Schule – vertretene Meinung, das Lehnwesen hätte schon zum Zeitpunkt der Allodifikation „fast allen Wert verloren", geht angesichts des aus dem archivalischen Material präsentierten Befundes an der Realität vorbei.[809] Ein Blick in die zwischen 1688 und 1713 erlassenen Verordnungen und Edikte zeigt zudem, welche große Bedeutung Lehnsangelegenheiten sowohl für die Ritterschaft als auch für die landesherrlichen Behörden nach wie vor besaßen. Interessant erscheint dabei, daß ein nicht geringer Teil dieser landesherrlichen Initiativen nach entsprechenden Monita brandenburgischer Vasallen zustande kam. So wurde 1704 auf eine Beschwerde der in der Altmark angesessenen Rittergutsbesitzer Christian Georg und Andreas Achaz v. Bismarck reagiert, die sich darüber beklagt hatten, daß sie im Zusammenhang einer Güterteilung noch einmal muten sollten. Man kam nun den Adligen entgegen, indem verfügt wurde, daß „die in Communion stehende Vasalli ... der Lehngüter, wann sie einmal belehnet, solange sie in Communion bleiben, keiner ferneren Belehnung nötig haben". Lediglich die Lehnskanzlei wäre über eine solche Veränderung zu informieren.[810]

---

806 Loewe, Allodifikation, S. 343. Laut der revidierten „Lehns-Cantzley-Taxe" vom 4.11.1704 konnten sich die Gebühren zwischen wenigen Groschen für Schreibgebühren bei Mutungen und 4 Rtl bei Lehnsconsensen bewegen. Vgl.: C.C.M. II.5, Nr. 47.
807 So für 1704 für Hans Christoph v. Löben („in minorennitate begangener Lehnfehler"), v. Duhram, v. Winterfeld. Vgl.: Brand. LHA Rep. 78 I Nr. 137, Bl. 48, 51 und 95.
808 Brand. LHA Rep. 78 I Nr. 9, Bl. 9.
809 Loewe, Allodifikation, S. 343. Auch die von O. Hintze gesehene Überflüssigkeit der Lehnskanzlei nach 1717 („Die kurmärkische Lehnskanzlei hatte damals nichts mehr zu thun") rekurrierte auf die Bedeutungslosigkeit von Lehnsfragen. A.B.B., Bd. 6.1, S. 82.
810 C.C.M. II.5, Nr. 45.

Auch bei anderen in den Jahren vor der Allodifikation erlassenen Gesetzen beherzigte die Landesherrschaft die Wünsche vieler Adelsfamilien. Am 19. September 1702 wurde eine Verordnung erlassen, in der die künftige Praxis der Verwendung des sogenannten „Gegenvermächtnisses" sanktioniert wurde: Demnach soll „den Witwen das Gegenvermächtnis nicht erblich verbleiben, sondern nur Usum Fructum ad dies Vitae vel Viduitatis haben" und nach ihrem Tode „wieder in das Lehn zurück fallen".[811] In dem Edikt vom 8. Mai 1705 wurde – auch im Interesse der Vasallen – eine modifizierte Strafpraxis für diejenigen Rittergutsbesitzer eingeführt, die es versäumt hatten, rechtzeitig um einen Konsens für die Lehnsfolge oder bei Beantragung der „gesamten Hand" nachzusuchen.[812] Unverkennbar wurde dabei bereits der Trend zur Vereinfachung bestimmter lehnsrechtlicher Bestimmungen ersichtlich. Dies läßt erkennen, daß die 1717 eingeleiteten Veränderungen nicht so voraussetzungslos erfolgten, wie es bei oberflächlicher Betrachtung den Anschein haben mochte.

Zeigen bereits die bisher vorgestellten wenigen Exempel die unverminderte Bedeutung, die Lehnsangelegenheiten im Alltag der brandenburgischen Rittergutsbesitzer besessen hatten, kann erst recht eine Bagatellisierung des Lehnswesens im beginnenden 18. Jahrhundert nicht die starke Opposition von Teilen des Adels erklären, die den einschneidenden Veränderungen entgegengebracht wurde. Es gab wohl in der Geschichte des „absolutistischen" Preußen kaum einen vergleichsweisen starken Widerstand der Ritterschaft gegen eine politische Entscheidung des Monarchen; erst im Zusammenhang der mit den preußischen Reformen nach 1807 eingeleiteten Veränderungen, die zur schrittweisen Abschaffung der Erbuntertänigkeit der bäuerlichen Hintersassen führten, kann eine ähnliche, den brandenburgisch-preußischen Adel erfassende oppositionelle Haltung gegen die landesherrliche Politik beobachtet werden.[813]

Die ersten Versuche des Königs, die brandenburgische Ritterschaft von der Notwendigkeit der Aufhebung der Lehnsverfassung und den sich daraus für den Adel ergebenden Vorteilen zu überzeugen, zeitigten ein eher ernüchterndes Ergebnis: Zwar wurden die angekündigten administrativen Maßnahmen begrüßt, die auf eine Vereinfachung der häufig beklagten umständlichen Verfahrensweise der Lehnskanzlei hinausliefen. Insbesondere betraf dies die lästigen Mutungs- und Belehnungsverfahren, die die Präsenz des Lehnsinhabers in Berlin erforderlich machten. Des weiteren konnte ein Teil des rittergutsbesitzenden Adels auch jenen Intentionen der Landesherrschaft eine gewisse Sympathie entgegenbringen, die auf eine höhere Stabilität in den Besitzverhältnissen hinausliefen und damit auch die Zahl wiederkäuflicher Veräußerungen zugunsten erblicher Gütertransaktionen vermindern wollten. Bereits im Vorfeld der Allodifikation gab es in diese Richtung gehende Versuche: Dem im Februar 1713 um wiederkäuflichen Erwerb des Dorfes Pürlingen nachsuchenden Erdmann Christoph v. Jeetze wurde z.B. mitgeteilt, daß er dieses Gut „nicht wiederkäuflich, sondern erblich an sich bringen solle, damit das gute wegen der vielen schulden und distraction nicht weiter leiden, sondern einen gewissen Lehenträger habe, der die veräußerten stücke zusam-

---

811 Ebenda, Nr. 44.
812 Ebenda, Nr. 49.: „anstatt daß wider dergleichen Fahrläßige und Säumige nach Strenge der Lehen-Rechte und Edicte sofort fiscaliter verfahren werden solte", habe man es „für gut gefunden und resolviret, eine gewisse Richt-Schnur und Schrancken zu setzen".
813 Vgl. dazu passim: Vetter, Kurmärkischer Adel.

menbringen geflissen sein möge".[814] Doch die Mehrheit des brandenburgischen Adels stand den Veränderungen im Lehnwesen skeptisch bis ablehnend gegenüber.[815] Die Gründe für diese Haltung erwuchsen aus mehreren Motiven: Zum einen wurde die Tatsache einer Besteuerung des Adels in Gestalt des Lehnskanons an sich moniert; nicht zu Unrecht wurde darin eine Verletzung des uralten Privilegs der brandenburgischen Oberstände gesehen – die Beseitigung der Steuerfreiheit![816] Zum anderen stieß die Höhe der zu entrichtenden Gelder auf Kritik. Insbesondere machten die Vertreter jener kleinräumigen Adelslandschaften, die nur über einen geringen wirtschaftlich-finanziellen Rückhalt verfügten, auf die unzumutbaren Belastungen aufmerksam, sollte die bisherige Lehnpferdeeinteilung die Grundlage der neuen Besteuerung werden. In ihrem Memorial klagten die neumärkischen Oberstände, daß „viele nur ein Rittergütchen von 4 bis 6 000 Rtlr. Wert [hätten], worauf ein halbes oder auch wohl ein ganzes Lehnpferd haftet, welches aber mit Schulden und oneribus dergestalt beschweret, daß sie davon auch den allerschlechtesten Unterhalt nicht zulänglich haben, geschweige dann noch einen so hohen jährlichen Canonem entrichten können". Mehr als 20 Rtl. könne man sich nicht zumuten.[817]
Die Ritterschaft würde letztlich ein schlechtes Geschäft machen, ginge sie auf die Vorstellungen der Krone ein, versuchten die Wortführer des altmärkischen Adels ihren Mitständen deutlich zu machen. Die bisherigen Belastungen wurden den künftig zu zahlenden Steuern gegenübergestellt.[818] Daß diese Vermutung nicht unbegründet erschien, erhellt aus einer mit großer Freimütigkeit geäußerten – natürlich nicht für die Augen des Adels bestimmten – Marginalie Friedrich Wilhelms I.: „Ich vergehe mir nichts als windt und krige 40 Thlr. im Platz der tausch ist guht ich wolte wünschen das ich alle dahge so tausche."[819]
Daß die Repräsentanten der märkischen Rittergutsbesitzer letztlich doch der Höhe der Lehnpferdegelder schweren Herzens zustimmten, könnte seine Erklärung auch in den Erfahrungen finden, die einige Jahrzehnte zuvor gesammelt wurden. Zu Beginn des 18. Jahrhunderts, als im Zusammenhang der Beteiligung Brandenburg-Preußens am Spanischen Erbfolgekrieg außerordentliche finanzielle Belastungen auch auf die Stände zukamen, wurden zeitweilig ganz andere Zahlen gehandelt. In einem Patent vom 29. Februar 1704 hatte der König von allen Vasallen verlangt, pro Lehnpferd 125 Rtl. aufzubringen![820] Die während der Zeit des

---

814 GStAPK I. HA, Rep. 22 Nr. 141a.
815 Das archivalische Material dazu zum Teil ausgewertet in: A.B.B., Bd. 2, S. 472 f.
816 Dies sei „ein Verstoß gegen hergebrachte adlige freiheiten", ließ sich z.B. die Arnswaldische Ritterschaft vernehmen. GStAPK I. HA, Rep. 66 Nr. 19, Bl. 106.
817 Brand. LHA Rep. 23 B Nr. 954, Bl. 17.
818 „Was man bisher an Lehnware gezahlt habe, stehe in gar keinem Verhältniß zu dem Canon. Bei jedem Fall des Lehnsherrn habe man 20 Thlr. für ein Lehnpferd gezahlt. Sterbe nun der König in 30 Jahren, so würde man bis dahin schon 1 200 Thlr. Canon gezahlt haben." A.B.B., Bd. 2, S. 492.
819 Ebenda, S. 490.
820 Überhaupt wurde in diesen Jahren auf Grund der zugespitzten außenpolitischen Lage eine recht rigide Handhabung der lehnsrechtlichen Praxis forciert. In dem königlichen Befehl vom 19. Mai 1701 wurde „angesichts der gefährlichen Konjunkturen in den Niederlanden" die unbedingte und prompte Gestellung der Lehnpferde erwartet. Bei Strafe des Lehnsentzuges habe sich kein Vasall mit irgendwelchen „Pactis herauszureden, welche sie oder ihre Vorfahren der Lehnpferde halber etwa unter sich getroffen". Brand. LHA Rep. 23 A. B 612, unpag.

Schwedisch-polnischen Krieges in den 1650er Jahren praktizierte Politik des „necessitas non habet legem" schien wieder fröhliche Urständ zu feiern. Inständig führte eine ständische Deputation dem König daraufhin die Unmöglichkeit dieses Ansinnens vor, vor allem wurde auf die ohnehin angespannte Finanzlage infolge „des itzigen geringen Preises derer Früchte" verwiesen, „woraus sonst noch die nötigen Ausgaben genommen".[821] Es waren dann die adligen Repräsentanten selbst, die den König baten, es bei der alten Taxe von 40 Rtl. pro Lehnpferd zu belassen. Mit den Worten, man „wolle der Provintz keinen ungnädigen Landesherrn machen", begründeten die neumärkischen Deputierten im Bericht an ihre Mitstände ihr schließliches Nachgeben in der Frage der Lehnskanonhöhe.[822]

Die Einführung des nun regelmäßig zu erhebenden Lehnskanons bereitete allerdings einige Probleme und zeigte damit wieder einmal die strukturellen Grenzen „absolutistischer" Verwaltungspraxis. Es kostete offenbar große Mühe, eine halbwegs zuverlässige „Specification" der auf den einzelnen Familien bzw. Rittergütern liegenden Lehnpferde zu erstellen. Ein Vergleich der vorliegenden Listen offenbarte zum Teil beträchtliche Unstimmigkeiten. In der Neumark betrug diese Differenz 46 Lehnpferde, was einem Geldwert von 1 840 Rtl entsprach.[823] Die daraufhin eingesetzte Untersuchungskommission machte mehrere Ursachen für diesen Befund geltend: So waren Auslassungen zu beanstanden, wobei nicht mehr nachvollzogen werden konnte, ob dies auf Flüchtigkeiten des mit der Erfassung beauftragten Amtsträgers zurückzuführen war oder ob die Lehninhaber wissentlich falsche Angaben gemacht hatten. Des weiteren wurde moniert, daß ungeprüft ältere Aufstellungen übernommen und den jeweils aktuell zu erstellenden Listen zugrunde gelegt worden waren. Schließlich wurde die Befürchtung geäußert, daß „die Vasalli manchmal wegen der lehn-Dienste unter sich pacta machen, von denen sie der LehnsCanzley keine Nachricht geben".[824]

Die im folgenden repräsentativ vorzustellenden Einwände des Adels einiger brandenburgischer Teillandschaften zur geplanten Lehnsallodifikation resultierten aus den Erfahrungen, die die Geschlechter über einen sehr langen Zeitraum gesammelt hatten.[825] Mehrfach kam in den Kommentaren zum Ausdruck, daß der Zusammenhalt des Geschlechtsverbandes auf dem Spiel stünde. Diese Befürchtung wurde seitens der Arnswaldischen Ritterschaft unter der Prämisse artikuliert, daß sich adlige Familien des öfteren dadurch vor Schlimmerem bewahrt hätten, „daß, wann einige ungerathene Söhne das Ihrige zu verzehren sich Mühe gegeben, daß die Lehnvettern nicht in die anlehne consentiren wollen und Ihnen gleichsam dann aufgehalten haben".[826] Eine ähnliche Sorge trieb auch die Oberstände des Kreises Beeskow-Storkow um, die diese auf ihrer Versammlung im Februar 1717 in folgende Worte kleideten: Bei der Auflösung der lehnsrechtlichen Bande sei zu befürchten, „daß ein oder der andere von ihren nachgelassenen Erben und Lehnsfolgern dadurch die freyheit bekommen

---

821 Ebenda.
822 Brand. LHA Rep. 23 B Nr. 954, Bl. 50. Zeitweilig war während der Verhandlungen mit den Ständen im April/Mai 1717 durch die landesherrliche Seite ein Lehnpferdegeld von 50 Rtl. erwogen worden.
823 Brand. LHA Rep. 23 B Nr. 224.
824 Ebenda.
825 Vgl. dazu jetzt auch: Müller, Umwandlung, S. 175 f.
826 GStAPK I. HA, Rep. 66 Nr. 19, Bl. 103.

möchte, dessen Ihm zugefallenes Antheil zu verhandeln und unnöthiger Weise zu beschweren, wodurch dann sein und seiner gantzen Familie Verderb geschehen könte ...".[827] Größere Unwägbarkeiten auf Grund des ja nie auszuschließenden wirtschaftlichen Mißmanagements von einzelnen Geschlechtsangehörigen sahen auch die Rittergutsbesitzer der Kreise Krossen und Züllichau infolge der Lehnsallodifikation auf sich zukommen: Die Lehne seien, so der Landrat v. Schöning am 5. Februar 1717, „das stärkste Mittel bishero gewesen, die adligen Familien in gutem Wohlstande zu erhalten, weil die Besitzer nicht mehr Schulden darauf machen dürften, als ihnen durch E.K.M. und dero Agnaten Consens verstattet worden."[828] In der wenige Tage zuvor ungewöhnlich gut besuchten Kreisversammlung erinnerten die Rittergutsbesitzer mit Nachdruck daran, daß die Lehngüter „nicht schlechterdings und alleinig denen Possesoribus, sondern der ganzen Familie oder wenigstens den Agnatis und Gesamthändern" gehören, welche diese „mit vielen Kosten" erhalten.[829] Auch hier stand also die Sorge im Hintergrund, die fehlenden Sicherheiten, die die beabsichtigte Abschaffung der in das Lehnwesen involvierten „Gesamten Hand" bisher geboten hatte, könne der Verschleuderung des Familienbesitzes durch unbedacht handelnde Geschlechtsgenossen Vorschub leisten. Dabei bestünde die Gefahr, „daß auch die vermögendsten Familiis ... ganz herunterkommen und dermaleins ihre Kinder nicht so auferziehen lassen könnten, wie es die Dienste E.K.M. ... erfordern".[830]

Auf einer Versammlung des Teltower Adels am 16. Februar 1717 wurde der Landrat dieses Kreises, Hans Georg v. Otterstedt, mit einer ausführlichen Instruktion versehen, um bei den in Berlin mit allen Ständerepräsentanten zu haltenden Konferenzen die angekündigten Veränderungen zu verhindern bzw. in eine für die Rittergutsbesitzer genehme Richtung zu leiten. Die Teltower Ritterschaft malte bei dieser Zusammenkunft ein wahres Schreckensszenario, sollte die Allodifikation wie geplant durchgeführt werden. Es stünde demnach zu erwarten, daß „die sämbtlichen adelichen Familien in gar kurtzer Zeit dergestalt hinunter kommen werden, daß die Descendenten kaum zu leben haben möchten".[831] Die Gründe dafür wurden zum einen in der nunmehr erforderlichen größeren Abfindung an die weiblichen Geschlechtsangehörigen gesehen, zum anderen würden nunmehr auch durch Teilungen der Zusammenhalt des Familienbesitzes erschwert werden.[832] Bei Beibehaltung der Lehnverfassung wäre gesichert, daß bei Teilungen die mit Geld abgefundenen Brüder „hinwieder an des Possessoris Lehnguth auch an die gesamte Hand" bleiben würden und „also gar leichtlich, daß was der in Gütern gebliebene Bruder herausgeben müssen, wieder ersetzet werden können". Auch bei einer Naturalteilung würde „einer an des anderen Theil die gesamte Hand behalten, so daß die Güter mit der zeit und öffters in kürtzen wieder zusammenkommen"

---

827 Ebenda, Bl. 120.
828 Ebenda, Bl. 76.
829 Brand. LHA Rep. 23 B Nr. 157, unpag.
830 Ebenda.
831 Brand. LHA Rep. 23 A. B 615, Bl. 13.
832 „In summa, es würden diese Güter, welche ohnedem kleiner, durch die Subdivisiones dergestalt in kurtzen geschwächet werden, daß in wenig Jahren sie die Ähnlichkeit derer Rittergüter gäntzlich verliehren und niemand mehr von der Noblesse ein gantzes Guth zu maintenieren ... oder sich zu Kriegs oder anderen Diensten S.K.M. sich qualificiret zu machen, capabel seyn werde." Ebenda, Bl. 15.

könnten. Bei der Allodifikation hingegen würde die verfügbare Erbmasse auf die Hälfte zusammenschmelzen, „weil die Mutter und Schwestern alles erblich behalten ... und bey den Enkeln nicht viel über bleiben" wird. Eine schleichende Verarmung der folgenden Generationen des Geschlechts wäre die unweigerliche Folge.

Des weiteren stattete man den Landrat auch mit Argumenten aus, die jene Passagen der Lehnsreform entkräften sollten, mit denen versucht wurde, die Rittergutsbesitzer von einer Verbesserung ihrer Situation durch die Allodifikation ihrer Güter zu überzeugen. So wurde die erwartete Steigerung der Güterpreise bestritten; das Fehlen genauer Informationen über die Verschuldung würde die allgemeine Konfusion noch verstärken. Schließlich befürchtete man auch eine allgemeine Abwanderung von Geldkapital und Besitzrechten in andere Territorien – ein Gedanke, der sicher für die peripheren brandenburgischen Teillandschaften einiges für sich hatte, hier in dieser zentral gelegenen, residenznahen Landschaft aber wohl überzogen erscheinen mußte. Konkret erwartete man, daß sich der mit Geld abgefundene Bruder „außer Landes ankauffen [würde], die Wittben und die Schwestern, wann sie bey der ersten Division sich genugsam bereichert und vermögend worden..., würden außer landes verheirathet werden und also hier nichts als pauvertet übrig bleiben."[833]

Am Ende wurde dem Landrat nochmals nachdrücklich nahegelegt, gemeinsam mit seinen Amtskollegen den König von seinem Vorhaben abzubringen. Wenigstens sollte aber die alte Lehnsverfassung solange belassen werden, als männliche Agnaten im jeweiligen Geschlecht vorhanden wären, denn „nur deficientiby masculis" könne das „weibliche Geschlechte succediren".[834] Es offenbarte natürlich eine gewisse Naivität der Ritterschaft, als man von den bevorstehenden Verhandlungen erwartete, daß die landesherrliche Seite zum einen die Befürchtungen der Oberstände zum Anlaß nehme, die Reformen grundsätzlich zu überdenken, zugleich aber die Wünsche der adligen Rittergutsbesitzer nach Erleichterungen bei der Zahlung der Lehnpferde- und Konsensgelder sowie nach Annullierung von Lehnschulden berück-sichtigen würde.

Welche große Bedeutung der Lehnsproblematik auch in den Adelsgeschlechtern selbst beigemessen wurde, zeigte sich z.B. daran, daß das Geschlecht v. Arnim im März 1712 – angeblich „zum ersten Male seit 1582" – zu einer „gemeinsamen Beratung ihrer Angelegenheiten zusammengekommen" war.[835] Im Mittelpunkt dieser Konferenz stand das Verhalten der Gesamtfamilie zu den sich abzeichnenden Veränderungen im Lehnwesen. In den folgenden Jahren sollte diese Thematik die Angehörigen dieses Geschlechts noch des öfteren zusammenführen. Obwohl gerade die Arnims häufig schlechte Erfahrungen mit der Kurmärkischen Lehnskanzlei gemacht hatten, so daß „das Wort Lehn in den Ohren der Arnimschen famille erschrecklich klingen mag", bezog die Familie eine ablehnende Haltung zur Allodifikation.[836] Auch in diesem Falle wurden die Möglichkeiten, die das zwar umständliche Lehnrecht für den Zusammenhalt der Güter und damit des Gesamtgeschlechts bot, höher bewertet als die Vereinfachung des Prozederes bei Besitzveräußerungen oder Erbgängen.

---

833 Ebenda, Bl. 16.
834 Ebenda.
835 Arnim-FG, Bd. 2.2, S. 458.
836 Ebenda, S. 460.

Auf der entscheidenden Versammlung der Ritterschaft des uckermärkisch-stolpirischen Kreises im Dezember 1718 kam es zu einer scharfen Auseinandersetzung zwischen den Vertretern der v. Arnim und dem Landesdirektor v. Wedel. Der Konflikt entlud sich vor allem in der Frage, wo künftig die Registrierung des Besitzstandes erfolgen soll. Die königliche Constitution sah vor, daß diese Aufgabe künftig die kreisständischen Amtsträger wahrzunehmen hätten.[837] Man habe es demzufolge „als sehr übel empfunden", daß sich die v. Arnim weigerten, dies anzuerkennen.[838] Diese Familie bestand darauf, daß die relevanten Dokumente auch künftig in der Berliner Lehnskanzlei aufbewahrt werden sollen. „Dem publico ginge die conservation des Arnimischen Geschlechtregisters und die darauf sich gründende Successions-Ordnung wenig oder gar nichts an", wurde in dem Protestschreiben der Arnims betont.[839] Die uckermärkischen Amtsträger fürchteten nun, daß ein Teil der Mitstände „diesem Exempel folgen würden"; schließlich habe man es bei denen v. Arnim mit der bedeutendsten Familie dieser Teillandschaft zu tun. Die Arnims versuchten nun ihrerseits, ihr Ansehen in die Waagschale zu werfen, das sie innerhalb der Oberstände der gesamten Mark Brandenburg zweifellos genossen. Über den Engeren Ausschuß[840] sollten die Repräsentanten der anderen brandenburgischen Adelsgesellschaften für ihre Position gewonnen werden. Die v. Arnim gingen davon aus, daß „die Herren Land-Räthe der übrigen Creyse" ihren Vorstellungen eher ihr Ohr leihen würden „und hiernechst ein respective weit allergnädigstes und milderes sentiment von dem Arnimschen Betragen fällen werden, als gegenwärtiges Uckermärkisches Creysdirectorium".

Zugrunde lag dieser Auseinandersetzung über den konkreten Anlaß hinaus also eine Konstellation innerhalb einer kleinräumlichen Adelsgesellschaft, die noch des öfteren im Verlauf unserer Ausführungen thematisiert werden wird: der Konflikt zwischen einer Adelsfamilie, deren Dominanz in der Teillandschaft aus dem Güterbesitz und der seit Jahrhunderten erworbenen Autorität resultierte und solchen lokalen Amtsträgern, die die Aufgabe hatten, den landesherrlichen Anspruch innerhalb ihres Wirkungsbereiches umzusetzen.

Noch zwei Jahre später waren die Wogen dieser Auseinandersetzung noch nicht geglättet. Am 10. Dezember 1720 brachte der uckermärkische Landvogt Georg Wilhelm v. Arnim das Thema erneut zur Sprache. Nunmehr schienen schon erste Erfahrungen bei der Umsetzung des veränderten Registrierungsmodus gemacht worden zu sein. Die Kritik entzündete sich diesmal vor allem an den Tabellen, die von den Rittergutsbesitzern auszufüllen waren. „Da es sich bey alten und weitläufigen Geschlechtern öfters zuträgt, daß man sowohl wegen der

---

837 Für jede Teillandschaft wurde eine gesonderte Constitution wegen der Registrierung des Besitzstandes und der Sukzessionsverhältnisse erlassen, so für die Neumark am 2. Mai 1718. Darin wurde der Ritterschaft „zur freyen Disposition" anheimgestellt „zu Verzeichnung der Successoren und dessen, was zu Erhaltung des Credits nöthig, eine besondere Registratur und Land-Buch, wie sie es selbst gut finden würden, aufzurichten und zu halten. Der damit beauftragte Beamte habe unter Aufsicht des Landesdirektors bzw. mindestens zweier Landräte alle Besitzveränderungen und die gültige Erbfolgeordnung zu registrieren. Brand. LHA Rep. 23 B Nr. 953, unpag.
838 Arnim-FG, Bd. 1 (Urkundenbuch), S. 515.
839 Ebenda, S. 517. Zudem wurde darauf verwiesen, „daß die acta sicherer auf dem kgl. Schloß als in einem Privathause zu Prenzlau asserviret würden".
840 Vgl. zu diesem ständischen Gremium unsere Ausführungen im Kapitel „Aspekte der ständischen Partizipation des brandenburgischen Adels".

Folge als auch sonst in Streit ist", wäre zu befürchten, daß die Eintragungen in den Tabellen nicht immer den Tatsachen entspreche.[841] Vor allem stand hinter den artikulierten Befürchtungen aber eine mißtrauische Haltung gegenüber der Preisgabe von Informationen über Besitz-, Sukzessions- und Kreditverhältnisse. Der ebenfalls in der Uckermark ansässige General Karl Friedrich v. Schlippenbach pointierte dieses Unbehagen mit einem Vergleich aus dem militärischen Milieu: Er habe mit einigen Adligen, „welche das Direktorium bey der in der Uckermark auszurichtenden Registratur [führen], wegen meiner Güter ... Prozesse und Irrungen, dahero, wann ich denen selben meine Documenta und Nachrichten von meinen Güthern in händen geben solte, es eben so viel seyn würde, als wenn meinen Feinden die Waffen geben solte".[842]

Ein weiterer Punkt der Ablehnung betraf die künftig zu praktizierende Gleichbehandlung von Söhnen und Töchtern bei der Lehnfolge. Diesem Vorhaben wurde das Argument entgegengehalten, daß ja die Erziehung der Söhne inklusive ihrer Ausstattung für den Militärdienst oder für eine Laufbahn als Amtsträger mehr koste, demzufolge sie auch bei Erbgängen weiterhin bevorzugt werden müßten.[843] Auf diese Problematik, die die Adelsgeschlechter auch in den nächsten Jahrzehnten beschäftigen sollte, wird an späterer Stelle nochmals zurückzukommen sein.

Vor allem in den an der Peripherie Brandenburgs liegenden Teillandschaften wurde das Problem derjenigen Vasallen zur Sprache gebracht, die Besitzungen auch außerhalb Brandenburg-Preußens zu liegen hatten. Die über die Landesgrenzen hinausweisenden Lehnsbeziehungen standen dem seit langem anzutreffenden Bemühen der Territorialfürsten entgegen, Lehnsbindungen in eine praktikablere Form persönlicher Abhängigkeit zu bringen. Deshalb wurde seitens des brandenburgischen Adels nicht zu Unrecht Sorge getragen, die einseitige Aufkündigung der Lehnsbeziehungen in der preußischen Monarchie könnte zu unliebsamen Folgen führen. Die auswärtigen Monarchen würden ihre Gnade „entziehen, wenn ihre Vasallen die Anforderungen und Anwartungen, die sie in E.K.M. Landen haben, verlieren sollten".[844] Man befürchtete also, daß die benachbarten Landesherren Gleiches mit Gleichem vergelten würden. Konkret brachten dies die Beeskow-Storkowischen Ständevertreter zur Sprache: In diesem an die – zu Kursachsen gehörende – Niederlausitz angrenzenden Kreis hatten mehrere Rittergutsbesitzer Besitzungen in beiden Territorien. Wenn nun die in der Niederlausitz ansässigen Vasallen „ihr Recht an den LehnGüthern alhier verliehren solten, so würden die hiesigen auch aldar nicht mehr zu gewarten haben, woraus denen hiesigen ein großer und unüberwindlicher Schade zuwachsen würde".[845] Eine gewisse Rücksichtnahme erschien unter diesem Aspekt auch der brandenburg-preußischen Landesherrschaft angebracht. In einer im Februar 1720 an die Lehnskanzlei ergangenen Resolution wurde diese angehalten, von den außerhalb Preußens über Lehnspertinenzien verfügenden Vasallen eine Erklärung zu verlangen, „ob Sie der Lehnsveränderung gleichfalls theilhafftig werden" und

---

841 GStAPK I. HA, Rep. 66 Nr. 29, unpag.
842 Ebenda.
843 Vgl. dazu: ebneda, Nr. 19, Bl. 104.
844 Ebenda, Bl. 76.
845 Ebenda, Bl. 120.

somit auch den Lehns-Canon zahlen würden. Ansonsten solle es beim bisherigen „nexus feudalis" sein Bewenden haben.[846]
Nicht von ungefähr war es gerade das Verhältnis zu Kursachsen, das in dieser Frage besondere Aufmerksamkeit erforderte. Schließlich kam dem sächsischen Lehnrecht innerhalb der deutschen Rechtstradition insofern eine Sonderrolle zu, als dieses zum einen eine gewisse Vorbildfunktion für andere Reichsterritorien übernahm und zum anderen hier die Bedeutung des Lehnswesens als „herrschaftsbegründender Macht" in besonders exponierter Weise erhalten blieb.[847] Deshalb wurden seitens der kursächsischen landesherrlichen Behörden auch sehr aufmerksam die Veränderungen im Lehnswesen beim nördlichen Nachbarn beobachtet.[848] Erkundigungen über solche Adligen, die sich in doppelten Vasallitätsverhältnissen befanden, waren demzufolge an der Tagesordnung. Im Februar 1732 verlangte der König z.B. Aufschluß darüber, „ob sich an denen niederlausitz'schen Grenzen einige lehn Güther befinden, so der familie v. Houwald zugehören, wieviel solche importiren und ob dieselbe auf den Fall stehen".[849]
Einige Jahre nach der Lehnsallodifikation monierte der Landeshauptmann im Auftrag der Rittergutsbesitzer des zur Neumark gehörenden Kreises Cottbus die unterschiedliche Verfahrensweise bei Güterkäufen in Brandenburg und Kursachsen. Sie als brandenburgische Vasallen fühlten sich nunmehr benachteiligt, wenn sie Besitzungen im Sächsischen erwerben wollten im Vergleich zu ihren sächsischen Standesgenossen, denen es nunmehr viel leichter fiele, in der Mark Brandenburg an Güter zu gelangen.[850] Zu einem ernsteren Konflikt führte der Vorgang um die Besitzungen Pretschen und Wittmannsdorf im brandenburgisch-sächsischen Grenzbereich. Diese Auseinandersetzung erreichte deshalb eine gewisse Schärfe, weil auf beiden Seiten höhere Amtsträger darin involviert waren. Ein Teil dieser Lehen gehörte der Familie v. Blumenthal; den sächsischen Anteil erwarb der damals einflußreichste Amtsträger am kursächsischen Hof, der Minister Heinrich Graf v. Brühl.[851] Die Familie v. Blumenthal versuchte ihren Anspruch auf Mitbelehenschaft an diesen Besitzungen durchzusetzen, der von der kursächsischen Seite bestritten wurde. Die Zeit drängte, da der jetzige Besitzer „ein schwächlicher Mann" wäre. Die v. Blumenthal wurden wegen eines lange zurückliegenden Lehnfehlers hingehalten. Die Familie unterstellte den mit diesem Fall

---

846 Brand. LHA Rep. 78 I Nr. 75, Bl. 70.
847 Vgl. dazu: Willoweit, Rechtsgrundlagen, S. 256 ff.
   Demnach stand ein Inhaber eines sächsischen Lehens auch dann in einem Verhältnis der "Untertänigkeit" gegenüber dem sächsischen Kurfürsten, wenn er selbst außerhalb Kursachsens ansässig war. In den sächsischen Lehneid war auch die Gehorsamspflicht eingebunden.
848 Vgl. dazu: Sächs. HStA Geh. Archiv loc. 7237 „Die in Brandenburg beabsichtigte Verwandlung von Lehen in Erbe". In den Berichten wurde sowohl über die Bedenken des Adels (v.a. der Altmark) als auch über den weiteren Gang der Verhandlungen des Königs bzw. der beauftragten Amtsträger mit den Adelsvertretern eingehend informiert.
849 Von den meisten angeschriebenen Landräten wurde die Anfrage abschlägig beschieden. Lediglich der Cottbusser Landrat v. Löben gab an, daß die benachbarte (zu Kursachsen gehörende) Herrschaft Straupitz ein junger Herr v. Houwald besitzt. Da diese Herrschaft allerdings „auf den Fall stehet, so soll dem Bericht nach der kursächsische Minister v. Brühl auf diese Herrschaft ... die Expectanz erhalten haben". GStAPK I. HA, Rep. 42 Nr. 35 b, unpag.
850 Vgl.: GStAPK I. HA, Rep. 56 Nr. 11 Fasz. 3.
851 Vgl. zum folgenden: GStAPK I. HA, Rep. 22 Nr. 32.

betrauten sächsischen Behörden Rechtsbeugung im Interesse des allmächtigen v. Brühl. Dieser habe „wohl eingesehen, da wenn es zum Spruch Rechtens käme, wir in unserer gerechten Sache, ohnfehlbar obsiegen müssen. So hat durch dessen Vermittelung der Hof zu Dresden die sämtliche Acta in dieser Sache von der Regierung zu Lübben nach Hofe gefordert, woselbst sie sich in dem Geheimen Rath schon über 4 Jahr befinden". Man wandte sich zwar mit entsprechender Unterstützung des preußischen Königs an den sächsischen Kurfürsten, doch dieser stellte den Fall im Sinne seines Ersten Ministers dar. Friedrich August II. insistierte immer wieder auf den Lehnsfehler der Blumenthals, der es ihm angeblich unmöglich mache, Pardon zu geben.[852] Er hoffe, auch der preußische König werde „die Trifftigkeit der Ursache, um derentwillen Wir dero Verlangen hierunter nicht fügen können, von selbst erleuchtet ermessen". Die Fronten hatten sich festgefahren, und beide Seiten ließen die Angelegenheit vorerst auf sich beruhen.

Erst im Jahre 1756 wurde der Fall erneut aufgerollt.[853] Nun stand allerdings mit dem Minister Adam Ludwig v. Blumenthal auch auf preußischer Seite ein höherer Amtsträger zur Verfügung, der die Interessen des Geschlechts wirkungsvoller vertreten und der auch den König für eine erfolgversprechende Beilegung des Konfliktes gewinnen konnte. Adam Ludwig v. Blumenthal thematisierte die Frage der Gleichbehandlung preußischer und sächsischer Vasallen in Lehnsangelegenheiten. Aus seiner guten Kenntnis der Rechtspraxis heraus erinnerte er Friedrich den Großen daran, daß er jenen kursächsischen Adligen, die über Lehnsbesitzungen in preußischen Territorien verfügen, „alle Rechtspflege auch so gar wider die Prinzen vom Kgl. Hause allergnädigst angedeihen lassen, ... das Chur Haus Sachsen hingegen E. Kgl. Maj. Vasallen auf alle Weise zu kränken suchet". Im besonderen rief er dem preußischen Monarchen einen Vorgang um das Gut Ringenwalde (Barnim) ins Gedächtnis. Dabei soll der König zugunsten eines sächsischen Adligen gegen den – aus einer hohenzollernschen Nebenlinie stammenden – Markgrafen von Schwedt-Vierraden entschieden haben.[854] Daß den Bemühungen des Ministers v. Blumenthal mehr Erfolg beschieden war als seinem Geschlechtsverwandten 12 Jahre zuvor, zeigte die Reaktion des Königs: Dieser wies die für die auswärtigen Angelegenheiten zuständigen Minister Finck v. Finckenstein und v. Podewils an, den Gesandten in Dresden zu instruieren, sich dieser „Sache auf das nachdrücklichste an[zu]nehmen", damit „denen v. Blumenthal redliche und prompte Justitz administriret" werde. Des weiteren ließ Friedrich II. dem sächsischen Kurfürsten am 1. Februar 1756 einen Brief zukommen, der in ungewöhnlich scharfem Ton verfaßt war. Darin wurde u.a. darauf aufmerksam gemacht, daß die umstrittenen Güter ja zum großen Teil auf brandenburgischem Territorium liegen würden, „wozu ohnehin der Graf Brühl sich keine Hoffnung ma-

---

852 Dies stand allerdings im Widerspruch zu einem Entscheid der Leipziger Juristenfakultät, die zwar eine Geldstrafe für ausreichend hielt, um den Lehnsfehler zu ahnden, nicht aber eine Einziehung der Güter. Vgl.: ebenda.
853 Vgl. auch zu diesem Vorgang: GStAPK I. HA, Rep. 22 Nr. 32.
854 Angespielt wurde dabei auf die 1756 erfolgte Rückübertragung dieses Gutes an die v. Röbel, die Ringenwalde 1711 „zwangsweise" an den Markgrafen v. Schwedt hatten abtreten müssen. Vgl.: HOL Barnim, S. 447. Es handelte sich dabei allerdings um ein brandenburgisches Adelsgeschlecht, das zwar auch im sächsischen Kurkreis über Besitzungen verfügte, aber schon seit mehreren Generationen im Barnim und in Lebus ansässig war. Vgl.: E. H. Kneschke: Neues Deutsches Adels-Lexicon, Bd. 7, S. 536 f.

chen kann". Die preußische Seite versuchte nunmehr also, mit gleichen „Waffen" zurückzuschlagen, also dem sächsischen Bewerber um die Güter die rechtliche Zuerkennung der Lehnsfolge zu verweigern. Daß in diesem konkreten Fall natürlich auch die bekannte Antipathie Friedrichs II. gegen den verhaßten Brühl eine nicht unbeträchtliche Rolle gespielt haben dürfte, verlieh dem Vorgang noch eine besondere Würze.
Der Erfolg der königlichen Intervention ließ nicht lange auf sich warten. Wenige Wochen später wurde bekannt, daß Graf v. Brühl die Anwartschaft auf die Güter „resigniert" habe. Nunmehr bestand aber die Gefahr, daß diese dem Domänenbesitz des sächsischen Kurfürsten zugeschlagen werden könnten. Der Minister v. Blumenthal versuchte nun mit Hilfe des preußischen Gesandten am Dresdener Hof, des Grafen v. Maltzahn, die Angelegenheit zu seinen Gunsten zu beenden. Offenherzig gab er in einem Brief zu verstehen, daß er auch zu Geldzahlungen an die mit dem Fall betrauten sächsischen Amtsträger bereit sei. Endlich, am 30. Juli 1756 – wenige Wochen vor dem preußischen Einmarsch in Sachsen im Zusammenhang mit dem Beginn des Siebenjährigen Krieges – konnte Graf v. Maltzahn dem preußischen König abschließend berichten, daß der sächsische Kurfürst denen v. Blumenthal ihren Lehnsfehler pardoniret habe.
Wenden wir uns einer weiteren brandenburgischen Grenzlandschaft im Westen des Landes zu: Die Lage der Altmark „in einer relativen Selbständigkeit und Geschlossenheit gegenüber den anderen Teilen der Mark Brandenburg"[855] mochte ebenso wie ihre unmittelbare Nachbarschaft zu den welfischen Territorien entscheidend dazu beigetragen haben, daß gerade in dieser Teillandschaft der adlige Widerstand gegen die Lehnsallodifikation am vehementesten ausgetragen wurde. Das Kurfürstentum Hannover mit seinen ausgeprägten ständischen Partizipationsmöglichkeiten und Freiräumen bot eine willkommene Rückzugsbastion für die Wortführer der altmärkisch-magdeburgischen Adelsopposition. Der Landrat des Holzkreises Daniel Ludolph v. d. Schulenburg als einer derjenigen „Renitenten", die sogar einen erfolgreichen Prozeß gegen ihren Landesherrn beim Wiener Reichshofrat angestrengt hatten, entzog sich der drohenden Verhaftung durch Flucht ins Hannoversche, „wo er nachher Landrat mit dem Charakter eines Drosten wurde".[856]
Auch im brandenburgisch-welfischen Verhältnis konnte es ähnlich wie beim sächsischen Nachbarn zu Irritationen infolge unklarer Grenzziehungen und lehnsrechtlicher Konstellationen kommen. Exemplarisch sei hierfür die Familie v. Bartensleben genannt, die sowohl Lehen in brandenburgischen wie welfischen Territorien besaß. Bereits in den 1680er Jahren wurde das Geschlecht des öfteren [von der damaligen Regierung in Celle] aufgefordert, über die genauen Besitzverhältnisse zu berichten.[857] Die braunschweigisch-lüneburgische Zentral-

---

[855] W. Rohr: Zur Geschichte des Landratsamtes in der Altmark, in: Sachsen und Anhalt 4 (1928), S. 167-206, hier S. 169.

[856] Schmidt, Schulenburg-FG, 2. Teil, S. 456.
Zu dem von altmärkischen und magdeburgischen Adligen gegen ihren König geführten Prozeß vgl.: H. v. Friedberg: Der Konflikt zwischen Friedrich Wilhelm I. und Karl VI. über die Allodifikation der Lehen in den Marken, in: HZ 28 (1890), S. 216-233.

[857] Vgl. dazu: NHStAH Celle Br. 20 Nr. 174, Bl. 3, 12 f. u. 30 f.
Im Jahre 1692 wurde die Witwe v. Bartensleben „wegen ihrer an der brandenburgischen Grenze liegenden Lehngüter" ins altmärkische Gardelegen geladen. Vgl.: NHStAH Celle Br. 46 Nr. 34, unpag.

verwaltung legte ihr besonderes Augenmerk wohl gerade deshalb auf dieses Geschlecht, weil die Konflikte im Zusammenhang mit dem „Wolfsburger Krieg" in den 1660er Jahren noch in zu guter Erinnerung waren.[858] Unklarheiten bestanden darüber hinaus bis in das 18. Jahrhundert hinein zu den besitzrechtlichen Verhältnissen einzelner Dörfer des v. Bartenslebenschen Besitzes. So wandte sich die Familie im Dezember 1740 an die preußische Seite, da sie eine „Specification" über ihre Lehne nach Hannover einschicken müsse. Die Intention der hannoveranischen Seite ging dahin, daß „die in den Braunschweig-Lüneburgischen ... Landen und Hoheit liegenden Stücke von denen übrigen in Churbrandenburg belegenen sorgfältig separiret bleiben" mögen.[859] Von den preußischen Amtsträgern wurde die Befürchtung geäußert, daß die Allodifikation der Lehnsverfassung genutzt werden konnte, Zugriff auf Besitzungen zu erhalten, deren genaue territoriale Zuordnung bislang nicht hinreichend geklärt schien. Dazu gehörten auch die v. Bartenslebenschen Güter. Zwar stimmte der mit dem Vorgang befaßte preußische Minister Georg Dietloff v. Arnim der Auslegung zu, daß das Gut Bistorf auf lüneburgischem Territorium liege, doch bestand er mit Nachdruck auf seiner Position, daß das Zentrum des v. Bartenslebenschen Besitzes, Wolfsburg, im Bestand der Hohenzollernmonarchie „verbleiben und nunmehro nach Aufhebung der Lehen es darmit wie mit anderen adelichen Güthern gehalten werden müsse".[860]

Die Behandlung der lehnsrechtlichen Problematik führte im übrigen ein weiteres Mal vor Augen, welche Bedeutung der regionalen Struktur der brandenburgischen Ritterschaft zukam und in welch starkem Maße dies auch seitens der Landesherrschaft berücksichtigt werden mußte. In allen brandenburgischen Teillandschaften trafen sich die adligen Rittergutsbesitzer zu ständischen Versammlungen, um ihre Stellungnahmen abzugeben. Das insgesamt unbefriedigende Ergebnis veranlaßte den Minister v. Katsch, der neben v. Ilgen, v. Grumbkow, v. Creutz und Krautt der der für die Lehnsallodifikation gebildeten Kommission angehörte, dem König zu empfehlen, „bei jeder Kreisversammlung einen vor Dero Interesse wohl intentionirten treuen Diener [zu] ernennen, welcher die von solcher vorhabenden Einrichtung alienirte Gemüther näher präparirte".[861] Es wurden also Vermittler benötigt, die zum einen in dieser Angelegenheit loyal zum König standen und zum anderen in den kleinräumlichen Adelsgesellschaften über genügend Ansehen und Autorität verfügten, die Rittergutsbesitzer von ihrer ablehnenden Haltung abzubringen; dies um so mehr, als es vereinzelt natürlich auch höhere Amtsträger gab, die in der Lehnsfrage die Partei der opponierenden Adelsgruppe ergriffen hatten.[862] Die Quellen bieten zwar nur spärliche Anhaltspunkte, welchen Personen diese Vermittlerrolle zugedacht war; es zeichnete sich allerdings bereits in

---

858 J.R. v. Loewenfeld: Wolfsburg. Kirchen- und kulturgeschichtliche Bilder aus einem halben Jahrtausend, Wolfsburg 1925, Heft 1, S. 56-63.
859 GStAPK I. HA, Rep. 22 Nr. 47, unpag.
860 Ebenda.
861 A.B.B., Bd. 2, S. 472.
862 So sei im Frühjahr 1717 der Geheime Rat, Ober-Domänen-Direktor und Dompropst von Havelberg, v. d. Gröben „dimittiret worden, aus Ursachen, ... daß er starck wieder die Lehns-Veränderung gewesen". Berliner geschriebene Zeitungen aus den Jahren 1713 ..., S. 636.
  Daß selbst der Präsident der Lehnskanzlei, Marquard Ludwig v. Printzen, eine reservierte Haltung zur Allodifikation einnahm, ist bereits oben angedeutet worden.

Die Sozialstruktur der brandenburgischen Ritterschaft 195

diesem frühen Stadium der Auseinandersetzungen ab, daß vor allem den Amtsträgern und höheren Offizieren, die selbst aus der jeweiligen Teillandschaft stammten, diese Aufgabe zufallen sollte. So galt der seit 1710 im altmärkischen Kreis Tangermünde amtierende Landrat August v. Bismarck als „der erste, welcher die unter der Ritterschaft so viel Widerspruch erregende Lehnsassekuration annahm".[863] Oder, um ein weiteres Beispiel aus einem der Kurmark benachbarten Gebiet, dem zu Magdeburg gehörenden Jerichowischen Kreis zu bieten: Hier erklärten sich der Oberst Hans Heinrich v. Katte und sein als Landrat amtierender Bruder bereit, die Rittergutsbesitzer ihres Kreises „für die Absicht des Königs zu gewinnen".[864]

Einen besonders schwierigen Part hatten dabei diejenigen Amtsträger bzw. Offiziere zu übernehmen, die innerhalb des eigenen Geschlechtsverbandes die fehlende Loyalität gegenüber dem König wiederherstellen sollten. Eine solche Konstellation zeigte sich z.B. innerhalb der Familien v. d. Schulenburg und von Arnim. Bei den Schulenburgs sollten Joachim Ludolf und Oberstleutnant Adolf Friedrich die opponierenden Verwandten überzeugen; der Erfolg blieb jedoch vorerst gering.[865] Die Wahl des Königs fiel vor allem auch deshalb auf diese Adligen, weil sie über Kontakte zu jenen kurhannoveranischen hohen Amtsträgern wie etwa Johann Friedrich v. Alvensleben oder Karl v. Dieskau verfügten, die den renitenten altmärkischen und magdeburgischen Rittergutsbesitzern einen entsprechenden Rückhalt gegeben hatten.

Allerdings war nicht auszuschließen, daß die Erwartungen, die die Landesherrschaft gegenüber der vermittelnden Funktion dieser Adligen verband, nicht oder nur partiell erfüllt wurden. Der im Teltow über ausgedehnte Besitzungen verfügende Levin Friedrich v. Hake, der sich zudem einer „geachtete(n) Stellung ... unter seinen Standesgenossen" erfreuen konnte, sollte die Ritterschaft von der Zweckmäßigkeit der Allodifikation überzeugen.[866] In einem ausführlichen Gutachten[867] sprach sich der auch als Kreisdeputierter wirkende L. F. v. Hake zwar für den Fortfall der lästigen Gebühren, Mutungen und Consense bei Lehnsveränderun-

---

863 Bismarck-FG, S. 102. August v. Bismarck verstand es, diese „Gefälligkeit" einige Jahre später zu eigenem Vorteil zu nutzen. Er bat im September 1720 darum, einen von der magdeburgischen Kriegs- und Domänenkammer gegen ihn angestrengten Domanialprozeß wegen seines Gutes Damersleben aufzuheben. Dezent erinnerte er den Landesherrn daran, daß er „gebraucht worden, die übrige Ritterschaft" in seinem Kreis zur Annahme der Lehnsassekuration zu bereden, die „auch in seinem District angenommen worden" war. GStAPK I. HA, Rep. 52 Nr. 53 b. 7, unpag.
864 Loewe, Allodifikation, S. 352.
865 Vgl.: Wätjen, Schulenburg-FG, S. 197. Dennoch blieb das Bemühen Adolf Friedrichs v. d. Schulenburg beim König in gutem Andenken und zahlte sich für seine weitere Karriere aus. Der 1718 zum Obristen und Kommandeur des Dragoner-Regiments Nr. 3 avancierende A. F. v. d.Schulenburg wurde des öfteren für diplomatische Missionen verwandt, so z.B., um 1732 die Verlobung des preußischen Kronprinzen beim Kaiserhof anzuzeigen. Ebenso hatte er einen nicht unbedeutenden Anteil an der allmählichen Aussöhnung zwischen Friedrich Wilhelm I. und seinem Sohn. Vgl.: ebenda, S. 220 f.
866 Hake-FG, Bd. 2, S. 132.
867 Dieses Dokument muß im Zusammenhang mit der Zerstörung des Gutsarchives Kleinmachnow als Verlust gelten; der Inhalt kann demzufolge nur anhand der Familiengeschichte von 1928 auszugsweise wiedergegeben werden.

gen aus, doch gab er zugleich zu bedenken, daß durch die Beseitigung der Lehnsbande „der grundgesessene Adel nicht mehr imstande sein würde, seine Güter zu halten".[868]

Auch aus einer späteren Quelle erhellt, daß es die aus Amtsträgern und Offizieren bestehenden Adelsgruppen waren, die weitgehend dem neuen Modus folgten und pünktlich sowie in voller Höhe den Lehnskanon entrichteten. Im Jahre 1724 berichteten der Landesdirektor bzw. die Landräte der Altmark – also jener Teillandschaft, in der der Widerstand gegen die Allodifikation am vehementesten ausgebrochen war[869] – über den Stand der Einziehung des quartalsweise zu entrichtenden Lehngeldes. Die Aufschlüsselung der dort aufgeführten Rittergutsbesitzer nach Statusgruppen zeigt folgendes aufschlußreiches Bild:

Tabelle 31: Erfüllung der Lehngeldzahlungen der altmärkischen Ritterschaft (1. Quartal 1724)[870]

	Gesamtzahl	Amtsträger	Offiziere	Gutsbesitzer (ohne Angabe)
Der Zahlungsverpfl. nachgekommen	58	16	17	25
Der Zahlungsverpfl. nicht nachgekommen	66	4	9	53

Während die Mehrheit der altmärkischen Rittergutsbesitzer ihre Zahlungsverpflichtungen nicht erfüllt hatte, stellte sich das Verhältnis bei den Amtsträgern und Offizieren in umgekehrter Proportion dar. Hier war die überwiegende Mehrheit (bei den Amtsträgern gar 75%!) den Intentionen des Landesherrn gefolgt. Freilich gab es auch in dieser Statusgruppe Ausnahmen. Zwar ist nicht genau auszumachen, aus welchen Gründen die Zahlung des Lehngeldes unterblieben war, doch war es gewiß kein Zufall, daß mit zwei von Alvensleben und einem von der Schulenburg Amtsträger zu den säumigen Adligen gehörten, deren Familien auch an führender Stelle in die oppositionellen Aktivitäten der altmärkisch-magdeburgischen Ritterschaft involviert waren.[871]

Gleichwohl erschiene es verfehlt, die besonders widerständige Haltung der altmärkischen Ritterschaft darauf zurückzuführen, daß in dieser Teillandschaft eine vergleichsweise hohe Konzentration an reich begüterten Geschlechtern angesessen war. Zwar neigten auch in früheren Jahrhunderten solche, in „ihren" Landschaften einflußreichen Familien zu einer größeren Resistenz gegenüber landesherrlichen Zentralisierungsbemühungen. Doch die Annahme, die bei diesen sogenannten „beschlossenen" Familien zu beobachtenden größeren ge-

---

868 Hake-FG, Bd. 2, S. 132. Im besonderen führte er aus: „Allein die im Lehnrecht vorgeschriebene Übernahme der Güter nach einer billig festzusetzenden Taxe sowie die Bestimmung, daß die ausgezahlten Abfindungen Lehn bleiben und wieder in Lehn angelegt werden mußten, auch die Abfindungen der Töchter bis zu ihrer Verheiratung im Lehn stehen bleiben, gebe den Besitzern die Gewähr, daß bei ordnungsmäßiger Wirtschaft die Güter in der Familie erhalten blieben."
869 Bei einigen Rittergutsbesitzern mußte der Kanon durch militärische Exekution beigetrieben werden. Vgl. statt der älteren Literatur jetzt auf archivalischer Grundlage auch: Müller, Umwandlung, S. 178 ff.
870 erarbeitet nach: Brand. LHA Rep. 2 S, Nr. 2061/1.
871 Es handelte sich dabei um den Kammerherrn v. Alvensleben auf Erxleben, den Geheimen Rat v. Alvensleben auf Calbe und den Stallmeister v. d. Schulenburg auf Rittleben.

schlechtsinternen Bindungen, die durch die Allodifikation zerschlagen werden würden, hätten den über das übliche Maß hinausgehenden Widerstand heraufbeschworen, hält einer genaueren Überprüfung nicht stand.[872] Denn die Argumente der altmärkischen Adelsvertreter gegen die Allodifikation unterschieden sich nicht von den Einwänden, die durch die Ritterschaft anderer Teillandschaften vorgebracht wurden.[873] Die Vehemenz der Opposition des altmärkischen Adels – gleich, ob beschlossene oder unbeschlossene Familien – ist vielmehr mit den engen Bindungen zur magdeburgischen Ritterschaft zu erklären, die ja das Recht beanspruchte, den eigenen Landesherrn beim Reichshofrat verklagen zu können.[874]
Doch auch aus der Perspektive des Verhältnisses der märkischen Teillandschaften untereinander gewann die Auseinandersetzung um die Lehnsreform zeitweilige Priorität. Während der Verhandlungen der Ständerepräsentanten mit den königlichen Amtsträgern um die konkrete Ausgestaltung der neuen Lehnsgesetzgebung, vor allem jedoch während des Feilschens um die Höhe des Lehnskanons wurde argwöhnisch darauf geachtet, daß nicht ein brandenburgischer Kreis Sonderregelungen für sich aushandelte. Die der Lehnsreform gegenüber kritisch eingestellten Oberstände trugen Sorge, daß es dem König nach der bewährten Devise „divide et impera" gelänge, einzelne Adelslandschaften aus der gemeinsamen Abwehrfront herauszulösen. Bereits frühzeitig versuchten die Vertreter der altmärkischen Ritterschaft durchzusetzen, daß die Einwilligung zur Allodifikation nur durch die brandenburgischen Oberstände in corpore und nicht durch Mehrheitsbeschluß gegeben werden könne.[875] Andererseits war man darauf bedacht, nicht aus dem Mehrheitsvotum auszuscheren und sich damit etwa die Ungnade des Landesherrn zuzuziehen. So wurden die neumärkischen Deputierten für die Sitzung des „Landtages" im April 1717 instruiert, sich nach ihrer Ankunft in Berlin sofort bei den kurmärkischen Repräsentanten zu erkundigen, welche Position diese in der Lehnsangelegenheit einnehmen würden. Falls die kurmärkischen Ständevertreter wider Erwarten für den königlichen Vorschlag von 50 Rtl. als Jahresbeitrag pro „Lehnpferd" votieren würden, sollten die neumärkischen Deputierten wenigstens versuchen, diese Summe herunterzuhandeln.[876] Der Bericht der beiden neumärkischen Ständerepräsentanten, der Landräte v. Rohwedel und v. Sydow, über ihren Aufenthalt in Berlin spiegelte die Labilität der politischen Konstellation wider. Zuerst wurde mit dem altmärkischen Landrat von dem Knesebeck Kontakt aufgenommen; allerdings war von ihm keine klare Stellungnahme zu erhalten. Ebenso sei die Haltung der Prignitzer Vertreter in dieser Angelegenheit noch unbekannt gewesen.[877] Keine Landschaft wollte bei dieser diffizilen Thematik „vorpreschen" und sich durch zu weitgehende Vorschläge ohne Not ins Abseits stellen lassen. Abwarten bestimmte zunächst die Szenerie.

---

872 Vgl.: Petersen, Beiträge, S. 6 ff.
873 Verwiesen sei hier nochmals auf die aus der Akte GStAPK I. HA, Rep. 66 Nr. 19 rekonstruierten Einwände der Vertreter der Oberstände.
874 Vgl.: W. Neugebauer: Die Stände in Magdeburg, Halberstadt und Minden im 17. und 18. Jahrhundert, in: Ständetum und Staatsbildung, S.170-207, hier S. 183 ff.; weiterhin zu diesem Problem jetzt auch Müller, Umwandlung, S. 180 f.
875 Vgl.: GStAPK I. HA, Rep. 66 Nr. 19, Bl. 178 ff.
876 Vgl.. Brand. LHA Rep. 23 B Nr. 954, Bl. 38 f..
877 Vgl.: ebenda, Bl. 46.

Während der Verhandlungen wurde dann allerdings bald deutlich, daß in Einzelfragen Meinungsverschiedenheiten bestanden, die aus den tradierten Gewohnheiten in den jeweiligen Teillandschaften herrührten. So blieb die Frage der Aussteuer der Töchter unter den mittel- und uckermärkischen Deputierten noch strittig. Jede „Provintz [wolle] dies noch besprechen". Ferner wurde darauf verwiesen, „daß die Uckermark ratione elocationis filiarum pro tertia parte et feudo intitio eines Sohnes Anteils und daß bei feudis apertis dimidio pars boni den Landerben verbleiben möchten".[878] Auch im Zusammenhang der Neuorganisation der Aufgaben, die die bisherige Lehnskanzlei wahrzunehmen hatte, achteten die Ständevertreter auf die Beibehaltung regionaler Besonderheiten. Als zu Beginn des Jahres 1718 erwogen wurde, eine für die gesamte Kur- und Neumark zuständige Registratur einzurichten, in der auch die Land- und Hypothekenbücher geführt werden sollten, wußten dies die neumärkischen Ständevertreter zu verhindern.[879] Sie erhielten in Küstrin unter der Oberaufsicht der Neumärkischen Regierung eine eigene Registratur. Zugrunde lagen dieser Haltung jene Denk- und Verhaltensweisen, die aus der Zeit der relativ selbständigen Stellung der märkischen Teillandschaften herrührten.[880] Die Neumark, der ja bereits im Jahre 1653 ein gesondertes Lehnsrecht konzessioniert wurde, erhielt auch jetzt wieder eine von der Kurmark abgesonderte „Constitution".[881] Immer wieder kam auf den Ständeversammlungen der zurückliegenden Jahre das tiefe Mißtrauen zur Sprache, das die Repräsentanten der kleinräumlichen Adelsgesellschaften gerade in Kredit- und Steuerfragen untereinander hegten. Im Oktober 1703 wurde z.B. während des neumärkischen Landtages (der Versammlung der elf Landräte) darauf gedrungen, daß die Rechnungslegung „bei der hiesigen Provintz bleiben [solle], weil man sich in das gefährliche Creditwesen der Über-Oderschen Stände nicht mengen könne".[882]

Angesichts der weitgehenden Ablehnung, die die Ablösung der Lehnsverfassung zunächst erfuhr, soll in den sich anschließenden Ausführungen der Frage nachgegangen werden, welche Folgen sich nunmehr nach Erlaß der neuen Lehnsconstitution für die Adelsgeschlechter ergeben hatten. Sind die Intentionen des Monarchen in der erwünschten Weise eingetreten und haben sich andererseits die von breiten Kreisen des Adels geäußerten Befürchtungen bewahrheitet?

Bevor einige aus dem archivalischen und familiengeschichtlichen Quellenmaterial rekonstruierte Vorgänge exemplarisch vorgestellt werden, soll zunächst jedoch darauf aufmerksam gemacht werden, daß es die Adelsrepräsentanten in den ständischen Gremien vermocht hatten, einige Veränderungen in den Nachfolgeregelungen des Allodifikationsrezesses von 1717 zu erreichen. Dabei handelte es sich zwar gewiß nicht mehr um eine grundsätzliche Korrektur des Reformwerkes, wohl aber um einige für die Rittergutsbesitzer nicht unwichti-

---

878 Ebenda, Bl. 55.
879 „Wie nun die Neumark, Sternberg und incorporierte Kreise eine besondere Provinz ist, ihre eigene Lehns-Kanzlei gehabt, derselben auch höchst beschwerlich und kostbar fallen werde, wenn sie bei der Über-Oderschen Landschaft ihre Angelegenheiten hinkünftig registrieren lassen sollte". Brand. LHA Rep. 23 B Nr. 157, unpag.
880 Vgl. dazu unter dem Aspekt des „ständischen Regionalismus": Hahn, Landesstaat und Ständetum, S. 54.
881 Abgedruckt in: Klinkenborg, Das Archiv, Bd. 2, S. 240-290.
882 Brand. LHA Rep. 23 B Nr. 209, unpag.

ge Nuancierungen. Diesen Vorschlägen konnte auch die landesherrliche Seite ihre Aufmerksamkeit nicht versagen; vor allem deshalb nicht, weil diesen Monita ein über viele Generationen gewonnener Erfahrungsschatz der Adelsgeschlechter zugrunde lag. Einige ausgewählte Themen aus den umfangreichen Vorstellungen mögen dies illustrieren[883]: Den formalen Bestimmungen, daß Rittergüter nicht mehr als in vier Anteile (bei einem Wert von 6 000 Rtl. in drei und bei einem Wert unterhalb 4 000 Rtl. nur in zwei Teile) aufgespalten werden dürfen, hielten die Ständevertreter auf Grund eigener Erfahrungen entgegen, daß es ja sein könne, daß sämtliche in Frage kommenden Lehnfolger „sich bloß zur Wirtschafft appliciret und ihnen viel daran gelegen, etwas eigenes zu bekommen oder einer dem anderen herauszugeben nicht im Stande ist, die Nothwendigkeit erfordern kann, daß ein Guth oder Güther in mehrere Theile gesetzet werden müssen". Es wäre deshalb also nur gerechtfertigt, bei Teilungen auch „kleinere Portionen", d.h. bis zu einem Wert von 1 000 Rtl. zuzulassen. Diesem hier artikulierten Bedürfnis von Geschlechtsmitgliedern nach dem Erwerb von Land statt Geldabfindungen entsprach auch der Vorschlag, den recht rigide gehaltenen Passus über das Verhältnis von Geld- und Naturalabfindungen der Agnaten abzumildern. Dahinter verbarg sich zum einen die Kenntnis über die zumeist mit Bargeld nicht üppig ausgestatteten Familien. Zum anderen wurde damit auch auf das – trotz aller Beschwerlichkeiten – ausgeprägte Interesse der Geschlechtsangehörigen am Besitz eines Rittergutes insistiert. Ursprünglich war geplant, daß Geschlechtsmitglieder, „die einmal mit Geld abgefunden worden waren" auch bei künftigen „Cavelungen" der geteilten Güter wieder mit Geldzahlungen zu bedenken wären. Doch die ständische Position ging davon aus, daß auch dem betreffenden Agnaten „viel daran gelegen sein kann, einen eigenen Sitz" zu erwerben und man ihn deshalb nicht von der Teilung ausschließen könne. Als eine mögliche Alternative wurde das Losverfahren ins Spiel gebracht. Bei diesen Erörterungen stand ein zentraler Diskussionspunkt der Adelsgeschlechter im Hintergrund, der auch die folgenden Jahrzehnte mit bestimmen sollte: Die Frage, ob die hinterbliebenen Angehörigen eines Rittergutsbesitzers mit Land oder Geld abgefunden werden sollten.[884] Beide Alternativen bargen – wie bereits in unseren Ausführungen für die zweite Hälfte des 17. Jahrhunderts gezeigt worden ist – bekanntlich Risiken für den Bestand des Familienbesitzes. Eine halbwegs gerechte Landanteilgewährung mußte zu einer Güterzerstückelung führen, eine Befriedigung der Erbansprüche durch Geldzahlungen konnte hingegen die hoffnungslose Verschuldung des Gutes zur Folge haben.

Recht pragmatisch mutete auch der Vorschlag an, bei Erbteilungen darauf zu achten, daß keine Ländereien darunter seien, die Anlaß zu Uneinigkeiten geben könnten. Der Blick in die zahllosen Prozesse, in die viele Adelsgeschlechter auf Grund unklarer Grenzziehungen und Bestimmungen in den Teilungsrezessen verwickelt waren, zeigt, daß damit ein durchaus wichtiges Problem angesprochen worden war. Auch in einer, wenige Jahre nach der Allodifikation erlassenen Resolution wurde der Kurmärkischen Lehnskanzlei seitens der Landesherrschaft nahegelegt, ihre besondere Aufmerksamkeit auf eventuelle Veränderungen im

---

883 Vgl. zum folgenden: Brand. LHA Rep. 23 A. B 613, Bl. 23-30.
884 Vgl. dazu mit Blick auf das ausgehende 18. Jahrhundert: Martiny, Die Adelsfrage, S. 18 f.

Besitzstand eines Adelsgeschlechts zu legen. Dahinter stand natürlich vor allem die Sorge, daß die oftmals nicht unumstrittene Aufteilung der Lehnpferde auf die verzweigt liegenden Güter durch solche Veränderungen hinfällig und damit die Zahlung der vollen Höhe des „Lehnscanons" in Frage gestellt werden könnte.[885]

Andere Monita zielten auf das gerade im Verlauf des 18. Jahrhunderts immer wichtiger werdende Problem der Veräußerung von verschuldeten Rittergütern. Die ständische Seite legte darauf Wert, daß die Pflicht der Offerierung eines zum Verkauf stehenden Rittergutes bei den Agnaten nicht zu rigide gehandhabt werde. Schließlich habe die „Veräußerung des Gutes den Endzweck..., daß Creditores befriediget werden sollen", demzufolge müßten die Agnaten nicht vor fremden Bewerbern bevorzugt werden.[886] Diese scheinbar den oben wiedergegebenen Einwänden widersprechenden Vorschläge resultierten aber aus der geläufigen Praxis bei Gütertransaktionen. Bei einem hoffnungslos verschuldeten Gut lag das Interesse des verkaufenden Adligen natürlich darin, einen möglichst hohen Kaufpreis zu erzielen.[887] Rücksichten auf die Interessen des Gesamtgeschlechts waren hier nicht angebracht, schließlich würde sich der Kreis der zahlungskräftigen Käufer dadurch einengen.

Bei Verpfändungen von Gütern sei hingegen darauf zu achten, daß während dieser Zeit die „alten Dienste und Gerechtigkeiten bewahret" werden. Die nach der Verpfändung wieder in den Besitz des Gutes gelangenden Agnaten hätten das Recht, diese verlorengegangenen Gerechtsame „wieder herbeyzuziehen".

Die Landesherrschaft zeigte sich bei der Behandlung dieser Fragen durchaus geneigt, die Meinung der Oberstände einzuholen und zu berücksichtigen. Im März 1747 hatten die juristischen Instanzen ein Streit innerhalb der Familie v. Beeren, die im Teltow über mehrere Güter verfügte, zu schlichten. Es handelte sich dabei um die Frage, „ob nicht dieses Guth [gemeint ist Kleinbeeren – F. G.] ad indagandum verum pretium zu subhastiren, auch ob Frembde bey der Licitation zu admittiren seyn".[888] Daraufhin wurde ein Gutachten der kurmärkischen Oberstände eingeholt, das dafür plädierte, dies nicht zu gestatten, vielmehr „die Gevätter v. Bär entweder zur Teilung des Guts Groß Beeren in natura ... oder wenn sie von der Communion desistiren wollte, allenfalls durch das Los auszumachen hätten, wer von ihnen" das Gut erhalte. Diese Empfehlung entsprach auch den Vorstellungen des Königs, der in einem Schreiben das Kammergericht anwies, „dieses solide Gutachten, welches wir Unserer allergnäd. Auff die Conservation des Adels abzielenden Intention gantzlich gemäß finden überall ... zu confirmiren und solches als ein beständiges Gesetz ... anzuordnen".[889]

Nunmehr soll – wie eingangs bereits angedeutet – der Wirkung der Lehnsreform in den unmittelbar auf die gesetzlichen Regelungen folgenden Jahren nachgegangen werden. Es ist davon auszugehen, daß die ständische Partizipation an der Überarbeitung des Gesetzeswer-

---

885 Vgl.: Brand. LHA Rep. 78 I Nr. 75, Bl. 69.
886 Dies sei lediglich auf solchen Fall zu beschränken, „wenn auf das Guth so viel debita per se feudalia oder andere ab agnatis consentirte Schulden haffteten, daß deren Summe den wahren Werth des Guthes erreichet". Brand. LHA Rep. 23 A. B 613, Bl. 27.
887 Erinnert sei hier an die oben beschriebenen Bemühungen der Oberstände, den mehr bietenden bürgerlichen Interessenten Möglichkeiten zum Kauf von verschuldeten Rittergütern zu bieten.
888 Brand. LHA Rep. 23 B Nr. 835, unpag.
889 Ebenda.

Die Sozialstruktur der brandenburgischen Ritterschaft 201

kes mit dazu beigetragen haben dürfte, daß die Umstellung ohne größere Erschütterungen vonstatten gegangen war.[890] Im folgenden sollen einige repräsentative Fälle vorgestellt werden, die die durchaus ambivalenten Wirkungen der Allodifikation belegen sollen.
Im Jahre 1720 hatte Balthasar Erdmann v. Kottwitz gebeten, sein Lehngut, das im Herzogtum Krossen gelegene Städtchen Sommerfeld, seinem Schwiegersohn, dem Obristleutnant Friedrich Sigismund v. Bredow zu überlassen.[891] Angesichts der Unsicherheit, die bei Gütertransaktionen kurze Zeit nach Einführung der Allodifikation allenthalben anzutreffen war, bat er die neumärkische Regierung um ein Gutachten: Diese Überprüfung ergab, daß ein naher Verwandter, Caspar Rudolph v. Kottwitz, nicht bereit war, sich der gesamten Hand an Sommerfeld zu begeben. Er glaubte, Ansprüche in bezug auf die gesamte Hand vorbringen zu können, konnte dies allerdings nicht anhand von Dokumenten zweifelsfrei nachweisen. Schließlich folgte er dem Beispiel der anderen Verwandten, die gegen die Erlegung einer bestimmten Geldsumme ihren Anspruch der gesamten Hand aufgaben und sich mit der von B. E. v. Kottwitz geplanten Gütertransaktion einverstanden erklärten. Die lehnsrechtlichen Veränderungen hatten also in diesem Fall eine familieninterne Einigung erleichtert, wenn auch um den Preis juristischer Auseinandersetzungen und nachhaltiger Verstimmung. Der ansonsten nötig gewordenen und aufwendigen Prozedur bei der Lehnskanzlei war man durch ein „gentlemen agreement" zuvorgekommen. Ohne größere bürokratische Probleme, die ansonsten die Lehnskanzlei bereitet hätte, gelang es auch dem Obristen v. Jeetze 1725 die Anwartschaft auf das in der Nähe von Lenzen liegende Gut Mellen zu erhalten.[892]
Doch der Vereinfachung des Verfahrens bei Gütertransaktionen stand nunmehr bei anderen Rittergutsbesitzern ein Unbehagen gegenüber, daß es einzelnen Geschlechtsangehörigen zu leicht gemacht werden würde, Güter zu veräußern. Der Hauptmann Christoph Sigismund v. Horcker beklagte sich z.B. 1729, daß er als Agnat nicht um Genehmigung bei der wiederkäuflichen Abtretung des Anteilgutes Glasow, die sein Vetter vollzogen hatte, gefragt worden war.[893] Der in den 1720er Jahren in eine ausweglose wirtschaftliche Notlage geratene Christian Gottfried v. Klöden versuchte, seine Situation durch den Verkauf der ihm noch verbliebenen Pachten am altmärkischen Gut Steinfeld zu verbessern. Doch die Annahme, durch die Lehnsallodifikation bei Gütertransaktionen nun völlig freie Hand erhalten zu haben, erwies sich als irrig. Seine Verwandten nahmen ihre rechtlichen Möglichkeiten als Agnaten wahr und legten Einspruch gegen den Verkauf ein.[894]

---

890 Nicht zuletzt muß man in diesen Zusammenhang auch die 1738 erfolgte Berufung Georg Dietloff v. Arnims zum Präsidenten des Appellationsgerichtes einordnen, womit zugleich auch die Oberaufsicht über die Lehnsachen verbunden war. Dies erwies sich als kluger Schachzug der Krone, da Georg Dietloff v. Arnim ursprünglich keinen Hehl aus seiner Ablehnung der Lehnsallodifikation gemacht hatte. Vgl.: Arnim-FG, Bd. 2.2, S. 471 ff.
891 Vgl. für das folgende: GStAPK I. HA, Rep. 22 Nr. 147.
892 Vgl.: ebenda, Nr. 141a, unpag. Bislang säße der verarmte Christian Gabriel v. Düsedau auf diesem Gut, dieser würde aber nur mittels Unterstützung des Gesamtgeschlechts seinen Lebensunterhalt bestreiten können.
893 Der neue Besitzer dieses Gutes, der pommersche Hofgerichtsrat R. v. Plötz verstand es allerdings, diesen Streit zu seinen Gunsten zu entscheiden. GStAPK I. HA, Rep. 42 Nr. 35 b, unpag.
894 Vgl.: Klöden-FG, S. 515 f.

Ebenso sah der in polnisch-sächsischen Diensten stehende Obrist Hans Christian v. Katte die durch die Allodifikation sich eröffnenden Möglichkeiten als Chance: Er versuchte schon seit längerem aus der Verbindung mit seinem hoch verschuldeten Bruder Christoph Bernhard zu gelangen. Denn die Gesamthandschaft beinhaltete auch die gemeinsame Verantwortung der Agnaten, im Falle das Gut für konkurs erklärt wurde. Demzufolge drängte H. Chr. v. Katte 1724 seinen Bruder zu einer Taxation seines Anteiles am Gut Roskow, um letztendlich fünf Jahre später die volle Verfügung über den nunmehr allodifizierten Besitz zu erhalten.[895]

Auch für die neumärkische Familie v. Zadow brachte die Auflösung der Lehnsverfassung Vorteile: Die Gebrüder v. Zadow besaßen das Anteilgut Spechtsdorf und hatten 1713 anläßlich des Thronwechsels versäumt, zu muten, da sie „in ihren jungen Jahren von zu Hause und in Krieges-Dienste gekommen, einfolglich von dem Lehnswesen gar wenig, oder keine notiz erhalten".[896] Der mit dem Fall beauftragte Geheime Rat Gerbett antwortete auf die Nachfrage der Gebrüder v. Zadow, daß der Fiskus normalerweise „mit allem Recht ex capite felonia ad caducitatem" hätte reagieren müssen; zum Glück für die Zadows sei aber 1718 mit der Allodifikation ein Generalpardon für Lehnsversäumnisse gegeben worden. Lediglich den Lehnscanon müßten sie noch nachzahlen.

Die im Vorfeld der Lehnsallodifikation geäußerten Befürchtungen hinsichtlich der Gleichstellung von Söhnen und Töchtern bei Erbgängen nahmen nur in einigen Adelsfamilien reale Gestalt an. Im Falle der im – zur Neumark hinzugerechneten – „Herzogtum" Krossen ansässigen Familie v. Sack kam es 1720 zu einer Auseinandersetzung um die Auslegung des väterlichen Testaments. Sigismund Friedrich v. Sack, der die väterlichen Besitzungen geerbt hatte, bestritt seiner Schwester das Recht, aus den Besitzungen „Mahlschatz" und Hochzeitsgeld in Höhe von 2 750 Tlr. zu fordern. Den Kern der Argumentation, die auch mit anderen Unterstellungen arbeitete[897], bildete der Hinweis, daß es sich bei dem Besitz nicht um ein „Vatergut, also Allod" handele, sondern um ein „Lehngut". Dies impliziere auch gewisse Pflichten für den Besitzer, und somit erinnerte S. F. v. Sack aus berechnendem Kalkül den König, daß es in seinem Interesse liege, „die Lehne nicht beschweret wissen" zu wollen, zumal er „schon vor meine Mutter einige Tausend Tlr., auch meine 3 Brüder einige 1 000 Tlr. bezahlen müssen".[898]

In einigen Geschlechtern wurde in den Jahrzehnten nach der Lehnsallodifikation eine weitere Entfremdung des alten Familienbesitzes begünstigt. Oftmals war für die Beseitigung der Lehnseigenschaft eines Gutes nur die Zustimmung der engsten Agnaten erforderlich. Das in den Teillandschaften verschieden gehandhabte Lehnrecht verlieh den Agnaten aus Sicht der Adelsfamilien mitunter „gegen Verpfändung und Veräußerung der lehen sehr geringen Schutz".[899] Innerhalb der führenden märkischen Adelsgeschlechter wie den v. Arnim oder von der Schulenburg sollten Familienverträge die sich durch die Lehnsallodifikation

---

895 Vgl.: GStAPK I. HA, Rep. 22 Nr. 164 b.
896 Ebenda, Rep. 42 Nr. 35 b, unpag.
897 Die Vorwürfe richteten sich zum einen an den luxuriösen Lebenswandel der Schwester; zum anderen hätte sie „sich mit meinem Stallknecht, einem gemeinen Bauerkerl ... fleischlich vermischt und von ihm stupiren lassen". GStAPK I. HA, Rep. 22 Nr. 322, unpag.
898 Ebenda.
899 Zit. nach: Sydow-FG, Bd. 4, S. 27.

lockernden Bande im Geschlecht kompensieren helfen. 1721 fand eine Zusammenkunft der von der Schulenburg statt, auf der die Organisation des Geschlechts nach den einschneidenden Veränderungen beraten werden sollte. Allerdings zeigte sich schnell die bereits eingetretene Brüchigkeit der geschlechtsinternen Bindungen, so daß die in einem Rezeß ausgehandelten Bestimmungen nur durch einen Teil des Gesamtgeschlechts anerkannt wurde.[900]
Aus den wenigen Belegen läßt sich schlußfolgern, daß die Allodifikation zum einen durchaus Vorteile und Erleichterungen für die Geschlechter beim Umgang mit ihrem Landbesitz gebracht hatte. Die ursprüngliche Intention, die ehemaligen Vasallen zu Eigentümern ihrer Rittergüter zu transformieren, wurde auf Drängen der Oberstände dahingehend umgewandelt, daß nunmehr die jeweiligen Geschlechter als Obereigentümer der Besitzungen anerkannt wurden.[901] Und der König überließ es den Familien, nach eigenem Ermessen über jenes Prozedere zu befinden, für das bis dahin die Lehnskanzlei verantwortlich zeichnete. Allerdings entstand daraus auch ein zusätzliches internes Konfliktpotential.[902] Gerade bei Erbfällen und Gütertransaktionen innerhalb der Geschlechter ergab sich häufig ein Anlaß zu einem gerichtlichen Verfahren.[903]
Zwar läßt sich im Spiegel der Quellen und familiengeschichtlichen Literatur in den dem Allodifikationsrezeß folgenden Jahrzehnten nicht von einer Auflösung des Lehnsverbandes in den Geschlechtern sprechen, wohl aber war eine Lockerung unverkennbar. Dennoch ließ Friedrich II. keinen Zweifel daran, daß „durch die Aufhebung des Lehnverhältnisses durchaus nicht die Macht des Landesherrn geschmälert sei", für die Güter entsprechende gesetzliche Regelungen zu erlassen.[904] Die Befürchtung des Königs ging allerdings dahin, daß die durch die Allodifikation herbeigeführte Lockerung der geschlechtsinternen Bindungen zu einer Güterzersplitterung führen konnte. Die weitere Entfremdung des Adels vom Land wäre die dann einzukalkulierende Folge. Die Einführung von Familienmajoraten sollte solchen Entwicklungen zuvorkommen.[905] Friedrich der Große überließ diesen Vorschlag den Ständegremien im Frühjahr 1754 zur weiteren Beratung in der Hoffnung, diese würden ihn als weiteren Beweis seiner vorsorglichen Politik gegenüber dem Adel bald umsetzen. Doch einigermaßen überrascht reagierte der König, als die ersten Reaktionen aus den märkischen Kreisen einliefen. Der Grundtenor ging vor allem dahin, daß wegen der hohen Verschuldung der Rittergüter die Familien den Sinn einer solchen Einrichtung nicht nachvollziehen könnten. Der Landrat des Kreises Züllichau, Hans Balthasar v. Sack, schrieb mit resignierendem Unterton, daß es wohl „zu wünschen" wäre, daß die „hiesigen adligen Familien noch von solchen Kräften wären, ... ein unverschuldetes Majorat zu fundieren." Da höchstens 10 von 100 Adligen ein unverschuldetes Gut hätten, würden „nur potente Familien hiervon profitiren können".[906] In eine grundsätzlichere Richtung gingen die Bemerkungen des Friedeberger Landrates Christi-

---

900 Vgl.: Wätjen, Schulenburg-FG, S. 198.
901 Vgl. dazu zusammenfassend: Müller, Umwandlung, S. 203.
902 Vgl.: Martiny, Die Adelsfrage, S. 15 f. und 18.
903 Unter den im Jahre 1730 am Berliner Kammergericht verhandelten Prozesse brandenburgischer Adliger nahmen solche Auseinandersetzungen 16% ein, 1748 belief sich der Anteil auf 19%. Vgl. hierzu die Sentenzenbücher in Brand. LHA Rep. 4 A Nr. 301 und 351.
904 Zit. nach Schwenke, Adel, S. 51.
905 Vgl. dazu: A.B.B., Bd. 10, S. 52.
906 Brand. LHA Rep. 23 B Nr. 1105, unpag.

an v. d. Marwitz.⁹⁰⁷ Seine Kritik zielte vor allem auf die im Vergleich zu England beschränkten Mobilitätsmöglichkeiten des märkischen Adels. Dort, wo ein Angehöriger der Gentry bis zur Position eines Erzbischofs aufsteigen, aber auch als Kaufmann zu Reichtum und Ansehen gelangen könne, könne man auf ein wesentlich breiteres Reservoir an Karriereoptionen zurückgreifen. Hierzulande bliebe dagegen nur die Möglichkeit, „sich durch den Degen ... zu poussieren", allerdings auch nur, wenn der betreffende Adlige „bis zu Esquadron und Compagnie gelanget". Ansonsten bliebe „er sitzen und muß ohne Fortune sterben". Auch er kam zu dem Schluß, daß die Einrichtung von Familienmajoraten nicht den gewünschten Effekt bringen dürfte, denn „müßten Majorate doch etwas erklärliches in sich haben, sonsten könnte und würde eine Familie doch nicht blühendt dadurch werden, und wo finden wir viel reiche von Adel"? Wenn man überhaupt dem Problem zuleibe rücken könne, schien nach seinem Verständnis nur eine Herabsetzung des Zinssatzes – etwa 2 bis 3% – bei der Schuldenabtragung weiter zu helfen. Weitere Argumente, die Christian v. d. Marwitz gegen den königlichen Vorschlag vorbrachte, schienen aus eigenen Erfahrungen zu resultieren: So gab er zu bedenken, daß die bei der Stiftung der Majorate beabsichtigte Heraushebung des Seniors außer Acht lasse, daß „der Elteste der Famillie" oft „nicht der Geschickteste ist".⁹⁰⁸

Eine weitere Herausforderung stellte für nicht wenige Adelsfamilien die Entrichtung des nunmehr auf 40 Rtl. festgesetzten Lehnskanons dar. Dabei haben wir weniger die Zumutung im Auge, die die Zahlung einer staatlichen Steuer für die Ritterschaft bedeutete. Nicht in der Aufbringung solcher Summen bestand bekanntlich das Neue, sondern die Erhebung des Lehnskanons zu einer jährlich zu entrichtenden Steuer stellte die entscheidende Veränderung dar. Aber diese regelmäßige Bezahlung des Lehnpferdegeldes verursachte einer Reihe von Adelsfamilien durchaus ernsthafte Probleme. Insbesondere während des Zweiten Schlesischen Krieges und der Jahre des Siebenjährigen Krieges, als der Fiskus die Lehnpferdecapitalien gewissermaßen als Kriegsanleihe requirierte, wurden einige Rittergutsbesitzer zu Kreditaufnahmen gezwungen.⁹⁰⁹ Daß dies kein Novum war, wurde oben im Zusammenhang der Diskussion in den ständischen Gremien über die Verwendung der Lehnpferdegelder während der Kriege im beginnenden 18. Jahrhundert dargestellt. In solchen Ausnahmesituationen erwartete man von den Rittergutsbesitzern eine höhere Zahlungsmoral als vordem. Bezeichnenderweise griff man dabei auf jene Finanzquelle zurück, die das tradierte Vasallitätsverhältnis zwischen Landesherrschaft und Adel sinnfällig in Erinnerung brachte. Exemplarisch sei hier nur die Situation in der Prignitz vorgestellt, auch in den anderen Teillandschaften sind natürlich ähnliche Beobachtungen anzutreffen.⁹¹⁰

---

907 Vgl. zum folgenden: ebenda.
908 Eine ähnliche Argumentationslinie verfolgte auch der Königsberger Landrat, der darauf hinwies, daß bei einem Majorat „nur einer possesiret. Wie steht es mit die übrigen Successores?"
909 Doch auch in den folgenden Jahrzehnten bildete die Zahlung dieser Steuer eine erhebliche Belastung. Der in der Altmark ansässige Christian v. Rintorff machte in seinem Gesuch vom 14. Juni 1785 an den König darauf aufmerksam, daß er zur Veräußerung seines Gutes Roennebeck gezwungen sei, „da er das ausstehende Lehnpferdegeld von 170 Rtl. nicht zahlen könne und auch keinen Kredit finde." Schiller, „Edelleute müssen Güther haben ...", S. 263.
910 Im Kreis Sternberg nahm 1757 Adolph Friedrich v. Waldow (a. Königswalde und Osterwalde) zur Bezahlung seiner Lehnpferdegelder einen Kredit beim Salzfactor Vogel auf; im ruppinischen Kreis verschuldeten sich die Gebrüder v. Quast auf Garz beim Bürgermeister der nahe gelegenen Stadt Wusterhausen.

Die Sozialstruktur der brandenburgischen Ritterschaft

Tabelle 32: Kreditaufnahme Prignitzer Rittergutsbesitzer zur Bezahlung von Lehnpferdegeldschulden (1757/58) [911]

Rittergutsbesitzer	Kreditsumme in Rtl.	Gläubiger
A.E. v. Möllendorff/ Brünkendorf	257	Pupillen-Colleg.
J.H. v. Winterfeld/ Dallmin (2. Rittersitz)	1 800	Pupillen-Colleg
E.F.A. v. Wartenberg/ Dergenthin	266	Prediger Lentz
C.D. v. Burghagen/ Ant. Gerdshagen	266	Chr. Stappenbeck
H.U. v. Quitzow/ Ant. Gerdshagen	500	Verwalt. Hackerodt
G.F.U. v. Bredow/ Grube	500	Kaufm. Fölsch
W.G. v. Wartenberg/ Guhlsdorf	266	J. Stoppenhagen
L. v. Kauffung/ Herzsprung	266	Landräte d. Prignitz
J.D. v. Winterfeld/ Kehrberg	300	Kaufm. J. Freye
H.S. v. Saldern/ Klein Leppin	1 000	Frau Pastor Kribel
A.D. v. Platen/ Mesendorf	1 000	Prediger König
A.W. v. Rohr/ Meyenburg	600	Geh. Fin.-rat Krusemark
J.G. v. Winterfeld/ Neuhausen	2 133	Genltn. v. Schultz
M.C. v.Rohr/ Penzlin	400 600 500	Prediger Brüning Prediger Paltzan Amtmann Schubert
M.H. v. Grävenitz/ Rohlsdorf	400	Witwe v. Berner
J.W. v. Klinggräf/ Schrepkow	1 000	Graf v. Neal
A.A. v. Winterfeld/ Vahrnow	500 1 000	Chr. Wienecke Hptm. v.Kaphengst
F.W.C. Gans Edler v. Putlitz/ Weitgendorf	725	Pastor König
A.L. v. Jürgas/Wulkow	800	F.L. v.Knoblauch
J.O. v. Warnstedt/ Wustrow	1 000	Bürgermeister Hase

911 Erarbeitet nach: Brand. LHA Rep. 23 A. B Ritterschaftliche Hypothekendirektion Nr. 1 und 1a.

Die in der Tabelle deutlich werdenden finanziellen Belastungen infolge von Kreditaufnahmen mußten zwangsläufig die ohnehin angespannte Situation auf vielen Rittergütern noch zusätzlich verstärken. Die in Frage kommenden Gläubiger spiegelten in etwa jenes Spektrum wider, das in unseren Ausführungen zu den Kreditbeziehungen der brandenburgischen Rittergutsbesitzer vorgestellt wurde. Oftmals mußten die Landräte, die ja die persönliche Verantwortung über den pünktlichen und vollständigen Eingang der Lehngeldzahlungen zu übernehmen hatten, selbst die fällig werdenden Summen vorschießen. Der Teltower Landrat v. Otterstedt übernahm 1745 z.B. diese Zahlungen für E. L. v. Liepe auf Blankenfelde, die v. Beeren auf Großbeeren und Kleinbeeren, die v. Hake auf Genshagen und Kleinmachnow und für den Hauptmann J. Chr. v. Flans auf Siethen.[912] In ähnlicher Weise sah sich der ruppinische Landrat v. Rohr gezwungen, einigen Rittergutsbesitzern seines Kreises in dieser Notlage beizustehen.[913] Nicht jeder Rittergutsbesitzer wußte sich angesichts der Schwierigkeiten, das erforderliche Bargeld aufzubringen, auf eine Weise zu helfen wie die Gebrüder v. Treffenfeld. Da ihnen die Bezahlung des Lehnskanons so schwer falle, baten sie um Genehmigung der Umlage auf ihre After-Lehnleute in Dobberkau. Diese seien „bey guten Mitteln" und wollen sich sonst ohnehin von den Diensten „stets enimiren".[914]

Vereinzelt zeigte sich bei den adligen Rittergutsbesitzern auch ein gewisses Unbehagen über den mit der Einziehung des Lehnpferdegeldes bzw. „Lehnscanons" verbundenen bürokratischen Aufwand; schließlich war die Lehnsallodifikation seinerzeit auch unter dem Aspekt der Vereinfachung jener Verwaltungsvorgänge durchgeführt worden, in die die Rittergutsbesitzer bis dahin involviert waren. In einem Brief an den Prignitzer Landrat v. Saldern wurde z.B. die Praxis „extensiver Quittungen" bei der Erhebung dieser Gelder beklagt.[915]

Die Ausführungen zu den Folgen der Lehnsallodifikation haben deutlich gemacht, daß diese auf den ersten Blick einschneidende Reform weder zu einer völligen Umwertung der besitzrechtlichen Verhältnisse noch zu einer nachhaltigen Veränderung im Verhältnis zwischen König und Adel geführt hatte. Damit dürfte auch dieser Politikbereich König Friedrich Wilhelms I. wohl eher auf jene „Traditionsbestände und Kontinuitäten" verweisen, die die jüngere Forschung bei der Bewertung der Politik dieses Monarchen stärker als die ältere Geschichtsschreibung betont.[916] Das Interesse großer Teile des Adels wurde berücksichtigt und ein beschränktes Mitspracherecht der Gesamtfamilie bei Gütertransaktionen garantiert. Die häufig überbewertete Lehnsallodifikation führte deshalb auch nicht zu einem freien Gütermarkt; diese Tendenz setzte sich unter veränderten Rahmenbedingungen erst einige Jahrzehnte später durch.[917] Allerdings ist durch die Verwandlung einer großen Zahl von Lehngü-

---

912 Vgl.: Brand. LHA Rep. 23 A. B Ritterschaftliche Hypothekendirektion Nr. 700/701.
913 Vgl.: ebenda, Nr. 168/169.
914 GStAPK I. HA, Rep. 22 Nr. 337, unpag.
915 Brand. LHA Rep. 37 Plattenburg-Wilsnack, Nr. 7287.
916 W. Neugebauer: Staatsverwaltung, Manufaktur und Garnison. Die polyfunktionale Residenzlandschaft von Berlin-Potsdam-Wusterhausen zur Zeit Friedrich Wilhelms I., in: FBPG N.F. 7 (1997), S. 233-257, hier S. 234.
917 Vgl. dazu jüngst auch: Schiller, „Edelleute müssen Güther haben ...", S. 259.

tern in Eigentum der Anstieg der Güterpreise, der das gesamte 18. Jahrhundert anhielt, mit begünstigt worden.[918] Ebenso darf nicht unbeachtet bleiben, daß die Lehnskanzlei weiterhin fortbestand. Die dort verzeichneten Obligationen und Ehestiftungen behielten, wenn die betreffenden Familien dies wünschten, ihre Gültigkeit.[919]
Schließlich gilt festzuhalten: Das Band zwischen König und Adel wurde durch die Ablösung des Lehnssystems nicht gelockert. Im Gegenteil: Die gleich zu Beginn der Regierungszeit Friedrich Wilhelms I. eingeführten und mit großem bürokratischen Aufwand betriebenen Erhebungen führten zu einer schärferen Reglementierung des Verhältnisses zwischen Monarch und Ritterschaft. Der Adel wurde zur Ableistung des „Untertänigkeitseides" gegenüber dem König angehalten. Diese Prozedur nahm man recht genau. Der Leutnant Johann Christian v. Fabian hatte z.B. im September 1727 infolge einer verzögerten Eidesleistung eine Strafe von 5 Rtl. beim Lehnsarchiv zu entrichten.[920] Eustachius v. Brösicke mußte 1743 den Untertänigkeitseid, der eigentlich anläßlich des Thronwechsels von 1740 fällig gewesen wäre, nachholen und obendrein eine Strafe von 10 Rtl. zahlen.[921] Auch nach erfolgter Lehnsallodifikation behielt also die Landesherrschaft ein geeignetes Instrumente in der Hand, um in altbewährter Weise die Bande zwischen Krone und Ritterschaft zu knüpfen und gegebenenfalls pragmatisch zu variieren.

Amtsträger und Offiziere - die Sozialstruktur des brandenburgischen Adels im Spiegel der Vasallentabellen des 18. Jahrhunderts

Im Zusammenhang der Wahrnehmung ihrer lehnsherrlichen Rechte hatten die Landesherren und die dafür zuständigen Behörden schon seit dem ausgehenden 17. Jahrhundert auf eine stärkere Registrierung der Besitz- und Familienverhältnisse Wert gelegt. In der Verordnung vom 27. Mai 1710 wurde eine exakte Auflistung der in der „gesamten Hand" involvierten Geschlechtsangehörigen gefordert[922]; ebenso mahnte man bereits in dem Reskript vom 30.

---

918 Repräsentativ sei hier die Entwicklung der Güterwerte im Kreis Sternberg angeführt:

Gut	Güterwert (1. Jahrhunderthälfte)	Güterwert (2. Jahrhunderthälfte)
Beelitz	8 500 (1730)	14 300 (1767)
Groß Gandern	10 000 (1738)	18 150 (1772)
Klein Kirschbaum	12 000 (1744)	15 500 (1768)
Lieben	24 500 (1744)	24 500 (1766)
Radach	6 825 (1719)	8 890 (1753)
Wallwitz	3 800 (1719)	6 010 (1752)

Zusammengestellt nach: Brand. LHA Rep. 23 B. B Ritterschaftliche Hypothekendirektion, Nr. 2672-2994.
919 Vgl. dazu die entsprechenden Festlegungen für die Neumark: Brand. LHA Rep. 23 B Nr. 953.
920 Vgl.: Brand. LHA Rep. 78 II F 3.
921 Vgl.: Brand. LHA Rep. 78 II B 183, Bl. 79.
922 Vgl.: C.C.M. II. 5, Nr. 53.

April 1704 die korrekte Information über eventuelle Teilungen von Lehngütern an, denn „dem LehnsHerrn [sei] daran gelegen zu wissen, wer von einem oder andern Stücke Anteil oder Pertinente alleiniger Possessor sei".[923] Von dieser Praxis war es dann nur ein kleiner Schritt bis zu der Erfassung des Adels in Vasallentabellen, womit im ersten Regierungsjahr des „Soldatenkönigs" begonnen wurde.[924] Dieser ordnete sich zweifellos in die Bemühungen der Landesherrschaft ein, auf allen Gebieten der Verwaltung einen genaueren Überblick zu erhalten, stellte aber vom Ansatz her keine so gravierende Neuerung dar, wie man bei einem oberflächlichen Blick zunächst vermuten könnte.

Bereits im ersten Erfassungsjahr 1713 machten die Landräte auf die Schwierigkeiten bei der Umsetzung dieser für sie ungewohnten Aufgabe aufmerksam. Der Teltower Landrat v. Wilmersdorff beschrieb im Juni 1713 den Aufwand, den er zur Erstellung der Listen betreiben müsse. So wolle es „nötig sein, daß ich zuvor alle Kinder der Ritterschaft des mir vertrauten Kreises convocire". Nicht ganz überzeugt vom Erfolg dieser Aktion hoffe er nur, daß die Rittergutsbesitzer „sich auf meine Citation in termino unausbleiblich gesellen" würden.[925] Die neumärkischen Landräte wiesen auf ihrer gemeinsamen Versammlung 1714 auf „die wahre Unmöglichkeit" hin, die geforderte detaillierte Aufstellung über die in den neumärkischen Kreisen ansässigen Vasallen inklusive ihrer Besitzverhältnisse innerhalb von drei Monaten zu liefern.[926] Die Landräte ahnten, welche Probleme ihre Standesgenossen ihnen bei der Wahrnehmung dieser Aufgabe bereiten würden. Und in der Tat: Viele Rittergutsbesitzer bzw. deren Verwandten und Pächter sahen sich angeblich außerstande, die nötigen Informationen beizubringen. Viele adlige Güter seien „in den Händen anderer Leute", ließen sich die Landräte im Sommer 1715 vernehmen, „die über die Familien der eigentlichen Besitzer nicht Auskunft zu geben vermöchten; viele Herren vom Adel stehen beim Heer im Felde und seien zeitweise unerreichbar". Doch die landesherrliche Zentralverwaltung ließ sich von solchen Ausflüchten nicht beirren. Ungnädig entgegnete man den Vorstellungen der Landräte, es „sei nicht einzusehen, warum nicht von Verwandten der Besitzer, von Arrendatoren und Predigern die Vornamen" und andere Angaben beizubringen seien.[927]

Auf ein spezifisches Problem bei der Erstellung der Tabellen machte der ruppinische Landrat v. Rohr aufmerksam: Den genauen Wert der Rittergüter habe er nicht eintragen können, „weil solches sehr differiert und mancher von einem kleinen Gute mehr geben muß, als ein anderer von einem größeren Gute". Er wußte sich damit zu helfen, die in der Kreisregistratur angegebenen Werte umzurechnen und das Lehnpferd auf 20 Rtl. zu veranschlagen.[928] Unbeholfener reagierte dagegen der Lebuser Landrat. Er wies u.a. darauf hin, daß sich „keine

---

923 Ebenda, Nr. 45.
924 Im Bestand der Kurmärkischen Lehnskanzlei findet sich zwar eine Akte mit dem Titel „Vasallentabellen des Kreises Züllichau" inklusive der – allerdings später hinzugefügten – zeitlichen Terminierung „um 1700" [Brand. LHA Rep. 78 I Nr. 133]. Doch ein Vergleich mit den für unsere Analyse hinzugezogenen Quellen der Jahre 1718/19 ergab, daß diese Aufstellung mit sehr großer Wahrscheinlichkeit erst nach 1713 angefertigt worden war.
925 Brand. LHA Rep. 78 I Nr. 147.
926 Brand. LHA Rep. 23 B Nr. 211, unpag.
927 zit. nach: Schwartz, Die Klassifikation, 5 (1926), S. 5.
928 Vgl.: Brand. LHA Rep. 78 I Nr. 147.

Nachricht bei dem kreise [befindet], daß die Roßdienste zu einiger Zeit nach dem Werte der Güter angeleget worden". Daraus ergebe sich die Konsequenz, daß „manches Gut, welches 20 000 bis 30 000 Rtl. gewürdiget, nicht soviel an Roßdienst über sich hat, als eines, das nur halb so hoch zu schätzen." Oftmals könnten die Adligen keine Nachrichten darüber beibringen, „wie hoch ihre Güter vor alters astimiert worden".[929] Das Vorhaben, der Erfassung die Hufenmatrikel von 1624 bzw. 1628 zugrundezulegen, erwies sich als undurchführbar. Lediglich der Schivelbeiner Landrat v. Podewils vermochte ein solches Dokument vorzulegen.[930]

Zusätzlich erschwert wurde die Erfassung der Güterwerte derjenigen Vasallen, die außerhalb des jeweiligen Kreises über Besitzungen verfügten. Die Landräte sollten sich dennoch „ernstlich bemühen" – so in einer Instruktion aus dem Jahre 1726 für die neumärkischen Landräte – die Angaben dieser Adligen zu erfahren „oder doch wenigstens soviel sichere Nachricht einzuholen und beizusetzen …, ob die ausländischen Güter mehr oder weniger als die einländischen importiren".[931]

Der nicht erst mit der Regierungszeit des „Soldatenkönigs" einsetzende Anspruch der Landesverwaltung auf Erfassung der personellen und materiellen Ressourcen hatte mit der Einrichtung der Vasallentabellen eine neue Qualität erreicht. Die Motive dafür lagen natürlich vor allem in der Militärpolitik des neuen Monarchen begründet. Die Adligen selbst versuchten, sich der für sie unangenehmen Registrierung zu entziehen. Gemessen an den bis dato üblichen Erhebungen im Zusammenhang mit der Bestimmung des Hufen- und Giebelschosses oder des Kontributionsquantums der bäuerlichen Hintersassen wurde die Erfassung personeller Daten und Angaben zu den Besitzverhältnissen schon als ungewohnter und störender Eingriff empfunden.[932] Verlangte man in den ersten Jahren nur von den auswärtigen Vasallen genaue Informationen über den Wert ihrer Besitzungen, dehnte man diese Forderung nun auch auf die Gesamtheit der einheimischen Rittergutsbesitzer aus. Den „kgl.-einländischen Vasallen die Procession der taxe ihrer Güter jährlich zuzumuten" habe „nicht den geringsten nutzen", ließen sich die Ständerepräsentanten vernehmen.[933] Doch ihr Protest verhallte wirkungslos.[934]

---

929 Ebenda.
930 Diese Quelle galt als besonders zuverlässig, da sie „unter militärischer Bewachung aufgestellt" worden war. Vgl.: Schwartz, Klassifikation, 5 (1926), S. 10.
931 Brand. LHA Rep. 23 B Nr. 446, unpag.
932 Auch von zeitgenössischen Beobachtern anderer Territorien wurde dieser Unmut reflektiert: Der im Auftrag des ostfriesischen Hofes aus der preußischen Residenz berichtende Franz Hermann Ortigies wußte unter dem 23. Januar 1717 zu vermelden, daß „eine Tabelle unter der Preße seyn [soll], worin dem Adel viele schwere Fragen zur Auflösung vorgeleget werden, welche manchen so scharff als eine chambre d`inquisition fallen dürffte". Berliner geschriebene Zeitungen aus den Jahren 1713 …, S. 610.
933 Brand. LHA Rep. 23 A. B 137, Bl. 16.
934 Auch während der Regierungszeit Friedrichs des Großen erwartete man eine sorgfältige Erarbeitung der Tabellen. Hans-Christoph v. Bismarck bat z.B. im Dezember 1750 seinen Bruder, den in der Residenz wohnenden Justizminister Levin Friedrich II. v. Bismarck, ihm die entsprechenden Zuarbeiten für die Vasallentabelle zuzusenden: „Du weißt, daß uns bei so harter Strafe anbefohlen, nunmehro zum Obergericht [gemeint ist das altmärkische Obergericht in Stendal – F.G.] bei Ablauf des Jahres die gewöhnliche Vasallentabelle einzuschicken." LHSA Rep. H Briest Nr. 290, Bl. 33.

Im Zusammenhang der in diesem Kapitel behandelten Fragestellung nutzen wir die Vasallentabellen als eine serielle Quelle, die sich vorzüglich für die Analyse der Sozialstruktur des Adels eignet.[935] Durch die Auswertung von Datenreihen für lange Zeiträume lassen sich ansonsten verborgen bleibende Entwicklungen innerhalb des Adels verfolgen. Denn die Aussagefähigkeit des aus den Vasallentabellen eines Stichjahres gewonnenen Materials gewinnt an Bedeutung, wenn dieses durch einen Vergleich unter chronologischem Aspekt ergänzt wird. Denn nur so lassen sich Entwicklungen in der Sozialstruktur ablesen. Allerdings sind nach dem ersten Erhebungsjahr 1713 erst für die 1750er Jahre wieder Vasallentabellen in ausreichender Dichte überliefert.[936] Um die Sozialstruktur am Ende unseres Untersuchungszeitraumes analysieren zu können, greifen wir auf die Vasallentabellen des Jahres 1769 zurück.[937] Leider steht für diesen Zeitraum für die neumärkischen Kreise eine parallele Erhebung nicht zur Verfügung.[938]

Die weitgehende Zuverlässigkeit der Angaben der Vasallentabellen konnte durch stichprobenartige Vergleiche mit Angaben anderer paralleler Quellen nachgewiesen werden.[939] Fehler sind natürlich dennoch einzukalkulieren, da nicht davon auszugehen ist, daß in den ersten Jahren der Erarbeitung der Vasallentabellen alle Rittergutsbesitzer korrekt die erforderlichen Angaben geliefert hatten. Das dahinter zu vermutende Unbehagen, das die Adligen der Registrierung ihrer persönlichen Verhältnisse entgegensetzten, wurde bereits angesprochen. Des weiteren muß bei der Auswertung bedacht werden, daß die Dichte der Angaben von Kreis zu Kreis differieren konnte. Besonders mustergültig waren von Anbeginn die uckermärkischen Tabellen. Sowohl die genauen Wertgrößen der Rittergüter (auch bei Anteilgütern) als auch detaillierte Informationen über den Aufenthaltsort bzw. Beruf der Vasallensöhne wurden aufgeführt.[940] Um einen Vergleich zwischen den Teillandschaften zu ermöglichen, mußte eine – allerdings nicht allzu sehr ins Gewicht fallende – Fehlerquelle in Kauf genommen werden: Einige Vasallen werden nicht nur in einem Kreis als Rittergutsbesitzer benannt. Für die Bestimmung der Struktur des Adels in einer Teillandschaft erschien es uns allerdings unerläßlich, alle dort genannten Vasallen einschließlich der Angaben über ihre Besitzanteile, ihre Tätigkeit und die Sozialisation ihrer Söhne zu berücksichtigen. Die sich durch die Summierung der Tabellen ergebende Gesamtzahl von 696 bzw. 497 adligen Rittergutsbesitzern in der Kur- bzw. Neumark für das Stichjahr dürfte also etwas niedriger ausfallen als der reale Wert.

---

935 H.-H. Müller betrachtete die Vasallentabellen auch für seinen methodischen Ansatz „als eine der sichersten und glaubwürdigsten Quellen". Müller, Märkische Landwirtschaft, S. 111.
936 Für unsere Analyse werden die Daten für die Stichjahre 1751 (Neumark), 1759 (Kurmark) sowie 1769 (Kurmark) hinzugezogen. Vgl.: Brand. LHA Rep. 78 I Nr. 170, Nr. 168 und Nr. 181.
937 Vgl.: Brand. LHA Rep. 78 I Gen. 181.
938 Für die neumärkischen Kreise liegen zwar für 1772 einige Vasallentabellen vor, allerdings beinhalten diese nur die Wertangaben für die Rittergüter und die Namen der Besitzer, nicht aber deren Berufsangaben und Informationen zu den Söhnen. Vgl.: Brand. LHA Rep. 23 B Nr. 1201.
939 Insbesondere handelt es sich dabei um die für die Erarbeitung der Historischen Ortslexika herangezogenen Quellenbestände wie z.B. die Grundbücher der Ritterschaftlichen Hypothekendirektion und die den adligen Familiengeschichten zugrunde liegenden biographischen Daten.
940 Vgl.: Brand. LHA Rep. 37 Boitzenburg, Nr. 12.

Ferner muß auf eine Besonderheit des Eintragungsmodus der Vasallentabellen aufmerksam gemacht werden, die zum Teil den Vergleich zwischen den brandenburgischen Teillandschaften erschweren könnte. In vielen Kreisen wurde der Güterwert nur in „Lehnpferden" und nicht – wie für die Uckermark und den Teltow praktiziert – in Geldwert angegeben. Dies ist natürlich auf zeitbedingte Intentionen der Krone zurückzuführen, denn die Erarbeitung der Vasallentabellen diente bekanntlich nicht zuletzt der exakten Erfassung des von den Vasallen zu zahlenden Lehnskanons.

Die „Berufs"nennungen zu den Vasallen selbst dürften für alle Kreise weitgehend vollständig sein.[941] Ebenso erscheinen die Angaben zu den Vasallensöhnen in einigen Tabellen (vor allem für die Ucker- und Altmark) recht detailliert, d.h. der genaue Ausbildungs- bzw. Garnisonsort wurde erfaßt. Die Kategorien für die summarische Auswertung der Vasallentabellen ist an jene Rubriken angelehnt worden, die *F. Martiny* für seine Untersuchung der sozialen Struktur des kurmärkischen Adels um 1800 entwickelt hatte.[942] Allerdings wurden sie in unserem Falle der besseren Übersichtlichkeit halber etwas vereinfacht. Ebenso werden in den im Anhang wiedergegebenen Aufstellungen im Interesse des chronologischen und zwischenregionalen Vergleichs innerhalb der verschiedenen „Berufsgruppen" nicht nur die Absolutzahlen, sondern auch die Prozentwerte angegeben. Differenzen zwischen den in den Einzelrubriken erfaßten Personen und der Gesamtzahl der adligen Vasallen in einem Kreis können zum einen daraus resultieren, daß zu einigen Adligen – vor allem, wenn es sich um Brüder handelte – der genaue Aufenthaltsort nicht zu eruieren war; dann erreichte die Summe der in den Einzelrubriken aufgeführten Zahlen nicht 100%. Zum anderen können diejenigen Adligen, die im Stichjahr als „auf dem Gut lebend" in die Tabelle aufgenommen wurden, durchaus zugleich auch unter den Rubriken „frühere Offiziere" bzw. „frühere Amtsträger" erscheinen. Dies hat zur Folge, daß die Summe der Einzelwerte der verschiedenen „Berufs"-gruppen 100% übersteigen können. Im aktiven Dienst stehende Amtsträger und Offiziere wurden im Interesse einer besseren Abgrenzung generell nicht unter die „auf dem Gut lebenden" Vasallen erfaßt, obgleich bekanntlich auch ein Teil der Offiziere einen längeren Zeitraum des Jahres nicht in ihrer Garnison, sondern auf den Rittergütern verbrachte.

Brandenburgische Adlige als Amtsträger

Für das Jahr 1713 liegen für die Kurmark die ersten Vasallentabellen (vgl. Anhang: Tab. 48) vor; für die Analyse der neumärkischen Verhältnisse können wir uns dagegen auf die Auswertung der bereits 1928 von *P. Schwartz* edierten Klassifikationsprotokolle stützen. (Anhang, Tab. 49) Auffällig erscheint unter vergleichendem Aspekt zunächst die mitunter große Differenz der Zahlen zwischen den einzelnen Teillandschaften. Vor allem bei der Bestimmung des Aufenthaltsortes der adligen Rittergutsbesitzer wird dies deutlich. Hier ist eine Spannweite der Angaben zu den „auf dem Gut lebenden" Vasallen zwischen 84% (Ruppin) und 37% (Oberbarnim) zu beobachten. Diese Konstellation stand zum einen in direktem

---

941 Lediglich in der Prignitzer Tabelle fehlen die Eintragungen der früheren Dienste der adligen Vasallen.
942 Vgl.: Martiny, Die Adelsfrage, Anhang, S. 101 ff.

Zusammenhang mit dem Anteil der höheren Amtsträger unter den adligen Rittergutsbesitzern. Unsere Ausführungen zu den seit der Mitte des 17. Jahrhunderts virulenten Veränderungen in den Besitzverhältnissen haben auf das Eindringen dieser – vor allem aus nichtbrandenburgischen Territorien stammenden – Adelsgruppe in die residenznahen Teillandschaften aufmerksam gemacht. Vor allem im Oberbarnim wird dieser Zusammenhang anhand der quantitativen Angaben offensichtlich. Hier war demzufolge ein höherer Anteil von Amtsträgern unter den Rittergutsbesitzern auszumachen, die die Residenz als ihren Wohnsitz angegeben hatten. Darunter fanden sich solche führenden Mitglieder der Berliner Hofgesellschaft wie der unter dem ersten König als Grand maitre amtierende Paul Anton v. Kameke (Prädikow, Prötzel u.a.), der Kammerherr und Amtshauptmann Johann Georg Graf v. Flemming (Kl. Buckow[943]) oder der Geheime Rat und Oberdirektor der Domänen Wilhelm v. d. Gröben (Lichterfelde). Diese Amtsträger hielten sich in der Residenz auf und besaßen dort auch eigene Häuser, entsprachen daher nicht dem Bild des typischen „Landadligen". Des weiteren wurde eine Reihe von Witwen ehemaliger höherer Amtsträger und Militärs als Besitzer von Rittergütern in diesen Kreisen aufgeführt, die ebenfalls einen Wohnsitz in Berlin einem Aufenthalt auf dem Lande vorzogen.[944] So besehen, könnte der erste Eindruck dazu verleiten, den Anteil der in der Kurmark angesessenen Rittergutsbesitzer an den höheren Amtsträgerchargen hoch zu veranschlagen, um daraus die Erkenntnis abzuleiten, daß nach der seit dem frühen 17. Jahrhundert beginnenden Entfremdung zwischen brandenburgischem Adel und Landesherrschaft nun wiederum eine allmähliche Annäherung eingesetzt hätte. Doch ein Blick auf die hinter den Chargen zum Vorschein kommenden Familiennamen belehrt uns eines Besseren: Die übergroße Mehrheit der als höhere Amtsträger benannten Vasallen entstammte nicht alteingesessenen brandenburgischen Adelsgeschlechtern, sondern den vor allem seit der Regierungszeit des Großen Kurfürsten und ersten Königs zugewanderten Familien. Den höchsten Anteil an Amtsträgern in höheren Positionen (sowohl im Stichjahr 1713 als auch in den Erhebungsjahren 1759 und 1769) wiesen aus den bekannten Gründen die residenznahen Adelslandschaften Barnim, Lebus und Teltow auf. Eine solche Konstellation, wonach es nicht die auf dem „platten Land" angesessenen Adelsfamilien waren, die die Mehrheit der höheren Amtsträgerchargen besetzten, ist jüngst auch für das letzte Drittel des 18. Jahrhunderts nachgewiesen worden.[945]

Doch wenden wir uns der – für den märkischen Adel relevanteren – Gruppe der niederen Amtsträgerchargen zu. In Anbetracht der eingehend geschilderten wirtschaftlich angespannten Lage der Mehrheit der brandenburgischen Adelsfamilien hätte hier eine naheliegende Alternative zur Verbesserung der finanziellen Situation bestehen können. Der Anteil von Amtsträgern unter den märkischen Vasallen veränderte sich von 9% (1713) bis 12,5% (1769) aber nicht nennenswert. Bei den Söhnen der adligen Rittergutsbesitzer lagen die Werte noch

---

[943] J.G. v. Flemming wurde auch als Vasall des Kreises Lebus gezählt, da seine Güter Buckow, Oberstdorf, Dahmsdorf u.a. an der Grenze zwischen Lebus und Niederbarnim lagen.

[944] Genannt werden z.B. die Witwe des v. Canitz (Blumberg u. Eiche) und die Witwe des Generals de Rosey (Tasdorf).

[945] Vgl.: R. Straubel: Beamte und Personalpolitik im altpreußischen Staat. Soziale Rekrutierung, Karriereverläufe, Entscheidungsprozesse (1763/86-1806), Potsdam 1998, S. 25 ff.

niedriger.[946] Dies zeigt, daß die Möglichkeiten der gewollten Einbindung des Adels in den Staat über seine stärkere Einbindung in die Amtsträgerschaft offenbar begrenzt waren. Zum einen reichte die Zahl der verfügbaren und für den Adel standesgemäßen Chargen in der Verwaltung nicht aus, zum anderen aber sprachen finanzielle Erwägungen dagegen, solche subalternen Posten zu übernehmen, so daß die bürgerlichen Bewerber weiterhin dieses Terrain bestimmten. Auf der mittleren und unteren Verwaltungsebene verstärkte sich im Verlauf des 18. Jahrhunderts sogar noch der ohnehin schon dominante Anteil bürgerlicher Amtsträger.[947] Die Tatsache, daß es unter der Herrschaft Friedrichs des Großen in zunehmendem Maße auch den jungen Adligen nicht erspart blieb, von den unteren Chargen als Kanzlisten oder Schreiber sich mühsam die Amtsträgerhierarchie hinaufzuarbeiten und sich Examinierungen ebenso wie ihre bürgerlichen Mitbewerber zu unterziehen, dürfte ebenfalls die Attraktivität einer Karriere in der Staatsverwaltung gemindert haben.[948]

Des weiteren wird sich alsbald in den Adelsfamilien die Erkenntnis durchgesetzt haben, daß selbst diejenigen Adligen, die ein Amt in der königlichen Verwaltung erworben hatten, zumeist nicht vor finanziellen Sorgen verschont blieben. Die vornehmlich auf fiskalischen Gewinn orientierte Personalpolitik besonders des „Soldatenkönigs" – man denke hier vor allem an die „Rekrutenkasse" – hielt latent die Frage offen, ob der fachlich kompetenteste oder zahlungskräftigste Kandidat das avisierte Amt bekomme.[949] Zahlungen von ganzen Jahresgehältern in diese Kasse waren keine Seltenheit. Zwar bot die Aussicht auf ein halbwegs einträgliches Amt im Gegensatz zu den Unwägbarkeiten, die eine nur auf die Bewirtschaftung des – wie gezeigt wurde, oft verschuldeten – Gutes fixierte Beschäftigung darstellte, wenigstens die Aussicht auf zwar niedrige, dennoch aber sichere Einnahmen. Dennoch ist bekannt, wie lange und teuer eine Ausbildung sein konnte, vor allem, wenn diese ein Studium einschloß. Selbst wenn im unmittelbaren Anschluß an die Ausbildungsphase ein Subalternposten in der Verwaltung erlangt werden konnte, bedeutete dies nicht von vornherein, mit einem sicheren Einkommen zu rechnen. Eher im Gegenteil: Nicht nur, daß viele junge Adlige, die eine Amtsträgerkarriere beginnen wollten, erst einmal eine hohe Summe, die mitunter ein volles Jahresgehalt umfassen konnte, einzahlen mußten, um überhaupt den Zuschlag für die gewünschte Charge zu erhalten. Darüber hinaus hatten sie damit zu rechnen, eine geraume Zeit ohne Besoldung zu arbeiten. Der spätere Justizminister Levin Friedrich II. v. Bismarck erhielt z.B. nach eigener Aussage erst 11 Jahre nach Beginn seiner Amtsträgerlaufbahn eine Besoldung als neumärkischer Vizekanzler.[950] Fast unisono klang es in den königlichen Anweisungen anläßlich der Bestallungen von Amtsträgern an den Geheimen Etat-Rat v. Creutz: „aber noch keine Besoldung" (1720 zur Bestallung des Geheimen Rates v. Rochow im General-Finanzdirektorium), „Besoldung erst später" (1722 zum Geheimen Finanzrat v. Börstel).[951]

---

946 Vgl. Tabellen 48 und 52 im Anhang.
947 Vgl. Schwenke, Adel, S. 36 ff.
948 Vgl. dazu: Johnson, Frederick the Great, S. 223 u.ö.; jüngst auch Straubel, Beamte, S. 44 ff. u.ö.
949 Vgl. dazu: H. Möller: Ämterkäuflichkeit in Brandenburg-Preußen im 17. und 18. Jahrhundert, in: Ämterkäuflichkeit. Aspekte sozialer Mobilität im europäischen Vergleich, hrsg. v. K. Malettke, Berlin 1980, S. 156-176.
950 Vgl.: LHSA Rep. H Briest Nr. 275, Bl. 4.
951 GStAPK II. HA, Generaldepartement II. Personalsachen Nr. 31 und 35.

Oftmals fror Friedrich Wilhelm I. die Gehälter für die Amtsträger ein, „und diese Neigung nahm mit den Jahren zu."[952] Man muß sich allerdings stets vor Augen halten, daß sich zur damaligen Zeit das Verständnis einer leistungsbezogenen Besoldung noch nicht durchgesetzt hatte.[953] So entsprach es z.B. auch gängigen Erwartungen, daß die zum Hofstaat gehörenden „Bemittelten von Adel ... von dem Ihrigen fünf- oder sechsmal so viel, als sie empfangen, zusetzen" sollen.[954] Bittgesuche auf Gehaltserhöhungen oder eine Versorgung mit Ämtern fanden ohnehin nur selten Gehör. Selbst Angehörige der in ihren Adelslandschaften nicht unbedeutenden Geschlechter blieben von diesen Kalamitäten nicht verschont. Christian v. Brandt hatte in seinem Gesuch vom 16. Februar 1734 um eine frei werdende Charge angehalten, um die Mittel aufzubringen, „vor meine stark heranwachsenden sechs Kinder ... zu sorgen". Diesem aus der Neumark stammenden Adligen kam zu Gute, daß er bereits über langjährige Erfahrungen im Verwaltungsdienst und wohl auch über entsprechende Verbindungen verfügt hatte, so daß das Generaldirektorium sich für ihn verwenden konnte: Es liege im königlichen Interesse, „daß der Neumärkischen sehr in Abgang und Verfall gerathenen Regierung mit einem tüchtigen subjecto wie der von Brandt ist, wieder aufgeholfen werde".[955]

Die Selbstzeugnisse von märkischen adligen Amtsträgern widerspiegeln zudem recht deutlich, welche starken Belastungen mit den alltäglichen Verwaltungsaufgaben verbunden waren. Hans Christoph v. Bismarck klagte 1738 in einem Brief an seinen Bruder über seine beschränkte Freizügigkeit als Rat am altmärkischen Obergericht.[956] Angesichts seiner amtlichen Verpflichtungen wäre es ihm lieber, eine „kleine Wirtschaft in Stendal" anstelle des Gutes in Döbbelin zu haben. Diese bedürfte nicht „soviel Aufsicht" und sei nicht so kostenaufwendig.[957]

Es zeichnet sich also ab, daß eine Amtsträgerkarriere aus der Sicht einer durchschnittlichen Adelsfamilie aus vielerlei Erwägungen heraus kaum als eine vielversprechende Alternative angesehen wurde. Hier dürfte eine Erklärung für die relativ geringe Inanspruchnahme von Ämtern in der landesherrlichen Verwaltung zu suchen sein. Von Seiten der Krone hatte es bekanntlich nicht an Versuchen gefehlt, mehr Adlige in den Verwaltungsdienst zu bringen. Die Ursachen für das von *F. Martiny* für das ausgehende 18. Jahrhundert beobachtete Desinteresse des Adels, staatliche und ständische Ämter zu übernehmen, also einer Haltung, die letztendlich zu einem allmählichen „Machtverzicht" führen mußte, sind demnach bereits schon auf wesentlich frühere Zeiträume zurückzuführen.[958]

---

952 G. v. Selle: Zur Kritik Friedrich Wilhelms I., in: FBPG 38 (1926), S. 56-76, hier S. 67.
953 Zudem ist zu bedenken, daß sich zum Teil bei den adligen Amtsträgern die traditionelle Vorstellung hielt, daß Besoldungen „ursprünglich nicht die Entlohnung für eine erbrachte Leistung" darstellten, sondern allenfalls die Unkosten abzudecken hatten. R. Endres: Die wirtschaftlichen Grundlagen des niederen Adels in der frühen Neuzeit, in: Jahrbuch für fränkische Landesforschung 36 (1976), S. 215-237, hier S. 228.
954 So Minister F.W. v. Grumbkow in einer Denkschrift vom 28. Mai 1713, in: A.B.B., Bd. 1, S. 470.
955 GStAPK I. HA Rep. 42 Nr. 51, unpag.
956 Er „habe es nicht wagen mögen, mit nach Magdeburg zu reisen, weil das Edict expr. Besaget, daß man nicht mal in die Ferien ohne königliche Erlaubnis aus der Provinz reisen soll". LHSA Rep. H Briest Nr. 278, Bl. 10.
957 Ebenda.
958 Martiny, Die Adelsfrage, S. 62 f. Deshalb kann die Auffassung von Carsten, der König hätte nur „geringen Anlaß" gehabt, „über mangelnden Diensteifer der pommerschen und brandenburgischen Adligen zu klagen", allenfalls für den Bereich des Militärs Gültigkeit beanspruchen, worauf noch zurückzukommen sein wird. Carsten, Geschichte der preußischen Junker, S. 42.

Die Sozialstruktur der brandenburgischen Ritterschaft

Im folgenden soll nunmehr versucht werden, unsere bisherigen Kenntnisse über die Einbindung der brandenburgischen Ritterschaft in die Amtsträgerschaft etwas schärfer zu konturieren. Es bietet sich an, dies aus der Perspektive der Adelsfamilien zu versuchen. Auch hier gilt es längerfristige Entwicklungen in den Blick zu nehmen. *P.-M. Hahn* hatte für das „lange 16. Jahrhundert" sowohl diejenigen Familien des brandenburgischen Adels mit dem höchsten Anteil an Amtsträgern als auch die Geschlechter mit dem größten Grundbesitz ermitteln können. Die Schnittmenge bildeten jene acht Familien, die zu den reichsten der Kurmark gehörten und „denen innerhalb der Amtsträgerschaft die größte Bedeutung zukam".[959]

Daran anknüpfend sollen folgende Probleme untersucht werden: Ausgehend von der schon mehrfach betonten Prämisse der Verbindung von Besitz und Amt[960] für die Analyse der Binnendifferenzierung des Adels ist der Frage nachzugehen, ob die einst der „Machtelite" des 16. Jahrhunderts angehörenden Geschlechter auch in unserem Untersuchungszeitraum zu den begütersten Familien in ihren Adelslandschaften gehörten und in welcher Weise sie in der Amtsträgerschaft repräsentiert waren. Dabei wäre zu überlegen, ob sich überhaupt im 18. Jahrhundert die Amtsträger aus den jeweils begütertsten Geschlechtern der jeweiligen Adelslandschaften rekrutiert hatten. Schließlich müßte – falls sich herausstellen sollte, daß die einstige Führungsgruppe ihre Spitzenstellung aufgegeben hatte – ermittelt werden, welche Teile der jeweiligen kleinräumlichen Adelsgesellschaft nunmehr an die Stelle der verdrängten Geschlechter getreten waren.

In unseren Ausführungen zur Veränderung der Besitzstruktur wurde bereits auf den auf eine Konzentration der Rittergüter hinauslaufenden Trend aufmerksam gemacht, zugleich aber auch auf eine gewisse Nivellierung der Abstände zwischen den vermögenden und ärmeren Familien verwiesen. Diesen Gedanken gilt es noch einmal bei der folgenden Erörterung über die Stellung der alten führenden Geschlechter aufzugreifen. Eine Darstellung der Absolutzahlen der Roßdienste, Ritterhufen oder des Güterwertes der relevanten Geschlechter hätte allerdings nur geringen Erkenntniswert, schließlich geht es uns darum, die soziale Plazierung, das Prestige der relevanten Familien innerhalb ihrer Adelsgesellschaften herauszuarbeiten. Darum werden im folgenden die für die „alte" Führungsgruppe ermittelten Werte mit denen ihrer jeweiligen Adelsgesellschaft in Beziehung gesetzt.

Eine genaue Verifizierung der Besitzverhältnisse ist allerdings erschwert, da z.B. für die Altmark bislang kein solches detailliertes Kompendium wie das „Historische Ortslexikon" vorliegt. Für die in den Kreisen Ruppin, Teltow und Beeskow-Storkow ansässigen Adelsgeschlechter konnte dagegen bereits in unseren Darlegungen zur Veränderung der Besitzstruktur aufgezeigt werden, daß die zur früheren Machtelite gehörenden Familien v. Bredow, v. Hake und v. Rohr ihren Besitzanteil weitgehend halten konnten und nach wie vor an der Spitze ihrer jeweiligen Adelsgesellschaft standen. Auf der Grundlage der Auswertung der Vasallentabellen von 1713 und 1769 kann diese Aussage auch für das Geschlecht von Rochow in der Zauche bestätigt werden.[961] Dieses Geschlecht hatte 1713 an „Lehnpferden" ei-

---

[959] Hahn, Struktur und Funktion, S. 208.
[960] Vgl.: Martiny, Die Adelsfrage, S. 7.
[961] Vgl.: Tabellen 48 und 52 im Anhang. Allerdings ist dabei zu berücksichtigen, daß bei einigen kleineren Gütern die genaue Wertangabe fehlte.

nen Gesamtwert von 4½ „Lehnpferden" für seine Güter zu entrichten und nahm dabei eine unangefochtene Spitzenstellung in diesem Kreis ein.[962] Laut der Aufstellung von 1769, in der der Wert der Besitzungen in Rtl. angegeben wurde, lagen die v. Rochow mit 190 000 Rtl. hinter denen v. Wulffen (276 000 Rtl.) immer noch auf Platz 2 in der zauchischen Adelsgesellschaft.[963] Ebenso konnten die v. Bredow ihre überragende Position im Havelland (mit dem Ländchen Glien-Löwenberg) behaupten. Laut der Vasallentabelle von 1769 verfügten sie in dieser Landschaft über Besitzungen im Werte von ca. 580 000 Rtl.[964] Auch in der Ukkermark bewahrten die v. Arnim ihre Vorrangstellung und konnten ihren Besitz im Verlauf des 18. Jahrhunderts sogar noch beträchtlich aufstocken. In dieser Adelslandschaft gelang es des weiteren denen v. Winterfeld, mit insgesamt 13 Orten in Vollbesitz den zweiten Rang hinter den Arnims einzunehmen.[965]

Dennoch sollten diese Angaben nicht zu vorschnellen Schlüssen über die reale ökonomische Befindlichkeit dieser Adelsfamilien verleiten, denn mitunter blieben auch die Angehörigen dieser Geschlechter nicht von den die Ritterschaft allenthalben tangierenden ungünstigen Entwicklungen frei. In der bereits kursorisch ausgewerteten Erhebung über die Verschuldung des brandenburgischen Adels aus dem Jahre 1751 fanden sich auch eine Reihe von Rittergutsbesitzern, die aus den betreffenden Geschlechtern mit umfangreichen Besitz stammten.[966] So gehörten im Havelland auch sieben Angehörige des Geschlechts v. Bredow zu jenen Adligen, deren Güter hoch (d.h. über die Hälfte ihres Wertes) verschuldet waren. Auch der über Kleinmachnow und Stahnsdorf gebietende Hauptmann D. H. v. Hake hatte Verbindlichkeiten von 71 650 Rtl. auf seinen Gütern, die auf insgesamt 93 147 Rtl. taxiert waren, zu stehen. Dies bestätigt damit noch einmal den innerhalb der Teillandschaften auf eine Nivellierung der wirtschaftlichen Lage hinauslaufenden Trend.

Nachdem knapp die ökonomischen Rahmenbedingungen der zur früheren Führungsgruppe gehörenden Familien aufgezeigt worden sind, soll nunmehr in einem nächsten Analyseschritt ihrem Gewicht innerhalb der Amtsträgerschaft der mittleren und höheren Ebene nachgegangen werden. Zwar resultiert die Führungsstellung einer solchen abgehobenen Adelsgruppe im allgemeinen aus der Verbindung von überdurchschnittlichem Besitz und der Wahrnehmung von einflußreichen Ämtern, dennoch wurde bereits für das „lange 16. Jahrhundert" die nicht immer deckungsgleiche Koinzidenz von Ämterhäufung und überdurchschnittlichem Besitz herausgearbeitet. Von den 13 von *Hahn* ermittelten einflußreichsten Amtsträgerfamilien gehörten nur acht zu den – von ihren Roßdienstleistungen her – wirtschaftlich mächtigsten Sippen.[967] Wir greifen daher im folgenden auf jene 13 Familien zurück und fragen nach ihrer Präsenz unter der höheren Amtsträgerschaft seit dem Beginn der Regierungszeit des Großen Kurfürsten.[968]

---

962 Brand. LHA Rep. 78 I Nr. 147.
963 Brand. LHA Rep. 78 I Nr. 181.
964 Ebenda.
965 Vgl.: Enders, Die Uckermark, S. 610 f.
966 Vgl. hierzu die in Tabelle 22 aufgeführten Zahlen nach der Akte: Brand. LHA Rep. 23 A. B 142.
967 Vgl.: Hahn, Struktur und Funktion, S. 208 f.
968 Nicht aufgeführt werden in dieser Tabelle die – im 16. Jahrhundert zur Machtelite zählenden – Geschlechter v. Flans und v. Quitzow, die im gesamten Zeitraum keinen höheren Amtsträger stellten.

Die Sozialstruktur der brandenburgischen Ritterschaft 217

Tabelle 33: Anteil höherer Amtsträger der im „langen 16. Jahrhundert" führenden Familien im Zeitraum 1640-1770[969]

Familie	Amtsträger	davon in auswärt. Diensten
Alvensleben	3	2
Arnim	5	
Bredow	9	1
Gans Edle v. Putlitz	6	1
Hake	2	1
Oppen	2	1
Rochow	12	6
Rohr	1	
Schlieben	2	
Schulenburg	11	4
Winterfeld	7	2

Etwa die Hälfte der im 16. Jahrhundert führenden märkischen Adelsfamilien war auch im nachfolgenden Zeitraum mit höheren Ämtern in der Landesverwaltung vertreten. Die vergleichsweise große Zahl höherer Amtsträger, die die v. Rochow und v. d. Schulenburg stellten, relativiert sich allerdings, wenn bedacht wird, daß die Karriere einige Geschlechtsangehörige in benachbarte Territorien führte, so z.B. einige v. Rochow nach Kursachsen, während Geschlechtsmitglieder der v. d. Schulenburg Dienste in den welfischen Territorien bzw. in Dänemark favorisierten. Gliedert man allerdings das Gesamtsample chronologisch auf, zeigen sich weitere interessante Nuancierungen:

Tabelle 33 a: Anteil höherer Amtsträger der im „langen 16. Jahrhundert" führenden Familien im Zeitraum 1640-1770

Familie	Amtsträger 1650-1700	Amtsträger 1700-1740	Amtsträger 1740-1770
Arnim	1	1	3
Bredow	2	4	3
Gans Edle v. Putlitz	2	3	1
Rochow	8	1	3
Schulenburg	3	3	5
Winterfeld	3	2	2

---

969 Ermittelt nach: A. Nachama: Ersatzbürger und Staatsbildung. Zur Zerstörung des Bürgertums in Brandenburg-Preußen, Frankfurt am Main 1984, S. 261 ff.; H. v. Bonin: Der Adel in der höheren Beamtenschaft der preußischen Monarchie 1794-1806, Phil. Diss. Göttingen 1961, S. 253 ff.; Bahl, Hof und dem anhand der Familiengeschichten gesammelten prosopographischen Material. Berücksichtigt wurden in dieser Aufstellung nur die Amtsträgergruppen, die oberhalb der Kreisebene wirkten (, d.h. ohne Kreiskommissare oder Landräte).

Von den elf in Tabelle 33 aufgeführten Familien blieben nur sechs, die im gesamten Untersuchungszeitraum Amtsträger in den genannten Chargen gestellt hatten. Innerhalb dieser Gruppe kam es wiederum zu Nuancierungen, die gewisse Rückschlüsse auf ihren Einfluß zur politisch-höfischen Führungsgruppe zulassen. Demnach konzentrierte sich die Bekleidung hoher Ämter durch Angehörige des Geschlechts v. Rochow vor allem auf die zweite Hälfte des 17. Jahrhunderts; dies könnte demnach als Kontinuum des im vorangehenden Zeitraumes erreichten Niveaus interpretiert werden, während es z.B. denen v. Bredow und v. d. Schulenburg vor allem während der Regierungszeit der ersten drei preußischen Könige gelang, höhere Chargen zu besetzen. Die in der Uckermark nach wie vor führende Familie v. Arnim vermochte es vor allem in der zweiten Hälfte des 18. Jahrhunderts, einige hohe Ämter zu erlangen; darunter befanden sich mit Friedrich Wilhelm und Albrecht Heinrich im übrigen zwei Geschlechtsmitglieder, die im letzten Jahrzehnt des 18. Jahrhunderts sogar in ein Ministeramt aufsteigen konnten.[970]

Dieser Befund könnte darauf hindeuten, daß es dem überwiegenden Teil der zur alten Führungsgruppe gehörenden Familien gelungen war, auch im ausgehenden 17. und 18. Jahrhundert, entsprechende Chargen zu besetzen. Dennoch gilt es zu differenzieren. Die Zahl der Ämter bei Hofe und in der Zentralverwaltung hatte sich beträchtlich erhöht, so daß das Gewicht alteingesessener brandenburgischer Adliger unter der höheren Amtsträgerschaft – auch infolge der territorial stark vergrößerten Gesamtmonarchie – zurückgegangen war.[971] Hier interessieren daher mehr die innerhalb der märkischen Teillandschaften eventuell erkennbaren Gewichtsverlagerungen. Ferner ist die bereits an anderer Stelle hervorgehobene Differenzierung der Ämterstruktur zu beachten, deshalb nehmen wir nun die für die Analyse der Binnenstruktur kleinräumlicher Adelsgesellschaften relevanten Ämtergruppen in den Blick. Die Landräte als „Kristallisationspunkt ständischen Lebens" müssen zwangsläufig dabei unsere besondere Beachtung finden:

Zunächst interessiert auch bei dieser Amtsträgergruppe die Frage, in welchem Maße die vormals führenden Familien hier repräsentiert waren. Schließlich genossen die Landräte im allgemeinen ein hohes Prestige in ihren kleinräumlichen Adelsgesellschaften; ebenso wurde ihr Wirken von seiten der monarchischen Verwaltung anerkannt.

---

970 Vgl.: Bonin, Adel, S. 253 ff.
971 Vgl. mit quantitativen Belegen im Kapitel zur Verflechtung von Adels- und Hofgesellschaft.

Tabelle 34: Anteil der alten Machtelite an den Landräten der Kurmark (1701-1770) [972]

Teillandschaft	Geschlecht	1701-1740	1740-1770
Altmark	Schulenburg Putlitz	- 2	2 -
Barnim	Schulenburg		1
Beeskow-Storkow	-		
Havelland	Bredow Hake	2 1	
Lebus	Rohr	1	
Neumark	Winterfeld	2	
Prignitz	Putlitz Rohr Winterfeld	- - 1	1 1 -
Ruppin	Rohr	1	1
Teltow	Hake	-	-
Uckermark	Arnim Winterfeld	- 1	1
Zauche	Rochow	4	-

Abgesehen von der in der Übersicht deutlich werdenden Kontinuität bei der Besetzung der wichtigen regionalen Amtsträgerchargen durch jene Familien, die auch schon im 16. Jahrhundert zur Führungsgruppe gehörten – vor allem die peripheren Teillandschaften Altmark, Uckermark und Prignitz ragen hier heraus –, gewinnen diese Ergebnisse an Erklärungskraft, wenn auch für diese Amtsträgergruppe die Beziehung zwischen Amt und Besitz aufgezeigt werden kann. Aus diesem Grund werden im folgenden die Wertgrößen der Rittergüter erfaßt, deren Besitzer als Landräte in ihrem Kreis amtierten. Um die Aussagefähigkeit zu erhöhen werden die Absolutzahlen in Lehnpferden oder Rtl. ins Verhältnis gesetzt zu denjenigen der anderen Rittergutsbesitzer des jeweiligen Kreises. Somit kann in etwa die soziale Position des Landrates innerhalb „seiner" Adelsgesellschaft bestimmt werden. Um eine höhere Anschaulichkeit zu erzielen, werden den Rittergutsbesitzern fünf Rangstufen zugeordnet, die ihrem jeweiligen Platz innerhalb der Besitzstruktur (gemessen nach dem Wert der Güter) ihres Kreises entsprechen: 1=untere Gruppe; 2=unteres Mittelfeld; 3=Mittelfeld; 4=oberes Mittelfeld; 5=oberste Gruppe

---

972 Ermittelt nach den behördengeschichtlichen Darstellungen zu den brandenburgischen Teillandschaften und dem anhand der Familiengeschichten gesammelten prosopographischen Material.

Tabelle 35: Verhältnis von Besitz und Amt (Landräte 1713/17) [973]

Kreis	Landrat	Rangstufe (Besitzwert in Lehnpferden bzw. Ritterhufen)
Kurmark		
Uckermark	v. Düringshofen	2 (1/2 Lpf.)
	v. Eickstedt	2 (1 Lpf.)
Beeskow-Storkow	v. Maltitz	3 (3/4 Lpf.)
Lebus	v. Strantz	2 (3 Fuß)
Barnim	v. Platen	2 (kein Lpf.)
Havelland	v. Briest	4 (2 Lpf.)
Prignitz	v. Platen	3 (1 Lpf.)
Zauche	v. Oppen (Fredersdorf)	?
Ruppin	*v. Rohr* (Ganzer)	3 (1 Rittersitz)
Teltow	v. Wilmersdorff	3 (12 000 Rtl.)
Neumark		
Königsberg	v. Sydow	4 (7 Lpf.)
Landsberg	v.d. Marwitz	4 (1 Lpf.)
Friedeberg	v. Platen	2 (13 RH)
Arnswalde	v. Rohwedel	4 (33 RH)
Dramburg	v. Borcke	2 (4000 Rtl.)
Schivelbein	v. Benckendorff	3 (1/6 Lpf.)
Krossen	v. Rothenburg	2 (7 RH)
Sternberg	v. Selchow	3 (14 RH)
Züllichau	v. Unruh	2 (1 Lpf.)
Cottbus	v. Klitzing	4 (10 RH)
Soldin	v. d. Hagen	4 (15 RH)

---

973 Kursiv: Zur alten Machtelite gehörende Geschlechter

Die Sozialstruktur der brandenburgischen Ritterschaft

Tabelle 36: Verhältnis von Besitz und Amt (Landräte 1769/72) [974]

Kreis	Landrat	Rangstufe (Güterwert in Rtl.)
Kurmark		
Uckermark	*v. Arnim*	5 (über 100 000)
Beeskow-Storkow	v. Löschebrand	4 (44 000)
Havelland	v. Erxleben/	2 (19 000)
	v. Brösicke	3 (40 000)
Prignitz	*v. Quitzow*	4 (ca. 30 000)
Zauche	v. Schierstedt	2 (10 000)
Ruppin	v. Jürgas	4 (ca. 30 000)
Teltow	v. Wilmersdorff	2 (10 000)
Neumark		
Königsberg	v. Grape	4 (86 000)
Landsberg	v. Wobeser	3 (16 000)
Friedeberg	v. Beneckendorff	2 (15 000)
Arnswalde	v. Sydow	2 (16 000)
Dramburg	v. Bonin	3 (12 000)
Schivelbein	v. Blanckenburg	3 (5 000)
Krossen	v. Oppen	2 (8 000)
Sternberg	v. Winning	2 (12 000)
Züllichau	v. Gersdorff	5 (58 000)
Cottbus	v. Vernezobre	5 (61 000)
Soldin	v. Restorff	?

Die Aufstellung macht deutlich, daß die Mehrheit der Landräte nicht den begütertsten Geschlechtern des jeweiligen Kreises entstammten, wenngleich auch keiner dieser Amtsträger zu jenen Rittergutsbesitzern gehörte, die nur über gering ausgestattete Anteilgüter oder Splitterbesitz (Rangstufe 1) verfügten. Schließlich wurde ein gewisses Maß von „Abkömmlichkeit" und ein halbwegs solider finanzieller Hintergrund zur Wahrnehmung der Amtsgeschäfte erwartet.[975] In der Kurmark gehörten die Familien, die die Landräte stellten, mit Ausnahme der uckermärkischen v. Arnims zu den Geschlechtern mit durchschnittlichem Besitz. Das Verhältnis zwischen „unterem Mittelfeld" und „oberen Mittelfeld" erschien hier ausgewogen.

---

974 Kursiv: Zur alten Machtelite gehörende Geschlechter
975 Der in der Zauche als Landrat amtierende Christoph Daniel v. Rochow schloß 1733 mit seinen Brüdern einen Vertrag ab, durch welchen er sich die Abtretung seines Gutsanteils auszahlen ließ und nur einen Wohnsitz in Golzow behielt. Dadurch hoffte v. Rochow, sich stärker seinen Amtsgeschäften widmen zu können. Vgl.: Rochow-FG, S. 130.

In ähnlicher Weise zeigt sich diese Konstellation auch in der Neumark. Auch hier rekrutierten sich die Landräte aus Familien, die mehrheitlich nur über mittleren und kleineren Gutsbesitz verfügten (Rangstufen 2 bis 4). Allerdings ist dabei zu bedenken, daß in den neumärkischen Kreisen der Wert der meisten Güter ohnehin kaum die Summe von 50 000 Rtl. überstiegen hatte, so daß selbst die in der Übersicht mit der Rangstufe 5 erfaßten Landräte v. Gersdorff und v. Vernezobre nur über Güterbesitz verfügten, der in der Kurmark als „durchschnittlich" angesehen werden würde. Die Übernahme der Charge als Landrat gestaltete sich demzufolge in dieser brandenburgischen Teillandschaft – mehr noch als in der Kurmark – als eine Möglichkeit gering begüterter Geschlechter, Einkommen und Prestige zu erhöhen. Wie stark gerade diese genannten Familien auf die ja nicht gerade üppig bemessene Landratsbesoldung angewiesen waren, erhellt aus den Klagen einiger neumärkischer Amtsträger. Andererseits mußten einige der ins Auge gefaßten Kandidaten ihre Wahl zum Landrat ablehnen, da sie die damit verbundenen Aufgaben nicht mit der Führung ihrer Wirtschaft in Einklang zu bringen vermochten.[976] Der Vergleich der beiden Stichjahre 1713 und 1769/72 belegt, daß sich an dieser Konstellation im Verlauf des 18. Jahrhunderts nichts geändert hatte.

Brandenburgische Adlige als Offiziere

Wenden wir uns nunmehr jener Gruppe innerhalb der Ritterschaft zu, die in wesentlich bedeutenderem Maße als die Amtsträgerschaft die Struktur des brandenburgischen Adels bestimmte: die Offiziere. Die fast vollständige Einbeziehung des Adels in das Offizierkorps galt gemeinhin als das entscheidende Signum für die Interpretation des preußischen Typs der absoluten Monarchie.[977] Den Monarchen sei demnach über dieses Instrument die wirkungsvolle Einbindung der Ritterschaft in den preußischen Staat gelungen, was zugleich einen erheblichen Diszipilinierungsschub bewirkt hätte. Das Militär soll den entscheidenden „stabilisierende[n] Faktor für die ständisch-monarchische Gesellschafts- und Sozialordnung" gebildet haben.[978] Während die Wirkung dieses Prozesses für die peripheren Provinzen des preußischen Staates eher zurückhaltend beurteilt worden ist, galten das Beispiel der brandenburgischen und pommerschen Ritterschaft als Beleg für den fast idealtypisch ablaufenden Prozeß der Monarchisierung und Militarisierung des Adels. Zwar hatte bereits *G. Heinrich* darauf aufmerksam gemacht, daß „fast alle Offiziere der alten Armee vor 1806 zwar Adlige [waren], – aber bei weitem nicht alle Adligen ... als Offiziere dienten".[979] Doch in übergreifenden und populärwissenschaftlichen Darstellungen hielt sich das übermächtig

---

[976] Der 1770 von den Friedeberger Kreisständen zum Landrat gewählte Hauptmann v. Aderkass nahm die Wahl aus diesen Gründen nicht an. Vgl.: Brand. LHA Rep. 3 Nr. 6021, unpag.
Ein v. d. Osten brachte in Erfahrung, daß ein Teil der Sternberger Kreisstände ihn bei der bevorstehenden Landratswahl als Kandidaten favorisierte. Seine „wirtschaftlichen und häuslichen Umstände" ließen ihn von einer Kandidatur allerdings Abstand nehmen. Brand. LHA Rep. 9 B Nr. 557, Bl. 28 f.
[977] In diesem Sinne etwa Carsten, Geschichte der preußischen Junker, S. 40.
[978] Büsch, Militärsystem, S. 167.
[979] Heinrich, Der Adel in Brandenburg-Preußen, S. 308.

aufscheinende, weil so griffig für den Sonderfall Preußen zu instrumentalisierende Bild des adligen Gutsherrn im „blauen Rock des Königs". Daß an diesem, maßgeblich auf *O. Büsch* zurückgehenden Konstrukt erhebliche Zweifel anzumelden sind, wurde bereits in unseren Ausführungen zur wirtschaftlichen Situation des Adels angerissen. Aus der Perspektive der Adelsfamilien konnte dabei deutlich gemacht werden, welche finanzielle Belastung der Militärdienst darstellte, wenngleich natürlich die Kosten für ein Studium oder eine höhere Amtsträgerkarriere in der Regel noch höher ausfallen konnten.[980] Dies gilt es im Blick zu behalten, wenn im folgenden die in den Vasallentabellen enthaltenen Angaben zum Militärdienst des brandenburgischen Adels etwas näher betrachtet werden.

Der Anteil der aktiv im Heer stehenden Rittergutsbesitzer stieg – im Zusammenhang der Verstärkung des Gesamtpersonalbestandes preußischen Armee von etwa 40 000 (1713), über 76 000 (1740) bis auf über 153 000 Mann am Vorabend des Siebenjährigen Krieges[981] – natürlich zwangsläufig an, wenngleich nicht in dem vielleicht erwarteten Maße. Die nachfolgende Übersicht faßt die im Anhang detailliert aufgeschlüsselten Daten[982] für die einzelnen Teillandschaften zusammen, um die Grundtendenz deutlich machen zu können.

Tabelle 37: Anteil der Offiziere unter den adligen Rittergutsbesitzern (1713-1769)

	1713/1718[983]		1751/1759[984]		1769	
	aktiv	frühere Offz.	aktiv	frühere Offz.	aktiv	frühere Offz.
Kurmark	18,5%[985]	13%	27,3%	26,7%	22,7%	33,4%
Neumark	25%[986]	15%	20%	26%	Keine Angaben	

Richten wir unsere Aufmerksamkeit zunächst auf den Vergleich zwischen den beiden brandenburgischen Landschaften. Zu Beginn der Regierungszeit des „Soldatenkönigs" stand in der Neumark ein größerer Prozentsatz an adligen Rittergutsbesitzern im aktiven Militärdienst. In Anlehnung an die von *O. Büsch* für einige ostpreußische Ämter angestellten Beobachtungen über einen Zusammenhang zwischen der wirtschaftlichen Befindlichkeit der Adelsfamilien und der Neigung, in den Militärdienst zu treten, soll auch für die ostbrandenburgischen Kreise dieser Frage nachgegangen werden.[987] Während in der Kurmark fast die Hälfte aller Rittergüter mit einem Wert zwischen 20 000 und 50 000 Rtl. veranschlagt wurde, lagen fast 2/3 der neumärkischen Besitzungen unter einem Wert von 20 000 Rtl. Daraus

---

980 Deshalb plädierte wohl auch Hans Christoph v. Bismarck für eine militärische Karriere seines jüngeren Bruders Georg Achaz, der eigentlich für eine Amtsträgerlaufbahn vorgesehen war, nachdem 1728 ein Obrist Interesse bekundet hatte, ihn in seinem Regiment unterzubringen. Vgl.: LHSA Rep. H Briest Nr. 278, Bl. 28.
981 Vgl.: Jany, Geschichte, Bd. 1, S. 528; Bd. 2, S. 195 ff.
982 Vgl. Tabellen 48-52 im Anhang.
983 1713: Kurmark; 1718: Neumark.
984 1751: Neumark; 1759: Kurmark.
985 davon 2,5 % in auswärtigen Diensten.
986 davon 4% in auswärtigen Diensten.
987 Vgl.: Büsch, Militärsystem, S. 96.

könnte die vorsichtige Annahme abgeleitet werden, daß die wirtschaftliche Befindlichkeit als ein – wenn auch nicht ausschließliches Kriterium – für die Einstellung des Adels zum Militärdienst heranzuziehen ist. Dies müßte seine Bestätigung finden, wenn wir unsere Aufmerksamkeit auf die unterschiedliche Frequentierung der Adelsfamilien in dem Militärdienst richten. Läßt sich der am ostpreußischen Fall gewonnene Befund, wonach die wohlhabenden Grafen- und Freiherrengeschlechter eine geringere Neigung zum Militärdienst entwickelten, auf die brandenburgische Adelsgesellschaft übertragen? Gehen wir von der in den Tabellen 18-20 den Besitzstand widerspiegelnden Rangfolge aus, zeigt sich im beginnenden 18. Jahrhundert nachweislich der Vasallentabellen durchaus bei einigen der vorn plazierten Familien (Ruppin: v. Rohr; Beeskow-Storkow: v. Löschebrand) eine im Vergleich zu ihrer kleinräumlichen Adelslandschaft geringere Einbindung ihrer Angehörigen in das Militär.[988] Dieser Unterschied fällt aber nicht so gravierend aus wie in der ostpreußischen Adelsgesellschaft.[989] Schließlich war der brandenburgische Adel auch nie durch solche auffälligen internen Rangabstufungen wie in Ostpreußen geprägt. Auch in der Altmark, wo eine Reihe wohlhabender Geschlechter ihre Stammbesitzungen zu liegen hatten, kann der unterstellte Zusammenhang nur in einigen Fällen nachgewiesen werden. So standen von den im Stichjahr 1713 aufgeführten 12 Rittergutsbesitzern des Geschlechts v. Alvensleben nur zwei in Militärdiensten, einer davon (Gebhard Johann) überdies in der kurhannoveranischen Armee. Auch von den Söhnen soll sich keiner in brandenburgischen Kriegsdiensten befunden haben.[990] Dagegen stellten die v. Bismarck und v. d. Schulenburg aus ihren Reihen Militärs in einer Zahl, die dem Durchschnitt anderer wenig bemittelter Adelsgeschlechter entsprach, wenn auch zu diesem Zeitpunkt noch häufig in nichtpreußischen Diensten. Die Analyse der Vasallentabellen aus der zweiten Jahrhunderthälfte belegt aber zugleich auch, daß sich die an Einzelfällen zu rekonstruierenden Unterschiede in der Einbindung der Adelsfamilien zunehmend nivellierten. Auch die über überdurchschnittlichen Besitz verfügenden Familien stellten nunmehr in vergleichbarer Zahl Offiziere für das preußische Heer.[991]

Doch richten wir unseren Blick wieder auf die oben präsentierte Übersicht (Tabelle 37), die uns ein generalisierendes Bild der kur- und neumärkischen Teillandschaften vermittelte. Der bis in die 1750er Jahre erfolgende deutlichere Anstieg der im Offiziersdienst stehenden kur-

---

988 Die Rittergutsbesitzer v. Rohr auf Brunn, Tramnitz und Ganzer standen nicht in Militärdiensten, und auch deren Söhne waren nachweislich der Vasallentabelle nicht in der Armee. Bei Chr. F. v. Rohr fand sich der Eintrag, daß er als Leutnant verabschiedet war, und der im Infanterie-Regiment 3 dienende Oberstleutnant J. F. v. Rohr verfügte mit Stöffin und Wustrow nur über kleine Besitzungen und gab als Aufenthaltsort den Rittersitz seines Bruders (Ganzer) an. Die im Kreis Beeskow-Storkow führende Familie v. Löschebrand stellte im Stichjahr keinen Offizier. Vgl.: Brand. LHA Rep. 78 I Gen. Nr. 147.

989 Im Kreis Teltow, wo der Anteil der im aktiven Dienst stehenden Offiziere unter den Rittergutsbesitzern mit 36% ohnehin sehr hoch ausfiel, fanden sich auch in den begütertsten Familien (v. Hake) mehrere Militärs. Eine Ausnahme stellte das Geschlecht der Schenken v. Landsberg dar, das nur einen Militärangehörigen in seinen Reihen zählte, aber zum Zeitpunkt der Erfassung nur noch „auf zwei Augen" stand. Vgl.: Brand. LHA Rep. 78 I Gen. Nr. 147.

990 Ebenda. Ein ähnliches Bild zeigt sich beim Geschlecht derer v. Jagow. Unter den genannten 14 männlichen Geschlechtsmitgliedern gab es keinen einzigen Militärangehörigen.

991 Vgl. dazu die Angaben in den Vasallentabellen von 1759 und 1769 in: Brand. LHA Rep. 78 I Gen. Nr. 168 u. 181.

Die Sozialstruktur der brandenburgischen Ritterschaft

märkischen Vasallen im Vergleich zur Neumark ist natürlich zunächst einmal darauf zurückzuführen, daß für diese Landschaft das vorliegende Erfassungsjahr 1759 bereits in der Zeit des Siebenjährigen Krieges lag. Zu diesem Zeitpunkt war ein Teil der bereits verabschiedeten Offiziere wieder reaktiviert worden.

Des weiteren verbergen sich hinter diesem für die Neumark eher stagnierenden Trend natürlich auch Zufälligkeiten, die mit der Altersstruktur der Vasallen in den jeweiligen Teillandschaften zusammenhingen. Im Kreis Arnswalde lag das Durchschnittsalter der Rittergutsbesitzer z.B. bei 52 Jahren! Die Mehrheit der in Frage kommenden Adligen hätte demnach aus Altersgründen bereits den Dienst quittiert und sich der Bewirtschaftung ihrer Güter zugewandt haben müssen. Dagegen kann diese Erklärung für den ebenfalls zur Neumark gehörenden Kreis Königsberg nur bedingt greifen. Hier lag das Durchschnittsalter der Vasallen bei 40,5 Jahren. Auch relativ junge Rittergutsbesitzer hatten nach diesem Befund ihre aktive Dienstzeit bereits hinter sich gelassen. Auf Wardin lebte der erst 28jährige Leutnant a.D. Georg Ludwig v. Mühlheim, auf Bellin der 30jährige Leutnant a.D. E. v. Wobeser; auch der 31jährige Georg Friedrich v. d. Marwitz hatte nach neunjährigem Dienst als Leutnant um seinen Abschied nachgesucht und wohnte seitdem auf seinem Gut Sellin.[992] Zum einen können hier jene, sich für die Zeit nach dem Siebenjährigen Krieg noch verschärfenden, die Karriere ungünstig beeinflussenden Beförderungsbedingungen vermutet werden.[993] Zum anderen dürfte die Antwort für diese Erscheinung in den Zwängen liegen, in die Adlige niederer Offiziersränge eingebunden waren. Die „Sorge um den Besitz" veranlaßte viele adlige Militärs, „vorzeitig zum Landleben" zurückzukehren.[994] Ein solcher Wechsel wurde auch dadurch erleichtert, da die Arbeitsorganisation auf den meisten Rittergütern einfach strukturiert war und die betreffenden Adligen ohnehin kaum die Verbindung zum landwirtschaftlichen Metier verloren hatten.[995] Die Tendenz einer vorzeitigen Zuwendung zum heimatlichen Rittergut schien sich im Verlauf des 18. Jahrhunderts – so ließe sich aus dem unterbreiteten Material schließen – dahingehend zu verstärken, daß der aktive Dienst dann beendet wurde, wenn sich die Chance der Übernahme eines Gutes ergab.[996] Dagegen konnten die in höhere Chargen aufsteigenden Offiziere die doppelte Belastung des Garnisondienstes und der Führung der Besitzungen weitaus besser in Einklang bringen. Damit gewinnt die generell für die militärische Praxis abzuleitende Erkenntnis, daß „das Soldatsein vielfach nur einen wenige

---

992 Angaben nach: Brand. LHA Rep. 78 I Gen. 170.
993 Vgl. hierzu viele überlieferte Fälle von Offiziersklagen während der Regierungszeit des „Soldatenkönigs", bei Beförderungen zurückgestellt oder übergangen worden zu sein in der Akte: GStAPK I. HA, Rep. 96 Nr. 519 B.
994 So resümierend in der Geschichte der neumärkischen Familie v. Winning. Vgl.: Winning-FG, S. 202.
995 Vgl. entsprechende Beobachtungen am Beispiel einer hinterpommerschen Adelsfamilie: Massow-FG, S. 169.
996 Joachim Friedrich v. Stechow schied als Leutnant „aus dem Militärdienst aus, um seine Güter zu bewirtschaften". Stechow-FG, S. 127. Ebenso beendete Rüdiger Ernst v. Werder 1705 seine kurze militärische Laufbahn, weil seine Präsenz als Alleinerbe auf seinen Gütern gefragt war. Vgl.: Werder-FG, Bd. 2, S. 329. Auch Sigmund Friedrich v. Redern nahm bereits nach wenigen Jahren 1720 seinen Abschied, um die wieder eingelösten altmärkischen Güter verwalten zu können. Vgl.: Redern-FG, Bd. 2, S. 86.

Jahre umfassenden Lebensabschnitt" ausfüllte, gerade für die Bewertung der Einbindung des Adels in die Armee eine wichtige Bedeutung.[997]

In der zehn Jahre später erfolgenden Erhebung von 1769 zeigten sich wiederum folgende aufschlußreiche Entwicklungen[998]: Der Anteil der in aktivem Militärdienst stehenden kurmärkischen Vasallen gestaltete sich rückläufig, während die Zahl der ohne Amt bzw. militärische Charge auf ihrem Rittersitz lebenden Adligen leicht angestiegen war. In fünf Kreisen (Zauche, Ober- und Niederbarnim, Altmark und Teltow) ist dieser Trend in besonderer Deutlichkeit abzulesen, während diese Werte in den anderen Kreisen eher stagnierten. Nur Ruppin bildete eine Ausnahme. Hier erhöhte sich der Anteil der im aktiven Militärdienst stehenden Vasallen nochmals um 6% und erreichte für 1769 somit unter den kurmärkischen Adelslandschaften – neben der Altmark – einen Spitzenwert von 34%. Sein Pendant findet diese Entwicklung innerhalb der Rubrik der ohne Dienst auf ihren Gütern lebenden Rittergutsbesitzer. Auch hier wurden für einige Kreise im Stichjahr 1759 die niedrigsten Zahlen erreicht, während die Werte für 1769 sich langsam wieder denen von 1713 anglichen. In einigen Kreisen (Zauche, Oberbarnim, Prignitz, Uckermark) lebten sogar 1769 prozentual mehr Adlige auf ihren Gütern als 1713! Ein kontinuierlicher Anstieg ist dagegen für alle Teillandschaften in der Kategorie der verabschiedeten Offiziere abzulesen. Für das Dezenium nach dem Siebenjährigen Krieg kann davon ausgegangen werden, daß etwa 1/3 aller kurmärkischen Rittergutsbesitzer im Heer gedient hatten, zu Beginn des Jahrhunderts belief sich dieser Anteil auf etwa nur 1/7.

Man könnte nun einwenden, daß die zwischen 1759 und 1769 retardierende Entwicklung nur auf den Siebenjährigen Krieg mit all seinen Implikationen für die Adelsgesellschaften zurückzuführen wäre. Doch ein Vergleich mit den für die Neumark ermittelten Daten relativiert diesen Eindruck.[999] Schließlich lag das zweite Erfassungsjahr für diese märkische Teillandschaft fünf Jahre vor Beginn des Siebenjährigen Krieges! Dennoch sind auch hier schon ähnliche Trends zu erkennen wie in der Kurmark. Der Anteil der sich zum Zeitpunkt der Erhebung im Heer befindenden Rittergutsbesitzer stagnierte bereits 1751 bei 20%, während der prozentuale Wert der ohne Dienst auf den Gütern lebenden Vasallen sogar von 51% auf 57% gestiegen war. Allerdings entsprach der von 15% auf 26% gestiegene Anteil der verabschiedeten Offiziere durchaus der Wirkung auf eine umfassendere Indienstnahme des Adels. Somit war in der Jahrhundertmitte etwa die Hälfte der neumärkischen adligen Rittergutsbesitzer vom Militärdienst erfaßt.

Damit wird nunmehr für das gesamte Untersuchungsgebiet eine generelle Tendenz bestätigt: Der Anteil der zum Zeitpunkt der jeweiligen Erfassung aktiv im Heer dienenden adligen Rittergutsbesitzer nahm seit der Jahrhundertmitte ab; lediglich in der Zeit des Siebenjährigen Krieges kam es noch einmal zu einer kurzen Trendwende. Diese Entwicklung sollte auch über unseren Untersuchungszeitraum hinaus anhalten, denn nach den Erhebungen von *F. Martiny* ging die Quote der aktiven Offiziere unter den Vasallen sogar bis auf 15,9% zu-

---

997 Kroener, „Das Schwungrad ...", S. 5.
998 Vgl. hierzu auch die Angaben in Tabelle 52 im Anhang.
999 Vgl. Tabelle 50 im Anhang.

rück.[1000] Um die Mitte des 18. Jahrhunderts hatte offenbar die Indienstnahme zumindest des an Landbesitz gebundenen brandenburgischen Adels in der Armee ihre quantitative Grenze erreicht. Die Attraktivität eines langjährigen Militärdienstes für die jungen Adligen hatte spürbar abgenommen. Eine Beförderungspraxis, die streng das Anciennitätsprinzip einhielt und zum anderen eine Verabschiedung von alten Offizieren oft nur bei Invalidität oder schlechter Führung als erforderlich ansah, mußte sich zwangsläufig wenig förderlich auf die Entscheidung zum Beginn oder Fortsetzung einer Militärkarriere bei einem jungen Adligen auswirken.[1001] In vielen Suppliken wurde dieses, den Adel der Gesamtmonarchie tangierende Problem auch durch Offiziere aus der brandenburgischen Ritterschaft thematisiert. Der Leutnant Friedrich Wilhelm v. Stechow stand nach eigener Angabe schon 20 Jahre in Diensten und bat endlich um eine Beförderung.[1002] Ebenso sei es dem Capitain G. v. Flemming „höchst schmerzhafft, daß verschiedene Officiers, welche noch Leutnants, wie ich bereits Capitaine gewesen", ihm bei der Beförderung zu Stabsoffizieren vorgezogen worden seien.[1003]

Ausgehend von diesen recht einleuchtenden Zusammenhängen können durch die Auswertung der Vasallentabellen auch Einsichten in die interne Struktur der Ritterschaft gewonnen werden. Bereits bei der Erörterung der Zahlen für die Amtsträger unter den Vasallen ist auf die Korrelation zwischen den Angaben in den jeweiligen „Berufs"-Kategorien und der Rubrik „auf dem Gut lebend" hingewiesen worden. Auch bei den Offizieren gilt es, diese Verbindung zu berücksichtigen. Viele Rittergutsbesitzer, die aktiv im Militärdienst standen, benannten ihr Gut häufig als Aufenthaltsort. Lediglich bei den in sehr hohen Chargen stehenden Militärs (Obristen und Generäle) wurde in der Regel der Garnisonsort aufgeführt.[1004] Dieser Eintragungsmodus bestätigt eine auch aus anderen Quellen bekannte Beobachtung, daß die Offiziere mitunter nur einen Teil des Jahres in der Garnison verbrachten, ansonsten aber sich auf ihren Gütern aufhielten. So gaben im Kreis Teltow von den 14 Militärs unter den Rittergutsbesitzern 9 (= 36%) ihr Gut als derzeitigen Wohnsitz an. Auch hier waren es wieder die hohen Offiziere, die wie der Generalleutnant F. W. v. Schlabrendorff oder der Generalmajor C. H. Freiherr v. Löben ihre Garnisonsorte in dieser Rubrik benannten.[1005]

Die am Beispiel der Kurmark vorgestellten Konstellationen spiegelten sich auch innerhalb der Neumark wider. Auch hier ist davon auszugehen, daß ein großer Teil der Offiziere sich längere Zeit auf den Gütern aufhielt, somit also die Abgrenzung zwischen den Rubriken

---

1000 Vgl.: Martiny, Die Adelsfrage, S. 109.
1001 Die nur kurze Dienstzeit Ehrenreichs v. Redern beim Regiment v. Möllendorff wurde z.B. damit erklärt, daß er wegen zweier Beförderungs-„Einschübe aus dem Kadettenkorps ... wenig Aussicht [gehabt hätte,] vorwärts zu kommen". 1754 nahm er deshalb seinen Abschied. Redern-FG, Bd. 2, S. 201.
Vgl. allgemein zu diesem Problemkreis: Untersuchungen zur Geschichte des Offizierskorps. Anciennität und Beförderung nach Leistung (hrsg. v. Militärgeschichtlichen Forschungsamt), Stuttgart 1962.
1002 Vgl.: GStAPK I. HA, Rep. 96 Nr. 610 B, Bl. 22.
1003 Ebenda, Bl. 47.
1004 5 der 6 erfaßten Militärs gaben z.B. in der ruppinischen Vasallentabelle ihr Gut als Wohnsitz an; nur der Baron v. Schwendi auf Buschow nannte als Kommandeur des Infanterieregiments 24 seinen Garnisonsort Spandau als Aufenthaltsort. Vgl.: Brand. LHA Rep. 78 I Nr. 147.
1005 Vgl.: ebenda.

"auf Gut lebende Vasallen" und "Offizieren" schwer fällt. Bestenfalls können daraus Trends abgeleitet werden. Während z.B. im Kreis Cottbus oder Schivelbein nur wenige Rittergutsbesitzer einen Offiziersdienstgrad angegeben hatten und demnach der Anteil der auf dem Gut lebenden Vasallen sehr hoch ausfiel, stand im Kreis Soldin ein Offiziers-Anteil von 53% aller Rittergutsbesitzer dem Wert von 46% der ständig auf dem Gut lebenden Vasallen gegenüber. Ein Vergleich der Zahlen der aktiv als Offiziere dienenden Rittergutsbesitzer mit denen, die bereits aus militärischen Diensten wieder verabschiedet worden waren, läßt eine weitere Schlußfolgerung zu: In solchen Adelslandschaften wie Soldin, Friedeberg oder Landsberg mit einem vergleichsweise geringeren Anteil ehemaliger Militärs ist die Umorientierung des Adels offenbar erst am Ende des ersten und zu Beginn des zweiten Jahrzehnts des 18. Jahrhunderts erfolgt, denn zum Zeitpunkt der Erfassung (1718) standen gerade in den genannten Kreisen sehr viele adlige Rittergutsbesitzer im Heer.[1006] Dagegen wurden z.B. im Kreis Sternberg in diesem Stichjahr mehr ehemalige (25%) als aktiv dienende Militärs (19%) erfaßt.

Insgesamt ist im Vergleich zum ersten Erhebungsjahr 1713 eine Abnahme der sich ohne aktiven Militärdienst auf ihren Gütern aufhaltenden Adligen zu erkennen. Doch auch hier sind zwischen den Teillandschaften Unterschiede auszumachen. Einen besonders deutlichen Angleichungseffekt weisen jene Kreise (Beeskow-Storkow, Zauche, Teltow und Ruppin) auf, in denen 1713 noch eine sehr große Zahl von Vasallen nicht im Militär oder als Amtsträger in Diensten gestanden hatte. Andere Teillandschaften wie die Prignitz oder das Havelland zeigen dagegen eine gewisse Resistenz gegenüber einer umfassenderen Indienstnahme des dort ansässigen Adels. Die Zahlen der auf dem Gut lebenden Vasallen und der in aktiven Militärdiensten stehenden Rittergutsbesitzer wichen hier kaum von den Werten des Stichjahres 1713 ab. Auch die Auswertung des Materials zu den neumärkischen Kreisen macht auf Abweichungen von der insgesamt auf eine stärkere Einbindung in den aktiven Militärdienst hinauslaufenden Entwicklung aufmerksam. Auf diesem Untersuchungsfeld stagnierten in einigen Kreisen die Werte bzw. verkehren sich gar in ihr Gegenteil (z.B. Arnswalde und Königsberg), so daß im Stichjahr 1751 prozentual mehr Rittergutsbesitzer ohne aktiven Dienst auf ihren Gütern lebten als 1713. Auch der Anteil der als Offiziere dienenden Rittergutsbesitzer blieb fast gleich (20%).

Das Verhältnis der beiden in den Vasallentabellen aufgeführten Kategorien "auf Gut lebende Vasallen" und "Offiziere" verweist jedoch noch auf ein weiteres wichtiges Problem: In übergreifenden Darstellungen werden im Zusammenhang von Typologisierungen des Adels gern solche Begriffe wie "Landadel", "Hofadel" und "Militäradel" verwandt.[1007] Dabei bot es sich natürlich im Sinne der oben kurz charakterisierten Interpretationslinie zum preußischen Fall an, den Adel in den Kernlandschaften der Hohenzollernmonarchie der Sozialisationsform

---

1006 Vgl.: Tabelle 49 im Anhang.
1007 Vgl. die übergreifenden Ausführungen im Artikel „Adel", in: Geschichtliche Grundbegriffe. Historisches Lexikon zur politisch-sozialen Sprache in Deutschland, hrsg. v. O. Brunner u.a., Bd. 1, Stuttgart 1972, hier v.a. S. 18 ff. Zum „Militäradel" vgl. insbesondere auch die entsprechenden Abschnitte in dem vom Militärgeschichtlichen Forschungsamt hrsg. Handbuch zur deutschen Militärgeschichte 1648-1939, Bd. 1.1, München 1979.

„Militäradel" zuzuordnen. Damit wurde auf seine exorbitante Stellung in Verbindung mit dem Ausbau des Militärsystems aufmerksam gemacht und zugleich ein weiterer Mosaikstein für das theoretische Konstrukt einer „sozialen Militarisierung" der altpreußischen Gesellschaft geliefert. Nun ist aber dieser, vor allem auf die einschlägige Studie von *O. Büsch* zurückgehende Begriff in den letzten Jahren sehr in die Kritik geraten.[1008] Und das durch die quantitative Analyse ermittelte Resultat, daß die Mehrheit der Adligen eben nur einen Teil ihres Lebens in Militärdiensten gestanden hatte, spricht ebenfalls gegen diese Annahme. Die vorschnelle Zuordnung der brandenburgischen Ritterschaft zu einem in anderen europäischen Monarchien ja durchaus vorhandenen „Militäradel" läßt darüber hinaus noch einen weiteren Aspekt außer Acht: Die Doppelstellung der sowohl in die Armee eingebundenen als auch ihrem Rittergut vorstehenden Adligen bedeutete, daß sie mit verschiedenen Loyalitäten zurechtkommen mußten. Als Rittergutsbesitzer nahmen sie an der Arbeit der ständischen Gremien in ihren Teillandschaften, so z.B. den Kreisversammlungen teil. Dort blieben ihnen natürlich die vielfältigen Belastungen und Klagen nicht verborgen, die – durch den zunehmenden Ausbau des Militärsystems bedingt – die Oberstände beschäftigten.[1009] Die häufig zu findende Eintragung in den Vasallentabellen, daß der in Offiziersdiensten stehende Rittergutsbesitzer auf dem Gut präsent sei, wäre natürlich dahingehend zu deuten, daß er in Friedenszeiten einige Wochen und Monate im Jahr nicht in der Garnison stand, sondern sich um die Obliegenheiten seiner Besitzungen kümmern konnte. Daß dies mitunter zwingend erforderlich schien, zeigen Quellenbelege aus einer anderen Perspektive: Der Leutnant Georg Friedrich v. Bismarck klagte seinem Regimentskommandeur, dem Grafen v. Lottum, am 4. April 1718 darüber, daß er schon lange Zeit „von seynen Güthern entfernet [sei] und derselben Administration anderen überlassen muß, wodurch mir aber bis dato kein Vortheil, sondern vielmehr großer Schade zugewachsen".[1010] Der in der Neumark angesessene Leutnant v. Sydow bekundete in einem am 9. Juli 1743 an den König gerichteten Schreiben recht deutlich seinen Unmut über den Pächter seiner Güter. Da bisherige Bemühungen nichts gefruchtet hätten und er auf Grund seines Militärdienstes nicht selbst vor Ort sein könne, wolle er durch einen ihm verwandten Rittergutsbesitzer „die bisherige Wirtschaft meines liederlichen Arrendatoris untersuchen lassen".[1011] Zu einem Präzedenzfall wollte gar ein v. Wedel die gerichtliche Auseinandersetzung zwischen dem Leutnant v. Roehden und dessen Pächter J. Pieper erheben. Da der Leutnant wegen seiner dienstlichen Verpflichtungen abwesend sein mußte, hatte der v. Wedel dessen Gerichtsverwaltung übernommen. In dieser Eigenschaft kritisierte er die Entscheidung des Berliner Kammergerichts zugunsten des Pächters. Da-

---

[1008] Vgl. jüngst hierzu die Aufsätze von P.H. Wilson: Social Militarization in Eighteenh-Century Germany, in: German History 18 (2000), S. 1-39 und R. Pröve: Vom Schmuddelkind zur anerkannten Subdisziplin. Die „neue Militärgeschichte" der Frühen Neuzeit – Perspektiven, Entwicklungen, Probleme, in GWU 51 (2000), S. 597-612, hier S. 604 f.

[1009] Mit Belegen bei F. Göse: Landstände und Militär. Die Haltung der kur- und neumärkischen Ständerepräsentanten zum brandenburg-preußischen Militärsystem im ausgehenden 17. und 18. Jahrhundert, in: Militär und ländliche Gesellschaft, hrsg. v. St. Kroll/ K. Krüger, Hamburg/Münster/London 2000, S. 191-222, hier S. 220 f.

[1010] GStAPK I. HA, Rep. 96 Nr. 519 D, Bl. 15.

[1011] Ebenda, Nr. 435 S 23, unpag.

durch würden „gar üble Folgen vor die in hiesiger Gegend wohnende Herrschaften entstehen ... und würden in specie die Officiers so in kgl. Diensten leben, sehr übel daran seyn und hinfort in ihrer Abwesenheit niemand bekommen können, welcher auf ihren Gütern die Jurisdiction an ihrer statt übernehme".[1012] Einen anderen, sich aus der Abwesenheit von ihren Besitzungen ergebenden Mißstand thematisierten die drei als Leutnante in unterschiedlichen Garnisonorten dienenden Gebrüder von Flans im Jahre 1736 in einem an den König gerichteten Brief. Unerfreuliche Entwicklungen seien demnach auf ihrem Gut Groß Ziethen (Kr. Teltow) eingetreten: Kurze Zeit, nachdem „unser seeliger Vater ... verstorben und wir seine Söhne und Lehnsfolger unserer Kriegsdienste halber nicht gegenwärtig seyn könten, so verfielen gedachte Unterthanen unter anderen Excessen so weit, daß sie sich einer Fischerey anmaßen wollten." Der Konflikt spitzte sich dann soweit zu, daß es zu „unerhörten und unerlaubten Thätlichkeiten in der Gerichtsstube kam".[1013] Mit solchen Vorfällen, die sich auch für die anderen Teile der Hohenzollernmonarchie belegen ließen[1014], dürfte zugleich die These einer rigideren Behandlung der Untertanen durch einen im Militärdienst stehenden Gutsherrn im Vergleich zu seinen „zivilen" Standesgenossen, zumindest in ihrer Verallgemeinerung, in Frage gestellt werden.

Hat man diese Zwänge und Abhängigkeiten im Blick, ist die Schlußfolgerung naheliegend, daß der durchschnittliche, aus der einheimischen Ritterschaft stammende Offizier nicht jene Voraussetzungen für eine Zuordnung zu einem „Militäradel" erfüllte, die etwa bei einem Teil des Adels in der österreichischen Habsburgermonarchie durchaus gegeben erschienen. Hier handelte es sich vor allem um Offiziere, die über kein Gut verfügten und oftmals erst während ihres Militärdienstes nobilitiert worden waren.[1015] Ebenso sind solche Beobachtungen für Bayern zu machen. Im bayerischen Heer, in dem stets ein hoher Anteil ausländischer Offiziere diente, war der einheimische Adel nur schwach vertreten.[1016] Vielmehr kam es zur Herausbildung eines „kleinadligen Offiziersproletariats, das außer einem überspitzten Ehrbegriff kaum eine Bindung und vor allem keinerlei Besitz kannte".[1017] Die in der zweiten

---

1012 Ebenda, Rep. 21 Nr. 72, Fasz. 2, unpag.
1013 Ebenda, Rep. 22 Nr. 94, unpag.
1014 Für das preußische Westfalen vgl.: J. Kloosterhuis (Bearb.), Bauern, Bürger und Soldaten. Quellen zur Sozialisation des Militärsystems im preußischen Westfalen 1713-1803, Bd. 2 Regesten, Münster 1992, S. 369.
1015 Vgl. dazu jüngst die Studien von M. Hochedlinger: Mars Ennobled. The Ascent of the Military and the Creation of a Military Nobility in Mid-Eighteenth-Century Austria. In: German History, Vol. 17, Nr. 2 (1999) 141-176; ders.: Rekrutierung – Militarisierung – Modernisierung. Militär und ländliche Gesellschaft in der Habsburgermonarchie im Zeitalter des Aufgeklärten Absolutismus, in: St. Kroll/K. Krüger (Hg.), Militär und ländliche Gesellschaft in der frühen Neuzeit, Münster/Hamburg/London 2000, S. 327-375; unter vergleichendem Aspekt: F. Göse: Zum Verhältnis von landadliger Sozialisation zu adliger Militärkarriere. Das Beispiel Preußen und Österreich im ausgehenden 17. und 18. Jahrhundert, in: MIÖG 109 (2001), S. 118-153.
1016 Vgl.: E. Staudinger: Geschichte des bayerischen Heeres, Bd. 1, München 1901, S. 333 f.
1017 Hofmann, Adlige Herrschaft, S. 142.
Für Kursachsen verfügt man zur Zeit noch über keine zuverlässigen Angaben über die Einbindung des einheimischen Adels in das Offizierkorps. Vgl. dazu die im Entstehen begriffene Habilitationsschrift von St. Kroll. Allerdings darf der im Vergleich zum preußischen Heer stets große Anteil bürgerlicher Offiziere in der kursächsischen Armee in der Forschung als gesichert gelten. Vgl.: R. Müller: Die Armee Augusts des Starken. Das sächsische Heer von 1730 bis 1733, Berlin 1984, S. 23.

Hälfte des 18. Jahrhunderts den französischen Adel beschäftigende Diskussion über die Einführung einer „noblesse militaire" zeigt ebenfalls die qualitativ von den brandenburg-preußischen Verhältnissen differierenden Sozialisationsbedingungen eines „Militäradels". Hier hatte sich ein zunehmend verarmender, besitzloser Landadel, deren Angehörige zugleich das Offizierkorps in der französischen Armee stellten, der wachsenden Konkurrenz des wohlhabenden, aus der noblesse de robe entstammenden Neuadels zu erwehren. Verschärft wurde die Situation durch ein wachsendes Überangebot an Offizieren. Als defensive Reaktion auf diese Herausforderung wurde auf die Bildung einer ständisch abgeschlossenen „noblesse militair" orientiert.[1018]

Als Fazit bleibt also ein scheinbar paradox anmutender Befund: Die von der Krone intendierte, und bis zu einem vergleichbar hohen Grade auch erreichte Einbindung des brandenburgischen rittergutsbesitzenden Adels in das Heer führte nicht zur Herausbildung eines originären „Militäradels". Eine solche Entwicklung hätte vielmehr durch eine weitgehende Trennung des Adels vom Landbesitz und damit auch einer Entfremdung vom ständischen Hintergrund seiner Teillandschaft begleitet sein müssen. Die Vasallentabellen bieten uns allerdings zu einer solchen Gruppe innerhalb des brandenburgischen Adels, die im letzten Drittel des 18. Jahrhunderts durchaus im Steigen begriffen war, nur wenige Informationen. Denn das einerseits anwachsende Offizierkorps und die andererseits abnehmende Zahl der aktiv im Militär dienenden Rittergutsbesitzer ist dahingehend zu deuten, daß besitzlose Adlige in zunehmendem Maße das Offizierkorps bestimmt hatten.[1019] Dies korrespondiert auch mit entsprechenden Eintragungen in den Vasallentabellen, wonach in zunehmendem Maße Adlige ohne eigene Rittergüter aufgeführt wurden.[1020] In mehreren Fällen handelte es sich dabei um Brüder oder nachgeborene Söhne[1021] von Rittergutsbesitzern, die offenbar bei Erbgängen nicht mehr berücksichtigt werden konnten; andere Eintragungen wiesen wiederum auf wenige Jahre zuvor erfolgte Verkäufe ihrer ehemaligen Besitzungen hin.[1022]

Zwar wäre nach den bisherigen Beobachtungen für unseren Untersuchungszeitraum kein „reiner" Militäradel zu verifizieren, dennoch ist andererseits natürlich nicht zu übersehen, daß die Sozialisation eines nicht geringen Teils des landbesitzenden Adels in der Armee durchaus zu Veränderungen in den Wertvorstellungen und mentalen Normen der brandenburgischen Ritterschaft geführt hatte. Denn in vielen Fällen blieb bei den verabschiedeten und nunmehr auf ihren Besitzungen lebenden adligen Offizieren eine individuell starke

---

1018 Vgl. dazu: C. Opitz-Belakathal: Militärreformen zwischen Bürokratisierung und Adelsreaktion: das französische Kriegsministerium und seine Reformen im Offizierkorps von 1760-1790, Sigmaringen 1994, S. 42 f.
1019 So die Schlußfolgerung von Martiny, Die Adelsfrage, S. 67.
1020 So wurden in den Vasallentabellen des Jahres 1772 für die neumärkischen Kreise Königsberg und Friedeberg jeweils acht, für Arnswalde sechs, für den Kreis Dramburg vier, für Schievelbein 11, für Krossen und Sternberg jeweils 20, für Züllichau sieben und für den Kreis Cottbus 17 Adlige als zwar im Kreis wohnhaft, aber „ohne Güter" aufgeführt. Vgl.: Brand. LHA Rep. 23 B Nr. 1201.
1021 Diese wurden dann mitunter als „Gesamthänder" eingetragen, aber ohne eigenen Besitz.
1022 So hätten die Gebrüder v. d. Marwitz ihr im Kreis Cottbus gelegenes Gut Cunersdorf einige Jahre zuvor an den Oberstleutnant v. Löben verkauft; ebenso sollen nachweislich der Vasallentabelle Julius Ulrich v. Buggenhagen sowie die drei Gebrüder v. Schönfeldt ihre Besitzungen veräußert haben. Vgl.: Brand. LHA Rep. 23 B Nr. 1201.

Orientierung auf das Militär erhalten. Davon künden nicht nur die von den ehemaligen Offizieren gewünschte detaillierte Auflistung ihrer Dienstgrade und Regimentszugehörigkeit in den Vasallentabellen, sondern z.B. auch solche Suppliken, die indirekt eine gewisse Erwartungshaltung innerhalb der kleinräumlichen Adelslandschaften reflektierten. Ein auf Markendorf (Kr. Lebus) ansässiger Major a. D. v. Burgsdorff bat im Dezember 1754 den König, ihn mit dem „Charakter" eines Stabsoffiziers zu begnadigen. Bedeutsam erschien ihm dabei auch, welche Uniform er denn in seinem künftigen sozialen Umfeld tragen dürfe.[1023] In eine ähnliche Richtung zielte der Wunsch des am Ende seiner militärischen Laufbahn stehenden Majors Friedrich Wilhelm v. Arnim. Er bat, wenn der König keine passende Verwendung mehr für ihn fände, um seinen offiziellen Abschied. Aufschlußreich erschien dabei die in der Supplik enthaltene Bemerkung, daß es „in dieser Gegendt denen mehresten anstößig ist, das er nicht in Diensten [stünde] und keinen Abscheidt habe". Für seine Reputation erschiene es angebracht, daß er als Oberstleutnant demissionieren könne.[1024] Dieser Einwand zeigt, welchen hohen Stellenwert eine anerkannte Dienstzeit und ein ehrenhafter Abschied unter den Standesgenossen erreicht hatte. Großes Ungemach konnte eine Adelsfamilie deshalb ereilen, wenn sich in ihren Reihen ein Offizier mit unehrenhaftem Verhalten fand. Der Landrat Daniel Ludolf v. d. Schulenburg erwähnte in seiner Korrespondenz im Jahre 1718 einen solchen Fall. Mit bewegten Worten schilderte er das bedauernswerte Schicksal einer Frau v. Schenk und ihrer Kinder, die „durch des flüchtigen Herrn Leutnants Unglück ... ohne alles Verschulden in die größeste Noht und Elend sich gestürzet sehen".[1025]

Die Sozialisation der Vasallensöhne

Ein isolierter Blick auf die Rittergutsbesitzer allein kann jedoch nicht genügenden Aufschluß über die allgemeinen Entwicklungen der Sozialstruktur des brandenburgischen Adels bieten. Es ist davon auszugehen, daß Umorientierungen in den Karriereoptionen der Familien zumeist in der nächstfolgenden Generation erfolgten. Deshalb richtete wohl auch die Krone verstärkt ihre Anstrengungen darauf, die Söhne der märkischen Rittergutsbesitzer für eine Militär- oder Amtsträgerlaufbahn zu gewinnen. Die Landräte wurden z.B. 1739 angewiesen, sich um die jungen Adligen „mehr als bisher [zu] bekümmern, solche selbst [zu] sehen und kennen[zu]lernen ...".[1026]

Auch die folgende Analyse stützt sich auf das im Anhang ausgebreitete statistische Material (Tabellen 53-56). Die in den Vasallentabellen zu den Söhnen der Rittergutsbesitzer aufgenommenen Angaben werden solchen Rubriken zugeordnet, die in etwa das Spektrum der in Frage kommenden Sozialisationsmöglichkeiten eines jungen Adligen abdecken. Damit das Bild ausgewogener und aussagekräftiger wird, ermitteln wir die Prozentwerte für die einzelnen Rubriken nicht nach der Gesamtzahl der vorhandenen Vasallensöhne, sondern gehen

---

1023 Vgl.: GStAPK I. HA, Rep. 96 Nr. 610 B, Bl. 19.
1024 Ebenda, Bl. 26.
1025 LHSA Rep. H Beetzendorf II. II Personalarchiv, Nr. 173, Bl. 31.
1026 A.B.B., Bd. 5.2, S. 817.

Die Sozialstruktur der brandenburgischen Ritterschaft 233

von den über 12 Jahre alten Personen aus. In diesem Lebensalter wurde zumeist entschieden, welche Variante der künftigen Ausbildung bzw. „Berufs"wahl der junge Adlige einschlug. Zum anderen gründet sich die Beschränkung auf die über 12jährigen Vasallensöhne auch auf die Tatsache, daß ein nicht unbeträchtlicher Teil der in den Vasallentabellen erfaßten Söhne auf Grund der ja auch beim Adel recht hohen Kindersterblichkeit nicht das Jugendalter erreicht hatte.
In dem in der Tabelle 53 ausgebreiteten Zahlenmaterial für das Stichjahr 1713 ist ein ähnlich großes Spannungsfeld innerhalb der verschiedenen Existenzformen des jungen Adels zu erkennen wie dies bei den Rittergutsbesitzern vorgeführt wurde (von 13% auf ihren heimatlichen Gütern lebenden Vasallensöhnen in Beeskow-Storkow bis zu einem Anteil über 50% im Niederbarnim, Teltow und in der Prignitz). Dennoch ist daraus kein direkter Zusammenhang zwischen den Werten der Vasallen und der Vasallensöhne bezüglich der Frequentierung der einzelnen Berufsgruppen abzuleiten.[1027] Beeskow-Storkow stand z.B. mit seinen Werten „aktiv als Offiziere dienender Rittergutsbesitzer" am Ende der Skala, während die Vasallensöhne mit einem Anteil von 48% die kurmärkischen Teillandschaften anführten und damit weit über dem Durchschnittswert (28%) lagen. Offenbar wollte diese kleinräumige Adelsgesellschaft auf diesem Feld „aufholen" und war demzufolge bereit, ihrem Nachwuchs die Möglichkeit der Militärkarriere zu eröffnen; ob auch ein gezielter Druck seitens der Krone dahinterstand, muß im Bereich des Spekulativen bleiben. Koinzidenzen sind im Havelland (22% aller Rittergutsbesitzer und 21% der Vasallensöhne stehen im Heer) oder im Teltow abzulesen. Hier findet man bereits im Stichjahr 1713 mit 36% einen großen Teil der Rittergutsbesitzer in militärischen Diensten. Der Nachwuchs orientierte sich ähnlich: Der Anteil von 29% entsprach dem Durchschnittswert in der Kurmark.
Ausbildungsformen außerhalb des militärischen Metiers kamen dagegen seltener in Betracht. Die noch bis in das frühe 18. Jahrhundert nachweisbaren Kavalierstouren junger brandenburgischer Adliger, die sie vor allem nach Frankreich[1028], Italien, aber auch in die Schweiz[1029] oder in die Niederlande[1030] geführt hatten, traten deutlich zurück. Lediglich der Universitätsbesuch wurde noch durch eine kleinere Gruppe von Vasallensöhnen (33) favorisiert, während Pageninstitut, Schule oder Ritterakademie kaum ins Gewicht fielen. Das Pagenwesen schien unter Friedrich Wilhelm I. und Friedrich dem Großen eine eher sozial

---

1027 Vgl. hierzu die Angaben in Tabelle 48.
1028 Georg Friedrich v. d. Borne, der Sohn des Kanzlers Hans Georg. Borne-FG, S. 114. Johann Georg v. d. Marwitz mit seinem Vetter, auch nach England und in die Niederlande. Vgl.: Diest, Marwitz-FG, S. 72.
1029 Daß hier kleinere Gruppen von Adelssöhnen aus einer Adelslandschaft gemeinsam reisten, zeigt z.B. die Korrespondenz des Hans Christoph v. Bismarck. Am 5. November 1658 ließ er sich aus Genf vernehmen, worin er neben der Information über erste Fortschritte in der französischen Sprache bedauerte, daß sein Reisegefährte v. Mörner nicht dageblieben wäre. LHSA Rep. H Briest, Nr. 203, Bl. 19. Ebenso suchte sich Hans Georg III. v. Ribbeck „wegen der großen Gefahren" der geplanten Kavalierstour, die in bis nach Orleans führen sollte, in A.F. v. Hünicke einen Reisebegleiter aus seiner Adelslandschaft. Leichenpredigt auf Hans Georg III. v. Ribbeck, 1704 (= Staatsbibliothek Berlin).
1030 Wichard Friedrich v. Bredow zu Beginn der 1680er Jahre und Gebhardt Ludwig Friedrich bis 1714, auch nach England. Vgl.: Bredow-FG, Bd.1, S. 335 u. 365. Bei Otto Christian v. Jagow schloß sich eine solche 1711 veranstaltete Reise seinem Studium an. Leichenpredigt auf Otto Christian v. Jagow, 1742 (= Staatsbibliothek Berlin).

kompensatorische Funktion auszufüllen. In diesem Sinne ist die Anordnung des Soldatenkönigs zu verstehen, daß jeder General der Infanterie „einen Jungen von Adel, dessen Güter mit seiner Geburt nicht übereinstimmten, zu sich nehmen, ihn als Pagen halten und selbigen die Kriegsübungen mit allem anderen, was ein Offizier zu wissen nötig hat, beibringen lassen" solle.[1031]

Nicht zufällig ist der höchste Anteil der eine Ritterakademie besuchenden Adligen – um eine weitere Ausbildungsvariante der jungen Adligen in den Blick zu nehmen – vor allem in den Kreisen Havelland und Zauche zu beobachten. Hierbei handelte es sich um jene Kreise, die der Ritterakademie Brandenburg am nächsten lagen.[1032] Von den jungen Adligen bevorzugte Universitätsorte waren Jena und Halle (Saale), während die eigentlich nahe liegende brandenburgische alma mater in Frankfurt (Oder) zunehmend ins Hintertreffen geriet, was mit der allgemein zurückgehenden Attraktivität dieser Universität konform ging.[1033] Insbesondere der neumärkische Adel, für dessen studierwillige Söhne die Viadrina durchaus als Studienort in Frage gekommen wäre, bekundete seine Kritik an den dortigen Zuständen.[1034]

Dies verdeutlicht, daß Teile der Ritterschaft durchaus ein Interesse an einer akademischen Ausbildung ihres Nachwuchses bekundet hatten und es verfehlt wäre, pauschal eine Reserviertheit des Adels gegenüber solchem Bildungsweg zu unterstellen. Oftmals lag es wiederum an den fehlenden ökonomischen Möglichkeiten, die dafür geeigneten Söhne zum Studium zu schicken. Der 1737 in der Altmark geborene Ernst Friedrich Rudolf von Barsewisch wußte zu berichten, daß sein Vater „bei seiner zahlreichen Familie und denen wenigen Einkünften eines kleinen Rittergutes nicht die Mittel darzu anwenden konnte, einen oder anderen auf die Universitäten zu schicken", so daß daher nur übrig blieb, das „vorzügliche Ehrenmetier" – also die militärische Laufbahn – „von Jugend auf zu ergreifen".[1035]

Ein Ausweg bot sich für die nicht ausreichend mit Barmitteln ausgestatteten Adelsfamilien über die Inanspruchnahme von privaten Stipendienfonds an. So verfügte der Oberstleutnant

---

1031 L. v. Scharfenort: Die Pagen am Brandenburgisch-preußischen Hofe 1415-1895, Berlin 1895, S. 51. Unter Friedrich II. fanden mitunter auch die Söhne von gefallenen Offizieren im Pagenkorps eine neue Heimstatt. Vgl.: Hake-FG, Bd. 2, S. 153.

1032 Vgl. dazu: A. v. d. Bussche: Die Ritterakademie zu Brandenburg, Frankfurt am Main 1989. Die relativ geringe Zahl der an dieser Ritterakademie ausgebildeten brandenburgischen Adligen ist allerdings auch auf die unzureichende finanzielle Ausstattung dieser Bildungseinrichtung zurückzuführen. Schon 1722 wurden deshalb Zuschüsse aus der – von den Ständen verwalteten – Hufen- und Giebelschoß-Kasse erforderlich. Vgl.: Brand. LHA Rep. 23 B Nr. 366.

1033 Vgl. den komprimierten Überblick bei: G. Heinrich: Frankfurt a.d. Oder, Universität, in: Theologische Realenzyklopädie, Bd. 11, Berlin/New York 1983, S. 335-342.

1034 In einem „Denkschreiben" vom 26. November 1727 beklagten die neumärkischen Oberstände den „sehr schlechten Zustand" der Frankfurter Universität. Ihre Argumente für eine Reform der Universität lagen dabei durchaus auf einer Welle mit den königlichen Intentionen, den adligen Nachwuchs im Lande ausbilden zu lassen. Demnach würde „durch diesen Verfall der Frankfurter Universität ... nicht nur das Land, sondern auch E.K.M. hohes Interesse großen Schaden" leiden. „Maßen diejenigen, so ihre Söhne zu E. Maj. und des Vaterlands Diensten in den Juriis und exercitien unterrichten lassen wollen, selbige auf die in den Sächsischen Landen weit entlegenen Universitäten und mit ihnen das Geld außer Landes schicken" müssen. Brand. LHA Rep. 23 B Nr. 109, unpag.

1035 E. F. R. v. Barsewisch: Von Rossbach bis Freiberg 1757-1763. Tagebuchblätter eines friderizianischen Fahnenjunkers und Offiziers, Krefeld 1959, S. 18.

Friedrich Wilhelm v. Schöning, der von 1722 bis 1730 auch als Landrat des neumärkischen Kreises Landsberg amtierte, daß aus seiner Hinterlassenschaft 6 000 Rtl. einem solchen Zweck zugeführt werden. Aus den Zinsen dieses Betrages sollten Stipendien für ein Universitätsstudium von Geschlechtsangehörigen finanziert werden.[1036] Da solche privaten Stiftungen natürlich den Bedarf bei weitem nicht decken konnten, waren Konflikte vorprogrammiert. Die Juristenfakultät Halle mußte z.B. 1722 einen Streit zwischen den havelländischen Familien v. Bredow und v. Hake um die Gewährung eines solchen Stipendiums schlichten. Der 1685 verstorbene Johanniter-Komtur v. Priort hatte in seinem Testament verfügt, daß 6 000 Rtl. seines Vermögens als „Stipendium für die adlige Jugend" verwendet werden sollen.[1037] Dabei wurden acht verwandte bzw. befreundete Familien der eigenen kleinräumlichen Adelsgesellschaft benannt, die in den Genuß dieser Zuwendung kommen sollten. Da nunmehr in Gestalt der jungen v. Bredow und v. Hake zwei gleich qualifizierte Kandidaten zur Auswahl stünden (beide hatten die Ritterakademie in Brandenburg besucht) entschied die Juristenfakultät, daß sie sich das Stipendium zu teilen hätten. Ebenso hatte die Witwe des Matthias v. Saldern, eine geb. v. Hake, aus der Hinterlassenschaft ihres Mannes im ausgehenden 17. Jahrhundert eine Stiftung gegründet, die von brandenburgischen Adligen bis weit in das 18. Jahrhundert gern genutzt wurde.[1038]

Für den adligen Nachwuchs in der Neumark zeigte sich ein ähnlich ambivalentes Bild wie in der Kurmark (Tabelle 54). Auch hier finden wir kleinräumliche Adelsgesellschaften wie z.B. den Kreis Soldin, in dem die Häufigkeit eines Militärdienstes der Rittergutsbesitzer (53%) nicht mit dem der Vasallensöhne (24%) übereinstimmte. Dagegen gaben im Kreis Dramburg nur 14% der Rittergutsbesitzer an, im Heer zu dienen gegenüber 56% der Söhne! Allerdings bestätigt sich des weiteren bei einem Vergleich mit den kurmärkischen Vasallensöhnen der Zusammenhang zwischen der wirtschaftlichen Situation und der Bereitschaft, eine Militäroder Amtsträgerkarriere zu beginnen. Sowohl die Zahl der eine Amtsträgercharge besetzenden Vasallensöhne als auch der Anteil an den verschiedenen Ausbildungsformen für die jungen Adligen war niedriger als in der Kurmark. Lediglich in der Rubrik „Offiziere" wiesen die neumärkischen Vasallensöhne einen höheren Anteil auf als ihre kurmärkischen Standesgenossen, was wiederum mit dem nachgewiesenen höheren Prozentsatz der ostbrandenburgischen adligen Rittergutsbesitzer in der Armee korrespondiert.

Die auf eine stärkere Einbindung der adligen Jugend in den Staatsdienst zielenden Intentionen der Landesherrschaft konnten in gewisser Beziehung umgesetzt werden. Sowohl der Anteil der in der militärischen Ausbildung begriffenen als auch der bereits als Offiziere dienenden Vasallensöhne hatte sich erhöht. Der diesem Bild etwas widersprechende relativ hohe Wert der ohne Dienst auf den heimatlichen Gütern lebenden, über 12jährigen Vasallensöhne in der Zauche, der Altmark oder dem Teltow resultierte daraus, daß einige Söhne nach

---

1036 Vgl.: Schöning-FG, 1. Teil, S. 64 f.
1037 Brand. LHA Rep. 37 Bredow Nr. 237.
1038 Vgl.: ebenda, Nr. 234. Levin Ernst v. Winterfeld suchte z.B. 1690 um dieses Stipendium nach, nachdem er zwei Jahre auf der Universität Leiden und in England studiert hatte. Kurzzeitig hielt er sich anschließend an der Viadrina auf, bevor er sich auf Anregung seines Vaters bei der Stifterin um das Stipendium bewarb. Vgl.: Winterfeld-FG, Bd. 2, S. 931.

dem Studium bzw. Militärdienst wieder auf das heimatliche Gut zurückgekehrt waren.[1039] Lediglich die Zahl der Vasallensöhne, die eine Universitäts- oder Ritterakademieausbildung eingeschlagen hatten, ist in den 1750er Jahren etwas zurückgegangen. Da die finanziellen Voraussetzungen für ein Studium nicht unbeträchtlich waren und sich die gesamtwirtschaftliche Situation für den brandenburgischen Adel in diesem Zeitraum kaum verbessert hatte, verwundert diese Entwicklung kaum. Zudem muß bedacht werden, daß sich die Wahlmöglichkeiten für die studierwilligen Adligen durch die rigide Beschränkung der territorienübergreifenden Mobilität des Adels beträchtlich eingeengt hatten. So konnte z.B. eine ausdrücklich für Bildungsreisen nach Frankreich und Italien gewährte Zuwendung aus dem „Saldernschen Stipendium" in der zweiten Jahrhunderthälfte nicht mehr genutzt werden.[1040]

Der auswärtige Dienst der Vasallen

Damit kommt nun eine weitere aus den Vasallentabellen zu ermittelnde Karrieremöglichkeit brandenburgischer Adliger – der Dienst in anderen deutschen Territorialstaaten – in den Blick. Die hier in nüchternen Zahlen aufscheinenden Entwicklungen können zudem Aufschlüsse über das Verhältnis zwischen den Adelsgesellschaften und dem politischen Zentrum der Monarchie vermitteln. Eine solche Option, sich zeitweise oder dauerhaft in die Dienste fremder Herrscher zu begeben, gehörte für viele Adelsgeschlechter – nicht nur in Brandenburg – zur Normalität[1041], wenngleich die Motive dazu vielschichtig sein konnten. Eine Entscheidung für einen auswärtigen Dienst resultierte mitunter aus Verstimmungen mit dem eigenen Landesherrn.[1042] Einem Wechsel standen allerdings, vor allem bei entsprechenden Referenzen, nicht allzu viele Hindernisse entgegen, schließlich verstand sich die Adelsgesellschaft als eine über die Landesgrenzen gehende Korporation. Frühere Versuche, hier eine Änderung herbeizuführen, waren stets nur punktuell und erwiesen sich letztlich als wenig wirkungsvoll.[1043]

1039 So war z.B. Friedrich v. Brösicke nach absolviertem Studium zu seinem schon 62jährigen Vater Tobias v. Brösicke nach Kammer (Zauche) heimgekehrt. Ludwig Heinrich Brand v. Lindau als zweitältester Sohn ging ebenfalls als Leutnant a. D. auf die heimatlichen Güter, während seine anderen drei Brüder – laut Angabe der Vasallentabellen – als Offiziere im Dienst verblieben. Auch in diesem Fall hatte der einen umfänglichen Güterbesitz (in der Zauche und im benachbarten Kursachsen) innehabende Vater schon ein höheres Alter erreicht.

1040 „Da aber das Reisen in fremde Lande in hiesigen Landen verboten worden, so ist dadurch auch das Reisestipendium ea use gekommen", klagte der Testamentsverwalter des Saldernschen Fonds, v. Platen. Brand. LHA Rep. 37 Bredow Nr. 234, unpag.

1041 Vgl. allgemein für die frühneuzeitliche reichische Adelsgesellschaft: V. Press: Patronat und Klientel im Heiligen Römischen Reich, in: Klientelsysteme im Europa der Frühen Neuzeit, hrsg. v. A. Maczak, München 1988, S. 19-46, hier S. 24.

1042 Vgl. übergreifend zu dieser Problematik: H. Neuschäffer: Die Doppelrolle des Adels als Gutsbesitzer und Staatsdiener, in: Staatsdienst und Menschlichkeit. Studien zur Adelskultur des späten 18. Jahrhunderts in Schleswig-Holstein und Dänemark, hrsg. v. C. Degn/D. Lohmeier, Neumünster 1980, S. 103-126, hier S. 105 f.

1043 So z.B. ein Edikt aus dem Jahre 1666 über das „Verbot des Eintritts in fremde Kriegsdienste", das zwar bei der städtischen Bevölkerung Wirkungen erzielt hatte, nicht aber bei der Ritterschaft. Brand. LHA Rep. 23 A. B 649.

Bekanntlich ließen nun sowohl der „Soldatenkönig" als auch Friedrich der Große nichts unversucht, den Adel im Lande zu halten und einen Weggang in die Dienste anderer Monarchen einzudämmen bzw. ganz zu verhindern.[1044] Die dazu erlassenen Gesetze, Verordnungen und Edikte sind in den einschlägigen Quelleneditionen enthalten und hinlänglich bekannt.[1045] Hier interessiert, inwieweit die damit verbundenen königlichen Absichten erfolgreich waren. Auch dazu bieten sich tabellarische Auflistungen an, die parallel zu den Vasallentabellen der Landesherrschaft einen Überblick verschaffen sollten, welche adligen Rittergutsbesitzer in auswärtigen Diensten gestanden hatten. Insgesamt handelte es sich bei der folgenden, ohne Jahreszahl versehenen Aufstellung, die durch einen Vergleich mit den Vasallentabellen auf die beginnenden 1720er Jahre datiert werden konnte, um 44 Adlige aus nahezu allen kur- und neumärkischen Kreisen.[1046] Dennoch sind auch regionale Besonderheiten zu erkennen. Vor allem die residenzfernen Teillandschaften Altmark, Prignitz und der an die (kursächsische) Niederlausitz grenzende Kreis Cottbus wiesen einen höheren Anteil an außerhalb der Monarchie dienenden Vasallen auf.[1047] Dies kann nicht verwundern, denn gerade in diesen Kreisen bestanden langfristig wirkende Bindungen zu dem jeweiligen benachbarten Territorialstaat.[1048]

Schlüsselt man die Zielrichtung der außerhalb Preußens in Dienste gehenden brandenburgischen Vasallen auf, ergibt sich folgendes interessantes Bild:

Tabelle 38: Auswärtiger Dienst brandenburgischer Vasallen (um 1720)[1049]

Kaiserliche Dienste	Kursächs.-poln.[1050] Dienste	Englisch-hannov. Dienste	And. deutsche Territorien	Außerhalb des Reiches
5	22	6	4	7

Den Spitzenplatz nahm unter den Territorien, in denen brandenburgische Adlige Karriere zu machen hofften, demnach der wettinische Kurstaat ein, dessen Position durch den Erwerb der polnischen Krone zweifellos eine beträchtliche Aufwertung – gerade auch aus der Perspektive der reichischen Adelsgesellschaften – erfahren hatte. Diese Präverenz hatte mehrere Gründe. Kursachsen übte bereits seit langem eine besondere Faszination auf die brandenburgische Ritterschaft aus.[1051] Auch der „Aufstieg" der eigenen Monarchie seit der Mitte des 17. Jahr-

---

1044 Vgl. allgemein dazu: Schwenke, Adel, S. 19.
1045 Vgl. dazu vor allem die in den Bänden der Acta Borussica. Behördenorganisation edierten Dokumente, die fallweise im weiteren Gang der Darstellung zitiert werden.
1046 Vgl. für das folgende Brand. LHA Rep. 78 I Gen. 169 a.
1047 Dies wird auch durch die Vasallentabellen von 1713/18 bestätigt (vgl. Tab. 48 u. 49).
1048 Vgl. hierzu vor allem das in den Familiengeschichten derer v. Klitzing, v. Löben, Brandt v. Lindau (Beziehungen zu Kursachsen); v. Bismarck, v. d. Schulenburg (Beziehungen zu den welfische Territorien) verarbeitete Material. Zum Geschlecht v. Alvensleben vgl. auch: Hahn, Fürstliche Territorialhoheit, passim.
1049 Quelle: Brand. LHA Rep. 78 I Gen. 169 a.
1050 mit sächs. Sekundogenturfürstentümern.
1051 Vgl. hierzu: F. Göse: Der Blick über die Grenzen. Brandenburgische und sächsische Adlige im 16. und 17. Jahrhundert, in: Sächsische Heimatblätter 42 (1996), Heft 2, S. 68-76; ders., Adlige Führungsgruppen, v.a. S. 200 ff.

hunderts mit den sich eröffnenden Karrieremöglichkeiten führte nicht zu einer raschen Veränderung dieser Gewohnheiten, zumal es auch innerhalb bestimmter Geschlechter bereits schon zur Tradition geworden war, einige Familienangehörige in die Dienste der Wettinerdynastie zu entsenden.[1052] Begünstigt wurde dies zeitweise durch die kursächsische Personalpolitik, die im Interesse einer Reduzierung des ständischen Einflusses „eine größere Zahl Fremder als Offiziere" in die Armee aufnahm.[1053] Dies korrespondierte im übrigen mit dem bereits durch die ältere Forschung nachgewiesenen nicht geringen Anteil von „Ausländern" in der sächsischen Armee.[1054] Zum anderen ist zu berücksichtigen, daß August der Starke seit der Übernahme der polnischen Krone bekanntlich in starkem Maße in die europäische Machtpolitik, vor allem im Zusammenhang des Nordischen Krieges eingebunden war. Im Gegensatz zur brandenburgisch-preußischen Armee, die zumeist nur mit Auxiliartruppen auf den Kriegsschauplätzen des Spanischen Erbfolgekrieges vertreten war, hofften einige Adlige, im sächsisch-polnischen Heer eher ihre Offizierskarriere befördern zu können.[1055]

Für adlige Rittergutsbesitzer aus den an die welfischen Territorialstaaten grenzenden brandenburgischen Teillandschaften war es hingegen naheliegend, in den dortigen Armeen ihr Glück zu versuchen. Mehrere Erwägungen, die heute auf Grund der Quellenlage schwer nachzuvollziehen sind, mußten dabei angestellt werden. Der in der Altmark angesessene Gustav Adolf v. d. Schulenburg korrespondierte z.B. in den 1680er Jahren mehrmals mit seinem auf Hehlen (Braunschweig-Wolfenbüttel) wohnenden Schwiegersohn Friedrich Achaz v. d. Schulenburg, ob letzterer in die braunschweig-wolfenbüttelsche oder die preußische Armee eintreten solle.[1056]

Biographische Einzelfälle belegen des weiteren, daß die in den normativen Quellen aufscheinende rigide Beschränkung der territorienübergreifenden Mobilität des Adels in der Realität so nicht umgesetzt werden konnten. Für die Adelsgesellschaften des Barockzeitalters stellten solche länderüberschreitenden Karriereoptionen ohnehin eine Selbstverständlichkeit dar. Nachdem jahrzehntelang oftmals dienstwillige Adlige im heimischen Heer keine Verwendung gefunden hatten und demzufolge gezwungen waren, in fremden Armeen zu dienen[1057],

---

1052 Z.B. in den Geschlechtern v. Löben oder v. Klitzing.
1053 Dies war vor allem auf den Einfluß Hans Adam v. Schönings zurückzuführen. P. Haake: Kursachsen oder Brandenburg-Preußen? Geschichte eines Wettstreits, Berlin 1939, S. 204.
1054 Demnach belief sich der Anteil von „Nichtsachsen" in der Armee 1694 auf 28%; bis zum Ende der Regierungszeit August'des Starken verringerte sich der Wert allerdings auf 11%. W. Thum: Die Rekrutierung der sächsischen Armee unter August dem Starken (1694-1733), Inaug.-Diss. Leipzig 1912, S. 88 f.
1055 Die nicht gerade ruhmvolle Rolle, die das sächsische Heer während des Nordischen Krieges spielte, führte dann allerdings bei einigen aus Brandenburg stammenden Offizieren zu einer Umorientierung. Gustav Wilhelm v. Hake, der sowohl kursächsischer als auch brandenburgischer Vasall war, hatte bis zur Niederlage bei Klissow 1702 im sächsischen Heer gestanden. Bald darauf nahm er seinen Abschied und wandte seine Aufmerksamkeit nunmehr einer Amtsträgerkarriere in Brandenburg-Preußen zu, die ihn bis zum Landrat des Kreises Luckenwalde führte. Vgl.: Hake-FG, Bd. 2, S. 231 f.
1056 Vgl.: NHStAH, Dep. 82 Hehlen II Nr. 478.
1057 Botho Friedrich v. Hake konnte 1678 seine Absicht, nach der „Schulbildung in brandenburgische Kriegsdienste zu treten ... wegen Platzmangels [in der dortigen Armee – F.G.] nicht ausführen". Er ging für drei Jahre in die Dienste des münsterischen Bischofs Bernhard von Galen. Nach dieser Zeit bewarb er sich erneut um eine Anstellung im brandenburgischen Heer. Da auch diesmal seinem Wunsch nicht entsprochen wurde, faßte er den Entschluß, in schwedische Kriegsdienste zu treten. Hake-FG, Bd. 2, S. 397.

konnte die Forderung eines ausschließlichen Dienstes innerhalb der eigenen Monarchie nur allmählich einsichtig gemacht werden.[1058] So suchten auch in umgekehrter Richtung Adlige aus benachbarten Territorialstaaten in der brandenburgisch-preußischen Armee, vor allem seit dem ausgehenden 17. Jahrhundert, ihren Aufstieg zu befördern. Ein junger v. Bredow konnte 1690 dank der Fürsprache seiner Landesherrschaft in die Garde des braunschweig-lüneburgischen Herzogs Georg Wilhelm Aufnahme finden.[1059] Und vor allem nach dem Siebenjährigen Krieg bildete die preußische Armee eine willkommene Möglichkeit, das Fortkommen ambitionierter Adliger zu befördern.[1060] Nicht unüblich war es dabei, daß die Offiziere, die sich im Dienst eines Fürsten verdient gemacht hatten, für die aber zur Zeit keine Verwendung vorhanden war, an einen anderen Landesherrn weiter empfohlen wurden.[1061] Je höher allerdings der Rang des Offiziers war, desto mehr schränkten sich zwangsläufig die Möglichkeiten der Verwendung ein. Man „wolle viele Truppen, aber keine Generäle", gab der General Graf Ferdinand Christian zur Lippe pointiert die verbreitete Meinung zu dieser Frage wieder.[1062]

Doch auch die Zivilchargen der genannten benachbarten Territorien hatten eine gewisse Anziehungskraft auf ambitionierte brandenburgische Adlige ausgeübt. Schließlich ist dabei im Auge zu behalten, daß besonders Kursachsen – im Vergleich zu den preußischen Gegebenheiten – insgesamt ein breiteres Tableau an Amtsträgerchargen bereithielt. Einige märkische Adlige fanden auch in der Verwaltung der sächsischen Sekundogeniturfürstentümer eine Karrieremöglichkeit.[1063] Eine solche Alternative bot sich z.B. für die im Kreis Cottbus angesessenen G. L. v. Klitzing und C. E. v. Knoch an. Letzterer amtierte als sächsisch-merseburgischer Konsistorialrat und war zugleich Landesältester im Kreis Calau, wo er ebenfalls Güter besaß. Auch G. Chr. v. Burgsdorff, der über Güter im neumärkischen Kreis Soldin und in Hinterpommern verfügte, stand im Dienst der sächsisch-merseburgischen Verwaltung in Lübben.

Einem schnellen Erfolg der auf eine Reduzierung der in fremden Diensten stehenden Vasallen zielenden Verordnungen stand aber entgegen, daß viele dieser Adligen sich schon sehr lange Zeit in dem jeweils anderen Territorialstaat aufgehalten hatten.[1064]

1058 Einschränkungen des auswärtigen Dienstes brandenburgischer Vasallen hatte es indes auch schon vor 1713 gegeben. So wurde dem eben erwähnten B. F. v. Hake der Wechsel in schwedische Dienste durch den Feldmarschall v. Derfflinger bei Androhung der Einziehung seines Vermögens untersagt. Vgl.: Hake-FG, Bd. 2, S. 398.
1059 Vgl.: NHStAH, Celle Br. 44 Nr. 363, unpag.
1060 Mehrere Belege für einen Wechsel aus braunschweig-wolfenbüttelschem in preußischen Dienst, v.a. für die 1760er und 1770er Jahre, in: O. Elster: Geschichte der stehenden Truppen im Herzogtum Braunschweig-Wolfenbüttel, Bd. 2, Leipzig 1901, S. 502 ff.
1061 Der braunschweig-lüneburgische Herzog Georg Wilhelm empfahl 1677 den Offizier Johann Georg v. Pinneberg „als einen versierten und wackren Offizier" an den brandenburgischen Kurfürsten, da in seiner Armee „ietzo keine Compagnie vacant". NHStAH, Celle Br. 44 Nr. 486, unpag.
1062 Memoiren des braunschweigisch-lüneburgischen Generals Graf Ferdinand Christian zur Lippe (1668-1724), hrsg. v. E. Kittel, Lemgo 1959, S. 23.
1063 Vgl. für das folgende: Brand. LHA Rep. 78 I Gen. 169 a.
1064 Hierfür nur einige Beispiele: Chr.G. v. Winterfeld (Kr. Sternberg) stand seit seiner Jugend in sächsisch-polnischen Diensten; die Gebrüder v. Stutterheim (40 u. 36 Jahre alt) dienten seit 12 Jahren in der sächsischen Armee. Der aus der Prignitz stammende 35jährige Melchior August v. Saldern gab an, als 10jähriger Knabe nach Braunschweig-Lüneburg gekommen zu sein, wo er jetzt als Rittmeister in der kurhannoveranischen Armee Dienst täte.

Diese Bindungen konnten nicht so ohne weiteres gekappt werden. Dem kamen letztlich auch die nachfolgenden königlichen Verordnungen entgegen, die für diejenigen Vasallen, die sowohl in Brandenburg als auch in einem benachbarten Territorialstaat begütert waren, Ausnahmeregelungen gestatteten.[1065] Auf solche Adligen, die in den Diensten benachbarter Territorien standen oder gestanden hatten, besann man sich mitunter, wenn es galt, diffizile diplomatische Verhandlungen mit dem betreffenden Land zu führen. Hellmuth v. Plessen auf Ivenack hatte z.B. mehrere Jahre in preußischen Staatsdiensten gewirkt. Daran erinnerte sich zu Beginn der 1770er Jahre der mecklenburg-schwerinische Herzog Friedrich, als die Gespräche mit dem preußischen König über die Rückgabe der – im Zusammenhang des mecklenburgischen Ständekampfes – verpfändeten Ämter festgefahren waren.[1066] Ebenso konnte sich aus umgekehrter Perspektive eine frühere Karriere in auswärtigen Diensten zuweilen als hilfreich bei der Bewältigung von Problemen in der heimatlichen Adelslandschaft erweisen.[1067]

Ferner dürfen auch die Interventionen der Repräsentanten der brandenburgischen Oberstände in diesem Zusammenhang nicht unberücksichtigt bleiben. Diese hatten darauf hingewirkt, daß die Beschränkungen der Freizügigkeit des Adels nicht allzu streng gehandhabt wurden. Im März 1744 reagierte Friedrich der Große auf eine Rückfrage des den Ständen stets sein Ohr leihenden Justizministers Georg Dietloff v. Arnim. Dieser hatte dem König zu bedenken gegeben, daß ein allzu scharf befolgtes Verbot der Reisen über die Landesgrenzen hinaus Probleme für jene Adligen mit sich bringen würde, die auch in benachbarten Territorien über Besitzungen verfügten. Der König befand daraufhin, „was auswärtige Reisen in domestiquen und privat-angelegenheiten anbetrifft, solche bleiben ihm nach seinem Gefallen zu tun unbenommen. Wir denken auch denjenigen Vasallen, so in meinem Lande sowohl als in auswärtigen mit Gütern angesessen sein, frei bleibt, so auf letzteren eine Zeitlang nach Ihrer Convenience aufzuhalten."[1068]

Immer wieder mußten Verordnungen erlassen werden, um den Weggang von Adligen in auswärtige Dienste zu unterbinden, und stets waren dazu erneute Nachfragen bei den regionalen Behörden erforderlich.[1069] Doch erst in der friderizianischen Zeit stellte sich ein sichtbarer Erfolg ein. Die Vergrößerung des preußischen Heeres, vor allem aber die Schlesischen Kriege ließen einen Dienst in einer anderen Armee für einen brandenburgischen Adligen kaum noch als lukrative Alternative erscheinen. Nach den Vasallentabellen fiel der Anteil

---

[1065] „Diejenigen aber, welche sowohl in Unseren als benachbarten Landen zugleich mit adligen Gütern angesessen sind, behalten ihre Freiheit, zu wohnen und Dienste zu nehmen, wo sie es von ihrer Convenienz finden", hieß es in einer Ordre vom 15.11.1730. Hier zit. nach: Brand. LHA Rep. 6 A Havelland Nr. 2.

[1066] Vgl.: Maltzahn-FG, Bd. 2.3, S. 197.

[1067] Der dänische König Christian V. hatte sich für den in einer gerichtlichen Auseinandersetzung stehenden Hans Georg II. v. d. Schulenburg verwandt, da dieser zuvor einige Jahre in seinen Diensten gestanden hatte. Vgl.: G. Schmidt: Schulenburg-FG, Bd. 2, S. 432.

[1068] Diese Entscheidung wurde auch an den Höfen der benachbarten Territorien publik gemacht, um bereits bestehenden Irritationen etwas die Schärfe zu nehmen. Hier zit. nach: NHStAH, Cal. Br. 24 Nr. 801, unpag.

[1069] Vor allem interessierte dabei, ob der betreffende Adlige ein nahes Erbe in Aussicht hatte oder über Besitzungen in Brandenburg-Preußen verfügte. Im Falle des Hans Christian v. Bardeleben, der 1729 als Offizier in polnischen Diensten stand, sah man z.B. vorerst keinen Handlungsbedarf, weil er „keine Güter habe, da sein Vetter noch in Ribbeck lebt". Brand. LHA Rep. 6 A Havelland Nr. 2, unpag.

Die Sozialstruktur der brandenburgischen Ritterschaft

der in auswärtigen Diensten stehenden kurmärkischen Rittergutsbesitzer bis 1769 auf ganze neun Personen (= 1,6%).[1070] In fremden Militärdiensten standen nach dieser Quelle gar nur noch zwei Vasallen. Dieser generelle Trend eines Rückgangs der in auswärtigen Diensten stehenden brandenburgischen Adligen läßt sich auch anhand einer Erhebung bestätigen, die aus dem genealogischen Material ausgewählter Adelsgeschlechter[1071] gewonnen wurde. Demnach verringerte sich der Anteil der in ausländischen Diensten stehenden Offiziere von 37 (Zeitraum 1650-1700) über 10 (Zeitraum 1700-1740) bis auf zwei (Zeitraum 1740-1780). Die Landesherrschaft war sich allerdings bewußt, daß eine dauerhafte Verminderung der Zahl der in fremde Dienste gehenden Adligen nur erreicht werden konnte, wenn es gelang, auf die erste Phase einer Militär- oder Amtsträgerkarriere Einfluß zu nehmen. Denn die oben vorgestellten biographischen Exempel haben deutlich gemacht, daß eine bereits in jungen Jahren gefällte Entscheidung für einen auswärtigen Dienst zumeist dazu führte, daß der betreffende Adlige dann auch lange Zeit im Dienst der fremden Macht verblieb. Demzufolge bemühte sich die Krone vor allem darum, die Söhne von Rittergutsbesitzern im Lande zu halten. Waren es in den ersten Jahren der Herrschaft des „Soldatenkönigs" noch ad hoc abschlägig beschiedene Gesuche von Adligen, ihre Söhne in fremde Dienste schicken zu dürfen[1072], versuchte man bald darauf über mehrere Verordnungen, dies als verbindliche Norm für alle Vasallen durchzusetzen. Nun wurden im Zusammenhang der Aufstellung der Vasallentabellen die regionalen Amtsträger regelmäßig aufgefordert, den Aufenthaltsort bzw. Bildungsweg der jungen Adligen mitzuteilen. Gerade durch die jährlich einlaufenden Vasallentabellen erkannte Friedrich Wilhelm I., „daß noch hie und da einige von Adel befindlich sind ..., welche Wir sowohl jetzo als auch künftig zu Unseren Diensten gebrauchen könnten". Vor allem über „die junge von Adel" wollte der König künftig genauestens informiert werden.[1073] 1739 wurde den Eltern dann bei Strafe untersagt, ihre Kinder in die Dienste fremder Monarchen zu entsenden.[1074] Unter Friedrich dem Großen setzte sich diese Praxis in unverminderter Weise fort. Denn noch immer ließ die Umsicht der Landräte bei der Erarbeitung der Vasallentabellen gerade hinsichtlich der Erfassung der Vasallensöhne zu wünschen übrig. Im Oktober 1755 sah sich der König veranlaßt, die Landräte zu ermahnen, nicht nur die erforderlichen Angaben zu den Rittergutsbesitzern vollständig einzusenden, sondern „auch nach den Söhnen derselben und deren Aufenthalt Euch aufs genaueste zu erkundigen".[1075]

1070 Vgl.: Tabelle 52 im Anhang.
1071 Zugrunde liegt das sozialgenealogische Material zu neun brandenburgischen Adelsfamilien aus verschiedenen Teillandschaften der Kur- und Neumark Brandenburg: v. Arnim, v. d. Borne, v. Hake, v. Kröcher, v. d. Marwitz, v. Redern, v. Rochow, v. d. Schulenburg und v. Waldow.
1072 Das Gesuch eines v. Wallenrodt, seinen Sohn in französische Dienste zu entsenden, wurde vom König am 22. Januar 1726 mit folgenden grundsätzlichen Erwägungen abgelehnt: „Der König von Preussen ist so guht als König in frankreich, also kann der junge Mensch wohl seinem herrn dienen und Menagirn das unnütze geldt ausgehen." A.B.B., Bd. 4.2, S. 6.
1073 A.B.B., Bd. 5.2, S. 627 (Kammererlaß vom 9.10.1738).
1074 Vgl. Cabinetts-Ordre vom 22.9.1739, in: A.B.B., Bd. 5.2, S. 845 f. Dieses Dokument wurde mit entsprechendem Nachdruck an die regionalen Oberstände weitergeleitet und mit praktischen Hinweisen zur Erfassung der Vasallensöhne versehen. Am Beispiel des Kreises Oberbarnim vgl.: Brand. LHA Rep. 2 S Nr. 1905.
1075 Brand. LHA Rep. 78 I Gen. 168, Bl. 57.

Der Erfolg stellte sich alsbald ein. Standen 1713 z.B. noch 58 Söhne kurmärkischer Rittergutsbesitzer in fremden Diensten, waren dies etwa 10 Jahre später nur noch 23.[1076] Dabei wurden ähnliche territoriale Präferenzen gesucht wie bei den Vasallen. Auch hier stand Sachsen mit 12 Vasallensöhnen (= 52%) an vorderster Stelle. Vor allem neumärkische junge Adlige waren in den Diensten dieses benachbarten Territorialstaates zu finden. Die Zielrichtungen der Karrieren der anderen Vasallensöhne verteilten sich relativ gleichmäßig (kaiserliche Dienste: 3; andere deutsche Territorien: 6; Ausland: 2). 1769 waren es dagegen nur noch 5 Vasallensöhne, die in anderen Ländern als Offiziere oder Amtsträger gedient hatten.

Zusammenfassung

Die Betrachtung der Entwicklung der wirtschaftlichen Lage und Sozialstruktur der brandenburgischen Ritterschaft in den ersten beiden Dritteln des 18. Jahrhunderts ließ zunächst die Kontinuitäten im Vergleich zum vorhergehenden Zeitraum in den Blick treten. Die Besitzverhältnisse blieben von einer relativ hohen Zahl von Wechseln geprägt, wenngleich hier Differenzierungen von Teillandschaft zu Teillandschaft beachtet werden müssen, die nicht zuletzt auch durch die regional mit unterschiedlicher Intensität vorangetriebene landesherrliche Arrondierungspolitik beeinflußt wurden. Das bereits für die zweite Hälfte des 17. Jahrhunderts sichtbar gewordene Bestreben der Adelsfamilien nach Konzentration ihres Besitzes fand unter den sich verändernden Rahmenbedingungen seine Fortsetzung. Zum einen ließ es die nach wie vor unsichere wirtschaftlich-finanzielle Gesamtsituation opportun erscheinen, sich im Interesse des Erhalts eines Teils des Familienbesitzes von Gütern zu trennen, zum anderen kam auch die Lehnsallodifikation diesen Intentionen eines großen Teils der Adelsfamilien entgegen.

Die auf breiter Quellengrundlage vorgenommene Analyse der Kreditverhältnisse führte nicht nur die Bereiche des Finanzbedarfs der Rittergutsbesitzer vor Augen, sondern konnte durch die exemplarische Auswertung der Gläubiger-Schuldner-Beziehungen Einblicke in kommunikative Strukturen innerhalb der kleinräumlichen Adelsgesellschaften, aber auch zur Residenz vermitteln. So zeigte sich, daß auch die familiären Bindungen durch die angespannte finanzielle Situation der Rittergüter entscheidenden Belastungen ausgesetzt sein konnten.

Möglichkeiten, die ökonomischen Schwierigkeiten zu kompensieren, hätten sich – so die älteren Auffassungen – durch eine stärkere Einbindung in den Staatsdienst eröffnet. Es konnte jedoch vorgeführt werden, daß diese Annahme mit dem Quellenbefund nicht im Einklang steht. Der Anteil des brandenburgischen Adels an den höheren Amtsträgerchargen hatte sich im Verlauf des 18. Jahrhunderts nicht nennenswert erhöht. Die der früheren Machtelite angehörenden Familien, die zumeist einen gewissen Vorsprung im Besitzstand halten konnten, vermochten zwar über einige herausgehobene Ämter Einfluß zu erlangen, doch wurde das vormalige politische Gewicht nicht wieder erreicht. Einer stärkeren Einbin-

---

1076 Vgl.: Brand. LHA Rep. 78 I Gen. 169 a.

dung des Adels in Positionen auf der mittleren Verwaltungsebene standen zum einen die Konkurrenz bürgerlicher Kandidaten und zum anderen die damit verbundenen nur unzureichenden Einkommenschancen entgegen. Die für die Verbindung der in den Teillandschaften organisierten Oberstände und der Landesherrschaft konstitutiven Chargen der Kreiskommissare bzw. Landräte wurden zwar weitgehend durch die dort angesessenen Adelsfamilien besetzt, mehrheitlich aber nicht durch Angehörige der alten Führungsgruppe gestellt.

Der Einbeziehung von Angehörigen der märkischen Ritterschaft in den Militärdienst war zwar mehr Erfolg beschieden, doch wurde zugleich offensichtlich, daß eine Offizierskarriere erhebliche finanzielle Belastungen sowohl für den betreffenden Adligen als auch für dessen Familie mit sich bringen konnte. Bereits ab der Mitte des 18. Jahrhunderts sind demzufolge Entwicklungen zu beobachten, die auf einen abnehmenden Anteil der im aktiven Militärdienst stehenden Rittergutsbesitzer und demzufolge auf eine relativ kurze Dienstzeit hindeuteten.

Sichtbarere Erfolge konnte die Landesherrschaft bei der Einflußnahme auf die Karriereoptionen des adligen Nachwuchses erzielen. Zunehmend gelang es, die jungen Adligen im Lande zu halten und für eine Laufbahn im Verwaltungs- oder Militärdienst zu gewinnen.

Kapitel 2

Die brandenburgische Adelsfamilie – Strukturen und Handlungsrahmen

In unseren Betrachtungen sowohl über die Veränderungen der Besitzverhältnisse als auch zur sozialstrukturellen Entwicklung der brandenburgischen Ritterschaft ist die uns nunmehr beschäftigende Rolle der Familie als Bezugsrahmen adliger Handlungsoptionen bereits deutlich geworden. Untersuchungen anderer Adelsgesellschaften im Reich hatten verschiedentlich darauf verwiesen, daß für „die adlige Familie als Konsumtionsverband ... die Regelung der aus Familienverpflichtungen sich ergebenden Ausgabelasten von außerordentlicher Wichtigkeit" war.[1077] Damit wird die in unserer Studie übergreifend gestellte Frage nach den sozialen Kosten, die eine Adelsgesellschaft in einem durch wachsende Zentralisierung charakterisierten Staatswesen zu bewältigen hatte, auch auf das Problem der Belastungen erweitert, die für die Aufrechterhaltung des Geschlechts- und Familienverbandes kontinuierlich zu bewältigen waren. Neben den zur Sicherung des Besitzes erforderlichen Bemühungen mußte die Aufmerksamkeit auch auf jene kostenintensiven Anforderungen, die auf die Familie bzw. den Geschlechtsverband zukamen, gerichtet sein. Dies schloß zum einen die Auswahl der – in mehrfacher Hinsicht – passenden Ehegatten für die nachwachsende Generation inklusive der materiellen Ausstattung der Söhne bzw. Töchter mit Ehegeld bzw. Gegenvermächtnis ein. Zum anderen gewann im Falle des Ablebens des Familienoberhauptes die Regelung des Erbes eine zentrale Bedeutung; vor allem die Versorgung der Witwe und die Abfindung der Töchter sowie der nicht mit Gutsbesitz bedachten Söhne konnten sich als exorbitante Belastung darstellen.

Die folgenden Ausführungen stellen sich daher die Aufgabe, die Konturen und Veränderungen der adligen Familienpolitik im Untersuchungszeitraum zu analysieren. Um das auf der Grundlage von Einzelfällen rekonstruierte Bild auf eine breitere quantitative Basis zu stellen, soll das zu ausgewählten brandenburgischen Adelsfamilien gesammelte sozialbiographische Material ausgewertet werden. Wir behandeln zunächst das Heiratsverhalten der brandenburgischen Ritterschaft. Anschließend wird die Versorgungsproblematik thematisiert, die insbesondere für die Witwen und Töchter relevant wurde, um dann abschließend die in vielen Adelsfamilien anzutreffenden vormundschaftlichen Regelungen in den Blick zu nehmen.

Heiratsverhalten

Die Auswahl des Gatten für die heranwachsende Generation gewann für die jeweilige Adelsfamilie sowohl aus wirtschaftlichen als auch prestigeträchtigen Motiven heraus in der Frühen Neuzeit eine stets hervorragende Bedeutung. Eheschließungen innerhalb der Adels-

---

[1077] H. Reif: Westfälischer Adel 1770-1860, Göttingen 1979, S. 78.

gesellschaften hatten demnach solche außerhalb rein persönlicher Ambitionen liegenden Überlegungen wie den wirtschaftlichen Nutzen für die Gesamtfamilie, die Gleichrangigkeit der Ehepartner und die Wahrung der Familienkontinuität im Auge zu behalten.[1078] Bereits für das „lange 16. Jahrhundert" wurde herausgearbeitet, daß sich für die brandenburgische Ritterschaft „Momente wie Ämter- und Schloßbesitz, ökonomische und politische Ambitionen als auschlaggebend bei der Auswahl eines Ehepartners vermuten" lassen.[1079]

Solche Vorstellungen bildeten auch in der Mitte des 17. Jahrhunderts den Maßstab der heiratspolitischen Optionen der Ritterschaft. *Martin Friedrich Seidel* stellte in seinen um 1657 verfaßten „Gedanken vom Adel" Reflexionen „über das Heiraten und Nichtheiraten eines Cavaliers" an. Als Voraussetzungen für eine glückliche Ehe benannte er den „gleichen Stand" der Heiratspartner, „gleiches Vermögen" und „gleiche Gemütsneigungen".[1080] Diese Überlegungen basierten nicht nur auf Erfahrungen, die der Autor im Umfeld des Hofes gewonnen hatte, sondern können gleichwohl als Allgemeingut bei der Anbahnung von Heiratsbeziehungen innerhalb der brandenburgischen Ritterschaft angesehen werden. Daß bei einer Eheverbindung – wie z.B. anläßlich der 1689 vollzogenen Heirat des Kuno Erdmann v. Klitzing mit der aus einem bedeutenden kursächsischen Geschlecht stammenden Elisabeth Sophie v. Nostitz betont wurde – „nicht nach Geld und Gut, sondern nach ehrlich adliger Herkunft sowie nach Frömmigkeit und Tugend gesehen worden" sei, dürfte allerdings für die übergroße Mehrheit der Adelsfamilien eine Wunschvorstellung geblieben sein.[1081] Die Analyse eines ausgewählten Samples von Heiratsbeziehungen, vor allem der in repräsentativer Zahl vorliegenden Eheverträge von brandenburgischen Adelsfamilien zeigt in aller Deutlichkeit, daß ökonomische Fragen in entscheidendem Maße die Auswahlkriterien bei der Gattenwahl bestimmten und ein intendiertes gutes Einvernehmen zwischen den künftigen Ehepartnern nur als eine marginale Vorbedingung einer Ehe angesehen wurde.[1082]

Im folgenden greifen wir auf eine von *G. A. v. Mülverstedt* vorgelegte Sammlung von Ehestiftungen zurück, die ein gewisses Maß an Repräsentativität beanspruchen darf.[1083] Eine Auswertung wird allerdings dahingehend erschwert, da nur für einen Teil der dort erfaßten Bräute die regionale Herkunft angegeben wurde. Der Schwerpunkt der in diese Edition aufgenommenen Daten lag auf dem ausgehenden 16. und dem 17. Jahrhundert, so daß für unseren Untersuchungszeitraum nur die zweite Hälfte des 17. Jahrhunderts ein ausreichendes Sample bieten kann. Eine Auszählung von 170 Eheverträgen von brandenburgischen Adligen, bei denen Braut und Bräutigam regional zugeordnet werden konnten, ergab folgendes Bild:

1078 Vgl.: B. Bastl: Tugend, Liebe, Ehre. Die adelige Frau in der Frühen Neuzeit, Köln/Weimar/Wien 2000, S. 152.
1079 Hahn, Struktur und Funktion, S. 120.
1080 Zit. nach: Manuscripta Borussica 2° 632 (= Staatsbibliothek Berlin), Bl. 37 ff.
1081 Klitzing-FG, Bd. 2, S. 164.
1082 Claus v. Redern auf Wansdorf wagte z.B. im Jahre 1727 erst in dem Moment eine Ehe einzugehen, als seine Vermögensverhältnisse geklärt waren und er auch der Brautfamilie v. Tresckow eine hinreichende Gewähr für eine ausreichende Versorgung seiner Gemahlin bieten konnte. Vgl.: Redern-FG, Bd. 2, S. 182 f.
Vgl. übergreifend dazu auch: Bastl, Tugend, Liebe, Ehre, S. 155.
1083 Vgl.: G.A. v. Mülverstedt: Sammlung von Ehestiftungen und Leibgedingesbriefen ritterschaftlicher Geschlechter der Provinz Sachsen, Brandenburg, Pommern und Preußen, Magdeburg 1863.

Tabelle 39: Ehestiftungen des brandenburgischen Adels (1650-1700)[1084]

Durchschnittl. Höhe der Ehestiftungen bei Heiraten innerhalb einer Teillandschaft (n= 121)	Durchschnittl. Höhe der Ehestiftungen bei übergreifenden Heiraten (n= 49)
1980 Rtl.	3059 Rtl.

Die durchschnittliche Summe der innerhalb der kleinräumlichen Adelsgesellschaften der Kur- und Neumark Brandenburg geschlossenen Ehen lag um mehr als 1 000 Rtl. unter dem Wert der überregionalen Heiraten. Damit findet der für andere Adelslandschaften gewonnene Befund auch für die brandenburgische Adelsgesellschaft seine Bestätigung, wonach die Beschränkung der Heiratsbeziehungen auf einen relativ engen Raum den Möglichkeiten ökonomisch schlechter situierter Rittergutsbesitzer eher entsprach als die Knüpfung ehelicher Verbindungen zu weiter entfernt liegenden Teilen der Monarchie.[1085]
Die Gegenüberstellung der Zahlen der innerhalb der jeweiligen Teillandschaft geschlossenen Ehen (121) mit den übergreifenden Heiratsverbindungen (49) zeigt zugleich, daß in der zweiten Hälfte des 17. Jahrhunderts die Mehrheit der Adelsfamilien noch eine auf die eigene Herkunftsregion fixierte Heiratspolitik favorisiert hatte. Ebenso waren Heiraten innerhalb des Geschlechtsverbandes an der Tagesordnung. Eine Durchsicht des genealogischen Materials der in der Mark Brandenburg angesessenen Linien derer von Hake ergab z.B., daß im interessierenden Zeitraum 11 Ehen innerhalb des Geschlechts geschlossen wurden.[1086] Solche endogamen Ehen, die immer die Ausnahme blieben[1087], wurden allgemein toleriert, wenn nicht eine bestimmte Grenze überschritten wurde.[1088] In solchen Fällen machte sich allerdings ein landesherrlicher Konsens erforderlich[1089], dessen Gewährung nach dem Herrscherwechsel von 1740 insofern erschwert wurde, als nunmehr die Erlangung „landesherrlicher Erlaubnisscheine für Geld" versucht wurde zu unterbinden.[1090] Die in der Analyse zutage tretende Praxis, innerhalb eines relativ engen Kreises zu heiraten, kann eine Erklärung in jenen Entwicklungen finden, die den Gegenstand unserer Ausführungen im ersten Kapitel bildeten. Die angespannte wirtschaftliche Situation, die Reduzierung der finanziellen Möglichkeiten des brandenburgischen Adels mußte zwangsläufig die möglichen Alternativen der Gattenwahl einengen. Die aufgezeigte ökonomische Nivellierung innerhalb der Adelsgesellschaft fand auch in den heiratspolitischen Optionen ihre Entsprechung.

1084 Ausgezählt nach: ebenda. Berücksichtigt wurden alle im Zeitraum liegenden Eheschließungen, bei denen die Heiratspartner regional zugeordnet werden konnten.
1085 Vgl.: Reif, Westfälischer Adel, S. 86.
1086 Ausgezählt nach den in der Familiengeschichte enthaltenen Stammtafeln.
1087 So etwa auch der Befund am Beispiel des Geschlechts v. Dewitz bei Heinrich, Staatsdienst und Rittergut, S. 124.
1088 Formen zu offensichtlichen Inzests, wie z.B. in den 1650er Jahren zwischen Werner Bernd v. Arnim und seiner Schwester wurden natürlich durch die Adelsgesellschaft geächtet und gerichtlich verfolgt. Vgl.: Arnim-FG, Bd. 2.2, S. 257 f.
1089 So z.B. 1737 anläßlich der Heirat des aus der Schönhausener Linie stammenden Karl Ludolf v. Bismarck mit einer nahen Verwandten, Luise Charlotte v. Katte. Vgl.: Bismarck-FG, S. 110.
1090 R. Koser: Friedrich der Große, Stuttgart/Berlin 1911, S. 44.

Leider sind die bei Mülverstedt gesammelten Angaben für das 18. Jahrhundert in zu geringer Zahl vorhanden, um eine repräsentative Auswertung auch für diesen Zeitraum vornehmen zu können, so daß ein anderer methodischer Weg beschritten werden muß. Im folgenden wird das sozialgenealogische Material zu neun brandenburgischen Adelsgeschlechtern, die in verschiedenen kur- und neumärkischen Teillandschaften ansässig waren, ausgewertet.

Tabelle 40: Heiratskreise ausgewählter brandenburgischer Adelsgeschlechter[1091]

Zeitraum der Eheschließung Heiratspartner aus:	Zahl der Eheschließungen 1650-1700		Zahl der Eheschließungen 1700-1740		Zahl der Eheschließungen 1740-1780	
Eigenem Kreis	106	35,6%	41	20,0%	27	16,2%
Benachbartem Kreis	94	31,5%	58	28,3%	35	21,0%
Kreis innerhalb der Mark Brandenburg	63	21,1%	65	31,7%	43	25,7%
Region außerhalb Brandenburgs	35	11,7%	41	20,0%	62	37,1%
Gesamt	**298**		**205**		**167**	

Die Auswertung dokumentiert, daß sich die Heiratskreise der brandenburgischen Adelsfamilien im Verlauf des Untersuchungszeitraumes zunehmend regional ausgeweitet hatten. Wählte z.B. in der zweiten Hälfte des 17. Jahrhunderts nur etwa ein Zehntel der Adligen den Ehepartner außerhalb der Mark Brandenburg, stieg dieser Anteil im Verlauf der folgenden 100 Jahre auf über ein Drittel an. Bei der Suche nach den Ursachen für diese Entwicklungen bieten sich verschiedene Erklärungen an. So wären veränderte Kommunikationsstrukturen ebenso zu berücksichtigen wie die verbesserten Vermögensverhältnisse der Rittergutsbesitzer, die eben ein Einfrieren des Brautschatzes auf einem niedrigen Niveau nicht mehr vonnöten machten. Doch unsere Ausführungen zu den Besitz- und Einkommensverhältnissen der märkischen Ritterschaft im 18. Jahrhundert dürften hinreichend gezeigt haben, daß eine solche Annahme für die Mehrheit der brandenburgischen Adelsgeschlechter nicht zutraf. Plausible Erklärungen für die Ausweitung der Heiratsbeziehungen müssen demnach auf anderem Terrain gesucht werden. Wir hatten bereits an anderer Stelle darauf verwiesen, daß der Amtsträgerschaft und der Armee eine wichtige Rolle im Staatsbildungsprozeß Brandenburg-Preußens zukam. Gerade der „Integrationseffekt des stehenden Heeres" im Prozeß der Herausbildung eines gesamtstaatlichen Bewußtseins der Hohenzollernmonarchie ist jüngst

---

[1091] Berücksichtigt wurden die Angehörigen der in der Mark Brandenburg angesessenen Linien folgender Adelsgeschlechter: v. Arnim, v. d. Borne, v. Hake, v. Kröcher, v. d. Marwitz, v. Redern, v. Rochow, v.d. Schulenburg und v. Waldow. In die Analyse wurden nur diejenigen Ehen einbezogen, bei denen die regionale Herkunft des Heiratspartners ermittelt werden konnte.

wieder betont worden.[1092] Diesem Gedanken lohnt es auch im Zusammenhang unserer Fragestellung näher nachzugehen.

Einer Reihe von Belegen ist zu entnehmen, daß auch in dem dem Dreißigjährigen Krieg unmittelbar folgenden Zeitraum mehrere über die eigene Adelsgesellschaft hinausgehende Ehen geschlossen wurden. Für jene Jahre wird man die Ausweitung der Heiratsbeziehungen vorrangig auf die durch den Krieg hervorgerufenen Unsicherheiten und Instabilitäten der tradierten Familien- und Heiratspraxis eines nicht unbeträchtlichen Teils der Adelsgeschlechter zurückzuführen haben. Der Solddienst einiger Familienangehörigen, die Vertreibung von den angestammten Rittergütern infolge der unmittelbaren Kriegsfolgen hatten einen bis dahin ungewohnten Mobilitätsschub gebracht.[1093] Die Norm war es allerdings noch nicht. Der Bearbeiter der Löben'schen Familiengeschichte bewertete z.B. die Tatsache, daß sich Johannes Kristof v. Löben auf Palzig (Neumark) in der Mitte des 17. Jahrhunderts seine Frau aus dem weit entfernten Franken holte als „auffallend", da natürlich auch in diesem Geschlecht die Ehen zu jener Zeit unter verwandten oder benachbarten Familien geschlossen wurden.[1094]

Es gilt also im folgenden die These zu belegen, daß sich mit der Herausbildung des stehenden Heeres, in dem auch für die brandenburgische Ritterschaft in zunehmendem Maße eine neue Existenzgrundlage geboten werden konnte, die Kontakte zwischen den Adelsgeschlechtern über das gewohnte Maß hinaus ausweiten konnten. Gezielt forcierte die Landesherrschaft den Einsatz von Offizieren der „alten" Kernprovinzen in den neu hinzugewonnenen Territorien. Adam VII. v. Hake erhielt den Gouverneursposten im westfälischen Hamm. Dort ehelichte er die aus einem der benachbarten welfischen Territorien stammende Anna Marie v. Bennigsen.[1095] Der ebenfalls einer havelländischen Familie angehörende Offizier Caspar Heinrich v. Stechow wurde nach der Besitzergreifung der Grafschaft Moers im Jahre 1702 in diese Region versetzt. Dort bemühte er sich mit Nachdruck um das Einverständnis seines künftigen Schwiegervaters, des Freiherrn Jost Wirich von Cloudt zur Heirat mit dessen Tochter. Dieser Wunsch wurde ihm lange Zeit verwehrt, da der Freiherr zu jener ständischen Gruppe gehörte, die sich weigerte, der neuen preußischen Landesherrschaft zu huldigen. Nur die Intervention des „Soldatenkönigs" ermöglichte endlich im Jahre 1717 die Heirat.[1096]

1092 W. Neugebauer: Staatliche Einheit und politischer Regionalismus. Das Problem der Integration in der brandenburg-preußischen Geschichte bis zum Jahre 1740, in: W. Brauneder (Hg.), Staatliche Vereinigung: Fördernde und hemmende Elemente in der deutschen Geschichte, Berlin 1998, S. 49-87, hier S. 72.
1093 Am Beispiel einer kurmärkischen Teillandschaft vgl. entsprechende Belege bei Enders, Die Prignitz, S. 696.
1094 Löben-FG, S. 94.
1095 Vgl.: Hake-FG, Bd. 2, S. 438.
1096 Vgl.: Stechow-FG, S. 132 f. Allerdings ist die Annahme der Familiengeschichte, Caspar Heinrich v. Stechow wäre es „auf Grund seiner Herkunft und Stellung" nicht schwergefallen, „in gesellschaftliche Verbindung mit den führenden Familien von Moers zu kommen" zu relativieren. Abgesehen von den antipreußischen Ressentiments des Schwiegervaters muß auch die materielle Absicherung nicht besonders üppig gewesen sein. In einem Brief an den König gab C. H. v. Stechow am 2. Oktober 1715 seiner Hoffnung Ausdruck, „daß ich mich mit ihre [der Braut – F.G.] Mittel verbessere. Und sie wol ein ziemliches mitbekommen kann." GStAPK I. HA Rep. 96 Nr. 519 D, Bl. 1.

Um unsere These nicht nur anhand weniger Einzelfälle exemplifizieren zu müssen, wird im folgenden das Ergebnis einer repräsentativen Auswahl von Ehen der aus dem brandenburgischen Adel entstammenden Offizieren vorgestellt:

Tabelle 41: Heiratskreise von Offizieren ausgewählter brandenburgischer Adelsgeschlechter (1650-1775) [1097]

Zeitpunkt der Eheschließung	Anzahl der heiratenden Offiziere	Enger Heiratskreis[1098]		Weiter Heiratskreis[1099]	
1650-1675	35	21	60,0%	14	40,0%
1675-1700	45	23	51,1%	22	48,9%
1700-1725	42	20	47,6%	22	52,4%
1725-1750	34	15	44,1%	20	55,9%
1750-1775	39	16	41,0%	23	59,0%

Das unserer statistischen Stichprobe zugrunde liegende sozialgenealogische Material bestätigt den Trend nach einer Ausweitung der Heiratsbeziehungen in der Gruppe der adligen Militärs.

Demnach heiratete ein höherer Anteil der im Militärdienst stehenden Adligen regional übergreifender als die sich „nur" als Gutsherren betätigenden Geschlechtsmitglieder, wenn man die Werte der vorangehenden Tabelle vergleichend hinzuzieht. Durch den gemeinsamen Militärdienst oder Kontakte zu Adelsfamilien in den Garnisonstädten oder deren Umland kamen sich die Angehörigen der verschiedenen Adelsgesellschaften der Monarchie näher und knüpften Bekanntschaften, die sich dann zu engeren Beziehungen zwischen den Familien ausweiten konnten. Der Hauptmann David Sigismund v. d. Marwitz heiratete z.B. als 33jähriger die Tochter des Kommandanten von Braunschweig, Elias v. Niephagen.[1100] Auch der Premier-Leutnant Klaus Ludwig v. Hake lernte über seinen Militärdienst seine Gemahlin kennen. Er ehelichte 1738 die Tochter des im selben Regiment dienenden Oberstleutnants v. Seel.[1101] Die Gattin des 1695 im Pfälzischen Erbfolgekrieg gefallenen, aus dem Magdeburgischen stammenden Christoph VI. Ludwig v. Werder heiratete dessen „Kriegskameraden", den Major Otto Ludwig v. Bredow.[1102] Diese Verbindungen beeinflußten aber bei den Offizieren unterer Ränge im allgemeinen nicht die Höhe von Ehegeld und Gegenvermächtnis, denn die regionale Ausweitung der Heiratsoption bedingte ja in diesen Fällen keineswegs,

---

1097 Ermittelt auf der Grundlage des sozialgenealogischen Materials der für die Auswertung der Tabelle 40 genannten neun Adelsgeschlechter.
1098 Ehepartner aus der eigenen oder benachbarten brandenburgischen Teillandschaft.
1099 Ehepartner aus anderen brandenburgischen Teillandschaften oder außerhalb Brandenburgs liegender Territorien.
1100 Vgl.: Marwitz-FG (Redern), Tafel VI.
1101 Vgl.: Hake-FG, Bd. 2, S. 481.
1102 Werder-FG, Bd. 2, S. 323.

daß das für die Ehestiftung aufzubringende Kapital anwachsen mußte.[1103] Schließlich wurden die über den Militärdienst zustande kommenden Heiratskontakte zumeist zwischen Adelsfamilien aufgebaut, die sich auf einem etwa gleichen sozialen Level befanden. Zur Erklärung dieser Beobachtung soll an unsere Bemerkungen über die materielle Situation der adligen Offiziere der unteren und mittleren Dienstgrade erinnert werden. Die finanzielle Anspannung, die der Militärdienst mit sich brachte, mußte zwangsläufig den Spielraum bei der Fixierung der Summen für das Gegenvermächtnis relativ eng halten. Die bereits die Stufenleiter der militärischen Hierarchie emporgestiegenen Offiziere waren hingegen eine attraktivere Partie; eine Verbindung mit diesen konnte durchaus zu einer Erhöhung des Niveaus der in die Ehe einzubringenden Geldbeträge führen. Selbst wenn Heiratsverbindungen der hohen Offiziere innerhalb ihrer kleinräumlichen Adelsgesellschaften eingegangen wurden, konnte dies zu einer beträchtlichen Zunahme der Höhe von Ehegeld und Gegenvermächtnis führen.[1104]

Doch wenden wir uns nunmehr einer weiteren Gruppe zu, der ein ähnlich wichtiger Beitrag für die wachsende Mobilität innerhalb der Adelsgesellschaften der brandenburg-preußischen Monarchie zugemessen werden muß: der Amtsträgerschaft. Demnach dürften auch bei den aus dem brandenburgischen Adel stammenden Amtsträgern gleiche Tendenzen im Heiratsverhalten wie bei den Offizieren vermutet werden. Aus den auf der Grundlage der ausgewerteten Familiengeschichten zusammengetragenen sozialbiographischen Angaben zu insgesamt 260 adligen brandenburgischen Amtsträgern konnten 239 Heiratsbeziehungen rekonstruiert werden.

Tabelle 42: Heiratskreise brandenburgischer Amtsträger (1650-1780)

Zeitpunkt der Ehe-Schließung	Heiratskreis in der eigenen oder benachbarten Teillandschaft	Heiratskreis innerhalb der Mark Brandenburg	Heiratskreis außerhalb der Mark Brandenburg
1650-1700	50%	18,5%	31,5%
1700-1740	38,5%	23%	38,5%
1740-1780	30%	26%	44%

Die Zahlen verdeutlichen, daß ebenso wie in der Gruppe der Militärs auch bei den Amtsträgern frühzeitig eine stärkere regionale Ausweitung der Heiratsbeziehungen im Vergleich zur

---

1103 Nur einige wenige Beispiele für diese Beobachtung: In der 1701 vollzogenen Ehestiftung zwischen dem Capitain Chr. S. v. Jürgas (aus dem ruppinischen Ganzer) und dem Fräulein M. E. v. Wartenberg (aus dem unweit Potsdams gelegenen Sacrow) sind Ehegeld und Gegenvermächtnis in Höhe von 3 000 Rtl. vereinbart worden. Der aus dem Barnim stammende Rittmeister H. v. Barfuß brachte in die 1656 abgeschlossene Ehestiftung mit der Schwester des kaiserlichen Obristen C. v. Wins 2 400 Rtl. ein. Der Capitain Hans Christoph v. Lochow hatte anläßlich seiner 1706 geschlossenen Ehe mit der aus Mecklenburg-Schwerin stammenden Magdalena Agathe v. Lützow mit der Summe von 2 000 Rtl. aufzuwarten. Vgl.: Mülverstedt, Sammlung, S.111, 122 u. 333.

1104 Der Obrist H.G. v. Schönebeck heiratete 1712 innerhalb seiner neumärkischen Herkunftsregion, dennoch mußte die Brautfamilie Wamboldt v. Umbstädt 6 000 Rtl. Ehegeld aufbringen. Vgl.: Mülverstedt, Sammlung, S. 332.

Gesamtgruppe des brandenburgischen Adels erkennbar war. Bereits in der zweiten Hälfte des 17. Jahrhunderts heiratete die Hälfte der Amtsträger über die eigene bzw. benachbarte kleinräumliche Adelsgesellschaft (Kategorien „innerhalb der Mark Brandenburg" und „außerhalb der Mark Brandenburg") hinaus. Gemäß dem Gesamttrend nach höherer Mobilität verstärkte sich dieser Anteil bis zur zweiten Hälfte des 18. Jahrhunderts auf 70%! Die Übernahme einer hohen Charge in der Residenz oder eines Amtes in anderen Teilen der Monarchie führte ebenso wie in der Gruppe der Offiziere zu einer Ausweitung der Heiratsbeziehungen. Der kurzzeitig im Herzogtum Magdeburg als Regierungsrat wirkende, aus der Neumark stammende Ernst Ludwig v. d. Marwitz (1696-1725) vermählte sich mit einem Fräulein v. Loë.[1105] Der in Ostpreußen und später im Generaldirektorium als Amtsträger wirkende, aus der Prignitz stammende Adam Ludwig II. v. Blumenthal holte sowohl seine erste wie seine zweite Gemahlin aus der pommerschen Adelsgesellschaft.[1106]

Auch auf die Höhe des Heiratsalters wirkte sich die zunehmende Indienstnahme der adligen Söhne aus. Die Analyse des sozialgenealogischen Materials weist auf ein höheres Heiratsalter bei Offizieren im Vergleich zu den Nichtmilitärs, dies galt selbst für die ältesten Söhne, die ja in der Regel materiell abgesicherter waren als ihre jüngeren Brüder.[1107] Die erstgeborenen Söhne, vor allem diejenigen, die keine militärische Laufbahn einschlugen, heirateten in der Regel weitaus früher als ihre jüngeren Brüder. Ihre baldige Verheiratung genoß in der Regel Priorität in den familienstrategischen Planungen.[1108] Dagegen war sowohl in der Kategorie „älteste Söhne" als auch innerhalb der Gruppe der nachgeborenen Brüder das Heiratsalter der Militärs durchweg höher. Hier überlagerten sich die Erwägungen der Adelsfamilien mit Überlegungen der Landesherrschaft. Bekanntlich versuchte letztere eine Verheiratung der Offiziere – vor allem im 18. Jahrhundert – wenn schon nicht zu hintertreiben, dann aber zu verzögern.[1109] Die Adelsfamilie kalkulierte indessen die Fährnisse ein, die eine Offizierslaufbahn für den Sohn bzw. potentiellen Schwiegersohn mit sich bringen konnte, schließlich mußten diese häufiger als andere ihr Leben riskieren.

Tabelle 43: Durchschnittliches Heiratsalter brandenburgischer Adliger (1650-1780) [1110]

	älteste Söhne		jüngere Söhne	
	Militärs	Nichtmilitärs	Militärs	Nichtmilitärs
1650-1700	28	26	33	30
1700-1740	33	26	35	29
1740-1780	32	26	35	33

1105 Vgl.: Redern, Marwitz-FG, Tafel VI a.
1106 Vgl.: Blumenthal-FG, Tafel 5.
1107 In solchen Fällen war es dann üblich, daß der älteste Sohn auf die Übernahme des väterlichen Gutes verzichtete, sich eine bestimmte Geldsumme auszahlen ließ und im Heer verblieb.
1108 Am österreichischen Beispiel hatte M. Mitterauer diesen Zusammenhang vorgeführt. Vgl.: ders.: Zur Frage des Heiratsverhaltens im österreichischen Adel, in: Beiträge zur neueren österreichischen Geschichte, Wien 1974, S. 176-194.
1109 Vgl.: Jany, Geschichte, Bd. 2, S. 233.
1110 Ermittelt auf der Grundlage des in Tabelle 40 aufgeführten sozialgenealogischen Materials.

Bei der Gruppe der nachgeborenen, im Militär dienenden Söhne erwies sich die Gewinnung eines standesgemäßen – und wenn möglich kapitalkräftigen – Ehepartners als schwieriger, zumindest solange man sich in einer subalternen Position befand. „Standesgemäß ließ sich keine Familie mehr durch einen unteren Offizier ernähren, weil die einsetzende Reglementierung und landesstaatliche Kontrolle des Besoldungswesens dessen Einkünfte drastisch beschnitt".[1111] Erst das Erreichen eines bestimmten Ranges innerhalb der militärischen Hierarchie – in der Regel als Kompaniechef – ermöglichte die ausreichende Versorgung der Familie aus eigenen Mitteln. Einige Subalternoffiziere versuchten diese kritische Lebensphase durch eine günstige Heirat zu kompensieren. Unumwunden legte z.B. ein Leutnant v. Bismarck 1718 die Motive für die Heirat mit einem Fräulein v. Mardefeld offen: Zu diesem Entschluß sei er „eintzig und allein durch die verhoffte Verbesserung und Conservation bewogen worden, angesehen in solches ohne dieses Mittel schwehrlig erlanget werden kann".[1112] Von ähnlichen Erwägungen hatte sich wohl auch ein gerade aus der Armee entlassener Angehöriger der Familie v. Winterfeld leiten lassen. Sein avisierter Schwiegervater, der Feldmarschall Hans Heinrich v. Katte äußerte sich in einem Brief vom 15. September 1736 über das Werben des verabschiedeten Capitains um seine Tochter. Die unterkühlt-nüchterne Diktion seiner Haltung zu dieser Verbindung war dabei unverkennbar: Nun sei „ess zwar kein brillant glück, von keinem caracteur, undt ein Landt-Edelman, allein man will mier versichern, er habe ein stücklein brodt, meiner Tochter jahre kommen heran, die schönheit drükket sie nicht, der Mann darff kein compl. erhalten; so bin ich willens sie ihm zu geben".[1113] Der Feldmarschall war also bereit, eine sowohl vom Rang als auch offensichtlich von den Einkommensverhältnissen her ungleiche Eheverbindung zu tolerieren. Dagegen erhob im Jahre 1730 der Capitain G. v. Vintzelberg Vorwürfe, da sich die mit seiner Heirat mit einer v. Klitzing geknüpften Erwartungen nicht erfüllt hatten. Der Bruder seiner Gemahlin hatte „ihm soviel Mitgabe versprochen", doch der bekannte langwierige Prozeß zwischen den Klitzings und Platens „verhindere seine Verwandten an [der] Erfüllung des Versprechens, so daß er seine Compagnie nicht durch Anwerbung verbessern könne".[1114]

Der Zusammenhang zwischen dem ökonomischen Hintergrund der Braut und den wirtschaftlichen Möglichkeiten, die der Bräutigam künftig zu bieten hatte, war den Zeitgenossen nur zu gut bewußt. Demnach „erfordern diejenigen Frauen", um noch einmal *M.F. Seidel* zu zitieren, „so einen weit größeren Reichthum" in die Ehe bringen, „auch gemeiniglich einen reichlicheren und prächtigeren Unterhalt".[1115] Die großen Unterschiede in der Ausstattung der Ehefrauen mit Ehegeld und Morgengabe spiegelten diese Praxis deutlich wider. Während z.B. im Geschlecht v. Brunn die Summen für Ehegeld bzw. Gegenvermächtnis 800 Rtl. nicht

---

1111 Hahn, Aristokratisierung und Professionalisierung, S. 204.
1112 GStAPK I. HA. Rep. 96 Nr. 519 D, Bl. 15. Auch der in Magdeburg in Garnison liegende Hauptmann v. Kameke beabsichtigte 1718, seinen „bisherigen schlechten Zustandt durch eine profitable Mariage zu verbessern ..., sowohl weil Ich von meinen Eltern nichts bekommen noch zu hoffen habe", als auch auf Grund „persönlicher Maleurs". Ebenda, Bl. 19.
1113 Zit. nach: Winterfeld-FG, Bd. 2, S. 617.
1114 Klitzing-FG, Bd. 1, S. 301.
1115 Seidel, „Gedanken ...".

überstiegen[1116] und anläßlich der 1691 vollzogenen Eheverbindung zweier Prignitzer Adelsfamilien eine – auch für die geringer begüterten Geschlechter exorbitant niedrige – Summe von 300 Rtl. als Ehegeld bzw. Gegenvermächtnis einfloß, wurde der 1670 vereinbarten Ehestiftung zwischen dem Domherrn Hans Georg v. Ribbeck und Margarethe Gottliebe v. Pfuel der Betrag von 4 000 Rtl zugrunde gelegt.[1117]

Ein solch hoher nobilitierter Amtsträger wie Franz v. Meinders bot gar 5 000 Rtl. Gegenvermächtnis anläßlich seiner Hochzeit. Die 1694 vollzogene Ehe mit der Witwe des Obristen W. L. Freiherrn v. Pöllnitz, einer geb. Freifrau zu Eulenburg war ihm diese „Investition" wert.[1118] Ebenso ließ er sich die Verheiratung seiner Tochter Luise Elisabeth mit einem Mitglied eines der bedeutenden Prignitzer Adelsgeschlechter, denen v. Quitzow, 6 000 Rtl. kosten.[1119] Daß die angemessene Ausstattung der Töchter – zumindest bei prestigeträchtigen Ehen – zuweilen die Möglichkeiten der Adelsfamilien überstiegen hatte, erhellt z.B. aus dem in den Eheverträgen verankerten, mitunter komplizierten Prozedere der Abzahlung der ausgehandelten Summen. In der 1673 abgeschlossenen Ehestiftung zwischen dem Leutnant Melchior Christoph v. d. Gröben (auf Kotzeband) und Hypolita Hedwig v. Katte (auf Vieritz) war z.B. ein Ehegeld von 2 833 Rtl. vereinbart worden. Jedoch erhielt der Bräutigam nur 583 Rtl. in bar. Der Rest sollte durch die Einlösung von Schuldverbindlichkeiten des Schwiegervaters bei verschiedenen havelländischen Rittergutsbesitzern aufgebracht werden. Den dann noch verbleibenden Restbetrag von 50 Rtl. gedachte die Familie v. Katte in Naturalform, d.h. mit 5 Wispel Roggen zu entrichten.[1120] Es ist angesichts dieses knappen finanziellen Rahmens müßig darüber zu spekulieren, ob bzw. wann der Bräutigam mit der vollen Summe des Ehegeldes rechnen konnte.

Neben dem herausragenden Motiv einer sich finanziell rentierenden Eheverbindung gewannen mitunter natürlich auch Überlegungen nach den persönlichen Fähigkeiten der ins Auge gefaßten Gattin an Relevanz.[1121] In den gutsherrschaftlich strukturierten Territorien Nordostdeutschlands schloß dies vor allem die Bereitschaft und das Vermögen der adligen Frau ein, einer Gutswirtschaft über einen längeren Zeitraum vorzustehen. Dies betraf vor allem jene adligen Rittergutsbesitzer, die infolge ihres Kriegsdienstes oder von Amtsgeschäften nicht auf dem Gut präsent sein konnten. Auch wenn – was häufig vorkam – das Gut durch einen Verwalter geführt wurde, mußte die Gutsfrau in der Lage sein, dessen Arbeit und Finanzgebaren zu kontrollieren. Baltzer Joachim v. Stechow, der 1629 Anna v. Hake ehelichte, hatte sich bei der Wahl seiner Gattin vor allem davon leiten lassen, „eine erfahrene Hausfrau auf

---

1116 Vgl.: Brand. LHA Rep. 78 II B 190.
1117 Vgl.: Mülverstedt, Sammlung, S. 123 u. 205.
1118 Vgl.: Brand. LHA Rep. 78 II M 35. Zum biographischen Hintergrund vgl. auch: A. Strecker: Franz von Meinders. Ein brandenburgischer Staatsmann im 17. Jahrhundert, Leipzig 1892, S. 111 f.
1119 Sie ehelichte den Kammerjunker Cuno Hartwig v. Quitzow auf Eldenburg und Kletzke. Vgl.: Brand. LHA Rep. 78 II Q 15.
1120 Vgl.: Brand. LHA Rep. 78 II G 77.
1121 Vgl. übergreifend dazu: B. Bastl: „Adliger Lebenslauf". Die Riten um Leben und Sterben in der frühen Neuzeit, in: Adel im Wandel, Wien 1990, S. 377-389; am Beispiel Prignitzer adliger Frauen L. Enders: Bürde und Würde. Sozialstatus und Selbstverständnis frühneuzeitlicher Frauen in der Mark Brandenburg, in: Weiber, Menscher, Frauenzimmer. Frauen in der ländlichen Gesellschaft 1500-1800, hrsg. v. H. Wunder/ Chr. Vanja, Göttingen 1996, S. 123-153, hier S. 135 f.

seiner Wirtschaft zu wissen", da er bis weit in die 1640er Jahre hinein als Offizier aktiv am Kriegsgeschehen teilnahm.[1122] Diesem Anspruch schien Anna v. Hake genügt zu haben. Sie war bereits zweimal verheiratet mit Rittergutsbesitzern aus der Teltower Adelsgesellschaft (v. Beeren und v. Enderlein), und es ist anzunehmen, daß B. J. v. Stechow entsprechende Erkundigungen eingezogen hatte, ob die ins Auge gefaßte Kandidatin in ihren bisherigen Ehen entsprechenden ökonomischen Sachverstand bewiesen hatte.

Im 18. Jahrhundert begegnen uns auf Grund der reichlicher sprudelnden Quellen viele Belege über adlige Frauen, die einen Gutsbetrieb eigenverantwortlich zu leiten hatten. Nachdem Dietrich v. Redern seine Offizierskarriere begonnen hatte, mußte z.B. seine Frau die Bewirtschaftung des Gutes allein koordinieren.[1123] Henriette Luise v. d. Borne, geb. v. Burgsdorff galt in den 1760er Jahren als „eine sehr energische Dame", die während der Abwesenheit ihres Mannes – auch er war Offizier – das in der Neumark gelegene Gut Berneuchen geführt hatte. Sie soll „ganze Actenstöße, von zumeist von ihrer Hand geschriebenen Baurechnungen" hinterlassen haben.[1124] In besonders aussagekräftiger Dichte spiegelt die Korrespondenz der Sophie Amalie v. Bismarck (geb. v. d. Schulenburg) die Fülle der Anforderungen wider, der sich eine Frau an der Spitze eines Rittergutes zu stellen hatte.[1125] Sie erwies sich als exzellente Wirtschafterin auf dem unweit der Stadt Tangerhütte gelegenen Gut Briest, die ihren in Küstrin oder in der Residenz weilenden Gatten[1126] kompetent über den Stand der Ernte, die Entwicklung der Kornpreise oder die Maßnahmen zur Abwendung einer drohenden Viehseuche unterrichtete. Besondere Fähigkeiten, vor allem aber Autorität dürften ihr im alltäglichen Umgang mit den dienstpflichtigen bäuerlichen Hintersassen ebenso abverlangt worden sein wie die sich auch in einigen Briefen widerspiegelnden Auseinandersetzungen mit den militärischen Behörden über die enrollierten Untertanen.

Über die Frage, wie die Heiratsverbindungen konkret angebahnt wurden, vermitteln die Quellen nur sporadische Hinweise. Im Normalfall ergriff die Familie des Bräutigams die Initiative der Brautwahl.[1127] Besonders plastisch kommt dies in den wenigen überlieferten Korrespondenzsammlungen zum Ausdruck. Der Kammergerichtsrat und spätere neumärkische Kanzler Levin Friedrich II. v. Bismarck orientierte anläßlich der Verheiratung seiner Töchter darauf, sowohl die traditionellen Beziehungen zu den anderen altmärkischen „schloßgesessenen" Geschlechtern im Auge zu behalten als auch Bindungen zu den anderen regionalen Adelsgesellschaften zu knüpfen. Die Wahl fiel letztlich auf einen in der Neumark angesessenen Herrn v. Waldow.[1128] Charlotte v. d. Knesebeck bemühte sich in den 1770er Jahren eine passende Braut für ihren Bruder, einen Offizier, aus der altmärkisch-magdebur-

---

1122 Stechow-FG, S. 233.
1123 Vgl.: Redern-FG, Bd. 2, S. 141.
1124 Borne-FG, S. 151.
1125 Vgl. zum folgenden: LHSA Rep. H Briest Nr. 285.
1126 Es handelte sich dabei um den neumärkischen Kanzler und späteren Justizminister Levin Friedrich II. v. Bismarck.
1127 So auch der am süddeutschen und österreichischen Beispiel gewonnene Befund bei Bastl, Tugend, Liebe, Ehre, S. 157 ff.
1128 Im Hintergrund schien allerdings die Frau Levin Friedrichs v. Bismarcks die Fäden geknüpft zu haben, die auch recht frühzeitig auf diesen Kandidaten gesetzt hatte. Vgl.: LHSA Rep. H Briest Nr. 175.

gischen Adelsgesellschaft auszuwählen.[1129] Sie übermittelte ihrem Bruder auch eine detaillierte Beschreibung der ins Auge gefaßten Kandidatin, nachdem sie diese während eines Theaterbesuches kennengelernt hatte.

Dennoch gab es durchaus genügend Beispiele, bei denen die heiratswilligen Adligen persönlich um die Braut warben. Möglichkeiten zur Kontaktaufnahme ergaben sich vor allem auf den Familienfesten und bei Besuchen innerhalb der kleinräumlichen Adelsgesellschaften. Maria Elisabeth v. Bredow war z.B. ihrem Gatten, dem kursächsischen Appellationsgerichtsrat Johann Christian v. Dölau, während eines Gastmahles 1647 in Lehnin begegnet.[1130] Sigismund v. Redern hatte seine künftige Gemahlin, Elisabeth v. Düringshofen in den 1650er Jahren im Hause seines Schwagers kennengelernt.[1131] Hat man solche Fälle vor Augen, dürfte das in der Literatur häufig kolportierte Bild nicht verallgemeinert werden, wonach sich die Adelsgeschlechter bei der Anknüpfung von Heiratsverbindungen nur von strategischen Gesichtspunkten leiten ließen und emotionale Bindungen zwischen den künftigen Ehepartnern keine Rolle gespielt hätten.[1132] Vielmehr ist wohl davon auszugehen, daß das gemeinsame Tragen der alltäglichen Belastungen und Herausforderungen auch die anfänglich nicht durch tiefere Zuneigung geprägten Beziehungen zusammenschweißen konnte. Schließlich war die Unterstützung der Gemahlin gerade bei den oftmals hart an den ökonomischen Möglichkeiten kalkulierten Gütergeschäften unverzichtbar. Jost Otto v. Hake gelang es z.B. nur durch den Verzicht seiner Gattin auf ihre Ansprüche auf die zum Verkauf stehenden Güter Kränzlin und Werder, diese 1677 zu veräußern.[1133]

Doch der adlige Familienverband war nur in Ausnahmefällen bereit, eine eigene und von den traditionellen heiratspolitischen Erwägungen abweichende Gattenwahl seines Nachwuchses zu tolerieren. Vor allem galt dies natürlich für die in einer Reihe von Quellen anzutreffenden Fälle von „ungleichen Heiraten". Hier wurden die Grenzen adligen Heiratsverhaltens sichtbar markiert und durch die Adelsgeschlechter mit entsprechenden Restriktionen bedacht. Der gesetzliche Rahmen ließ allerdings durchaus Ausnahmen zu, so daß – wie im übrigen auch für andere Adelsgesellschaften belegt[1134] – die Konsequenzen einer unstandesgemäßen Heirat unterschiedlich sein konnten. 1633 gab der Kurfürst sein Einverständnis, daß Otto Friedrich Schenk v. Landsberg eine Sibylle Vogel heiraten dürfe, mit der er vier Jahre lang „Unzucht getrieben" haben soll. Die aus dieser Verbindung hervorgehenden Kinder sollten

---

[1129] Neben der Abstammung aus guter Familie wurden auch ihre Überlegungen von der Aussicht auf ein größeres Vermögen, die die Brautkandidatin in die Ehe zu bringen hatte, beherrscht. Unumwunden schrieb Ch. v. d. Knesebeck am 14.2.1777 ihrem Bruder: „... besonders bin ich jetzt darauf bedacht, für dir in hiesiger Gegend eine reiche Braut ausfündig zu machen ... Die Fräulein Schulenburg ist noch wohl die eintzige, so nach Aussage des Verwalters ... das meiste Vermögen hat". LHSA Rep. H Langenapel Nr. 1174, Bl. 43.

[1130] Vgl.: Bredow-FG, Bd. 3, S. 93 f.

[1131] Vgl.: Redern-FG, Bd. 2, S. 74.

[1132] Vgl. dazu abwägend: J. Peters: Ökonomie der Liebe. Über neuere familiengeschichtliche Literatur, in: Jahrbuch für Wirtschaftsgeschichte (1988), S. 113-129, v.a. S. 115.

[1133] Vgl.: Hake-FG, Bd. 1, S. 191.

[1134] Vgl. für Kursachsen die Studie von J. Matzerath: „dem gantzen Geschlecht zum besten". Die Familienverträge des sächsischen Adels vom 16. bis zum 19. Jahrhundert, in: Geschichte des sächsischen Adels, hrsg. v. K. Keller/ J. Matzerath, Köln/Weimar/Wien 1997, S. 291-319, hier S. 308 f.

allerdings nicht lehensfähig und erbberechtigt sein.[1135] Auch die Erwartung des Gustav Wilhelm v. Hake erfüllte sich nicht, durch die Anfechtung der 1699 zwischen seinem Vetter Levin Friedrich und dessen Frau Maria Dorothea Schäffer, der Tochter eines kurfürstlichen Zollobereinnehmers, eingegangenen Ehe die Erbfolge der Söhne des Levin Friedrich auszuschließen.[1136] Die „Policey-Ordnung" von 1688 und folgende Edikte stigmatisierten zwar unstandesgemäße Heiratsverbindungen, tolerierten aber solche „Ehen, welche mit denen Töchtern oder Witwen derjenigen getroffen [werden], welche wiewohl nicht adligen Herkommens, dennoch im Soldaten- oder Civil-Stande, in adligen und vornehmen Rats-, Gerichts- und dergleichen Ehrenämtern und Bedienungen" seien.[1137] Die Fülle der diesem Thema gewidmeten juristischen Regelungen seit dem ausgehenden 17. Jahrhundert belegt zugleich, daß unstandesgemäße Heiraten stets an der Tagesordnung blieben und ihre Zahl anstieg, wenngleich keine genauen quantitativen Angaben vorliegen.[1138]

Das Motiv, sich durch eine Heirat mit einer zwar unstandesgemäßen, dafür aber finanziell gut ausgestatteten Frau aus einer wirtschaftlichen Notlage zu befreien, begegnet uns in mehreren brandenburgischen Adelsfamilien. Dem trug auch die offizielle landesherrliche Position Rechnung, im Falle es zu gerichtlichen Auseinandersetzungen kommen sollte. In einem Spezial-Befehl an das altmärkische Obergericht vom 29. September 1738 monierte der König zwar erneut die „unanständigen Ehen", richtete seine vornehmliche Kritik aber weniger auf solche Frauen niederen Standes, „durch deren etwa ausnehmenden Reichthum, einem Verwandten oder in tiefen Schulden steckenden von Adel ... aufgeholfen werden mag". Ungnädiger solle man reagieren, wenn die Mesalliance „nur bloß auf eine törige Liebe hinaus läufet".[1139]

In dem bereits angeführten Edikt vom 8. Mai 1739 wurde die Justiz angehalten, Nachsicht zu üben, im Falle „ein verarmter Edelmann durch dergleichen ungleichen Heyrath und den ausnehmenden Reichthum einer zwar geringen, doch unberüchtigten Persohn sich und seine familie erweißlich aufhelffen und die etwa verschuldete Güter befreyen ... könnte".[1140]

Man trug mit einer solchen Haltung den wachsenden wirtschaftlichen Schwierigkeiten eines nicht geringen Teils der Adelsfamilien im 18. Jahrhundert Rechnung, was der eingangs dargestellten Bedeutung der adligen Ehe als ein vorrangig „gesellschaftliches Ereignis mit

---

1135 Biedermann, Geschichte der Herrschaft Teupitz, S. 56.
1136 Vgl.: Hake-FG, Bd. 2, S. 132 f.
1137 „Edikt, wieder die allzuungleiche und zum Theil schändliche Heyrathen derer von Adel in den kgl. Landen" vom 8. Mai 1739, in: C.C.M. Continuatio Prima, Sp. 251 ff.
1138 Hier nur einige wenige Belege aus zwei Geschlechtern: Marie Gottliebe Florentine v. d. Marwitz (Haus Diedersdorf/ Kr. Teltow) hatte sich vor 1753 mit dem Prediger Johann George Francke zu Pausin vermählt. Georg Bernd Alexander v. d. Marwitz (Haus Hohen-Lübbichow/ Neumark) war in erster Ehe bis 1759 mit der Tochter des Bürgermeisters von Königsberg/Nm., Eleonore Tugendreich Henzel verheiratet. Vgl.: Redern, Marwitz-FG, S. 123 u. 133.
Aus der Genshagener Linie des Geschlechts v. Hake ehelichte Ursula Melusine v. Hake 1735 den Pfarrer Martin Junack. Auch die Offiziere Hans Friedrich III. und Johann Friedrich VI. gingen mit Eva Dorothea Müller und Martha Maria Wieblitz Ehen mit zwei bürgerliche Frauen ein. Vgl.: Hake-FG, Bd. 2, Anhang: Tafeln 11 u. 14.
1139 LHSA Rep. A 23g Nr. 1, Bl. 1.
1140 C.C.M. Continuatio Prima, Sp. 251 ff.

ökonomischer Folgewirkung" entsprach.[1141] Die beschriebene Kreditknappheit und wachsende Verschuldung eines großen Teils der Rittergutsbesitzer ließ eine Verbindung mit nichtadligen Heiratspartnern als eine mögliche Alternative aus der ausweglosen Situation erscheinen.

Freilich mußte eine solche Heiratspraxis die Beziehungen innerhalb des Geschlechtsverbandes belasten, vor allem dann, wenn die Kritik an einer unstandesgemäßen Heirat mit weitergehenden Absichten verbunden wurde. So hatte z.B. die Klage des hinterpommerischen Adligen v. Brandt gegen seinen Bruder, den im neumärkischen Liepcke sitzenden Christoph Ernst v. Brandt langfristig Erfolg.[1142] Sie gründete darauf, daß Chr. E. v. Brandt im Jahre 1776 „seine Wirtschaftsjungfer" geheiratet hatte. Der klagende v. Brandt erhoffte sich Vorteile bei künftigen Erbregelungen, die dann einträten, wenn die aus der Mesalliance seines Bruders hervorgehenden Kinder von der Lehnsfolge ausgeschlossen werden würden. Der Beklagte verteidigte hingegen seine Position mit dem Hinweis auf weitere Mesalliancen im neumärkischen Adel.[1143] Aufschlußreich erschienen auch seine Aussagen über sein Motiv für diese eheliche Verbindung. Sehr offen wurden dabei sowohl die ökonomischen Zwänge, denen ein Besitzer eines durchschnittlich ausgestatteten Rittergutes unterlag als auch die bereits oben thematisierten Erwartungen an die Ehepartnerin eines Gutsherrn benannt: „Ich habe ein ehrliches Mädchen geheiratet, ich mußte auch auf eine Wirtin sehen, und diese habe ich gefunden. Eine vornehme Hausfrau, die durch Aufwand, Bequemlichkeit und Unwissenheit in der Wirtschaft mich arm machte, wäre kein Glück für mich. Ein Landmann, der von der Wirtschaft leben muß, hat sein Augenmerk auf eine erfahrene Wirtschafterin vorzüglich zu richten. Dieses ist seiner ökonomischen Einrichtung gemäß. Mit einer Staatsdame ist ihm aber nicht geholfen, nur dahero muß man auf zweckmäßige Verhältnisse, worin jemand stehet, reflectiren. Aus anderer Absicht heiratet ein Staatsmann, aus weit anderen aber ein vernünftiger Landmann." Letztlich wurde ihm allerdings nicht der „ungleiche" Stand der Braut zum Verhängnis, sondern die gegen die Einwilligung des Familienoberhauptes geschlossene eheliche Verbindung.[1144] Es war vor allem das Eingreifen der Mutter des Beklagten, das 1779 zur Annullierung der Ehe geführt hatte.

Auch der im Havelland begüterte Arend Christoph v. Stechow setzte sich in den 1760er Jahren bei der Wahl seiner Braut über den Willen seines Vaters hinweg. Der ohnehin in ständigem Streit mit dem Familienoberhaupt lebende Offizier verheiratete sich nach seiner Verabschiedung als Oberst mit der Tochter eines bürgerlichen Amtsträgers im Magdeburger Raum. Einer ursprünglich geplanten Enterbung durch seinen Vater entging er nur durch die 1777 vollzogene Scheidung.[1145]

1141 Bastl, Tugend, Liebe, Ehre, S. 152.
1142 Vgl. zum folgenden: GStAPK I. HA, Rep. 22 Nr. 31, unpag.
1143 Namentlich wurden angeführt: die Verbindung eines v. Normann (Neuwedel) mit einer Kossätentochter in Zantoch, die des Obristen v. Schöning (Schönrade) mit einer Gastwirtin aus Landsberg a. d. W. und die eines Leutnants v. Schönebeck (Geilenfelde) mit einer Bäuerin aus Jahnsfelde.
1144 Man berief sich dabei auf ein Gesetz vom 15.12.1694, wonach Kinder „nicht ohne Vorwissen und Einwilligung der Eltern" heiraten durften.
1145 Vgl.: Stechow-FG, S. 277 f.

Die in Frage gestellte Autorität der Familie, vor allem des Familienoberhauptes bei der Planung einer Heiratsverbindung – ein stets latent bleibendes Problem des Adels[1146] – konnte zu unangenehmen Weiterungen führen, wenn zugleich „höhere" Interessen mit berührt waren. Mehrfach sah sich z.B. die Krone veranlaßt, auf die Heiratspläne der Töchter des Generals Heinrich Karl v. d. Marwitz Einfluß zu nehmen, die gewillt waren, Gatten aus nichtpreußischen Territorien zu ehelichen. So wandte sich der Soldatenkönig 1737 scharf gegen die avisierte Eheverbindung der ältesten Tochter Wilhelmina Dorothea mit dem Grafen v. Burghaus, da dieser – „ein sehr schlechter Mensch" – während früherer Kriegshandlungen mit seiner Kompanie „den Posten verlassen haben soll".[1147] Der General bemühte sich, dem Willen des Königs zu entsprechen, doch setzte sich dessen Tochter einige Jahre später darüber hinweg. Auch die jüngste Marwitz-Tochter Frederica Carolina[1148] ging eigene Wege und heiratete 1743 Albrecht Carl Friedrich Graf von Schönburg. In diesem Fall wurde der Unmut des Königs durch die Sorge erregt, daß das wohl nicht unbeträchtliche Vermögen des Generals durch die Erbregelungen ins Ausland fließen könnte. Heinrich Karl v. d. Marwitz schien nun den Intentionen des Königs gemäß auf seine Tochter eingewirkt zu haben, doch ohne Erfolg.[1149] Friedrich II. erwartete aber, nachdem die Hochzeit stattgefunden hatte, vom Vater, daß er die Eigenmächtigkeit seiner unbotmäßigen Tochter mit jenen Sanktionen, die der adlige Familienverband bereithielt, bestrafen würde. Dem kam der General auch nach. Bereits ein Jahr später verfügte H. K. v. d. Marwitz in seinem Testament, daß die gegen seinen Willen eine Eheverbindung eingegangenen Töchter nur einen „Pflichtanteil" in Höhe von je 25 000 Rtl. erhalten sollten, während die mittlere Tochter Sophie Amalie Albertine[1150], die mit dem preußischen Minister Graf Podewils verheiratet war, neben dem Geldanteil die Güter Gusow und Platkow sowie die weitere Hinterlassenschaft in Gestalt von Schmuck, Juwelen und Bargeld erben sollte.[1151]

Der sicher besondere Fall der Marwitz-Töchter zeigt aber sympomatisch, daß ein Verhaltensmuster keine Gnade fand – weder vor dem Geschlechtsverband noch vor den juristischen Instanzen –, bei dem die adlige Frau eigenverantwortlich die Wahl ihres Gatten bestimmen wollte. Erst recht mußte das Instrumentarium von Sanktionen des Familienverbandes wirken, wenn eine adlige Tochter sich ohne Einwilligung auf eine Verbindung mit einem Mann niederen Standes einließ. Im Zusammenhang eines Rechtsstreites um die Auslegung des Testamentes seines verstorbenen Vaters klagte Sigismund Friedrich v. Sack 1720 gegen seine Schwester, Eva Juliane.[1152] Der Konflikt, der insbesondere um die Höhe der auszuzahlenden Abfindung geführt wurde, nahm eine für Eva Juliane v. Sack ungünstige Wendung, als ihr Kontrahent das Gericht von ihrer Verbindung mit einem Knecht in Kenntnis setzte.[1153]

1146 Vgl. solche Fälle aus dem 16. Jahrhundert bei Hahn, Struktur und Funktion, S. 121 ff.
1147 Brand. LHA Rep. 37 Gusow, Nr. 329, unpag.
1148 In der Stammtafel „Friederike Caroline". Vgl.: Redern, Marwitz-FG, S. 114.
1149 Selbst die Schwester des Königs, die Markgräfin Wilhelmine v. Bayreuth wurde bemüht, um diese Heirat zu verhindern. Vgl.: Brand. LHA Rep. 37 Gusow, Nr. 329.
1150 Laut den biographischen Angaben der Familiengeschichte galt sie aber als die erstgeborene Tochter.
1151 Vgl.: Brand. LHA Rep. 37 Gusow, Nr. 333.
1152 Vgl.: GStAPK I. HA, Rep. 22 Nr. 322, Bl. 142 ff.
1153 „Es ist aber zu notiren, daß Gegnerin sich mit meinem Stallknecht, einem gemeinen BauerKerl, Gottfried Lappen, fleischlich vermischt und von ihm stupiren lassen." Ebenda, Bl. 144.

Unter Berufung auf entsprechende Bestimmungen im Landtagsrezeß von 1653 wurde die Klägerin mit nur 200 Rtl. (statt des von ihr geforderten Anteils von 2750 Rtl.) abgefunden.

Witwenversorgung

Ebenso wie die Ausstattung der heiratenden Nachkommen erwies sich auch die Versorgung der Witwen in allen Adelsgesellschaften als bedeutender Kostenfaktor und „seit jeher als ein kritischer Punkt in der Familienordnung".[1154] Die Kontroversen kreisten insbesondere um die Frage, mit welchen Mitteln die hinterbliebene Frau ausgestattet werden sollte, wo sie ihren künftigen Wohnsitz nehmen würde und welche Verfügungen getroffen werden müssen im Falle einer Wiederverheiratung. Zunehmend schärfte sich das Bewußtsein für die gravierenden Probleme, die eine Unterversorgung unverheirateter oder verwitweter adliger Frauen nach sich ziehen konnten. Denn die ohnehin prekäre wirtschaftliche Situation des Adels während der Zeit des Dreißigjährigen Krieges und der darauf folgenden Jahre hatte zwangsläufig gerade die Lebensumstände dieser Personengruppe verschlechtert.[1155] Man kann nur erahnen, zu welchen Konflikten es führen konnte, wenn ein Rittersitz wie das westhavelländische Pessin zum Aufenthaltsort von fünf Witwen aus unterschiedlichen Geschlechtern dienen mußte![1156]

Immer wieder mußten die Witwen auf juristischem Wege um die Befriedigung ihrer Ansprüche, vor allem um die Einhaltung der Eheverträge ringen.[1157] Die verwitwete Barbara Sabina v. Bellin sah sich 1668 veranlaßt, beim Berliner Kammergericht um die Restauszahlung der ihr aus der Ehestiftung zustehenden Beträge prozessieren.[1158] Und eine verwitwete Frau v. Knoblauch mußte 1683 vor der gleichen Instanz sogar um den Erhalt ihres Witwensitzes kämpfen.[1159] Erst nach mehreren Jahren und unter Einschaltung kurfürstlicher Kommissare gelang es z.B. der Gattin des 1640 verstorbenen Moritz v. Kröcher Lohm und andere ihr vorenthaltene Güter wieder in Besitz zu nehmen.[1160] In den rechtlichen Regelungen der Nachkriegszeit, die sich dem diffizilen Problem der Befriedigung der Kreditoren bei gleichzeitiger Sicherung des wirtschaftlichen Überlebens der verschuldeten Rittergutsbesitzer gewidmet hatten, wurde auch die besonders mißliche Situation der Witwen berücksichtigt. So behandelte eine als Zusatz zum Landtagsrezeß von 1653 erarbeitete „Declaration" vom 13.

1154 Reif, Westfälischer Adel, S. 83; vgl. auch: Bastl, „Adeliger Lebenslauf", S. 379.
1155 Selbst innerhalb des an der Spitze der Teltower Adelsgesellschaft rangierenden Geschlechts der Schenken von Landsberg sind Belege solcher mißlichen Lebensumstände zu finden. Anna Magdalena sandte in den 1640er Jahren mehrere Klagebriefe an ihren Bruder Albrecht Ludwig. Auch dessen Mutter bat ihn: „Hilf doch den armen Schwestern vortt; gott wirtt den deinen Kindern auch besar vortthelfen". Zit. nach: Biedermann, Geschichte der Herrschaft Teupitz, S. 56, Anm. 567.
1156 Es handelte sich dabei um drei Frauen von Knobloch, eine von Kettwig und eine von Bredow. Vgl.: Eickstedt, Landbuch, S. 425.
1157 Auch dabei scheint es sich um eine Beobachtung von allgemeiner Bedeutung für die mitteleuropäische Adelsgesellschaft gehandelt zu haben. Vgl. entsprechende Belege bei: Bastl, Tugend, Liebe, Ehre, S. 82 f.
1158 Vgl.: Brand. LHA Rep. 4 A Nr. 164.
1159 Vgl.: ebenda, Nr. 193, Bl. 109.
1160 Vgl.: Kröcher-FG, Bd. 2, S. 162 ff.

Juni 1654 die Frage, „wie es wegen der Zinsen bey entstandenem Concurs zu halten, und daß feuda auch ex hypotheca generali nur in subsidium hafften, auch vom jure retentionis der Wittib pendente concursu".[1161]

Doch auch im 18. Jahrhundert bildeten die mit der Witwenversorgung einhergehenden Probleme eine Quelle innerfamiliärer Konflikte.[1162] Friedrich v. Flemming, der sich ohnehin auch aus der Sicht seiner Nachfahren als „Zerstörer der Buckowschen Güter" keinen Ehrenplatz in der Geschlechtshistoriographie erobert hatte, verweigerte seiner Mutter die ihr zustehenden Bezüge aus der 1706 stammenden Ehestiftung.[1163] Problematisch gestaltete sich die Befriedigung der Ansprüche der Witwen in solchen Fällen, in denen zwar großzügige vertragliche Vereinbarungen zum Zeitpunkt der Eheschließung getroffen worden waren, nunmehr aber die wirtschaftliche Situation sich grundlegend verändert hatte. Die Witwe des Obristen Adam Caspar v. d. Borne stellte an den das neumärkische Gut Berneuchen erbenden Agnaten solche hohen Ansprüche, die dieser so nicht befriedigen konnte.[1164] Unter Einschaltung des neumärkischen Kanzlers v. Schönebeck kam 1730 ein Vergleich zustande, der die Erfüllung der Forderungen auf eine etwas realistischere Grundlage stellte.[1165] In schlechter situierten Familien gestaltete sich der Spielraum für die Witwenversorgung natürlich wesentlich enger. Einem 1716 abgeschlossenen Rezeß zur Nachlaßregelung bei denen v. Brunn zu Brunn (Ruppin) ist zu entnehmen, daß die Witwe nicht abgefunden werden konnte. In den ohnehin beengten Wohnverhältnissen wurde ihr lediglich „die kleine Stube und der Erkner eingeräumet".[1166]

Solchen Eventualitäten versuchten einige Geschlechter wie die v. Arnim zu begegnen, indem man dafür Sorge trug, daß die neu erworbenen Güter als sogenannte „Mannlehen" geführt wurden und somit der Gefahr vorgebeugt wurde, daß „sie durch Verkehrung derselben in Weiberlehen, excessive Versorgung der Töchter und Witwen" der Familie entzogen würden.[1167] Es sei an dieser Stelle noch einmal an die im Zusammenhang der Einführung der Lehnsallodifikation geführten Diskussionen erinnert. Der für die Mehrheit der Güter gewahrte Lehnscharakter hätte nach Meinung der Ritterschaft eine gleichgewichtige Berücksichtigung der weiblichen Geschlechtsangehörigen ausgeschlossen, nunmehr könnte aber bei den allodifizierten Gütern die verfügbare Erbmasse auf 50% zusammenschmelzen, „weil

---

1161 C.C.M. II. 2, Nr. 3.
1162 In den Sentenzenbüchern des Berliner Kammergerichts des Jahres 1730 sind z.B. 11 adlige Witwen als klagende Partei aufgeführt (bei insgesamt 117 Rechtsfällen, in die Adlige involviert waren). Vgl.: Brand. LHA Rep. 4 A Nr. 301.
1163 Flemming-FG, 1. Bd., S. 209.
1164 Neben der Summe von 3 200 Tlr. an Ehegeld, Meliorationsgelder und Morgengabe forderte sie „Wohnungs- und Holzgeld nach ihrer Condition, jährliche Alimente, die Zinsen der Mitgift etc. vom Tage des Todes an , ... an Vorschüssen 1 368 Thlr., 12 500 Thlr. Lehensschulden, 433 Thlr., welche der Verstorbene seinem Bruder geliehen hat. Für die 4 Töchter wird gefordert zu ihrer Ausstattung die Hälfte von den drei Gütern Dolgen, Pritten, Berneuchen, Wohnungsgelder bis zu ihrer Verheiratung, jährliche Alimente und der 30. Teil dessen, was sie aus dem Lehen bekommen, zu Hochzeitsschmuck". Borne-FG, S. 137.
1165 Vgl.: ebenda, S. 138.
1166 Vgl.: Brand. LHA Rep. 23 A. B Ritterschaftliche Hypothekendirektion Nr. 190.
1167 Zit. aus einer Stellungnahme des Georg Dietloff v. Arnim bei einer im Februar 1717 abgehaltenen Familienkonferenz. Arnim-FG, Bd. 2.2, S. 460.

die Mutter und Schwestern alles erblich behalten ... und bey den Enkeln nicht viel über bleiben" würde.[1168] Entsprechende Bemühungen der brandenburgischen Oberstände um eine Modifizierung der 1717 eingeleiteten Lehnsreform waren insofern erfolgreich, als in der „Deklarierten Lehnskonstitution" von 1721 die Sukzessionsrechte der Witwe zugunsten der Töchter eingeschränkt wurden.[1169]

Doch nicht nur die im Zusammenhang der Lehnsveränderungen komplizierter werdende erbrechtliche Behandlung bereitete den Adelsfamilien Ungemach. Neben der Versorgung der Witwen gewann auch stets die materielle Absicherung der Töchter einen gleichermaßen hohen Stellenwert in den familienpolitischen Überlegungen. Der im Havelland einige kleinere Güter besitzende Georg v. Görne informierte den König im August 1711 über einen familieninternen Vergleich: Sein einziger Sohn wäre schon frühzeitig verstorben, so daß „ich dahero bey meinem herannahenden Alter auf die Versorgung und Aussteuer meiner fünf Töchter umb so vielmehr bedacht gewesen ..., daß diesfalls allen Weitläufigkeiten vorgebauet werden möge". Demnach habe er mit seinen Brüdern und Vettern zur Absicherung der Alimentierung seiner Töchter einen Vergleich geschlossen. Diese versprachen dafür zu sorgen, daß die künftigen Lehnsfolger auf den Georg v. Görne gehörenden Besitzungen den Töchtern je 50 Rtl. entrichten würden. Bei einer Heirat sollte jede aus den Einkünften der Güter eine Abfindung in Höhe von 1 400 Rtl. erhalten.[1170] Innerhalb des Geschlechts v. d. Schulenburg verhandelte Daniel Ludolf im Februar 1718 mit dem Gesamtrichter über die Abfindungs- bzw. Versorgungsregelungen zweier hinterbliebener Töchter aus der Ehe eines v. Schenck und einer v. d. Schulenburg. Zu klären war insbesondere die Frage, „ob Ihnen aus allen Güthern oder nur denen so Ihr seel. Herr Vater ... verlassen, Ihre Versorgung und künftige Ausstattung zu bescheiden" wäre; zugleich gab man allerdings zu bedenken, daß „wenigstens die erstere unter 40 bis 50 Rtl. nicht bestehen können" würde.[1171]

Die vorgeführten Beispiele zeigten, daß es für den Familienverband umfangreicher und vorausschauender Regelungen bedurfte, um eine ausreichende Versorgung der weiblichen Geschlechtsangehörigen zu garantieren und gegenüber unvorhergesehenen Eventualitäten abgesichert zu sein. Gerade für die Behandlung der Witwen gewann diese Frage eine nicht zu unterschätzende Bedeutung. Im Normalfall setzte man zwischen der Witwe und den anderen erbberechtigten Geschlechtsangehörigen einen Vergleich auf, wie z.B. im Juli 1680 zwischen der Gattin des verstorbenen Leopold v. d. Schulenburg auf Beetzendorf und Angern, einer geb. Edlen Gans zu Putlitz, und den Lehnsfolgern Burchard Jacob und Friedrich

---

1168 So die Vertreter der Teltowischen Ritterschaft auf einer Versammlung im Februar 1717. Brand. LHA Rep. 23 A. B 615, Bl. 15.
1169 Damit sollte verhindert werden, daß die Witwe von ihrem Recht Gebrauch macht, die Hälfte des Gutes zu beanspruchen. Vgl.: Müller, Umwandlung, S. 187 f.
 Allerdings erscheinen die von Müller vorgebrachten Argumente für die Beweggründe der Adelsfamilien nicht ganz überzeugend. Statt der verwitweten Mutter sollte die Tochter das Gut erben und durch eine Ehe „mit einem Ritterbürtigen das Lehen dem Adel erhalten". Dieser Weg stand der Witwe – wenn man die sich in den Quellen zutage tretende Praxis vor Augen hält – aber auch offen. Häufig verheiratete sich eine verwitwete adlige Frau erneut, zumal wenn sie den Besitz übernommen hatte.
1170 Brand. LHA Rep. 78 II G 31, unpag.
1171 LHSA Rep. H Beetzendorf II. II Personalarchiv Nr. 173, Bl. 13.

Achaz v. d. Schulenburg.[1172] Darin wurde anhand der im Familienarchiv aufbewahrten Dokumente genau nachvollzogen, welche Mittel die Frau in den Familienbesitz eingebracht hatte und welche Zuwendungen ihr laut Ehevertrag nach dem Ableben ihres Gatten zuständen. In diesem Fall sollte Margarethe Elisabeth v. d. Schulenburg 60 Rtl. „Wohngelder", ein Korndeputat und eine Kutsche mit vier Pferden erhalten. Von den im Gut einliegenden 4 000 Rtl. Ehegeldern sollte sie die Zinsen (zu 6%) ausgezahlt bekommen.

Doch in vielen Fällen ließ sich eine Regelung nicht ohne nachträgliche Schwierigkeiten herbeiführen. Nach dem Tode des Oberstleutnants Friedrich Wilhelm v. Redern, der einige Güter in der Alt- und Uckermark besessen hatte, mußten die erbenden Agnaten die unangenehme Entdeckung machen, daß der Witwe „so bedeutende Gelder herauszuzahlen waren, daß in diesem Augenblick, wo die Erbschaft des Vaters noch nicht einmal geteilt, es den Brüdern unmöglich wurde, die nötigen Summen aufzubringen".[1173] Sie sahen sich deshalb veranlaßt, im Januar 1680 mit der Witwe eine vertragliche Vereinbarung einzugehen, wonach ihr die Güter für 25 Jahre überlassen wurden. Dafür erhielten sie von der Witwe 4 000 Rtl. ausgezahlt.

Daß die Gattin des verstorbenen Rittergutsbesitzers auf dem Gut wohnen bleiben durfte, war nicht selbstverständlich[1174] und hing natürlich nicht zuletzt von dem persönlichen Verhältnis der anderen hinterbliebenen Familienangehörigen zur Witwe ab. Mitunter reduzierten die betroffenen Frauen einen Teil der ihnen zustehenden Ansprüche; wohl auch, um unerquicklichen Auseinandersetzungen aus dem Wege zu gehen. Die verwitwete Christina v. Klitzing verzichtete 1689 auf die ihr zustehenden Gelder aus dem Gegenvermächtnis und „bedingte sich dafür Wohnung und Kost auf dem Adelichen Hofe zu Seese aus."[1175]

In einer günstigeren Situation befanden sich jene Familien, denen mehrere Möglichkeiten zur standesgemäßen Unterbringung der Witwen zur Verfügung standen. So konnte sich eine aus der im Teltow über bedeutenden Besitz verfügenden Machnower Linie derer v. Hake stammende Witwe, auf einen für sie eingerichteten Witwensitz in Jühnsdorf zurückziehen, weil sie sich „wegen obliegenden löblichen Alters der schweren muhen der Haußhaltung gerne entledigen" wollte.[1176] Ernst Ludwig v. Sydow auf Görlsdorf ließ in den 1720er Jahren für seine Mutter ein Haus bauen, damit diese nicht wie bisher „ständig umherziehen" mußte – auch dies ein Beleg für die bis dahin ungeklärt gebliebene Frage der Unterbringung.[1177]

In jedem Fall bedurfte es aber zusätzlicher Regelungen seitens der erbenden Geschlechtsangehörigen. Ein solches Bleiberecht wurde z.B. 1679 der Witwe des Eustachius v. Brösicke auf Cammer (Kr. Zauche) durch den nachfolgenden Besitzer, Maximilian v. Brösicke, zugestanden. Allerdings hatte dies seinen Preis: „Weil aber des Herrn Eustachii v. Brösickens Wittwe

---

1172 Vgl. zum folgenden: LHSA Rep. H Beetzendorf I Nr. 159, Bl. 21-25.
1173 Redern-FG, Bd. 2, S. 78. Die Witwe, eine geb. v. Bülow, beanspruchte 6 bis 7 000 Rtl. an Meliorationsgeldern, die Auszahlung des in der Ehestiftung festgesetzten Gegenvermächtnisses sowie 200 Rtl. Morgengabe, Alimentation und Aussteuer für ihre beiden Töchter.
1174 Erinnert sei an die eingangs erwähnten Klagen von Witwen vor dem Kammergericht über die drohende Vertreibung vom Rittersitz.
1175 Klitzing-FG, Bd. 1, S. 248.
1176 Zit. nach: Hake-FG, Bd. 1, S. 114.
1177 Sydow-FG, Bd. 4, S. 22.

Frau Martha geb. v. Zehmen nebst Ihren Jungfrauen Töchtern Ihre alimentation aus dem Guhte Cammer haben müssen, so haben obgemeldte H. Gevettere v. Brösicken aus vätterl. Affection geschehen lassen, daß wohlgedachte Frau Wittib mit Ihren Jungfrauen Töchtern bis hiehin in dem Guhte Cammer verbleiben und solches an stat Ihrer alimentation nutzen und genießen möchte."[1178] Eine hinterbliebene Frau v. Borcke mußte hingegen im Jahre 1683 gerichtlich gegen ihre Vertreibung durch die erbenden Geschlechtsangehörigen vorgehen und bemühte sich beim Kurfürsten um eine Beihilfe für die kostenaufwendige Prozeßführung.[1179] Ebenso geriet die Witwe eines Majors v. Ziethen 1766 unter Druck, als sie mit einem Hauptmann v. Fabian gerichtlich wegen des Anteilgutes Wildberg aneinander geriet.[1180]

Die andere mögliche Alternative, die in der zeitweiligen oder ständigen Übertragung der Güter an die Gattin eines verstorbenen Rittergutsbesitzers bestand, bedeutete jedoch nicht nur eine materielle Absicherung, sondern führte zugleich oftmals dazu, daß die adlige Witwe den Besitz eigenverantwortlich leiten mußte.[1181] In ähnlicher Weise, wie dies an jenen adligen Frauen vorgeführt wurde, die während der Abwesenheit ihrer Ehegatten die Führung des Gutes zu übernehmen hatten, bewiesen auch eine Reihe adliger Witwen Courage bei der Übernahme dieser Aufgaben. Barbara v. Löben hatte z.B. mehr als dreißig Jahre den neumärkischen Besitz ihres früh verstorbenen Mannes verwaltet.[1182] Die Gattin des 1678 verstorbenen Adam VII. v. Hake übernahm die Sorge für die Weiterführung der Wirtschaft und die erforderlichen Prozeduren, die für die lehnsrechtlichen Regelungen für ihre noch minderjährigen Söhne erforderlich waren.[1183] Die Ehefrau des Majors Ernst Ludwig v. Sydow (1684-1730), Johanna Franziska geb. v. Schmerheim, geriet nach dessen frühen Tod zunächst in eine bedrückende Lage. Die dienstlichen Einkünfte ihres Mannes fielen fort, und „die unfertigen Verhältnisse auf dem Gute [Stolzenfelde – F.G.] waren keineswegs glänzend".[1184] Trotz dieser ungünstigen Ausgangslage bewies sie Geschick bei der Verwaltung ihrer Besitzungen und konnte ihre wirtschaftliche Situation deutlich verbessern.

Doch oftmals waren die hinterbliebenen Frauen mit der doppelten Belastung der Verwaltung des Gutes und der Erziehung bzw. Versorgung der noch unmündigen Kinder überfordert, vor allem dann, wenn sie einen ohnehin wirtschaftlich angeschlagenen Besitz übernommen hatten. Die Ehefrau des 1740 verstorbenen Joachim Rüdiger v. d. Borne, Auguste Erdmute (geb. v. Reisewitz), sah sich z.B. gezwungen, langwierige Prozesse in Konkursangelegenheiten ihres Mannes zu führen. Da sie nicht an das ihr zustehende Geld gelangen konnte, geriet sie „in die größte Not", schließlich benötige sie „doch mindestens zu ihrem eigenen Lebens-

---

1178 Brand. LHA Rep. 78 II B 184, unpag.
1179 Vgl.: Borcke-FG, Bd. 3.1, Nr. 180.
1180 Vgl.: Brand. LHA Rep. 78 II F 2.
    1770 kam dieses Anteilgut dann endgültig in den Besitz der v. Fabian. Vgl.: HOL, Teil 2 (Ruppin), S. 287.
1181 Unter übergreifenden Gesichtspunkten behandelte G. Heiss die Bedeutung von Kenntnissen einer adligen Frau, „um das Witwengut ... bzw. die Herrschaft, das Land in vormundschaftlicher Verwaltung zu regieren." G. Heiss: Habitus, Bildung und Familie – Strategien des Adels zur Statussicherung, in: Geschichte des sächsischen Adels, hrsg. v. K. Keller/ J. Matzerath, Köln/Weimar/Wien 1997, S.321-326, hier S. 324.
1182 Vgl. Löben-FG, S. 94.
1183 Vgl.: Hake-FG, S. 396 f.
1184 Sydow-FG, Bd. 4, S. 23.

unterhalt 100 Thlr."[1185] Damit war auch die Unterstützung ihrer im Heer dienenden beiden Söhne nicht mehr gesichert.

Den Witwen blieb natürlich die Möglichkeit vorbehalten, erneut eine Ehe einzugehen. Doch Chancen besaß ein solches Vorhaben natürlich nur dann, wenn die Kandidatin die Gewähr für eine ausreichende Mitgift bot und sich noch in einem Alter befand, bei dem sich auch für den künftigen Gatten Aussichten auf Nachkommenschaft eröffneten. Die bereits in anderem Zusammenhang erwähnte Margarethe Elisabeth v. d. Schulenburg verlor bereits 1655 mit 27 Jahren ihren ersten Mann, den Joachim Friedrich Schenken v. Landsberg. Sie verweilte fast sieben Jahre im Witwenstand und hoffte nach eigenem Bekunden, auch in diesem zu verbleiben: Ich „wollte auch mein Leben darin beschlossen haben, wenn sich nicht einige Veränderungen in meines sehligen Mannes Gütern befunden, welche mich bewogen, zur anderen Ehe zu schreiten".[1186] So entschloß sie sich im Jahre 1662 zur Heirat mit Leopold v. d. Schulenburg. Auch Anna Elisabeth v. Redern verheiratete sich wenige Jahre nach dem Tode ihres Mannes (Georg Wilhelm) wieder. Ihr neuer Gatte, der aus dem Hause Bornstedt (bei Potsdam) stammende Hauptmann Otto Ludwig v. d. Gröben nahm sich der Söhne aus ihrer ersten Ehe an und förderte ihre weitere Ausbildung und Karriere.[1187] Die Witwe verlor allerdings bei ihrer erneuten Heirat in der Regel die aus der ersten Ehe bestehenden Ansprüche.[1188] Schließlich lag dem Gesamtgeschlecht daran, einen eventuellen Übergang des Besitzes zu verhindern.

Vormundschaften

Eine solch umsichtiges Verhalten, wie es Otto Ludwig v. d. Gröben gegenüber seinen Stiefkindern bekundet hatte, war jedoch nicht selbstverständlich. Normalerweise wurden die Söhne aus erster Ehe abgefunden bzw. unterlagen während ihrer Minorität einer vormundschaftlichen Regelung. Solche Vormundschaften konnten für die Adelsfamilien nicht unerhebliche Belastungen mit sich bringen. Die Einsetzung eines Vormundes wurde dann nötig, wenn der Vater starb und die Söhne noch minderjährig waren.[1189] Die Mutter konnte, sofern sie selbst über 25 Jahre alt war, auch selbst als Vormund amtieren – davon ausgenommen blieben aber Lehn- und Fideikommiß-Güter.[1190] 1731 wurde z.B. im nachhinein die bereits

---

1185 Borne-FG, S. 143.
1186 LHSA Rep. H Beetzendorf I Nr. 159, Bl. 44.
1187 Vgl.: Redern-FG, Bd. 2, S. 126 f.
1188 Auch in der 1661 abgeschlossenen Ehestiftung zwischen dem Oberbarnim'schen Kreiskommissar Johann Georg v. Röbel und Christiane Judith v. Buch wurde ein vom Bräutigam gewährtes Gegenvermächtnis in Höhe von 2 000 Gulden aufgeführt, davon Chr. J. v. Buch „jährlich den Zins ad tempens vitae haben soll, was aber nicht für den Fall der Wiederverheiratung" gelten sollte. Buch-FG, Bd. 1, S. 212.
1189 Dagegen wurde die Gewährung eines Vormundes zur Unterstützung der hinterbliebenen Ehefrauen nicht immer gestattet. Als die 1709 verwitwete Hedwig Eleonora v. Klitzing, geb. v. Rohr bat, ihren Bruder als Vormund zu bestätigen, „da es in diesen Landen wohl üblich sei", wurde sie abschlägig beschieden. Vgl.: Klitzing-FG, Bd. 1, S. 272.
1190 Vgl. hierzu die Bestimmungen in der Vormundschafts-Ordnung vom 23. September 1718 in. C.C.M. II. 2, Nr. 32, § 11, 12 u. 15.

als Curatorin fungierende Witwe v. Rochow per königlicher Ordre durch den Landrat Christian v. Rochow ersetzt.[1191] Doch oftmals sah sich die hinterbliebene Mutter überfordert, die Aufgaben einer standesgemäßen Erziehung der Kinder und der Wirtschaftsführung zu übernehmen.[1192]

Solange noch männliche „Blutsverwandte" vorhanden waren, kamen diese für eine Vormundschaft bzw. ein Curatorium in Frage. Sie konnten jedoch auch übergangen werden, wenn sie selbst sich zur Übernahme dieser Verpflichtung nicht in der Lage sahen oder durch ihren bisherigen Lebenswandel als nicht geeignet angesehen wurden.[1193] Die Hauptaufgabe des Vormundes bestand vor allem in der Führung der Güter während der Zeit der Minderjährigkeit seines Mündels.[1194] Falls die Familie nicht selbst einen Vormund in Vorschlag brachte, wurde ein solcher durch die zuständige landesherrliche Instanz eingesetzt.[1195] Sie wurden zu „sparsamer Wirtschaftsführung" und „exakter Rechnungslegung" angehalten und vereidigt.[1196] Diese in die Vormundschaftsordnung von 1718 eingeflossenen Maximen resultierten aus den langjährigen Erfahrungen der Adelsgeschlechter mit der Vormundschaftspraxis, aus der sich natürlich auch stets eine Reihe von Konflikten ergeben hatte.[1197]

So bat die Gattin des verstorbenen Adam Georg Gans Edlen zu Putlitz im Jahre 1664 den Kurfürsten, einen neuen Vormund für ihre Kinder zu bestimmen. Der diese Funktion bislang ausübende Geheime Rat Lorenz Christoph v. Somnitz hätte in ihren Augen seine Pflichten in nicht genügendem Maße wahrgenommen. Sie wünsche jemanden, „der dieses ohrts stets oder doch den mehren theil gegenwärtig, undt sowohl auf meines Sohns Person als dessen Güther aufsucht".[1198] Sie begründete ihr Anliegen vor allem damit, daß das zunehmende Drängen der Kreditoren die Präsenz eines Vormundes erforderlich machte. Der Geheime Rat Lorenz Christoph v. Somnitz sei zwar eine einflußreiche Persönlichkeit, doch bedarf es für die konkreten Anforderungen der Verwaltung ihrer Besitzungen eines Vormundes, der vor Ort auf die Herausforderungen reagieren könne. In einem anderen Fall war wiederum die Gewinnung eines hohen Amtsträgers als Vormund sehr erwünscht. Die Witwe des Grand Maitre Paul Anton v. Kameke benötigte 1718 wegen „vorkommender Ge-

---

1191 Vgl.: Brand. LHA Rep. 37 Reckahne Nr. 427.
1192 Daniel Ludolf v. d. Schulenburg teilte dem Schulenburg'schen Gesamtrichter am 9. April 1720 mit, daß „die Umstände, in denen sich die verwitwete Frau Geheime Rätin v. d. Schulenburg ... befindet", den Bedarf eines Curatoriums erforderlich machten. LHSA Rep. H Beetzendorf II. II Personalarchiv Nr. 173, Bl. 71.
1193 Vgl.: C.C.M. II. 2, Nr. 32, § 20 u. 21.
1194 Die Vormundschaft wurde bis zum 14. (Jungen) bzw. 12. Lebensjahr (Mädchen) ausgeübt, anschließend übernahm bis zum Ende der auf 25 Jahre gesetzten Minderjährigkeit ein Curator die Geschäfte, der aber häufig identisch mit dem Vormund war.
1195 So wurde im Jahre 1657 offenbar erst im Zusammenhang einer anstehenden Teilung der Besitzungen der minderjährigen Söhne des Christian v. Bismarck der ebenfalls in der Altmark ansässige Joachim v. Eickstedt durch den altmärkischen Landeshauptmann mit der Übernahme der Curatel beauftragt. Vgl.: LHSA Rep. H Briest Nr. 203, Bl. 11.
1196 C.C.M. II. 2, Nr. 32, § 47.
1197 Etwa 10% aller Prozeßfälle, in die im Stichjahr 1683 brandenburgische Adlige beim Berliner Kammergericht verwickelt waren, behandelten strittige Vormundschaftsangelegenheiten. Vgl.: Brand. LHA Rep. 4 A Nr. 193.
1198 GStAPK I. HA, Rep. 8 Nr. 143 d, unpag.

richts-Händel" und „wegen Erziehung unserer Kinder" Rat und bat den König deshalb, den damaligen Appelationsgerichts-Rat Samuel Cocceji als Vormund zu bestellen.[1199] Der König entsprach diesem Wunsch nach einer Persönlichkeit mit juristischem Sachverstand. Unzufriedenheit mit dem Vormund des offenbar geistesgestörten Friedrich v. Blumenthal bekundeten im Jahre 1756 dessen Verwandte und warfen dem mit dieser Aufgabe betrauten Kammergerichtsrat Michaelis vor, „in 11 Jahren keine Rechnung abgelegt" zu haben. Der König wurde gebeten, eine Kommission einzusetzen, die diese eklatante Pflichtverletzung untersuchen sollte.[1200]

Grenzübergreifende Vormundschaftsübernahmen brachten zusätzlichen Konfliktstoff, konnte doch das jeweilige Adelsgeschlecht in solchen Fällen oftmals nicht in eigener Regie verfahren. Hans Daniel v. Bartensleben bat im Dezember 1685 den altmärkischen Landeshauptmann v. d. Knesebeck um die Einsetzung eines „Commissarii", der sich der Angelegenheiten seiner drei unmündigen Nichten annehmen sollte. Insbesondere handelte es sich dabei um die ihnen zustehende Alimentation und die künftige Aussteuer aus dem Gesamtbestand der v. Bartenslebenschen Güter. Da dieses Geschlecht aber Besitzungen sowohl auf brandenburgischer als auch auf braunschweigischer Seite besaß, mußten die zuständigen Behörden des Nachbarterritoriums mit eingeschaltet werden.[1201] Ebenso bedurfte der sich in einer Güterauseinandersetzung mit denen v. Rieben befindliche Joachim Ernst v. Schlabrendorff der Unterstützung des Kurfürsten. Der Vormund derer v. Rieben, Henning v. Oertzen, war Vasall des Herzogs von Mecklenburg-Güstrow und blieb damit dem normalen rechtlichen Verfahren entzogen. Somit drängte der v. Schlabrendorff auf eine kurfürstliche Interzession, die dann am 20. April 1669 auch an Herzog Gustav Adolf nach Güstrow abgesandt wurde.[1202]

Nicht selten führten divergierende Auffassungen über die Wirtschaftsführung des Nachlasses zu Auseinandersetzungen zwischen der verwitweten Mutter und den Vormündern ihrer Kinder, so z.B. wurde 1689 die Witwe v. Otterstedt in einen solchen Konflikt verwickelt. Die die Vormundschaft über ihre Kinder innehabenden Adligen fochten vor dem Krossener Verweseramt das Testament des verstorbenen Vaters an.[1203] Anna Elisabeth v. d. Knesebeck beklagte sich 1682 über Hans Daniel v. Bartensleben und Julius Otto v. Mandelsloh, die „als zudringliche Vormünder ihrer Kinder ihr allerhand tort anthun".[1204] Der Kurfürst, der der Frau v. d. Knesebeck eigensüchtige Motive unterstellte, reagierte jedoch ungnädig und ermahnte die Supplikantin, die Beklagten „bei Wahrnehmung ihrer Vormundschaftspflichten bei Strafe von 100 Tlr. nicht zu turbieren".[1205] Diese Reaktion schien aus der Erfahrung mit ähnlichen Fällen herzurühren. Man kann sich auch aus der historischen Distanz heraus bei

---

1199 Ebenda, Rep. 96 Nr. 304 A, Bl. 24.
1200 Ebenda, Rep. 22 Nr. 32, unpag.
1201 Vgl.: ebenda, Rep. 22 Nr. 47.
1202 Vgl.: ebenda, Rep. 22 Nr. 310. Über den Ausgang der Auseinandersetzung verlautet allerdings nichts in den Quellen.
1203 Vgl.: GStAPK I. HA, Rep. 22 Nr. 225.
1204 Ebenda, Rep. 22 Nr. 47.
1205 Ebenda.

der Durchsicht der vielen in den Quellen überlieferten Auseinandersetzungen nicht des Eindrucks erwehren, als versuchten die hinterbliebenen Angehörigen recht einseitig die Vormünder für schlechte wirtschaftliche Entwicklungen auf den Gütern verantwortlich zu machen. Von daher erscheint es auch nur zu verständlich, daß die Übernahme einer Vormundschaft nicht sehr begehrt war.[1206] Im Februar 1681 wünschte Samuel Schack v. Wittenau, von seiner Vormundschaft über die minderjährigen v. Klitzing, die im Kreis Cottbus Güter besaßen, entbunden zu werden.[1207] Der im Holzkreis als Landrat amtierende Daniel Ludolf v. d. Schulenburg reagierte in einem Brief vom 6. Mai 1715 an den v. d. Schulenburg'schen Gesamtrichter sichtlich genervt über die Vorhaltungen der verwitweten Generalmajorin v. d. Schulenburg, er hätte seine Pflichten als Vormund ihrer Kinder verletzt: „Nun wünschete Ich bey Meiner genug beschwerlichen Vormundschaft zwar wohl, dieser neuen Verdrieslichkeit überhoben zu bleiben." Er sei aber guten Gewissens, ihr und seinen Mündeln „soviel consideration gezeiget zu haben, daß sie von leiblichen Kindern ein mehres nicht verlangen noch erhalten können. Nachdehm aber in Geldsachen fast schwer mit Ihr auszukommen und ich ungeachtet aller ... angewandten Bemühungen ... es dahin nicht bringen konnte", daß es zu einer gütlichen Einigung gekommen war, überlasse er dem Gesamtrichter das weitere Prozedere.[1208]

Auch aus anderer Perspektive wird deutlich, welche Diskrepanz zwischen dem offensichtlich großen Bedarf an Vormündern und der Bereitschaft der dazu zur Verfügung stehenden Adligen bestand. Margarethe v. d. Schulenburg bat im Juli 1732 den damaligen Oberappellationsgerichtsrat Levin Friedrich II. v. Bismarck, als Vormund für ihre Kinder zu fungieren, da sie in der Altmark keinen anderen für diese Aufgabe wüßte.[1209] Einige Jahre später wurde L. F. v. Bismarck mit der gleichen Problematik innerhalb der neumärkischen Adelsgesellschaft konfrontiert. Am 21. Juli 1743 richtete eine verwitwete Frau v. Waldow auf Merrenthin ein Bittgesuch an den zum neumärkischen Kanzler avancierten v. Bismarck. Da der letzte Vormund ihrer Kinder verstorben war, müsse sie sich nach einer neuen Persönlichkeit umsehen. Weil sie „hier in der Gegend aber keinen weiß, der solches nunmehro vorstehen könnte, indem die meisten Häuser selbst dergleichen benötigen und die noch vorhandenen mit so vielen Vormundschaften überhäuft" seien, bat sie den Kanzler, er möchte einen Vormund „nach ihrem Gefallen" einsetzen.[1210] Und, um abschließend ein letztes Beispiel aus der zweiten Hälfte des 18. Jahrhunderts anzuführen: Der 1774 von den Arnswaldischen Kreisständen

---

1206 Ratsam erschien es deshalb auch zuweilen, sich die Rückversicherung des Landesherrn einzuholen, wenn größere Veränderungen in dem vormundschaftlich zu verwaltenden Besitz anstanden. Valtin v. Pfuel wandte sich im Dezember 1648 an den Kurfürsten, um die Zustimmung zum Verkauf eines Teils der Güter seines Mündels zu erhalten, da diese „mit so vielen Schulden behaftet seind, daß wohl nichts übrig bleiben möchte". Brand. LHA Rep. 78 II P 23, unpag.
1207 Vgl.: Klitzing-FG, Bd. 1, S. 234.
1208 LHSA Rep. H Beetzendorf II. II Personalarchiv Nr. 173, Bl. 3.
1209 Vgl.: LHSA Rep. H Briest Nr. 127, Bl. 22.
1210 Ebenda, Nr. 299, Bl. 130 f.

als Kreisdeputierter gewählte v. Hertzberg machte eine Annahme dieses Amtes u.a. davon abhängig, daß der König ihn von allen Vormundschaften befreie.[1211]
Mitunter empfanden die jungen Adligen ihre Vormünder im sprichwörtlichen Sinne als „Bevormundung". Dieses Gefühl schlich sich vor allem dann ein, wenn sie – obwohl im juristischen Sinne noch minderjährig – eigene Entscheidungen über die Verwaltung der Güter oder aber gar über Transaktionen fällen wollten. In einigen Fällen gewährte der Landesherr dann auch eine vorzeitige Beendigung der Minorität, womit auch eine Aufhebung der Vormundschaft verbunden war. So erreichte 1727 der Sohn des Etatministers Johann Heinrich v. Fuchs bereits mit 22 Jahren, daß er von der „Curatel" befreit wurde. In dem beiliegenden Attest wurde ihm bescheinigt, daß er „mit Geld sparsam umgehen" könne.[1212] Auch der im Barnim beheimatete 23jährige Ludwig Ernst v. Barfuß hatte im Jahre 1731 Erfolg in seinen Bemühungen, die lästige Vormundschaft abzustreifen. Dies gelang ihm umso mehr, als er nachweisen konnte, daß sein Vormund – ein v. Pfuel – „sich fast in keinem Stück nach der VormundschaftsOrdnung geachtet" und keine Jahresrechnung über die Verwaltung der Güter vorgelegt habe.[1213] Ebenso gab die Wiederverheiratung der Mutter die Möglichkeit, die vorzeitige Aufhebung der Vormundschaft zu beantragen, sofern sie diese selbst innegehabt hatte.[1214]

Zusammenfassung

Die Ausführungen versuchten zu verdeutlichen, daß die politischen und ökonomischen Entwicklungen „langer Dauer" auch für die Familienpolitik der Adelsgeschlechter nachhaltige Veränderungen mit sich gebracht und sie partiell unter Anpassungsdruck gestellt hatten. Der Aufstieg, vor allem die territoriale Vergrößerung der brandenburg-preußischen Gesamtmonarchie führte für einen Teil der märkischen Adelsgeschlechter zu einer steigenden Mobilität, die insbesondere eine räumliche Ausweitung der Heiratsbeziehungen einschloß. Die in die Ehestiftungen einfließenden Mittel stiegen bei den über größere Einkünfte verfügenden höheren Amtsträgern und Offizieren an, während diese Beträge bei den durchschnittlich begüterten und keine herausragenden Chargen innehabenden Adligen weiterhin stagnierten.
Wachsende ökonomische Schwierigkeiten führten des weiteren zu einer Auflockerung der sozialen Barrieren bei sogenannten „unstandesgemäßen" Heiraten, wenngleich solche Mesalliancen auch in früheren Jahrhunderten zu beobachten waren. Zunehmend setzten sich

---

[1211] Vgl.: Brand. LHA Rep. 3 Nr. 6005.
[1212] GStAPK I. HA, Rep. 22 Nr. 102, unpag.
[1213] Er beschuldigte ihn, „alles gethan und gelassen [zu haben], was ihm gut gedüncket". Insbesondere warf der v. Barfuß ihm vor, durch seine Machenschaften eine jährliche Einbuße von 150 Rtl. erlitten zu haben. GStAPK I. HA, Rep. 8 Nr. 12 c, unpag.
[1214] Caspar Ernst v. Klitzing erreichte es im Jahre 1718, „für großjährig erklärt zu werden, da seine Mutter, seine bisherige Vormünderin, zur anderweitigen Verehelichung" schreiten wolle. Klitzing-FG, Bd. 1, S. 287.

Adlige über tradierte Normen des Familienverbandes hinweg; ebenso paßte sich die landesherrliche Gesetzgebung diesem Trend durch eine partielle rechtliche Tolerierung an.

Wie bei der Heiratspraxis erforderte auch die Versorgung, vor allem der weiblichen Familienangehörigen Umsicht und vorausschauendes Denken seitens der Gesamtfamilie. Wenn auch nicht quantitativ ausreichend abzusichern, kann aber die vorsichtige Annahme abgeleitet werden, daß im Zusammenhang eines ohnehin zunehmenden Verrechtlichungsprozesses interne Probleme sowohl der Witwen- und Töchterversorgung wie auch strittige vormundschaftliche Fragen zunehmend vor Gericht ausgetragen wurden. Der Geschlechtsverband erwies sich oftmals außerstande, diese Konflikte mit eigenen Mitteln zu lösen.

Kapitel 3

Aspekte der ständischen Partizipation des brandenburgischen Adels

3.1 Brandenburgische Adlige in ständischen Gremien der zweiten Hälfte des 17. Jahrhunderts

In unseren einführenden Bemerkungen ist die zentrale Bedeutung ständegeschichtlicher Fragestellungen für eine Analyse der politischen Partizipation des Adels betont worden.[1215] In den gutsherrschaftlich geprägten Landschaften im Nordosten des Alten Reiches, in denen der städtisch-bürgerliche Faktor eine vergleichsweise geringe Rolle spielte und an eine partizipative Mitwirkung bäuerlicher Schichten oberhalb der Gemeindeebene überhaupt nicht zu denken war, konnte in besonders exponierter Weise die Ritterschaft ihre dominante Rolle innerhalb der ständischen Vertretungen, auch sichtbar symbolisiert in der Titulierung als „Oberstände", spielen.[1216]

Gerade der Niedergang der Ständeversammlungen diente der älteren Geschichtsschreibung bekanntlich im besonderen Maße als Indiz für die Stärkung der fürstlichen Souveränität im Zeichen des entstehenden territorialstaatlichen Absolutismus.[1217] Zumeist als Antipode der Landesherrschaft betrachtet, wurde die Geschichte der Stände nach 1648 nicht nur in Brandenburg-Preußen als „Geschichte einer fortschreitenden Aushöhlung ihres Einflusses auf die politischen Geschäfte des Landes" beschrieben.[1218] Es war in der Hohenzollernmonarchie wie in den meisten anderen Reichsterritorien vor allem die Wirkung des Dreißigjährigen Krieges und der folgenden, durch Agrardepressionen geprägten Jahrzehnte, die die traditionelle Funktion der Ständevertretungen zunehmend unterminiert hatte.[1219] Allerdings ist in der jüngeren Forschung zu Recht darauf aufmerksam gemacht worden, daß die Stände nicht in dem unterstellten Maße „diszipliniert" worden seien, sondern von sich aus den Rückzug von einigen Politikfeldern angetreten hatten. Dies sei nicht zuletzt auch darauf zurückzuführen, daß die Stände innerhalb der um (Ost-)Preußen, Hinterpommern und die niederrhei-

---

1215 Vgl. hierzu die grundsätzlichen Bemerkungen von W. Neugebauer im Einführungskapitel seines Buches: Politischer Wandel im Osten. Ost- und Westpreußen von den alten Ständen zum Konstitutionalismus, Stuttgart 1992, S. 1-28.
1216 Übergreifend zur sozialen und politischen Rolle des Adels in den brandenburg-preußischen Territorien vgl. neben den älteren Studien von Heinrich, Der Adel in Brandenburg-Preußen und Carsten, Geschichte der preußischen Junker, v.a. S. 30 ff., jetzt auch W. Neugebauer: Der Adel in Preussen im 18. Jahrhundert, in: Der europäische Adel im Ancien Régime. Von der Krise der ständischen Monarchie bis zur Revolution (1600-1789), hrsg. v. R.G. Asch, Köln/Weimar/Wien 2001, S. 49-76.
1217 Repräsentativ hierfür: Hartung, Deutsche Verfassungsgeschichte, S. 105 f.
1218 Baumgart, Zur Geschichte der kurmärkischen Stände, S. 132.
1219 Übergreifend dazu: Press, Vom „Ständestaat".

nischen Gebiete vergrößerten Hohernzollernmonarchie im Umkreis ihrer kleinräumlichen Adelslandschaften verharrten.[1220]

Der Beschreibung des sich in der Mitte des 17. Jahrhunderts in einigen Provinzen der Hohenzollernmonarchie zuspitzenden Gegensatzes zwischen Fürstenmacht und Ständetum lag in der älteren Forschung die Grundannahme eines „ständischen Dualismus" zugrunde. Dieses für das „lange 16. Jahrhundert" eine große argumentative Wirkung entfaltende Modell ist in den letzten anderthalb Jahrzehnten zunehmend in Frage gestellt worden.[1221] Die darin enthaltene bipolare, schematische Sicht auf das Verhältnis zwischen Landesherrschaft und Ständetum wurde der politischen Realität, die sich in dem gerade in jener Zeit beträchtlich anschwellenden Schriftgut widerspiegelte, nicht gerecht. Das Konstrukt einer landständischen Opposition ging von einer letztlich ahistorischen Grundannahme der Historiographie des 19. und frühen 20. Jahrhunderts aus, die aus der Übertragung der Begrifflichkeit des „Anstaltstaates" auf die frühneuzeitlichen Jahrhunderte resultierte. Vor allem *O. Brunner* kam bekanntlich das Verdienst zu, diesen „Kardinalfehler einer bloßen interpretatorischen Rückübertragung moderner, etwa parlamentarischer Charakteristika und Kategorien in die ältere ständische Epoche"[1222] korrigiert und der Forschung neue innovative Ansätze gegeben zu haben.[1223] Konsens bestimmte vielmehr die tagespolitische Praxis im Verhältnis zwischen Landesherrschaft und Ständen im 16. Jahrhundert; eine Beobachtung, die sich nicht nur bei der Durchsicht der zumeist maßvoll gehaltenen Landtagsprotokolle aufdrängte, sondern die insbesondere auch prosopographische Analysen zur Zusammensetzung von Ständgremien und landesherrlicher Amtsträgerschaft bestätigt hatten.[1224] Auch für das Kurfürstentum Brandenburg konnte diese Konstellation für das 16. Jahrhundert nachgewiesen werden.[1225]

Die Annahme erscheint allerdings nicht ganz abwegig, daß bei der Erforschung der dem Dreißigjährigen Krieg folgenden Jahrzehnte stillschweigend die Grundannahmen dieses älteren Interpretationsansatzes („ständischer Dualismus") bei der Behandlung des teilweise ja sehr minutiös beschriebenen Niedergangsprozesses des politischen Ständetums übernommen worden sind. Es fällt auf, daß bei der Analyse des Verhältnisses zwischen Kurfürst und Ständen, ausgehend von der konfliktreichen Zeit zwischen 1648 und den 1660er Jahren, in denen die zäsurbildende Gewichtsverlagerung zugunsten der Landesherrschaft irreversibel

---

1220 „Die brandenburgischen Stände bekundeten für die weitgesteckten Pläne ihres Fürstenhauses am Rhein und in Preußen kein sonderliches Interesse; daher dürften sie die im 17. Jahrhundert spürbar nachlassende Information und Beratung von Ereignissen, die die Mark Brandenburg immer seltener oder nur am Rande betrafen, nicht sonderlich als Einschränkung ihrer verbrieften Rechte empfunen haben." Hahn, Landesstaat und Ständetum, S. 45.

1221 Zusammenfassend dazu v.a.: U. Lange: Der ständestaatliche Dualismus - Bemerkungen zu einem Problem der deutschen Verfassungsgeschichte, in: Blätter für deutsche Landesgeschichte 117 (1981), S. 311-332; ferner auch: Hahn, Landesstaat und Ständetum, S. 42 f. u.ö.

1222 Neugebauer, Politischer Wandel, S. 2 f.

1223 Vgl.: O. Brunner: Land und Herrschaft. Grundfragen der territorialen Verfassungsgeschichte Österreichs im Mittelalter, Wien 19655; kritisch zum „ständischen Dualismus" auch: Gerhard, Probleme ständischer Vertretungen.

1224 Repräsentativ vgl. dazu für ein anderes Territorium: M. Lanzinner: Fürst, Räte und Landstände. Die Entstehung der Zentralbehörden in Bayern 1511-1598, Göttingen 1980, v.a. S. 260 ff.

1225 Vgl.: Hahn, Struktur und Funktion (Zweiter Teil).

gemacht wurde[1226], die ständische Seite einseitig nur als Widerpart gegenüber dem Monarchen erschien und zudem häufig als konturloser und recht homogen wirkender Block gezeichnet wurde.[1227] Die dahinter stehende Unterschätzung der Stände für die Epoche des „Absolutismus"[1228] stellt sich zugleich auch als ein Problem dar, das auf die Quellenauswahl zurückzuführen ist. Zumeist beruhten die jüngeren Darstellungen, die das Verhältnis zwischen Fürstenmacht und Ständetum berührten, auf den älteren Editionen des ausgehenden 19. Jahrhunderts.[1229] Dem Grundverständnis dieser Forschungsrichtung kam es zwangsläufig entgegen, daß die in die großen Editionen aufgenommenen Quellen häufig die Konflikte zwischen Fürst und Ständen zum Inhalt hatten, wenngleich eine aufmerksame Lektüre der in die Edition aufgenommenen Aktenstücke auch einen Einblick in die alltägliche „Normalität" des Verhältnisses zwischen Landesherrschaft und Ständen gewährt. Oftmals erschienen in dieser Quellenauswahl der Kurfürst und seine Ratgeber als der aktive, vorwärtsstrebende Part, dem eine letztlich nur reagierende, konservative Ständeopposition gegenübergestanden haben soll.

Damit wird bereits für die sogenannte „hochabsolutistische" Phase ein Problem berührt, das in die – für die Transformationszeit um 1800 intensiv diskutierte – Frage nach dem Anteil der Stände an der Entwicklung „moderner" Repräsentativverfassungen und Institutionen mündet.[1230] Dies würde einschließen, auch für jene Zeitabschnitte einen gewichtigen Anteil der Stände an der landesherrlichen Gesetzgebung zu reklamieren, die durch eine Reduktion ständischer Partizipationsmöglichkeiten geprägt wurden. Des weiteren hat man sich bei dieser Annahme auf die Suche nach institutionellen, mentalen und personalen Kontinuitäten von dem gleichsam ständisch-aktiven „langen 16. Jahrhundert", über die durch Zurückdrängung des ständischen Einflusses charakterisierten „hochabsolutistischen" Jahrzehnte bis in das zu einer ständischen Restauration führende ausgehende 18. Jahrhundert zu begeben.

Doch greifen wir zunächst noch einmal das Problem der Quellenauswahl und -analyse für die hier behandelte Thematik auf: Artikulationen im Zusammenhang eines Konfliktaustrages zwischen Institutionen oder zwischen ständischen Gremien und Mitgliedern

---

1226 Vgl. hierzu die in die brandenburg-preußische Behördenorganisation einführenden Bemerkungen von O. Hintze: Einleitende Darstellung der Behördenorganisation und allgemeinen Verwaltung beim Regierungsantritt Friedrichs II. (= A.B.B., Bd. 6.1), Berlin 1901, v.a. seine Ausführungen zur Lokalverwaltung S. 239-275.

1227 Dies wäre insbesondere zu der 1985 vorgelegten Studie von Chr. Fürbringer anzumerken, die sich dezidiert gerade der Konfliktzeit zwischen dem brandenburgischen Kurfürst und den Ständen zuwandte. Fürbringer warnte zwar selbst davor, eine solche Analyse „nur im Rahmen verfassungs- und verordnungsmäßiger Konstituanten" zu sehen; über weite Strecken beschränkt sich diese Arbeit aber auf die Wiedergabe des Verlaufs der Verhandlungen zwischen Kurfürst und Ständevertretern, ohne letztere ausreichend zu differenzieren und sozial zu verorten. Vgl.: Chr. Fürbringer: Necessitas und Libertas. Staatsbildung und Landstände im 17. Jahrhundert in Brandenburg, Frankfurt am Main/Bern/New York 1985 (Zitat: S. 161).

1228 Repräsentativ sei hier nur die Studie des Hintze-Schülers L. Tümpel angeführt, die sogar soweit ging, von einem „Verschwinden" der Stände auszugehen. L. Tümpel: Die Entstehung des brandenburgisch-preußischen Einheitsstaates im Zeitalter des Absolutismus (1609-1806), Breslau 1915, S. 61.

1229 In diesem Sinne wären hier die von B. Erdmansdörffer, S. Isaacsohn u.a. besorgten „Urkunden und Actenstücke..." [i.f. UA] (vor allem der Bd. 10: „Ständische Verhandlungen in der Mark Brandenburg") sowie die durch O. Meinardus edierten „Protokolle und Relationen des Geheimen Rates" zu erwähnen.

1230 Vgl. dazu: Neugebauer, Politischer Wandel, S. 5 ff.

der politisch-höfischen Führungsgruppe fanden in der Regel eher ihren Niederschlag im zeitgenössischen Schriftgut, während die Normalität, die Routine sowohl im offiziellen Umgang zwischen Fürst und Ständevertretern als auch der informelle Kontakt zwischen dem Monarchen bzw. seinem engeren personalen Umfeld und den Ständerepräsentanten sich nicht in gleicher Weise in den Quellen widergespiegelt hatten. Aufnahme in die relevanten Editionen fanden vor allem die Suppliken und Proponenda der Ständevertreter bzw. die kurfürstlichen Entgegnungen. Obwohl *S. Isaacsohn* für seine im Ganzen verdienstvolle Edition der ständischen Verhandlungen des 17. Jahrhunderts auch das kurmärkische Ständearchiv hinzugezogen hatte, blieben diejenigen Quellen, die über die internen Entscheidungsfindungen innerhalb der Ständevertreter und ihren „Heimgelassenen" Aufschluß geben, weitgehend unberücksichtigt.[1231]

Letztlich sollten die zusammengetragenen Dokumente aus der Perspektive der borussischen Forschung die überragende Leistung des Großen Kurfürsten bestätigen.[1232] Damit ließen sie die Ständevertreter oftmals als eine konservative, in ihren Lebenswelten beharrende und den neuen Herausforderungen verständislos gegenüberstehende Opposition erscheinen. Hinzu kam, daß mit den erst im Verlauf des 17. Jahrhunderts in die Gesamtmonarchie integrierten Territorien Kleve-Mark und (Ost-)Preußen Landschaften im Mittelpunkt des Interesses standen, in denen das Verhältnis zwischen Landesherrschaft und Ständetum zeitweilig besonders konfliktträchtige Formen angenommen hatte.[1233] Aber gerade diese Konstellation lag dem Bild von der unversöhnlichen Haltung der Stände zur Politik des Großen Kurfürsten zugrunde.

Es ist ist nicht das Anliegen der folgenden Ausführungen, die Geschichte der brandenburgischen Ständevertretungen detailliert zu erörtern. Gerade die institutionengeschichtliche Untersuchung des Ständewesens stand immer im Blickpunkt der älteren Forschung, wenngleich die Intensität der Quellenausschöpfung für die Zeit nach dem Ende des „langen 16. Jahrhunderts" gegenüber der klassischen Zeit des „Ständestaates" rückläufig ist.[1234] Dennoch vermochten jüngere Studien auf der Grundlage bislang edierter Quellen neue Akzente zu

---

1231 Vgl.: UA Bd. 10, S. V (Vorwort).
1232 Allgemein zu diesem historiographischen Problemkreis vgl.: E. Opgenoorth: Friedrich Wilhelm. Der Große Kurfürst von Brandenburg, Teil 1 (1620-1660), Göttingen 1971, S. 222 ff., 257 ff. u.ö.; G. Birtsch: Pflichthandeln und Staatsräson. Der Gründer des preußischen Staats Kurfürst Friedrich Wilhelm im Spiegel der Geschichtsschreibung, in: „Ein sonderbares Licht in Deutschland". Beiträge zur Geschichte des Großen Kurfürsten von Brandenburg (1640-1688), hrsg. v. G. Heinrich, Berlin 1990, S. 137-149.
1233 Das sich lange haltende Konstrukt der landständischen Opposition in der deutschen stände- und verfassungsgeschichtlichen Forschung wird der schematischen, unzulässigen Übertragung der Verhältnisse Brandenburg-Preußens auf die anderen Reichsterritorien angelastet. Vgl. dazu: K. O. Freiherr v. Aretin: Heiliges Römisches Reich 1776-1806. Reichsverfassung und Staatssouveränität, Bd. 1, Wiebaden 1967, S. 26 f. Dabei wird allerdings übersehen, daß dies eben nicht für die Kernterritorien (Kur- und Neumark) der Hohenzollernmonarchie – wo die Verhältnisse doch eher den Gegebenheiten anderer mittlerer deutscher Fürstentümer entsprachen – zutraf, sondern nur auf die beiden peripheren Territorien (Ost-)Preußen und Kleve-Mark.
1234 Zum „langen 16. Jahrhundert" vgl.: Friedensburg, Kurmärkische Ständeakten; Haß, Die kurmärkischen Stände; H. Croon: Die kurmärkischen Landstände 1571-1616, Berlin 1938; für die Epoche nach 1648 v.a. den den brandenburgischen Ständen gewidmeten Band der Urkunden und Actenstücke ...; vgl.: UA, Bd. 10.

setzen und ältere Bewertungen zu relativieren.¹²³⁵ Dazu zählt insbesondere die Beobachtung einer Schwächung des politischen Einflusses der Ständevertretungen im Verlauf der Regierungszeit des Großen Kurfürsten, allerdings ohne sich diese Veränderungen als geradlinig verlaufenden, von retardierenden Momenten freien Prozeß vorzustellen. Plausibilität besitzt in diesem Zusammenhang die Bewertung des Landtages und des folgenden Rezesses von 1653 als eine im Bewußtsein des brandenburgischen Adels langfristig wirkende Kodifikation des Verhältnisses zwischen Landesherrschaft und Oberständen.¹²³⁶ Allerdings ist vor der zu weit gehenden Interpretation dieses Dokuments als „Grundgesetz" für das Verhältnis zwischen Fürst und Landständen¹²³⁷ bzw. „Geburtsurkunde des brandenburgisch-preußischen Absolutismus" zu warnen.¹²³⁸ Eine solche Charakterisierung verkannte, daß in diesem Rezeß diejenigen Privilegien der märkischen Ritterschaft bestätigt wurden, die bereits in den Landtagsabschieden des 16. Jahrhunderts kodifiziert worden waren.¹²³⁹ Dem Landtagsrezeß von 1653 kam also vielmehr die Funktion zu, die während des Dreißigjährigen Krieges instabil gewordene Sozialordnung auf den status quo ante zurückzuführen. Diese Notwendigkeit ergab sich aus der Perspektive des Adels vor allem aus der Befürchtung, daß angesichts der großen demographischen Einbrüche in der Mark die bäuerlichen Hintersassen die Chance ergreifen könnten, ihren Spielraum gegenüber den Rittergutsbesitzern auszuweiten. Demnach war es für die Landesherrschaft nur folgerichtig, ihren Oberständen in dieser Frage entgegenzukommen, gleichzeitig damit aber auch eigene politische Ziele zu verknüpfen; im übrigen ein weiterer Beleg für die Allgemeingültigkeit beanspruchende Beobachtung, wonach der Adel durchaus ein Interesse an einer „starken Monarchie" bekunden konnte.¹²⁴⁰

1235 Vgl. hierzu insbesondere aus der jüngeren Literatur: Baumgart, Kurmärkische Stände; Hahn, Landesstaat und Ständetum; Fürbringer, Necessitas und Libertas.
1236 Abgedruckt in: Klinkenborg, Das Archiv, Bd. 1, S. 452-501.
Nur zwei Beispiele mögen die langfristige und durchgreifende Wirkung dieses Rezesses auf das politische Bewußtsein des brandenburgischen Adels belegen: In einer Eingabe an den preußischen König vom Mai 1789 berief sich die Cottbusser Ritterschaft nachdrücklich auf den Landtagsrezeß von 1653. Im Zusammenhang des Vorgehens der Küstriner Regierung gegen den im Kreis Cottbus angesessenen Rittergutsbesitzer v. Pannwitz hoben die Oberstände vor allem auf den im Landtagsrezeß enthaltenen, bekannten Paragraphen 21 ab, der die Leibeigenschaft in „denen Orten, wo sie bereits introduciret", sanktioniert hatte. GStAPK I. HA, Rep. 56 Nr. 11 Fasz. 4.
Friedrich August Ludwig v. d. Marwitz stellte in einem Brief vom 28. November 1810 an Friedrich Wilhelm Abraham v. Arnim den Landtagsrezeß an die Spitze seiner Argumentation gegen das Stein-Hardenbergsche Reformwerk: „Also auf aus dem Schlafe. Den alten Mylius zur Hand genommen und gelesen, erst den Landtagsrezeß von 1653 .... Dann werden Sie die Rechte und Freiheiten der märkischen Ritterschaft kennenlernen...". zit. nach: K. Vetter: Der brandenburgische Adel und der Beginn der bürgerlichen Umwälzung in Deutschland, in: Der Adel an der Schwelle des bürgerlichen Zeitalters 1780-1860, hrsg. v. A. v. Reden-Dohna/R. Melville, Stuttgart 1988, S. 285-303, hier S. 286.
1237 Baumgart, Kurmärkische Stände, S. 136.
1238 In diesem Sinne z.B. Carsten, Junker, S. 34 f., obwohl er in seiem Werk: Die Entstehung Preußens, Köln/Berlin 1968, S. 157 betont hatte, daß man den Krieg von 1655-1660 „als den Wendepunkt in dem Verhältnis des Kurfürsten zu den Ständen ... bezeichnen [kann], aber kaum den Landtag von 1653".
Hahn, Landesstaat und Ständetum, S. 71 (Anm. 31) sah dagegen in dem Landtag von 1653 „kein[en] besonderen Einschnitt in der Geschichte der brandenburgischen Landstände".
1239 Abdruck dieser Landtagsrezesse in: Klinkenborg, Archiv, Bd. 1 (Kurmark) und Bd. 2 (Neumark).
1240 Vgl. dazu jüngst: Asch, Ständische Stellung, S. 33.

Daraus leitete sich der in der Forschung immer wieder betonte Kompromißcharakter dieses Vertrages ab. Die Verhandlungen mündeten dann bekanntlich in der ständischen Bewilligung der finanziellen Mittel zum Aufbau des stehenden Heeres, womit ein weiterer Aspekt ins Spiel kommt, der für die Bewertung des Verhältnisses zwischen Landesherrschaft und Ständetum konstitutive Bedeutung einnimmt.

Es war die sich an der Heeresverfassung orientierende Verwaltungsstruktur, die nach Auffassung der älteren Forschung Brandenburg-Preußen sichtbar von den anderen Territorien abhob und zunehmend die älteren „ständestaatlichen" Strukturen verdrängt hatte. Durch die ins Blickfeld tretende Rolle des Militärs sollte den verfassungsstrukturellen Veränderungen eine besonders durchgreifende Wirkung zugebilligt werden.[1241] Doch dem ungeachtet ist in den letzten Jahren immer wieder davor gewarnt worden, den Substanzverlust ständischer Positionen nach der Mitte des 17. Jahrhunderts zu überschätzen.[1242] Die Annahme einer völligen Entmachtung der Stände im sogenannten „absolutistischen" Zeitalter könnte insbesondere nicht die zu Beginn des 19. Jahrhunderts eruptiv ausbrechende Opposition gegen die von den preußischen Reformern getragenen politischen und sozialen Veränderungen erklären.[1243] Der „massive Aufschwung organisierter ständischer Artikulation im späten 18. Jahrhundert kam", wie W. *Neugebauer* zu Recht betonte, schließlich „nicht aus wilder Wurzel", sondern resultierte aus der im gesamten 18. Jahrhundert kontinuierlich intendierten und auf einigen Politikfeldern auch umgesetzten ständischen Partizipation.[1244]

Auf der Grundlage dieses abgesteckten Rahmens soll im folgenden die Aufmerksamkeit auf diejenigen ständegeschichtlichen Fragen gelenkt werden, die zum einen weitere Erkenntnisse zur politischen Partizipation des brandenburgischen Adels im Sinne unseres Untersuchungsansatzes bringen können und die zum anderen zugleich jene Themenfelder behandeln, die durch die ältere Ständeforschung eine zu geringe Berücksichtigung gefunden hatten: Welche Themen beschäftigten die Ständevertreter im internen Meinungsaustausch; gab es im Laufe der Zeit bestimmte Schwerpunktverlagerungen? Welches Selbstverständnis bestimmte das Handeln der Repräsentanten der märkischen Ritterschaft in den ständischen Gremien?

Um nicht bei der Ausbreitung des aus dem archivalischen Quellen gewonnenen Materials stehenzubleiben, müssen zur Klärung der Kausalitäten auch andere Überlegungen einbezogen werden. Nicht unwichtig erscheint hierbei das Problem des ständischen Regionalismus, d.h. die Frage, welche Teile der märkischen Adelsgesellschaft durch die betreffenden adligen Ständevertreter repräsentiert wurden bzw. welche Adelsgruppen überhaupt Interesse an einer partizipativen Mitwirkung wahrgenommen hatten. Damit wird das bereits in anderem

---

1241 Zu dieser Problematik ist von der borussischen Schule viel Forschungskapazität aufgewandt worden. Außer der bereits im Abschnitt zur Einbindung des brandenburgischen Adels in das stehende Heer genannten Literatur seien hier nur aufgeführt: S. Isaacsohn: Allgemeine Einleitung. Die Landständischen Verhältnisse in den Marken bis zum Jahre 1640, in: UA, Bd. 10, S. 3-30; O. Hintze, Staatsverfassung und Heeresverfassung; L. Tümpel: Die Entstehung des brandenburgisch-preußischen Einheitsstaates im Zeitalter des Absolutismus (1609-1806), Breslau 1915..

1242 Vgl: Neugebauer, Brandenburg im absolutistischen Staat, S. 325.

1243 Vgl.: Vetter, Kurmärkischer Adel, passim.

1244 Neugebauer, Politischer Wandel, S. 67.

Zusammenhang thematisierte Problem der personell nachzuweisenden Interdependenz ständischer und landesherrlicher Interessenlagen angesprochen. Eine weitere Facette gilt es bei der Analyse der ständepolitischen Wirksamkeit des brandenburgischen Adels zu berücksichtigen, die zugleich die inhaltliche Verbindung zu unseren Kapiteln zur Entwicklung der Sozialstruktur des Adels herstellt: Welche Auswirkungen hatte die Veränderung, d.h. vor allem ja Verschlechterung der ökonomischen Rahmenbedingungen für die ständische Wirksamkeit der märkischen Ritterschaft, sowohl auf Landesebene als auch innerhalb der Gremien in den Teillandschaften? Damit wird die in der jüngeren Forschung immer wieder erhobene Forderung nach einer Verbindung sozial- und verfassungspolitischer Analysen aufgegriffen.[1245] Nicht zuletzt soll dabei auch die Aufmerksamkeit auf das Ständische Kreditwerk gelenkt werden, einer Institution, zu deren Wirken eine vergleichsweise gute Überlieferung vorhanden ist.[1246]

Bevor wir uns den auf den ständischen Zusammenkünften behandelten Themen zuwenden, seien noch einmal die Bemerkungen zur Bedeutung des Landtages von 1653 als ein Schlüsselereignis brandenburgischer Ständegeschichte aufgegriffen: Zwar ist es zutreffend, daß 1652/53 der letzte sogenannte „Plenarlandtag" ausgetragen wurde, doch belehrt uns bereits ein kursorischer Blick in das Ständearchiv darüber, daß auch nach den 1650er Jahren die Ständevertreter darauf Wert legten, ihre Zusammenkünfte in Gestalt des Großen Ausschusses als „Berlinische Landtage" zu titulieren.[1247] Dies schien nicht unwichtig für das Selbstverständnis des Adels gewesen zu sein, denn damit wurde – auch unter dem Gesichtspunkt eines eingeengten politischen Spielraums – bewußt an ältere Traditionen angeknüpft. Plenarlandtage genossen in den Augen der Ritterschaft ein höheres Ansehen. Auch in späterer Zeit gab es durchaus Bemühungen, allgemeine „Landtage" wieder ins Leben zu rufen.[1248] Allerdings muß zugleich das verhaltene Interesse der Ritterschaft an ständischen Versammlungen – bedenkt man die geringe Teilnehmerzahl – in Erinnerung gerufen werden, worauf im Zusammenhang der Behandlung des „ständischen Regionalismus" noch näher eingegangen werden soll. Eine solche Beobachtung ist zwar auf den ersten Blick schwerlich mit einem unterstellten kontinuierlichen Interesse an ständischer Partizipation in Einklang zu bringen. Doch nur wenige Adlige konnten es sich in jenen Jahrzehnten des Wiederaufbaus und wirt-

---

1245 Vgl. dazu übergreifend: Press, Formen des Ständewesens; R.G. Asch: Estates and Princes after 1648: The Consequences of the Thirty Years` War, in: German History 6 (1988), S. 123-132.
1246 Vgl.: Hahn, Fürstliche Territorialhoheit, S. 239 ff.
Sicher ist es richtig, daß die ständische Steuerverwaltung (Neue Biergeld- sowie die Hufen- und Giebelschoßkasse) - gemessen an den durch Kontribution und Akzise eingenommenen Summen - nur über relativ geringe Beträge verfügte, doch darf nicht außer acht gelassen werden, daß das Ständische Kreditwerk durch seine, einer Bank nicht unähnlichen Funktion, gleichsam als Scharnier zwischen den landadligen Herrenschichten und der an der Residenz angesiedelten höfischen und militärischen Elite fungierte. Es ist in unserer Darstellung der Kreditverhältnisse im 18. Jahrhundert gezeigt worden, welche Bedeutung diese Institution auch im sogenannten „hochabsolutistischen" Zeitalter behalten hatte.
1247 Vgl.: Brand. LHA Rep. 23 A. B 57-60; 23 B Nr. 193-198 u. ö.
1248 So z.B. ein in diese Richtung gehender Vorstoß der neumärkischen Oberstände im Jahre 1692. Vgl.: Brand. LHA Rep. 23 B Nr. 208, unpag. Dahinter stand allerdings weniger das Bemühen, die traditionellen gesamtständischen Repräsentationsformen wiederzubeleben, sondern die für die Neumark gültigen Rezesse durch den Kurfürsten „in antecessum" zu confirmieren.

schaftlicher Bedrängnis leisten, ihrem Gut über längere Zeit den Rücken zu kehren.[1249] Abkömmlichkeit zur Wahrnehmung politisch-repräsentativer Aufgaben setzte bekanntlich einen gewissen sozialen und ökonomischen Standard voraus, den nur eine Minderheit der Geschlechter erfüllen konnte.

Es wurde deshalb zu Recht darauf verwiesen, daß auch bereits im „langen 16. Jahrhundert" Plenarlandtage nicht die Regel dargestellt hatten. Vielmehr war man bereits während der Regierungszeit Kurfürst Joachims II. zur Praxis übergegangen, häufig mit ständischen Ausschüssen zu verhandeln.[1250] Dies entsprach im übrigen einem generellen Trend im Ständewesen des Reiches.[1251] Ob man allerdings mit *U. Lange* soweit gehen kann, die Verlagerung der politischen Wirksamkeit auf die Ausschüsse generell als förderlich für die Stände zu charakterisieren, kann im Lichte der relevanten brandenburgischen Quellen nicht mit völliger Sicherheit beurteilt werden.[1252] Zwar war auch bei den brandenburgischen Ständevertretern im Verlauf des 16. Jahrhunderts die von *Lange* beobachtete Tendenz zur Professionalisierung zu erkennen[1253], doch darf andererseits nicht vergessen werden, daß eine Verminderung der Anzahl der „Ständepolitiker" auch im Sinne der Landesherrschaft lag. Die brandenburgischen Oberstände kannten die Abneigung ihres Landesherrn gegenüber häufigen und stark besuchten Ständeversammlungen nur zu gut. Der einflußreiche „Ständepolitiker", der altmärkische Landeshauptmann Hempo v. d. Knesebeck erinnerte in einem Brief vom 11. April 1653 daran, daß der Kurfürst es gern sähe, wenn „nur ein paar Personen" an den ständischen Versammlungen teilnehmen würden.[1254] Der Kurfürst schlug aber mit seinem permanenten Insistieren auf die zu langwierigen und deshalb teuren Zusammenkünfte der Stände ein Motiv an, das auch bei den Repräsentanten der Ritterschaft und der Städte auf offene Ohren stoßen mußte. In der zweiten Hälfte des 17. Jahrhunderts, in der die personelle Struktur der ständischen Repräsentation noch nicht eindeutig fixiert war, klagte der Kurfürst des öfteren, daß „allezeit ohne Not viele personen zur Confirmation vorgeschlagen" wurden, was unnötige Kosten verursachen würde.[1255] Dies traf sich mit Vorstellungen der Oberstände, die ihrerseits auch sparsam mit den ohnehin knappen Mitteln zur Versorgung und Besoldung ihrer Repräsentanten haushalten wollten.

Die Auswertung der im Kur- und Neumärkischen Ständearchiv enthaltenen Quellen belegt, daß es nach dem in den 1650er und 60er Jahren erfolgten Zurückdrängen ständischer Posi-

---

1249 In diesem Sinne sind z.B. die Entschuldigungen von einigen Prignitzer Adligen wegen ihrer Abwesenheit auf den Kreisversammlungen in den 1670er Jahren zu werten. Vgl.: Brand. LHA Rep. 37, Plattenburg-Wilsnack, Nr. 5930, unpag.
1250 Vgl.: Haß, Kurmärkische Stände, S. 54 ff.
1251 Vgl. dazu: Lange, Der ständestaatliche Dualismus, S. 321.
1252 Vgl.: U. Lange: Landtag und Ausschuß. Zum Problem der Handlungsfähigkeit landständischer Versammlungen im Zeitalter der Entstehung des frühmodernen Staates. Die welfischen Territorien als Beispiel (1500-1629), Hildesheim 1986.
1253 Vgl. dazu: Haß, Die kurmärkischen Stände, S. 242 ff. u. 273 ff.; Hahn, Struktur und Funktion, v.a. S. 168 ff.
1254 LHSA Rep. H Langenapel, Nr. 44, Bl. 4.
Diese Haltung lag auch einem Schreiben des mittelmärkischen Deputierten im Großen Ausschuß der Neubiergeldkasse aus dem Jahre 1694 zugrunde. Vgl.: Brand. LHA Rep. 23 A. A 82, unpag.
1255 LHSA Rep. H Beetzendorf II, III Nr. 1527, unpag.

tionen[1256] am Ende des 17. Jahrhunderts zu einer partiellen Reaktivierung der ständischen Partizipationsmöglichkeiten kam; ein Vorgang, der im übrigen seine Entsprechung auch in anderen Reichsterritorien fand.[1257] Entgegen der von *Isaacsohn* vertretenen Ansicht, wonach es dem Großen Kurfürsten am Ende seiner Regierungszeit gelungen war, die Leitung des Ständischen Kreditwerks und damit der entscheidenden ständischen Gremien „ganz in seine Hände zu legen"[1258], offenbaren die Ständeakten für den Zeitraum nach 1688 doch ein etwas anderes Bild. Der neue Landesherr, Kurfürst Friedrich III., bemühte sich um eine partielle Entspannung des Verhältnisses zu den Ständerepräsentanten; schon im August 1688 gestand er den Ständen zu, Vertreter zur Rechnungsabnahme der Akzise zu entsenden.[1259] In den 1690er Jahren wurde dem ständischen Großen Ausschuß eingeräumt, den über das normale Quantum an Kontributions- und Akzisezahlungen aufzubringenden Abgaben ihre förmliche Zustimmung zu erteilen. Taktisch klug überließ man ihnen auch den Modus der Aufbringung der bewilligten Summen.[1260] Eine auferlegte Belastung, deren Bewältigung man in eigener Verantwortung variieren konnte, ließ sich leichter tragen als eine staatliche Steuer und eröffnete den Ständerepräsentanten zugleich die Möglichkeit, diese in ihrem Wirkungskreis mit entsprechender Akzeptanz umzusetzen.

Die Themen, die auf den Zusammenkünften der „Landtage" des ausgehenden 17. Jahrhunderts, also der Versammlungen der Großen Ausschüsse, behandelt wurden, umfaßten nach wie vor ein breites Spektrum, so daß auch unter diesem Gesichtspunkt nicht davon ausgegangen werden kann, die Ständevertreter hätten sich freiwillig aus vielen Politikbereichen zurückgezogen. Auf der Tagesordnung standen Fragen der Steuerpolitik, der Religion („Schutz der lutherischen Lehre")[1261], des Lehnrechts und die Wahrung des Indigenats der Amtsträgerschaft – allesamt Themen, die bereits im Landtagsrezeß von 1653 an prominenter Stelle angesprochen worden waren. Natürlich sind während der zweiten Hälfte des 17. Jahrhunderts Gewichtungen zwischen den genannten Bereichen zu beobachten, und es erscheint plausibel, daß es die Landesherrschaft war, die mit ihrer Politik gewissermaßen die Themen vorgegeben hatte.[1262] Eine Aufstellung der im neumärkischen Ständearchiv lagernden Akten, die in den 1680er Jahren durch den Landessyndicus J. Krause erarbeitet wurde, spiegelte das genannte breite Spektrum wider.[1263]

1256 Doch auch dieser Prozeß verlief nicht geradlinig. In den 1660er Jahren verantworteten die Stände z.B. das Münzwesen. Vgl.: Neugebauer, Brandenburg im absolutistischen Staat, S. 325.
1257 Vgl. dazu unter komparativem Aspekt: G. Haug-Moritz: Württembergischer Ständekonflikt und deutscher Dualismus: ein Beitrag zur Geschichte des Reichsverbandes in der Mitte des 18. Jahrhunderts, Stuttgart 1992, S. 40 f.; Press, 50 Thesen, S. 325.
1258 UA, Bd. 10, S. 351.
1259 Vgl.: Brand. LHA Rep. 23 A. B 56.
1260 Vgl.: Brand. LHA Rep. 23 A. B 60.
1261 Zur Haltung der brandenburgischen Ritterschaft zu Konfessionsfragen vgl. das Kapitel „Die konfessionelle Herausforderung. Lutherischer Adel und reformierte Staatselite".
1262 Die folgenden Ausführungen beruhen auf der Durchsicht der Ständeakten in: Brand. LHA Rep. 23 A. B 56-60; Rep. 23 B Nr. 193-198 und 206-209; ferner der in den „Urkunden und Aktenstücken ..." (UA), Bd.10 enthaltenen Quellen.
1263 Vgl.: Brand. LHA Rep. 23 B Nr. 475, unpag. Den größten Raum nahmen allerdings Dokumente ein, die mit der Herausbildung des Militärsystems und mit Lehnsfragen zusammenhingen.

Durchgängig zog sich das Thema der Finanzlage der ständischen Kassen und damit die Schuldenreduktion durch alle Zusammenkünfte. Es ist in unseren Ausführungen zur wirtschaftlichen Befindlichkeit deutlich gemacht worden, um welche existenzielle Angelegenheit es sich hierbei für den brandenburgischen Adel handelte. In den 1680er Jahren traten als ständiger Verhandlungspunkt die mit der Einführung der Akzise[1264] verbundenen Probleme hinzu, was zugleich das Verhältnis Adel – Städte vor eine neue Belastung stellen sollte.[1265] Besonders in den Ständeversammlungen der 1650er und 1670er Jahre nahmen die sogenannten „Militaria" einen großen Raum ein. Zum einen stand dies natürlich in unmittelbarem Zusammenhang mit den in jenen Jahren geführten Kriegen, zum anderen bildeten die mit dem Aufbau des miles perpetuus in Verbindung stehenden Belastungen ein nun die Ständegremien lange beschäftigendes Reizthema. Die Organisation von Truppendurchmärschen und Einquartierungen gehörten ebenso dazu wie die Gewährleistung der Versorgung oder die Beteiligung an baulichen Veränderungen der Festungen in Spandau und Küstrin. Gerade auf diesem Feld wurde den Oberständen in besonders deutlicher Weise die veränderten politischen Konstellationen vor Augen geführt. Als der Kurfürst im Juni 1657 während des schwedisch-polnischen Krieges bei der Truppenversorgung auf Widerstände in der Neumark stieß, machte er den dortigen Ständen unmißverständlich klar, daß er auf der Einhaltung der entsprechenden Rezesse und Verordnungen bestehen müsse, auch wenn seine Formationen nicht auf der Lehnpferdegestellung beruhten, „sondern zur gesamten Landes-Defension geworbene Reiter seien".[1266] Gleichwohl verstummten die Ständevertreter auch auf diesem neuralgischen Terrain nicht. Der Landesherrschaft dürfte aus den noch nicht allzu lange zurückliegenden Erfahrungen des Dreißigjährigen Krieges heraus noch zu gut in Erinnerung geblieben sein, daß der ständische Beitrag – nicht nur in finanzieller Hinsicht – für eine Verwirklichung ihrer militärischen Unternehmungen unverzichtbar erschien. Somit nahm es nicht wunder, daß der Kurfürst sich auf Drängen der Stände zuweilen bereit fand, die „extraordinairen" Lasten herabzusetzen.[1267]

Bei fast jeder Zusammenkunft kamen Probleme der ländlichen Sozialordnung, vor allem hinsichtlich der genauen Kompetenzzuweisung gegenüber der eigenen Untertanenschaft zur Sprache.[1268] Vor allem war den Oberständen angesichts der demographischen Einbrüche

---

1264 Vgl.: W.A. Boelcke: „Die sanftmütige Accise". Zur Bedeutung und Problematik der „indirekten Verbrauchsbesteuerung" in der Finanzwirtschaft der deutschen Territorialstaaten während der Frühen Neuzeit, in. JGMOD 21(1972), S. 93-139.

1265 Das Verhältnis zwischen Adel und Städtevertretern in den Ständegremien war im gesamten Untersuchungszeitraum von tiefem Mißtrauen geprägt. Jede Seite bezichtigte die andere, bei der Verteilung der Lasten bevorteilt zu werden. Nur auf kurfürstlichen Druck verstanden sich z.B. 1667 die adligen Deputierten zu einem Entgegenkommen, allerdings nicht ohne ihr Mißfallen kundzutun, „weil man ... mit den Städten sich nicht einlassen kann ohne weitere continuation". Brand. LHA Rep. 23 A. B 51, Bl. 8.

Ein besonderes Ärgernis stellte aus städtischer Sicht nach wie vor das „angemaßte Brauen und Branntweinbrennen" der adligen Rittergutsbesitzer dar. Vgl. dazu die entsprechenden Protokollbände des Großen Ausschusses.

1266 Brand. LHA Rep. 23 B Nr. 161, unpag.

1267 So z.B. während des „Landtages" 1668. Vgl.: Brand. LHA Rep. 23 B Nr. 193, unpag.

1268 Diese Thematik ist in der reichhaltigen agrargeschichtlichen Literatur gebührend berücksichtigt worden und braucht somit hier nur gestreift werden. Vgl. hierzu v.a. die in der Einleitung genannten Studien von G. Heitz, H. Harnisch, H.-H. Müller und L. Enders.

daran gelegen, auf gesetzliche Regelungen hinzuwirken, die den eigenmächtigen Dienstwechsel des Gesindes unterbinden sollten.[1269] Die Haltung der Landesherrschaft zu den ständischen Interventionen in dieser für die Rittergutsbesitzer neuralgischen Frage lag etwa auf der Linie des im Landtagsrezeß gefundenen Arrangements: Man entsprach den Wünschen der Oberstände, soweit damit dem ohnehin mühevollen Krisenmanagement nach 1648 nicht entgegengearbeitet wurde. Dies gestaltete sich häufig als eine Gratwanderung, denn auch die landesherrlichen Forderungen in Gestalt der nun dauerhaft erhobenen Kontribution und der mit der Schaffung des stehenden Heeres verbundenen Anforderungen stellten eine große Belastung der bäuerlichen Hintersassen dar.[1270]

Exemplarisch sei hier nur die Antwort des Kurfürsten Friedrich Wilhelm auf ein Gravamen der Lebuser Ritterschaft vom 28. Februar 1688 etwas näher betrachtet.[1271] Nach den fast schon obligatorischen Klagen über die Renitenz der Bauern und Kossäten bei der Ableistung ihrer Dienstverpflichtungen, brachten die Lebuser Adligen Wünsche zu Gehör, die insbesondere auf erweiterte Möglichkeiten der Obrigkeiten zur Regelung der Dienste der Hintersassen zielten; darin war z.B. auch die weitere Dienstverpflichtung solcher Bauern eingeschlossen, die ihre Höfe bereits an ihre Kinder abgetreten hatten. Der Landesherr gab in seiner Antwort zu verstehen, daß er den adligen Vorstellungen folge, nur wünsche er, daß die extraordinairen Dienste der Untertanen (z.B. Residenzfuhren) mit den anderen Diensten verrechnet werden müßten. Die Untertanen sollten schließlich „nicht ruiniret" werden.[1272]

Ebenso kamen Materien, die mit der Ausgestaltung der „Policey-Ordnung" in Verbindung standen, häufig zur Sprache. Ausführlich wurde z.B. während einer Sitzung des Großen Ausschusses im Jahre 1695 über die Vorbereitung eines Gesetzes debattiert, das den Umgang mit dem „fahrenden Volk" (Bettler, Zigeuner) regeln sollte. An diesem Vorgang wurde zugleich exemplarisch deutlich, daß oftmals die Stände erst eine Rückkopplung darüber ermöglichten, ob und wie die landesherrlichen Gesetze umgesetzt werden konnten. So machte man z.B. auf der genannten Beratung darauf aufmerksam, daß viele Zigeuner über kurfürstliche Pässe verfügten, so daß die vorgesehene rigide Behandlung ins Leere laufen müsse. Zugleich wurden koordinierende Maßnahmen zwischen den örtlichen Obrigkeiten zur Bewältigung des Bettlerproblems beraten.[1273] Die neumärkischen Deputierten Hans Christoph v. Strauß und Balthasar Abraham v. Köckeritz versah man 1661 mit der ausdrücklichen Instruktion, bei der künftigen Versammlung der Landschaft in Berlin die „Policey-Ordnung" anzusprechen. Insbesondere wurde daran erinnert, daß man in der Neumark noch nach den alten Regelungen verfahre und die Kenntnis der neuen „Policey-Ordnung" noch nicht sehr ausgeprägt sei. Die der Instruktion beigegebenen Kommentare zu den einzelnen Paragraphen des zu beratenden Gesetzes belegen eine aus den alltäglichen Erfahrungen resultieren-

---

1269 Vgl. hierzu schon: G. A. v. Mülverstedt Die ältere Verfassung der Landstände in der Mark Brandenburg vornämlich im 16. und 17. Jahrhundert, Berlin 1858, S. 253 ff.
1270 Am Beispiel einer Landschaft vgl.: Enders, Die Prignitz, S. 736.
1271 Vgl. zum folgenden. GStAPK I. HA, Rep. 59 Nr. 17, unpag.
1272 Diese Bauern sollten einen Tag dienen, „solange die Gesundheit es zulasse". Auch bei der Erörterung zur Behandlung der „Altbauern" lag der Kurfürst auf der Linie der Ritterschaft.
1273 Vgl.: Brand. LHA Rep. 23 A. B 60, Bl. 30 ff.

de, mitunter pragmatische, andererseits aber auch gezielt interessengeleitete Haltung der Oberstände.[1274]
Es bleibt also als vorläufiges Fazit festzuhalten: Wenn auch der Kurfürst nichts unversucht ließ, die Einflußnahme der Stände auf die zentrale Gesetzgebung zurückzudrängen[1275], ist doch im Lichte der Quellenüberlieferung ebenso unverkennbar, daß die Repräsentanten der Ritterschaft weiterhin ihre partizipativen Möglichkeiten wahrnahmen – ein Befund, der auch im 18. Jahrhundert nachgewiesen werden kann, wie noch zu zeigen sein wird.[1276]
Es ist in den bisherigen Ausführungen bereits deutlich geworden, daß zu nahezu allen Politikbereichen Anregungen der untersten ständischen Ebene, der Kreise, aufgegriffen wurden. Die „Kreisversammlungen" bzw. „Kreistage" boten hierfür die geeignete Plattform, wenngleich Quellen für die zweite Hälfte des 17. Jahrhunderts nur sporadisch vorhanden sind.[1277] Anläßlich der Vorbereitung einer neuen Schäfer- und Gesindeordnung gab der neumärkische Landtag im Oktober 1682 zu bedenken, „ob vorhero dabey etwas nach Beschaffenheit eines jeden Creyses zu erinnern" wäre.[1278] Die Cottbusser Kreisstände, für die die Überlieferungslage sich etwas günstiger gestaltet, wurden auf ihren Versammlungen durch die Kreiskommissare über die Beratungen des Neumärkischen Landtages informiert; ebenso versah man diese mit entsprechenden Instruktionen oder beauftragte sie, in landesherrlichen Kommissionen mitzuarbeiten und somit ständische Interessen zu vertreten.[1279] Stets waren die ständischen Deputierten auf die Verbindung und – gegebenenfalls – Rückversicherung mit den „Heimgelassenen" ihrer kleinräumlichen Adelsgesellschaft bedacht. Die mittelmärkischen Deputierten baten sich z.B. während des im Mai 1692 abgehaltenen „Landtages" Bedenkzeit aus, um die zur Diskussion stehenden Angelegenheiten mit ihren Kreisständen zu beraten.[1280] Im Juli des gleichen Jahres erging an die mittelmärkischen Deputierten v. Graevenitz und v. Wilmersdorf die ausdrückliche Vollmacht, „die Notdurfft" ihrer Kreise „im Convent deutlich zu machen".[1281]
Prononciert wurden auch immer wieder die wirtschaftlichen Interessen der Rittergutsbesitzer ins Spiel gebracht. Seien es Begünstigungen beim Kornhandel, die Bewahrung bzw. Ausweitung der Zollfreiheit oder das Münz- und Brauereiwesen. Die namentliche Kenntnis

---

1274 Vgl.: Brand. LHA Rep. 23 B Nr. 207, unpag.
1275 In diesem Sinne etwa die in einem anderen Zusammenhang für 1665 bezeugte Äußerung des Kurfürsten Friedrich Wilhelm, er ließe sich die Gesetze nicht vorschreiben. Vgl.: P. Schwartz: Die Verhandlungen der Stände 1665 und 1668 über die Religionsedikte, in: Jahrbuch für brandenburgische Kirchengeschichte 30 (1935), S. 88-115, hier S. 97.
1276 Vgl. dazu: P.-M. Hahn: `Absolutistische` Polizeigesetzgebung und ländliche Sozialverfassung, in: JGMOD 29 (1980), S. 13-29, hier S. 18 f.
1277 Auch hier versuchte die Landesherrschaft – ähnlich wie bei den gesamtständischen Gremien – die Versammlungstätigkeit aus Kostengründen einzugrenzen. 1679 reagierte der Kurfürst auf eine Supplik der Ritterschaft des neumärkischen Kreises Königsberg u.a. mit der Forderung, es „seynd keine unnöthige Versamblungen anzustellen, auch die angestellethe schleunig zu endigen, damit die Kosthen ersparhet und nichtes in der Hausarbeith verabsäumet werde". GStAPK I. HA, Rep. 21 Nr. 72 Fasz. 2, unpag.
Zu den Artikulationen der Lebuser Kreisstände in den 1680er Jahren vgl.: GStAPK I. HA, Rep. 59 Nr. 17.
1278 Brand. LHA Rep. 23 B Nr. 208, unpag.
1279 Vgl.: GStAPK I. HA, Rep. 16 „Kleine Erwerbungen", Nr. 185.
1280 Vgl.: Brand. LHA Rep. 23 A. B 58, Bl. 8.
1281 Ebenda, Bl. 86.

der sich vornehmlich mit diesen Themenbereichen befassenden ständischen Repräsentanten läßt die Vermutung aufscheinen, daß es vor allem diejenigen Rittergutsbesitzer waren, die selbst im Getreidehandel involviert waren und deshalb auch an geordneten Münzverhältnissen Interesse bekundeten.[1282]

Zunehmend wurden in den 1690er Jahren auch wieder Probleme verhandelt, die sich aus den militärischen Belastungen der Stände ergaben.[1283] Die in den Archiven der ständischen Gremien gesammelten Dokumente belegen, daß dieses Thema auch nach dem schwedisch-polnischen Krieg seine Relevanz für die Oberstände behalten hatte.[1284] Im Zusammenhang des Pfälzischen Erbfolgekrieges gegen Ludwig XIV. erwartete man seitens des Reiches ein größeres Engagement der Hohenzollernmonarchie. Einer solchen Forderung konnte sich der brandenburgische Kurfürst Friedrich III. auch deshalb schwerlich entziehen, da er lange vor 1701 seine Ambitionen auf die preußische Königskrone deutlich gemacht hatte.[1285] Das damit verbundene aktivere Engagement in der europäischen Mächtepolitik bot nun zwangsläufig eine Veranlassung dafür, daß in stärkerem Maße als vordem auch von den brandenburgischen Oberständen ein eigenständiger Beitrag zu diesen neuen Herausforderungen erwartet wurde. Somit nahm es nicht wunder, daß solche Fragen wie z.B. die Bewältigung der höheren Kosten für die Versorgung der brandenburgisch-preußischen Armee oder für die vor allem durch die Stände aufzubringende Landmiliz oftmals wichtige Tagesordnungspunkte auf den Zusammenkünften des Großen Ausschusses bildeten.[1286]

Vergleicht man allerdings die im frühen 17. Jahrhundert noch weitgehenden Möglichkeiten der brandenburgischen Stände, bei der Gestaltung der Militär- und Defensionsverfassung mitzureden mit den am Jahrhundertende eingetretenen Realitäten, wird deutlich, welche gravierenden Gewichtsverlagerungen gerade in diesem neuralgischen Politikbereich eingetreten waren. Doch konnten die Stände auch auf diesem Terrain in den 1690er Jahren wenigstens in einem kleinen Ausschnitt die Initiative zurückerlangen. Durch die Bildung der Landmiliz gelang es ihnen im Gegensatz zum miles perpetuus in stärkerem Maße auf die Organisation und Rekrutierung Einfluß zu nehmen.[1287] Die Ständerepräsentanten ließen na-

---

1282 1662 wurde der Freiherr v. Löben durch die neumärkischen Oberstände beauftragt, nach Berlin zu reisen, um die Verordnung zum Neuen Kornzoll „anzusehen und nach Befindung des Inhalts uns möglichermaßen zu helfen". Brand. LHA Rep. 23 B Nr. 207, unpag.
   Es sind die uns aus der Betrachtung der Besitzverhältnisse bekannten Adelsfamilien wie die v. Arnim, v. Bredow, v. d. Schulenburg u.a., die bei den Verhandlungen zu diesen Themenbereichen hervortraten. Vgl. die Angaben in den für den Zeitraum von 1688 bis 1700 vorliegenden Protokollbüchern in: Brand. LHA Rep. 23 A. B 56 – 61.
1283 Vgl. dazu: Göse, Landstände und Militär, S. 197 ff.
1284 Vgl. in diesem Sinne ein um 1685 angelegtes Verzeichnis „der bei der altmärkischen Landschaft befindlichen Kriegsakten". Brand. LHA Rep. 23 A. C 3523. Dies auch in Relativierung zu Hahn, Landesstaat und Ständetum, S. 52, der betonte, daß „die Stände seit den 1650er Jahren nur noch selten Klagen über das Militär dem Kurfürsten zu Gehör brachten".
1285 Vgl.: H. Duchhardt: Die preußische Königskrönung von 1701. Ein europäisches Modell?, in. Ders. (Hg.), Herrscherweihe und Königskrönung im frühneuzeitlichen Europa, Wiesbaden 1983, S. 82-95, hier S. 83.
1286 Kurmark: Brand. LHA Rep. 23 A. B 56 (1688), B 57 (1690/91), B 58 (1692), B 60 (1696), B 61 (1699); Neumark: Rep. 23 B Nr. 15 (1677), Nr. 162 (1683), Nr. 165 u. 166 (1692).
1287 Vgl. hier v.a. die 1692 erfolgten Verhandlungen im Großen Ausschuß: Brand. LHA Rep. 23 A. B 58.

türlich nichts unversucht, die Einrichtung der neuen „Landesdefension" im Hinblick auf die neuen Belastungen abzuwenden[1288]; z.B. verstanden es im Jahre 1696 die Deputierten im Großen Ausschuß, ihre Bewilligung von 45 000 Rtl. an eine Reihe von Forderungen zu knüpfen, die auch die Militaria betrafen. So bat man, bei der Bestellung der Offiziere der Landmiliz „die Märcker den frembden bzw. aus anderen kf. Provinzen stammenden" Kandidaten vorzuziehen.[1289]

Dieser Vorgang zeigt, daß ein weiteres ständisches Betätigungsfeld nicht aus den Augen verloren worden war: das Ständische Kreditwerk. Die Bedeutung, die diese Institution sowohl für das ständische Selbstverständnis als auch für die Verstärkung der Zusammenarbeit der Stände der kurmärkischen Teillandschaften im „langen 16. Jahrhundert" besessen hatte, ist hinlänglich bekannt. Um so weniger darf auch diese Institution im Rahmen einer Erörterung der ständischen Partizipationsmöglichkeiten in der zweiten Hälfte des 17. Jahrhunderts unberücksichtigt bleiben.

Die bis in das 16. Jahrhundert zurückreichende Wirksamkeit des Ständischen Kreditwerkes basierte auf drei Steuerverwaltungsbereichen, der Kasse zum Neuen Biergeld, zum Hufen- und Giebelschoß und der hier nicht weiter zu berücksichtigenden Städtekasse.[1290] Die Neubiergeldkasse wies dabei noch die größte innere Einheit auf, während die Hufen- und Giebelschoßkasse landschaftlich untergliedert war.[1291] Auch unter Berücksichtigung der Tatsache, daß die erstgenannte Kasse das größere Finanzvolumen verwaltete, wurde der Große Ausschuß der Neubiergeldkasse seit der Mitte des 17. Jahrhunderts aus der Perspektive der Stände zu ihrem entscheidenden Repräsentativorgan.[1292]

Die Ausschüsse hatten sich, hierin einem allgemeinen Trend im deutschen Ständewesen folgend, im Verlauf des 16. Jahrhunderts zu einem zunehmend professioneller arbeitenden Organ entwickelt.[1293] Die komplizierter werdenden Fragen der allgemeinen Verwaltung, vor allem natürlich die die Finanzangelegenheiten betreffenden, bewirkten, daß sich aus der Masse der – auch zuvor meist nicht mehrheitlich auf den Landtagen erscheinenden – märkischen Rittergutsbesitzer zunehmend eine Gruppe quasi berufsmäßiger Ständepolitiker herauskristallisiert hatte. Die letztlich nur in langjähriger Arbeit zu erwerbende Professionalität führte zwangsläufig dazu, daß diese Ausschußmitglieder in der Regel über einen langen Zeitraum ihr Amt ausübten. Eine detaillierte Auswertung der Zusammensetzung dieser Personengruppe belegt ferner, daß es sich dabei um Angehörige jener Adelsgeschlechter handelte, die

---

1288 Insbesondere die neumärkischen Ständerepräsentanten malten ein düsteres Szenario, sollte die Landmiliz wie geplant rekrutiert werden. Vgl.: BLHA Rep. 23 B Nr. 165, Bl. 80 ff.
1289 Ebenda, Rep. 23 A. B 60, Bl. 74.
1290 Zu Aufbau und Funktion des Ständischen Kreditwerkes während der letzten beiden Regierungsjahrzehnte des Großen Kurfürsten vgl.: S. Isaacsohn: Die Ordnung des Ständischen Kreditwerkes 1662-1685 (Einleitung), in: UA, Bd. 10, S. 349-358.
1291 Der Adel entsandte seine Vertreter in die Mittelmärkisch-Ruppinische, die Altmärkisch-Prignitzsche und die Uckermärkisch-Stolpirische Kasse, während die Städtevertreter in der Mittelmärkisch-Uckermärkischen und Altmärkisch-Prignitzschen Städtekasse ihren Platz einnahmen.
Als Überblick vgl.: Klinkenborg, Archiv, Bd. 1, S. 289 ff.
1292 Vgl.: UA, Bd. 10, S. 375.
1293 Mustergültig am Beispiel der welfischen Territorien dargestellt bei Lange, Landtag und Ausschuß.

Aspekte der ständischen Partizipation des brandenburgischen Adels 285

auf Grund ihrer günstigen wirtschaftlichen Lage auch über das erforderliche Maß an Abkömmlichkeit verfügten, um ihr mitunter viel Zeit in Anspruch nehmendes Amt wahrnehmen zu können.[1294] Diese Konstellation blieb fast unverändert auch in der zweiten Hälfte des 17. Jahrhunderts erhalten; also in jenen Jahrzehnten, in denen das politische Ständetum einen Einflußverlust hinnehmen mußte. Die folgende Aufstellung zeigt, welche Adelsfamilien in die ständische Organisation der Kur- und Neumark Brandenburg als Funktionsträger eingebunden waren.

Tabelle 44: Besetzung ständischer Gremien durch kur- und neumärkische Adelsfamilien (1650-1770) [1295]

Familie	Teillandschaft	Mitglied in ständischen Ausschüssen	
		Biergeld	Hufensschoß
Börstel	Altmark	X	2x
Jagow	Altmark	X	
Lüderitz	Altmark		X
Lattorff	Altmark		X
Werdeck	Altmark		X
Bismarck	Altmark	2x	X
Schulenburg	Altmark	2x	
Üchtritz	Altmark	X	
Knesebeck	Altmark	X =	X
Grävenitz	Prignitz	X =	X
Winterfeld	Prignitz	X =	X
Putlitz	Prignitz		X
Bülow	Prignitz		X
Kleist	Prignitz	X	
Platen	Prignitz	X =	X X
Arnim	Uckermark	X	X
Aschersleben	Uckermark	X =	X
Buch	Uckermark	X	
Holtzendorff	Uckermark		X
Wedel	Uckermark	X	

1294 Vgl. dazu die Listen bei Haß, Kurmärkische Stände, S. 333 f.
1295 Erstellt nach: Klinkenborg, Archiv, Bd. 1, S. 289-307; ergänzt bzw. korrigiert durch Angaben der Protokolle im kur- und neumärkischen Ständearchiv (Brand. LHA Rep. 23A. A 56-58 und 23 B Nr. 193-196, 1021-1031).
x = x Der betreffende Adlige besetzte das Verordnetenamt sowohl in der Neubiergeld- als auch in der Hufenschoßkasse.

Familie	Teillandschaft	Mitglied in ständischen Ausschüssen	
		Biergeld	Hufensschoß
Hünicke	Havelland	X =	X
Brösicke	Havelland	X =	X
Hagen	Havelland	X	
Ribbeck	Havelland	3x	X
Görne	Havelland	X =	X
Burgsdorff	Teltow	X =	X
Gröben	Teltow	X =	X
Wilmersdorff	Teltow	X =	X
Otterstedt	Teltow	X =	X
Röbel	Beeskow-Storkow	X	
Wulffen	Lebus	X =	X
Schwerin (neu!)	Lebus		X
Marwitz	Neumark		X
Selchow	Neumark		X
Löben	Neumark		X
Goltz	Neumark		X
Sack	Neumark		X

Es handelt sich bei den hier erfaßten ständischen Repräsentanten bis auf eine Ausnahme (v. Schwerin) um Angehörige ur- bzw. altadliger brandenburgischer Geschlechter. Etwas abgesetzt von der Mehrheit der Namen erscheinen lediglich die Angehörigen der Geschlechter v. Lattorff, v. Werdeck und v. Üchtritz.[1296] Die in unseren Ausführungen zur Sozial- und Wirtschaftsstruktur dargestellte Entwicklung, die vor allem durch das Eindringen zugewanderter Adelsgeschlechter in angestammten Grundbesitz charakterisiert war, spiegelte sich nicht in einem adäquaten politischen Einflußgewinn auf der Ebene der Teillandschaften wider. Auch aus den residenznahen Teillandschaften (Teltow/Lebus/Barnim), die durch diesen Trend besonders stark tangiert wurden, sandten die dortigen Kreisstände Angehörige alteingesessener Familien in die ständischen Gremien. Die einzige Ausnahme bildete der künftige Oberpräsident Otto von Schwerin, der um 1660 in der Mittelmärkischen Hufenschoßkasse einen Sitz innehatte.[1297] Die über einen historisch langen Zeitraum nachgewiesene Zugehörigkeit zur kleinräumlichen Adelsgesellschaft bildete somit die entscheidende Grundlage für eine Repräsentation in ständischen Gremien. Erinnert sei an die oben vorgestellte Entwick-

---

1296 Die in Verbindung mit altmärkischen Ämtern genannten Geschlechter gehörten nicht zu den alteingesessenen Familien und sind tws. erst im 17. Jahrhundert aus anderen Reichsterritorien zugewandert.
1297 Vgl.: Klinkenborg, Archiv, Bd. 1, S. 303.

lung der ständischen Partizipation, die sich zunehmend auf die Ebene der Kreise verlagert hatte. Von daher war es verständlich, daß den Rittergutsbesitzern daran gelegen war, daß Angehörige der alteingessenen Familien ihre Interessen wahrnahmen. Die Ämter in den ständischen Gremien bildeten gleichsam eine Rückzugsbastion für die alten Geschlechter vor dem Hintergrund ihrer Verdrängung aus den einflußreichen Positionen am Hof und in der zentralen Verwaltung.
Aus diesem Grunde war die Ritterschaft auch an der Wahrung der in ihren Augen standesgemäßen Zusammensetzung der Ausschüsse interessiert. Dieses Bemühen wurde exemplarisch an der Auseinandersetzung um den 1682 zum Havelberger Domdekan gewählten Conrad Barthold Stille vorgeführt.[1298] Zu den Obliegenheiten dieses Amtes gehörte nach alter Tradition auch die Teilnahme an den ständischen Verhandlungen. Mehr noch: In Abwesenheit des Repräsentanten des Brandenburger Domkapitels stünde dem Havelberger Domdekan sogar das Direktorium in der Landschaft zu.[1299] Die adligen Verordneten gaben dem Kurfürsten in ihrem Schreiben vom 27. März 1683 unmißverständlich zu verstehen, daß nach ihrer Meinung keiner auf die „Ritterbänke gehöre, ... so nicht von Adel". Nicht ungeschickt warfen sie ein Argument in die Waagschale, von dem sie annahmen, daß auch der Kurfürst dafür empfänglich wäre: Der Landesherr solle erwägen, „ob Wir gegen so genereuse Ständen und Orden, unter welchen daß Haupt des Hochwürdigen Herrn meisterthumbs letztmahls ein Reichsfürst gewehsen, verandtworten könten"[1300], den Stille den Zutritt auf die Ritterbank zu ermöglichen. Damit würde letztlich das Prestige dieses vormals so aufgewerteten Gremiums sinken. Die Repräsentanten der Oberstände artikulierten darüber hinaus ihre Befürchtung, daß sie bei einem Abweichen von diesem Prinzip „bey Unserer heimbgelassenen oder außwehrtigen Ritterschaft als Standesvergessene" ausgerufen würden.[1301] Doch der Kurfürst ließ sich letztlich von den Vorhaltungen der Oberstände nicht von seiner Forderung abbringen, den Stille ordnungsgemäß in die Landschaft zu „introduciren". Zwar sei er nach wie vor bereit, den Adel „bey seinem Herkommen und Gerechtsamkeit ... zu schützen". Dennoch würde er sich nicht dazu hergeben, „die so Bürgerstandes ... nicht wider billigkeit und Recht beschimpfen und unterdrücken zu lassen". Er erinnerte daran, daß es schließlich auch üblich sei, bürgerlichen Rittergutsbesitzern die Teilnahme an Kreisversammlungen zu gestatten.[1302]
Die namentliche Aufstellung der Deputierten und Verordneten der ständischen Ausschüsse bestätigt ferner die an anderer Stelle betonte Professionalisierung der Ständepolitiker. Wenige Adlige bekleideten oftmals mehrere ständische Ämter, waren also zugleich Verordnete der Neubiergeld- und der Hufenschoßkasse, wie z.B. Hans Ludwig v. d. Gröben, Matthias v. Hünicke, Maximilian Friedrich v. Brösicke, Hans Georg v. Graevenitz und Hans Georg v.

1298 Vgl. dazu die Voten der Ritterschaft in UA, Bd. 10, S. 487 und 614 ff. Parallele Überlieferung dieses Vorgangs im neumärkischen Ständearchiv: Brand. LHA Rep. 23 B Nr. 436, unpag.
1299 Dieser Fall trat just im Frühjahr 1683 ein, da das Brandenburger Domkapitel nicht durch seinen Dekan Hans Georg III. v. Ribbeck, sondern durch nur einen einfachen Domherrn vertreten wurde.
1300 UA, Bd. 10, S. 616. Die Ständevertreter zielten dabei offenbar auf die Wahrnehmung des Herrenmeisteramtes durch Fürst Johann Moritz von Nassau-Siegen.
1301 Brand. LHA Rep. 23 B Nr. 436, unpag.
1302 Ebenda.

Ribbeck. In Ansätzen war die sich im 18. Jahrhundert dann fast völlig durchsetzende Praxis erkennbar, daß die Kreiskommissare bzw. die Landräte das Verordnetenamt übernahmen.[1303] Eine solche Ämterkumulation mußte zwangsläufig einer wachsenden Spezialisierung der ständischen Amtsträger Vorschub leisten und zudem diese mit Kompetenz und Erfahrungswissen ausgestatteten Ständepolitiker von den sich vornehmlich ihren Gütern widmenden Adligen „ihres" Kreises absetzen.

Im Zusammenhang unserer Ausführungen zur Entwicklung der ökonomischen Lage der brandenburgischen Ritterschaft ist herausgearbeitet worden, daß das Kreditwesen, das in den beiden ständischen Kassen seinen wichtigsten Bezugspunkt hatte, seit den 1620er Jahren in den Strudel der Kriegsereignisse gerissen wurde. Die Frage nach dem weiteren Schicksal des Kreditwerkes gewinnt ihre Relevanz nicht nur aus der hohen Bewertung, die dieses Gremium seit der Mitte des 16. Jahrhunderts im adligen Selbstverständnis genoß, sondern auch aus dem Umstand, daß es ja die Erschöpfung der ständischen Finanzquellen war, die die deutschen Stände „in eine Zwangslage" brachte und damit die „absolutistischen" Tendenzen der jeweiligen Landesherrschaft erst ermöglichte.[1304] Das Ständische Kreditwerk – vor allem die Neubiergeldkasse – galt als „geschätzte Anlagemöglichkeit" für diejenigen Teile des brandenburgischen Adels, die über Bargeld im Zusammenhang von Getreidehandel, Ämtereinkommen oder innerfamiliärer finanzieller Transaktionen verfügten.[1305]

Angesichts der Erfahrungen, die die brandenburgischen Rittergutsbesitzer in zunehmendem Maße mit einem seine Funktion nicht mehr erfüllenden Ständischen Kreditwerk machen mußten, war es auch naheliegend, die letztlich bescheiden bleibenden Möglichkeiten der Geldanleihen innerhalb der kleinräumigen Adelsgesellschaften zu nutzen, worauf in unseren Ausführungen zum adligen Kreditverhalten hingewiesen wurde. Diese Beobachtung würde mit der geäußerten Annahme korrespondieren, daß sich die ständischen Aktivitäten seit der Mitte des 17. Jahrhunderts zunehmend auf die Ebene der Kreise verlagert hatten.[1306] Die in den 1660er Jahren in finanzielle Bedrängnis geratene Ursula Catharina v. Zabeltitz erhielt z.B. im Juli 1668 von der Ritterschaft des Beeskow-Storkower Kreises einen auf fünf Jahre befristeten Zahlungsaufschub, während die Oberstände dieser Teillandschaft die Verpflichtungen gegenüber den Zentralbehörden solange in corporé übernahmen.[1307] Erinnert sei in diesem Zusammenhang auch an die Bemühungen des uckermärkischen Landesdirektors Georg Wilhelm v. Arnim in den 1660er Jahren, innerhalb seiner Adelsgesellschaft die Gratwanderung zwischen hoffnungsloser Überschuldung und den drängenden Zahlungsforderungen der selbst in Kalamitäten steckenden Gläubiger zu meistern.[1308]

1303 Auf diese Frage wird im folgenden Abschnitt näher eingegangen.
1304 Press, Vom „Ständestaat" zum „Absolutismus", S. 323.
1305 Hahn, Landesstaat und Ständetum, S. 56.
   Die häufige Erwähnung adliger Frauen unter den Kreditoren der Neubiergeldkasse läßt auch die Vermutung berechtigt erscheinen, daß Abfindungssummen, die im Zusammenhang mit Erbgängen und Testamentsvollstreckungen erworben wurden, hier angelegt wurden. Beispiele: Witwe des Joachim v. Bredow (2 300 Rtl); Gisela v. Veltheim (8 500 Rtl.); Witwe des Joachim v. Barleben (12 000 Rtl.); Tochter des Dietrich v. Klitzing (7 100 Rtl.). Vgl.: Brand. LHA Rep. 23 A. C 1996.
1306 Vgl. dazu: Baumgart, Zur Geschichte der kurmärkischen Stände, S. 146.
1307 Vgl.: Zabeltitz-FG, S. 88.
1308 Vgl. hierzu die Ausführungen in Kapitel 1 auf der Grundlage des Boitzenburger Gutsarchivs.

Erschwert wurde nun die Situation für die Ständerepräsentanten durch den seit den 1660er Jahren stärker werdenden landesherrlichen Druck auf die ständischen Kassen.[1309] Der Kurfürst versuchte, sich stärkere Zugriffsmöglichkeiten auf diese Institutionen zu verschaffen. Die Gelegenheit dazu bot ihm ein unterstelltes Mißmanagement der ständischen Kassenverwaltung, denn schon seit den 1650er Jahren wandten sich des öfteren diejenigen Kreditoren an den Kurfürsten, die meinten, mit ihren Forderungen nicht genügend berücksichtigt zu werden.[1310] Friedrich Wilhelm kündigte an, Informationen darüber einzuholen, „was es mit dem Schuldenwesen unserer Kur- und Marck Brandenburg vor eine beschaffenheit habe". Er wolle beileibe diese ständische „Einrichtung nicht umstoßen", doch „erfordert ... Unser landesfürstliches obrigkeitliches Amt dahin zu sehen, wie gleichwohl mit demjenigen, so Unsere Unterthanen aufbringen und darunter Wir Uns selbst interessiert befinden, umgegangen wird".[1311] Man würde also fehl gehen, wenn man die durch den Kurfürsten intendierte stärkere Kontrolle der ständischen Kassen primär nur im Sinne einer „absolutistischen" Politik interpretierte. Seine Maßnahmen reagierten vornehmlich und zunächst auf das Unvermögen der Stände, selbst Ordnung ins Kreditwerk zu bringen. Vor allem die Befriedigung der zahllosen Ansprüche der Gläubiger hielt latent die Frage des weiteren Schicksals des Kreditwerks offen, wirkte entsolidarisierend auf die Oberstände und gab schließlich der Landesherrschaft eine Handhabe, sich wirkungsvoll der Kontrolle dieser Institution anzunehmen.

Nachhaltig fühlbar für die Stände blieb die Einziehung der Akten im Berliner Landschaftshaus in den 1680er Jahren als Ergebnis der landesherrlichen Überprüfung. Der Kurfürst erbat eine detaillierte Aufstellung sämtlicher im Berliner Landschaftshaus aufbewahrten Akten.[1312] Aufschlußreich erscheint dabei ein Blick auf jene Dokumente, die nach der Visitation in landesherrlichem Gewahrsam verbleiben sollten: Besonders ins Auge fielen vor allem ständische Beschwerden und Einlassungen, die die Modalitäten des Kontributions- und Akzisewesens moniert hatten.[1313] Es handelte sich dabei bekanntlich um ein in den 1660er und 70er Jahren besonders konfliktbeladenes Feld innerhalb der landesherrlich-ständischen Beziehungen. Den besonderen Unmut schienen ferner jene Schriftstücke hervorgerufen zu haben, in denen interne Absprachen über zu befürchtende Verletzungen ständischer Privilegien getroffen worden waren. Darunter fanden sich z.B. ein Schreiben der altmärkischen Ritterschaft, „worin enthalten, daß bei Friedenszeiten keine Commissarien nötig" und Dokumente, die den Unmut der Oberstände gegenüber der auf stärkere Zentralisierung und Kontrolle zielenden landesherrlichen Politik erregt hatten.[1314]

1309 Vgl. dazu auch: Hahn, Fürstliche Territorialhoheit, S. 244 ff.
1310 Vgl. hierzu: Brand. LHA Rep. 23 A. C 1990; C 1991; C 2000.
1311 Ebenda, C 1952.
1312 Vgl.: ebenda, C 3524.
1313 Vgl.: ebenda, C 3525. In diesem Sinne wäre z.B. ein Brief des Kreiskommissars v. d. Schulenburg an einen v. Bredow zu interpretieren, „worin er zu verstehen gibt, daß der Accise von den Ständen widersprochen werden müsse".
1314 So z.B. eine Supplik der altmärkischen Ritterschaft „contra Introduction des gestempelten Papiers". Ebenda.

Die langjährige Auseinandersetzung um die Verfügungsgewalt über diese Kasse, die mit stärkeren Zugriffsmöglichkeiten der Landesherrschaft einherging, trug in nicht unbeträchtlichem Maße zum weiteren politischen Einflußverlust des brandenburgischen Ständetums bei. Mit dem Erlaß der Reglements vom April 1686 ging die oberste Aufsicht über diese Institution auf den Kurfürsten über.[1315]

Die Bedeutung der ständischen Kassen für den brandenburgisch-preußischen Fiskus war zwar im Zusammenhang der durchgreifenden Finanzreformen, vor allem der Entwicklung des Akzisesystems im Verlauf des 17. Jahrhunderts rückläufig[1316]; dennoch standen sowohl die Neubiergeld- als auch die Hufen- und Giebelschoßkasse der Landesherrschaft und höheren Amtsträgern für Anleihen zur Verfügung. So lieh sich z.B. in den 1650er Jahren der Oberpräsident Otto v. Schwerin einen Teil der für den Ankauf von Altlandsberg erforderlichen Gelder von der Landschaft.[1317] Auch der Nachfolger Kurfürst Friedrich Wilhelms, der erste preußische König, ließ keinen Zweifel darüber aufkommen, welchen Wert er der dem Ständischen Kreditwerk beimaß.[1318] Im beginnenden 18. Jahrhundert wurden z.B. Kredite im Zusammenhang der zur Vergrößerung des Domänenbesitzes betriebenen Güterankaufpolitik aufgenommen.[1319] Ebenso dienten solche Transaktionen der Aufbesserung des Kammer- und Kriegsetats, vor allem angesichts der 1710/11 immer offensichtlicher werdenden Finanzkrise.

Doch nicht nur bei der Durchsicht der Akten des Ständischen Kreditwerks wird man auf einen Problemkreis geführt, der untrennbar mit der Analyse der politischen Wirksamkeit der Oberstände verbunden blieb: In unserer Einleitung ist nachdrücklich auf die Bedeutung der Teillandschaften im Bewußtsein der märkischen Ritterschaft hingewiesen worden. Zugleich wurde aber auch darauf aufmerksam gemacht, daß es nicht einfach erscheint, anhand der vorliegenden Quellen Artikulationen eines ständischen Regionalismus „als Ausdruck von Sonderbestrebungen geschichtlich gewachsener Landesteile innerhalb einer größeren politischen Ordnung" zu ermitteln.[1320] Die Interdependenz von ständischen Strukturen und kleinräumlichen Adelslandschaften ist in der jüngeren Literatur betont worden[1321] und gewinnt gerade für ein Territorium wie Brandenburg, in dem sich das Raumbewußtsein innerhalb der Kreise im Zusammenhang der größer werdenden Gesamtmonarchie erhalten hatte, analytische Bedeutung. Zwar bestand seit der Mitte des 17. Jahrhunderts durchaus der Anspruch der brandenburg-preußischen Landesherren, daß ihre Länder „gleichsam Membra unius capitis sein"[1322] sollten, doch ist in der jüngeren Forschung Einvernehmen darüber erzielt wor-

---

1315 Vgl.: UA, Bd. 10, S. 351.
1316 Vgl. hierzu die im Anhang abgedruckten Aufstellungen über die Staatseinnahmen bei: A.F. Riedel: Der brandenburg-preußische Staatshaushalt in den letzten beiden Jahrhunderten, Berlin 1860.
1317 Vgl.: Brand. LHA Rep. 37 Altlandsberg Nr. 6.
1318 In einem Edikt von 1704 wurden die Stände aufgefordert, das Kreditwerk stärker als Geldanlagemöglichkeit zu nutzen. Vgl.: Maurer, Die private Kapitalanlage, S. 13.
1319 So 1709 zum Ankauf von Altlandsberg aus dem Besitz derer v. Schwerin (50 000 Rtl.) und 1711 zur Reluition des Amtes Storkow (100 000 Rtl.). Vgl.: Brand. LHA Rep. 23 A. A 34, Bl. 232 ff.
1320 Hahn, Landesstaat und Ständetum, S. 54.
1321 Vgl. z.B.: Neugebauer, Politischer Wandel, S. 44.
1322 UA, Bd. 10, S. 194.

den, daß regionalistische Strukturen auch in der sogenannten „hochabsolutistischen" Epoche erhalten geblieben waren.[1323]

In der Organisation des Ständewesens erschien dieser regionalistische Grundzug in besonders ausgeprägter Form. Die Lösung des Problems, wie und durch wen die Stände der Teillandschaften eines Territorialstaates repräsentiert wurden, erweist sich nicht nur für unseren Untersuchungsgegenstand als relevant.[1324] Sie erlangt ihre übergreifende Bedeutung schließlich auch vor dem Hintergrund der noch nicht befriedigend beantworteten Frage nach Kontinuität oder Bruch zwischer ständischer und moderner Repräsentation.

Um sich diesem Problem anzunähern, seien in aller Kürze zunächst die institutionellen Rahmenbedingungen ständischer Partizipation in der Kur- und Neumark beschrieben: Dem Großen Ausschuß zur Biergeldkasse, der ebenso wie der Engere Ausschuß im Berliner Landschaftshaus[1325] tagte, gehörten in unserem Untersuchungszeitraum 14, dann 17 Deputierte an.[1326] An der Spitze standen die Deputierten der Domkapitel zu Brandenburg und Havelberg, gefolgt von denen der Ritterschaft der Altmark (2), der Prignitz (1), der Mittelmark (2, später 4) und Uckermark (1). Im Großen Ausschuß zur Schoßkasse saßen nur adlige Vertreter. Die Zusammensetzung gestaltete sich ähnlich der Neubiergeldkasse, nur daß hier die Mittelmark mit drei Deputierten vertreten war und die Neumark zwei Deputierte entsenden konnte. Das Direktorium des Großen Ausschusses wurde durch den „vornehmsten Prälaten" der Domkapitel Brandenburg oder Havelberg[1327] – in unserem Untersuchungszeitraum fast immer ersteres – und den Deputierten der Altstadt Brandenburg gebildet. Nach einer Aufzeichnung des neumärkischen Landesdirektors Hans Caspar v. Beneckendorff aus dem

---

1323 Vgl.: Neugebauer, Staatliche Einheit, S. 68 u. 83.

1324 Daß die Frage, wen „der Adlige in einer Repräsentativverfassung" überhaupt vertrete, „sich als von großer Tragweite erweisen" könne, wurde jüngst in einem Diskussionsbericht zur sächsischen Adelsgeschichte betont. E. Schubert: Landstände und Fürstenherrschaft. Kommentar zu den Beiträgen von Ulf Moltzahn und Frank Göse, in: Geschichte des sächsischen Adels, hrsg. v. K. Keller/J. Matzerath, Köln/Weimar/Wien 1997, S. 161-166, hier S. 163.

1325 Zum Ankauf dieses dreistöckigen Gebäudes in der Spandauer Straße und folgenden baulichen Veränderungen vgl.: Brand. LHA Rep. 23 A. A 93.
Interessante Einblicke in den Alltag ständischer Wirksamkeit vermitteln die erhaltenen Inventare des Landschaftshauses. So fand der Landrentmeister Christian v. d. Linden bei seinem Amtsantritt 1656 ein sehr spartanisch ausgestattetes Haus mit insgesamt 10 Stuben und 9 „Stübchen" (Kammern) vor. In dem von ihm genutzten Raum befanden sich „zwei schlechte Tische" und „zwei alte Schemel". In der „großen Stube" tagten offenbar die Ausschüsse: Hier stand eine „große viereckige Tafel nebst 5 schwarzen Schemeln ... daneben Bänke". Brand. LHA Rep. 23 A. A 94, Bl. 1-4.
Dagegen deutet das Inventar aus dem Jahre 1710 auf etwas mehr Behaglichkeit für die Ständerepräsentanten. Die „große Stube" ist nunmehr mit „blauroten Tapeten auf güldenem Grund bemalt" und mit blauen Tischdeken, Vorhängen und einem Spiegel bestückt. Auch die detailliert beschriebene Zimmerausstattung des altmärkischen Deputierten, des Landesdirektors v. Bismarck, weist einen erhöhten Wohnkomfort aus. Brand. LHA Rep. 23 A. A 94, Bl. 48-61.

1326 M. Klinkenborg behandelt in seiner Zusammenstellung nur die Verordneten der Engeren Ausschüsse; wir stützen uns im folgenden auf Brand. LHA Rep. 23 A. A 32 und A 34.

1327 Die herausgehobene repräsentative Stellung der Domkapitel in den ständischen Gremien zeigt sinnfällig die unverminderte große Bedeutung, die den tradierten Institutionen der Germania Sacra auch noch anderthalb Jahrhunderte nach der Reformation in Brandenburg beigemessen wurde.

Jahre 1677 saßen dem Präsidium zur Rechten die altmärkischen und prignitzischen Abgesandten sowie ein mittelmärkischer Deputierter; zur Linken hatten die Repräsentanten der Ucker- und Neumark sowie die anderen mittelmärkischen Deputierten Platz zu nehmen.[1328] Das erste Votum stand demnach der Altmark und Prignitz zu, danach folgten die Mittelmark (darin involviert auch die Domkapitel) und die Uckermark; der neumärkische Deputierte gab als letzter seine Stimme ab.[1329]

Ein höheres Ansehen genoß allerdings der Engere Ausschuß, dem die eigentliche Verwaltung der ständischen Kassen oblag und dessen Verordneten durch den Großen Ausschuß bestimmt wurden.[1330] Zwar sei bisher kein genauer Anhaltspunkt über den Beginn der Tätigkeit des Engeren Ausschusses zu ermitteln, doch hielt sich im Bewußtsein der Ständepolitiker des 18. Jahrhunderts noch lange die Vorstellung, daß es gerade dieses Gremium war, das „die herrschaft ... in den wichtigsten consultationibus wegen zu schließender Bündnisse ... zu Rate gezogen hat".[1331] Der Engere Ausschuß bestand aus drei adligen und drei städtischen Verordneten. Um die Teillandschaften in diesem Gremium halbwegs angemessen zu repräsentieren, war ein komplizierter Schlüssel zwischen den märkischen Landschaften ausgehandelt worden.[1332] Die im Vergleich zum Großen Ausschuß geringere Zahl der Mitglieder dieses Gremiums führte auch zu Spannungen zwischen den beiden Domkapiteln des Landes; Havelberg geriet dabei eindeutig ins Hintertreffen.[1333]

Neben der angemessenen Präsenz der brandenburgischen Teillandschaften war der Ritterschaft auch an einer würdevollen Auswahl der Mitglieder dieser ständischen Versammlung gelegen. Erinnert sei hier an die oben vorgebrachten Bemerkungen über die Besetzung der ständischen Positionen mit Angehörigen aus alteingesessenen Familien. Doch Ancienität war natürlich nur in wenigen Fällen mit einem über die jeweilige Teillandschaft hinausreichenden Prestige verbunden, denn bekanntlich gehörten nur wenige dieser altadligen Geschlechter zur politisch-höfischen Führungsgruppe. Dies führte dazu, daß seit dem ausgehenden 17. Jahrhundert gelegentlich „Personen hohen Adels" zu Verordneten im Engeren

---

1328 Vgl.: Brand. LHA Rep. 23 B Nr. 15.
1329 Die Städtedeputierten tagten zeitgleich im Berliner Rathaus und trafen sich erst zur Angleichung der Voten bzw. zu vermittelnden Gesprächen mit den Oberständen. Vgl.: ebenda.
1330 Neben der Führung der ständischen Kassen war der Engere Ausschuß auch für die Auswahl und Vereidigung der landschaftlichen Bedienten zuständig.
1331 So der Kriegs- und Domänenrat C.G. Thiele in einer Ausarbeitung von 1735. Brand. LHA Rep. 23 A. A 32, Bl. 25.
1332 Im ersten Verordnetenamt alternierten anfangs das Domkapitel Brandenburg und Havelberg. Im zweiten Verordnetenamt folgten auf zwei altmärkische ein prignitzischer Ritterschaftsvertreter. In gleicher Weise war das Rotationsprinzip zwischen der Mittelmark und Uckermark ausgehandelt worden. Vgl.: Brand. LHA Rep. 23 A. A 32, Bl. 27.
1333 Eine 1708 vom Havelberger Domkapitel vorgebrachte Beschwerde über die seinem Ansehen nach unzureichende Präsenz im Großen Ausschuß wurde abschlägig beschieden. Das Kapitel sei zwar als „Erster Stand" der altmärkisch-prignitzischen Adelsgesellschaft zu verstehen, dennoch könne ein Havelberger Domherr nur auf der für die altmärkisch-prignitzische Ritterschaft reservierten Verordnetenstelle Mitglied des Engeren Ausschusses werden. Allerdings kam der König dem Begehren des Domkapitels insoweit entgegen, als seinen Mitgliedern eine Verordnetenstelle „ohne Besoldung und Stimmrecht" zugestanden wurde. Brand. LHA Rep. 23 A. A 151, unpag.

Ausschuß „bey bereits tragenden hohen Rang" bestellt wurden – auf das Beispiel Otto v. Schwerins wurde bereits verwiesen.[1334] Die damit angedeutete Praxis, höhere landesherrliche Amtsträger in die ständischen Gremien aufzunehmen, wurde im Verlauf des 18. Jahrhunderts noch weiter forciert.[1335] Entgegen der noch in der Mitte des 17. Jahrhunderts zu erkennenden Reserviertheit, landfremde höhere Amtsträger in diese Positionen aufzunehmen, bewiesen die Oberstände der märkischen Teillandschaften nunmehr eine tolerantere Haltung. Die zunehmende Frequentierung ständischer Ämter durch diese Personengruppe wäre demnach nicht nur als eine personalpolitische Initiative der Landesherrschaft zur stärkeren Kontrolle der ständischen Gremien zu interpretieren, sondern kam durchaus auch den ständischen Wünschen entgegen: Eine Besetzung des Engeren Ausschusses mit hochgestellten Persönlichkeiten, die sich der Nähe zum Monarchen erfreuten, zugleich aber auch ständischen Vorstellungen nicht allzu fern standen, mußte den Rang dieses Gremiums aufwerten! Bereits im Zusammenhang der Auseinandersetzungen um die Aufnahme des nichtadligen Havelberger Domdekans ist gezeigt worden, welchen großen Stellenwert diese Problematik im Selbstverständnis der Stände einnahm.

Das Problem des ständischen Regionalismus kann natürlich auf Grund der Quellenlage vor allem an jenen Feldern ständischer Wirksamkeit thematisiert werden, in denen auf eine dezidierte Absetzung der jeweiligen Teillandschaft bzw. Adelslandschaft orientiert wurde, worauf unten deshalb näher eingegangen werden wird. Es sollte jedoch immer im Auge behalten werden, daß auch die andere Komponente, die des Zusammenhalts zwischen den Landschaften gegenwärtig war. Dazu zählt insbesondere die Bereitschaft, bewährte Einrichtungen und Erfahrungen aus dem ständischen Leben anderer Kreise zu übernehmen. Der Kreiskommissar des Oberbarnim, v. Strantz, gab z.B. im Dezember 1698 zu bedenken, „ob nicht anzuhalten sey bey S. Chf. Durchl., daß Unsere Dienstzeit der Knechte und Mägde ... angefangen werde wie in der Uckermark, weil die Zeit weit bequemer als Weihnachten".[1336] Ferner schlug er eine Angleichung der Barnimschen Schäferordnung an die der Neumark vor. Auch im 18. Jahrhundert – um dies hier vorwegzunehmen – setzten sich die Oberstände aus pragmatischen Gründen dafür ein, bestimmte Verordnungen benachbarter Provinzen einzuführen.[1337]

1334 Brand. LHA Rep. 23 A. A 34, Bl. 134. Auch der Oberkammerherr Konrad v. Burgsdorff wurde bereits in diesem Zusammenhang genannt.

1335 Damit ist nicht der Kreis der höheren Amtsträger, die vom Kurfürsten zur Beaufsichtigung der ständischen Kassen als „Beamte beim Neuen Biergeld" lanciert wurden, gemeint. Vgl. zu diesem Personenkreis: Klinkenborg, Archiv, Bd. 1, S. 297.

1336 Brand. LHA Rep. 37 Trampe, Nr. 1602/1, unpag.

1337 So plädierte der im November 1739 in Tangermünde zusammentretende altmärkische Kreistag dafür, daß „der benachbarten Provinz Magdeburg ... aufgegeben werden möchte", die für die Altmark gültige Gesindeordnung „daselbst zu introducieren". Brand. LHA Rep. 2 S Nr. 579, Bl. 59. Im Jahre 1751 regten die altmärkischen Ständevertreter an, die Prignitzer Gesindeordnung zu übernehmen; ebenso wurde dies unter den Lebuser Oberständen diskutiert. Brand. LHA Rep. 2 S Nr. 580 u. Nr. 1732.

Auch in der alltäglichen Praxis der ländlichen Gesellschaft rezipierte man vom Nachbarn: 1749 beschlossen die altmärkischen Oberstände, daß die Schäfer – „wie solches in der Prignitz geschehet" – ihren Verpflichtungen gegenüber der Herrschaft nachkommen sollen. Brand. LHA Rep. 2 S Nr. 579, Bl. 321.

Doch die Mehrheit der Quellen spiegelt ein ausgesprochen regionalistisches Beharrungsvermögen der sich mit ihrer kleinräumlichen Adelslandschaft identifizierenden Ritterschaft wider. Die uckermärkischen Oberstände statteten z.B. ihre Repräsentanten mit einem umfangreichen Memorial aus, bevor diese 1648 zum „Landtag" abreisten. Einen wichtigen Stellenwert nahmen darin jene Passagen ein, in denen in aller Form deutlich gemacht wurde, sich auf keinen Fall Lasten aufbürden zu lassen, die mit Vorgängen in anderen märkischen Teillandschaften in Verbindung standen.[1338] Erst recht wurde den Verordneten eingeschärft, nicht für die kurfürstlichen Truppenteile aufzukommen, die trotz Friedensschluß zur Durchsetzung der brandenburgischen Ansprüche auf Vorpommern unterhalten wurden, „denn was haben wir jemalen von Pommern gehabt?"[1339] Ebenso verweigerten die kurmärkischen Stände zwei Jahre später eine finanzielle Unterstützung für die Durchsetzung dieser kurfürstlichen Ansprüche mit dem bezeichnenden Kommentar: „Wie nun Pommern, Preußen und die Clevischen Lande wenn wegen der Chur Brandenburg ein Grenzstreit vorfiele, schwerlich uns zu Hülfe kommen oder unserthalben etwas auf sich nehmen würden, also wird man auch die Märkischen Lande mit der Ausländischen Provincien Streitigkeit nicht wol vermengen, oder ihrethalben härter als sonst belegen können."[1340]

Mit großer Sensibilität beobachteten die Repräsentanten der brandenburgischen Teillandschaften die Einhaltung des mühsam ausgehandelten Prozederes bei den Verhandlungen des Großen bzw. Engeren Ausschusses. Das Bemühen um Vereinfachung der Verhandlungsführung stieß sich oftmals an den tradierten Formen ständischer Repräsentation. Die Reihenfolge, in der die Verordneten ihr Votum im Ausschuß abzugeben hatten, wurde gleichgesetzt mit einer imaginären Rangfolge der märkischen Teillandschaften. Eine Veränderung dieser Modalitäten aus sachlich-organisatorischen Gründen mußte deshalb von den Betreffenden als Herabsetzung beargwöhnt werden. Der Konflikt zwischen den mittelmärkischen und uckermärkischen Deputierten im Großen Ausschuß in den 1690er Jahren beleuchtet diese Konfliktlage an einem konkreten Beispiel und gibt darüber hinaus aufschlußreiche Informationen über das Selbstverständnis, das den regionalen Ständevertretern zugrundelag.[1341]

1683 war festgesetzt worden, daß der uckermärkische Deputierte im Großen Ausschuß nach den mittelmärkischen Vertretern seine Stimme abzugeben habe. Während der Amtszeit des uckermärkischen Landesdirektors Stefan Friedrich v. Arnim war hier insofern eine Änderung eingetreten, als man diesem bereits nach dem ersten mittelmärkischen Deputierten ein Rederecht eingeräumt hatte. An diese Regelung, die offenbar im Zusammenhang mit dem hohen Alter und der Autorität v. Arnims gestanden hatte, glaubten sich die mittelmärkischen Deputierten nach dem 1694 erfolgten Wechsel im uckermärkischen Deputiertenamt nicht mehr halten zu müssen. Der Oberbarnimsche Kreiskommissar v. Strantz verlangte vom neuen uckermärkischen Deputierten Joachim Vivigenz v. Eickstedt, nach den beiden mittelmärkischen Deputierten seine „Session zu nehmen". Schließlich müsse das, „was dem Herrn

---

1338 Vgl.: Brand. LHA Rep. 37 Boitzenburg, Nr. 847. Insbesondere ging es dabei um die Aufbringung von Geldmitteln zur Wiedereinlösung verpfändeter landesherrlicher Ämter in der Altmark.
1339 Ebenda, Bl. 5.
1340 Vgl.: UA, Bd. 10, S. 196.
1341 Vgl. zum folgenden: Brand. LHA Rep. 23 A. A 82.

von Arnim als einen alten Mann auf kurtze Zeit eingeräumet ... [was] aus christlicher Liebe geschehen, ... zu keiner consequentz kommen". Von ähnlichen Motiven ließ sich ein Memorial der Deputierten der mittelmärkischen Ritterschaft an den Kurfürsten leiten: Darin wurde der Landesherr gebeten, den v. Eickstedt „dahin anzuweisen, daß Er die Union der Mittelmark nicht trennen, sondern seine Session nach der Mittelmark des alten Herkommens gemäß nehmen möge".

Der Streit zog sich bis zum Jahre 1700 hin. Neigte die landesherrliche Seite anfangs noch der Position der Mittelmärker zu, entsprach sie in dem kurfürstlichen Abschied vom 15. Februar 1700 den Intentionen der uckermärkischen Seite: Demnach solle es künftig so gehandhabt werden, „daß auf denen allgemeinen Landtagen die Directores oder wordthaltende Deputati der vier Marcken nach dem alten Rang vor allen anderen Deputatis den Vorsitz haben sollen, wegen der Zusammenkunft des Großen Ausschusses aber, die uckermärkische Ritterschaft die aufgeführte Observanz, daß ihr erster Abgeordneter allemahl nebst dem ersten mittelmärkischen Deputierten den Sitz gehabt". Die Beweggründe für die sich wandelnde landesherrliche Meinung zu dieser Frage können nur vermutet werden. Es erscheint naheliegend, daß man dem Wunsch nach einer herausgehobeneren Stellung des uckermärkischen Deputierten deshalb entsprach, weil alle vier „Hauptkreise" der Mark somit angemessen repräsentiert wurden, zumal die erwähnten „wordthaltenden Deputati" meist identisch waren mit den auch für die Landesherrschaft nicht unwichtigen Landes- bzw. Kreisdirektoren.

Weitergehenden Wünschen nach einer stärkeren Präsenz der Uckermark verschloß sich allerdings die Landesherrschaft, so etwa dem Begehren, die Uckermark müsse auch einen ständigen Verordneten im Engeren Ausschuß haben.[1342] Zudem war den Repräsentanten der märkischen Teillandschaften „wohl bekannt, daß die Herrschaft die Stände ungerne in großer Zahl beisammen sieht".[1343] Genau diese Saite brachte aber die uckermärkische Ritterschaft zum Klingen, als sie in einem Schreiben an die Landesherrschaft zu bedenken gab, daß es doch kostensparend wäre, wenn künftig „von jedem Haupt-Kreis nicht mehr als ein Deputierter erscheinen soll". Dieser Vorstoß richtete sich vor allem gegen die in ihren Augen übermäßige Präsenz der Mittelmark, was allerdings bei genauer Überprüfung nicht der Realität entsprach.

Die historisch gewachsene und eben nicht durch einen administrativen Akt zustandegekommene regionale Struktur der Mark Brandenburg hatte es mit sich gebracht, daß zum einen relativ abgeschlossene Teillandschaften („Hauptkreise") wie die Uckermark, das Land Ruppin, die Prignitz, die Altmark und die Neumark einer solchen wie der Mittelmark mit mehreren „Unterkreisen" (Barnim/Teltow/Lebus/Havelland/Zauche) gegenüberstanden.[1344] Und gerade in den zuerst genannten Hauptkreisen kam es im ausgehenden 16. Jahrhundert zu einer Aktivierung der ständischen Aktivitäten durch die zunehmende Einberufung der Kreistage.[1345] Damit verfügten sie bereits vor dem Dreißigjährigen Krieg über ein tradiertes

---

1342 Der ausgehandelte Schlüssel sah vor, daß nach jeweils zwei mittelmärkischen Verordneten ein uckermärkischer folgt. Vgl.: Brand. LHA Rep. 23 A. A 32, Bl. 27.
1343 Brand. LHA Rep. 23 A. A 82, unpag.
1344 Vgl. hierzu die Ausführungen bei Hintze, Der Ursprung, S. 359 f.
1345 Vgl. dazu: Haß, Die kurmärkischen Stände.

Procedere, während in den Unterkreisen von derartigen ständischen Partizipationsmöglichkeiten noch nicht die Rede sein konnte. Die kleineren mittelmärkischen Teillandschaften konnten auch künftig zwangsläufig nicht im proportional gleichen Maße wie etwa die Ukker- oder Altmark vertreten sein, was verschiedentlich Kritik ihrer ständischen Repräsentanten hervorgerufen hatte. Ein Blick auf die regionale Repräsentanz der ständischen Verordneten belegt dies. Die mittelmärkischen Kreise Teltow und Lebus stellten z.B. im gesamten Untersuchungszeitraum nur vier bzw. zwei Verordnete im Engeren Ausschuß der Neubiergeld- bzw. Hufenschoßkasse. Dagegen konnten die Uckermark sieben ständische Vertreter und die Altmark gar 14 Repräsentanten in die Waagschale werfen!

Die geschilderten Auseinandersetzungen um eine angemessene Präsenz in den Ständevertretungen bildeten beileibe keinen Einzelfall.[1346] Die letztlich ja als Rangstreitigkeiten zu interpretierenden Konflikte zwischen den Vertretern der märkischen Teillandschaften wirkten sich des öfteren lähmend auf den Fortgang der Verhandlungen der Ständegremien aus. Als im März 1701 der Große Ausschuß im Ständehaus zu Berlin zu seiner turnusmäßigen Rechnungslegung zusammentraf, konnten am ersten Verhandlungstag keine Sachfragen behandelt werden, da – wie so häufig – die Rede- und damit also Rangfolge der regionalen ständischen Repräsentanten kontrovers diskutiert wurde. Auch während dieser Auseinandersetzung machte der uckermärkische Deputierte, Kreisdirektor v. Eickstedt, von sich reden. Diesmal trat er als Interessenvertreter des auch im wörtlichen Sinne zu stark im Hintergrund bleibenden neumärkischen Vertreters hervor, allerdings mit der kaum zu verhehlenden Absicht, die unangemessene Präsenz der Mittelmärker hinsichtlich Sitzordnung und Redefolge zu verändern.[1347]

Den allenthalben anzutreffenden Konflikten zwischen den Ständevertretern der brandenburgischen Teillandschaften lagen letztlich Befürchtungen zugrunde, zu den immer stärker geforderten Leistungen der Landesherrschaft über Gebühr hinzugezogen zu werden. Durch die Monita der neumärkischen Ständevertreter zog sich im gesamten Untersuchungszeitraum wie ein roter Faden die Klage, bei der Aufbringung von Lasten bzw. der Bewältigung von Kriegsfolgen allein gelassen zu werden.[1348] Immer wieder wurde deshalb auch zur

---

1346 Hintze teilte z.B. die Irritationen mit, die 1661 nach dem Tode des havelländischen Deputierten zur Neubiergeldkasse, Ehrentreich von Bredow, eingetreten waren. Demnach kam es zu einem Streit um die Neubesetzung dieses Amtes zwischen der havelländischen Ritterschaft und den Oberständen des sich kurz zuvor vom Havelland separierten Kreises Glien-Löwenberg. Letztere verlangten eine angemessene Vertretung, schließlich trage ihr Kreis ein Viertel zum aufzubringenden Kontributionsquantum bei. Hintze, Der Ursprung, S. 363 f.

1347 Demnach hatte der v. Eickstedt versucht, einen weiteren Deputierten auf seine Seite zu ziehen, um zu erreichen, daß die Sitzordnung zugunsten des Neumärkers verändert werde, der „nicht hören könnte, was proponiert würde". Da „aber der Herr Commissario v. Barfuß dem Herrn Directori v. Eickstedt scharf widersprochen, hat der v. Eickstedt Abtritt genommen". Brand. LHA Rep. 23 B Nr. 195, unpag.

1348 In vergleichsweise günstiger Lage befand sich die zur Neumark hinzugerechnete Enklave Cottbus-Peitz. Die Vertreter der Cottbusser Ritterschaft beschweren sich z.B. 1663, als ihnen zugemutet wurde, Fuhren von der Festung Peitz nach Beeskow zu übernehmen und zu bezahlen. Da „die Lausitz dazwischen lieget, so könne Ihnen die lieferung durch die Lausitz zu thun, nicht zugemuthet werden". Insbesondere beriefen sich die Supplicanten auf die Regel, daß die Ritterschaft für solche Dienste nur innerhalb ihres Kreisgebietes verantwortlich sei. GStAPK I. HA, Rep. 56 Nr. 10 Fasz. 2, unpag.

Begründung einer ablehnenden Haltung angesichts neuer Lasten auf die negativen Erfahrungen zurückliegender Vorgänge rekurriert. Im Juli 1650 artikulierten die neumärkischen Stände ihre Befürchtung, daß es „ihnen ergehe, wie im October vorigen Jahres, daß sie nehmlich die Last allein und von den Ständen jenseit der Oder ohne Beysprung und Satisfaction gelassen werden möchten".[1349]

Doch wäre es falsch, hinter der Distanz gegenüber den kurmärkischen Ständen ein um so größeres internes Zusammengehörigkeitsgefühl der neumärkischen Ritterschaft zu vermuten. Bedacht werden muß stets, daß auch bei den neumärkischen Oberständen eine enge Bindung an die regionalen Substrukturen virulent blieb.[1350] Der ostbrandenburgische Adel wachte genauestens darüber, daß nicht einzelne Kreise „präjudiciert" wurden oder sich aus den gemeinsamen, auf den Schultern aller neumärkischen Oberstände gleichsam verteilten Pflichten heraustahlen. Die neumärkische Regierung gab z.B. im Mai 1652 in ihrem Schreiben an den neuen Direktor des Kreises Schivelbein, Hans Christoph v. Wachholtz, dem „Befremden" der ostbrandenburgischen Stände beredten Ausdruck, „daß der Schivelbeinische Creis sich nunmehr eine geraume Zeit hero ... von den anderen neumärkischen Kreisständen ganz separiret, die zu des Landes Besten und Aufnahme gereichende Zusammenkünfte nicht besuchet" und die Erhebung der Kontributionen nicht exakt verfolge, woraus eine „Zerrüttung und Konfusion der Landesverfassung" entstehen müsse.[1351] Der Kreisdirektor v. Wachholtz wurde in die Pflicht genommen, seine Aufgaben künftig ernster zu nehmen und damit die monierte Sonderrolle dieses Kreises aufzugeben.

Auch innerhalb der auf den ständischen Versammlungen als Gesamtcorpus auftretenden Mittelmark wurde versucht, die immer drängender ihre Forderungen vortragenden landesherrlichen Amtsträger hinzuhalten, indem man auf die wirtschaftlich angeblich besser gestellten Teillandschaften verwies. So baten die ruppinischen Ständerepräsentanten im Jahre 1644 den Kurfürsten, die anstehenden Kontributionsforderungen „an die Havelländische oder Teltowsche[1352] Ritterschaft und Städte [zu richten], als welche bessere bahrmittel haben, in dem die commercia weit besser daselbst, als bey uns floriren, in ihren Städten auch das Korn versilbert werden kann".[1353] Daß dieses Ablenkungsmanöver nur auf Vermutungen und nicht auf der Kenntnis der tatsächlichen Situation der genannten märkischen Teillandschaften basierte, erhellt aus einer nahezu zeitgleich entstandenen Quelle: Demnach wurde auch während der letzten Kriegsjahre der Teltow als residenznaher Kreis in besonders exponierter Weise zur Versorgung des Hofstaates herangezogen, was dessen wirtschaftliche Leistungskraft neben den Kriegswirkungen zusätzlich schmälerte. Das Havelland wiederum konnte auf Grund der Kriegswirkungen (wie die altmärkischen Kreise und der Barnim) 1644 die geforderte Kontributionssumme nicht in der geforderten Höhe liefern.[1354]

1349 Ebenda, Rep. 42 Nr. 46, unpag.
1350 Entsprechende Beobachtung auch bei: Neugebauer, Die neumärkischen Stände, S. XXII.
1351 Brand. LHA Rep. 23 B Nr. 168, unpag.
1352 Später zusätzlich eingefügt: „Zauchische".
1353 GStAPK I. HA, Rep. 55 Nr. 13 Fasz. 2, Bl. 28.
1354 Vgl. dazu die tabellarische Übersicht in: GStAPK I. HA, Rep. 36 Nr. 36, Bl. 25.

Es erscheint sogar der Schluß naheliegend, daß selbst innerhalb eines Kreises das Zusammengehörigkeitsgefühl der dort ansässigen Rittergutsbesitzer nicht allzu hoch veranschlagt werden durfte, sondern vielmehr an die Kleinlandschaften im jeweiligen Kreisterritorium gebunden erschien. Im Jahre 1672 richtete die Ritterschaft des Kreises Cottbus eine von 23 Adligen unterschriebene Eingabe an die Landesherrschaft, in der darum gebeten wurde, wie in „früheren Zeiten" wieder zwei Landesälteste bestallen zu wollen.[1355] Begründet wurde dieser Wunsch mit der besonderen räumlichen Struktur des Kreises. Demnach solle ein Landesältester die Ritterschaft „diesseits der Spree" repräsentieren, während sein Amtskollege für den Adel „jenseits der Spree" verantwortlich sein solle. Interessant erscheint die Begründung für dieses ständische Begehren: Zum einen solle „ständig einer im Kreis sein, der über des Kreises Zustände Wissenschaft hat", da ein Landesältester durch die Teilnahme an der neumärkischen Ständeversammlung in Küstrin bzw. am „Berlinischen Landtag" häufig außer Landes weile. Zum anderen aber – und dieses Argument zielt nunmehr auf das oben unterstellte disparate Zusammengehörigkeitsgefühl der Ritterschaft – wäre eine solche Ämterteilung erforderlich, „da sonst die Privat-Personen [also die einzelnen Rittergutsbesitzer im Kreisgebiet - F. G.] ohne den gemeinsamen Kreistag sich wenig um des Landes Geschäfte bekümmern" würden.[1356] Dahinter wäre also eine Haltung zu vermuten, die vornehmlich demjenigen Amtsträger Vertrauen schenkte, der selbst in der Umgebung wohnte und für die Anliegen seiner Gutsnachbarn erreichbar war.

Die geschilderten Beispiele einer Verhaltensweise, die dezidiert eigene Interessen denen des Gesamtcorpus der brandenburgischen Stände voranstellte, resultierten nicht primär aus einem ja durchaus vorhandenen und in den Quellen greifbaren Prestigedenken der regionalen ständischen Repräsentanten. Vielmehr ist davon auszugehen, daß die Ständepolitiker entsprechende Erwartungen „ihrer" kleinräumlichen Adelsgesellschaften zu erfüllen hatten, wollten sie deren Vertrauen langfristig behalten. Auf Grund der unbefriedigenden Quellenlage in den Guts- und Herrschaftsarchiven sind allerdings solche, die interne Meinungsbildung und Entscheidungsfindung der Ständevertreter aufzeigenden Dokumente nur in beschränkter Zahl vorhanden. Dennoch soll versucht werden, anhand einzelner aussagekräftiger Quellen das Verhältnis kleinräumlicher Adelsgesellschaften zu ihren Ständerepräsentanten zu erhellen.

Die relativ geringe Teilnehmerzahl an den Kreisversammlungen deutet zunächst darauf hin, daß die Mehrheit der im Kreis angesessenen Rittergutsbesitzer den „wortführenden" Adligen das Terrain überließ. Zu der auf den 17. Februar 1652 anberaumten Kreisversammlung der Teltower Oberstände erschienen nur 12 adlige Rittergutsbesitzer auf dem Ritterhof des v. Flans auf Groß-Ziethen – und dies, obwohl auf der Zusammenkunft höchst wichtige Fragen zur künftigen Verteilung der vom Kreis zu erbringenden Steuerlasten verhandelt wurden.[1357] Aus den überlieferten Protokollen der Versammlungen des Kreises Cottbus der 1660er und 70er Jahren ist eine durchschnittliche Teilnehmerzahl von 15 Adligen zu ermitteln.[1358]

1355 Ebenda, Rep. 56 Nr. 11 Fasz. 3, unpag.
1356 Ebenda. Der Kurfürst entsprach diesem Wunsch insofern, als er den Kreisständen zusicherte, nach dem Tode des amtierenden Landesältesten v. Pannwitz wieder zwei Amtsträger für diesen Kreis vorzuschlagen.
1357 Vgl.: Spatz, Teltow, Teil 2, S. 4 f.
1358 Vgl.: GStAPK I. HA, „Kleine Erwerbungen" Rep. 16 Nr. 185.

Dieser Wert erscheint im Vergleich zur Gesamtzahl der in diesem Kreis angesessenen Rittergutsbesitzer (ca. 70) gering, sollte sich allerdings im Verlauf des 18. Jahrhunderts noch weiter vermindern. Die Tagesordnungen dieser Versammlungen widerspiegeln ein thematisches Spektrum, das von Verfahrensfragen bei Kontributionserhebungen über die Berichte der Landesältesten über ihre Teilnahme am neumärkischen „Landtag" bis zur Verlesung der kurfürstlichen Edikte und Resolutionen reichte. Lediglich zur Behandlung solcher Fragen, die die Rittergutsbesitzer unmittelbar betrafen und bei deren Beratung ihr Fernbleiben wirtschaftliche Nachteile bei der künftigen Führung des Gutsbetriebes bewirken konnte, fanden sich mehr Adlige als sonst zu den Kreisversammlungen ein.[1359]

Somit setzte sich nunmehr auf kleinräumlicher Ebene ein Trend fort, der bereits für das 16. Jahrhundert im Zusammenhang der unzureichenden Präsenz der brandenburgischen Oberstände auf den Plenarlandtagen thematisiert wurde.[1360] Verallgemeinert man die vorgestellten Beobachtungen, scheint die Annahme naheliegend zu sein, daß es in den Teillandschaften in der Regel nur eine Minderheit einflußreicher, gleichsam meinungsbildender Adelsgeschlechter war, die auf die ständischen Repräsentanten ihrer Landschaft entsprechend einwirken konnte. Die Angelegenheiten dieser Familien wurden nicht selten mit der Interessenlage der Gesamtheit der Ritterschaft einer Teillandschaft gleichgesetzt. So erinnerten im Mai 1671 die altmärkischen Vertreter im Großen Ausschuß bei der Erarbeitung der Gravamina gegen die vom Kammergericht veranlaßten Eingriffe in die Kompetenzen des Stendaler Quartalgerichts an einen sich zwei Jahre zuvor ereigneten Vorfall. In diesen war neben dem Landeshauptmann v. d. Schulenburg ein weiterer Angehöriger eines bedeutenden altmärkischen Geschlechts, Ludolf Burchard v. Alvensleben involviert gewesen.[1361] Ebenso wurden 1667 in einem Gravamen der Krossenschen Oberstände Angelegenheiten solcher einflußreichen Adligen, wie des Verwesers Abraham v. Grüneberg (gleichzeitig auch Komtur zu Lagow) und des Amtshauptmanns Hans v. Löben zur Sprache gebracht und in den Rang allgemeiner Probleme dieses Kreises erhoben.[1362]

Einen weiteren Beleg für diese Verhaltensweise liefert ein fragmentarisches Aktenstück der auf Plattenburg-Wilsnack ansässigen Familie v. Saldern: Bevor die Vertreter der Prignitzschen Ritterschaft, der Kreiskommissar Hans v. Winterfeld und ein Gans Edler v. Putlitz im Juli 1692 ihre Reise zur Ständeversammlung nach Berlin antraten, waren sie während einer Beratung in Kletzke[1363] von den dort versammelten wenigen Adligen, die aber alle den bedeutenden Familien dieser Teillandschaft angehörten, mit entsprechenden Verhaltensmaß-

---

1359 So z.B. zur Cottbusser Kreisversammlung am 26.3.1660, als es darum ging, die „Wüstungen ... zu besichtigen" und die Aufteilung der „Ritter- als Bauerhufen fleißig zu examinieren". GStAPK I. HA, „Kleine Erwerbungen" Rep. 16 Nr. 185, unpag.
1360 Vgl. dazu: Haß, Die kurmärkischen Stände, S. 67 ff.
1361 Vgl.: LHSA Rep. H Erxleben II, Nr. 3678, Bl. 12 f.
1362 GStAPK I. HA, Rep. 45 Nr. 14, unpag.
1363 Daß die Beratungen der Prignitzer Oberstände in der zweiten Hälfte des 17. Jahrhunderts in dem, denen v. Quitzow gehörenden Herrenhaus von Kletzke stattfanden, resultierte nicht aus der Bedeutung dieser Familie in der Prignitz, sondern war darauf zurückzuführen, daß das Gebäude im Gegensatz zu anderen Herrenhäusern nach dem Dreißigjährigen Krieg in gutem Stande verblieben war. Vgl.: Enders, Burgen, Schlösser, Gutsgebäude, S. 50.

regeln bedacht worden. Insbesondere wurde ihnen eingeschärft, keine für den Kreis nachteiligen Beschlüsse zu tolerieren. Sollte eine solche Gefahr bestehen, müssen sie mit den „heimgelassenen" Oberständen „communiciren und von denselben fernere Instruction erwarten".[1364] Auch der altmärkische Landeshauptmann Hempo v. d. Knesebeck betonte 1652 in einem Brief an ein Familienmitglied die Notwendigkeit, vor den Berliner Ständeversammlungen erst „in den Creisen zusammenzukommen, die Sache ihrer hohen Wichtigkeit nachrichtlich zu erwägen und etzliche unseres Mittels mit genugsamer Vollmacht und Instruction abzufertigen."[1365]

Angesichts der unübersehbaren Versuche der Landesherrschaft, den politischen Einfluß der Oberstände seit der Mitte des 17. Jahrhunderts zurückzudrängen, erscheint die Frage nach gegenläufigen Reaktionen nur zu berechtigt. Es ist mitunter schwer nachzuvollziehen, warum sich die Ständerepräsentanten der Kreise trotz objektiv gleicher Interessenlage nicht zu einer gemeinsamen und damit wirkungsvolleren Opposition zusammenfinden konnten. Allerdings sind durchaus in den Quellen Belege darüber erhalten, daß die Oberstände gemeinsame, überregionale Absprachen ihrer Repräsentanten in Erwägung gezogen hatten. Im Juni 1688 erachtete es der Brandenburger Domdechant v. Ribbeck „für nötig", den Michael Ludolf v. d. Schulenburg auf Beetzendorf zu einer Beratung zu bitten und „seine Herüberkunft zu beschleunigen". Diese Konsultation, zu der auch weitere Ausschußmitglieder (v. Sydow, v. d. Graevenitz, v. Bredow und v. Arnim) gebeten wurden, dienten der Vorbereitung und Abfassung einer ständischen Position zu einem geplanten neuen Lehnedikt.[1366] Zuweilen konnten divergierende Interessenlagen zurückgestellt werden; vor allem bei solchen Themen, die den Adelsrepräsentanten aller Teillandschaften gleichermaßen am Herzen lagen und nicht von vornherein den Verdacht einer „Präjudizierung" einer kleinräumlichen Adelslandschaft heraufbeschworen. Dazu zählte z.B. die Behandlung der gerade in der zweiten Hälfte des 17. Jahrhunderts große Brisanz annehmenden Konfessionsfrage[1367] ebenso wie die Erarbeitung einer gemeinsamen Haltung zu Lehnsangelegenheiten oder das Interesse an einer einheitlichen Handhabung der Untertanengesetzgebung.

Doch ungeachtet dieser Beobachtungen bleibt festzuhalten: Durch das im 17. Jahrhundert zunehmende regionalistische Sonderbewußtsein, das nunmehr – wie eben gezeigt – vor allem auf der Kreisebene seinen vornehmlichen Bezugspunkt gefunden hatte, verschenkten die Stände Möglichkeiten einer wirkungsvolleren Opposition gegen die landesherrliche Politik. Dessen waren sich weiterblickende Ständerepräsentanten durchaus bewußt, wie z.B. die Klage der ucker- und mittelmärkischen Ständevertreter über das Fernbleiben ihrer neumärkischen Standesgenossen anläßlich einer „tagefahrt" im Jahre 1680 belegt. Die darin kritisierte Absenz der Neumärker wog um so schwerer, als die Oberstände das künftige Verhalten zum „Hochschädlichen Accisewerk" beraten wollten, das aber nur mit „nachdruck undt Zusammenhaltung der gesambten Ritterschaft" einigen Erfolg versprechen dürfte.[1368]

1364 Brand. LHA Rep. 37 Plattenburg-Wilsnack, Nr. 7392, unpag.
1365 LHSA Rep. H Langenapel, Nr. 44, Bl. 1f.
1366 LHSA Beetzendorf II, III Nr. 1527, Bl. 120.
1367 Vgl. dazu die Ausführungen im Kapitel „Die konfessionelle Herausforderung: Lutherischer Adel und reformierte Staatselite".
1368 Zit. nach: Neugebauer, Die neumärkischen Stände, S. LIV.

Bei der Erörterung dieses Problems sollte ferner bedacht werden, daß die landesherrliche Politik natürlich selbst ein begründetes Interesse am Ausspielen der landschaftlichen Sonderinteressen der brandenburgischen Oberstände hatte. Die Landesherrschaft konnte hier bereits auf reiche Erfahrungen des „langen 16. Jahrhunderts" zurückgreifen.[1369] Einige aus dem ständischen Archivmaterial zu rekonstruierende Vorgänge mögen dies im folgenden exemplarisch verdeutlichen: Bereits im Jahre 1632 gab der damalige Kurfürst Georg Wilhelm seinem Befremden darüber Ausdruck, daß der als Oberhauptmann zu Spandau amtierende havelländische Adlige Hans Georg v. Ribbeck ohne sein Einverständnis zum mittelmärkischen Verordneten gewählt worden war. Der Landesherr könne sich nicht damit abfinden, „daß man uns gleichsam vorschreiben will, wen Wir vor einen Verordneten unserer Landschaft erkennen und dazu confirmieren sollen".[1370] Den neuralgischen Punkt, mit dem er auch andere Angehörige der mittelmärkischen Oberstände auf seine Seite zu ziehen gedachte, traf er allerdings mit folgendem Hinweis: Es sei „verwunderlich, daß man sich so sehr bemühet, das Verordnetenamt nur bei dem Havelländischen Kreise alleine zu erhalten, die anderen Kreise davon aber gleichsam aus[zu]schließen" wolle. Eine übermäßige Repräsentanz eines Kreises in dem wichtigsten ständischen Gremium, so das Kalkül des Landesherrn, könne nicht im Interesse der anderen mittelmärkischen Kreise liegen. Gegen die Person Ribbecks hatte der Kurfürst nichts einzuwenden, schließlich gehörte jener zu den Amtsträgern, die sich einer gewissen „Nähe" zum Landesherrn erfreuen durften. Somit wolle er „es für dieses Mal" bei der Wahl bewenden lassen und dem v. Ribbeck „auf Grund seiner Qualification" seine Zustimmung geben.[1371]

In eine ähnliche Richtung weist folgender, hier nur anzudeutender Vorgang: Im Jahre 1696 erwartete der brandenburgische Kurfürst Friedrich III. „wegen der Belehnung durch den kaiserlichen Hof" von den Ständen den „extraordinairen" monatlichen Beitrag des Kontributionsquantums. Da seitens der Landesherrschaft mit Protesten und einer Hinhaltetaktik der Ständevertreter gerechnet wurde, verfehlte man nicht, darauf zu verweisen, daß „benachbarte Provinzen auf das erstgetane Gesinnen ... sich dazu sofort willig erklärt haben".[1372] Auch der um 1700 zur politisch-höfischen Führungsgruppe zählende Generalfeldmarschall Alexander Hermann v. Wartensleben verstand es, die regionalen Ständevertreter der Gesamtmonarchie gegeneinander auszuspielen: Falls sich die neumärkischen Stände weiterhin weigern würden, die nötigen Mittel für die Errichtung einer Kadettenakademie zur Verfügung zu stellen, sollen die hinterpommerschen Stände begünstigt werden. Dann „könnte es leicht geschehen", vermerkte der neumärkische Ständevertreter v. Blanckensee in seinem Bericht über die Audienz bei v. Wartensleben, „daß ... die Pommern erhielten, daß die Exercitia nach Colberg geleget und ihre Kinder zur Betreibung derselben gebracht werden können".[1373]

1369 Vgl. hierzu v.a. Haß, Die kurmärkischen Stände.
1370 Brand. LHA Rep. 23 A. A 83, unpag.
1371 Ebenda.
1372 Brand. LHA Rep. 23 B Nr. 194, unpag.
1373 Ebenda, Nr. 515, unpag. Die Kadettenakademie wurde dann tatsächlich 1703 in Kolberg eingerichtet. Vgl.: Crousaz, Kadetten-Corps, S. 38.

Unsere Erörterungen haben gezeigt, daß die Oberstände zwar eine Minderung ihres unmittelbaren politischen Einflusses innerhalb der größer werdenden Gesamtmonarchie hinnehmen mußten. Was auf den ersten Blick wie ein Rückzug auf kleinräumliche Adelslandschaften anmutete, zeigt bei genauerem Hinsehen jedoch auch, daß der ständische Regionalismus für den rittergutsbesitzenden Adel durchaus einen Rahmen bot, die konkret in der zweiten Hälfte des 17. Jahrhunderts anstehenden Herausforderungen und Belastungen zu tragen. Die Bewältigung der existenziellen Krise während der Wiederaufbauphase ließ den Kreis bzw. eine unterhalb des Kreises liegende kleine Adelslandschaft somit auch als geeigneten Aktionsradius für Artikulationen des regionalen Ständetums erscheinen. Von daher besehen müssen auch Vorhaltungen späterer Zeit gegenüber der Betonung regionaler Sonderinteressen der Stände ins Leere gehen, denn über andere realistische Alternativen verfügten die brandenburgischen Ständevertreter angesichts der zunehmenden Entfremdung zwischen landesherrlicher Politik und den originären Interessen der Ritterschaft nicht. Diese Konstellation wurde schlaglichtartig noch einmal im Umfeld der preußischen Krönung vom 18. Januar 1701 vor Augen geführt. Zwar wurde auch den Ständevertretern ein Platz im Rahmen des zeremoniellen Aktes zugewiesen, jedoch hielt man – im Unterschied zu früheren Huldigungen – die Stände „deutlich auf Distanz" obgleich diese nichts unversucht ließen, ihre Interpretation des landesherrlich-ständischen Verhältnisses als das eines konsensualen Miteinanders zu artikulieren.[1374] Der sorgsam geplante zeremonielle Ablauf „machte sie nur zu Adressaten, nicht zu Teilhabern" des Krönungsaktes.[1375]

3.2 Brandenburgische Adlige in ständischen Gremien des 18. Jahrhunderts

Die jüngeren, von unterschiedlichen historiographischen Sichtweisen geprägten Studien zum brandenburgischen Ständewesen des 18. Jahrhunderts konnten – ausgehend von dem generellen Perspektivenwechsel auf das Ständetum[1376] – das bisher vorwaltende Bild der älteren borussischen Geschichtsschreibung[1377] revidieren, wonach das politische Ständetum durch die während der Herrschaft des Großen Kurfürsten eingeleiteten und unter seinen Nachfolgern forcierten innenpolitischen Veränderungen entmachtet worden sei.[1378] Während P. Baumgart – sich vorrangig auf die älteren Quelleneditionen stützend – noch relativ vor-

---

1374 M. Kaiser: „Optimo Regi Fides Borussorum". Die Landstände der preußischen Territorien und die Königserhebung Friedrichs III. (I.), in: Dreihundert Jahre Preußische Königskrönung. Eine Tagungsdokumentation, hrsg. v. J. Kunisch, Berlin 2002 (= Beiheft 6 der FBPG), S. 73-113, hier S. 107.
1375 Ebenda, S. 81.
1376 Vgl. hierzu unsere Ausführungen in der Einleitung.
1377 Repräsentativ sei hier nur das Urteil O. Hintzes zitiert, wonach vom ständischen Leben um 1740 „kaum noch etwas Lebensfähiges" übriggeblieben und „Landtage oder ständische Organe" kein „wirklich mitbestimmender Faktor im Staatsleben" seien. A.B.B., Bd. 6.1, S. 7.
1378 Baumgart, Zur Geschichte der kurmärkischen Stände; nur unwesentlich anders akzentuiert bei G. Birtsch: Der preußische Hochabsolutismus und die Stände, in: Ständetum und Staatsbildung, S. 389-408; innerhalb der DDR-Geschichtswissenschaft quellennah und deshalb weitgehend nicht ideologisch prädisponiert aufgegriffen durch Vetter, Die Stände im absolutistischen Preußen; ders.: Kreistage.

sichtig formulierte, daß sich auch während der Herrschaft des Soldatenkönigs „mancherlei Spuren ihres [der Stände – F. G.] Bestrebens" fanden, nicht nur etwa noch vorhandene Positionen zu behaupten, sondern auch verlorene ganz oder wenigstens teilweise wiederzugewinnen"[1379], konnte *K. Vetter* auf der Grundlage von Akten aus dem Kurmärkischen Ständearchiv nachweisen, „daß die politischen Rechte des Adels im absolutistischen Preußen keineswegs auf die guts- bzw. grundherrlichen Befugnisse beschränkt waren", sondern daß die Oberstände zuweilen schon in beträchtlichem Maße Einfluß auf geplante landesherrliche Gesetzeswerke beanspruchen konnten.[1380] Insbesondere die langwierige Diskussion um das 1794 dann endgültig verabschiedete Allgemeine Landrecht nahm dabei eine herausragende Stellung ein.[1381]

Dieses Gesamturteil möchten die folgenden Ausführungen nicht in Frage stellen. Vielmehr geht es darum, ähnlich wie dies im vorangegangenen Abschnitt versucht wurde, das Verhältnis landesherrlicher bzw. ständischer Amtsträger zu den kleinräumigen Adelsgesellschaften ebenso in den Blick zu nehmen wie das Zusammenwirken zwischen adligen Angehörigen der ständischen Gremien und der landesherrlichen Verwaltung. Die organisatorische Struktur der ständischen Institutionen veränderte sich im Vergleich zum vorangegangenen Zeitraum nur geringfügig[1382], so daß wir auf die Ausführungen des vorigen Abschnitts verweisen und uns weiterführende Bemerkungen ersparen können.[1383] Zugleich gilt es, auch für diesen Zeitabschnitt das Problem des ständischen Regionalismus nicht außer Acht zu lassen. Denn auch „unter der Folie des Absolutismus lebte ein politisch bedeutsamer Regionalismus fort, temporär nur geschwächt durch die Zentralisierungs- und Integrationspolitik des zweiten Königs".[1384] Da für die folgenden Passagen zum Teil andere Quellengruppen ausgewertet wurden als in den genannten Studien von *Vetter*, können darüber hinaus auch einige Ergänzungen und Modifizierungen zum bisherigen Kenntnisstand ständischer Wirksamkeit beigebracht werden.[1385]

Die Tagesordnungen der Versammlungen umfaßten auf allen Ebenen ständischer Partizipation ein nach wie vor stets breites thematisches Spektrum. In den zumeist mehrtägigen Sessionen mußte ein umfangreiches Programm absolviert werden. Eine Zusammenkunft des neumärkischen „Landtages" währte z.B. vom 9. bis 13. April 1745 und hatte insgesamt 68 Tagesordnungspunkte zu behandeln![1386] Das archivalische Material bietet hinlänglich Belege dafür, daß die ständischen Zusammenkünfte nicht nur auf die Abwicklung der Kontributions- und Schoßabrechnungen oder der Wahlen der Landräte und ständischer Amtsträger

---

1379 Baumgart, Zur Geschichte der kurmärkischen Stände, S. 152.
1380 Vetter, Die Stände im absolutistischen Preußen, S. 1302.
1381 Vgl.: G. Birtsch: Gesetzgebung und Repräsentation im späten Absolutismus. Die Mitwirkung der preußischen Provinzialstände bei der Entstehung des Allgemeinen Landrechts, in: HZ 208 (1969), S. 265-294.
1382 Verwiesen sei hier nur auf solche, die Arbeit der ständischen Gremien effektivierenden Maßnahmen wie die 1704 erfolgte Zusammenlegung der mittelmärkisch-ruppinischen mit der altmärkisch-prignitz'schen Hufenschoßkasse und die Bestallung von „Deputati perpetui".
1383 Detaillierte, wenn auch nicht völlig fehlerfreie Angaben zu diesem Problemkreis bei Klinkenborg, Archiv.
1384 Neugebauer, Staatliche Einheit, S. 83.
1385 Dies betrifft insbesondere die Akten des Neumärkischen Ständearchivs, die Vetter für seine Aufsätze nicht hinzugezogen hatte.
1386 Brand. LHA Rep. 23 B Nr. 1023.

beschränkt blieben.[1387] Versucht man, die behandelten Themen quantitaiv zu gewichten, nahmen auf den Kreisversammlungen neben den routinemäßig wiederkehrenden Abrechnungen vor allem Probleme der ländlichen Sozialordnung den Hauptstellenwert ein, d.h. die Wahrung der gutsherrlichen Verfügungsgewalt über die bäuerlichen Hintersassen gegen etwaige Versuche, deren Freizügigkeit und rechtliche Situation zu verbessern.[1388]
Zu den häufiger wiederkehrenden Themen ständischer Diskussion gehörte die Abwehr geplanter Eingriffe in gutsherrliche Kompetenzen sowie die Wahrung der Zoll- und Akzisefreiheit des Adels. Ausgangspunkt und Argumentationsbasis bildete auch hier der Landtagsrezeß von 1653.[1389] Zu Irritationen auf diesem Terrain kam es, als die Krone versuchte, das Zollwesen zu vereinheitlichen und zu effektivieren.[1390] Neumärkische Rittergutsbesitzer empörten sich z.B. 1711 darüber, daß ihre Untertanen nun für „ihren eigenen Zuwachs ... nicht wie von alters her nur an einem Orte, sondern aller Orten den Zoll entrichten sollen".[1391] Im Zusammenhang des stärkeren Durchgreifens der staatlichen Zollverwaltung häuften sich Klagen über angebliche Übergriffe der zuständigen Amtsträger. Im Jahre 1726 wurde eine Aufstellung solcher Übergriffe durch die Oberstände des Oberbarnim'schen Kreises abgefaßt[1392], und 1731 klagte der havelländische Rittergutsbesitzer Friedrich v. Bredow über ungerechtfertigte Zollerhebungen des Friesacker Zollverwalters. Interessant an diesem konkreten Fall erschien zudem die Tatsache, daß sich der Adlige – nachdem er bei den landesherrlichen Behörden kein Gehör gefunden hatte – an die kurmärkische Landschaft wandte, die sein Anliegen dann zum Anlaß nahm, dieses als ein allgemein interessierendes Problem grundsätzlich zu diskutieren.[1393]
Ein weiteres Feld ständischer Monita bildete der vor allem in Kriegszeiten artikulierte Widerstand gegen „extraordinaire" Lasten.[1394] So mußten insbesondere die neumärkischen Stände während des Nordischen Krieges auf die mit der Stellung der Landmiliz und der Organisation der Defension verbundenen Belastungen reagieren.[1395] Durchgängig schien über diese speziellen Belastungen hinaus im gesamten Untersuchungszeitraum die Kritik

---

1387 Einige Belege, vornehmlich für die zweite Hälfte des 18. Jahrhunderts bei Vetter, Kreistage, S. 401-406.
1388 So nahm sich der Engere Ausschuß 1753 z.B. den zuvor auf den altmärkischen Kreisversammlungen artikulierten Klagen an, die die zunehmende „Unsitte" monierten, daß die Bauern gegen ihre Gerichtsobrigkeiten mit juristischen Mitteln vorgingen. Auf der gleichen Versammlung wurde eine Gesetzesinitiative beraten, wonach die Obrigkeiten das Recht haben sollen, eine vakant werdende Landhandwerkerstelle nach eigenem Ermessen zu besetzen, im Falle der Sohn des Verstorbenen selbst nicht dieses Gewerbe ausübt. Brand. LHA Rep. 23 A. A 56, Bl. 23 u. 36.
1389 Die relevanten Passagen in: C.C.M. VI., Sp. 448.
1390 Vgl. zur Lage des brandenburgischen Zollwesens im frühen 18. Jahrhundert: Acta Borussica, Handels-, Zoll- und Akzisepolitik, Bd. 2.1, S. 3 (Kurmark); S. 28 f. (Neumark).
1391 Brand. LHA Rep. 23 A. B 117. Neu war auch, daß nun nach geladenen Waren verzollt wurde und nicht mehr nach Frachtsätzen.
1392 Ebenda.
1393 Vgl.: ebenda, Rep. 23 A Nr. 788, Bl. 7.
1394 Vgl. hierzu: Göse, Landstände und Militär.
1395 Vgl. hierzu v.a. die Protokolle des neumärkischen Landtages von 1703 bis 1713, in denen insbesondere die Sorge der neumärkischen Oberstände artikuliert wurde, daß sie im Vergleich zu den Städten und Ämtern, aber auch zu den anderen Teillandschaften über Gebühr zu den Kosten der Landmiliz und den regulären Truppen herangezogen würden. Brand. LHA Rep. 23 B Nr. 209 und 210.

der ständischen Repräsentanten am Ausbau des Militärsystems mit all seinen Implikationen überdeutlich auf.[1396] Bis zur Einführung des Kantonsystems zielten die Klagen besonders auf die exzessive Werbungspraxis der Armee, die die fixierten Regeln willkürlich auslegte.[1397] Schließlich werde, so 1743 in einem Protokoll des Großen Ausschusses, auf diese Art „der arme Landmann von seiner Landarbeit abgehalten", und dies könne doch schließlich auch nicht im Interesse der landesherrlichen Politik liegen.[1398]

Doch auch nach der Kantonsgesetzgebung[1399], die ja insbesondere den vor allem aus fiskalischen Gründen nicht vertretbaren Entzug ländlicher Arbeitskräfte eindämmen sollte, rissen die Beschwerden nicht ab.[1400] Die ständischen Gremien beschränkten sich jedoch in dieser für das Verhältnis Krone-Adel so neuralgischen Frage nicht nur auf kritische Einlassungen, sondern warteten auch selbst mit konstruktiven Vorschlägen auf, um eine Verbesserung der angespannten Situation zu erreichen.[1401] 1704 wies die Kurmärkische Landschaft darauf hin, daß die am städtischen Exempel orientierte Regelung, pro 10 Handwerksmeister einen Mann für die Landmiliz zu stellen, so nicht ohne weiteres auf das platte Land zu übertragen sei. Der König äußerte sich in seinem Antwortschreiben insgesamt zustimmend zu den ständischen Verbesserungsvorschlägen und ordnete an, „in dem Lande auf solche Art zu werben wie solches jedes Orts am practicabelsten geschehen könne".[1402]

Gerade in Kriegszeiten, in denen die Landesherrschaft geschickt mit dem „necessitas non habet legem"- Prinzip argumentierte, legten die Oberstände darauf Wert, daß ihre Zugeständnisse eine Ausnahme und keinen „Freibrief" für permanente Belastungen darstellen sollten. Anläßlich geforderter zusätzlicher Getreidelieferungen für das Heer betonte der Große Ausschuß im Februar 1762, „daß in diesem äußersten Notfall der Adel, obwohl ohne Schuldigkeit ... zur Unterstützung der Kgl. Armee für dieses Mal etwas von seinem Getreide für billigen Preis" zur Verfügung stellen würde.[1403] Zwei Jahre später wurde im gleichen

---

[1396] Wie in vielen anderen Eingaben wurde 1740 in einem Schreiben der kurmärkischen Stände über „die Enrollierung der Landleute" geklagt. A.B.B., Bd. 6.2, S. 69.

[1397] Vgl.: Brand. LHA Rep. 23 B Nr. 1020.

[1398] Ebenda, Rep. 23 A. A 56, Bl. 7.

[1399] Vgl. übergreifend zu diesem Problemkreis: C. Jany: Die Kantonverfassung Friedrich Wilhelms I., in: FBPG 38 (1926), S. 225-272; mit neuen Perspektiven: H. Harnisch: Preußisches Kantonsystem und ländliche Gesellschaft: Das Beispiel der mittleren Kammerdepartements, in: Krieg und Frieden. Militär und Gesellschaft in der Frühen Neuzeit, hrsg. v. B.R. Kroener/R. Pröve, Paderborn 1996, S. 137-165.

[1400] 1746 monierte der neumärkische Landtag, daß „die Regimenter viel Schwierigkeiten machen" und den Kreis der Enrollierten über das gebührende Maß ausdehnten. Einige Offiziere gingen „gar zu weit" und würden sich „nach ihrem Gefallen aus den Cantonen Knechte aussuchen und Leute zu ihrer Bedienung nehmen, welches nicht der Endzweck der Enrollierung ist, nach welchen bloß vor die Regimenter Soldaten, aber keine Domestiken aus den Cantons genommen werden sollten". Die anwesenden Landräte und Deputierten plädierten deshalb für ein verbindliches Reglement, das den Kreis der zu enrollierenden Personen eindeutig definierte. Brand. LHA Rep. 23 B Nr. 1023, unpag.

[1401] 1761 wurde eine Denkschrift diskutiert, die eine Umwandlung der Kompanie- in Regimentskantone vorsah, um eine annähernd gleiche Belastung der Kreise zu erreichen und die immer wieder anzutreffende willkürliche Handhabung der Enrollierung in den Kantonen durch die Kompaniechefs („ein jeder Capitain verfähret mit seinem Canton auf der Arth wie er dencket") auszuschließen. Brand. LHA Rep. 23 B Nr. 1030, unpag.

[1402] Brand. LHA Rep. 23 A. B 653, unpag.

[1403] Ebenda, Rep. 23 A. A 157, Bl. 19.

ständischen Gremium eine Eingabe an das Generaldirektorium verfaßt, in der von dieser Zentralbehörde eine Verfügung erwartet wurde, nach der „dasjenige, was tempori belli der Adel aus höchster Notwendigkeit und allergetreuesten Devotion beigetragen, der Ritterschaft ... zu keiner Präjudiz gereichen solle".[1404]

Eine Durchsicht der überlieferten Quellen der ständischen Ausschüsse führt des weiteren in aller Klarheit vor Augen, daß die Mitwirkung der ständischen Gremien für das Funktionieren staatlicher Verwaltung auf der unteren Ebene auch in der klassischen Zeit des preußischen „Hochabsolutismus" unerläßlich blieb.[1405] Schließlich waren es die ständischen Institutionen, die eine Reihe von landesherrlichen Gesetzen an die jeweiligen regionalen Verhältnisse anpaßten und zur Ausführung brachten. Zu Recht wurde darauf aufmerksam gemacht, daß die Verwaltung der ausgedehnten brandenburgischen Teillandschaften und Kreise, die „flächenmäßig durchweg der Größe von Fürstentümern in anderen Gebieten des Alten Reiches" entsprachen und zudem durch ungünstige Verkehrsbedingungen charakterisiert waren, die Landesherrschaft vor nicht einfache Probleme stellte.[1406] Demnach wäre es verfehlt, eine effiziente Verwaltungsstruktur anzunehmen, wie sie durch die ältere Forschung insbesondere im Zusammenhang der Etablierung des Kommissariatswesens unterstellt wurde.[1407] Die Kreisstände konnten ihre Vertrautheit mit den regionalen Besonderheiten bei der Umsetzung landesherrlicher Anordnungen einbringen.[1408] Dabei schätzten die ständischen Repräsentanten die Möglichkeit, über ihre Interventionen an höchster Stelle eine Veränderung eines geplanten Gesetzes oder eines Vorhabens zu erreichen, durchaus realistisch ein. Mehrere Varianten der Einflußnahme lagen dabei im Kalkül. Da „abzusehen sei, daß das Justiz-Departement den Beschwerden der Stände" in Münzangelegenheiten „nicht abhelfen werde", schlug man vor, daß die zur turnusmäßigen Sitzung des großen Ausschusses nach Berlin reisenden Deputierten ein entsprechendes „Immediateinkommen" einbringen sollen.[1409]

Relativ deutlich artikulierten zuweilen die Vertreter der Oberstände ihre Auffassung, daß schließlich sie es seien, die „für den Wohlstand des Landes" sorgten und demzufolge für sich das Recht in Anspruch nahmen, eine schonendere Behandlung bei der Verteilung der Lasten für sich zu reklamieren.[1410] Aus dieser selbstbewußten Haltung heraus erschien es plausibel,

---

1404 Ebenda, Bl. 36.
1405 In diesem Sinne auch Birtsch: „Ein entscheidendes Kriterium für die fortwährende Wirkung von Ständen ist geradezu in der Unzulänglichkeit des absolutistischen Staates zu sehen, das Land durchgehend zu beherrschen". Birtsch, Preußischer Hochabsolutismus, S. 403.
1406 Hahn, „Absolutistische Polizeigesetzgebung", S. 15.
1407 Vgl.: S. Isaacsohn: Geschichte des preußischen Beamtentums, Bd. 2, Berlin 1878; K. Breysig: Die Organisation der brandenburgischen Kommissariate in der Zeit von 1660 bis 1697, in: FBPG 5 (1892), S. 135-156.
1408 Nur einige Beispiele mögen dies belegen: Die Kenntnis über eine Viehseuche im benachbarten Pommern bot 1763 für die uckermärkischen Ständerepräsentanten Veranlassung, entsprechende Vorkehrungen auch ohne Anweisungen der Zentralverwaltung zu treffen; in der Altmark setzten sich die dortigen Oberstände dafür ein, daß nicht zu viele Konzessionen für Landhandwerker oder Mühlenbetriebe erteilt wurden. Vgl. zu den entsprechenden Diskussionen: Brand. LHA Rep. 2 S Nr. 579, Bl. 90 f.
1409 Brand. LHA Rep. 37 Boitzenburg, Nr. 891, unpag.
1410 Im Zusammenhang mit der Einführung des Lehnskanons gaben die Repräsentanten der neumärkischen Ritterschaft in einem Memorial vom 5. Mai 1717 zu bedenken, daß „aus dem Ruin der Gerichtsobrigkeiten nichts anderes als der gänzliche Ausfall des Landes erfolgen kann". Brand. LHA Rep. 23 B Nr. 954, Bl. 30.

daß sich die Tätigkeit der ständischen Gremien nicht nur auf das Reagieren und Umsetzen landesherrlicher Gesetze und Verordnungen beschränken konnte. Auch aus eigener Initiative wurden Vorschläge unterbreitet, die auf die Effektivierung der Untertanengesetzgebung oder des Modus der Kontributionszahlungen hinausliefen.[1411] Die Ständerepräsentanten beteiligten sich – wie oben bereits ausgeführt – intensiv an der weiteren Modifizierung der Lehnsallodifikation von 1717/18. Einen hohen Stellenwert nahmen in den 1770er Jahren die vorbereitenden Diskussionen und schließliche Einführung des auf Initiative der Oberstände eingerichteten Pfandbriefinstitutes für die kur- und neumärkische Ritterschaft ein.[1412]
Die Ständevertretungen beanspruchten bei aller Anerkennung der „potestas absoluta" der Krone dennoch, daß ihren Meinungen Gehör geschenkt werden müsse. „Denn obgleich die höchste Gewalt und alle interna regalia dem allerdurchlauchtigsten Landesherrn allein zustehen, so haben doch die Stände ein *votum consultativum* [Hervorhebung – F.G.] bei den in den Landes-Rezessen abgeredeten und stipulirten Puncten, weshalb sich der Landesherr gegen die Stände reversiert, und selbige mit ihm rezessirt haben ...".[1413] Im besonderen Maße orientierte sich das ständische Selbstverständnis darauf, daß den Ständegremien eine Wächterfunktion über die Einhaltung der „Landesverfassung" zukam, wobei man aus naheliegenden Gründen natürlich an jene Rezesse dachte, die das Verhältnis zwischen Landesherrschaft und Ständetum sanktioniert hatten.[1414] Daß dies natürlich vornehmlich solchen Materien galt, die das ureigene Selbstverständnis des Adels berührten wie z.B. das Lehnswesen, verstand sich von selbst. Die Diskussionen anläßlich der geplanten und letztlich umgesetzten Allodifikation wurden in den Jahren nach 1717 auf allen Ebenen der ständischen Organisation mit besonderer Vehemenz geführt.[1415]
Die Ständevertreter nahmen auf ihren Zusammenkünften die Möglichkeit wahr, über Desideria und Proponenda ihre Vorstellungen zu diskutieren, auf einen gemeinsamen Nenner zu bringen und an die zuständigen landesherrlichen Behörden weiterzuleiten. Doch die Durchsicht der Protokolle belegt, daß die meiste Zeit auf den Versammlungen zunehmend damit verbracht werden mußte, auf die zahlreichen Vorgaben der Landesherrschaft zu reagieren. Mehrere Stunden schienen schon mit dem Verlesen der Edikte und Verordnungen zu verstreichen, bevor man in den internen Disput eintreten konnte. Der ansonsten mitunter recht abstrakt vorgeführte Prozeß der „Verstaatung" wird in solchen Vorgängen recht konkret greifbar und könnte zugleich eine Erklärung dafür bieten, warum eigene ständische Initiativen unterblieben bzw. sich nur auf ausgewählte Felder beschränkt hatten. Die Tagesordnung dieser ständischen Beratungen – für deren Einhaltung auf den Kreistagen der Landrat zuständig war – wurde indirekt weitgehend durch die landesherrlichen Behörden (vor allem die Kriegs- und Domänenkammer) vorgegeben. Auch die Genehmigung der Einberufung der

---

1411 Brand. LHA Rep. 23 B Nr. 1020, unpag. (1713: Druck von Patenten zu Fragen des Gesindelohnes); Nr. 1023, unpag. (1746: Kontributionszahlungsmodus)
1412 Vgl. hierzu: Vetter, Kreistage, S. 404 f.
1413 Brand. LHA Rep. 23 A. A 32, Bl. 6.
1414 „... und sobald man eine Sache denen Rezessen oder Landesverfassung zuwider zu sein vermutet, so communiciret und überleget man mit ihnen [d.h. den Ständen – F. G.], und ihre vota consultativa werden nach Befinden wohl erwogen, und darauf reflectiret". Ebenda.
1415 Vgl. dazu unsere Ausführungen im 1. Kapitel.

ständischen Versammlungen oblag nach wie vor den landesherrlichen Instanzen. Wenn der Landesherrschaft aus verschiedenen Gründen nicht an einem Hinterfragen bestimmter Maßnahmen gelegen war, wurde das Zusammentreten ständischer Versammlungen hinausgezögert.

Der für die landesherrliche Verwaltung nachhaltig greifende und durch die ältere Forschung ausführlich beschriebene Prozeß der Bürokratisierung und Professionalisierung strahlte natürlich auch auf die ständischen Gremien aus. Kritisch setzten sich die Verordneten des Engeren Ausschusses in ihrer Sitzung am 17. Juni 1755 mit Mängeln der eigenen Arbeit auseinander. Demnach habe sich „gefunden, daß verschiedene Vorstellungen so dennoch allhier beliebet und angegeben worden, teils wohl gar nicht übergeben, teils aber und wenn auch solches geschehen, die darauf erforderliche Resolutiones nicht notieret und dannenhero nicht erfolget sind, dieses aber zum großen Aufenthalt und besonderen Nachteil notwendig gereichen muß".[1416] Daraufhin wurden die notwendigen Schlußfolgerungen gezogen. Umgehend sei ein Protokollbuch anzuschaffen, die Vorstellungen und Resolutionen exakt einzutragen, damit bei den nächsten Zusammenkünften „gesehen werden könne, was bei der letzten beliebet und was darauf ergangen". Dies mache sich besonders im Interesse einer größeren Verbindlichkeit der Beschlüsse notwendig, „da nicht allemal eben dieselben Deputierten anherkommen, sondern es mehrenteils andere Membra sind, die gänzlich ignorieren, was das vorige Mal in diesem Falle geschehen".[1417]

Das exemplarisch vorgestellte weite Spektrum der Tätigkeit der ständischen Gremien darf allerdings nicht darüber hinwegtäuschen, daß sich das Interesse eines großen Teils der adligen Rittergutsbesitzer an diesen Fragen in Grenzen hielt. In der Regel blieb es ähnlich wie im 17. Jahrhundert immer nur ein Kern aktiver, einflußreicher Adliger, der auf den Versammlungen seine Stimme erhob und an der Entscheidungsfindung aktiv mitarbeitete. An einer Prignitzer Kreisversammlung des Jahres 1726 nahmen außer den Landräten und dem Kammerbeamten nur 12 Adlige teil, darunter allerdings mehrere Vertreter der führenden Prignitzer Geschlechter v. Rohr, v. Quitzow, v. Grävenitz und v. Klitzing.[1418] Auch auf der Oberbarnimer Kreisversammlung von 1733 konnte der anwesende Kammerbeamte nur die Teilnahme des Landrates und zweier(!) Vertreter des eingesessenen Adels vermelden.[1419] In dem Begleitschreiben zu einem an die Kurmärkische Kriegs- und Domänenkammer eingesandten altmärkischen Kreistagsprotokoll vom April 1738 wurde beklagt, daß „nur ganz wenige" der Rittergutsbesitzer erschienen seien und selbst diese, „deren praesentia anfangs zu Protocolli mit aufgeführt, sich kaum so lange" gedulden wollten, bis die Versammlung ordentlich zu Ende geführt war, sondern vorzeitig abreisten.[1420] Hierbei schien es sich bei dieser Teillandschaft um keinen Einzelfall gehandelt zu haben, denn bereits in den zurück-

---

1416 Brand. LHA Rep. 23 A. A 56, Bl. 17.
1417 Ebenda.
1418 Vgl.: Brand. LHA Rep. 37 Plattenburg-Wilsnack, Nr. 7393.
    Im Teltow belief sich die durchschnittliche Teilnehmerzahl an den Kreisversammlungen des 18. Jahrhunderts auf 10 Rittergutsbesitzer. Vgl.: Spatz, Teltow, Teil 2, S. 58.
1419 Vgl.: Brand. LHA Rep. 2 S Nr. 1905.
1420 Ebenda, Nr. 579, Bl. 34.

liegenden Jahren fanden sich ähnliche Beschwerden. Aufschlußreich erschien allerdings in diesem Kreis, daß insbesondere das Fehlen der bedeutenden Familien v. Alvensleben, v. d. Knesebeck und v. d. Schulenburg mit Unbehagen registriert wurde.[1421] Inwiefern hier Zusammenhänge zu der wenige Jahre zuvor zurückliegenden Verstimmung dieser Familien zur Krone wegen der Lehnsreform gesehen werden müssen, kann nicht mit Sicherheit beurteilt werden.

Eine uckermärkische Kreisversammlung des Jahres 1763 galt mit 14 Adligen schon als gut besucht.[1422] Setzt man dagegen die in den Vasallentabellen dokumentierte Gesamtzahl der adligen Rittergutsbesitzer, relativiert sich dieser Eindruck.[1423] Im Mai 1751 ließ sich gar der König ungnädig vernehmen und kritisierte den soeben beendeten Prignitzer Kreistag eingedenk der Tatsache, daß dort nur 10 Kreisstände teilgenommen hatten und weitestgehend nur Verordnungen verlesen worden waren, als „eine so ganz unnütze und erhebliche Unkosten machende Kreisversammlung".[1424] Diese geringe Frequentierung der Kreisversammlungen durch die Mitglieder der jeweiligen kleinräumlichen Adelsgesellschaften machte zusätzliche Bemühungen der Landräte erforderlich, die Rittergutsbesitzer über die landesherrlichen Gesetze und die auf den Kreistagen gefaßten Beschlüsse zu informieren.[1425]

Die zumeist nur verhaltene Aufmerksamkeit der Ritterschaft gegenüber der Arbeit ihrer ständischen Gremien resultierte aber nicht nur aus dem zweifellos vorhandenen Desinteresse einiger Adliger; oftmals taten sie sich schwer, die komplizierten finanz- und verwaltungstechnischen Probleme überhaupt zu durchschauen.[1426] Es wurde oben bereits gezeigt, daß die Ständevertreter eine zunehmende Zahl von landesherrlichen Vorgaben auf ihren Zusammenkünften zu beraten hatten.

Eine weitere Ursache lag, wie schon für das 17. Jahrhundert beschrieben, in der beschränkten Abkömmlichkeit der Rittergutsbesitzer[1427] und dem engen finanziellen Rahmen, um z.B. regelmäßige Kreisversammlungen ausrichten zu können. Die uckermärkischen Kreisstände wiesen am 30. Januar 1752 entschuldigend darauf hin, daß seit 1748 vor allem deshalb kein Kreistag mehr stattgefunden habe, weil „die in Prenzlau nötigen Konferenzen jährlich 6 bis 700 Thlr." erfordern würden, der König aber seit 1745 nur 300 Rtl. Zehrungskosten erstattet habe.[1428] Dies deckte sich mit gelegentlichen Vorgaben der Krone; so z.B. hatte Friedrich der Große im Juli 1751 gedrängt, die Zahl der „unnützen Kreisversammlungen" zu reduzieren,

---

1421 Vgl.: ebenda, Bl. 3.
1422 Vgl.: ebenda, Rep. 37 Boitzenburg, Nr. 891.
1423 In der Uckermark wurden 1769 97 Rittergutsbesitzer gezählt. Vgl.: Tabelle 52 im Anhang.
1424 Brand. LHA Rep. 2 S Nr. 582, unpag.
1425 Die auf der Lebuser Kreisversammlung im November 1733 anwesenden Adligen baten ihren Landrat, die verlesenen Reskripte „nochmals durch ein Ausschreiben überall im Kreise zu publizieren, damit sie zu jedermanns Wissenschaft gelangen". Brand. LHA Rep. 2 S Nr. 1732, unpag.
1426 Vorgeführt am Beispiel der altmärkischen Adelsgesellschaft bei F. Göse: Ein altmärkischer Amtsträger zwischen Staatsdienst und Ständetum. Levin Friedrich II. v. Bismarck auf Briest (1703-1774), in: JBLG 45 (1994), S. 97-117, hier S. 103.
1427 Oftmals wurde das Ausbleiben mit dringenden Aufgaben auf dem Gut und der „weitläufigen Wirtschaft" entschuldigt.
1428 Brand. LHA Rep. 37 Boitzenburg, Nr. 891, unpag.

da diese den Kreiskassen zu viele Kosten verursachen würden.[1429] Fiskalische Überlegungen kollidierten zuweilen mit den naheliegenden Wünschen der Krone nach einem funktionierenden ständischen Leben auf unterer Ebene.

Auf Grund der Bedeutung der auf den Landtagen bzw. Kreisversammlungen behandelten Angelegenheiten für die adligen Rittergutsbesitzer ist im folgenden der Frage nachzugehen, inwiefern die Repräsentanten der Oberstände den Erwartungen ihrer kleinräumlichen Adelsgesellschaften entgegenkamen und über welche Möglichkeiten diese ständischen Amtsträger verfügten, ihre sich oft als Gratwanderung zwischen regionalem Ständetum und landesherrlicher Verwaltung gestaltenden Aufgaben wahrzunehmen.

In unseren Bemerkungen zu den ständischen Partizipationsmöglichkeiten in der zweiten Hälfte des 17. Jahrhunderts wurde darauf aufmerksam gemacht, daß es für die Repräsentanten der Oberstände schwierig erschien, einen direkten Zugang zu den einflußreichen Mitgliedern der politisch-höfischen Führungsgruppe zu erhalten. Diese Möglichkeiten engten sich auf Grund der strukturellen und personalen Veränderungen der Hof- und Residenzgesellschaft seit der Regierungszeit des ersten preußischen Königs noch mehr ein.[1430] Nur selten konnte ein einflußreicher, aus der gleichen Teillandschaft stammender Adliger bei Hofe ausgemacht werden, der sich einer Bitte eines „Mit-Standes" hätte annehmen können. Der Arnswalder Landrat v. Blanckensee, der 1705 als Mitglied des Großen Ausschusses in der Residenz weilte, berichtete über seine bislang fehlgeschlagenen Versuche, ein Memorial der neumärkischen Oberstände an geeigneter Stelle zu lancieren. Glücklicherweise konnte er dann den „Herrn Obristen von Reisewitz, welcher auch *ein Neumärker* [Hervorhebung – F.G.] ist", gewinnen, um das Dokument der gewünschten einflußreichen Persönlichkeit, dem Generalfeldmarschall v. Wartensleben, zuzuleiten.[1431]

Auch in der zweiten Jahrhunderthälfte hatte sich an dieser ungünstiger gewordenen Situation wenig geändert. Der neumärkische Landesdirektor v. Sack zeigte sich 1766 anläßlich der Teilnahme an den Beratungen des Großen Ausschusses sichtlich enttäuscht, da eine Audienz bei den Ministern des Generaldirektoriums nicht zustande gekommen war.[1432] Wenn es sich hierbei auch nur um sogenannte „etiquets-Visiten" handelte, so wurden sie dennoch als eine Chance begriffen, ständische Wünsche zu Gehör zu bringen.

Doch diese Möglichkeiten eines direkten, informellen Zuganges zu den höchsten Kreisen bei Hofe bildeten, wie eben deutlich wurde, die Ausnahme. In der Regel konnten Monita und Wünsche der Ritterschaft nur über den institutionellen Weg, d.h. über die offiziellen regionalen ständischen Gremien und landesherrlichen Behörden zu Gehör gebracht werden. Dabei

---

1429 A.B.B., Bd. 8, S. 193.
1430 Vgl. dazu: O. Hintze: Staat und Gesellschaft unter dem ersten König, in: Hohenzollern-Jahrbuch 4 (1900), S. 301; jüngst: P. Bahl: Die Berlin-Potsdamer Hofgesellschaft unter dem Großen Kurfürsten und König Friedrich I. Mit einem prosopographischen Anhang, in: Im Schatten der Krone. Die Mark Brandenburg um 1700, hrsg. v. F. Göse, Potsdam 2002, S. 31-97.
1431 Brand. LHA Rep. 23 B Nr. 515, unpag.
1432 Sie seien „bei den Ministern v. Wedel, Massow, Blumenthal, Kammerpräsident v. Horst, Geh. Finanz-Rathe v. Reck ... par excuses von `Krankheit`, `Abfahren zur Konferenz` und `nicht zu Hause sein`, abgewiesen worden. Brand. LHA Rep. 23 B Nr. 705, unpag.

bildeten die Landräte zweifellos die entscheidende Amtsträgergruppe. Es war nicht selten, daß sie von sich aus auch außerhalb des offiziellen Instanzenweges bei höheren Amtsträgern vorstellig wurden, um Monita ihrer Oberstände vorzubringen.[1433]

Damit soll unsere Aufmerksamkeit auf die Landräte gerichtet werden, über deren Wirken sich besonders gut die hier interessierende Problematik des Verhältnisses zwischen Oberständen und landesherrlicher Zentralverwaltung erschließen läßt. Über die Herausbildung und differenzierte Funktion dieses für die preußische Verwaltung so paradigmatisch gewordenen Amtes ist in der älteren Forschung detailliert gehandelt worden; ebenso wurden Quellen zu ihrer Wirksamkeit in den „Acta Borussica" repräsentativ ediert.[1434] In unserem Zusammenhang gilt es zunächst festzuhalten, daß die Landräte im Rahmen ihrer Kompetenzen innerhalb der ständischen Organisation nicht nur mit der Einberufung und Ausrichtung der Kreistage betraut waren, sondern sie hatten im 18. Jahrhundert in der Regel auch einen Sitz in den höchsten ständischen Gremien (Engerer bzw. Großer Ausschuß) inne, worauf an anderer Stelle noch näher eingegangen werden soll.

Nachweislich zahlreicher Quellen hatten sich die Kreisstände dezidiert dafür eingesetzt, daß sich die Landräte stets als Sachwalter ihrer Interessen erwiesen. Man erwartete schlicht nichts anderes, so in einer Denkschrift der uckermärkischen Oberstände aus dem Jahre 1758, als daß sie sich „niemalen ... von dem Kreise separieren und etwas der Gesinnung desselben mithin seinen Obliegenheiten Zuwiderlaufendes berichten und vornehmen".[1435] Des weiteren wurde die Erwartung ausgesprochen, daß die Landräte nichts ohne Hinzuziehung der Kreisstände entschieden. Deutliche Worte fand auch der uckermärkische Kreistag im April 1760, der sich durch seinen Landrat in der Angelegenheit der Errichtung und Verpflegung des Pommerschen Land-Bataillons übergangen fühlte: Die Landräte seien „nichts weiter wie primi inter pares, [sie] hätten keine von ihren Mitständen abgesonderte jura, ihre Function enthalte nichts von dem gemeinschaftlichen Interesse der Ritterschaft getrenntes, vielmehr verbinde solche dieselben ihre Angelegenheiten nach Mehrheit der Stimmen zu besorgen".[1436]

Ein solches Grundverständnis erklärt auch die stets erneut verteidigte Forderung der Oberstände nach Wahrung des Indigenatsrechts der Landräte. Selbst während der Regierungszeit des „Soldatenkönigs", in dessen dieses Privileg ausgehöhlt wurde, mußten seitens der Landesherrschaft Rücksichten genommen werden.[1437] Nachdem z.B. im Jahre 1730 der Landrat des Beeskow-Storkower Kreises, v. Hohnstedt, sein Gut Schwerin an den Prinzen August Wilhelm verkauft hatte, trug die Krone dafür Sorge, daß er ein anderes Gut im Kreis erwerben konnte, da „dieser Landrat aber in dem Creyse wohnen muß".[1438]

1433 So im Jahre 1767 der uckermärkische Landrat v. Aschersleben bei einem namentlich nicht genannten Obergerichtsrat: „Da diese Sache für den Adel von größter Wichtigkeit ist, so haben wir nicht ermangeln können, dagegen Vorstellung zu tun und uns eine Deklaration darüber zu erbitten". Brand. LHA Rep. 37 Boitzenburg, Nr. 891, unpag.
1434 Vgl. v.a.: Hintze, Der Ursprung; F. Gelpke: Die geschichtliche Entwickelung des Landrathsamtes der preußischen Monarchie unter besonderer Berücksichtigung der Provinzen Brandenburg, Pommern und Schlesien, Berlin 1902.
1435 Brand. LHA Rep. 37 Boitzenburg, Nr. 892, unpag.
1436 Ebenda, Nr. 891, unpag.
1437 Vgl. hierzu die entsprechenden Ausführungen bei Hintze, Einleitende Darstellung, S. 267 f.
1438 GStAPK I. HA, Rep. 96 B Minüten Nr. 1, Bl. 172.

Die starke Bindung der Landräte an die Interessen der ländlichen Herrenschichten konnte allerdings zuweilen die Effizienz ihrer Amtsführung einschränken, was mitunter auch kritisch vermerkt wurde. Der neumärkische Landessyndikus gab in einem Brief an den Landrat des Kreises Landsberg, v. Beerfelde, seinem Unverständnis darüber Ausdruck, daß die Landräte die Offerte der Krone, Sitz und Stimme in den Kriegs- und Domänenkammern anzunehmen, abgelehnt hatten. Die Steuerräte hingegen „gingen williger in die Cammer", was unweigerlich zu einer Verstärkung ihrer Position gegenüber den Landräten führen mußte – speziell bei den permanenten Debatten um die Steuerquoten zwischen Städten und Ämtern einerseits und ritterschaftlichen Kreisen andererseits.[1439]

In der Mitte des 18. Jahrhunderts wurden den Landräten „Kreis-Deputierte" aus der im Kreis angesessenen Ritterschaft beigeordnet. Der Beginn dieser Praxis ist nicht genau zu ermitteln.[1440] Zu vermuten ist aber, daß die Einführung dieser Deputierten weniger auf Betreiben der Kreisstände sondern eher auf Initiative der Zentralverwaltung erfolgt war. Schließlich blieb auch an höchster Stelle nicht verborgen, daß die Teilnahme der Rittergutsbesitzer an den Kreisversammlungen zumeist sehr zu wünschen übrig ließ. Mit der Wahl von Kreisdeputierten hätte man zum einen einige Rittergutsbesitzer in die Pflicht nehmen und zu mehr Engagement in Kreisangelegenheiten bewegen können, zum anderen konnte man den Landräten gerade angesichts der zunehmenden Verwaltungsaufgaben personelle Unterstützung gewähren, was sich insbesondere in den Jahren des Siebenjährigen Krieges auszahlen sollte.[1441]

Andererseits darf aber der Erfolg dieser Maßnahme nicht überschätzt werden, denn die Bereitschaft der Ritterschaft, solche Ehrenämter zu übernehmen, hielt sich noch lange Zeit in Grenzen.[1442] Nachdem 1774 in mehreren neumärkischen Kreisen die Wahl von Kreisdeputierten förmlich erzwungen werden mußte, weigerte sich die übergroße Mehrheit der Gewählten, sich vereidigen zu lassen. Der Tenor war einhellig: Keiner wollte die Verantwortung

---

1439 Brand. LHA Rep. 23 B Nr. 757.
1440 Hintze führte vor allem Instruktionen aus Schlesien an, räumte aber ein, daß es „keine allgemeinen Vorschriften" über diese Einrichtung gebe, vielmehr kam es „wohl ganz auf das locale und persönliche Bedürfniß an". Ders., Einleitende Darstellung, S. 269.
Nur vereinzelt ist auch schon aus den 1740er Jahren aus einzelnen ständischen Protokollen zu erfahren, daß Kreisdeputierte ihre Landräte auf ständischen Zusammenkünften vertreten hatten. Vgl.: Brand. LHA Rep. 2 S Nr. 1732 (Lebuser Kreisversammlung 1746 wählte zwei Deputierte, die neben der Assistenz bei der Rechnungsabnahme „auch das Jahr hindurch die andere vorkommende Arbeit bei Verhinderung des Herrn Landrats mit übernehmen" können; Brand. LHA Rep. 23 B Nr. 1025, unpag. (1748 v. Schönfeld als Deputierter des Kreises Cottbus).
1441 Repräsentativ für die Klagen über die Arbeitsbelastung der Landräte das Schreiben des Schivelbeiner Landrats v. Beneckendorff vom 16. Mai 1754: So hatte er sieben Kompanien unterzubringen und für Fourage und Vorspann zu sorgen. Des weiteren monierte er den Aufwand, den ihn die „Anfertigung unzähliger Tabellen" kostete. Brand. LHA Rep. 23 B Nr. 1105, unpag.
1442 So teilte am 16. Dezember 1773 der Landrat des Kreises Arnswalde, v. Sydow, auf Anfrage mit, daß „bis dato noch keine Deputierten im Kreise befindlich" seien. Er hätte zwar des öfteren seinen Kreisständen vorgeschlagen, ein oder zwei Deputierte zu wählen – jedoch ohne Erfolg. Die Rittergutsbesitzer fürchteten, „zumal kein fixiertes Salarium dabei befindlich, durch Vernachlässigung [ihrer] Wirtschaft" Schaden zu nehmen. Brand. LHA Rep. 3 Nr. 6005, unpag.

über die Rechnungslegung übernehmen; begründet wurde dies häufig mit der eigenen „weitläufigen Wirthschaft" oder „vielfältigen Vormundschaften".[1443] Letztlich sah sich der König deshalb veranlaßt, seine frühere Auffassung, daß Kreisdeputierte nicht als de facto-Nachfolger der Landräte zu gelten hätten, zu revidieren. Nur mit Drohungen konnten die letzten renitenten neumärkischen Kreise dazu bewogen werden, ihre Deputierten ohne Vorbedingungen zu wählen.[1444]

Im Kreis Niederbarnim wurden Landrat und Kreisstände von der 1753 gegebenen Anordnung der Kriegs- und Domänenkammer, solche Deputierten wählen zu lassen, noch sichtlich überrascht.[1445] Allein der Hinweis, daß „solches auch in einigen kreisen schon üblich sein soll", konnte den Landrat v. Nüßler nicht hinreichend überzeugen. Offenbar empfand er diese Entscheidung als stille Mißtrauensbekundung ihm gegenüber und als partiellen Eingriff in die Kompetenzen seines Amtes. In seinem Antwortschreiben an die Kammer gab er demzufolge auch zu verstehen, daß er „den Nutzen davon nicht absehen" könne, „vielmehr dürfte es nur neue Kosten verursachen"; er füge sich aber dieser Anordnung und harre der Entscheidung seiner Kreisstände.[1446] Gerade das Insistieren auf die Kostenfrage entbehrte nicht einer gewissen Grundlage. Schon zwei Jahre später entbrannte ein Streit über die Diäten der niederbarnimschen Kreisdeputierten, diese liefen zu „hoch über den Etat".[1447] Ein in Erwägung gezogener völliger Wegfall der Besoldung hätte aber zum Resignieren der beiden Kreisdeputierten (v. d. Schulenburg und v. Happe) geführt, was diese auch unumwunden zu verstehen gaben.

Auch in den anderen kurmärkischen Kreisen ist man nach der Mitte des 18. Jahrhunderts zur Praxis übergegangen, die Kreisdeputierten als präsumptive Nachfolger für vakant werdende Landratschargen zu nutzen.[1448] Das Mißtrauen, das die Landräte zuweilen gegen die ihnen beigeordneten Kreisdeputierten hegten, schien nicht völlig aus der Luft gegriffen zu sein, zumal wenn es sich dabei um Adlige handelte, die schon andere einflußreiche Amtsträgerchargen bekleideten. Im Kreis Friedeberg beschwerte sich z.B. im Januar 1778 der Landrat v. d. Goltz über den Kreisdeputierten, den bekannten Geheimen Ober-Finanz-Kriegs- und Domä-

---

1443 Ebenda, Nr. 6073, unpag.
1444 Bei einer weiteren Weigerung wurde den neumärkischen Oberständen angedroht, „daß sie in vorkommenden Fällen von allen Wohltaten und Gnadenbezeigungen, welche Wir allerhöchst selbst denen Kreiseingesessenen und Untertanen dortiger Provintz so wie bisher künftighin angedeihen lassen dürften, gänzlich ausgeschlossen und überdem ihre Widerspenstigkeit und weniger Betrieb in herrschaftlichen Dienstangelegenheiten Unsrer Allerhöchsten Person angezeigt werden solle". Brand. LHA Rep. 3 Nr. 6073, unpag.
1445 „Und da auch vorgekommen ist, daß es nicht undienlich sein dürfte, wenn in jedem Kreise sichere beständige Deputati ausgemacht werden, welche den Kreistagen jedesmal beiwohnen, um von den Kreis-Sachen informiert zu sein ...". Brand. LHA Rep. 6 B Niederbarnim Nr. 7, Bl. 1.
Zugrunde lag ein gleichlautendes Reskript des Generaldirektoriums an die Kurmärkische Kriegs- und Domänenkammer vom 18.4.1753. Vgl.: A.B.B., Bd. 9, S. 611.
1446 Brand. LHA Rep. 6 B Niederbarnim Nr. 7, Bl. 3.
1447 Ebenda, Bl. 12.
1448 Anläßlich einer Landratswahl im Kreis Havelland wurde seitens der Kammer betont, daß „künftighin keiner mehr Deputierter werden würde", weil die Adligen diese Ämter „lediglich aus Hoffnung zu der Landratsstelle annehmen" würden. GStAPK, II. HA., Generaldirektorium Kurmark, Tit. VII Nr. 8, unpag.
Im Oberbarnim teilten sich 1753 drei Adlige die Funktion des Kreisdeputierten (Graf v. Kameke, ein v. Barfuß und ein Obrist v. Bornstedt). Vgl.: Brand. LHA Rep. 2 S Nr. 1905.

nen-Rat Franz Balthasar v. Brenckenhoff.[1449] Dieser habe sich in der Zeit der Vakanz des Landratsamtes „der Geschäfte der Canton-Revision eigenmächtig unterzogen".[1450] In einigen Kreisen konnten die Kreisdeputierten auch in eine Position hineinwachsen, aus der heraus sie als die eigentliche Interessenvertretung der adligen Rittergutsbesitzer galten. Nachweislich der uckermärkischen Quellen forderten die Kreisstände 1758, daß keine Entscheidung über Kreisangelegenheiten ohne Hinzuziehung der Kreisdeputierten erfolgen solle, was natürlich als Mißtrauensbekundung gegenüber den Landräten zu werten war.[1451]
Trotz dieser assistierenden und kontrollierenden Funktion der Deputierten blieben die Landräte die entscheidenden Amtsträger, die als Bindeglied – zuweilen auch als Vermittler – zwischen den Adelsgesellschaften und der landesherrlichen Verwaltung zu fungieren hatten. Ihre herausgehobene Bedeutung blieb sowohl bei den Ständen als auch an höchster Stelle stets unumstritten. In einer Umfrage, die die Neumärkische Kriegs- und Domänenkammer aus gegebenem Anlaß unter den Landräten dieser Landschaft 1781 in Gang gesetzt hatte, versuchte man zu ermitteln, ob diesen Amtsträgern durch ihre Kreisstände Schwierigkeiten in ihrer Arbeit bereitet würden. Der Gesamteindruck fiel insgesamt positiv aus. Die Mehrheit fand ein ähnliches Urteil wie der Dramburger Landrat v. Bonin, der ein sicher insgesamt zu harmonisch ausfallendes Bild malte, dennoch aber ein gutes Verhältnis zu seinen Mitständen unterhalten haben mußte: Demnach hätte bisher „nicht einer von den Ständen dieses Kreises mir Hindernisse bei der Verwaltung meiner Amtspflicht in den Weg gelegt, ich muß vielmehr die Bereitwilligkeit der sämtlichen Stände loben und rühmen, die sie bei aller Gelegenheit zeigen, wann es auf Befolgung der Kgl. Maj. Befehl und Verordnungen ... ankommt".[1452] Etwas gedämpfter, dafür aber wohl realistischer fiel der Bericht des Landsberger Landrates v. Beerfelde aus, der wohl des öfteren bereits Erfahrungen mit dem Widerspruchsgeist unter seinen Kreisständen gemacht haben muß. Dennoch sollte nach seiner Meinung ein königlicher Amtsträger darüber hinweggehen, denn „wenn ein Landrat nach Pflicht und Gewissen handelt, beruhigt sich derselbe bei dem falschen Urteil anderer über ihn mit dem Bewußtsein seiner Rechtschaffenheit".[1453] Bei diesem Amtsträger scheint die bekannte Charakterisierung *Hintzes* („eher Rittergutsbesitzer als Beamte"[1454]) über die Landräte zu Beginn des 18. Jahrhunderts schon relativiert worden zu sein, obgleich natürlich auch diese sich stärker in das königliche Pflichtethos einbindenden Adligen nicht ohne Rückhalt ihrer Oberstände amtieren konnten. Dies hätte ansonsten zu solch einem gespannten Verhältnis geführt, wie es der Landrat des Züllichauer Kreises, v. Luck, beschrieb. Er klagte, „wie unbillig und lieblos ich überhaupt von den Kreis-Eingesessenen adligen Standes bisher behandelt worden bin, daß sie unter allerhand nichtigem Vorwande zu keiner Kreis-Versammlung ka-

---

1449 Allerdings deutete die Übernahme der Kreisdeputiertenstelle durch den Kammerpräsidenten zugleich darauf hin, daß offenbar zuvor keiner der anderen adligen Rittergutsbesitzer bereit war, das Amt zu übernehmen.
1450 Brand. LHA Rep. 3 Nr. 6021, unpag.
1451 Vetter, Kurmärkischer Adel, S. 84.
1452 Ebenda, Nr. 6078, unpag.
1453 Ebenda.
1454 Hintze, Staat und Gesellschaft, S. 295; sowie in: ders., Einleitende Darstellung, S. 267 („in erster Linie nicht Beamter, sondern Edelmann und Gutsbesitzer").

men und der von Unruhe auf Heinersdorf sich insbesondere dazu aufgeworfen hat, mir mein Leben zu erschweren".[1455] Auch andere Quellenbelege dokumentieren, daß die Landräte sich in ihrer Amtsführung von den Interessen ihrer Mitstände leiten ließen. Im Zusammenhang der Behandlung einer Subhastationsangelegenheit eines neumärkischen Rittergutsbesitzers gab der neumärkische Landesdirektor v. Wobeser zu verstehen, daß sein Amtsverständnis auch einschließen würde, „einen Neumärkischen von Adel freundschaftliche Dienste" zu erweisen.[1456]

Die wiedergegebenen Berichte einiger Landräte über die Wahrnehmung und Beurteilung ihrer Arbeit durch die Kreisstände deuten an, daß der Stellung dieser Amtsträger in ihren kleinräumlichen Adelsgesellschaften eine nicht zu unterschätzende Bedeutung zukam. Ob die jeweiligen Inhaber des Landratsamtes nun „als Repräsentant der adligen Selbstverwaltung und als Beauftragter des Landesherrn ... geeignet [waren], einer vollständigen Verstaatlichung des platten Landes entgegenzuwirken"[1457], kann nicht a priori über das Gesamtcorpus entschieden werden, sondern hing – wie die bisher präsentierten unterschiedlichen individuellen Belege über Amtsverständnis und -führung zeigten – von dem jeweiligen Amtsträger selbst ab.[1458]

Von daher erscheint die Frage nicht unerheblich zu sein, aus welchen Adelsfamilien sich die Landräte rekrutierten[1459] und – noch wichtiger – von welchen Erwägungen sich die adligen Rittergutsbesitzer bei der Kür „ihrer" Landräte leiten ließen. Leider geben uns die Quellen hier nur einige wenige Anhaltspunkte, denn zumeist handelte es sich beim überlieferten Material um Bestallungsakten oder die Berichte der Landräte über ihre dienstlichen Obliegenheiten.

Eine Möglichkeit, den Beziehungen zwischen Kreisständen und den Landratskandidaten näherzukommen und damit zugleich auch das interne Beziehungsgefüge innerhalb einer kleinräumlichen Adelsgesellschaft zu erhellen, bieten die Protokolle zu den Landratswahlen. In der Regel standen mehrere Anwärter zur Auswahl, so daß davon ausgegangen werden kann, daß das Stimmverhalten der kreisgesessenen Rittergutsbesitzer Rückschlüsse auf die Stellung des jeweiligen Kandidaten in seinem Kreis zuläßt. Im folgenden werden ausgewählte Landratswahlen vorgestellt und das Stimmverhalten der adligen Rittergutsbesitzer in kartographischen Darstellungen veranschaulicht. Es handelt sich dabei um die Kreise Dramburg (1735)[1460], Havelland (1751), Ruppin (1771) und Sternberg (1771). Die Verteilung der

---

1455 Brand. LHA Rep. 3 Nr. 6078, unpag.
    Hierbei handelte es sich allerdings insofern um einen besonders zugespitzten Fall, als der v. Luck anstelle des abgelösten Landrates v. Gersdorff im Zusammenhang mit der Müller-Arnold-Affäre im Dezember 1779 gegen den Willen der Kreisstände eingesetzt wurde. Vgl.: A.B.B. 16.2., S. 580.
1456 Brand. LHA Rep. 23 B Nr. 1367, unpag.
1457 Baumgart, Zur Geschichte der kurmärkischen Stände, S. 149.
1458 Daß es zuweilen auch zu harten Auseinandersetzungen auf den von den Landräten geleiteten Kreisversammlungen kommen konnte, belegt ein aus der Neumark überlieferter Fall: Im Jahre 1748 beschwerten sich die Töchter des Christian Christoph v. d. Schulenburg über den Landrat v. Selchow, „welcher in der öffentlichen Kreisversammlung ihren kürzlich verstorbenen Vater ganz unvermutet mit entblößtem Degen überfallen und mit Hieben derart zugerichtet hat, daß ihm die linke Hand lahm geblieben ist". Schmidt, Schulenburg-FG, Bd. 2, S. 513.
1459 Vgl. dazu: Göse, Die Struktur, S. 36 f. und die Tabellen 34 bis 36 im Kapitel 1 dieser Studie.
1460 Vorgestellt bereits in: Göse, Zur Geschichte des neumärkischen Adels, S. 43 f.

Stimmen während der Wahl im Kreis Dramburg zeigt eine deutliche Polarisierung. Während sich die im nördlichen Teil des Kreises ansässigen Rittergutsbesitzer für den ebenfalls in diesem Gebiet wohnenden Kandidaten v. Birckholtz aussprachen, konnte der auf Mittelfelde sitzende v. d. Goltz im südlichen Teil des Kreises Stimmen sammeln.

Bei der Landratswahl des Kreises Havelland standen sich ein v. Ribbeck auf Seegefeld und ein v. Bredow auf Pessin als aussichtsreichste Kandidaten gegenüber.[1461] Insgesamt gaben 64 Rittergutsbesitzer ihre Stimme persönlich bei der Wahlversammlung oder per Umlaufschreiben ab. Für den v. Bredow votierten 32, für v. Ribbeck 26 Adlige. Drei Stimmen entfielen auf einzelne Rittergutsbesitzer, die nicht selbst kandidiert hatten. Der v. Bredow konnte vor allem im westlichen Havelland und im Glien-Löwenbergischen Unterkreis auf Rückhalt bauen, ebenso versicherte er sich der Zustimmung des Brandenburger Domkapitels und des auf Plaue ansässigen Geheimen Rates v. Görne. Gerade Glien-Löwenberg schien aber den Ausschlag für die Wahl gegeben zu haben, denn beim Abzug der Stimmen dieser zur „Separation" neigenden Landschaft hätte eine annähernde Patt-Situation zwischen dem v. Bredow (26) und dem v. Ribbeck (25) entstehen können, wie die Kammer in ihrem Bericht zu bedenken gab. Stimmen wuchsen dem v. Bredow im genannten Raum schon aus dem Grunde hinzu, da zahlreiche Mitglieder seines weit verzweigten Geschlechts dort über Rittergüter verfügten. Dennoch kam es unter eigenen Geschlechtsangehörigen auch zu abweichenden Voten: Wichart v. Bredow auf Bredow und ein v. Bredow auf Niebede gaben ihre Stimme dem v. Ribbeck. Gründe für diese Verhaltensweise können nur vermutet werden. Bereits bestehende Kontakte und die Nähe zum Rittersitz des gewünschten Landrates (Entfernung Bredow – Seegefeld: 15 km; dagegen Bredow – Pessin: 37 km) kann die Entscheidung ebenso beeinflußt haben wie Auseinandersetzungen innerhalb des eigenen Geschlechts. In umgekehrten Sinne gelang es natürlich auch dem v. Ribbeck in dem Gebiet einige Stimmen für sich zu gewinnen, das durch eine hohe Konzentration des Bredowschen Besitzes charakterisiert war. Ein Blick auf die kartographische Darstellung zeigt allerdings auch, daß die Erfassung der an der Landratswahl teilnehmenden Oberstände unterschiedlich ausgeprägt war. Die im süd- bzw. südwestlichen Teil ansässigen Rittergutsbesitzer beteiligten sich kaum an der Wahl, auch im nördlichen Kreisgebiet hielt sich das Interesse in Grenzen – abgesehen davon, daß das Ländchen Bellin und der Linumer Bruch kaum durch adlige Rittergüter, sondern durch ausgedehnte Domänenbesitzungen charakterisiert war.

1461 Vgl. zum folgenden: GStAPK, Generaldirektorium Kurmark, Tit. VII Nr. 8. Der ebenfalls kandidierende v. Wilmersdorff auf Buschow ist zu vernachlässigen, da er nur drei Stimmen auf sich vereinen konnte, darunter im übrigen diejenige des ebenfalls in Buschow ein Anteilgut besitzenden v. Knoblauch.

Aspekte der ständischen Partizipation des brandenburgischen Adels 317

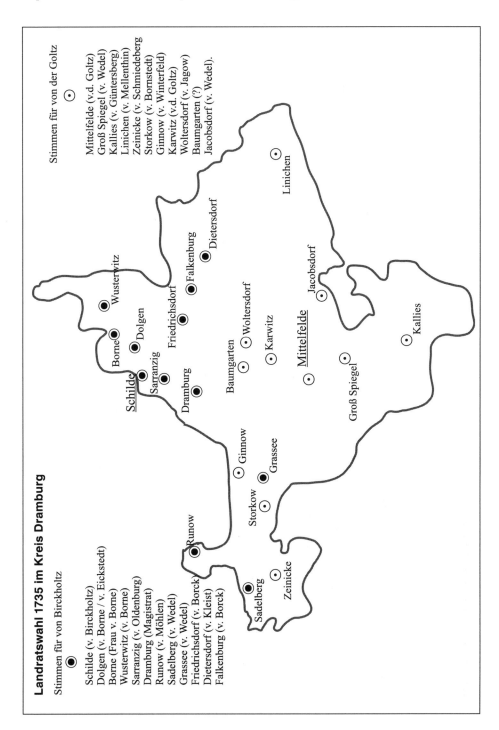

318   Kapitel 3

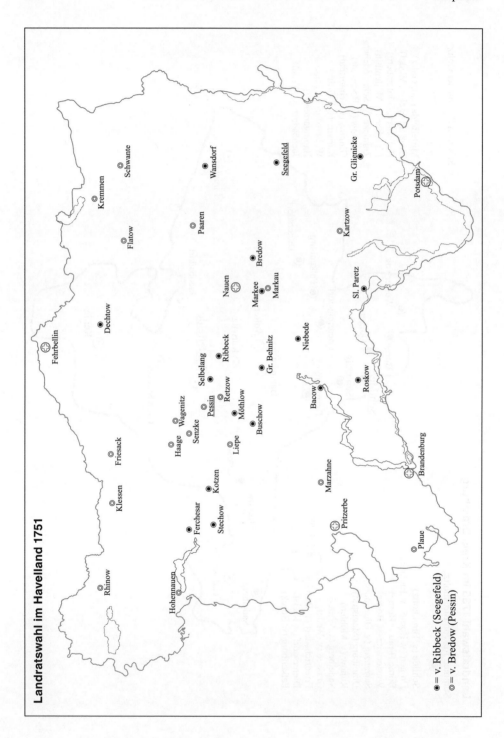

Vorsichtig kann somit geschlußfolgert werden, daß es neben den geschlechtsinternen Bindungen vor allem die durch räumliche Nähe bedingte persönliche Bekanntschaft zum jeweiligen Landratskandidaten war, die Rittergutsbesitzer veranlassen konnte, diesem ihre Stimme zu geben. Ein ähnliches Bild bot die Landratswahl des Jahres 1771 im Kreis Ruppin. Hier standen allerdings drei ernsthafte Kandidaten mit Herrn v. Quast auf Radensleben, Herrn v. Taubenheim auf Segeletz und Herrn v. Grape auf Werder zur Auswahl.[1462] Drei weitere Rittergutsbesitzer erhielten nur jeweils ein oder zwei Stimmen. Die kartographische Darstellung belegt zwar im Vergleich zur Dramburger oder havelländischen Wahl eine breitere geographische Streuung, dennoch wird auch hier in Ansätzen deutlich, daß besonders im räumlichen Umfeld des jeweiligen Landratskandidaten eine Konzentration der für ihn votierenden Rittergutsbesitzer zu beobachten ist. Erkennbar wird dies insbesondere bei den unterlegenen Herren v. Taubenheim (18 Stimmen) und v. Grape (10 Stimmen), während es der mit 28 Stimmen als Sieger hervorgegegangene v. Quast nicht nur vermochte, in seinem engeren Umfeld die Unterstützung seiner Standesgenossen zu erzielen, sondern über das ganze Kreisgebiet hinweg Stimmen zu sammeln. Dies hatte letztlich den Ausschlag für seinen Erfolg gegeben. Nicht ohne Wirkungen dürfte dabei auch die Stimmabgabe der bedeutenderen Rittergutsbesitzer im Kreis geblieben sein. So übten die Vota der v. Rohr auf Ganzer für den v. Quast auf Radensleben offenbar eine Vorbildwirkung für andere Rittergutsbesitzer dieses westruppinischen Gebietes aus, zumal der Gegenkandidat v. Taubenheim auf Segeletz dort sein Haupteinflußgebiet hatte.

Auch im Kreis Sternberg kandidierten im Jahre 1771 drei Rittergutsbesitzer.[1463] Obwohl die Wohnsitze der Kandidaten v. Rathenow, v. Kalckreuth und v. Ludwig relativ eng beieinander lagen und somit eine deutliche räumliche Differenzierung der votierenden Mitstände wie etwa im Dramburger oder havelländischen Kreis nicht zu erwarten stand, ist dennoch auch hier ansatzweise eine Häufung der Stimmen für den in der Nachbarschaft bzw. Nähe wohnenden Landratskandidaten zu erkennen. Alle Güter der für den v. Rathenow auf Pinnow votierenden Adligen lagen im näheren, vor allem südwestlichen Umfeld von Pinnow, während der v. Ludwig sowohl die Stimmen der nordöstlich von seinem Rittersitz Malsow wohnenden Rittergutsbesitzer (inklusive des Magistrats von Drossen) als auch von vier Orten im südwestlichen Teil des Kreisgebietes auf sich vereinen konnte – auch diese im übrigen wiederum nahe beieinander liegend. Im übrigen bestätigt sich für diesen Kreis die am Beispiel des Havellandes gemachte Beobachtung der räumlich sehr breiten Verteilung der zur Wahl ihres Landrates bereiten Rittergutsbesitzer.

Verallgemeinernd läßt sich auf Grund der vorgestellten Exempel adligen Wahlverhaltens davon ausgehen, daß trotz der regionalen Verschiedenheiten von räumlich relativ eng gefaßten Kommunikationsbeziehungen der Kreisstände auszugehen ist. Die ein solches Amt ins Auge fassenden Rittergutsbesitzer kalkulierten im Vorfeld der Wahlen die Unterstützung ihrer Standesgenossen ein und versuchten auch über einflußreiche Dritte ein Votum für sich zu erwirken.[1464] Die jeweils im näheren Umfeld des Landratskandidaten wohnenden Ritter-

---

1462 Vgl. zum folgenden: GStAPK II. HA, Generaldirektorium Kurmark, Tit. VII Nr. 7.
1463 Vgl. zum folgenden: Brand. LHA Rep. 9 B Nr. 557.

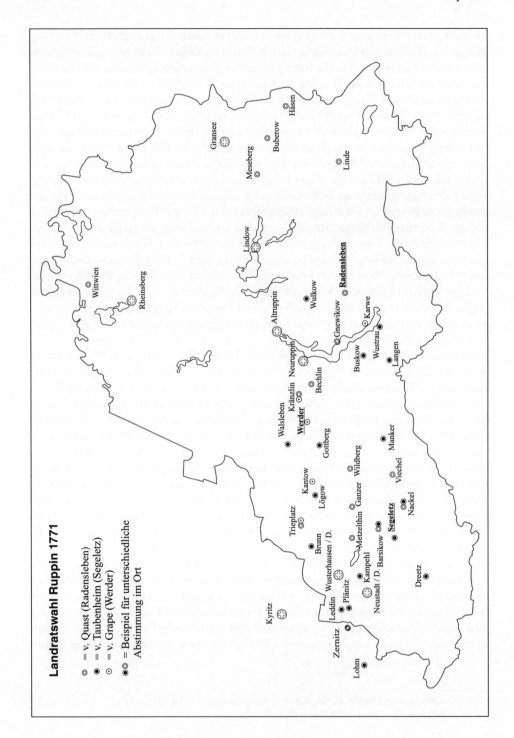

Aspekte der ständischen Partizipation des brandenburgischen Adels

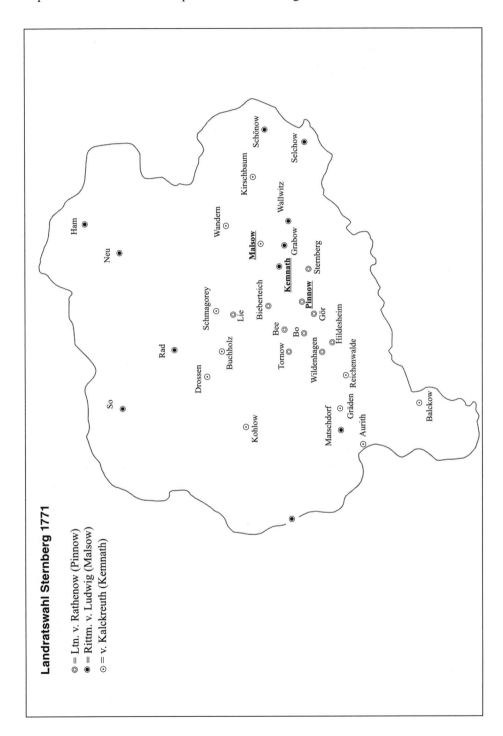

gutsbesitzer stimmten für die ihnen bekannter erscheinende Persönlichkeit. Bei dieser konnten sie in etwa abschätzen, wie sie im Falle ihrer Wahl die Amtsgeschäfte zu führen gedachte. Davon ausgehend läßt sich noch eine weitere Beobachtung ableiten: Die mitunter anzutreffende Praxis, daß eine Adelsfamilie mehrere Landräte in Folge stellte, deutet auf besondere Loyalitäten hin, die ihr durch die Mehrheit der Adelsgesellschaft entgegengebracht wurden.[1465] Ein solches Verhaltensmuster weist natürlich in „vorabsolutistische" Strukturen, in denen das Indigenat uneingeschränkt gewahrt werden konnte.

Es erscheint naheliegend, daß für die Bewältigung der alltäglichen Anforderungen und Belastungen, die die komplexe Tätigkeit eines Landrates mit sich brachten, neben einer engen Verwurzelung in der heimischen Adelsgesellschaft auch das Zusammengehörigkeitsgefühl – eine Art „Corpsdenken" – innerhalb dieser Amtsträgergruppe eine nicht unerhebliche Bedeutung erlangen konnte. Ohne daß die überlieferten Protokolle der Ständeversammlungen dies explizit ausweisen, ist dennoch davon auszugehen, daß diese Zusammenkünfte auch dazu genutzt wurden, Erfahrungen unter den „Amtskollegen" weiterzugeben. Die neumärkischen Landräte sahen sich z.B. mindestens zwei bis viermal jährlich anläßlich der Sitzungen des neumärkischen „Landtages". Zwar wirkten die Landräte insbesondere beim Feilschen um die Quotierungen bei extraordinairen Lasten zumeist im Sinne ihrer Kreisstände, doch konnten sie andererseits auch Solidarität mit einem Amtskollegen walten lassen, wenn sie der Meinung waren, daß dieser ungerecht behandelt worden war und zudem die Gefahr bestand, daß sie selbst einmal Opfer solcher Anschuldigungen werden konnten.

Ein Beispiel für die Unterstützung eines in Bedrängnis geratenen Amtsträgers durch das Landratskollegium bietet der Konflikt des Friedeberger Landrates Christian v. d. Marwitz mit seinen Kreisständen in den Jahren des Siebenjährigen Krieges.[1466] Letztere bezichtigten ihren Landrat finanzieller Unregelmäßigkeiten bei der Kontributionsabrechnung, was die Neumärkische Kriegs- und Domänenkammer natürlich sofort hellhörig werden ließ. Diese schritt auch nicht ein, als die Kreisstände in eigener Regie mit dem v. Unfried einen neuen Landrat aus ihren Reihen wählten.[1467] Christian v. d. Marwitz bat, da er von der Kriegs- und Domänenkammer wohl keine Unterstützung erwartete, daraufhin das Generaldirektorium „das Wahlprotocoll zu cassieren und der Cammer anzubefehlen, mich Justiz widerfahren zu lassen". Nachdem seine Intervention auch dort nichts fruchtete, wandte er sich an das „Lan-

---

1464 Aufschlußreich hierfür ein Brief Georg v. Bismarcks vom 27. Juni 1782, in dem er im Vorfeld seiner Landratskandidatur den Ritterschafts-Direktor darum bat, „andere gute Freunde und Nachbarn für mich zu gewinnen". LHSA Rep. H Briest Nr. 318, Bl. 21.

1465 Im Kreis Teltow stellte die Familie v. Wilmersdorf im ausgehenden 17. und frühen 18. Jahrhundert in Folge zwei Kreiskommissare bzw. Landräte (Vater und Sohn); dann folgten zwei Angehörige des Geschlechts v. Otterstedt. Vgl.: Spatz, Teltow, 2. Teil, S. 5 u. 52; Otterstedt-FG, S. 80.
Im neumärkischen Kreis Königsberg amtierten zwischen 1667 und 1785 vier Mitglieder des Geschlechts v. Sydow, während sich im Kreis Dramburg die Familien v. Birkholtz, v. Borck und v. d. Goltz diese Chargen teilten. Vgl.: Klinkenborg, Das Archiv, Bd. 2, S. 154 f.

1466 Verkürzt dargestellt in: A.B.B. Bd. 12, S. 519 f. Wir stützen uns im folgenden auf: Brand. LHA Rep. 23 B Nr. 900.

1467 Nach der Vasallentabelle könnte es sich dabei um den Sohn des gleichnamigen Regierungs- und Konsistorialrates handeln. Erschwert wurde die Behandlung dieses Konflikts dadurch, daß einige für diesen Fall relevante Akten bei der Zerstörung Küstrins 1758 verbrannt waren.

des-Collegio der neumärckischen Provinz", also an die anderen Landräte. Von diesem Gremium seiner „höchsten und hochzuehrenden Herren Mit-Collegen" erwartete er Rückhalt im bevorstehenden und für ihn auch persönlich zermürbenden Kampf. Nicht nur die soziale Reputation, auch der finanzielle Aspekt motivierten den Landrat, diesen langwierigen Rechtsstreit durchzustehen.[1468] Er stilisierte den Vorgang als Präzedenzfall hoch und gab zu bedenken, daß künftig „mehr Kreisstände darauf fallen [könnten], ihren ehrlichsten Landrat fortzutun." Das neumärkische Landratskollegium reagierte in der erwarteten Weise und wandte sich an die Friedeberger Kreisstände, von diesem Vorhaben, das „ein modus plane irregularis sei", abzusehen. Diese beharrten allerdings weiter auf ihrer Position. Ein bezeichnendes Licht auf die ansonsten schwer zu rekonstruierenden Kommunikationsstränge zwischen kleinräumlichen Adelsgesellschaften, Verwaltung auf mittlerer Ebene und der politisch-höfischen Führungsgruppe wirft im übrigen eine Äußerung des v. d. Marwitz, mit der er zu erklären versuchte, warum die renitenten Rittergutsbesitzer so unbeugsam an ihrem Vorgehen festhielten: „Sie sind ganz tolle, weil ein hoher Ministre[1469] ihnen favorisiret!"

Ein weiterer in den Quellen mitgeteilter Vorgang zeigt aus der entgegengesetzten Perspektive die Normen, die innerhalb dieser Amtsträgergruppe bestanden und deren Einhaltung erwartet wurde. 1707 beschwerten sich die Untertanen der der Familie v. Güntersberg gehörenden Güter im Kreis Dramburg über die ausbleibenden Rückerstattungen von Marschkosten und Standquartiergeldern. Als Verantwortlicher für dieses Versäumnis wurde der Landrat v. Borck benannt, der sich damit entschuldigte, daß Dramburg bei der Auszahlung dieser Gelder gegenüber den anderen Kreisen übervorteilt worden wäre. Er verlangte seinerseits vom Landesdirektor v. Selchow die Begleichung des sich insgesamt auf 433 Rtl. belaufenden Fehlbetrages. Der Konflikt zog sich mehrere Jahre hin und rief letztlich auch das Generaldirektorium auf den Plan, das 1714 in einem Spezialbefehl darüber Aufklärung verlangte, „was es mit solchen Anforderungen vor Bewandnis habe, was ein Kreis den anderen gut tun und warum dergleichen Kosten, welche billig mit gleichen Schultern getragen werden sollten, nicht von Jahren zu Jahren unter die neumärkischen und incorporierten Kreise richtig gemacht werden" könne.[1470] Der ständig querulierende, in mehreren Eingaben die anderen neumärkischen Landräte kritisierende v. Borck zog sich bald den Unmut seiner Amtskollegen zu. Der Landrat des Kreises Schivelbein, v. Beneckendorff, monierte in einem Schreiben, daß „der Herr Landrat von Borck sich in diesem Stücke nicht allzu gütig und als ein *Mitglied* [Hervorhebung – F. G.] erwiesen" habe.[1471] Offenbar hatte der kritisierte Landrat durch seine Handlungsweise gegen ungeschriebene Normen dieser Amtsträgergruppe verstoßen.

1468 Der v. d. Marwitz hatte sieben Kinder, deren Versorgung ihm nach eigenen Angaben große Schwierigkeiten bereitete. Dies war kein Einzelfall, denn die neumärkischen Landräte rekrutierten sich – wie a.a.O. gezeigt – zumeist nicht aus den wohlhabenderen Adelsfamilien. Der hoch verschuldete Cottbusser Landrat v. Vernezobre machte z.B. 1778 darauf aufmerksam, daß er bei einer geplanten Gehaltskürzung – bisher erhielt er 300 Rtl. – sein Amt nicht mehr weiterführen könne. Vgl.: GStAPK I. HA, Rep. 22 Nr. 350c, unpag.
1469 Es ist denkbar, daß es sich hierbei um den Präsidenten v. Brenckenhoff auf Blumenfelde handelte
1470 Brand. LHA Rep. 23 B Nr. 252, unpag.
1471 Ebenda.

Ebenso kam es innerhalb des Corpus der neumärkischen Landräte zuweilen zu Auseinandersetzungen über die interne Rangstruktur, die sich an der Frage der Anciennität entzündeten. Der jeweils dienstälteste der elf neumärkischen Landräte fungierte als Landesdirektor. Ihm kam damit ein höheres Prestige und Gehalt zu. Dem Cottbusser Landrat v. Pannwitz solle es im Juli 1746 „sehr sensibel gewesen [sein], aus den Landtags-Protocolli zu ersehen", daß der Königsberger Landrat Samuel Ehrentreich v. Werthern künftig das „tractement" als neumärkischer Landesdirektor erhalten solle.[1472] Doch das Kollegium der neumärkischen Landräte blieb bei seinem im Mai gefaßten Beschluß und beschied den Cottbusser Landrat, ein Patent beizubringen, womit er seinen Rechtsanspruch belegen könne.[1473]

Es mag vielleicht verwundern, daß unser Hauptaugenmerk in einer Abhandlung über die ständepolitische Wirksamkeit des brandenburgischen Adels im 18. Jahrhundert bisher vor allem auf der Gruppe der Landräte lag. Schließlich wurden diese Amtsträger zumeist unter dem Aspekt ihrer „Zwitterstellung" behandelt, d.h., daß sie in erster Linie Sachwalter der Krone auf landschaftlicher Ebene waren und ihr zweifellos vorhandenes Wirken im Interesse ihrer Kreisstände dahinter zurücktrat.[1474] Zu bedenken ist aber bei der Abwägung dieser beiden Seiten ihrer Tätigkeit, daß die ständische Komponente des Landratsamtes im Verlaufe der zweiten Hälfte des 18. Jahrhunderts – auch in der Wahrnehmung der Oberstände – wieder einen höheren Stellenwert eingenommen hatte. Dies fand seinen mittelbaren Ausdruck ferner darin, daß das teilweise unter dem Soldatenkönig eingeschränkte Wahlrecht der Kreisstände unter dessen Nachfolger bis auf wenige Ausnahmen wiederhergestellt wurde.[1475] Diese Ausnahmen waren dann gegeben, wenn der Krone die von den Oberständen avisierten Landratskandidaten fachlich als nicht geeignet erschienen oder zu jung waren.[1476]

Bereits oben wurde auf die Ämterkumulation Landrat – Verordneter bzw. Deputierter in den als „Landtage" titulierten ständischen Ausschüssen verwiesen. Die enge Verbindung des Landratsamtes mit den ständischen Organisationsstrukturen tritt uns am klarsten bei den neumärkischen Landräten vor Augen. Das Gesamtcorpus der elf Landräte der neumärkischen und „incorporierten" Kreise bildete den neumärkischen „Landtag", der zumeist in Küstrin tagte.[1477] Zugleich wurden auch die der Neumark zustehenden Chargen in den überregionalen ständischen Gremien durch ausgewählte Landräte besetzt. Insbesondere dem Landesdirektor kam gleichsam als „Senior" der neumärkischen Landräte in dieser Frage

---

1472 Ebenda, Nr. 1023, unpag.
1473 Der v. Pannwitz kann erst nach 1740 sein Amt als Landrat angetreten haben, während der v. Werthern bereits seit 1735 amtierte.
1474 Vgl. dazu Hintzes Ausführungen in A.B.B., Bd. 6.1, S. 260-269.
1475 Repräsentativ dafür z.B. das Kabinettsschreiben des Königs vom 9.1.1750, in dem im Zusammenhang einer umstrittenen Wahl im Niederbarnimer Kreis das Recht der Kreisstände betont wurde, ihre Landräte frei zu wählen, bzw. das Reskript für die Prignitzer Stände vom 18.3.1756 mit der Zubilligung des Präsentationsrechtes. Vgl.: A.B.B., Bd. 8, S. 661 und Bd. 10, S. 444 f.
1476 So erhielt zwar der Leutnant v. Happe 1753 im Kreis Oberbarnim die Mehrheit der Stimmen, doch lehnte der König seine Bestätigung auf Grund seiner geringen Lebenserfahrung ab. Vgl.: A.B.B., Bd. 9, S. 447.
1477 Die Durchsicht der im Neumärkischen Ständearchiv (Brand. LHA Rep. 23 B) lagernden Landtagsprotokolle zeigte, daß Hintze einem Irrtum unterlag, wenn er annahm, der neumärkische Landtag würde nur einmal im Jahr tagen. Vgl.: Hintze, Einleitende Darstellung, S. 377.

eine Schlüsselstellung zu. Als Tido Christoph v. d. Hagen im Mai 1736 aus gesundheitlichen Gründen seinen Rücktritt vom Amt des Landesdirektors anbot, begründete er zugleich in einem Brief an das Generaldirektorium, warum auch sein Nachfolger, Joachim Bernd v. Selchow, wiederum zugleich das Verordnetenamt im Engeren Ausschuß der Hufenschoßkasse erhalten solle. Er müsse eine Vorbildfunktion einnehmen und den anderen Kreisen „mit gutem Exempel vorleuchten" und eine koordinierende Tätigkeit bei der jährlichen Schoßabrechnung wahrnehmen. In einem Protokoll vom 11. Juli 1736 wurde schließlich festgehalten, daß auch künftig das Verordnetenamt nicht von dem des Landesdirektors „separiert" werden dürfe.[1478]

Doch auch in den kurmärkischen Kreisen sah die Praxis so aus, daß die Landräte oftmals zugleich die Positionen im Engeren bzw. Großen Ausschuß besetzt hielten[1479], so daß es ein altmärkischer Landrat für eine Brüskierung hielt, als von dieser Praxis einmal abgewichen wurde.[1480] Das Prignitzer Verordnetenamt der Hufenschoßkasse wurde von 1705 bis 1766 durchweg von den jeweiligen Landräten wahrgenommen.[1481] Die Protokollbücher des Großen Ausschusses, die seit 1759 in lückenloser Folge vorliegen, belegen diese Beobachtung auch für die anderen kurmärkischen Kreise.[1482] Der Eindruck, daß es sich bei den mit der ständischen Interessenwahrnehmung befaßten Adligen nur um einen relativ eingegrenzten Personenkreis handelte, wird noch durch die in den Listen deutlich werdende Identität der Vertreter im Engeren und Großen Ausschuß verstärkt. Vor allem innerhalb des Corpus der mittelmärkischen Ritterschaft zeichnete sich diese Konstellation deutlich ab.[1483]

Die Ständerepräsentanten achteten allerdings mitunter darauf, daß keine allzu sichtbare Ämterhäufung zustande kam. So hatte im Jahre 1720 der Landrat des Kreises Teltow, Hans Georg v. Otterstedt, versucht, sowohl das Verordnetenamt zum Engeren Ausschuß des Hufen- und Giebelschosses als auch das der Neuen Biergeldkasse zu erlangen. Dagegen stand aber die einhellige Meinung der anderen im Großen Ausschuß versammelten Landräte, die den v. Otterstedt schließlich dazu bewegen konnten, nur das Verordnetenamt der Neuen

---

[1478] Brand. LHA Rep. 23 A. A 160.

[1479] K. Vetter wies für das ausgehende 18. Jahrhundert auf diese Ämterüberschneidung hin, die – wie im folgenden zu zeigen sein wird – für das gesamte 18. Jahrhundert zu beobachten ist. Vgl.: Vetter, Kreistage, S. 400.

[1480] Der Landrat v. d. Schulenburg beschwerte sich 1763 über die Wahl des Obergerichtsrates Hans-Christoph v. Bismarck zum Deputierten des Engeren Ausschusses, „welches indes wohl ein annexum der Landrats-Charge gewesen". Brand. LHA Rep. 2 S Nr. 579, Bl. 3.
Im Kreis Teltow hielt man noch 1749 an einer Trennung der Landratsstelle und des Amtes in den führenden ständischen Gremien fest. Durch die Wahl des v. Wilmersdorff zum Landrat wurde sein Platz als Deputierter im Großen Ausschuß frei, den nunmehr der aus dem Havelland stammende Hauptmann v. Erxleben auf Selbelang besetzte. Vgl.: Brand. LHA Rep. 6 A Havelland, Nr. 7.

[1481] Vgl.: Klinkenborg, Archiv, Bd. 1, S. 304.

[1482] Vgl.: Brand. LHA Rep. 23 A. A 57 und 58. Die Aufstellung Klinkenborgs ist insofern nicht ganz zuverlässig, da er bei einigen Verordneten des Neuen Biergeldes bzw. der Hufenschoßkasse die gleichzeitige Tätigkeit als Landrat nicht erwähnt hatte.

[1483] 4 der 6 mittelmärkischen Verordneten der Hufenschoßkasse waren im Zeitraum von 1704 bis 1785 zugleich auch im Engeren Ausschuß des Neuen Biergeldes tätig, davon bekleideten zwei auch eine Landratscharge. Vgl.: ebenda und Klinkenborg, Archiv, Bd. 1, S. 304 f.

Biergeldkasse zu übernehmen.[1484] Dieses Amt durfte er dann auch nach seiner 1749 erfolgten Demissionierung als Landrat behalten.[1485]

Nahezu unverändert im Vergleich zum vorangehenden Zeitabschnitt bildete auch im 18. Jahrhundert der ständische Regionalismus einen entscheidenden Bezugspunkt der ständischen Aktivitäten. Die wesentliche Ursache für das Weiterwirken dieser Beharrung auf regionaler Eigenständigkeit muß vor allem in den Auseinandersetzungen um die Quotierung für die Kontributions-, Hufen- und Giebelschoßzahlungen gesehen werden. Es erscheint bei dem in vielen Jahrzehnten genährten Argwohn zwischen den ständischen Repräsentanten in allen Teilen der preußischen Monarchie plausibel, daß diese Ressentiments besonders während außergewöhnlicher Belastungen, vor allem natürlich in Kriegszeiten, in besonderer Schärfe ausgetragen wurden. Anläßlich der erneuten Verheiratung des preußischen Königs Friedrichs I. wurde im Jahr 1708 von den Ständen die Aufbringung eines Heiratspräsents erwartet. Ursprünglich hatte sich die kur- und neumärkische Landschaft auf die Summe von 50 000 Rtl. verständigt. Doch nachdem sich die Magdeburger Stände bereit erklärt hatten, 50 000 Rtl. dazu beizutragen, aber Magdeburg „der Churmarck in der Proportion bey weiten nicht gleich stünde", erwartete die Krone ein größeres Engagement der brandenburgischen Stände, damit „die andern Provincien ... Ihre offerten nach der Chur Marck als der ersten" einrichten.[1486] Es gehörte zum bewährten Prinzip der Landesherrschaft, die Ständerepräsentanten der verschiedenen Teile der Monarchie durch Verweis auf die jeweils höheren Geldbeträge anderer Ständegremien auszuspielen.[1487]

Angesichts der permanenten Ressourcenarmut in allen brandenburgischen Landschaften versuchten die regionalen Ständerepräsentanten nach dem St. Florians-Prinzip die Krone von der Begrenztheit oder gar Unmöglichkeit der Zahlungen ihres Kreises zu überzeugen. Der neumärkische Deputierte im Großen Ausschuß, der Landsberger Landrat Curt Dietrich v. d. Marwitz, führte 1703 mehrere spezifische Gründe an, warum die Neumark die geforderten extraordinairen Lasten nicht mittragen könne.[1488] Die kurmärkischen Deputierten konnten dieser Argumentation so allerdings nicht folgen. In einer ausführlichen Entgegnung wiesen die kurmärkischen Vertreter die Argumente ihrer neumärkischen Kollegen zurück. Schon im 16. Jahrhundert sei der Hufen- und Giebelschoß „nicht nur in der Chur Mark Brandenburg ein übliches Mittel" gewesen, „wann zum Dienst der Landesherrschaft und zur Bezahlung derselben Schulden im Lande etwas aufgebracht" werden mußte; auch die Neumark sei ständig hinzugezogen worden.[1489] Mehrere Verordnungen wurden zitiert, um die eigene Position zu untermauern. Auf die ins Spiel gebrachte schlechte wirtschaftliche Ver-

---

1484 Vgl.: Brand. LHA Rep. 23 A. A 157. Verordneter im Engeren Ausschuß der Hufen- und Giebelschoßkasse wurde der Landrat v. Strantz.
1485 Vgl.: A.B.B., Bd. 8, S. 241.
1486 Brand. LHA Rep. 23 B Nr. 178, unpag.
1487 Zu dieser Praxis bei der Einziehung der Krönungsgelder 1701 vgl. auch: Kaiser, „Optimo Regi Fides Borussorum", S. 93 ff. u. 111.
1488 Brand. LHA Rep. 23 B Nr. 135, Bl. 168 f. Vor allem wurde dabei auf die ungünstige geostrategische Lage der Neumark (liegt nicht an „sonderlich navigable[n] Ströhme[n]", besonders anfällig für „Pollnische und Schwedische invasionen"; geringer Peuplierungsgrad) verwiesen.
1489 Ebenda, Bl. 235.

fassung der ostbrandenburgischen Kreise eingehend wiesen die kurmärkischen Repräsentanten darauf hin, „daß es nicht eben auf der Unterthanen Conservation, sondern darauf ankomme, daß einer oder der andere contribuable Hufen unter dem Pfluge haben müsse" – und dies sei im Hufenschoß-Rezeß von 1704 eindeutig fixiert worden.[1490]

Während der Sitzung des neumärkischen Landtages am 7. April 1713 wurde anläßlich der Debatte um eine Übertragung neumärkischer Quoten auf die Kurmark beschlossen, „in dem Neumärkischen Landesarchiv nachzusehen, ob die Überoderschen Herren Stände jemals für die Neumark etwas gezahlet" hätten.[1491] Das Ergebnis der Nachforschungen fiel wie erwartet negativ aus, so daß der Landtag eine Argumentationsgrundlage für einen ablehnenden Bescheid vorweisen konnte.

Während des Siebenjährigen Krieges diskutierte der Engere Ausschuß am 20. Juni 1758 einen Vorschlag der altmärkischen Ständevertreter, die hohen Kosten zur Behebung der erlittenen Kriegsschäden und die „Sauve-Guarde-Gelder" dieser Teillandschaft durch die anderen Kreise mitzutragen.[1492] Die altmärkischen Verordneten gaben im Falle einer Weigerung zu bedenken, daß künftig auch die anderen Kreise durch derartige Schäden und Belastungen getroffen werden könnten. Die Reaktionen waren bezeichnend: Die Barnimer Verordneten v. d. Schulenburg und v. Nüßler redeten sich damit heraus, daß sie keine Instruktionen von ihren Mitständen erhalten hätten. Die Repräsentanten der Teltower und Beeskow-Storkower Oberstände verwiesen darauf, daß ihre eigenen Kreise viel gelitten hätten und sie nicht absehen könnten, wann ihnen die Schäden vergütet werden würden. Auch die Neumark mochte sich angesichts der eigenen angespannten Situation und der Schäden, die man „ferner noch erleiden möchte" nicht zu einer Unterstützung der Altmark entschließen.[1493] Es war letztlich die prekäre wirtschaftliche Situation, die durch den Krieg noch verschärft wurde, die die Stände zu dieser, nur auf den ersten Blick als egoistisch zu interpretierenden Position eines „Lobbyisten" gedrängt hatte. Die über den gesamten Zeitraum anhaltende, nur temporär sich mitunter ändernde Ressourcenarmut verstellte andere Alternativen landschaftsübergreifender ständepolitischer Wirksamkeit. Vor dem Hintergrund dieses Bildes wird man auch die Durchsetzung der im 18. Jahrhundert zweifellos vorhandenen Integrationstendenzen der Landschaften innerhalb der preußischen Gesamtmonarchie zurückhaltender beurteilen müssen.[1494]

[1490] Ebenda, Bl. 241.
[1491] Ebenda, Nr. 1020, unpag.
[1492] Vgl. zum folgenden: Brand. LHA Rep. 23 A. A 56, Bl. 41-43.
[1493] Zwei Monate später tobte bei Zorndorf bekanntlich die erste größere Schlacht auf neumärkischem Gebiet.
[1494] In diesem Sinne etwa auch Th. Schieder, der im Umfeld der Königskrönung von 1701 eher von einer „stärkeren Herausbildung ihres [der Provinzen - F. G.] Einzelbewußtseins" als von Tendenzen „einer Zusammenschweißung der Einzelterritorien" gesprochen hatte. Th. Schieder: Die preußische Königskrönung von 1701 in der politischen Ideengeschichte, in: ders., Begegnungen mit der Geschichte, Göttingen 1962, S. 183-209 u. 287-294, hier S. 194 f.

Kapitel 4

Zur Verflechtung der Adels- und Hofgesellschaft

In unseren bisherigen Ausführungen sind bereits verschiedentlich die Berührungspunkte brandenburgischer Adelsfamilien zur wachsenden Berlin-Potsdamer Residenzlandschaft angerissen worden. In den folgenden Erörterungen soll dieser Problematik näher nachgegangen werden. Schließlich gehört es zum Allgemeinplatz in der Forschung, daß sich die politische Stellung des Adels in einem sich zunehmend „absolutistisch" gerierenden Territorialstaat in nicht unbedeutendem Maße über sein Verhältnis zu Hof und Residenz als politische und kulturelle Mittelpunkte – nicht nur des Territoriums, sondern auch der Adelsgesellschaft(en) – erschließt.

Konterkariert wird dieses einleuchtende Argument allerdings durch die bis vor kurzem recht marginale Behandlung der Hofproblematik in der deutschen Geschichtswissenschaft.[1495] Die Geschichte des Hofes gehörte auch in der älteren preußischen Historiographie nicht zu den Themen, denen man sich in der Vergangenheit mit Interesse zugewandt hatte.[1496] Das Verdikt des Aufklärungszeitalters über den Fürstenhof als Hort von Intrigen, Sittenlosigkeit und Verschwendungssucht, gewissermaßen als Antipoden zu den bürgerlichen Tugenden Ehre, Fleiß und Sparsamkeit wirkte nach und verhinderte lange Zeit, daß sich die Forschung diesem Thema sine ira et studio näherte. Die brandenburg-preußischen Höfe, insbesondere diejenigen der Könige Friedrich Wilhelms I. und Friedrichs des Großen galten zudem als Sonderfälle, weil sie nur in eingeschränktem Maße die den Höfen im Europa des Ancien

---

[1495] Vgl. dazu den Überblick (mit Auswahlbibliographie) bei: R.A. Müller: Der Fürstenhof in der Frühen Neuzeit (= EDG, Bd. 33), München 1995; ferner die mit einem soziologischen Ansatz operierende und weitgehend Elias folgende Arbeit von J. Freiherr v. Kruedener: Die Rolle des Hofes im Absolutismus, Stuttgart 1973; ebenso die einen neuen typologisierenden Vorschlag unterbreitende, aber nicht unwidersprochen gebliebene Studie von V. Bauer: Die höfische Gesellschaft in Deutschland von der Mitte des 17. bis zum Ausgang des 18. Jahrhunderts, Tübingen 1993.

[1496] Neben den knappen Überblicken und der nur am Rande erfolgenden Behandlung der Hofproblematik in der verwaltungs- und kunstgeschichtlichen Literatur und in den einschlägigen Biographien zu den preußischen Herrschern (E. Opgenoorth zum Großen Kurfürsten; W. Koch und C. Hinrichs zu Friedrich I.; R. Koser zu Friedrich dem Großen) blieb man bislang für einen ersten Überblick auf E. Vehses Darstellung angewiesen. Freilich muß man sich dabei stets vergegenwärtigen, daß es sich hier um eine zumeist auf der Memoirenliteratur fußende Materialsammlung handelt, die quellenkritischen Ansprüchen nicht immer standhält. E. Vehse: Illustrierte Geschichte des preußischen Hofes, des Adels und der Diplomatie vom Großen Kurfürsten bis zum Tode Wilhelms I., 2 Bde., Stuttgart 1901.
Jüngst wurde allerdings mit der Studie von P. Bahl: Der Hof des Großen Kurfürsten. Studien zur höheren Amtsträgerschaft Brandenburg-Preußens, Köln/Weimar/Wien 2001, zumindest für einen wichtigen Abschnitt der preußischen Geschichte des Ancien Régime eine sowohl von der Bewältigung des empirischen Materials als auch vom methodischen Ansatz her überzeugende Arbeit zur Hofproblematik vorgelegt, die auch für die Behandlung der Höfe der nachfolgenden Herrscher Maßstäbe setzen dürfte. Für das 18. Jahrhundert vgl. den jüngst erschienenen Aufsatz von W. Neugebauer: Hof und politisches System in Brandenburg-Preußen: Das 18. Jahrhundert, in: JGMOD 46 (2001), S. 139-169.

Régime zugewiesenen Grundfunktionen in Beziehung zum Adel erfüllt haben sollen: Diese wurden zum einen in ihrer Rolle als Machtinstrument zur „Domestizierung" der Aristokratie, zum anderen als Ort der Monopolisierung aller sozialen, ökonomischen und beruflichen Chancen gesehen. „Das Doppelgesicht des absolutistischen Hofes entspricht genau dem zwiespältigen Verhältnis von König und Adel: Dieser Hof ist ein Instrument zur Beherrschung des Adels und gleichzeitig ein Instrument seiner Versorgung".[1497] Diese, weitgehend N. Elias folgenden Funktionszuweisungen hatten beträchtliche Nachwirkungen auch für die Interpretation der deutschen Verhältnisse, obgleich Elias selbst – was seine Kritiker häufig übersahen – nie den Anspruch erhoben hatte, die Konstellationen des französischen Beispiels zum allgemeingültigen Modell zur Erklärung der „absoluten Monarchie" deklariert zu haben.[1498] In den letzten Jahren sind gleichwohl beträchtliche Korrekturen an dem Elias'schen Bild der „höfischen Gesellschaft" vorgenommen worden.[1499] Im Hinblick auf die uns interessierende Fragestellung wäre hier vor allem die auf der Grundlage mehrerer empirischer Studien entwickelte Erkenntnis hervorzuheben, daß ein angeblich weitgehend funktionslos gewordener Adel am Hofe, gleichsam in einem „goldenen Käfig", eben nicht zum Spielball eines omnipotenten Monarchen geworden war, sondern einen beträchtlichen Handlungsspielraum behalten hatte.

Diese Überlegungen gewinnen auch für unseren Untersuchungsgegenstand an Relevanz, galten doch gerade die preußischen Verhältnisse als Exempel einer „absoluten" Monarchie mit besonderer Effizienz. Wenn auch die Ausbildung einer höfischen Kultur in Brandenburg-Preußen zwar verspätet, dennoch zunächst „in völliger Übereinstimmung"[1500] mit den Prozessen im Europa des Ancien Régime einherging, wurde dem Hof im Hohenzollernstaat weitgehend die Funktion als Bezugspunkt des inländischen Adels abgesprochen. Die im 17. Jahrhundert zu beobachtende Entfremdung zwischen Fürst und Oberständen, die vor allem auf die bereits aufgezeigte Bedeutungsminderung der Ritterschaft als Kreditgeber für die Landesherrschaft sowie die konfessionelle Verschiedenheit von Dynastie und Ritterschaft zurückzuführen war, spiegelte sich, zumindest auf den ersten Blick, auch in der ungenügenden Präsenz innerhalb der Residenzgesellschaft wider.[1501] In Anlehnung an die von Elias betonte Reglementierungsfunktion wurde des weiteren darauf abgehoben, daß in Preußen

---

1497 N. Elias: Über den Prozeß der Zivilisation, Bd. 2, Bern 1969, S. 268.
1498 Vgl.: Elias, Die höfische Gesellschaft, v.a. S. 148 f., wo er insbesondere im Unterschied zu den französischen Verhältnissen auf die regionale Vielfalt der politisch-höfischen Struktur und die „zahlreiche[n] informelle[n] Querverbindungen zwischen den fester gefügten regionalen Adelsgesellschaften" im Alten Reich verwiesen hatte.
1499 Vgl. repräsentativ: A. Winterling: Der Hof der Kurfürsten von Köln 1688-1794. Eine Fallstudie zur Bedeutung „absolutistischer" Hofhaltung, Bonn 1986; Princes, Patronage and the Nobility. The Court at the Beginning of the Modern Age, ca. 1450-1650, ed. by R.G. Asch/ A.M. Birke, Oxford/London 1991; jüngst v.a.: J. Duindam: Norbert Elias und der frühneuzeitliche Hof. Versuch einer Kritik und Weiterführung, in: Historische Anthropologie 6 (1998), S. 370-387.
1500 J. Kunisch: Funktion und Ausbau der kurfürstlich-königlichen Residenzen in Brandenburg-Preußen im Zeitalter des Absolutismus, in: Potsdam. Märkische Kleinstadt – Europäische Residenz. Reminiszenz einer eintausendjährigen Geschichte, hrsg. v. P.-M. Hahn u.a., Potsdam 1995, S. 61-83, hier S. 67.
1501 Vgl.: Hahn, Landesstaat und Ständetum, S. 63.

zunehmend das stehende Heer „die Stelle des Hofes als Instrument der Funktionalisierung des Adels" übernommen hätte.[1502]
Ausgehend von diesen Bewertungen versuchen unsere folgenden Überlegungen einer Reihe von Fragen nachzugehen, die nicht primär die innere Struktur und Organisation des brandenburgisch-preußischen Hofes beleuchten, obgleich auch dies für das 18. Jahrhundert nach wie vor ein Forschungsdesiderat darstellt, sondern die die Beziehungen zwischen den meist ständig an der Residenz präsenten Angehörigen der Hofgesellschaft und den kleinräumlichen Adelsgesellschaften der Mark Brandenburg erhellen sollen. Es ist davon auszugehen, daß auch am brandenburg-preußischen Hof „familiäre wie politische Allianzen gestiftet, Ämter, Privilegien und ökonomische Chancen aller Art verteilt und erworben, Geldgeschäfte getätigt und politische Willensbildung unter Einbeziehung der Herrschaftseliten betrieben" wurden.[1503] Darüber hinaus ist zu fragen, ob es nicht dennoch – mehr im Alltäglichen und Verborgenen – wirksamere Beziehungsstränge zwischen Hof und Adel gegeben hatte als dies im Lichte der Entfremdungsthese zunächst den Anschein haben mochte. Damit ordnet sich diese Fragestellung in das Gesamtanliegen unserer Untersuchung ein, nämlich zu zeigen, inwiefern sich der brandenburgische Adel an die veränderten Rahmenbedingungen der „absoluten Monarchie" angepaßt hatte.
Nach einer knappen Skizzierung der Entwicklung des brandenburg-preußischen Hofes zwischen der Mitte des 17. und dem zweiten Drittel des 18. Jahrhunderts soll der Präsenz des brandenburgischen Adels innerhalb der Hofgesellschaft nachgegangen werden. „Hofgesellschaft" schließt natürlich in unserem Fall die höhere Amtsträgerschaft ein, denn die Trennlinien zwischen Hof- und Landesverwaltung verliefen noch recht unscharf.[1504] Der hohe Wert von Rang- und Prestigekonstellationen spiegelte sich auf spezifische Weise auch im brandenburg-preußischen Fall wider. Dieser Problematik wird vor allem unter dem Aspekt der Verbindung bzw. Interdependenz zwischen Adels- und Hofgesellschaft nachgegangen. Schließlich sollen konkrete Beispiele von Patronage- und Klientelbindungen zwischen Mitgliedern der Hofgesellschaft und lokalen Amtsträgern vorgeführt werden.

Die Hofgesellschaft

Der Berliner Hof gehörte noch bis weit in die Regierungszeit des Großen Kurfürsten hinein nicht zu jenen Höfen im Alten Reich, die durch eine besondere „Magnifenz" auf sich aufmerksam gemacht hatten. Zwar hielt die quantitative Erweiterung des Hofstaates durchaus mit den Vorbildern anderer größerer deutscher Territorien Schritt, dennoch blieb der kultu-

---

1502 J. Kunisch: Hofkultur und höfische Gesellschaft in Brandenburg-Preußen im Zeitalter des Absolutismus, in: Europäische Hofkultur im 16. und 17. Jahrhundert: Vorträge und Referate gehalten anläßlich des Kongresses des Wolfenbütteler Arbeitskreises für Renaissanceforschung und des Internationalen Arbeitskreises für Barockliteratur in der Herzog-August-Bibliothek Wolfenbüttel vom 4. Bis 8. September 1979, hrsg. v. A. Buck, Hamburg 1981, Bd. 3, S. 735-744, hier S. 736 u. 741.
1503 Herrenhäuser, Bd. 1, S. 44.
1504 Vgl. dazu auch die Bemerkungen bei Bahl, Hof, S. 25 ff.

relle Abstand noch lange unverkennbar.¹⁵⁰⁵ Erst seit den 1670er Jahren waren die Bemühungen um eine Kompensation dieses Defizits zunehmend erfolgreich, so daß die Berlin-Potsdamer Residenzlandschaft zunehmend Anschluß an das Niveau anderer vergleichbarer Dynastien gewinnen konnte. Die Attraktivität eines Hofes innerhalb der europäischen Hochadelsgesellschaft – und nur diese konnte letztlich dessen „Wert" kompetent beurteilen – erwuchs in nicht geringem Maße aus der Frequentierung durch Angehörige fremder, vor allem hochadliger Geschlechter. Ein besonderer Erfolg in der Aufholjagd blieb dem ersten preußischen König beschieden. Mit erheblichem Kraftaufwand führte dieser den Berlin-Potsdamer Hof inklusive seiner zahlreichen Nebenresidenzen in die vordere Reihe der deutschen Höfe.¹⁵⁰⁶ Der Wechsel zu seinem Sohn und Nachfolger brachte zwar zunächst eine erhebliche Reduktion der Chargen und Ausgaben für den Hof, doch konnten neue Untersuchungen belegen, daß es überzogen erscheint, von einem totalen Bruch nach 1713 zu sprechen.¹⁵⁰⁷ Die Formen der dynastischen Inszenierung fielen unter dem „Soldatenkönig" nicht weg, lediglich deren Stil veränderte sich.¹⁵⁰⁸ Friedrich der Große schien mit seinen Aktivitäten, die wieder mehr höfischen Glanz in die Residenzen brachten, an die Tradition seines Großvaters anzuknüpfen. Allerdings – und diese Beobachtung dürfte gerade auch für die Interessenlage ambitionierter Adliger nicht unerheblich gewesen sein – bot der friderizianische Hof in wesentlich geringerem Maße Chancen für das eigene Fortkommen als der Hof des Großen Kurfürsten oder des ersten preußischen Königs, wenngleich die Bewertung der Wiederherstellung des höfischen Lebens nach 1740 nur als „Attrappe für die preußische Macht" überzeichnet sein dürfte.¹⁵⁰⁹ Schließlich war sich Friedrich der Bedeutung der Magnifizenz des Hofes durchaus bewußt.¹⁵¹⁰ Allerdings blieb es auch an diesem, dem „geselligen Hof" zugeordneten Idealtyp,¹⁵¹¹ bei der reduzierten Zahl von potentiell zur Verfügung stehenden und für den brandenburgischen Adel in Frage kommenden Chargen. Des weiteren dürfte auch eine Entwicklung die Attraktivität einer Hofkarriere für einen Adligen gedämpft haben, die im zunehmenden Auseinandertreten zwischen dem eigentlichen politischen Entscheidungszentrum und dem Hof gesehen wurde.¹⁵¹²

1505 Vgl. dazu den Überblick bei P.-M. Hahn: Die Hofhaltung der Hohenzollern. Der Kampf um Anerkennung, in: Preußische Stile. Ein Staat als Kunststück, hrsg. v. P. Bahner /G. Roellecke, Stuttgart 2001, S. 73-89, hier S. 78 ff.
1506 Vgl. dazu künftig die Dissertation von Ines Elsner über den Hof Friedrichs I.
1507 „Die Funktion des preußischen Hofes nach 1713 war ausgerichtet auf fallweisen Prunk, aber beileibe nicht auf Prunkverzicht". Neugebauer, Hof, S. 147.
Nicht zuletzt belegen auch die personelle Kontinuitäten diese These. Einige der hohen Amtsträger wie Marquard Ludwig v. Printzen, Paul Anton v. Kameke oder Samuel v. Hertefeld hatten bereits vor 1713 ihre Ämter erhalten. Vgl. dazu jetzt: Bahl, Die Hofgesellschaft.
1508 Vgl. hierzu künftig: P.-M. Hahn: Hof und Repräsentation unter Friedrich Wilhelm I. Zwischen Traditionsbruch und Kontinuität, in: Der Soldatenkönig Friedrich Wilhelm I. in seiner Zeit, hrsg. v. J.H. Schoeps [im Druck].
1509 Th. Schieder: Friedrich der Große. Ein Königtum der Widersprüche, Frankfurt am Main/Berlin 1986, S. 50.
1510 Vgl.: R. Koser: Vom Berliner Hof um 1750, in: Hohenzollernjahrbuch 5 (1903), S. 1-37, hier S. 1.
1511 Vgl.: Bauer, Die höfische Gesellschaft, S. 100 f.
1512 W. Neugebauer sprach deshalb für diese Periode von einem Ende des „höfischen Absolutismus". Ders., Die Hohenzollern, Bd. 1, S. 197.

Schon mehrfach wurde in unseren Ausführungen der seit der Regierungszeit des Großen Kurfürsten spürbare Rückgang des Einflusses altbrandenburgischer Geschlechter innerhalb der politischen Führungsschicht des brandenburg-preußischen Staates thematisiert. Die bekannte These der Entfremdung zwischen Residenz und Landadel gründete auf der Annahme, daß die brandenburgische Ritterschaft aus den Führungspositionen von Hof und Zentralverwaltung fast völlig verdrängt worden war. Daneben wird man aber zugleich die Beobachtung zu berücksichtigen haben, daß nach 1648 „nunmehr Heer, Hof- und Staatsverwaltung dem Adel des Gesamtstaates ... weit mehr als früher Dienst- und Versorgungsstellungen und damit neue Einflußmöglichkeiten" geboten hatten.[1513] Denn wie andere Territorialstaaten auch, hielt der brandenburgische Landesstaat des „langen 16. Jahrhunderts" eine im Vergleich zu der folgenden Epoche nur beschränkte Zahl an Amtsträgerchargen bereit, die zudem auch damals schon durch einen nicht geringen Teil Landfremder besetzt wurden.[1514]

Betrachten wir nun eine herausgehobene Gruppe führender Amtsträger, die Mitglieder des Geheimen Rates, für die die Informationen über die regionale Herkunft nahezu lückenlos rekonstruierbar sind:

Tabelle 45: Anteil der Brandenburger an den Mitgliedern des Geheimen Rates (1641-1763)[1515]

Zeitraum der Ernennung	Gesamtzahl	Brandenburger	
		gesamt	davon adlig
1641-1688	74	21 28%	19[1516]
1688-1713	38	5 13%	3
1713-1740	46	10 22%	9
1740-1763	33	6 18%	5

Natürlich sind die in den Geheimen Rat aufgenommenen Personen von ihrem realen politischen Einfluß her nicht gleichgewichtig zu bewerten. Dennoch zeigt ein genauerer Blick auf die jeweiligen Mitglieder des Geheimen Rates, daß auch unter den bedeutenderen Persönlichkeiten dieses lange Zeit wichtigsten politischen Gremiums Brandenburger vertreten waren. So wären in dieser, unter dem Großen Kurfürsten im Geheimen Rat wirkenden Gruppe Konrad v. Burgsdorff, Joachim Friedrich v. Löben, Curt Betram v. Pfuel, Otto Christoph v. Sparr und Carl Ernst v. Platen zu erwähnen.[1517] Alle entstammten altbrandenburgischen Geschlechtern. Dagegen kann unter den zwischen 1688 und 1713 bestallten Geheimen Räten

---

1513 Heinrich, Adel in Brandenburg-Preußen, S. 299.
1514 Vgl.: Hahn, Struktur und Funktion, v.a. S. 141 ff.
1515 Ermittelt nach: Manuscripta Borussica (= Staatsbibliothek Berlin) 2° 375, Bl. 97ff.
1516 Zieht man die Aufstellung bei Nachama, Ersatzbürger, S. 261-267, noch heran, kommen für diesen Zeitraum weitere 12 höhere Amtsträger (Kammergerichts-, Hof- und Kriegsräte) aus brandenburgischen Adelsfamilien hinzu.
1517 Zu ihren Karrieren vgl. jetzt die Kurzbiographien bei Bahl, Hof.

lediglich Johann Albrecht v. Barfuß diesen Rang beanspruchen, und während der Zeit des „Soldatenkönigs" kam, wenn man von dem beim König eine große Vertrauensstellung genießenden, aber erst in zweiter Generation in der Mark ansässigen Friedrich Wilhelm v. Grumbkow einmal absieht, allenfalls Georg Dietloff v. Arnim zeitweilig eine gewisse politische Bedeutung zu.

Die Angaben zu dieser nicht unwichtigen Amtsträgergruppe zeigen des weiteren, daß der Einflußverlust brandenburgischer Geschlechter innerhalb der Berlin-Potsdamer Residenzgesellschaft vor allem aus der territorial gewachsenen Monarchie resultierte. Bildeten bis 1640 die aus der Mark Brandenburg stammenden Adligen die Mehrheit innerhalb des Geheimen Rates, relativierte sich zwar die Bedeutung der Kernprovinz des entstehenden Gesamtstaates, jedoch nicht in dem oft unterstellten Maße – abgesehen von den zeitweiligen Gewichtsverlagerungen zwischen adligen und bürgerlichen Geheimen Räten, die hier allerdings nicht Gegenstand der Betrachtungen sein sollen. Die Brandenburger stellten mit einem Anteil von etwa einem Drittel nach wie vor die größte Einzelgruppe, ein Befund, der auch durch die die gesamte Hofgesellschaft in den Blick nehmende Studie von *P. Bahl* gestützt wird.[1518] Die Landesherrschaft mußte schließlich auch den Angehörigen der hinzugewonnenen Adelsgesellschaften Karriere- und Aufstiegsmöglichkeiten im Zentrum der Monarchie anbieten, sollte der ohnehin nur zögerlich anlaufende Integrationsprozeß halbwegs konfliktfrei funktionieren.[1519] Legt man diese bedeutende quantitative Zunahme des Adels der Gesamtmonarchie zugrunde, fällt der prozentuale Anteil brandenburgischer Adliger an den zu vergebenden Führungspositionen nicht so schlecht aus, wie ein oberflächlicher Blick vielleicht vermuten läßt – die Westprovinzen oder Magdeburg-Halberstadt waren in viel geringerem Maße vertreten! Diese Gewichtungen sollten im übrigen auch unter den folgenden drei Herrschern mit nur leichten Nuancierungen erhalten bleiben, was durch eine stichprobenartige Auswertung der Hof- und Staatskalender des 18. Jahrhunderts belegt werden kann.[1520] So stammten 12 der im Berliner Adreßkalender von 1735 erfaßten insgesamt 52 Mitglieder der höheren Amtsträgerschaft und des Offizierkorps (ab Obrist) aus der Kur- und Neumark Brandenburg.[1521] Diese Zahl entsprach einem Anteil von 23%, lag also etwa in dem Level des für die Zusammensetzung des Geheimen Rates ermittelten Wertes. In dem Adreßkalender von 1764, der weitaus mehr Chargen der Hofgesellschaft (101) in die Aufstellung einbezogen hatte, konnte sogar ein brandenburgischer Anteil von 32% erfaßt werden.[1522]

Aber eine solche Wertung aus der historischen Distanz erwächst freilich aus der Perspektive der Gesamtmonarchie bzw. der Nachlebenden; und diese war bekanntlich nicht die der bran-

---

[1518] Vgl.: Bahl, Hof, S. 146 f. Bahl macht a.a.O. darauf aufmerksam, daß bei 33 von 43 adligen Amtsträgern die Väter schon in der Mark Brandenburg ansässig waren. Ebenda, S. 178.
[1519] Vgl. hierzu zuletzt: Neugebauer, Staatliche Einheit.
[1520] Vgl. dazu die Studie von M. Haß, die erstmals auf die Bedeutung der Adreßkalender als wichtige Quelle aufmerksam gemacht hatte: ders., Die preußischen Adreßkalender.
[1521] Adress-Kalender der Königlich Preußischen Haupt- und Residentz-Städte Berlin ... auf das Jahr Christi 1735, Berlin 1735.
[1522] Adreßkalender der Königlich Preußischen Haupt- und Residentz-Städte Berlin ... auf das Jahr Christi 1764, Berlin 1764. Berücksichtigt wurden hier die adligen Mitglieder der Hofgesellschaften des Thronfolgers und der königlichen Brüder, die hohen adligen Amtsträger (bei den Kammerherren allerdings nur die tatsächlich in der Residenz anwesenden) und Militärs (ab Dienstgrad Obristleutnant).

denburgischen Ritterschaft, die bekanntlich wenig Zuneigung zu den territorial- und machtpolitischen Ambitionen ihres Landesherrn entwickeln konnte. Einen etwas differenzierteren Blick erhalten wir, wenn der Anteil der einzelnen brandenburgischen Adelsgeschlechter an den höheren zivilen Chargen in der Hofgesellschaft bestimmt wird. Die folgende Übersicht vermittelt Aufschlüsse darüber, wieviele Angehörige eines in Brandenburg ansässigen Adelsgeschlechts ein solches Amt erreichten, das ihnen einen unmittelbaren Zugang zur politischen Führungsgruppe ermöglicht hatte.[1523] Jene Adligen, die mehrere herausgehobene Ämter bekleidet hatten, wurden natürlich nur einmal gezählt. Die Amtsträger jener Geschlechter, die erst im 17. Jahrhundert in der Mark Brandenburg ansässig wurden, sind erst ab der zweiten Generation berücksichtigt worden, somit fallen also z.B. ein Otto v. Schwerin oder Heino Heinrich v. Flemming aus dieser Erhebung heraus.

Tabelle 46: Besetzung hoher Ämter durch brandenburgische Adelsfamilien (1640-1770) [1524]

Geschlecht	1640-1700	1700-1740	1740-1770
Arnim	1	1	2 (1)
Alvensleben	1	1	
Barfuß	1		
Bismarck	1	1	2
Blumenthal	3	1	1
Börstel	2		1
Borck			1
Brandt	2		
Bredow	1	2	1
Brunn	1		
Buch	1		
Burgsdorff	2		
Eickstedt	(1)		
Finck			2
Flemming		1	
Goltz	1		1
Görne	1		1

1523 Im Unterschied zu den Tabellen 33 und 33a werden hier nur diejenigen Ämter erfaßt, die ihren Inhaber auf Dauer oder geraume Zeit als Mitglied der politischen Führungsgruppe erscheinen ließen oder ihn in direkte Verbindung zu ihr gebracht hatten. Aus diesem Ansatz ergibt sich, daß die Amtsträgerzahlen pro Geschlecht in den Tabellen 33 und 33a zumeist höher ausfielen als in der im Anschluß zu präsentierenden Übersicht.
1524 Ermittelt nach den Angaben der im Literaturverzeichnis angegebenen Familiengeschichten; ferner wurden die Aufstellungen bei Nachama, Ersatzbürger, S. 261 ff.; v. Bonin, Der Adel, S. 253 ff.; Bahl, Hof; Vehse, Illustrierte Geschichte und die in den vorigen Anm. genannten Adreßkalender berücksichtigt.
In Klammern ist die Zahl der nur als Kammerjunker oder Pagen am Hof präsenten Geschlechtsangehörigen aufgeführt.

Geschlecht	1640-1700	1700-1740	1740-1770
Götze	3		
Gröben	2		
Grüneberg	1		
Grumbkow		1	
Hagen	2		1
Hake	1		1
Hertefeld		1	
Kameke			1
Kannenberg	1		1
Klitzing	1		
Knesebeck	2		
Kröcher		1	
Löben	1 (1)		
Löschebrand		1	
Lüderitz	1		
Marwitz	3 (1)		
Oppen	2		
Pfuel	1		
Platen	2		
Putlitz	1	1 (1)	
Quast	1		
Quitzow	1 (1)		
Redern	(1)		1
Ribbeck	2		
Rochow	6 (2)	1 (1)	1
Schlabrendorff			1
Schöning	1		
Schulenburg	1 (1)	2	4
Schwerin	1	1	1
Sparr	1		
Stechow	1	1 (1)	
Sydow		1	1
Waldow	2 (1)	1	1
Wedel	1		
Winning	(1)		
Winterfeld	3 (1)	(1)	1 (1)
Wreech	1		
Wuthenow	1		
Zabeltitz	1 (1)		

Zur Verflechtung der Adels- und Hofgesellschaft

Nur wenigen brandenburgischen Adelsfamilien gelang es demnach, über den gesamten Untersuchungszeitraum kontinuierlich solche Chargen zu besetzen, die einen unmittelbaren Zugang zur politischen Führungsgruppe ermöglichten. Lediglich die Geschlechter v. Arnim, v. Bismarck, v. Blumenthal, v. Bredow, v. Rochow und v. d. Schulenburg finden wir noch in dieser Gruppe. Vier dieser Familien gehörten bereits im „langen 16. Jahrhundert" zu der schon mehrfach genannten Machtelite.[1525] Die Übersicht bestätigt ferner den gravierenden Rückgang des Anteils brandenburgischer Adelsfamilien unter den hohen Amtsträgern. Die Mehrheit der in der Tabelle aufgeführten Familien konzentriert sich auf die zweite Hälfte des 17. Jahrhunderts. Dagegen kann im höheren Offizierkorps (Obristen und Generäle) ein permanent hoher Anteil brandenburgischer Adelsgeschlechter nachgewiesen werden. So entstammten 107 (= 28%) der insgesamt 378 höheren Offiziere des Zeitraums 1650-1725 aus brandenburgischen Teillandschaften.[1526]

Ausgehend von der, auch durch die Untersuchung von *Bahl* gestützten Beobachtung, daß die Mittelmark besonders exponiert innerhalb der politischen Führungsgruppe vertreten war, gilt es zu prüfen, inwiefern es Angehörigen von den im residenznahen Raum ansässigen Adelsgeschlechtern gelang, in Beziehungen zur höfischen Elite zu treten. In diesen Landschaften konzentrierte sich der nicht unbedeutende Besitz der zur politisch-höfischen Führungsgruppe gehörenden Amtsträger; daß dies auch zur ständepolitischen Einbindung bzw. vereinzelt auch zu Heiratsbeziehungen innerhalb der residenznahen Adelsgesellschaften führen konnte, ist bereits aufgezeigt worden. Allein die Nachbarschaft von Rittergütern bzw. der gemeinsame Besitz von Gütern boten schon Möglichkeiten zu Kontakten zwischen Angehörigen der Dynastie bzw. Mitgliedern der höfischen Führungsgruppe und den alteingesessenen Adelsgeschlechtern.[1527] Zuweilen konnten daraus, wie dies z.B. für die östlich an die Residenz grenzenden und durch einen hohen Anteil von Angehörigen der politisch-höfischen Führungsgruppe geprägten Adelslandschaften nachgewiesen wurde, engere kommunikative Bindungen erwachsen.[1528] Erinnert sei in diesem Zusammenhang auch an unsere

---

1525 Vgl.: Hahn, Struktur und Funktion, S. 207 f.
1526 Darunter waren natürlich auch eine beträchtliche Zahl nobilitierter Offiziere. Vgl.: Hahn, Aristokratisierung und Professionalisierung, S. 193.
1527 Die Kurfürstin Luise Henriette verfügte gemeinsam mit Marcus v. d. Lütke, denen v. Bredow, v. Hake und v. Weiler über Anteilbesitz in dem Mediatstädtchen Kremmen. Am 16.1.1665 erließ sie gemeinsam mit diesen eine neue Gerichtsordnung. Vgl.: E.D.M. Kirchner: Die Churfürstinnen und Königinnen auf dem Throne der Hohenzollern im Zusammenhange mit ihren Familien- und Zeitverhältnissen, 2. Teil, Berlin 1867, S. 249. Belege für gemeinsamen Besitz im Havelland laut der Vasallentabelle von 1759 für Pessin: Minister v. Boden und Gebrüder v. Knoblauch sowie E.F. v. Bredow; und für Bergsdorf: Kammerherr (bei der Königinmutter) L.C. v. Hertefeld und Gebrüder J.H. u. C.L. v. Bredow. Vgl.: Brand. LHA Rep. 78 I Gen. 168. Auch im Barnim ist eine solche Konstellation zu erkennen: In Prädikow besaß der Oberpräsident Otto v. Schwerin in den Jahren zwischen 1664 und 1670 zwei Drittel des Gutes, das andere Drittel gehörte einer Linie des Geschlechts v. Barfuß, die nicht in der politisch-höfischen Führungsgruppe vertreten war. Vgl.: Barfuß-FG, S. 27. Einen Anteil von Schönfließ (b. Oranienburg) hatte 1685 für wenige Jahre der Generalkriegskommissar Joachim Ernst v. Grumbkow in seinem Besitz, der andere gehörte der Familie v. Brösicke. HOL Barnim, S. 498 f.
1528 Eine rege Besuchstätigkeit zwischen den in diesem Raum beheimateten Adelsfamilien Finckenstein, Flemming, Kameke, Marwitz und Podewils beschreibt: V. Czech: Die Reisen des Grafen zu Lynar nach Prötzel - Adliges Landleben im 18. Jahrhundert in zeitgenössischen Berichten, in: Pracht und Herrlichkeit: Adligfürstliche Lebensstile im 17. und 18. Jahrhundert, hrsg. v. P.-M. Hahn/H. Lorenz, Potsdam 1998, S. 157-229, hier S. 167 ff.

Ausführungen zu den Kreditbeziehungen innerhalb der brandenburgischen Adelsgesellschaften. Die Intensität dieser finanziellen Transaktionen nahm mit der Nähe zur Residenz zu. Somit ist nicht generell von einer „schwachen Integrationskraft" des Berliner Hofes auf die brandenburgische Adelsgesellschaft auszugehen; allenfalls kann dies für die peripheren Territorien der Monarchie, wie z.B. die altmärkischen und magdeburgischen Gebiete, konstatiert werden.[1529] Im Gegensatz zu den Adelsgesellschaften der neu hinzukommenden und zudem vom Zentrum weit entfernten Teile der Monarchie hatte die brandenburgische Ritterschaft schon auf Grund ihrer Residenznähe einen Vorteil. Somit konnten sie in viel stärkerem Maße als die weitab von der Metropole lebenden Adelsfamilien an den Huldigungszeremonien[1530] oder an den Festen der kurfürstlichen bzw. königlichen Familie[1531] teilnehmen. Während der Regierung des „Soldatenkönigs" gestaltete sich der Zugang zu den Feierlichkeiten der Hofgesellschaft für brandenburgische Adlige aus naheliegenden Gründen vor allem über den Offiziersdienst.[1532]

Dabei muß immer im Auge behalten werden, daß natürlich auch die nicht unmittelbar am Hof präsenten Adligen empfänglich für Gunst- und Gnadenerweise waren; solche Beobachtungen ließen sich uneingeschränkt auch für die Regierungszeit Friedrich Wilhelms I. und Friedrichs II. bestätigen. Dies zeigte sich nicht nur in der Teilnahme ausgewählter brandenburgischer Adliger an den eben benannten besonderen zeremoniellen Anlässen[1533], sondern mitunter auch in – aus heutiger Sicht vielleicht – unbedeutend erscheinenden Begebenheiten.

1529 Vgl.: Hahn, Fürstliche Territorialhoheit, S. 377. Dies bestätigt auch die Auswertung von Bahl, der eine Zurückhaltung des altmärkischen Adels für eine Karriere innerhalb der Berliner Hofgesellschaft konstatierte. Vgl.: Bahl, Hof, S. 178 f. u. 292.

1530 So wußte ein zeitgenössischer Beobachter am 22. April 1713 zu berichten, daß bei der bevorstehenden Huldigung „viele Märkische von Adel [Hervorhebung – F.G.] und andere Deputirte ... sich alhier einfinden" würden. Berliner geschriebene Zeitungen aus den Jahren 1713 bis 1717 und 1735, hrsg. v. E. Friedländer (= Schriften des Vereins für die Geschichte Berlins, Heft 38), Berlin 1902, S. 1.

1531 Der bildlichen Darstellung der 1705 zelebrierten Beisetzungszeremonie für Königin Sophie Charlotte, auf der die dem Sarg folgenden Adligen namentlich genannt wurden, ist zu entnehmen, daß Angehörige mittelmärkischer Adelsgeschlechter vergleichsweise stark vertreten waren. (Das Bild fand keine Aufnahme in den Ausstellungskatalog 2000 und wird in der Bibliothek des Schlosses Rudolstadt aufbewahrt.)
Die Beerdigung des fünften Sohnes des Großen Kurfürsten, Prinz Ludwig, im Jahre 1687 fand unter Begleitung einer Suite „von gar vielen Hoff Cavaliers und Hohen Offiziers *nebst anderen vom Lande verschriebenen vom Adel*" [Hervorhebung – F.G.] statt. Gerlach: Collectaneen, in: Mitteilungen des Vereins für die Geschichte Potsdams, Neue Folge, Teil 3 (1883), S. 109.

1532 Während eines im Mai 1729 veranstalteten Balls wurden unter den Teilnehmern namentlich die Gattinnen der Oberstleutnante v. Rochow und v. d. Knesebeck sowie die Frau des Landrates v. Rochow erwähnt. Vgl.: L. Schneider: Hoffestlichkeiten in Potsdam im Jahre 1729, in: Mitteilungen des Vereins für die Geschichte Potsdams, Teil 4 (1869), 36-40, hier S. 38.

1533 Zuweilen kamen die zwei Mal im Jahr in Berlin sich versammelnden Ständevertreter in den Genuß, an den Hof geladen zu werden. Im März 1730 wurde berichtet, daß die „zu Potsdam anjetzo versammelten hiesigen Märkischen LandStände ... zu Schloße mitgespeiset" hätten. Vom Berliner Hofe zur Zeit Friedrich Wilhelms I.. Berichte des braunschweigischen Gesandten in Berlin 1728-1733 (= Schriften des Vereins für die Geschichte Berlins, Heft 48/49), hrsg. v. R. Wolff, Berlin 1914, S. 113.
Dazu gehörte z.B. auch die Teilnahme an solchen Ehrenhandlungen, wie sie für 1689 der Kreiskommissar des Sternberger Kreises, Samuel Adolph v. Winterfeld, anläßlich der Wahl des Fürsten v. Waldeck zum Herrenmeister des Johanniter-Ordens beschrieb. Vgl.: Winterfeld-FG, Bd. 2, S. 716.

Der offiziell kein Amt bekleidende, sich aber dennoch bei der Ritterschaft seiner Umgebung hohen Ansehens erfreuende August Gebhard v. d. Marwitz erhielt 1690 z.B. das Recht, sechsspännig durch das Mittelportal des alten Brandenburger Tores in die Residenz zu fahren.[1534] Der auf der Festung Küstrin dienende Obristwachtmeister Otto v. Schlabrendorff hegte im Jahre 1669 den Wunsch, seine Hochzeit auf dem Schloß des Statthalters für die Mark Brandenburg, Johann Georg II. v. Anhalt, zu feiern. Er verstand es, den Kurfürsten für sein Vorhaben zu gewinnen, der dann auch die Zustimmung vom Statthalter erhalten hatte.[1535] Man kann leicht nachvollziehen, welche Wirkung dieser Gnadenerweis auf das personale Umfeld des v. Schlabrendorff zeitigen mußte. Bereits in früherer Zeit wurde eine wie auch immer geartete Anteilnahme der Landesherrschaft an Höhepunkten des familiären Lebens märkischer Adelsfamilien, gerade auch in den residenzfernen Landschaften, als Ehre angesehen, die auch auf das engere regionale Umfeld ausstrahlte. Das Gesamtgeschlecht profitierte von Ehrerweisungen, die dessen Mitglieder von höchster Stelle erhielten. David v. Winterfeld schrieb im Dezember 1621 sichtlich voller Stolz, daß „Unsser Vetter Georg[1536] ... auff Neu Jahrestagk einen jungen Sohn tauffen lassen [wird], hatt Unsern gnedigsten Herrn, so woll auch des Administratoris Gemahlin zu gevattern gebeten, Ihre Durchlaucht seindt der gentzlichen resolution gewesen in ipsorum dem tauffen beyzuwohnen".[1537]

Der Geheime Justizrat und spätere Präsident des Oberappellationsgerichts, Georg Dietloff v. Arnim, durfte seine Hochzeit auf dem königlichen Schloß in Berlin ausrichten. Seine Braut, die Tochter des bei Friedrich Wilhelm I. hoch angesehenen Generalmajors Adolf Friedrich v. d. Schulenburg, erhielt vom König sogar die Aussteuer als Geschenk.[1538] Auch aus der höfischen Perspektive fand man es wert, solche Ehrerweisungen festzuhalten. Der junge König Friedrich II. erwähnte z.B. in seinem Tagebuch unter dem 16. Juni 1740, daß er in Berlin der Taufe des Sohnes eines v. Hake beigewohnt hatte.[1539] Doch in der Regel war es die Vielzahl kleiner Gunstbekundungen, die der Landesherr Mitgliedern der brandenburgischen Adelsgesellschaft zukommen ließ.

Nicht zuletzt erwuchs eine Vorbildfunktion der Residenz für die vor allem seit dem frühen 18. Jahrhundert zunehmenden Um- und Neubauten der adligen Herrenhäuser. Die wachsende Bedeutung der Selbstinszenierung durch symbolische Formen strahlte auch auf die die Residenz umsäumenden Teillandschaften aus.[1540] Eine Reihe von adligen Landsitzen wie etwa Kossenblatt, Plaue, Reckahn und Roskow erhielten Impulse aus der der Residenz.[1541]

1534 Vgl.: Diest, Marwitz-FG, S. 84.
1535 Vgl.: GStAPK I. HA, Rep. 36 Nr. 2884, unpag.
1536 Es handelte sich um den in späteren Jahren bis zum Geheimen Rat und Komtur des Johanniterordens aufsteigenden Georg v. Winterfeld.
1537 Winterfeld-FG, Bd. 2, S. 508.
1538 Vgl.: Arnim-FG, Bd. 2.2, S. 470 f.
1539 Vgl.: K.H.S. Rödenbeck: Beiträge zur Bereicherung und Erläuterung der Lebensbeschreibungen Friedrich Wilhelms I. und Friedrichs des Großen, Bd. 1 [Anhang], Berlin 1836, S. 12.
1540 Vgl. hierzu die eingehenden Ausführungen von P.-M. Hahn in: Herrenhäuser, Bd. 1, S. 49 ff.
1541 Vgl. dazu die Bemerkungen von H. Lorenz in: Herrenhäuser, Bd. 1, S. 57 ff.
    Detaillierte Angaben zu einzelnen Rittersitzen finden sich in den im Bd. 2 dieser Edition enthaltenen Artikeln.

Auch in ferneren Teillandschaften liegende Rittersitze wie etwa das dem General und Minister Friedrich Wilhelm v. Grumbkow 1719 als Schenkung übertragene Rühstädt (Prignitz) konnten von dem Baugeschehen in Berlin profitierten.[1542]

Angesichts eines im Vergleich etwa zu Kursachsen oder den habsburgischen Landen nicht gerade üppigen Tableaus an einträglichen Amtsträgerchargen erschien es naheliegend, daß sich märkische Adelsfamilien an die Landesherrschaft wandten, um jungen Geschlechtsangehörigen eine Karriere bei Hofe oder in der Verwaltung zu ermöglichen. Neben der Vergabe von Amtshauptmannchargen[1543], die sich bekanntlich im 18. Jahrhundert immer mehr zu reinen Sinekuren gewandelt hatten, griff die Landesherrschaft zuweilen auch in die Besetzung der begehrten Präbenden der Domkapitel ein. Das nie ganz unumstritten gebliebene „primas preces", d.h. das Recht des Landesherrn, nach der Thronbesteigung einen eigenen Kandidaten vorbei an der vom Domkapitel festgesetzten Sukzessionsordnung zu lancieren, wurde z.B. 1694 für den Rittmeister Ewald Bogislaw v. Schlabrendorff in Anspruch genommen. Dieser erhielt ein Canonicat im Domkapitel Brandenburg.[1544] Friedrich Wilhelm I. und Friedrich II. favorisierten hier – ähnlich wie bei den Amtshauptmannchargen[1545] – vor allem die Offiziere.[1546]

Die Frage, wie brandenburgische Adlige unter den ungünstiger gewordenen Rahmenbedingungen überhaupt Zugang an den Hof bekamen, ist nicht einfach zu beantworten. Protegierungen durch bereits bei Hofe über Einfluß verfügende Amtsträger und Offiziere und eine wohl kalkulierte Heiratspolitik dürften die am meisten Erfolg versprechenden Mittel gewesen sein, um zum Erfolg zu kommen. Man knüpfte hier an die geläufige Praxis der bereits über Einfluß verfügenden Mitglieder der Führungsgruppe an.[1547] Sichtlich pikiert beschrieb der Graf v. Lehwaldt in seinem Tagebuch, mit welcher Vehemenz die Bredows[1548] und Roderns in den 1750er Jahren versuchten, am Hof einflußreiche Stellungen zu erlangen. Zu ei-

---

1542 Die Pläne für den Neubau des Landschlosses „lieferte wahrscheinlich der königliche Hofbaumeister Martin Heinrich Böhme, der auch Grumbkoes Palais in der Berliner Königsstraße Nr. 60 erbaut hatte." Foelsch, Adel, Schlösser ..., S. 28.
1543 Vgl. hierzu viel Material in: GStAPK I. HA, Rep. 9 K lit. B (mehrere Faszikel); Zusammenstellungen in: Manuscripta borussica, fol. 373 „Designation von sämtlichen Amts-Hauptmannschaften und Drosteyen ...".
1544 Vgl.: GStAPK I. HA, Rep. 57 Nr. 7 Fasz. 6.
1545 Unter den für die Regierungszeiten Friedrich Wilhelms I. und Friedrichs II. erfaßten 67 bestallten kurmärkischen Amtshauptleuten waren 50 Militärs. Vgl.: Manuscripta borussica, fol. 373 „Designation von sämtlichen Amts-Hauptmannschaften und Drosteyen ...", Bl. 16-19.
1546 Kurz nach der Thronbesteigung Friedrichs II. kamen auch zwei aus brandenburgischem Adel stammende höhere Offiziere in den Genuß solcher Präbenden: der Oberst v. Blanckensee und der Oberstleutnant Freiherr v. Löben. Vgl.: Berliner geschriebene Zeitungen aus dem Jahre 1740. Der Regierungsanfang Friedrichs des Großen (= Schriften des Vereins für die Geschichte Berlins, Heft 44), hrsg. v. R. Wolff, Berlin 1912, S. 95.
1547 Doch selbst diese hatten mitunter beträchtliche Schwierigkeiten, Familienangehörige auf die gewünschten Chargen zu lancieren, was wiederum Gelegenheit zu erneuter Mißgunst bot: Otto v. Schwerin ließ z.B. die Kurfürstin wissen, daß „der Kanzler v. Somnitz ... sehr übel auf mich zu sprechen [sei], weil S.K.D. den Herrn Flemming in die Regierung vor seinen Sohn gesetzt habe, welches er mir beimißt". L. v. Orlich: Geschichte des preußischen Staates im 17. Jahrhundert mit besonderer Beziehung auf das Leben Friedrich Wilhelms des Großen Kurfürsten, 1. Teil, Berlin 1838, S. 252.
1548 Anläßlich der Hochzeit einer Hofdame v. Bredow mit einem v. Bonin [Adjutant bei Prinz Heinrich – F.G.] im August 1753 klagte er, daß diese „ganze Familie dazu bestimmt [sei], uns an unserem Hof zu verderben". K.E. Schmidt-Lötzen: Dreißig Jahre am Hofe Friedrichs des Großen, Gotha 1907, S. 101 f.

nem Fräulein v. Redern ließ sich der Graf im Frühjahr 1756 zu der galligen Bemerkung herab, jene sei „nicht minder boshaft als die Bredows und außerdem bestrebt, den ganzen Hof mit ihren Verwandten zu besetzen".[1549] Dies stellte sich nicht nur als ein subjektiver Eindruck dar, denn auch aus anderer Quelle verlautete, daß Erasmus v. Redern seinen Sohn und mehrere Nichten am Hof unterbringen konnte, was erkennen ließ, „daß er sonst unbekannte Beziehungen zum königlichen Hause gehabt haben muß".[1550]

Jedenfalls hatten die eine höhere Amtsträger- oder Offizierskarriere anstrebenden Angehörigen der brandenburgischen Adelsgeschlechter mehrere Voraussetzungen zu erfüllen, um diese Gunst zu erlangen. Der Lebensweg des späteren Ministers Adam Ludwig v. Blumenthal belegt, welche Umsicht man bei der Planung einer höfischen Karriere walten lassen mußte: Nachdem er mehrere Jahre in Jena und Halle studiert hatte, kam er 1712 zu einem mehrmonatigen Aufenthalt nach Berlin, „um den Hof kennen zu lernen und sich bey den vornehmen Königl. Bedienten in Bekanntschaft zu bringen".[1551] Sein Vater, Obrist und Kommandeur des Regiments v. Derfflinger, verhalf ihm schließlich zum Entrè in das Garde du Corps. „Echte adlige Lebensart erfordert", um eine gewichtige zeitgenössische Stimme zu zitieren, „daß man die Welt vorher bei Hofe und im Kriege recht kennenlerne, ... damit man hernach seinen Herrn Nebenständen und Unterthanen mit desto mehrer Geschicklichkeit in Rat und Tat Leistung anhand gehen" könne.[1552] Claus v. Redern, der 1678 eine der begehrten Hofpagenchargen erhalten hatte, konnte sich die Beziehungen seines Stiefvaters, des Hauptmanns Otto Ludwig v. d. Gröben, zunutze machen. Dieser soll gute Kontakte zum Hof durch seine Kriegsdienste, die ihn in die Nähe des Kurfürsten gebracht hatten, unterhalten haben.[1553] Hans Georg III. v. Ribbeck (1639-1703) konnte seine Position bereits in jungen Jahren festigen. Er, der als Kammerjunker im Dienste der Kurfürstin Luise Henriette gestanden hatte, erreichte eine Eheverbindung mit der Tochter des Spandauer Gouverneurs Georg Adam v. Pfuel.[1554] Christian David v. Sydow gelang es über die vergleichsweise nur in geringer Zahl zur Verfügung stehenden Pagenstellen längere Zeit am Hof des jungen Friedrich II. eine Vertrauensposition zu erlangen, die ihm des öfteren Gunsterweise und Geschenke bescherte.[1555] Auch eher zufällige Begegnungen mit Mitgliedern der Königsfamilie, wie im Falle des neumärkischen Kriegs- und Domänenrates Wilhelm v. Rohwedel, konnten der Karriere förderlich sein. Dieser neumärkische Adlige war während des Küstriner Aufenthaltes des Kronprinzen mit diesem in Kontakt getreten und wurde nach der Thronbesteigung Friedrichs II. Geheimer Finanzrat im Generaldirektorium.[1556]

[1549] Ebenda, S. 267.
[1550] Redern-FG, Bd. 2, S. 98.
[1551] Blumenthal-FG, S. 102.
[1552] M.F. v. Seidel: „Gedanken vom Adel" (1657), hier zit. nach: Manuscripta borussica (= Staatsbibliothek Berlin), fol. 632.
[1553] Vgl.: Redern-FG, Bd. 2, S. 126 f. Ausgeschlossen wurde nicht, daß diese Verbindungen auch über seine Tante, die Witwe des Landeshauptmanns Levin v. d. Knesebeck, zustande gekommen waren.
[1554] Vgl.: Ribbeck-FG, S. 60.
[1555] Vgl.: Sydow-FG, 3. Teil, S. 36 f.
[1556] Vgl.: Berliner geschriebene Zeitungen aus dem Jahre 1740, S. 52.
Allerdings muß W. v. Rohwedel seine Ambitionen überzogen haben, so daß er sich bald die Ungnade des jungen Königs zuzog und in kursächsische Dienste ging.

Auch wer von den eine Karriere ins Auge fassenden Adligen den Blick über die Grenzen richtete, benötigte dazu die Gunst des eigenen Landesherrn. Empfehlungsschreiben der Landesherrschaft konnten das Fortkommen am Hofe, in der Verwaltung oder dem Offizierskorps des gesuchten Landes beschleunigen. In diesem Sinne erhielt der aus der Neumark stammende Obrist Henning Dietrich v. Borcke, der gern in den Hofstaat des Kaisers eintreten wollte, im Jahre 1654 ein freundliches Begleitschreiben seines Kurfürsten.[1557] Der in Braunschweig-Lüneburg ansässige Obrist Johann v. Grote zu Stillhorn ersuchte 1645 den brandenburgischen Kurfürsten, seinen Sohn als Kammerjunker an seinem Hof anzustellen.[1558] Auch in Auseinandersetzungen, in die brandenburgische Adlige mit Instanzen anderer Territorialstaaten verwickelt waren, konnte das Eingreifen des eigenen Landesherrn hilfreich sein und beschleunigend auf einen günstigen Ausgang wirken. 1682 schickte der brandenburgische Kurfürst eine Interzession an den kursächsischen Landesherrn, um die Auseinandersetzung des neumärkischen Adligen Christoph Bernhard v. Waldow mit dem kursächsischen Obristwachtmeister v. Sponheim zu einem für ersteren befriedigenden Abschluß zu bringen[1559] – eine Verhaltensweise, die natürlich auch in umgekehrter Richtung galt. Der Herzog Georg Wilhelm von Braunschweig-Lüneburg verwandte sich während einer mehrjährigen juristischen Auseinandersetzung, in die in den 1690er Jahren sein Vasall, ein Schenk v. Winterstedt, verwickelt war, beim brandenburgischen Kurfürsten.[1560]

Vom Rang der Ränge

Innerhalb der am brandenburgisch-preußischen Hofe ständig anwachsenden Gruppe der hohen Amtsträger und Militärs wirkten ähnliche Konstellationen und Verhaltensweisen wie sie auch für andere Hofgesellschaften beschrieben worden sind. Auch im Umfeld der preußischen Residenz kam es zu Auseinandersetzungen um die vom Herrscher zu vergebenden Gunsterweise, denn – so ein Definitionsversuch – „die abgeleitete Teilhabe an der herrscherlichen Verfügung über gesellschaftliche knappe Güter an einem Hof ist *Gnade* oder *Gunst*".[1561] Und einen ebenso hohen Stellenwert nahmen Konflikte über die Plazierung des jeweiligen hohen Amtsträgers oder Offiziers innerhalb der höfischen Hierarchie ein, denn „eine nach Personen und Rängen abgestufte Ordnung war sowohl für die Funktionstüchtigkeit der Verwaltung als auch für das reibungslose Miteinander der Hofgesellschaft erforder-

---

1557 Vgl.: GStAPK I. HA, Rep. 1 Nr. 8 H.
1558 Vgl.: NHStAH Celle Br. 20 Nr. 215.
1559 Vgl.: GStAPK I. HA, Rep. 41 Nr. 580.
1560 Vgl.: NHStAH Celle Br. 44 Nr. 500, Bl. 1-23. Die strittige Angelegenheit betraf v.a. die Verwendung der Paraphernalgelder der Ehefrau. Der Schenk v. Winterstedt war durch seine Frau, eine geb. v. Mahrenholtz in den Besitz des im Ruppinischen gelegenen Gutes Karwe gekommen. Als Rat und Oberhauptmann wußten er und – nach seinem Tode – seine Gattin sich der Geneigtheit seines Landesherrn ebenso zu versichern wie er auch beim brandenburgischen Kurfürsten auf ein gewisses Entgegenkommen hoffen konnte.
1561 A. Winterling: „Hof". Versuch einer idealtypischen Bestimmung anhand der mittelalterlichen und frühneuzeitlichen Geschichte, in: Mitt. der Residenzenkommission der Akademie der Wissenschaften Göttingen 5(1995), Nr. 1, S. 16-21, hier S. 18.

lich".[1562] *N. Elias* wies zu recht auf die Bedeutung von Rangfragen für die Haltung des höfischen Menschen hin; er unterschied dabei zwischen „institutioneller" und „informeller Rangordnung".[1563] Gerade letzterem Typ kam unter den Bedingungen des brandenburgpreußischen Hofes die größere Bedeutung zu, schließlich waren die dortigen Konstellationen lange Zeit durch eher provisorisch gehaltene Verhältnisse rangmäßiger Über- und Unterordnung geprägt.[1564]

Bei allen Ämterverleihungen am Berliner bzw. Potsdamer Hof durften deshalb Hinweise über die Plazierung innerhalb der höfischen Hierarchie nicht fehlen. Otto v. Schwerin wurde z.B. im August 1658 im Rahmen seiner Bestallung zum Oberpräsidenten ausdrücklich zugestanden, „daß er niemandem weichen darf".[1565] Äußerst sensibel reagierten Angehörige der Hofgesellschaft, wenn durch die Einsetzung eines neuen hohen Amtsträgers die Gefahr einer Veränderung der bisherigen, ohnehin nicht fest gefügten Rangordnung heraufbeschworen wurde. Als Beispiel aus einer ganzen Reihe solcher Friktionen mag hier nur die recht ausführlich überlieferte Beschwerde der Geheimen Räte Christoph Caspar v. Blumenthal und Friedrich v. Jena aus dem Jahre 1675 angeführt werden: Beide verfielen in große Bestürzung, als sie vernehmen mußten, daß der – vom braunschweigischen Hof nach Berlin geholte – neu ernannte Generalkriegskommissar Bodo v. Gladebeck „einen solchen rang solten gehen wollen, vermittels dessen er ... Uns vorgehen solle".[1566] Beide sich nunmehr zurückgesetzt fühlende Herren gaben dem Kurfürsten in einem Brief zu verstehen, sie verstünden diesen Schritt nicht und werteten ihn als Bekundung seiner Ungnade. Entscheidend dürfte allerdings eine andere Passage des Briefes gewesen sein, in der unverkennbar zum Ausdruck kam, daß die beiden Amtsträger eine Schmälerung ihres Ansehens unter den anderen führenden Mitgliedern der Hofgesellschaft befürchteten: Denn durch diese Rangherabsetzung würde „die Welt und jedermann nicht anders urteilen, ... als daß Wir uns in unserem Ampte und dienste dergestalt wie wir schuldig gewesen, nicht müssen verhalten haben, und daß dahero Unser guter name und unsere Ehre, welche wir allen anderen weltlichen Dingen fürziehen in öffentliche gefahr und üble Nachrede gerathen würde". Ihr Wert auf dem höfischen „Markt" war also nach ihrem Empfinden beträchtlich gesunken. Schließlich schien es auch für die anderen Angehörigen der Hofgesellschaft nicht angebracht, so ihre Befürchtung, „sich gegenüber einem Menschen, der innerhalb dieser Rangordnung im Sinken, der etwa der Ungnade nahe war, allzu freundlich zu begegnen".[1567] Der Kurfürst ließ sich allerdings nicht beirren; ihm stünde es als Souverän frei, „unter dero Hofbedienten eine solche Ordnung und solchen Rang zu determinieren und zu verabschieden, wie sie solches gnädigst gut finden und billig achten".[1568]

Die Herren v. Blumenthal und v. Jena wußten sich nunmehr nicht anders zu helfen, als den Beratungen im Geheimen Rat fernzubleiben, um ein Zusammentreffen mit dem inkrimi-

---

1562 Hahn, Aristokratisierung und Professionalisierung, S. 178.
1563 Elias, Die höfische Gesellschaft, S. 138.
1564 Vgl.: Bahl, Hof, S. 346 f.
1565 GStAPK I. HA, Rep. 9 J 1 Fasz. 6.
1566 Ebenda, Rep. 9 J 3 Fasz. 58.
1567 Elias, Die höfische Gesellschaft, S. 139.
1568 GStAPK I. HA, Rep. 9 J 3 Fasz. 58.

nierten v. Gladebeck zu entgehen. Ein willkommener Bundesgenosse erwuchs ihnen in dem einflußreichen Oberpräsidenten Otto v. Schwerin. Von diesem, der ebenfalls ein nur distanziertes Verhältnis zum Generalkriegskommissar aufgebaut hatte, wurden sie ständig über die atmosphärischen Veränderungen bei Hofe informiert. Wohltuend auf die gekränkten Gemüter mußte es z.B. gewirkt haben, als der Oberpräsident am 30. August 1676 schrieb, „es wehren harte wohrte zwischen S. Chf. D. und derselben Persohn [also v. Gladebeck - F.G.] gefallen." Er verband mit dieser Information die Bitte, die Herren wollen „nur ferner geduldt haben. Es wirdt mit Gottes hülfe noch alles guht werden."[1569] Erst als v. Gladebeck, der auch von anderen Mitgliedern der politisch-höfischen Führungsgruppe nicht gerade durch Zuneigung verwöhnt wurde, entnervt und krank sein Amt aufgab, kehrten beide wieder zurück.

Die Verbindung zu Otto v. Schwerin weist zugleich auf weitere Merkmale der höfischen Kommunikation hin, die auch in Berlin allgegenwärtig waren. Zum einen war es für das politische Überleben wichtig, wenigstens über einen Vertrauten bei Hofe zu verfügen, der nach Möglichkeit der nächst höheren Hierarchieebene angehörte.[1570] Und für eine selbst an der Spitze der Amtsträgerhierarchie stehende Persönlichkeit wie Otto v. Schwerin gewann wiederum die Vertrauensstellung zum Landesherrn oder einem Mitglied der kurfürstlichen Familie existenziellen Wert. So wußte der Oberpräsident während einer zeitweiligen Verstimmung mit dem Kurfürsten im Jahre 1663 seine guten Beziehungen zur Kurfürstin Luise Henriette zu nutzen, um gegenüber den zunehmenden Aktivitäten seiner Gegner gewappnet zu sein.[1571] Letztere versuchten natürlich, das geschmälerte Ansehen dieses mächtigen Amtsträgers beim Landesherrn für eigene Zwecke zu instrumentalisieren. Luise Henriette informierte z.B. O. v. Schwerin über die Intrigen des Oberjägermeisters v. Oppen gegen ihn, so daß der Oberpräsident rechtzeitig reagieren konnte. Letztlich war es auch die Vermittlung der Kurfürstin, die die Mißstimmung zwischen ihrem Gemahl und dem Oberpräsidenten wieder bereinigen konnte.

Zum anderen erwies sich auch eine ständige Präsenz bei Hofe als erforderlich, um über Stimmungsveränderungen möglichst zeitig informiert zu sein. Von daher erschien es verständlich, daß sich in den zahlreichen überlieferten Gesandtenberichten immer wieder Informationen über den aktuellen Aufenthaltsort der einflußreicheren Mitglieder der Berlin-Potsdamer Residenzgesellschaft fanden.[1572] Der erkrankte Graf v. Waldeck wurde 1653 durch

---

1569 Ebenda.
1570 Auch M. Rohrschneider arbeitete jüngst bei der Beschreibung der politischen Stellung des brandenburgischen Statthalters Johann Georg II. v. Anhalt-Dessau heraus, daß „eine Einflußnahme auf den Kurs der kurbrandenburgischen Politik ... am ehesten durch persönliche Präsenz sowie durch Unterredungen mit dem Kurfürsten und dessen Mitarbeitern realisierbar" wurde. Ders.: Johann Georg II. v. Anhalt-Dessau (1627-1693). Eine politische Biographie, Berlin 1998, S. 153.
1571 Vgl.: F. Hirsch: Die Briefe der Kurfürstin Luise Henriette von Brandenburg an den Oberpräsidenten Otto v. Schwerin, in: FBPG 8 (1895), S. 173-206, hier S. 195 ff.
1572 Unter dem 17. Juni 1713 wurde z.B. berichtet, daß der Oberhofmeister v. Bülow „mit seiner Familie auf sein Gut Valand [gemeint ist Fahrland – F.G.] unweit Potsdam von hie departiret", und am 8. Juli des gleichen Jahres fand man die Nachricht mitteilenswert, daß der Geheime Rat v. Kameke vom König die Genehmigung erhalten habe, auf sein pommersches Gut zu gehen. Berliner geschriebene Zeitungen aus den Jahren 1713 ..., S. 19 u. 25.

einen Vertrauten angesichts zunehmender Intrigen gegen ihn gewarnt, seine Erholungsreise nicht zu lange auszudehnen, da der Kurfürst zunehmend Neigung zeige, den Verleumdungen seiner Gegner Gehör zu schenken.[1573] Solche Beschuldigungen konnten ihr unheilvolles Werk zumeist in Gestalt anonymer Schreiben („Pasquillen") vollbringen. Gekonnt Wahres und Falsches über die anzugreifende Persönlichkeit vermischend, wurden sie begierig durch die Hofgesellschaft aufgenommen. Nicht immer ging man dabei mit solchen drastischen Unterstellungen vor wie im Falle Konrad v. Burgsdorffs, dem ein solches Pasquill das wenig schmeichelhafte Zeugnis ausstellte, er „sei so dicht als ein Sieb" und könne kein Geheimnis bewahren. Er hätte schon zehn Kerle „zu Tode gesoffen" und würde sich abträglich über die Kurfürstin äußern (ihr Brautschatz sei zu gering gewesen). Besonders hellhörig dürfte der Kurfürst auf den Vorwurf des „unbotmäßigen Verhaltens" ihm gegenüber reagiert haben.[1574] Ziel solcher demütigenden Charakteristika war es, eine feindliche Stimmung gegen den ins Visier geratenen Amtsträger zu erzeugen, so daß dieser sich zunehmend in die Isolierung begab und damit zugleich auch Gefahr lief, die Gunst des Kurfürsten zu verlieren. Dabei galt es allerdings so geschickt vorzugehen, daß man selbst nicht in Verdacht geriet, konspirative Verbindungen zu unterhalten. So mußte sich Bodo v. Gladebeck 1679 in einem Schreiben an den Kurfürsten dagegen verwahren, er hätte im Beisein des Geheimen Rates v. d. Knesebeck „öfters vertraulich mit dem Obermarschall v. Canitz" über die desolate Lage der Hofstaatsversorgung gesprochen.[1575]

In gleicher Weise war natürlich auch das höhere Offizierskorps in exponierter Weise von Auseinandersetzungen um die vermeintlich verletzte Ehre geprägt.[1576] Auch innerhalb dieser exklusiven Gruppe bot die Herkunft des öfteren Anlaß zu Anfeindungen. Der spätere Feldmarschall Otto Christoph Freiherr v. Sparr stand z.B. im Ruf, eine Antipathie gegen alle zu haben, die in den Niederlanden gedient hatten, während Georg Friedrich Graf v. Waldeck seinen Spott über „die Manieren der in kaiserlichen Diensten gewesenen Offiziere" trieb.[1577] Und ein Obrist fragte im Oktober 1701 wegen seiner Animosität zum General Marquis de Varenne an, „ob er nicht bei einem anderen Regiment plaziert werden könne".[1578]

Die Regelungen, die erlassen wurden, um die Spannungen zwischen den zivilen und militärischen Angehörigen der politisch-höfischen Führungsgruppen zu mindern, offenbarten sich häufig als auf den jeweiligen konkreten Einzelfall orientierte ad-hoc-Entscheidungen.[1579] Im Juni 1660 informierte Johann Georg II. v. Anhalt-Dessau in seiner Eigenschaft als Statthalter der Mark Brandenburg über eine kurfürstliche Verordnung, wonach die General-Wachtmeister „denjenigen Geheimen Räten, welche nur das praedicat haben und nicht würcklich iedesmahl zum Geheimen Rhat erfordert werden, ohne Unterscheidt iedesmahl furgezogen

---

1573 B. Erdmannsdörffer: Graf Georg Friedrich von Waldeck. Ein preußischer Staatsmann im siebzehnten Jahrhundert, Berlin 1869, S. 71.
1574 Manuscripta borussica 4° 79 (= Staatsbibliothek Berlin).
1575 GStAPK I. HA, Rep. 36 Nr. 47.
1576 Vgl. dazu: Hahn, Aristokratisierung und Professionalisierung, v.a. S. 180 f. (Darin mehrere Belege über Rangstreitigkeiten der höheren Militärs untereinander und mit „zivilen" Mitgliedern der Hofgesellschaft).
1577 Erdmannsdörffer, Waldeck, S. 51.
1578 Manuscripta borussica (= Staatsbibliothek Berlin) 2° 318, Bl. 3.
1579 So auch etwa die Wertung bei: Bahl, Hof, S. 347.

werden sollen". Auf welch schmalem Grat die Rangkonstellation zwischen diesen beiden Chargengruppen versucht wurde auszutarieren, offenbarte die anschließende Passage: Die Generalwachtmeister sollen den Vortritt vor denjenigen „Würcklichen Geheimen Rhäten" genießen, „welche in solcher Charge iünger als sie sein; diejenige aber, welche ältere Geheime Rhäte sein, sollen iedesmahl den jüngeren General-Wachtmeistern fürgehen".[1580]
Alles in allem ist davon auszugehen, daß die Berlin-Potsdamer Residenzgesellschaft in eben solcher Weise von permanentem Mißtrauen[1581] und ständigen Auseinandersetzungen um Rang und Prestige erfüllt war wie andere Höfe auch. Dabei kann ungeachtet der Nuancierungen, die die Höfe der brandenburg-preußischen Herrscher im ausgehenden 17. und 18. Jahrhundert erfahren hatten, von einer kontinuierlichen Erscheinung für den gesamten hier zu untersuchenden Zeitraum ausgegangen werden. Der zeitweilig als kurfürstlicher Reisemarschall amtierende Dietrich Sigismund v. Buch fand 1683 den Hof „erfüllt von Liebes- und politischen Intrigen"[1582]. Ebenso unüberschaubar gestaltete sich die Situation unter dem ersten preußischen König – nicht nur im Zusammenhang mit den Vorgängen um den Aufstieg und Fall v. Wartenbergs.[1583] Die Impression zweier auswärtiger Gesandter, „es sei in Berlin schwerer zu verhandeln als an jedem anderen europäischen Hof", deutet diese Atmosphäre von Eifersüchteleien, Kabalen und Intrigen an.[1584] Die häufig modifizierten Rangordnungen während der Regierungszeit Friedrichs III./I. können als Reflex auf diese unübersichtliche Konstellation interpretiert werden.[1585]
Doch selbst von dem von seinem Umfang her beträchtlich reduzierten Hof des Soldatenkönigs sind Rangstreitigkeiten überliefert, denn man darf sich nicht vom „bürgerlichen" Ambiente des die höfischen Etikette verachtenden Königs oder von der oft geschilderten Atmosphäre des die Rangunterschiede nivellierenden „Tabakskollegiums" täuschen lassen.[1586] Unmittelbar nach der Thronbesteigung hielt er die höhere Amtsträgerschaft und die Generalität längere Zeit im Ungewissen über ein eventuelles personelles Revirement; die jeweilige Höhe der von ihm vorgenommenen Gehaltsreduzierungen wurde durch die betreffenden Amtsträger und Offiziere als Gradmesser ihres derzeitigen Ansehens beim neuen Monarchen reflektiert.[1587] Auch in der alltäglichen Praxis deutete sich im näheren Umfeld des „Sol-

---

1580 GStAPK I. HA, Rep. 9 A 1 Fasz. 6, unpag.
1581 Für die 1680er Jahre wurde folgendes aufschlußreiches Stimmungsbild, basierend auf den Beobachtungen des französischen Gesandten Rébenac, gemalt: „So sehr mißtrauten die Herren [im Geheimen Rat – F.G.] einander, daß, wo einer von ihnen mit einer wichtigen Verhandlung betraut wurde, er einen seiner Gegner beigegeben zu erhalten verlangte, um nicht hinterher von diesem verdächtigt zu werden". Prutz, Aus des Großen Kurfürsten letzten Jahren, S. 164.
1582 G. v. Kessel: Tagebuch Dietrich Sigismunds v. Buch aus den Jahren 1674 bis 1683. Beitrag zur Geschichte des Großen Kurfürsten von Brandenburg, Bd. 2, Jena/Leipzig 1865, S. 226.
1583 Vgl. hierzu die Studie von W. Koch, Hof und Regierungsverfassung; ferner auch die entsprechenden Passagen bei C. Hinrichs: Friedrich Wilhelm I. König in Preußen. Eine Biographie, Hamburg 1941, v.a. S. 270 ff.; sowie jüngst die Studie von Bahl, Die Berlin-Potsdamer Hofgesellschaft, v.a. S. 45 ff.
1584 Zit. nach: L. u. M. Frey, Friedrich I. Preußens erster König, Graz/Wien/Köln 1984, S. 82.
1585 Zu den Rangreglements von 1688 und 1705 vgl.: Stollberg-Rilinger, Höfische Öffentlichkeit, S. 175.
1586 Vgl. hierzu die abwägenden Bemerkungen bei Neugebauer, Hof, S. 144 ff.
1587 Vgl.: C. Hinrichs, Der Regierungsantritt Friedrich Wilhelms I., in: ders., Preußen als historisches Problem, Berlin 1964, S. 91-137, hier S. 94 f., 111 f.

datenkönigs" natürlich ein Gespür für Ränge und Hierarchien an – und nicht nur innerhalb des höheren Offizierkorps! Mit Intrigen und Fraktionsbildungen hatte auch der „roi sergeant" zu rechnen.[1588] Der König entschied z.B. am 10. September 1727 einen Streit unter den bei Hofe präsenten höheren Amtsträgern, daß der Oberjägermeister v. Hertefeld und der Kammerpräsident v. Schlieben, „die nicht den Charakter eines Ministers haben", dennoch diesen „vorgehen" und auch das Prädikat „Excellenz" erhalten sollen.[1589] Ebenso beflügelten auch die im Zusammenhang mit den Reformen der obersten Verwaltungsbehörden einhergehenden Veränderungen die stets latent bestehenden Konflikte um Rang und Prestige unter den hohen Amtsträgern nach 1713.[1590]

Bei all dem, was man bisher über das höfische Leben vernommen hat, könnte man es einem Adligen nicht verdenken, wenn er diesem „Sodom und Gomorrha" an Verstellung, Mißgunst und Falschheit den Rücken kehrte. Selbstzeugnisse der wenigen brandenburgischen Adligen, die im ausgehenden 17. bzw. in den ersten beiden Dritteln des 18. Jahrhunderts am Hofe präsent waren, liegen leider nicht vor. Aufschlußreich erscheint in diesem Zusammenhang ein Brief aus dem Jahre 1693 des Grafen Dohna an seine Frau. Er wog darin gegenüber seiner Gemahlin das Für und Wider seines Wegganges vom Berliner Hof zu seinen ostpreußischen Gütern ab: „Es handelt sich darum, ansehnliche Posten und Einnahmen aufzugeben, es handelte sich darum, einen glänzenden Hof zu verlassen, um sich in ein ziemlich hartes Klima zurückzuziehen. Das ist die schlechte Seite, aber wende die Medaille und denk daran, daß man mir in der Meinung des Kurfürsten nur zu schaden sucht, daß man mich in tausend Dingen schikaniert, daß es an diesem Hof nur Intrigen, Betrug und Kabalen gibt. Denk daran, daß ich von lebhafterem Temperament bin und nichts weniger als geduldig, daß mir nicht leichter der Geduldsfaden reißt, als dadurch, daß man mich quält."[1591] Immer wieder wurde den Angehörigen der Hofgesellschaft – zumindest denen, die noch zu einer Reflexion ihres Wirkens fähig waren – die Fragwürdigkeit ihrer Stellung bewußt. Gewöhnlich sei der Beginn einer Hofkarriere „großartig", so urteilte resümierend der junge, ebenfalls aus Ostpreußen stammende Graf v. Lehwaldt. Wenn dem aufstrebenden Höfling „aber die Augen aufgehen, dann sieht er das Nichtige seiner ganzen Stellung, und wenn er nicht den Mut besitzt, sich diesem Sklavenleben zu entziehen, so kann man ihm ein schreckliches Ende prophezeien. Überdruß, Abscheu, Ekel, alle möglichen Qualen leisten gewöhnlich den Stammgästen

---

1588 Vgl. seine entsprechenden Warnungen in der „Instruction für meinen Nachfolger" von 1722, in: A.B.B., Bd. 3, S. 446.

1589 GStAPK I. HA, Rep. 9 J 3 Fasz. 77.
Der Gegensatz zwischen diesen beiden Amtsträgern währte schon mehrere Jahre und eskalierte erstmals 1716, als der v. Schlieben dem Oberjägermeister v. Hertefeld als Oberforstmeister der Mittel- und Uckermark beigeordnet wurde. Vgl.: Berliner geschriebene Zeitungen aus den Jahren 1713 ..., S. 474.

1590 So wurden im Oktober 1722 Befürchtungen im Zusammenhang der bevorstehenden Bildung des General-Ober-Finanz-Kriegs- und Domänendirektoriums laut. Daß „das Generalfinanzdirektorium vor das Generalkriegscommissariat den Rang haben" soll, hätte „unter den Chefs [dieser Behörden – F.G.] große Differencen" hervorgerufen. V. Loewe: Zur Gründungsgeschichte des Generaldirektoriums, in: FBPG 13 (1900), S. 242-246, hier S. 243.

1591 Die Denkwürdigkeiten des Burggrafen und Grafen Christoph zu Dohna (1665-1733), hrsg. v. R. Grieser, Göttingen 1965, S. 149.

der Vorzimmer Gesellschaft."[1592] Doch letztlich führte ein Abwägen der Alternativen zu einer Hofkarriere oftmals in ein Sich-Abfinden mit der unbefriedigenden Situation.
Indirekte Belege einer Hofkritik sind allerdings auch innerhalb der alteingesessenen brandenburgischen Geschlechter schon früh auszumachen. Der aus dem Teltow stammende Otto VI. v. Hake umschrieb die geringe Neigung eines Anverwandten zu einer Karriere in höfischen Diensten mit den folgenden Worten: „so hat ihm doch, wie ich auch selber offt von ihm gehört, das Hoffleben gar nicht gefallen wollen, zweiffels ohne, wegen der Unbeständigkeit der Hoffgunst und daß es an grosser Herrn Höffe so viel Neid Hammel, Fuchsschwänzer und Hamans-Gesellen giebet, welche offt frommen auffrichtigen Hoffdiener, die nicht mit ihnen Wasser an einer Stangen tragen wollen, hinterlistig nachstellen und in die größte Ungelegenheit bringen, wie viel exempla in der heiligen Schrifft und anderen prophan Historien bekandt sein".[1593] Auch Georg Wilhelm v. Redern, der unweit der Berliner Residenz seine Besitzungen zu liegen hatte, zeigte wenig Neigung zu einer höfischen Karriere, obwohl er durch seinen Vater, den Hofmarschall Claus v. Redern, über Kontakte zur Hofgesellschaft verfügte.[1594] Hinter diesen beiden Einzelschicksalen verbargen sich auch jene Veränderungen in ihrer Konkretheit, die zu Beginn unserer Erörterungen bereits als Entfremdungstendenzen zwischen der Adels- und Hofgesellschaft angesprochen worden waren. Dennoch sollte dieser unverkennbar schwindende Einfluß der altbrandenburgischen Adelsgeschlechter auch nicht überschätzt werden. Das Auseinandertreten zwischen „Court and Country" ist zweifelsohne eine Entwicklung, die allenthalben in den europäischen Adelsgesellschaften beobachtet werden kann, gerade auch im Hinblick auf die in Richtung „Absolutismus" weisenden Veränderungen.[1595] Dahinter verbarg sich aber die im konkreten Fall nicht immer leicht zu beantwortende Frage, ob der abnehmende Einfluß einer Adelslandschaft als eine bewußte Verweigererungshaltung gegenüber dem Fürstendienst[1596] oder als gegen deren Willen erfolgende Verdrängung aus der politisch-höfischen Führungsgruppe zu interpretieren wäre. Vor allem das englische Beispiel zeigte, zu welchen brisanten Zuspitzungen es kommen konnte, wenn der Monarch nicht rechtzeitig und taktisch klug auf solche Entwicklungen reagierte.[1597] Nun galt aber bekanntlich der brandenburgische Fall als Beleg für ein insgesamt ohne größere Konflikte verlaufendes Arrangement zwischen Landesherrschaft und alteingesessenem Adel – im Gegensatz etwa zu den Vorgängen in Kleve-Mark und Ostpreußen.[1598] Demzufolge soll geprüft werden, inwiefern trotz des sichtbaren Rückganges des Einflusses der altadligen Familien innerhalb des politisch-militärischen Machtzentrums – und darauf gründet ja vornehmlich die „Entfremdungsthese" – die Verbindungen zwischen den kleinräumigen Adelslandschaften und der Hofgesellschaft bewahrt bzw. neu geknüpft werden konnten.

1592 Schmidt-Lötzen, Dreißig Jahre, S. 158.
1593 Zit. nach: Hake-FG, Bd. 1, S. 105.
1594 Vgl.: Redern-FG, Bd. 2, S. 49 f.
1595 Vgl. dazu übergreifend jetzt: Asch, Ständische Stellung, v.a. S. 23-32.
1596 Vgl.: Neuschäffer, Die Doppelrolle, S. 105.
1597 Vgl.: R.G. Asch: Der Hof Karls I. von England. Politik, Provinz und Patronage, 1625-1640, Köln/Weimar/Wien 1993, passim.
1598 Vgl. hierzu die Beiträge in dem von P. Baumgart hrsg. Sammelband: Ständetum und Staatsbildung, sowie Neugebauer, Politischer Wandel.

Für den Eindruck einer allmählichen Verdrängung des brandenburgischen Adels aus den prestigeträchtigen Funktionen der politisch-höfischen Führungsgruppen spricht zunächst, daß sowohl der Große Kurfürst als auch der erste preußische König, Friedrich I., bemüht waren, Angehörige des deutschen Hochadels in ihre Hofgesellschaft einzubinden, um damit ihre eigene Magnifizenz zu erhöhen.[1599] Eigene Hochadelsgeschlechter standen bekanntlich nicht zur Verfügung, wenn man von den wenigen Grafenfamilien des Herzogtums Preußen absieht. Und die vom König vorgenommene Erhebungen von Angehörigen einheimischer Adelsfamilien in den Grafenstand hielten sich bekanntlich in Grenzen.[1600] Ein solches Vorgehen hätte in den Augen des europäischen Hochadels ohnehin nur geringschätzige Reaktionen hervorgerufen, zumal die Hohenzollern ohnehin mit Akzeptanzproblemen im Zusammenhang ihrer Rangerhöhung zu ringen hatten.[1601] Gerade der erste preußische König entwickelte bekanntlich ein ausgeprägtes Gespür für die Bedeutung von Rang, Ehre und Zeremoniell.[1602] Diese Selbstinszenierung war Bestandteil „des planvoll betriebenen Aufstiegs in den Kreis der Souveräne" und richtete sich vor allem an „die gemeineuropäische Hochadelsgesellschaft, die eine überterritoriale höfische Öffentlichkeit bildete".[1603] Der relativ hohe Anteil von Hochadelsgeschlechtern unter den Inhabern von Hofämtern blieb, wenn man die Hofchargenlisten überprüft, auch während der Regierungszeit Friedrichs des Großen erhalten.[1604] Gleichzeitig wurde den preußischen Herrschern damit aber immer wieder ständig bewußt, daß eine solche Erhöhung der Magnifizenz ihres Hofes auch mit Unwägbarkeiten verbunden sein konnte. Die aus anderen Ranghierarchien stammenden Amtsträger mußten sich in die Verhältnisse der brandenburg-preußischen Residenz einfügen. Einige hochadlige Amtsträger taten sich schwer, sich mit diesen Veränderungen abzufinden. Zwischen dem Grafen Georg Friedrich v. Waldeck und dem Großen Kurfürsten war es fast zum Bruch gekommen, weil sich Waldeck während eines Besuches am kaiserlichen Hof in Prag weigerte, „bei einer feierlichen Auffahrt zu Hof zu Fuß neben der Carosse des Kurfürsten herzugehen".[1605] Aus solchen Konstellationen mußte sich zwangsläufig ein Klima permanenter Verdächtigungen, Unterstellungen und Intrigen ergeben. Die Mitglieder der politisch-

---

1599 Erwähnt seien in diesem Zusammenhang der anhalt-dessauische Fürst Johann Georg II. (Statthalter der Mark Brandenburg), Moritz v. Nassau-Siegen, Fürst Radziwill und der Herzog v. Croy. Vgl. dazu: E. Opgenoorth: „Ausländer" in Brandenburg-Preußen als leitende Beamte und Offiziere 1604-1871, Würzburg 1967, v.a. S. 26 ff.; Rohrschneider, Johann Georg II., S. 134 ff.; sowie jüngst: Bahl, Hof, S. 183 ff.

1600 Vgl. dazu die Aufstellungen bei A. M. F. Gritzner: Chronologische Matrikel der Brandenburgisch-preussischen Standeserhebungen und Gnadenacte ... 1600-1873, Berlin 1874.
Gritzner nennt im Zusammenhang der Königskrönung 1701 zwei solcher Erhebungen ostpreußischer Adliger. Ders.: Die bei Gelegenheit der Krönung des Kurfürsten Friedrich III. zum König von Preußen erfolgten Standeserhebungen, in: Der Deutsche Herold 32 (1901), S. 15-21, hier S. 15 f.

1601 Vgl. dazu: P.-M. Hahn: Magnifizenz und dynastische Legitimation, in: ders./H. Lorenz (Hg.), Formen der Visualisierung von Herrschaft. Studien zu Adel, Fürst und Schloßbau vom 16. bis zum 18. Jahrhundert, Potsdam 1998, S. 9-56.

1602 Vgl. jüngst dazu den Essay von M. Vec: Das preußische Zeremonialrecht. Eine Zerfallsgeschichte, in: Preußische Stile. Ein Staat als Kunststück, hrsg. v. P. Bahners/G. Roellecke, Stuttgart 2001, S. 101-113.

1603 Stollberg-Rilinger, Höfische Öffentlichkeit, S. 148.

1604 Vgl.: Schieder, Friedrich der Große, S. 51; komprimiert, wenn auch nicht ganz zuverlässig die namentlichen Aufstellungen bei E. Vehse: Der Hof Friedrichs des Großen, (ND) München o.J., S. 259 ff.

1605 Erdmannsdörffer, Waldeck, S. 42.

höfischen Führungsgruppe waren schon auf Grund ihres herausgehobenen Ranges dazu prädestiniert, als Kern einer höfischen Faktion zu wirken. Um den Statthalter Johann Georg II. v. Anhalt-Dessau bildete sich in den 1660er Jahren z.B. eine einflußreiche Gruppe mit dem Feldmarschall v. Derfflinger und den Geheimen Räten Friedrich (v.) Jena, Franz (v.) Meinders und dem Kanzler v. Somnitz.[1606] Von daher besehen erschien es auch verständlich, daß es König Friedrich I. mitunter nicht gern sah, wenn Angehörige seiner Hofgesellschaft in den Genuß von Erhebungen in den Reichsgrafenstand kamen.[1607] Es stand zu befürchten, daß durch eine solche „von außen" erfolgende Rangerhöhung erneute Unruhe in die ohnehin labile Prestigekonstellation seiner Hofgesellschaft hineingetragen wurde.

Doch richten wir den Blick nunmehr wieder von der Hof- auf die brandenburgische Adelsgesellschaft in ihrer Breite. Auch hier ist – so vorerst unsere Hypothese – von Auseinandersetzungen um Ränge, Prestige und Karriereoptionen auszugehen, denn es wäre verfehlt, eine Affinität für gesellschaftliche Hierarchisierungen nur innerhalb der herausgehobenen Mitglieder der Residenzgesellschaft zu vermuten. Die ja nicht unzutreffende Vorstellung, es innerhalb der nordostdeutschen Ritterschaft mit einer „ungewöhnliche[n] sozialökonomische[n] und rangmäßige[n] Homogenität eines gutsbesitzenden Niederadels" zu tun zu haben, könnte zu der Annahme verleiten, daß hier Auseinandersetzungen um Rangabstufungen im Vergleich etwa zu den in dieser Hinsicht differenzierteren süd- und westdeutschen Adelsgesellschaften nur eine untergeordnete Rolle gespielt hätten.[1608] Auch die Landesherrschaft bemühte sich vor allem im Zusammenhang des zunehmenden Verstaatungsprozesses, tradierte ständische Abstufungen innerhalb der Adelsgesellschaft zu nivellieren.[1609] Daraus konnte natürlich Konfliktpotential erwachsen. Es wird zu zeigen sein, ob und wie es den betreffenden Adelsfamilien gelang, sich den veränderten Bedingungen anzupassen und eventuell ihre beanspruchte Höherrangigkeit zu behaupten.

Dabei dürfte die These nicht abwegig erscheinen, daß die innerhalb der Hofgesellschaft zu beobachtende wachsende Sensibilität für Rang, Ehre und Prestige mitunter auch stilbildend auf die Adelsfamilien in den märkischen Teillandschaften wirken konnte. Einige wenige Beispiele aus verschiedenen adligen Lebensbereichen mögen diese Erscheinung illustrieren: Im Zusammenhang eines grenzüberschreitenden Gerichtsprozesses, dessen Inhalt hier aber nicht interessieren soll, weigerte sich 1663 der Verweser des Herzogtums Krossen, Dietrich v. d. Marwitz, einen Brief des Niederlausitzer Landvogtes, des Freiherrn v. d. Schulenburg zu öffnen „mit dem Vorgeben, der gebührende Titel würde ihm entzogen" werden.[1610] Es blieb nicht bei diesem einmaligen Affront; auch eine gemeinsame Grenzbegehung dieser beiden Amtsträger kam aus gleichem Grunde nicht zustande. Der Verweser erwartete den

---

1606 Vgl.: v. Orlich, Geschichte des preußischen Staates, 1. Teil, S. 248; neuerdings auch: Rohrschneider, Johann Georg II., S. 156.
1607 So erntete Albrecht Konrad Graf v. Finckenstein Kritik, als er eine solche Erhebung in den Reichsgrafenstand angenommen hatte. Vgl.: M. Klinkenborg: Die Stellung des Hauses Finckenstein am preußischen Hofe im 17. und 18. Jahrhundert, in: Hohenzollern-Jahrbuch 17 (1913), S. 156-172, hier S. 161.
1608 Dilcher, Der alteuropäische Adel, S. 84.
1609 Vgl.: Herrenhäuser, Bd. 1, S. 33.
1610 GStAPK I. HA, Rep. 45 Nr. 22, unpag.

Titel „Dem hochedelgeborenen, gestrengen, vesten und hochbenambten Herrn", während er in dem kritisierten Schreiben mit „Edler, gestrenger, ehrenvester und hochgelahrter ..." angeredet wurde. Die Angelegenheit erforderte das Eingreifen des Kurfürsten, der ein Schreiben an den Niederlausitzer Landvogt richtete, in dem zwar höflich, aber nachdrücklich die Position des v. d. Marwitz vertreten wurde. Die richtige Titulierung sei auch deshalb wichtig, da sein Amtsträger „nicht allein wegen seines adelich standes ein mehres zu ostendiren hatt", sondern dies ihm „auch billich wegen der vornehmen charge, die er aldar nahmens Sr. Chf. D. verrichtet, gegeben und gegönnet wird".

Im Jahre 1708 war es wieder ein Krossenscher Verweser, der in einen Rangstreit involviert war. Anlaß des Konfliktes bot diesmal eine Untersuchung finanzieller Unregelmäßigkeiten beim Bau einer Kirche in Züllichau. Dieser geriet ins Stocken, weil der Krossensche Verweser v. Schönaich einen höheren Rang als der neumärkische Regierungsrat v. Unfried beansprucht hatte. Hier kollidierten die Interessen zwischen den Amtsträgern „alten Herkommens" – der Krossensche Verweser nahm ja de facto die Obliegenheiten eines Landeshauptmanns wahr – und den stärker in die veränderten Verwaltungsstrukturen eingebundenen Amtsträgern, die auf einen Rückhalt der obersten Behörden bauen konnten. Eine Reihe von Präzedenzfällen wurde bemüht, um die Unhaltbarkeit des Ansinnens des v. Schönaich nachzuweisen. Der Kanzler Ludwig v. Brandt als Chef der in Küstrin residierenden neumärkischen Regierung bestand darauf, daß der Krossensche Verweser seinen Räten im Rang nachzufolgen habe. Er habe schließlich „nichts als das bloße Justiz- und Oeconomiewesen zu respiciren" und sei dabei der Regierung nachgeordnet. Alles andere wäre eine „Beleidigung für die anderen Räte der Monarchie".[1611] Zugrunde lag hier offenbar ein Verhaltenskodex, dessen Sachwalter streng darauf achteten, daß – ausgehend von den Hierarchien innerhalb der an der Residenz präsenten Führungsgruppe – die Rangabstufungen zwischen den auf mittlerer und unterer Ebene wirkenden Amtsträger gewahrt blieben. Denn eine Mißachtung dieses Prinzips hätte durchaus zu unliebsamen Rückkopplungen zu den oftmals fragilen Rangkonstellationen innerhalb der hohen Amtsträgerschaft führen können.[1612]

Innerhalb der kleinräumlichen Adelsgesellschaften selbst, um nun auf die unterste Ebene zu gehen, bildeten Rangstreitigkeiten stets „eine ernste Angelegenheit, die ... das Denken lebhaft beschäftigte und das Verhalten oft bestimmte[n]".[1613] Über einen Zeitraum von zehn Jahren mußte sich z.B. in den 1680er und 90er Jahren die neumärkische Regierung, die ja zugleich auch die zuständige regionale Gerichtsinstanz für die ostbrandenburgischen Oberstände darstellte, mit einem Konflikt zwischen den Familien v. Wedel und v. Güntersberg beschäftigen.[1614] Auslöser war ein Streit um die Besetzung der Kirchenbänke zu Groß-Silber

---

1611 Ebenda, Rep. 42 Nr. 51, unpag.
1612 Aus ähnlichen Ursachen eskalierte 1689 ein Konflikt zwischen der neumärkischen Regierung und den Kommissaren dieser Teillandschaft. Dieser wurde dahingehend entschieden, daß „denen Commissarii und Landesältesten ... von der dortigen Regierung der titel Wol-Edler, Vester und Herr gegeben werden" solle. GStAPK I. HA, Rep. 42 Nr. 46, unpag.
1613 J. Peters: Der Platz in der Kirche. Über soziales Rangdenken im Spätfeudalismus, in: Jahrbuch für Volkskunde und Kulturgeschichte 28 (1985), S. 77-107, hier S. 77.
1614 Vgl. zum folgenden: GStAPK I. HA, Rep. 22 Nr. 114 b.

– ein häufig in diesen Zeiten zu beobachtender Vorgang. Ihr besonderes Kolorit erhielt allerdings diese Auseinandersetzung, weil es sich bei denen v. Wedel und v. Güntersberg um Mitglieder der vormals herausgehobenen Gruppe „schloßgesessener" neumärkischer Geschlechter handelte, deren Konturen nunmehr natürlich verblaßt waren.[1615] Zugleich waren die Kontrahenten, der Rittmeister v. Güntersberg und Adam Matz v. Wedel auch noch Besitzer der beiden Anteile von Groß-Silber. Die neumärkische Regierung war allerdings 1695 nicht gewillt, diesen Streit länger hinzunehmen, der schon zu einer erheblichen Beeinträchtigung des Gottesdienstes geführt hatte.[1616] Auch die gerichtliche Auseinandersetzung zwischen denen v. Klöden und v. Rundstedt vor dem Altmärkischen Obergericht wurde in den 1690er Jahren wegen „des Oberstandes auf dem adlichen Frauenzimmer-Chor in der Kirche zu Badingen" ausgetragen. Man hielt es angesichts der ja nicht prozeßarmen Zeit dennoch für besonders hervorhebenswert, daß sich die vor Gericht streitenden Adelsfrauen „die Behauptung der Oberstelle ein Ansehnliches kosten" ließen.[1617]

Exemplarisch soll des weiteren der im Jahre 1703 ausgetragene Konflikt zwischen dem altmärkischen Landrat August v. Bismarck und dem in dieser Teillandschaft über Besitzungen verfügenden Leopold Friedrich Gans Edlen zu Putlitz vorgeführt werden, da sich hier besonders anschaulich das Aufeinanderprallen von tradierten Rangabstufungen der kleinräumlichen Adelsgesellschaften und neuen Amtsträgerhierarchien aufzeigen läßt. Der Landrat hatte sich nach Bekunden des Gans Edlen zu Putlitz „unterstanden, sein adeliches Siegel und Nahmen unserm freiherrlichen Siegel und Nahmen, welches doch den Herkommen nach zuerst und vorne an in einer gewissen Instruction gesetzet worden, dennoch ... vorzusetzen". Um seiner Beschwerde zusätzliche argumentative Kraft zu verleihen, malte er dem König gegenüber ein düsteres Szenario aus, falls man dem v. Bismarck nicht Einhalt gebiete. So wie gegenüber ihrem altehrwürdigen Geschlecht hätte er sich zuvor gegenüber denen v. Jagow vergangen; es stünde zu befürchten, daß „Er es nachmals wol mit denen Graffen und ferner mit denen Fürsten aufnehmen wolle".[1618] Der Gans Edle zu Putlitz hoffe, daß der König hier wieder für Ordnung sorgen werde. Hier war es nicht vorrangig das Ehrempfinden eines Adligen, das beleidigt wurde. In diesem Falle ging es vielmehr um den Rang einer Familie, die ihre Bedeutung innerhalb der brandenburgischen Adelsgesellschaft aus der Anciennität ihres Geschlechts ableitete. Gans erinnerte daran, daß sein Geschlecht vom Kaiser „vor mehr als 600 Jahren den Herrenstand erhalten hätte", auch in den bisherigen Lehnbriefen und Urkunden wäre stets die graduelle Absetzung von anderen Adelsgeschlechtern be-

---

1615 Vgl. dazu: A.F. Riedel: Von dem Unterschiede zwischen den beschlossenen und unbeschlossenen Geschlechtern der brandenburgischen Ritterschaft, in: Märkische Forschungen 1 (1841), S. 266-290, hier S. 280; zu den neumärkischen Verhältnissen auch: L. Mollwo: Markgraf Hans von Küstrin, Hildesheim/Leipzig 1926, S. 383.

1616 Die gegen den v. Wedel schon früher verhängte Geldstrafe wurde nunmehr für rechtskräftig erklärt. Die mit dem Fall befaßten neumärkischen Räte warfen dem v. Wedel vor, daß er mit seinem gewalttätigen Auftritt in der Kirche zu weit gegangen sei und „daß Er als ein alter Man dergleichen Dinge anzufangen sich schähmen sollte". GStAPK I. HA, Rep. 22 Nr. 114 b.

1617 Klöden-FG, S. 488.

1618 GStAPK I. HA, Nr. 242 c, Bl. 38 f.

rücksichtigt worden. Das Empörende des Bismarck'schen Vorgehens zeige sich insbesondere auch daran, daß nicht einmal der altmärkische Landeshauptmann v. d. Schulenburg „sein Siegel und nahmen unserem freiherrlichen vorzusetzen verlanget", obwohl der v. d. Schulenburg kürzlich in den Freiherrenstand erhoben worden war.[1619] Dieser Fall deutete symptomatisch die Sorge derjenigen altbrandenburgischen Geschlechter an, die innerhalb des märkischen Adels eine – tws. auch nur beanspruchte – Sonderstellung genossen. Sie hegten die nicht unberechtigte Befürchtung, daß ihr Rang innerhalb einer Teillandschaft durch solche bislang unter ihnen plazierten, nunmehr aber durch ein Amt aufgewerteten Adligen, wie im Falle des Landrates v. Bismarck, geschmälert werden würde. Die ungeschriebene, tradierte Rangordnung der Adelsgesellschaft kollidierte also mit den neuen, zunehmend auch die Teillandschaften durchziehenden Amtsträgerhierarchien der „absolutistischen" Staatsverwaltung.

Das Vorgehen der Gans Edlen zu Putlitz stand stellvertretend für jene, meist „schloßgesessenen" und ein ausgeprägtes Standesbewußtsein entwickelnden Geschlechter, die sich in einer abgehobenen Stellung innerhalb „ihrer" Adelsgesellschaft wähnten. Dies wurde aber durch die anderen Adelsfamilien und die landesherrlichen Amtsträger mitunter nicht mehr akzeptiert.[1620] Wenn auch der Kurfürst im altmärkischen Fall für eine bedingte Aufhebung der Unterschiede zwischen beschlossenem und unbeschlossenem Adel entschied, darf nicht vergessen werden, daß die sich aus der Ancienität abgeleiteten Differenzierungen nach wie vor im Bewußtsein der betreffenden Geschlechter gehalten hatten. Die Einladung zu den ständischen Versammlungen durch geschlossene Briefe mag aus heutiger Sicht als ein nur gering zu veranschlagendes Privileg angesehen werden, innerhalb einer kleinräumlichen Adelsgesellschaft wurde eine solche unterschiedliche Verfahrensweise allerdings schon aufmerksam wahrgenommen. Erst recht galt dies für die mit dem Prädikat der „Schloßgesessenheit" verbundenen Befreiung von der Rechtsprechung der Obergerichte in den Teillandschaften.[1621] Daß solche Gunsterweise nach wie vor begehrt waren, belegt z.B. eine Mitteilung, wonach noch im Jahre 1670 – also wenige Jahre nach der Entscheidung in der Altmark – der Landesherr dem in der Uckermark ansässigen Joachim Georg v. Winterfeld „und dem ganzen von Winterfeld'schen Geschlecht" das „Recht des beschlossenen Adels" gewährt hatte.[1622] Vor allem implizierte

---

1619 Ebenda.
1620 Aufschlußreich in diesem Sinne erscheint die von Riedel mitgeteilte Klage der unbeschlossenen altmärkischen Ritterschaft von 1662 mit dem Ziel, „den Unterschied zwischen beschlossenen und unbeschlossenen Adel aufzuheben". Riedel, Von dem Unterschied, S. 286.
Die Angehörigen der beschlossenen Geschlechter verwahrten sich in einem Schreiben vom 13.5.1662 gegen diese Unterstellungen, sie hätten sich „eines sonderbaren Dominatus über die anderen von der Ritterschaft hiesigen Kreises angemaßet, des Kreises Administration einseitig unternommen [und] ... bey den öffentlichen Conventibus und Versamblungen des Kreyses die übrige von der Ritterschaft beschimpfet". Mit besonderer Verve beriefen sie sich in ihrer Argumentation auf die Tradition. Ihre Familien seien zum Teil „schon über 800 Jahre ... in diesen Landen floriret und ohne einigen Macul verblieben". GStAPK I. HA, Rep. 53 Nr. 10 Fasz. 22, unpag.
1621 Vgl.: Riedel, Von dem Unterschied.
1622 Der Text des Privilegiums, das im übrigen im November 1713 durch König Friedrich Wilhelm I. bestätigt wurde, ist abgedruckt in: Winterfeld-FG, Bd. 2, S. 799-801.

dies, daß die Geschlechtsangehörigen künftig nur vor dem Hof- und Kammergericht juristisch belangt werden dürfen.[1623]

Eingangs wurde darauf aufmerksam gemacht, daß wir es innerhalb der brandenburgischen Adelsgesellschaft nur mit gering ausgeprägten bzw. im Verlauf der Jahrhunderte verblaßten rechtlichen Differenzierungen zu tun haben. Um so mehr wurden deshalb auch andere Wege, den beanspruchten höheren Rang zu artikulieren, beschritten. Eine solche Möglichkeit bestand in Ermangelung anderer symbolträchtiger Indikatoren z.B. in der Instrumentalisierung der „standesgemäßen" Anrede. Irritiert ließ im Mai 1669 der Kurfürst bei der neumärkischen Regierung anfragen, wieso sich Gustav Wilhelm v. Wedel in einer Supplik an ihn als „Baron" tituliere, da „Wir keinem Unserer Unterthanen verstatten, daß er ohne Unseren Consens und gnädigem Belieben sich andere Titel anmaßen dörffe".[1624] Der daraufhin um eine Bestätigung seines fragwürdigen Titels angesprochene v. Wedel berief sich auf ein kaiserliches Diplom, das er aber niemals vorgezeigt hatte.

Auf eine begründetere Legitimation konnte dagegen der Anspruch des bereits ins Spiel gebrachten Geschlechts der Gans Edlen zu Putlitz zurückgreifen. Für die Mitte des 17. Jahrhunderts ist eine Sammlung von Schriftstücken überliefert, „in denen den Herren von Putlitz das Prädikat `Wohlgeboren` beigelegt worden ist".[1625] Im April 1719 beschwerte sich aber diese Familie, „daß Ihnen aus der Canzlei nicht der Titel `Edler Herr` gegeben worden" sei.[1626] Nach der Vorlage der Mutscheine und Lehnbriefe wurde entschieden, daß künftig der Titel „Edle Herren" in den Schreiben an die zu Putlitz zu verwenden sei.[1627] 1776 wiederholte sich dieser Vorgang nochmals. Wiederum gaben die Geschlechtsangehörigen prononciert ihr Selbstverständnis „als eine[r] der ältesten freiherrlichen Familien in Deutschland" kund und erreichten die Anrede „dem Wohlgeborenen N.N. Gans Edlen Herrn zu Putlitz".[1628] In eine ähnliche Richtung zielte ein Schreiben des Achaz v. d. Schulenburg aus dem Jahre 1666, in dem er um den Freiherrnstand für sein Geschlecht nachgesucht hatte. Hier wurde bei der Begründung der herausgehobenen Stellung der Schulenburgs historisch weit ausgeholt. Bis auf die Zeit Karls des Großen glaubt man, die Anfänge zurückführen zu müssen, bereits in jener Zeit habe man sich „im Herren-Stand erhalten".[1629] Das Bedürfnis, ihre Anciennität in

---

[1623] Auch ein Vorgang in einer der Mark Brandenburg benachbarten Provinz deutet die Resistenz dieser tradierten internen Rangabstufung zwischen „beschlossenen" und „unbeschlossenen" Geschlechtern an: Die in Hinterpommern ansässigen Gebrüder Peter, Georg Caspar und Joachim von Glasenapp beschwerten sich 1743 darüber, daß ihre Geschlechtsverwandten zu Pollnow und Gramenz mit dem Titel „Schloßgesessene" inklusive der damit verbundenen Vorrechte bedacht worden seien, während dies in ihrem Fall nicht beachtet werden würde. Sie baten um Abstellung der ihre Familie desavouierenden Praxis, daß sie „wie die anderen nicht schlosssitzenden Districtsgeschlechter einberufen würden, was nicht gehörig wäre, um so mehr, als sie eines Stammes mit den anderen von Glasenapp wären". E. v. Glasenapp: Beiträge zu der Geschichte des alt- und hinterpommerschen Geschlechts der Erb-, Burg- und Schlossgesessenen von Glasenapp, 2. Teil, Berlin 1897, S. 264.
[1624] GStAPK I. HA, Rep. 22 Nr. 372, unpag.
[1625] Ebenda, Rep. 8 Nr. 143 d, unpag.
[1626] Brand. LHA Rep. 37 Putlitz, Nr. 1, unpag.
[1627] Vgl. dazu auch: Gritzner, Chronologische Matrikel, S. 18.
[1628] Brand. LHA Rep. 37 Putlitz Nr. 1, unpag.
[1629] GStAPK I. HA, Rep. 8 Nr. 196 d, unpag.

einer permanenten Konkurrenzsituation innerhalb der Adelsgesellschaft nachweisen zu können, mußten zwangsläufig erst recht jene Familien entwickeln, die als landfremde führende Amtsträger oder hohe Militärs eine geachtete Stellung erwerben wollten und zwar nicht nur eine Autorität qua Amt. So legten z.B. die Nachfahren des Oberpräsidenten Otto v. Schwerin großen Wert auf den Nachweis, daß ihre Familie in direkter Linie vom alten Dynastengeschlecht der Grafen von Schwerin abstammte, auch wenn die älteren genealogischen Ableitungen offensichtlich auf Fälschungen beruhten. In dem Diplom, das 1700 anläßlich der Erhebung des jüngeren Otto v. Schwerin in den Reichsgrafenstand ausgestellt wurde, ist diese genealogische Ableitung sanktioniert worden.[1630]

Alles in allem war man offenbar auch in der brandenburgischen Ritterschaft nicht vor einer Erscheinung gefeit, die *Ch. Ross* für einen Teil des englischen Adels mit dem pointiert-überspitzten Begriff „eine[r] paradoxe[n] Situation einer genealogischen Paranoia" umschrieben hatte.[1631] Das zunehmende Interesse vieler brandenburgischer Adelsfamilien an der Geschichte des eigenen Geschlechts erklärt sich ebenfalls vor diesem Hintergrund.[1632] Die aus Pommern im 17. Jahrhundert in die Mark zugewanderten v. Flemming gaben um 1700 eine genealogische Arbeit in Auftrag, die sicher in Zusammenhang mit der Erhebung Heino Heinrichs v. Flemming in den Reichsgrafenstand gestanden hatte.[1633] Adolf Friedrich v. Buch fühlte sich veranlaßt, eine Familiengeschichte[1634] zu schreiben, nachdem die Anciennität des Geschlechts durch Friedrich den Großen in Zweifel gezogen worden war.[1635] Auch die Landesherrschaft kam dem gewachsenen Interesse der Oberstände an der eigenen Geschlechtshistorie mit der 1706 erfolgten Gründung des Oberheroldsamtes nach und unterstützte systematische genealogische Studien.[1636]

Diese Maßnahme ordnete sich bei näherer Betrachtung zugleich in Bemühungen ein – ähnlich wie dies bei der Kontrolle des Lehnssystems aufgezeigt wurde –, auch durch die Nobilitierungspolitik auf die Adelsgesellschaften der territorial vergrößerten Monarchie einen stärkeren Einfluß ausüben zu können.[1637] An der Landesherrschaft vorbeigehende Bestrebungen, vom Kaiser eine Standeserhöhung zu erreichen, wurden nun ohne weiteres nicht

---

1630 Vgl.: Schwerin-FG, Teil 1, S. 1 f.
1631 zit. nach: J.R. Lander: Family, friends and politics in 15th Cent. England, in: R.E. Archer (Ed.), Crown, Government and people in the 15th Cent., New York 1995, S. 27-37, hier S. 28.
1632 Der bereits zitierte M.F. v. Seidel betonte im übrigen in seiner Schrift „Gedanken vom Adel", daß nach seinen Erfahrungen „Kavalliere ohne erforderliche Ahnen nicht bei Hofe" ankämen. Manuscripta borussica, fol. 632.
1633 Die Ahnenreihe wurde bis auf eine Familie der römischen Nobilität zurückgeführt. Vgl.: Brand. LHA Rep. 37 Buckow, Nr. 941.
1634 „Geschichte des adlichen Geschlechts der von Buch in der Marck und im Mecklenburgischen", Prenzlau 1784.
1635 Vgl.: Buch-FG, Bd. 1, S. 129.
1636 Eine 1733 durch den an der Viadrina lehrenden Professor Justus Christoph Dithmar in Druck gebrachte „Vorstellung betr. Genealogische und historische Beschreibung der adligen Geschlechter" begründete die Notwendigkeit solcher Unternehmungen. Vgl.: Brand. LHA Rep. 23 B Nr. 111.
1637 Vgl. jüngst zu dieser Problematik und ungünstigen Quellenlage: Bahl, Hof, S. 322 f.

mehr hingenommen.[1638] Das uneingeschränkte Nobilitierungsrecht gegenüber dem Kaiser wurde schließlich – nicht zuletzt gefördert durch die gravierenden Veränderungen auf dem Parkett der europäischen Mächtepolitik – in der ersten Hälfte der 1740er Jahre durchgesetzt.[1639] Die Anerkennung einer von außerhalb gewährten Erhebung in einen höheren Adelsstand konnten die brandenburg-preußischen Landesherren ihrerseits wiederum zur Gewährung ihrer Gunst instrumentalisieren.[1640] Ebenso übten die zuständigen Behörden eine wirksamere Kontrolle über Adelsverleihungen bzw. -erneuerungen aus[1641]; ein sich mitunter auch finanziell lohnendes Unternehmen.[1642] Bedacht werden muß in diesem Zusammenhang auch die Einbindung der brandenburgischen Ritterschaft in die reichische Adelsgesellschaft. Auch aus diesem Grunde war eine halbwegs exakte Registrierung erforderlich.[1643]
In den Listen über die Standeserhöhungen sind allerdings nur wenige Angehörige altbrandenburgischer Adelsfamilien zu finden. Doch es erschien aus der Sicht des Kurfürsten plausibel, vor allem den in seinen Augen bewährten hohen und mehrheitlich ja nicht aus altbrandenburgischen Geschlechtern stammenden Amtsträgern solche Gunst zu erweisen. Und auch der Kaiser war natürlich vor allem daran interessiert, solche Persönlichkeiten mit Gnadenakten zu bedenken, die ihm in einer „kaiserfernen" Region des Reiches auf Grund ihrer herausgehobenen Stellung bei Hofe von Nutzen sein könnten.[1644] Ausnahmen bildeten die Bestätigungen der Reichsgrafen- bzw. Reichsfreiherrenwürde bei dem brandenburgischen Feldmarschall Johann Albrecht v. Barfuß (1699), dem Minister Otto Freiherr v. Schwerin d. Jü. (1700), Adam Georg v. Schlieben auf Tucheband (1704) und beim Küstriner Gouverneur Otto v. Schlabrendorff auf Machnow (1706).[1645] Noch sparsamer fielen solche Erhebungen während der Regierungszeit Friedrich Wilhelms I. und Friedrichs des Großen aus. Lediglich

---

1638 Vgl. allgemein dazu schon: G. v. Raumer: Ueber das Recht der Churfürsten von Brandenburg und Könige von Preußen, in den Adelstand zu erheben, in: Allgemeines Archiv für die Geschichtskunde des Preußischen Staates 5 (1831), S. 259-270, hier S. 260 ff.
   Im September 1691 beschwerte sich z.B. der Kurfürst, daß einige Adlige „sich unterstanden [hätten], bey Ir. Keyserl. Majestät diplomata nobilitas ... auszuwirken, ohne uns vorhero vor solchen ihren Vorhaben unterthänigst eröffnung zu thun". Brand. LHA Rep. 78 I Gen. 124, unpag.
1639 Vgl.: J.K. v. Schroeder: Standeserhöhungen in Brandenburg-Preußen 1663-1918, in: Der Herold. Vierteljahresschrift für Heraldik, Genealogie und verwandte Wissenschaften, N.F. 9 (1978), S. 1-18, hier S. 4.
1640 Einige Belege in v. Raumer, Ueber das Recht, S. 266 f.
1641 Die Nachfahren des verstorbenen Rittmeisters v. Alemann beschwerten sich im Jahre 1700 beim Kurfürsten über die Nichtanerkennung ihres Adelstitels, den ihr Großvater vom Kaiser Rudolf II. erworben hatte. Der altmärkische Landeshauptmann v. Üchtritz wolle die Urkunde sehen, was aber nicht „geschehen" könne, „weil unsere Geschlechts-Vettern das Original, welches zu Magdeburg in der GeschlechtsLade verwahrlig gelegen, anhero nicht wollen abfolgen lassen". GStAPK I. HA, Rep. 53 Nr. 2 Fasz. 17, unpag.
   Im Jahre 1721 bemühten sich die v. Wenckstern mit Nachdruck um einen Adelsnachweis. Vgl.: Brand. LHA Rep. 78 II W 55.
1642 Vgl. hierzu ein in dieser Hinsicht aufschlußreiches, am 2.1.1686 erlassenes Edikt, in: C.C.M., Bd. IV. 5, Nr. 2.
1643 1715 und 1756 wurden z.B. Atteste über die Ritterbürtigkeit der Familien v. Schönebeck, v. d. Marwitz und v. Kalnin verlangt. Dahinter standen Bemühungen verzweigter Linien dieser Geschlechter, Angehörige in Domkapiteln bzw. Stifter in anderen Reichsterritorien unterzubringen. Vgl.: Brand. LHA Rep. 23 B Nr. 1188.
1644 Diesbezügliche Erwägungen bei der Standeserhöhung Otto v. Schwerins zum Reichsfreiherrn bei Bahl, Hof, S. 333 ff.
1645 Vgl.: Gritzner, Chronologische Matrikel.

je ein Vertreter der Beetzendorfer und auf Angern angesessenen Linie der v. d. Schulenburg, der Landrat des Kreises Krossen, Alexander Rudolf v. Rothenburg, der Minister Ernst Wilhelm v. Bredow und der Oberhofmarschall Sigmund Ehrentreich v. Redern kamen in den Genuß einer Standeserhebung.[1646] Es ist hinlänglich bekannt, daß von seiten dieser beiden Monarchen den adligen Standessachen eine recht geringe Aufmerksamkeit entgegengebracht wurde.[1647] So soll Friedrich Wilhelm I. „die heraldische Kunst wie das Zeremonialwesen als ein Feld des Witzes und Spottes" betrachtet haben.[1648] Ebenso sind geringschätzige Äußerungen gegenüber den auf Nachweis ihrer Anciennität gerichteten Ambitionen des in der Residenzgesellschaft verkehrenden Adels überliefert.[1649]

Eine Reihe von Vasallen konnte den Adelstitel während des durch den sächsischen Kurfürsten 1711 wahrgenommenen Reichsvikariats erwerben; diese mußten sich nun aber ebenfalls um eine Bestätigung durch die preußische Krone bemühen, denn gern sah die Landesherrschaft solche konkurrierenden Einflüsse auf die Nobilitierungspolitik natürlich nicht.[1650] So erhielten z.B. die in Ruppin angesessenen v. Crieger, die 1711 durch August den Starken in den Adelsstand erhoben worden waren, erst 1720 die Bestätigung aus Berlin.[1651]

Anschließend soll auf die Chargengruppe der „Erbämter" eingegangen werden, die auf eine spezifische Weise die Verbindungen zwischen den kleinräumlichen Adelsgesellschaften und der politisch-höfischen Führungsgruppe symbolisierten und zugleich weitere Möglichkeit boten, eine Gruppe von Geschlechtern innerhalb der brandenburgischen Ritterschaft herauszuheben. Eine nicht zu unterschätzende Bedeutung gewannen diese Ämter nicht zuletzt auch durch ihre wirkungsvolle Einbindung in das Huldigungszeremoniell anläßlich der Inthronisation eines neuen Landesherrn.[1652] Die „Erbämter" waren zwar in das Lehnssystem eingebunden, doch behielten sie auch nach der Lehnsallodifikation von 1717/18 ihre Bedeutung.[1653] Das Bemühen, die brandenburgischen „Erbämter" für die eigene Familie zu erhalten bzw. zu bewahren, deutet an, welchen hohen Stellenwert diese nur bei oberflächlicher Betrachtung als dekorativ erscheinenden Ämter in der märkischen Adelsgesellschaft genossen.

1646 Vgl.: ebenda, S. 9 ff.
1647 Vgl.: Schroeder, Standeserhöhungen, S. 4.
1648 Hinrichs, Der Regierungsantritt Friedrich Wilhelms I., S. 105.
1649 Der braunschweigische Legationsrat Stratmann berichtete z.B. im Mai 1729 von der Sorge eines adligen Fräuleins, welches nicht genügend Ahnen für die Aufnahme in ein Damenstift aufbringen konnte. Der König soll ihre Supplik mit der gutmütig-ironischen Antwort beschieden haben: „Wann es sonsten auf nichts ankäme, könten ihr woll einige p. abgegeben werden". Vom Berliner Hofe, S. 50.
1650 Auch um das beanspruchte Recht des Reichsvikars, Domkapitelstellen laut dem „preces primarios" zu besetzen, kam es zu Auseinandersetzungen zwischen dem Berliner und Dresdener Hof. Friedrich v. Jena riet in einer Stellungnahme vom 17.9.1659 dem brandenburgischen Kurfürsten in dieser Angelegenheit hart zu bleiben und damit den vom sächsischen Kurfürsten während des Reichsvikariats von 1657/58 kraft diesen Rechtes mit einer Präbende im Brandenburger Domkapitel bedachten Konrad v. Rohr nicht anzuerkennen. Vgl.: GStAPK I. HA, Rep. 57 Nr. 7 Fasz. 6, unpag.
1651 Vgl.: LHSA Rep. A 23g Nr. 410, unpag.
1652 Vgl. zur Huldigung 1713: A.B.B., Bd. 1, S. 437; Berliner geschriebene Zeitungen aus den Jahren 1713 ..., S. 3.
1653 Für das Jahr 1764 wurden sie in einer „Specification aller nach aufgehobener Lehnbarkeit in der Kurmark sub nexi Feudali gebliebenen, beim Lehnsarchiv bekannten Lehen" aufgeführt. Brand. LHA Rep. 78 Gen. 176 a.

Es handelte sich dabei um Chargen, die nur durch Angehörige kurmärkischer Familien besetzt werden konnten; die Neumark blieb davon stets ausgenommen – ein weiterer Beleg für die deutlich zurückgesetzte Stellung dieser Adelslandschaft.

Im ausgehenden 18. Jahrhundert waren insgesamt sieben Erbämter besetzt.[1654] Während im Spätmittelalter die eine solche Würde innegehabenden Adelsfamilien häufig gewechselt hatten, ging man später dazu über, die Erbämter über mehrere Generationen bei einem Geschlecht zu belassen.[1655] Trat der Fall ein, daß ein Geschlecht, das ein solches Erbamt besaß, ohne männliche Nachkommen blieb, waren sofort andere Anwärter zur Stelle. So suchten die v. Arnim auf Boitzenburg im Herbst 1786 um die Belehnung mit dem Erbtruchseßamt nach, das bislang denen v. Grävenitz vorbehalten war. In Erwägung gezogen wurden u.a. auch die v. Rochow, v. d. Marwitz und v. Bredow. Schon konnte der Minister v. Reck zuversichtlich an die bereits auf diese Nachricht wartenden v. Arnim berichten, daß „das Patent gestern von S.K.M. vollzogen" wurde. „Eure Hochwohlgeboren können sich als ganz sicher betrachten".[1656] Doch nachdem der v. Arnim am 25. September 1786 in Berlin eingetroffen war, „hat sich wider alle Vermutung ein gewisser Herr v. Graevenitz aus der Prignitz gemeldet mit dem Vorgeben, daß er bereits ... mit dem Erbtruchseß-Amt der Kurmark Brandenburg begnadigt worden sei, mithin gedachtes Erbamt noch nicht vacant sei". Eine darauf erfolgende Untersuchung ergab, daß die Ansprüche des v. Grävenitz berechtigt waren, und der König konnte abschließend nur lapidar vermerken: „Wenn es [das Erbtruchseßamt – F.G.] denen von Graevenitz gegeben ist, kann man es ihnen nicht wieder nehmen."[1657]

Es handelte sich bei den Inhabern der Erbämter sowohl um alteingesessene brandenburgische Geschlechter als auch um die im 17. Jahrhundert zur neuen „Staatselite" zählenden Familien.[1658] Daraus läßt sich ableiten, daß diese Ämter auch für die sich herausbildende politisch-höfische Führungsgruppe eine gewisse Faszination ausgeübt haben mußten. Es war jedoch nicht nur die Würde an sich, die man nun anderen wohlklingenden Titeln hinzufügen konnte.[1659] Der Erwerb solcher Erbämter bot zugleich auch eine weitere Möglichkeit, sich in die jeweiligen kleinräumlichen Adelsgesellschaften zu integrieren, stellten diese doch einen

---

1654 Es handelte sich dabei im einzelnen um das Erbküchenmeisteramt (seit 1371 durch die v. d. Schulenburg wahrgenommen), das Erbmarschallamt (Gans Edle zu Putlitz a. d. H. Wolfshagen), das Erbkämmereramt (Grafen v. Schwerin), das Erbschenkenamt (v. Hake), das Erbtruchseßamt (v. Grävenitz), das Erbjägermeisteramt (v. Grumbkow) und das 1670 neu kreirte Erbschatzmeisteramt. Vgl.: Brand. LHA Rep. 78 Gen. 176 a; vgl. ferner die Aufstellungen bei F.A.W. Bratring, Statistisch-topographische Beschreibung der gesamten Mark Brandenburg, Bd. 1, 1804, S. 196.

1655 Der mit der Recherche vom Justizminister beauftragte Beamte stützte sich dabei, da andere Unterlagen offenbar fehlten, auf Samuel Buchholtz' „Geschichte der Mark Brandenburg".

1656 Brand. LHA Rep. 37 Boitzenburg, Nr. 853, unpag.

1657 Ebenda.

1658 Neben der bereits erwähnten Übernahme des Erbkämmereramtes durch Otto v. Schwerin ist des weiteren auf die am 1. Dezember 1654 erfolgte Belehnung des aus Flandern stammenden Geheimen Rates Johann v. Hoverbeck mit dem kurmärkischen Erbtruchseßamt zu verweisen. Vgl.: Gritzner, Standeserhöhungen, S. 4.

1659 In diesem Sinne ist z.B. die im Jahre 1700 erfolgte Übertragung eines völlig neu geschaffenen „General-Erb-Postmeister-Amtes" für den de facto-Premierminister v. Wartenberg zu interpretieren. Dies war nicht nur ein reines Ehrenamt, sondern war mit konkreten Kompetenzen im Postwesen und auch mit einer jährlichen Besoldung von 1 000 Rtlr. ausgestattet. Vgl.: Brand. LHA Rep. 78 II W 26.

möglichen Zugang in die dortigen tradierten Konstellationen dar. Dem Oberpräsidenten Otto v. Schwerin wurde z.B. nochmals ausdrücklich in seinem Gesamt-Lehnbrief das bereits 1654 erworbene Erbkämmereramt zugestanden. Allerdings mußte zuvor eine andere altbrandenburgische Familie weichen. „Damit er auch dieses erbcämmererambts desto mehr versichert sein möge, so haben wir denen v. Schenken ... das Schatzmeisterambt verliehen, worauff sie dan auff die vorige beleihung renunciret".[1660]

Auch die nachfolgenden Generationen des Oberpräsidenten achteten darauf, daß das Erbkämmereramt nicht wieder verloren ging. Solche Befürchtungen sollten sich bald als nicht ganz unbegründet erweisen. Im Jahre 1728 starb der Sohn Otto v. Schwerins und hinterließ nur einen minderjährigen Nachkommen, den Fähnrich Ludwig Otto Sigismund. Während die Verwaltung der Güter bis zum Erreichen der Majorennität keine größeren Probleme bereitete, mußten „die Supplicanten ... wegen des ErbCämmererambtes ... das Nöthige besonders beobachten".[1661] Denn die Lehnbarkeit bei Erbämtern, so der Bescheid aus der Lehnskanzlei vom 31. Juli 1728, sei nicht aufgehoben worden. Im Jahre 1734 erreichte der junge v. Schwerin die Belehnung mit der Erbkämmererwürde, die künftig an das Gut Walsleben gebunden sein sollte.[1662] Auch Friedrich Wilhelm v. Grumbkow als einer der herausgehobenen Mitglieder der politischen Führungsgruppe im Umfeld des Königs Friedrich Wilhelms I. kam 1737 in den Genuß der Übertragung eines Erbamtes, der „Erbjägermeister"charge. Ebenso wie im Falle der Schenken mußte auch hier zunächst eine einheimische Familie ihre Ansprüche aufgeben. Die im Teltow angesessenen v. d. Gröben (Lichterfelde) hatten bislang dieses Amt innegehabt.[1663] Der Wunsch von Angehörigen der Staatselite nach solchen Titeln ist im übrigen auch für andere Teile der Monarchie nachzuweisen, beileibe also keine Besonderheit in ihrer Kernprovinz.[1664]

Die lokale Amtsträgerschaft

Die Klärung des Problems, wie die brandenburgische Ritterschaft mit der Entfremdung zur herrschenden Dynastie mit all ihren Folgen zurechtgekommen war, impliziert weitere Fragestellungen: Wenn konzediert wird, daß die einst führenden brandenburgischen Adelsfamilien eine Verminderung ihres Einflusses auf die Gestaltung der Politik der größer geworde-

---

1660 Urkundenbuch zur Geschichte des Geschlechts von Schwerin, hrsg. v. L. Gollmert, Berlin 1878, S. 466 (zur Übertragung der Erbkämmererwürde 1654 vgl. S. 444 f.). Daß O. v. Schwerin für dieses Amt auch ein jährliches Gehalt von 500 Rtlr. bezog, dürfte allerdings als eine besondere Gunst des Kurfürsten interpretiert werden, denn ansonsten standen keine Besoldungen für die Erbämter zur Verfügung. Vgl.: Orlich, Geschichte des preußischen Staates, 1. Teil, S. 247.
1661 Brand. LHA Rep. 78 II S 117, unpag.
1662 Altlandsberg, woran das Erbamt zuvor geknüpft war, kam bekanntlich 1708 in landesherrlichen Besitz.
1663 Vgl.: Brand. LHA Rep. 78 Gen. 176 a. Die Angabe von Bratring, daß es sich hier um ein neues Amt gehandelt hätte, ist nicht zutreffend.
1664 Die Familie des aus Hinterpommern stammenden Kammerpräsidenten v. Münchow, „welche dem Kronprinzen [dem späteren Friedrich II. – F.G.] viele gute Dienste erwiesen hatte, wurde jetzt auf mannigfaltige Art belohnt". Ihr wurde 1740 das Erbtruchseßamt übertragen. Rödenbeck, Beiträge, Bd. 1, S. 18. Weitere Belege in: Gritzner, Standeserhöhungen.

nen Gesamtmonarchie hinnehmen und sich allenfalls auf eine Führungsrolle innerhalb der märkischen Teillandschaften beschränken mußten, dann gewinnt die Suche nach den verbleibenden bzw. sich neu eröffnenden Einflußmöglichkeiten des brandenburgischen Adels eine nicht unwichtige Bedeutung. Im Gegensatz zu den hohen, an der Residenz angesiedelten Chargen konnten die Angehörigen der brandenburgischen Adelsfamilien im ausgehenden 17. und 18. Jahrhundert weiterhin das Gros der lokalen Amtsträgerschaft stellen. Mit der Ausweitung der „staatlichen" Aufgaben, vor allem im Zusammenhang der Gestaltung der neuen Heeres- und Steuerverfassung vermehrte sich auch die Zahl der Amtsträger auf mittlerer und unterer Ebene beträchtlich.[1665]

Vor allem sind bei einer Beschäftigung mit dieser Amtsträgergruppe natürlich die Kommissare und Landräte in den Blick zu nehmen, weil sie bekanntlich in besonderer Weise den Anspruch der „absolutistischen" Landesherrschaft vor Ort umsetzen sollten. Doch wie man heute weiß, gelang auch dies nur fallweise und nur in einigen Bereichen.[1666] Bedeutsam erschien es aber in jedem Fall, daß diese lokalen Amtsträger für ihre erfolgreiche Tätigkeit eines Rückhaltes in der jeweiligen kleinräumigen Adelsgesellschaften bedurften.

Dieses Motiv wurde mehrfach in einer Quellengruppe thematisiert, die eine gewisse Aussagekraft für die Rekonstruktion von Motivationen und Einstellungen der Amtsträger beanspruchen dürfen – den Leichenpredigten. In der 1691 verfaßten Leichenpredigt des Hans Christoph v. Bredow auf Friesack, der einige Jahre als Commissarius im Havelland wirkte, wurde besonders betont, daß er „von den meisten Herren Kreisständen – weil es doch unmöglich allen recht zu machen – eine approbation und gutes Lob gehabt" hätte.[1667] Diese Gratwanderung zwischen dem Eingeständnis, „es nicht allen Recht machen [zu] können" und dem Wunsch, dennoch ein gutes Verhältnis zu den Kreisständen beizubehalten, meisterte auch Adam v. Winterfeld als Kriegskommissar in der Uckermark. Auch in seinem Nekrolog wurde betont, „daß er in seinen Aemtern redlich, treu und aufrichtig gehandelt" hätte.[1668] Ein um gute Beziehungen zu den Oberständen bemühter Amtsträger war zuweilen auch geneigt, gewisse Nachlässigkeiten einzelner Rittergutsbesitzer durchgehen zu lassen: So übte der uckermärkische Landesdirektor Georg Wilhelm v. Arnim Nachsicht gegenüber der im April 1664 versäumten Einsendung eines überfälligen Berichts des auf Himmelpfort ansässigen Botho v. Trott. Der v. Trott vergaß allerdings nicht, in seinem Brief den Landesdirektor dezent daran zu erinnern, daß er der uckermärkischen Ritterschaft während einer Notsituation Geld „vorgeschossen" hätte und es demnach nur recht sein könne, wenn diese

---

1665 Vgl.: Heinrich, Amtsträgerschaft, S. 199.
1666 Auf die Grenzen der administrativen Durchdringung hatten sowohl P.-M. Hahn, Fürstliche Territorialherrschaft, sowie W. Neugebauer in seinen Studien immer wieder hingewiesen; vgl. anstelle mehrerer Einzelbelege die Zusammenschau von dems.: Zur Staatsbildung Brandenburg-Preußens. Thesen zu einem historischen Typus, in: JBLG 49 (1998), S. 183-194.
1667 Bredow-FG, Bd. 1, S. 318 f.
Weitere aufschlußreiche Belege für diese Haltung bieten die Leichenpredigten des Geheimen Rates, Brandenburger Domdechanten und Verordneten der kurmärkischen Landschaft Hans Ludwig v. d. Gröben: M.J. Buntebart: „Christliche Lebens- und Sterbens-Gedanken ... beym Hochadligen Leichbegängüß des seligen Herrn Hans Ludwig von der Gröben", Cölln a.d. Spree 1669 und des Geheimen Rates und Landeshauptmanns des Beeskow-Storkower Kreises, Rüdiger Christoph v. Wedel aus dem Jahre 1704 (= Staatsbibliothek Berlin).
1668 zit. nach: Winterfeld-FG, Bd. 2, S. 765.

sein Versäumnis „beliebe zu übersehen".[1669] Der 1749 zum Teltower Landrat gewählte Johann Otto v. Wilmersdorf gewann sein Ansehen unter den Kreisständen auf Grund seiner an der Universität Halle und auf Reisen gewonnenen Bildung sowie seiner besonderen Fähigkeiten als Landwirt.[1670]
Angesichts solcher Belege einer vergleichsweise erfolgreichen, um gute Beziehungen zum einheimischen Adel bemühten Amtstätigkeit drängt sich natürlich die Frage auf, welches Selbstverständnis dem Wirken dieser Kommissare zugrundelag. Der ohnehin spürbare Mangel an Selbstzeugnissen märkischer Adliger dieser Zeit läßt hierzu allerdings nur begrenzte Aufschlüsse zu. Ein gewisser repräsentativer Wert kommt etwa der in die 1650er Jahre zu datierenden „Standrede" des uckermärkischen Kriegskommissars Curd Adam v. Holtzendorff zu: Seine Verdienste während des Krieges, in dem er seine Kompanie „tapfer führete und ... Ruhm erwarb", hätten den Kurfürsten „bewogen ..., Ihn in Civil-Bedienungen zu emploiren".[1671] Damit wurde indirekt angedeutet, in welch starkem Maße die als Offizier verinnerlichten Erfahrungen im Krieg seine spätere Amtsführung bestimmt hatten. Stolz auf seinen Werdegang und ein ausgeprägtes Selbstbewußtsein sprachen auch aus den folgenden Worten: „Er scheuete kein Ungemach noch Gefahr; sintemahl Er auch von den untersten Stuffen anfing zu dienen, sich desto besser, mit der Zeit zu größern Dingen dadurch qualificiret und capabel zu machen."[1672] Es war also nicht zufällig gewährte fürstliche Gunst, sondern die eigene Leistung, die ihm nach eigenem Bekunden seine Karriere ermöglicht hatten.

Doch auch die Stellung des Amtsträgers innerhalb „seiner" Adelsgesellschaft konnte für das Amtsverständnis ausschlaggebend sein, wie bereits im vorangehenden Kapitel am Beispiel der Landräte demonstriert wurde. Ein solcher Rückhalt war in mehrfacher Hinsicht für den jeweiligen Amtsträger von Vorteil: Joachim VI. v. Eickstedt genoß z.B. als Kreiskommissar in der Altmark und Verordneter im Großen Ausschuß offenbar so große Akzeptanz unter dem altmärkischen Adel, daß dieser ihm „aus Dankbarkeit ein Geschenk von 1 000 Tlr. machte".[1673] Förderlich für die weitere Karriere wirkte sich das hohe Ansehen in der Herkunftsregion auch für Ehrentreich v. Bredow aus. Nach einigen Jahren als havelländischer Kreiskommissar gelang es ihm, nicht zuletzt „durch das Vertrauen seiner Mitstände", Verordneter im Großen Ausschuß zu werden und sogar noch eine der einträglichen Pfründen als Domherr zu Brandenburg zu erwerben.[1674] Das Renommee des Kreiskommissars Stefan Bernd v. Arnims innerhalb der uckermärkischen Ritterschaft kam u.a. in der Übernahme zahlreicher Vormundschaften über minderjährige vaterlose Söhne aus Adelsfamilien oder aber im Beistand in Vermögensangelegenheiten zum Ausdruck. Hoch angerechnet wurde ihm insbesondere sein Anteil an der Abtragung der hohen Schulden im Ständischen Kreditwerk, die bis in die 1670er Jahre auf der uckermärkischen Ritterschaft gelastet hatten.[1675]
Als sich Otto Albrecht v. Rohr im Jahre 1700 anschickte, die Adjunktion des ruppinischen

---

1669 Brand. LHA Rep. 37 Boitzenburg, Nr. 3660, Bl. 1.
1670 Vgl.: Leichenpredigt auf Johann Otto v. Wilmersdorf, 1770 (= Staatsbibliothek Berlin).
1671 zit. nach: Winterfeld-FG, Bd. 2, S. 792.
1672 Ebenda.
1673 Eickstedt-FG, S. 571.
1674 Bredow-FG, Bd. 3, S. 81.
1675 Vgl.: Arnim-FG, Bd. 2.2, S. 139.

Kreiskommissariats zu erwerben, wurde ihm nahegelegt, die Stimmungslage unter den Adligen dieser Teillandschaft zu sondieren, um „festzustellen, ob jemand von der Ritterschaft gegen Albrecht sei".[1676] Damit sollte solchen Erfahrungen vorgebaut werden, die z.B. der Kommissar des Oberbarnim, Valtin v. Pfuel auf Passow, in den 1640er Jahren machen mußte, als er auf großen Widerstand beim dortigen Adel stieß. Letztlich konnte er seine Amtspflichten nur mit Hilfe von Soldaten der nahegelegenen Garnison in Oderberg erfüllen.[1677] Die mitunter rigiden und daher unpopulären Entscheidungen, die die lokalen Amtsträger wie der v. Pfuel gerade in den letzten Kriegsjahren und in der Nachkriegszeit durchsetzen mußten, mögen auch Achaz v. d. Schulenburg auf Beetzendorf – trotz Zugehörigkeit zu einem der führenden altmärkischen Geschlechter – veranlaßt haben, im Jahre 1674 „zu resignieren": Da er im Zusammenhang mit der Ausübung seines Amtes als Verordneter zur Neuen Biergeld-Kasse „oftmals viel unverdiente Widerwärtigkeit und Verfolgung [hatte] erleiden müssen", bat er die altmärkisch-prignitz'schen Oberstände um Ablösung von seinem Amt.[1678]

Rücksichten auf die Befindlichkeiten der Oberstände hatten auch jene Amtsträger zu nehmen, die beim Landesherrn in hohem Ansehen standen und am Hofe zeitweilig über großen Einfluß verfügten. Das Beispiel des ehemaligen Amtskammerpräsidenten Bernd v. Arnim illustriert dieses Erfordernis gewissermaßen aus seiner Negation heraus. Nachdem er seine Charge 1651 verloren hatte, ernannte ihn der Kurfürst zum Landvogt der Uckermark. Dies rief aber den Protest der uckermärkischen Oberstände hervor, deren Stimme vor dieser Personalentscheidung nicht gehört wurde. Der Unmut entzündete sich nicht nur an der Tatsache, daß die uckermärkische Landschaft seine Besoldung von 300 Rtl. übernehmen mußte, sondern vor allem daran, „daß wieder ... ein Boizenburger Arnim dieses Amt bekleidete, und man befürchtete, daß es auf diese Weise in der Familie erblich werden könnte."[1679]

Die bisherigen Belege zeigten deutlich, wie vorteilhaft die Akzeptanz eines Amtsträgers zumindest bei der Mehrheit der kleinräumlichen Adelsgesellschaft, vor allem bei der Bewältigung der alltäglichen Amtspflichten sein konnte – auch wenn einzelne Adlige an dessen Amtsführung Anstoß nehmen mochten. Christoph v. Krummensee auf Wesendahl beschwerte sich 1657 beim Geheimen Rat über den Kreiskommissar des Oberbarnim, Valentin v. Pfuel, der auf ziemlich rigide Weise Kontributionsschulden eintreiben wollte. Doch lag diese, in den Augen v. Krummensees überzogene Maßnahme durchaus im Sinne der Ritterschaft dieses Kreises. Schließlich wurde sie letztlich als Gesamtcorpus für die Aufbringung der Kontribution haftbar gemacht. Somit war die Replik des Geheimen Rates auf die Beschwerde des v. Krummensee nur folgerichtig, als er den Supplicanten daran erinnerte, daß er es „ja nicht mit dem Kreiskommissar allein, sondern mit der ganzen Ritterschaft des Oberbarnim zu tun habe".[1680]

1676 Rohr-FG, S. 184.
1677 Vgl.: Passow, Rittersitz, S. 82.
1678 Brand. LHA Rep. 23 A. A 153.
1679 Arnim-FG, Bd. 2.2, S. 163.
  Auch der innerhalb des Arnimschen Geschlechts geführte unerquickliche Hütungsstreit in den 1650er Jahren, in dem sich Bernd v. Arnim unrühmlich hervortat, dürfte die Beliebtheit dieses Amtsträgers nicht gerade gesteigert haben. Vgl.: Enders, Die Uckermark, S. 343.
1680 PR, Bd. 5, S. 389.

Doch andererseits gilt es, auch folgendes zu bedenken: Eine zu offenkundig ausgetragene Unterstützung dieser Amtsträgergruppe durch die Oberstände der Teillandschaften durfte nicht den Eindruck erwecken, die erwartete Loyalität gegenüber dem Landesherrn und der Zentralverwaltung zu schmälern. So setzte der Kurfürst nach dem Tode des – wie eben gezeigt – bei den Kreisständen recht angesehenen Kommissars Ehrentreich v. Bredow 1661 den zwar ebenfalls aus dem Havelland stammenden, aber nicht die Zustimmung der Mitstände hinter sich wissenden Albrecht Friedrich v. Hünicke als neuen Kreiskommissar ein. Der Kurfürst hatte den v. Hünicke bereits zum Nachfolger bestimmt, als die havelländische Ritterschaft ihm mitteilte, daß sie mit Stimmenmehrheit Hans Christoph v. Bredow zum Nachfolger gewählt hatte. Doch der Landesherr hielt an v. Hünicke, den er für „ein capables subjectum" hielt, fest. Sollte die Ritterschaft auf ihrem Kandidaten bestehen, müsse er prüfen lassen, ob bei der Wahl „nach dem Herkommen gemäß verfahren" wurde.[1681] Maßgeblich für diese Personalentscheidung des Kurfürsten, die ja durchaus das Indigenat der Ritterschaft unangetastet ließ, dürfte der Umstand gewesen sein, daß der v. Hünicke im Zusammenhang seines Studiums und einer Kavalierstour längere Zeit außer Landes geweilt hatte und somit noch nicht bzw. nicht mehr über solche intensiven Bindungen zur havelländischen Adelsgesellschaft verfügte wie sein Vorgänger.

Ein etwa zeitgleich liegender Fall eines Amtsträgerwechsels in der Neumark zeigt aber, daß landesherrliche und adlige Interessenlagen auch übereinstimmen konnten. Als die neumärkische Ritterschaft im Juni 1663 den Kurfürsten bat, die durch den Tod des Christoph v. Brandt vakant gewordene neumärkische Kanzlerstelle mit dessen Sohn Ludwig zu besetzen, entsprang dies nicht nur dem Wunsch nach Kontinuität in der Amtsführung.[1682] Am Beispiel der Arnims wurde ja soeben vorgeführt, daß auf eine zu offenkundige Dominanz einer Familie in einer Teillandschaft doch recht kritisch reagiert werden konnte. Mit dem verstorbenen Amtsträger hatten die ostbrandenburgischen Oberstände aber recht gute Erfahrungen gemacht, zumal er neben seinem Amt als Kanzler auch andere wichtige politische Aufgaben erfüllt hatte. Durch die damit gewonnene „Nähe" zum Kurfürsten hatte er zugleich die Gewähr geboten, so mancher Bitte der neumärkischen Ritterschaft Gehör verschaffen zu können. Der Kurfürst entsprach, natürlich auch aus anderen Erwägungen heraus, dem Wunsch der Adelsrepräsentanten und ernannte Ludwig v. Brandt zum neumärkischen Kanzler.

Patronage und Klientel

Bei der Erörterung der Stellung der lokalen Amtsträger ist deutlich geworden, daß diese Personengruppe sowohl von der Akzeptanz ihrer Mitstände innerhalb der kleinräumlichen Adelslandschaften als auch von einem, bislang allerdings noch unscharf gebliebenen Rückhalt bei der oberen Amtsträgerschaft abhängig war. Diesen Gedanken gilt es jetzt aus einer anderen Perspektive weiter zu verfolgen. An anderer Stelle wurde bereits gezeigt, in welch

---
1681 GStAPK I. HA, Rep. 21 Havelland, Nr. 66, Bl. 236.
1682 Vgl.: ebenda, Rep. 42 Nr. 51.

starkem Maße landfremde Persönlichkeiten zunehmend die einflußreichen Chargen am Hof und in der Zentralverwaltung besetzen konnten. Doch auch diese hohen Amtsträger hegten – so vorerst unsere These – durchaus Interesse an geordneten Kontakten zu den altadligen Geschlechtern. Selbst die Landesherrschaft bemühte sich, auch in den entfernten Teillandschaften der sich vergrößernden Gesamtmonarchie um dort angesessene Adlige, die bereit waren, die mitunter ihren Standesgenossen kaum zumutbaren Belastungen loyal umzusetzen. Zunächst soll exemplarisch gezeigt werden, mit welchen Mitteln es den Angehörigen der landfremden hohen Amtsträgerschaft gelang, ein Beziehungsnetz mit den brandenburgischen Adelslandschaften zu knüpfen. Methodisch bietet sich dabei das von *W. Reinhard* entwickelte Modell an.[1683]

Im Zusammenhang der Behandlung der Besitzverhältnisse ist bereits vorgeführt worden, in welcher Weise es solchen Aufsteigern wie Otto v. Schwerin, Jobst Georg v. Hertefeld oder Franz v. Meinders gelungen war, Rittergüter in der Mittelmark anzukaufen. Der sich bei solchen Vorgängen aufdrängende Eindruck der sich über tradierte Gerechtsame der alteingesessenen Adelsgeschlechter brüsk hinwegsetzenden Emporkömmlinge täuscht allerdings darüber hinweg, daß es nicht nur um den reinen Erwerb von Landbesitz ging. Langfristig verfolgten diese der politisch-höfischen Elite angehörenden Personen zugleich das Ziel, sich mit den Oberständen, zumal des residenznahen Raumes zu assimilieren. Der Aufbau eines Klientelnetzes in den kleinräumlichen Adelsgesellschaften erschien deshalb nur folgerichtig.

Der zeitweilig einflußreichste Amtsträger des Großen Kurfürsten, der Oberpräsident Otto v. Schwerin, trat nicht nur als rücksichtsloser Sachwalter der landesherrlichen Domänenpolitik auf[1684], sondern er verstand es auch, sich zum Ansprechpartner der Sorgen brandenburgischer Adelsfamilien zu machen. Im Jahre 1655 setzte er sich z.B. für den ruppinischen Kreiskommissar, Otto v. Quast ein, der seinen Sohn „zu continuirung seiner angefangenen studies" auf Reisen schicken und dazu mit einer finanziellen Hilfe aus der Kreiskasse ausstatten wollte.[1685] Dieser Wunsch stieß naturgemäß auf wenig Gegenliebe bei der ruppinischen Ritterschaft. Der Oberpräsident erwies sich aber solidarisch mit dem Kreiskommissar und drängte nunmehr die Kreisstände, dem v. Quast, der sein Amt schon 16 Jahre ausfüllte, die gewünschte Geldsumme zu bewilligen. Durch eine solche Unterstützung konnte Otto v. Schwerin engere Bande zu einem lokalen Amtsträger knüpfen, der ihm auf längere Sicht durchaus von Nutzen sein konnte. So stellte es gewiß keinen Zufall dar, daß Otto v. Schwerin 1663 die Anwartschaft auf das Amt Ruppin erhielt, die kurz zuvor ein Verwandter des Otto v. Quast an den Kurfürsten abgetreten hatte.[1686] Daneben dürfte natürlich bei der gewährten Unterstützung für den jungen v. Quast die Heranziehung einer auch künftig leistungsfähigen

---

1683 Vgl.: W. Reinhard: Freunde und Kreaturen. „Verflechtung" als Konzept zur Erforschung zur Erforschung historischer Führungsgruppen. Römische Oligarchie um 1600, München 1979; vgl. in diesem Zusammenhang auch: Asch, Der Hof Karls I.
1684 Vgl. dazu die Ausführungen im 1. Kapitel.
1685 GStAPK I. HA, Rep. 55 Nr. 13 Fasz. 2, Bl. 37.
1686 Vgl.: Manuscripta Borussica, fol. 373, „Designatio ...", Bl. 43. Es handelte sich um den brandenburgischen Generalmajor Albrecht Christoph v. Quast.

und loyalen Amtsträgerschaft im Kalkül des Oberpräsidenten gelegen haben. In eben diesem Sinne ist die in dem Schreiben an die ruppinischen Stände enthaltene Bemerkung zu verstehen, daß dem Wunsch nach Ermöglichung des Studiums des jungen v. Quast auch deshalb entsprochen werden solle, da eine solche Unterstützung „Uns und dem Lande zu Dienst und nutzen gereichen kan".[1687]

Ludwig v. d. Gröben wußte sich der Oberpräsident auf andere Weise zu verpflichten. Dieser hatte die Tochter des verstorbenen Geheimen Kriegsrates Curt Bertram v. Pfuel geheiratet und bat im Juli 1663 um einen Konsens für einen Wiederkaufsvertrag des Pfuel'schen Anteilgutes Biesdorf (Barnim). Otto v. Schwerin gelang es, den Kurfürsten von einem Abgehen von seiner bisherigen Praxis zu bewegen, die einen solchen nachträglichen Konsens eigentlich nicht zuließ: „Ob Wir es nun woll bey Unserer gnädigen Verordnung, daß nehmlich hinfüro keine Wiederkaufscontracte über Lehngüter confirmiret werden sollen, bewenden lassen, So wollen Wir doch für diesesmal, aus sonderbahren bewegenden Uhrsachen ... geschehen lassen."[1688]

Auch der im Zusammenhang mit seiner Güterankaufpolitik in der Prignitz und im Ruppinischen, mit Neustadt (Dosse) als Kern, bereits mehrfach erwähnte Prinz Friedrich von Hessen-Homburg wurde durch die beunruhigten Oberstände dieser Teillandschaften nicht nur mit Argwohn und Kritik bedacht. Er verstand es, sich durch Entgegenkommen bei einigen Adelsfamilien des Umlandes gefällig zu erweisen. Im Zusammenhang mit seiner Charge als General der Kavallerie boten sich dafür Möglichkeiten. Den 15jährigen Joachim Detlof v. Winterfeld, der das Neustadt (Dosse) benachbarte Gut Neuendorf besaß, nahm er 1669 als Page in seine Dienste, dessen Familie ihm deshalb verpflichtet wurde.[1689] Großzügigkeit gegenüber einer benachbarten Adelsfamilie bewies auch der sich bekanntlich großen Einflusses auf den Kurfürsten erfreuende Oberjägermeister Jobst Gerhart v. Hertefeld. In seinem Testament von 1662 ordnete er im Zusammenhang der künftigen Nutzung seines Herrschaftssitzes in Liebenberg an, daß „die von Lüderitzen ... Ihre freye Wohnung darinnen haben und den Garten mit nutzen sollen".[1690]

Es war, wie in den eben präsentierten Fällen vorgestellt, vor allem die Summe vieler kleiner Gefälligkeiten, die das Knüpfen von Verbindungen zwischen höheren Amtsträgern und den kleinräumlichen Adelsgesellschaften ermöglicht hatten. Darunter fielen natürlich im besonderen günstige Kreditvergaben oder andere vorteilhafte Geldgeschäfte für die oftmals finanziell klammen Landadligen. Als Beispiel sei nur der in der Zauche beheimatete Offizier Hans Friedrich v. Rochow genannt, der dem Geheimen Rat und Domherrn von Branden-

---

[1687] GStAPK I. HA Rep. 55 Nr. 13 Fasz. 2, Bl. 37.
Auch im Zusammenhang seiner alltäglichen Amtstätigkeit konnten gute Beziehungen zu den bedeutenderen lokalen Amtsträgern von Nutzen sein. So war die Erfüllung der von dem ständig drängenden Kurfürsten 1661 erhobenen Forderung nach Überschreibung einer von den altmärkischen Oberständen dem Landesherrn versprochenen, in Hamburg lagernden Geldsumme letztlich durch die enge Zusammenarbeit mit dem Landeshauptmann v. d.Schulenburg möglich, wie aus dessen Korrespondenz hervorgeht. Vgl.: GStAPK I. HA, Rep. 53 Nr.10 Fasz. 20.
[1688] Brand. LHA Rep. 78 II P 23, unpag.
[1689] Vgl.: Winterfeld-FG, Bd. 2, S. 527.
[1690] Brand. LHA Rep. 37 Liebenberg, Nr. 935/1, unpag.

burg, Hans Georg v. Grävenitz, sehr verbunden war, nachdem dieser ihm im Dezember 1696 „zum Behuf und Wiederanschaffung [seiner] Mondierung", die er während der Teilnahme an den Türkenkriegen in Ungarn verloren hatte, 520 Tlr. geliehen hatte.[1691]
Auch jene Amtsträger, die durch die ältere Forschung mit dem neuen, „absolutistischen" Staatsverständnis in Verbindung gebracht wurden, benötigten einen Rückhalt in ihrer „Heimat". So galt der Geheime Rat und spätere altmärkische Landeshauptmann Thomas v. d. Knesebeck als ein Amtsträger, dessen Wirksamkeit diese neue Amtsauffassung verkörpert haben soll. *S. Isaacsohn* zollte diesem altmärkischen Adligen sichtliche Hochachtung zu seiner „Selbstüberwindung, die Absichten seines Herrn den ihm durch tausend Fäden verbundenen Standesgenossen gegenüber energisch zur Geltung zu bringen."[1692] Dieses Bild wird allerdings relativiert, wenn man den in den „Urkunden und Actenstücken" publizierten Dokumenten über die mitunter schroffe, unnachgiebige Haltung gegenüber dem altmärkischen Adel die in den Gutsarchiven erhaltenen Quellen gegenüberstellt, die doch eine sichtlich andere Sprache dokumentierten.[1693]
Bekanntlich favorisierte die ältere Forschung aber gerade jene Gruppe „absolutistischer Räte", der ein Otto v. Schwerin, Friedrich v. Jena oder Franz v. Meinders angehörten, wenn es galt, die Reformpolitik des Großen Kurfürsten personal zu konkretisieren.[1694] Dabei wurde insgesamt auf die große Distanz dieser aus einem anderen Territorium (v. Schwerin: Pommern) oder gar aus einem anderen sozialen Milieu (Fuchs/Meinders: Bürgertum) stammenden Amtsträger zu den brandenburgischen Adelsgesellschaften abgehoben. Man darf allerdings nicht nur, wie dies in älteren Arbeiten häufig geschah, den Teil der „Ausländer" dem der alteingesessenen Adligen in der höheren Verwaltung gegenüberstellen und daraus schon a priori politische Gewichtsverlagerungen ableiten.[1695] Genauso wichtig erscheint es, die reale Bedeutung eines Amtes zu kennen. Denn die Stellung eines hohen Amtsträgers innerhalb der landesherrlichen Verwaltung leitete sich vor allem aus den realen Kompetenzen desjenigen ab, der das Amt bekleidete. Solche Persönlichkeiten wie Otto v. Schwerin, Franz v. Meinders oder Paul v. Fuchs[1696] wogen natürlich ein Dutzend noch so wohlklingender Chargen auf, die aber – gemessen an der überragenden Bedeutung der genannten Männer – nur einen vergleichsweise geringen funktionellen Wert hatten.
Selbst aus der Perspektive solcher Adelsfamilien, die ihre Besitzungen außerhalb der Grenzen der Hohenzollernmonarchie zu liegen hatten, kam Informationen über die Zugänglichkeit der avisierten Amtsträger in Berlin ein hoher Wert zu. Bekümmert schrieb z.B. am 23.

1691 Brand. LHA Rep. 37 Reckahne, Nr. 414, unpag.
1692 UA, Bd. 10, S. 173.
1693 Vgl. dazu: LHSA, Rep. H Erxleben II Nr. 3680; ferner: Knesebeck-FG II.
In diesen Quellen spiegelt sich deutlich wider, daß Thomas v. d. Knesebeck bei der Vorbereitung auch unpopulärer Entscheidungen um Kontakte mit den Landständen bemüht war. Zudem gelang es ihm mitunter, einigen gegen die Interessen des Adels gerichteten Anordnungen des Kurfürsten die Schärfe zu nehmen.
1694 So z.B. Opgenoorth, Friedrich Wilhelm, Teil 2, S. 344.
1695 So z.B. Carsten, Entstehung, S. 206; Opgenoorth, Ausländer.
1696 Zu Paul v. Fuchs vgl.: F. v. Salpius: Paul von Fuchs, ein brandenburgisch-preußischer Staatsmann vor zweihundert Jahren. Biographischer Essay, Leipzig 1877; zu Friedrich v. Jena: ADB, Bd. 13, S. 759-762; zu Franz v. Meinders vgl.: Strecker, Franz von Meinders; ferner jetzt auch die Kurzbiographien im Anhang von Bahl, Hof, S. 421-623.

Dezember 1682 der in Halle als Kammerpräsident amtierende Gustav Adolf v. d. Schulenburg an seinen Schwiegersohn, den auf Hehlen (Braunschweig-Wolfenbüttel) angesessenen Friedrich Achaz v. d. Schulenburg, daß die Klärung einer Lehnsangelegenheit des Gesamtgeschlechts nicht recht vorangehe. Er führte dies vor allem darauf zurück, daß Friedrich von Jena, der der Lösung der Angelegenheit im Sinne der Familie wohlwollend gegenübergestanden hatte, verstorben war und dessen Nachfolger, v. Rheetz „die Sache sehr difficil gemachet [habe], indem er die alten Documente ohnerachtet solche der v. Jena gesehen nochmals und selbst zu sehen verlanget".[1697]

Den um Kontakte zur höheren Amtsträgerschaft bemühten Repräsentanten der kleinräumlichen Adelsgesellschaften blieben diese politischen Gewichtsverlagerungen und Kompetenzzuweisungen in der Residenz nicht verborgen. Die adligen Bittsteller und ständischen Repräsentanten wußten meist sehr genau, an wen sie ihre Gesuche zu richten hatten. Es gab Persönlichkeiten in der Nähe des Kurfürsten, die zu den gefragten Ansprechpartnern ständischer Interventionen gehörten und solche, die man auf Grund ihrer distanzierten Haltung zu den Problemlagen der gutsbesitzenden Ritterschaft nicht gern behelligen wollte.

So galt z.B. der nobilitierte Geheime Rat Paul v. Fuchs trotz seiner bürgerlichen Herkunft als Amtsträger, an den man auf Grund seiner Vertrauensstellung beim Kurfürsten und seines Amtes als kurmärkischer Lehnsdirektor Schreiben der Ständegremien lancierte.[1698] Aus den überlieferten Berichten der nach Berlin reisenden neumärkischen Ständerepräsentanten erhellt, welche Bedeutung dem Kontakt zu geeigneten Personen aus dem engeren Umfeld des Kurfürsten zugemessen wurde. Der Verordnete v. Klitzing berichtete z.B. 1679 über die anfänglich fehlgeschlagenen Versuche, während seines Aufenthaltes in der Residenz einem der avisierten hohen Amtsträger die Anliegen der neumärkischen Stände vorzutragen. Da die eigentlich ins Auge gefaßten einflußreichen Amtsträger, der Geheime Rat Christoph Caspar v. Blumenthal und der Oberpräsident Otto v. Schwerin nicht anwesend waren, mußten der v. Klitzing und der mitgereiste neumärkische Städtevertreter mit dem Generalkriegskommissar Joachim Ernst v. Grumbkow vorlieb nehmen, der aber wohl nicht gerade der gewünschte Gesprächspartner gewesen war.[1699] Michael Ludolf v. d. Schulenburg wiederum berichtete im Juni 1688 aus der Residenz über eine erfolgreich verlaufene Audienz beim Geheimen Rat Franz v. Meinders. Das demnächst zu verabschiedende Edikt zu Lehnssachen werde die Wünsche der Oberstände berücksichtigen, schrieb er seinem im heimatlichen Beetzendorf wohnenden Verwandten.[1700] Franz v. Meinders schien diesen Besuch allerdings auch gleichzeitig dazu genutzt zu haben, um Nachrichten an Angehörige der altmärkischen Ritterschaft zu lancieren.

Das Beispiel des Franz v. Meinders verweist zugleich auf eine weitere Möglichkeit, Beziehungsstränge zu den alten brandenburgischen Adelsfamilien aufzubauen: die Eheverbindungen. Seine Tochter wurde 1684 mit Kuno Hartwig v. Quitzow verheiratet.[1701] Ebenso gelang

---

1697 NHStAH Dep. 82 Hehlen II Nr. 478, unpag.
1698 Im ständischen Archivmaterial sind z.B. Beschwerden in Lehnsangelegenheiten und Vorschläge zur Reformierung der Policey-Gesetzgebung aus dem Jahre 1693 überliefert. Vgl.: Brand. LHA Rep. 23 A. B 59.
1699 Vgl.: Brand. LHA Rep. 23 B Nr. 193.
1700 Vgl.: LHSA Rep. H Beetzendorf II, Nr. III 1527, Bl. 120 ff.
1701 Vgl.: Strecker, Franz von Meinders, S. 112.

es auch dem 1674 geadelten Freiherrn Georg v. Derfflinger schon vor seiner Nobilitierung nacheinander zwei Frauen aus brandenburgischem Altadel zu ehelichen.[1702] Erst recht waren natürlich die Töchter dieses zu Reichtum und hohem Einfluß gelangten nunmehrigen Feldmarschalls eine „gute Partie" für Bewerber aus märkischen Adelsfamilien.[1703] Die Töchter des Oberjägermeisters Jobst Georg v. Hertefeld wurden mit dem ebenfalls mit dem Oberjägermeisteramt bestallten und aus der Altmark stammenden Joachim Ernst v. Lüderitz und dessen Bruder, dem Kammergerichtsrat Ludolf Bertram Philipp v. Lüderitz verheiratet. Das offenkundig hervortretende Interesse der neuen landfremden Amtsträger an solchen Eheverbindungen rührte nicht zuletzt aus der ihnen nicht verborgen bleibenden Erkenntnis her, daß auch die anderen, aus brandenburgischen Familien stammenden hohen Amtsträger bemüht waren, solche Klientelnetze zu installieren. So z.B. gelang es dem neumärkischen Kanzler Christian v. Brandt durch eine überlegte Heiratspolitik ein dichtes verwandtschaftliches Netz mit Amtsträgern und Militärs aufzubauen.[1704] Die prosopographischen Untersuchungen *Bahls* haben solche verwandtschaftlichen Verflechtungen der Familien v. Waldow - v. d. Marwitz - v. Götze und der Familien v. Ribbeck - v. Pfuel - v.d. Gröben aufzeigen können.[1705] Den Angehörigen dieser Familien war es natürlich auf Grund ihrer langen Verwurzelung in den märkischen Teillandschaften leichter möglich, solche Verbindungen aufzubauen, während es den „Ausländern" zunächst viel schwerer fiel, über das Konnubium in solche Heiratskreise einzutreten.[1706]

Im 18. Jahrhundert setzte sich diese Praxis auf einer breiteren Grundlage fort und verlor damit zunehmend den Charakter des Außergewöhnlichen. Vor allem lassen sich Heiratsverbindungen zwischen den – vor allem in Berlin/Potsdam präsenten – Offizieren und Angehörigen der Hofgesellschaft rekonstruieren.[1707] Mehrere Hofdamen heirateten Offiziere aus brandenburgischen Adelsgeschlechtern.[1708] Die soziale Aufwertung des Offizierskorps – nicht zuletzt in der Verleihung von Kammerherrenchargen an Militärs sichtbar demonstriert[1709] – ließ diese Gruppe auch in den Augen der Hofgesellschaft zunehmend attraktiv erscheinen, wenngleich es dort an geringschätzigen Äußerungen über den Typus des ungebildeten Offiziers nicht mangelte.[1710]

Heiraten zwischen alteingesessenem und zugewandertem bzw. neu nobilitiertem Adel waren den Monarchen, die ja grundsätzlich an einer regionalen Durchmischung der hohen Amtsträgerschaft und des Offizierkorps interessiert waren, durchaus willkommen. Der aus hugenottischem Adel stammende Jacques Laumonier Marquis de Varenne, der als Hauptmann

---

1702 Es handelte sich um Margarethe Tugendreich v. Schapelow (Gusow, Kr. Lebus) und Barbara Dorothea Rosina v. Beeren (Groß Beeren, Kr. Teltow).
1703 Vgl.: Brand. LHA Rep. 37 Gusow, Nr. 259, unpag.
1704 Vgl.: Hahn, Aristokratisierung und Professionalisierung, S. 198 f.
1705 Vgl.: Bahl, Hof, S. 636 f. (Anhang: Verwandtschafts- und Verschwägerungstafeln 11 und 12).
1706 Vgl.: ebenda, S. 246.
1707 1716 wurde die vom König geförderte Ehe zwischen dem Neffen und „künfftigen Universal-Erben" des Generalleutnants von Derfflinger und der Hofdame der Königin, einem Fräulein von Sonsfeld, geschlossen. Berliner geschriebene Zeitungen aus den Jahren 1713 ..., S. 467 u. 516.
1708 Belege bei Koser, Vom Berliner Hof, S. 6 f.
1709 Vgl.: Neugebauer, Hof, S. 146.
1710 Vgl. mit entsprechenden Belegen: Koser, Vom Berliner Hofe, S. 32.

im Regiment Dönhoff diente, heiratete 1725 mit Louisa Sabina v. Rochow in ein urbrandenburgisches Geschlecht und kaufte ein Jahr später das Gut Genshagen im Teltow.[1711] Der erst zu Beginn der Regierung des „Soldatenkönigs" geadelte Maximilian August von Köppen, „des Königs grösten Favoriten einer" ging mit dessen Unterstützung eine Eheverbindung mit einem Fräulein von Bredow, der Angehörigen eines alteingesessenen havelländischen Adelsgeschlechts ein.[1712] Daß sich der zur nobilitierten Amtsträgergruppe gehörende Minister Samuel v. Marschall zu einer Heirat mit einem aus altem brandenburgischem Adel entstammenden Fräulein v. Börstel entschlossen hatte, dürfte nicht zuletzt auch von Erwägungen bestimmt worden sein, in den ständischen Gremien eine herausgehobene Stellung einnehmen zu können. Nachdem er bereits schon seit 1724 als Vizedirektor der Kurmärkischen Landschaft tätig war, wurde er neun Jahre später zum Direktor bestallt.[1713] Die eheliche Verbindung mit einer aus alteingesessenem Adel stammenden Kandidatin wird das Zurechtkommen und die gegenseitige Akzeptanz für beide Seiten erleichtert haben.

Diese nicht isoliert dastehenden Vorgänge weisen zugleich nochmals darauf hin, daß es möglich erscheint, über die Analyse personaler Beziehungen die Verflechtung zwischen Zentralverwaltung bzw. Hof und den märkischen Adelsgesellschaften aufzuzeigen. Die bisher präsentierten Belege sind vor dem Hintergrund der ja auch für die brandenburgischen Verhältnisse des 17. Jahrhunderts gültigen Prämisse zu interpretieren, daß eine noch rudimentär entwickelte staatliche Einflußnahme auf die lokalen Gegebenheiten eine größere Bedeutung informeller Kontakte bedingt hatte. Doch mußten diese Beispiele eher fragmentarisch bleiben, oft an den Zufall gebunden erscheinen. Die bei *W. Reinhard* typisierten „Gattungen persönlicher Beziehungen ... Verwandtschaft, Landsmannschaft, Freundschaft und Patronage"[1714], lassen sich nur in wenigen Fällen eindeutig zuordnen und beschreiben. Auch die ältere Forschung bietet leider nur wenig Ergiebiges zu dieser Frage. Gerade in den politischen Biographien zu den führenden brandenburgischen Amtsträgern der zweiten Hälfte des 17. Jahrhunderts wurde diese Problematik weitgehend ausgeblendet.[1715] Vor dem Hintergrund der Grundaussage, daß mit dem `ständischen Staat` und dem nunmehr im Entstehen begriffenen `Beamtenstaat` „zwei in sich unverträgliche Dinge" aufeinanderstießen, erübrigten sich intensivere Nachforschungen über etwaige Beziehungen zwischen Ständetum und höherer Amtsträgerschaft.[1716]

Informationen über diese Art informeller Bindungen, erst recht zu solchen, die sich zu Patronage-Klientel-Beziehungen ausweiten konnten, erschließen sich vor allem über Korrespondenzen.[1717] Daß natürlich auch die Nutzung dieser Quellengruppe zur Rekonstruktion von

---

1711 Vgl.: Brand. LHA Rep. 78 II V 1.
1712 Vgl.: Berliner geschriebene Zeitungen aus den Jahren 1713 ..., S. 96.
1713 Vgl.: Brand. LHA Rep. 23 A. A 140.
1714 W. Reinhard, Freunde und Kreaturen, S. 35.
1715 Vgl. hier repräsentativ: Erdmannsdörffer, Waldeck; Hein, Otto von Schwerin; Strecker, Franz von Meinders; G. Oesterreich: Kurt Bertram von Pfuel. Leben und Ideenwelt eines brandenburgischen Staatsmannes und Wehrpolitikers, in: FBPG 50 (1937), S. 201-249.
1716 Erdmannsdörffer, Waldeck, S. 46 f.
1717 Vgl. dazu: A. Maczak: Diskussionsbericht, in: Klientelsysteme im Europa der Frühen Neuzeit, hrsg. v. dems., München 1988, S. 343-363, hier S. 344.

Verflechtungen nicht unproblematisch erscheint, wird zwar zu Recht immer wieder betont[1718], ändert jedoch nichts an ihren Vorzügen gegenüber anderen Möglichkeiten.[1719] Die indessen in Ermangelung ergiebiger Korrespondenzen immer wieder gern herangezogenen Heiratsstrategien auf der Basis des genealogischen Materials oder die Übertragung von Ämtern als Symptome von Verflechtung verraten, da sie in der Regel nur singuläre Akte eines Patronage-Verhältnisses symbolisieren können, noch wenig über die alltägliche Realität von Klientel-Beziehungen. Gerade die mitunter lapidar erscheinenden, unspektakulären Bemerkungen in Briefen über die neuesten Winkelzüge eines höfischen Würdenträgers oder eine sich eröffnende Kapitalanlagemöglichkeit[1720], vermischt mit rein Persönlich-familiärem, können eine relativ enge und längerfristig bestehende Beziehung zwischen einem in der jeweiligen Adelsgesellschaft verhafteten Gutsherrn und einem in der Residenz wirksamen Amtsträger sichtbar machen.

Es gilt im folgenden, an Beispielen der zweiten Hälfte des 17. und des 18. Jahrhunderts solche Patronage-Klientel-Beziehungen vorzuführen. Im besonderen geht es uns darum, die Mittlerstellung von Amtsträgern zwischen den kleinräumlichen Adelsgesellschaften und der an der Residenz angesiedelten höfisch-zentralen Sphäre aufzuzeigen. Im Sinne von *Nicole Reinhard* könnte hier durchaus von der Existenz einer „Territorialklientel" ausgegangen werden.[1721] Es soll nachgewiesen werden, daß der Wert eines solchen Amtsträgers vor allem auf der Interdependenz von Prestige innerhalb „seiner" Landschaft und relativ stabilen Beziehungen zu Angehörigen der politisch-höfischen Elite beruhte. Dieses Austarieren der Interessen zwischen mittlerer und oberer Ebene basierte letztlich auf Gegenseitigkeit! Beide Seiten profitierten voneinander; das zwischen Amtsträgern der mittleren und hohen Ebene übliche Verhältnis von Über- und Unterordnung konnte unter diesen Umständen zeitweise zurücktreten. Solche Verflechtungen waren indes – auch in Brandenburg – nicht neu. Die neue Qualität der Beziehungsnetze bestand darin, daß im Gegensatz zum „langen 16. Jahrhundert", in dem ja mehrheitlich einheimische Geschlechter noch die „Machtelite" des Kurfürstentums Brandenburg gestellt hatten[1722], nunmehr Patronage- und Klientel-Beziehungen zu einer überwiegend landfremden Staatselite aufgebaut werden mußten, die zudem häufig auch noch einer anderen Konfession angehörte.

1718 Jüngst durch: N. Reinhardt: Macht und Ohnmacht der Verflechtung: Rom und Bologna unter Paul V. Studien zur frühneuzeitlichen Mikropolitik im Kirchenstaat, Diss. Florenz 1997, S. 40.
Diese Autorin stellte z.B. die Repräsentativität dieser Quellengruppe in Zweifel, da Kontaktdichte und Inhalt häufig durch äußere Anlässe gegeben sein konnten.
1719 Informelle Beziehungen, v.a. natürlich unter den am Hofe präsenten höheren Amtsträgern, kamen gewöhnlich vor allem über mündliche Kontakte zustande; deshalb können indirekte Anhaltspunkte nur über Briefe erschlossen werden. Vgl. dazu auch: Rohrschneider, Johann Georg II., S. 155.
1720 In diesem Sinne dürfte wohl auch der Vorwurf Friedrichs des Großen gegenüber den verantwortlichen Amtsträgern im Ständischen Kreditwerk einzuordnen sein, wonach „die Landschaft ... nur Kapitalia guter Freunde plaziere" wolle. Zit. nach: Maurer, Die private Kapitalanlage, S. 20.
In diese Richtung ging z.B. auch der Vorwurf, wonach es den Gläubigern der hoch verschuldeten v. Otterstedt zu Beginn der 1780er Jahre gelungen sei, das Ritterschaftliche Kreditwerk zu bewegen, deren Güter möglichst gering taxieren zu lassen. Vgl.: Otterstedt-FG, S. 80.
1721 Vgl.: Reinhardt, Macht und Ohnmacht, S. 8.
1722 Vgl.: Hahn, Struktur und Funktion, v.a. S. 168-203.

Im folgenden soll zunächst am Beispiel des uckermärkischen Landesdirektors Georg Wilhelm v. Arnim ein solches Verflechtungssystem vorgestellt werden. Auf der Grundlage seiner im Boitzenburger Gutsarchiv erhaltenen Korrespondenz können zum einen dessen enge Verwurzelung innerhalb der uckermärkischen Adelsgesellschaft, zugleich aber auch seine Verbindungen zu höheren, in der Residenz wirkenden Amtsträgern aufgezeigt werden.
Der 1612 zu Sachsendorf geborene Georg Wilhelm v. Arnim trat schon frühzeitig in näheren Kontakt zur Landesherrschaft. 1636 soll er den Kurfürsten zum Reichstag nach Regensburg begleitet haben.[1723] Nach dem Erlöschen des „Unterhauses" zu Boitzenburg zeigte er sich 1648/49 sehr umtriebig, als es darum ging, über das weitere Schicksal dieser Besitzungen zu befinden. In dem damaligen Amtskammerpräsidenten Bernd v. Arnim erwuchs ihm dabei allerdings innerhalb des eigenen Geschlechts ein ernstzunehmender Gegenspieler. Wenn auch die Entscheidung vorläufig eher zugunsten von Bernd v. Arnim ausging[1724], so bleibt jedoch festzuhalten, daß Georg Wilhelm in dieser Auseinandersetzung an Respekt und Durchsetzungskraft gewonnen und zudem Kontakte zu Personen in der Residenz aufgebaut hatte, die ihm später von nutzen sein konnten.[1725] Diese regional übergreifenden Bindungen wurden natürlich auch durch seine Mitarbeit in den ständischen Gremien gefördert. Auch hier schien G.W. v. Arnim über besonderes Ansehen verfügt zu haben, denn er gehörte zu jenen vier Repräsentanten der brandenburgischen Oberstände, die während der Verhandlungen über das Religionsedikt von 1664 gegenüber dem Oberpräsidenten v. Schwerin den ständischen Standpunkt zu vertreten hatten.[1726]
Als uckermärkischer Kreisdirektor[1727] umfaßten seine Obliegenheiten ein breites Spektrum von Aufgaben, das von der Erstellung der Muster- und Lehnpferderollen, über die Organisation von Truppendurchmärschen durch die Uckermark bis zur Festlegung der Modalitäten bei der Kontributionszahlung reichten.[1728] Es handelte sich dabei also vor allem um ein Tätigkeitsprofil, das dem eines Kriegs- bzw. Kreiskommissars zuzuordnen wäre.[1729] *O. Hintze* hatte bereits darauf abgehoben, daß gerade die uckermärkischen Verhältnisse in besonderer Deutlichkeit die frühzeitige Verschmelzung des ständischen Verordnetenamtes mit der landesherrlichen Neuschöpfung des Kreiskommissars vorführten.[1730] Und Georg Wilhelm v. Arnim verkörperte jenen Amtsträgertypus, der sowohl das landesherrliche Vertrauen besaß, die unter Kriegsbedingungen anstehenden Forderungen im Sinne der Landesherrschaft um-

---

1723 Vgl.: Arnim-FG, Bd. 2.2, S. 81. Ein Porträt ebenda (nach S. 80).
1724 Bernd v. Arnim erhielt 1/3 des sogenannten „Unterhauses".
1725 Zur Auseinandersetzung über Boitzenburg vgl.: Arnim - FG, Bd. 2.2, S. 74-79.
    Daneben befand er sich mit Bernd v. Arnim auch in einem langjährigen Streit, der 1654 eine solche Heftigkeit erreichte, daß der Kurfürst eingreifen mußte. Vgl.: Enders, Die Uckermark, S. 343.
1726 Vgl.: P. Schwartz: Die Verhandlungen der Stände 1665 und 1668 über die Religionsedikte, in: JbbrandKG 30 (1935), S. 88-114, hier S. 92.
1727 Es ist nicht eindeutig verifizierbar, wann er das Amt des uckermärkischen Landes- bzw. Kreisdirektors übernommen hatte. Der in der Familiengeschichte zu findenden Notiz, daß dies 1663 erfolgte, steht bereits ein Brief des Kurfürsten an den „Landesdirektor" G.W. v. Arnim aus dem Jahre 1654 gegenüber. Vgl.: Brand. LHA Rep. 37 Boizenburg, Nr. 3659.
1728 Vgl.: ebenda, Nr. 3660 u. 3661.
1729 Weitere Belege für seine amtliche Wirksamkeit bei: Enders, Die Uckermark, S. 354, 362 f. u. 370.
1730 Vgl.: Hintze, Der Ursprung, S. 377 f.

zusetzen als auch über einen entsprechenden Rückhalt in seiner Adelslandschaft verfügte. Gegeben war eine solche Verbindung natürlich zunächst einmal durch die Heiratsbeziehungen seiner Familie zu anderen uckermärkischen Geschlechtern. Er selbst war seit 1639 mit Barbara Sabina v. Hohendorf a. d. H. Falkenhagen verheiratet; sein Sohn, Jacob Dietloff, ehelichte Eufemia v. Blankenburg a. d. H. Wolfshagen, während seine Tochter Anna Katharina seit 1657 mit dem ebenfalls aus der Uckermark stammenden Offizier Johann Christoph v. Strauß verheiratet war.[1731] Dieser profitierte zuweilen von der amtlichen Tätigkeit und Erfahrung seines Schwiegervaters. Als er 1671 mit seiner in der Uckermark logierenden Kompanie nach Berlin marschieren sollte, bat er seinen Schwiegervater, „er wolle hochgeneigt belieben, Jemand zu beordern, an welchen Ich mich bey sothanen Marche halten und die logirung gewärtigen könne".[1732]

Vor allem war der Landesdirektor jedoch Ansprechpartner für die vielen alltäglichen Probleme, die uckermärkische Rittergutsbesitzer und deren Angehörige bewegten. Bei der 1662 anstehenden Auswahl geeigneter Personen für die Vertretung der Uckermark im Großen Ausschuß zählte das Wort v. Arnims ebenso wie bei der Besetzung einer vakant gewordenen Landpfarrerstelle in Lübbenow.[1733] Auch sein Beistand in den nicht seltenen Rechtshändeln zwischen uckermärkischen Adelsfamilien war gefragt. Als Fürsprecher wirtschaftlicher Interessen der Ritterschaft erwies sich Georg Wilhelm v. Arnim, als er 1663 in Berlin eine zeitweilige Aufhebung des Getreideausfuhrverbotes erwirkt hatte.[1734] Dorothea S. v. Götze wiederum bat ihn um Beistand, ihre neu angesiedelten Untertanen in den nächsten Jahren von der Kontributionszahlung frei zu halten.[1735] Das Ansehen des Landesdirektors mag uckermärkische Adlige des weiteren veranlaßt haben, sich bei ihm über untergeordnete Amtsträger zu beschweren.[1736] Hier konnten sie sicher sein, daß ihre Monita auch mit entsprechendem Nachdruck weiter verfolgt wurden.

Georg Wilhelm v. Arnim selbst war sich seines Renommees durchaus bewußt. Deshalb konnte er auch dem Kurfürsten gegenüber in einer Situation, als die Belastungen im Zusammenhang des Schwedisch-polnischen Krieges ein nicht mehr zu verkraftendes Ausmaß angenommen hatten, mit seinem Rücktritt drohen. Dieser bat ihn, im Amt zu verbleiben, „zudem auch der kreis bei bösen zeiten eine gute direction höchst benöthiget". Daß der Vorstoß des Landesdirektors indessen nicht nutzlos war, deutet das kurfürstliche Versprechen an, „dem Kreise nach Möglichkeit zu helfen".[1737]

Doch die vergleichsweise gnädige Reaktion des Kurfürsten auf seine Rücktrittsdrohung läßt die Vermutung zu, daß v. Arnim vielleicht bei Hofe auf solche ihm gegenüber geneigte Persönlichkeiten rechnen konnte, die im Verborgenen dem Landesherrn in seinem Sinne „Entscheidungshilfe" leisten konnten. Die erhaltene Korrespondenz vermittelt zumindest an-

---

1731 Vgl.: Arnim-FG, Bd. 2.2, Stammtafel 10.
1732 Brand. LHA Rep. 37 Boizenburg, Nr. 3647, unpag.
1733 Vgl.: ebenda, Nr. 3659.
1734 Vgl.: ebenda, Nr. 4634.
1735 Vgl.: ebenda, Nr. 3659.
1736 So ein v. Steinwehr über einen Commissarius im Jahre 1660. Vgl.: Brand. LHA Rep. 37 Boizenburg, Nr. 3658.
1737 Ebenda.

deutungsweise einige Aufschlüsse darüber. Über seinen Sohn Bernd v. Arnim, der einige Jahre als Kammerjunker in der kurfürstlichen Residenz zugebracht hatte, wurde er über Vorgänge am Hof unterrichtet. Leider haben die wenigen erhaltenen Briefe nur fragmentarischen Wert, doch zeigen sie, daß der Landesdirektor Interesse an personalen Veränderungen auf höchster Ebene bekundete. So antwortete Bernd v. Arnim im Mai 1672 offenbar auf entsprechend gezielt gestellte Fragen seines Vaters: Diese betrafen Auskünfte zu einem zur Hofgesellschaft gehörenden v. Wedel[1738]; über den ebenfalls in der Residenz präsenten Hans Georg III. v. Ribbeck wußte er zu berichten, dieser müsse demnächst nach Brandenburg zum Domkapitel. Ferner habe er den General-Wachtmeister v. Pfuel gesprochen; derselbe wolle ihm bald mitteilen, „daß er die von H. Vater gethanen Vorschläge beliebe [und] zweifelt auch nicht, daß er auf sie eingehen werde".[1739] Schließlich wollte er sicher gehen, bei welchem sich gerade besonderer „Nähe" zum Kurfürsten erfreuenden Amtsträger seine Interventionen am erfolgversprechendsten sein könnten.

Ein solch vorsorgliches Verhalten deutete sich z.B. auch in seiner Reaktion auf einen Brief des Maximilian v. Schlieben an. Jener bat den uckermärkischen Landesdirektor, der im Lebuser Kreis auch über Besitzungen verfügte, als „Mitstand" der dortigen Ritterschaft in einer Auseinandersetzung mit den Amtleuten „einige Mühewaltung auf sich [zu] nehmen und sowohl beim Ober-Hof-Marschall v. Canstein als auch bei Herrn v. Jena Anregung [zu] tun", um eine für sie günstige Entscheidung herbeizuführen.[1740] Die Bekanntschaft v. Arnims mit diesen einflußreichen Persönlichkeiten in der Berliner Residenz wurde durch v. Schlieben offenbar vorausgesetzt.

Doch auch aus umgekehrter Perspektive wurden die informellen Bindungen zwischen Boitzenburg und Berlin deutlich: Der Statthalter der Mark Brandenburg, Fürst Johann Georg II. von Anhalt-Dessau, bat im Dezember 1664 Georg Wilhelm v. Arnim, ihm Unterstützung in einer Finanzangelegenheit zu gewähren. Er habe – noch vor dem Dreißigjährigen Krieg – bei der uckermärkische Landschaftskasse eine Obligation von 15 000 Rtl. „rechtmäßig an [sich] gebracht ..., wofür einige von der Ritterschaft caviret und ihre Güter zur wahren hypothec verschrieben ... und in händen haben".[1741] Nunmehr drängte der Statthalter, der sich in chronischer Finanznot[1742] befand, auf eine Auszahlung seiner Schulden. Georg Wilhelm v. Arnim wolle doch bitte die uckermärkische Ritterschaft auf der nächsten ständischen Zusammenkunft „durch sein vielgeltendes Wort dazu disponieren helfen, daß Sie ihre Deputierten dahin instruiren und mit vollkommener plenipotenz versehen, solche Post nicht alleine ohne weitläufigkeit zu acceptiren, sondern auch der Bezahlung halber sich mit Uns zu vergleichen".[1743] Es blieb nicht nur bei dieser einmaligen Kontaktaufnahme zu diesem hochadligen Amtsträger in der Residenz, weitere Briefe des Jahres 1665 legen die Vermutung nahe, daß

1738 Es könnte sich dabei um den Hof- und Kammergerichtsrat Hasso Adam v. Wedel gehandelt haben. Vgl.: Bahl, Hof, S. 612 f.
1739 Brand. LHA Rep. 37 Boizenburg, Nr. 3642, unpag.
1740 Ebenda, Nr. 3659, Bl. 81.
1741 Ebenda, Nr. 3660, Bl. 23.
1742 Vgl. dazu: Rohrschneider, Johann Georg II., S. 158.
1743 Brand. LHA Rep. 37 Boitzenburg, Nr. 3660, Bl. 23.

sich der uckermärkische Landesdirektor auch gegenüber anderen Wünschen des Statthalters erbötig gezeigt hatte, jedenfalls über das Maß an Gefälligkeiten hinaus, die diesem hohen Amtsträger ohnehin zukamen.

Das in der Korrespondenz mit dem Statthalter angeschlagene Motiv der Schuldentilgung nahm überhaupt bei Georg Wilhelm v. Arnim einen hohen Stellenwert ein. Er selbst befand sich ja keineswegs in solider finanzieller Verfassung. Zwar konnte er 1650 auch das „Oberhaus" Boitzenburg erwerben, doch war dieser Prestigegewinn innerhalb des Gesamtgeschlechts auch mit mehr Ausgaben verbunden.[1744] Hinzu kamen familiäre Verpflichtungen. Die Unterstützung der Karriere seiner Söhne verursachten ihm nicht unbeträchtliche Kosten, wie einige erhaltene Rechnungen und Briefe belegen.[1745] Von daher nahm es nicht wunder, daß auch dieser, innerhalb der uckermärkischen Adelsgesellschaft zweifellos herausragende Amtsträger nicht verschont wurde von den existenziellen Sorgen und ökonomischen Bedrängnissen der Ritterschaft, die Gegenstand unserer Betrachtungen im ersten Kapitel waren. Auch auf seinen Gütern standen die allgemein zu bewältigenden Herausforderungen der Wiederaufbauphase, und Kreditaufnahmen bildeten die notwendige Begleiterscheinung.[1746] Daraus erklärt sich, daß die Schuldenfrage den Hauptanteil seiner Korrespondenz mit uckermärkischen Adligen gebildet hatte. Im April 1664 mußte ihn z.B. der Oberstleutnant Hans Jacob v. Klöden an seine Zahlungsverpflichtungen erinnern. Dieser Brief weist ferner auf die enge Vernetzung der Gläubiger-Schuldner-Beziehungen in einer kleinräumlichen Adelsgesellschaft hin, wenn darin zugleich erinnert wurde, daß auch der v. Blanckenburg auf Wolfshagen in dieses Geldgeschäft involviert war.[1747] Bei der Witwe v. Waldow stand v. Arnim mit 700 Rtl. in der Kreide, die nun aber vor allem deshalb so auf Auszahlung der Summe drängte, weil sie ihren Zahlungsverpflichtungen gegenüber Verwandten nachkommen müsse.[1748] Auch bei Anna Lucretia v. Winterfeld hatte der Landesdirektor Schulden; sie setzte ihn am 25. Juli 1669 unter Druck: Wenn er nicht binnen 14 Tagen die ihr zustehende Summe entrichte, müsse sie „zu anderen zu erreichenden mitteln" greifen, und er möge ihr es „nicht verdencken, daß Ich dieselbe [die Obligation – F.G.], inmaßen ich gute gelegenheit dazu bekomme, bey Hofe an einen Vornehmen Ohrt cedire".[1749]

Zu allem Überdruß hatte er auch die Gläubiger seines Schwiegersohnes, des in Militärdiensten stehenden v. Strauß, zu besänftigen. Dieser klagte im August 1666 seinem Schwiegervater sein Leid, daß er kaum noch Hoffnung habe, Bürgen zu bekommen. Er bitte ihn aber, seine Gläubiger „bis Martini" hinzuhalten, da er hoffe, zu diesem Zeitpunkt Geld zu

---

1744 Nach seinem Tode soll er viele Schulden hinterlassen haben, die abzutragen erst seinem Sohn, dem späteren Obristen Jacob Dietloff gelang. Vgl.: Arnim-FG, Bd. 2.2, S. 99.
1745 Vgl.: Brand. LHA Rep. 37 Boitzenburg, Nr. 3644 u. Nr. 3645 (Unterstützung für den in Kolberg/ Hinterpommern in Garnison stehenden Jacob Dietloff und den in Berlin anwesenden Georg Abraham v. Arnim; Nr. 4733 (Geldzuweisungen an den in Jena bzw. Tübingen studierenden Bernd v. Arnim).
1746 Bereits in den 1640er Jahren war er mit 1 000 Rtl. bei dem Berliner Kaufmann Caspar Salomon verschuldet, was zu mehreren Klagen geführt hatte. Vgl.: Rachel/Wallich, Großkaufleute, Bd. 2, Berlin 1967, S. 202 mit Anm. 2.
1747 Brand. LHA Rep. 37 Boitzenburg, Nr. 3660, Bl. 25.
1748 Vgl.: ebenda, Bl. 33.
1749 Ebenda, Nr. 3663, Bl. 52.

bekommen.[1750] Der Einfluß des Landesdirektors bewirkte, daß seinem Schwiegersohn eine Möglichkeit eröffnet wurde, seine bedrängte Situation wenigstens etwas zu entlasten.[1751] Dazu war Georg Wilhelm v. Arnim durchaus in der Lage, da er in die sich durchkreuzenden Finanzbeziehungen innerhalb der uckermärkischen Adelsgesellschaft auf die eine oder andere Weise involviert war. Es gehörte ja zur Normalität der adligen Kreditgeschäfte, daß Gläubiger-, Schuldner- und Bürgschaftsfunktionen sich überlagerten.[1752]

Das beiliegende Schema versucht die Einzelbelege zu komprimieren und damit Einblick in die Struktur des Beziehungsgeflechts dieses Amtsträgers zu geben. Deutlich wird hier die eingangs angedeutete Mittlerstellung v. Arnims zwischen der uckermärkischen Adelsgesellschaft und der an der Residenz angesiedelten höfisch-zentralen Sphäre. Sein nicht unbedeutender Rang innerhalb der Amtsträgerschaft wurde zwar instrumentalisiert für die Durchsetzung von Zielen der Funktionsträger in den höchsten landesherrlichen Behörden, allerdings nicht in dem Sinne, daß er selbst auf die Rolle eines Vertreters derer Interessen beschränkt wurde. Beide Seiten profitierten von diesem auf Gegenseitigkeit beruhenden Verhältnis. Den Gefälligkeiten (Informationen, Vermittlungshilfe in Kreditangelegenheiten) des Landesdirektors stand Entgegenkommen (juristischer Beistand, Entscheidungshilfen) durch Angehörige einiger führender Amtsträger in Berlin gegenüber. Vorteile für die eigene Familie, die auf seinen politischen Einfluß zurückzuführen wären, sind dagegen kaum auszumachen. Die Heiraten seiner Kinder halten sich in den Grenzen, die auch für andere führende Familien ähnlich denen v. Arnim typisch sind.[1753] Lediglich die Indienststellung seines ältesten, allerdings schon 1673 verstorbenen Sohnes Bernd als Kammerjunker am Hof deutet Kontakte zu Kreisen an, die geholfen haben könnten, eine solche Position zu erlangen.

Doch das Beispiel Georg Wilhelm v. Arnims bildete keinen singulären Fall solcher Patronage- und Klientelbildung, wenngleich hier eine vergleichsweise glückliche Überlieferung vorliegt. Nunmehr drängt sich die Frage auf, ob sich das dargestellte Beziehungsnetz des uckermärkischen Landesdirektors v. Arnim dahingehend verallgemeinern ließe, daß auch andere lokale brandenburgische Amtsträger über informelle Verbindungen zum Berliner Hof bzw. zu hohen Amtsträgern in der zentralen Verwaltung verfügt hatten. Leider fehlt für ein abschließendes Urteil das erforderliche Quellenmaterial in vergleichbarer Dichte. Dennoch bieten einige weitere Belege durchaus Anhaltspunkte dafür, daß es mehrere solcher Beziehungsnetze von „Territorialklientel" gegeben hatte.

1750 Ebenda, Nr. 3647, unpag.
1751 Otto Friedrich v. Klützow erbot sich, diejenigen Zahlungsverpflichtungen zu übernehmen, die v. Strauß von einem bei ihm verschuldeten Adligen erwartete. Vgl.: ebenda, Nr. 3661, Bl. 78.
1752 Aus der Korrespondenz der Jahre 1662 und 1663 geht hervor, daß Caspar v. Holtzendorf auf Falkenhagen und Ernst Friedrich v. Sparr bei G.W. v. Arnim verschuldet waren.
   Vgl.: ebenda, Nr. 3659, Bl. 49 u. 60.
1753 Aus dem Rahmen fiel lediglich die Heirat seines ältesten Sohnes Bernd mit der aus einem nicht unbedeutenden magdeburgischen Geschlecht stammenden Anna Hedwig v. Mörner. Die 1685 erfolgte eheliche Verbindung seines Sohnes Georg Abraham v. Arnim mit der aus dem Stift Osnabrück stammenden Freiin A.H.S. v. Oer erfolgte dagegen lange nach dem Tode Georg Wilhelms und ist vor allem eigenem Prestige dieses, bis zum Generalfeldmarschall avancierenden Sohnes zu verdanken. Vgl.: Arnim - FG, Bd. 2.2 (Stammtafel 10).

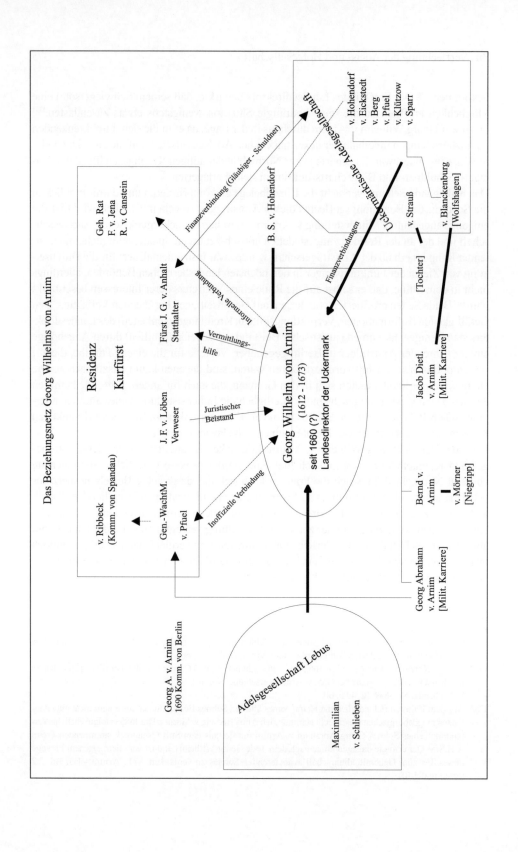

Für das Jahr 1676 ist z.B. ein fragmentarischer Briefwechsel eines Angehörigen der in der Prignitz bedeutenden Familie v. Saldern mit dem neu ernannten Generalkriegskommissar Bodo v. Gladebeck überliefert.[1754] Bei aller Knappheit der darin enthaltenen Informationen wird doch zumindest deutlich, daß die Kontaktaufnahme dieses Angehörigen eines führenden Adelsgeschlechts der Vorbereitung einer Audienz der Ständevertreter bei Bodo v. Gladebeck diente, bei der es insbesondere um eine Veränderung des Steuerquantums zu Lasten der Städte gehen sollte. Durch einen persönlich gehaltenen Brief an den aus Braunschweig-Wolfenbüttel stammenden Generalkriegskommissar, der in seinem neuen brandenburgischen Wirkungsbereich wahrlich nicht durch Zuneigung verwöhnt wurde, versuchte v. Saldern das Terrain für das ständische Anliegen zu sondieren. Gerade ein solcher innerhalb der höfischen Führungsclique in zunehmende Isolierung geratender Amtsträger wie v. Gladebeck wird dankbar solche Offerten der regionalen Oberstände aufgegriffen haben.[1755] Andererseits ist davon auszugehen, daß auch das eigene Prestige und die Autorität des v. Saldern durch diese Verbindung mit dem Generalkriegskommissar innerhalb der Prignitzer Oberstände gehoben wurde.

Der altmärkische Landeshauptmann Achaz v. d. Schulenburg hielt über seinen Verbindungsmann in Berlin die Kontakte zu den für ihn wichtigen Persönlichkeiten der Hofgesellschaft aufrecht. In der fragmentarisch überlieferten Korrespondenz des Jahres 1677 schienen der Generalfeldmarschall Georg v. Derfflinger, der Geheime Rat Thomas (der Jüngere) v. d. Knesebeck und der Oberhofmarschall Melchior Friedrich v. Canitz sich für die Ambitionen des Landeshauptmanns als besonders interessant erwiesen zu haben.[1756] Diese Kontakte rufen nochmals in Erinnerung, daß man auch von Seiten der Ständegremien um gute Beziehungen zu bestimmten hohen Amtsträgern bemüht war. Die Vertreter der märkischen Teillandschaften erhofften sich u.a. durch die Überlassung von Präsenten die Geneigtheit der hohen Amtsträger zu erzielen, wenngleich natürlich die umworbenen Persönlichkeiten – da sie ja von mehreren Seiten mit solchen Zuwendungen bedacht wurden – dies als Selbstverständlichkeit angesehen haben dürften.[1757]

Auch um die Karrieren des adligen Nachwuchses zu befördern, waren gute informelle Verbindungen von Nutzen, vor allem deshalb, da man ja stets mit konkurrierenden Mitbewerbern zu rechnen hatte. Ein v. d. Schulenburg erinnerte den Kurfürsten 1662 an das Versprechen, seinen Sohn als Pagen anzunehmen. Sein beharrliches Drängen ergebe sich daraus, weil er in Erfahrung gebracht hatte, daß „andere hierinnen mir etwa möchten [zu]vor-kommen". Der Kurfürst möchte, wenn er von seiner Reise aus Kleve zurück sei, dem Hofjägermeister Johann Friedrich v. Oppen[1758] – offenbar einem Vertrauten des v. d. Schulenburg bei Hofe – seine Entscheidung „andeuten lassen, welcher mich es schon berichten wird".[1759]

1754 Vgl.: Brand. LHA Rep. 37 Plattenburg – Wilsnack, Nr. 5930, unpag.
1755 Zum schwierigen Stand v. Gladebecks am Hof vgl. unsere Ausführungen im ersten Teil dieses Kapitels.
1756 Vgl.: LHSA Rep. H Beetzendorf II, II (Personalarchiv), Nr. 133c, Bl. 20 ff.
1757 Die neumärkischen Ständevertreter haben Ende der 1680er Jahre z.B. dem Oberpräsidenten v. Danckelmann und den Oberjägermeister v. Pannwitz mit solchen Geschenken bedacht. Vgl.: Brand. LHA Rep. 23 B Nr. 475, unpag.
1758 Vgl. zu ihm: Genthe, Die preußischen Oberjägermeister, S. 269.
1759 GStAPK I. HA Rep. 8 Nr. 196 d, unpag.

Eine weitere Möglichkeit, längerfristige Beziehungen zwischen hohen Amtsträgern und einer kleinräumlichen Adelsgesellschaft herzustellen, bot sich über Vormundschaften an. Für die verwaiste Tochter des Georg Ernst v. Wedel wurden 1668 die Geheimen Räte Jürgen Rüdiger v. d. Goltz (Gouverneur zu Berlin) und Bogislaff v. Schwerin (Gouverneur von Kolberg) eingesetzt. Vor allem verband man mit dieser Personalentscheidung die Erwartung, daß diese hohen militärischen Amtsträger es mit ihrer Autorität verhindern würden, daß das Fräulein v. Wedel wegen „unordentlichen Haushaltens ihrer Brüder ... von ihro zustehenden Erbportion gar nichts erhalten möchte".[1760] Der Geheime Rat Lorenz Christoph v. Somnitz wurde im Jahre 1661 zum Vormund des Sohnes des verstorbenen ehemaligen Oberkämmerers Adam Georg Gans Edlen zu Putlitz bestellt. Doch die realen Zwänge ließen bei der verwitweten Mutter bereits 1664 den Entschluß reifen, diese Vormundschaft aufzukündigen und den Kurfürsten zu bitten, ihr einen Vormund für ihren Sohn zur Verfügung zu stellen, „der dieses ohrts stets oder doch den mehrentheil gegenwärtig, undt sowohl auf meines Sohns Person als dessen Güther aufsucht".[1761]

Ergänzend ist darauf zu verweisen, daß Angehörige der in einer Teillandschaft führenden Adelsgeschlechter ihre Verbindungen zur Berliner Zentrale natürlich auch im ureigenen Familieninteresse zu nutzen wußten. Der altmärkische Ständepolitiker Hempo v. d. Knesebeck auf Langenapel, Sohn des schon mehrfach erwähnten Landeshauptmanns Thomas, informierte seine Familie ständig über die politischen Vorgänge während seiner Anwesenheit in Berlin. Vor allem schlossen diese Berichte Nachrichten über die sich mitunter zäh gestaltenden Verhandlungen der höchsten landesherrlichen Amtsträger mit den Ständerepräsentanten ein. Hempo v. d. Knesebeck lag daran, den Vorteil der eigenen Familie nicht aus dem Blick zu verlieren. In einem Brief vom 11. April 1653 betonte er, daß zur Abfassung einer Entgegnung auf die kurfürstliche Proposition „nur ein paar Personen aus Unserem Kreis" bestimmt werden sollen, darunter aber unbedingt „einer von den Knesebeck zu Langenapel" sein müsse.[1762]

Der durch die Forschung stets betonte Erfolg des Großen Kurfürsten, durch die zunehmende Besetzung der höchsten Chargen durch auswärtige Amtsträger, das Indigenat der Oberstände durchlöchert und ein nur ihm gegenüber loyales Beamtentum herangebildet zu haben, ist demnach in seinem längerfristig wirkenden Resultat zwar nicht anzuzweifeln, dennoch aber zu relativieren. Zwar soll die Leistung solcher herausragenden Amtsträger an der Seite des Kurfürsten wie Otto v. Schwerin oder Franz v. Meinders nicht bestritten werden, doch sollte man stets bedenken, daß der Erfolg ihrer Politik ohne die Bemühungen nach geordneten Beziehungen zu den führenden Repräsentanten der regionalen Oberstände und der brandenburgischen Adelsgesellschaft in ihrer Breite wohl ausgeblieben wäre. Und die Adelsfamilien ihrerseits beließen es nicht nur bei einer gleichgültigen oder ablehnenden Haltung gegenüber den Veränderungen in der Residenz. Auch aus naheliegendem eigenem Interesse verfolgte ein Teil der Ritterschaft die mit dem Hof in Verbindung stehenden Vorgänge.[1763] Und auch

---

1760 Ebenda, Rep. 22 Nr. 372, unpag.
1761 Ebenda, Rep. 8 Nr. 143 d, unpag.
1762 LHSA Rep. H Langenapel, Nr. 44, Bl. 4 f.
1763 Auch dies war ein gesamteuropäisches Phänomen des „niederen Landadels", wie A. Gestrich aus übergreifender Perspektive zeigen konnte. Ders.: Absolutismus und Öffentlichkeit, Göttingen 1994, S. 94.

brandenburgische Geschlechter wußten die sich neu eröffnenden Möglichkeiten, die eine wachsende Hofgesellschaft bot, in all ihren Varietäten zu nutzen.

Doch werfen wir nun einen Blick auf die Verhältnisse im 18. Jahrhundert. Auch wenn, wie bereits erörtert, die Höfe Friedrich Wilhelms I. und Friedrichs II. an Eigenwert im politischen System verloren hatten, erscheint es gleichwohl angebracht, nach Beziehungssträngen zwischen den kleinräumlichen Adelsgesellschaften und Mitgliedern der Hof- und Residenzgesellschaft zu suchen. Zwar ist es richtig, von einer gewissen „Entpolitisierung"[1764] des Hofes zu sprechen, dennoch blieben die Zugänge zu Angehörigen der Hofgesellschaft, die ja auch jetzt noch zum Teil einflußreiche Ämter in der Verwaltung oder hohe Chargen in der Armee bekleideten, nach wie vor von Bedeutung. Ein gut dokumentiertes Beispiel liegt mit dem neumärkischen Kanzler und preußischen Justizminister Levin Friedrich II. v. Bismarck vor.[1765] Die Wirksamkeit dieses aus einer bedeutenden altmärkischen Adelsfamilie stammenden Amtsträgers belegt, wie die am Beispiel Georg Wilhelm v. Arnims vorgeführten, auf Gegenseitigkeit beruhenden Interessenlagen eines hohen Amtsträgers und den kleinräumlichen Adelsgesellschaften auch in einer Zeit Gültigkeit behielten, für die eine stark reduzierte institutionelle und informelle Einflußnahme intermediärer Gewalten unterstellt wurde. Aus der Korrespondenz des auf Briest – unweit Tangerhüttes – beheimateten Levin Friedrich II. v. Bismarck[1766] ließ sich ein filigranes Beziehungsnetz rekonstruieren, das in mehrere Richtungen wies. Im Zusammenhang seiner maßgeblich von Samuel v. Cocceji geförderten Karriere am Berliner Kammergericht, die ihn 1731 auf die Charge als Oberappellationsgerichtsrat geführt hatte, erwies sich die vor allem über seinen Bruder Hans Christoph laufende Verbindung zur altmärkischen Adelsgesellschaft von Vorteil. Erst recht galt dies während seiner Tätigkeit als neumärkischer Kanzler in Küstrin, die ihm nur noch seltene Besuche auf seinem Gut ermöglichte.

Doch auch in umgekehrter Richtung konnte aus den intensiven Kontakten Nutzen gezogen werden. Gerade der juristische Sachverstand L. F. v. Bismarcks wurde häufig in Anspruch genommen. Den Hauptinhalt des Briefwechsels nahmen dabei Themen ein, die um Kreditgeschäfte und Gütertransaktionen kreisten, aber auch sein Rat bei der Austragung von Prozessen war gefragt.[1767] Vor allem jedoch bediente man sich seiner als ein Mitglied der politischen Elite, das Auskunft über die personalen Konstellationen in der Residenz geben konnte, die ja zugleich auch immer ein Gradmesser für Karriereoptionen und Einkommenschancen darstellten. 1736 wurde er z.B. gebeten, sich zu erkundigen, „wie es mit der Deputiertenstelle" für einen aus dem Geschlecht der Gans Edlen v. Putlitz stammenden Landrat stehe, und 1748 ließ ein v. Münchhausen beim Minister v. Bismarck seinem Unmut freien Lauf, weil er die ihm bereits zugesicherte Stelle als pommerscher Hofgerichtspräsident nicht erhalten habe.[1768] Ebenso waren die weitreichenden Verbindungen Bismarcks bei der Unterbringung von Töchtern bekannter oder verwandter altmärkischer Familien in den nicht gerade zahl-

---

1764 Neugebauer, Hof, S. 149.
1765 Zugrunde liegt der Bestand LHSA Rep. H Briest.
1766 Zum biographischen Hintergrund vgl.: Göse, Ein altmärkischer Amtsträger.
1767 Vgl. mit Belegen ebenda, S. 114 f.
1768 LHSA Briest, Nr. 280, Bl. 1; Nr. 288, Bl. 1.

reich vorhandenen evangelischen Damenstiftern bzw. der Versorgung von Adelssöhnen in den Domkapiteln gefragt. So gab im Oktober 1750 Moritz v. Anhalt seiner Hoffnung Ausdruck, daß L.F. v. Bismarck im Sinne der von ihm gewünschten Präbende im Domkapitel Brandenburg bei Hofe „alles vorbereitet habe".[1769]

In seinem von 1738 bis 1746 in die Neumark verlegten Wirkungskreis gelang es dem Kanzler Levin Friedrich II. v. Bismarck – trotz anfänglicher Bedenken – ebenfalls relativ schnell, das Vertrauen der dortigen Oberstände zu erlangen und ein Beziehungsnetz zu etablieren, das auch nach seiner Beförderung zum Minister von Bestand blieb. Eine Fülle von Bittschreiben neumärkischer Adliger belegt, daß der landfremde Kanzler durchaus zu einem gefragten Ansprechpartner geworden war. Vor allem lang andauernde Prozesse und Vormundschaftsangelegenheiten, die den bekanntlich zumeist finanziell schwachen ostbrandenburgischen Rittergutsbesitzern zusetzten, wurden in diesen Schreiben thematisiert.[1770] Insbesondere sein Engagement in den Auseinandersetzungen mit der Neumärkischen Kriegs- und Domänenkammer schien seine Akzeptanz innerhalb der neumärkischen Adelsgesellschaft erhöht zu haben, denn in den Augen der Oberstände galt nach wie vor die Küstriner Regierung, der L. F. v. Bismarck als Kanzler vorstand, als die eher für ständische Interessen zu gewinnende Institution.[1771] Nach seinem Weggang nach Berlin hielt er seine Kontakte in dieser Teillandschaft aufrecht, wovon eine Reihe von Briefen neumärkischer Adliger zeugte.[1772] Über einen bei der Küstriner Regierung arbeitenden Beamten regelte er die vielfältigen finanziellen Transaktionen. So wurde er über günstige Kapitalanlagemöglichkeiten, anstehende Verpfändungen von verschuldeten Gütern oder gewünschte Kredite für neumärkische Adlige informiert.[1773]

Die stets engen Verbindungen Bismarcks zu seiner altmärkischen Heimat entsprangen natürlich auch familienpolitischen Überlegungen. Schließlich hatte L. F. v. Bismarck eine stattliche Zahl von Nachkommen. Zwei seiner Töchter heirateten traditionell in bedeutende altmärkische Adelsgeschlechter ein, während die Eheverbindung seiner ältesten Tochter Elisabeth Dorothea Sophia offenbar eine Konzession an seine Amtstätigkeit in der Neumark dargestellt hatte.[1774]

Zum Abschluß soll knapp auf einen herausragenden Vertreter der in der Uckermark einflußreichen Familie v. Arnim eingegangen werden. Bei Georg Dietloff v. Arnim handelte es sich um einen der wenigen aus einem urbrandenburgischen Geschlecht stammenden Adligen, der es im 18. Jahrhundert vermochte, in höchste Amtsträgerchargen aufzusteigen.[1775] Nach einer kurzen Militärlaufbahn kehrte er zurück auf seine Boitzenburger Güter und wurde dort 1706

1769 Ebenda, Nr. 128, Bl. 14.
1770 Belege dazu in Göse, Ein altmärkischer Amtsträger, S. 108 f.
1771 Vgl. zu diesem Vorgang: LHSA Briest, Nr. 298, Bl. 159 f.
1772 Vgl.: ebenda, Nr. 298 u. 299.
1773 Solche Kreditvereinbarungen wurden 1750 z.B. mit einem Major v. Brünne, einem Herrn v. Klettwitz und dem Baron v. Vernezobre getroffen. Vgl.: LHSA Briest Nr. 127, Bl. 78 ff., 113 f., 138 f.
1774 Sie heiratete einen v. Waldow. Vgl.: ebenda, Nr. 175.
1775 Zum biographischen Hintergrund vgl.: Arnim-FG, Bd. 2.2, S. 110 ff.; E.D.M. Kirchner: Das Schloß Boytzenburg und seine Besitzer insonderheit aus dem von Arnimschen Geschlechte, Berlin 1860, S. 339 ff.; ferner einige relevanten Akten in: Brand. LHA Rep. 37 Boitzenburg, Nr. 3700-3703.

zum Landvogt der Uckermark bestallt. Kontakte zu höfischen Kreisen konnten offenbar durch die bis 1713 innegehabte Kammerjunkercharge geknüpft werden. Seine Karriere führte ihn über die Charge als Geheimer Justizrat bis zum Etatminister. Eine intime Kenntnis über die in den Jahren der Lehnsreform debattierten Probleme des Adels muß G. D. v. Arnim durch seine Wirksamkeit als Oberheroldsrat und Lehnsdirektor gewonnen haben.
Das Beispiel des Georg Dietloff v. Arnim läßt sich dem des Justizministers und Kanzlers Levin Friedrich II. v. Bismarck durchaus an die Seite stellen. Es dokumentiert, daß auch unter den auf der obersten politischen Ebene veränderten Bedingungen um die Mitte des 18. Jahrhunderts ein gutes Verhältnis zu den kleinräumlichen Adelsgesellschaften für die eigene Amtsführung, vor allem für ein Durchstehen der internen Konflikte innerhalb der politisch-höfischen Elite von Nutzen sein konnte.
Während der Auseinandersetzungen um die Justizreform ergriff G. D. v. Arnim bekanntlich die Partei der adligen Oberstände. Die Auseinandersetzungen mit Samuel v. Cocceji führten schließlich zur Entlassung des ohnehin betagten Ministers. Doch sein Rückhalt, nicht nur bei der uckermärkischen Ritterschaft zahlte sich aus und verlieh ihm auch nach dem nicht ganz freiwillig angetretenen Ruhestand noch ein gewisses politisches Ansehen bei Hofe. Recht frühzeitig, im Dezember 1749, erfuhr Georg Dietloff v. Arnim über vertraute Persönlichkeiten am Hof, daß der König ihn als neuen Direktor der kurmärkischen Landschaft favorisiert hatte. Damit war beiden Seiten gedient: G. D. v. Arnim konnte den Verlust eines herausragenden politischen Amtes teilweise kompensieren und nahm für sich in Anspruch, daß der König seinen Wert nach wie vor zu schätzen wußte. Und der Monarch hatte eine personalpolitische Entscheidung im Sinne der Stände getroffen, die ihm aber letztlich nutzte, zumal er wußte, daß von diesem hochbetagten Herrn keine ernsthafte Opposition mehr ausgehen würde.
Ausgeblendet blieb bislang allerdings ein weiterer wichtiger Faktor für die Analyse des Verhältnisses zwischen Adelsgesellschaften und Hof: die konfessionelle Divergenz zwischen Dynastie und politisch-höfischer Führungsgruppe einerseits und der überwiegenden Mehrheit der brandenburgischen Adelsgeschlechter andererseits. Nicht zu Unrecht gewann aber gerade diese Frage einen besonderen Stellenwert bei der argumentativen Stützung der These von der Entfremdung zwischen „Hof" und „Land". Schließlich mußte in einem Zeitalter, in dem existenzielle Probleme wie Kirche und Religion einen nach wie vor unangefochtenen Stellenwert bei den Menschen aller Bevölkerungsgruppen besaßen, der Konfessionswechsel der Dynastie mit all ihren Implikationen zu tiefgreifenden Wirkungen führen. Dieser Problematik wird im folgenden Kapitel nachzugehen sein.

Zusammenfassung

Der Einflußverlust der alteingesessenen Adelsgeschlechter innerhalb der politisch-höfischen Elite war nicht nur eine Folge der sich im 17. Jahrhundert verschlechternden wirtschaftlich-finanziellen Situation der brandenburgischen Ritterschaft, sondern resultierte auch aus dem Erwerb neuer Territorien für den Hohenzollernstaat, deren Adelsgesellschaften bei der Besetzung der führenden Chargen berücksichtigt werden mußten.

Doch der Hof und die Residenzgesellschaft bildeten in der zweiten Hälfte des 17. und im 18. Jahrhundert eine an Bedeutung gewinnende Orientierung auch für den brandenburgischen Adel. Deren Anziehungskraft nahm zwar mit der Distanz zur Metropole ab, zumal dann, wenn sich in Gestalt anderer Höfe wie Dresden oder derjenigen der welfischen Fürstentümer andere Optionen für die eher an der Peripherie angesessenen Adelsfamilien anboten. Dennoch verband ein mitunter filigranes Netzwerk die Hofgesellschaft mit den märkischen Adelslandschaften in ihrer Breite. Das Instrumentarium reichte von einzelnen Gunsterweisen über Heiratsbeziehungen bis hin zur Gestaltung von auf Gegenseitigkeit beruhenden Patronage- und Klientelbeziehungen. Des weiteren konnte der Hof stilbildend sowohl auf das landadlige Baugeschehen als auch auf die Herausbildung einer immer subtilere Formen annehmenden Rang- und Prestigekonstellation in den kleinräumigen Adelsgesellschaften wirken.

Kapitel 5

Die konfessionelle Herausforderung: Lutherischer Adel und reformierte „Staatselite"

Sowohl bei der Darstellung der ständepolitischen Aktivitäten als auch in unseren Betrachtungen zum Verhältnis zwischen der Hofgesellschaft und dem in den brandenburgischen Teillandschaften ansässigen Adel ist bereits ein Aspekt angerissen worden, der für eine abgewogene Beurteilung der Beziehungen zwischen Landesherrschaft und adligen Ständen im 17./18. Jahrhundert unverzichtbar erscheint. Der für den größten Teil der brandenburgischen Bevölkerung 1613 überraschend erfolgende Konfessionswechsel des Kurfürsten Johann Sigismund stellte sich für den brandenburgischen Adel als besondere Herausforderung dar. In den folgenden Darlegungen, die sich gewissermaßen als Ergänzung zu den Ausführungen des vorigen Kapitels verstehen, soll nicht nur den sich aus den konfessionspolitischen Veränderungen ergebenden Folgen für das Verhältnis zwischen Oberständen und Landesherrschaft nachgegangen, sondern auch deren Wirkungen für die internen Konstellationen innerhalb des Adels verfolgt werden.

In der älteren Geschichtsschreibung zur Frühzeit des brandenburg-preußischen „Absolutismus" nahm bekanntlich die Konfessionsfrage eine Schlüsselstellung innerhalb jener Interpretationsansätze ein, die die besondere Effizienz des entstehenden Staatswesens zu erklären versuchten. Demnach wäre Brandenburg vor allem durch die calvinistisch geprägte Staatsräson in den Stand gesetzt worden, „den großen Schritt ... aus dem territorialen Stilleben zum Anschluß an die Weltpolitik" zu gehen.[1776] Dagegen sind immer wieder relativierende Argumente ins Feld geführt worden, die zum einen die zentrale Rolle des die Konversion vollziehenden Kurfürsten Johann Sigismund in Frage gestellt[1777] und zum anderen bezweifelt hatten, daß aus dem Konfessionswechsel ein solches innovatives Potential erwachsen sei, das die hinlänglich bekannte Rückständigkeit und Ressourcenarmut Brandenburgs entscheidend kompensieren konnte.[1778]

Des weiteren muß daran erinnert werden, daß die Konversion nicht ganz voraussetzungslos erfolgte, vielmehr sich Spuren calvinistischer Wirksamkeit bereits im letzten Drittel des 16. Jahrhunderts in der Mark Brandenburg finden lassen.[1779] Schon 1578 mußte sich – um nur zwei Beispiele aus den Quellen herauszugreifen – die neumärkische Regierung in Küstrin gegen

---

1776 O. Hintze: Die Epochen des evangelischen Kirchenregiments in Deutschland, in: Regierung und Verwaltung (= Gesammelte Abhandlungen, Bd. 3), Göttingen 1967, S. 71.

1777 Vgl. hierzu die gegen Droysen zielenden Ausführungen von O. Hintze: Kalvinismus und Staatsräson in Brandenburg zu Beginn des 17. Jahrhunderts, in: Regierung und Verwaltung (= Gesammelte Abhandlungen, Bd. 3), Göttingen 1967, S. 255 ff.

1778 Zur Diskussion jüngst zusammenfassend: P.-M. Hahn: Calvinismus und Staatsbildung: Brandenburg-Preußen im 17. Jahrhundert, in: Territorialstaat und Calvinismus, hrsg. v. M. Schaab, Stuttgart 1993, S. 239-269, hier v.a. S. 241.

1779 Vgl. dazu die Monographie von B. Nischan: Prince, People, and Confession. The Second Reformation in Brandenburg, Philadelphia 1994.

Vorwürfe verteidigen, sie hätte in ihrem Verantwortungsbereich „etliche Praedicanten" gewähren lassen, „die mit dem Calvinismus behafft".[1780] Ein Jahr später wurde der sich als „Calvinistenjäger" betätigende Andreas Musculus vom Konsistorium gebeten, „Geduld" mit einem der Verbreitung calvinistischer Ideen bezichtigten Pfarrer in Altlandsberg zu haben.[1781]

Es ist andererseits immer wieder darauf hingewiesen worden, daß der 1613 vollzogene Konfessionswechsel des Herrscherhauses zunächst einmal eine breite Front der Ablehnung hervorgebracht hatte, in die sich auch der in seiner überwiegenden Mehrheit lutherisch bleibende Adel einreihte. Somit erscheint es wohl nicht überzogen, die kontraproduktive Wirkung des Konfessionswechsels für das Verhältnis zwischen dem Landesherrn zu seinen Oberständen zu betonen. Die Hoffnung Kurfürst Johann Sigismunds, seinem persönlichen Entschluß eine breiter werdende Bewegung im Lande folgen zu lassen, mußte angesichts der geballten Opposition der märkischen Ständerepräsentanten und der lutherischen Geistlichkeit schnell begraben werden. Es zeigt die isolierte und politisch äußerst labile Stellung der wenigen Reformierten in der Residenz, als die calvinistischen Räte im September 1614 Bedenken trugen, ihren Kurfürsten auf einer Reise nach Wolfenbüttel zu begleiten. Sie fürchteten, ihre Abwesenheit würde einem Umsturz seitens der lutherischen Kontrahenten Vorschub leisten.[1782] Die lutherische Geistlichkeit weigerte sich erfolgreich, im 1614 geschaffenen Kirchenrat mitzuwirken, der dem Kurfürsten u.a. unter Umgehung des lutherischen Konsistoriums ermöglichen sollte, loyale Pfarrer zu berufen. Mit der Zusicherung, „das ein jeder, der da will, by des herrn Lutheri und ungeenderten Augspurgischen confession ... verbleiben soll", konnte das Luthertum ein wichtiges Zugeständnis erreichen.[1783] Die damit verbundene Abkehr vom bis dahin in den deutschen Territorien der Nachreformationszeit allenthalben gültigen Prinzip *cuius regio eius religio* wurde als das entscheidende Ergebnis der kurfürstlichen Konfessionspolitik im frühen 17. Jahrhundert angesehen.[1784] Dagegen ergab sich nicht zwingend die zweite unterstellte Wirkung der „zweiten Reformation" in Brandenburg, die Entwicklung des Hohenzollernstaates zu einer „absoluten Monarchie". Schließlich ließen sich für das 17. und 18. Jahrhundert für andere Reichsterritorien entgegengesetzte Wirkungen der Konfessionsverschiedenheit zwischen Landesherrschaft und Ständen beibringen.[1785]

Im brandenburgischen Fall dürften wohl, wie bereits gezeigt, die traumatischen Einbrüche, die der Dreißigjährige Krieg in Staat und Gesellschaft bewirkt hatten und die sich daraus ergebenden Krisenbewältigungsstrategien die entscheidenden Weichenstellungen veranlaßt haben. Zugleich widerlegt der partiell erfolgreiche Widerstand der lutherischen Stände und der Geistlichkeit das sich zum Teil bis heute haltende Klischee vom gleichsam genuin obrigkeitshörigen Luthertum. Denn die These vom Bündnis zwischen Thron und Altar ließ sich bekanntlich gerade am brandenburg-preußischen Exempel besonders gut vorführen. Auf die

---

1780 GStAPK I. HA, Rep. 47 Lit. C 6 Cüstrin, Bl. 29.
1781 Vgl.: Ebenda, L 11-16.
1782 Nischan, Prince, S. 195.
1783 Zit. nach: Klinkenborg, Archiv, Bd. 1, S. 44.
1784 Vgl.: B. Nischan: Kontinuität und Wandel im Zeitalter des Konfessionalismus. Die zweite Reformation in Brandenburg, in: Jahrbuch für Berlin-Brandenburgische Kirchengeschichte 58 (1991), S. 87-133, v.a. S. 125 f.
1785 Vgl. dazu die übergreifenden Bemerkungen bei: Haug-Moritz, Württembergischer Ständekonflikt, v.a. S. 31-40.

Unhaltbarkeit dieses Konstrukts – im übrigen für seinen ganzen Untersuchungszeitraum – dezidiert hingewiesen zu haben, darf wohl als ein wesentliches Verdienst des Buches von *Nischan* hervorgehoben werden.

Während mittlerweile eine reichhaltige Literatur uns über die theologischen Auseinandersetzungen zwischen Calvinisten und lutherischer Geistlichkeit unterrichtet und auch die landesherrliche Kirchenpolitik des 17. Jahrhunderts als gut erforscht gelten kann[1786], bleibt die Position des brandenburgischen Adels zu den konfessionellen Veränderungen dagegen relativ konturenschwach.[1787] Nur summarisch wurde zumeist darüber informiert, daß sich die Ritterschaft als Teil des märkischen Ständecorpus vehement gegen die religiösen Neuerungen gewandt hatte.[1788] Doch um auf diesem Terrain weiterzukommen, wären aufwendige prosopographische Studien erforderlich, wie sie *P. Bahl* jüngst am Beispiel der Hofgesellschaft des Großen Kurfürsten mit Erfolg vorgeführt hat.[1789] *Bahl* bestätigte zwar zunächst die bekannte These vom Übergewicht der Reformierten – in der Regel kann man von einer Zwei-Drittel-Mehrheit unter der höheren Amtsträgerschaft zur Zeit des Großen Kurfürsten ausgehen –, konnte jedoch durch seinen prosopographischen Ansatz bemerkenswerte Differenzierungen dieses Bildes herausarbeiten.[1790] Demnach seien zwar die Angehörigen der calvinistischen Konfession durch die Bestallungspolitik des Großen Kurfürsten vor allem in den einflußreichen höchsten Chargen sichtlich bevorzugt worden, doch blieb der lutherische Anteil in der Hofgesellschaft und Zentralverwaltung stets beträchtlich. In der Amtskammer behielten die Lutheraner sogar die Mehrheit unter den dort tätigen Amtsträgern.

Doch auf eine ähnlich ertragreiche Ausbeute wird man bei der Ausweitung der Fragestellung auf die brandenburgische Adelsgesellschaft in ihrer Breite wohl nicht rechnen dürfen. In den heute zum großen Teil nicht mehr hinzuzuziehenden Quellenbeständen, auf denen die adligen Familiengeschichten fußten, wurde die konfessionelle Thematik, die doch die Gemüter der Zeit aufs äußerste erregt hatte, vergleichsweise selten angesprochen.[1791] Dies traf vor allem auf jene Geschlechter zu, in deren Reihen es nachweisbar zu Konvertierungen zum Calvinismus gekommen war. Joachim v. Winterfeld war einer der wenigen brandenburgischen Adligen, die schon vor 1613 dem reformierten Bekenntnis zugeneigt waren.[1792] Auf der

---

1786 Einflußreich neben Hintze und Oesterreich v.a.: Landwehr, Die Kirchenpolitik; in jüngerer Zeit v.a.: M. Lackner: Die Kirchenpolitik des Großen Kurfürsten, Witten 1973; K. Deppermann: Die Kirchenpolitik des Großen Kurfürsten, in: Pietismus und Neuzeit 6 (1980), S. 99-114.

1787 Hier gelten nach wie vor die Bemerkungen Opgenoorths zur unbefriedigenden Quellenlage. Vgl.: ders.: Die Reformierten in Brandenburg-Preußen. Minderheit und Elite?, in: ZHF 8 (1981), S. 439-459, hier S. 447.

1788 Zugrunde liegt diesen Arbeiten zumeist die Darstellung von D.H. Hering: Beiträge zur Geschichte der evangelisch-reformierten Kirche in den Preußisch-Brandenburgischen Ländern, 3 Teile, Breslau 1784.

1789 Vgl.: Bahl, Hof, v.a. S. 196-217.

1790 Vgl. zum folgenden: ebenda, S. 203 ff.

1791 Bedenkt man, daß die Mehrheit der Familiengeschichten in der zweiten Hälfte des 19. und zu Beginn des 20. Jahrhunderts verfaßt wurden, wäre die Aussparung dieses Problemkreises wohl mit den nach der 1817 erfolgten Bildung der Union einsetzenden Bemühungen zu erklären, nicht an einstige Konflikte innerhalb des protestantischen Lagers zu erinnern.

1792 Vgl.: Winterfeld-FG, Bd. 2, S. 239 ff. Offenbar muß dieser, 1556 geborene Adlige während seiner Reisen nach Frankreich mit calvinistischem Ideengut in Berührung gekommen sein. 1609 wurde er Verweser des Herzogtums Krossen und Züllichau. Seine Vertrauensstellung beim Kurfürsten Johann Sigismund verstärkte sich nach 1613.

Grundlage kurpfälzischer Quellen konnte ermittelt werden, daß einige brandenburgische Adlige – vor allem durch Reisen und Studien an den reformierten Bildungseinrichtungen des Reiches – mit calvinistischem Ideengut in Berührung gekommen und schließlich in die Dienste des pfälzischen Kurfürsten Johann Casimir getreten waren. Der aus dem bekannten Prignitzer Geschlecht stammende Adam Gans Edler Herr zu Putlitz „verkörperte den Typ des gelehrten reformierten Adligen, der humanistische Interessen ... mit persönlicher Frömmigkeit verband".[1793] Auch Heinrich v. Wuthenow[1794] und Dietrich v. Winterfeld gerieten in diesen Kreis und nahmen Stellungen als Landrichter bzw. im Hofgericht ein.[1795] Ebenso bewiesen solche reformierten hohen Amtsträger wie Sigismund v. Götze, Levin v. d. Knesebeck oder Samuel v. Winterfeld, die bereits zeitig den Konfessionswechsel vollzogen hatten, eine besondere Sympathie zur kurpfälzischen Politik und versuchte den brandenburgischen Kurfürsten zu einer aktiveren Position in der protestantischen Union zu bewegen.[1796] Des weiteren wären Konrad v. Burgsdorff, Wolf Dietrich v. Rochow und Thomas v. d. Knesebeck in diese Reihe einzuordnen.[1797]

Eher zufällige Funde in anderen Quellenbeständen förderten vereinzelte Informationen über brandenburgische Adlige zu Tage, die – ohne ihre Zugehörigkeit zu einer reformierten Gemeinde mit Sicherheit belegen zu können – zumindest eine Affinität zur calvinistischen Konfession aufgewiesen hatten. Für den 26. Juli 1643 liegt z.B. ein Schriftstück unter dem Titel „Der Reformirten Stände Protestation contra der Lutheraner Rahtschluß" vor, in dem darüber Beschwerde geführt wurde, daß die Viadrina und die Joachimsthaler Fürstenschule „mit eitell Lutherischen Professoribi und Praeceptoribus bestalt werden möchten".[1798] Dieses Dokument wurde durch vier Adlige und einen bürgerlichen Repräsentanten unterzeichnet. Während die Namen Thomas v.d. Knesebeck und Christian v. Brandt als herausragende reformierte Amtsträger kaum Überraschung hervorrufen dürften, erregen die Nennung eines Christoph Ludwig v. Winterfeld[1799] und eines Christoph v. Bismarck schon mehr Interesse.[1800]

[1793] V. Press: Calvinismus und Territorialstaat, Stuttgart 1970, S. 344.
[1794] Aus der Familiengeschichte ist nicht genau zu rekonstruieren, welcher Heinrich v. Wuthenow damit gemeint sein könnte. Ein 1612 verstorbener Heinrich gehörte zu der im Anhaltinischen ansässigen Linie des Geschlechts. Vgl.: Wuthenow-FG, S. 39.
[1795] Vgl.: Press, Calvinismus und Territorialstaat, S. 360.
[1796] Vgl.: Nischan, Prince, S. 228.
[1797] Vgl.: Bahl, Hof, S. 214 f.
[1798] Brand. LHA Rep. 23 A Nr. 562, Bl. 120.
[1799] Christian Ludwig v. Winterfeld (zu Neustadt und Kerberg) amtierte zu dieser Zeit als „Verordneter der Kurmärkischen Landschaft" und Domherr zu Brandenburg und war der Bruder des reformierten Geheimen Rates Samuel v. Winterfeld. Vgl.: Winterfeld-FG, Bd. 2, S. 309; zu letzterem, der in Marburg und Tübingen studiert hatte, vgl. auch: Hahn, Struktur und Funktion, S. 303.
[1800] Vgl.: Brand. LHA Rep. 23 A Nr. 562, Bl. 122.
   Bei Christoph v. Bismarck muß es sich um den gleichnamigen auf Krevese angesessenen altmärkischen Kriegskommissar und Verordneten dieser Teillandschaft gehandelt haben, von dem auch ein auszugsweise ediertes Tagebuch (allerdings nur bis 1640) vorliegt. Vgl. G. Schmidt: Das Tagebuch des Christoph v. Bismarck aus den Jahren 1625-1640, in: Thüringisch-sächsische Zeitschrift für Geschichte und Kunst 5 (1915), S. 67-98.

Ansonsten erfährt man in der familiengeschichtlichen Literatur nur gelegentlich ein Detail, so z.B., daß Kurt v. Börstel ein „eifriges Glied der reformierten Kirche" gewesen sei, auf dessen religiöses Wirken wohl vor allem die Ereignisse der Pariser Bartholomäusnacht nachhaltige Eindrücke hinterlassen haben müssen.[1801] Die Zugehörigkeit des Balthasar Friedrich v. Waldow klang nur im Zusammenhang seiner Hochzeit mit der Tochter des hinterpommerschen Hofgerichtsratspräsidenten v. Krockow an.[1802] Doch scheint gerade in diesem Geschlecht die Bindung an die reformierte Konfession von Dauer geblieben zu sein. In der Mitte des 18. Jahrhunderts kam es sogar zu einer ehelichen Verbindung einer v. Waldow mit dem Angehörigen einer nobilitierten calvinistischen Hofpredigerfamilie, Leopold Dietrich v. Raumer.[1803] Von dem 1638 in der Sabinenkirche zu Prenzlau beigesetzten Levin Christof v. Arnim wird in einer alten Chronik berichtet, daß er „vordem lutherisch gewesen und von lutherischen Eltern erzogen" wurde, dann „aber die lutherische Lehre verlassen und die reformierte angenommen" habe. Der Chronist verhehlte allerdings nicht seine eigene konfessionelle Position, indem er den Hinweis beifügte, daß die Frau des v. Arnim, eine geb. v. Falckenberg, zeit ihres Lebens „eine gute und beständige Lutheranerin" geblieben war.[1804] Bei solchen nüchternen biographischen Informationen ließ man es zumeist bewenden. Besonders bedauerlich erscheint in diesem Zusammenhang, daß es – im Gegensatz etwa zum Herzogtum Preußen[1805] – keine Selbstzeugnisse jener zur reformierten Konfession wechselnden brandenburgischen Adligen gibt, die sich als hohe Amtsträger der besonderen Nähe zum Kurfürsten erfreuten und somit zu der von *E. Opgenoorth* als „Minderheit und Elite" charakterisierten calvinistischen Führungsgruppe zählten. Somit fällt es auch schwer, die Motivation für den Schritt des Glaubenswechsels nachzuvollziehen, den z.B. mehrere Angehörige der altmärkischen Familie v. d. Knesebeck, der v. Winterfeld und des in der Zauche beheimateten Geschlechts derer v. Rochow gegangen waren. Aus den Reihen des letzteren ging z.B. der erste Präsident des reformierten Kirchenrates hervor.[1806] Darüber hinaus bleibt die Beantwortung der Frage ein Desiderat, ob einzelne Familienangehörige oder ganze Geschlechter den Konfessionswechsel vollzogen hatten.[1807] Die Rochows stellten z.B. nur an dem in der Residenz ansässigen Zweig reformierte Angehörige, während der Reckahner Zweig lutherisch blieb.[1808] Innerhalb des Geschlechts v. Winterfeld müssen z.B. im frühen 17.

[1801] Passow, Rittersitz, S. 95.
[1802] Vgl.: Waldow-FG, S. 95 f. In der Stechow'schen Familiengeschichte fand sich eine Marginalie, die die Unsicherheit von Informationen zur Konfessionsfrage bei den Geschlechtshistoriographen belegt: Die der reformierten Kirche angehörende Mutter des Forstrates Anton Adolf v. Stechow (1718-1788) habe „ihn offensichtlich[!] im reformierten Glauben erzogen". Stechow-FG, S. 143.
[1803] Vgl.: R. v. Thadden: Die brandenburg-preußischen Hofprediger im 17. und 18. Jahrhundert. Ein Beitrag zur Geschichte der absolutistischen Staatsgesellschaft in Brandenburg-Preußen, Berlin 1959 (Anhang, Tafel 3).
[1804] Zit. nach: Arnim-FG, Bd. 2.2, S. 251.
[1805] Vgl.: A. Jeroschewitz: Der Übertritt des Burggrafen zu Dohna zum reformierten Bekenntnis, Diss. Königsberg 1920; Autobiographie des Burggrafen Fabian zu Dohna (1550-1621), hrsg. v. C. Krollmann, Leipzig 1905.
[1806] Vgl.: Nischan, Prince, S. 122.
[1807] Vgl.: Hahn, Calvinismus, S. 254.
[1808] Vgl.: Bahl, Hof, S. 216.

Jahrhundert eine ganze Reihe von Angehörigen den Weg zur reformierten Konfession gefunden haben; ob hier allerdings die Vorbildrolle des bereits erwähnten Joachim v. Winterfeld die ausschlaggebende Rolle gespielt hat, kann nicht mit völliger Sicherheit beurteilt werden.[1809] Sicher gab es verheißungsvolle Aussichten auf mehr Einkommen und Sozialprestige, wenn man die Karrieren einzelner hoher reformierter Amtsträger betrachtet, doch konnten Ablehnung und Distanz innerhalb der Adelsgesellschaft auch zu unerquicklichen Erlebnissen führen.

Von Bedeutung dürfte dabei auch die Klärung des Problems sein, ob die fragliche Personengruppe den Glaubenswechsel vollzog, bevor ihr der Aufstieg in den engeren Machtzirkel des Landesherrn gelang oder ob sie, gewissermaßen aus Loyalität zum Kurfürsten, diesen Schritt erst gegangen war, nachdem sie bereits über hohe Amtsträgerchargen verfügt hatte. Das Geschlecht Finck von Finckenstein steht als Beispiel für solche Amtsträger, die bereits vor dem Landesherrn den Wechsel zum Calvinismus vollzogen hatten. Der vormalige Hauptmann des Amtes Preußisch-Mark, Albrecht Finck v. Finckenstein, war 1603 durch Vermittlung des in anhaltinischen Diensten stehenden Rates Ernst Christof v. Lehndorf für den brandenburgischen Kurfürsten gewonnen worden.[1810] Doch bedeutsamer für einen dauerhaften Einfluß war es, daß auch die nächsten Generationen der reformierten Konfession angehörten, so daß seit der Regierungszeit des Großen Kurfürsten „wohl stets ein Angehöriger des Geschlechts in besonders vertrauter Stellung am Berliner Hof" geweilt hatte.[1811] Ebenso konnte sich der erwähnte Kurt v. Börstel bereits als reformierter Amtsträger, der bis zu diesem Zeitpunkt am calvinistisch geprägten anhaltinischen Hof gewirkt hatte, empfehlen. Vor allem gelang es ihm, seinen zahlreichen Söhnen günstige Karrieremöglichkeiten zu verschaffen.[1812]

Doch wenden wir uns nunmehr der Entwicklung der konfessionellen Frage in unserem eigentlichen Untersuchungszeitraum zu. Zwar hatte die Ausbreitung des Dreißigjährigen Krieges auf brandenburgisches Territorium vorerst die unmittelbar nach dem Konfessionswechsel aufbrechenden Konflikte etwas zum Abebben gebracht, dennoch blieben die ihnen zugrunde liegenden Ursachen unvermindert bestehen und gewannen zum Ende des Krieges wieder einen gewichtigeren Platz im landesherrlich-ständischen Verhältnis.

Anknüpfend an die Beobachtung, wonach es letztlich nur „reformierte Beamtengemeinden"[1813] waren, die gleichsam als Oasen in dem ansonsten durchgängig lutherisch geprägten Territorium existierten, muß davon ausgegangen werden, daß die übergroße Mehrheit des

---

1809 Neben dem Geheimen Rat Samuel v. Winterfeld bewegten sich auch dessen Brüder im reformierten Milieu: Hans Georg stand als Obrist bei dem eine aktive Rolle in der calvinistischen Konfessionspartei des Reiches spielenden Markgrafen Johann Georg von Jägerndorf in Diensten, und der Ständepolitiker Christian Ludwig wurde bereits im Zusammenhang der „Protestation" der Reformierten von 1643 erwähnt. Vgl.: Winterfeld-FG, Bd. 2, S. 293, 307 ff.
1810 Vgl.: Klinkenborg, Die Stellung des Hauses Finckenstein, S. 156.
1811 Finckenstein-FG, S. 207.
1812 Vgl.: Passow, Rittersitz, S. 95 ff.
1813 Vgl.: Opgenoorth, Die Reformierten, S. 448.
1814 Vgl.: Heinrich, Der Adel in Brandenburg-Preußen, S. 292.

alteingesessenen brandenburgischen Adels diesem Schritt der Dynastie auch nach 1648 Unverständnis und Ablehnung entgegengebracht hatte.[1814] Von der Tatsache, daß es dem Kurfürsten auf den Westfälischen Friedensverhandlungen gelungen war, für die reformierte Konfession einen gleichberechtigten Status zu erreichen, blieb die distanzierte Haltung der Stände letztlich unbeeindruckt. Damit blieb der Calvinismus in einer weitgehend isolierten Stellung, und der in die Diskussion gebrachte Begriff der „Hofreformation" erscheint in diesem Sinne plausibel.[1815] Vor dem Regierungsantritt des Kurfürsten Friedrich Wilhelm verfügten die reformierten Kräfte außerhalb der Residenz ohnehin nur über geringen Einfluß und Wirkungsmöglichkeiten.[1816] Es kam zu keiner sichtbaren Veränderung der konfessionellen Konstellation in Brandenburg. „Das Nebeneinander von reformiertem Hof und lutherischem Land stabilisierte sich" vielmehr.[1817]

Die mit der hugenottischen Zuwanderung nach 1685 erhofften Effekte einer Stärkung des calvinistischen Elements erfüllten sich zunächst nicht in dem von der Landesherrschaft erwarteten Maße. Auf wenig Gegenliebe dürften die angeordneten Zwangskollekten für die ins Land strömenden Hugenotten gestoßen sein.[1818] Argwöhnisch setzten die Rittergutsbesitzer, zumindest innerhalb ihres Herrschaftsbereiches, alles daran, ein weiteres Eindringen des Calvinismus zu verhindern.[1819] Schließlich handelte es sich bei der calvinistischen Herausforderung für die adligen Rittergutsbesitzer um einen Generalangriff auf ihr tradiertes religiöses Bewußtsein, auf ihr Seelenheil.[1820] Die vor allem in der Residenz geführten innertheologischen Auseinandersetzungen drangen zwar selten an das Ohr der Landstände und verschlossen sich in der Regel auch ihrem Verständnis, dennoch funktionierte das „Informationssystem" innerhalb der ständischen Organisation angesichts dieser für die Adelsfamilien existenziellen Herausforderung vergleichsweise gut. In den im 17. Jahrhundert intensiv diskutierten Religionsfragen überwand man die ansonsten spürbare Lethargie in der Arbeit der ständischen Gremien.[1821] In dieses Bild ordneten sich auch die Bemühungen der Oberstände ein, die sich bietenden Gelegenheiten zu nutzen, um die Reformierten bei der Landesherr-

---

1815 Vgl.: Nischan, Prince, S. 217.
1816 Vgl.: Lackner, Kirchenpolitik, S. 145 f.: „Die Mehrzahl der reformierten Gemeindegründungen hing mit der Ausübung des Patronatsrechts durch Mitglieder der fürstlichen Familie oder reformierter Adliger zusammen".
1817 M. Rudersdorf/ A. Schindling: Kurbrandenburg, in: Die Territorien des Reichs im Zeitalter der Reformation und Konfessionalisierung, Land und Konfession 1500-1650, Bd. 2: Der Nordosten, hrsg. v. denselb., Münster 1993, S. 61.
1818 Vgl.: St. Jersch-Wenzel: Juden und „Franzosen" in der Wirtschaft des Raumes Berlin-Brandenburg, Berlin 1978, S. 75 f.
Für das Jahr 1694 liegt eine „Rechnung über die Collecten, welche die Neumärk. und incorporirte Ritterschaft vor die aus Franckreich vertriebenen Christen eingesandt". Die Summen schwankten zwischen 50 (Kr. Schivelbein) und 265 Rtl. (Kr. Sternberg). Vgl.: Brand. LHA Rep. 23 B Nr. 352.
1819 Der Pfarrer in dem unweit der Residenz gelegenen, denen v. Redern gehörenden Dorf Schwante predigte unverdrossen gegen den „calvinistischen Irrthum". Redern-FG, Bd. 2, S. 23.
1820 Vgl. die recht einfühlsame Schilderung der Zumutungen, die den Lutheranern abverlangt wurden bei Landwehr, Die Kirchenpolitik, S. 195 ff.
1821 Vgl. dazu z.B.: Brand. LHA Rep. 23 B Nr. 330 (Verhandlungen 1665); Nr. 208 (Verhandlungen 1682).

schaft zu denunzieren.¹⁸²² Anlässe boten sich in genügender Zahl, denn auch unter der calvinistischen Geistlichkeit fanden sich religiöse Eiferer, die selbst die Geduld der an einem auskömmlichen Miteinander der Konfessionen interessierten Zeitgenossen übermäßig strapaziert hatten.¹⁸²³ Indem man sie kriminalisierte, hoffte man mit seinen Klagen bei der Landesherrschaft eher Gehör zu finden als mit den zumeist ignorierten Monita über die Bevorteilung der Reformierten in den Verwaltungsbehörden.

An welche Bedingungen die Fortexistenz einer reformierten Gemeinde im residenzfernen Raum gebunden sein konnte und welchen Anfechtungen sie zum Teil dort unterlag, belegt das Beispiel des uckermärkischen Amtes Gramzow. Dort war seinerzeit auf Betreiben des ehemaligen Kanzlers Sigismund v. Götze, der gleichzeitig auch Amtshauptmann von Gramzow war und selbst der calvinistischen Konfession angehörte, ein reformierter Prediger eingesetzt worden. Nachdem der v. Götze und auch der erste reformierte Prediger verstorben waren und sich keiner wegen „der gefehrlichen KriegesZeiten¹⁸²⁴ ... umb einen Reformierten Prediger groß bekümmert" hatte, hätte sich der lutherische Inspektor Cramerus ihm nicht zustehender Kompetenzen über die ausgedünnte uckermärkische reformierte Gemeinde angemaßt.¹⁸²⁵ Auch der neue lutherische Amtmann v. Krummensee sah wenig Veranlassung, das von seinem Vorgänger gewährte Deputat dem ins Auge gefaßten neuen reformierten Prediger weiterzuzahlen. Die uckermärkischen Reformierten wandten sich 1671 mit einer Eingabe an den Kurfürsten, um wieder ihren eigenen Prediger zu erhalten.¹⁸²⁶

Dort, wo sich der Calvinismus wirkungsvoller etablieren konnte, mußten seine Protagonisten allerdings auch mit Widerstand, vornehmlich von seiten der mehrheitlich lutherisch gebliebenen Ritterschaft rechnen. Die relativ starke reformierte Gemeinde, die sich am Sitz der Kurfürstin-Witwe in Krossen herausgebildet hatte, war den lutherischen neumärkischen Ständen ein Dorn im Auge. Die Kritik an den dort wirkenden calvinistischen Predigern diente dazu, ihr Unbehagen an dieser Entwicklung deutlich zu artikulieren.¹⁸²⁷ Und noch aus

---

1822 Im August 1660 baten die uckermärkischen Rittergutsbesitzer ihren Landesdirektor, Georg Wilhelm v. Arnim, darum, einen Cornet wegen eines Pferdediebstahls zu bestrafen. Dabei wiesen sie mit unverhohlener Freude darauf hin, daß der Beschuldigte ein „Reformierter" wäre. Vgl.: Brand. LHA Rep. 37 Boitzenburg, Nr. 3658, unpag.
Und 1763 lancierte der uckermärkische Kreistag eine Beschwerde an die Kriegs- und Domänenkammer, „daß ihre Bauern ... für die ihre Gemeinde bereisenden [reformierten] Inspektoren und Prediger Vorspann geben müßten". Brand. LHA Rep. 37 Boitzenburg, Nr. 891, unpag.
1823 Zu dieser Gruppe muß z.B. der reformierte Prediger in Liebenberg gezählt werden, der 1746 von seinem Patron, dem Freiherrn v. Hertefeld, wegen seines intoleranten Verhaltens verklagt wurde. So soll er u.a. die lutherischen Kinder aus der Schule verjagt haben. Vgl.: Enders, Die Uckermark, S. 540 f.
1824 Gemeint sind wohl die Wirkungen des Schwedisch-polnischen Krieges von 1655-1660.
1825 GStAPK I. HA, Rep. 47 Lit. G 2, unpag.
1826 Vgl.: ebenda. Doch selbst der Kurfürst ließ den Sachverhalt überprüfen, da ihm „hinterbracht worden [sei], daß an selbigem und in umbliegenden Orten sich fast gar keine [reformierte] Gemeinde befinde".
1827 Im Januar 1662 war z.B. der „zu Crossen auf dem Berge" wirkende Prediger Kolckwitz Zielscheibe des Unmuts der neumärkischen lutherischen Ständerepräsentanten, „der sich nicht allein öffentlich zur reformierten Religion bekennet, sondern auch sonsten eines ergerlichen Lebens beschuldigt, keine Prob-Predigt gehalten". Dennoch habe er durch die neumärkische Regierung seine Vocation erhalten. Brand. LHA Rep. 23 A Nr. 562, Bl. 258.

den 1680er Jahren sind Beschwerden des neumärkischen Adels darüber überliefert, daß reformierte Rittergutsbesitzer in einigen neumärkischen Dörfern sich unterstanden hätten, „die Kirchenschlüssel vom Ordinario loci mit Gewalt abzufordern und den Gottesdienst und Administration der Sacramenten durch fremde und auswärtige reformierte Prediger bestellen zu lassen". Sie knüpften daran ihre Bitte, daß der Landesherr dafür Sorge tragen solle, „auch einem Patrono fernere Veränderung im Kirchenwesen wider das Herkommen der Oerter nicht" zu verstatten.[1828] Häufig erhobene Klagen bezogen sich auf die seitens der Oberstände nicht mehr zu tolerierende Praxis, daß „Unsere [lutherischen] Geistlichen ... vor einen mit Reformirten Assessoren besetzten Consistorio Ihrer Lehre und Lebens halber sich gestellen und beurtheilen lassen müssen", ferner wurde kritisiert, daß an der Theologischen Fakultät der Viadrina „keine Lutheraner mehr vorhanden". Als ein Eingriff in die Patronatsrechte des Adels, aber auch der Magistrate einiger Immediatstädte wurden Vorgänge in der Neumark gewertet, wonach „reformirte Prediger einer gantzen Lutherischen gemeine vorgestellet werden, als wie bey Fürstenfelde, Schauenburg, Zorndorf, Zicher, Blumberg, auf dem Berge vor Crossen und darzugehöriger Filialen, darüber mehrentheils die von der Ritterschaft und Städten das ius compatronaty haben".[1829] Dahinter schienen allerdings – unabhängig von den calvinistisch-lutherischen Differenzen – Bemühungen des Kurfürsten zu stehen, die Kontrolle über die Landeskirche zu verstärken. So klagten z.B. die kur- und neumärkischen Deputierten dem Kurfürsten gegenüber, daß entgegen der Zusicherungen des Kur- und Neumärkischen Landtagsrezesses von 1653 den Landständen die freie Verfügbarkeit über die Pfarrlehen durch das Konsitorium bestritten würde und daß die Patrone zunehmend das ius vocandi beweisen müßten.[1830] Dieses war gemeinhin in den Lehnbriefen aufgeführt worden, so daß die Annahme berechtigt erscheint, daß die durch die Ritterschaft als störend empfundene Kontrolle ihrer Patronate mit der bereits beschriebenen stärkeren Wahrnehmung der landesherrlichen Lehnsrechte zusammenhing.

Mehrere sich aus den Quellen ergebende Beobachtungen künden zudem von den alltäglichen Schwierigkeiten, auf die reformierte Adlige außerhalb der calvinistischen „Zentren" Berlin/ Potsdam und Küstrin stießen, ihrem Glauben nachzuleben. Dies begann schon damit, in ausreichender Zahl geeignete Pfarrer zu bekommen, um die seelsorgerische Betreuung abzusichern. Diese verspürten verständlicherweise kaum Neigung, in die wenig anheimelnde Atmosphäre märkischer Kleinstädte oder Gutsherrschaften zu gehen, wo ihnen zudem durch die lutherische Geistlichkeit Ungemach bereitet werden konnte. Die Mutter des späteren Ministers und Oberhofmarschalls Marquard Ludwig v. Printzen erinnerte daran, daß „in Ermangelung eines reformierten Predigers zu Meines jüngsten Sohns Johann Friedrich v. Printzen Tauf-Actum" im Jahre 1680 ein solcher von weit geholt werden mußte.[1831] Für die

---

[1828] UA Bd. 10, S. 607.
[1829] Brand. LHA Rep. 23 B Nr. 208, unpag. Auf die Sorge des Adels um die Wahrung seines Patronatsrechtes, das die Landesherren aber auch nach 1613 nie ernsthaft in Frage gestellt hatten, verwies Croon, Die kurmärkischen Landstände, S. 190.
[1830] Vgl.: Brand. LHA Rep. 23 B Nr. 330, Bl. 83 f.
[1831] Brand. LHA Rep. 78 II P 62, unpag. Der Täufling war der Bruder des Marquard Ludwig v. Printzen, der bis zum Capitain avancierende Johann Friedrich.

Unterrichtung des jungen Hans Albrecht Gans Edlen zu Putlitz – ein zu diesem Zeitpunkt ohnehin isolierter Fall eines Calvinisten in der residenzfernen Prignitz – mußte 1661 der Sohn des Bürgermeisters aus dem anhaltinischen Köthen, herbeigebeten werden.[1832] Der Pfarrer zu Groß-Mutz, der für die seelsorgerische Betreuung des dem reformierten Obristen v. d. Gröben gehörenden Rittergutes Meseberg zuständig war, wurde gar per Mandat angewiesen, „des Herrn Obristen Kind, wenn es zur Welt komme, zu tauffen und den Exorcismus wegzulassen".[1833] Und der lutherische Pfarrer in Bötzow wurde auf Verlangen des dortigen Schloßhauptmanns Isaac Ludwig v. d. Gröben amtsentsetzt, „weil er das Abendmahl nicht auf reformierte Weise geben wollte".[1834]

Selbst bei den sich großen Einflusses beim Kurfürsten erfreuenden Amtsträgern, wie z.B. dem zum Calvinismus konvertierten Otto v. Schwerin, mußte der Kurfürst mitunter mit Nachdruck auf die Einlösung gegebener Verpflichtungen zur Beförderung der reformierten Religion drängen. Bereits 1657 mit entsprechenden Rechten ausgestattet[1835], wurde der Oberpräsident 1670 erneut ermahnt, etwas energischer die reformierte Sache in Altlandsberg zu verfolgen.[1836] Offenbar war Otto v. Schwerin hier auf Widerstand gestoßen; nunmehr gab ihm der Kurfürst freie Hand, diejenigen, die „dagegen opponiren ... gebührend abzustrafen".[1837] Der Oberpräsident kam den Wünschen des Kurfürsten natürlich nach, und unter seiner Herrschaft (und nach seinem Tode unter der seines Sohnes) entwickelte sich in Altlandsberg eine relativ starke reformierte Gemeinde.[1838]

Schließlich konnten diejenigen höheren Amtsträger der landesherrlichen Gnade gewiß sein, die ihr Engagement zur Beförderung der „reformierten Sache" ins Spiel gebracht hatten. Der sich bekanntlich der besonderen kurfürstlichen „Nähe" erfreuende Oberjägermeister Jobst Gerhart v. Hertefeld verband im Jahre 1663 seine Forderungen bei der Aushandlung eines Vertrages über die Jagdgerechtigkeiten seiner Besitzungen nördlich Berlins mit dem Entgegenkommen in einer religiösen Angelegenheit innerhalb seines Geschlechts. Er versprach, daß er seine klevischen Güter nur „an einen meiner Reformirten Religion zugethanen Vetter" vererben wolle, hingegen die Söhne seines ältesten Bruders, „die sich zur Catholischen Religion begeben haben und deren Nachkommen aus einem Testament ... gantz und gar excludiren" möchte.[1839] Dafür erwartete er vom Kurfürsten neben den „Gegenleistungen"

[1832] Vgl.: GStAPK I. HA, Rep. 8 Nr. 143 d. Es handelte sich dabei um den Sohn des ehemaligen Oberkammerherrn Adam Georg. Dessen Konfessionszugehörigkeit erscheint allerdings widersprüchlich. Während der in den Akten dokumentierte Vorgang ein reformiertes Bekenntnis zu belegen scheint, geht P. Bahl auf Grund des von ihm ausgewerteten Materials von einer lutherischen Konfessionszugehörigkeit aus. Bahl, Hof, S. 559.
[1833] Brand. LHA Rep. 37 Meseberg, Nr. 1882, Bl. 119. Die Auseinandersetzung um die Anwendung des „Exzorzismus" eskalierte Ende der 1650er Jahre bekanntlich zu einem der Hauptkonfliktpunkte zwischen Lutheranern und Calvinisten. Vgl.: Lackner, Kirchenpolitik, S. 120.
[1834] Zit. nach Bahl, Hof, S. 216 (Anm. 674).
[1835] Vgl.: GStAPK I. HA, Rep. 47 L 11-16.
[1836] Er habe in Erfahrung gebracht, so der Kurfürst, „daß Ihr Unserer Verordnung, kraft der Wir wollen, daß auch die Reformirten mit in den Ratsstuhl befördert werden sollen, in eurem Städtlein Landsberg nicht nachlebet". GStAPK I. HA, Rep. 21 Nr. 82 Fasz. 3, unpag.
[1837] Ebenda.
[1838] Vgl.: J.K.F. W. Gähde: Geschichte der Stadt Alt-Landsberg, Halle 1857, S. 314 ff.
[1839] GStAPK I. HA, Rep. 9 Q 1 H Fasz. 2.

für die Abtretung der hohen Jagd, daß er seine im Barnim gelegenen „Liebenbergischen Güter" an einen seiner Vettern abtreten könne. Dem reformierten Geheimen Rat Samuel v. Marschall, der einige Jahre zuvor das im Barnim gelegene Rittergut Dahlwitz erworben hatte, wurde im April 1725 das „Simultaneum" in der dortigen Kirche gestattet.[1840] Doch auch die keine herausragende Position in der Berlin-Potsdamer Residenzgesellschaft einnehmenden Adligen verstanden es zuweilen, eine landesherrliche Gnadenbekundung durch sichtbare Beweise ihrer sympathisierenden Haltung zur reformierten Konfession zu erwirken. Hans Dietrich v. Pfuel, der von der Lehnskanzlei wegen eines Lehnsfehlers belangt worden war, versprach in seinem Entschuldigungsschreiben, „zur Aufbauung der neuen Reformirten Kirche in der Closterstraße ... etwas zu geben".[1841]

Nach den 1660er Jahren, flaute zwar der nicht nur von den Kanzeln, sondern vor allem auch seitens der ständischen Gremien[1842] ausgehende Widerstand gegen die landesherrliche Konfessionspolitik ab; allerdings wäre es ein Trugschluß, ginge man von einem, vor allem auf kurfürstliches Drängen hin erfolgten Arrangement der bisher verfeindeten Gruppen aus. Die lutherische Geistlichkeit und auch die Stände fügten sich lediglich der normativen Kraft des Faktischen. Dies bedeutete jedoch nicht, daß sie in jedem Fall dem Druck der reformierten Staatselite wichen. Das harmonisierende Bild eines Zeitzeugen wie *J. Toland*, der 1706 schrieb: „Die Lutheraner und Calvinisten leben allhier gantz friedlich zusammen", kaschierte nicht zuletzt aus persönlichen Motiven heraus die nach wie vor bestehenden Konfliktfelder.[1843] Immer wieder mahnten Edikte und Verordnungen die Prediger beider Konfessionen, sich aller „Streit-Fragen und sticheligten Expressionen gegen niemander" zu enthalten.[1844] Für den Zeitraum zwischen 1714 und 1722 sind im „Mylius" mehrere Dokumente überliefert, die sich der Beilegung der Konflikte unter den evangelischen Religionsverwandten widmeten.[1845] Die zum Reformationsjubiläum 1717 vom König erneut ins Auge gefaßte Union zwischen der lutherischen und reformierten Kirche sah man deshalb zu Recht „als ein project ohne Folge an".[1846] Auch wenn der König mit noch so rigiden Maßnahmen ein Verbot, über konfessionelle Divergenzen zu predigen, durchzusetzen versuchte, ein „rechtes

---

1840 Vgl.: ebenda, Rep. 47 Lit. 16. Eine solche Praxis entsprach ohnehin seit den letzten Regierungsjahren des Großen Kurfürsten den kirchenpolitischen Vorgaben, die mit der Einrichtung lutherisch-reformierter Simultankirchen „die Eintracht der beiden Konfessionen" fördern wollten. Lackner, Kirchenpolitik, S. 147.
1841 Brand. LHA Rep. 78 II P 24, unpag.
1842 Vgl. hierzu v.a.: Schwartz, Die Verhandlungen.
1843 Relation von den Königlich Preußischen und Chur-Hannoverischen Höfen an einen vornehmen Staats-Minister in Holland überschrieben von Mr. Toland, Franckfurt 1706, S. 28.
 Auch die von Opgenoorth vertretene Meinung, daß mit dem Regierungsantritt des „Soldatenkönigs" eine spürbare Abnahme der religiös motivierten Konflikte zu verzeichnen wäre, ist wahrscheinlich eher auf das (Ver)schweigen der Quellen zurückzuführen und daher mit Vorsicht zu verallgemeinern. Opgenoorth, Die Reformierten, S. 443.
1844 So der König am 19.4.1722 an das reformierte Kirchendirektorium. GStAPK I. HA, Rep. 47 Lit. 16, unpag. Dem folgte zwei Tage später die Verordnung, „daß weder von denen Evangelischen Lutherischen noch Evangelischen Reformirten Predigern der Disput von der Gnaden Wahl auf die Cantzel gebracht werden soll". C.C.M., Teil 1, Nr. 111.
1845 Vgl.: C.C.M., Teil 1, Nr. 87, 103, 107 und 111.
1846 Berliner geschriebene Zeitungen aus den Jahren 1713 ..., S. 636.

Vertrauen zu seinen kirchlichen Zielen [zur beabsichtigten Union – F.G.] konnte trotzdem auf keiner Seite aufkommen".[1847]
In den Gremien, in denen Amtsträger beider evangelischen Konfessionen zusammen arbeiten mußten, bestanden nach wie vor Ressentiments. So führten z.B. die anwesenden Ständevertreter auf dem „Berlinischen Landtag", d.h. auf der Sitzung des Großen Ausschusses, im Juni 1701 beredt darüber Klage, daß in der neumärkischen Regierung in der letzten Zeit „nicht beiderlei Religions-Verwandten angenommen" worden waren. Diese Kritik an dem Übergewicht der Calvinisten unter den Küstriner Räten entsprang allerdings wohl eher dem monierten Umstand, „daß die Eingesessenen vom Adel und des Bürgerstandes zu solchen Chargen wider den neumärkischen Landtags-Rezeß nicht admittiret werden...,[obwohl] doch capable subjecte darunter vorhanden seien".[1848] Die Kritik an der Aufweichung des Indigenats verband sich in diesem Fall mit der Kritik an der Bevorzugung der Calvinisten. Das Gravamen schloß mit der Bitte, daß auch in dieser wichtigsten neumärkischen Behörde – ähnlich wie im Berliner Kammergericht – „beiderlei Religionsverwandte ohne Unterschied aus landesväterlicher Clementz zu Rate angenommen werden".[1849]
Im Jahre 1703 ließen sich die neumärkischen Ständerepräsentanten erneut vernehmen. Anläßlich der Besetzung einer vakant gewordenen Position in der neumärkischen Regierung baten die Adelsrepräsentanten den Monarchen, „einen neumärkischen von Adel evangelischlutherischer Konfession" auszuwählen.[1850] Die vom König zu dieser Angelegenheit um eine Stellungnahme gebetene Regierung bestätigte, daß seit einigen Jahren kein lutherischer Rat mehr in der Küstriner Regierung amtiert hatte und erinnerte aber auch daran, daß der König diese Entwicklung aus „wichtigen und erheblichen Ursachen" selbst befördert hatte.[1851]
Auch in den brandenburgischen Städten, in denen sich reformierte Gemeinden gebildet hatten, blieben Auseinandersetzungen über den Anteil der Konfessionsgruppen an den aufzubringenden Belastungen oder die Besetzung der Magistratsstellen an der Tagesordnung.[1852] Ein langwieriger Streit über die konfessionsparitätische Besetzung des Magistrats zu Lindow, ausgelöst durch eine Beschwerde des reformierten Kirchendirektoriums im Jahre 1733, beschäftigte die Behörden fünf Jahre lang![1853] Für die 1720er Jahre ist ein durch Verbalinjurien gespickter Streit in der zur Kurmark gehörenden Amtsstadt Ziesar überliefert, dem ins-

---

1847 R. Stupperich: Aus dem kirchlichen Leben der Mark in den Tagen des Soldatenkönigs, in: Jahrbuch für Brandenburgische Kirchengeschichte 32 (1937), S. 51-63, hier S. 54. Vgl. dazu auch den Überblick von W. Delius: Berliner kirchliche Unionsversuche im 17. und 18. Jahrhundert, in: Jahrbuch für Berlin-Brandenburgische Kirchengeschichte 45 (1970), S. 7-121.
1848 Brand. LHA Rep. 23 B Nr. 195, unpag.
1849 Ebenda.
1850 GStAPK I. HA, Rep. 42 Nr. 51, Bl. 285.
1851 Ebenda, Bl. 287.
1852 In Altlandsberg war es wohl vor allem die Autorität und das auf Ausgleich mit der lutherischen Stadtbevölkerung bedachte Wirken des Stadtherrn Otto v. Schwerin, die maßgeblich dazu beitrugen, daß die – auch von Gähde am Rande konzedierten – Spannungen nicht eskalierten. Vgl.: Gähde, Alt-Landsberg, S. 323; vgl. dazu ausführlich: GStAPK I. HA, Rep. 21 Nr. 82 Fasz. 3.
1853 Vgl.: Brand. LHA Rep. 2 S 5564.
Über die bereits seit der Ansiedlung von Reformierten in dieser Mediatstadt Ende der 1680er Jahre andauernden Zwistigkeiten mit der lutherischen Stadtbevölkerung informiert E. Becker: Lindow. Stadt, Kloster und Umgebung in Vergangenheit und Gegenwart, Lindow 1929, S. 100 u. 109.

besondere Auseinandersetzungen um die gemeinsam durch den lutherischen Inspektor und den reformierten Prediger wahrzunehmende Verwaltung der Armenkasse zugrunde lagen.[1854] In der bis zum frühen 18. Jahrhundert anteilmäßig dem General Marcus v. d. Lütke gehörenden havelländischen Mediatstadt Kremmen eskalierte 1748 ein Konflikt zwischen der reformierten Gemeinde, die aus 10 Bürgern mit ihren Familien bestand, und dem lutherischen Pfarrer Roth.[1855] Während eines Streites um die Bezahlung der Schulcollegelder griff Roth im Einverständnis mit dem Steuerrat zum Mittel der Pfändung von Mobilar der reformierten Gemeinde. Diese Auseinandersetzung zog weite Kreise und die in diesem Zusammenhang geäußerten Bemerkungen des reformierten Predigers Twist, die Maßnahmen gegen seine Gemeindemitglieder seien „ungerecht und schandvoll, daß selbst Juden, Heyden und Türcken davor ausspeien möchten", zeigt sinnfällig, auf welch schwachem Boden die immer wieder beschworene unzertrennliche „Einigkeit zwischen beyden Evangelischen Religions-Verwandten" stand.[1856]

Versucht man ein Resümee zu ziehen, dürfte auf der Grundlage der präsentierten Belege deutlich geworden sein, daß zwar einerseits durchaus ein zunehmend erfolgreiches Bemühen, vor allem der Landesherrschaft, um ein konfliktfreies Miteinander der Konfessionsgruppen zu erkennen war, andererseits aber die in allen Bevölkerungsgruppen unvermindert bestehenden Ressentiments[1857] einen Kontrast zu dem bis heute gern bemühten Bild der „brandenburgischen Toleranz" darstellten. In diesen Rahmen muß wohl auch der Hinweis eingeordnet werden, daß die 1614 durch Thomas v. d. Knesebeck aufgesetzte Denkschrift, die zu mäßigendem Verhalten anläßlich der konfessionellen Veränderungen ermahnt hatte, für Wert befunden wurde, im Jahre 1707 nochmals zum Druck gegeben zu werden.[1858] Schließlich darf nicht außer acht gelassen werden, daß die Krone einer Erwartungshaltung beider Konfessionsgruppen ausgesetzt war. König Friedrich Wilhelm I., dem an einer grundsätzlichen Verständigung der Konfessionen gelegen war, störten vor allem im Zusammenhang des von ihm verfolgten Unionsprojekts die permanenten Sticheleien der Reformierten. Anläßlich der im Januar 1714 gehaltenen Jubiläumspredigt zur 100. Wiederkehr der Einführung der reformierten Konfession hatte z.B. der Potsdamer Hofprediger Hendrich durch zweideutige Äußerungen über die angeblich ungenügende königliche Aufmerksamkeit gegenüber der reformierten Kirche den Unmut des Monarchen erregt.[1859] Ebenso ungehalten

---

1854 Vgl.: Brand. LHA Rep. 40 A Nr. 908.
1855 Vgl. dazu: ebenda, Nr. 49.
1856 Ebenda.
1857 Diese wurden natürlich dann noch stärker akzentuiert, wenn außer an der konfessionellen auch an der ethnischen Andersartigkeit Anstoß genommen wurde, was insbesondere die großen Probleme, auf die die hugenottischen Einwanderer bei ihrer Ansiedlung in der Mark Brandenburg gestoßen waren, sinnfällig dokumentierten.
1858 Vgl.: D. Hering: Historische Nachricht von dem ersten Anfang der Evangelisch-Reformierten Kirche in Brandenburg und Preußen unter dem gottseligen Churfürsten Johann Sigismund, Halle 1778, S. 253.
1859 Vgl.: Berliner geschriebene Zeitungen aus den Jahren 1713 ..., S. 74. Dieser Eindruck schien nicht ganz aus der Luft gegriffen zu sein, denn auch aus anderer Quelle wurde berichtet, daß Friedrich Wilhelm I. „weit mehr Lutherische als Reformirte Predigten" höre. D. Faßmann: Leben und Thaten des Allerdurchlauchtigsten und Großmächtigsten Königs von Preußen Friedrich Wilhelm, Hamburg/Breslau 1735, S. 909.
Zuweilen erschienen seinem für intellektuelle Reflexionen nicht übermäßig empfänglichen Gemüt die Predigten der Reformierten zu „gezwungen" und „lehrhaft". Vgl.: Stupperich, Aus dem kirchlichen Leben, S. 52 f.

reagierte der König im Zusammenhang der 1738 anstehenden Neubesetzung der Präsidentencharge beim reformierten Kirchendirektorium. Die Reformierten wünschten eine Persönlichkeit, die „die Ehre habe Dero Würklicher Minister zu sein, der auch von der evangelischreformirten Kirchen ein Mitglied sei". Friedrich Wilhelm I. gab zur Antwort, daß das Kirchendirektorium „nicht schlechter versorget gewesen sein würde, wann Ich auch solchem einen rechtschaffenen Mann lutherischer Religion vorgesetzt hätte". In den sich anschließenden Passagen schien sich der angestaute Ärger des Monarchen über die nicht enden wollenden Monita der Reformierten Luft machen zu wollen: „Dann diese [die lutherische – F.G.] Religion mit der reformirten gewiss einerlei ist, und wann nur von Seiten der Reformirten der schädliche Particularismus weggelassen wird, der ganze Unterschied zwischen beiden Religionen in nichts anders, als einem eingeführeten Wortgezänk über Sachen, so die Vernunft übersteigen bestehet; folglich derjenige Reformirte, welcher die Lutheraner aus Religionsaffect drücket, ein unbesonnener, nichtswürdiger Mensch ist".[1860]

Doch aus den ständischen Gremien waren seit der Regierungszeit Friedrich Wilhelms I. keine oppositionellen Verlautbarungen mehr gegen die zuvor immer wieder monierte Dominanz und Bevorzugung der Reformierten zu vernehmen. Die ständischen Monita konzentrierten sich auf andere Gebieten der Kirchenpolitik.[1861] Vermutlich sind die Gründe für das Schweigen der Quellen über konfessionelle Divergenzen auch dahingehend zu deuten, daß die Oberstände sich mit der Situation abgefunden hatten. Sowohl Friedrich Wilhelm I. als auch sein Nachfolger änderten wenig an der bisherigen Besetzungspolitik höherer Amtsträgercharges, die die Calvinisten favorisierte. Ebenso dürfte die religiöse Indifferenz des „roi philosophe", der auch das Unionsprojekt nicht mehr verfolgte, in nicht unbeträchtlichem Maße zu einem Abschwächen der konfessionellen Gegensätze beigetragen haben.[1862] Nur gelegentlich wurden die alten Divergenzen zwischen Lutheranern und Calvinisten noch thematisiert.[1863]

Die Kritik an der Bevorzugung der Reformierten in den höheren Amtsträgercharges, die ja in den Augen der Ritterschaft zugleich auch immer eine Auseinandersetzung um Ressourcen und Einkommenschancen war, verlor vielleicht auch deshalb an Dynamik, weil seit der Regierungszeit des „Soldatenkönigs" dem Adel mit dem Heer eine Karriereoption mit ungleich höheren Chancen zur Verfügung stand. Mit der Armee eröffneten sich zudem Aufstiegsmöglichkeiten innerhalb einer zunehmend konfessionsneutralen Instanz.[1864]

1860 Zit. nach: W. Stolze: Aktenstücke zur evangelischen Kirchenpolitik Friedrich Wilhelms I., in: Jahrbuch für brandenburgische Kirchengeschichte 1 (1904), S. 264-290, hier S. 289.
1861 So z.B. auf die strittige Verfügungsgewalt der Patrone bzw. des Konsistoriums über die Pfarrer. Die neumärkischen Ständevertreter trugen z.B. im Mai 1748 dem Großkanzler v. Cocceji ihre Forderung vor, wonach die Absetzbarkeit der Prediger und Küster durch die Patrone, „wenn erhebliche Ursachen vorliegen" wieder gehandhabt werde, „ohne daß das Consistorium sich darein zu legen habe". A.B.B., Bd. 8, S. 5.
1862 Vgl.: W. Gericke: Glaubenszeugnisse und Konfessionspolitik der brandenburgischen Herrscher von 1540 bis 1806, 1977, S. 89; H. Möller: Toleranz als „zärtliche Mutter": Kirchen und Konfessionen im Zeitalter der Aufklärung und der religiösen Indifferenz, in: Tausend Jahre Kirche in Berlin-Brandenburg, hrsg. v. G. Heinrich, Berlin 1999, S. 357.
1863 So habe man laut einer Instruktion vom 5.7.1755 bei der Zensur von Zeitungsartikeln darauf zu achten, „daß nichts eingerücket werde, so, wie hiebevor öfters geschehen, denen guten Sitten zuwider oder von einigen anstößigen Religionsstreitigkeiten handelt". A.B.B., Bd. 10, S. 296 f.
1864 Vgl.: Hahn, Aristokratisierung und Professionalisierung, S. 208.

Lutherischer Adel und reformierte „Staatselite"   397

In Anbetracht der bis in das 18. Jahrhundert hinein bestehenden konfessionellen Ressentiments verwundert es nicht, daß auch auf der familiären Ebene Verbindungen zwischen reformierten und lutherischen Adelsgeschlechtern noch nicht zur Normalität gehörten.[1865] Zu tief saßen die Vorbehalte, als daß die Ritterschaft ohne Skrupel solche Allianzen hätte eingehen können.[1866] Die lutherische Geistlichkeit tat das ihre, um diese hohen Barrieren bestehen zu lassen. 1694 gelangte z.B. eine Beschwerde an die neumärkische Regierung über den lutherischen Pfarrer M. Gladow, der gegen „die Ehen ungleicher Religion" gepredigt haben sollte.[1867] Und sichtliche Verwunderung schwang bei dem Bericht über die Heirat zwischen dem kursächsischen General Adam Friedrich Brandt v. Lindau und der aus der Zauche stammenden Helena Henriette v. Oppen, der Tochter des brandenburg-preußischen Oberforstmeisters, mit: „Sie war merkwürdiger Weise reformiert, etwas in hiesiger Gegend sehr Außergewöhnliches..."; auf das eheliche Einvernehmen hätte aber „solche verschiedenheit der Confessionen weiter keinen störenden Einfluß gehabt".[1868] Es nahm daher nicht wunder, daß die reformierten Mitglieder des Hofstaates vornehmlich unter sich blieben. Dies galt sowohl für die „Ausländer" als auch für die wenigen aus dem brandenburgischen Altadel stammenden calvinistischen hohen Amtsträger. Gerade letztere Gruppe deutet den Einfluß der Konfessionsfrage auf das Heiratsverhalten an. Zwar wurden natürlich Eheverbindungen zu den zugewanderten Amtsträgernfamilien gesucht, in größerem Umfang heiratete man jedoch innerhalb der reformierten einheimischen Adelsgeschlechter. Die Verbindungen sowohl zwischen den Familien v. d. Gröben, v. Ribbeck und v. Pfuel als auch zwischen denen v. Waldow, v. d. Marwitz und v. Götze deuten diese Konstellationen an.[1869] Landsmannschaftliche Erwägungen dominierten dabei.[1870]

Nur selten erfährt man Näheres über die inneren Spannungen, in die eine Adelsfamilie in der Konfessionsfrage geraten konnte. Im März 1710 wandte sich die in Dresden wohnhafte Luise Henriette v. Friesen (geb. v. Canstein) an den preußischen König. Bekümmert unterrichtete sie ihn darüber, daß von ihren unmündigen Söhnen, die bei ihrem Onkel und Vormund in der preußischen Residenz lebten, verlangt werde, „sich nunmehro bald durch den Gebrauch des Nachtmahls zu der Evangelisch Reformirten Kirche öffentlich zu bekennen". Sie seien aber, solange sie bei ihr gewohnt hatten, lutherisch aufgezogen worden und hätten „den Unterscheid dieser beyden Religionen nicht genugsam erlernet".[1871] Die nähere Untersu-

---

1865 Vgl. dazu auch die Beobachtung von Bahl, der am Beispiel der Hofgesellschaft zu der Wertung kommt, daß „konfessionelle Mischehen ... keine nennenswerte Gruppe" im Heiratsverhalten gebildet hatten. Bahl, Hof, S. 243.
1866 Dies gilt auch für gemischtkonfessionelle Heiratsverbindungen unter dem Hochadel, deren Akzeptanz oder Ablehnung die Haltung der Ritterschaft zu dieser Frage reflektieren konnte. So rief z.B. 1689 die Ehe zwischen dem lutherischen Herzog Moritz Wilhelm von Sachsen-Zeitz und der reformierten brandenburgischen Prinzessin Marie Amalie Kritik hervor. Vgl.: W. Wendland: Studien zum kirchlichen Leben in Berlin um 1700, in: Jahrbuch für brandenburgische Kirchengeschichte 21(1926), S. 129-197, hier S. 147.
1867 GStAPK I. HA, Rep. 47 Lit. C 6, Bl. 558.
1868 Die Herrschaft Wiesenburg unter den Herren Brandt von Lindau und deren späteren Mitbesitzern... Ein Versuch, Berlin 1883, S. 131 f.
1869 Vgl.: Bahl, Hof, S. 636 f. (Anhang, Tafeln 11 und 12).
1870 Vgl.: ebenda, S. 245.
1871 GStAPK I. HA, Rep. 47 Lit. 16, unpag.

chung des Falles ergab, daß der verstorbene Mann der Supplikantin der reformierten Konfession angehört hatte. Im Ehevertrag war seinerzeit festgesetzt worden, daß die Söhne im Glauben des Vaters und die Töchter in der Religion der Mutter erzogen werden sollten. Offenbar hatte nun der Bruder des Verstorbenen postum den väterlichen Willen versucht durchzusetzen und seine Neffen nach Berlin geholt. Nachdem nun die jungen Adligen selbst befragt worden waren[1872], empfahl der zuständige Beamte bis zum Erreichen der Volljährigkeit eine endgültige Entscheidung, welches Bekenntnis die Söhne denn nun wählen würden, auszusetzen.

Angesichts der nur spärlichen Informationen über die Stellung der Reformierten innerhalb der brandenburgischen Adelsgesellschaft gilt es, auch andere methodische Ansätze zu nutzen, um die Konturen eines etwaigen Beziehungnetzes zwischen den Konfessionsgruppen innerhalb des Adels zu verdeutlichen. Auf die Möglichkeit der Analyse von Kreditbeziehungen auch für weiterführende Fragestellungen wurde bereits in anderem Zusammenhang verwiesen. Allenthalben zeigte sich die Tendenz, daß die Reformierten „unter sich blieben". Aus der Hinterlassenschaft der in den neumärkischen Hinterkreisen über Besitzungen verfügenden Familie v. Brandt, die in dieser Teillandschaft bekanntlich mehrfach höhere reformierte Amtsträger gestellt hatte, lassen sich z.B. einige ihrer Kreditbeziehungen rekonstruieren.[1873] Demnach setzte der König im Jahre 1726 eine Kommission ein, die die noch offenen Verbindlichkeiten des jüngst verstorbenen Geheimen Etat-Rates v. Brandt überprüfen sollte. Dessen Schwager, der Obrist Friedrich Wilhelm v. Canitz, hatte als nunmehriger Erbe (die Schwester des verstorbenen v. Brandt und der Sohn, Capitain Friedrich v. Brandt, waren ebenfalls schon tot), die Schuldforderungen zu begleichen. Neben den Verwandten war es vor allem der Oberstleutnant, Freiherr v. Kannenberg, dessen Forderungen zu befriedigen waren. Als Vormund der unmündigen Brandt`schen Kinder war der in Hinterpommern ansässige, ebenfalls calvinistische General v. Natzmer eingesetzt worden. Weitere in die Brandt`schen Kreditgeschäfte verwickelte Personen und Institutionen entstammten gleichfalls den reformierten Gemeinden.[1874]

Auch bei der systematischen Erfassung der Kreditbeziehungen von calvinistischen adligen Rittergutsbesitzern ließen sich Präferenzen bei der Gläubigerwahl ausmachen, die in das reformierte Milieu wiesen. Indirekt können dabei auch Rückschlüsse auf die Zugehörigkeit anderer adliger Gläubiger zur calvinistischen Konfession gezogen werden, bei denen dies sonst nicht zu ermitteln wäre. Eine besondere Massierung von Kreditbeziehungen ist dabei in den neumärkischen Gebieten zu erkennen. Im Kreis Friedeberg war es Friedrich v. Brandt, der zwischen 1719 und 1748 in neun Fällen Kredite von reformierten Amtsträgern bzw. Institutionen der calvinistischen Kirche aufgenommen hatte. Darunter fanden sich sowohl regionale Amtsträger wie der in der Küstriner Regierung tätige Rat v. Pannwitz als auch höhe-

---

1872 Sie selbst sahen sich nicht an die relevanten Passagen des Ehevertrages gebunden. Sie hätten zwar im Falle eines Bekenntnisses zur reformierten Konfession „keine Scrupel", nur gegen ihre Mutter zu handeln, würde ihnen Gewissensqualen bereiten. Ebenda.
1873 Vgl.: GStAPK I. HA, Rep. 22 Nr. 31 b.
1874 Ebenda. Dies waren die verwitwete Generalin v. Wangenheim, die Vorsteher der Reformirten Parochialkirche und der Kirchenrat Schmidtmann.

re Amtsträger und Offiziere wie z.B. der Oberhofmarschall Marquard Ludwig v. Printzen, der General v. Wreech und der Obristleutnant v. Schöning.[1875] Im Kreis Königsberg konnte der v. Sydow auf Falckenwalde sowohl auf Kredite durch das reformierte Presbyterium als auch auf Anleihen seitens höherer Offiziere calvinistischer neumärkischer Familien zurückgreifen (v. d. Marwitz, v. Schöning). Dagegen ist auf die Konfessionszugehörigkeit des Majors v. d. Osten auf Warnitz aus der Liste seiner Gläubiger nicht von vornherein zu schließen. Allerdings deuten solche Kreditgeber wie der Hofprediger Hoffhamm, das Küstriner Presbyterium sowie mehrere Mitglieder der Neumärkischen Regierung schon in diese Richtung.[1876] Im Kreis Sternberg war es wiederum vor allem die Familie v. Waldow, deren Kreditbeziehungen sich fast ausschließlich auf reformierte Amtsträger und Institutionen konzentrierten.[1877]

Dennoch lassen sich natürlich auch Kreditbeziehungen zwischen reformierten Amtsträgern bzw. Offizieren und Angehörigen der lutherischen Adelsfamilien dokumentieren, aber an Glaubensbrüder wandte man sich in der Regel zuerst. So stand im Kreis Teltow z.B. Marquard Ludwig v. Printzen denen v. Hake und v. Beeren als Gläubiger zur Verfügung, und der Geheime Tribunalrat de Dorville fungierte bei den v. Schlabrendorffs und v. Liepes als Gläubiger.[1878] Die angespannte finanzielle Situation vieler adliger Rittergutsbesitzer im 18. Jahrhundert ließ Kreditbeziehungen zu Angehörigen der anderen Konfession zunehmend unbedenklicher erscheinen. Gerade im residenznahen Raum – das belegten die eben präsentierten Beispiele – boten sich natürlich solche Möglichkeiten an.

Ein solches Finanzgebaren korrespondiert im übrigen mit der bereits beschriebenen Mentalität des Sich-Abfindens mit der konfessionellen Koexistenz. Der kursächsische General Adam Friedrich Brandt v. Lindau ließ verlauten, „daß ihm das reformirte Geld [67 000 Tlr. von seiner Frau, H. H. v. Oppen - F.G.] keinen Schaden gethan habe".[1879] Hier offenbarte sich eine Denk- und Verhaltensweise, die vereinzelt auch in der Hofgesellschaft zu finden war und die belegt, daß man bei aller Brisanz der konfessionellen Konflikte für Kontakte zu den Angehörigen der anderen Konfession aufgeschlossen blieb. Bereits über den in den ersten Regierungsjahren des Großen Kurfürsten in hohem Ansehen stehenden und frühzeitig zum reformierten Glauben konvertierten Konrad v. Burgsdorff ist eine Äußerung überliefert, wonach er „zwar reformirt [sei], aber um der Religion willen ... er sich nicht brennen lassen" würde.[1880]

1875 Vgl.: Brand. LHA Rep. 23 B. B Ritterschaftliche Hypothekendirektion, Nr. 2323.
1876 Vgl.: ebenda, Nr. 1585.
1877 Arend Christoph v. Waldow auf Kölschen und Hammer wählte 1722 den auf Jahnsfelde ansässigen Obristen v. Schöning als Gläubiger und nahm 1730 Kredite beim reformierten Presbyterium in Berlin auf; Caspar Friedrich v. Waldow auf Rauden fand in den 1740er Jahren bei den Küstriner Regierungsräten Buchner, Rosin und v. Köhler willkommene Gläubiger. Vgl.: Brand. LHA Rep. 23 B. B Ritterschaftliche Hypothekendirektion Nr. 2758 u. 2837.
1878 Brand. LHA Rep. 23 A. B Ritterschaftliche Hypothekendirektion Nr. 700 u. 701.
1879 Die Herrschaft Wiesenburg, S. 132.
1880 Zit. nach: Erdmannsdörffer, Waldeck, S. 55.

Ebenso können für die Heiratsbeziehungen ähnliche Beobachtungen angestellt werden, obwohl auch hier die Quellenlage dürftig erscheint.[1881] Die Eintragungen in den Tauf- und Traubüchern der „Garnisonkirchengemeinde"[1882] in Potsdam belegen zunächst das Bestreben der reformierten Amtsträger bzw. Offiziere unter sich zu bleiben. Die Heiratsbeziehungen blieben in der Regel innerhalb der Hofgesellschaft. Nur ein Ausschnitt aus den überlieferten Trauungen der 1680er Jahre soll dies illustrieren:

Tabelle 47: Trauungen in der Garnisonkirchengemeinde Potsdam (1679-1689) [1883]

Heiratsdatum	Bräutigam (mit Amt)	Braut
17.8.1679	v. Wangenheim *Oberst*	Frl. v. Canitz *Tochter des Obermarschalls*
13.12.1680	Gottfried v. Perband *Kammerherr*	Doroth. Elis. v. Wangenheim *Kammerjungfer*
15.3.1688	Erasmus Conrad v. Canitz *Schloßhauptmann*	Luise v. Schöning *Tochter d. Genltn. v. Schöning*
10.10.1688	F.W. v. Lösgewang *Kammerjunker*	A. de l'Hospital *Kammerjungfer*
28.5.1689	v.d. Knesebeck *Kammergerichtsrat*	Frl. v. Mylendonck

Auch bei anderen Anlässen lassen sich diese relativ abgeschlossenen Beziehungssysteme belegen. Bei der Taufe des Samuel v. Hertefeld am 1. Dezember 1664 waren in der reformierten Hofkirche zu Cölln Angehörige der führenden reformierten Amtsträgerschaft zugegen. Die Töchter des Oberjägermeisters Georg Wilhelm v. Hertefeld heirateten Angehörige brandenburgischer Adelsgeschlechter, die selbst als reformierte Amtsträger wirksam waren.[1884]
Dennoch gelten für diese am Beispiel der Residenzgesellschaft vorgestellten Beobachtungen in gleichem Maße die am Beispiel der Kreditbeziehungen vorgebrachten relativierenden Bemerkungen. Auch auf diesem Feld sollte man nicht dem Trugschluß unterliegen, als habe

---

1881 Eine Übersicht über die noch erhaltenen Kirchenbücher reformierter Gemeinden in Brandenburg in: K. Themel: Brandenburgische Kirchenbücher (Bearb.: W. Ribbe), Berlin 1986, S. 463-471. Bisher haben allerdings nur wenige der darin enthaltenen Tauf- bzw. Trauregister eine Auswertung unter sozialgeschichtlicher Fragestellung gefunden. Vgl. jüngst: P. Bahl: Paten in der Reformierten Schloß-Gemeinde Potsdam 1662-1688, in: Genealogisches Jahrbuch 39 (1999), S. 143-185. In der dort abgedruckten Liste fanden sich mit denen v. d. Gröben, v. Hake, v. Lüderitz, v. Oppen, v. Schlabrendorff und v. Thümen auch Angehörige alteingesessener märkischer Adelsgeschlechter, wenngleich in der Regel nicht ihre Konfessionszugehörigkeit deutlich wurde, sondern nur, daß sie sich als Paten für Reformierte zur Verfügung gestellt hatten. Bahl gewichtet für seinen Untersuchungsraum „Hinweise auf eine Art Symbiose der Konfessionen" stärker als die auch von ihm konzedierten Auseinandersetzungen. Ebenda, S. 153; ebenso auch in seiner Dissertation, vgl.: Bahl, Hof, S. 209 ff.
1882 Es handelte sich dabei zu diesem Zeitpunkt um die „Reformierte Schloß-Gemeinde" Potsdam.
1883 Erstellt nach: GStAPK VIII. HA, Militärkirchenbücher Fiche 1172.
1884 Vgl.: Brand. LHA Rep. 78 II H 62, unpag. Anna Maria Justina Louise ehelichte den Oberjägermeister Joachim Ernst v. Lüderitz, während Debora Jacobe zunächst den Geheimen Rat Ludolf Philipp v. Lüderitz und dann den Amtshauptmann Ludwig v. d. Gröben heiratete.

es keine Kontakte zwischen Lutheranern und Reformierten gegeben. Sowohl gemischtkonfessionelle Patenwahlen[1885] als auch Heiratsbeziehungen belegen das Gegenteil. Der Sohn des Direktors des reformierten Kirchenrates Wolf Dietrich v. Rochow, der Oberst und spätere Hofmarschall Otto Christoph I., ehelichte die aus einer lutherischen Familie stammende Margarethe Elisabeth v. Moltke.[1886] Diese innerhalb der Residenzgesellschaft gewonnenen Beobachtungen galten auch für die Adelsgesellschaft in ihrer Breite. Es ist davon auszugehen, daß die lutherische Ritterschaft zunehmend weniger Bedenken trug, einen reformierten Heiratspartner zu akzeptieren.[1887] Der bereits genannte reformierte Forstrat A. A. E. v. Stechow war mit einer lutherischen Adligen verheiratet.[1888] Erinnert sei ferner an die erwähnte Heirat zwischen dem lutherischen kursächsischen General Adam Friedrich Brandt v. Lindau und der der lutherischen Konfession angehörenden H. H. v. Oppen. Eine systematische Durchsicht der zwar noch vorhandenen, jedoch oft schwer zugänglichen Kirchenbücher der reformierten Gemeinden würde dies auf eine breitere Grundlage stellen.[1889] Im übrigen wird damit zugleich die in unseren Ausführungen zur Veränderung der Besitzstruktur und über die Verflechtung von Adels- und Hofgesellschaft beschriebene Entwicklung eines zunehmenden Arrangements zwischen alteingesessenem Adel und sich neu herausbildender „Staatselite" bestätigt.

Die Analyse der sich in den Quellen widerspiegelnden Einzelfälle belegt, daß die konfessionspolitischen Auseinandersetzungen vor allem auf den Gebieten ausgetragen wurden, in denen es um die Verteilung von Ressourcen (im weitesten Sinne) ging. In solchen Fällen sah man den Angehörigen der jeweiligen anderen protestantischen Konfession als Konkurrenten, während es andererseits auf dem früher umkämpften theologischen Terrain durchaus eine allmähliche Annäherung geben konnte. Somit kann die für die Hofgesellschaft der zweiten Hälfte des 17. Jahrhunderts getroffene Einschätzung von *Bahl*, „daß die Gegensätze im Alltag oftmals weniger stark waren, als es zugespitzte Einzelzitate von Zeitgenossen oder einzelne extreme Vorfälle erscheinen lassen", auch auf die Adelsgesellschaft in ihrer Breite übertragen werden – gültig im übrigen auch für die ersten Jahrzehnte des 18. Jahrhunderts.[1890] Bedenkt man zudem die Verteilung reformierter Gemeinden im Gesamtterritorium der Kur- und Neumark Brandenburg[1891], dann kann man sich nicht des Eindrucks erwehren, daß für die Mehrzahl der lutherischen Gemeinden fernab von der Residenz die mit der konfessionellen Koexistenz verbundenen Probleme doch „vergleichsweise abstrakt" bleiben mußten.[1892]

1885 Vgl. dazu mit Belegen lutherischer Paten für reformierte Kinder bei: Bahl, Paten, S. 147 u. Einzelbelege S. 155 ff.
1886 Vgl.: Rochow-FG, S. 103.
1887 Vgl.: Hahn, Calvinismus und Staatsbildung, S. 257.
1888 Vgl.: Stechow-FG, S. 143.
1889 Dies betrifft auch Beisetzungsorte reformierter Amtsträger und Offiziere. Über den Hauptmann Friedrich v. Brandt verlautete, daß er 1715 in der Evangelisch-Reformierten Parochial-Kirche in Berlin bestattet worden war. Vgl.: Brand. LHA Rep. 78 II B 131, Bl. 29.
1890 Bahl, Hof, S. 199.
1891 Im Jahre 1740 standen den 709 lutherischen Kirchen 43 reformierte bzw. calvinistische gegenüber. In der Neumark belief sich das Verhältnis gar auf 300 zu 9! Vgl.: Behre, Statistik, S. 299.
1892 Möller, Toleranz, S. 334.

Kapitel 6

Die brandenburgische Adelsgeschichte im 17./18. Jahrhundert – ein Sonderweg im Alten Reich?

Zum Forschungsstand

Entsprach der Weg des brandenburgischen Adels von den Erschütterungen der Mitte des 17. Jahrhunderts bis in die Phase der ständischen Restauration in spätfriderizianischer Zeit der Norm in der reichischen Adelsgesellschaft des Ancien Règime? Inwiefern handelte es sich dabei um Entwicklungen, die auch andere deutsche Territorien tangierten oder – anders formuliert – muß auch für die Kernlande der Hohenzollernmonarchie von „einem preußischen Sonderweg der Adelsgeschichte"[1893] gesprochen werden, gewissermaßen als eine Komponente der bekannten, auf die deutsche Geschichte der Moderne bezogenen „Sonderwegs"-Diskussion?[1894] Die innovativen Möglichkeiten einer vergleichenden Geschichtsbetrachtung sind allgemein anerkannt, gerade auch um ein solches Phänomen wie den Aufstiegsprozeß des Alten Preußen möglichst objektiv analysieren zu können, dennoch bleiben erhebliche Desiderata.[1895] Die folgenden Ausführungen möchten versuchen, diese Fragen einer Antwort näher zu bringen. Aus mehrfachen methodischen Erwägungen heraus bietet es sich an, die an Brandenburg grenzenden Territorialstaaten für den Vergleich heranzuziehen.[1896] Dagegen bleiben die anderen Lande der preußischen Gesamtmonarchie hier ausgeblendet.[1897]

Damit wird ein komparativer Ansatz gewählt, der nicht primär die Einzelerscheinungen zur Adelsgeschichte in den jeweigen Territorien additiv aneinanderreihen will – ein Defizit, das verschiedentlich bei Sammelbänden zur Adelsgeschichte moniert wurde[1898] –, sondern der

---

1893 Dilcher, Der alteuropäische Adel, S. 84.
1894 Vgl. hier insbesondere die Thesen H. Rosenbergs, Bureaucracy, in jüngerer Zeit auch: Schissler, Die Junker.
1895 Jüngst mahnte Ernst Hinrichs eine stärkere Berücksichtigung der vergleichenden Methode in der künftigen Preußenforschung an, wenngleich er dabei vornehmlich auf die europageschichtlichen Bezüge abhob. Vgl.: E. Hinrichs: Preußen und Europa. Neue Ansätze der vergleichenden Preußenforschung, in: Stillstand, Erneuerung und Kontinuität. Einsprüche zur Preußenforschung, hrsg. v. J. Wolff, Frankfurt am Main 2001, S. 11-33.
1896 Zur Dringlichkeit komparativ arbeitender Untersuchungen zur Stände- und Adelsgeschichte vgl.: Press, Formen des Ständewesens, S. 281.
1897 Vgl. hierzu: Expansion und Integration. Zur Eingliederung neugewonnener Gebiete in den preußischen Staat, hrsg. v. P. Baumgart, Köln/Wien 1984 und die im Entstehen begriffene Dissertation von J. Schellakowsky über „Friedrich Wilhelm I. und der Adel der preußischen Monarchie".
1898 Vgl. z.B. die Rezension von N. Hammerstein zu: Adel in der Frühneuzeit. Ein regionaler Vergleich, hrsg. v. R. Endres, Köln/Wien 1991, in: HZ 258 (1994), S.179 f., die kritisch anmerkte: Manche der Beiträge „sehen nicht über den Tellerrand ihrer engen Fragestellung hinaus, wie es eigentlich ein `Vergleich` geböte... . Die so dringend erwünschte weitergehende Darstellung der Rolle des Adels in der Frühen Neuzeit, die mit diesem Vergleich immerhin zu versuchen vorgegeben wurde, ist das Ganze aber nicht. Es bleiben im allgemeinen doch in sich geschlossene Darstellungen des jeweiligen Themas."

Allgemeines und Besonderes zu speziellen Aspekten der Adelsproblematik integrativ untersuchen möchte. Die Beobachtungen zu den ausgewählten Problemkreisen zur Adelsgeschichte anderer Territorialstaaten dienen zugleich dazu, die am brandenburgischen Beispiel gewonnenen Ergebnisse zu systematisieren und schärfer zu konturieren. Es kommt dabei unserer zentralen Fragestellung entgegen, daß es sich bei den bedeutenderen Nachbarländern der Mark Brandenburg um solche Reichsterritorien handelte, die das Spektrum der Alternativen, vor denen Fürstenstaat und Stände seit der Mitte des 17. Jahrhunderts gestanden hatten, widerspiegelten. Diese Territorien bieten sich auch auf Grund ihres vorerst annähernd ähnlichen politischen Gewichtes innerhalb des Reichsverbandes um 1648 für einen Vergleich an. Allerdings ist dabei in Rechnung zu stellen, daß die Erforschung des Adels dieser Fürstentümer recht unterschiedlich vorangeschritten ist und deshalb noch viele Desiderata offen läßt.

Der besonders seit der Mitte des 16. Jahrhunderts vorbildhafte Züge tragende Staatsbildungsprozeß im **sächsischen Kurfürstentum** faszinierte die ältere landesgeschichtliche Forschung, so daß ihr Blick in hohem Maße auf der Landesherrschaft und der Verwaltungsorganisation ruhte. So erschien es nicht verwunderlich, daß der Adel oft nur als Adressat der landesherrlichen Politik Berücksichtigung fand; sei es in Gestalt der aus seinen Reihen stammenden hohen kurfürstlichen Amtsträger oder am Beispiel der gegen die landesherrliche Politik opponierenden Repräsentanten der sächsischen Adelsgesellschaft. Demzufolge brachte die auf anderen Gebieten bekanntlich sehr produktive und innovative ältere sächsische Landesgeschichtsschreibung[1899] keine bedeutenden Arbeiten zur frühneuzeitlichen sächsischen Adelsgeschichte hervor, was im übrigen auf parallele Entwicklungen in der preußischen Historiographie verweist. Fast als Kontinuum ist ferner die Tatsache einzuordnen, daß die Geschichtsperiode zwischen dem Wirken der überragenden wettinisch-albertinischen Landesherren Moritz (1541-1553) sowie August I. (1553-1586) und dem Augusteischen Zeitalter (1697-1763), also vor allem das 17. Jahrhundert, sehr stiefmütterlich in der Forschung behandelt wurde.[1900]

Die nach 1945 zunehmend marxistisch dominierte, nunmehr unter dem Leitkonzept einer „Regionalgeschichte" in den drei sächsischen DDR-Bezirken wirkende Forschung verstellte sich ihre Zugänge zur Geschichte des Adels durch die uns bereits durch die brandenburgischen Gegebenheiten bekannten ideologischen Tabus, die es nicht geraten erscheinen ließen, sich der Geschichte einer „Ausbeuterklasse" zuzuwenden.[1901] Diejenigen wenigen Historiker, die sich in der alten Bundesrepublik Problemen der frühneuzeitlichen sächsischen Geschich-

---

1899 Repräsentiert vor allem durch Namen wie R. Kötzschke und H. Kretzschmar.
1900 Diese ungünstige Entwicklung wurde schon am Ende des 19. Jahrhunderts moniert. Vgl.: H. Ermisch: Die sächsische Geschichtsforschung in den letzten dreißig Jahren, in: NASG 15 (1894), S. 1-26, hier v.a. S. 13. Die Durchsicht der Registerbände der wohl einflußreichsten Zeitschrift zur sächsischen Landesgeschichte, des „Neuen Archivs für sächsische Geschichte" zeigt bis weit ins 20. Jahrhundert ein deutliches Übergewicht von Arbeiten zum 16. Jahrhundert und zum augusteischen Zeitalter. Erst in den letzten Jahren ist man bemüht, auch dem 17. Jahrhundert eine größere Aufmerksamkeit zuzuwenden. Vgl. dazu den jüngst erschienenen Sammelband: Sachsen im 17. Jahrhundert. Krise, Krieg und Neubeginn, hrsg. v. U. Schirmer, Beucha 1998.
1901 Vgl. dazu die Bemerkungen P.-M. Hahns zur marxistischen sächsischen Regionalgeschichtsschreibung: Ders.: Forschungen zur Geschichte Sachsens - Landesgeschichte und Geschichtspropaganda, in: JGMOD 39 (1990), S. 43-91.

te zuwandten, blieben zumeist von den relevanten Quellenbeständen räumlich getrennt. Bis vor wenigen Jahren stellte der vielzitierte, auf der Auswertung der älteren Literatur und Quelleneditionen basierende Aufsatz von *H. Helbig* einen fast isoliert dastehenden, höchst nützlichen Forschungsüberblick zur sächsischen Adelsgeschichte dar.[1902] Eine Ausnahme bildeten die verfassungs-, siedlungs- und wirtschaftsgeschichtlichen Studien von *K. Blaschke*, die den Adel berücksichtigten.[1903] Dabei stellt sich die Quellenlage für die frühneuzeitliche sächsische Adelsgeschichte im Vergleich etwa zu Brandenburg als günstiger dar. Der Neubeginn der Landesgeschichtsforschung im wiederhergestellten Land Sachsen eröffnete neue, vor allem auch vom methodischen Zugriff her erweiterte Möglichkeiten der wissenschaftlichen Bearbeitung der sächsischen Adelsgeschichte. Die in den letzten Jahren vorgelegten Ergebnisse künden von diesem hoffnungsvollen Neubeginn.[1904]

Die **mecklenburgische** landesgeschichtliche Forschung zur Frühen Neuzeit verfolgte ähnliche Schwerpunkte. Immer wieder mußte sie dabei ihr Augenmerk vor allem auf die besonderen Belastungen legen, die die Landesteilungen und innerdynastischen Zerwürfnisse, aber auch der vergleichsweise unangefochtene Einfluß der Stände für den Staatsbildungsprozeß ausgeübt hatten.[1905] Im Mittelpunkt der bisherigen Beschäftigung mit dem mecklenburgischen Adel stand deshalb vor allem sein Anteil an dem seit dem 16. Jahrhundert beginnenden und im Verlauf des 17. und 18. Jahrhunderts sich voll durchsetzenden Prozeß der Herausbildung gutsherrschaftlicher Strukturen.[1906] Gerade die mecklenburgischen Territorien, hatten, ähnlich wie Pommern und Teile der Uckermark, eine Vorreiterrolle eingenommen; hier kam es zu einer besonders intensiven Ausbildung des auf Gutsherrschaft basierenden Systems.[1907] Somit existieren bislang eine Fülle quellengesättigter Studien, die uns detailliert

---

1902 Vgl.: H. Helbig: Der Adel in Kursachsen, in: Deutscher Adel 1555-1740, hrsg. H. Rößler, Darmstadt 1965, S. 216-258; ferner sei verwiesen auf: H. Quirin: Landesherrschaft und Adel im wettinischen Bereich während des späten Mittelalters, in: Festschrift für Hermann Heimpel, Bd. 2, Göttingen 1972, S. 80-109.
1903 K. Blaschke: Das Bauernlegen in Sachsen, in: Vierteljahresschrift für Sozial- und Wirtschaftsgeschichte 42 (1955), S. 97-116; ders.: Grundzüge einer sächsischen Agrarverfassungsgeschichte, in: Zeitschrift der Savigny-Stiftung für Rechtsgeschichte, Germ. Abt. 65 (1965), S. 222-287, hier S.234.
1904 Vgl.: W. Held: Selbstverständnis und Lebensauffassung des kursächsischen Landadels in der beginnenden Frühneuzeit, in: NASG 65 (1994), S. 39-59; ders.: Der Landadel im Sachsen der beginnenden Frühneuzeit. Zu seiner Position in der Gesellschaft und im Fürstenstaat, in: Blätter für deutsche Landesgeschichte 131 (1995), S. 203-222; ders.: Der Adel und August der Starke. Konflikt und Konfliktaustrag zwischen 1694 und 1707 in Kursachsen, Köln/Weimar/Wien 1999; J. Matzerath: Sächsische Ritterschaft im 18. und 19. Jahrhundert. Vorüberlegungen zu einer Fallstudie des landsässigen Adels, in: NASG 64 (1993), S. 61-74; des weiteren die im Heft 2 der Sächsischen Heimatblätter 42 (1996) erschienenen Aufsätze zur kursächsischen Adelsgeschichte und der aus Beiträgen einer im Oktober 1996 auf Schloß Weesenstein durchgeführten Konferenz entstandene Band: Geschichte des sächsischen Adels, hrsg. v. K. Keller/ J. Matzerath, Köln/ Weimar/Wien 1997 sowie die jüngst erschienene Studie von A. Flügel: Bürgerliche Rittergüter. Sozialer Wandel und politische Reform in Kursachsen (1680-1844), Göttingen 2000.
1905 Repräsentativ seien hier nur genannt: O. Vitense: Geschichte von Mecklenburg, Gotha 1920 (ND Würzburg 1985); M. Hamann: Das staatliche Werden Mecklenburgs, Köln/Graz 1962.
1906 Vgl. dazu: Kaak, Die Gutsherrschaft, S. 37 ff. u. 123-150.
1907 Vgl. hierzu übergreifend und mit komparativem Ansatz: M. North: Die Entstehung der Gutswirtschaft im südlichen Ostseeraum, in: ZHF 26 (1999), S. 43-59; Harnisch, Probleme einer Periodisierung, hier v.a. S. 255 ff. Anders dagegen gewichtet Kaak, Die Gutsherrschaft, S. 148.

über die wirtschaftliche Ausstattung der Güter und die Entwicklung des gutsherrlich-bäuerlichen Verhältnisses informieren, andererseits fehlen aber trotz bemerkenswerter Ansätze noch gründliche Untersuchungen über die in der gegenwärtigen Adelsforschung interessierenden Probleme.[1908] Doch auch hier gibt es Neuorientierungen, um Fragen nach der inneren Struktur, der Herrschaftspraxis, der Mentalität oder des Alltagslebens klären zu können.[1909] Auch Arbeiten zu den landständischen Institutionen, in denen naturgemäß die Ritterschaft eine dominierende Rolle spielte, bieten eine Ausgangsbasis für weitere Untersuchungen über die politische Partizipation des Adels in dem in der vergleichenden verfassungsgeschichtlichen Forschung als „Ständestaat" par excellence etikettierten Mecklenburg.[1910]

Ebenso disparat stellt sich die Forschungslage für die Adelsgeschichte der **welfischen Territorien**, zumindest für den hier relevanten Untersuchungszeitraum, dar.[1911] In den nicht gerade zahlreichen, aus den Archiven schöpfenden Beiträgen der jüngeren landesgeschichtlichen Forschung wurde vor allem das Ständewesen thematisiert.[1912] Zwar fand in diesen Untersu-

---

1908 Von den älteren Studien wären hier v.a. die Arbeiten von H. Maybaum: Die Entstehung der Gutsherrschaft im nordwestlichen Mecklenburg (Amt Gadebusch und Amt Grevesemühlen), Stuttgart 1926; P. Steinmann: Bauer und Ritter in Mecklenburg. Wandlungen der gutsherrlich-bäuerlichen Verhältnisse im Westen und Osten Mecklenburgs vom 12./13. Jahrhundert bis zur Bodenreform 1945, Schwerin 1960 und G. Heitz: Die sozialökonomische Struktur im ritterschaftlichen Bereich Mecklenburgs, in: Beiträge zur deutschen Sozial- und Wirtschaftsgeschichte des 18. und 19. Jahrhunderts, Berlin 1961 zu nennen. Davon beeinflußt wurden eine Reihe von Arbeiten, die sich einzelnen Gutsherrschaften zuwandten, z.B.: H. Haack: Die sozialökonomische Struktur mecklenburgischer Feudalkomplexe im 16. und 17. Jahrhundert (Untersucht am Beispiel der Eigentumskomplexe der Familie Hahn und der Domanialämter Güstrow, Ivenack und Stavenhagen), Phil. Diss., Rostock 1968; J. Seemann: Untersuchungen zur ländlichen Sozialstruktur mecklenburgischer Feudalkomplexe im 16. Jahrhundert, Phil. Diss. Rostock 1986.
1909 Zu erwähnen wären hier v.a. die Beiträge von E. Münch: Ritterschaft zwischen Mittelalter und Neuzeit. Zur Kontinuität des adligen Grundbesitzes in Mecklenburg, in: ZfG 38 (1990), Heft 10, S. 888-906.; ders.: Glanz und Elend der Moltkes im Toitenwinkel. Aus dem Alltag eines mecklenburgischen Adelsgeschlechts im Spätmittelalter und in der frühen Neuzeit, in: ZfG 41 (1993), S. 322-328; ders.: Vom befestigten Rittersitz zum Gutshaus in Mecklenburg, in: Herrensitz und herzogliche Residenz in Mecklenburg, Mölln 1995, S. 47-61; des weiteren versuchte auch der Aufsatz von H. Bei der Wieden: Der mecklenburgische Adel in seiner geschichtlichen Entwicklung. Besonderheiten im Vergleich mit seinen Nachbarn, in: JGMOD 45 (1999), S. 133-155, einige übergreifende Aspekte der mecklenburgischen Adelsgeschichte zu thematisieren.
1910 Vgl.: H.-J. Ballschmieter: Andreas Gottlieb von Bernstorff und der mecklenburgische Ständekampf 1680-1720, Köln/Graz 1962; P. Wick: Versuche zur Errichtung des Absolutismus in Mecklenburg in der ersten Hälfte des 18. Jahrhunderts, Berlin 1964; J. Schildhauer: Fürstenstaat - Stände - Staat in Mecklenburg und Pommern an der Wende vom 15. zum 16. Jahrhundert, in: Jahrbuch für Regionalgeschichte 1988; G. Baumgartner: Die Entwicklung der obersten Landesverwaltung Mecklenburg-Schwerins vom Ende des 16. Jahrhunderts bis zur Mitte des 18. Jahrhunderts. Eine Studie zur Verwaltungsgeschichte, Rostock 1993.
1911 Knapper Überblick in: Geschichte Niedersachsens, Bd. 3.1: Politik, Wirtschaft und Gesellschaft von der Reformation bis zum Beginn des 19. Jahrhunderts, hrsg. v. C. van den Heuvel, Hildesheim 1998, S. 777-784.
1912 Vgl.: D. Storch. Die Landstände des Fürstentums Calenberg-Göttingen 1680-1714, Hildesheim 1972; A. v. Stieglitz: Landesherr und Stände zwischen Konfrontation und Kooperation. Das Fürstentum Calenberg während der Regierungszeit Herzog Johann Friedrichs 1665-1679, Hannover 1994; M. v. Boetticher (Bearb.): Landstände und Landtage, Hannover 1996; für Braunschweig-Wolfenbüttel vgl. Chr. Römer: Die braunschweigischen Landstände im Zeitalter der Aufklärung bis 1789, in: Niedersächsisches Jahrbuch für Landesgeschichte 63(1991), S. 59-71.

chungen auch der Adel eine entsprechende Berücksichtigung, aber eben oft nur in seiner Funktion innerhalb der ständischen Gremien. Modernere Fragestellungen, die für die Adelsforschung anderer Territorien bisher gewinnbringend genutzt worden sind, wurden vor allem in solchen Studien berührt, die sich dem 16. und frühen 17. Jahrhundert gewidmet hatten.[1913] Eine Ausnahme bildet die jüngst erschienene Dissertation von *H. Kruse*, die sich der Frage der personellen Verflechtung der ständischen und landesherrlichen Amtsträgerschaft in Braunschweig-Calenberg zuwandte.[1914] Zum anderen zeigt sich ein höchst unterschiedlicher Stand der Aufarbeitung der Adelsgeschichte zu den einzelnen welfischen Teilterritorien. Am günstigsten stellt sich der Befund noch für Braunschweig-Calenberg dar, also jenem Teilfürstentum des späteren Kurhannover, das den wichtigsten Part bei den territorialpolitischen Veränderungen im ausgehenden 17. und beginnenden 18. Jahrhundert zu spielen hatte.[1915] Im Falle Braunschweig-Wolfenbüttels ist man auf wenige Einzelstudien zu Detailfragen angewiesen.[1916] Als unbefriedigend muß der Forschungsstand zu den Verhältnissen in Braunschweig-Lüneburg bewertet werden.[1917] Dies verwundert insofern, als die Archive in Hannover und Wolfenbüttel für die gegenwärtig interessierenden Fragen der Adelsgeschich-

---

1913 Vgl.: B. Bei der Wieden: Außenwelt und Anschauungen Ludolf von Münchhausens (1570-1640), Hannover 1993; Adel im Weserraum um 1600, hrsg. v. V. Lüpkes/H. Borggrefe, München/Berlin 1996; ansonsten wäre auch für diesen Zeitraum die recht ertragreiche Ständeforschung hervorzuheben: U. Lange: Landtag und Ausschuß. Zum Problem der Handlungsfähigkeit landständischer Versammlungen im Zeitalter der Entstehung des frühmodernen Staates. Die welfischen Territorien als Beispiel (1500-1629), Hildesheim 1986; E. Schubert: Steuer, Streit und Stände. Die Ausbildung ständischer Repräsentation in niedersächsischen Territorien des 16. Jahrhunderts, in: Niedersächsisches Jahrbuch für Landesgeschichte 63 (1991), S. 1-58.

1914 H. Kruse: Stände und Regierung - Antipoden? Die calenbergischen Landstände 1715-1802, Diss. Hannover 1997.

1915 Vgl. hier neben den älteren Gesamtdarstellungen von E. Meier: Hannoversche Verfassungs- und Verwaltungsgeschichte 1680-1806, 2 Bde., Leipzig 1898 und G. Schnath: Geschichte Hannovers im Zeitalter der neunten Kur und der englischen Sukzession 1674-1714, 3 Bde., Hannover 1938-78 vor allem die vorzügliche Arbeit von J. Lampe: Aristokratie, Hofadel und Staatspatriziat in Kurhannover 1714-1760, 2 Bde., Göttingen 1963; ferner auch G. Stölting-Eimbeckhausen/ B. Freiherr v. Münchhausen-Moringen: Die Rittergüter der Fürstentümer Calenberg, Göttingen und Grubenhagen. Beschreibung, Geschichte, Rechtsverhältnisse, Hannover 1912. Der jüngst erschienene Sammelband Stand und Repräsentation. Kultur- und Sozialgeschichte des hannoveranischen Adels vom 17.-19. Jahrhundert, hrsg. v. S. Lesemann/A. v. Stieglitz, Bielefeld 2002, war mir in der Überarbeitungsphase leider nicht zugänglich.

1916 Hier sind v.a. die Arbeiten aus dem Umkreis der Erforschung der Weserrenaissance zu nennen: A. Neukirch: Niedersächsische Adelskultur der Renaissance, 1939; o. Verf.: Der Weserraum zwischen 1500 und 1650, Marburg 1992; P. Zimmermann: Die Rittergutsbesitzer des Herzogthums Braunschweig in den Jahren 1501-1900, in: Braunschweigisches Magazin 7 (1901), S. 137-160; in jüngerer Zeit vgl. den knappen Überblick bei Römer, Landstände.

1917 Hier bleibt man auf die z.T. allgemeinen Ausführungen von Schnath, Geschichte Hannovers angewiesen, der aber gerade für das 17. Jahrhundert doch eher die Gegebenheiten Braunschweig-Calenbergs im Blick hatte. Ansonsten stellen nur einige ältere Arbeiten Material zur Verfügung. Vgl.: K. v. Estorff: Beiträge zur Geschichte des niedersächsischen Adels, in: Vaterländisches Archiv des historischen Vereins für Niedersachsen (1842), S. 263-277; U.F.C. Manecke: Beschreibungen der Städte, Ämter und adligen Gerichte im Fürstentum Lüneburg, 2 Bde., Celle 1858; zur „Vorgeschichte" unseres eigentlichen Untersuchungszeitraumes vgl. v.a.: H.-J. v. d. Ohe: Die Zentral- und Hofverwaltung des Fürstentums Lüneburg und ihre Beamten 1520-1648, Celle 1955.

te – gerade auch im Vergleich zu den kriegsbedingten Verlusten an Herrschaftsarchiven in Brandenburg – durchaus wertvolle Bestände bereithalten.[1918]

Zunächst stellen wir knapp die politische Konstellation und wirtschaftliche Situation des Adels im „langen 16. Jahrhundert" in den ausgewählten Territorien dem brandenburgischen Befund gegenüber. Damit gewinnen wir eine Ausgangsbasis, um den in den Jahrzehnten nach 1648 alle Territorien beanspruchenden landesherrlichen Krisenbewältigungsstrategien und adligen Anpassungsbemühungen nachgehen zu können. Schließlich soll in einem dritten Abschnitt versucht werden, das Verhältnis zwischen Landesherrschaft und Adel im Spannungsfeld von monarchischer Zentralisierung und ständischer Behauptung zu beschreiben. In diesem Zusammenhang gewinnt auch der Blick auf die innere Struktur des Adels eine nicht unwichtige Bedeutung.

Neben diesem, vor allem aus methodischen Erwägungen resultierenden komparativen Zugang erscheint die Berücksichtigung des Adels in ausgewählten brandenburgischen Nachbarterritorien auch aus einem anderen nachvollziehbaren Grund überlegenswert: Bereits im Hauptteil unserer Darstellung ist unter verschiedenen Aspekten immer wieder auf Quellenfunde aufmerksam gemacht worden, die territorienübergreifende Beziehungen des Adels belegen konnten. Allein schon die sich in der genealogisch-familienkundlichen Literatur widerspiegelnden grenzüberschreitenden Heiratsbeziehungen deuten auf den generellen Befund hin, daß sich der Adel des Heiligen Römischen Reiches deutscher Nation als ein exklusiver Stand mit jahrhundertelang gewachsenem Korpsdenken verstand, dessen Heiratskreise nicht an den Territorialstaatsgrenzen endeten.[1919]

Die Adelsgesellschaften vor dem Dreißigjährigen Krieg

Es ist durch eine Reihe regionaler Fallstudien und übergreifender Darstellungen nachgewiesen worden, daß bereits vor dem Dreißigjährigen Krieg die wirtschaftlichen und demographischen Entwicklungen zu teilweise erheblichen Belastungen für die Adelsgesellschaften geführt hatten. Davon wurden sowohl jene Territorien tangiert, die wie Mecklenburg[1920] und Brandenburg in besonderem Maße durch die Herausbildung gutsherrschaftlicher Strukturen charakterisiert waren, als auch solche Länder, in denen grundherrschaftliche Verhältnisse überwogen hatten.[1921] Der Rückgang der Getreidepreise und die zunehmenden inflationären Erscheinungen um 1600 trafen in besonderem Maße die auf den Getreidehandel orientierten ländlichen Her-

---

1918 Im Niedersächsischen Hauptstaatsarchiv Hannover [i.f. NHStAH] insbesondere die Bestände Celle Br. 44: „Familiensachen, Hofsachen und Regierungsorganisation"; Celle Br. 46: „Adlige, Bürger- und Bauern-Lehen und Roßdienste"; Depositur 82 Hehlen.
1919 Vgl. dazu: Kunisch, Führungsschichten, S.124 f.
1920 Mecklenburg galt neben Holstein als das Territorium, in dem diese Strukturveränderungen in nahezu idealer Form vonstatten gehen konnten, da der Adel weitgehend ungestört durch die Landesherrschaft und einen starken städtischen Widerpart in den ständischen Gremien die „zweite Leibeigenschaft" durchsetzen und legitimieren konnte.
1921 In Kursachsen verbanden die Grundherrschaften die Eigenwirtschaft des Herrn mit fest umrissenen Fronarbeiten und Abgaben selbständig wirtschaftender Bauern. Vgl. zu diesem Themenkomplex: F.J. Haun: Bauer und Gutsherr in Kursachsen, Straßburg 1992; Blaschke, Bauernlegen.

renschichten. Des weiteren muß bedacht werden, daß die territorienübergreifenden Kreditbeziehungen zu einer nach und nach alle Adelsgesellschaften der nordostdeutschen Fürstentümer tangierenden krisenhaften Entwicklung führen mußte. Insbesondere der Zusammenbruch des Handelshauses Loitz löste offenbar eine länderübergreifende Kettenreaktion aus.[1922] In den Strudel von Verschuldung und Besitzverlust wurden damit auch jene Familien hineingezogen, die bis dahin über relativ gesicherte Einkünfte verfügt hatten. Erinnert sei hierbei an die langfristigen Folgen auch für die bis dahin wirtschaftlich führenden brandenburgischen Adelsgeschlechter. So geriet der mecklenburgische Landrat Hans v. Hahn, dem es z.B. 1596 noch gelungen war, ein Gut der Familie v. Maltzahn pfandweise für 25 000 Tlr. zu erwerben, schon wenige Jahre später selbst in große Verschuldung. Der Grund dafür lag in den vielen Bürgschaften, in die er sich eingelassen hatte, ohne daß er eine Befriedigung dafür erhalten konnte.[1923] Auch der in seiner Jugendzeit recht wohlhabende Dietrich II. v. Maltzan, der sogar zeitweise das Vertrauen Herzog Johann Albrechts I. genossen hatte, verschuldete sich in den 1580er Jahren immer mehr, so daß er den Verkauf seiner Güter in Erwägung ziehen mußte.[1924] Natürlich wird man die zunehmenden Schwierigkeiten, in die die mecklenburgischen Rittergutsbesitzer geraten waren, auch mit jenem Hang zum Luxus, zur Überkonsumtion erklären müssen, wie dies für die brandenburgische Adelsgesellschaft vorgeführt wurde.[1925] Man kann nur erahnen, in welche Schwierigkeiten erst recht der größere, nicht über ausgedehnte Besitzungen verfügende Teil der mecklenburgischen Ritterschaft geraten mußte, denn mehr als die Hälfte der Rittergüter war zu Beginn des 17. Jahrhunderts mit einem Wert unter 20 000 Gulden veranschlagt und mußte demzufolge zum Kleinbesitz gerechnet werden.[1926]

Doch nicht nur die Mehrheit der mecklenburgischen Ritterschaft, auch die Landesherrschaft selbst hatte zunehmend mit einer desolaten finanziellen Situation fertig zu werden, die wohl im Alten Reich kaum ihresgleichen fand. Insbesondere die ambitionierte, letztlich aber völlig fehlgeschlagene Ostseepolitik in der ersten Hälfte des 16. Jahrhunderts[1927] schwächte die Position der mecklenburgischen Herzöge und erklärt zugleich die immense Verschuldung, in die sie ab dem zweiten Drittel des 16. Jahrhunderts geraten waren. Dies trug schließlich in entscheidendem Maße zu der extremen Belastung des Verhältnisses zwischen Landesherrschaft und Ständetum[1928] bei, während die in der Literatur vor allem als Ursache angeführten

---

1922 Vgl.: J. Papritz: Das Handelshaus der Loitz zu Stettin, Danzig und Lüneburg, in: Baltische Studien NF 4 (1957), S. 73-94.

1923 Hahn-FG, Bd. 3, S. 246 f.

1924 Vgl.: Maltzahn-FG, 2. Abtheilg., 2. Bd., S. 251 f.

1925 Schon H. Maybaum sah einen Grund für den seit der Mitte des 16. Jahrhunderts forcierten Ausbau der gutsherrlichen Eigenwirtschaften in der drohenden Verarmung des mecklenburgischen Adels infolge steigender Repräsentation und Lebensansprüche. Vgl.: Maybaum, Die Entstehung, S. 147 ff.

1926 Vgl.: G. Tessin: Wert und Größe der mecklenburgischen Rittergüter zu Beginn des Dreißigjährigen Krieges, in: Zeitschrift für Agrargeschichte und Agrarsoziologie 3.2 (1955), S. 145-157.

1927 Vgl. zuletzt dazu: K. Krüger: Mecklenburg und Skandinavien in der frühen Neuzeit - Staatsbildung und Ostseeherrschaft, in: Der Staat 35 (1996), S. 491-522, hier v.a. S. 505 ff.

1928 So waren z.B. die mecklenburgischen Stände auf dem Landtag von 1568 nicht mehr bereit, die Schulden ihres Landesherrn zu begleichen. Vgl.: H. Krause: System der landständischen Verfassung Mecklenburgs in der zweiten Hälfte des 16. Jahrhunderts, Rostock 1927, S. 39.
Vgl. zum mecklenburgischen Ständewesen jüngst auch die Synthese von U. Heck: Geschichte der Landtage in Mecklenburg. Ein Abriß, Rostock 1997, zum hier diskutierten Problem v.a. S. 16 ff.

Landesteilungen des 16. und 17. Jahrhunderts nicht zwangsläufig zu der letztlich irreversibel werdenden Gewichtsverlagerung zwischen Fürst und Adel führen mußten.[1929] Schließlich gab es auch in anderen Territorien dynastische Teilungen (Leipziger Vertrag von 1485 bei den Wettinern oder die zwischen 1535 und 1571 bestehende Teilung zwischen der Kur- und Neumark), ohne daß diese im Anschluß ähnliche nachhaltige Konsequenzen für den Staatsbildungsprozeß nach sich gezogen hätten.

Die kursächsischen Adelsfamilien erfreuten sich im „langen 16. Jahrhundert" im Ganzen eines größeren Wohlstandes als ihre nördlichen Nachbarn.[1930] „Der Adel war mit Abstand der wichtigste Gläubiger" seiner Landesherrschaft und partizipierte in hohem Maße an den im 16. Jahrhundert reichen Silbererzfunden.[1931] Natürlich wird man diese Aussage zu differenzieren haben, denn auch in Kursachsen verfügte die Mehrheit der Rittergüter während der gesamten Frühen Neuzeit nur über eine relativ geringe Größe.[1932] Auf die damit angesprochene Frage der inneren Struktur der kursächsischen Ritterschaft werden wir noch zurückzukommen haben.

Im Zusammenhang der wachsenden Verschuldung der Landesherrschaft erhöhte sich das Gewicht jenes Teils der kursächsischen Stände, die als potentielle Gläubiger fungieren konnten. Zunehmend fiel es den Kurfürsten schwerer, ein von den Ständerepräsentanten beanspruchtes Kontrollrecht über die eigene Finanzlage abzuwehren.[1933] Auch territorienübergreifend waren kursächsische Adlige als Gläubiger gefragt. In den Schuldverschreibungen der brandenburgischen Kurfürsten finden wir z.B. häufig Namen von Angehörigen führender kursächsischer Adelsgeschlechter.[1934] Doch auch die sächsische Ritterschaft blieb nicht unberührt von den sich um 1600 verschlechternden wirtschaftlichen Rahmenbedingungen, die zu Verschuldung und Güterverlust führen konnten.[1935] Allerdings kann nach den bisherigen

---

1929 Schildhauer und andere erhoben die infolge der Landesteilung errichtete Landständische Union von 1523 zu der „bis in die neueste Zeit" entscheidenden Zäsur. Schildhauer, Fürstenstaat, S. 62.
Vgl. zu den verhängnisvollen Wirkungen der Landesteilungen: Hamann, Das staatliche Werden, S. 30 f.
1930 Daran dürfte auch die die wirtschaftliche Situation des kursächsischen Adels im 16. Jahrhundert eher pessimistisch beurteilende Einschätzung von W. Held kaum etwas ändern. Die Belege für seine Annahme scheinen weniger eine generelle wirtschaftliche Notlage des Adels, sondern eher den auch für andere Adelsgesellschaften auszumachenden Hang zur Überkonsumtion einiger Rittergutsbesitzer widerzuspiegeln. Vgl.: W. Held: Der frühneuzeitliche sächsische Landadel in seinem Verhältnis zu den wettinischen Fürsten, in: Sächsische Heimatblätter, 42 (1996), Heft 2, S. 62-67.
1931 U. Schirmer: Der Adel in Sachsen am Ende des Mittelalters und zu Beginn der Neuzeit. Beobachtungen zu seiner Stellung in Wirtschaft und Gesellschaft, in: Kursächsischer Adel, S. 53-70, hier S. 68.
1932 Vgl.: Flügel, Bürgerliche Rittergüter, S. 97 f.
1933 Angesichts der desaströsen Finanzlage forderten die Stände Ende der 1620er Jahre tiefere Eiblicke in die kurfürstliche Finanzverwaltung. Pikiert ließ Johann Georg I. darauf verweisen, daß dieses Ansinnen „Ihrer Kf. Durchlaucht Hoheit etwas nahe [ginge] und wolle dem schuldigen Respekt zuwider laufen". Zit. nach: Friesen-FG, Bd. 2, S. 140 f.
1934 Belege bei Göse, Adlige Führungsgruppen, S. 196 f.
1935 Das Geschlecht v. Haugwitz beklagte z.B. den Verlust der Mehrheit seiner Güter bis zur Mitte des 17. Jahrhunderts. Vgl.: Haugwitz-FG, Bd. 1, S. 240 ff.
Vgl. dazu am Beispiel der v. Loß M. Schattkowsky: „... und wollte ich mit ihnen in frieden und ruhe leben". Hintergründe zum Herrschaftsverständnis adliger Rittergutsbesitzer in Kursachsen um 1600, in: Konflikt und Kontrolle in Gutsherrschaftsgesellschaften. Über Resistenz- und Herrschaftsverhalten in ländlichen Sozialgebilden der Frühen Neuzeit, hrsg. v. J. Peters, Göttingen 1995, S. 359-403, hier v.a. S. 366 f.

Erkenntnissen davon ausgegangen werden, daß der kursächsische Adel in seiner Gesamtheit nicht in dem für Brandenburg und Mecklenburg beschriebenen Maße von diesen Erscheinungen betroffen wurde.

In ähnlicher Weise bildeten in den welfischen Territorien Schulden und Schuldentilgung das beherrschende Thema der ständischen Verhandlungen. Auf das mecklenburgische Beispiel verweist die Praxis, daß die Stände als Gegenleistung für Steuerbewilligungen nicht nur in der Gesetzgebung, sondern auch bei landesherrlichen Erbregelungen Mitspracherechte verlangten.[1936] Und auch in den welfischen Landen finden wir den wohlhabenderen Teil des Adels in vorderster Reihe als Gläubiger seiner Fürsten.[1937] Es verstand sich von selbst, daß Angehörige jener begüterten Geschlechter, die wie die v. d. Schulenburg oder v. Saldern in benachbarten Territorialstaaten über Besitzungen verfügten, in besonderer Weise in grenzübergreifenden Kreditbeziehungen involviert waren.[1938]

In allen hier zu untersuchenden Territorien hatte sich im Verlauf des „langen 16. Jahrhunderts" eine Gruppe führender Adelsfamilien herausgebildet, deren herausragende Position aus der Verbindung von ausgedehntem Grundbesitz und der Ausübung wichtiger Ämter herrührte.[1939] Juristische Abstufungen innerhalb der nordostdeutschen Adelsgesellschaften bildeten eher die Ausnahme bzw. hatten sich, wie für Brandenburg gezeigt, beträchtlich reduziert. Umso mehr muß daher unsere Aufmerksamkeit auf jenen Führungsgruppen innerhalb des Niederadels ruhen, die es in der gesamten Frühneuzeit in den nordostdeutschen Fürstentümern gegeben hatte. Dieser Bewertung entspräche z.B. die Beobachtung, daß man nach mecklenburgischen Quellen zwar keinen Unterschied zwischen „beschlossenen" und „unbeschlossenen" Geschlechtern kannte[1940], dennoch aber nachgewiesen werden konnte, daß sich unabhängig von diesen – bekanntlich auch in Brandenburg allmählich verblassenden – Hierarchisierungen in Mecklenburg eine Gruppe von etwa 13 Familien herausgebildet hatte, die sich in einer „magnaten"-ähnlichen Stellung befand.[1941] Die diesen Geschlechtern entstammenden Rittergutsbesitzer hatten auch eine Vorreiterrolle bei der seit der Mitte des 16. Jahrhunderts sich forcierenden Einführung gutsherrschaftlicher Strukturen übernommen.[1942] Die exponierte Position der dieser „Machtelite" angehörenden Adligen erwuchs neben ihrem ausgedehnten Grundbesitz[1943] vor allem aus ihrer doppelten Wirksamkeit als landesherrliche Amtsträger und als Interessenvertreter der vornehmlich in ihren kleinräumli-

---

1936 Vgl.: Geschichte Niedersachsens, Bd. 3.1, S. 24.
1937 Ausführlich dazu: Schubert, Steuer, Streit und Stände, S. 12 ff.
1938 Aus dem Jahre 1640 liegt eine Schuldverschreibung des Achaz v. d. Schulenburg auf Hehlen für die kurmärkische Neue Biergeld-Kasse vor; auf 1659 datiert eine Aufstellung mehrerer Kredite, die die altmärkische Landschaft von denen v. d. Schulenburg und v. Saldern seit dem frühen 17. Jahrhundert bezogen hatte. Vgl.: NHStAH Dep. 82 Hehlen II Nr. 298, unpag.
1939 Vgl. zu Brandenburg die Studie von Hahn, Struktur und Funktion.
1940 Bei der Wieden, Der mecklenburgische Adel, S. 139.
1941 Vgl.: Münch, Vom befestigten Rittersitz, S. 53 f.
1942 Vgl.: Karge, Mecklenburgische Geschichte, S. 68.
1943 Dieser, zudem auf eine lange Kontinuität aufbauend, setzte sie in die Lage, mit besonderem Nachdruck die Entwicklung gutsherrschaftlicher Eigenwirtschaften voranzutreiben. Münch, Ritterschaft, S. 897.

chen Adelslandschaften verankerten Oberstände.[1944] Während der Regierungszeit des Herzogs Adolf Friedrich (1592-1659) waren die einflußreichsten Ämter in der mecklenburgischen Landesverwaltung mit Angehörigen dieser Führungsgruppe besetzt. [Samuel v. Behr, V. v. d. Lühe, Dietrich Barthold v. Plessen, Barthold v. Bülow, Vollrath v. Plessen, D. v.d. Lühe][1945] Folgenreich in mehrfachem Sinne erwies sich für das Verhältnis zwischen Landesherrschaft und Ritterschaft, besonders auch für die künftige Haltung der adligen Führungsgruppe die kurze, aber wirkungsvolle Herrschaft Wallensteins in Mecklenburg.

Der „Friedländer" ließ klug kalkulierend die starke Präsenz der führenden einheimischen adligen Amtsträger weitgehend unangetastet.[1946] Die wenigen Quellenbelege deuten auf eine abwartende Haltung der bedeutenderen mecklenburgischen Adelsfamilien hin; man arrangierte sich mit der neuen Herrschaft, zumal sie die alten ständischen Privilegien (vor allem die „Reversalen" von 1621) weitgehend unangetastet ließ. Die 1630 von Wallenstein geforderte Erbhuldigung leisteten die Stände erst nach längerem Zögern,[1947] denn eine allzu enge Kooperation mit dem Usurpator, wie sie z.B. die Familie v. Moltke erkennen ließ, konnte unangenehme Folgen zeitigen.[1948] Solche Verhaltensweise wie die des Dietrich Bartold v. Plessen, der zum Herzog hielt und deshalb sogar die zeitweilige Gefangenschaft in Kauf nahm, bildete dagegen eher die Ausnahme.[1949] Die übergroße Mehrheit der mecklenburgischen Ritterschaft übte sich in Abwarten und fügte sich angesichts der infolge des Krieges zunehmenden wirtschaftlichen Probleme in ihr Schicksal.

In Kursachsen bildete sich ebenfalls eine Elite innerhalb des Adels, bestehend aus etwa 15 Familien heraus. Diese befanden sich auf Grund von ausgedehntem Landbesitz und der Bekleidung einflußreicher Ämter in einer weitgehend saturierten wirtschaftlich-finanziellen Lage.[1950] Die starke Einbindung in höfische Ämter dokumentierte ihre vom „durchschnittlichen" Landadel abgehobene Bedeutung und deutet damit zugleich die – im Vergleich zu Mecklenburg – ohnehin stärkere Orientierung der kursächsischen Ritterschaft auf die Landesherrschaft an. Gerade im albertinischen Teil der wettinischen Territorien erwies sich der

---

1944 Ausführlich dargelegt für Mecklenburg und Kursachsen in: Göse, Adlige Führungsgruppen.
1945 Baumgartner, Die Entwicklung, v.a. S. 17-29.
1946 Vgl.: G.C.F. Lisch: Über Wallensteins Regierungsform in Mecklenburg, in: Jahrbücher für mecklenburgische Geschichte und Altertumskunde 36 (1871), v.a. S. 13-30.
1947 Interessant hier das Bekenntnis des Landmarschalls Claus II. v. Hahn: „Ich habe zwar meine Güter, aber die sind mir nicht so lieb als meine Religion und meiner Seelen Seeligkeit". Hahn-FG, Bd. 3, S. 312.
1948 Vgl.: E. Vehse: Geschichte der deutschen Höfe, Bd. 36, Hamburg 1856, S. 162.
Insbesondere wird die herausragende Wirksamkeit Gebhardt v. Moltkes, der das Direktorium des von Wallenstein geschaffenen Geheimen Rates führte, die Ungnade des alten Herzogs hervorgerufen haben. Vgl.: Lisch, Wallensteins Regierungsformen., S. 27.
1949 Vgl.: Baumgartner, Die Entwicklung, S. 21.
Weitere Beispiele bietet mit den ehemaligen Geheimen Räten Hartwig v. Passow und Otto v. Preen: Pritzbuer-Gamm: Mecklenburgische Adelsgeschlechter, Neustrelitz 1882.
1950 Die gute wirtschaftliche Lage dokumentiert z.B. in: Vitzhum-FG, S. 237 ff. u.ö. (mehrere Geschlechtsangehörige in Domkapiteln); zur finanziellen Situation des Generalkriegskommissars Joachim v. Schleinitz vgl.: Schleinitz-FG, S. 255 f.

Fürstenhof schon früh als Ort, wo sich „die entscheidenden Integrations- und Zivilisationsprozesse ... der ständischen Eliten in das dynastische Herrschaftssystem" vollzogen hatten.[1951] Auch im Verständnis der in diese Führungsgruppe involvierten Geschlechter zeigte sich ein ausgeprägt elitäres Bewußtsein. So galten die Familien von Bünau, von Pflugk, von Schleinitz und von Schönberg als die „vier Säulen der meißnischen Ritterschaft".[1952]
In den welfischen Landen, wo es im Gegensatz zu Brandenburg wohl kaum sogenannte „beschlossene" Geschlechter gegeben hatte[1953], fand sich dennoch bereits im 16. Jahrhundert eine Adelsgruppe, die auf Grund ihrer wirtschaftlichen Lage und ihrer Ämtertätigkeit zu beträchtlichem Einfluß – vor allem gegenüber ihrer jeweiligen Landesherrschaft gelangen konnte. *U. Lange* konnte in seiner Studie über die ständischen Vertretungen der welfischen Territorien herausarbeiten, daß „sich jeweils ein kleiner Kreis von etwa 10 Personen für jedes Territorium" unter den regelmäßig anwesenden ständischen Vertretern ermitteln ließ.[1954] Angehörige der Geschlechter v. Alten, v. Bennigsen, v. Lenthe und v. Münchhausen (Braunschweig-Calenberg); die v. Bartensleben, v. Cramm, v. Marenholz, v. Veltheim (Braunschweig-Wolfenbüttel) ragten hier besonders heraus und gehörten auch zu den mit größerem Besitz und respektablen Schloßbauten in den jeweiligen Teillandschaften vertretenen Familien.[1955]
Doch vor allem ihr Einkommen aus Grundbesitz und Solddiensten versetzte sie in die Lage, als Geldgeber ihrer stets verschuldeten Fürsten aufzutreten. Zur Befriedigung ihrer Ansprüche wurden sie mit Verpfändungen landesherrlicher Ämter bedacht.[1956] Auch hier bewegten sich die hohen Amtsträger im Spannungsfeld zwischen Fürstenmacht und Ständetum. Zwar hatten sie in erster Linie die Interessen des Fürsten wahrzunehmen, doch als „Lehenträger ... waren sie auch der Ritterschaft, zumindest aber der Landschaft inniger verbunden, als ihr Dienstvertrag vorsah".[1957] Bereits im „langen 16. Jahrhundert" deutete sich demzufolge eine Entwicklung an, die im 18. Jahrhundert besonders in Kurhannover zur vollen Ausprägung gelangen sollte: die personelle Interdependenz zwischen ständischen und landesherrlichen Institutionen.

1951 U. Schirmer: Untersuchungen zur Herrschaftspraxis der Kurfürsten und Herzöge von Sachsen. Institutionen und Funktionseliten (1485-1513), in: Hochadelige Herrschaft im mitteldeutschen Raum (1200-1600). Formen - Legitimation - Repräsentation, hrsg. v. J. Rogge/U. Schirmer, Stuttgart 2002, S. 305-378, hier S. 339. Zugrunde liegt dieser Wertung u.a. die jüngst vorgelegte Dissertation von U. Molzahn: Adel und frühmoderne Staatlichkeit. Der Wandel des Verhältnisses zwischen Landesherr und Landstand am Beispiel des politischen Wirkens vornehmer Familien aus dem landsässigen Adel in Kursachsen in der zweiten Hälfte des 16. Jahrhunderts, Phil. Diss. Leipzig 2002 (Masch.).
1952 Schönberg-FG, Bd. 1, S. VIII.
1953 Vgl.: G. v. Lenthe: Niedersächsischer Adel zwischen Spätmittelalter und Neuzeit, in: H. Rößler (Hg.), Deutscher Adel 1430-1555, Darmstadt 1965, S. 177-202, hier S. 200.
1954 Lange, Landtag und Ausschuß, S. 161. Unter den meinungsführenden Mitgliedern ragten v.a. der calenbergische Direktor Erich v. Bennigsen sowie Jobst v. Reden und Dietrich v. Lenthe heraus.
1955 Vgl.: W. v. Kempen: Schlösser und Herrensitze in Niedersachsen, Frankfurt am Main 1960; Neukirch, Niedersächsische Adelskultur.
1956 Vgl. dazu: H. Samse: Die Zentralverwaltung in den südwelfischen Landen vom 15. bis zum 17. Jahrhundert, Leipzig/Hildesheim 1940, S. 24 ff. u. S. 35 ff. (für Br.-Calenberg); Schubert, Steuer, Streit und Stände, S. 12 ff.
1957 Schubert, Steuer, Streit und Stände, S. 45.

Wenn auch die interne Zusammensetzung der adligen Führungsgruppen und ihr Einfluß bei der Mitwirkung an den politischen Entscheidungsfindungen im „langen 16. Jahrhundert" in den einzelnen Territorien differierte, zeigte sich jedoch deutlich ihre grundsätzlich übereinstimmende Funktion: Diese bestand in der Rolle als Vermittler zwischen landesherrlicher Politik und ständischen Interessen, die es diesen Familien erlaubte, eine relativ eigenständige politische Stellung neben Monarch und Ständen auszubauen. Alle der zu den „Machteliten" in den jeweiligen Territorialstaaten zuzurechnenden Adelsfamilien zeichneten sich dadurch aus, daß sie sowohl in landesherrlichem Dienst standen als auch ständische Ämter innehatten.[1958] Weitere Merkmale dieser adligen Führungsgruppen waren ihre vergleichsweise weiträumigen Heiratskreise und ihre ausgreifende Tätigkeit als Bauherren von Schlössern und Herrenhäusern, die sowohl landesherrliche Norm imitierte als auch auf das Ansehen unter den Standesgenossen der eigenen Adelslandschaften zielte.[1959]

Krisenbewältigung - neue Herausforderungen nach 1648

Die Bewältigung der Kriegsfolgen, die allenthalben wirkende „Destabilisierung der sozialen und politischen Ordnung"[1960] stand in allen hier zu berücksichtigenden Territorien auf der Tagesordnung. Wir haben gezeigt, zu welchen gravierenden innerstrukturellen Veränderungen es innerhalb der brandenburgischen Adelsgesellschaft gekommen war. Natürlich gab es – wie auch in Brandenburg – Landschaften, die nur mittelbar von Zerstörungen der wirtschaftlichen Subsistenzmittel und Abwanderungsbewegungen der Landbevölkerung betroffen waren. Es ginge allerdings an dem realhistorischen Befund vorbei, eine monokausale Beziehung zwischen dem Grad der Kriegseinwirkungen und der wirtschaftlichen Lage der betreffenden Adelslandschaften ableiten zu wollen: So galten die welfischen Territorien – vor allem nach Ende der sogenannten niedersächsisch-dänischen Phase des Krieges – als Gebiete, die von den Kriegswirren „nicht sonderlich hart betroffen" worden waren.[1961] Dennoch gerieten auch hier die Adelsfamilien in wirtschaftliche Bedrängnis.[1962] Die außer Fugen geratenen Handels- und Geldströme, die fehlenden Absatzchancen und sich verzögernden Schuldenrückzahlungen konnten zwangsläufig nicht ohne Auswirkungen auch auf jene Landschaften bleiben, die eher im Windschatten der direkten Kriegswirkungen gelegen hatten. Mecklenburg gehörte wiederum zu jenen Territorien, die auf Grund des Kriegsverlaufes, vor allem nach 1635, in besonders nachhaltiger Weise in Mitleidenschaft gezogen wurden.[1963] Wie für Brandenburg vorgeführt, ginge es aber auch für dieses Territorium an der Realität vorbei, ein Bild völliger Zerstörung zu malen und Bevölkerungsverluste in Höhe

---

1958 Belege dazu für das „lange 16. Jahrhundert" in: Göse, Adlige Führungsgruppen, S. 159 ff.
1959 Vgl.: ebenda, S. 188 ff.
1960 Press, Soziale Folgen, S. 242.
1961 Franz, Dreißigjähriger Krieg, S. 15.
1962 Vgl. für die braunschweig-calenbergische Ritterschaft: Stieglitz, Landesherr und Stände, S. 35.
1963 Vgl.: Franz, Der Dreißigjährige Krieg, S. 27 ff.; G. v. Buchwald : Bilder aus der volkswirtschaftlichen Vergangenheit Mecklenburgs (1631-1708), Neustrelitz 1893, S. 18-45.

von mehr als 60% anzunehmen. Exemplarische Untersuchungen haben vielmehr ergeben, daß man große Unterschiede selbst zwischen benachbarten Kirchspielen antreffen konnte.[1964] Nach den Forschungen von *E. Münch* scheint es allerdings nicht solche Brüche in der Besitzkontinuität der mecklenburgischen Ritterschaft gegeben zu haben wie im brandenburgischen Fall.[1965]

Auch für Kursachsen fällt es nach wie vor schwer, sich ein eindeutiges Bild zu machen. In der Forschung gibt es bisher noch kein abschließendes Urteil über die wirtschaftlichen, finanziellen und demographischen Wirkungen des Dreißigjährigen Krieges; allerdings dürfte es als sicher gelten, daß jene Konstruktionen, die von einer schnellen Kompensation der Kriegsverluste ausgegangen waren, an der Realität vorbeigingen.[1966] Dies gilt auch für die Analyse des Ausmaßes der Kriegsfolgen für die kursächsische Adelsgesellschaft. Wir finden hier ebenso – den brandenburgischen Verhältnissen vergleichbar – Fälle von Güterkonkursen und Vermögensverlust, wie es andererseits auch einer Reihe von Adligen gelang, diese angespannten Jahre ohne nennenswerte finanzielle Einbrüche zu überstehen. Dieses ambivalente Bild bestätigt sich im übrigen gerade auch für die Angehörigen der adligen Führungsgruppe. Während z.B. Georg Friedrich v. Schönberg (Limbach-Oberfrohna) in der Mitte des 17. Jahrhunderts über „ein ansehnliches Barvermögen" verfügt haben soll, „welches ihn in den Stand setzte, in der Zeit, wo der Werth der Grundstücke tief gesunken war, vorteilhafte Gutskäufe zu vollziehen"[1967], gerieten andere zur Machtelite gehörende Familien, wie z.B. die v. Bose oder v. Carlowitz in ernsthafte Schwierigkeiten.[1968] Es erinnert an die reich belegten brandenburgischen Fälle, wenn über die Besitzungen der Seitenlinie Börnichen-Oberschöna des Geschlechts von Schönberg geklagt wird, daß viele Rittergüter wüst lagen und „geraume Zeit" verging, ehe sie wieder in Flor gebracht werden konnten. Große Mühe bereitete es sogar, die Zinsen der hypothekarisch belasteten Güter zu bezahlen.[1969]

Allenthalben bewirkten die langen Kriegsjahre ein Anschwellen der Staatsschuld, sicher auch eine Folge des in Kursachsen am weitesten vorangeschrittene Staatsbildungsprozesses mit all seinen finanzpolitischen Implikationen. Da die Stände in Kursachsen sowohl während der Kriegsjahre als auch in den folgenden Jahrzehnten ein entscheidendes Mitspracherecht in der Steuerpolitik erreichen konnten, fiel ihnen auch der entscheidende Beitrag bei der Organisation der Schuldenreduktion zu. Im Gegensatz zu Brandenburg und Mecklenburg konnten die kursächsischen Landesherren auch nach dem Kriegsende stets auf Gläubiger aus dem eigenen Lande zurückgreifen.[1970] Verstärkt wurde eine geringere Berücksichti-

---

1964 Vgl.: E. Münch: Die Folgen des Dreißigjährigen Krieges in Mecklenburg, in: Der Westfälische Frieden von 1648 - Wende in der Geschichte des Ostseeraums, Hamburg 2001, S. 267-287, hier S. 278 f.
1965 Vgl.: Münch, Vom befestigten Rittersitz, S. 54.
1966 Vgl. dazu die kritische Bestandsaufnahme bei Schirmer, Wirtschaftspolitik.
1967 Ebenso setzte ihn seine günstige fianzielle Lage in den Stand, als Hauptgläubiger der verschuldeten Frauensteiner Geschlechtsverwandten zu fungieren. Vgl.: Schönberg-FG, Bd. 1 A, S. 625.
1968 Belege über Güterverluste in: Bose-FG, S. 50 ff.; zur Verschuldung von Gütern derer v. Carlowitz vgl.: Carlowitz-FG, S. 47.
1969 Vgl.: Schönberg-FG, Bd. 1 A, S. 537.
1970 Vgl.: U. Schirmer: Grundzüge, Aufgaben und Probleme einer Staatsbildungs- und Staatsfinanzgeschichte in Sachsen. Vom Spätmittelalter bis in die Augusteische Zeit, in: NASG 67 (1996), S. 31-70, hier S. 66.

gung auswärtiger potentieller Kreditgeber wie der jüdischen Hoffaktoren oder Geschäftsleuten aus dem calvinistischen Umfeld sicher auch durch die bekannte konservative religionspolitische Haltung der sächsischen Kurfürsten. Bedacht werden muß dabei auch, daß es für die sächsischen Landesherren aufgrund der vergleichsweise günstigen wirtschaftlichen Lage sowohl der Städte als auch des Adels natürlich angebracht erschien, Gläubiger aus diesen Schichten zu wählen. Dies führte nun in den Jahrzehnten nach 1648, in denen vor allem unter Kurfürst Johann Georg II. die landesherrlichen Ausgaben für Hof und Repräsentation bedeutend angewachsen waren[1971], zu der bekannten Gewichtsverlagerung zugunsten der Stände. Denn auch in Kursachsen gehörte die Diskussion über das Schicksal der Schulden, insbesondere der Zinsschulden, zu den am häufigsten verhandelten Themen auf den ständischen Zusammenkünften. Die Steuerverhandlungen der unmittelbaren Nachkriegszeit belegen, in welcher Weise die Stände das dominierende Gewicht im Verhältnis zur Landesherrschaft erhielten und damit zugleich die eigentlichen Träger des Wiederaufbaus geworden waren.[1972]

Doch auch für den sächsischen Adel blieben die Folgen der Finanzkrise noch lange nach 1648 spürbar; für einige Adelsgeschlechter – darunter auch solche der Führungsgruppe – muß sogar davon ausgegangen werden, daß erst in den Jahrzehnten nach dem Dreißigjährigen Krieg infolge der lang anhaltenden Agrardepression Verschuldung und Güterverlust ihren Höhepunkt erreicht hatten. Die bereits erwähnten, im Erzgebirgischen Kreis begüterten v. Schönberg mußten in den 1660er und 70er Jahren mit einer Reihe von Güterkonkursen zurechtkommen[1973], und auch das Geschlecht v. Nostitz hatte bis in das erste Drittel des 18. Jahrhunderts hinein den Verlust von mehr als der Hälfte seiner Güter zu beklagen.[1974] Auf diese Entwicklung dürfte es u.a. zurückzuführen sein, daß sich der Anteil der Kreditgeber zunehmend auf die Städte „als der finanzkräftigste Stand des Landes" verlagert hatte.[1975] Dies deckte sich mit Bewertungen aus allgemein wirtschaftshistorischer Sicht, wonach die Rekuperationsphase in den vom Krieg besonders in Mitleidenschaft gezogenen Territorien bis in die 1720er Jahre währen sollte.[1976]

In Mecklenburg verstärkte sich die bereits vor dem Dreißigjährigen Krieg ein beträchtliches Niveau erreichende Verschuldung des Adels in den Nachkriegsjahrzehnten. Auf den mecklenburgischen Landtagsverhandlungen nahmen deshalb Fragen der Schuldentilgung, vor allem der Liquidation von Kontributionsresten von Rittergutsbesitzern einen breiten Raum

---

1971 Vgl. hierzu die Beiträge in: Johann Georg II. und sein Hof. Sachsen nach dem Dreißigjährigen Krieg (= Dresdner Hefte, 11. Jahrgang, Heft 33 (1993).
1972 Vgl.: J. Falke: Die Steuerverhandlungen des Kurfürsten Johann Georg I. mit den Landständen während des Dreißigjährigen Krieges, in: ASG N.F. 1 (1875), S. 268-348; ders.: Die Steuerverhandlungen des Kurfürsten Johann Georg II. mit den Landständen, in: MASV 25 (1875), S. 79-129.
1973 Vgl.: Schönber-FG, Bd. 1, S. 625 f.
1974 Vgl.: Nostitz-FG, 4. Heft, S. XX f. Auch die Wohnsitze hielten sich in bescheidenem Rahmen. Kein Nostitzer Rittersitz sei - außer vielleicht Tzschocha und Reibersdorf - „als Schloß" zu bezeichnen. Zur kritischen Vermögenslage der im Meißnischen Kreis ansässigen von Lüttichau vgl.: Lüttichau-FG, S. 21.
1975 U. Starke: Veränderungen der kursächsischen Stände durch Kriegsereignisse im 17. Jahrhundert, Diss. Göttingen 1957, S. 152.
1976 Vgl. für Kursachsen: Schirmer, Wirtschaftspolitik, S. 129 u. 155.

ein.[1977] Zugleich gelten jene Jahrzehnte nach 1648 als eine Zeitspanne, in der der nordostdeutsche Adel einen größeren rechtlichen und ökonomischen Zugriff auf seine bäuerliche Hintersassen erlangen wollte. Zwar erreichte das Bauernlegen und damit die Ausbildung gutsherrschaftlicher Verhältnisse in Kursachsen[1978] nie die Dimensionen anderer nordosteuropäischer Regionen, dennoch kündete eine „Vielzahl der Fronverweigerungen, Petitionen, Klagen und Prozesse, die sich seit der Mitte des 17. Jahrhunderts beobachten läßt", von einer Verschlechterung der juristischen sowie wirtschaftlich-sozialen Lage der Landbevölkerung.[1979] In Mecklenburg konnte die Ritterschaft innerhalb des Reiches den größten Erfolg bei diesen Bemühungen erzielen. Die nach dem Ende des Krieges erlassenen Gesindeordnungen sanktionierten die erweiterten Zugriffsmöglichkeiten der Rittergutsbesitzer auf ihre bäuerlichen Hintersassen.[1980] Angesichts der demographischen Verluste mußte es jetzt darum gehen, „die verbliebene Bevölkerung an den Boden zu fesseln, ihr die Flucht- und Abzugsmöglichkeit zu rauben".[1981] Die Landesherrschaft war sich der Übervorteilung durch den Adel durchaus bewußt, der z.B. dem Fiskus beträchtliche Steuersummen vorenthalten hatte.[1982] Die Rittergutsbesitzer versuchten natürlich durch solche „Steuerverweigerung" die während Krieg und Agrardepression erlittenen wirtschaftlichen Verluste zu kompensieren.

Wie für die brandenburgische Ritterschaft dargestellt, führte die anhaltend instabile ökonomische Lage zu Veränderungen in der Besitzstruktur. Allerdings können für diese wichtigen internen Veränderungen nicht solche detaillierten Aussagen getroffen werden wie dies für Brandenburg dank der vorliegenden Bände des „Historischen Ortslexikons" möglich war.[1983] Doch aus einer Reihe von Detailstudien und verstreuten Angaben in Darstellungen mit anderen thematischen Schwerpunkten lassen sich zumindest Tendenzen der Entwicklung ableiten. Demzufolge standen auch vor den in Kursachsen beheimateten Adelsgeschlechtern Herausforderungen, die um die Sicherung ihres Besitzstandes kreisten. Ähnlich wie im brandenburgischen Fall hatte sich der kursächsische Adel stets der Konkurrenz seiner eigenen Landesherrschaft zu erwehren, die seit dem beginnenden 16. Jahrhundert eine ausgedehnte Arrondierungspolitik betrieben hatte.[1984] In der zweiten Hälfte des 17. Jahrhunderts

---

1977 Vgl. z.B. die Landtagsverhandlungen 1653 in der Akte: LHS, (ehemal. Bestand:) 1253 Vol. X Nr. 4 B.
1978 Vgl.: Blaschke, Bauernlegen, passim.
1979 H. Bräuer: Zur wirtschaftlichen Entwicklung Sachsens nach dem Dreißigjährigen Krieg, in: Johann Georg II. und sein Hof. Sachsen nach dem Dreißigjährigen Krieg (= Dresdner Hefte, 11. Jahrgang, Heft 33 (1993), S. 13-24, hier S. 16.
An einem Fallbeispiel belegt bei: W. Schmale: „Den faulen Müßiggängern, soviel alß möglich steuern" Zur Rechtskultur der kursächsischen Ritterschaft in der Epoche des Absolutismus, in: Sächsische Heimatblätter 42 (1996), S. 77-83, hier S. 80.
1980 Vgl. hier v.a. die älteren Arbeiten von Steinmann, Bauer und Ritter und Heitz, Die sozialökonomische Struktur.
1981 Münch, Die Folgen, S. 280.
1982 So beschreibt z.B. eine Denkschrift des Kammerrates Wachenhausen detailliert, daß die mecklenburgische Ritterschaft seit dem 17. Jahrhundert durch falsche Angaben des Hufenbesitzes etwa nur 2/3 der aufzubringenden Roßdienst-Gelder bezahlt hatte. Vgl.: LHS (ehemal. Bestand:) Acta feud. gener. Nr. 782, unpag.
1983 So wurden z.B. in Kursachsen vor 1830 keine, etwa den brandenburg-preußischen Vasallentabellen vergleichbare, Rittergutsmatrikel geführt. Vgl.: Flügel, Bürgerliche Rittergüter, S. 92.
1984 Vgl. dazu: Blaschke, Grundzüge, S. 234.

waren es vor allem die im Umland Dresdens liegenden Güter, auf die das Auge der sächsischen Kurfürsten im Zusammenhang des Residenzausbaus fallen konnte.[1985] Ebenso wechselten nicht wenige Rittergüter in den braunschweigischen Landen „nicht ohne Zutun des Fürsten ... an den Hofadel oder an meist geadelte Angehörige der Verwaltungsaristokratie".[1986]

Sehr prägnant wurde dabei in den sich dieser Frage widmenden Untersuchungen – ähnlich wie im brandenburgischen Fall – auch die zentrale Stellung der geschlechtsinternen Regelungen herausgestrichen.[1987] Die seit der Mitte des 17. Jahrhunderts überlieferten Familienverträge, die sich vornehmlich die bedeutenden Geschlechter gaben, dokumentieren aber zugleich die abnehmende Bedeutung des Gesamtbesitzes in den Überlegungen des Geschlechtsverbandes. Ähnlich wie für Brandenburg gezeigt, tendierten auch in Kursachsen die Regelungen der Familien zu einer freieren Verfügung über die Güter. Den einzelnen Rittergutsbesitzern wurden nun keine allzu rigiden Vorschriften mehr bei der Veräußerung von Teilen des Besitzes gemacht.[1988] Zunehmend nutzten die Geschlechter auch das Lehnrecht „als Instrument familiärer Strategien".[1989]

Besonders in den unmittelbar mit dem Kriegsgeschehen konfrontierten Territorien, wie z.B. in einigen mecklenburgischen Landschaften, war eine Verdrängung eines Teils der alteingesessenen Geschlechter von ihren Gütern auszumachen.[1990] Vor allem aus den sich auflösenden Heeren kommend übernahmen finanziell sanierte „Kriegsgewinnler" Besitzungen altmecklenburgischer Adelsgeschlechter[1991], auch Heiratsbeziehungen sind nachzuweisen[1992].

1985 K. Blaschke: Die Umlandbeziehungen Dresdens als Residenzstadt, in: Stadt-Land-Beziehungen und Zentralität als Problem der historischen Raumforschung, 1974 (= Historische Raumforschung, 11), S. 139-160; K. Löffler: Johann Georg kauft Purschensteiner Wälder, in: Sächsische Heimatblätter 25 (1979).

1986 Die Braunschweigische Landesgeschichte. Jahrtausendrückblick einer Region, hrsg. v. H.-R. Jarck u. G. Schildt, Braunschweig 2000, S. 541.

1987 Vgl. hierzu: Matzerath, Familienverträge, passim.
An ausgewählten Beispielen und für einen späteren Zeitraum: A. Flügel: Gutsbesitz und Rittergutsbesitzer - Das Beispiel Ammelshain im 18. und 19. Jahrhundert, in: Sächsische Heimatblätter 42 (1996), S. 84-91, hier S. 87 f.

1988 Vgl.: Matzerath, „dem gantzen Geschlecht", S. 300.

1989 Flügel, Bürgerliche Rittergüter, S. 214 f.

1990 Eine „Überflutung Mecklenburgs durch neugeschaffenen und fremdländischen Adel" anzunehmen, dürfte aber wohl doch etwas übertrieben sein. So J.H. Martens: Das Verhältnis der bürgerlichen und adligen Gutsbesitzer auf dem mecklenburgischen Landtag bis zum Konflikt in der Ritterschaft am Ausgang des 18. Jahrhunderts, Inaug.-Diss. Schwerin 1934, S. 15.

1991 Laut Vehse wurden solche - auch nichtadligen - Offiziere, die mecklenburgische Rittergüter erworben hatten, auch zu den Landtagen geladen. Beispiele: Capitain Höfisch (Poischendorf), Hptm. Bruhn (Freudenberg), Ltn. Schichter (Mieckenhagen). Vgl.: Vehse, Höfe, Bd. 36, S. 79.
1652 gelang denen v. Maltzahn der Rückkauf von Bauernhöfen in Groß Luckow, „welche dem Oberstleutnant Heinrich Lübbecke zugeschlagen waren". Landrat Adolf Friedrich v. Maltzahn versuchte 1674 vorerst ergebnislos die bedeutenden Familienbesitzungen Ulrichshusen und Dahmen von der Witwe des Rittmeisters v. Arnim zu reluiren, die dieser während des Krieges an sich gebracht hatte. Maltzahn-FG, 2. Abtlg., 3. Bd., S. 22 f.

1992 Anna Elisabeth v. Stralendorff ehelichte 1651 den schwedischen Oberstleutnant Niels Rothe und Anna Katharina v. Stralendorff heiratete 1673 den brandenburgischen Rittmeister Daniel v. Koppelow. Vgl.: Stralendorff-FG, Tafeln 11 und 12.

Ablesbar ist die Präsenz der „Aufsteiger" auch am Baugeschehen von adligen Herrschaftssitzen, das etwa nach 1680 einen beträchtlichen Aufschwung[1993] zu verzeichnen hatte: Rossewitz (b. Laage) galt in diesem Sinne z.B. als „frühester barocker Schloßbau Mecklenburgs" und ist ein Beispiel für die Bautätigkeit im Krieg reich gewordener Offiziere (1657-1680 durch den wohl bedeutendsten Barockarchitekten in Mecklenburg, Charles Philipp Dieussart, für den dänischen Generalmajor J.H. v. Viereck erbaut[1994]). Der alteingesessene mecklenburgische Adel, der wie seine brandenburgischen Standesgenossen in eine schwere Krise geraten war, reagierte mit Abschottung auf die „Newcomer" in seinen Reihen.[1995] Eine solche Haltung konnte die mecklenburgische Ritterschaft vor allem deshalb mit mehr Nachdruck verfolgen, weil sie im Gegensatz zu Brandenburg über wirkungsvollere Instrumentarien in den ständischen Gremien verfügte, eine solche Abgrenzungspolitik umzusetzen. Dahinter standen natürlich in geringerem Maße Überlegungen, die auf einen Nachweis der Anciennität mittels Ahnenproben hinausliefen. Angesichts der angespannten wirtschaftlichen Lage zielte das Interesse der mecklenburgischen Ritterschaft eher auf die Sicherung jener Privilegien, die die Garantierung wirtschaftlicher und finanzieller Vorteile einschlossen. Wichtig erschien es z.B. für die Vertreter der mecklenburgischen Ritterschaft, daß sie auf dem Landtag des Jahres 1714 durchsetzen konnten, daß die begehrten Klosterstellen ausschließlich auf die Familien des „einheimischen alten Adels" zu übertragen seien.[1996]

Auch in Kursachsen erreichten die Repräsentanten des Altadels eine stärkere Berücksichtigung ihrer Interessen angesichts des wachsenden Druckes nobilitierter bürgerlicher Besitzer schriftsässiger Rittergüter. Ihre gleichberechtigte Beteiligung an den Zusammenkünften der Engeren bzw. Weiteren Ausschüsse des Landtags hoffte man durch Ahnenproben und eine recht rigide Unterscheidung zwischen „Alt- und Neuschriftsässige" zu verhindern.[1997] Doch angesichts der Tatsache, daß bürgerlicher Rittergutsbesitz schon seit dem 17. Jahrhundert „zu den allgemeinen Kennzeichen der frühneuzeitlichen Gesellschaft in Kursachsen" gehörte, mußten solche Bemühungen mehr als Rückzugsgefechte erscheinen.[1998]

1993 Vgl.: Münch, Rittersitz, S. 56.
1994 Vgl.: J. Brandt: Altmecklenburgische Schlösser und Herrensitze, Hamburg 1925, v.a. S. 11 ff.
Zu nennen wären ferner: Goldenbow (b. Wittenburg) 1696 im Besitz der v. Lützow und Hohen Luckow 1707/08 unter denen v. Bassewitz.
1995 Vgl. dazu: Bei der Wieden, Der mecklenburgische Adel, S. 146.
1996 Martens, S. 15. Als Stichjahr galt die 1572 im Zusammenhang mit der Säkularisation getroffene vertragliche Abmachung der mecklenburgischen Herzöge mit den adligen Ständevertretern über die Klöster Dobbertin, Malchow und Ribnitz.
1997 1681 wurden z.B. die „Neuadligen" Ernst Friedrich v. Döring und Karl Sigismund v. Hasse von den Verhandlungen ausgeschlossen. Vgl.: C. Gretschel: Geschichte des sächsischen Volkes und Staates, Bd. 2, Leipzig 1847, S. 483 ff.
Auch auf dem Landtag von 1699/1700 artikulierten die adligen Ständevertreter ihre Forderung nach Ahnenproben als Voraussetzung für eine Landtagsteilnahme; offenbar erfolgreich, denn der neunobilitierte H.G. v. Grünrodt beschwerte sich beim Erbmarschall v. Löser über seinen Ausschluß von den Sitzungen von der ritterschaftlichen Kurie. Vgl.: Held, Der Adel, S. 277.
1998 Flügel, Bürgerliche Rittergüter, S. 212. Nach den Erhebungen Flügels für den Leipziger Kreis stieg der Anteil bürgerlicher Rittergutsbesitzer von 15% im Jahre 1681 auf 23% im Jahre 1764. Ebenda, S. 109.

Im Unterschied zu Brandenburg und Mecklenburg kann in den meisten welfischen Territorien von einem sehr großen Anteil an Kleinstbesitzungen des Adels ausgegangen werden, „deren Wirtschaftskraft nicht selten hinter einem Meierhof zurückblieb".[1999] Begünstigt wurde eine solche Struktur in starkem Maße durch den vorrangig grundherrschaftlich geprägten Charakter (Meierwirtschaft) der ländlichen Gesellschaft, die nicht primär auf überregionalen Handel oder gar Getreideexport orientiert war. Dennoch blieben natürlich auch innerhalb der Adelsgesellschaften Niedersachsens Differenzierungen erkennbar, wie dies bereits für das „lange 16. Jahrhundert" aufgezeigt wurde. Nach dem „Lehnpferd-Verzeichnis" der Calenbergischen Ritterschaft von 1639, das zugleich auch den Umfang der Besitzungen widerspiegelte, standen folgende Adelsgeschlechter an der Spitze: v. Adelebsen und v. Rheden (je 12 Lehnpferde), v. Mandelsloh (11), v. Uslar (9), v. Bennigsen (8), v. Münchhausen (7).[2000] Gerade solche Familien wie die v. Mandelsloh, v. Bennigsen und v. Münchhausen hatten wiederholt auch höhere Amtsträger gestellt. Ein im Zusammenhang mit der Neufassung der Rittermatrikel zu Beginn des 18. Jahrhunderts erarbeitetes Verzeichnis dokumentiert, daß z.B. die Familien v. Bartensleben, v. Steinberg, v. Saldern, v. d. Schulenburg und v. Metternich zu den begütertsten Geschlechtern in Braunschweig-Wolfenbüttel gehörten.[2001] Für das Territorium Braunschweig-Lüneburg gilt es festzuhalten, daß die überdurchschnittlich über Landbesitz verfügenden Geschlechter (v. Bülow, v. d. Knesebeck, v. Bartensleben) – ähnlich wie in Mecklenburg und Brandenburg – an der Peripherie angesessen waren.[2002] Besondere innovatorische Leistungen auf den Rittergütern konnten auch in diesen Territorien von solchen Adligen erbracht werden, die in auswärtigen Militärdiensten zu Einkommen gelangt waren.[2003] Zwar suggerieren solche Güter wie Bennigsen oder Hardenberg eine mehrhundertjährige Besitzkontinuität, doch dokumentiert ein Blick auf die Geschichte der Gesamtheit der Rittergüter eine recht hohe Besitzwechselquote im Untersuchungszeitraum.[2004]

1999 Storch, Die Landstände, S. 27.
2000 Ermittelt nach: Stölting-Eimbeckhausen, Die Rittergüter, S. 401 f.
2001 NStAW 2 Alt 18707. Vgl. auch die Aufstellung in: Zimmermann, Die Rittergutsbesitzer, wobei hier allerdings nur die Anzahl der Besitzungen und nicht der Wert dokumentiert wurde.
2002 NHStAH Celle Br. 46 Nr. 219, Bl. 3 f.
2003 Als Beispiel sei der kaiserliche Oberstleutnant und Magdeburger Domherr Jacob Franz v. Bennigsen (1654-1731) genannt, der das Rittergut Bennigsen prestigeträchtig im barocken Stil umgebaut hatte. Vgl. mit Details: Stölting-Eimbeckhausen, Rittergüter, S. 11.
2004 Laut der Erhebung von: Zimmermann, Die Rittergutsbesitzer, wäre demzufolge seit der Mitte des 17. Jahrhunderts von einer höheren Besitzwechselquote auszugehen.

Die Gestaltung des Verhältnisses zwischen Adel und Landesherrschaft im Spannungsfeld von monarchischer Zentralisierung und ständischer Behauptung

Die ersten Jahrzehnte nach dem Westfälischen Frieden standen in vielen Reichsterritorien im Zeichen von Konflikten zwischen der jeweiligen Landesherrschaft und den Ständen.[2005] In unserem Interpretationszusammenhang interessiert allerdings vor allem die adelsgeschichtliche Komponente dieser Entwicklung. Für Brandenburg konnte gezeigt werden, daß die Ursachen für den zurückgehenden ständischen Einfluß nicht zuletzt in der desolaten wirtschaftlich-finanziellen Situation der Ritterschaft zu suchen waren. Demnach standen aus den Reihen des brandenburgischen Adels im Unterschied zum „langen 16. Jahrhundert" keine potenten Kreditgeber für die Landesherrschaft zur Verfügung, was die Kurfürsten zugleich der Pflicht enthob, mehrheitlich aus diesem Stand seine hohe Amtsträgerschaft zu rekrutieren.

Eine vergleichende Analyse der ständepolitischen Partizipationsmöglichkeiten des Adels hat also zunächst die allgemeinen politischen und wirtschaftlichen Rahmenbedingungen zu berücksichtigen. Alle untersuchten Territorien einte die Notwendigkeit, die durch die langen Kriegsjahre ausgelöste Krisensituation zu bewältigen. Die Landesherren waren auf diese Herausforderung höchst unterschiedlich vorbereitet. Während der brandenburgische Kurfürst vor allem angesichts der durch die Ergebnisse des Westfälischen Friedenskongresses entstandenen territorialen Veränderungen recht schnell die Lehren aus der Katastrophe mit all ihren durchgreifenden Weiterungen für den inneren Staatsausbau gezogen hatte, um fortan zu verhindern, daß sein Staatswesen noch einmal passives Objekt der europäischen Mächtepolitik sein könnte, konzentrierte sich die kursächsische Landesherrschaft vornehmlich auf die Konsolidierung der ökonomischen Grundlagen des Staates. Nachholbedarf auf verfassungs- bzw. verwaltungsgeschichtlichem Terrain wurde – im Gegensatz zu Brandenburg – vorerst ebensowenig gesehen wie ein übermäßig artikuliertes außenpolitisches Engagement nicht für nötig erachtet wurde. Schließlich war es den albertinischen Wettinern schon im 16. Jahrhundert vor allem mit Hilfe der Ämterverfassung gelungen, einen wesentlich effizienteren Zugriff auf alle ständischen Gruppen zu erreichen.[2006] Während nun in Brandenburg der Landesherrschaft durch die eingetretene Zwangslage in der Mitte des 17. Jahrhunderts ein Aktionspotential zuwuchs, übernahmen in Kursachsen die Stände entscheidende Initiativen zum Wiederaufbau.[2007]

2005 Vgl. dazu zusammenfassend: Press, Vom „Ständestaat"; Haug-Moritz, Württembergischer Ständekonflikt, v.a. S. 15 ff.

2006 Vgl. übergreifend dazu: Kh. Blaschke: Die Ausbreitung des Staates in Sachsen und der Ausbau seiner räumlichen Verwaltungsbezirke, in: Blätter für deutsche Landesgeschichte 91(1954), S. 74-109; ders.: Zur Behördenkunde der kursächsischen Lokalverwaltung, in: Archivar und Historiker. Studien zur Archiv- und Geschichtswissenschaft. Zum 65. Geburtstag von Heinrich Otto Meisner, Berlin 1956, S. 343-361.

2007 Vgl.: F. Kaphahn: Kurfürst und kursächsische Stände im 17. und beginnenden 18. Jahrhundert, in: NASG 43 (1922), S. 62-79; ferner auch Starke, passim.

In den mecklenburgischen Territorien hatten die Kriegsjahre das ohnehin instabile Verhältnis zwischen Herzögen und Ritterschaft nicht verbessert. Unter den Extrembedingungen, die die mecklenburgischen Herzogtümer im Zusammenhang von Besetzung, wirtschaftlicher Ausplünderung und zeitweiliger Vertreibung und Entmachtung des Herzogs Adolf Friedrich erfahren hatten, entwickelte sich keine der Not gehorchende Solidargemeinschaft zwischen Fürstenmacht und Ständetum. Gerade die Wallenstein-Episode hinterließ viele Risse im Verhältnis zwischen Herzögen und Ständen, die schwer zu kitten waren. Daß es unter der Ausnahmesituation des Krieges zu keiner „Wende" der festgefahrenen Entwicklung kommen konnte, ist jedoch auch auf weiter zurückliegende Kausalitäten zurückzuführen. Die Abhängigkeit der Landesherren von den Ständen hatte in Mecklenburg bereits ein solches irreversibles Maß erreicht, und der Autoritätsverlust war so beträchtlich geworden, daß wohl selbst eine – wie im Falle Brandenburgs – günstigere machtpolitische Ausgangslage keine nachhaltige Änderung der Ausweitung des Handlungsspielraumes der mecklenburgischen Herzöge herbeigeführt hätte.[2008] Auf Grund seiner strategischen Lage wurde Mecklenburg zudem in den zahlreichen militärischen Konflikten nach 1648 immer wieder von Truppendurchzügen, Einquartierungen und längeren Besatzungszeiten heimgesucht.[2009] Zwar hatte der Niedersächsische Reichskreis in den ersten Jahren nach 1648 noch einen gewissen Rückhalt geboten.[2010] Doch eine auf lange Sicht wirksame Unterstützung konnten die mecklenburgischen Herzöge durch das Reich vor allem deshalb nicht erfahren, weil es inzwischen zwei Nachbarn gelungen war, im „kaiserfernen" Norddeutschland eigene Machtpositionen auszubauen: Brandenburg-Preußen und Braunschweig-Lüneburg.[2011] Die Folge war, daß die mecklenburgische Ritterschaft in wesentlich stärkerem Maße als der Adel der anderen hier zu analysierenden Territorien ihre Verbindungen zu den mächtigeren Nachbarfürsten in den Konflikten mit dem eigenen Fürstenhaus für eigene Interessen instrumentalisieren konnte. Schon frühzeitig wurden seitens der mecklenburgischen Landesherrschaft Ängste gegenüber dem südlichen Nachbarn artikuliert. Keinesfalls wollte man die Beziehungen zu Brandenburg-Preußen ernsthaften Belastungen aussetzen, „damit man für solchen Hof unpertubiret bleibe, und demselben nicht nach dem Sachsen-Hallischen exempel in die Hände falle".[2012]

2008 Zur Stellung Mecklenburgs im Reichsverband vgl.: E. Hofer: Die Beziehungen Mecklenburgs zu Kaiser und Reich (1620-1683), Marburg/Lahn 1956, v.a. S. 85-136.
Allerdings sei daran erinnert, daß die mecklenburgischen Herzöge mit dem Land der ehemaligen Bistümer Schwerin und Ratzeburg gleichwohl in den Genuß territorialer Erwerbungen nach dem Dreißigjährigen Krieg gekommen waren.
2009 Vgl.: Vitense, Geschichte, S. 230 ff.
2010 So gab Kurfürst Friedrich Wilhelm die im Herbst 1675 geplante Besetzung Rostocks und Bützows auf, um keine für ihn unangenehme Reaktionen im niedersächsischen Reichskreis heraufzubeschwören. K.H. Beyer: Mecklenburgs Lage im brandenburg-schwedischen Kriege während der Jahre 1675-1677, Inaug.-Diss. Rostock 1913, S. 17.
2011 Lange Zeit wurde diese Entwicklung nicht entsprechend wahrgenommen, da das Hauptaugenmerk zunächst auf dem Zurechtkommen mit der schwedischen Dominanz in Norddeutschland lag. Vgl.: Hofer, Die Beziehungen, S. 108.
2012 So in einem Reskript des mecklenburg-schwerinischen Herzogs Friedrich Wilhelm an die Regierung vom 24.9.1692. LHS (ehemal. Bestand:) 1240 Acta com. lit. Nr. 2528, unpag.

Die brandenburgische Adelsgeschichte im 17./18. Jahrhundert   423

Nachdem wir bislang versucht haben, die politischen Rahmenbedingungen für die Beziehungen zwischen Fürstenmacht und Ständetum zu skizzieren, soll die Aufmerksamkeit nunmehr auf die internen Konstellationen gelenkt werden. Wie bereits bei der Darstellung des Verhältnisses zwischen Fürsten und Adel im „langen 16. Jahrhundert" betont wurde, macht es wenig Sinn, die Oberstände als gleichsam homogene Gebilde der Landesherrschaft und der ihr verbundenen obersten Verwaltungshierarchie gegenüberzustellen. Die von der jüngeren Ständeforschung gewonnene Erkenntnis, daß eine zu schematische Gegenüberstellung der beiden Pole an der historischen Realität vorbeigehe, ist auch auf die Geschichte dieser Territorien im ausgehenden 17. und im 18. Jahrhundert zu übertragen. Der Adel stellte in allen Territorialstaaten, die hier untersucht werden, nach wie vor einen in sich differenzierten Stand dar.[2013]

So wie für Brandenburg herausgearbeitet werden konnte, daß es stets eine Gruppe von Familien gegeben hatte, in deren Reihen eine besondere Häufung von hohen Amtsträger- und Offizierschargen zu beobachten war, finden wir auch in den mecklenburgischen, kursächsischen oder braunschweigischen Adelsgesellschaften solche Geschlechter. Doch im Gegensatz zu Brandenburg verblieb die Mehrheit der bereits für den vorangehenden Zeitraum als Machtelite ermittelten Adelsfamilien in ihren herausgehobenen Positionen.[2014] Dies scheint sich - neben den auf staatlich-institutioneller Ebene liegenden Divergenzen - als der entscheidende Unterschied in der innerstrukturellen Entwicklung der untersuchten Adelsgesellschaften herauszustellen. Allerdings muß bedacht werden, daß es dennoch innerhalb der adligen Führungsgruppen zu Gewichtsverlagerungen kommen konnte, es sich mithin also um keine feste Größe gehandelt hatte.[2015]

Das sich in den Territorialstaaten graduell verschieden gestaltende Verhältnis zwischen Adel und Landesherrschaft bedingte auch den von Fall zu Fall unterschiedlichen Spielraum und

---

2013 Dabei hilft es wenig weiter, z.B. mit K. Czok für Kursachsen einen „höheren" von einem „niederen Adel" zu unterscheiden. Denn die von ihm für die Zuordnung der Familien vorgebrachten fragilen Kriterien eines „politischen Einflusses" bzw. der Größe des Besitzes kann eine juristische Unterteilung nicht hinreichend begründen. So wurden die v. Bose und v. Schönberg trotz ihres beträchtlichen politischen Einflusses zum „niederen Adel" gezählt. Vgl.: Czok, Am Hofe August des Starken, Leipzig 1989, S. 79 f.; ders., Der Adel, S. 128 f.
Die interne Entwicklung der ständischen Gliederung war vielmehr durch die zunehmende Bedeutungslosigkeit der Grafen- und Herrengeschlechter in den Ständegremien charakterisiert. Vgl. dazu: Starke, Veränderungen, S. 152.

2014 H. Quirin wies in seiner Studie bereits darauf hin, daß die kursächsischen „Familien, die seit etwa 1430 häufiger genannt werden, ... noch im 18. und 19. Jahrhundert tws. hohe Staatsämter innegehabt" hätten. Quirin, Landesherrschaft, S. 99.
Für Mecklenburg vgl. die Auflistung der führenden Familien für das frühe 20. Jahrhundert bei H. Koch: Landständische Verfassung, Landesverwaltung und Großgrundbesitzer in Mecklenburg-Schwerin vor der Novemberrevolution 1918/19, in: Wiss. Zeitschrift der W.-Pieck-Universität Rostock 36 (1987), S. 58 f.

2015 In Kursachsen gehörten vom „langen 16. Jahrhundert" bis zur Mitte des 18. Jahrhunderts zu dieser Führungsgruppe: die v. Bose, Bünau, Carlowitz, Einsiedel, Friesen, Haugwitz, Löser, Miltitz, Pflugk, Schönberg, Watzdorf, Werthern. Andere Familien wie die v. Maltitz oder Ende verloren an Einfluß, andere wie die Beichlingen, Flemming, Rechenberg und Wolframsdorff stiegen in der zweiten Hälfte des 17. Jahrhunderts in die Führungsgruppe auf. Vgl. hierzu die Aufstellungen in: Sächs. HStA, Sächsische Landstände A 30 (für 1661) und bei Vehse, Höfe, Bd. 30.

die variierende Funktion, die den adligen Führungsgruppen zukam: In Kursachsen gelang es durch die kontinuierliche Besetzung hoher staatlicher und höfischer Ämter, die Verbindungen zwischen einheimischem Adel und Landesherrschaft zu koordinieren. Für das ausgehende 17. und frühe 18. Jahrhundert konnte „für den Dresdener Hof ein signifikanter Ausweitungs- und Differenzierungsprozeß konstatiert werden", der seit den 1730er Jahren noch eine weitere Intensivierung erfuhr.[2016] Damit bestand im Interesse des Adels die Chance, den proabsolutistischen Vorstößen der Kurfürsten (besonders unter Johann Georg IV. und August dem Starken) etwas entgegenzusetzen. Dies schloß eine wirksame Abwehr des Einflusses auswärtiger Aristokraten ein, die die sächsischen Kurfürsten zunehmend als Gegengewicht gegen die einheimische Elite als hohe Amtsträger ins Spiel gebracht hatten.[2017] Daß der Erfolg dieser Personalpolitik in Kursachsen im Unterschied zu Brandenburg-Preußen wesentlich geringer ausfiel, zeigt folgender Befund: In den Zentralbehörden der Zivilverwaltung entstammten im ersten Drittel des 18. Jahrhunderts lediglich 11% der adligen Amtsträger aus nichtsächsischem Adel; im Hofstaat bildete diese Gruppe nur einen Anteil von 16%.[2018] Es war demzufolge der landsässige kursächsische Adel, der die Ämter am Hof und in der staatlichen Verwaltung majorisierte.[2019] Damit in Verbindung stand auch das Verhalten der kursächsischen Stände zum Konfessionswechsel August' des Starken 1697 und – zwei Jahrzehnte später – des Kurprinzen. Im Gegensatz zu Brandenburg-Preußen wuchs den Wettinern mit dem Konfessionswechsel kein zusätzliches Aktionspotential in den Auseinandersetzungen mit ihren Ständen zu. Zwar hatten auch die sächsischen Kurfürsten mehrfach die Initiative zur Zurückdrängung der ständischen Machtstellung – zumal unter bewußter Anlehnung an das Vorbild des nördlichen Nachbarn – ergriffen, doch letzten Endes wurde ihnen von den die Situation realistisch einschätzenden Ratgebern immer wieder vor Augen gehalten, daß ein solcher Schritt höchst nachteilige Folgen auf dem Feld der Finanzpolitik mit sich bringen würde.[2020] Somit war es also nicht die Konfessionsverschiedenheit zwischen der herrschenden Dynastie und den Ständen, die als conditio sine qua non für eine politische Gewichtsverlagerung für die eine oder die andere Seite gewirkt hatte. Die

---

2016 K. Keller: Der Hof als Zentrum adliger Existenz? Der Dresdener Hof und der sächsische Adel im 17. und 18. Jahrhundert, in: Der europäische Adel im Ancien Régime. Von der Krise der ständischen Monarchie bis zur Revolution (1600-1789), hrsg. v. R.G. Asch, Köln/Weimar/Wien 2001, S. 207-233, hier S. 215.

2017 Bereits in den 1650er Jahren, als Johann Georg II. daran ging, seinen Hof weiter auszubauen, begleiteten die adligen Ständerepräsentanten das allmähliche Aufsteigen einer von ständischen Rücksichtnahmen freien Hofadelsgruppe argwöhnisch. Man nehme in Sorge wahr, so in einer 1657 vorgebrachten Beschwerde, „daß alle und jede Euer Chf. Durchlaucht Hofbediente ... uns instinkte vorgezogen werden". Sächs. HStA loc. 9371 „Landtagsverhandlungen 1657", unpag.

2018 Zahlen nach: J. Matzerath: Adelsrecht und Ständegesellschaft im Kursachsen des 18. Jahrhunderts, in: Sachsen 1763-1832. Zwischen Rètablissement und bürgerlichen Reformen, hrsg. v. U. Schirmer, Beucha 1997, S. 24-39, hier S. 26.

2019 Dies bestätigen auch die Angaben bei Keller, Der Hof, S. 216.

2020 Der Kanzler Heinrich v. Friesen gab gegenüber Kurfürst Johann Georg II. unmißverständlich zu verstehen, wenn man den Ständen das Steuerwerk wegnähme, werden sie auch keine hohen Steuern mehr genehmigen. Zit. nach: Starke, Veränderungen S. 131.
Und 1727 war es kein geringerer als der Leitende Kabinettsminister Jakob Heinrich v. Flemming, der August den Starken im Interesse des Erhalts des Landeskredits vor einschneidenden Maßnahmen gegenüber den Ständen gewarnt hatte. Vgl.: Kaphahn, Kurfürst, S. 77 f.

Vorgänge in Brandenburg-Preußen und Kursachsen dokumentieren die unterschiedlichen Wirkungen einer solchen Konversion. Sie brachte zwar ein destabilisierendes Element in das fürstlich-ständische Gefüge, den Ausschlag gaben aber letztlich die wirtschaftlichen und politischen Rahmenbedingungen.[2021]

Auf einem anderen Feld erwies sich dagegen die Strategie der sächsischen Ritterschaft als nicht so tragfähig. Schon frühzeitig erwuchs dem kursächsischen Adel Konkurrenz auf ureigenem Terrain in Gestalt des bürgerlichen Rittergutsbesitzes, dem in Kursachsen stets eine größere Bedeutung zukam als etwa in Brandenburg[2022] oder Mecklenburg. Die jüngste Forschung geht davon aus, daß der Anteil bürgerlichen Besitzes bereits im ausgehenden 17. Jahrhundert ein für den kursächsischen Altadel mitunter schon als bedenklich empfundenes Maß angenommen hatte.[2023] Weitgehend uneingeschränkt konnten bürgerliche Rittergutsbesitzer Lehnsrechte wahrnehmen. Die Herausforderung für die altadligen Geschlechter lag indessen nicht primär im zunehmenden Landbesitz Bürgerlicher – denn der Verkauf der Rittergüter dürfte ähnlich wie in Brandenburg durch das finanzielle Interesse von adliger Seite mit gefördert worden sein –, sondern in ihrer beanspruchten ständischen Partizipation. Denn der Besitz eines Rittergutes allein reichte nach Auffassung des Altadels noch nicht für die Landtagsfähigkeit aus. Erst der Nachweis von vier adligen Vorfahren prädestinierte zu einem Platz im Zweiten Corpus der Ritterschaft.[2024] Deshalb sah man die durch die landesherrliche Seite geförderte Nobilitierung vieler bürgerlicher Rittergutsbesitzer als Infragestellung der eigenen politischen Position an, denn dieser Neuadel nahm während der Verhandlungen in den Ständegremien häufig die Position des Landesherrn ein.

Diese Entwicklungstendenzen bieten Anlaß, den Veränderungen in der internen Struktur des Adels nach dem Ende des Dreißigjährigen Krieges etwas näher nachzugehen. Es waren vor allem die infolge des Krieges stark angestiegenen Zu- und Abwanderungsprozesse, die zu nachhaltigen Veränderungen geführt hatten. Dennoch muß bedacht werden, daß besonders in Brandenburg schon vor dem Dreißigjährigen Krieg eine allmähliche Elitenwanderung eingesetzt hatte, während in Mecklenburg eine Zuwanderung fremden Adels vor der Mitte des 17. Jahrhunderts kaum nachweisbar war. Auf Grund der Kollaboration eines nicht unbeträchtlichen Teils der mecklenburgischen Ritterschaft mit Wallenstein, hatten die Herzöge zwar ein Interesse an einer stärkeren Indienstnahme fremden Adels als Gegengewicht zur eigenen Ritterschaft bekundet, allerdings erreichte das Ausmaß dieser Veränderungen

---

2021 Unter übergreifendem Gesichtspunkt vgl. zu diesem Problemkreis: Haug-Moritz, Württembergischer Ständekonflikt, S. 31-40.
2022 Zum Vergleich sei noch einmal der Vergleichswert für die Kurmark in Erinnerung gerufen. Nachweislich der Vasallentabellen von 1713 müssen wir hier von einem Anteil Bürgerlicher unter den Rittergutsbesitzern von 5,5% ausgehen. Vgl.: Göse, Die Struktur des kur- und neumärkischen Adels, S. 32.
2023 1681 lag der Anteil bürgerlicher Rittergüter z.B. im Leipziger Kreis bei 15%. Vgl.: Flügel, Bürgerliche Rittergüter, S. 109.
2024 Vgl.: J. Matzerath: Landstände und Landtage in Sachsen 1438 bis 1831. Zur Entstehung, Gewichtung und Tagungsweise der sächsischen Ständeversammlung in vorkonstitutionellen Zeit, in: 700 Jahre politische Mitbestimmung in Sachsen. Ausstellung aus Anlaß der Eröffnung der Neubauten des Sächsischen Landtages im Bürgerfoyer des Elbflügels, Dresden 1994, S. 17-34, hier S. 23. Ein rascherer „Seiteneinstieg" wurde allerdings für die Neunobilitierten durch die Verleihung des „Geheimen Rats"- Titels oder die Beförderung zum Obristen in der Armee ermöglicht.

nie die Dimensionen der brandenburg-preußischen Entwicklung, worauf im Zusammenhang der Besitzkontinuität der führenden mecklenburgischen Adelsgeschlechter schon aufmerksam gemacht wurde. Zudem setzte der alteingesessene Adel alles daran, den zugewanderten Familien ein Entree in eigene prestigeträchtige Institutionen zu erschweren.[2025]

In Kursachsen blieb ein solch gravierender Elitenaustausch wie in Brandenburg aus. Den böhmischen adligen Exulanten gelang kein Aufstieg in Positionen, die die bedeutenden alten kursächsischen Geschlechter besetzt hielten, zumal sie in der Regel nicht jene Qualitäten mitbrachten, die sie in den Augen der Landesherrschaft für eine Übernahme höherer Ämter qualifiziert hätten.[2026] Eine nennenswerte hugenottische Einwanderung ist neben den konfessionellen Bedenken der Landesherrschaft vor allem durch die ablehnende, zunehmend auf orthodox-lutherischen Positionen verharrende Politik der Stände verhindert worden.

In Brandenburg-Preußen erzielte dagegen der Elitenwandel weitgehend die von der Landesherrschaft beabsichtigte Wirkung. In zunehmendem Maße wurde die Verwaltung - natürlich mit abnehmender Tendenz, je weiter man auf die Ebene der Teillandschaften vordringt - durch ein als fremd empfundenes Personal dominiert. Die der alten „Machtelite" angehörenden Familien mußten sich zumeist mit einem Amt innerhalb „ihrer" Teillandschaft begnügen. Dies verhieß zwar zumeist Ansehen innerhalb der kleinräumigen Adelsgesellschaft, doch der beträchtliche Einflußverlust auf die den Gesamtstaat tangierenden politischen Entscheidungen war nicht zu leugnen. Unverkennbar zeichnete sich aber auch die relativ reibungslose und schnelle Assimilation der neuen Führungsgruppe mit einigen vormals bedeutenden urbrandenburgischen Geschlechtern ab. Es ist im Hauptteil unserer Untersuchung herausgearbeitet worden, daß die Erklärung für dieses im Vergleich zur betonten Distanz des kursächsischen und mecklenburgischen Adels gegenüber auswärtigen Amtsträgern divergierende Verhalten der brandenburgischen Ritterschaft kaum in einer offeneren Haltung gegenüber dem zuwandernden Adel und nur partiell in einer wirksamen Disziplinierung seitens der Landesherrschaft zu suchen war, sondern in der noch lange nach Kriegsende schlechten ökonomischen Verfassung des märkischen Adels begründet lag.

Die Defizite beim frühneuzeitlichen Staatsbildungsprozeß in Mecklenburg und der Autoritätsverlust der Landesherrschaft wurden auch durch die Besetzung hoher Ämter am Hof und in der Verwaltung durch auswärtige Adlige und Bürgerliche nicht nennenswert kompensiert.[2027] Solange die entscheidenden politischen Fragen (z.B. Steuererhebung) vor allem durch die ständischen Gremien behandelt wurden, konnte auch eine ohnehin von großer Diskontinuität charakterisierte landesherrliche Personalpolitik daran nichts Grundsätzliches

---

2025 So z.B. wurde der Ausschluß des zugewanderten Adels zu den Klosterstellen erreicht. Vgl.: Bei der Wieden., Der mecklenburgische Adel, S. 146 f.

2026 Vgl.: R. Schmertosch v. Riesenthal: Die böhmischen Exulanten unter der kursächsischen Regierung in Dresden, in: NASG 22 (1901), S. 291-343. Zwar entstammte der bis 1712 als Oberhofmarschall und Direktor des Geheimen Kabinetts amtierende August Ferdinand Graf v. Pflug einer böhmischen Exulantenfamilie, er war allerdings mit den sächsischen Pflugks verwandt, was seine Karriere befördert haben dürfte. Vgl.: P. Haake: August der Starke, Berlin/Leipzig 1927, S. 119.

2027 Vgl.: St. Stuth: Höfe und Residenzen. Untersuchungen zu den Höfen der Herzöge von Mecklenburg im 16. und 17. Jahrhundert, Bremen 2001, S. 224 (Spannungen zwischen französischen und mecklenburgischen Angehörigen des Hofstaates Christian` Louis); Baumgartner, Die Entwicklung, S. 50 (Herkunft der Geheimen Räte unter Herzog Christian Louis vor allem aus ständefernen Gelehrtenkreisen).

ändern. Die Angehörigen der führenden mecklenburgischen Adelsfamilien verteidigten erfolgreich ihre Machtpositionen aus den ständischen Funktionen heraus und verspürten mehrheitlich wenig Neigung, hohe Ämter in der herzoglichen Zentralverwaltung zu bekleiden. Zudem nutzten einige Amtsträger die fragile dynastisch-staatliche Konstellation Mecklenburgs, um in die Dienste des Herzogs der jeweils anderen Linie zu treten.[2028] Ähnliche Verhaltensweisen können im übrigen – bei natürlich anders gelagerten Rahmenbedingungen – auch für kursächsische Adlige nachgewiesen werden. Hier boten sich mit den Höfen bzw. Verwaltungen der wettinischen Sekundogeniturfürstentümer Möglichkeiten an, zwischen mehreren Optionen zu wählen und damit zugleich eine gewisse Unabhängigkeit zu wahren.[2029] Letztlich konnte eine solche Mobilität die im Vergleich zu Brandenburg größere Durchsetzungskraft der Amtsträger fördern.[2030]

Doch knüpfen wir wieder an die anders verlaufende mecklenburgische Entwicklung an. Herzog Adolf Friedrich war bemüht, die durch das kurze Intermezzo der Herrschaft Wallensteins angeschlagene Autorität der Landesherrschaft wiederherzustellen und bekundete schon aus diesen Erwägungen heraus keinerlei Interesse, das Verhältnis zu seinen Ständen, das auf Grund der permanent in Mecklenburg stehenden Schuldenfrage ohnehin stets belastet war, durch zu offensichtlich erscheinende „absolutistische Experimente" zu verschlechtern.[2031] Dennoch gewannen in den letzten Regierungsjahren Adolf Friedrichs die Auseinandersetzungen mit den Ständevertretern an Schärfe. Die Vorgänge auf dem Malchiner Landtag 1654 machten zudem deutlich, daß die Angehörigen der adligen Führungsgruppe zunehmend nicht mehr bereit waren, als „Vermittler" zwischen Herzog und Adel zu wirken; im Gegenteil, es waren gerade die Landräte, die für die Beibehaltung einer festen Haltung gegenüber dem Landesherrn in der Frage des Besteuerungsmodus stimmten und damit eine partielle Spaltung des Ständegremiums verursachten.[2032] Diese Konstellation sollte auch in den folgenden Jahrzehnten, z.B. anläßlich der Steuerbewilligung zur Finanzierung eines stehenden Heeres[2033], erhalten bleiben und trug mit zur Verhärtung der Fronten zwischen Herzögen und Ständegremien bei.

2028 Mit Beispielen: Baumgartner, Die Entwicklung, S. 33 f.

2029 Hans Georg Haubold II. v. Schleinitz, der bereits viele Jahre im kursächsischen Militärdienst gestanden hatte, fand 1657 mit seinem Gesuch nach einer Bestallung als Obrist bei den „Ritterpferden" erst Gehör, nachdem er zwischenzeitlich eine Stellung am Hofe des Herzogs Moritz von Sachsen-Zeitz angenommen hatte. Vgl.: Schleinitz-FG, S. 412.

Dietrich v. Miltitz berichtete z.B. in seinem Lebenslauf, daß er mehrere Jahre am Hofe des Herzogs Moritz von Sachsen-Zeitz in Diensten stand, bevor er das Oberdirektorium des „Weiteren Ausschusses" der kursächsischen Landschaft in Dresden übernahm. Vgl.: Sächs. HStA Rittergut Siebeneichen, Nr. 22.

2030 Übergreifend zu solchen Optionen in den Ämterkarrieren des Adels: Press, Patronat und Klientel, S. 24.

2031 Von daher müssen wohl seine, in der älteren Forschung etwas zu Unrecht als starrsinnig und reaktionär charakterisierten Bemühungen, den status quo ante wiederherzustellen, in ein anderes Licht gerückt werden. Es stellt sich mithin die Frage, ob der Herzog vor dem Hintergrund des zu Ungunsten der Landesherrschaft spätestens seit den Reversalen von 1621 festgefahrenen Verhältnisses zu den Ständen überhaupt noch in der Lage war, eine „Wende" ähnlich wie in Brandenburg zu erzwingen.

2032 Vgl.: H. Schnell: Mecklenburg zur Zeit des Dreißigjährigen Krieges 1603-1658, Berlin 1907, S. 139.

2033 In diesem Zusammenhang wird der wendische Landmarschall Adolf Friedrich v. Maltzahn in herzoglichen Quellen 1684 als „die fax et tuba aller Widerwärtigkeiten genannt". Zit. nach: Maltzahn-FG, Bd. 2.3, S. 26.

Das „Verdienst", die Beziehungen zu den Ständen und damit auch zum mecklenburgischen Adel durchgreifend und dauerhaft verschlechtert zu haben, kam unstrittig Herzog Christian I. (Louis) zu, dem wohl zu Recht durch die Historiographie, gleich welcher Provenienz, ein schlechtes Zeugnis ausgestellt wurde.[2034] Verschärft durch die seine realitätsferne Politik begünstigende „Kabinettsregierung aus der Ferne"[2035] verließ er den Boden eines Konsenses zwischen Landesherrschaft und Adel, der bei aller Zuspitzung im 16. und frühen 17. Jahrhundert auch in Mecklenburg im Grunde noch gewahrt geblieben war. Die Politik dieses Herzogs, aber auch seiner beiden Nachfolger Friedrich Wilhelm und Carl Leopold erschien letzlich als verspäteter, überzogener und deshalb unrealistischer Versuch, die Initiative im Ringen mit dem politischen Ständetum zurückzugewinnen. Vor allem der zuletzt Genannte trieb die Auseinandersetzungen auf die Spitze, wodurch er die landesherrliche Autorität zunehmend durch eine die reale Machtkonstellation falsch einschätzende, ambitionierte Politik verspielte und buchstäblich „zu Tode ritt".[2036]

Allein schon die Tatsache, daß die Ständegremien, d.h. vor allem die führenden Adelsrepräsentanten, des öfteren bemüht werden mußten, im Streit um die Erbregelung zwischen Adolf Friedrich und seinem mit ihm hoffnungslos zerstrittenen Sohn zu vermitteln, macht deutlich, inwieweit sich die herrschende Dynastie in eine zumindest moralische Abhängigkeit zu den adligen Ständerepräsentanten gebracht hatte.[2037] Bedacht werden sollte in diesem Zusammenhang, daß damit den führenden Ständevertretern auf einem Feld ein Mitspracherecht eingeräumt wurde, das in anderen Territorialstaaten alleiniges Reservat der Landesherrschaft blieb: die Arcana der „hohen Politik"!

Damit in Verbindung steht eine Beobachtung zur Atmosphäre der politischen Kommunikation zwischen Landesherrschaft und Adel, die die mecklenburgischen Gegebenheiten nicht unwesentlich von den Verhältnissen in anderen deutschen Territorialstaaten abhob. Signifikant dafür war z.B. die Art und Weise, wie die adligen Repräsentanten „ihrem" Herrscher in den Gravamina oder während der ständischen Verhandlungen gegenübertraten. Doch auch dieses, vor allem für das ausgehende 17. und beginnende 18. Jahrhundert immer angespannter werdende Verhältnis hatte seine Tradition. Bereits 1626 klagte Herzog Adolf Friedrich angesichts einer demütigenden Verhaltensweise der adligen Landtagsverordneten ihm gegenüber: „Es sind grobe Flegel, so ihren Herrn solches dürfen anmuthen".[2038] Oftmals kam das Auftreten der Ständerepräsentanten einer Maßregelung des Herzogs gleich.[2039] Vor diesem Hinter-

---

2034 Vgl. hierzu immer noch, da eine moderne Biographie fehlt: R. Wagner: Herzog Christian (Louis) I., Berlin 1906; ferner: Vitense, Geschichte, S. 230.
2035 Baumgartner, Die Entwicklung, S. 44.
2036 Hamann, Das staatliche Werden, S. 51.
2037 1639 wurde der wendische Landmarschall Joachim v. Maltzahn von der Landschaft beauftragt, zwischen der Witwe des Herzogs Johann Albrecht und dem regierenden Herzog Adolf Friedrich zu verhandeln. Vgl.: Maltzahn-FG, Bd.2.3, S. 5.
Im Juli 1658 brachten die Landräte Curdt v. Behr, Kuno Hans v. Bülow und Daniel v. Plessen einen Vergleich zwischen den zerstrittenen Angehörigen der Dynastie zustande. Vgl.: Wagner, Herzog Christian, S. 21.
2038 K. v. Lützow: Beitrag zur Charakteristik des Herzogs Adolf Friedrich von Mecklenburg-Schwerin, in: Jahrbücher des Vereins für mecklenburgische Geschichte und Alterthumskunde 12 (1847), S. 59-122, hier S. 86.
2039 Belege bei Baumgartner, Die Entwicklung, S. 35 u.ö.

grund war es andererseits dann nur zu verständlich, daß die Landesherren ihrerseits gegenüber dem Adel und vor allem gegenüber seinen führenden Repräsentanten überzogen reagierten. Adolf Friedrich v. Maltzahn wurde z.B. 1686 durch Herzog Christian I. (Louis) aller Ämter entsetzt und auf seine Güter verwiesen, wo einige herzogliche Reiter „zu seiner Beobachtung gelegt" waren. Später ordnete der Herzog sogar seine Verhaftung an.[2040]
Die bekannten Zuspitzungen im Verhältnis zwischen Herzog und Ständen während der Regierungszeit Carl Leopolds konnten also bereits auf eine „Vorgeschichte" verweisen und waren nicht nur auf die problematische Persönlichkeit dieses Fürsten zurückzuführen. Dieser versuchte nun, gestützt auf die russischen Bajonette, die in seinen Augen unbotmäßige Ritterschaft zur Anerkennung seiner Forderungen zu bewegen. Ein probates Mittel sah er vor allem darin, die adligen Rittergutsbesitzer durch die Überantwortung der Verpflegung und Unterkunft der Truppen finanziell zu ruinieren.[2041]
Die ab 1718 erfolgende Eskalation des Konflikts inklusive der eingeleiteten Reichsexekution beseitigte schließlich noch den letzten Rest an Loyalitäten, die seitens der einflußreichen Adelsfamilien gegenüber dem Herzogshaus noch bestanden hatten. Solche Behandlung, wie man sie dem Landrat Bartold Dietrich v. Bülow angedeihen ließ, zeigte sinnfällig die Zerrüttung der Beziehungen.[2042] Die für das landesherrlich-ständische Verhältnis so essentiellen und in anderen Territorien bewährten Taktiken des „Aussitzens" und Hinhaltens, aber auch des „divide et impera" versagten in Mecklenburg aus landesherrlicher Sicht fast völlig. Schon als Carl Leopold im Jahre 1715 von der Ritterschaft verlangt hatte, einen eidlichen Revers zu unterzeichnen, sich künftig nicht mehr an der Opposition ihm gegenüber zu beteiligen, kam diesem Wunsch nur derjenige, im übrigen sehr geringe Teil des Adels nach, der als Offizier im landesherrlichen Dienst stand.[2043] Ebenso hielt sich die Zustimmung zu dem fürstlichen Edikt vom 27. April 1718 in Grenzen, wodurch der Herzog den frondierenden Engeren Ausschuß isolieren wollte.[2044]
Mit Blick auf die welfischen Territorien kann – hierbei den Erörterungen zu den Verhältnissen im „langen 16. Jahrhundert" folgend – auch für das ausgehende 17. und 18. Jahrhundert nicht von einem homogen strukturierten Niederadel ausgegangen werden. Ähnlich wie uns in Kursachsen mit der Unterscheidung von Amt- und Schriftsässigkeit nicht unbedeutende Abstufungen innerhalb des Adels begegneten, zeigen sich auch in der welfischen Adelsgesellschaft Differenzierungen: Etwa 70 bis 80 Familien bildeten eine „Aristokratie" innerhalb der welfischen Territorien, die sich im ausgehenden 17. und beginnenden 18. Jahrhundert zum Kurfürstentum Hannover verbunden hatten.[2045] Ihre besondere Stellung wurde aus der Verbindung von wirtschaftlicher Stärke, politischem Einfluß in den Ständegremien und der

---

2040 Maltzahn-FG, Bd. 2.3, S. 26 f.
2041 Vgl.: Wick, Versuche, S. 109.
2042 Dieser war zwar 1713 durch die Ritterschaft zum Landrat gewählt, aber nicht durch den Herzog bestätigt worden. Als Vertreter der adligen Interessen wurde er 1719 seiner Güter entsetzt. Vgl.: Bülow-FG, Bd. 1, 2. Teil, S. 71.
2043 Vgl.: Wick, Versuche, S. 45.
2044 Ebenda, S. 117 ff. Nur 160 Ritter unterschrieben den Eid, wobei auch hier wiederum die Mehrheit landesherrlicher Amtsträger oder Offiziere waren.
2045 Vgl.: Meier, Hannoversche Verfassungsgeschichte, Bd. 1, S. 462 f.

hohen Frequentierung der zunehmenden Ämter im landesherrlichen Dienst abgeleitet. Es erscheint allerdings einleuchtend, daß eine zahlenmäßig so umfangreiche Gruppe innerhalb des Adels nicht gleichermaßen politischen Einfluß ausüben konnte. Ein solches, territorial überschaubares und auch von seinen wirtschaftlichen Ressourcen her nicht allzu reiches Fürstentum wie der welfische Kurstaat konnte natürlich nur in begrenztem Maße Ämter für „seinen" Adel bereitstellen, zumal aus anderer Perspektive auch kaum die Möglichkeit bestand, die Chargen nur mit kompetenten einheimischen Adligen zu versehen. Von daher erschien es plausibel, daß sich ein nicht unerheblicher Teil der führenden Amtsträgerschaft aus anderen Territorien rekrutiert hatte.[2046] Damit wurde eine Tradition fortgesetzt, die bereits auf die Zeit weit vor 1648 verwies: Laut den Erhebungen von *Ohe* hatte sich die führende Amtsträgerschaft vor allem aus Adligen anderer niedersächsischer Territorien und – in geringerem Maße – aus Brandenburg und den wettinischen Landen zusammengesetzt.[2047] Interessant erscheint in diesem Zusammenhang auch die Beobachtung, daß es sich bei den zugewanderten Amtsträgern um Angehörige der im „langen 16. Jahrhundert" agierenden „Machteliten" in den Herkunftsländern gehandelt hatte, womit zugleich wieder die engen Bande der sich im ständischen Sinne als gleichwertig empfindenden adligen Führungsgruppen der jeweiligen Territorialstaaten ins Bewußtsein gerufen werden.

Deshalb wurde bereits in der älteren Literatur auf die große Bedeutung einer „Aristokratie innerhalb der Aristokratie, eine[r] Oligarchie" verwiesen.[2048] Es waren dies jene Familien, die *Lampe* mit Blick auf das 18. Jahrhundert als „eine allmählich fest umrissene Gruppe von ritterbürtigen Geschlechtern bzw. Geschlechterzweigen, die sich mit dem Staat mittelalterlicher Prägung identifizierte, und denen die Regierungsführung und die Landesvertretung anvertraut war", bezeichnet hatte.[2049] Auch für jene, *Lampes* Untersuchungszeitraum vorangehenden Jahrzehnte kann dies bestätigt werden: In einem aus dem Jahr 1695 stammenden Verzeichnis der führenden Amtsträgerschaft Braunschweig-Calenbergs standen Angehörige folgender Familien an der Spitze: v. Bernstorff, v. Bothmer, v. Bülow, v. Estorff, v. Grote, v. Mahrenholtz.[2050] Die herausragende politische Bedeutung der genannten Familien innerhalb der führenden hannoverschen Amtsträgerschaft erwuchs vor allem aus dem Umstand, daß sie mehrere führende Ämter in Personalunion verwaltet hatten.[2051] Mehr noch: die prosopographisch angelegte Untersuchung von *H. Kruse* konnte dokumentieren, daß bei mehr als 70% der zwischen 1715 und 1802 tätigen Geheimen Räte eine enge Verzahnung zu den in den ständischen Gremien einflußreichen Familien aus verschiedenen welfischen Territorien bestanden hatte. Des weiteren übten „nicht wenige adlige Ständevertreter eine Doppelfunktion in ständischen und staatlichen Diensten aus. Ständische Ämter waren begehrte Prestigepositionen und nicht selten das Sprungbrett für eine Karriere in höchste Staatsdienste".[2052]

[2046] Namentliche Beispiele für den Zeitraum vor 1714 in: ebenda, S. 464.
[2047] Vgl.: v. d. Ohe, Die Zentral- und Hofverwaltung, S. 206-211.
[2048] Meier, Hannoversche Verfassungsgeschichte, Bd. 1, S. 464.
[2049] Lampe, Aristokratie, S. 3.
[2050] NHStAH Cal. Br. 22 Nr. 71.
[2051] v. Bülow (Geh. Rat u. Kammer), v. Bothmer (Geh. Rat, Kammer, Hofgericht u. Landrat), v. Estorff und v. Grote (Geh. Rat u. Landrat). Vgl.: NHStAH Cal. Br. 22 Nr. 71.
[2052] Kruse, Stände und Regierung, S. 166.

Die welfischen Territorien boten darüber hinaus ein Exempel dafür, daß die ständische Position auch in jener Zeit relativ stark blieb, als am Hof und in der Zentralverwaltung der Anteil landfremder adliger Amtsträger angewachsen war. Die ständischen Institutionen konnten dennoch eine gewisse Autonomie gegenüber fürstlicher Einflußnahme bewahren und einen gewissen Gegendruck gegen wachsende Zentralisierungstendenzen der Landesherrschaft ausüben.[2053] Formen des Miteinander überwogen, schließlich waren auch in den welfischen Territorien die Landesherren auf die Mitarbeit der Stände angewiesen.[2054] Die Abwesenheit des hannoveranischen Kurfürsten im Zusammenhang mit der englisch-hannoveranischen Personalunion trug zusätzlich zur Konsolidierung der ständischen Stellung bei – eine Gemeinsamkeit, die sie wiederum mit den kursächsischen Verhältnissen verband.

Diese Tatsache lenkt zugleich auf ein anderes Problem hin. Es gilt vor dem Hintergrund der in der Ständeforschung diskutierten Frage nach dem Anteil der Stände am Staatsbildungsprozeß zu prüfen, inwieweit die ständischen Repräsentanten überhaupt ein auf gesamtstaatliche Belange gerichtetes Bewußtsein entwickelt hatten und damit in der Lage waren, die zeitweiligen Schwächeperioden der Landesherrschaft zu kompensieren. Da die kursächsischen Stände – damit auch vor allem der Adel als wichtigste Gruppe – in weitaus stärkerem Maße bereits im 16. Jahrhundert in den frühneuzeitlichen Staatsbildungsprozeß eingebunden waren, entwickelten sie ein deutlicher wahrnehmbares Staatsverständnis als vergleichsweise der brandenburgische Adel.[2055] Hier blieb der betont regionalistische Grundzug trotz der Bemühungen der Krone, vor allem innerhalb der Amtsträgerschaft und des Offizierkorps ein preußisches „Staatsbewußtsein" durchzusetzen, bis in das 18. Jahrhundert hinein wirksam. Währenddessen artikulierten die Vertreter der kursächsischen Ritterschaft in den ständischen Gremien durchaus Bedürfnisse des Gesamtterritoriums, zumal in solchen politisch zugespitzten Situationen, in denen die Dynastie durch den Erwerb der polnischen Königskrone und den Konfessionswechsel diese aus dem Auge zu verlieren schien. So konnte z.B. *W. Held* in der von ihm vorgenommenen Auswertung der Landtagsverhandlungen zwischen 1694 und 1707 die thematisch weitgespannte Wirksamkeit der Ständevertreter vorführen, die es auch immer wieder geraten erscheinen ließ, „gemeinsame Standpunkte zu erarbeiten" und eigene Interessenlagen zurückzustellen.[2056] Damit stellten sie gerade in politisch bedrohlichen Situationen, wie z.B. während der schwedischen Besetzung 1706/07, „nicht selten die Fähigkeit zu gesamtgesellschaftlicher Sichtweise" unter Beweis.[2057] Denn natürlich lassen sich auch für den kursächsischen Adel Artikulationen eines ständischen Regionalismus[2058] nachweisen, doch gewann die Betonung dieser Sonderinteressen nicht die für Brandenburg beobachtete Relevanz. Die vergleichsweise häufigen Zusammenkünfte der Ständevertreter – *J. Matzerath* ermittelte für das 17. Jahrhundert die durchschnittliche Frequenz einer im

---

2053 Vgl. zu solchen Konflikten in den 1720er Jahren: Römer, Die braunschweigischen Landstände, S. 65.
2054 Vgl. übergreifend: Die Braunschweigische Landesgeschichte, S. 542.
2055 Zum „verengten Staatsverständnis" der brandenburgischen Ritterschaft vgl.: Hahn, Landesstaat und Ständetum, S. 48.
2056 Held, Der Adel, S. 239.
2057 Ebenda, S. 243.
2058 Vgl.: Czok, Der Adel, S. 128.

Zweijahresrhytmus stattfindenden Sitzungsabfolge des Landtages – konnte sich förderlich auf ein gesamtstaatliches Bewußtsein auswirken.[2059] Nicht unerheblich für das Erzielen dieses Effektes dürfte auch das Agieren der maßgeblichen Ständepolitiker, allen voran die traditionell mit der Leitung der ständischen Verhandlungen beauftragten Erbmarschälle aus dem Geschlecht derer v. Löser beigetragen haben. Ihnen kam die nicht immer leicht zu bewerkstelligende Aufgabe zu, sowohl die Interessen der kursächsischen Landschaften auszutarieren und für eine gemeinsame Plattform zu bündeln, als auch anläßlich der Erarbeitung von Gravamina zwischen den Ständen und dem Landesherrn zu vermitteln.[2060] Das Zusammengehörigkeitsgefühl der Ständevertreter konnte auch deshalb in stärkerem Maße als in der Hohenzollernmonarchie wachsen, da die territoriale Struktur Kursachsens über einen langen Zeitraum keinen gravierenden Veränderungen unterlag.[2061]

Zwar war der kursächsische Adel seiner Landesherrschaft auch in einer zeitweiligen Schwächephase ein insgesamt kooperativer und vor allem wirtschaftlich potenter Partner.[2062] Jedoch verstanden es die adligen Ständerepräsentanten im Wissen um ihre für die Landesherrschaft unverzichtbare Bedeutung, Bedingungen zu knüpfen, die aber nie eine solche Gewichtsverlagerung zugunsten der adligen Stände zur Folge hatte wie etwa in Mecklenburg. Dazu blieb die Stellung der Landesherrschaft aus den bereits genannten Gründen zu unangefochten. Schließlich übte der Dresdener Hof, der neben Wien vor allem im augusteischen Zeitalter wohl als die bedeutendste Residenz im Alten Reich gelten konnte, eine kontinuierliche Anziehungskraft auf Teile des kursächsischen Adel aus.[2063] Als nicht unerheblich für das Verhältnis zwischen Landesherrschaft und Adel dürfte es sich erwiesen haben, daß im Gegensatz zu Brandenburg das Ständische Kreditwerk in Kursachsen nicht in den 1620er Jahren zusammengebrochen war und damit den Kurfürsten in der Folgezeit keine Einwirkungsmöglichkeiten zu Lasten der adligen Stände geboten wurde.[2064] Vielmehr benötigte die Landesherrschaft – vor allem seit der Regierungszeit Kurfürst Johann Georgs II. – die finanzielle Hilfe der Stände zum Bestreiten der wachsenden Kosten für Hof und Repräsentation.[2065]

2059 Vgl.: Matzerath, Landstände, S. 20.
2060 Vgl. zur Verhandlungsführung Hans v. Lösers am Beispiel der Landtagsverhandlungen 1699/1700: Held, Der Adel, S. 65.
2061 Lediglich der Gewinn der beiden Lausitzen 1620/35 muß in diesem Zusammenhang erwähnt werden, die stets einen gewissen Sonderstatus im kursächsischen Gesamtstaat behalten hatten.
2062 Insbesondere sah die ältere landesgeschichtliche Forschung die Bildung der Sekundogeniturfürstentümer ab 1652/56 als Indiz für die politische Schwäche der wettinischen Landesherrschaft an.
2063 Vgl. dazu jüngst: Keller, Der Hof.
2064 Vgl.: Starke, Veränderungen, S. 28.
  Bereits im Zusammenhang mit den Kipper- und Wipperunruhen wurde seitens der Stände Kritik an dem mangelnden Krisenmanagement des Kurfürsten geübt. Vgl.: R. Wuttke: Zur Kipper- und Wipperzeit in Kursachsen, in: NASG 15 (1894), S. 119-156, hier S. 127.
2065 Vor allem im Zusammenhang der Wahrnehmung der Pflichten als Reichsvikar fielen große Kosten für die sächsischen Kurfürsten an. 1658 mußte Johann Georg II. sogar seine Reise zur Kaiserwahl nach Frankfurt am Main unterbrechen, um die Landschaft um eine weitere Bewilligung der zur Fortsetzung der Reise erforderlichen Mittel zu bitten. Vgl.: Starke, Veränderungen, S. 4 u. 112.

Man müßte im Lichte der kursächsischen Verhältnisse nun annehmen, daß auch in Mecklenburg die Adelsrepräsentanten das durch die zahllosen innerdynastischen Streitigkeiten spürbare Vakuum an staatlicher Macht ausgefüllt hätten. Ansätze und Vorbilder dazu hatte es im frühen 16. Jahrhundert angesichts der zunehmenden Handlungsunfähigkeit der herrschenden Dynastie durchaus gegeben.[2066] Doch im Gegensatz zu Kursachsen bot die eigene Landesherrschaft der mecklenburgischen Ritterschaft wenig an Magnifizenz und vor allem kaum Karriereoptionen, die die Entwicklung von Loyalitäten zwischen Herzögen und Ritterschaft nachhaltig gefördert hätten. Dennoch konnte es nicht ausbleiben, daß die Ständerepräsentanten angesichts der mitunter mehrjährigen faktischen Handlungsunfähigkeit solcher Herzöge wie Christian I. (Louis) und Carl Leopold durchaus Ansätze eines gesamtstaatlichen Bewußtseins entwickelten. Das sich in der Überlieferung widerspiegelnde weitgespannte thematische Spektrum der Verhandlungen der mecklenburgischen Landtage deutet jedenfalls in diese Richtung.[2067] Natürlich schien auch bei diesen ständischen Artikulationen nicht selten die verengte Sicht von Rittergutsbesitzern durch, denen vorrangig an der Erhaltung und dem Ausbau ihrer gutsherrlichen Rechte gelegen war.

Dagegen fallen bei der Betrachtung der Gegebenheiten in den welfischen Landen wiederum die Parallelen zu den kursächsischen Verhältnissen ins Auge. Auch hier wurde in der Literatur verschiedentlich auf das über eigene Lokalinteressen hinausgehende Agieren der Stände hingewiesen. Vor allem jedoch wird man dieses „staatsverantwortliche" Handeln der Ständevertreter darauf zurückzuführen haben, daß sie in ihrem alltäglichen politischen Wirken letztlich „der Regierung näher standen, als den eigenen Mitständen, ... so daß sie sich schließlich aus voller Überzeugung zugleich als Staatsdiener bezeichneten, die für die Geschicke des Landes mit verantwortlich wären".[2068] Doch wie bereits am Beispiel Kursachsens betont, muß auch in diesem Fall berücksichtigt werden, daß das vorhandene gesamtstaatliche Bewußtsein durch wenige einflußreiche und meinungsführende Ständepolitiker getragen wurde. Denn, wie bereits hervorgehoben wurde, bis in das ausgehende 18. Jahrhundert hinein blieb die Adelsgesellschaft der welfischen Lande durch eine Vielzahl von zumeist sehr kleinen Rittergütern bestimmt.[2069] So erschien es nicht verwunderlich, daß eine sich an den unmittelbaren lokalen Interessen orientierende Perspektive bei der Mehrheit dieser Adelsgruppe dominierte.

Dies läßt damit auch für die welfischen Territorien für den Zeitraum nach 1648 das Problem des ständischen Regionalismus als bedeutsam erscheinen. In der landesgeschichtlichen For-

---

2066 Zu erinnern wäre hier vor allem an die ständischen Bemühungen zur Aufrechterhaltung der Landeseinheit während der innerdynastischen Zerwürfnisse und ihre Beteiligung an der Erarbeitung von „Policeyordnungen". U. Heck plädiert dafür, daß den Ständen in jener Zeit „ein wachsendes Verantwortungsbewußtsein um das gemeine Beste nicht abzusprechen" wäre. Heck, Landtage, S. 16. Vgl. zur Thematik auch: K. Krüger: Die fürstlich-mecklenburgische Policey-Ordnungen des 16. Jahrhunderts: Innenpolitik und Staatsbildung, in: Mecklenburgisches Jahrbuch 111 (1996), S. 131-167, hier v.a. S. 147 f.
2067 Vgl. hierzu die reiche Überlieferung in: LHS 3.1-1 Mecklenburgische Landstände.
2068 Kruse, Stände und Regierung, S. 167.
2069 Meier zählte für alle sieben Teillandschaften insgesamt 577 Rittergüter. Vgl.: Meier, Hannoversche Verfassungsgeschichte, Bd. 1, S. 231.

schung wurde diese Frage zwar thematisiert, ohne sie aber mit detaillierten Untersuchungen zu verknüpfen.[2070] Zu verweisen ist in diesem Zusammenhang noch einmal auf die Stellung vor allem derjenigen Adelsgeschlechter, die – an der Peripherie des jeweiligen welfischen Territoriums angesessen – eine mitunter starke regionale Stellung einnahmen und in Grenzkonflikten ausspielen konnten. Zu erinnern ist hier an die v. Bartensleben im sogenannten „Wolfsburger Krieg"[2071] in den 1660er oder die v. Bernstorff im Konflikt um Gartow in den 1690er Jahren.[2072]

Die Bewertung des Verhältnisses zwischen Landesherrschaft und Ständetum in den welfischen Territorien der zweiten Hälfte des 17. und dem frühen 18. Jahrhundert ähnelt sehr dem Interpretament der kursächsischen Verhältnisse. Ebenso wie dort zeigte die landesgeschichtliche Forschung eine gewisse Scheu, den „Absolutismus"-Begriff zu verwenden, obwohl ein Entwicklungsschub im Vergleich zum „Ständestaat" des 16. Jahrhunderts durchaus eingeräumt wurde.[2073] Ähnlich wie in Kursachsen war hier offenbar nicht die Notwendigkeit gegeben, die Zentralisierungs- und Bürokratisierungspolitik in solchen Formen voranzutreiben, wie dies in Brandenburg-Preußen der Fall war. Traditionelle Formen in der politischen Kommunikation zwischen Fürst und Adelsrepräsentanten wurden auch nach 1648 bewahrt. Insofern entbehrt die essayistische Bemerkung von *K. Biedermann* nicht einer gewissen Plausibilität, wenn er schrieb: „In Kursachsen und Kurbraunschweig war man höflich genug, der Form nach die ständischen Rechte ungekränkt aufrecht zu erhalten."[2074] Die jüngere Forschung vertritt einvernehmlich die Auffassung, daß auch nach der für die deutsche Verfassungsgeschichte so stark ins Zentrum gerückten Zäsur „1648" das Bemühen um Konsens, das Miteinanderverhandeln das Verhältnis zwischen Landesherrschaft und Ständetum bestimmt hatte.[2075] Parallelen mit Brandenburg-Preußen drängen sich hingegen auf, wenn die Konstellation Landesherr-Ständetum in den welfischen Landen unter chronologischem Aspekt betrachtet wird. Einer in Braunschweig-Calenberg vor allem durch Herzog Johann Friedrich (1665-1679) personifizierten Phase eines konfliktgeladeneren Verhältnisses zwischen beiden Polen folgte ein Zeitraum, der stärker auf Ausgleich, auf Konsens gestimmt war. Herzog Ernst August (1679-1698) als „Meister der Kompromißpolitik" verstand es zum einen, für sein ambitioniertes außenpolitisches Programm, das letztlich seine Krönung im Erwerb der Kurwürde 1692 fand, die finanzielle ständische Unterstützung zu erhalten.[2076] Zum anderen aber gelang es, den Ständerepräsentanten das Gefühl zu vermitteln, bei den sie

---

2070 So vermerkte man bei der Auswertung des ständischen Archivmaterials mit etwas Verwunderung das Fehlen der ritterschaftlichen Abgeordneten einiger Landschaften, so z.B. des Göttinger Quartiers, ohne etwaigen Ursachen näher nachzugehen. Vgl.: Stieglitz, Landesherr und Stände, S. 46.
2071 Vgl.: I.R. v. Loewenfeldt: Wolfsburg. Kirchen- und kulturgeschichtliche Bilder aus einem halben Jahrtausend, Wolfsburg 1925, Heft 1.
2072 Vgl.: R. Haberland: Geschichte des Grenzgebietes Gartow-Schnackenburg, o.O. 1955.
2073 Storch verwies z.B. darauf, daß der „Absolutismus in Calenberg-Göttingen ein durchaus gemäßigter blieb, indem er die ständischen Machtbefugnisse zwar eindeutig dem Landesherrn unterwarf, sie aber keineswegs beseitigte, sondern in anerkannter Wirksamkeit beließ". Storch, Landstände, S. 277.
2074 K. Biedermann: Deutschland im 18. Jahrhundert, Bd. 1, o.O. 1880, S. 111.
2075 Vgl. hierzu nur: Press, Formen des Ständewesens; Haug-Moritz, Württembergischer Ständekonflikt.
2076 Schnath, Geschichte Hannovers, Bd. 1, S. 313.

ja unmittelbar betreffenden Fragen der Regulierung des Alltags auf der regionalen bzw. lokalen Ebene gehört zu werden. Schließlich benötigten die Landesherren in allen hier untersuchten Territorien die ständische Mitwirkung.

Zur Bedeutung des Lehenssystems

Doch es gilt bei einer komparativ angelegten Analyse der Adelsgesellschaften nicht nur die gleichsam klassischen institutionellen Pole Ständegremien versus Hof/Zentralverwaltung zu betrachten, sondern auch andere relevante Bereiche adelsständischer Artikulation zu berücksichtigen. Die vorgeführten brandenburgischen Verhältnisse haben gezeigt, daß das Lehenssystem der Landesherrschaft ein entscheidendes Instrument in die Hand gegeben hatte, auf den Adel einzuwirken. Nun liegt natürlich die Vermutung nahe, diese teilweise recht rigide Handhabung des Lehnrechtes als Ausdruck einer besonders vehement disziplinierenden Adelspolitik zu interpretieren, die damit die Besonderheiten der brandenburg-preußischen Entwicklung unterstreichen würde. Im folgenden werden wir daher unsere Aufmerksamkeit auf die benachbarten Territorien richten und prüfen, in welcher Weise das dortige Lehnswesen im ausgehenden 17. und frühen 18. Jahrhundert ähnlichen Veränderungen unterlag. Schließlich ist zu vermuten, daß in allen vom Kriegsgeschehen geprägten Adelslandschaften die Praxis der Belehnungsverfahren und Registrierungen in Konfusion geraten war.

Nachweislich der archivalischen Überlieferung und familiengeschichtlichen Literatur behielt für den mecklenburgischen Adel die Wahrnehmung der lehnsrechtlichen Praxis sowohl geschlechtsintern als auch in seinem Verhältnis zur Landesherrschaft einen unvermindert hohen Stellenwert. Die mecklenburgische Ritterschaft beschwerte sich z.B. im November 1694 wegen einer – im Schreiben allerdings nicht näher erläuterten – Veränderung der Lehnseide und der gestiegenen Gebühr für die Mutzettel.[2077] Der Landesherr versprach in seiner Antwort an die ständischen Repräsentanten des Adels, die Angelegenheit zu prüfen. Inwieweit dann allerdings eine Veränderung zugunsten der adligen Wünsche erfolgte, verlautet nicht aus den Quellen. Zweifel daran erscheinen berechtigt, denn im April 1698 forderte der Herzog von Mecklenburg-Schwerin, Friedrich Wilhelm, eine exaktere Beachtung der Lehnsrechtsbestimmungen. Er habe in Erfahrung gebracht, daß seit „vielen Jahren von denen vormaligen Lehnsfolgern nicht gebührend gemuttet" worden sei. Deutlich bekundete er seinen Unmut darüber, daß die „unter Unserer Fürstl. Hand und Siegel ausgestellten Lehnbriefe gar nicht reflectiret werden", wodurch aber die „Landeshoheit" und der „lehnsherrliche Respect ladiret" werden würde.[2078]

Auch in Kursachsen behielt das Lehnrecht seine ungeschmälerte Bedeutung sowohl für die Geschlechter als auch aus der Sicht der Landesherrschaft.[2079] Hier, wo das politische Gewicht der adligen Stände recht hoch veranschlagt wurde, nahmen dennoch die Kurfürsten ihre

---

2077 Vgl.: LHS (ehemal. Bestand:) Acta feud. gener. Nr. 512, unpag.
2078 Ebenda, Acta feud. gener. Nr. 798, unpag.
    Im Fürstentum Mecklenburg-Güstrow verlangte der Herzog bereits 1651 ein Verzeichnis über die Vasallen. Vor allem wollte er über Erbgänge informiert sein. Vgl.: LHS (ehemal. Bestand:) Acta feud. gener. Nr. 29.
2079 Vgl. dazu die Ausführungen von Flügel, Bürgerliche Rittergüter, S. 44-53.

lehnsherrlichen Rechte weiterhin wahr.[2080] Wie in Brandenburg trat auch in Kursachsen die alte Gestellungspflicht zugunsten von Geldzahlungen zurück. In den 1650er Jahren, in denen durch die Landesherrschaft erste Bemühungen zur Verbesserung des Defensionssystems einsetzten, ging man zur systematischen Einziehung von „Ritterpferds-Geldern" über. Seitens der Adelsvertreter in den Ständegremien wurden allerdings Befürchtungen artikuliert, daß die Kurfürsten künftig auch außerhalb der Landesgrenzen militärische Aktionen mit dem Aufgebot der Ritterschaft bzw. der äquivalenten Zahlungen unternehmen könnten.[2081] Der sächsische Kurfürst Johann Georg II. drohte 1657 mit der Einziehung von Lehen, sollten sich Adlige einer Überprüfung der von ihm aufzubietenden Ritterpferde widersetzen.[2082] Parallelen zu den brandenburgischen Verhältnissen drängen sich auf, wenn die nicht seltenen Erwähnungen von „Allodifikationen" von Lehensbesitz in Kursachsen beachtet werden. Eine solche Möglichkeit bestand im 18. Jahrhundert gegen die Übernahme eines jährlich zu zahlenden Kanons durchaus, insbesondere sollte damit der Erbgang erleichtert und die Kreditwürdigkeit der Besitzer verbessert werden. Ansonsten hatten die Inhaber der allodifizierten Güter „weiterhin alle Lehnsfälle zu befolgen" und die Verbindung zwischen dem Vasallen und dem Lehnsherrn wurde „von der Allodifikation nicht berührt".[2083] Damit dürfte sich zugleich die Singularität der brandenburgischen Reform des Lehnswesens von 1717/18 relativieren.

Auch in den welfischen Landen verblaßte die ursprünglich militärische Bedeutung des Lehnssystems.[2084] In diesen Fürstentümern gab es zwar keine Brandenburg vergleichbaren Vorstöße in Richtung einer Abschaffung der Lehnverhältnisse, wohl aber unternahm die Landesherrschaft Versuche, eine größere Stabilität im Adelsbesitz zu erreichen. 1713 ließ der hannoveranische Kurfürst Georg Ludwig den Ständen ein Projekt vorlegen, wonach künftig die Erbfolge durch das Primogeniturprinzip gewährleistet werden sollte. Dadurch wollte man eine weitere Zersplitterung des adligen Besitzes verhindern, die in diesem Territorium ohnehin schon ein kritisches Niveau erreicht hatte.[2085] Daß die Landesherrschaft damit eine für den Adel existenziell wichtige Frage angesprochen hatte, wurde auch dadurch unter Beweis gestellt, daß die Vertreter der Ritterschaft dem Projekt im ganzen zustimmend gegenübertraten. Ansonsten waren es die Repräsentanten der Ritterschaft selbst, die sich für eine stärkere Kontrolle der Rittermatrikel einsetzten, die stets als Grundlage für die Bestimmung der Landstandschaft und der sich daraus ergebenden Privilegien gedient hatten. Es offenbarte allerdings die „dürftige ständische Administration", daß man auf diesem Terrain kaum voran kam.[2086]

2080 Es ist demnach nicht ganz einsichtig, warum A. Flügel in der Zusammenfassung seiner instruktiven Studie die Meinung vertritt, daß das Lehnrecht „kein Herrschaftsmittel des Landesherrn" mehr gewesen sei, obwohl er a.a.O. detailliert die bis weit ins 18. Jahrhundert hinein wirkende Bedeutung des Belehnungsaktes beschrieben hatte. Ders., Bürgerliche Rittergüter, S. 214.
2081 Vgl. dazu: M.C. v. Carlowitz: Die Natur der Ritterpferds-Gelder, deren Ursprung und Schicksale, Leipzig 1805, v.a. S. 45-68.
2082 Vgl.: Starke, Veränderungen, S. 114 f.
2083 Flügel, Bürgerliche Rittergüter, S. 61.
2084 1639 soll die calenbergische Ritterschaft das letzte Mal zur Leistung des Roßdienstes aufgeboten worden sein. Vgl.: Stölting-Eimbeckhausen, Die Rittergüter, S. 385.
2085 Vgl.: Storch, Die Landstände, S. 252 ff.
2086 Ebenda, S. 258.

Der Hof als Bezugspunkt der Adelsgesellschaft

In einer vergleichend angelegten Betrachtung zur Geschichte der nord- und nordostdeutschen Adelsgesellschaften des Ancien Régime erscheint es unverzichtbar, auch den Hof einzubeziehen. Schließlich ist für alle hier zu untersuchenden Territorien davon auszugehen, daß der Fürstenhof für den Adel in einem Zeitalter an Bedeutung gewonnen hatte, das durch ein alle Adelsgruppen erfassendes Streben nach Magnifizenz charakterisiert wurde. Ambitionierte Adlige konnten darauf rechnen, „dass, wenn die hohe Landes-Obrigkeit die vornehmsten und mächtigsten Familien im Lande nach Hofe ziehet, dieses zugleich ein Mittel ist, ihre Macht und Gewalt zu befestigen".[2087] Diese Feststellung sollte für alle zu untersuchenden Territorien im Blick behalten werden, denn die Beziehungen zwischen dem Fürsten und den die führenden Hof- und Staatsämter bekleidenden Familien gestalteten sich als ein permanenter Prozeß des gegenseitigen „Gebens und Nehmens". Hinzu kamen andere Interessenlagen, die bereits am Beispiel der brandenburgischen Adelsgesellschaft vorgeführt worden sind. Im folgenden wenden wir uns zunächst dem kursächsischen Fall zu, schließlich galt der Dresdener Hof vorbildwirkend und übte gerade für die nordostdeutschen Adelsgesellschaften eine große Anziehungskraft aus.[2088]

Doch ungeachtet der vielfältigen Aufstiegsmöglichkeiten, die die Wettinerresidenz sowohl für landfremden als auch den einheimischen Adel zweifellos bot, bekamen auch Angehörige der kursächsischen adligen Führungsgruppe die Unwägbarkeiten einer Hofkarriere zu spüren.[2089] Nicht nur die Wahrnehmung eines mitunter hohe Kosten verursachenden höfischen Amtes machte eine ausreichende materielle und finanzielle Grundlage für eine Hofkarriere unentbehrlich.[2090] Auch die latent bestehende Gefahr, auf dem schlüpfrigen höfischen Parkett zu Fall zu kommen, mahnte die eine solche Karriere ins Auge fassenden Adligen, wie wichtig eine ausreichende materielle (, d.h. vor allem mit Güterbesitz versehene) Ausstattung der bei Hofe reüssierenden Familien blieb. Hans Georg v. Schleinitz konnte es sich 1667 nur deshalb erlauben, seinem Landesherrn, dem Kurfürsten Johann Georg II., die ungeschminkte Wahrheit über die aus dem Ruder laufende Finanzierung des Hofstaates mitzuteilen und damit seinen Abschied zu riskieren, weil er sich jederzeit auf seine reichen Besitzungen zurückzuziehen vermochte. Fünf Jahre später besann sich der Kurfürst auf die Qualitäten seines ehemaligen Amtsträgers und setzte ihn als Vizekammerpräsident ein.[2091] „Männerstolz vor Königsthron" konnte sich zuweilen auszahlen. Der geschilderte Fall belegt zugleich, daß

[2087] Chr. Wolff: Vernünftige Gedancken vom gesellschaftlichen Leben der Menschen und insonderheit dem gemeinen Wesen, Frankfurt/Leipzig 1705, S. 506.
[2088] Vgl. hierzu jüngst: Keller, Der Hof; ferner: Czok, Am Hofe.
[2089] Carl Gottlob v. Bose, zeitweilig bis zum Wirklichen Geheimen Rat aufgestiegen und in den Reichsgrafenstand erhoben, bat im Jahre 1709 „als armer verstoßener Diener" um die Erstattung der letzten Besoldungen als Meißener Kreishauptmann. Bose-FG, S. 93.
Der 1711 aus russischen Diensten an den Dresdener Hof zurückgekehrte Heinrich Friedrich v. Friesen hatte es denkbar schwer, sich gegen eine Hofpartei durchzusetzen, die ihre Feindschaft gegen seine Familie schon über mehrere Generationen pflegte. Vgl.: Friesen-FG, Bd. 1, S. 243.
[2090] Vgl.: Czok, Am Hofe, S. 78.
[2091] Vgl.: Schleinitz-FG, S. 383.

es verfehlt wäre, das Verhältnis zwischen Adel und Hofgesellschaft nur eindimensional im Sinne einer unwiderstehlichen Anziehungskraft der Residenz beschreiben zu wollen, sondern daß es durchaus eine verbreitete Resistenz[2092] – nicht nur aus den bekannten, durch die Konversion August des Starken ausgelösten konfessionellen Motiven heraus – gegenüber dem höfischen Leben gegeben hatte.[2093] Erinnert sei an dieser Stelle an die brandenburgischen Gegebenheiten, wo sich insbesondere die residenzfernen Adelsgesellschaften (vor allem die Altmark) ebenfalls lange Zeit gegenüber einer Hofkarriere sehr zurückhielten.

Allerdings erscheint es schwierig, innerhalb eines Territorialstaates eindeutig einen „Hofadel" herauszudifferenzieren, wie es mitunter recht kritiklos unterstellt wird. Und „die Trennlinie lief dabei nicht zwischen wohlhabenden, dem Hof mit seinen Repräsentationsforderungen finanziell gewachsenen Familien und dem ärmlichen Landjunker".[2094] Zum einen ist zu bedenken, daß es bei Hofe kaum den Typen des ausgesprochenen Müßiggängers gab, der zuweilen noch durch die Literatur geistert. „Elias´Darstellung des Hofes als eine Art `goldener Käfig`und der Hofämter als einer leeren, ihrer vormaligen Macht beraubten Hülle entspricht nicht der historischen Wirklichkeit."[2095] In der Regel war eine Position bei Hofe schon mit konkreten Ämtern und realen Kompetenzen verbunden. Zum anderen muß immer bedacht werden, daß es jeweils nur einzelne Mitglieder von Adelsgeschlechtern waren, die über einen gewissen Zeitraum bei Hofe über Einfluß verfügten. Demnach dürfte es auch schwerfallen, einzelne Geschlechter als „Hofadel" zu klassifizieren.[2096] Die für die einheimischen Geschlechter zur Verfügung stehenden Chargen bei Hofe waren ohnehin begrenzt; für den Berlin-Potsdamer Hof galt dies in noch höherem Maße als für das Dresdener Pendant. Daraus ergibt sich eine weitere Folgerung für das Verhältnis zwischen Adels- und Hofgesell-

---

2092 Übergreifend zu diesem Problemkreis: K. Bleeck/J. Garber: Deutsche Adelstheorien im Zeitalter des höfischen Absolutismus, in: Europäische Hofkultur im 16. und 17. Jahrhundert, hrsg. v. A. Buck u.a., Bd. 2, Hamburg 1981, S. 223-227.

2093 In überdenkenswerter Weise wog der sächsisch-gothaische Kanzler Hanns Dietrich v. Schönberg in seiner 1679 verfaßten Geschichte seines Geschlechts den fragilen Wert einer Hofkarriere gegenüber dem steten Bemühen um Erhaltung und Erweiterung eines florierenden Güterbesitzes ab: „Obwohl dieses Geschlecht sowohl in geistlichen als weltlichen Stande zu vielen Dignitäten erhoben, insonderheit aber unter denen fürnehmen Ämtern und Ehrenstellen dieser Lande nicht leichtlich eine anzutreffen, so von denen v. Schönberg nicht wäre vertreten worden: so wird man dennoch ... wenig oder nichts anzeigen können, wodurch sie an Reichthum und Gütern um deswillen merklich zugenommen hätten. Wohl aber findet man genugsame Nachricht, wie durch die Hauswirthschaft sie zu großem Vermögen ... gelangt." Zit. nach: Schönberg-FG, Bd. 2, S. 286.
Mit weiteren Belegen für die nicht uneingeschränkte Bereitschaft des kursächsischen Adels für den Hofdienst: Keller, Der Hof, S. 217 ff.

2094 Ebenda, S. 222.

2095 Duindam, Norbert Elias, S. 373.

2096 Innerhalb des Geschlechts derer v. Schönberg galt z.B. der Reinsberger Hauptzweig als Verkörperung eines ausgesprochen „landadligen" Typs, während andere Linien relativ stark unter den führenden Amtsträgern vertreten waren. Auch innerhalb des oft den typischen „Hofadels"familien zugeordneten Geschlechts v. Nostitz ist eine ähnliche Konstellation zu verzeichnen. Als interessant erweist sich zudem die Beobachtung, daß der Höhepunkt der Besitzentwicklung dieses Geschlechts um 1700 mit 50 Gütern im Wert von ca. 573.000 Tlr. lag, also zu einem Zeitpunkt, als die v. Nostitz auch bei Hofe stark vertreten waren. Dagegen verfügte man um 1740 lediglich noch über 20 Güter. Vgl.: Nostitz-FG, 4. Heft, o.O. 1977, S. XX ff.

schaft: Gerade weil die Grenzen zwischen den bei Hofe präsenten Familien und den dem „Landadel" zuzuordnenden Geschlechtern fließend waren, wurden zuweilen recht enge Bande geknüpft, was am Beispiel der brandenburgischen Adelsgesellschaft eingehend vorgeführt wurde. Die zunehmend aus landfremden Familien stammenden Angehörigen der Hofstaatsgesellschaft bemühten sich um Kontakte zu den alteingesessenen Geschlechtern; nicht selten kam es zur Assimilierung durch Einheiratungen und Besitzübernahmen. Gegenseitige Gefälligkeiten, Protegierungen und Finanzhilfen prägten die informellen Kontakte zwischen „Hof" und „Land".

Nur einige wenige Beispiele sollen diese Konstellationen am Beispiel Kursachsens illustrieren: Die Brüder August und Wolff Nikol v. Lüttichau machten sich im März 1688 den Geheimen Rat, Obersteuerdirektor Haubold v. Miltitz durch den Verkauf des Ruhländer Waldes gewogen.[2097] Dem in späteren Jahren im diplomatischen Dienst stehenden Hans Christoph v. Schleinitz (1661-1747) wurde durch seinen „Lehensvormund", den Oberhofmarschall Hermann v. Wolfersdorff, durch Darlehen unter die Arme gegriffen, um seine Reisen zu finanzieren, die eine wichtige Voraussetzung für sein späteres Fortkommen darstellten.[2098] Der Kammerdirektor Adolf v. Haugwitz gab dem jungen Heinrich v. Friesen die für seine weitere Karriere wichtige Anregung, seine Kavalierstour zu beenden und eine Laufbahn im Dienste des Kurfürsten zu beginnen, die ihn dann bis zur Position eines Geheimen Rates führen sollte.[2099] Und dem späteren Kammerherrn und Generalakzisedirektor Christoph Heinrich v. Watzdorf gelang es „durch Vorschub Jacob Heinrichs, Grafen v. Flemming, dessen Bruder Joachim" seine Schwester zur Gemahlin hatte, am Dresdener Hof eingeführt zu werden, wo „er bald anfing, daselbst eine Figur zu machen".[2100]

Doch die Wirkung des Hofes beschränkte sich nicht nur auf auf die in unmittelbarer Nähe des Landesherrn fungierenden hohen Würdenträger, sondern griff zunehmend auch auf die Adelsgesellschaft in ihrer Breite aus. Dazu gehörte z.B. ein Verhalten in dem Sinne, daß „ein Teil der Rittergutsbesitzer ... das absolutistische Obrigkeitsverständnis [übernahm] und für den eigenen kleinen Herrschaftsbereich ein Prinzip des frühneuzeitlichen Rechtsverständnisses imitierte oder usurpierte, das eigentlich dem Landesherrn ... vorbehalten war".[2101] Auch die in den kleinräumigen Adelsgesellschaften inszenierten gesellschaftlich-familiären Höhepunkte sollten sichtbar die „Nähe" zum Hof dokumentieren und damit zugleich eigenes Prestige aufwerten. Der später zu hohen Würden aufsteigende Christoph Dietrich (der Ältere) v. Bose feierte z.B. 1655 seine Hochzeit im Freiberger Schloß „in Gegenwart aller Churf. und Fürstl. Herrschaften, die damals in Freiberg Hof hielten".[2102] Anläßlich der Hochzeit Christians VI. v. Vitzthum bat dessen Schwiegervater, der Rat und Amtshauptmann v. Taube, inständig um die Entsendung einer Abordnung des Kurfürsten, sofern dieser nicht persönlich kommen konnte. Diese Erwartungshaltung resultierte nicht zuletzt aus dem Bestre-

---

2097 Vgl.: Lüttichau-FG, S. 55.
2098 Schleinitz-FG, S. 260.
2099 Vgl.: Friesen-FG, S. 152.
2100 Watzdorf-FG, S. 131.
2101 Schmale, „Den faulen Müßiggängern", S. 82.
2102 Bose-FG, S. 148.

ben, unter seinen Standesgenossen durch die Teilnahme von Mitgliedern der Fürstenfamilie den eigenen Rang zu demonstrieren.[2103] In der Hinterlassenschaft der v. Schönberg fanden sich zahlreiche kurfürstliche Anweisungen an die Kammer zu Tauf- und Hochzeitsgeschenken an diese Familie.[2104]

In fast idealtypischer Form ist der Typus des „Hofadels" bekanntlich durch *Joachim Lampe* in seiner verdienstvollen Studie für Kurhannover beschrieben worden.[2105] *Lampe* hob auf die Andersartigkeit, auf die starke Abgrenzung des Hofadels von den von ihm als „Aristokratie" bezeichneten einheimischen, einflußreichen Adelsfamilien ab. Er hätte sich seit dem ausgehenden 17. Jahrhundert aus einem Amalgam von Existenzen „im sozialen Niemandsland zwischen Hochadel und Ritterschaft" rekrutiert.[2106] Bildete der hannoveranische Fall damit eine singuläre Erscheinung? Schließlich ließen sich auch für die anderen Territorien Anhaltspunkte für eine solche Typologisierung finden. Einige Momente relativieren jedoch diese schematischen Zuweisungen, zumal *Lampe* selbst eingeräumt hatte, daß es Angehörige der Aristokratie gab, die „am Hofe eine Rolle gespielt haben oder eine Charge bekleideten".[2107] Die dauerhafte Abwesenheit des Landesherrn nach 1714 verminderte die Attraktivität einer Karriere in der welfischen Hauptresidenz. Und gerade nach Beginn der hannoveranisch-englischen Personalunion hatte sich der Druck einer sich aus dem einheimischen Adel rekrutierenden „Oligarchie" auf die entscheidenden Positionen in der höheren Staatsverwaltung verstärkt.[2108] Erinnern wir uns noch einmal an die Überlegung, die anstelle der schematischen Trennung ständischer und landesherrlicher Ämter das der historischen Realität konformere Bild der Integration und Vermittlerposition gesetzt hatte. Auch bei der Bestimmung der Funktion von Adligen in der Nähe des Herrschers dürfte es schwerfallen, eine scharfe Grenze zwischen den nur für das „Dekorativ-Unverbindliche" zuständigen Angehörigen des Hofadels und den bei der politischen Entscheidungsfindung mitwirkenden hohen Amtsträgern zu ziehen.

Territorienübergreifende Mobilitäten der nordostdeutschen Adelsgesellschaften

Neben den bisher vorgeführten Möglichkeiten eines komparativen Zugangs erscheint die Berücksichtigung des Adels in ausgewählten brandenburgischen Nachbarterritorien auch aus einem anderen nachvollziehbaren Grund überlegenswert: Viele Quellenfunde können eine Vielzahl territorienübergreifender Beziehungen des Adels belegen. Vor allem die in den

---

2103 Vgl.: Vitzthum-FG, S. 270.
2104 Vgl.: Schönberg-FG, Bd. 2, S. 282.
2105 Die Geschichte des Wolfenbütteler, bzw. ab 1753/54 des Braunschweiger Hofes weist zu große Desiderata auf, als daß sie in unsere Betrachtung mit einbezogen werden könnte. Vgl. zu dem unbefriedigenden Forschungsstand: Geschichte Niedersachsens, Bd. 3.1, S. 787.
2106 Lampe, Aristokratie, S. 145.
2107 Mit Namen in: ebenda, S. 145, Anm. 219.
2108 Vgl.: H. Barmeyer: Hof und Hofgesellschaft in Niedersachsen im 18. und 19. Jahrhundert, in: Niedersächsisches Jahrbuch für Landesgeschichte 61 (1989), S. 87-104, hier S. 91.

Grenzgebieten ansässigen Adelsfamilien hielten sich mehrere Optionen bei ihrer Orientierung zu den jeweiligen Landesherrschaften offen und beanspruchten auch deshalb lange Zeit eine abgehobene Stellung im Vergleich zu ihren Mitständen. Nicht von ungefähr finden wir deshalb die bedeutenden alteingesessenen Adelsfamilien in Mecklenburg und Brandenburg an der Peripherie ihres Territoriums.[2109]

Doch nicht nur die grenzüberschreitenden Heiratsbeziehungen deuten darauf hin, daß sich der Adel des Heiligen Römischen Reiches deutscher Nation als ein exklusiver Stand mit jahrhundertelang gewachsenem Korpsdenken verstand, dessen Heiratskreise nicht an den Territorialstaatsgrenzen endeten. Ebenso muß die in nicht geringer Zahl zu rekonstruierende wechselseitige Indienstnahme von Adligen angrenzender Territorien und das in einigen Quellen zum Ausdruck kommende Interesse der ständischen Amtsträger an den innenpolitischen Verhältnissen im Nachbarterritorium berücksichtigt werden. Als durchaus nachahmenswert erschienen schon seit dem 16. Jahrhundert einer Reihe brandenburgischer Rittergutsbesitzer z.B. die auf eine Intensivierung der Gutsherrschaft hinauslaufenden Trends beim nördlichen Nachbarn. Vor allem die in den an Mecklenburg grenzenden märkischen Teillandschaften ansässigen Adligen zeigten unverhohlen ihre Sympathie für diese Entwicklungen.[2110] Aber auch aus entgegengesetzter Perspektive orientierte man sich an der Organisation des gutsherrlich-bäuerlichen Verhältnisses.[2111] Die Repräsentanten der jeweiligen Adelsgesellschaften registrierten sehr genau die Gewichtsverlagerungen im Verhältnis zwischen Fürstenmacht und Ständetum im benachbarten Land, da diese Veränderungen sie auch unmittelbar betreffen bzw. ihnen eine argumentative Basis für die Auseinandersetzung mit der eigenen Landesherrschaft bieten konnten.[2112] Dies galt insbesondere für das Verhältnis der Altmark zu den welfischen Territorien im Umfeld des Streites um die Lehnsallodifikation bzw. der südlichen und südöstlichen Landschaften der Mark Brandenburg zu Kursachsen.

Die Motive von Adligen, in die Dienste eines benachbarten Fürsten zu treten, waren vielfältig und nur in wenigen Fällen genau zu verifizieren. Dennoch können quantifizierende Beobachtungen[2113] Rückschlüsse sowohl über die Wahrnehmung des anderen Territorialstaates (Vorbildrolle) durch die Adelsgesellschaft geben als auch das Verhältnis zur eigenen Landesherrschaft hinterfragen. Denn eine solche, die eigene Karriere so nachhaltig beeinflussende

---

2109 Zu Mecklenburg vgl.: Münch, Ritterschaft, S. 897 f.

2110 Enders, Die Prignitz, S. 415. So bezog sich der uckermärkische Kreisdirektor v. Arnim 1685 in einem die Leibeigenschaft betreffenden Rechtsstreit mit der Kurmärkischen Amtskammer ausdrücklich auf das mecklenburgische Beispiel. Vgl.: Enders, Die Uckermark, S. 387.

2111 Während der Landtagsverhandlungen zur Einführung einer neuen Schäfer- und Gesindeordnung baten 1650 die mecklenburgischen Stände diese „mit den Nachbarterritorien Pommern und Kurbrandenburg abzustimmen, um eine Konformierung der entsprechenden Ordnungen zu erreichen". Münch, Die Folgen, S. 280.

2112 Aufschlußreich dafür eine Passage in einer Instruktion der altmärkisch-prignitzischen Ritterschaft an ihre Deputierten für den Landtag vom Mai 1652: Darin wurde ausdrücklich auf die geringere finanzielle Belastung der Stände „in den benachbarten Fürstentümern und Kurfürstentümer" verwiesen. Brand. LHA Rep. 23 A. C 3505, unpag.

2113 Vgl. für den märkischen Adel dazu das Zahlenmaterial im Kapitel zur Sozialstruktur der brandenburgischen Ritterschaft im 18. Jahrhundert.

Entscheidung wurde natürlich in nicht unbeträchtlichem Maße von dem jeweiligen Stand der politischen Beziehungen zwischen den Territorialstaaten bzw. Fürsten beeinflußt. In besonderer Deutlichkeit kam dies z.B. in den brandenburgisch-mecklenburgischen Beziehungen des frühen 18. Jahrhunderts zum Ausdruck. Es konnte nicht ohne Wirkung auf das Verhältnis der mecklenburgischen Adelsgesellschaft zum südlichen Nachbarn geblieben sein, als im Zusammenhang der sich dort verschärfenden verfassungspolitischen Situation zwischen dem mecklenburg-schwerinischen Herzog und dem preußischen König 1708 ein Vertrag abgeschlossen wurde, der u.a. vorsah, ein preußisches Regiment in Mecklenburg-Schwerin einrücken zu lassen, um dem Herzog bei der Unterdrückung der adligen Opposition zu unterstützen.[2114] Ebenso offenbarte das Agieren preußischer Truppen im Zusammenhang der Reichsexekution gegen Herzog Carl Leopold, die in der Folgezeit exzessiven Werbepraktiken in den verpfändten vier mecklenburgischen Ämtern und vor allem die Katastrophe infolge der preußischen Besetzung während des Siebenjährigen Krieges das reale Machtverhältnis.[2115]

Die Beziehungen zwischen den Territorien der Hohenzollernmonarchie und den welfischen Kurlanden unterlagen Schwankungen und waren trotz der engen dynastischen Verbindungen mitunter erheblichen politischen Belastungen ausgesetzt. Dieses Spannungsfeld zwischen „protestantischer Solidarität" in den europäischen Mächtekonflikten und „regionaler Rivalität" im norddeutschen Raum hinterließ zwangsläufig auch Spuren in den Beziehungen der Adelsgeschlechter.[2116]

Die Verschlechterung der preußisch-sächsischen Beziehungen im Umfeld der Schlesischen Kriege, vor allem natürlich die nachhaltigen Wirkungen der preußischen Besatzung nach 1756, führten zwar zu keinen durchgreifenden Distanzierungen der kursächsischen zur brandenburg-preußischen Adelsgesellschaft.[2117] Dennoch ist abweichend zu der bis zur Mitte des 18. Jahrhunderts anzutreffenden relativ hohen Mobilität bei der in vielen sächsischen bzw. brandenburgischen Adelsgeschlechtern üblichen territorienübergreifenden Karrieren in Militär oder Staatsverwaltung von Entfremdungstendenzen auszugehen, die sich in den bis weit in das 19. Jahrhundert hinein reichenden Vorbehalten des kursächsischen Adels gegen preußischen Übermächtigungdruck niederschlagen sollten. Des weiteren versuchte die preußische Krone den brandenburgisch-sächsischen Transfer – wie auch zu anderen deutschen Territorien – drastisch zu reduzieren, da sie im 18. Jahrhundert bekanntlich zunehmend am Dienst „ihres" Adels im eigenen Land interessiert war.

2114 Vgl.: G. Heitz: Ursprung und Wirksamkeit des brandenburgisch-mecklenburgischen Erbvertrages von 1442, in: Brandenburgische Landesgeschichte heute, hrsg. v. L. Enders/K. Neitmann, Potsdam 1999, S. 145-157, hier S. 152.
2115 Vgl. dazu: G. Heinrich: Friedrich der Große und Mecklenburg. Geschichte einer Mesalliance, in: Mecklenburg und seine Nachbarn, hrsg. v. H. Bei der Wieden/T. Schmidt, Rostock 1997, S. 127-148.
2116 V. Press: Kurhannover im System des alten Reiches 1692-1803, in: A.M. Birke/K. Kluxen (Hg.), England und Hannover, München u.a. 1986, S. 53-79, hier S. 57.
2117 Vgl. mit weiterer Literatur bei: F. Göse: Nachbarn, Partner und Rivalen. Die kursächsische Sicht auf Preußen im ausgehenden 17. und 18. Jahrhundert, in: Preußen, Deutschland und Europa, hrsg. v. B. Becker/V. Czech/J. Luh, Groningen 2003, S. 45-78.

Die für den gesamten Untersuchungszeitraum zu belegenden Grenzkonflikte zu allen brandenburgischen Nachbarterritorien belasteten zwar einerseits die traditionell gewachsenen territorial übergreifenden Bindungen von regionalen Adelsgesellschaften, gaben aber andererseits der Landesherrschaft die Möglichkeit zur Intervention und trugen damit sukzessive zur Stärkung der Autorität gegenüber dem an der Peripherie angesessenen Adel bei.[2118]

Resümee

Welche Schlußfolgerungen lassen sich nun aus den, natürlich nur exemplarisch bleibenden, komparativen Betrachtungen zur Beantwortung der zu Beginn dieses Kapitels aufgeworfenen Frage ableiten? Die Herausforderungen, vor denen der Adel in der zweiten Hälfte des 17. und im frühen 18. Jahrhundert gestanden hatte, unterschieden sich in den untersuchten Territorien zunächst nicht grundlegend voneinander. Die Wirkungen des Dreißigjährigen Krieges führten beim Adel zu erheblichen wirtschaftlichen und mentalen Verlusterfahrungen; die Unterschiede dürften eher gradueller Natur geblieben sein. Doch der Vergleich mit den benachbarten Adelsgesellschaften läßt auch unter Berücksichtigung weiterer Kriterien nicht a priori auf einen „Sonderweg" des brandenburgischen Adels schließen.

Die Entwicklung nach dem Westfälischen Frieden war in vielen deutschen Territorien von grundsätzlichen Auseinandersetzungen zwischen Landesherrn und Ständen geprägt.[2119] Vor allem waren die Fürsten bestrebt, ständische Partizipationsrechte – besonders auf dem Gebiet der Steuererhebung – einzudämmen und eine effiziente Ressourcenabschöpfung zu erreichen. Sicher gelang hier den brandenburg-preußischen Landesherren ein auf den ersten Blick besonders nachhaltiger Erfolg, nur darf bei der Würdigung des „brandenburgischen Modells" nicht vergessen werden, daß die Defizite bei der Finanzierung der ambitionierten Politik noch bis weit in die Regierungszeit des Großen Kurfürsten recht gravierend blieben.[2120] Die teilweise überspannte und mitunter auch nur sektoral erfolgreiche Krisenbewältigungsstrategie führte bekanntlich zu erheblichen sozialen Kosten, die sich nicht zuletzt in der sehr lange anhaltenden angespannten wirtschaftlich-finanziellen Situation des brandenburgischen Adels widergespiegelt hatten.

Bedacht werden muß ferner dabei, daß – nicht nur in Brandenburg – die Mehrheit der Adelsfamilien von jenen Entwicklungen nur tangiert wurde, die mit dem Begriff „Absolutismus" in der Literatur nur unzureichend umschrieben worden sind. Mit diesem Phänomen kamen vor allem diejenigen Adelsgruppen in Berührung, die als ständische/landesherrliche Amtsträger oder höhere Offiziere in der politischen „Nähe" der Landesherrschaft fungierten.

2118 Hierzu viel Material in den Beständen des GStAPK I. HA. Rep. 37 „Beziehungen zu Mecklenburg"; Rep. 38 „Beziehungen zu Braunschweig-Wolfenbüttel"; Rep. 41 „Beziehungen zu Kursachsen".
2119 Vgl. dazu: Haug-Moritz, Württembergischer Ständekonflikt, S. 17 ff.; Stollberg-Rilinger, Vormünder, S. 22 ff.
2120 Vgl. hierzu die eingehenden Ausführungen von Hahn, Fürstliche Territorialhoheit, S. 233 ff.

„Absolutismus" könnte vielleicht allenfalls als Phänomen an der Oberfläche bzw. als „Herrschaftsstilisierung"[2121] oder als eine dem Fürstenstaat des Ancien Régime generell innewohnenden Tendenz erklärt werden. Wohl aber sind die Adelsgesellschaften – nicht in spektakulären politischen Aktionen, sondern allmählich im verborgenen – mit dem wachsenden Druck der monarchischen Zentralisierung konfrontiert worden. Die konkreten Formen, in denen diese Entwicklung durch die Landesherrschaft forciert und durch die Adelsgesellschaften wahrgenommen wurden, differierten allerdings in den Territorien und erreichten damit eine unterschiedliche graduelle Ausprägung. So spürte die brandenburgische Ritterschaft den wachsenden Zugriff der Krone vor allem durch ihre stärkere Einbindung in die Armee und die wachsende Belastung infolge des sich etablierenden und vor allem den militärischen Erfordernissen zu dienenden Steuersystems, während dem Rittergutsbesitzer auf der Kreisebene noch genügend Handlungsspielraum verblieb. In Kursachsen dagegen standen der Landesherrschaft vor allem durch die wirkungsvolle Instrumentalisierung der Amtsverfassung seit je größere Möglichkeiten zur Verfügung, auf den Adel einzuwirken. Dieser Prozeß setzte sich auch nach 1648 – trotz der mitunter zu stark betonten zeitweiligen Schwächung der Landesherrschaft – fort und führte z.B. zu der stillschweigend nivellierenden Einbindung der lange Zeit noch eine gewisse autonome Stellung genießenden „Schriftsassen" in das Gerichts- und Steuersystem. Was der brandenburgische Adel teilweise als neue und von ihm als unzumutbare Belastung angesehen hatte, gehörte in Kursachsen schon seit langem zur Normalität.

Des weiteren hat die vergleichende Analyse für alle untersuchten Territorien gezeigt, daß die Gestaltung des Verhältnisses zwischen Landesherrschaft und Ständetum in entscheidendem Maße auch aus den internen Konstellationen innerhalb der Adelsgesellschaften resultierte. In Brandenburg kam es aus verschiedenen Ursachen zu einem teilweise dramatischen Einflußverlust der ehemals führenden Geschlechter. Der allenthalben für die Adelsgesellschaft in ihrer Breite erkennbare Nivellierungsprozeß traf auch die der vormaligen Machtelite angehörenden Familien. Der Konfessionswechsel des Herrscherhauses und die territoriale Vergrößerung der Gesamtmonarchie mit den sich daraus für die Landesherrschaft ableitenden Konsequenzen nach einer stärkeren Hinzuziehung Nichtbrandenburger in führende Positionen der Staatsverwaltung führte neben der sich verschlechternden wirtschaftlich-finanziellen Lage zur Verdrängung der alten adligen Führungsgruppe und damit auch zu einer entscheidenden Gewichtsverlagerung zugunsten der Landesherrschaft. Allerdings bleibt auch zu bedenken: Jede der eben angeführten Ursachen hätte für sich allein nicht zwangsläufig zu diesem Bedeutungsverlust führen müssen, nur in ihrem komplexen Zusammenspiel kam es zu den bekannten Folgewirkungen. Die konfessionelle Divergenz zwischen Herrscher und Land brachte z.B. in Kursachsen keinen Autoritätsgewinn für die Landesherrschaft, der in Brandenburg ja trotz erheblicher Konflikte im 17. Jahrhundert letztlich erreicht wurde. Und gravierende wirtschaftliche Einbrüche hatten z.B. auch die in Mecklenburg im „langen 16. Jahrhundert" führenden Adelsfamilien zu verarbeiten, ohne daß es zu einer für sie nachteili-

---

2121 So E. Schubert: Landstände und Fürstenherrschaft. Kommentar zu den Beiträgen von Ulf Moltzahn und Frank Göse, in: Geschichte des sächsischen Adels, hrsg. v. K. Keller/J. Matzerath, Köln/Weimar/Wien 1997, S. 161-166, hier S. 164.

gen Entwicklung ihrer Partizipationsmöglichkeiten geführt hatte. Hier zeigten sich – vergleichbar zum kursächsischen Fall – eher Kontinuitäten, wenn man die Stellung der adligen Führungsgruppe bis zum Ende der Frühen Neuzeit bzw. sogar darüber hinaus im Blick behält.[2122]

In starkem Maße muß auch die Bedeutung der exogenen, d.h. machtpolitischen Faktoren zur Erklärung der divergierenden Entwicklungswege hinzugezogen werden. Schon die für den Adel der Territorien nicht unwichtige Frage der Karriereoptionen in einem stehenden Heer verweist auf die Relevanz dieses Problems, wenn in diesem Zusammenhang noch einmal an die wachsende Attraktivität der preußischen Armee für die benachbarten Adelsgesellschaften erinnert wird. Der mecklenburgische Fall zeigte indes, wie die außenpolitischen Rahmenbedingungen die weitere Austarierung des Verhältnisses zwischen Fürst und Ständen beeinflussen konnten. Die mecklenburgischen Herzöge benötigten nur ein geringes Reservoir an Offizieren aus dem einheimischen Adel.[2123] Demzufolge war sowohl von Seiten der Ritterschaft als auch seitens der Landesherrschaft geringere Veranlassung geboten, die Vasallitätsbeziehungen enger zu knüpfen. Doch die Etablierung und – auch innenpolitische – Instrumentalisierung eines miles perpetuus hing in nicht unbeträchtlichem Maße von der Stellung des jeweiligen Fürstentums innerhalb der reichischen und europäischen Mächtekonstellation ab.[2124]

Eine nicht unwesentliche Rolle spielte für die Entwicklung des landesherrlich-ständischen Verhältnisses in Kurhannover und Kursachsen die infolge der Übernahme anderer Kronen zeitweilige bzw. dauerhafte Abwesenheit des Herrschers. Kurhannover wurde gerade in dieser Zeit durch eine besonders enge Verwobenheit zwischen den sowohl in den Ständegremien als auch in der Landesregierung vertretenen Angehörigen der adligen Führungsgruppe geprägt.

Das vorgestellte Material zu den ausgewählten Nachbarterritorien verschließt sich also einer vorschnellen Typenbildung. Die „Ausnahme"situation des brandenburg-preußischen Falles[2125] relativiert sich bei einer Betrachtungsweise, die nicht aus der Perspektive der Landesherrschaft sondern von den Problemlagen der Adelsgesellschaften ausgehend die Gemeinsamkeiten und Unterschiede der politischen und wirtschaftlichen Entwicklung ausgewählter Territorien aufzuzeigen bemüht war.

2122 Vgl. dazu: Göse, Adlige Führungsgruppen, S. 209 f.
2123 Mit detaillierten Angaben dazu: G. Tessin: Mecklenburgisches Militär in Türken- und Franzosenkriegen 1648-1718, Köln 1966, S. 185.
2124 So wird man auch das geringe Interesse des braunschweigisch-wolfenbüttelschen Adels an einer Militärkarriere mit dem - trotz gewisser machtpolitischen Ambitionen bis in das frühe 18. Jahrhundert - geringen machtpolitischen Potential dieses Fürstentums erklären müssen. Nur 9% der Offiziere der braunschweigischen Armee stammten demnach aus der Ritterschaft der welfischen Territorien. R. Jacobs: Braunschweigisches Militärwesen 1641-1714, in: Braunschweigisches Jahrbuch 81 (2000), S. 29-75, hier S. 52.
2125 Darauf rekurrierte z.B. Haug-Moritz in ihrem überterritorialen Vergleich: dies., Württembergischer Ständekonflikt, S. 17.

Anhang

Abkürzungsverzeichnis

A.B.B.	Acta Borussica. Denkmäler der Preußischen Staatsverwaltung im 18. Jahrhundert. Behördenorganisation und allgemeine Staatsverwaltung im 18. Jahrhundert, 16 Bde., bearb. v. G. Schmoller u.a., Berlin/Hamburg 1894-1982.
ASG	Archiv für Sächsische Geschichte
FBPG	Forschungen zur Brandenburgischen und Preußischen Geschichte
FG	Familiengeschichte
HZ	Historische Zeitschrift
JBLG	Jahrbuch für brandenburgische Landesgeschichte
JGMOD	Jahrbuch für die Geschichte Mittel- und Ostdeutschlands
MIÖG	Mitteilungen des Instituts für Österreichische Geschichtsforschung
NASG	Neues Archiv für Sächsische Geschichte
PR	Protokolle und Relationen des brandenburgischen Geheimen Rates aus der Zeit des Kurfürsten Friedrich Wilhelm, hrsg. v. O. Meinardus, Bde. 1-7, Leipzig 1889-1917
UA	Urkunden und Actenstücke zur Geschichte des Großen Kurfürsten Friedrich Wilhelm von Brandenburg, Bd. 10: Ständische Verhandlungen, hrsg. v. S. Isaacsohn, Berlin 1880
ZfG	Zeitschrift für Geschichtswissenschaft
ZHF	Zeitschrift für Historische Forschung

Quellenverzeichnis

Brandenburgisches Landeshauptarchiv (Brand. LHA):
Rep. 2   Kurmärkische Amts- bzw. Kriegs- und Domänenkammer (Generalia)
            D Domänensachen
            S Städtesachen
Rep. 3   Neumärkische Kriegs- und Domänenkammer
Rep. 4   A Kurmärkisches Kammergericht
Rep. 4   B Neumärkische Regierung
Rep. 4   D Schöppenstuhl Brandenburg (Havel)
Rep. 6   A und B Landratsämter
Rep. 7   Landesherrliche Ämter
Rep. 8   Städte und Ortschaften
Rep. 9   B Johanniterorden
Rep. 23   A Kurmärkische Stände
Rep. 23   A. B Kurmärkische Ritterschaftliche Hypothekendirektion
Rep. 23   A. C Kreditfragen
Rep. 23   B Neumärkische Stände
Rep. 23   B. B Neumärkische Ritterschaftliche Hypothekendirektion
Rep. 37   Adlige Herrschaften und Güter (Altlandsberg, Boitzenburg, Bredow, Buckow, Fretzdorf, Freyenstein, Golzow, Gusow, Hohennauen, Liebenberg, Lindenberg, Meseberg, Meyenburg, Plattenburg-Wilsnack, Putlitz, Reckahne, Trampe)
Rep. 78   Kurmärkische Lehnskanzlei

Geheimes Staatsarchiv Preußischer Kulturbesitz Berlin-Dahlem (GStAPK):
I. Hauptabteilung
Rep. 1   Beziehungen zum Kaiser
Rep. 8   Beziehungen zum hohen Adel im Reich
Rep. 9   Allgemeine Verwaltung
Rep. 20   Brandenburgische Landtage
Rep. 21   Brandenburgische Städte, Ämter und Kreise
Rep. 22   Adlige Familien und Schulzengerichte der Mark Brandenburg
Rep. 36   Hof- und Güterverwaltung
Rep. 37   Beziehungen zu Mecklenburg
Rep. 38   Beziehungen zu Braunschweig-Wolfenbüttel
Rep. 41   Beziehungen zu Kursachsen
Rep. 42   Neumark
Rep. 47   Geistliche Angelegenheiten
Rep. 52   Magdeburg
Rep. 53   Altmark
Rep. 54   Uckermark
Rep. 55   Ruppin

Rep. 57   Bistum (Domkapitel) Brandenburg (Havel)
Rep. 58   Bistum (Domkapitel) Havelberg
Rep. 60   Joachimsthalsches Gymnasium
Rep. 66   Allodifikation der Lehen
Rep. 92   Nachlässe
Rep. 96   Geheimes Zivilkabinett

II. Hauptabteilung
Generaldirektorium
    (Abtlg. 13:) Neumärkisches Departement
    (Abtlg. 14:) Kurmärkisches Departement

Brandenburg-Preußisches Haus- und Hofarchiv (BPH)
Rep. 35 Kurfürst Friedrich Wilhelm
Rep. 45 Kurfürst Friedrich III./ König Friedrich I.
Rep. 46 König Friedrich Wilhelm I.
Rep. 47 König Friedrich II.

Landeshauptarchiv Sachsen-Anhalt Magdeburg LHSA):
Rep. A 23 g Altmärkisches Obergericht Stendal

Außenstelle Wernigerode
Rep. H Beetzendorf I und II
Rep. H Briest
Rep. H Erxleben
Rep. H Langenapel

Sächsisches Hauptstaatsarchiv Dresden (Sächs. HStA):
Geheimes Archiv
Geheimes Kabinett
Sächsische Landstände A 30
Rittergut Siebeneichen

Landeshauptarchiv Schwerin (LHS) [2126]:
Acta feudorum generalia
Bestand 1238: Schuldenwesen
Bestand 1240
Bestand 1253: Landtage
Bestand 1501: Mecklenburgische Landstände

[2126] Die Bestandssignatur ist im Jahre 2000 verändert worden.

Niedersächsisches Hauptstaatsarchiv Hannover (NHStAH):
Cal. Br. 22: Regierungsorganisation und Hofstaat
Cal. Br. 24: Äußere Angelegenheiten
Celle Br. 20: Auswärtige Mächte
Celle Br. 44: Familiensachen, Hofsachen und Regierungsorganisation
Celle Br. 46: Adlige, Bürger- und Bauern-Lehen und Roßdienste
Dep. 82 Hehlen
Dep. 84 Tylsen

Niedersächsisches Staatsarchiv Wolfenbüttel (NstAW):
2 Alt

Staatsbibliothek Berlin:
Sammlung Manuscripta Borussica

Literaturverzeichnis

1. Quelleneditionen/gedruckte Quellen

Acta Borussica. Denkmäler der Preußischen Staatsverwaltung im 18. Jahrhundert. Behördenorganisation und allgemeine Staatsverwaltung im 18. Jahrhundert, 16 Bde., bearb. v. G. Schmoller u.a., Berlin/Hamburg 1894-1982.

Acta Borussica. Denkmäler der Preußischen Staatsverwaltung im 18. Jahrhundert: Die Getreidehandelspolitik und Kriegsmagazinverwaltung Brandenburg-Preußens bis 1740, bearb. v. W. Naudè und G. Schmoller, Berlin 1901.

Acta Borussica. Denkmäler der Preußischen Staatsverwaltung im 18. Jahrhundert: Handels-, Zoll- und Akzisepolitik, 3 Bde., bearb. v. H. Rachel, Berlin 1911-1928.

Adress-Kalender der Königlich Preußischen Haupt- und Residentz-Städte Berlin ... auf das Jahr Christi 1735, Berlin 1735.

Adreßkalender der Königlich Preußischen Haupt- und Residentz-Städte Berlin ... auf das Jahr Christi 1764, Berlin 1764.

Ausgewählte Urkunden zur Brandenburgisch-Preußischen Verfassungs- und Verwaltungsgeschichte, hrsg. v. W. Altmann, Teil 1, Berlin 1914.

Berliner geschriebene Zeitungen aus den Jahren 1713 bis 1717 und 1735, hrsg. v. E. Friedländer (= Schriften des Vereins für die Geschichte Berlins, Heft 38), Berlin 1902.

Berliner geschriebene Zeitungen aus dem Jahre 1740. Der Regierungsanfang Friedrichs des Großen, hrsg. v. R. Wolff (= Schriften des Vereins für die Geschichte Berlins, Heft 44), Berlin 1912.

Bratring, F.W.A., Statistisch-topographische Beschreibung der gesamten Mark Brandenburg, Bd. 1, Berlin 1804.

Buchholtz, S.: Versuch einer Geschichte der Churmarck Brandenburg, 3. Teil, Berlin 1767.

[Mylius:] Corpus Constitutionum Marchicarum, 6 Teile, Halle 1736.

Die Denkwürdigkeiten des Burggrafen und Grafen Christoph zu Dohna (1665-1733), hrsg. v. R. Grieser, Göttingen 1965.

Eickstedt, C. v.: Beiträge zu einem neueren Landbuch der Marken Brandenburg, Magdeburg 1840.

Friedrich der Große, hrsg. v. O. Bardong, Darmstadt 1982.

Historischer Handatlas von Brandenburg und Berlin, Lfg. 31: Besitzstand in Brandenburg um 1800 (Bearb.: G. Heinrich), Berlin 1971; Lfg. 33: Besitzstand und Säkularisation in Brandenburg um die Mitte des 16. Jahrhunderts (Bearb.: G. Heinrich), Berlin/New York 1971; Lfg. 46: Heer- und Handelsstraßen (Bearb.: G. Heinrich), Berlin 1973.

Historisches Ortslexikon Brandenburg, Teile 1-12, (Bearb.: L. Enders, M. Beck, P.R. Rohrlach), Weimar 1962-99.

Klinkenborg, M. (Bearb.): Das Archiv der brandenburgischen Provinzialverwaltung, Bd. 1: Kurmark, Strausberg 1920; Bd. 2: Neumark, Strausberg 1925.

Kneschke, E.H.: Neues Deutsches Adels-Lexicon, 9 Bde., Leipzig 1859-1870.

Kurmärkische Ständeakten aus der Regierungszeit Kurfürst Joachims II., 2 Bde., hrsg. v. W. Friedensburg, München 1911/13.

Memoiren des braunschweigisch-lüneburgischen Generals Graf Ferdinand Christian zur Lippe (1668-1724), hrsg. v. E. Kittel, Lemgo 1959.

Prignitz-Kataster 1686/87, hrsg. v. W. Vogel, Köln/Wien 1985.

Protokolle und Relationen des brandenburgischen Geheimen Rates aus der Zeit des Kurfürsten Friedrich Wilhelm, hrsg. v. O. Meinardus, Bde. 1-7, Leipzig 1889-1917.

Relation von den Königlich Preußischen und Chur-Hannoverischen Höfen an einen vornehmen Staats-Minister in Holland überschrieben von Mr. Toland, Franckfurt 1706.

Urkunden und Actenstücke zur Geschichte des Großen Kurfürsten Friedrich Wilhelm von Brandenburg, Bd. 10: Ständische Verhandlungen, hrsg. v. S. Isaacsohn, Berlin 1880.

Vom Berliner Hofe zur Zeit Friedrich Wilhelms I.. Berichte des braunschweigischen Gesandten in Berlin 1728-1733 (= Schriften des Vereins für die Geschichte Berlins, Heft 48/49), hrsg. v. R. Wolff, Berlin 1914.

2. Adlige Familiengeschichten[2127]

v. Alvensleben, U.: Übersicht und Genealogie des Geschlechts von **Alvensleben**, Genthin 1892.

Arnswaldt, W.K. v./Devrient, E.: Das Geschlecht von **Arnim**, 4 Bde., Leipzig 1914/24.

Schmidt, R.: Das Geschlecht derer von **Barfuß**, Freienwalde 1912.

Schmidt, G.: Schönhausen und die Familie von **Bismarck**, Berlin 1898.

Ders.: Das Geschlecht von **Bismarck**, Berlin 1908.

Blumenthal, H. Graf v.: Geschichte des Geschlechts der Grafen und Herren von **Blumenthal**, Bielefeld 1903.

Sello, G.: Geschichtsquellen des burg- und schloßgesessenen Geschlechtes derer v. **Borcke**, Bd. 3.1, Berlin 1907.

[2127] Im Text abgekürzt mit FG.

Anhang

Schmidt, G.: Die Familie von dem **Borne**, Merseburg 1887.

Bose, C.E. v.: Die Familie von **Bose**. Beiträge zu einer Familiengeschichte, Dresden 1904.

Die Herrschaft Wiesenburg unter den Herren **Brandt von Lindau** und deren späteren Mitbesitzern, den Herren von Watzdorff, von Trotta-Treyden, von Goldacker und von Tschirschky. Ein Versuch, Berlin 1883.

Bredow, F. v.: Geschichte des Geschlechtes von **Bredow**, 3 Bde., Halle 1872-90.

Schmidt, G.: Geschichte des Geschlechtes von **Buch**, 2 Bde., Eberswalde 1939/40.

-- **Bülow**sches Familienbuch, Bd. 1, Schwerin 1911.

Galera, K.S. Baron v.: Die Herren von **Burgsdorff**, Neustadt a. d. Aisch 1965.

Carlowitz, O.R. v.: Aus dem Archive der Familie von **Carlowitz**, Dresden 1875.

Eickstedt, C.A.L. v.: Familienbuch des dynastischen Geschlechts derer von **Eickstedt** in Thüringen, Pommern, den Marken und Schlesien, Ratibor 1860 (Fortsetzung 1887).

Joachim, E./Klinkenborg, M.: Familiengeschichte des gräflich **Finckenstein**schen Geschlechts, 2 Bde., Königsberg/Berlin 1920/21.

Sieben Jahrhunderte **Flemming**scher Chronik. Eine Festgabe zum Jahre 1909, Bd.1: Personengeschichte, Görlitz 1909.

Friesen, E. Freiherr v.: Geschichte der reichsfreiherrlichen Familie von **Friesen**, 2 Bde., Dresden 1899.

Glasenapp, E. v.: Beiträge zu der Geschichte des alt- und hinterpommerschen Geschlechts der Erb-, Burg- und Schlossgesessenen von **Glasenapp**, 2 Teile, Berlin 1897.

Nachrichten über die Familie der Grafen und Freiherren von der **Goltz**, 1. Abtlg., Straßburg 1885.

Lisch, G.C.F.. Geschichte und Urkunden des Geschlechts von **Hahn**, 3 Bde., Schwerin 1844.

Hagen, H.S. v. d. (Bearb.): Stammtafeln des uradligen Geschlechts von **Hagen** aus der Neumark und Pommern, o.O. 1933.

Hake, D. v.: Geschichte der brandenburgischen Familie v. **Hake**, 2 Bde., Görlitz 1928.

Graf Haugwitz, E.: Die Geschichte der Familie von **Haugwitz**, Bd. 1, Leipzig 1910.

Eulenburg-**Hertefeld**, Ph. Graf zu: Erinnerungen an ein clevesches Rittergeschlecht, o.O. 1899.

Holtzendorff, W. v.: Die **Holtzendorff**s in der Mark Brandenburg und Chur-Sachsen – eine genealogische Studie, Berlin 1876.

Kameke-Cratzig, F. v.: Beiträge zur Geschichte der Familie von **Kameke**, Cöslin 1892.

Schmidt, G.: Die Familie von **Klitzing**, 2 Bde., Charlottenhof 1891-1903.

Klöden, K.F. v.: Geschichte einer altmärkischen Familie im Laufe der Zeiten von ihrem Anfange bis zur Gegenwart, Berlin 1854.

Knesebeck, A. v. d.: Haus und Dorf Carwe in der Grafschaft Ruppin, Berlin 1865. [= Knesebeck-FG I].

Knesebeck, A. v. d.: Aus dem Leben der Vorfahren vom Schlosse zu Tylsen in der Altmark, Berlin 1875. [= Knesebeck-FG II].

Urkundenbuch zur Geschichte des Geschlechts von **Kröcher**, 2. Teil, Berlin 1864.

Lochow, C. v.: Geschichte des Geschlechts von **Lochow**, Görlitz 1940.

-- Geschichte der Herren, Freiherren und Grafen von **Löben**, o.O. 1975.

Lüttichau, H. Graf v.: Beiträge zur Familiengeschichte der Herren, Freiherren und Grafen von **Lüttichau** (bearb. v. H. Graf v. Lüttichau), Manuskr. Kirchheim/Treck 1971-1985.

Schmidt, B.: Geschichte des Geschlechts v. Maltzan und **Maltzahn**, 2. Abtlg., 3 Bde., Schleiz 1920.

Redern, H. v.: Zur Geschichte der Familie von der **Marwitz**, Berlin 1879.

Diest, W. v.: Geschichte der Familie von der **Marwitz**, Kolberg 1929.

Nostitz und Jänckendorf, G.A. v.: Beiträge zur Geschichte des Geschlechts von **Nostitz**, 2 Hefte, Leipzig 1874; Ergänzungen: 3. Heft, o.O. 1935; 4. Heft, o.O. 1977.

Urkundenbuch zur Geschichte des altadeligen Geschlechts von **Oppen** (bearb. u. hrsg. v. G.A. v. Mülverstedt), 2. Teil, Magdeburg 1896.

Lademann, W.: Die v. **Otterstedts** auf Jühnsdorf, in: Teltower Kreiskalender 7 (1910), S. 80-81.

Schmidt, R.: Aus der **Pfuelen** Land, Bad Freienwalde 1928.

Gans Edler Herr zu Putlitz-Barskewitz, W.: Familiengeschichte der Gans Edlen Herren zu **Putlitz**, o.J.

Ragotzky, B./Redern, H. v.: Stammtafeln der Familie Gans Edle Herren zu **Putlitz** von ihrem ersten urkundlichen Auftreten bis zur Gegenwart, Berlin 1887.

Redern-Wansdorf, H. v.: Geschichte des Geschlechts von **Redern**, 2 Bde., Görlitz 1936.

Gnewuch, G.: Glanz und Niedergang eines märkischen Adelsgeschlechts. Die osthavelländische Linie der Familie von **Ribbeck** (1523-1811), in: JBLG 21 (1970).

Ders./Lancelle, H.: Geschichte der Familie von **Ribbeck**. Ein Beitrag zur brandenburgischen Landesgeschichte, 1984.

Rochow, A.F.A. v.: Nachrichten zur Geschichte des Geschlechts derer von **Rochow**, Berlin 1891.

Rohr, H.O. v.: Qui transtulit. Eine Stammreihe derer von **Rohr**, Hannover 1963.

Anhang

Goeroldt, C.H.: Geschichte des Geschlechts von **Saldern**, Oschersleben 1865.

Biedermann, R.: Geschichte der Herrschaft Teupitz und ihres Herrengeschlechts, der **Schenken von Landsberg**, in: Der Deutsche Herold 65 (1934).

Freiherr v. Schleinitz, G.: Geschichte des **Schleinitz**schen Geschlechts, Berlin 1897.

Fraustadt, A.: Geschichte des Geschlechtes von **Schönberg** meißnischen Stammes, 2 Bde., Leipzig 1869-1878.

Schöning, K.W. v.: Geschichtliche Nachrichten von dem Geschlecht von **Schöning** und dessen Gütern, 2 Teile, Berlin 1830/48.

Danneil, J.F.: Das Geschlecht derer von der **Schulenburg**, 3 Bde., Salzwedel 1847.

Schmidt, G.: Das Geschlecht von der **Schulenburg**, 5 Teile, Beetzendorf 1897/1908.

Schulenburg, D.W. Graf v. d./ Wätjen, H.: Geschichte des Geschlechts von der **Schulenburg**, Wolfsburg 1984.

Urkundenbuch zur Geschichte des Geschlechtes von **Schwerin**, hrsg. v. L. Gollmert, Berlin 1878.

Stechow, F.-C. Freiherr v.: Die Stechows und ihre Zeit. 1000 Jahre im Wandel der Zeit. Geschlechtshistorie der Herren und Freiherren von **Stechow** aus gedruckten und ungedruckten Quellen bearbeitet, Neustadt a. d. Aisch 1983.

Stuhr (Bearb.): Stammtafeln des Geschlechts v. **Stralendorff**, Schwerin 1917.

Sydow, H. v.: Beiträge zur Geschichte derer von **Sydow**, 4 Teile, Groß Lichterfelde 1909/13.

Thümen, K. v.: Geschichte des Geschlechts von **Thümen**, Liegnitz 1889.

Ders.: Nachträge zur Geschichte des Geschlechts von **Thümen**, Liegnitz 1912.

Eckstädt, R. Graf Vitzthum v.: Beiträge zu einer **Vitzthum**schen Familiengeschichte, Leipzig 1935.

Spatz, W./ Hoppe, W.: Die Geschichte derer von **Waldow**, Berlin 1927.

Wartensleben, J. Graf v.: Nachrichten von dem Geschlechte der Grafen von **Wartensleben**, 3 Bde., Berlin 1858.

Watzdorf, Chr. H. v.: Historisch-genealogische Beschreibung des uralten adligen und gräflichen Geschlechts derer von **Watzdorf**, o.O., 1740, revidiert, fortgesetzt und hrsg. v. F. Ritze, Dresden 1872.

Wedel-Parlow, L. v.: Die **Wedel** in acht Jahrhunderten, Würzburg 1951.

Werder, W. v.: Geschichte des märkisch-magdeburgischen Geschlechts von **Werder**, verbunden mit Nachrichten von den übrigen adligen Sippen, 4 Bde., Görlitz 1937/41.

Winning, L. v.: Geschichte des Geschlechts derer von **Winning**, Görlitz 1906.

Winterfeld, L.G. v.: Geschichte des Geschlechts von **Winterfeld**, 4 Bde., Damerow 1858/74.

Nachrichten von dem adligen Geschlechte der **Wobeser**, Breslau 1893.

Schmidt, G.: Die Familie von **Wulffen**, vormals erbgesessen im Lande Lebus, Halle 1897.

Ders.: Die Familie von **Zabeltitz**, Merseburg 1888.

3. Monographien/Sammelbände/Aufsätze

Abel, W.: Agrarkrisen und Agarkonjunktur, Berlin/Hamburg 1978^3.

Adel im Weserraum um 1600, hrsg. v. V. Lüpkes/H. Borggrefe, München/Berlin 1996.

Aretin, K.O. Freiherr v.: Heiliges Römisches Reich 1776-1806. Reichsverfassung und Staatssouveränität, 2 Bde., Wiebaden 1967.

Arndt, J.: Der Große Kurfürst, ein Herrscher des Absolutismus? Über die Möglichkeiten und Grenzen monokratischer Herrschaft im 17. Jahrhundert, in: R.G. Asch/H. Duchhardt (Hg.), Der Absolutismus – ein Mythos? Strukturwandel monarchischer Herrschaft in West- und Mitteleuropa (ca. 1550-1700), Köln 1996, S. 249-273.

Asch, R.A.: Estates and Princes after 1648: The Consequences of the Thirty Years' War, in: German History 6 (1988), S. 123-132.

Ders.: Der Hof Karls I. von England. Politik, Provinz und Patronage, 1625-1640, Köln/Weimar/Wien 1993.

Ders.: Kriegsfinanzierung, Staatsbildung und ständische Ordnung in Westeuropa im 17. und 18. Jahrhundert, in: HZ 268 (1999), S. 636-671.

Ders.: Ständische Stellung und Selbstverständnis des Adels im 17. und 18. Jahrhundert, in: Der europäische Adel im Ancien Régime. Von der Krise der ständischen Monarchie bis zur Revolution (1600-1789), hrsg. v. dems., Köln/Weimar/Wien 2001, S. 3-45.

Autobiographie des Burggrafen Fabian zu Dohna (1550-1621), hrsg. v. C. Krollmann, Leipzig 1905.

Bahl, P.: Paten in der Reformierten Schloß-Gemeinde Potsdam 1662-1688, in: Genealogisches Jahrbuch 39 (1999), S. 143-185.

Ders.: Der Hof des Großen Kurfürsten. Studien zur höheren Amtsträgerschaft Brandenburg-Preußens, Köln/Weimar/Wien 2001.

Ders.: Die Berlin-Potsdamer Hofgesellschaft unter dem Großen Kurfürsten und König Friedrich I. Mit einem prosopographischen Anhang, in: Im Schatten der Krone. Die Mark Brandenburg um 1700, hrsg. v. F. Göse, Potsdam 2002, S. 31-97.

Ballschmieter, H.-J.: Andreas Gottlieb von Bernstorff und der mecklenburgische Ständekampf 1680-1720, Köln/Graz 1962.

Barmeyer, H.: Hof und Hofgesellschaft in Niedersachsen im 18. und 19. Jahrhundert, in: Niedersächsisches Jahrbuch für Landesgeschichte 61 (1989), S. 87-104.

Barsewisch, E.F.R. v.: Von Rossbach bis Freiberg 1757-1763. Tagebuchblätter eines friderizianischen Fahnenjunkers und Offiziers, Krefeld 1959.

Bastl, B.: „Adliger Lebenslauf". Die Riten um Leben und Sterben in der frühen Neuzeit, in: Adel im Wandel, Wien 1990, S. 377-389.

Dies.: Tugend, Liebe, Ehre. Die adelige Frau in der Frühen Neuzeit, Köln/Weimar/Wien 2000.

Bauer, V.: Die höfische Gesellschaft in Deutschland von der Mitte des 17. bis zum Ausgang des 18. Jahrhunderts, Tübingen 1993.

Baumgart, P.: Zur Geschichte der kurmärkischen Stände im 17. und 18. Jahrhundert, in: Ständische Vertretungen in Europa im 17./18. Jahrhundert, hrsg. v. D. Gerhard, Göttingen 1969, S. 131-161.

Ders.: Wie absolut war der preußische Absolutismus?, in: Preußen. Beiträge zu einer politischen Kultur, hrsg. v. M. Schlenke, Reinbek (b. Hamburg) 1981, S. 89-105.

Ders.: Der Adel Brandenburg-Preußens im Urteil der Hohenzollern des 18. Jahrhunderts, in: Adel in der Frühneuzeit. Ein regionaler Vergleich, hrsg. R. Endres, Köln/Wien 1991, S. 141-161.

Baumgartner, G.: Die Entwicklung der obersten Landesverwaltung Mecklenburg-Schwerins vom Ende des 16. Jahrhunderts bis zur Mitte des 18. Jahrhunderts. Eine Studie zur Verwaltungsgeschichte, Rostock 1993.

Becker, E.: Lindow. Stadt, Kloster und Umgebung in Vergangenheit und Gegenwart, Lindow 1929.

Behre, O.: Geschichte der Statistik in Brandenburg-Preußen bis zur Gründung des Königlichen Statistischen Bureaus, Berlin 1905.

Bei der Wieden, B.: Außenwelt und Anschauungen Ludolf von Münchhausens (1570-1640), Hannover 1993.

Bei der Wieden, H.: Der mecklenburgische Adel in seiner geschichtlichen Entwicklung. Besonderheiten im Vergleich mit seinen Nachbarn, in: JGMOD 45 (1999), S. 133-155.

Berdahl, R.M.: The Politics of the Prussian Nobility. The development of a conservative ideology 1770-1848, Princeton (New Jersey) 1988.

Berg, K.: Arnswalde – Stadt und Kreis im Dreißigjährigen Krieg, in: Schriften des Vereins für neumärkische Geschichte 20 (1907).

Beyer, K.-H.: Mecklenburgs Lage im brandenburg-schwedischen Kriege während der Jahre 1675-1677, Inaug.-Diss. Rostock 1913.

Biedermann, K.: Deutschland im 18. Jahrhundert, Bd. 1, o.O. 1880.

Birtsch, G.: Gesetzgebung und Repräsentation im späten Absolutismus. Die Mitwirkung der preußischen Provinzialstände bei der Entstehung des Allgemeinen Landrechts, in: HZ 208 (1969), S. 265-294.

Ders.: Der preußische Hochabsolutismus und die Stände, in: Ständetum und Staatsbildung in Brandenburg-Preußen. Ergebnisse einer internationalen Fachtagung, hrsg. v. P. Baumgart, Berlin 1983, S. 389-408.

Ders.: Pflichthandeln und Staatsräson. Der Gründer des preußischen Staats Kurfürst Friedrich Wilhelm im Spiegel der Geschichtschreibung, in: „Ein sonderbares Licht in Deutschland". Beiträge zur Geschichte des Großen Kurfürsten von Brandenburg (1640-1688), hrsg. v. G. Heinrich, Berlin 1990, S. 137-149.

Blaschke, K.: Die Ausbreitung des Staates in Sachsen und der Ausbau seiner räumlichen Verwaltungsbezirke, in: Blätter für deutsche Landesgeschichte 91(1954), S. 74-109.

Ders.: Das Bauernlegen in Sachsen, in: Vierteljahresschrift für Sozial- und Wirtschaftsgeschichte 42 (1955), S. 97-116.

Ders.: Zur Behördenkunde der kursächsischen Lokalverwaltung, in: Archivar und Historiker. Studien zur Archiv- und Geschichtswissenschaft. Zum 65. Geburtstag von Heinrich Otto Meisner, Berlin 1956, S. 343-361.

Ders.: Grundzüge einer sächsischen Agrarverfassungsgeschichte, in: Zeitschrift der Savigny-Stiftung für Rechtsgeschichte, Germ. Abt. 65 (1965), S. 222-287.

Ders.: Die Umlandbeziehungen Dresdens als Residenzstadt, in: Stadt-Land-Beziehungen und Zentralität als Problem der historischen Raumforschung, 1974 (= Historische Raumforschung, 11), S. 139-160.

Bleckwenn, H.: Bauernfreiheit durch Wehrpflicht – ein neues Bild der altpreußischen Armee, in: Friedrich der Große und das Militärwesen seiner Zeit, Herford/Bonn 1987 (= Vorträge zur Militärgeschichte, Bd. 8), S. 55-72.

Bleeck, K./ Garber, J.: Deutsche Adelstheorien im Zeitalter des höfischen Absolutismus, in: A. Buck u.a. (Hg.), Europäische Hofkultur im 16. und 17. Jahrhundert, Bd. 2, Hamburg 1981, S. 223-227.

Boelcke, W.A.: „Die sanftmütige Accise". Zur Bedeutung und Problematik der „indirekten Verbrauchsbesteuerung" in der Finanzwirtschaft der deutschen Territorialstaaten während der Frühen Neuzeit, in: JGMOD 21(1972), S. 93-139.

Boetticher, M. v. (Bearb.): Landstände und Landtage, Hannover 1996.

Bonin, H. v.: Der Adel in der höheren Beamtenschaft der preußischen Monarchie 1794-1806, Phil. Diss. Göttingen 1961.

Bräuer, H.: Zur wirtschaftlichen Entwicklung Sachsens nach dem Dreißigjährigen Krieg, in: Johann Georg II. und sein Hof. Sachsen nach dem Dreißigjährigen Krieg (= Dresdner Hefte 11. Jahrgang, Heft 33 (1993), S. 13-24.

Breysig, K.: Die Organisation der brandenburgischen Kommissariate in der Zeit von 1660 bis 1697, in: Forschungen zur Brandenburgischen und Preußischen Geschichte 5 (1892), S. 135-156.

Brinkmann, C.: Wustrau. Wirtschafts- und Verfassungsgeschichte eines brandenburgischen Rittergutes, Leipzig 1911.

Brandenburgische Geschichte, hrsg. v. I. Materna/W. Ribbe, Berlin 1995.

Brandt, J.: Altmecklenburgische Schlösser und Herrensitze, Hamburg 1925.

Brunner, O.: Adeliges Landleben und europäischer Geist. Leben und Werk Wolf Helmhards von Hohenberg 1612-1688, Salzburg 1949.

Ders.: Land und Herrschaft. Grundfragen der territorialen Verfassungsgeschichte Österreichs im Mittelalter, Wien 1965^5.

Buchsteiner, I.: Zum Begriff des Junkers in der DDR-Literatur der 80er Jahre, in: Jahrbuch für Wirtschaftsgeschichte 1991/92, S. 105-113.

Buchwald, G. v.: Bilder aus der volkswirtschaftlichen Vergangenheit Mecklenburgs (1631-1708), Neustrelitz 1893, S. 18-45.

Burkhardt, J.: Der Dreißigjährige Krieg, Frankfurt am Main 1992.

Burgen, Schlösser, Gutshäuser in Mecklenburg-Vorpommern, hrsg. v. B. Sobotka, Witten 1993.

Büsch, O.: Militärsystem und Sozialleben im alten Preußen 1713-1807, Berlin 1962.

Bussche, A. v.d.: Die Ritterakademie zu Brandenburg, Frankfurt am Main u.a. 1989.

Carlowitz, M.C. v.: Die Natur der Ritterpferds-Gelder, deren Ursprung und Schicksale, Leipzig 1805.

Carsten, F.L.: Princes and Parliaments in Germany from the Fifteenth to the Eighteen Century, Oxford 1959.

Ders.: Die Entstehung Preußens, Köln/Berlin 1968.

Ders.: Geschichte der preußischen Junker, Frankfurt am Main 1988.

Croon, H.: Die kurmärkischen Landstände 1571-1616, Berlin 1938.

Crousaz, A. v.: Geschichte des königlich-Preußischen Kadetten-Corps nach seiner Entstehung, seinem Entwicklungsgange und seinen Resultaten, Berlin 1857.

Czech, V.: Die Reisen des Grafen zu Lynar nach Prötzel – Adliges Landleben im 18. Jahrhundert in zeitgenössischen Berichten, in: Pracht und Herrlichkeit: Adlig-fürstliche Lebensstile im 17. und 18. Jahrhundert, hrsg. v. P.-M. Hahn/H. Lorenz, Potsdam 1998, S. 157-229.

Czok, K.: Am Hofe August des Starken, Leipzig 1989.

Ders.: Der Adel in Kursachsen und August der Starke, in: Adel in der Frühneuzeit. Ein regionaler Vergleich, hrsg. v. R. Endres, Köln/Wien 1991, S. 119-140.

Delius, W.: Berliner kirchliche Unionsversuche im 17. und 18. Jahrhundert, in: Jahrbuch für Berlin-Brandenburgische Kirchengeschichte 45 (1970), S. 7-121.

Demeter, K.: Das deutsche Offizierkorps in seinen historischen und soziologischen Grundlagen, Berlin 1965.

Der deutsche Sonderweg in Europa 1800-1945, hrsg. v. H. Grebing u.a., Stuttgart 1986.

Deppermann, K.: Die Kirchenpolitik des Großen Kurfürsten, in: Pietismus und Neuzeit 6 (1980), S. 99-114.

Ders.: Der preußische Absolutismus und der Adel. Eine Auseinandersetzung mit der marxistischen Absolutismustheorie, in: Geschichte und Gesellschaft, Bd. 8 (1982), S. 538-553.

Deutsche Agrargeschichte des Spätfeudalismus (= Studienbibliothek DDR-Geschichtswissenschaft, Bd. 6), hrsg. v. H. Harnisch u. G. Heitz, Berlin 1983.

Deutsche Geschichte, Bd. 3: Die Epoche des Übergangs vom Feudalismus zum Kapitalismus von den siebziger Jahren des 15. Jahrhunderts bis 1789, hrsg. v. Zentralinstitut für Geschichte der Akademie der Wissenschaften der DDR, Berlin 1983.

Die Braunschweigische Landesgeschichte. Jahrtausendrückblick einer Region, hrsg. v. H.-R. Jarck u. G. Schildt, Braunschweig 2000.

Die Herrenhäuser des Havellandes. Eine Dokumentation ihrer Geschichte bis in die Gegenwart, hrsg. v. A. Andreae/U. Geiseler, Berlin 2001.

Die politischen Testamente der Hohenzollern, hrsg. v. R. Dietrich, Köln/Wien 1986.

Die Territorien des Reichs im Zeitalter der Reformation und Konfessionalisierung, Land und Konfession 1500-1650, Bd. 2: Der Nordosten, hrsg. v. A. Schindling/W. Ziegler, Münster 1993.

Dilcher, G.: Der alteuropäische Adel – ein verfassungsgeschichtlicher Typus?, in: Europäischer Adel, hrsg. v. H.-U. Wehler, Göttingen 1990, S. 57-86.

Droysen, J.G.: Geschichte der Preußischen Politik, 4 Bde., Leipzig 1865-85.

Duchhardt, H.: Die preußische Königskrönung von 1701. Ein europäisches Modell?, in: Herrscherweihe und Königskrönung im frühneuzeitlichen Europa, hrsg. v. dems., Wiesbaden 1983, S. 82-95.

Duindam, J.: Norbert Elias und der frühneuzeitliche Hof. Versuch einer Kritik und Weiterführung, in: Historische Anthropologie 6 (1998), S. 370-387.

Eckehart-Spengler, W.: Jagdgeschichte und Jagdausübung in landesherrlicher Zeit, in: Die *Jägerey* im 18. Jahrhundert. Colloquium der Arbeitsstelle 18. Jahrhundert, Bergische Universität Gesamthochschule Wuppertal, Heidelberg 1991, S. 13-34.

„Ein sonderbares Licht in Deutschland". Beiträge zur Geschichte des Großen Kurfürsten von Brandenburg (1640-1688), hrsg. v. G. Heinrich, Berlin 1990.

Elias, N.: Über den Prozeß der Zivilisation, Bd. 2, Bern 1969.

Ders.: Die höfische Gesellschaft, Darmstadt/Neuwied 1969.

Elster, O.: Geschichte der stehenden Truppen im Herzogtum Braunschweig-Wolfenbüttel, Bd. 2, Leipzig 1901.

Enders, L.: Entwicklungsetappen der Gutsherrschaft vom Ende des 15. bis zum Beginn des 17. Jahrhunderts, untersucht am Beispiel der Uckermark, in: Jahrbuch für die Geschichte des Feudalismus 12 (1988), S. 119-166.

Dies.: Bauern und Feudalherrschaft der Uckermark im absolutistischen Staate, in: Jahrbuch für Geschichte des Feudalismus 13 (1989), S. 247-283.

Dies.: Brandenburgische Landesgeschichte in der DDR, in: Blätter für deutsche Landesgeschichte 127 (1991), S. 305-327.

Dies.: Die Uckermark. Geschichte einer kurmärkischen Landschaft vom 12. bis zum 18. Jahrhundert, Weimar 1992.

Dies.: Werden und Vergehen kleinerer Städte während des Spätmittelalters und der frühen Neuzeit. Funktions- und Existenzbedingungen in der Mark Brandenburg, in: Siedlungsforschung. Archäologie – Geschichte – Geographie 11 (1993), S. 111-120.

Dies.: „Aus drängender Not". Die Verschuldung des Prignitzer Adels im 17. Jahrhundert, in: JGMOD 43 (1995), S. 1-23.

Dies.: Emanzipation der Agrargesellschaft im 18. Jahrhundert – Trends und Gegentrends in der Mark Brandenburg, in: Konflikt und Kontrolle in Gutsherrschaftsgesellschaften. Über Resistenz- und Herrschaftsverhalten in der Frühen Neuzeit, hrsg. v. J. Peters, Göttingen 1995, S. 404-431.

Dies.: Die Vermögensverhältnisse des Prignitzer Adels im 18. Jahrhundert, in: JBLG 46 (1995), S. 76-93.

Dies.: Bürde und Würde. Sozialstatus und Selbstverständnis frühneuzeitlicher Frauen in der Mark Brandenburg, in: Weiber, Menscher, Frauenzimmer. Frauen in der ländlichen Gesellschaft 1500-1800, hrsg. v. H. Wunder/Chr. Vanja, Göttingen 1996, S. 123-153.

Dies.: Burgen, Schlösser, Gutsgebäude. Zur Baugeschichte der Prignitz in der Frühneuzeit, in: JBLG 50 (1999), S. 31-61.

Dies.: Die Prignitz. Geschichte einer kurmärkischen Landschaft vom 12. bis zum 18. Jahrhundert, Potsdam 2000.

Endres, R.: Die wirtschaftlichen Grundlagen des niederen Adels in der frühen Neuzeit, in: Jahrbuch für fränkische Landesforschung 36 (1976), S. 215-237.

Ders.: Adel in der Frühen Neuzeit (= Enzyklopädie deutscher Geschichte, Bd. 18), München 1993.

Erdmannsdörffer, B.: Graf Georg Friedrich von Waldeck. Ein preußischer Staatsmann im siebzehnten Jahrhundert, Berlin 1869.

Ders.: Deutsche Geschichte vom Westfälischen Frieden bis zum Regierungsantritt Friedrichs des Großen, Meersburg/Naunhof/Leipzig 1932.

Ermisch, H.: Die sächsische Geschichtsforschung in den letzten dreißig Jahren, in: NASG 15 (1894), S. 1-26.

Estorff, K. v.: Beiträge zur Geschichte des niedersächsischen Adels, in: Vaterländisches Archiv des historischen Vereins für Niedersachsen (1842), S. 263-277.

Evans, R.: Das Werden der Habsburgermonarchie 1550-1700, Leipzig 1986.

Faden, E.: Berlin im Dreißigjährigen Kriege, Berlin 1927.

Falke, J.: Die Steuerverhandlungen des Kurfürsten Johann Georg I. mit den Landständen während des Dreißigjährigen Krieges, in: ASG N.F. 1 (1875), S. 268-348.

Ders.: Die Steuerverhandlungen des Kurfürsten Johann Georg II. mit den Landständen, in: MASV 25 (1875), S. 79-129.

Faßmann, D.: Leben und Thaten des Allerdurchlauchtigsten und Großmächtigsten Königs von Preußen Friedrich Wilhelm, Hamburg/Breslau 1735.

Flügel, A.: Der Ort der Regionalgeschichte in der neuzeitlichen Geschichte, in: Kultur und Staat in der Provinz. Perspektiven und Erträge der Regionalgeschichte, hrsg. v. St. Brakensiek u.a., Bielefeld 1992, S. 1-28.

Ders.: Gutsbesitz und Rittergutsbesitzer – Das Beispiel Ammelshain im 18. und 19. Jahrhundert, in: Sächsische Heimatblätter 42 (1996), S. 84-91.

Ders.: Bürgerliche Rittergüter. Sozialer Wandel und politische Reform in Kursachsen (1680-1844), Göttingen 2000.

Foelsch, T.: Adel, Schlösser und Herrenhäuser in der Prignitz. Ein Beitrag zur Kunst- und Kulturgeschichte einer märkischen Landschaft, Leipzig 1997.

Formen der Visualisierung von Herrschaft. Studien zu Adel, Fürst und Schloßbau vom 16. bis zum 18. Jahrhundert, hrsg. v. P.-M. Hahn/H. Lorenz, Potsdam 1998.

Franz, G.: Der Dreißigjährige Krieg und das deutsche Volk, Jena 1940.

Frey, L. und M.: Friedrich I. Preußens erster König, Graz/Wien/Köln 1984.

Friedberg, H. v.: Der Konflikt zwischen Friedrich Wilhelm I. und Karl VI. über die Allodifikation der Lehne in den Marken, in: Historische Zeitschrift 28 (1890), S. 216-233.

Fürbringer, Chr.: Necessitas und Libertas. Staatsbildung und Landstände im 17. Jahrhundert in Brandenburg, Frankfurt am Main/Bern/New York 1985.

Gähde, J.K.F. W.: Geschichte der Stadt Alt-Landsberg, Halle 1857.

Geiseler, U.: „... uf schlechte erden von holtze und leyme" – Zur Lebenswelt des brandenburgischen Adels an der Schwelle zur Frühen Neuzeit, in: Adelige Welt und familiäre Beziehung. Aspekte der „privaten" Welt des Adels in böhmischen, polnischen und deutschen Beispielen vom 14. Bis zum 16. Jahrhundert, hrsg. v. Heinz-Dieter Heimann, Potsdam 2000, S. 141-153.

Ders.: Region – Familie – Rittersitz. Der brandenburgische Adel um 1700, in: Im Schatten der Krone. Die Mark Brandenburg um 1700, hrsg. v. F. Göse, Potsdam 2002, S. 143-178.

Gemeindeleben, Dörfer und kleine Städte im östlichen Deutschland (16.-18. Jahrhundert), hrsg. v. H. Zückert/Th. Rudert, Köln/Weimar/Wien 2001.

Genthe, F.: Die preußischen Oberjägermeister. Ein Beitrag zur Geschichte des Oberjägermeisteramtes von 1579-1825, in: Hohenzollern-Jahrbuch 10 (1906), S. 261-274.

Gerhard, D.: Probleme ständischer Vertretungen im früheren achtzehnten Jahrhundert und ihre Behandlung in der gegenwärtigen Forschung, in: Ständische Vertretungen in Europa im 17. und 18. Jahrhundert, hrsg. v. dems., Göttingen 1969, S. 9-31.

Gericke, W.: Glaubenszeugnisse und Konfessionspolitik der brandenburgischen Herrscher von 1540 bis 1806, Berlin 1977.

Gerlach: Collectaneen, in: Mitteilungen des Vereins für die Geschichte Potsdams, Neue Folge, Teil 3 (1883), S. 109.

Geschichte des sächsischen Adels, hrsg. v. K. Keller/J. Matzerath, Köln/Weimar/Wien 1997.

Geschichte Niedersachsens, Bd. 3.1: Politik, Wirtschaft und Gesellschaft von der Reformation bis zum Beginn des 19. Jahrhunderts, hrsg. v. C. van den Heuvel, Hildesheim 1998.

Gestrich, A.: Absolutismus und Öffentlichkeit, Göttingen 1994.

Göse, F.: Die Struktur des kur- und neumärkischen Adels im Spiegel der Vasallentabellen des 18. Jahrhunderts, in: FBPG, N.F. 2 (1992), S. 25-46.

Ders.: Ein altmärkischer Amtsträger zwischen Staatsdienst und Ständetum. Levin Friedrich II. v. Bismarck auf Briest (1703-1774), in: JBLG 45 (1994), S. 97-117.

Ders.: Die „Postammische Sache ... ist zur Endschaft zu befordern". Der Auskauf des Adels im Potsdamer Umland durch Kurfürst Friedrich Wilhelm, in: Potsdam – Märkische Kleinstadt – europäische Residenz. Reminiszenzen einer eintausendjährigen Geschichte, hrsg. v. P.-M. Hahn u.a., Berlin 1995, S. 85-98.

Ders.: Zwischen adliger Herrschaft und städtischer Freiheit. Zur Geschichte kurmärkischer adliger Mediatstädte in der Frühen Neuzeit, in: JBLG 47 (1996), S. 55-85.

Ders.: Der Blick über die Grenzen. Brandenburgische und sächsische Adlige im 16. und 17. Jahrhundert, in: Sächsische Heimatblätter 42 (1996), Heft 2, S. 68-76.

Ders.: Zur Geschichte des neumärkischen Adels im 17./18.Jahrhundert. Ein Beitrag zum Problem des ständischen Regionalismus, in: FBPG, N.F. 7 (1997), S. 1-47.

Ders.: Zwischen Garnison und Rittergut. Aspekte der Verknüpfung von Militärgeschichte und Adelsforschung am Beispiel Brandenburg-Preußens, in: Klio in Uniform? Probleme und Perspektiven einer modernen Militärgeschichte der Frühen Neuzeit, hrsg. v. R. Pröve, Köln/Weimar/Wien 1997, S. 109-142.

Ders.: Adlige Führungsgruppen in nordostdeutschen Territorialstaaten des 16. Jahrhunderts, in: Formen der Visualisierung von Herrschaft. Studien zu Adel, Fürst und Schloßbau vom 16. bis zum 18. Jahrhundert, hrsg. v. P.-M. Hahn/H. Lorenz, Potsdam 1998, S. 139-210.

Ders.: Landstände und Militär. Die Haltung der kur- und neumärkischen Ständerepräsentanten zum brandenburg-preußischen Militärsystem im ausgehenden 17. und 18. Jahrhundert, in: Militär und ländliche Gesellschaft in der frühen Neuzeit, hrsg. v. St. Kroll/K. Krüger, Hamburg/Münster/London 2000, S. 191-222.

Ders.: Das Verhältnis von landadliger Sozialisation zu adliger Militärkarriere. Das Beispiel Preußen und Österreich im ausgehenden 17. und 18. Jahrhundert, in: MIÖG 109 (2001), S. 118-153.

Gretschel, C.: Geschichte des sächsischen Volkes und Staates, Bd. 2, Leipzig 1847.

Gritzner, A. M. F.: Chronologische Matrikel der Brandenburgisch-preussischen Standeserhebungen und Gnadenacte ... 1600-1873, Berlin 1874.

Ders.: Die bei Gelegenheit der Krönung des Kurfürsten Friedrich III. zum König von Preußen erfolgten Standeserhebungen, in: Der Deutsche Herold 32 (1901), S. 15–21.

Grüneberg, G.: Die Prignitz und ihre städtische Bevölkerung im 17. Jahrhundert, Lenzen 1999.

Haack, H.: Die sozialökonomische Struktur mecklenburgischer Feudalkomplexe im 16. und 17. Jahrhundert (Untersucht am Beispiel der Eigentumskomplexe der Familie Hahn und der Domanialämter Güstrow, Ivenack und Stavenhagen), Phil. Diss., Rostock 1968.

Haake, P.: August der Starke, Berlin/Leipzig 1927.

Ders.: Kursachsen oder Brandenburg-Preußen? Geschichte eines Wettstreits, Berlin 1939.

Hagen, W.H.: Seventeenth-Century Crisis in Brandenburg: The Thirty Years' War, The Destabilization of Serfdom, and the Rise of Absolutism, in: AHR 94 (1989), S. 302-335.

Hahn, P.-M.: Struktur und Funktion des brandenburgischen Adels im 16. Jahrhundert, Berlin 1979.

Ders.: `Absolutistische` Polizeigesetzgebung und ländliche Sozialverfassung, in: JGMOD 29 (1980), S. 13-29.

Ders.: Landesstaat und Ständetum im Kurfürstentum Brandenburg während des 16. und 17. Jahrhunderts, in: Ständetum und Staatsbildung in Brandenburg – Preußen. Ergebnisse einer internationalen Fachtagung, hrsg. v. P. Baumgart, Berlin 1983, S. 41-79.

Ders.: Fürstliche Territorialhoheit und lokale Adelsgewalt. Die Durchdringung des ländlichen Raumes zwischen Elbe und Aller, Berlin/New York 1989.

Ders.: Die Gerichtspraxis der altständischen Gesellschaft im Zeitalter des „Absolutismus". Die Gutachtertätigkeit der Helmstedter Juristenfakultät für die brandenburgisch-preußischen Territorien 1675-1710, Berlin 1989.

Ders.: Forschungen zur Geschichte Sachsens – Landesgeschichte und Geschichtspropaganda, in: JGMOD 39(1990), S. 43-91.

Ders.: Aristokratisierung und Professionalisierung. Der Aufstieg der Obristen zu einer militärischen und höfischen Elite in Brandenburg-Preußen von 1650-1725, in: FBPG, N.F. 1 (1991), S. 161-208.

Ders.: Calvinismus und Staatsbildung: Brandenburg-Preußen im 17. Jahrhundert, in: Territorialstaat und Calvinismus, hrsg. v. M. Schaab, Stuttgart 1993, S. 239-269.

Ders.: Kriegswirren und Amtsgeschäfte. Ferne adlige Lebenswelten um die Mitte des 17. Jahrhunderts im Spiegelbild persönlicher Aufzeichnungen, Potsdam 1996.

Ders.: Magnifizenz und dynastische Legitimation, in: ders./H. Lorenz (Hg.), Formen der Visualisierung von Herrschaft. Studien zu Adel, Fürst und Schloßbau vom 16. bis zum 18. Jahrhundert, Potsdam 1998, S. 9-56.

Ders.: Die Hofhaltung der Hohenzollern. Der Kampf um Anerkennung, in: Preußische Stile. Ein Staat als Kunststück, hrsg. v. P. Bahner /G. Roellecke, Stuttgart 2001, S. 73-89.

Hamann, M.: Das staatliche Werden Mecklenburgs, Köln/Graz 1962.

Hansen, E.W.: Zur Problematik einer Sozialgeschichte des deutschen Militärs im 17. und 18. Jahrhundert. Ein Forschungsbericht, in: ZHF 6 (1979), S. 425-460.

Harnisch, H.: Die Herrschaft Boitzenburg, Weimar 1968.

Ders.: Bauern – Feudaladel – Städtebürgertum. Untersuchungen über die Zusammenhänge zwischen Feudalrente, bäuerlicher und gutsherrlicher Warenproduktion und den Ware-Geld-Beziehungen in der Magdeburger Börde und dem nordöstlichen Harzvorland von der frühbürgerlichen Revolution bis zum Dreißigjährigen Krieg, Weimar 1980.

Ders.: Die Gutsherrschaft in Brandenburg. Ergebnisse und Probleme, in: Preußen in der deutschen Geschichte vor 1789 (= Studienbibliothek DDR – Geschichtswissenschaft, Bd. 2), hrsg. v. I. Mittenzwei/ K.-H. Noack, Berlin 1983.

Ders.: Probleme einer Periodisierung und regionalen Typisierung der Gutsherrschaft im mitteleuropäischen Raum, in: Jahrbuch für Geschichte des Feudalismus 10 (1986), S. 251-274.

Ders.: Grundherrschaft oder Gutsherrschaft. Zu den wirtschaftlichen Grundlagen des niederen Adels in Norddeutschland zwischen spätmittelalterlicher Agrarkrise und Dreißigjährigem Krieg, in: Adel in der Frühneuzeit, hrsg. v. R. Endres, Köln/Wien 1991, S. 65-98.

Ders.: Preußisches Kantonsystem und ländliche Gesellschaft: Das Beispiel der mittleren Kammerdepartements, in: Krieg und Frieden. Militär und Gesellschaft in der Frühen Neuzeit, hrsg. v. B.R. Kroener/R. Pröve, Paderborn 1996, S. 137-165.

Hartung, F.: Deutsche Verfassungsgeschichte vom 15. Jahrhundert bis zur Gegenwart, Stuttgart 1950[8].

Ders.: Herrschaftsverträge und ständischer Dualismus in den deutschen Territorien, in: Staatsbildende Kräfte der Neuzeit, Berlin 1961 [zuerst 1952].

Hass, M.: Die preußischen Adreßkalender und Staatshandbücher als historisch-statistische Quelle, in: FBPG 20 (1907), S. 133-193 u. 305-346.

Ders.: Die kurmärkischen Stände im letzten Drittel des 16. Jahrhunderts, München/Leipzig 1913.

Haug-Moritz, G.: Württembergischer Ständekonflikt und deutscher Dualismus: ein Beitrag zur Geschichte des Reichsverbandes in der Mitte des 18. Jahrhunderts, Stuttgart 1992.

Haun, F.-J.: Bauer und Gutsherr in Kursachsen, Straßburg 1992.

Haußmann, B.: Zwischen Verbauerung und Volksaufklärung. Kurmärkische Landprediger in der zweiten Hälfte des 18. Jahrhunderts, Phil. Diss., Potsdam 1999.

Heck, U.: Geschichte der Landtage in Mecklenburg. Ein Abriß, Rostock 1997.

Hein, M.: Otto von Schwerin, Königsberg 1929.

Heinrich, G.: Der Adel in Brandenburg-Preußen, in: Deutscher Adel 1555-1740, Darmstadt 1965, hrsg. v. H. Rössler, S. 259-314.

Ders.: Amtsträgerschaft und Geistlichkeit. Zur Problematik der sekundären Führungsschichten in Brandenburg-Preußen 1450-1786, in: Beamtentum und Pfarrerstand 1400-1800, hrsg. v. G. Franz, Limburg/Lahn 1972, S. 179-238.

Ders.: Geschichte Preußens. Staat und Dynastie, Frankfurt am Main/Berlin/Wien 1981.

Ders.: Acta Borussica. Ein Rückblick nach hundert Jahren, in: A.B.B., Bd. 16.2, Hamburg/Berlin 1982, S. VII-IX.

Ders.: Frankfurt a.d. Oder, Universität, in: Theologische Realenzyklopädie, Bd. 11, Berlin/New York 1983, S. 335-342.

Ders.: Nordostdeutscher Adel im Übergang vom Spätmittelalter zur Neuzeit. Bemerkungen zur Sozialverfassung regionaler Führungsschichten, in: JBLG 35 (=Festschrift der Landesgeschichtlichen Vereinigung für die Mark Brandenburg zu ihrem hundertjährigen Bestehen), Berlin 1984, S. 104-125.

Ders.: Staatsdienst und Rittergut. Die Geschichte der Familie von Dewitz in Brandenburg, Mecklenburg und Pommern, Bonn 1990.

Ders: Landesgeschichtliche Arbeiten und Aufgaben in Berlin-Brandenburg. Rückblicke und Ausblicke, in: JGMOD 39 (1990), S. 1-42.

Ders.: Friedrich der Große und Mecklenburg. Geschichte einer Mesalliance, in: Mecklenburg und seine Nachbarn, hrsg. v. H. Bei der Wieden/T. Schmidt, Rostock 1997, S. 127-148.

Heiss, G.: Habitus, Bildung und Familie – Strategien des Adels zur Statussicherung, in: K. Keller/ J. Matzerath (Hg.), Geschichte des sächsischen Adels, Köln/Weimar/Wien 1997, S.321-326.

Heitz, G.: Die sozialökonomische Struktur im ritterschaftlichen Bereich Mecklenburgs, in: Beiträge zur deutschen Sozial- und Wirtschaftsgeschichte des 18. und 19. Jahrhunderts, Berlin 1961.

Ders./H. Harnisch: Einleitung, in: Deutsche Agrargeschichte des Spätfeudalismus (= Studienbibliothek DDR-Geschichtswissenschaft, Bd. 6), hrsg. v. dens., Berlin 1986, S. 9-36.

Heitz, G.: Ursprung und Wirksamkeit des brandenburgisch-mecklenburgischen Erbvertrages von 1442, in: Brandenburgische Landesgeschichte heute, hrsg. v. L. Enders/K. Neitmann, Potsdam 1999, S. 145-157.

Helbig, H.: Der Adel in Kursachsen, in: Deutscher Adel 1555-1740, hrsg. v. H. Rössler, Darmstadt 1965, S. 216-258.

Held, W.: Selbstverständnis und Lebensauffassung des kursächsischen Landadels in der beginnenden Frühneuzeit, in: NASG 65 (1994), S. 39-59.

Ders.: Der Landadel im Sachsen der beginnenden Frühneuzeit. Zu seiner Position in der Gesellschaft und im Fürstenstaat, in: Blätter für deutsche Landesgeschichte 131 (1995), S. 203-222.

Ders.: Der frühneuzeitliche sächsische Landadel in seinem Verhältnis zu den wettinischen Fürsten, in: Sächsische Heimatblätter, 42 (1996), Heft 2, S. 62-67.

Ders.: Der Adel und August der Starke. Konflikt und Konfliktaustrag zwischen 1694 und 1707 in Kursachsen, Köln/Weimar/Wien 1999.

Hellfritz, H.: Geschichte der Preußischen Heeresverwaltung, Berlin 1938.

Helmigk, H.J.: Märkische Herrenhäuser, Berlin 1929.

Hering, D.H.: Historische Nachricht von dem ersten Anfang der Evangelisch-Reformierten Kirche in Brandenburg und Preußen unter dem gottseligen Churfürsten Johann Sigismund, Halle 1778.

Ders.: Beiträge zur Geschichte der evangelisch-reformierten Kirche in den Preußisch-Brandenburgischen Ländern, 3 Teile, Breslau 1784.

Herrenhäuser in Brandenburg und in der Niederlausitz. Kommentierte Ausgabe der Edition von Alexander Duncker, hrsg. v. P.-M. Hahn u. H. Lorenz, Berlin 2000.

Herrmann, G.-U.: Georg Freiherr von Derfflinger, Berlin 1997.

Herzfeld, E.: Klassenkämpfe in der Kur- und Mark Brandenburg während der schwedisch-brandenburgischen Auseinandersetzungen im Jahre 1675, Phil. Diss. Berlin 1961.

Herzfeld, H./Berges, W.: Bürokratie, Aristokratie und Autokratie in Preußen. Das Werk von Hans Rosenberg, in: JGMOD 11 (1962), S. 282-296.

Hinrichs, C.: Friedrich Wilhelm I. König in Preußen. Eine Biographie, Hamburg 1941.

Ders.: Der Regierungsantritt Friedrich Wilhelms I., in: ders., Preußen als historisches Problem, Berlin 1964, S. 91-137.

Hinrichs, E.: Preußen und Europa. Neue Ansätze der vergleichenden Preußenforschung, in: Stillstand, Erneuerung und Kontinuität. Einsprüche zur Preußenforschung, hrsg. v. J. Wolff, Frankfurt am Main 2001, S. 11-33.

Hintze, K.: Die Arbeiterfrage zu Beginn des modernen Kapitalismus in Brandenburg-Preußen 1685-1806, Berlin 1963.

O. Hintze: Einleitende Darstellung der Behördenorganisation und allgemeinen Verwaltung beim Regierungsantritt Friedrichs II. (= A.B.B., Bd. 6.1), Berlin 1901.

Ders.: Die Hohenzollern und der Adel [zuerst 1914], wieder in ders.: Regierung und Verwaltung. Gesammelte Abhandlungen zur Staats-, Rechts- und Sozialgeschichte Preussens, Göttingen 1967, S. 30-55.

Ders.: Die Hohenzollern und ihr Werk, Berlin 1915.

Ders.: Der Ursprung des preußischen Landratsamtes in der Mark Brandenburg, in: FBPG 28(1915), S. 357-415.

Ders.: Staatsverfassung und Heeresverfassung, in: Ders., Staat und Verfassung (= Gesammelte Abhandlungen zur allgemeinen Verfassungsgeschichte), Leipzig 1941, S. 42-73.

Ders.: Staat und Gesellschaft unter dem ersten König, in: Hohenzollern-Jahrbuch 4 (1900), [wieder abgedruckt in: Regierung und Verwaltung (= Gesammelte Abhandlungen, Bd. 3), Göttingen 1967].

Ders.: Kalvinismus und Staatsräson in Brandenburg zu Beginn des 17. Jahrhunderts, in: Regierung und Verwaltung (= Gesammelte Abhandlungen, Bd. 3), Göttingen 1967.

Ders.: Die Epochen des evangelischen Kirchenregiments in Deutschland, in: Regierung und Verwaltung (= Gesammelte Abhandlungen, Bd. 3), Göttingen 1967.

Hirsch, F.: Die Briefe der Kurfürstin Luise Henriette von Brandenburg an den Oberpräsidenten Otto v. Schwerin, in: FBPG 8 (1895), S. 173-206.

Hochedlinger, M.: Mars Ennobled. The Ascent of the Military and the Creation of a Military Nobility in Mid-Eighteenth-Century Austria, in: German History, Vol. 17, Nr. 2 (1999), S. 141-176.

Ders.: Rekrutierung – Militarisierung – Modernisierung. Militär und ländliche Gesellschaft in der Habsburgermonarchie im Zeitalter des Aufgeklärten Absolutismus, in: Militär und ländliche Gesellschaft in der frühen Neuzeit, hrsg. v. St. Kroll/K. Krüger, Münster/Hamburg/London 2000, S. 327-375.

Hofer, E.: Die Beziehungen Mecklenburgs zu Kaiser und Reich (1620-1683), Marburg/Lahn 1956.

Hofmann, H.-H.: Adlige Herrschaft und souveräner Staat. Studien über Staat und Gesellschaft in Franken und Bayern im 18. und 19. Jahrhundert, München 1962.

Holländer, K.-U.: Vom märkischen Sand zum höfischen Parkett. Der Hof Friedrich Wilhelms III. – ein Reservat für die alte Elite des kurbrandenburgischen Adels?, in: Leben und Arbeiten auf märkischem Sand. Wege in die Gesellschaftsgeschichte Brandenburgs 1700-1914, hrsg. v. R. Pröve/B. Kölling, Bielefeld 1999, S. 15-48.

Huch, G.: Die Teltowgraphia des Johann Christian Jeckel, Köln/Weimar/Wien 1993.

Isaacsohn, S.: Geschichte des preußischen Beamtentums, Bd. 2, Berlin 1878.

Jacobs, R.: Braunschweigisches Militärwesen 1641-1714, in: Braunschweigisches Jahrbuch 81 (2000), S. 29-75.

Jähns, M.: Geschichte der Kriegswissenschaften, vornehmlich in Deutschland, Bd. 2, München/Leipzig 1890.

Jany, C.: Lehndienst und Landfolge unter dem Großen Kurfürsten, in: FBPG 8 (1895), S. 419-467.

Ders.: Die Kantonverfassung Friedrich Wilhelms I., in: FBPG 38 (1926), S. 225-272.

Ders.: Geschichte der Königlich preußischen Armee bis zum Jahre 1807, Bde. 1-3, Berlin 1928/29.

Jeroschewitz, A.: Der Übertritt des Burggrafen zu Dohna zum reformierten Bekenntnis, Diss. Königsberg 1920.

Jersch-Wenzel, St.: Juden und „Franzosen" in der Wirtschaft des Raumes Berlin-Brandenburg, Berlin 1978.

Johann Georg II. und sein Hof. Sachsen nach dem Dreißigjährigen Krieg (= Dresdner Hefte 11. Jg., Heft 33), 1993.

Johnson, H.C.: Frederick the Great and his Officials, New Haven/London 1975.

Kaak, H.: Die Gutsherrschaft. Theoriegeschichtliche Untersuchungen zum ostelbischen Agrarwesen, Berlin/New York 1991.

Kaiser, M.: „Optimo Regi Fides Borussorum". Die Landstände der preußischen Territorien und die Königserhebung Friedrichs III. (I.), in: Dreihundert Jahre Preußische Königskrönung. Eine Tagungsdokumentation, hrsg. v. J. Kunisch, Berlin 2002 (= Beiheft 6 der FBPG), S. 73-113.

Kaphahn, F.: Die wirtschaftlichen Folgen des 30jährigen Krieges für die Altmark. Ein Beitrag zur Geschichte des Zusammenbruchs der deutschen Volkswirtschaft in der ersten Hälfte des 17. Jahrhunderts, Gotha 1911.

Ders.: Der Zusammenbruch der deutschen Kreditwirtschaft im 17. Jahrhundert und der Dreißigjährige Krieg, in: Deutsche Geschichtsblätter 13 (1912), S. 139-162.

Ders.: Kurfürst und kursächsische Stände im 17. und beginnenden 18. Jahrhundert, in: NASG 43 (1922), S. 62-79.

Kempen, W. v.: Schlösser und Herrensitze in Niedersachsen, Frankfurt am Main 1960.

Kessel, G. v.: Tagebuch Dieterich Sigismunds v. Buch aus den Jahren 1674 bis 1683. Beitrag zur Geschichte des Großen Kurfürsten von Brandenburg, 2 Bde., Jena/Leipzig 1865.

Kirchner, E.D.M.: Das Schloß Boytzenburg und seine Besitzer insonderheit aus dem von Arnimschen Geschlechte, Berlin 1860.

Ders.: Die Churfürstinnen und Königinnen auf dem Throne der Hohenzollern im Zusammenhange mit ihren Familien- und Zeitverhältnissen, 2. Teil, Berlin 1867.

Kittel, E.: Die Zauche und ihre Bevölkerung nach dem Dreißigjährigen Krieg, Beelitz 1935.

Ders. (Bearb.): Märkisches Soldatentum (= Brandenburgische Jahrbücher, 2) 1936.

Ders.: Die Erbhöfe und Güter des Barnim 1608/1652, Bernburg 1937.

Klientelsysteme im Europa der Frühen Neuzeit, hrsg. v. A. Maczak, München 1988.

Klinkenborg, M.: Die Stellung des Hauses Finckenstein am preußischen Hofe im 17. und 18. Jahrhundert, in: Hohenzollern-Jahrbuch 17 (1913), S. 156-172.

Klio in Uniform? Probleme und Perspektiven einer modernen Militärgeschichte der Frühen Neuzeit, hrsg. v. R. Pröve, Köln/Weimar/Wien 1997.

Kloosterhuis, J. (Bearb.): Bauern, Bürger und Soldaten. Quellen zur Sozialisation des Militärsystems im preußischen Westfalen 1713-1803, Bd. 2: Regesten, Münster 1992.

Koch, H.: Landständische Verfassung, Landesverwaltung und Großgrundbesitzer in Mecklenburg-Schwerin vor der Novemberrevolution 1918/19, in: Wiss. Zeitschrift der Wilhelm-Pieck-Universität Rostock, Gesellschaftswiss. Reihe 36, Heft 10 (1987), S. 54-62.

Koch, W.: Hof und Regierungsverfassung König Friedrich I. von Preußen (1697-1710), Breslau 1926.

König, A.B.: Biographisches Lexikon aller Helden und Militairpersonen, welche sich in preußischen Diensten berühmt gemacht haben, 4 Teile, Berlin 1788/1791.

Konflikt und Kontrolle in Gutsherrschaftsgesellschaften. Über Resistenz- und Herrschaftsverhalten in ländlichen Sozialgebilden der Frühen Neuzeit, hrsg. v. J. Peters, Göttingen 1995.

Koser, R.: Vom Berliner Hof um 1750, in: Hohenzollern-Jahrbuch 5 (1903), S. 1-37.

Ders.: Friedrich der Große, Stuttgart/Berlin 1911.

Kotsch, D.: Potsdam. Die preußische Garnisonstadt, Braunschweig 1992.

Krause, H.: System der landständischen Verfassung Mecklenburgs in der zweiten Hälfte des 16. Jahrhunderts, Rostock 1927.

Krisen des 17. Jahrhunderts. Interdisziplinäre Perspektiven, hrsg. v. M. Jakubowski-Tiessen, Göttingen 1999.

Kroener, B.R.: Vom „extraordinari Kriegsvolck" zum „miles perpetuus". Zur Rolle der bewaffneten Macht in der europäischen Gesellschaft der Frühen Neuzeit, in: Militärgeschichtliche Mitteilungen 43 (1988), S. 141-188.

Ders.: „Das Schwungrad an der Staatsmaschine?" Die Bedeutung der bewaffneten Macht in der europäischen Geschichte der frühen Neuzeit, in: Krieg und Frieden. Militär und Gesellschaft in der Frühen Neuzeit, hrsg. v. demselb./R. Pröve, Paderborn 1996, S.1-23.

Ders.: Lègislateur de ses armèes. Verstaatlichungs- und Feudalisierungstendenzen in der militärischen Gesellschaft der Frühen Neuzeit am Beispiel der französischen Armee im Zeitalter Ludwig XIV., in: Der Absolutismus – ein Mythos? Strukturwandel monarchischer Herrschaft in West- und Mitteleuropa (ca. 1550-1700), hrsg. v. R.G. Asch/H. Duchhardt, Köln 1996, S. 311-328.

Ders.: „Der Krieg hat ein Loch ...". Überlegungen zum Schicksal demobilisierter Söldner nach dem Dreißigjährigen Krieg, in: Der Westfälische Friede. Diplomatie – politische Zäsur – kulturelles Umfeld – Rezeptionsgeschichte, hrsg. v. H. Duchhardt, München 1998, S. 599-630.

Kruedener, J. Freiherr v.: Die Rolle des Hofes im Absolutismus, Stuttgart 1973.

Krüger, K.: Mecklenburg und Skandinavien in der frühen Neuzeit – Staatsbildung und Ostseeherrschaft, in: Der Staat 35 (1996), S. 491-522.

Ders.: Die fürstlich-mecklenburgischen Policey-Ordnungen des 16. Jahrhunderts: Innenpolitik und Staatsbildung, in: Mecklenburgisches Jahrbuch 111 (1996), S. 131-167.

Kruse, H.: Stände und Regierung – Antipoden? Die calenbergischen Landstände 1715-1802, Phil. Diss. Hannover 1997.

Küster, C.D.: Charakterzüge des preußischen Generallieutnants von Saldern ..., Berlin 1793.

Kunisch, J.: Die deutschen Führungsschichten im Zeitalter des Absolutismus, in: Deutsche Führungsschichten in der Neuzeit. Eine Zwischenbilanz, hrsg. v. H.H. Hofmann/G. Franz, Boppard a. Rhein 1980, S. 111-141.

Ders.: Hofkultur und höfische Gesellschaft in Brandenburg-Preußen im Zeitalter des Absolutismus, in: Europäische Hofkultur im 16. und 17. Jahrhundert: Vorträge und Referate gehalten anläßlich des Kongresses des Wolfenbütteler Arbeitskreises für Renaissanceforschung und des Internationalen Arbeitskreises für Barockliteratur in der Herzog-August-Bibliothek Wolfenbüttel vom 4. bis 8. September 1979, hrsg. v. A. Buck, Hamburg 1981, Bd. 3, S. 735-744.

Ders.: La Guerre – C'est moi! Zum Problem der Staatenkonflikte im Zeitalter des Absolutismus, in: ders., Fürst – Gesellschaft – Krieg. Studien zur bellizistischen Disposition des absoluten Fürstenstaates, Köln/Weimar/Wien 1992, S. 1-41.

Ders.: Funktion und Ausbau der kurfürstlich-königlichen Residenzen in Brandenburg-Preußen im Zeitalter des Absolutismus, in: Potsdam. Märkische Kleinstadt – Europäische Residenz. Reminiszenz einer eintausendjährigen Geschichte, hrsg. v. P.-M. Hahn u.a., Potsdam 1995, S. 61-83.

Lackner, M.: Die Kirchenpolitik des Großen Kurfürsten, Witten 1973.

Lampe, J.: Aristokratie, Hofadel und Staatspatriziat in Kurhannover 1714-1760, 2 Bde., Göttingen 1963.

Lander, J.R.: Family, friends and politics in 15th Cent. England, in: R.E. Archer (Ed.), Crown, Government and people in the 15th Cent., New York 1995.

Landwehr, H.: Die Kirchenpolitik Friedrich Wilhelms, des Großen Kurfürsten. Auf Grund archivalischer Quellen, Berlin 1894.

Lange, U.: Der ständestaatliche Dualismus – Bemerkungen zu einem Problem der deutschen Verfassungsgeschichte, in: Blätter für deutsche Landesgeschichte 117 (1981), S. 311-332.

Ders.: Landtag und Ausschuß. Zum Problem der Handlungsfähigkeit landständischer Versammlungen im Zeitalter der Entstehung des frühmodernen Staates. Die welfischen Territorien als Beispiel (1500-1629), Hildesheim 1986.

Lanzinner, M.: Fürst, Räte und Landstände. Die Entstehung der Zentralbehörden in Bayern 1511-1598, Göttingen 1980.

Lasslett, P.: Verlorene Lebenswelten. Geschichte der vorindustriellen Gesellschaft, (dt.) Frankfurt am Main 1991.

Lehmann, G.: Die brandenburgische Kriegsmacht unter dem Großen Kurfürsten, in: FBPG 1 (1888), S. 451-525.

Lenthe, G. v.: Niedersächsischer Adel zwischen Spätmittelalter und Neuzeit, in: Deutscher Adel 1430-1555, hrsg. v. H. Rössler, Darmstadt 1965, S. 177-202.

Lisch, G.C.F.: Über Wallensteins Regierungsform in Mecklenburg, in: Jahrbücher für mecklenburgische Geschichte und Altertumskunde 36 (1871).

Löffler, K.: Johann Georg kauft Purschensteiner Wälder, in: Sächsische Heimatblätter 25 (1979).

Loewe, V.: Die Allodifikation der Lehen unter Friedrich Wilhelm I., in: FBPG 11 (1898), S. 341-374.

Ders.: Zur Gründungsgeschichte des Generaldirektoriums, in: FBPG 13 (1900), S. 242-246.

Loewenfeldt, J.R. v.: Wolfsburg. Kirchen- und kulturgeschichtliche Bilder aus einem halben Jahrtausend, Wolfsburg 1925.

Lubinski, A.: Ländliches Kreditwesen und Gutsherrschaft – zur Verschuldung des Adels in Mecklenburg-Strelitz im 18. Jahrhundert, in: Gutsherrschaften im europäischen Vergleich, hrsg. v. J. Peters, Berlin 1997, S. 133-175.

Lützow, K. v.: Beitrag zur Charakteristik des Herzogs Adolf Friedrich von Mecklenburg-Schwerin, in: Jahrbücher des Vereins für mecklenburgische Geschichte und Alterthumskunde 12 (1847), S. 59-122.

Mandelmayr, M.C./Vocelka, K.G.: Vom Adelsaufgebot zum stehenden Heer, in: G. Klingenstein/H. Lutz (Hg.), Spezialforschung und Gesamtgeschichte, München 1982, S. 112-125.

Manecke, U.F.C.: Beschreibungen der Städte, Ämter und adligen Gerichte im Fürstentum Lüneburg, 2 Bde., Celle 1858.

Martens, J.H.: Das Verhältnis der bürgerlichen und adligen Gutsbesitzer auf dem mecklenburgischen Landtag bis zum Konflikt in der Ritterschaft am Ausgang des 18. Jahrhunderts, Inaug.-Diss. Schwerin 1934.

Martiny, F.: Die Adelsfrage in Preußen vor 1806, Stuttgart/Berlin 1938.

Marwitz, U.: Das innere Gefüge der preußischen Armee, in: Panorama der fridericianischen Zeit, hrsg. v. J. Ziechmann, Bremen 1985, S. 404-417.

Matzerath, J.: Sächsische Ritterschaft im 18. und 19. Jahrhundert. Vorüberlegungen zu einer Fallstudie des landsässigen Adels, in: NASG 64 (1993), S. 61-74.

Ders.: Landstände und Landtage in Sachsen 1438 bis 1831. Zur Entstehung, Gewichtung und Tagungsweise der sächsischen Ständeversammlung in vorkonstitutionellen Zeit, in: 700 Jahre politische Mitbestimmung in Sachsen. Ausstellung aus Anlaß der Eröffnung der Neubauten des Sächsischen Landtages im Bürgerfoyer des Elbflügels, Dresden 1994, S. 17-34.

Ders.: „dem gantzen Geschlecht zum besten". Die Familienverträge des sächsischen Adels vom 16. bis zum 19. Jahrhundert, in: Geschichte des sächsischen Adels, Köln/Weimar/Wien 1997, hrsg. v. K. Keller/J. Matzerath, S. 291-319.

Ders.: Adelsrecht und Ständegesellschaft im Kursachsen des 18. Jahrhunderts, in: Sachsen 1763-1832. Zwischen Rètablissement und bürgerlichen Reformen, hrsg. v. U. Schirmer, Beucha 1997, S. 24-39.

Maurer, H.: Die private Kapitalanlage in Preußen, Mannheim/Berlin/Leipzig 1921.

Maybaum, H.: Die Entstehung der Gutsherrschaft im nordwestlichen Mecklenburg (Amt Gadebusch und Amt Grtevesemühlen), Stuttgart 1926.

Meier, E.: Hannoversche Verfassungs- und Verwaltungsgeschichte 1680-1806, 2 Bde., Leipzig 1898.

Meinecke, F.: Reformpläne für die brandenburgische Wehrverfassung zu Anfang des siebzehnten Jahrhunderts, in: FBPG 1 (1888), S. 426-450.

Memoiren des braunschweigisch-lüneburgischen Generals Graf Ferdinand Christian zur Lippe (1668-1724), hrsg. v. E. Kittel, Lemgo 1959.

Messerschmidt, M.: Werden und Prägung des preußischen Offizierkorps – ein Überblick, in: Offiziere im Bild von Dokumenten aus drei Jahrhunderten, hrsg. v. Militärgeschichtlichen Forschungsamt, Stuttgart 1964, S. 11-104.

Mittenzwei, I.: Das absolutistische Preußen in der DDR-Geschichtswissenschaft, in: Preußen in der deutschen Geschichte vor 1789 (=Studienbibliothek DDR-Geschichtswissenschaft, Bd. 2), hrsg. v. ders./K.-H. Noack, Berlin 1983, S. 11-51.

Dies./Herzfeld, E.: Brandenburg-Preußen 1648-1789. Das Zeitalter des Absolutismus in Text und Bild, Berlin 1987.

Mitterauer, M.: Zur Frage des Heiratsverhaltens im österreichischen Adel, in: Beiträge zur neueren österreichischen Geschichte, Wien 1974, S. 176-194.

Moeglin, H.: Das Retablissement des adligen Grundbesitzes in der Neumark durch Friedrich den Großen, in: FBPG 46 (1934), S. 28-69 u. 233-274.

Möller, H.: Ämterkäuflichkeit in Brandenburg-Preußen im 17. und 18. Jahrhundert, in: Ämterkäuflichkeit. Aspekte sozialer Mobilität im europäischen Vergleich, hrsg. v. K. Malettke, Berlin 1980, S. 156-176.

Ders.: Toleranz als „zärtliche Mutter": Kirchen und Konfessionen im Zeitalter der Aufklärung und der religiösen Indifferenz, in: Tausend Jahre Kirche in Berlin-Brandenburg, hrsg. v. G. Heinrich, Berlin 1999.

Moerner, Th. v.: Märkische Kriegs-Obristen des Siebzehnten Jahrhunderts, Berlin 1861.

Mollwo, L.: Markgraf Hans von Küstrin, Hildesheim/Leipzig 1926.

Müller, D.H.: Die Umwandlung der märkischen Rittergüter in lehnsrechtlich verfaßtes Familieneigentum unter Friedrich Wilhelm I., in: Jahrbuch für die Geschichte Mittel- und Ostdeutschlands 46 (2001), S. 171-203.

Müller, H.-H.: Bauern, Pächter und Adel im alten Preußen, in: Jahrbuch für Wirtschaftsgeschichte 7 (1966), Teil 1, S. 259-277.

Ders.: Märkische Landwirtschaft vor den Agrarreformen von 1807, Potsdam 1967.

Ders.: Domänen und Domänenpächter in Brandenburg-Preußen im 18. Jahrhundert, in: Moderne Preußische Geschichte 1648-1947. Eine Anthologie, hrsg. v. O. Büsch/ W. Neugebauer, Bd. 1, Berlin/New York 1981, S. 316-359 [zuerst 1965].

Müller, R.: Die Armee Augusts des Starken. Das sächsische Heer von 1730 bis 1733, Berlin 1984.

Müller, R.A.: Der Fürstenhof in der Frühen Neuzeit (= EDG, Bd. 33), München 1995.

Mülverstedt, G.A. v.: Die ältere Verfassung der Landstände in der Mark Brandenburg vornämlich[sic!] im 16. und 17. Jahrhundert, Berlin 1858.

Ders.: Sammlung von Ehestiftungen und Leibgedingesbriefen ritterschaftlicher Geschlechter der Provinz Sachsen, Brandenburg, Pommern und Preußen, Magdeburg 1863.

Ders.: Die brandenburgische Kriegsmacht unter dem Großen Kurfürsten ..., Magdeburg 1888.

Ders.: Der altmärkische Adel in kurbrandenburgischen und preußischen Kriegsdiensten von 1640 -1713, in: 33. Jahresbericht des Altmärkischen Vereins für vaterländische Geschichte (1906), S. 45-66.

Münch, E.: Ritterschaft zwischen Mittelalter und Neuzeit. Zur Kontinuität des adligen Grundbesitzes in Mecklenburg, in: ZfG 38 (1990), Heft 10, S. 888-906.

Ders.: Glanz und Elend der Moltkes im Toitenwinkel. Aus dem Alltag eines mecklenburgischen Adelsgeschlechts im Spätmittelalter und in der frühen Neuzeit, in: ZfG 41 (1993), S. 322-328 .

Ders.: Vom befestigten Rittersitz zum Gutshaus in Mecklenburg, in: Herrensitz und herzogliche Residenz in Mecklenburg, Mölln 1995, S. 47-61.

Nachama, A..: Ersatzbürger und Staatsbildung. Zur Zerstörung des Bürgertums in Brandenburg-Preußen, Frankfurt am Main 1984.

Neugebauer, W.: Die Stände in Magdeburg, Halberstadt und Minden im 17. und 18. Jahrhundert, in: Ständetum und Staatsbildung. Ergebnisse einer internationalen Fachtagung, hrsg. v. P. Baumgart, Berlin 1983, S.170-207.

Ders.: Politischer Wandel im Osten. Ost- und Westpreußen von den alten Ständen zum Konstitutionalismus, Stuttgart 1992.

Ders.: Brandenburg-Preußische Geschichte nach der deutschen Einheit. Voraussetzungen und Aufgaben, in: JBLG 43 (1992), S. 154-191; [veränderte und erweiterte Fassung in: Landesgeschichte in Deutschland. Bestandsaufnahme – Analyse – Perspektiven, hrsg. v. W. Buchholtz, Paderborn u.a. 1998, S. 179-212.]

Ders.: Standschaft als Verfassungsproblem. Die historischen Grundlagen ständischer Partizipation in ostmitteleuropäischen Regionen, Goldbach 1995.

Ders.: Brandenburg im absolutistischen Staat. Das 17. und 18. Jahrhundert, in: Brandenburgische Geschichte, hrsg. v. I. Materna/W. Ribbe, Berlin 1995, S. 291-394.

Ders.: Die Hohenzollern, Bd. 1: Anfänge, Landesstaat und monarchische Autokratie bis 1740. Stuttgart u. a. 1996.

Ders.: Staatsverwaltung, Manufaktur und Garnison. Die polyfunktionale Residenzlandschaft von Berlin-Potsdam-Wusterhausen zur Zeit Friedrich Wilhelms I., in: FBPG, N.F. 7 (1997), S. 233-257.

Ders.: Staatliche Einheit und politischer Regionalismus. Das Problem der Integration in der brandenburgisch-preußischen Geschichte bis zum Jahre 1740, in: W. Brauneder (Hg.), Staatliche Vereinigung: Fördernde und hemmende Elemente in der deutschen Geschichte (= Beiheft 12 zu „Der Staat"), Berlin 1998, S. 49-87.

Ders.: Zur Staatsbildung Brandenburg-Preußens. Thesen zu einem historischen Typus, in: JBLG 49 (1998), S. 183-194.

Ders.: Residenz-Verwaltung-Repräsentation. Das Berliner Schloß und seine historischen Funktionen vom 15. bis 20. Jahrhundert, Potsdam 1999.

Ders.: Zur preußischen Geschichtswissenschaft zwischen den Weltkriegen am Beispiel der Acta Borussica, in: JBLG 50 (1999), S. 169-196.

Ders.: Marktbeziehung und Desintegration. Vergleichende Studien zum Regionalismus in Brandenburg und Preußen vom 16. bis zum frühen 19. Jahrhundert, in: JGMOD 45 (1999), S. 157-207.

Ders.: Die neumärkischen Stände im Lichte ihrer Tätigkeit, in: Neumärkische Stände (Rep. 23 B) (= Quellen, Findbücher und Inventare des Brandenburgischen Landeshauptarchivs, Bd. 9), Frankfurt am Main u.a. 2000, S. XVII-LXXVI.

Ders.: Hof und politisches System in Brandenburg-Preußen: Das 18. Jahrhundert, in: JGMOD 46 (2001), S. 139-169.

Ders.: Der Adel in Preussen im 18. Jahrhundert, in: Der europäische Adel im Ancien Régime. Von der Krise der ständischen Monarchie bis zur Revolution (1600-1789), hrsg. v. R.G. Asch, Köln/Weimar/Wien 2001, S. 49-76.

Neukirch, A.: Niedersächsische Adelskultur der Renaissance, 1939.

Neuschäffer, H.: Die Doppelrolle des Adels als Gutsbesitzer und Staatsdiener, in: Staatsdienst und Menschlichkeit. Studien zur Adelskultur des späten 18. Jahrhunderts in Schleswig-Holstein und Dänemark, hrsg. v. C. Degn/D. Lohmeier, Neumünster 1980, S. 103-126.

Nießen, P. v.: Markgraf Johann und die Familie Borcke. Ein Beitrag zur Charakteristik des Fürsten und seiner Politik, in: Schriften des Vereins für die Geschichte der Neumark 25 (1910), S. 23-46.

Nischan, B.: Kontinuität und Wandel im Zeitalter des Konfessionalismus. Die zweite Reformation in Brandenburg, in: Jahrbuch für Berlin-Brandenburgische Kirchengeschichte 58 (1991), S. 87-133.

Ders.: Prince, People, and Confession. The Second Reformation in Brandenburg, Philadelphia 1994.

North, M.: Die Entstehung der Gutswirtschaft im südlichen Ostseeraum, in: ZHF 26 (1999), S. 43-59.

Oestreich, G.: Kurt Bertram von Pfuel. Leben und Ideenwelt eines brandenburgischen Staatsmannes und Wehrpolitikers, in: FBPG 50 (1937), S. 201-249.

Ders.: Ständetum und Staatsbildung in Deutschland, in: ders., Geist und Gestalt des frühmodernen Staates. Ausgewählte Aufsätze, Berlin 1969, S. 179-197.

Ders.: Zur Vorgeschichte des Parlamentarismus: Ständische Verfassung, Landständische Verfassung und Landschaftliche Verfassung, in: ders., Strukturprobleme der Frühen Neuzeit. Ausgewählte Aufsätze, Berlin 1980, S. 253-271.

v.d. Ohe, H.-J.: Die Zentral- und Hofverwaltung des Fürstentums Lüneburg und ihre Beamten 1520-1648, Celle 1955.

Opalinsky, C.: Aus der Heimat alten Tagen, 3. Teil, Neuruppin 1906.

Opgenoorth, E.: Ausländer in Brandenburg-Preußen. Die leitenden Beamten und Offiziere 1604-1871, Würzburg 1967.

Ders.: Friedrich Wilhelm. Der Große Kurfürst von Brandenburg, Teil 1 (1620-1660), Göttingen 1971; Teil 2 (1660-1688), Göttingen 1978.

Ders.: Die Reformierten in Brandenburg-Preußen. Minderheit und Elite?, in: ZHF 8 (1981), S. 439-459.

Ders.: Regionale Identitäten im absolutistischen Preußen, in. A. Czacharowski (Hg.), Nationale, ethnische Minderheiten und regionale Identitäten in Mittelalter und Neuzeit, Torun 1994, S. 177-189.

Opitz-Belakathal, C.: Militärreformen zwischen Bürokratisierung und Adelsreaktion: das französische Kriegsministerium und seine Reformen im Offizierkorps von 1760-1790, Sigmaringen 1994.

Orlich, L. v.: Geschichte des preußischen Staates im 17. Jahrhundert mit besonderer Beziehung auf das Leben Friedrich Wilhelms des Großen Kurfürsten, 1. Teil, Berlin 1838.

Papke, G.: Von der Miliz zum stehenden Heer. Wehrwesen im Absolutismus, in: Handbuch zur deutschen Militärgeschichte 1648-1939, Bd.1.1, München 1979.

Papritz, J.: Das Handelshaus der Loitz zu Stettin, Danzig und Lüneburg, in: Baltische Studien, NF 4 (1957), S. 73-94.

Passow, S.: Ein märkischer Rittersitz, Eberswalde 1907.

Peters, J.: Der Platz in der Kirche. Über soziales Rangdenken im Spätfeudalismus, in: Jahrbuch für Volkskunde und Kulturgeschichte 28 (1985), S. 77-106.

Ders.: Ökonomie der Liebe. Über neuere familiengeschichtliche Literatur, in: Jahrbuch für Wirtschaftsgeschichte (1988), S. 113-129.

Ders.: Gespräche und Geschäfte auf der Burg. Eine Fallstudie zur kommunikativen Praxis auf einem Adelssitz in der Prignitz (Plattenburg 1618/19), in: Samhällsvetenskap, ekonomi och historia. Festskrift till Lars Herlitz, Göteborg 1989, S. 237-248.

Ders.: Die Herrschaft Plattenburg-Wilsnack im Dreißigjährigen Krieg – eine märkische Gemeinschaft des Durchkommens, in: Brandenburgische Landesgeschichte und Archivwissenschaft. Festschrift für Lieselott Enders, Weimar 1997, S. 157-170.

Petersen, C.: Beiträge zur Kenntnis des kurmärkischen Adels im 17. Jahrhundert, in: 39. Jahresbericht des Altmärkischen Geschichtsvereins zu Salzwedel (1912), S. 5-52.

Ders.: Die Geschichte des Kreises Beeskow-Storkow, Beeskow 1922.

Press, V.: Calvinismus und Territorialstaat, Stuttgart 1970.

Ders.: Adel, Reich und Reformation, in: Stadtbürgertum und Adel in der Reformation. Studien zur Sozialgeschichte der Reformation in England und Deutschland, hrsg. v. W.J. Mommsen, Stuttgart 1979, S. 330-383.

Ders.: Landtage im Alten Reich und im Deutschen Bund. Voraussetzungen ständischer und konstitutioneller Entwicklungen 1750-1830, in: Zeitschrift für württembergische Landesgeschichte 39 (1980), S. 100-140.

Ders.: Formen des Ständewesens in den deutschen Territorialstaaten des 16. und 17. Jahrhunderts, in: Ständetum und Staatsbildung in Brandenburg-Preußen. Ergebnisse einer internationalen Fachtagung, hrsg. v. P. Baumgart, Berlin/New York 1983, S. 280-318.

Ders.: Vom „Ständestaat" zum Absolutismus. 50 Thesen zur Entwicklung des Ständewesens in Deutschland, in: Ständetum und Staatsbildung in Brandenburg-Preußen. Ergebnisse einer internationalen Fachtagung, hrsg. v. P. Baumgart, Berlin/New York 1983, S. 319-326.

Ders.: Kurhannover im System des alten Reiches 1692-1803, in: England und Hannover, hrsg. v. A.M. Birke/K. Kluxen, München u.a. 1986, S. 53-79.

Ders.: Patronat und Klientel im Heiligen Römischen Reich, in: Klientelsysteme im Europa der Frühen Neuzeit, hrsg. v. A. Maczak, München 1988, S. 19-46.

Ders.: Soziale Folgen des Dreißigjährigen Krieges, in: Ständische Gesellschaft und soziale Mobilität, München 1988, hrsg. v. W. Schulze, S. 239-268.

Ders.: Die kaiserliche Stellung im Reich zwischen 1648 und 1740 – Versuch einer Neubewertung, in: Stände und Gesellschaft im Alten Reich, hrsg. v. G. Schmidt, Stuttgart 1989, S. 51-80.

Ders.: Südwestdeutscher Adel zwischen Reich und Territorium (Einleitung), in: Zeitschrift für Geschichte des Oberrheins, N.F. 98 (1989), S. 198-203.

Preußen in der deutschen Geschichte vor 1789 (= Studienbibliothek DDR – Geschichtswissenschaft, Bd.2), hrsg. v. I. Mittenzwei/K.-H. Noack, Berlin 1983.

Priesdorff, K. v.: Soldatisches Führertum, 5 Bde., Hamburg o.J. [1937].

Princes, Patronage and the Nobility. The Court at the Beginning of the Modern Age, ca. 1450-1650, R.G. Asch/A.M. Birke (Ed.), Oxford/London 1991.

Pritzbuer-Gamm: Mecklenburgische Adelsgeschlechter, Neustrelitz 1882.

Pröve, R.: Vom Schmuddelkind zur anerkannten Subdisziplin. Die „neue Militärgeschichte" der Frühen Neuzeit – Perspektiven, Entwicklungen, Probleme, in GWU 51 (2000), S. 597-612.

Prutz, H.: Aus des Großen Kurfürsten letzten Jahren. Zur Geschichte seines Hauses und Hofes, seiner Regierung und Politik, Berlin 1897.

Quirin, H.: Landesherrschaft und Adel im wettinischen Bereich während des späten Mittelalters, in: Festschrift für Hermann Heimpel, Bd. 2, Göttingen 1972, S. 80-109.

Rachel, H./Papritz, J./Wallich, P.: Berliner Großkaufleute und Kapitalisten, 3 Bde., Berlin 1967.

Raumer, v. G.: Ueber das Recht der Churfürsten von Brandenburg und Könige von Preußen, in den Adelstand zu erheben, in: Allgemeines Archiv für die Geschichtskunde des Preußischen Staates 5 (1831), S. 259-270.

Ders.: Ursprung der preußischen Hypothekenverfassung, in: Allgemeines Archiv für die Geschichtskunde des Preußischen Staates 7 (1832), S. 148-164.

Redlich, F.: The German Military Enterpriser and His Work Force. A Study in European Economic and Social History, 2 Bde., Wiesbaden 1964/65.

Reif, H.: Westfälischer Adel 1770-1860, Göttingen 1979.

Reinhard, W.: Freunde und Kreaturen. „Verflechtung" als Konzept zur Erforschung zur Erforschung historischer Führungsgruppen. Römische Oligarchie um 1600, München 1979.

Reinhardt, N.: Macht und Ohnmacht der Verflechtung: Rom und Bologna unter Paul V. Studien zur frühneuzeitlichen Mikropolitik im Kirchenstaat, Diss. Florenz 1997.

Riedel, A.F.: Von dem Unterschiede zwischen den beschlossenen und unbeschlossenen Geschlechtern der brandenburgischen Ritterschaft, in: Märkische Forschungen 1 (1841), S. 266-290.

Ders.: Die brandenburgische Lehnsmiliz, in: Märkische Forschungen 1 (1841), S. 365-396.

Ders.: Der brandenburg-preußische Staatshaushalt in den letzten beiden Jahrhunderten, Berlin 1860.

[o. Verf.]: Die Rittergutsbesitzer des Herzogthums Braunschweig in den Jahren 1501-1900, in: Braunschweigisches Magazin 7 (1901), S. 137-160.

Rödenbeck, K.H.S.: Beiträge zur Bereicherung und Erläuterung der Lebensbeschreibungen Friedrich Wilhelms I. und Friedrichs des Großen, Bd. 1, Berlin 1836.

Römer, Chr.: Die braunschweigischen Landstände im Zeitalter der Aufklärung bis 1789, in: Niedersächsisches Jahrbuch für Landesgeschichte 63 (1991), S. 59-71.

Rohr, W.: Zur Geschichte des Landratsamtes in der Altmark, in: Sachsen und Anhalt 4 (1928), S. 167-206.

Rohrschneider, M.: Johann Georg II. v. Anhalt-Dessau (1627-1693). Eine politische Biographie, Berlin 1998.

Rosenberg, H.: Bureaucracy, Aristocracy and Autocraty. The Prussian Experience 1660-1815, Cambridge/Mass. 1958.

Rosendorfer, H.: Der Prinz von Homburg. Die Biographie, Gütersloh 1989.

Rüß, H.: Herren und Diener. Die soziale und politische Mentalität des russischen Adels vom 9. bis zum 17. Jahrhundert, Köln/Wien 1994.

Sachsen im 17. Jahrhundert. Krise, Krieg und Neubeginn, hrsg. v. U. Schirmer, Beucha 1998.

Salpius, F. v.: Paul von Fuchs, ein brandenburgisch-preußischer Staatsmann vor zweihundert Jahren. Biographischer Essay, Leipzig 1877.

Samse, H.: Die Zentralverwaltung in den südwelfischen Landen vom 15. bis zum 17. Jahrhundert, Leipzig/Hildesheim 1940.

Scharfenort, L. v.: Die Pagen am Brandenburgisch-preußischen Hofe 1415-1895, Berlin 1895.

Schattkowsky, M.: „... und wollte ich mit ihnen in frieden und ruhe leben". Hintergründe zum Herrschaftsverständnis adliger Rittergutsbesitzer in Kursachsen um 1600, in: Konflikt und Kontrolle in Gutsherrschaftsgesellschaften. Über Resistenz- und Herrschaftsverhalten in ländlichen Sozialgebilden der Frühen Neuzeit, hrsg. v. J. Peters, Göttingen 1995, S. 359-403.

Schieder, Th.: Die preußische Königskrönung von 1701 in der politischen Ideengeschichte, in: ders., Begegnungen mit der Geschichte, Göttingen 1962, S. 183-209 u. 287-294.

Ders.: Friedrich der Große. Ein Königtum der Widersprüche, Frankfurt am Main/Berlin 1986.

Schildhauer, J.: Fürstenstaat – Stände – Staat in Mecklenburg und Pommern an der Wende vom 15. zum 16. Jahrhundert, in: Jahrbuch für Regionalgeschichte 15 (1988), S. 52-62.

Schilfert, G.: Deutschland 1648-1789 (Lehrbuch der deutschen Geschichte, Bd. 4), Berlin 1962².

Schiller, R.: „Edelleute müssen Güther haben, Bürger müssen die Elle gebrauchen". Friderizianische Adelsschutzpolitik und die Folgen, in: Agrarische Verfassung und politische Struktur. Studien zur Gesellschaftsgeschichte Preußens 1700-1918, hrsg. v. W. Neugebauer/R. Pröve, Berlin 1998, S. 257-286.

Schirmer, U.: Grundzüge, Aufgaben und Probleme einer Staatsbildungs- und Staatsfinanzgeschichte in Sachsen. Vom Spätmittelalter bis in die Augusteische Zeit, in: NASG 67 (1996), S. 31-70.

Ders.: Wirtschaftspolitik und Bevölkerungspolitik in Kursachsen (1648-1756), in: NASG 68 (1997), S. 125-155.

Ders.: Der Adel in Sachsen am Ende des Mittelalters und zu Beginn der Neuzeit. Beobachtungen zu seiner Stellung in Wirtschaft und Gesellschaft, in: Geschichte des sächsischen Adels, hrsg. v. K. Keller/J. Matzerath, Köln/Weimar/Wien 1997, S. 53-70.

Ders.: Untersuchungen zur Herrschaftspraxis der Kurfürsten und Herzöge von Sachsen. Institutionen und Funktionseliten (1485-1513), in: Hochadelige Herrschaft im mitteldeutschen Raum (1200-1600). Formen – Legitimation – Repräsentation, hrsg. v. J. Rogge/U. Schirmer, Stuttgart 2002, S. 305-378.

Schissler, H.: Die Junker. Zur Sozialgeschichte und historischen Bedeutung der agrarischen Elite in Preußen, in: Preußen im Rückblick, hrsg. v. H.-J. Puhle/H.-U. Wehler, Göttingen 1980, S. 89-122.

Schmale, W.: „Den faulen Müßiggängern, soviel alß möglich steuern" Zur Rechtskultur der kursächsischen Ritterschaft in der Epoche des Absolutismus, in: Sächsische Heimatblätter 42 (1996), S. 77-83.

Schmertosch v. Riesenthal, R.: Die böhmischen Exulanten unter der kursächsischen Regierung in Dresden, in: NASG 22 (1901), S. 291-343.

Schmidt, G.: Das Tagebuch des Christoph von Bismarck aus den Jahren 1625-1640, in: Thüringisch-sächsische Zeitschrift für Geschichte und Kunst 5 (1915), S. 67-98.

Schmidt, G.: Voraussetzung oder Legitimation? Kriegsdienst und Adel im Dreißigjährigen Krieg, in: Nobilitas, Funktion und Repräsentation des Adels in Alteuropa, hrsg. v. O.G. Oexle/W. Paravicini, Göttingen 1997, S. 431-451.

Schmidt-Lötzen, K. E.: Dreißig Jahre am Hofe Friedrichs des Großen, Gotha 1907.

Schmoller, G.: Preußische Verfassungs-, Verwaltungs- und Sozialgeschichte, Berlin 1921.

Ders., Deutsches Städtewesen in älterer Zeit, Bonn/Leipzig 1922.

Schnackenburg, E.: Das Invaliden- und Versorgungswesen des brandenburgisch – preußischen Heeres bis zum Jahre 1806, Berlin 1889 (ND Wiesbaden 1981).

Schnath, G.: Geschichte Hannovers im Zeitalter der neunten Kur und der englischen Sukzession 1674-1714, 3 Bde., Hannover 1938-78.

Schneider, L.: Hoffestlichkeiten in Potsdam im Jahre 1729, in: Mitteilungen des Vereins für die Geschichte Potsdams, Teil 4 (1869), S. 36-40.

Schnell, H.: Mecklenburg zur Zeit des Dreißigjährigen Krieges 1603-1658, Berlin 1907.

Schroeder, J.K. v.: Standeserhöhungen in Brandenburg-Preußen 1663-1918, in: Der Herold. Vierteljahresschrift für Heraldik, Genealogie und verwandte Wissenschaften, N.F. 9 (1978), S. 1-18.

Schroer, F. [u. Heinrich, G.]: Das Havelland im Dreißigjährigen Krieg, Köln/Graz 1966.

Schrötter, R. Freiherr v.: Das preußische Offizierkorps unter dem ersten Könige von Preußen, in: FBPG 26 (1913), S. 77-143 (1. Teil) und 27 (1914), S. 97-167 (2. Teil).

Schubert, E.: Steuer, Streit und Stände. Die Ausbildung ständischer Repräsentation in niedersächsischen Territorien des 16. Jahrhunderts, in: Niedersächsisches Jahrbuch für Landesgeschichte 63 (1991), S. 1-58.

Ders.: Landstände und Fürstenherrschaft. Kommentar zu den Beiträgen von Ulf Moltzahn und Frank Göse, in: Geschichte des sächsischen Adels, hrsg. v. K. Keller/J. Matzerath, Köln/Weimar/Wien 1997, S. 161-166.

Schultze, J.: Die Herrschaft Ruppin und ihre Bevölkerung nach dem Dreißigjährigen Krieg, Neuruppin 1925.

Ders.: Die Prignitz. Aus der Geschichte einer märkischen Landschaft, Köln/Graz 1956.

Ders.: Die Mark Brandenburg, Bde. 4 und 5, Berlin 1964/69.

Schwartz, P.: Die Klassifikation von 1718/19, in: Die Neumark. Jahrbuch des Vereins für die Geschichte der Neumark 3 (1926)- 5 (1926).

Ders.: Die Verhandlungen der Stände 1665 und 1668 über die Religionsedikte, in: Jahrbuch für brandenburgische Kirchengeschichte 30 (1935), S. 88-115.

Schwenke, E.: Friedrich der Große und der Adel, Phil. Diss. Berlin 1911.

Schwerin, K.Chr. Graf v.: Des Königlich-preußischen Feldmarschalls Kurt Christoph Graf von Schwerin Gedanken über das Militair, o.O. 1779.

Seemann, J.: Untersuchungen zur ländlichen Sozialstruktur mecklenburgischer Feudalkomplexe im 16. Jahrhundert, Phil. Diss. Rostock 1986.

Selle, G. v.: Zur Kritik Friedrich Wilhelms I., in: FBPG 38 (1926), S. 56-76.

Spannagel, K.: Konrad von Burgsdorf, Berlin 1903.

Spatz, W.: Bilder aus der Vergangenheit des Kreises Teltow, 3 Teile, Berlin 1905.

Ständetum und Staatsbildung in Brandenburg-Preußen. Ergebnisse einer internationalen Fachtagung, hrsg. v. P. Baumgart, Berlin/New York 1983.

Ständische Gesellschaft und soziale Mobilität, hrsg. v. W. Schulze, München 1988.

Starke, U.: Veränderungen der kursächsischen Stände durch Kriegsereignisse im 17. Jahrhundert, Diss. Göttingen 1957.

Staudinger, E.: Geschichte des bayerischen Heeres, Bd. 1, München 1901.

Steinberg, S.H.: Der Dreißigjährige Krieg und der Kampf um die Vorherrschaft in Europa 1600-1660, Göttingen 1967.

Steinmann, P.: Bauer und Ritter in Mecklenburg. Wandlungen der gutsherrlich-bäuerlichen Verhältnisse im Westen und Osten Mecklenburgs vom 12./13. Jahrhundert bis zur Bodenreform 1945, Schwerin 1960.

Stieglitz, A. v.: Landesherr und Stände zwischen Konfrontation und Kooperation. Das Fürstentum Calenberg während der Regierungszeit Herzog Johann Friedrichs 1665-1679, Hannover 1994.

Stölting-Eimbeckhausen, G./ Freiherr v. Münchhausen-Moringen, B.: Die Rittergüter der Fürstentümer Calenberg, Göttingen und Grubenhagen. Beschreibung, Geschichte, Rechtsverhältnisse, Hannover 1912.

Stollberg-Rilinger, B.: Höfische Öffentlichkeit. Zur zeremoniellen Selbstdarstellung des brandenburgischen Hofes vor dem europäischen Publikum, in: FBPG, N.F. 7 (1997), S. 145-176.

Dies.: Vormünder des Volkes. Konzepte landständischer Repräsentation in der Spätphase des Alten Reiches, Berlin 1999.

Stolze, W.: Aktenstücke zur evangelischen Kirchenpolitik Friedrich Wilhelms I., in: Jahrbuch für brandenburgische Kirchengeschichte 1 (1904), S. 264-290.

Storch, D.: Die Landstände des Fürstentums Calenberg-Göttingen 1680-1714, Hildesheim 1972.

Straubel, R.: Beamte und Personalpolitik im altpreußischen Staat. Soziale Rekrutierung, Karriereverläufe, Entscheidungsprozesse (1763/86-1806), Potsdam 1998.

Strecker, A.: Franz von Meinders. Ein brandenburgisch-preußischer Staatsmann im siebzehnten Jahrhundert, Leipzig 1892.

Stupperich, R.: Aus dem kirchlichen Leben der Mark in den Tagen des Soldatenkönigs, in: Jahrbuch für brandenburgische Kirchengeschichte 32 (1937), S. 51-63.

Tausend Jahre Kirche in Berlin-Brandenburg, hrsg. v. G. Heinrich, Berlin 1999.

Tessin, G.: Wert und Größe der mecklenburgischen Rittergüter zu Beginn des Dreißigjährigen Krieges, in. Zeitschrift für Agrargeschichte und Agrarsoziologie 3.2 (1955), S. 145-157.

Ders.: Mecklenburgisches Militär in Türken- und Franzosenkriegen 1648-1718, Köln 1966.

Thadden, R. v.: Die brandenburg-preußischen Hofprediger im 17. und 18. Jahrhundert. Ein Beitrag zur Geschichte der absolutistischen Staatsgesellschaft in Brandenburg-Preußen, Berlin 1959.

Themel, K.: Brandenburgische Kirchenbücher (Bearb.: W. Ribbe), Berlin 1986.

Thum, W.: Die Rekrutierung der sächsischen Armee unter August dem Starken (1694-1733), Inaug.-Diss. Leipzig 1912.

Tümpel, L.: Die Entstehung des brandenburgisch-preußischen Einheitsstaates im Zeitalter des Absolutismus (1609-1806), Breslau 1915.

Untersuchungen zur Geschichte des Offizierskorps. Ancienität und Beförderung nach Leistung (hrsg. v. Militärgeschichtlichen Forschungsamt), Stuttgart 1962.

Vann, J.A.: Württemberg auf dem Weg zum modernen Staat (1593-1793), Stuttgart 1986.

Vec, M.: Das preußische Zeremonialrecht. Eine Zerfallsgeschichte, in: Preußische Stile. Ein Staat als Kunststück, hrsg. v. P. Bahners/G. Roellecke, Stuttgart 2001, S. 101-113.

Vehse, E.: Geschichte der deutschen Höfe, Bd. 30 [Sachsen], Hamburg 1854; Bde. 35/36 [Mecklenburg], Hamburg 1856.

Ders.: Illustrierte Geschichte des preußischen Hofes, des Adels und der Diplomatie vom Großen Kurfürsten bis zum Tode Wilhelms I., 2 Bde., Stuttgart 1901.

Vetter, K.: Die Stände im absolutistischen Preußen. Ein Beitrag zur Absolutismus-Diskussion, in: Zeitschrift für Geschichtswissenschaft 24 (1976), S. 1290-1306.

Ders.: Zusammensetzung, Funktion und politische Bedeutung der kurmärkischen Kreistage im 18. Jahrhundert, in: Jahrbuch für Geschichte des Feudalismus 3 (1979), S. 393-415.

Ders.: Kurmärkischer Adel und preußische Reformen, Weimar 1980.

Ders.: Der brandenburgische Adel und der Beginn der bürgerlichen Umwälzung in Deutschland, in: Der Adel an der Schwelle des bürgerlichen Zeitalters 1780-1860, hrsg. v. A. v. Reden-Dohna/R. Melville, Stuttgart 1988, S. 285-303..

Vierhaus, R.: Ständewesen und Staatsverwaltung in Deutschland im späteren 18. Jahrhundert, in: Dauer und Wandel der Geschichte. Aspekte europäischer Vergangenheit. Festgabe für Kurt von Raumer zum 15. Dezember 1965, hrsg. v. dems./ M. Botzenhart, Münster 1966, S. 337-360.

Vitense, O.: Geschichte von Mecklenburg, Gotha 1920 (ND Würzburg 1985).

Wagner, R.: Herzog Christian (Louis) I., Berlin 1906.

Wehler, H.-U.: Einleitung, in: Europäischer Adel 1750-1950, hrsg. v. dems., Göttingen 1990, S. 9-18.

Weiss, V.: Bevölkerungsentwicklung und Mobilität in Sachsen von 1550 bis 1800, in: NASG 64 (1993), S. 53-60.

Wendland, W.: Studien zum kirchlichen Leben in Berlin um 1700, in: Jahrbuch für brandenburgische Kirchengeschichte 21 (1926), S. 129-197.

Wick, P.: Versuche zur Errichtung des Absolutismus in Mecklenburg in der ersten Hälfte des 18. Jahrhunderts, Berlin 1964.

Wille, U.: Die ländliche Bevölkerung des Osthavellandes vom Dreißigjährigen Krieg bis zur Bauernbefreiung, Berlin 1937.

Willoweit, D.: Rechtsgrundlagen der Territorialgewalt, Köln/Wien 1975.

Wilson, P.H.: Social Militarization in Eighteenh-Century Germany, in: German History 18 (2000), S. 1-39.

Winterling, A.: Der Hof der Kurfürsten von Köln 1688-1794. Eine Fallstudie zur Bedeutung „absolutistischer" Hofhaltung, Bonn 1986.

Ders.: „Hof". Versuch einer idealtypischen Bestimmung anhand der mittelalterlichen und frühneuzeitlichen Geschichte, in: Mitt. der Residenzenkommission der Akademie der Wissenschaften Göttingen 5(1995), Nr. 1, S. 16-21.

Wohlfeil, R.: Wehr-, Kriegs- und Militärgeschichte?, in: Geschichte und Militärgeschichte, hrsg. v. U. v. Gersdorff, Frankfurt am Main 1974, S. 165-175.

Wolters, F.: Geschichte der brandenburgischen Finanzen, Bd. 2: Die Zentralverwaltung des Heeres und der Steuern, München/Leipzig 1915.

Wuttke, R.: Zur Kipper- und Wipperzeit in Kursachsen, in: NASG 15 (1894), S. 119-156.

Zimmermann, P.: Die Rittergutsbesitzer des Herzogthums Braunschweig in den Jahren 1501-1900, in: Braunschweigisches Magazin 7 (1901), S. 137-160.

Verzeichnis der Tabellen im Text

Verzeichnis der Tabellen:

Tabelle 1: Anzahl der Adelsfamilien in Ruppin, Teltow und Beeskow-Storkow 44
Tabelle 2: Anzahl der Veräußerungen in Ruppin (1610 - 1690) 45
Tabelle 3: Anzahl der Veräußerungen im Teltow (1610 - 1690) 45
Tabelle 4: Anzahl der Veräußerungen in Beeskow-Storkow (1610-1690) 45
Tabelle 5: Besitzumfang des Adels im Teltow (1620 - 1680) 48
Tabelle 6: Besitzumfang des ruppinischen Adels (1620 - 1680) 53
Tabelle 7: Besitzumfang des Adels in Beeskow-Storkow (1620-1680) 57
Tabelle 8: Gläubiger im Ständischen Kreditwerk (1653) 89
Tabelle 9: Erweiterung kurfürstlicher Ämter durch Adelsbesitz im Teltow (1650-1700) 94
Tabelle 10: Liste der im Militärdienst stehenden Adligen ausgewählter märkischer Kreise (1663) 99
Tabelle 11: Vergleich der inneren Struktur des teltowischen Adels nach Besitzumfang und Lehnpferden 124
Tabelle 12: Höhe der jährlichen Lehnpferdegeldzahlungen (1657-1679) 126
Tabelle 13: Besitzwechselhäufigkeit in Ruppin (1690-1770) 137
Tabelle 14: Besitzwechselhäufigkeit im Teltow (1690-1770) 137
Tabelle 15: Besitzwechselhäufigkeit in Beeskow-Storkow (1690-1770) 137
Tabelle 16: Entwicklung des ritterschaftlichen Besitzes in Ruppin, Teltow und Beeskow-Storkow (1680-1770) 139
Tabelle 17: Anzahl der Adelsfamilien in Ruppin, Teltow u. Beeskow-Storkow (1710-1770) 141
Tabelle 18: Besitzumfang des Adels in Ruppin (1710-1770) 142
Tabelle 19: Besitzumfang des Adels im Teltow (1710-1770) 144
Tabelle 20: Besitzumfang des Adels in Beeskow-Storkow (1710-1770) 146
Tabelle 21: Zweck der Kreditaufnahme: Ruppin (1713-1770) 150
Tabelle 22: Verschuldung der Rittergutsbesitzer in ausgewählten kurmärkischen Kreisen (1751) 151
Tabelle 23: Zweck der Kreditaufnahme: Ruppin (1713-1739) 162
Tabelle 24: Zweck der Kreditaufnahme: Ruppin (1740-1770) 162
Tabelle 25: Einnahmen und Ausgaben des Gutes Neu-Klücken (Neumark) 1717 163
Tabelle 26: Durchschnittliche Kreditsumme pro Gläubigergruppe (in Rtl.) 1718-1763 164

Anhang 487

Tabelle 27:	Verhältnis von Güterwert und Kreditbelastung im 18. Jahrhundert Kreis Friedeberg (Neumark)	165
Tabelle 28:	Verhältnis von Güterwert und Kreditbelastung Kreis Seehausen (Altmark)	166
Tabelle 29:	Einlagen in die Neue Biergeld- und Hufenschoßkasse der Kurmärkischen Landschaft 1711-14 und 1743/44 (nach Gläubigergruppen)	172
Tabelle 30:	Frequentierung der kleinräumlichen Adelsgesellschaften durch Gläubiger aus der hohen Amträgerschaft bzw. der Hofgesellschaft (1713-1770)	180
Tabelle 31:	Erfüllung der Lehngeldzahlungen der altmärkischen Ritterschaft (1. Quartal 1724)	196
Tabelle 32:	Kreditaufnahme Prignitzer Rittergutsbesitzer zur Bezahlung von Lehnpferdegeldschulden (1757/58)	205
Tabelle 33:	Anteil höherer Amtsträger der im „langen 16. Jahrhundert" führenden Familien im Zeitraum 1640-1770	217
Tabelle 33 a:	Anteil höherer Amtsträger der im „langen 16. Jahrhundert" führenden Familien im Zeitraum 1640-1770	217
Tabelle 34:	Anteil der alten Machtelite an den Landräten der Kurmark (1701-1770)	219
Tabelle 35:	Verhältnis von Besitz und Amt (Landräte 1713/17)	220
Tabelle 36:	Verhältnis von Besitz und Amt (Landräte 1769/72)	221
Tabelle 37:	Anteil der Offiziere unter den adligen Rittergutsbesitzern (1713-1769)	223
Tabelle 38:	Auswärtiger Dienst brandenburgischer Vasallen (um 1720)	237
Tabelle 39:	Ehestiftungen des brandenburgischen Adels (1650-1700)	247
Tabelle 40:	Heiratskreise ausgewählter brandenburgischer Adelsgeschlechter	248
Tabelle 41:	Heiratskreise von Offizieren ausgewählter brandenburgischer Adelsgeschlechter (1650-1775)	250
Tabelle 42:	Heiratskreise brandenburgischer Amtsträger (1650-1780)	251
Tabelle 43:	Durchschnittliches Heiratsalter brandenburgischer Adliger (1650-1780)	252
Tabelle 44:	Besetzung ständischer Gremien durch kur- und neumärkische Adelsfamilien (1650-1770)	285
Tabelle 45:	Anteil Brandenburger an den Mitgliedern des Geheimen Rates (1641-1763)	333
Tabelle 46:	Besetzung hoher Ämter durch brandenburgische Adelsfamilien (1640-1770)	335
Tabelle 47:	Trauungen in der Garnisonkirchengemeinde Potsdam (1679-1689)	400

Tabellen im Anhang

Tabelle 48: Berufliche Gliederung des märkischen Adels (1713) - Kurmark 489
Tabelle 49: Berufliche Gliederung des märkischen Adels (1718) - Neumark 490
Tabelle 50: Berufliche Gliederung des märkischen Adels (1751) – Neumark 491
Tabelle 51: Berufliche Gliederung des märkischen Adels (1759) – Kurmark 492
Tabelle 52: Berufliche Gliederung des märkischen Adels (1769) – Kurmark 493
Tabelle 53: Berufswahl der Vasallensöhne (1713) Kurmark 494
Tabelle 54: Berufsgliederung der Vasallensöhne – Neumark (1718) 495
Tabelle 55: Berufsgliederung der Vasallensöhne – Neumark (1751) 496
Tabelle 56: Berufsgliederung der Vasallensöhne – Kurmark (1759) 497
Tabelle 57: Gläubigergruppen von märkischen Rittergutsbesitzern (1718-1763) 498

Karten

Kreditbeziehungen Kreis Prignitz (1718-1763) 174
Kreditbeziehungen Kreis Havelland (1718-1763) 176
Kreditbeziehungen Kreis Teltow (1718-1763) 178
Landratswahl Kreis Dramburg (1735) 317
Landratswahl Kreis Havelland (1751) 318
Landratswahl Kreis Ruppin (1771) 320
Landratswahl Kreis Sternberg (1771) 321
Beziehungen der uckermärk. Adelsgesellschaft zur Residenz 376
Übersichtskarte 500

Anhang   489

Tabelle 48: Berufliche Gliederung des märkischen Adels (1713) - Kurmark[2128]

Kreis	Zahl d. adl. Vasallen	Bürgerl.	auf Gut leb.	Offiz.[2129]	frühere Offz.	Amtsträger	frühere Amtsträger	ständische Amtsträger	Ehrentitel	Vasallen in ausw. Diensten
Beesk.-Storkow	32	2	71% 23	-	6% 2	9% 3	-	-	-	7% 4
Havel-Land	90	12	50% 45	22% 20	11% 10	9% 8	-	-	4% 4	-
Zauche	45	-	47% 21	9% 4 / 3 auswärt.	-	9% 4	-	4% 2	7% 3	7% 3
Ober-Barnim	35	1	37% 13	17% 6 / 1 auswärt.	26% 9	17% 6	-	-	11% 4	3% 1
Nieder-Barnim	15	-	40% 6	- / 1 auswärt.	27% 4	7% 1	7% 1	-	-	7% 1
Prignitz	107	-	58% 62	15% 16	Keine Eintrag.	8% 9	-	-	2% 2	-
Uckermark	96	-	59% 57	15% 14 / 3 auswärt.	14% 13	6% 6	3% 3	2% 2	1% 1	3% 3
Altmark	158	12	52% 82	16% 25 / 9 auswärt.	10% 16	11% 17	-	1% 2	3% 4	8% 13
Lebus	29	1	59% 17	17% 5	38% 11	14% 4	-	-	3% 1	6% 2
Ruppin	50	9	84% 42	12% 6	48% 24	8% 4	-	-	2% 1	-
Teltow	39	4	57% 23	36% 14 / 1 auswärt.	8% 3	10% 4	-	-	-	2% 1
Gesamt	696	41	56% 391	16% 110 / 18 auswärt.	13% 92	9% 66	0,5% 4	0,8% 6	3% 20	4% 28

2128 ermittelt nach: Brand. LHA Rep. 78 I Gen. 147 und Brand. LHA Rep. 37 Boitzenburg, Nr. 12.
2129 In auswärtigen Diensten stehende Offiziere werden unter der letzten Spalte mitgerechnet.

Tabelle 49: Berufliche Gliederung des märkischen Adels (1718) - Neumark[2130]

Kreis	Zahl d. adl. Vasallen	Bürgerl.	auf Gut lebend		Offiz.		frühere Offiz.		Amtsträger		frühere Amtsträger		ständische Amtsträger		Ehrentitel		Vasallen in auswärt. Diensten	
Arnswalde	59	2	50%	30	22%	13 1 auswärt.	7%	4	8%	5	2%	1	-		2%	1	2%	1
Cottbus	63	4	60%	38	14%	4 5 auswärt.	17%	11	6%	4	-		2%		1,5%	1	13%	8
Königsberg	46	1	50%	23	43%	20 2 auswärt.	22%	10	7%	3	-		-		2%	1	4%	2
Schievelbein	46	3	50%	23	9%	4 1 auswärt.	9%	4	7%	3	2%	1	-		2%	1	2%	2
Dramburg	65	-	34%	22	14%	9 3 auswärt.	6%	4	6%	4	-		-		-		9%	6
Soldin	28	1	46%	13	53%	15 1 auswärt.	4%	1	14%	4	-		4%	1	4%	1	4%	1
Züllichau	31	2	68%	21	6%	2 2 auswärt.	10%	3	-		-		-		-		10%	3
Sternberg	79	2	57%	45	19%	15 3 auswärt.	25%	20	1%	1	-		-		-		6%	5
Krossen	40	1	65%	26	22%	9 3 auswärt.	12%	5	12%	5	2%	1	-		-		10%	4
Friedeberg	28	6	25%	7	36%	10	11%	3	11%	3	-		-		-		4%	1
Landsberg	12	2	58%	7	42%	5	17%	2	25%	3	-		-		8%	1	-	
Gesamt	497	24	51%	255	21%	106	15%	93	8%	38	0,5%	3	0,4%	2	1%	6	6,5%	33

[2130] ermittelt nach: P. Schwartz: Die Klassifikation von 1718/19, in: Die Neumark. Jahrbuch des Vereins für die Geschichte der Neumark 3(1926)-5(1928).

Anhang

Tabelle 50: Berufliche Gliederung des märkischen Adels (1751) – Neumark[2131]

Kreis	Zahl d. Vasallen	Bürgerl.	auf Gut Leb.		Offiz.		frühere Offiz.		Amtsträger		frühere Amtsträger		ständische Amtsträger		Vas. in ausw. Diensten
Arnswalde	40	5	67%	27	13%	5	30%	12	8%	3	3%	1	5%	2	-
Königsberg	51	3	53%	27	20%	10	33%	17	8%	4	-		2%	1	-
Schivelbein	17	2	65%	11	29%	5	23%	4	6%	1	-		-		-
Sternberg	51	5	59%	30	20%	10	25%	13	6%	3	2%	1	-		-
Krossen	42	-	66%	28	17%	7	24%	10	10%	4	3%	1	-		-
Friedeberg	24	6	25%	6	33%	8	13%	3	21%	5	-		-		-
Gesamt	225	21	57%	129	20%	45	26%	59	9%	20	1%	3	0,8%	2	-

2131 ermittelt nach: Brand. LHA Rep. 78 I Gen. 170.

Tabelle 51: Berufliche Gliederung des märkischen Adels (1759) – Kurmark[2132]

Kreis	Zahl d. adl. Vasallen	Bürgerliche	auf Gut Leb.		Offiz.		frühere Offiz.		Amtsträger		frühere Amtsträger		ständische Amtsträger		Vasallen in ausw. Diensten	
Beesk.-Storkow	23	10	34%	8	22%	5	44%	10	18%	4	-		-		4%	1
Havelland	81	5	52%	42	25%	20	26%	21	10%	8	4%	3	-		1%	1
Zauche	50	1	32%	16	38%	19	18%	9	12%	6	6%	3	-		-	
Ober-Barnim	29	5	41%	12	31%	9	28%	8	17%	5	7%	2	-		-	
Nieder-Barnim	15	5	33%	5	13%	2	20%	3	27%	4	-		-		-	
Prignitz	105	6	57%	60	17%	17	29%	31	7%	7	1%	1	2%	2	-	
Altmark[2133]	106	12	23%	24	36%	39	20%	21	18%	19	4%	4	1%	1	8%	8
Ruppin	32	11	65%	21	28%	9	65%	21	15%	5	-		-		-	
Teltow	31	6	26%	8	29%	9	6%	2	19%	6	-		-		-	
Gesamt	472	61	41,5%	196	27,3%	129	26,7%	126	13,8%	65	2,8%	13	0,6%	3	2,1%	10

2132 ermittelt nach: Brand. LHA Rep. 78 I Gen. 168.
2133 Ohne Kreise Arendsee und Seehausen

Anhang

Tabelle 52: Berufliche Gliederung des märkischen Adels (1769) – Kurmark[2134]

Kreis	Zahl d. adl. Vasallen	Bürger-liche	auf Gut Leb.		Offiz.		frühere Offiz.		Amts-träger		frühere Amts-träger		ständi-sche Amts-träger		Vasallen in ausw. Diensten
Beesk.-Storkow	22	8	37%	8	23%	5	32%	7	18%	4	-	-	-	-	-
Havelland	77	5	47%	36	25%	19	29%	22	16%	12	2,5%	2	1%	1	-
Zauche	40	1	50%	20	22,5%	9	32,5%	13	12,5%	5	5%	2	2,5%	1	2,5%	1
Ober-Barnim	29	4	48%	14	17%	5	48%	14	7%	2	10%	3	-	-	-
Nieder-Barnim	12	5	42%	5	8%	1	42%	5	42%	5	8%	1	17%	2	-
Prignitz	102	6	64%	66	17% 1 auswärt.	16	37%	38	5%	5	-	-	4%	4	1%	1
Uckermark	97	5	63%	61	18% 1 auswärt.	17	41%	40	13%	13	5%	5	2%	2	2%	2
Altmark o. Arendsee u. Seehsn.	99	12	43%	43	34%	34	17%	16	11%	11	4%	4	1%	1	4%	4
Lebus	24	4	37,5%	9	29%	7	37,5%	9	12,5%	3	8%	2	-	-	-
Ruppin	44	9	52%	23	34%	15	50%	22	14%	6	-	-	2%	1	4%	1
Teltow	31	6	39%	12	10%	3	23%	7	19%	6	6%	2	-	-	-
Gesamt	**577**	**65**	**51,5%**	**297**	**22,7%**	**131**	**33,4%**	**193**	**12,5%**	**72**	**4%**	**21**	**2%**	**12**	**1,5%**	**9**

Ermittelt nach: Brand. LHA Rep. 78 I Gen. 181.

[2134] Ermittelt nach: Brand. LHA Rep. 78 I Gen. 181.

Tabelle 53: Berufswahl der Vasallensöhne (1713) Kurmark[2135]

Kreis	Gesamt	Ab 12 Jahre	Auf Gut		Fajunk., Cornets, Kadetten		Offiziere		Amtsträger		Universität		Ritter-akademie		Pagen		Schule/Pension		auswärt. Dienst	
Beesk.-Storkow	49	31	13%	4	6%	2	48%	15	-		6%	2	3%	1	-		6%	2	13%	4
Havelland	74	52	37%	19	4%	2	17%	9	8%	4	13%	7	10%	5	4%	2	6%	3	2%	1
Zauche	39	26	19%	5	-		31%	8	-		15%	4	8%	2	8%	2	4%	1	15%	4
Ober-Barnim	41	25	20%	5	8%	2	24%	6	4%	1	16%	4	-		4%	1	-		24%	6
Nieder-Barnim	18	10	50%	5	10%	1	30%	3	-		-		-		-		-		-	
Prignitz	87	53	51%	27	4%	2	28%	15	2%	1	4%	2	-		8%	4	-		4%	2
Uckermark	112	59	39%	23	2%	1	20%	10	-		17%	10	5%	3	-		7%	4	8%	5
Altmark	118	65	43%	28	2%	1	31%	20	6%	4	3%	2	-		-		6%	4	9%	6
Lebus	27	7	29%	2	-		29%	2	14%	1	-		-		14%	1	-		14%	1
Ruppin	64	33	42%	14	6%	2	36%	12	-		-		-		-		-		15%	5
Teltow	46	28	53%	15	-		29%	8	-		7%	2	7%	2	-		-		4%	1
Gesamt	611	389	38%	147	3%	13	28%	108	3%	11	8,5%	33	3%	13	2,5%	10	3,5%	14	9%	35

[2135] ermittelt nach: Brand. LHA Rep. 78 I Gen. 147 und Brand. LHA Rep. 37 Boitzenburg Nr. 12.

Anhang

Tabelle 54: Berufsgliederung der Vasallensöhne – Neumark (1718) [2136]

Kreis	Gesamt	Ab 12 Jahre	Auf Gut		Fajunk., Cornets, Kadetten		Offiziere		Amtsträger		Universität		Ritterakademie		Pagen		Schule/Pension		auswärt. Dienst	
Arnswalde	64	39	28%	11	5%	2	46%	18	-		5%	2	5%	2	-		-		8%	3
Cottbus	68	28	39%	11	-		14%	4	-		4%	1	-		4%	1	4%	1	36%	10
Königsberg	30	16	31%	5	-		37%	6	-		6%	1	-		12%	2	-		12%	2
Schievelbein	32	20	50%	10	-		40%	8	-		-		-		-		-		10%	2
Dramburg	50	32	41%	13	12%	4	44%	14	-		3%	1	-		-		-		-	
Soldin	33	17	76%	13	-		24%	4	-		-		-		-		-		-	
Züllichau	39	27	58%	16	-		33%	9	-		-		-		-		4%	1	11%	3
Sternberg	69	24	54%	13	12%	3	21%	5	-		8%	2	-		-		-		4%	1
Krossen	43	13	69%	9	-		31%	4	-		-		-		-		-		-	
Friedeberg	12	8	12%	1	-		64%	5	12%	1	-		-		-		-		12%	1
Landsberg	4	2	100%	2	-		-		-		-		-		-		-		-	
Gesamt	**444**	**226**	**46%**	**104**	**4%**	**9**	**34%**	**77**	**0,5%**	**1**	**3%**	**7**	**1%**	**2**	**1%**	**3**	**1%**	**2**	**10%**	**22**

2136 ermittelt nach: Schwartz, Klassifikation.

Tabelle 55: Berufsgliederung der Vasallensöhne – Neumark (1751) [2137]

Kreis	Ge-samt	Ab 12 Jahre	Auf Gut		Fajunk., Cornets, Kadetten		Offiziere		Amts-träger		Universität		Ritter-aka-demie	Pagen		Schule/ Pension		auswärt. Dienst	
Arnswalde	58	23	30%	7	13%	3	39%	9	4%	1	4%	1	-	-	-	4%	1	4%	1
Königsberg	34	12	50%	6	17%	2	25%	3	-		-		-	-	-	8%	1	-	
Schievelbein	24	15	20%	3	7%	1	66%	10	-		7%	1	-	-	-	-		-	
Sternberg	44	18	33%	6	6%	1	33%	6	6%	1	6%	1	-	-	-	17%	3	-	
Krossen	44	24	21%	5	-		62%	15	4%	1	4%	1	-	4%	1	-		4%	1
Friedeberg	24	20	10%	2	5%	1	55%	11	5%	1	10%	2	-	-		-		15%	3
Gesamt	228	112	26%	29	7%	8	48%	54	3,5%	4	5%	6	-	1%	1	4,5%	5	4,5%	5

2137 ermittelt nach: Brand. LHA Rep. 78 I Gen. 170.

Tabelle 56: Berufsgliederung der Vasallensöhne – Kurmark (1759)[2138]

Kreis	Gesamt	Ab 12 Jahre	Auf Gut		Fajunk., Cornets, Kadetten		Offiziere		Amts-träger		Universität		Ritterakademie		Pagen		Schule/Pension		Auswärt. Dienst	
Beeskow-Storkow	8	4	25%	1	-		25%	1	-		-		-		25%	1	-		25%	1
Havel-Land	64	37	24%	9	5%	2	46%	17	5%	2	8%	3	3%	1	3%	1	5%	2	-	
Zauche	25	18	35%	6	12%	2	35%	6	-		6%	1	12%	2	-		-		-	
Ober-Barnim	30	22	18%	4	4%	1	50%	11	-		9%	2	-		-		18%	4	-	
Nieder-Barnim	19	15	27%	4	-		47%	7	20%	3	7%	1	-		-		-		-	
Prignitz	69	43	14%	6	14%	6	60%	26	5%	2	2%	1	-		5%	2	-		-	
Altmark[2139]	58	31	35%	11	10%	3	23%	7	6%	2	13%	4	-		3%	1	3%	1	6%	2
Ruppin	53	34	35%	12	12%	4	24%	8	6%	2	6%	2	3%	1	-		9%	3	6%	2
Teltow	33	20	45%	9	10%	2	30%	6	10%	2	-		-		-		15%	3	-	
Gesamt	**359**	**229**	**27%**	**62**	**9%**	**20**	**39%**	**89**	**5,5%**	**13**	**6%**	**14**	**1,5%**	**4**	**2%**	**5**	**5,5%**	**13**	**2%**	**5**

[2138] ermittelt nach: Brand. LHA Rep. 78 I Gen. 168.
[2139] ohne Arendsee und Seehausen.

Tabelle 57: Gläubigergruppen von märkischen Rittergutsbesitzern (1718-1763)

Gläubigergruppe	residenznaher Raum			residenzferner Raum				
	Havelland		Teltow		Ruppin		Prignitz		Friedeberg		Sternberg		Seehausen		Tangermünde	
Höhere Amtsträger	13,5%	40	11,5%	15	3,1%	11	2,5%	14	0,8%	1	2,8%	9	0,3%	1	1,8%	2
Niedere Amtsträger	6,4%	19	8,4%	11	5,6%	20	6,5%	37	6%	7	5,3%	17	2,4%	7	1,8%	2
Offiziere	16,2%	48	22,9%	30	20,6%	74	14,9%	85	40,2%	47	21,4%	69	15,9%	47	20,2%	22
Adlige (ohne Ang.)	16,5%	49	12,2%	16	26%	93	22%	125	24%	40	22,6%	73	13,6%	40	16,6%	18
Eigenes Geschlecht	12,5%	37	6,9%	9	4,2%	15	5%	33	6,8%	8	5,6%	18	5,4%	16	8,3%	9
Bürgerl. Amtsträger	7,1%	21	11,5%	15	18,1%	65	19,5%	111	12%	14	21,3%	69	25%	74	18,3%	20
Gewerbetreibende	8,4%	25	5,3%	7	5,9%	21	5,1%	29	5,1%	6	2,5%	8	7,8%	23	3,6%	4
Bürgerliche (ohne Ang.)	4%	12	9,2%	12	9,2%	33	11,2%	64	-	-	7,4%	24	11,9%	35	9,2%	10
Kirche	6,4%	19	0,8%	1	5,6%	20	9,7%	55	5,1%	6	8%	26	9,8%	29	13,8%	15
Institut./ Behörden	6,4%	19	11,5%	15	1,4%	5	2,3%	13	-	-	2,8%	9	2,7%	8	3,6%	4
Pächter/ Verwalter	1,7%	5	-	-	0,3%	1	1%	6	-	-	-	-	0,3%	1	-	-
Bauern	1%	3	-	-	-	-	0,2%	1	-	-	-	-	4,4%	13	1,6%	2
Bürgerl./ Kirche Gesamt	35%	104	38,2%	50	40,8%	145	49,1%	279	22,2%	26	42%	136	62,3%	184	51,4%	56
Adel Gesamt	65%	193	61,8%	81	59,2%	213	50,9%	290	75,8%	91	42%	187	37,6%	111	48,6%	53
Gesamtzahl	297		131		358		569		117		323		295		109	

Anhang 503

Personenindex

Die Namen von Historikern sind kursiv gesetzt.

A

Aaron, Hertz	168
Adelebsen, v. (Familie)	420
Aderkass, v. (Hauptmann)	222
Adolf Friedrich (Herzog v. Mecklenburg-Schwerin)	412, 422, 427 f.
Alemann, v. (Rittmeister)	356
Alten, v. (Familie)	413
Alvensleben, v. (Familie)	69, 84, 100, 111, 144, 217, 224, 237, 309, 335
– , Gebhard v.	109
– , Gebhard Johann	224
– , Johann Friedrich v.	195
– , Ludolf Burchard v.	299
– , v. (Kammerherr)	196
– , v. (Geh. Rat)	196
Anhalt, Moritz v.	380
Appel, v. (Familie)	144
Arendt (Amtsträger)	65
Arendt	138
Arndt, Johannes	95
Arnim, v. (Familie)	32 f., 44, 59, 65, 70, 89, 99, 130 f., 188 f., 195, 202, 216 f., 219, 221, 261, 283, 285, 335, 337, 358, 363, 380
– , v.	146
– , Albrecht Heinrich v.	218
– , Alexander Magnus	65
– , Anna Katharina v.	372
– , Anna Sophia v.	65
– , Bernd v. (Amtskammerpräsident)	60, 121, 362, 371
– , Bernd v. (Sohn Georg Wilhelms v. Arnim)	373 ff.
– , Bernd Friedrich v.	59
– , Caspar v.	89
– , Friedrich Wilhelm v.	218, 232
– , Friedrich Wilhelm Abraham v.	275
– , Georg Abraham v.	374 f.
– , Georg Dietloff v. (Minister)	180, 194, 201, 240, 261, 334, 339, 380
– , Georg Wilhelm v. (Landesdirektor)	64, 83, 85 f., 130, 288, 360, 371 f., 374 f., 379, 381, 390
– , Georg Wilhelm v. (Landvogt)	189

–, Henriette Sophia Elisabeth v.	156
–, Jacob Dietloff v.	64, 372, 374
–, Levin Christof v.	387
–, Lucie Marie v. (geb. v. Schlieben)	91
–, Stefan Bernd v. (Kreiskommissar bzw. Kreisdirektor)	361, 441
–, Stefan Friedrich v.	91, 156, 294 f.
–, Werner Bernd v.	247
–, Wolf Christoph v.	73
–, v. (Deputierter)	300
–, Frau v. (geb. v. Falckenberg)	387
–, Frau v. (Witwe)	418
Aschersleben, v. (Familie)	285
–, v. (Landrat)	311
August, Administrator v. Magdeburg	121
August I. (Kurfürst v. Sachsen)	404
August II., „der Starke"/ Friedrich August I. (König v. Polen/ Kurfürst v. Sachsen)	238, 357, 424, 438
August Wilhelm, Prinz v. Preußen	311

B

Bahl, Peter	22, 329, 334, 337 f., 368, 385, 397, 400 f.
Bardeleben, v. (Familie)	48, 57, 81, 144
–, Hans Christian v.	240
Barfuß, v. (Familie)	62, 146 f., 335, 337
–, Johann Albrecht v.	59, 103, 147, 334, 356
–, Ludwig Ernst v.	269
–, H. v. (Rittmeister)	251
–, v. (Kreiskommissar)	296
–, v. (Deputierter)	313
Barleben, Joachim v.	89, 288
–, v. (Witwe)	288
Barnewitz, v. (Familie)	54
Barnewitz, v.	138
Bars[t]dorff, v. (Familie)	53
–, Christian v.	125
–, Wichmann Heino v.	64
Barsewisch, Ernst Friedrich Rudolf v.	234
Bartensleben, v. (Familie)	69, 193 f., 267, 413, 420, 434
–, Hans Daniel v.	267
–, v. (Witwe)	193
Bassewitz, v. (Familie)	419
Baumgart, Peter	302

Becker (Prediger)	169, 173
Beeren, v. (Familie)	48, 50, 124, 144 f., 200, 206, 255, 399
– , Barbara Dorothea Rosina v.	368
Beerfelde, v. (Landrat)	312, 314
Behr, Samuel v.	412
– , Curdt v.	428
Beichlingen, v. (Familie)	423
Bellin, v. (Familie)	54
– , Barbara Sabina v.	260
Below, Georg v.	20
Benckendorff, v. (Familie)	220
Ben[n]eckendorff, v. (Familie)	221
– , Hans v. (Kanzler)	82
– , Hans v. (Kreiskommissar)	125
– , Hans Caspar v.	291
– , v. (Obrist)	163
– , v. (Landrat)	312, 323
Bennewitz, v. (Familie)	57
Bennigsen, v. (Familie)	413, 420
– , Anna Marie v.	249
– , Erich v.	413
– , Jacob Franz v.	420
Berchelmann, Johann	87f.
Berg, v. (Familie)	71, 130
Bergen, v. (Major)	117, 183
Bergius (Geheimer Rat)	180
Bergmann (Bürgermeister)	92
Berner (Witwe)	205
Bernheim, v. (Familie)	57
Bernstorff, v. (Familie)	430, 434
Bettin, v. (Familie)	48
Beville, de (Familie)	142f.
Biedermann, Karl	434
Bierstedt (Pfarrer)	169
Birckholtz, v. (Familie)	322
– , v. (Landratskandidat)	316
Bismarck, v. (Familie)	69, 224, 237, 285, 335, 337
– , Andreas Achaz	183
– , August v.	195, 352 f.
– , Christian v.	266
– , Christian Georg v.	183
– , Christoph v.	88, 101f., 386
– , Christoph Georg I. (Landesdirektor)	291

–, Elisabeth Dorothea Sophia v. 380
–, Georg v. 322
–, Georg Achaz v. 223
–, Georg Friedrich v. 229
–, Hans Christoph v. 209, 214, 223, 233, 325, 379
–, Karl Ludolf v. 247
–, Levin Friedrich II. v. 152, 180, 209, 212, 255, 268, 379 f.
–, Ludolf v. 102
–, Sophie Amalie v. 255
–, v. (Leutnant) 253
Blan[c]kenburg, v. (Familie) 44, 130, 220
–, Eufemia v. 64, 372
–, Ursula v. 83
–, v. 374
Blanckensee, v. (Deputierter) 301
–, v. (Landrat) 310
–, v. (Obrist) 340
Blaschke, Karlheinz 405
Blumenthal, v. (Familie) 50, 60, 191 f., 335, 337
–, v. 92
–, Adam Ludwig II. (Geh. Rat, Minister) v. 149, 167, 180, 192 f., 252, 341
–, Christoph v. 89
–, Christoph Caspar v. (Geh. Rat) 84, 343
–, Friedrich v. 267
–, Hptm. v. 160
–, Joachim Christian, Graf v. (Minister) 310
Boden, August Friedrich v. (Minister) 337
Böhme, Martin Heinrich 340
Börstel, v. (Familie) 79, 285, 335
–, Ernst Gottlieb v. 106
–, Hans Christoph v. 158
–, Kurt v. 387 f.
–, v. (Geh. Finanzrat) 212
–, v. (Fräulein) 369
Bonin, v. (Familie) 221
–, v. (Landrat) 314
–, v. (Hofdame) 340
Borcke, v. (Familie) 68, 128, 130, 220, 322, 335
–, Henning Dietrich v. 342
–, Adrian Bernhard Graf v.
  (Generalfeldmarschall) 180
–, v. (Landrat) 323
–, Frau v. (Witwe) 264

Anhang

Borne, v. d. (Familie)	93
– , Adam Caspar v.	260
– , Auguste Erdmute v. (geb. v. Reisewitz)	264
– , Georg Friedrich v. d.	233
– , Hans Georg v. d.	233
– , Heinrich v. d.	102
– , Henriette Luise v. d.	255
– , Joachim Rüdiger v. d.	153, 264
Bornstedt, v. (Obrist)	313
– , v.	136
– , v.	155
Bose, v. (Familie)	415, 423
– , Carl Gottob v.	437
– , Christoph Dietrich (d. Ält.) v.	439
Bothmer, v. (Familie)	430
Brand[t], v. (Familie)	335, 398
– , Christian v. (Kanzler)	108
– , Aemilius Otto v.	136
– , Christian v.	214, 368, 386
– , Christoph v.	363
– , Christoph Ernst v.	258
– , Friedrich v. (Capitain)	398
– , Ludwig v.	351, 363
– , Wilhelm v.	120
– , v. (Geh. Etat-Rat)	398
– , v.	258
Brand v. Lindau, v. (Familie)	237
– , Adam Friedrich	397, 399, 401
– , Dorothea	77
– , Ludwig Heinrich	236
Bredow, v. (Familie)	33, 40, 50, 53f., 61, 65, 70, 76, 81, 99, 116, 124, 130, 139, 142 f., 146, 175, 215-219, 235, 283, 316, 335, 337, 340 f., 358
– , Achim v.	80
– , Adam v.	78
– , Asmus v.	87
– , Caspar Ludwig v.	152, 177
– , Cuno Ludwig v.	175, 337
– , Ehrentreich v.	119, 296, 361, 363
– , E. F. v.	337
– , Ernst Wilhelm v.	357
– , Friedrich v.	304
– , Friedrich Sigismund v.	201

– , Friedrich Wilhelm II. v. 104
– , G. F. U. v. 205
– , Gebhardt Ludwig Friedrich v. 233
– , Hans Albrecht v. 154
– , Hans Christoph v. 61, 70, 360, 363
– , Hasso v. 40
– , v. (Hauptmann) 85
– , Heinrich Caspar v. 118
– , Henning Caspar v. 161
– , Johanna Agnesia Antonie v. 158
– , J. H. v. 337
– , Ludwig v. 154
– , Maria Elisabeth v. 91, 256
– , Otto Ludwig v. 250
– , Wichard Friedrich v. 233
– , v. 235
– , v. 289
– , v. (Landratskandidat) 316
– , v. (Ausschußmitglied) 300
– , Frau v. 260
– , Fräulein v. 369
– , Frau v. (Hofdame) 340
Bremen, v. (Familie) 46, 49 f.
Brenckenhoff, Franz Balthasar v. 314, 323
Briesen, Claus Rüdiger v. 160
Briest, v. (Familie) 220
Britzke, v. (Familie) 48, 52
Brösicke, v. (Familie) 221, 286, 337
– , Dietrich v. 89
– , Eustachius v. 207, 263
– , Friedrich v. 236
– , Martha v. (geb. v. Zehmen) 263f.
– , Maximilian v. 263
– , Maximilian Friedrich v. 287
– , Tobias v. 236
Brühl, Heinrich Graf v. 191ff.
Brüning (Prediger) 205
Brünne, v. (Major) 380
Bruhn (Hauptmann) 418
Brunn, v. (Familie) 53, 55, 142 f., 253, 261, 335
Brunner, Otto 16, 272
Buch, v. (Familie) 33, 42, 83, 140, 285, 335
– , Friedrich v. 42

– , Adolf Friedrich v.   140, 355
– , Christiane Judith v.   265
– , Dietrich Sigismund v.   119, 346
– , Gustav Wilhelm v.   105
– , Johann Friedrich v.   81, 105
– , Katharina Elisabeth v.   77, 90
– , Otto Wedige v.   119
– , Valentin v.   83
– , Valentin Friedrich v.   46, 115
Buchholtz, Samuel (Hofrat)   175
Buchner (Regierungsrat)   399
Bügel, Marie (geb. Schadebrodt)   105
Bülow, v. (Familie)   143, 285, 420, 430
– , Barthold v.   412
– , Bartold Dietrich v.   429
– , Chr. L. v.   169
– , Friedrich Wilhelm v.   56
– , Kuno Hans v.   428
– , v. (Oberhofmeister)   344
Bünau, v. (Familie)   413, 423
Büsch, Otto   15, 223, 229
Buggenhagen, Julius Ulrich v.   231
Burghagen, C. D. v.   205
Burghaus, Graf v.   259
Burgsdorff, v. (Familie)   48, 51, 54, 57, 89, 124, 147, 286, 335
– , G. Chr. v.   239
– , Georg Ehrentreich v.   51, 117
– , Konrad v.   51 f., 293, 333, 345, 386, 399
– , Levin v.   89
– , v. (Major)   232
Burkhardt, Johannes   99f.

C

Canitz, Melchior Friedrich v.
    (Oberhofmarschall)   345, 377
– , Erasmus Conrad v.   400
– , Friedrich Wilhelm v.   398
– , Fräulein v. (Tochter des Oberhof-
    marschalls M. F. v. Canitz)   400
– , Frau v. (Witwe)   212
Canstein, v. (Familie)   57
Canstein, Raban v. (Oberhofmarschall)   58f., 373
Carl Leopold (Herzog v. Mecklenb.-Schwerin)   428 f., 433, 442

Carlowitz, v. (Familie) 415, 423
Carsten, Francis L. 15, 17, 40, 214
Christian V. (König v. Dänemark) 240
Christian (Louis) (Herzog v. Mecklenburg-
  Schwerin) 426, 428 f., 433
Cloudt, Jost Wirich v. 249
Cocceji, Samuel (v.) 267, 379, 381, 396
Cramerus (Inspektor) 390
Cramm, v. (Familie) 413
Creutz, Ehrenreich Bogislav (v.) 180, 194, 212
Crieger, v. (Familie) 357
Croy, Ernst Boguslav, Herzog v. 349
Czok, Karl 423

D

Danckelmann, v. (Familie) 62
Danckelmann, Daniel Ludolf v. 52
Danckelmann, Eberhard Ludwig v.
  (Oberpräsident) 63, 132, 377
Demeter, Kurt 98
Derfflinger, Emilia Freiin v. 77
– , Friedrich v. (Generalleutnant) 368
– , Georg v. (Generalfeldmarschall) 60, 85, 103, 106, 239, 350, 368, 377
Dewitz, v. (Familie) 247
– , Joachim Balthasar v. 109
Diericke, B. v. 71
Dieskau, Karl v. 195
Dieussart, Charles Philipp 419
Dithmar, Justus Christoph 355
Döberitz, Albrecht v. 125
Dölau, Johann Christian v. 256
Döring, Valentin 116
Dohna, Graf Christoph zu 347
Dollen, Rüdiger v. 81
Dorville, v. (Familie) 144 f.
– , v. (Geh. Tribunal-Gerichtsrat) 177, 180, 399
– , v. (Obrist) 164
Drope (Prediger) 173
Droysen, Johann Gustav 13, 119
Düringshofen, v. (Familie) 220
– , Elisabeth v. 256
Düsedau, Christian Gabriel v. 201

E

Eberhardt, W. (Münzarrendator)	105
Effern, Margarethe v.	61
Eickstedt, v. (Familie)	220, 335
–, Christoph Valtin v.	157
–, Georg v.	65
–, Joachim v.	266
–, Joachim VI.	361
–, Joachim Vivigenz v.	294 ff.
–, Jobst Christian v.	36
Einsiedel, v. (Familie)	423
–, H.A. v.	157
Elias, Aaron	168
Elias, Norbert	97, 330, 343, 438
Ende, v. (Familie)	423
Enderlein, v. (Familie)	46, 48, 144, 255
Enders, Lieselott	20 f., 24, 44, 58, 81, 92, 148
Engel & Co. Compagnie	92
Ephraim (Hofjuwelier)	168, 177
Erdmannsdörffer, Bernhard	273
Erlach, v. (Familie)	144
Ernst August (Herzog v. Braunschweig-Calenberg/ Kurfürst v. Hannover)	434
Erxleben, v. (Familie)	221
–, v. (Deputierter)	325
Essenbrücher (Familie)	65
Estorff, v. (Familie)	430

F

Fabian, v. (Familie)	53, 142
–, Johann Christian v.	207
–, v. (Hauptmann)	264
Fahrenholtz, v. (Familie)	81f.
Falkenberg, v. (Familie)	142f.
Finck v. Finckenstein, (Familie)	335, 337, 388
–, Albrecht	388
–, Graf Albrecht Konrad	350
–, Graf Karl Heinrich	192
Flans, v. (Familie)	48, 50, 54, 103, 142, 144f., 216
–, E. v.	143
–, Georg Balthasar v.	85
–, Hans Dietrich v.	109
–, J. Chr. v.	206

– , Gebr. v. 230
– , v. 298
Flemming, v. (Familie) 62, 157, 335, 337, 355, 423
– , Friedrich v. 261
– , G. v. (Capitain) 227
– , Heino Heinrich v. 62 f., 67, 120, 335, 355
– , Jakob Heinrich v. 424, 439
– , Joachim v. 439
– , Johann Georg Graf v. 212
– , v. 340
Flügel, Axel 436
Foelsch (Kaufmann) 205
Forcade, Friedrich Wilhelm Quirin de (Generalmajor) 173
Francke, Johann Georg 257
Fratz, v. (Familie) 53, 142
Franz, Günther 26, 39
Frenckel, Hirsch Benjamin 168
Friedrich (Herzog v. Mecklenburg-Schwerin) 240
Friedrich III./I. (Kurfürst/König) 90, 107, 115, 119 f., 123, 154 f., 212, 279, 283, 290, 292, 301, 305, 326, 332, 346, 349 f., 352, 394, 397, 442
Friedrich II. (König in/von Preußen) 137, 151 ff., 171, 192 f., 195, 203 f., 209, 212, 232 f., 237, 240 f., 259, 267, 269, 324, 329, 332, 338, 340, 349, 355, 370, 379, 396
Friedrich (Prinz/Landgraf v. Hessen-Homburg) 54, 56, 60, 84, 124, 365
Friedrich August I. (siehe August II., „der Starke")
Friedrich August II./August III. (Kurfürst v. Sachsen/König v. Polen) 192 f.
Friedrich Wilhelm (Herzog v. Mecklenburg-Schwerin) 428, 435, 442
Friedrich Wilhelm (Kurfürst v. Brandenburg) 38, 52, 61, 63, 78, 84 f., 90, 92, 95, 98, 100, 102 f., 106 f., 111 ff., 115 f., 118-122, 125, 128-132, 140, 169, 212, 267 f., 274 f., 278-282, 287, 297 f., 331 ff., 338, 343, 345, 349, 353, 361, 363-366, 371, 377 f., 388 ff., 393, 399, 422
Friedrich Wilhelm I. (König in Preußen) 132, 138 f., 147, 158, 160 f., 168, 172, 181 f., 184 f., 191, 193 ff., 197, 200, 206 ff., 212 ff., 223, 233, 237, 241, 249, 257, 259, 303, 311, 329, 332, 338, 346 f., 353, 357, 359, 369, 379, 393, 395 f., 398
Friedrich Wilhelm II. (König von Preußen) 275, 358

Anhang

Friesen, v. (Familie)	423
–, Heinrich v.	424, 439
–, Heinrich Friedrich v.	437
–, Luise Henriette v. (geb. v. Canstein)	397
Fritze, Christoph	51
Fritze, Johann	51
Fuchs, Johann Heinrich v.	269
–, Paul v.	63, 366 f.
–, v. (Oberstallmeister)	180
Fürbringer, Christoph	273

G

Gadow, v. (Familie)	53, 64, 118
–, Christoph v.	93
–, Matthias v.	113
Galen, Bernhard v. (Bischof v. Münster)	238
Garten, (v.) (Familie)	147
Gartner (Prediger)	168
Georg Ludwig (Kurfürst v. Hannover)	436
Georg Wilhelm (Kurfürst v. Brandenburg)	78, 301, 371
Georg Wilhelm (Herzog v. Braunschweig-Lüneburg)	239, 342
Gerbett (Geh. Rat)	202
Gersdorff, v. (Familie)	144, 221
–, v. (Landrat)	222, 315
Gladebeck, Bodo v.	343 ff., 377
Gladow, M. (Pfarrer)	397
Glasenapp, Georg Caspar v.	354
–, Joachim v.	354
–, Peter v.	354
Glaubitz, v. (Familie)	48, 144
Göllnitz, v. (Familie)	57, 147
Görne, v. (Familie)	169, 286
–, Curd Gottfried v.	153
–, Friedrich v.	177
–, Georg v.	262
–, Hans Christoph v.	168
–, Leopold v. (Geh. Rat)	168, 177, 316
Görtz, v. (Familie)	146
Görtzke, v. (Familie)	48, 144f.
Gör[t]zke, Joachim Ernst v.	37, 64
Götze, v. (Familie)	336, 368, 397
–, Adolf v.	60, 140

–, Dorothea S. v.	372
–, Kuno Christoph v.	89
–, Sigismund v.	386, 390
Goldbeck (Kammergerichtsrat)	179
Golitz, Ilse Margarethe v.	83
Goltz, v. d. (Familie)	49, 146, 286, 322, 335
–, Jürgen Rüdiger v. d.	378
–, v. d. (Landrat)	313
–, v. d. (Landratskandidat)	316
Graevenitz, v. (Familie)	60, 285, 308, 358
–, v. (Oberstleutnant)	85, 160 f.
–, Ernst Wilhelm v.	167
–, Hans Georg v.	287, 365
–, M. H. v.	205
–, v. (Landtagsdeputierter)	282, 300
Grape, v. (Familie)	221
–, v. (Landratskandidat)	319
Grapp, v. (Familie)	142
Gröben, v. d. (Familie)	40, 53f., 117, 124, 142-145, 336, 359, 368, 397, 400
–, Hans Ludwig v. d.	287, 360
–, Isaac Ludwig v. d.	392
–, Jobst Heinrich v. d.	40, 48, 78, 89
–, Ludwig v. d.	122, 131, 365, 400
–, Melchior Christoph v. d.	254
–, Otto Ludwig v. d.	265, 341
–, Wilhelm v. d.	212
–, v. d. (Domprobst)	194
–, v. d. (Obrist)	392
Grote, v. (Familie)	430
–, v. (Major)	161
–, Carl August v.	168
–, Johann Georg v.	342
–, Otto v.	168
Grüneberg, v. (Familie)	336
–, Abraham v.	299
Grumbkow, v. (Familie)	336, 358
–, Gebr. v.	149
–, Friedrich Wilhelm v.	194, 214, 334, 340, 359
–, Joachim Ernst v.	60, 63, 337, 367
Gühlen, v. (Familie)	53, 55, 142, 157
–, S.F. v.	157
Güntersberg, v. (Familie)	69, 128, 323, 351 f.

Anhang

– , Joachim Christoph v.	126, 128
– , v. (Rittmeister)	352
Gustav Adolf (Herzog v. Mecklenburg-Güstrow)	267

H

Hackerodt (Verwalter)	205
Hagen, v. d. (Familie)	71, 142 f., 220, 286, 336
– , Albrecht Heinrich v. d.	106
– , Arend Friedrich v. d.	89
– , Christian v. d.	89
– , Joachim v. d.	140
– , Thomas v. d.	89
– , Thomas Philipp v. d.	136
– , Wiprecht Gottfried v. d.	136
Hahn, Peter-Michael	18 f., 22, 40, 84, 123, 215 f., 283
Hahn, Claus II. v.	412
Hake, v. (Familie)	46, 48, 54, 57 ff., 62, 73-76, 117, 124, 144 f., 206, 215, 217, 219, 224, 235, 247, 263, 336 f., 358, 399 f.
– , Adam v.	74, 109
– , Adam VII. v.	47, 249, 264
– , Alexander v.	74, 91
– , Anna v.	254 f.
– , Botho Friedrich	75f., 238 f.
– , Botho Gottfried v.	74
– , Daniel v.	74, 82
– , Daniel II. v.	86
– , D. H. v.	216
– , Ernst Ludwig v.	132
– , Friedrich Dietrich v.	74
– , Gottfried II. v.	72
– , G. L. v.	177
– , Gustav Wilhelm v.	238, 257
– , Hans Friedrich III.	257
– , Hans Georg v.	109
– , Joachim Otto v.	74
– , Johann Dietloff v.	132
– , Johann Friedrich VI.	257
– , Jo[b]st Otto v.	75, 109, 256
– , Klaus Ludwig v.	250
– , Levin Friedrich v.	74, 93, 195, 257
– , Ludwig Tobias v.	75 f.

– , Otto v.	73
– , Otto VI.	348
– , Otto VII. v.	74
– , Thomas v.	129
– , Thomas II.	74 f.
– , Wichmann v.	73
– , Wolf Dietrich	74, 121
– , v.	235
– , v.	339
– , Frau v. (Witwe Adams VII. v. Hake)	264
Happe, v. (Deputierter)	313
– , v. (Leutnant)	324
Harnisch, Hartmut	19 f.
Hase (Bürgermeister)	173, 205
Haugwitz, v. (Familie)	410, 423
– , Adolf v.	439
Heck, Uwe	433
Hendrich (Hofprediger)	395
Heinrich, Prinz (Bruder König Friedrichs II.)	340
Heinrich IX. (Fürst v. Reuß)	144
Heinrich, Gerd	16, 22, 222
Heitz, Gerhard	19
Helbig, Herbert	405
Held, Wieland	410, 431
Henzel, Eleonore Tugendreich	257
Hertefeld, v. (Familie)	111, 336
– , Anna Maria Justina Louise v.	400
– , Debora Jacobe v.	400
– , Georg Wilhelm v. (Oberjägermeister)	400
– , Johann [Jobst] Gerhart v. (Oberjägermeister)	61, 129, 364 f., 368, 392
– , L. C. v. (Kammerherr)	337
– , Samuel Freiherr v. (Oberjägermeister)	180, 332, 347, 400
– , Freiherr v.	390
Hertzberg, v. (Kreisdeputierter)	269
Herzberg, Graf v. (Familie)	144 f.
Hessert (Kellermeister)	161
Heugel (Appellationsgerichtsrat)	180
Heydekampf, [v.] (Familie)	49
Heydekampf, Veit	49
Hichtel (Bürgermeister)	173
Hippel, Wolfgang v.	40
Hinrichs, Ernst	403

Anhang

Hintze, Otto	13, 25, 183, 296, 302, 312, 314, 324, 371
Hitzacker, v. (Familie)	98
Hobeck, v. (Familie)	57, 68, 146
Höfisch (Capitain)	418
Hoepcke (Pächter)	170
Hoffhamm (Hofprediger)	399
Hohendorff, v. (Familie)	48
– , Barbara Sabina v.	372
Hohnstedt, v. (Landrat)	311
Holtzendorff, v. (Familie)	43 f., 67, 120, 285
– , Caspar v.	85, 375
– , Curd Adam v.	70, 361
– , Ewald Joachim v.	70
– , Otto Friedrich v.	70
– , Otto Friedrich Altwig v.	156
Horcker, Christian Sigismund v.	140
– , Christoph Sigismund v.	201
Horst, Julius August Friedrich v. (Kammerpräsident)	310
Hospital, A. de l' (Kammerjungfer)	400
Houwald, v. (Familie)	191
Hoverbeck, Johann v.	358
Hoym, Anna v.	77
Hundt (Geh. Rat)	180
Hünicke, v. (Familie)	286
– , Albert Friedrich v.	233, 363
– , Cuno v.	168, 175
– , Matthias v.	287

I

Ideler, Andreas	51
Ilgen, Heinrich Rüdiger v.	180, 194
I[h]low, v. (Familie)	147, 153
– , Friedrich Wilhelm v.	168
Inckevorth, Daniel	65
Inckevorth, Jean	65
Ingersleben, v. (Leutnant)	160
Isaacsohn, Siegfried	273 f., 279, 365
Itzenplitz, v.	88

J

Jagow, v. (Familie)	224, 285
– , Gebhard Friedrich v.	68

– , Matthias 68
– , Otto Christian v. 233
Jany, Curt 97, 103
Jariges, v. (Familie) 144 f.
– , Johann Philipp v. 177
Jeckel, Johann Christian 145
Jeetze, v. (Familie) 110
– , Christian Otto v.
– , Erdmann Christoph v. 184
– , v. (Oberst) 201
– , v. (Generalfeldmarschall) 180
Jena, (v.) (Familie) 49, 62 f., 124
– , Friedrich (v.) 52, 343, 350, 357, 365, 373
Joachim II. (Kurfürst v. Brandenburg) 278
Johann, (Markgraf v. Brandenburg [Neumark]) 128
Johann Albrecht I. (Herzog v. Mecklenburg) 409, 428
Johann Casimir (Kurfürst v. d. Pfalz) 386
Johann Friedrich Herzog v. Braunschweig-
  Calenberg) 434
Johann Georg (Markgraf v. Brandenburg-
  Jägerndorf) 388
Johann Georg I. (Kurfürst v. Sachsen) 410
Johann Georg II. (Kurfürst v. Sachsen) 342, 416, 424, 432, 437
Johann Georg IV. (Kurfürst v. Sachsen) 424
Johann Georg II. (Fürst v. Anhalt-Dessau/
  Statthalter d. Mark Brandenburg) 339, 344 f., 349 f., 373
Johann Moritz (Graf bzw.
  Fürst v. Nassau-Siegen) 287, 349
Johann Sigismund (Kurfürst v. Brandenburg) 383 ff.
Jürgas, v. (Familie) 221
– , Chr. S. v. (Capitain) 251
– , Hans Albrecht v. 77
– , v. (Landrat) 127
– , v. (Offizier) 64
Junack, Martin 257

K

Kahl[e]butz, v. (Familie) 53, 142
– , Balthasar v. 76, 116
– , Chr. L. v. 168
Kahlenberg, v. (Familie) 48, 52
– , Melchior v. 80
Kalckreuth, v. (Landratskandidat) 319

Kalckstein, Christoph Wilhelm v.
 (Generalfeldmarschall) 180
Kalnin, v. (Familie) 356
Kalnein, v. 169
Kameke, v. (Familie) 144 f., 336 f.
–, Ernst Boguslaw v. 173, 180
–, Paul Anton v. 120, 152, 266, 332, 344
–, v. (Hauptmann) 253
–, v. (Deputierter) 313
Kannenberg, v. (Familie) 336
–, Christoph v. 62, 85
–, Freiherr v. (Oberstleutnant) 398
Kaphahn, Fritz 40
Kaphengst, v. 77
–, v. (Hauptmann) 205
Karl der Große (fränkischer Kaiser) 354
Karstedt, v. (Familie) 54
–, Sophie Henriette (geb. Seebaldt) v. 167
Kartzow, Mathias (Pächter) 47
Katsch, Christoph v. 180, 194
Katte, v. (Familie) 254
–, Christoph Bernhard v. 202
–, Hans Christian v. 202
–, Hans Heinrich v. 253
–, Hypolita Hedwig v. 254
–, Luise Charlotte v. 247
Kauffung, L. v. 205
Kerzlin, v. (Familie) 53
Kettwig, Frau v. 260
Kleist, v. (Familie) 142 f., 285
–, Georg Wedige v. 160
Klettwitz, v. 380
Klinggräf, J. W. v. 205
Klinkenborg, Melle 291
Klitzing, v. (Familie) 48, 53, 124, 126, 220, 237 f., 308, 336
–, Adam Christoph v. 73
–, Carl Philipp v. 105, 156
–, Caspar v. 72
–, Caspar Christof v. 122
–, Caspar Ernst v. 269
–, Christian v. 115
–, Christina v. 263
–, Dietrich v. 152, 288

– , G. L. v. 239
– , Georg Zacharias v. 122
– , Hans Caspar v. 59, 73, 115
– , Hedwig Eleonora v. 265
– , Kaspar Joachim v. 152
– , Köne Joachim v. 72
– , Kuno Erdmann v. 246
– , Frau v. 253
– , v. (Verordneter) 367
– , v. 268
Klitzow, Otto v. 52
Klöden, v. (Familie) 4, 158, 352
– , Caspar Heinrich v. 61
– , Christian Gottfried v. 135, 153, 201
– , Hans Jacob v. 374
– , Hans Jürge v. 67
– , Joachim Christian v. 156
Klützow, Otto Friedrich v. 375
Knapp, Georg Friedrich 20
Knesebeck, v.d. (Familie) 142 f., 169, 285, 309, 336, 387, 420
– , Anna Elisabeth v. d. 267
– , Charlotte v. d. 255 f.
– , Hempo v. d. 278, 300, 378
– , Levin v. d. 386
– , Mette Sophie v. d. 156
– , Samuel Franz Christian v. d. 173
– , Thomas d. Ä. v. d. 88 f., 395
– , Thomas d. Jü. v. d.
    (altmärk. Landeshauptmann, Geh. Rat) 124, 267, 345, 365, 377, 386
– , Wilhelm Ludwig v. d.
    (Kammergerichtsrat) 400
– , v. d. (Landrat) 197
– , Frau v. d. 338
Knobelsdorff, Christian Ehrentreich v. 161, 170
Knobl[o]auch, v. (Familie) 57, 142 f.
– , Caspar Otto v. 154
– , F. L. v. 205
– , Frau v. (Witwe) 260
– , v. (Landratskandidat) 316
– , v. 149
– , Gebr. v. 337
Knoch, C. E. v. (Konsistorialrat) 239
Knyphausen, v. (Familie) 144

Anhang

– , (Inn- und) Dodo Freiherr v.	180
Köck[e]ritz, v. (Familie)	57f., 93
– , Balthasar Abraham v.	281
Köhler (Regierungsrat)	399
König (Prediger)	169, 205
König, Anton Balthasar	97
Königsmarck, Adam und Franz	89
– , Christoph v.	79
– , Gf. Hans Christoph v.	54, 60, 103
Köppen, v. (Familie)	142
– , Maximilian August v.	369
Kötteritz, v. (Familie)	54
– , Johann v.	89
Kolckwitz (Prediger)	390
Kottwitz, Balthasar Erdmann v.	201
– , Caspar Rudolph v.	201
Kracht, v. (Familie)	57 ff.
Kracht, Hans v.	61
Kracht, Hedwig Sophie v.	58 f.
Krakow, Christian	93
Krahn (Hauptmann)	161
Krause, J. (Landessyndicus)	279
Kraut, v. (Familie)	144
Kretzmar (Bürgermeister)	51
Kriebel (Gemahlin eines Pastors)	205
Kriele (Amtsträger)	65
Kröcher, v. (Familie)	53, 55, 80, 99, 127, 136, 139, 142, 336
– , Hans Jürgen v.	62
– , Adolph Wilhelm v.	92
– , Asmus Ludwig v.	113
– , Hans Matthias v.	113
– , Joachim v.	62
– , Joachim Friedrich v.	107
– , Moritz v.	260
– , Samuel Ludwig v.	70
Krockow, v. (Tochter d. pomm. Hofgerichtspräsidenten)	387
Krüger (Amtskastner)	65
Krüsicke, v. (Familie)	153
– , v. (Capitain)	162
Krummensee, v. (Familie)	57
– , Christoph v.	362
– , v. (Amtmann)	390

Kruse, Heinz	407, 430
Krusemark (Geh. Finanzrat)	205
Kule, v. (Familie)	53
Kunow, Heinrich	92

L

Labes, v. (Familie)	142
Lampe, Joachim	430, 440
Lange, Ulrich	278, 413
Langen, v. (Familie)	57 f., 128, 140, 146
Langermann, v. (Familie)	142
Lattorff, v. (Familie)	285 f.
Lawald, v. (Familie)	57
Leest, v. (Familie)	54
Lehmann, Gottfried	109
Lehwaldt, Ahasver Graf v.	340 f., 347
Leipziger, v. (Familie)	117
Lenthe, v. (Familie)	413
– , Dietrich v.	413
Lentzke, Werner v.	56
Leopold (Fürst v. Anhalt-Dessau)	103
Liepe, v. (Familie)	48, 50, 71, 124, 144, 399
– , Alexander Georg v.	168
– , Georg Friedrich v. d.	160
Lietzen, v. (Familie)	48
Linde, v. (Secretarius)	87
Linden, Christian v. d.	291
Lindholz, (Familie)	48, 51, 144
Lindstedt, v. (Familie)	71
Lippe, Graf Ferdinand Christian zur	239
Lochow, v. (Familie)	53 f., 81, 119
– , Christoph Heinrich v.	69
– , Hans Christoph v.	82, 251
Loë, v. (Fräulein)	252
Löben, v. (Familie)	46, 49, 89, 104, 124, 144 f., 147, 237 f., 286, 336
– , Barbara v.	264
– , C. H. Freiherr v. (Generalmajor)	227
– , Hans v.	299
– , Joachim Friedrich v.	333
– , Johannes Kristof v.	249
– , v. (Landrat)	191
– , v. (Oberstleutnant)	231, 340

Anhang 523

– , v. (Landtagsdeputierter)	283
Löschebrand, v. (Familie)	57 f., 71, 145, 147, 221, 224, 336
– , Ernst Heinrich v.	110
– , Gregor Ehrentreich	110
– , Joachim Heinrich	71
Löser, v. (Familie)	423, 432
– , Hans v.	432
– , Johann v.	88
Lösgewang, F. W.	400
Loewe, Victor	181, 183
Lohe, v. (Familie)	53, 113 f., 142
Loitz (Kaufmannsfamilie)	409
Lorenz, Hellmut	22
Lottum, Graf v.	229
Lubinski, Axel	156
Luck, v. (Landrat)	314 f.
Ludwig (brandenbg. Prinz)	338
Ludwig XIV. (König von Frankreich)	283
Ludwig, v. (Landratskandidat)	319
Lüdeke (Pensionär)	46
Lüder (Kriegsrat)	154
Lüderitz, v. (Familie)	53, 55, 78 f., 89, 124, 142, 285, 336, 365, 400
– , Carl Friedrich v.	61, 84
– , Christian Sigismund v.	118
– , David v.	89
– , Erdmann v.	157
– , Friedrich Wilhelm v.	154
– , Joachim Ernst	368, 400
– , Ludolph Bertram Philipp v.	129, 368
– , Ludolph Georg v.	154 f.
– , Ludolf Philipp v.	400
Lühe, D. v. d.	412
– , V. v. d.	412
Lütke, Marcus v. d.	62, 130, 139, 337, 395
– , Marcus Ehrentreich	139
Lüttichau, v. (Familie)	416
– , August v.	439
– , Wolff Nikol v.	439
Lützow, v. (Familie)	419
– , Magdalena Agathe v.	251
Luise Henriette (Kurfürstin v. Brandenburg)	337, 340 f., 344 f.
Lynar, Gräfin v.	77

M

Mäuseler (Pensionär)	46
Maltitz, v. (Familie)	55, 57, 142, 146 f., 220, 423
Maltzahn, v. (Familie)	193, 409, 418
–, Adolf Friedrich v.	418, 427, 429
–, Dietrich II. v.	409
–, Joachim v.	428
–, Graf v. (Gesandter)	193
Mandelsloh, v. (Familie)	420
–, Julius Otto v.	267
Mardefeld, Frau v.	253
Ma(h)renholtz, v. (Familie)	54, 413, 430
Marschall, Samuel v.	152, 369, 393
Martiny, Fritz	14, 211, 214, 226
Marwitz, v. d. (Familie)	57, 69, 92, 99, 146 f., 231, 286, 336 f., 356, 358, 368, 397, 399
–, A.B. (Ltn.)	160
–, August Gebhardt v. d.	136, 339
–, Christian v. d.	171, 203 f., 322 f.
–, Curt Dietrich v. d.	326
–, David Sigismund v. d.	250
–, Dietrich v. d.	350 f.
–, Ernst Ludwig v. d.	69, 252
–, Frederica Carolina v. d.	259
–, Friedrich August Ludwig v. d.	275
–, Georg v. d.	58, 61, 64
–, Georg Bernd Alexander v. d.	257
–, Georg Friedrich v. d.	225
–, Hans Otto v. d. 77	
–, Heinrich Karl v. d.	259
–, Johann Georg v. d.	136
–, Marie Gottliebe Florentine v. d.	257
–, Wilhelmina Dorothea v. d.	259
–, Frau v. d. (Witwe)	110
–, v. d.	168
Massow, v. (Minister)	310
Matzerath, Josef	431
Mauritius, Joachim	102
Medern, v. (Familie)	142
Meinders, Franz (v.)	118, 350, 364 f., 367, 378
Melchior, J. D. (Prediger)	169
Meseberg, v. (Familie)	53
Metternich, v. (Familie)	420

Anhang

Meynow, v. (Familie) 48
Michaelis (Kammergerichtsrat) 267
Miltitz, v. (Familie) 423
– , Dietrich v. 427
– , Haubold v. 439
Mittenzwei, Ingrid 21
Mitterauer, Michael 252
Möllendorff, v. (Familie) 142
– , A. E. v. 205
– , Albrecht Leopold v. 169
– , B. H. v. 167
– , v. 85
– , v. 149
Mörner, Anna Hedwig v. 375
– , v. 88
– , v. 233
Moltke, , v. (Familie) 412
– , Gebhardt v. 412
– , Margarethe Elisabeth v. 401
Moritz (Herzog bzw. Kurfürst v. Sachsen) 404
Moritz, Jakob 65
Moritz Wilhelm (Herzog v. Sachsen-Zeitz) 397, 427
Morloth, v. (Familie) 81
– , Hans Christian v. 82
Mühlheim, Friedrich Wilhelm v. 141
– , Georg Ludwig v. 225
Müller, Eva Dorothea 257
Müller, Friedrich 51
Müller, Gebr. 157
Müller, Hans-Heinrich 20, 170, 210
Mülverstedt, Georg Adalbert 98, 246
Münch, Ernst 415
Münchhausen, v. (Familie) 413, 420
– , v. 379
Münchow, v. (Familie) 144
– , Ludwig Wilhelm v. (Kammerpräsident) 359
Musculus, Andreas 384
Musigk (Licentiat) 115
Mylendonck, Adriana Theodora Freiin v. 400

N
Natzmer , Dubislaw Gneomar v. (General) 398
Neal, Graf v. 205

Nebenius, Lazarus 168
Neugebauer, Wolfgang 19, 21, 271, 276, 332
Niephagen, Elias v. 250
Nischan, Bodo 385
Normann, v. 258
Nostitz, v. (Familie) 416, 438
– , Elisabeth Sophie v. 246
Nüßler, Karl Gottlob v. (Geh. Rat) 152
– , v. (Landrat/Verordneter) 313, 327

O

Oer, Frein A. H. S. v. 375
Oertzen, Henning v. 267
Oestreich, Gerhard 17
Oldenburg, v. (Familie) 146
Opgenoorth, Ernst 387, 393
Oppen, v. (Familie) 48, 57 ff., 73, 144, 146 f., 217, 220 f., 336, 400
– , Friedrich v. 58, 93
– , Friedrich Wilhelm v. 73, 147
– , Hans Dietrich v. 104
– , Heinrich v. 104
– , Helena Henriette v. 397, 401
– , Johann Friedrich (Ober- bzw. Hofjägermeister) 344, 377
Ortigies, Franz Hermann 209
Osten, v. d. (Familie) 163
– , Major v. d. 399
– , v. d. 222
Oswald (Stadtphysicus) 160
Otterstedt, v. (Familie) 46, 48 f., 144 f., 286, 322, 370
– , Hans Georg v. (Landrat) 168, 179, 187 f., 206, 325
– , Elisabeth v. 72
– , v. 123
– , Frau v. (Witwe) 267
Oxenstierna, Johann (Legat) 39

P

– Pannwitz, v. (Familie) 57
– , Christian v. (Oberjägermeister) 377
– , Christoph v. 80
– , Georg Christoph v. 114
– , v. (Landesältester) 298

–, v. (Landrat)	324
–, v.	275
–, v. (Rat)	398
Passow, Hartwig v.	412
Perband, Gottfried v.	400
Peters, Jan	24
Petersen, Carl	58
Pflugk, v. (Familie)	413, 423
–, August Ferdinand Graf v.	426
Pfuel, v. (Familie)	49, 53, 64, 105, 125, 336, 368
–, Balzer v.	85
–, Balzer Ehrentreich v.	114
–, Curt Bertram v.	333, 365
–, Friedrich v.	113
–, Georg Adam v.	341
–, Hans Dietloff v.	68
–, Hans Dietrich v.	110, 140, 393
–, v. (Hauptmann)	80
–, Heino Dietrich v.	140
–, Heinrich Dietloff v.	114
–, Margarethe Gottliebe v.	254
–, Valtin v.	268, 362
–, v. (Gen.-wachtmeister)	373
–, v.	269
Pieper, J. (Pächter)	229
Pinneberg, Johann Georg v.	239
Platen, v. (Familie)	50, 60, 220, 285, 336
–, A. D. v.	205
–, Alexander Joachim v.	85
–, Carl Ernst v.	333
–, Georg Sigismund v.	64
–, Hartwig Heinrich v.	167
–, v.	236
Plessen, Daniel v.	428
–, Dietrich Barthold v.	412
–, Hellmuth v.	240
–, Vollrath v.	412
Plötz, R. v. (Hofgerichtsrat)	201
Pöllnitz, v. (Familie)	147
–, Frau v. (Witwe)	254
Podewils, v. (Familie)	337
–, Heinrich Graf, v.	152, 192, 259
–, v. (Landrat)	209

Preen, Otto v. 412
Press, Volker 17, 110
Priesdorff, Kurt v. 97
Prin[t]zen, G.E. v. 157
– , Johann Friedrich v. 391
– , Marquard Ludwig v. 110, 177, 180, 182, 194, 332, 391, 399
Priort, v. 87
Promnitz, Gräfin v. 77
Putlitz, Edle Gans zu (Familie) 38, 46, 49, 53, 60, 82, 84, 128, 142 f., 217, 219, 285, 299, 336, 353f., 358, 379
– , Adam 386
– , Adam Christoph 102
– , Adam Georg 266, 378, 392
– , F. W. C. 205
– , Hans Albrecht 392
– , Leopold Friedrich 352

Q

Quast, v. (Familie) 53 ff., 72, 105, 124, 142, 336
– , Albrecht Christoph v. 72, 78, 85, 364
– , Anne Dorothea v. (geb. v. Knoblauch) 156
– , Otto v. 72, 364
– , Wolf Christoph v. 156
– , Gebr. v. 204
– , v. (Landratskandidat) 319
– , v. (Sohn Ottos v. Quast) 365
Quirin, Heinz 423
Quitzow, v. (Familie) 44, 54, 61, 82, 85, 142 f., 216, 221, 254, 299, 308, 336
– , H. U. v. 205
– , Kuno Hartwig v. 367
– , Magdalene v. 90
– , Philipp v. 83
– , Victor v. 61
– , Frau v. (geb. v. Meinders) 367

R

Radziwill, Boguslav v. 349
Rathenow, v. (Familie) 48, 54, 142
– , v. (Landratskandidat) 319
– , v. 127
Rauchhaupt, v. (Hofmarschall) 180
Raumer, Leopold Dietrich v. 387

Anhang

Raven, v. (Familie)	130
Rébenac (französ. Gesandter)	346
Rechenberg, v. (Familie)	423
Reck, v. (Geheimer Finanzrat)	310
–, v. (Minister)	358
R[h]eden, v. (Familie)	420
–, Jost v.	413
Redern, v. (Familie)	53, 55, 93, 142, 336, 340, 389
–, Anna Elisabeth v.	265
–, Claus v.	246, 341, 348
–, Dietrich v.	255
–, Ehrenreich v.	227
–, Erasmus v.	341
–, Friedrich Wilhelm v.	263
–, Georg Wilhelm v.	77, 81, 130, 265, 348
–, N. F. v.	168
–, Otto v.	86
–, Sigismund v.	256
–, Sigmund Ehrentreich v.	357
–, Sigmund Friedrich v.	225
–, Fräulein v.	341
Reinhard, Nicole	370
Reinhard, Wolfgang	364, 369
Reisewitz, v. (Obrist)	310
Restorff, v. (Familie)	221
Retzow, v. (Familie)	175
Resen, v. (Familie)	147
Reichenkrohn, v. (Familie)	147
Reinhardt, (v.) (Familie)	144f.
Rhauen, Samuel	65
Rheetz, Johann Friedrich (v.)	180, 367
Ribbeck, v. (Familie)	286, 336, 368, 397
–, Adam Christoph v.	84
–, Christoph Friedrich v.	177, 180
–, Erdmann Otto v.	71
–, Friedrich Ludwig v.	160
–, Hans Georg v.	74, 254
–, Hans Georg III.	233, 287, 300, 341, 373
–, Hans Georg IV.	169, 177
–, v. (Landratskandidat)	316
Rieben, v. (Familie)	267
Riedel, Adolph Friedrich v.	123
Rintorff, Christian v.	204

Rochow, v. (Familie) 48, 62, 89, 99, 215-219, 336 f., 358, 387
– , Christian v. 266
– , Christoph Daniel v. 221
– , Friedrich Wilhelm (III.) v. (Minister) 177
– , Georg Wilhelm v. 64
– , Hans v. 62, 64, 74, 89, 108
– , Hans Friedrich v. 132, 365
– , Heinrich v. 132
– , Louisa Sabina v. 369
– , Martin Friedrich v. 116
– , Moritz August v. 102
– , Wolf Dietrich v. 386
– , v. (Geh. Finanzrat) 212
– , Frau v. (Witwe) 266
– , Frau v. 338
Röbel, v. (Familie) 57 f., 62, 192, 286
– , Georg Christoph v. 131 f.
– , Joachim v. 90
– , Johann Georg v. 265
Roehden, v. (Leutnant) 229
Rohr, v. (Familie) 44, 53, 55, 57, 69, 82 f., 124, 142 f., 146, 215, 217, 219, 224, 308, 319
– , A. W. v. 205
– , Chr. F. v. (Leutnant) 224
– , J. F. v. (Oberstleutnant) 224
– , Kaspar Friedrich v. 119
– , Konrad v. 357
– , M. C. v. 205
– , Otto Albrecht v. (Landrat) 138, 206, 208, 361
Ross, Charles 355
Rothenburg, v. (Familie) 220
Rohwedel, v. (Familie) 220
– , Wilhelm v. 341
– , v. (Landschaftssyndikus) 146
– , v. (Landrat) 197
– , v. 152
Rosenberg, Hans 15
Rosey, de (General) 212
Rosin (Regierungsrat) 399
Rossow, v. (Familie) 57
Roth (Pfarrer) 395
Rothe, Niels (Oberstleutnant) 418
Rothenburg, Alexander Rudolf v. 357

Anhang

Rudolf II. (Kaiser) 356
Rundstedt, v. (Familie) 352

S
Sack, v. (Familie) 202, 286
–, Eva Juliane v. 259
–, Hans Balthasar v. 203
–, Sigismund Friedrich v. 202, 259
–, v. (Landesdirektor) 310
Saldern, v. (Familie) 32, 36, 92, 173, 299, 377, 411, 420
–, Christoph Friedrich v. 160
–, Hans Adam v. 72, 157
–, H. S. v. 205
–, Johann Friedrich v. 169, 173
–, Melchior August v. 239
–, Sophia v. 101
–, v. (Landrat) 206
–, Frau v. (Witwe, geb. v. Hake) 235
Salomon, Caspar 374
Schack v. Wittenau, Samuel 268
Schäffer, Maria Dorothea 257
Schaffhausen, Nicol 88
Schapelow, v. (Familie) 49, 57, 146
–, Margarethe Tugendreich v. 368
Scharden, v. (Familie) 144
Schenk v. Landsberg (Familie) 46, 48 f., 57, 77, 83, 121, 124, 140, 144, 146, 260, 359
–, Albrecht 69
–, Albrecht Ludwig 260
–, Anna Magdalena 260
–, Carl Albrecht 145
–, Joachim Friedrich 77, 265
–, Ludwig Alexander 145
–, Ottom Friedrich 256
–, Otto Wilhelm 77
–, Frau v. 232
Schenk v. Winterstedt, (Familie) 142
–, Frau (geb. v. Mahrenholtz) 342
–, (braunschweig.-lüneburg. Vasall) 342
Schichter (Leutnant) 418
Schieder, Theodor 327
Schierstedt, v. (Familie) 221
–, v. 125

Schildhauer, Johannes 410
Schlabrendorff, v. (Familie) 48 f., 124, 144 f., 179, 336, 399 f.
– , F. W. v. (Generalleutnant) 227
– , Joachim Ernst v. 157, 267
– , Otto v. 339, 356
– , Wichmann Heinrich v. 122
– , v. (Gouverneur) 136
Schleinitz, v. (Familie) 413
– , Hans Christoph v. 439
– , Hans Georg v. 437
– , Joachim v. 412
Schleyer (Prediger) 169
Schliehen, v. (Familie) 48, 217
– , Adam Georg v. 91, 356
– , Albrecht Ernst Graf v. (Kammerpräsident) 347
– , Lucie Marie v. 156
– , Maximilian v. 90, 373
Schlippenbach, Graf v. 146
– , Karl Friedrich v. 179, 190
– , v. (Minister) 173, 180
Schmeling, v. (Rittmeister) 146
Schmidt, Rudolf 36
Schmidtmann (Kirchenrat) 398
Schmock (Prediger) 169
Schmoller, Gustav 13, 91
Schneider (Postmeister) 65
Schönaich, Karl Albrecht Freiherr v.
 (Verweser) 351
Schönberg, v. (Familie) 413, 415 f., 423, 438, 440
– , Georg Friedrich v. 415
– , Hanns Dietrich v. 438
Schönebeck, v. (Familie) 356
– , H. G. v. (Obrist) 251
– , v. (neumärk. Kanzler) 261
– , v. (Leutnant) 258
Schönermark, v. (Familie) 53, 55, 142
Schönfeldt, v. (Familie) 231
– , v. (Deputierter) 312
Schöning, v. (Familie) 142, 336
– v. (Geh. Rat) 180
– , Friedrich Wilhelm v. 187, 235
– , Hans Adam v. 238
– , Luise v. 400

Anhang 533

–, v. (Obrist)	258, 399
Schröder (Amtsschreiber)	51
Schröder (Regiments-Secretarius)	105
Schubert (Amtmann)	205
Schubert, Ernst	111
Schütte, Dorothea v.	79
Schulenburg, v. d. (Familie)	32 f., 43, 57, 82, 99 f., 103, 117, 119, 122, 195 f., 202 f., 217 ff., 224, 237, 283, 285, 309, 336 f., 357, 411, 420
–, Achaz v. d. (altmärk. Landeshauptmann)	70, 299, 353 f., 362, 365, 377, 411
–, Adolf Friedrich v. d.	195, 339
–, Albrecht v. d.	89
–, Alexander v. d.	101
–, Burchard Jacob v. d.	262
–, Christian Christoph v. d.	315
–, Christoph Daniel v. d.	104
–, Daniel Ludolph v. d.	193, 232, 262, 266, 268
–, Friedrich Achaz v. d.	238, 262 f., 367
–, Georg v. d.	89
–, Georg Werner v. d.	71
–, Gustav Adolph v. d.	122, 238, 367
–, Hans Georg II. v. d.	240
–, Joachim Ludolf v. d.	195
–, Leopold v. d.	262, 265
–, Levin v. d.	70
–, Levin Friedrich v. d.	104
–, Levin Joachim v. d.	90, 122
–, Lippold II. v. d.	82, 89
–, Margarethe v.d.	268
–, Margarethe Elisabeth v. d.	265
–, Matthias Johann v. d.	104
–, Michael Ludolf v. d.	300, 367
–, Werner v. d.	104
–, Werner (XXIV.) v. d. (dän. Feldmarschall)	180
–, v. d. (Stallmeister)	196
–, v. d. (Kreiskommissar)	289
–, v. d. (Deputierter)	313, 327
–, v. d. (Landrat)	325
–, v. d. (Landvogt der Niederlausitz)	350
–, v. d.	377
–, Fräulein v. d.	256
–, Frau v. d. (Witwe, geb. Edle Gans zu Putlitz)	262

Schultz, v. (Generalleutnant) 205
Schultz (Pfarrer) 169
Schumpeter, Joseph A. 97
Schwartz, Paul 211
Schwartzenberg, Graf Adam v. 102
Schwedt-Vierraden, Markgrafen v. 192
Schwendi, Baron v. (General) 227
Schwerin, v. (Familie) 46, 48, 142, 144, 147, 286, 290, 336, 358
– , Bogislaff v. 378
– , Ludwig Otto Sigismund v. 359
– , Otto v. 50, 52, 62 f., 67, 69, 78, 88, 118, 122, 129, 131 f., 143, 286, 290, 293, 335, 340, 343 f., 355 f., 358 f., 364-367, 371, 378, 392, 394
– , Otto d. Jü. 355 f., 359, 392
– , Friedrich Wilhelm, Rgf. v. 143
– , O. L. S. v. 170

Seebaldt, Sigismund 167
Seel, v. (Oberstleutnant) 250
Seelstrang, v. (Familie) 54
– , v. 114
Seidel, Martin Friedrich 246, 253
Selchow, v. (Familie) 220, 286
– , v. (Landrat) 315
– , v. (Landesdirektor) 323
Siebmann (Pächter) 170
Skerbensky, v. (Familie) 146 f.
Somnitz, Lorenz Christoph v. 266, 340, 350, 378
Sonsfeld, v. (Hofdame) 368
Sparr, v. (Familie) 336
– , Ernst Friedrich v. 375
– , Otto Christoph (Freiherr) v. 64, 333, 345
Spiegel, v. (Familie) 146
Spiel, v. (Familie) 46, 48, 144
Splitgerber & Daum (Fabrikanten) 160, 167
Stappenbeck, Chr. 205
Stechow, v. (Familie) 336
– , Anton Adolf v. (Forstrat) 387, 401
– , Arend Christoph v. 258
– , Balzer Joachim v. 37, 254 f.
– , Caspar Heinrich v. 249
– , Friedrich Wilhelm v. 160
– , Joachim Friedrich v. 225

–, v.	125
Stein, J. (Syndicus)	160
Steinberg, v. (Familie)	420
Steinkeller, v. (Familie)	57, 146
Steinwehr, v. (Familie)	117
Stille, Conrad Barthold	287
Stockheim, v. (Familie)	49, 144
Stoppenhagen, J.	205
Storch, Dietmar	434
Stralendorff, Anna Elisabeth v.	418
–, Anna Katharina v.	418
Strantz, v. (Familie)	62, 220
–, L. E. (Kreiskommissar)	78, 293 f.
–, v. (Landrat)	326
Stratmann, (braunschweig. Legationsrat)	357
Strauß, Hans Christoph v.	281
–, Johann Christoph v. (Offizier)	85 f., 372, 374 f.
Stutterheim, v. (Familie)	48, 57, 62, 124, 144, 146, 239
Sydow, v. (Familie)	80, 220 f., 322, 336
–, Christian David v.	341
–, Ernst Ludwig v.	263
–, Hans v.	91
–, Johanna Franziska v. (geb. v. Schmerheim)	264
–, v. (Landrat)	197
–, v. (Leutnant)	229
–, v. (Ausschußmitglied)	300
–, v. (Landrat)	312
–, v.	399

T

Taube, v. (Amtshauptmann)	439
Taubenheim, v. (Familie)	142
–, v. (Landratskandidat)	319
Tauentzien, v. (Familie)	144
Thiele, C. G. (v.) (Kriegs- und Domänenrat)	292
Thümen, v. (Familie)	48 f., 92, 121, 144, 146, 400
–, Adam Ludwig v.	105
–, F. Chr. v.	167
–, Hans Otto v.	93
Thulemeier, Conrad Wilhelm	88
Tieffenbach (Bürgermeister)	60, 63
Toland, John	393
Treffenfeld, Gebr. v.	206

– , Johann Heinrich v.	109
Tresckow, (v.) (Familie)	246
– , Joachim Friedrich Christian v. (Gen.-feldmarschall)	180
Trott, v. (Familie)	115
– , Botho v.	360
– , Georg v.	89
– , Georg Friedrich v.	115
Troye, v. (Familie)	48
Tümpel, Ludwig	273
Twist (Prediger)	395

U

Üchtritz, v. (Familie)	286
– , v. (Landeshauptmann)	356
Unfried, v. (Landrat)	322
– , v. (Regierungsrat)	351
Unruh, v. (Familie)	220
– , Christian v.	140
– , v.	315
Uslar, v. (Familie)	420

V

Varenne, de (Familie)	144
– , Jacques Laumonier Marquis de (General)	146, 345, 368
Veltheim, v. (Familie)	413
– , Gisela v.	288
Vernezobre, v. (Familie)	221
– , v. (Baron)	152, 380
– , v. (Landrat)	222, 323
Vetter, Klaus	303, 325
Viereck, Adam Otto v. (Minister)	152, 180
– , J. H. v. (Generalmajor)	419
Vierhaus, Rudolf	17
Vierhufen, Chr. („Ratsverwandter")	92
Vintzelberg, G. v. (Capitain)	253
Vitzthum, Christian VI. v.	439
Vogel (Salzfactor)	204
Vogel, Sybille	256

W

Wachenhausen (Kammerrat)	417
Wachholtz, Hans Christoph v.	297

Wagenschütz, v. (Familie)	146
Wahlen-Jürgas, v. (Familie)	54, 142
Waldeck, Graf Georg Friedrich v.	338, 344, 349
Waldow, v. (Familie)	99, 132, 336, 368, 397
– , Adolph Friedrich v.	204
– , Arend Christoph v.	399
– , Balthasar Friedrich v.	387
– , Caspar Friedrich v.	399
– , Frau v. (Witwe)	268
– , Frau v. (Witwe)	374
– , v.	380
– , v.	255
Wallenrodt, v.	241
Wallenstein, Albrecht Eusebius v.	412, 425, 427
Wamboldt v. Umbstadt (Familie)	54, 142 f., 251
Wangenheim, Dorothea Elisabeth v.	400
– , Frau v.	398
– , v. (Oberst)	400
Warnstedt, J. O. v.	205
Wartenberg, v. (Familie)	144
– , Johann Kasimir v. Kolbe, Graf v.	346
– , E. F. A. v.	205
– , Heinrich Dietrich v.	173
– , Wolfgang G. v.	173, 205
Wartensleben, v. (Familie)	111
– , Alexander Hermann Graf v.	143, 301, 310
Watzdorf, v. (Familie)	423
– , Christoph Heinrich v.	439
Wedel, v. (Familie)	36, 117, 121, 132, 155, 285, 336, 351 f.
– , Adam Matz v.	352
– , Curt Dietrich v.	121
– , Emerentia Tugendreich v.	36
– , Ernst Ludwig v.	135, 155
– , Gustav Wilhelm v.	354
– , Hasso Adam v.	129, 373
– , Karl Heinrich v. (Minister)	310
– , v. (Kreiskommissar)	62
– , v. (Landesdirektor)	189
– , v.	102
Weiler, v. (Familie)	65
Weiler, Christian v.	80
Weise, Dr. Martin	116
Weißenfels, v. (Familie)	147

Wenckstern, v. (Familie)	356
– , Ludwig Werner v.	167
Werdeck, v. (Familie)	285 f.
Werder, v. (Familie)	
– , Christoph VI. Ludwig	250
– , Rüdiger Ernst v.	225
Wernick, Hans	65
Werthern, v. (Familie)	423
– , Samuel Ehrentreich	324
Wieblitz, Martha Maria	257
Wienecke, Chr.	205
Wilmersdorf, v. (Familie)	46, 48 f., 124, 144 f., 221, 286, 322
– , Johann Otto v. (Landrat)	208, 361
– , v. (Landtagsdeputierter)	282
– , v. (Landratskandidat)	316
Winning, v. (Familie)	221, 225, 336
– , Conrad Christoph v.	159
Wins, v. (Familie)	57, 146
– , C. v. (Obrist)	251
Winterfeld, v. (Familie)	50, 53, 83, 89, 130, 136, 173, 216 f., 219, 253, 285, 336, 353, 387
– , A. A. v.	205
– , Adam v.	83, 360
– , Anna Lucretia v.	374
– , Chr. G. v.	239
– , Christian Ludwig v.	388
– , Christoph Ludwig v.	386
– , David v.	339
– , E. v. (Hauptmann)	167
– , Georg v.	89, 339
– , Hans v.	299
– , Hans Georg v.	388
– , Joachim v.	385, 388
– , J. D. v.	205
– , Joachim Detlof v.	72, 106, 154, 365
– , Joachim Georg v.	71, 106, 118, 353
– , J. H. v.	205
– , Levin Ernst v.	235
– , Samuel	386, 388
– , Samuel Adolph v.	338
– , v.	131
Wittstock (Kommissar)	65
Wi[e]t[t]struck, v. (Familie)	53

– , Margarete v. 79
– , v. (Offizier) 161
Wobeser, E. v. (Leutnant) 225
– , v. (Landesdirektor) 315
Woldeck, v. (Familie) 54
Wolfersdorff, Hermann v. 439
Wolframsdorff, v. (Familie) 423
Wreech, v. (Familie) 336
– , v. (General) 180, 399
Wulffen, v. (Familie) 216
– , Ludolf v. 89
Wuthenow, v. (Familie) 53, 55, 142, 336
– , v. 169
– , Albrecht v. 92
– , Heinrich v. 386
– , Wichmann Friedrich v. 113

Z

Zabeltitz, v. (Familie) 336
– , Ursula Catharina v. 288
Zadow, v. (Familie) 202
Zanthier, v. (Landrat) 155
Zernickow, v. (Familie) 53
Ziecker, v. (Familie) 142
Ziethen, v. (Familie) 53, 55
– , Jacob II. 79
– , v. (Major) 264
– , Frau v. (Witwe) 264

Ortsindex

Die geographisch-politischen Begriffe Kurmark und Mark Brandenburg werden nicht als gesonderte Stichworte aufgeführt.

A

Altglienicke	94
Alt-Landsberg	52
Altlandsberg	131, 290, 359, 384, 392, 394
Altmark	25, 39, 61, 67 f., 70, 84, 88, 92, 98 ff., 154, 158, 162, 171, 183, 185, 191, 193, 195 ff., 204, 211, 214 f., 219, 224 ff., 234 f., 237 f., 255, 263, 266, 268, 285, 289, 291-297, 299, 304, 306, 308 f., 325, 327, 338, 352 f., 361, 368, 379 f., 411, 441
Alt-Ranft	152
Angern	262
Anhalt (Fürstentum)	69, 386, 388
Apenburg	104, 180 f.
Arnswalde	65, 125, 135, 185 f., 220f., 225, 228, 231, 268, 312
Aulosen	68, 166

B

Badingen	43, 115, 352
Bärfelde	160
Barnim	36, 39, 51, 52, 103, 105, 141, 147, 151 f., 192, 212, 219 f., 251, 269, 286, 295, 297, 327, 337, 393
Barsickow	55, 167
Bärwalde	117
Batzlow	62
Baudach	80
Baumgarten	143
Bayern	230
Beelitz	102, 207
Beeskow	93, 99, 296
Beeskow-Storkow (Kreis)	43 ff., 57 ff., 71, 125, 137-141, 146 f., 151, 186, 190, 215, 219 ff., 224, 228, 233, 286, 288, 311, 327
Beetzendorf	32, 262, 362
Behnitz	169
Bellin	65, 225, 316

Anhang 541

Bennigsen	420
Berckenbrügge	155
Berge	73, 75
Bergsdorf	337
Berlin	39, 51 f., 65, 83, 85, 105, 110, 138, 145, 150, 167 f., 179, 184, 187, 189, 197, 212, 283, 292, 296, 298 ff., 306, 331 f., 338 f., 340 f., 343 f., 346 f., 357, 366 ff., 372-375, 377 f., 380, 388, 391 ff., 398 f.
Berlitt	59, 79
Berneuchen	255, 261
Beust	110
Beuthen	94
Biesdorf	62, 122, 365
Birkholz	117, 140
Bistorf	194
Blankenberg	65, 138
Blankenburg	63
Blankenfelde (Kr. Niederbarnim)	60
Blankenfelde (Kr. Teltow)	74, 139, 168, 206
Blankensee	122
Blumberg	212, 391
Blumenfelde	165, 323
Blumenthal	180
Bohnsdorf	94
Börnichen-Oberschöna	415
Börnicke	80
Bötzow	392
Boitzenburg	32, 59, 358, 362, 371, 373
Bollersdorf	62, 64
Bornstedt	265
Bottschow	168
Brahmo	74
Brandenburg (Havel)	65, 87, 91, 119, 234 f., 291 f., 316, 361, 373 f., 380
Braunsberg	94, 113 f.
Braunsfelde	165
Braunschweig (Territorien)	217, 237 f., 249 f., 284, 406, 411, 413 f., 418, 420, 423, 429, 431, 433, 440 f.
Braunschweig-Calenberg	407, 413, 430, 434
Braunschweig-Lüneburg	76, 239, 342, 407, 420, 422
Braunschweig-Wolfenbüttel	377, 407, 413, 420, 446
Bredow	316

Breitenwerder 165
Briesen 115
Briest 32, 255, 379
Britz 51, 180
Brunn 55, 224, 261
Buch 152
Buchholz 94
Buchow-Karpzow 59
Buckow 51, 62, 139
Bückwitz 94, 138
Bullendorf 120
Buschow 227, 316
Busendorf 74

C

C[K]albe (Milde) 196
Calau 239
Calberwische 166
Callies 69, 126
Cammer 263
Cantow 161
Cölln 51, 400
Cottbus (Kreis bzw. Stadt) 73, 78, 105, 191, 220 f., 228, 231, 237, 239, 268, 275, 282, 298 f., 312
Cottbus-Peitz (Landschaft) 58, 296
Craatz 61
Crantzien 65, 152
Criewen 42, 81
Crossen (siehe: Krossen)
Crussow 46, 77
Cunersdorf 231

D

Dabergotz 75, 94, 117
Daberkow 68
Dänemark 217
Dahlem 46, 139
Dahlewitz 177, 179
Dahlwitz 393
Dahmen 418
Dahmsdorf 212
Dallmin 136, 173
Damerow 71, 118

Anhang

Damersleben	195
Dannenberg	62, 120
Dechtow	161
Dessow	64
Deutsch Wusterhausen	94
Diedersdorf (Kr. Lebus)	36
Diedersdorf (Kr. Teltow)	168, 257
Diedersdorf (Neumark)	120
Dierckow	146
Döbbelin	214
Dobberkau	206
Dobbertin	419
Dobberzin	46
Dolgen	136, 165, 261
Döltzig	154
Dramburg (Kreis bzw. Stadt)	220 f., 231, 235, 314 ff., 322 f.
Dreetz	60, 94, 127, 139
Dresden	192 f., 357, 397, 418, 424, 432, 437 ff.
Drewitz	52, 94
Driesen	165
Drömling	101
Drossen	319

E

Eberswalde	75
Eiche	212
Eickhof	166
England	67, 113, 233, 235, 237, 348
Erxleben	196

F

Fahrland	344
Falckenwalde	399
Falkenberg	62, 119 f.
Falkenhagen	372, 375
Fehrbellin	65
Ferchjesar	119
Flatow	74
Frankfurt a. Main	432
Frankfurt a. d. Oder	234, 386, 391
Franken	249
Frankenfelde	77
Frankreich	143, 231, 233, 236, 241, 385, 389

Fredersdorf	152
Fredewalde	130
Freiberg	439
Freudenberg	418
Freyenstein	43, 60, 72, 154
Friedeberg (Kreis bzw. Stadt)	164-167, 171, 180, 203, 220 f., 228, 231, 313, 322 f., 398
Friedersdorf (Kr. Lebus)	64, 136
Friesack	70, 104, 304, 360
Fürstenau	102
Fürstenfelde	391

G

Gablentz	93
Ganzer	69, 224, 251, 319
Gardelegen	92, 193
Garlin	169
Gartow	434
Gartz (Havelland)	140
Garz (Ruppin)	55, 72, 156, 204
Geltow	75
Genf	233
Genshagen	72, 75, 146, 206, 257, 369
Gerdshagen	61
Germendorf	61
Gersdorf	139
Gerswalde	65, 157
Glasow	140, 201
Gleißen	132
Glienicke	169
Glien-Löwenberg	216, 296, 316
Goldenbow	419
Golzow	64, 102, 118, 132, 221
Görlsdorf	263
Götschendorf	130
Gottberg	169
Gottow	39, 128
Grabow	73
Gräbendorf	51
Gräfendorf	93
Gramenz	354
Gramzow	390
Großbeeren	50, 177, 200, 206, 368

Anhang

Großbesten	51
Groß Gandern	207
Groß Gartze	166
Groß Glienicke	177
Groß Kreutz	74 f.
Groß Lübbichow	118
Groß Machnow	52, 139
Groß-Mutz	392
Groß-Rietz	61
Groß-Silber	351 f.
Groß Ziethen	50, 80, 94, 139, 230, 298
Gruinefeld	80
Gühlen Glienicke	143
Gühlitz	94
Guhlsdorf	173
Gülitz	77
Gusow	259, 368
Gussow	46, 51
Güstrow	58
Gütergotz (heute: Güterfelde)	116

H

Halle (Saale)	234 f., 341, 361, 367
Halberstadt	73
Hamburg	49, 66, 85, 365
Hamm (Westfalen)	249
Hammer	399
Hannover	(siehe: Kurhannover)
Hardenberg	420
Havelberg	90, 122, 131, 287, 291 ff.
Havelland	25, 39, 46, 59, 69, 71, 73, 77, 81, 99, 151, 160, 164, 167, 170, 172, 175, 177, 179 f., 216, 219 ff., 228, 233 f., 249, 254, 258, 262, 286, 295 ff., 301, 304 , 313, 315 f., 319, 337, 360, 363
Hehlen	238, 367, 411
Heiligengrabe	154
Heinersdorf	132, 315
Helmstedt	68
Hermsdorf (Kr. Friedeberg)	165
Hessen	115
Himmelpfort	360
Hinterpommern	239, 258, 271, 301, 354, 359
Hochstedt	110

Hohenfinow	152
Hohen-Lübbichow	257
Hohen Luckow	419
Hohennauen	136
Holland	85
Holstein	408
Holzkreis	193, 268
Horst	167, 180

I

Ilow	152
Italien	233, 236
Ivenack	240

J

Jena	234, 341, 374
Jerichow	195
Joachimsthal	386
Jühnsdorf	46, 74, 263

K

Kammer	236
Kampehl	60, 76, 117, 127, 168
Kanin	74
Karwe	342
Katerbow	143
Kerberg	386
Kerzendorf	167, 180
Kerzlin	65
Ketzür	140
Kiekebusch	74
Kietz	167
Kirschbaum	153
Kleinbeeren	177, 200, 206
Klein Buckow	212
Kleinglienicke	94
Klein Kirschbaum	207
Klein Linde	167
Kleinmachnow	177, 195, 206, 216
Klein-Mehso	115
Kleinwoltersdorf	138
Klein Ziethen	75, 94, 139
Klessen	61

Anhang 547

Kletzke	120, 299
Kleve bzw. Kleve-Mark	274, 294, 348, 377, 392
Klissow	238
Kolberg	160, 301, 374, 378
Kolrep	169
Kölschen	399
Komptendorf	93
Königsberg (Kreis bzw. Stadt)	204, 220 f., 225, 228, 231, 257, 282, 322, 399
Königsmarck	166, 168
Königswalde	46, 132, 204
(Königs-)Wusterhausen	52, 69, 94
Köpernitz	94
Körbiskrug	46, 51
Kossenblatt	59, 147, 339
Köthen	62, 120, 392
Kotzeband	254
Kränzlin	75, 109, 256
Krampfer	85, 180
Kremmen	50, 62, 80 f., 130, 337, 395
Krevese	166, 386
Krossen (Kreis bzw. Stadt)	136, 187, 201 f., 220 f., 231, 299, 350 f., 385, 390 f.
Kruge	62
Krummensee	51
Küdow	53
Kuhwinkel	167
Kunersdorf	140
Kurbraunschweig	(siehe: Kurhannover)
Kurhannover	193 f., 407, 413, 430, 434, 440, 446
Kurpfalz	386
Kursachsen	77, 121, 145, 190 f., 217, 230, 236-239, 242246, 256, 340, 342, 397, 404 f., 408, 410 ff., 415 f., 418 f., 421, 423-426, 429, 431-437, 439, 441 f., 445 f.
Küstrin	111, 121, 154, 280, 298, 324, 339, 341, 380, 383, 391
Kyritz	65

L

Landsberg (Kreis bzw. Stadt)	69, 92, 220 f., 228, 235, 312, 314, 326
Langen	55
Langenapel	156, 378

Lausitz	296, 432
Lebus	(Kreis) 51, 64, 99, 118, 125, 151, 157, 192, 208, 212, 219 f., 281 f., 286, 295 f., 309, 312, 373
Lehnin	256
Leiden	235
Leipzig	73, 192, 410
Lenzen	103, 173, 201
Lichtenow	165
Lichterfelde	212, 359
Lieben	207
Liebenberg	61, 111, 157, 390, 393
Liebenfelde	69, 168
Liepcke	258
Lietzen	90
Lindenberg	59, 77, 169
Lindow	94, 394
Linum	71
Löcknitz	43, 119
Lohm	113, 127, 260
Löpten	51
Losenrade	166
Löwenberg	40, 78, 131
Löwenbruch	139
Lübben	192, 239
Lübbenow	372
Luckenwalde	238
Lüchfeld	55, 65, 143
Lüdersdorf	62
Lüneburg	101, 194
Lütke Leppin	173

M

Machnow	73 f., 132
Magdeburg (Herzogtum bzw. Stadt)	69, 84, 90, 98, 122, 195, 197, 214, 250, 252 f., 258, 293, 326, 334, 338, 375
Malchow	44, 419
Malsow	319
Marburg	386
Markau	118, 175
Markendorf	232
Märkisch Buchholz	140
Märkisch Wilmersdorf	46, 50, 139

Anhang   549

Marwitz	80
Mecklenburg	71, 113, 115, 119, 121, 156, 405 f., 408 f., 411 f., 414-420, 423, 425 ff., 429, 432 f., 435, 441 f., 445 f.
Mecklenburg-Güstrow	267, 435
Mecklenburg-Schwerin	251, 435, 442
Mellen	201
Merrenthin	268
Mertensdorf	173
Merz	147
Meseberg	53, 111, 143, 392
Metzelthin	65
Meyenburg	60
Mieckenhagen	418
Miersdorf	46
Minden	61 f.
Mittelmark	73, 98, 130, 152, 198, 282, 291 f., 294 f., 297, 300 f., 325, 338
Mittenwalde	51
Moers (Grafschaft)	249
Mosau	141

N

Nackel	55, 78
Nantickow	155
Natewische	166
Nennhausen	119
Neuendorf	117, 365
Neuhausen	154
Neukirchen	166
Neu-Klücken	163
Neumark	39, 46, 93, 99, 102, 107, 111, 126 f., 132, 135, 145, 154, 185f., 189, 191, 197 f., 208-211, 214, 219 f., 222 f., 225 ff., 229, 234, 242, 249, 251 f., 255, 264, 268, 280-283, 286, 291 ff., 295 ff., 299 ff., 303-306, 310, 312-315, 322 ff., 326 f., 334, 342, 358, 363, 367, 380, 389 ff., 394, 396, 398 f., 410
Neustadt (Dosse)	60, 94, 124, 365, 386
Neuwedel	155
Niebede	175, 316
Niederbarnim	62, 212, 226, 233, 313, 324
Niederlande	185, 233, 345

Niederlausitz	73, 190 f., 237
Niederrhein	271
Nietwerder	94
Nudow	94
Nunsdorf	139

O

Oberbarnim	64, 78, 99, 157, 211 f., 226, 293, 304, 308, 313, 324, 362
Oberstorf	212
Oderberg	362
Österreich	72, 230, 255
Oranienburg	94
Orleans	233
Osdorf	51
Osnabrück	375
Osterwalde	204
Osthavelland	51
Ostpreußen	(siehe: Preußen)

P

Paaren a. d. Wublitz	73, 168, 175
Palzig	249
Pankow	46, 60
Paris	387
Parwin	80
Passow	362
Pausin	257
Pehlitz	165
Peitz	296
Perleberg	77, 173
Pessin	81, 161, 170, 260, 316
Pieskow	71
Pinnow	319
Platkow	259
Plattenburg	32, 169, 173, 177
Plattenburg-Wilsnack	36, 299
Plaue	168, 177, 316, 339
Plönitz	127
Poischendorf	418
Polen	135, 237 f., 240
Pollnow	354
Pommern	252, 294, 306, 355, 366, 405, 441

Anhang 551

Potsdam	121, 138, 251, 332, 343f., 368, 391, 393, 400
Prädi[c]kow	52, 152, 212, 337
Prag	349
Prenzlau	91f., 130, 156, 189, 309, 387
Pretschen	191
Pretzsch	73, 88
Preußen (Herzogtum)	71, 141, 224, 252, 271, 274, 294, 347 ff., 387
Preußisch-Mark	388
Prignitz	21, 25, 36 f., 39, 44 f., 59 f., 69, 72, 75, 78 f., 81, 83 f., 92, 99- 102, 111, 127, 148, 153, 167, 169 f., 172 f., 175, 177, 179 f., 197, 204 ff., 211, 219 ff., 226, 228, 233, 237, 239, 252, 254, 278, 285, 291 ff., 295, 299, 308 f., 324 f., 358, 365, 377, 386, 392, 441
Priort	161
Pritten	261
Pritzwalk	92 , 173
Pröttlin	180
Prötzel	64, 66, 152, 212
Protzen	55, 93
Pürlingen	184
Putlitz	38, 46, 60, 169

Q

Quitzow	85, 173

R

Radach	207
Radensleben	319
Radlow	71
Rägelin	94
Ragow	147
Rangsdorf	75
Rantzow	114
Rathenow	92
Ratzeburg	422
Rauden	399
Rauschendorf	143
Reckahn	339, 387
Regensburg	371
Reibersdorf	416
Retzow	81 f., 168, 175
Rheinsberg	92, 143

Ribbeck	71, 74, 81, 240
Ribnitz	419
Ringenwalde	192
Rittleben	196
Röbel	127
Rohrbeck	163
Rohrlack	55
Rollwitz	118
Roskow	65, 202, 339
Rossewitz	419
Rostenberg	155
Rostin	154
Rotberg	51
Rudow	94
Ruhleben	94
Ruhlsdorf	139
Rühstädt	340,
Ruppin (Kreis)	44 f., 53, 55 f., 58 ff., 64f., 69, 72 f., 75, 80, 84, 86, 93 f., 99, 105, 113, 116, 118, 123 f., 127, 136-139, 141, 143, 150 f., 156, 162, 167, 180, 204, 206, 208, 211, 215, 219 ff., 224, 226 ff., 295, 315, 319, 342, 357, 364 f.

S

Saarmund	121 f.
Sachsen (siehe: Kursachsen)	
Sachsendorf	371
Sachsen-Merseburg	239
Sacrow	251
Salzwedel	180
Scharmützelsee	147
Schenkendorf (heute: Schenkenhorst)	94, 139
Schilde	85, 167
Schi[e]velbein (Kreis bzw. Stadt)	99, 135, 160, 209, 220 f., 228, 231, 297, 312, 323, 389
Schmarsow	71, 118
Schmölln	140
Schöneberg	166
Schönefeld	94
Schönermark	44, 65, 143
Schönfeld	91
Schönhausen	247
Schulzendorf	140

Schünow	51, 94
Schwante	74, 81, 389
Schwarzholz	127
Schwarzlosen	79, 158
Schweden	238 f.
Schweiz	233
Schwerin	46, 121, 311, 422
Seegenfelde	165
Seegefeld	316
Seehausen (Altmark)	165 f., 169, 180
Seese	263
Segeletz	61, 169, 319
Selbelang	74, 177
Sellin	225
Senzig	52
Senzke	81
Siethen	177, 206
Soldin (Kreis bzw. Stadt)	69, 220 f., 228, 239
Sommerfeld	75, 201
Spahrenwalde	52, 117
Spandau	102, 160, 168, 227, 280, 301
Spechtsdorf	202
Sputenberge	46
Staffelde	81
Stahnsdorf	93, 132, 216
Steglitz	180
Steinfeld	201
Stendal	209, 214, 299
Sternberg	132, 180, 198, 204, 207, 220f., 228, 231, 239, 315, 319, 338, 389, 399
Sternebeck	62
Sternhagen	70
Stettin	92, 109
Stillhorn	342
Stöffin	224
Stölln	107
Stolzenfelde	264
Storkow	290
Straupitz	191
Stülpe	72
Stülpe-Genshagen	74

T

Tangerhütte	255, 379
Tangermünde	169, 180, 293
Tasdorf	212
Teltow (Kreis)	39, 44 f., 48 f., 51 f., 55 f., 58, 63, 72 ff., 82, 91, 93 f., 123 f., 132, 137, 139, 141, 143 f., 151, 160, 164, 167 f., 170, 172, 177, 179 f., 187, 195, 200, 206, 208, 211 f., 215, 219 ff., 224, 226 ff., 233, 235, 255, 260, 262 f., 286, 295-298, 322, 325, 327, 348, 359, 369, 399
Templin	92
Teupitz	77, 121
Teurow	51
Tramnitz	224
Trampe	64, 83
Tremmen	130
Treuenbrietzen	102
Tübingen	374, 386
Tucheband	91
Tzschocha	416

U

Uchtenhagen	166
Uckermark	21, 39, 42 ff., 59, 75, 81, 92, 99, 106, 120, 130 ff., 139, 146 f., 152, 157, 179, 189 f., 198, 210 f., 216, 218-221, 226, 263, 285, 291-297, 306, 309, 311, 314, 353, 360 ff., 371 ff., 380 f., 390, 405
Uetz	73
Ulrichshusen	418

V

Vehlefanz	80
Vehlow	180
Velten	80
Vergitz	70
Vieritz	254
Vogelsdorf	152
Vorpommern	294

W

Wagenitz	81, 154, 175
Walchow	94

Anhang

Wallwitz	207
Walsleben	143, 359
Wansdorf	246
Wardin	225
Warnitz	399
Wassersuppe	92
Weißensee	152
Welfische Territorien	(siehe auch: Braunschweig u. Kurhannover) 217, 237 f., 249, 284, 406, 411, 413 f., 420, 429, 431, 433, 436, 441
Werbig	93
Werder	75, 109, 256, 319
Wesendahl	362
Wien	432
Wiesenburg	77
Wildberg	55, 264
Wilmersdorf	42, 94, 140
Wilsnack	32, 173
Wittenberg	88
Wittenberge	167, 173
Wittmannsdorf	191
Wittstock	91, 111
Wolfenbüttel	(Stadt) 384, 407, 440
Wolfenbüttel (Herzogtum)	(siehe Braunschweig-Wolfenbüttel)
Wolfsburg	194, 434
Wolfshagen	44, 358, 372, 374
Wolfsruh	138
Wollin	157
Wolterschlage	168
Wormsfelde	92, 155
Wugarten	165
Wüsten	94
Wusterhausen	(siehe [Königs-]Wusterhausen)
Wusterhausen (Dosse)	204
Wustrau	84
Wustrow	224
Wutzen	79
Wutzig	165

Z

Zauche	37, 99, 102, 121, 215 f., 219 ff., 226, 228, 234 ff., 295, 297, 365, 387, 397
Zeddin	169

Zeesen	94
Zernikow	69
Zernsdorf	52, 94
Zicher	391
Ziemckendorf	157
Ziesar	394
Ziethen	117
Zorndorf	327, 391
Züllichau (Kreis bzw. Stadt)	99, 187, 203, 208, 220 f., 231, 314, 351, 385